“十四五”国家重点出版物出版规划项目

2024年度国家出版基金项目

2019年度国家社科基金重点项目成果

国家出版基金项目
NATIONAL PUBLICATION FOUNDATION

"十四五"国家重点出版物出版规划项目

中国法理学自主知识体系

回理、评析与构建

上卷

付子堂/主　编
董彦斌/副主编

法律出版社
LAW PRESS · CHINA
北京

图书在版编目（CIP）数据

中国法理学自主知识体系 ：回理、评析与构建 / 付子堂主编. -- 北京 ：法律出版社，2024. -- ISBN 978-7-5197-9885-7

Ⅰ. D920.0

中国国家版本馆 CIP 数据核字第 20248VJ368 号

中国法理学自主知识体系：回理、评析与构建
ZHONGGUO FALIXUE ZIZHU ZHISHI TIXI: HUILI、PINGXI YU GOUJIAN

付子堂 主 编
董彦斌 副主编

责任编辑 吴 昉 陆帅文
装帧设计 贾丹丹

出版发行 法律出版社
编辑统筹 法律教育出版分社
责任校对 王 丰 郭艳萍
责任印制 刘晓伟
经　　销 新华书店

开本 710 毫米 × 1000 毫米 1/16
印张 68.5　**字数** 985 千
版本 2024 年 12 月第 1 版
印次 2024 年 12 月第 1 次印刷
印刷 三河市兴达印务有限公司

地址：北京市丰台区莲花池西里 7 号（100073）
网址：www.lawpress.com.cn
投稿邮箱：info@lawpress.com.cn
举报盗版邮箱：jbwq@lawpress.com.cn

销售电话：010-83938349
客服电话：010-83938350
咨询电话：010-63939796

书号：ISBN 978-7-5197-9885-7　**定价**：258.00 元

凡购买本社图书，如有印装错误，我社负责退换。电话：010-83938349

本书编委会

主编简介

付子堂教授，河南省新野县人，1965 年 10 月生，北京大学法学博士，武汉大学博士后，现任西南政法大学教授、博士生导师，第十四届全国人大代表、重庆市人大常务委员会委员、重庆市人大法制委员会主任委员。2009 年 8 月至 2023 年 9 月，任西南政法大学校长；现兼任中国人权研究会副会长、国务院学位委员会学科评议组成员、教育部高等学校法学类专业教学指导委员会副主任委员，中国法学会学术委员会委员、中国法学会法理学研究会副会长、中国法学会法学教育研究会副会长，最高人民法院特约监督员，最高人民检察院专家咨询委员；系国务院政府特殊津贴专家（2007 年）、“国家百千万人才工程”人选、国家“有突出贡献的中青年专家”（2014 年），第六届“全国十大杰出青年法学家”（2010 年）等，荣获首届“重庆市杰出英才奖”。

长期从事法理学、马克思主义法学经典、法社会学、人权法学等教学与研究，先后承担国家级及省部级重大、重点和一般项目课题十余项，在《中国社会科学》《中国法学》《法学研究》《求是》《人民日报》《光明日报》等发表学术论文若干篇，出版《法律功能论》《法之理在法外》《马克思主义法律思想研究》《发展中法治论》《法治理想国》等著作十余部。主编的高等教育核心课程教材《法理学初阶》《法理学进阶》《法理学高阶》，被誉为“法理学三部曲”，多次再版；其中，《法理学高阶》荣获教育部首届全国优秀教材奖。

副主编简介

董彦斌研究员，山西省汾阳市人，1974 年 3 月生，中国政法大学法学博士。现任西南政法大学研究员、《现代法学》副主编。曾任司法部直属中国法律服务（香港）有限公司驻北京首席代表兼《中国法律》总编辑。西南政法大学博士后留校。曾系东京大学综合文化研究科外国人客座研究员。中国法学会案例法学研究会常务理事，中国法学会法学期刊研究会原常务理事。早年系司法部青年读书研究会首届理事。

研究领域为法理学、法律思想史、中国思想史。出版著作七部，其中《现代法政的起源：1900—1919》和《法的思想世界》分别被评为“2015 年十大法治图书”和“2022 年十大法治图书”之一。

序　一

在构建中国法学自主知识体系的理论探索中，西南政法大学付子堂教授主持的国家社科基金重点项目“中国法理学研究70年回理与评析”顺利结项，并以《中国法理学自主知识体系：回理、评析与构建》为书名隆重出版。这部三卷本的大部头著作是中国法理学的又一项精品力作，是付子堂教授及其团队为构建中国法学自主知识体系特别是中国法理学自主知识体系奉献的重要成果和优质资源，值得我们仔细研读、吸取精华，使之融入中国法学自主知识体系之中。

构建中国法学自主知识体系，是新时代推进马克思主义法学中国化时代化的伟大工程。中国法学自主知识体系的形成，必将成为新时代马克思主义法学理论中国化时代化的标志性成果，也必将是推动马克思主义法学理论中国化时代化的强大动力。构建中国法学自主知识体系，既是马克思主义理论研究和建设工程的重大项目，也是繁荣发展中国哲学社会科学的重点任务。

构建中国法学自主知识体系，是法学领域的一场深刻革命。构建自主知识体系，是一个民族、一个国家树立理论自信、文化自信从而也是树立道路自信、制度自信的基础。通过推动构建中国法学自主知识体系，中国法学将实现从西方理论的“搬运工”到中国学术的创造者、世界学术的贡献者的根本转变，从世界法学的“跟跑者”到“并跑者”再到“领跑者”的历史性变革。

构建中国法学自主知识体系，是培养德才兼备的高素质法治人才的迫切需要。培养德才兼备的高素质法治人才，关键在于用中国自主的而不是从外国搬过来的法学知识体系教育法科学生。我们要根据党的二十大精神和党的二十届三中全会精神，特别是以坚持全面依法治国，在法治轨道上深化改革、推进中国式现代化的战略思想，来定位法学教育、推动法学教育改革发展，培养更多德法兼修、德才兼备的法治人才。我们要用以习近平法治思想为灵魂、以中国特色社会主义法治实践为基础、弘扬中华优秀传统法律文化、反映全人类共同价值的中国法学自主知识体系来传道授业，为党育人、为国育才。

构建中国法学自主知识体系，是推进中国式法治现代化的必然要求。党的二十届三中全会关于新时代新征程法治建设和改革提出五个重大命题，即“法治是中国式现代化的重要保障”，“在法治轨道上深化改革、推进中国式现代化”，“推动中国特色社会主义法治体系更加完善”，“协同推进立法、执法、司法、守法各环节改革”以及“社会主义法治国家建设达到更高水平”。这五大命题充分彰显了习近平法治思想的真理光辉和实践伟力，是中国式法治现代化的理论主线和行动纲领，值得我们进行学理化体系化阐释研究。对这五个命题进行学理化体系化研究阐释，是增强关于我国法治建设和法治改革总体布局的战略认知的重大课题，是坚持和发展习近平法治思想、构建中国法学自主知识体系的理论工程。

构建中国法学自主知识体系，应着重创新中国法学学术研究，构建法律学、法治学、法理学三位一体的法学学术体系。首先，以“法律”为研究对象和中心主题的“法律学”是最古老的法学形态。古罗马的注释法学、文艺复兴时期的新注释法学、中国古代的律学、德国的法教义学等，都属于法律学的范畴。法律学通常把法律看作一套规范体系，并采用逻辑实证或经验实证的方法，去注解、分析、解释法律规范的含义及其适用范围。从世界法学发展史看，法律学对于推进法律规范精确化、体系化，对于正确解释和适用法律，对于法学学术体系的形成，都发挥着历史性、基础性作用。其次，以“法治”为研究对象和中心主题的“法治学”，是随着全面依法治国实践以及法学学术体系创新而逐渐形成的。改革开放以来，法治一直是我国法学研究的重点领域。党的十八大以来，随着全面依法治国、建设法治中国的实践展开，传统法治文化演化出的新兴问题与众多当代法治问题交织在一起，诸如法治与人治，法治与德治，法治与法制，民主与法治，依法治国与依规治党，依法治国与以数治国，国内法治与涉外法治，全面深化改革与全面依法治国，坚持和拓展中国特色社会主义法治道路，建设中国特色社会主义法治体系，营造市场化、法治化、国际化一流营商环境，提高涉外法治斗争能力，推进国际关系民主化、法治化、公正化，维护国家制度安全和公民、法人合法权益，等等。这些恒久性、前沿性的法治问题是“法律学”无法解决的，于是，“法治学”应运而生，且其一出生就成为一门显学。最后，以“法理”为研究对象和中心主题的“法理学”，是随着良法善治的时代潮流、方兴未艾的法理研究、法理概念广泛普及而崛起的。早在秦汉时期，中国先贤就提出了“法理”概念，在 2000 多年的流传演变中，“法理”的意涵不断丰富，凝聚着人们对法的规律性、终极性、普遍性的共同认知，对法的目的性、合理性、正当性的集体共识，对法律之所以获得尊重、值得遵守、应当服从的那些内在理据的普遍认同。“法理”概念承载了法律文化传统中定分止争、惩恶扬善、德主刑辅、光明正大的美德，积淀着法治文明的优秀成果，融通了古今中外法律和法治的原理、理论、学说、共同价值。法理是古代律学和现代法学的共享概念，始终内含于法学体系之中，以美德支撑法律，以智慧推动法治。以法律学、法治学和法理学为主体构建中国特色法学学术体系和自主知识体系，立体化阐述“中国之制”“中国之治”“中国之理”，必将在世界法学中彰显中国法学的主体性和民族性、时代性和原创性、规律性和融通性，必将充分体现我国法学学术体系的中国特色、中国风格、中国气派。

2024 年 11 月，在马克思主义理论研究和建设工程工作会议召开前夕，习近平总书记对新时代马克思主义理论研究和建设工程作出重要指示指出，马克思主义理论研究和建设工程是党的思想理论建设的基础工程、战略工程。新时代新征程，要坚持守正创新，坚持“两个结合”，扎根中国大地、赓续中华文脉、厚植学术根基，深入研究以中国式现代化全面推进强国建设、民族复兴伟业实践中的重大问题，加快构建中国哲学社会科学自主知识体系，培养高素质理论人才，为推进马克思主义中国化时代化作出更大贡献。习近平总书记的重要指示为法学领域深入开展马克思主义理论研究和建设工程、深入开展马克思主义法学理论研究、深化习近平法治思想体系化学理化研究阐释，以习近平法治思想为指导构建中国法学自主知识体系指明了正确方向和根本遵循。在党的二十届三中全会提出“构建中国哲学社会科学自主知识体系”的改革背景下出版的《中国法理学自主知识体系：回理、评析与构建》，正是坚持守正创新、坚持“两个结合”、致力于构建中国法学自主知识体系的范本。

有感于上，我应约为本书作序，以表达对付子堂教授及其团队的钦佩，并期待本书出版后引领中国法理学研究新风。

张文显*

2024年12月

---

* 教育部社会科学委员会法学学部召集人，中国法学会第七、八届学术委员会主任，中国法学会法学教育研究会会长，中国法学会法学期刊研究会会长，吉林大学哲学社会科学资深教授、博士生导师。

序　二

法理学(Jurisprudence)以人类法现象的共同发展规律和一般性普遍性法问题为研究对象,是法学知识体系的哲学基础和“理论皇冠”。新时代新征程,全面认识、观察、讨论和发展中国法理学,可从五个维度展开。

一是社会科学维度。从政治学维度看,法理学就是要研究解决法学与政治学、法治与政治、法理与政理、法律与政策等问题的学问,它要为治国理政和民主政治发展提供法理依据,为齐家治国平天下提供法治引领,为政党政治和国家治理提供法学支撑,为政治权威和政治行为提供合法性说明,等等。从社会学维度看,法理学就是要设计一套法学(法治)理念、原则、制度、程序和方法,通过法理的顶层设计和法律(法治)的社会控制,依法实现公正地分配社会利益、合理地调整社会关系、有效地规范社会行为、权威地维系社会秩序的社会公平正义目标,等等。从经济学维度看,法理学就是要以法与经济的互动关系为主要研究对象,以构建“市场经济法治”、营造良好的经济环境为主要目标,以“效率”为核心衡量标准,以“成本—收益”最大化和实证量化研究为基本研究方法,以法理学(法学)思维和方法观察研究经济问题,以经济学视角和方法研究分析法律和法治问题,等等。从哲学维度看,法理学就是从哲学角度,用哲学方法、哲学范畴和哲学思维来研究回答法学(法治)问题的学问,是法学的哲学化提升和哲学的法学化延伸。

二是部门法学维度。当代各个部门法正在构建“民法哲学”“刑法哲学”“经济法哲学”“行政法哲学”“诉讼法哲学”等各自的部门法理学(法哲学）。法理学的有关理论范畴、思想观点、基本原则和研究方法等要努力回应部门法哲学的期待和诉求，将法理学的价值、概念、范畴、原理、原则、方法等，对接部门法学历史逻辑、理论逻辑、制度逻辑和实践逻辑。具体来说，中国法理学应当从以下方面发力：第一，加强与部门法学的合作，努力打通法理学与部门法学对接的“最后一公里”，使法理学能够植根于部门法学以汲取理论养分，部门法学能够获得法理学的法理支持和学术导航；第二，通过部门法学这个“中介”，加强法理学对现实生活中相关法律问题、法治现象、社会关系、社会矛盾等的关注和介入，使法理学发展能够更接地气地获得当代中国经济社会的实践推动力、创新作用力；第三，从学者的研究视角和知识结构角度看，法理学者如果能够兼顾公法和私法领域中一至两个部门法学的重大问题研究，部门法学者如果能够从某些角度打通公法与私法、国内法与国际法、部门法与法哲学等相关问题的研究，将有可能为中国法学创新发展作出更大贡献。

三是比较法维度。当代中国法理学使命面临的一个重大挑战，是如何统筹兼顾地处理好中国法学、中华法治文明与世界其他不同法学理论及其法治文明的关系。我们既要立足中国实际，又要开门搞研究。对人类创造的一切法治文明理论观点和学术成果，我们应该密切关注、比较研究、合理借鉴。对国外法治文明创造的法学理论、概念、话语、方法，要有分析、有鉴别，适用的就拿来用，不适用的就不要生搬硬套。法理学既要有敏锐深刻的批判精神，也要有兼收并蓄的宽广胸怀，这是马克思主义最可贵的精神品质。

四是法治实践维度。当代中国法理学使命面临的主要挑战和基本问题，是如何回应、阐释、解读、引领当代中国的法制改革和法治实践。中国法理学以服务在法治轨道上全面建设社会主义现代化国家的法学（法治）需求为导向，以为强国建设、民族复兴伟业提供强大法理支撑、为中国式现代化提供有力法治保障为使命，通过对法治与人治、法治本质与功能、民主与法治、人权与法治、政治与法治、改革与法治、中国式现代化与法治、全面依法治国、法治中国建设、法律体系、法治体系、法制改革、法治现代化、法学基本范畴、法理基本范式、法学基本方法等重大问题的研究，服务法治建设实践，推动法理学发展，在理论创新、学术创造、人才培养、教材体系、话语体系、决策贡献等诸多方面，向中国法学和法治发展交出合格答卷。世界和平发展历史进程和法治中国建设伟大实践，共同呼唤并推动法理学创新发展。当代中国法理学处在一个能够产生大学问也应当产生大学问的新时代。中国法理学产生大学问的根本依据和动力源泉，在于弘扬全人类共同价值、构建人类命运共同体的世界趋势；在于我们党领导人民实现百年奋斗目标的宏图大业；在于新时代新征程亿万民众的权利觉醒和法治需求；在于经济社会改革和中国式现代化发展的伟大实践；在于法理学界的更多觉醒和自觉，更多投入和奉献，更多深入现代化强国建设的理性思考和具体实际。

五是自主知识体系构建维度。法理学是法学当中的基础性学科，中国法理学自主知识体系既是中国法学自主知识体系的子体系，又构成其基础性内容。构建中国法理学自主知识体系的过程，也是法理学自身不断自我革命和创新发展的过程，在此过程中应把握好五个向度：第一，法治中国的法理向度，运用法哲学、法理学、法政治学、法社会学等基本原理和方法，对新时代中国法治实践、法治道路、法治体系、法治现象、法治运行、法制改革等重大问题，作出符合法治科学精神和中国法治国情的法理总结、法理阐释和法理表达。第二，政治中国的政理向度，坚持正确方向和政治导向，思考法律中的政策问题，关注法治中的政治问题，研究法学中的政治学问题，融合法治理论与实践中的法理和政理，推动政治的法治化运行，实现法治的政治化引领，确保政治与法治相辅相成、相得益彰。第三，法治体系的时代向度，将新时代提出的新问题作为法理学的研究导向，将新时代出现的新矛盾作为法理学的研究重点，加强对习近平法治思想，法律大国迈向法治强国的基本规律，“法治中国”概念，中国特色社会主义法治道路、法治理论、法治体系、法治文化“四位一体”，良法善治等重大理论和实践问题的法理研究。第四，法治效能的实证向度，采取科学的方法，对法治运行实施状况进行观察、实验、调查和统计，获取有关法治实效的大量客观真实材料,分析计算出中国法治实施的状况和实际功效,总结归纳出法治运行的本质属性和发展规律,发现法治体系可能存在的风险、问题和不足,作出法制改革的前瞻性分析预测,提出有针对性和现实性的对策和建议。第五,法治世界的国际向度,一方面,要坚持中国法理学的民族性、原创性和中国特色;另一方面,要坚持中国法理学的开放性、包容性和国际性,积极学习借鉴人类法治文明的成功经验和有益成果。

构建中国法理学自主知识体系,必须坚持法理学的学科属性、学科分类、学科范畴、学术规范,体现法理学学科的一般规律、普遍共识和基本特点。但当代中国的法理学不是“纯粹法学”,治国理政的法治不是“超然法治”,它们赖以存在的经济基础、社会条件、意识形态、国家性质、政党制度、政权本质和其他政治上层建筑,从根本上决定了法理学与政治学,法治与政治,依法治国与依规治党、制度治党,法治现代化与中国式现代化等的本质特征和千丝万缕的内在联系。

以上五个维度中,前三个是外部维度,第四个是基础维度,第五个是法理学内部维度。法理学要实现时代使命,归根结底还在于加快构建具有中国特色、中国风格、中国气派的新时代法理学,加快构建中国法理学自主知识体系。付子堂教授主编的《中国法理学自主知识体系:回理、评析与构建》一书,是有组织科研的重大成果,是一部法理学的“学术总回顾”“学术总综述”“学术史记”。本书对中华人民共和国成立以来的法理学研究作了基本总结和认真梳理,既为构建中国法理学自主知识体系作了铺垫性工作,又对构建中国法理学自主知识体系进行了研究性探索。

社会大变革、经济大发展、政治大变迁、文化大繁荣、利益大调整的重要时刻,既是法治建设大推进的关键时刻,也是法理学大发展的良好时机。新时代新征程,法治实践是出题者,法理学人是答题者。我们每个法理学人都不仅需要思考,更需要回答“中国法理学的使命”这个时代问题。

习近平总书记在哲学社会科学工作座谈会上的讲话明确提出:“广大

哲学社会科学工作者要树立良好学术道德，自觉遵守学术规范，讲究博学、审问、慎思、明辨、笃行，崇尚‘士以弘道’的价值追求，真正把做人、做事、做学问统一起来。要有‘板凳要坐十年冷，文章不写一句空’的执着坚守，耐得住寂寞，经得起诱惑，守得住底线，立志做大学问、做真学问。要把社会责任放在首位，严肃对待学术研究的社会效果，自觉践行社会主义核心价值观，做真善美的追求者和传播者，以深厚的学识修养赢得尊重，以高尚的人格魅力引领风气，在为祖国、为人民立德立言中成就自我、实现价值。”

我们要不忘法理初心、牢记法学使命，团结一致、砥砺前行，共同为繁荣发展新时代新征程中国法理学、为构建中国法理学自主知识体系作出新的更大贡献。

*

2024 年 12 月

---

* 中国法学会学术委员会副主任，中国法学会法理学研究会会长，中国社会科学院学部委员、一级研究员，中国社会科学院大学法学院特聘教授、博士生导师、学术委员会主任。

总　目　录

第三编 | 法律价值研究

第四编 | 法律社会研究

第五编 ｜ 法律实践研究

第六编 ｜ 结 论

上卷目录

第一编 | 法理学与法哲学研究

第一编

法理学与法哲学研究

第一章　法学与法理学概念

本论题导读

回答好什么是法学和什么是法理学，是构建法理学知识体系的首要问题。新中国的法学与法理学基本知识研究先后经历了“国家和法的理论”“法学基础理论”“法理学”三种话语体系的变迁，完成了从若即若离到泾渭分明、从基础构建到引领前沿的历史发展。法学界从法律科学、法律学问和法律学科三种角度理解法学，由此衍生出对法学之科学属性、研究对象、研究方法、学科体系等问题的全面探讨。学者们聚焦于法理学的学科含义，通过对其研究对象、学科地位、学科体系、学科价值等内容的深刻阐发，有力地维护了法理学的独立性。展望未来，中国法理学界应当适时建立起独立的“法学学”，并强化对法理学研究方法的探索。

法理学教材是形成法理学学科体系、凝聚法理学学科共识的基本载体。[1] 对有关法学与法理学的基本知识进行系统明确阐释，从而回答好“什么是法学”以及“什么是法理学”的问题，几乎构成了新中国任何一部法理学教材“绪论”、“导论”或者“前言”的必备内容。可以说，法学与法理学的基本知识研究构成了构建整个法理学知识体系的最初起点。

但是，有关法学基本知识的研究本来并不属于法理学的研究范围，只是由于独立的“法学学”在我国一直没有建立起来，所以这部分内容才总是被“习惯地”放在法理学教材中加以论述。的确，法学与法理学的基本

〔1〕 田夫：《从法学基础理论到法理学》，载《中外法学》2021 年第 1 期。

知识研究尽管都涉及对研究对象、研究方法、学科体系等问题的探讨，但在具体内容上仿佛并没有必然联系。然而，与部门法学不同的是，法理学研究的是一般的、抽象的法，这使法理学即便是一门独立的法学分支学科，也必须时刻将自身视为法学的基础，服务于整个法学学术体系的“大一统”。换言之，正因为有法理学，法学才能够形成统一的理论体系；而要理解什么是法理学，也必须将其置于整个法学之中——这就意味着我们必须先行理解什么是法学以及什么是法理学。有鉴于此，本章接下来拟从“纵”“横”两条线索对新中国法学与法理学的基本知识研究一并进行回溯，试图在阐明上述两种研究的历史渊源与发展变迁之后，再分别展示它们各自的理论体系和学术成果。

一、新中国法学与法理学基本知识研究的历史变迁

新中国法学与法理学的基本知识研究集中于法学理论教材之中。70余年来，我国先后出现了“国家和法的理论”、“法学基础理论”和“法理学”三种版本的法学理论教材，它们分别承担着不同的历史使命、蕴含着不同的话语形式、彰显着不同的理论风格。在不同版本的法理教材中，新中国法学与法理学的基本知识研究先后聚焦于不同的理论问题，并呈现出不同的时代特征。

（一）“国家和法的理论”时期：奠基与共享（1949—1979 年）

作为社会主义阵营的成员，新中国在其成立初期形成了向苏联“一边倒”的知识引进格局，在法学研究领域以学习和引进苏联法学为主要内容。[1] 中国法学界通过翻译苏联“国家和法的理论”和以此为蓝本自主编写教材的方式，及时填补了新中国法理教材的空白，开创了马克思主义法学理论研究的开端。[2] 新中国初期法学与法理学的基本知识研究就

---

〔1〕 黄文艺：《迈向法学的中国时代——中国法学 70 年回顾与前瞻》，载《法制与社会发展》2019 年第 6 期。

〔2〕 付子堂、郭小东：《中国法理学教材改革新论——以新中国法理学教材 70 年为研究对象》，载《河南财经政法大学学报》2021 年第 3 期。

集中出现在这些“国家和法的理论”教材之中。马克思主义“国家和法的理论”认为,国家和法这两种社会现象有着不可分割的联系,既不能离开法律讲国家,更不能离开国家讲法律。[1] 这时法学不仅与政治学合二为一,其重要性也落于政治学之后。

早在新中国成立初期,法学的基本知识研究就已经涵盖了法学研究对象、研究方法、基本任务等一系列内容,其中法学的研究对象问题更是构成了法学界的讨论热点。[2] 从20世纪50年代后期开始,法学界在法学的研究对象上就一直存在争论。直到1964年5月,中国政法学会研究部、《政法研究》编辑部和中国科学院法学研究所联合举办了主题为“法学研究的对象问题”的学术会议。[3] 这是关于法学研究对象的第一次大讨论,经过热烈讨论,与会学者尽管基本同意将国家和法共同作为法学的研究对象,但是在国家和法的研究比重问题上仍然存在一定争议。[4]

此外,这段时期尽管“法理学”一词被当作资产阶级法学的专有名词不时遭到批评,但这并不意味着此时没有关于法理学基本知识的研究。各种“国家和法的理论”教材中并不乏关于本学科研究对象、研究方法、基本性质、课程体系、基本使命和重要意义的研究,这些研究取得了丰硕的理论成果,并且基本形成了一整套较为完备的理论体系。[5] 因此,可

---

〔1〕 中央政法干部学校国家和法的理论教研室编著:《国家和法的理论讲义》,法律出版社1957年版,第5页。

〔2〕 各种版本的“国家和法的理论”教材均将国家和法确定为法学的研究对象,并将辩证唯物主义和历史唯物主义作为一切社会科学唯一科学的研究方法。维辛斯基在《国家和法的理论问题》一书中还专门设置了“苏维埃社会主义法律科学的基本任务”一章,对法学基本任务这一话题作了详细论述。参见[苏联]玛·巴·卡列娃等:《国家和法的理论》,李嘉恩等译,中国人民大学出版社1956年版,第3-6页;[苏联]安·扬·维辛斯基:《国家和法的理论问题》,中国人民大学编译室译,法律出版社1955年版,第64-143页。

〔3〕 会议综述详见《法学研究》编辑部主编:《关于法学研究的对象问题的讨论》,载《法学研究》1964年第3期。

〔4〕 陈守一:《新中国法学三十年一回顾》,载《法学研究》1980年第1期。

〔5〕 [苏联]玛·巴·卡列娃、[苏联]费其金主编:《苏维埃国家和法的基础》,中国人民大学编译室译,法律出版社1955年版,第3-26页;[苏联]玛·巴·卡列娃等:《国家和法的理论》,李嘉恩等译,中国人民大学出版社1956年版,第1-16页;中央政法干部学校国家和法的理论教研室编著:《国家和法的理论讲义》,法律出版社1957年版,第5-11页等。

以说新中国成立初期就有对法理学基本知识的研究,只不过在当时的学术背景下,它具体表现为对"国家和法的理论"研究对象、研究方法等内容的探讨。

总的来看,新中国初期法学与法理学的基本知识研究主要出现在各种版本的"国家和法的理论"教材之中,并以"国家和法的理论"的话语形式呈现出来。这些研究成果颇丰,为马克思主义法学的整体研究奠定了坚实的理论基础。然而,由于以"国家和法的理论"为载体的法理教材缺乏对法学基本知识研究与法理学基本知识研究的明确区分,以至于我们难以确定"国家和法的理论"所扮演的角色究竟是"法学总论"还是"法学理论"(法理学)。因此,这时的法学基本知识研究与法理学基本知识研究在一定程度上溯及于相近的理论渊源,甚至在某些方面共享相同的理论话语,从而在总体上呈现出弱区分性的特征。

(二)"法学基础理论"时期:转型与分立(1980—1994年)

伴随着改革开放新时期党的解放思想、实事求是思想路线的确立,学术界向着以学术方式思考和处理学术问题回归。20世纪80年代初,法学成为一门独立学科之后,法理学也很快完成了从"国家和法的理论"向"法学基础理论"的转型发展,这使我国法学与法理学基本知识的研究事业脱离了旧的阶级话语体系,并逐渐迈入了国际主流的学术话语系统。[1] 这期间,我国法学与法理学的基本知识研究各自走向独立并迅速发展起来。

1980年,法学界围绕着"法学是否还应以国家为研究对象"的问题开展了法学研究对象的第二次大讨论。通过这次讨论,法学界达成了新的共识,即法学研究的对象应当限于法,而不包括国家。[2] 伴随着法学与政治学的独立,"法"被确立为法学唯一的研究对象,"法学基础理论"由此取代"国家和法的理论"登上历史舞台。1981年,陈守一、张宏生主编

〔1〕 沈宗灵:《我国法学基础理论学科的改革》,载《政治与法律》1984年第4期。
〔2〕 田夫:《从法学基础理论到法理学》,载《中外法学》2021年第1期。

的全国第一本《法学基础理论》在“绪论”中简要论述了法学的词源、性质、研究对象、历史发展以及课程体系等一系列内容。[1] 此后，各种版本的“法学基础理论”教材基本上均对法学的基本知识进行了介绍与补充。例如，1982 年孙国华主编的《法学基础理论》增添了法学的研究范围、研究方法等内容，使法学的基本知识研究得到了进一步发展。[2] 1988 年张文显主编的《法的一般理论》专设“法学”一编，对当时法学基本知识研究的理论成果进行了系统整合。[3] 总的来看，新时期的法学基本知识研究呈现出议题迅速增多、细节持续丰富、论证不断深入的鲜明特征。

此外，伴随着法学的独立，“法理学”这一概念开始得到法学界的逐渐认可，法理学的基本知识研究也步入了全新的历史发展阶段。然而，由于法理学长期以来一直被认为是资产阶级意识形态的专用名词，所以法学界此时仍不敢名正言顺地将研究法的一般理论的学科称为“法理学”，而采取权宜之计称之为“法学基础理论”，[4]法理学的基本知识研究转而寓于“法学基础理论”的话语体系之中。1981 年，陈守一、张宏生主编的《法学基础理论》对“法学基础理论”的课程体系进行了简要说明。[5] 此后每一种“法学基础理论”教材基本上都会对法理学的基本知识进行增补，例如，1982 年孙国华主编的《法学基础理论》又对“法学基础理论”的研究范围、学习意义及其在法学体系中的地位作了系统论述，初步实现了法理学基本知识的体系化。[6] 这些丰富的理论成果确立了“法学基础理论”的独立学科地位，使法学基础理论“很快完成了从仅仅是课程到不仅是课程而且是学科的自我建构”[7]。到 1988 年，在沈宗灵主编的《法学基础理论》中就已经涵括了“法学基础理论”的研究对象、课程体系、学习

---

〔1〕 陈守一、张宏生主编：《法学基础理论》，北京大学出版社 1981 年版，第 1－47 页。

〔2〕 孙国华主编：《法学基础理论》，法律出版社 1982 年版，第 1－24 页。

〔3〕 张文显主编：《法的一般理论》，辽宁大学出版社 1988 年版，第 1－50 页。

〔4〕 付子堂、郭小东：《中国法理学教材改革新论——以新中国法理学教材 70 年为研究对象》，载《河南财经政法大学学报》2021 年第 3 期。

〔5〕 陈守一、张宏生主编：《法学基础理论》，北京大学出版社 1981 年版，第 3 页。

〔6〕 孙国华主编：《法学基础理论》，法律出版社 1982 年版，第 27 页。

〔7〕 田夫：《从法学基础理论到法理学》，载《中外法学》2021 年第 1 期。

意义等一系列基本内容。[1]

整体来看，这一期间伴随着法学的独立化和法理学的学科化，法学与法理学的基本知识研究迅速实现转型升级，迈入了全新的历史发展阶段。一方面，尽管法理学的基本知识研究还以“法学基础理论”的话语形式展现出来，但是现代意义上的法学基本知识研究和法理学基本知识研究已经出现并各自趋于独立。另一方面，两种研究均摆脱了阶级话语体系的束缚，其学术性和科学性都有了显著提高。总之，在“法学基础理论”新时期，中国的法学与法理学基本知识研究迅速完成了由“苏式”向“中式”的转变，学术的、分立的、国际化的法学与法理学基本知识研究正式出现，并以较快的速度发展着。

（三）“法理学”时期：系统与深化（1995 年至今）

20 世纪 90 年代，中外法学交流的持续扩大使西方的法学理论被大量引介。这时尽管“法学基础理论”仍然作为一种“官定”的法学学科名称被继续使用，但法学界已不满意于此。为了同国际社会接轨并凸显中国法理学学科的独立性，“法理学”一词逐渐得到了学者们的广泛认可，并作为一种在国际上更为通用的法学学科名称被学界接受。[2] 从“法学基础理论”到“法理学”不仅仅是名称上的改变，更是法学理论学科内容和体系的改变，是法学研究面向现代化、面向世界的重要成果。[3] 这也使法学与法理学的基本知识研究迎来了全面深化发展的新阶段。

一方面，法学与法理学的基本知识研究相比以往呈现出更加鲜明的反思精神和问题意识，之前许多“不言自明”的理论观点被提上讨论议程，这使法学与法理学的基本知识研究在广度和深度上均有了很大发展。例如，长期以来我国的法学工作者一直将法学视为法律科学的简称，并普遍认为法学就是一门社会科学不言而喻，此时终于有学者提出了“法学是

---

〔1〕 沈宗灵：《法学基础理论》，北京大学出版社 1988 年版，第 18－24 页。

〔2〕 刘作翔：《法理学的定位：关于法理学学科性质、特点、功能、名称等的思考》，载《环球法律评论》2008 年第 4 期。

〔3〕 张文显：《法理：法理学的中心主题和法学的共同关注》，载《清华法学》2017 年第 4 期。

不是一门科学”[1]以及“法学是一门什么科学”[2]的疑问，这不仅引起了我国法学界的广泛关注和深刻思考，还为“法学学”研究的深入发展提供了关键的问题导向。此外，针对外界关于法理学学科独立性和重要性的严重怀疑，我国法理学界也开展了积极广泛讨论。例如，喻中提出中国法理学是“包含中国传统法理学与中国当代法理学在内的法理学，它负责呈现法理学的中国逻辑与中国形态”。[3] 总的来看，这一期间学者们以问题引领研究，既推动了法理学基本知识研究的深入发展，同时也夯实了法理学的独立学科地位。

另一方面，在积极跟进国际主流发展的同时，学者们坚持立足于中国实际情况，坚持马克思主义基本原理不动摇。一直以来，我国法学界始终重视理论研究的本土性、时代性和实践性，始终将中国的法治建设实践作为法学理论研究的根本出发点和最终落脚点。自 20 世纪 90 年代起，学者们就更加强调法学理论研究的国际化并不是要照搬照抄西方，而是在马克思主义基本原理的指导下，根据中国实际情况和自身需要取其精华为我所用。时至今日，我国法学与法理学基本知识的研究成果仍然保持着鲜明的中国特色和马克思主义色彩。例如，张文显主编的《法理学》作为中国近年间最具影响力的法学理论教材，其中就对中国法学词源、中国法学历史、中国特色法学体系、当代中国的法学教育以及马克思主义法理学的历史发展进程作了浓墨重彩的阐发。[4]

70 余年来，新中国对“什么是法学”和“什么是法理学”问题的研究先后经历“国家和法的理论”时期的奠基，“法学基础理论”时期的转型以及“法理学”时期的系统深入发展，成功实现了法学与法理学基本知识研究从依赖引介、相互糅杂到自主探索、各自独立，再到引领前沿、全面深化的

---

〔1〕胡舟：《法学是“科学”加“哲学”——也谈法律学是不是一门科学》，载《比较法研究》1992 年第 Z1 期。

〔2〕黄文艺：《法学是一门什么样的科学》，载《法制与社会发展》2001 年第 3 期。

〔3〕喻中：《论中国法理学史学科的创立》，载《中国法学》2024 年第 2 期。

〔4〕张文显主编：《法理学》（第 5 版），高等教育出版社 2018 年版，第 4 – 7、14 – 15、18 – 22、44 – 64 页。

不断突破。迄今为止，我国法学与法理学的基本知识均已经形成了逻辑严谨、内容完备的理论体系，其中法学的基本知识研究涵盖了法学的科学性质、研究对象、研究方法、历史使命、学科发展、学科体系以及科研教育等内容，法理学的基本知识研究则涵括了法理学的学科地位、研究对象、研究方法、基本功能、历史发展、学科体系以及学习方法、学习意义等内容。

二、法学基本知识

研究法学基本知识的目的之一在于准确理解和定义法学。通常来讲，法学的基本知识研究并不指向某一方面的法学问题，也不像法理学那样研究整体的法或一般的法，而是致力于诠释“法学”这一概念，并揭示法学本身的规律性。因此，法学的基本知识研究实际上属于法学学领域，是为了给更科学地从事法学研究提供指导性意见。[1] 归纳起来，学者们主要从法律科学、法律学问和法律学科三种角度来解释“法学”一词的基本含义，并由此对法学基本知识体系进行了系统构建。这些研究不仅全面阐发了法学的科学性质和价值面向，还深刻论证了法学的独立学科性质。

（一）“法学”释义之一：法律科学

长期以来，新中国法学界一般将“法学”理解为“法律科学”的简称。例如新中国成立初期，由中国人民大学编译室翻译的《苏维埃国家和法的基础》一书中就出现了“国家和法律科学”的表述，此处的“法律科学”即是法学。[2] 直到20世纪80年代，这一观点依然没有变化。1982年，孙国华主编的《法学基础理论》中就明确讲到：“法学的全称是法律科学。”[3]可见，在“国家和法的理论”和“法学基础理论”的话语系统中，

---

〔1〕 孙国华主编：《中华法学大辞典：法理学卷》，中国检察出版社1997年版，第147页。

〔2〕 ［苏联］玛·巴·卡列娃、［苏联］费其金主编：《苏维埃国家和法的基础》，中国人民大学编译室译，法律出版社1955年版，第3页。

〔3〕 孙国华主编：《法学基础理论》，法律出版社1982年版，第1页。

“法学即法律科学”作为一种不言而喻的判断，得到了新中国法学界的长期普遍认同。然而，如果“法学”这一概念是法律科学的简称，那么就意味着必须要首先承认法学是一门科学。因此，“法学是法律科学”的说法其实隐含着“法学是科学”这一更深层次的意味。实际上，由于受马克思主义理论的影响，新中国法学界长期以来不仅确信法学是一门科学，也当然地认为法学是一门社会科学。〔1〕

假如法学不是科学，而是某种哲学、神学或者艺术，法学研究的真实性和可信性就会无法得到保障。因此，法律的科学性问题是现代法学研究的逻辑起点，如果在法学属不属于科学以及属于什么科学的问题上含糊其辞，人们就没有继续讨论法学问题、开展法学研究和建立法学理论体系的可能。然而，这一问题在 20 世纪 90 年代之前却始终没有引起中国法学界的关注与反思，直到中国法学研究同国际接轨，才开始有学者对这一传统观点提出疑问。〔2〕 整体上看，中国法学界关于法学科学性问题的探讨主要包括法学的科学属性和法学的科学定位这两个具有递进关系的层面，前者意在探讨“法学科学性之有无”，后者则主要关涉“法学科学性

---

〔1〕 例如，1965 年由中国人民大学出版社出版的教材《国家和法的理论》明确指出：“国家和法的理论是一门社会科学。”1981 年由陈守一、张宏生主编的《法学基础理论》开篇就讲到：“法学属于社会科学的范畴，是社会科学中的一个独立学科，它在社会科学中具有重要的地位，并且是一门较古老的社会科学。”1982 年，王珉灿在总结十年浩劫的惨痛教训后，发出了“要充分认识法学是一门科学”的呼声。1988 年张文显在《法的一般理论》中也仍然说道：“马克思主义认为，法学是一门科学。”参见［苏联］玛·巴·卡列娃等：《国家和法的理论》，李嘉恩等译，中国人民大学出版社 1956 年版，第 1 页；陈守一、张宏生主编：《法学基础理论》，北京大学出版社 1981 年版，第 3 页；王珉灿：《要充分认识法学是一门科学》，载《法学杂志》1982 年第 1 期；张文显主编：《法的一般理论》，辽宁大学出版社 1988 年版，第 2 页。

〔2〕 法学科学性问题的提出与中国法学研究的对外交流之间存在密切的内在关联性。舒国滢指出：“法学的科学性问题并非是由于当代‘科际整合’的大背景而凸显并放大出来的一个理论议题，该话题由来已久。”周永坤指出，早在 1670 年，在德国就有人指出法学不是科学，其立论的依据是：科学是普适性的而法学是“地方性的”。因此，法学的科学性问题在西方实际上早已提出，这一问题此刻在中国的突然出现，在很大程度上是我国法学基本知识研究与国际接轨的产物。参见舒国滢：《论法学的科学性问题》，载《政法论坛》2022 年第 1 期；周永坤：《法学是科学吗？——德国法学界的史诗性论辩》，载《上海政法学院学报（法治论丛）》2022 年第 2 期。

之类型”。

1. 法学的科学属性

1992 年，胡舟率先提出了“法学是一门科学吗”的疑问，并指出法学实际上是“科学”与“哲学”的结合。〔1〕 1998 年，郑戈再次提出了相同的疑问，他认为随着 19 世纪以来自然科学的发展，法学在“现代化”的过程中逐渐失去了探究人类社会生活之条件和规矩的特权，以至于被排挤出“科学”的行列，因为这一名称已经为自然科学以及模仿自然科学追求实证性的学科所专享。〔2〕 他还强调，在今天的知识分类学中，法学在其中无法找到自己的位置，以至于在英、美等西方国家中是作为一门“技艺”存在的。〔3〕

随着这一问题的发酵，许多学者认为要回答法学是不是科学的问题，关键在于界定“科学”的范围。科学在广义上是指人类的各种知识体系的总和，在狭义上则仅仅包括那些能够依靠自然科学方法加以研究的知识体系。显然，如果适用自然科学的严格标准，那么法学永远无法进入科学的殿堂，但将科学定位在知识化的体系，则法学可以属于科学的范围。〔4〕 其间，也有学者深刻指出，法学是不是一门科学的问题与其说是为了精准地给法学划界定性，毋宁说是在质问人们究竟应当以何种精神或眼界来观照法学。〔5〕 之后越来越多的学者从法学的科学属性问题出

〔1〕 胡舟：《法学是“科学”和“哲学”——也谈法律学是不是一门科学》，载《比较法研究》1992 年第 Z1 期。

〔2〕 郑戈：《法学是一门社会科学吗？——试论“法律科学”的属性及其研究方法》，载《北大法律评论》1998 年第 1 期。

〔3〕 郑戈：《法学是一门社会科学吗？——试论“法律科学”的属性及其研究方法》，载《北大法律评论》1998 年第 1 期。

〔4〕 胡玉鸿：《法学是一门科学吗？》，载《江苏社会科学》2003 年第 4 期。

〔5〕 胡舟：《法学是“科学”和“哲学”——也谈法律学是不是一门科学》，载《比较法研究》1992 年第 Z1 期。

发，深刻地揭示了法学的人文追求、科学维度、实践性质等一系列内容。[1] 回到问题本身，我国大多数学者也给出了肯定性的回答。如舒国滢认为，法学是一门独立的自洽的学问：从知识论上看，它代表着一种独特的知识门类；甚至从科学论上看，它属于一门独立的学科，也配享“科学”之名。[2]

2. 法学的科学定位

如果承认法学具有一定的科学属性，那么它具体又是一门什么样的科学呢？20 世纪 90 年代之前，我国法学界普遍认为法学是一门社会科学，其后却有越来越多的学者相继突破这一传统观点，并提出了诸多具有创新性的看法。迄今为止，主流学界依然认为法学是一门社会科学，各种法学词典和大多数的法理学教材均不约而同地将法学界定为社会科学的一个学科。[3] 此外，许多学者也关注到了法学的人文属性，并试图按照人文科学的研究思路来进行法学研究。例如，梁治平倡导的“法律的文化解释”[4]、刘国利提出的“人文主义法学”[5]等。甚至还有不少学者指出法学乃是一种“规范科学”，它具有教义学性质，旨在实现统一性与体系化。[6] 这些意见揭示了法学分别作为社会科学、人文科学、形式科学的合理性，展示了法学的多种价值追求和多维科学属性。

近年来，又有越来越多的学者认为将法学仅仅归为某种特定的科学

---

[1] 黄文艺：《法学是一门什么样的科学》，载《法制与社会发展》2001 年第 3 期；胡玉鸿：《法学是一门科学吗？》，载《江苏社会科学》2003 年第 4 期；刘星：《法学“科学主义”的困境——法学知识如何成为法律实践的组成部分》，载《法学研究》2004 年第 3 期；舒国滢：《论法学的科学性问题》，载《政法论坛》2022 年第 1 期；王利明：《试论法学的科学性》，载《法治研究》2022 年第 3 期等。

[2] 舒国滢：《法学的知识谱系》，商务印书馆 2020 年版，第 1157 页。

[3] 例如，《中国法学大辞典：法理学卷》对法学的解释是：“法学，又称法律科学，是一切专门以法律现象为研究对象的学科的总称，属于社会科学。”孙国华主编：《中国法学大辞典：法理学卷》，中国检察出版社 1997 年版，第 138 页。

[4] [美]亚伯拉罕·艾德尔、[美]伊丽莎白·弗罗尔：《关于法文化概念的思考》，梁治平译，载《比较法研究》1994 年第 Z1 期。

[5] 刘国利、吴镝飞：《人文主义法学引论》，载《中国法学》2004 年第 6 期。

[6] 舒国滢：《法学的知识谱系》，商务印书馆 2020 年版，第 1624 页。

类型是不合适的，并进一步深刻阐释了法学的独特科学属性。如陈金钊指出，法学是一种人文社会科学，它是一种社会科学，但同时也是“一种人学，是关于人、为了人，以某种人性论假设为基础的学科”。[1] 再如郑永流强调，在整体的知识特性和学科文化上，法学具有显著的唯一性，它“不属于自然科学、社会科学和人文科学中任何一种，而是一个‘襟三江而带五湖’的独立学科”。[2] 可见，尽管法学是一门社会科学的观点在今天仍然得到了中国主流法学的支持，但是严格来讲，法学的科学定位问题并不存在“非语境化的唯一正解”。[3] 这正如《法理学初阶》所指出：“法学从总体上应该属于社会科学……同时，在当代法学中，人文性的特点也不能被忽视。虽然我们在学科分类时把法学归入社会科学大类，但这仅仅是为了学科管理的方便，随着社会发展，准确地说，法学既是一门主要体现社会科学属性，也同时体现某些自然科学、人文科学属性的综合学科。”[4]

（二）“法学”释义之二：法律学问

从词源上看，法学原本是一门学问。“法学”一词的拉丁文“Jurisprudentia”最初就表示有系统、有组织的法律知识、法律学问。然而，如果法学是一门学问，那么这又是一门什么样的学问呢，它的研究对象、方法和意义又分别是什么呢？为了回答这些问题，新中国法学界系统阐释了作为学问之法学的含义。

1. 法学的研究对象

1964 年 5 月，主题为“法学研究的对象问题”的讨论会在北京召开。归纳起来，学者们在法学的研究对象问题上主要就以下两个方面的内容展开了热烈讨论。

（1）法学的研究对象是什么？举其要者，学者们主要形成了三种代

---

〔1〕 陈金钊主编：《法理学》，山东大学出版社 2008 年版，第 4 页。

〔2〕 郑永流：《重识法学：学科矩阵的建构》，载《清华法学》2014 年第 6 期。

〔3〕 郑戈：《法学是一门社会科学吗？》，法律出版社 2022 年版，第 57 页。

〔4〕 付子堂主编：《法理学初阶》（第 6 版），法律出版社 2021 年版，第 41 页。

表意见。第一种意见认为法学的研究对象主要是国家和法发展的规律性以及统治阶级运用国家和法的规律性；第二种意见认为规律性不过是法学研究对象的一部分，确切地讲它是“国家和法的理论”的研究对象而不是法学的研究对象，法学应当研究国家和法两种社会现象；第三种意见则不同意用“法学”来包括国家理论，主张将国家理论和法律理论分为两个学门之后再进行讨论。第四种意见还补充道，此时的法学尽管只研究法，但是其研究对象并不是完全孤立的，它还是与政法科学以至整个社会科学的体系密切结合着的。[1] 其中，上述第二种意见作为新中国成立以来的主流观点，此时也得到了大多数与会专家的支持。[2]

(2)在国家和法两种研究对象中，哪一个占主要地位？对此，学者们主要形成了三种不同的观点。第一种观点认为应当将国家的位置放在法之上，以国家问题为研究重心；第二种观点认为法学的研究对象就应当以法为主；第三种观点认为这不是一个关于国家与法的实质关系的问题，而主要是法学体系中教学安排分量的问题，国家与法互为表里、相互依存，二者的理论研究都应继续加强。[3] 其中，上述第一种观点得到了较多与会学者的同意。总的来说，法学的研究对象问题构成了新中国初期法学基本知识研究的重点，而法学界通过这次讨论最终形成了以下共识：法学应当以国家与法为研究对象，其中国家又构成了法学的主要研究对象。

然而，随着政治学与法学的分离，法学基本知识的研究语境发生了重大转变，法学的研究对象也从国家与法的“整体论”“二元论”转向了仅指向法的“一元论”。1981 年，中国第一本《法学基础理论》教材明确指出：

---

[1] 《法学研究》编辑部主编：《关于法学研究的对象问题的讨论》，载《法学研究》1964 年第 3 期。

[2] 一直以来，在新中国初期各种版本的“国家和法的理论”教材中，也都指出国家和法就是本门理论的研究对象。例如，在玛·巴·卡列娃等主编的《国家和法的理论》中就有明确表示：“国家和法的理论是一门社会科学。顾名思义，它的研究对象就是国家和法。”参见[苏联]玛·巴·卡列娃等：《国家和法的理论》，李嘉恩等译，中国人民大学出版社 1956 年版，第 1 页。

[3] 《法学研究》编辑部主编：《关于法学研究的对象问题的讨论》，载《法学研究》1964 年第 3 期。

“法学的研究对象，就是法，或者说法律。”[1]将法作为法学唯一研究对象的观点得到了学界的长期普遍认同，在之后的40余年间几乎没有发生变化。例如，《法理学初阶》一直将“法律现象及其发展规律”作为法学的研究对象，[2]而由张文显主编的前四版《法理学》均将“法律现象”作为法学的研究对象，而第五版则又简化为一个“法”字。[3] 可见，大家尽管在具体表述上存在某些差别，但是始终都将法作为法学研究对象的核心概念，同时将权利和义务作为法学分析的核心范畴。[4] 因此，改革开放初期新中国法学界在法学研究对象的问题上很快就完成了从政法融合的“二元论”到以法为中心的“一元论”的转变，而后者作为一种主流的理论共识，也基本得到了40余年来中国法学界的普遍认可。

2. 法学的研究方法

新中国成立初期，各种“国家和法的理论”教材几乎都对法学的研究方法问题进行了探讨。此时的观点一致强调，不同于资产阶级法学所采用的唯心主义、形而上学的方法，马克思列宁主义的唯物辩证法才是研究国家和法的唯一科学方法。[5] 此时，法学界对研究方法的讨论实际上是从比较和否定资产阶级的法学研究方法出发的，其目的是展示马克思主义哲学的正确性和优越性。这就使学者们关于法学研究方法的认知不仅具有显著的阶级斗争属性，还由于把眼光全部限定于哲学方法的层面，而缺乏对具体方法的探讨。

---

〔1〕 陈守一、张宏生主编：《法学基础理论》，北京大学出版社1981年版，第4页。

〔2〕 付子堂主编：《法理学初阶》（第6版），法律出版社2021年版，第2页。

〔3〕 张文显主编：《法理学》，高等教育出版社1999年版，第1页；张文显主编：《法理学》（第2版），高等教育出版社2003年版，第1页；张文显主编：《法理学》（第3版），高等教育出版社、北京大学出版社2007年版，第1页；张文显主编：《法理学》（第4版），高等教育出版社、北京大学出版社2011年版，第1页；张文显主编：《法理学》（第5版），高等教育出版社2018年版，第1页。

〔4〕 此外，也有少数学者在法学的研究对象问题上提出了不同见解。如有学者提出，法学应以“权”作为基本研究对象，并主张采用绝对方法形成以法权为核心的基本范畴体系。

〔5〕 [苏联]玛·巴·卡列娃等：《国家和法的理论》，李嘉恩等译，中国人民大学出版社1956年版，第5页；中央政法干部学校国家和法的理论教研室编著：《国家和法的理论讲义》，法律出版社1957年版，第7页等。

伴随20世纪80年代法学研究的转型,上述情况发生了明显改观。一方面,法学界在继续坚持马克思主义哲学的基础上一改以往全盘否认资产阶级法学方法论的做法,开始承认资产阶级法学的方法论"在不同程度上包含某些科学的成份"。〔1〕另一方面,学者们开始区分法学研究方法的指导原则和具体的研究方法,并通过这两个维度综合建构起了法学的研究方法体系。例如,沈宗灵介绍了社会调查、历史考查、比较和分析法律等具体方法,并且进一步指出法学研究还要尝试有效采用系统论、信息论和控制论等新方法论和电子计算机等新技术。〔2〕张文显则从唯物辩证方法、价值分析方法、实证分析方法三个层面展开论述,初步实现了对法学研究方法的归纳整合。〔3〕总的来看,这一时期法学界对法学方法论的研究尽管在很大程度上仍然延续了苏联的法学方法论传统,但是通过引入西方的具体方法,学界还是成功推动了法学方法理论的深刻转变和体系构建。

20世纪90年代之后,我国的法学方法论研究又呈现出许多新的时代特征。首先,法学方法研究得到学界的广泛关注,学者们对法学研究方法的重要性有了更加清晰的认识。例如,舒国滢指出"没有科学的方法,就没有法律科学本身"〔4〕,并发出了"法学向方法回归"的倡议;〔5〕周永坤也认为:"现代法学的核心就在于方法论。"〔6〕其次,学者们有意识地远离了苏联的法学传统,通过抨击经济决定论与阶级分析法以及大量引入西方非主流的法学研究方法,我国的法学方法研究展现出"激进"的特点。〔7〕最后,关于法学方法论的哲学层面研究在比重上有所减少,

〔1〕孙国华主编:《法学基础理论》,法律出版社1982年版,第23页。

〔2〕孙国华主编:《法学基础理论》,法律出版社1982年版,第23-25页;沈宗灵主编:《法学基础理论教学大纲》,北京大学出版社1985年版,第3页。

〔3〕张文显主编:《法的一般理论》,辽宁大学出版社1988年版,第37-49页。

〔4〕舒国滢:《法学研究方法的历史演进》,载《法律科学(西北政法学院学报)》1992年第4期。

〔5〕舒国滢:《并非有一种值得期待的宣言——我们时代的法学为什么需要重视方法》,载《现代法学》2006年第5期。

〔6〕周永坤:《法学的学科定位与法学方法》,载《法学论坛》2003年第1期。

〔7〕季涛:《法学方法论的更新与中国法学的发展》,载《浙江社会科学》2000年第5期。

法学的具体研究方法日益成为法学方法论研究的重心。这些具体方法不仅在数量上与日俱增，还在体系上呈现出多元化趋势。如张文显区分了法学方法论的四条基本原则和三类基本方法，李龙区分了法学研究的哲学方法、基本方法和专有方法，周永坤后来还在具体研究方法之后补充了法学研究的三点道德原则。〔1〕

建立多元、综合、整体的研究方法既是历史的趋势，也是法哲学和法学家们的主要任务。〔2〕近年来，随着学者们的深入思考以及法学与其他学科的密切交流，法学的研究方法呈现出多样化、深刻化的发展态势。〔3〕其中尤为值得关注的是，法学的研究方法逐渐成为划分法学派别和学术阵营的主要标准，并使法学界出现了"法教义学"与"社科法学"两大流派，其中前者主张"站在法律之内研究法律"，注重法律规范内部的逻辑演绎和规范分析，后者则尝试将法学研究纳入社会科学的研究轨道，借助于其他社会科学的成熟方法来对法律问题展开全新研究。〔4〕这两大流派之间在近年来持续发生着对话和争论，其中甚至不乏一些较为尖锐的批评之声。

〔1〕 李龙主编：《法理学》，武汉大学出版社 1996 年版，第 9－11 页；张文显主编：《法理学》（第 2 版），高等教育出版社 2003 年版，第 44－51 页；周永坤：《法理学：全球视野》（第 4 版），法律出版社 2016 年版，第 18－19 页。

〔2〕 李其瑞：《论法学研究方法的多元化趋向》，载《法律科学（西北政法学院学报）》2004 年第 4 期。

〔3〕 相关文献参见杜宴林、张文显：《后现代方法与法学研究范式的转向》，载《吉林大学社会科学学报》2001 年第 3 期；傅郁林：《法学研究方法由立法论向解释论的转型》，载《中外法学》2013 年第 1 期；刘光华：《法循证学：法学与循证科学的交叉方法和领域》，载《图书与情报》2018 年第 3 期；陈瑞华：《从经验到理论的法学研究方法》，载《中国法律评论》2019 年第 2 期等。

〔4〕 相关文献参见陈瑞华：《法学研究方法的若干反思》，载《中外法学》2015 年第 1 期。另外，有关"社科法学"研究方法的文献可参见侯猛：《社科法学的跨界格局与实证前景》，载《法学》2013 年第 4 期；陈柏峰：《社科法学及其功用》，载《法商研究》2014 年第 5 期；陈柏峰：《事理、法理与社科法学》，载《武汉大学学报（哲学社会科学版）》2017 年第 1 期；侯猛：《社科法学的研究格局：从分立走向整合》，载《法学》2017 年第 2 期等。有关"法教义学"研究方法的文献可参见陈景辉：《法律与社会科学研究的方法论批判》，载《政法论坛》2013 年第 1 期；宋旭光：《面对社科法学挑战的法教义学——西方经验与中国问题》，载《环球法律评论》2015 年第 6 期等。

3. 法学的性质与任务

除讨论较多的科学性和人文性之外，学者们还揭示了法学的其他基本属性，进而确立了法学研究的主要任务。从历史来看，法学的性质与任务始终是新中国法学界持续关注的焦点问题之一，在此过程中形成的理论成果也构成了法学基本知识研究的重要部分。

"国家和法的理论"教材对法学的性质及任务问题进行了重点论述，其中着重揭示了马克思主义法学理论的党性。"所谓党性，就是阶级性的最高而集中的表现。"[1] 马克思主义法学研究同资产阶级"研究社会现象中客观主义的中立态度是完全相反的"，"真正的科学是为社会的进步服务的，它不能不对阻碍进步，阻碍利用科学所发现的规律来为社会谋福利的一切事物展开斗争"。[2] 马克思主义国家和法的理论及其研究的党性不仅表现在同工人阶级公开、紧密地联系在一起，还表现在猛烈批判一切反马克思主义和唯心主义的理论，马克思主义国家和法的理论的党性也保证了对国家和法作真正科学的研究。[3] 通过对国家和法的理论的党性的阐发，马克思主义法学的性质和使命均得以明确。

然而，进入改革开放新时期，只专注于法学研究的阶级性质和斗争使命已经不再符合时代发展的实际情况，因此学者们与时俱进地形成了新的观点。一方面，学界提出了建设中国特色社会主义法学的时代号召，在延续马克思主义"法学具有阶级性"的基本观点的同时，作出了"中国法学应当具有中国特色"的全新论断。[4] 另一方面，随着国家对社会主义法制建设事业的重视，法学的任务也从"揭示法的阶级性"转变为"促进社会主义法制建设"。如 1988 年由张文显主编的《法的一般理论》一书

---

〔1〕 中央政法干部学校国家和法的理论教研室编著：《国家和法的理论讲义》，法律出版社 1957 年版，第 9 页。

〔2〕 [苏联]玛·巴·卡列娃等：《国家和法的理论》，李嘉恩等译，中国人民大学出版社 1956 年版，第 13 页。

〔3〕 [苏联]玛·巴·卡列娃等：《国家和法的理论》，李嘉恩等译，中国人民大学出版社 1956 年版，第 13－15 页。

〔4〕 沈宗灵主编：《法学基础理论教学大纲》，北京大学出版社 1985 年版，第 2－3 页。

中指出，马克思主义理论法学的中心任务是深入法定权利和义务中去辨明法的本质、特征、结构和内容，以提供理解古今中外一切法现象的钥匙，推动法学研究和法学教育，提供社会主义社会每一阶段法定权利和义务的最佳方案，从而指导社会主义法制建设。[1] 可以说，法学研究的本土性以及对社会主义法治建设事业的指导性，是新时期我国法学界在法学研究之性质及任务问题上的理论共识。

21 世纪以来，学者们关于法学性质与任务问题的探讨仍在继续，相关理论不断发展完善。例如，《法理学初阶》专门设置了“法学性质”一章，系统论述了法学的科学性、人文性、意识形态性、实用性和理论性、民族性和普适性以及时代性和历史性等基本性质。[2] 值得强调的是，这一时期学者们还着重阐发了法学研究的实用性质和实践使命。例如，陈金钊指出法学是一门实用学科，法学的实践性不仅表现在其目的上，还表现在几乎所有法学概念、规范、原则都是一种分析、解决法律问题的工具；[3]范进学提出法学“本质上是基于对法的具体场景运用的实践活动的回应”[4]可见，21 世纪的学者们更加重视法学的实践品质，也更加深刻地揭示了作为学问之法学对于法律实践的现实使命。

（三）“法学”释义之三：法律学科

一般来说，当某种学问的研究对象、研究方法以及性质与任务等得以明确，这种学问就具备了成为一门独立学科的资格，法学也不例外。因此，法学界关于“法学”这一概念还有着学科意义上的认识，把法学理解为一门关于法、研究法的学科。例如，由张文显主编的《法理学》一书中就提到：“在当代中国，‘法学’一词家喻户晓，法学也已经发展成为一门比较系统而成熟的学科。”[5]总的来看，法学界关于作为学科之法学的理

---

〔1〕 张文显主编：《法的一般理论》，辽宁大学出版社 1988 年版，第 4 – 5 页。

〔2〕 付子堂主编：《法理学初阶》（第 6 版），法律出版社 2021 年版，第 38 – 41 页。

〔3〕 陈金钊：《法学的特点与研究的转向》，载《求是学刊》2003 年第 2 期。

〔4〕 范进学：《“法学”是什么？——比较法视域中的“法学”含义诠释》，载《法学论坛》2006 年第 4 期。

〔5〕 张文显主编：《法理学》（第 5 版），高等教育出版社 2018 年版，第 4 页。

论阐释主要包括“内”“外”两个方面:前者着眼于法学学科的内部结构,回应了法学的学科体系问题;后者则试图厘定法学的外部界限,致力于明确法学与相邻学科的关系。

1. 法学体系与中国法学自主知识体系

随着立法发展成为广泛而复杂的整体以及法律部门的出现,也就出现了法学的分科。而法学体系就是由法学的全部分支学科所构成的统一整体,其核心问题是法学内部各分支学科的划分。从经验来看,我国法学界关于法学体系的讨论主要有两个层面:一是法学体系的划分;二是中国特色社会主义法学体系的建设。

在法学体系的划分问题上,主要出现了五种划分标准和划分方案:(1)以国别为主要标准,将法学体系划分成国际法学、部门法学、外国法学、比较法学和法律史学。(2)以各分支法学能否直接应用为标准,将法学体系划分成理论法学和应用法学。而这一划分与以国别作为主要标准的划分在结果上大同小异。(3)以法律从制定到实现的全过程为标准,将法学体系划分成法律注释学、立法学和法律社会学。(4)以法学的纯粹程度为标准,将法学划分为纯法学和边缘法学。(5)以法学内部的指导关系为标准,将法学划分成理论法学和部门法学,其中部门法学又可以根据法律体系的部门划分细化,从而衍生出宪法学、民法学、商法学、行政法学、刑法学等具体的部门法学。通过上述划分,法学体系的内部结构和研究范围大致得以明晰。

建设中国特色社会主义法学体系是改革开放初期我国法学研究的重点话题之一。早在1980年,陈守一就指出,要改变我国的法学落后状况,发展繁荣我国的社会主义法学,就必须逐步建立具有中国特点的法学体系,这个体系要以马列主义、毛泽东思想为指导,又要反映我国人民长期革命和建设的实践经验。[1] 1983年4月,全国首届法学理论讨论会针对建设中国特色法学体系的问题开展了专门集中讨论,与会学者通过回顾

---

〔1〕 陈守一:《新中国法学三十年一回顾》,载《法学研究》1980年第1期。

新中国法学体系的建设历史，指出了法学体系当时存在的诸多问题，并且提出了划分法学体系的各种方案。[1] 这些讨论为当时中国特色社会主义法学体系的建设事业提供了有益智识支持。党的十八大以来，伴随着我国法学体系改革进程的加快，中国特色社会主义法学体系的建设问题重新得到法学界的广泛关注，众多学者积极献言建策，为新时代中国法学体系的改革事业提供了不少宝贵建议。[2]

近段时间，加快构建中国法学自主知识体系，逐渐成为中国法理学界所共同关注和热烈讨论的一个焦点话题。构建中国法学自主知识体系意义重大，它是新时代推进马克思主义法学中国化时代化的伟大工程，是法学领域的一场深刻革命，是构建中国特色法学体系的先导和基础，是培养德才兼备高素质法治人才的迫切需要，更是推进中国式法治现代化的必然要求。[3] 不少法理学者从多角度深刻回应了中国自主法学知识体系的构建进路问题，例如，黄文艺提出要加强对习近平法治思想原创性贡献的系统研究、加强对中华法律文明精华的学术挖掘、加强对中国法治实践经验的提炼、加强对中国制度文本的学理研究以及加强对全球公共性法治议题的理论回应。[4] 喻中则系统总结了建构中国自主法学知识体系所应当聚焦的四个方面：深化马克思主义法学理论的中国化表达、推动中华优秀传统法律文化的时代化再造、改进中国当代法治实践的理论化提

---

〔1〕 陈春龙提出将我国的法学体系划分为三个层次，李放主张将我国的法学体系划分为理论法学、历史法学、国内法学、国际法学和应用法学五大部门，谷安梁提出将我国的法学体系划分为理论法学、部门法学、历史法学、应用法学、国际法学以及法学边缘学科六大部分。参见张友渔等：《法学理论论文集》，群众出版社 1984 年版，第 222、231－235、246－248 页。

〔2〕 相关文献参见付子堂：《构建具有中国特色的法学学科体系》，载《中国高等教育》2017 年第 10 期；蔡立东：《加快构建中国特色法学学科体系》，载《中国大学教学》2017 年第 5 期；解志勇：《法学学科结构的重塑研究》，载《政法论坛》2019 年第 2 期；张文显：《在新的历史起点上推进中国特色法学体系构建》，载《中国社会科学》2019 年第 10 期；黄进：《完善法学学科体系，创新涉外法治人才培养机制》，载《国际法研究》2020 年第 3 期；黄文艺：《论构建中国特色、世界一流的法学学科体系》，载《法学家》2023 年第 2 期等。

〔3〕 张文显：《论建构中国自主法学知识体系》，载《法学家》2023 年第 2 期。

〔4〕 黄文艺：《建构中国法学自主知识体系的路径方法》，载《光明日报》2023 年 9 月 1 日，第 11 版。

炼和加强外来法学知识的选择性借鉴。[1] 此外，还有学者提出了建构中国法学自主知识体系的“数字法学”范式和学科交叉方法，这些意见为法学知识研究的自主化、时代化和系统化发展提供了可行方案。[2] 加快构建中国自主法学知识体系可以说是目前和将来一段时期内中国法学研究所肩负的历史重任和民族使命，彰显了中国法学界的时代担当和世界胸怀。

2. 法学与相邻学科

法学与相邻学科的关系研究是法学基本知识研究的重要方面。近代以来，随着法律对其他社会领域的渗透以及法学对其他学科研究方法和认识成果的吸收，法学与其他学科之间形成了复杂的内在联系。新中国成立之初，法学界就关注到了法学与政治学的密切联系，并将法学与政治学合二为一进行研究。以至于在很长一段时期内，“法律只是政治的一部分，法学也从属于政治学”。[3] 改革开放以来，随着法学与政治学的分立，学者们开始注意到法学与其他邻近学科的联系。1982 年，由孙国华主编的《法学基础理论》首次设置了“法学的对外范围”这一独立章节，其中对法学与哲学、社会学、经济学、政治学和伦理学之间的联系与区别进行了逐一介绍。[4] 这不仅开启了关于法学与相邻学科关系研究的先河，还正式确立了这部分内容在法理学教材中的地位。此后，绝大多数法理学教材均对这一问题进行了研究，并在内容上呈现出不断丰富的发展特征。时至今日，这类研究已经扩展到对法学与哲学、社会学、经济学、政治学、伦理学、历史学、逻辑学、心理学、语言学等十余种相关学科之间关系

[1] 喻中：《论中国自主法学知识体系的建构》，载《现代法学》2023 年第 4 期。
[2] 杨东、高一乘：《建构中国自主知识体系：数字法学范式》，载《法学杂志》2023 年第 2 期；余东明、张海燕：《华东政法大学第二届中国法治战略高端论坛暨“建构中国自主法学知识体系”学术研讨会举行》，载《法治日报》2023 年 6 月 28 日，第 11 版。
[3] 梁治平：《法律实证主义在中国》，载《中国文化》1993 年第 1 期。
[4] 孙国华主编：《法学基础理论》，法律出版社 1982 年版，第 6－10 页。

的深刻论述。[1]

三、法理学基本知识

法理学基本知识是法理学学科的“独立宣言”。从经验来看，人们对“法理学”一词的理解往往局限于其学科意义，把法理学视为法学的一门分支学科。因此，学界关于法理学的基本知识研究也着眼于法理学的学科性问题，着重阐释了法理学作为一门独立学科的对象、体系和价值等一系列内容。通过上述努力，新中国法理学界不仅系统推动了法理学基本知识体系的科学构建，还有力反击了外界关于法理学学科独立性的质疑。

（一）“法理学”概念：变迁与辨析

纵观历史，中国法学界对“法理学”一词的理解曾经发生过重大转变，其间“法理学”和“法哲学”这两个概念之间还呈现出极其密切、复杂的内在联系。因此在梳理新中国法理学基本知识研究之前，有必要简单回顾“法理学”的概念变迁史，同时对“法理学”和“法哲学”作出简要区分。

“法理”概念由中国原创[2]，而通说认为，作为学科名称的日文汉字“法理学”由穗积陈重于1881年率先使用，意指法哲学，这也是“法理学”的传统含义。清末至中华民国年间，尽管“法理学”这门学科在中国的发展略显复杂，但其含义基本未变。[3] 而自新中国成立以来，“法理学”这一概念的具体含义却经历了两次大的变化。

第一次变化发生在新中国成立初期。由于在法学研究与法学教育中全面引进苏联的“国家与法的理论”，自清末产生并发展起来的近代中国

---

[1] 孙国华、朱景文主编：《法理学》（第3版），中国人民大学出版社2010年版，第9－11页；沈宗灵主编：《法理学》（第4版），北京大学出版社2014年版，第7－8页；葛洪义主编：《法理学》（第4版），中国人民大学出版社2015年版，第9－11页；张文显主编：《法理学》（第5版），高等教育出版社2018年版，第8－10页等。

[2] 陈翠玉：《中国原创“法理”概念在日本法理学科创建中的运用》，载《法制与社会发展》2024年第5期。

[3] 田夫：《从法学基础理论到法理学》，载《中外法学》2021年第1期。

法理学学科消失了，法理学的含义也出现转变。一方面，由于苏联法学中本不存在“法理学”的概念，倒是源于欧陆的“法哲学”概念作为资产阶级关于国家和法的代表性学科不时被批判性地提及。受此影响，“法哲学”在中国也被视为剥削阶级法学家的思想学说。[1] 另一方面，受苏联法学影响，中国学者将“法理学”一词作为拉丁文“jurisprudentia”的对译，用以表示“法的科学和法的科学这一部门中的理论活动，也用来标明法律实际工作者的专业活动”[2]，这使“法理学”获得了异于传统的全新“苏式含义”。可见，新中国成立初期“法哲学”与“法理学”的概念在一定程度上被区别开来，其中前者的含义被剥削阶级化，而后者则完成了从传统含义到“苏式含义”的重要转变。然而，此时由于法哲学的概念相对占据了更加重要的位置，加之法理学的传统概念偶有出现，以至于法理学有时也被视为法哲学的别称。

第二次变化发生在改革开放初期，这时“法哲学”一词的剥削阶级色彩逐渐消退，“法理学”含义也重新回归传统。1981 年，张宏生在《法学基础理论》一书的绪论中讲到：“在英语国家中，Jurisprudence 一词，既称为法理学，又作为法律哲学的同义语。”[3] 这一说法恢复了法理学概念的传统含义，并于之后得到了学界的广泛认可。然而，当法理学的传统含义被恢复，法理学与法哲学的关系问题便摆在了眼前。纵观 20 世纪八九十年代，在法理学与法哲学的关系问题上，法学界大致形成了三种观点：(1)法理学与法哲学意义相同，没有必要区分。西方国家法学以及以沈宗灵、张文显、林志敏为代表的中国主流法学均持这一观点。(2)法理学与法哲学不是相同的学科，如有学者指出法理学和法哲学的研究目的、态度和对象均有差异。总体上看，持“法哲学独立论”观点的学者在 20 世

---

〔1〕 田夫：《从法学基础理论到法理学》，载《中外法学》2021 年第 1 期。

〔2〕 [苏联]库德利雅夫采夫主编：《苏联法律辞典》(第三分册国家和法的理论部分)，中国人民大学国家和法的理论教研室等译，法律出版社 1957 年版，第 132 页。

〔3〕 陈守一、张宏生主编：《法学基础理论》，北京大学出版社 1981 年版，第 3 页。

纪最后的20年间有增无减。[1] (3)法理学与法哲学是包含与被包含的关系，其中更多学者支持法哲学是上位概念，法理学是下位概念。如有学者认为，法学基础理论就是对于法哲学的特殊，它无论再抽象、再概括，也达不到哲学的“一般”的高度。[2] 可是，现实中法理学和法哲学的概念却总是被大部分学者不加区分地混用着，以至于后来有学者指出：“法理学与法哲学概念的混用，是20世纪后半叶中国法学展现出来的独特现象。”[3]

进入21世纪，概念混用的现象终于得到越来越多学者的深刻反思，他们继续尝试对法理学和法哲学进行明确区分。2000年，严存生指出概念的混用是我国理论法学落后的一个重要原因，并从研究对象和基本使命两个方面对法理学和法哲学进行了初步区分。[4] 2001年，舒国滢进一步论证了法理学与法哲学在学术传统、学科归属、研究方法和研究范围四个方面不同程度的差别。[5] 后来，越来越多的学者纷纷论述了法理学和法哲学的内在差异。[6] 时至今日，尽管这一讨论仍在继续，但是概念混用的状况已经有了显著改善。

(二)“法理学”释义：一门法学分支学科

任何学科的建立都需要满足一定的条件，法理学当然也不例外。法

---

[1] 陈春龙：《法学体系初论》，载《法学研究》1983年第4期；李放：《略论如何建立具有我国特色的法学体系》，载《法学季刊》1983年第4期；李步云：《法哲学的研究对象和意义》，载《中外法学》1992年第3期；文正邦：《法哲学的对象和性质论辩》，载《现代法学》1996年第2期等。

[2] 鲁平珍、文正邦：《马克思主义法哲学研究对象不应否定》，载《法学季刊》1987年第3期。

[3] 舒国滢：《走出概念的泥淖——“法理学”与“法哲学”之辨》，载《学术界》2001年第1期。

[4] 严存生：《法理学、法哲学关系辨析》，载《法律科学(西北政法学院学报)》2000年第5期。

[5] 舒国滢：《走出概念的泥淖——“法理学”与“法哲学”之辨》，载《学术界》2001年第1期。

[6] 相关文献参见郑永流：《法哲学名词的产生及传播考略》，载《中外法学》1999年第1期；曹义孙：《论哲学化的法理学》，载《政法论坛》2000年第3期；黄文艺：《法哲学解说》，载《法学研究》2000年第5期；魏吉华：《浅论法哲学与法理学的区别》，载《当代法学》2002年第8期；赵翠侠：《法理学与法哲学之考辩》，载《理论月刊》2004年第7期；程燎原：《中国近代“法理学”、“法律哲学”名词考述》，载《现代法学》2008年第2期；尤俊意：《论法理学和法哲学的关系——广狭义法理学论》，载《政治与法律》2008年第7期；焦宝乾：《“法理学”及相关用语辨析》，载《华东政法大学学报》2012年第2期；付子堂主编：《法理学高阶》，高等教育出版社2018年版，第25-29页等。

理学是法学领域中最具有争议性的学科之一,尤其是在法理学的学科可能性、独立性问题上始终存在非常尖锐的争论。可以说,新中国法理学界对法理学基本知识问题的研究,就是关于证成法理学学科可能性、独立性的学术努力。

1. 法理学的研究对象

研究对象是确认一门独立学科的首要标准。从学科发展的历史来看,法理学学科的出现正是其研究对象确定以后的事情。[1] 然而针对法理学的研究对象问题,新中国法理学界在不同的历史时期却分别给出了不同的理论回答。

"国家和法的理论"教材指出,国家和法的理论不同于其他研究国家和法的科学,它研究"国家和法的一般规律",研究"各种类型的国家和法所具有的基本特征"。[2] 因此,在新中国成立初期,马克思主义法学理论的研究对象是国家和法权及其基本问题。然而值得注意的是,此时法学界对法学的研究对象和法理学的研究对象偶有混淆。在 1964 年的法学研究对象讨论会上,有部分学者就认为法学的研究对象是国家和法发展的规律性以及统治阶级运用国家和法的规律性。对此,吴大英反驳道:尽管国家和法的发展规律是法学研究的中心课题之一,但它却主要是由法学中的一个部门,即国家和法的理论来承担的。[3] 可见,由于马克思主义的法学理论在很大程度上仍然需要在整个法学体系中确认自我的存在,所以其学科独立性仅仅是相对的,这使法理学的研究对象与法学的研究对象之间存在一定程度的混同。

改革开放以来,学者们在法理学研究对象的问题上形成了许多新观点,归纳起来,主要包括以下五种:(1)法的一般理论;(2)一般法;(3)法律现象的共同性问题;(4)法的共性问题和共同发展规律;(5)法律的本

〔1〕 陈金钊:《法理学的研究对象与范围》,载《法学》1999 年第 12 期。

〔2〕 中央政法干部学校国家和法的理论教研室编著:《国家和法的理论讲义》,法律出版社 1957 年版,第 6 页。

〔3〕《法学研究》编辑部主编:《关于法学研究的对象问题的讨论》,载《法学研究》1964 年第 3 期。

质和一般规律。[1] 可见,尽管大家此时的意见呈现出多元化的特点,但是这些意见至少反映出两种共识:一是法理学不再专门研究国家问题,它的研究对象只有法;二是法理学指向一般的法,研究法的一般性、普遍性、根本性问题。而所谓一般的法,首先是指法的整个领域或者整个法律现实,以及现行法从制定到实施的全部过程,其次则是指古今中外的一切法。[2]

伴随着法理学研究的不断深入,学界关于法理学研究对象问题的讨论持续深化,先后有不少学者提出了颇具独到性的见解。例如,陈金钊根据我国法理学的研究现状指出,"我们对法理研究对象定位的格调可以低一些,先确定法律现象的某一区域,就某一角度进行深入研究,而对所谓一般规律和普遍性问题,留待我们对局部问题有了系统研究以后再进行系统研究"[3];葛洪义强调"法理学的研究对象具有思想性",它"更多地以已经存在并已经产生或可能产生重大影响的理论成果为直接的对象"。[4] 2017 年,张文显在《法理:法理学的中心主题和法学的共同关注》一文中通过对中外法理学研究对象的学术检视,提出了把"法理"作为中国法理学研究对象和中心主题的主张,并深入阐释了"法理"作为一个综合概念而具有的丰富内涵。[5] 此文对法理学的研究对象进行了重新的认识和定位,是法理学研究对象问题上的最新成果。总的来看,70余年来新中国法学界关于法理学研究对象问题的讨论大致经历了"国家和法——一般法—法理"的发展进程,改革开放以来呈现出强反思性和多元发展的显著特征。

---

[1] 关于法学研究的对象问题的讨论详见沈宗灵主编:《法理学》,高等教育出版社 1994 年版,第 20 页;张文显主编:《法理学》,法律出版社 1997 年版,第 12 页;卢云主编:《法学基础理论》,中国政法大学出版社 1994 年版,第 5 页;孙国华主编:《法理学教程》,中国人民大学出版社 1994 年版,第 12 – 13 页;张贵成、刘金国主编:《法理学》,中国政法大学出版社 1992 年版,第 11 页。

[2] 张文显:《法理:法理学的中心主题和法学的共同关注》,载《清华法学》2017 年第 4 期。

[3] 陈金钊:《法理学的研究对象与范围》,载《法学》1999 年第 12 期。

[4] 葛洪义:《法理学的定义与意义》,载《法律科学(西北政法学院学报)》2001 年第 3 期。

[5] 张文显:《法理:法理学的中心主题和法学的共同关注》,载《清华法学》2017 年第 4 期。

2. 法理学的学科地位

在现代法学体系中，法理学具有不可或缺的地位。早在新中国成立初期，众多“国家和法的理论”教材都明确指出，“国家和法的理论作为一门对国家和法的根本的和主要的问题作出答复的科学，在整个法律科学体系中占主导的地位，它的结论和原理对其他一切法律科学部门都有普遍意义”。[1] 后来也有学者提到，“国家和法的理论”在法学体系中至少承载着两个功能：一是意识形态功能，二是共同适用功能。前者有助于理解国家与法权理论的社会主义性质，从而体现出与剥削者的国家与法权的区别，后者则使其成为研究一切部门法学学科的引言、一切法学学科的一般理论基础。[2] 因此，“国家和法的理论”这一学科在马克思主义的法学体系中具有指导性、基础性地位。

进入“法学基础理论”时期，绝大多数法理学教材均设置了专门章节阐释“法学基础理论”在法学体系中的地位。例如，由孙国华 1982 年主编出版，以及由北京大学法律系法学理论教研室 1984 年编纂出版的两本《法学基础理论》均指出，法学基础理论是法学专业所有科目的基础理论课，在法律科学体系中占有重要地位。[3] 后来，孙国华还进一步强调，如果对法学基础理论的研究有所忽视，必然会给整个法学的发展带来损害。[4] 可见，尽管此时的相关论证不甚深入、精致，但是法理学界关于法理学学科独立性、重要性地位的认知却依旧十分明确，这为法理学迅速完成从课程到学科的自我建构奠定了理论根基。

随着 20 世纪 90 年代以来中国法理学研究的持续深入，法学界对法理学在法学体系中的地位问题形成了更加系统深刻的认识。举其要者，法理学在法学体系中主要扮演着以下四种重要角色：法理学是法学的一

[1] [苏联]玛·巴·卡列娃等：《国家和法的理论》，李嘉恩等译，中国人民大学出版社 1956 年版，第 5 页。
[2] 田夫：《从法学基础理论到法理学》，载《中外法学》2021 年第 1 期。
[3] 孙国华主编：《法学基础理论》，法律出版社 1982 年版，第 27 页；北京大学法律系法学理论教研室编：《法学基础理论》（第 2 版），北京大学出版社 1984 年版，第 15 页。
[4] 孙国华主编：《法学基础理论》，天津人民出版社 1988 年版，第 15 页。

般理论,它是对所谓法律的社会现象进行的最基本、最一般、最抽象的分析;法理学是法学的基础理论,它不仅是关于法的根本性、普遍性问题的理论,还是一定时代的法的精神、理念的表达;法理学是法学的方法论,为法学提供一系列研究法律现象的基本方法;法理学是法学的意识形态,是统领和贯穿于全部法学领域的思想主线、理论原则和价值体系,是整个法学的根基和灵魂。[1] 这些说法系统深入地证立了法理学在法学体系中的重要地位。总的来看,70 余年以来法理学在法学体系中根本性、独立性的地位不仅得到了新中国法理学界的一贯强调,还通过持续的理论探索得以全面阐发。

3. 法理学的学科体系

所谓学科体系,即该学科的知识体系,是指某一学科的全部内容根据一定的指导思想所组成的有机联系整体,它有助于了解本学科的研究范围。应当注意,学科体系并不等同于教材体系(也称课程体系)。学科体系作为本学科工作者所公认的研究内容的总称,在内容上涵盖教材体系,同时在形式上较于教材体系也更为松散。[2] 但是,由于法理学教材是法理学学科体系的基本载体,所以法理学的教材体系在很大程度上直接塑造和反映着法理学的学科体系。通过对新中国法理学教材的全面考察,可以大致窥探到中国法理学的学科体系。

新中国初期各种“国家和法的理论”教材为了表示对法的继承性的否定以及强调不同历史阶段国家与法权之间的本质区别,按照法的历史类型先后论述了原始社会和法律的起源、奴隶制社会的法、封建制社会的法、资本主义社会的法、社会主义社会的法,最后是共产主义和法律的消亡。因此从教材上看,新中国初期马克思主义法学理论的学科体系其实是一种以不同历史类型的法及其一般规律为主要内容的“历时性”体系。在这种学科体系下,马克思主义的法理学重点阐述的是“每一种历史类型

---

〔1〕 张文显主编:《法理学》(第 5 版),高等教育出版社 2018 年版,第 23 - 28 页。
〔2〕 沈宗灵主编:《法学基础理论》,北京大学出版社 1988 年版,第 20 页。

的国家和法的基本特点……一种历史类型的国家和法被另一种历史类型的国家和法所替代的原因和方式，以及社会主义国家和法发展的愿景”[1]。

直到20世纪80年代后期，中国法理学教材才正式突破了“历时性”体系，改为国际主流的“共时性”体系。[2]“共时性”体系不再将法的历史类型及其变迁作为研究的主要线索，而是采用以法律现象以及法律与其他社会现象的关系的各个方面作为准绳来重新确定法理学的研究范围。1987年，由陈业精、刘学灵编著的《法理》率先突破“历时性”体系，将法理学学科的全部知识划分为法与法制的一般原理、法的制定与实施、法与其他社会现象的关系以及法与法学的历史发展四大部分。1988年，由张文显主编的《法的一般理论》也采用“共时性”体系，先后论述了法学、法的性质、法的历史、法的基本范畴、法的运行和操作以及法与其他社会现象等内容。此后，中国法理学界在编纂法理学教材时都逐渐采用了“共时性”体系，“历时性”体系逐渐退出了历史舞台。

在“共时性”体系下，我国法理学逐渐发展出了丰富的教材体系。甚至可以说，有多少种法理学教材，就有多少种教材体系。[3] 实际上，这些丰富多元的教材体系不过是法理学学科体系的表现形式，从内容上看，它

---

[1] [苏联]玛·巴·卡列娃等：《国家和法的理论》，李嘉恩等译，中国人民大学出版社1956年版，第3页。

[2] 付子堂、郭小东：《中国法理学教材改革新论——以新中国法理学教材70年为研究对象》，载《河南财经政法大学学报》2021年第3期。

[3] 例如，张文显主编的《法理学》由法理学基本概念、法的起源和发展、法的运行、法的价值、法治与法治中国六编构成；舒国滢主编的《法理学阶梯》又由法的一般理论、法的作用和价值、法的演进、法的运行以及法与社会五部分组成；周永坤主编的《法理学：全球视野》则由静态的法和动态的法两大板块构成。再如付子堂主编的法理学“三部曲”则呈现出更为宏大的知识体系，其中《法理学初阶》涉及法学基本知识、法律基本知识和法治基本知识，《法理学进阶》涉及法律本体论、法律价值论、法律方法论以及法律社会论，《法理学高阶》则涉及法理学主要传统、法理学基本理论以及法理学前沿问题。参见张文显主编：《法理学》（第5版），高等教育出版社2018年版；舒国滢主编：《法理学阶梯》（第2版），清华大学出版社2012年版；周永坤：《法理学：全球视野》（第4版），法律出版社2016年版；付子堂主编：《法理学初阶》，法律出版社2021年版；付子堂主编：《法理学进阶》（第6版），法律出版社2022年版；付子堂主编：《法理学高阶》（第2版），高等教育出版社2018年版。

们也呈现出明显的共通性。换言之，尽管每一种法理学教材都有各自独特的结构布局，但是它们都会涉及大量为法理学界所公认的基本知识，例如，对法的本质、法的起源以及权利和义务的分析等，即便不同教材在对这些知识进行具体论述时又会呈现出较大差异。然而应当指出，每一种法理学教材在形式和内容上的相对独特性，恰恰构成了新中国法理学学科体系规模不断扩大、内容不断深化的现实表现和直接动因。

4. 法理学的学科价值

长期以来，法理学之“用”一直是困扰法理学者的重要问题。对法理学的怀疑其实并不罕见，它甚至是一种相当普遍的看法，其中“缺乏实践效果”以及“与部门法知识重合或有分歧”的怀疑构成了法理学学科重要性遭受严重威胁的两个主要原因。为了回应上述怀疑，近年来中国法理学界开展了广泛研究，通过系统阐发法理学对于法律实践与部门法学的重要功效，深刻阐发了法理学的学科价值。

针对实践上的怀疑论，学者们深刻阐释了法理学对于法律实践的重要意义。通常认为，法学是一门实用学科，这种共识使法律人对所有法学科目每每以能否指导法律实践中的具体事务为标准来衡量其有用与否。然而，法理学作为一门理论学科，它更多的是对法律进行哲理性说明，相较于部门法学其实践性是不直接、不明显的。因此，法理学对法律实践究竟有无作用的问题，便现实地摆在法理学界的面前，许多法理学者都对此作出了回应。例如，刘作翔通过引用德沃金“在法理学与判案或法律实践的任何其他方面之间，不能划出一条固定不变的界线”这一理论观点，指出无论是法律实践还是法官判案都离不开法理学。[1] 这一观点正如王夏昊所强调的：法理学是“裁判的总则部分，是任何法律决定的‘无声前言’”。[2] 陈景辉通过阐释理论之于实践的三重重要意义，即理论是理解

〔1〕 刘作翔：《法理学研究的一般特点及其功能》，载《法律科学（西北政法学院学报）》1996 年第 6 期。

〔2〕 王夏昊：《从法教义学到法理学——兼论法理学的特性、作用与功能局限》，载《华东政法大学学报》2019 年第 3 期。

实践的先决条件、实践难题由理论争议引发以及实践难题的解决是个理论工作，进而揭示出法理学的现实功效。[1] 然而，也有学者对法理学实践价值的局限性进行了论述。如谢晖认为法理学在法制建设中的基本功能就是精神教义功能、方法启示功能和实践应用功能，除此之外都是法理学所不能的“广阔空间”。[2] 他由此进一步指出，实践上的怀疑论实际上源自人们对法理学“实用化期待”的破灭，而这种期待本身具有一定程度的非理性。[3]

针对知识冗余以及知识分歧的怀疑论，学者们揭示了法理学对于部门法学的重要价值。在某些部门法学者看来，法理学要么与部门法学中的理论不一致，要么只是对部门法学中的概念进行抽象分析，因此在法学的整体知识结构中，法理学不仅会产出错误的知识，还会被部门法学完全取代。[4] 这样一来，法理学非但不能与部门法学建立起有效的指导与被指导关系，甚至其本身都没有存在的必要性。对此，法理学界作出了回应。首先，针对“知识冗余论”的质疑，陈景辉指出这一看法其实忽视了法理学的独特之处，即法理学针对一般法而不针对个别法，关心道德原则而不关心实在法体系，所以即使在重叠的研究领域中，法理学依然具备不可取代的重要性。[5] 他还指出，法理学作为关于法体系之价值的一般理论，其重要性在于为促进实在法体系依照特定价值作出改进提供动力来源，因此对于部门法学来说，法理学的意义就在于它是关于特定实在法体系背后之一般价值的讨论。[6] 雷磊提出，法理学与部门法学的关系至少

---

〔1〕 陈景辉：《法理论为什么是重要的——法学的知识框架及法理学在其中的位置》，载《法学》2014年第3期。

〔2〕 谢晖：《法理学的能与不能》，载《法学论坛》2000年第5期。

〔3〕 谢晖：《法理学的能与不能》，载《法学论坛》2000年第5期。

〔4〕 泮伟江：《在科学性与实践性之间——论法理学的学科定位与性质》，载《法学家》2019年第6期。

〔5〕 陈景辉：《法理论为什么是重要的——法学的知识框架及法理学在其中的位置》，载《法学》2014年第3期。

〔6〕 陈景辉：《部门法学的教义化及其限度——法理学在何种意义上有助于部门法学》，载《中国法律评论》2018年第3期。

体现在抽象与反哺、输入与运用、蕴含或融合三个方面，并得出“没有部门法学的法理学是空洞的，而没有法理学的部门法学是盲目的”这一结论。[1] 李拥军则通过“理论法理学”和“工程法理学”的二元区分重构了回答这一问题的前提性共识，指出理论法理学和工程法理学对部门法学分别具有的间接意义和直接功用。[2]

然而，尽管法理学界基本一致支持法理学之于部门法学的独立性和重要性，但是在法理学是否对部门法学具有指导性的问题上，却传来了来自法理学界内部的尖锐质疑。如田夫以法律关系理论和法律行为理论为例，指出法理学其实无法有效生产出指导部门法学的知识，所以法理学不是部门法学的指导学科，其与部门法学的关系也亟须被重新界定。[3] 当然，这一观点并不是说法理学的知识是错误的，实际上学者们可能意在强调，“法理学不应当自命不凡，它不仅不位于部门法之上，还应当强化与部门法学的平等交流，从而更好地为部门法学提供基本理论支持”。[4]

四、法学与法理学基本知识研究的未来展望

70 余年来，新中国的法学与法理学基本知识研究取得了丰硕的理论成果，持续推动了法学学与法理学总论相关知识的体系化、科学化、深入化。在此期间，学者们通过对法学与法理学科学属性、学科属性的系统阐释，既成功推动了法学与政治学的分立、揭示了法学的多维性质和目标追求、确立了法学的独立学科地位，还夯实了法理学在整个法学体系中的重要学科地位，对法理学的作用和局限均有了更加深刻的认识。然而，目前我国法学与法理学的基本知识研究仍然存在一些不足。一方面，法学的

〔1〕 雷磊：《法理学与部门法学的三重关系》，载《河北法学》2020 年第 2 期。

〔2〕 李拥军、侯明明：《法理学二元划分的意义与功用——对法理学与部门法学关系的深层省思》，载《学习与探索》2019 年第 4 期。

〔3〕 田夫：《法理学“指导”型知识生产机制及其困难——从法理学教材出发》，载《北方法学》2014 年第 6 期。

〔4〕 郭道晖：《法理学的定位与使命》，载《上海师范大学学报（哲学社会科学版）》2007 年第 6 期。

基本知识研究至今已经形成了较为完备的理论体系，但是这些本属于"法学学"的丰富庞杂的知识却只是被放在法理学教材中作简略论述。另一方面，目前有关法理学的基本知识研究在一定程度上呈现出"两极分化"的特征，其中既存在像研究对象这种学界持续关注、研究成果十分丰富的焦点话题，又存在像研究方法这种几乎无人问津的边缘领域。这些现实问题或许为我国法学与法理学基本知识研究的未来发展指明了方向。

（一）适时建立独立的"法学学"

从内容上看，"法学学"与其他传统的法学学科均存在本质差异，它是一门关于法学而非法律的学问，是一切法学学科之上的学科。早在20世纪80年代初期就曾经有学者主张建立"法学学"，以便于专门从宏观和整体上研究有关法学的基本理论。[1] 之后，文正邦和程燎原明确提出"法学学"以法学为研究对象，是法学自我认识的系统化和理论化，并且在方法论意义上将"法学学"与法学区分开来，全面精准地解释了"法学学"的学科性质和内涵。[2] 但是，由于当时法学基本知识研究尚且处于恢复和转型阶段，建立"法学学"的条件并不成熟，所以这一主张并未引起学界的广泛关注。随着20世纪90年代我国法学研究的全面深化，法理学者们对传统法理学知识体系的局限性开展了深刻反省，刘作翔从研究法学学科的功能角度出发，严密地推导出了"法学学"学科存在的正当性。[3] 时至今日，尽管中国目前还没有独立的"法学学"，但构建"法学学"的呼声始终存在，相关的学术努力在一部分法理学教材中也已经可以看到。[4]

进一步讲，建立"法学学"并不是单纯的学科之争，其背后还有着更

---

[1] 耘耕：《法学学刍议》，载《法学杂志》1983年第5期。

[2] 文正邦、程燎原：《法学的自我认识和反思——谈"法学学和法学方法论"研究》，载《当代法学》1989年第4期。

[3] 刘作翔：《世纪之交的中国法学应当重视法学学问题的研究——兼论法学学科的功能》，载《法学》1996年第4期。

[4] 相关文献参见莫纪宏：《"法学学"视野下中国法学"三大体系"构建的方法论路径》，载《法制与社会发展》2023年第6期；周永坤：《法理学：全球视野》（第4版），法律出版社2016年版；付子堂主编：《法理学初阶》（第6版），法律出版社2021年版等。

加深层次的理由与追求。实际上，法学的研究对象、科学性质和学科体系等内容不过是“法学学”研究领域的冰山一角，中国法学界长期所关注的那些宏观性问题其实都属于“法学学”的研究范围，如中国法学的未来走向问题、中国法学的指导思想问题、法学发展的内外部环境问题、法学的学科体系及理论体系问题，以及法学的现代化、国际化、多元化问题等。〔1〕 这些问题由于在任何一个传统法学学科中都无法得到妥善解决，因而不仅无法得到相关学科力量的术业专攻，还难以搭建起理论讨论和成果传播的固定平台。因此，适时建立独立的“法学学”不仅是新中国法学基本知识研究的必然趋势，还是完善中国法学理论体系、推动新时代中国法学研究发展的必然要求。

（二）及时强化法理学基本知识研究的薄弱环节

长期以来，法理学的研究方法始终都是中国法理学基本知识研究中的薄弱环节。新中国成立初期，唯物辩证法被学术界视为研究一切社会科学都必须遵循的唯一正确的科学方法，国家和法的研究当然也不例外。所以不难发现，当时的法学与法理学研究方法在很大程度上是同一的。进入 20 世纪 80 年代，尽管伴随着学者们关于法理学研究对象的讨论，法理学的独立学科地位逐渐得到广泛认可，但是法理学的研究方法问题却始终没有引起学者们的过多关注，法理学的研究方法和法学的研究方法仍然没有被明确区别开来——仿佛只要把法学的研究方法说清楚，法理学的研究方法也就明确了——其间也不乏有教材甚至直接把法学研究方法和法理学研究方法合二为一进行讨论。〔2〕 近年来，即便某些法理学教材设置了法理学研究方法的独立章节，但是它们谈到的要么基本还是法

〔1〕 刘作翔：《世纪之交的中国法学应当重视法学学问题的研究——兼论法学学科的功能》，载《法学》1996 年第 4 期。

〔2〕 例如，孙国华在《法理学教程》的绪论中设置了“研究法学、法理学应用的基本态度和方法”一节，其中从四个层次对法学研究方法和法理学研究方法进行了合并讨论。参见孙国华主编：《法理学教程》，中国人民大学出版社 1994 年版，第 21－28 页。

学的一般研究方法，要么则是法理学的“学习方法”。[1] 然而，法理学的研究方法显然不应该被等同于法学的研究方法或者法理学的学习方法。因此，有必要将法理学研究方法与法学研究方法、法理学学习方法区别开来，并重视起对法理学研究方法的探讨，进一步夯实法理学的独立学科地位。

21 世纪以来，也有一些学者曾经专门针对法理学的研究方法问题进行思考。例如，蒋传光指出法理学不能停留于定性研究，而是应当做到坚持独立的品格与为现实服务相结合、价值研究与具体制度研究相结合、哲学思考与实证分析相结合。[2] 陈景辉强调法理学为了完成“说明法律的一般属性”的任务，需要以可靠的方法论为前提，并进一步指出法理学的“最佳选择应该是蕴含关于形式法治这个价值的诠释主义”。[3] 然而从总体上看，在法学方法研究的长期“荫庇”下，目前法理学的研究方法研究仍然是法理学基本知识研究中十分明显的薄弱环节。有鉴于此，未来中国的法理学基本知识研究必须重视起对法理学特殊研究方法的探索，进一步夯实法理学的独立学科地位，从而为法理学发挥实践价值提供方法论支撑，并助力法理学学科自信的树立。

五、结语

法学与法理学的基本知识研究，构成了新中国法理学理论体系建设的逻辑根基和最初起点。70 余年来，新中国的法学与法理学基本知识研究先后经历了“国家和法的理论”时期的融合奠基、“法学基础理论”时期的分立转型以及“法理学”时期的系统深化，逐步完成了从依赖引介到自主探索，再到引领前沿的历史性飞跃。时至今日，新中国的法学与法理学

---

〔1〕 相关文献参见刘金国、舒国滢主编：《法理学教科书》，中国政法大学出版社 1999 年版，第 15－18 页；徐显明主编：《法理学》，中国政法大学出版社 2007 年版，第 8－10 页；张文显主编：《法理学》（第 3 版），高等教育出版社 2007 年版，第 71－72 页等。

〔2〕 蒋传光：《对法理学研究方法的一点思考》，载《法学评论》2001 年第 1 期。

〔3〕 陈景辉：《法理学的性质：关于法律一般属性的讨论如何可靠》，载《吉林大学社会科学学报》2019 年第 4 期。

基本知识研究已经取得了一系列的重要理论成就,从不同维度、不同层次和不同方面系统深入地回答了什么是法学、什么是法理学以及如何开展法学与法理学研究等一系列基础性、一般性、宏观性问题,为法学与法理学基础理论研究的科学开展提供了根本遵循和基本规定。目前,中国法学界既应当适时建立起独立的“法学学”,又需要及时关注既有研究中的薄弱环节和边缘领域,从而进一步推动新时代中国法学与法理学基本知识研究的良善发展。

延伸阅读学术著作

1. 张友渔等:《法学理论论文集》,群众出版社 1984 年版。
2. 万斌:《法理学》,浙江大学出版社 1988 年版。
3. 沈宗灵主编:《法理学研究》,上海人民出版社 1990 年版。
4. 文正邦主编:《走向 21 世纪的中国法学》,重庆出版社 1993 年版。
5. 李贵连主编:《二十世纪的中国法学》,北京大学出版社 1998 年版。
6. 赵震江、付子堂:《现代法理学》,北京大学出版社 1999 年版。
7. 郭道晖:《法理学精义》,湖南人民出版社 2005 年版。
8. 桑本谦:《理论法学的迷雾:以轰动案例为素材》,法律出版社 2008 年版。
9. 张文显:《法哲学通论》,辽宁人民出版社 2009 年版。
10. 李步云 :《迈向法治新时代:我的治学理念和实践》,人民出版社 2017 年版。
11. 公丕祥 :《大变革时代的中国法治现代化》,人民出版社 2017 年版。
12. 张志铭:《中国法治实践的法理展开》,人民出版社 2018 年版。
13. 张守文:《中国法学四十年》,商务印书馆 2019 年版。
14. 李龙:《中国法理学发展史》,武汉大学出版社 2019 年版。
15. 舒国滢:《法学的知识谱系》,商务印书馆 2020 年版。
16. 郑戈:《法学是一门社会科学吗?》,法律出版社 2022 年版。
17. 董彦斌:《法的思想世界》,北京大学出版社 2022 年版。

18. 高鸿钧:《法理学手册》,商务印书馆 2022 年版。

19. 雷磊:《法理学的疆界》,商务印书馆 2023 年版。

20. 喻中:《中国法理学史》(1—3 卷),华东师范大学出版社 2024 年版。

延伸阅读学术论文

1. 周新民:《十年来新中国法学发展的回顾》,载《法学研究》1959 年第 5 期。

2. 陈守一:《新中国法学三十年一回顾》,载《法学研究》1980 年第 1 期。

3. 陈金钊:《法理学的研究对象与范围》,载《法学》1999 年第 12 期。

4. 苏力:《也许正在发生——中国当代法学发展的一个概览》,载《比较法研究》2001 年第 3 期。

5. 胡玉鸿:《法学是一门科学吗?》,载《江苏社会科学》2003 年第 4 期。

6. 舒国滢:《并非有一种值得期待的宣言——我们时代的法学为什么需要重视方法》,载《现代法学》2006 年第 5 期。

7. 陈景辉:《法理论为什么是重要的——法学的知识框架及法理学在其中的位置》,载《法学》2014 年第 3 期。

8. 张文显:《法理:法理学的中心主题和法学的共同关注》,载《清华法学》2017 年第 4 期。

9. 付子堂、王勇:《“法理”:中国法学与法理学的理想图景》,载《法制与社会发展》2020 年第 4 期。

10. 喻中:《论中国法理学史学科的创立》,载《中国法学》2024 年第 2 期。

第二章　马克思主义法哲学

本论题导读

马克思主义法哲学研究是马克思主义研究的重要领域。新中国成立初期,马克思主义法哲学研究参考了苏联“国家与法的理论”传统。改革开放后,马克思主义法哲学研究快速发展,研究主题更加丰富、特点更加鲜明、队伍更加庞大。国内学者在马克思主义法学基础理论、马克思恩格斯的法律思想、马克思主义法律思想的中国化、国外马克思主义法哲学研究等方面成绩斐然,丰富了马克思主义法哲学的理论内涵,推动了马克思主义法哲学的纵深发展。我国马克思主义法哲学研究始终坚持经典研读与现实关照相结合、历史探源与时代创新相结合、实践主导与理论指导相结合。未来,马克思主义法哲学研究应当加强与其他学科的交流并增加对多学科交叉研究方法的运用,加强对中国特色社会主义的理论研究,加强对马克思主义法律思想的中国化研究。

一般认为,马克思主义法哲学是以马克思主义的创始人马克思和恩格斯的法律思想为基础发展起来的法律理论,是马克思主义理论体系的有机组成部分。[1] 新中国成立以来,我国马克思主义法哲学研究取得了一系列重要成就,既为厉行法治提供了理论资源,也为构筑中国特色社会主义法治大厦奠定了理论基石。梳理和分析新中国马克思主义法哲学研

〔1〕 邱昭继:《马克思主义法哲学的主要特征》,载《中国社会科学报》2019 年 11 月 15 日,第 4 版。

究的发展历程、主要方向和基本经验，有助勾勒马克思主义法哲学研究的未来前景。

一、马克思主义法哲学研究的发展历程

我国马克思主义法哲学研究主要经历了三大阶段，逐步从单一走向多元，从片面走向全面。新中国成立初期的马克思主义法哲学研究主要沿袭苏联传统，将国家理论与法学理论作为法哲学研究的主体。改革开放以后，中国学者有意识地摆脱苏联研究模式，开始探索马克思主义法哲学研究的中国道路，将法学基础理论研究从国家理论研究中解放出来，回到马克思主义经典文本中探索法律的真谛，深入挖掘马克思主义法律思想的发展史，在马克思主义法学基础理论、马克思主义法律思想的中国化等领域取得了重要成就。进入21世纪，马克思主义法哲学研究步入全面发展阶段，研究主题更加丰富，特点更加鲜明，队伍更加庞大，呈现了全新的时代风貌。

（一）第一阶段：苏联化的马克思主义法哲学研究（1949—1978年）

在苏联的法学专业课程体系中并不存在“马克思主义法哲学”这门课程，而是在马克思列宁主义基本原理指导下的“国家与法的理论”。因为在苏联的传统学术观点中，“法哲学”或“法理学”是资产阶级法学的分支，而资产阶级及其法学理论，正是马克思主义法学理论批判的对象，这一观点后来也成为新中国成立初期中国法学界的通说观点。通说是否一定正确？法哲学是不是资本主义首创？中国第一代马克思主义法学家李达先生早已将其1948年完稿的马克思主义法学理论专著命名为“法理学大纲”。这表明，“法哲学”或“法理学”之名并不专属于资本主义国家，坚持马克思主义唯物史观同样可以开展法哲学研究，关键要看研究内容和研究对象。还要坚持用马克思主义法哲学、马克思主义的基本原理来研究法学问题。不过，尽管苏联的法学理论教材不采取“法哲学”的提法，但并不意味着其法学理论不是法哲学。因为以马克思列宁主义为指导

的苏联法学理论教科书"国家与法(法权)的理论"其本身就是一种将国家理论与法权理论作为整体进行研究的马克思主义法哲学。这一阶段,国内学者的研究基本围绕着苏联的教科书展开,阐释人类社会不同阶段的国家理论与法权理论的基本原理,比如国家与法的起源和本质,剥削者国家与法的历史类型,社会主义国家的主要发展阶段、基本职能和机构,社会主义法的本质、法的规范、法的渊源、法的关系、法的体系等。[1]

孙正聿曾指出,"1978 年改革开放以前,整个中国的文科研究,文史哲政经法研究,都是以本学科的教科书作为教学和研究的范式"[2]。马克思主义法哲学研究亦是如此。在苏联法学理论教科书中,影响力最大的当属经苏联高等教育部综合大学、高等经济和法律学校总管理局审定作为高等法律学校的教科书——《国家与法的理论》。[3] 新中国成立后,国内学者以《国家与法的理论》教科书为蓝本,编写中国自己的法理学教材,[4]并将《国家与法的理论》作为标准的马克思主义法哲学概念框架,以教科书模式去讲授、解释和研究马克思主义法哲学,导致国内马克思主义法哲学研究形成了一种教条化"教科书模式"。这种研究模式主要是从阶级斗争的视角来研究和阐释国家与法学基本理论,而苏联法学专家维辛斯基的法概念在其中起到了关键作用。维辛斯基提出,"法是奉为法律的统治阶级意志……是建筑在构成社会经济结构的生产关系总和之上的上层建筑的一部分"[5]。这个法的定义以及"国家和法律是统治阶级的工具"的观点——"维辛斯基法学","几乎成为当时人们回答'法律是

---

[1] 中国人民大学法律系国家与法的理论教研室编:《国家与法的理论教学大纲》,法律出版社 1956 年版,第 1 - 21 页。

[2] 孙正聿:《我国人文社会科学研究的范式转换及其他——关于文科研究的几点体会》,载《学术界》2005 年第 2 期。

[3] [苏联]玛·巴·卡列娃等:《国家和法的理论》,李嘉恩等译,中国人民大学出版社 1956 年版。

[4] 中国人民大学国家与法权理论教研室编:《国家与法权理论讲义》(上下册),中国人民大学出版社 1957 年版。

[5] [苏联]安·扬·维辛斯基:《国家与法的理论问题》,中国人民大学编译室译,法律出版社 1955 年版,第 22 页。

什么'等法理学基本问题的唯一依凭，是法理学上唯一正确的结论，成为诠释一切法律现象的终极根据"[1]。总体而言，这一阶段的国内马克思主义法哲学研究是一种苏联化的研究模式。

（二）第二阶段：马克思主义法哲学研究的中国化（1978—2000年）

学者们以重新理解马克思主义法哲学为出发点，自主自觉开展了马克思主义法哲学研究，对苏联模式下的马克思主义法哲学研究成果本身进行了反思和批判，从而提出了一系列新的问题。

1. 初步发展阶段（1978—1992年）

摆脱了苏联模式后的马克思主义法哲学研究，踏上了探索马克思主义法学理论研究的中国化道路。在刚刚起步的20世纪80年代，国内学者主要从两方面对马克思主义法哲学展开研究：

其一，初步阐明马克思主义法哲学的研究对象、性质、基本范畴和研究方法。文正邦于1981年率先发表了《应当开展马克思主义法哲学的研究》一文，这是国内第一篇公开倡导要开展"马克思主义法哲学"研究的学术论文。这篇文章开门见山地指出马克思主义法哲学是以马克思主义哲学为指导，研究法的最普遍、最一般问题的一门科学，提出了建立马克思主义法哲学学科的必要性和紧迫性，阐明了马克思主义法哲学的研究对象、基本任务、主体内容和研究方法。[2] 紧随其后，傅季重于1982年发表了《法律哲学研究的对象及其任务》一文，公丕祥于1983年发表了《也谈重视法哲学的研究》一文。尽管这三篇文章对马克思主义法哲学的研究对象理解不同，但都明确否定法哲学为资产阶级法学所"独有"之说，阐明建立马克思主义法哲学体系的必要性，并对如何建立这门学科提出了中肯的建议。1987年，鲁平珍、文正邦发表了《马克思主义法哲学研究对象不应否定》一文，文中将"马克思主义法哲学与法学基础理论"的

---

〔1〕 舒国滢：《新中国法理学七十年：变化与成长》，载《现代法学》2019年第5期。
〔2〕 文正邦：《应当开展马克思主义法哲学的研究》，载《现代法学》1981年第1期。

关系视为“一般与特殊”的关系，再次明确马克思主义法哲学的研究对象，坚决捍卫马克思主义法哲学学科的独立地位。[1] 这一时期，除注重马克思主义法哲学研究外，还有部分学者特别关注“二战”后西方法哲学的发展，比如，张文显1987年在《战后西方法哲学的发展和一般特征》一文中系统介绍了“二战”后西方法哲学，提出了研究“二战”后西方法哲学的研究方法，对国内当时马克思主义法哲学的研究有着重要的借鉴意义。[2] 在不久之后的1990年，公丕祥在《马克思主义论法哲学的研究方法》一文中系统阐述了马克思主义法哲学研究的四种方法，即从具体到抽象的方法、历史辩证的方法、系统研究的方法、比较分析的方法。[3] 上述这些探讨马克思主义法哲学研究对象、基本性质和研究方法的文章为学界开展马克思主义法哲学研究奠定了坚实基础。

其二，初步探讨马克思恩格斯法律思想的创立和发展历程。从1979年开始，西南政法大学在全国率先开设了“马克思主义法律思想研究”课程，黎国智等前辈启发和带领研究生探索和开拓这个重要的法学新领域。[4] 此外，还有一批学者很早就加入了马克思主义法律思想的研究阵营，如李光灿、吕世伦、孙国华、李龙、赵震江、公丕祥等。公丕祥于1987年出版了《马克思的法哲学革命》一书，描述了马克思探寻法的真理的历史过程，对马克思的法学世界观和方法论进行了深刻分析；随后又在《中国社会科学》发表《马克思法哲学思想论要》(1990年)一文，论述了马克

[1] 鲁平珍、文正邦：《马克思主义法哲学研究对象不应否定》，载《现代法学》1987年第3期。

[2] 张文显：《战后西方法哲学的发展和一般特征》，载《法学研究》1987年第3期。

[3] 公丕祥：《马克思主义论法哲学的研究方法》，载《江苏社会科学》1990年第5期。

[4] 20世纪80年代初，在黎国智等前辈的带领下，西南政法大学先后有许多研究生都将马克思主义法律思想作为硕士论文选题。突出者如西南政法大学首届研究生陈学明。他撰写的硕士学位论文《马克思早期法哲学观及其法律思想初探》于1983年在《中国社会科学》上发表。该文系统分析了马克思从唯心主义向唯物主义、从革命民主主义向共产主义转变时期的法律思想。随后，杜万华、李力、孙启福、刘想树、周伟、沈霞、付子堂、张永和等先后几届研究生的硕士学位论文，比较集中而全面地研究了由马克思到列宁的每一重要历史时期的法律思想，上面这些学生日后多数成长为国内马克思主义法哲学研究领域的专家学者。参见付子堂：《马克思主义法律思想中国化研究论纲——写在〈现代法学〉首任主编黎国智教授80寿辰之际》，载《现代法学》2007年第5期。

思法哲学思想的形成和发展历程。还有赵震江的《马克思法律观的形成和发展——纪念马克思逝世一百周年》(1983 年),李龙的《马克思主义法学著作导读》(1991 年)。此外,李光灿、吕世伦主编的《马克思恩格斯法律思想史》(1991 年),作为 1985 年获得批准的国家第一批博士点研究项目,系统研究了马克思和恩格斯创立马克思主义法学的历程,阐明了马克思恩格斯法律史的研究对象、发展规律、研究方法,揭示了马克思主义法学的实践性品格,并从历史社会的高度把握马克思恩格斯所提出的法哲学思想,揭示了马克思主义法哲学的科学性,填补了国内外在这方面的阙如。葛洪义认为,"该书是我国第一部全面、系统探讨马克思恩格斯法律思想的专门著作,也是几代马克思主义法律思想研究者潜心研究的硕果"[1]。

概言之,20 世纪 80 年代,在摆脱苏联化的马克思主义法哲学研究模式中,国内法学界在马克思主义法哲学的研究对象、基本性质、主要内容以及马克思主义法律思想发展史等方面取得了重要成就,为后面的研究打下了基础。20 世纪 90 年代后,马克思主义法哲学研究者继续深化这些经典论题,并捍卫马克思主义法学、法哲学的独立地位,强调马克思主义基本原理对法学理论研究与法律实践具有重要意义,比如,李龙在《坚持马克思主义法学发展马克思主义法学——评"马克思主义法学否定论"》(1989 年)一文中旗帜鲜明地对"马克思主义法学否定性"进行了批判,并阐述了马克思主义法学的形成与发展过程。黎国智在《理直气壮地坚持和发展马克思主义法学》(1990 年)一文中,强调必须坚持马克思主义法学的指导地位,并强调要始终坚持将马克思主义法学作为中国法制建设的指南;李昌麒在《论马克思和恩格斯的经济法律思想及其现实意义》(1991 年)一文中坚决捍卫马克思主义法学的学科地位,并论证了马克思主义经济法学的理论基础,阐明马克思主义经济法学基本原理对我

---

〔1〕 葛洪义:《马克思恩格斯法律思想研究的新进展——评〈马克思恩格斯法律思想史〉》,载《中国法学》1992 年第 5 期。

国经济建设的指导性意义等，这些论述对我国的马克思主义法哲学研究具有重要的理论价值和现实意义。

2. 快速发展阶段(1992—2000 年)

1992 年邓小平南方谈话以后，人们的思想得到进一步解放，我国法理学研究加快了观念变革和理论更新的步伐。[1] 中国法学理论教科书被正式命名为“法理学”，取代了 20 世纪 80 年代以来的“法学基础理论”，基本告别了苏联“国家与法的理论”教材的旧模式。在这样的背景下，学者将马克思主义法学的基本理论与中国法学实践、政治实践相结合，积极探索马克思主义法律思想中国化的概念内涵、路径选择和基本经验。经过 20 世纪 80 年代的苦心经营，马克思主义法哲学研究已经成长为中国法学理论研究中的重要领域，越来越多的学者投身于马克思主义法学和法哲学的研究，大大推动了马克思主义法哲学研究的发展进程。

首先，对 20 世纪 80 年代研究主题的不断深化。对于马克思主义法哲学研究者而言，1992 年是一个特别的年份。因为，自 1992 年起，国内马克思主义法哲学研究的专著不断涌现。仅 1992 年，国内研究马克思主义法哲学的学术专著至少有五本：公丕祥的《马克思法哲学思想述论》(1992 年)、薛伦倬主编的《马克思主义法学新探》(1992 年)、黎国智主编的《马克思主义人权理论概要》(1992 年)、武步云的《马克思主义法哲学引论》(1992 年)、毛信庄的《〈资本论〉法律思想研究》(1992 年)是其中的代表性作品。这五本专著深化了人们对马克思主义法律思想发展史、马克思主义人权思想、马克思恩格斯部门法思想等马克思主义法哲学基本理论知识的理解。此外，除学术专著外，国内法学类期刊对马克思主义法哲学研究进展也非常重视。比如，《中外法学》杂志自 1992 年起，连续多期组织学者开展“法哲学研究笔会”，推进了法学理论和马克思主义法哲学研究，该活动的主要研究成果如下：沈宗灵的《“法律哲学”一词词义商榷》、郭道晖的《用马克思主义哲学研究法学》、李步云的《法哲学的研

[1] 张文显、姚建宗等：《中国法理学二十年》，载《法制与社会发展》1998 年第 5 期。

究对象和意义》、吕世伦的《马克思主义法哲学建设论纲》、罗子桂的《马克思主义法哲学的性质和研究对象》,等等。这些研究深化了人们对马克思主义法哲学基本性质、研究对象和研究方法的认识和理解,为后续研究的开展提供了指导性框架。由此可见,1992 年是国内马克思主义法哲学研究快速发展的关键一年,意味着国内马克思主义法哲学的研究进入了一个新的发展阶段。[1]

其次,学者开始关注马克思主义法律思想中国化的问题。马克思主义法律思想中国化就是将马克思主义法哲学的普遍原理与中国法律实践相结合的过程。在这一阶段,国内学者对毛泽东的法律观和邓小平的民主法制观展开了初步研究。比如,孙国华、朱力宇的《论毛泽东法律思想对马克思主义法学独创性的丰富和发展》(1993 年),俞荣根的《毛泽东的人民本位法律观》(1994 年),高广瑞的《毛泽东法律思想述略》(1996 年),黎国智的《邓小平对马克思主义法学理论的新贡献》(1994 年),魏皓奔的《邓小平法律思想探究》(1997 年),周叶中的《论邓小平关于树立社会主义法律权威的思想》(1998 年),李龙的《依法治国——邓小平法制思想研究》(1998 年),徐显明的《人民立宪思想探原:毛泽东早期法律观研究》(1999 年)等。除学术著述外,代表性国家社科基金项目至少有 3 项,如吕世伦 1992 年获批的"列宁法律思想史(马克思主义法律思想史第二卷)"(项目批号 92BFX00);侯欣一 1993 年获批的"邓小平法律思想研究"(项目批号 93CFX002);李龙 1994 年获批的"邓小平法制思想研究"(项目批号 94BFX001);等等。这些研究有力地推动了马克思主义法学理论的中国化研究进程,丰富了马克思主义法律思想体系。

最后,在深入研究马克思恩格斯法律思想史的队伍中,部分学者对马

[1] 将 1992 年作为划分新阶段的依据除考虑到邓小平南方谈话带来的重大影响外,这一年马克思主义法哲学研究领域确实涌现出了一大批重要成果,这应该不是一种偶发的现象。另外,值得注意的是,在"马克思主义理论研究"的回顾梳理类型的文章中,一般也将 1992 年或 1993 年作为新阶段划分的时间节点,他们认为 1992 年以后马克思主义研究开始进入了"繁荣推进阶段",如麻海山、程恩富:《中国马克思主义理论研究 70 年》,载《毛泽东邓小平理论研究》2019 年第 12 期。

克思恩格斯不同阶段法律思想的研究发生了明显转变。在20世纪80年代，学者们主要集中力量研究马克思恩格斯中青年时期法律思想的形成和发展过程。到了20世纪90年代，部分学者的研究目标转向了马克思晚年对东方社会及其思想文化的经典阐述，探析马克思东方法律文化思想的发展过程。其中，公丕祥1992年的《马克思晚年〈人类学笔记〉中的法律思想初探》、《亚细亚生产方式与东方社会法律文化——马克思的思想演进概观》、1994年的《传统东方社会法律文化的固有逻辑——马克思晚年的理论探索》、1995年的《解开传统东方法律奥秘的一把钥匙——马克思的古代东方土地所有权思想轨迹》和1999年的《马克思东方法律文化思想的演进》是其中的代表性作品。这些成果填补了国内马克思东方法律文化思想研究的空白，丰富了马克思主义法律思想的内涵。

概言之，从学术成果看，20世纪90年代的马克思主义法哲学研究主要在两个领域发力：一是继续深化20世纪80年代的核心论题，即重点关注马克思主义法哲学的研究对象、研究方法和基本性质，以及马克思主义法律思想的形成和发展过程，尤其填补马克思东方法律文化思想研究的空白；二是初步开展马克思主义法律思想中国化的理论与实践问题研究。这些成果既得益于国内政治经济环境的健康发展，也得益于国内马克思主义法哲学研究者的不懈努力。当然，如果重新审视自改革开放以来马克思主义法哲学的研究成果，可以发现国内的马克思主义法哲学研究工作还存在不足。比如，研究主题不够丰富，研究特点不够鲜明，对马克思主义法哲学经典文本的挖掘和分析程度不够深入，等等。带着这些成就和挑战，国内马克思主义法哲学研究者们踏上了新的征程。

（三）第三阶段：21世纪的马克思主义法哲学研究（2000年至今）

随着20世纪90年代末马克思主义法哲学研究“回到马克思”口号的提出，[1]21世纪的马克思主义法哲学研究取得飞跃性进展。在“回到马克思”的口号下，马克思主义法哲学研究重新聚焦于马克思主义经典作家

〔1〕 张一兵：《回到马克思：经济学语境中的哲学话语》，江苏人民出版社1999年版。

的文本,并力图从经典文本出发重新建构马克思主义法哲学的解释框架。

其一,马克思主义法哲学研究的主题逐渐丰富、论题不断深化。21世纪以来,马克思主义法哲学研究的论域范围不断扩大,逐渐形成了马克思主义法学基础理论研究、马克思恩格斯的法律思想研究、马克思主义法律思想中国化研究、国外马克思主义法哲学研究等重要研究领域。原有论题不断深化,如在马克思主义法学基础理论研究部分,由最初关于马克思主义法哲学研究对象探讨,拓展到深入分析马克思主义法的本体论、法的历史发展论、法学方法论、法的价值论等;在关于马克思主义法律思想史的研究中,由原先的片段式、阶段性研究逐渐拓展到对马克思主义法律思想史的整体性和全局性考察,涵盖了马克思恩格斯不同时期的法律思想,从马克思恩格斯早期的法律思想,到马克思晚年在人类学笔记中的法律思想,恩格斯晚年对马克思主义法学的捍卫和发展,马克思主义法律思想在世界范围内的传播和影响,尤其是在苏联和中国的引入和发展。更为重要的是,21世纪以来,有学者还深入研究了马克思主义法律思想在西方国家的发展。〔1〕

其二,马克思主义法哲学研究的特点更加鲜明。在研究主题逐渐丰富和研究论题不断深入的基础上,这一阶段的国内马克思主义法哲学研究逐渐发展出中国特色,主要表现在以下两点:一是全面推进马克思主义法哲学中国化的研究。马克思主义法哲学中国化是在20世纪90年代逐渐发展起来的一种研究路径,并在21世纪发扬光大,形成了一种独具中国特色的研究方向。学者们在马克思主义法律思想中国化的核心概念、理论基础、路径选择、历史分期、重要代表人物法律观、基本经验等方面取得了一系列研究成果。二是在21世纪"回到马克思"的口号下,国内学者尤其注重对马克思主义经典文本的解读。通过深耕马克思主义经典著作,中国学者赋予马克思主义法哲学新的理论蕴涵和实践意义,开

---

〔1〕 龚廷泰:《论西方马克思主义法学的基本特征与现实价值》,载《金陵法律评论》2005年第2期;李其瑞、邱昭继:《西方马克思主义法学的源流、方法与价值》,载《法律科学〈西北政法大学学报〉》2012年第5期。

创了马克思主义法哲学研究的新境界，彰显了中国马克思主义法哲学研究的特色。

其三，马克思主义法哲学研究的队伍不断壮大。改革开放以后，经过老中青三代人的努力和坚守，国内形成了规模较大的马克思主义法哲学研究群体，形成了以中国人民大学、西南政法大学、南京师范大学和西北政法大学为研究重镇的研究基本格局。改革开放以来，这四所高校在马克思主义法哲学研究领域取得了丰硕的学术成果，培养了一批马克思主义法哲学研究领域的专家学者，产生了一批在全国具有重大影响力的学术成果。其中，中国人民大学在马克思主义法学中国化的系统研究和教育教学领域，长期引领全国风气之先。比如，由孙国华担任主编、沈宗灵担任副主编的全国统编教材《法学基础理论》是第一部全国高校试用教材，自1982年出版直到1995年，共印行200多万册，成为当时最具代表性的权威教材。李光灿、吕世伦主编的《马克思恩格斯法律思想史》(1991年)，吕世伦主编的《马列法学原著选读教程》(1996年)、《列宁法律思想史》(2000年)，孙国华主编的《邓小平理论、"三个代表"重要思想与中国民主法制建设导论》(2004年)等，对马克思主义经典作家的著述讲话中包含的法律思想进行了系统研究。

西南政法大学法学理论专业起步较早、学术积淀深厚，一直保持着在马克思主义法哲学研究方面的研究特色与优势。虽然研究马克思主义法律思想的学者遍布全国高校，但以团队形式对马克思主义法律思想进行全面、系统研究的当属西南政法大学。张文显如是说，"在马克思主义法律思想研究方面，西南政法大学具有深厚的学术积淀和良好的学术传统，至今一直在该领域保持着全国领先地位"[1]。正如前文提到的，在20世纪80年代初期，在黎国智、李权、文正邦等人的带领下，西南政法大学法学理论专业硕士研究生就已经着手马克思主义法律思想研究，并取得一

〔1〕 张文显：《用发展着的马克思主义指导法学等人文社会科学建设》，载付子堂：《马克思主义法律思想研究》，高等教育出版社2005年版，"代序"Ⅳ页。

批重要研究成果。陈学明、杜万华、付子堂、张永和等学者正是这一时期在西南政法大学研习马克思主义法律思想的研究生。21世纪以来,在付子堂、张永和等老师的指导下,周尚君、胡兴建、李超群等青年学者成长为新的中坚研究者。[1] 西南政法大学马克思主义法哲学研究在老中青三代学者共同努力下,多次成功申报国家社会科学基金,出版了多部学术论著,产生了一批在国内具有代表性的学术成果,主办或承办过多场全国性的"马克思主义法哲学"学术研讨会,在学术界产生了较大影响力。

南京师范大学也是国内马克思主义法哲学研究的重镇。该校的公丕祥、龚廷泰等学者长期耕耘马克思主义法哲学,在2014年主编出版的《马克思主义法律思想通史》中对马克思主义法学进行了全景式介绍和系统研究,从经典马克思主义法学到西方马克思主义法学,从马克思主义法律思想最初在中国传播到当代中国马克思主义法学研究,其涵盖内容十分广泛,在学术界产生了广泛影响。

西北政法大学在马克思主义法哲学研究领域也取得了一定成就,尤其是在西方马克思主义法哲学研究方面,李其瑞、邱昭继等学者在该领域的突出贡献有力填补了国内在该方向的空白。2011年1月,西北政法大学成立"西北政法大学马克思主义法学研究所"(以下简称研究所),还推出了《西方马克思法学经典译丛》《马克思主义与法律学刊》连续出版物,以及国内第一个专门宣传和推广马克思主义法哲学研究成果的网站"马克思主义法学研究网"。自成立以来,研究所组织举办了多场马克思主义法哲学的大型研讨会,如2012年12月主办的"国外马克思主义法学前沿

[1] 21世纪以来,周尚君、胡兴建、李超群等青年学者在马克思主义法哲学经典文本阐释方面取得系列研究成果,如周尚君:《〈巴黎手稿〉的法哲学问题——历史、文本与理论》,西南政法大学2009年博士学位论文;周尚君:《超越巴黎传统:马克思早期法哲学思想探源》,载《现代哲学》2014年第1期;胡兴建:《马克思对市民社会的解剖与人的解放理论——以马克思〈论犹太人问题〉为基准》,载《法治研究》2008年第9期;李超群:《马克思人权思想研究——以从人的异化到人的解放为线索》,西南政法大学2015年博士学位论文;李超群:《经典解释与人权正当性的中国证成——以对马克思〈论犹太人问题〉的解读为例》,载《云南社会科学》2015年第1期;李超群:《启蒙人权理论的悖论与超越——马克思〈论犹太人问题〉人权思想分析》,载《人权》2018年第3期。

问题学术研讨会";2014 年 10 月与《哲学动态》编辑部共同召开的"西方马克思主义法哲学论坛";2018 年 12 月联合西北政法大学刑事法学院主办的"马克思主义法学及其当代价值"学术研讨会。研究所所长李其瑞、副所长邱昭继带领研究团队发表了一系列研究成果。[1] 这些学术活动和学术研究成果有力地扩大了西方马克思主义法哲学在中国的影响。

其四,马克思主义法哲学研究的成果更加丰硕。21 世纪以来,在马克思主义法哲学研究队伍不断壮大的情况下,马克思主义法哲学的研究成果呈现出"井喷式"增长,这些成果主要体现在期刊文章、学术专著和国家社会科学基金立项项目等方面。

首先,学位论文和期刊文章的发表数量剧增。在中国知网以"马克思主义法哲学"作为"主题词"进行检索,可以发现从 2001 年到 2020 年的文献数量是 1011 篇,而 1981 年到 2000 年的文献数量为 126 篇,可见,晚近 20 年马克思主义法哲学研究的文献大约是 20 世纪 80 年代和 90 年代研究文献总和的 8 倍,尽管这样粗略的统计精确度不够,但这足以表明 21 世纪以来马克思主义法哲学研究成果的丰硕程度。近几年的最新论文类成果有:萧诗美的《马克思政治经济学批判中的法哲学主题和马克思法哲学的内在性证明》(2021 年),何乐如和姜海波的《"法的意志"与"实际权利"的关系:马克思法哲学的核心议题》(2022 年),王金霞的《论法治的日常生活尊严奠基——马克思主义法哲学视角下的建构》(2022 年),熊光清的《法的本质:从法与国家及社会关系层面进行的审视——再读马克思〈黑格尔法哲学批判〉》(2023 年),公丕祥的《马克思法哲学实践论的革命》(2024 年)。

其次,著作类研究成果尤为突出。尤其是在马克思主义法律思想发展史和马克思主义法律思想中国化研究方面,如付子堂的《马克思主义法

---

[1] 21 世纪以来,李其瑞、邱昭继等学者在西方马克思主义法哲学研究中成果较为显著,在国内学者中处于领先地位。代表性成果包括:李其瑞、邱昭继:《西方马克思主义法学的源流、方法与价值》,载《法律科学〈西北政法大学学报〉》2012 年第 5 期;邱昭继、王进等:《马克思主义与西方法理学》,中国人民大学出版社 2018 年版。

律思想研究》(2005年),张光博的《坚持马克思主义法律观》(2005年),付子堂主编的《文本与实践之间——马克思主义法律思想中国化问题研究》(2009年)和《历史与实践之维:马克思主义法律思想时代化问题研究》(2011年),蒋传光主编的《马克思主义法律思想中国化理论与实践研究》(2013年),文正邦主编的《马克思主义法哲学在中国》(2014年),公丕祥、龚廷泰主编的《马克思主义法律思想通史》(2014年),李步云、高全喜主编的《马克思主义法学原理》(2014年),宋秉武等编著的《马克思主义法律思想研究》(2017年),刘瑞复的《马克思主义法学原理读书笔记》(2018年),李其瑞、邱昭继等的《马克思主义法治理论中国化70年》(2019年),付子堂的《马克思主义法学理论的中国实践与发展研究》(2020年),文正邦的《法哲学专论》(2020年),顾培东主编的《马克思主义法学及其中国化》(2021年),周晓涛等的《马克思法哲学基础理论研究》(2022年),黄云明的《马克思法哲学思想研究:基于劳动哲学视阈》(2024年)等。

最后,国家社会基金立项项目数量也非常可观。查询“国家社科基金项目数据库”,可以发现,21世纪以来马克思主义法哲学研究方向相关的项目至少有25项,其中重大项目和重点项目至少有7项,分别是龚廷泰2006年获批的重点项目“马克思主义法律思想发展进程研究”、李龙2006年获批的重点项目“以人为本与马克思主义法学基础理论的创新”、付子堂2010年获批的重点项目“马克思主义法学理论中国化、时代化、大众化研究”、黄文艺2011年获批的重大项目“马克思主义法学方法论研究”、公丕祥2020年获批的重大项目“习近平法治思想研究”、尹奎杰2021年获批的重点项目“习近平法治思想的理论体系研究”、胡玉鸿2021年获批的重大项目“习近平法治思想中的民生保障理论研究”。以上这些社科基金项目多数聚焦于马克思主义法学基础理论、马克思主义法律思想发展史、马克思主义法律思想中国化的最新成果等。当然,上述这些著述成果以及研究项目只是21世纪以来马克思主义法哲学的部分研究成果,还有诸如马克思主义法哲学领域的研讨会、马克思主义法哲学领域的研究报告、马克思主义法哲学领域的学术讲座等。

二、马克思主义法哲学研究的主要成就

国内马克思主义法哲学研究经过不断发展,形成了四个相对稳定且成果比较突出的研究方向,分别是:马克思主义法学基础理论研究、马克思恩格斯的法律思想研究、马克思主义法律思想的中国化研究、西方马克思主义法哲学研究。在这四个研究方向上,我国学者取得了一系列成就,成为推动我国法治建设的重要理论支撑。通过将纵向的历史发展进程和横向的主要研究成就相结合,能够充分展现70余年来我国马克思主义法哲学研究的整体面貌,这对于全面而准确地理解我国马克思主义法哲学的研究现状具有重要意义。

(一)马克思主义法学基础理论研究

马克思主义法学基础理论研究是马克思主义法哲学研究的重要方向。学者对马克思主义法学基础理论的研究主要有五个方面:马克思主义法哲学的研究对象、马克思主义法的本体论、马克思主义法的历史发展论、马克思主义法学方法论、马克思主义法的价值论。

1. 马克思主义法哲学的研究对象

确定马克思主义法哲学的研究对象是开展马克思主义法哲学研究的前提条件。为什么要强调法哲学的研究对象,因为在大部分西方学者看来,法理学(Jurisprudence)一词通常被看作法哲学(Legal Philosophy)的同义词,即法理学与法哲学是没有区别的,两者一般可以通用。但在中国的语境中并非如此,尤其是当我们谈到马克思主义法哲学与一般法理学关系的时候,法学界对于马克思主义法哲学的研究对象主要有以下两种观点:第一种观点认为,马克思主义法哲学的研究对象是国家与法的一般理论,这种观点是"苏联化的马克思主义法哲学"研究阶段的主要观点。第二种观点认为,马克思主义法哲学的研究对象区别于"法学基础理论"与"法理学"的研究对象,具体包括以下两个发展阶段。

首先是"马克思主义法哲学"与"法学基础理论"的区别。改革开放

后,苏联化的"国家理论"从法理论教材中移除,法理论教材的名称由原来的"国家与法的理论"改为"法学基础理论"。从这一阶段开始,学界对"马克思主义法理学"和"马克思主义法哲学"出现不同的理解。一般认为,20 世纪 80 年代初期的"法学基础理论"教材指向的是"马克思主义法理学",即运用马克思主义法学研究方法阐释法的一般理论,这一点可以从 1981 年陈守一、张宏生主编的《法学基础理论》教材中窥见端倪,该书的内容包括法律起源、法律本质、法律与其他社会现象的关系、奴隶制社会的法律、封建制社会的法律、资本主义社会的法律、社会主义法律的本质、社会主义法律的作用等,[1] 显然,"法学基础理论"教材还是在运用马克思主义法学方法论来分析法律现象,并没有完成摆脱苏联化的马克思主义法哲学研究模式,而此时的"马克思主义法哲学"的研究范围则超出了"法学基础理论"教材体系,马克思主义法哲学的研究范围至少包括马克思主义法学基础理论、马克思主义法律思想、马克思主义法学中的哲学问题。在这个意义上,马克思主义法哲学的研究对象是独立于法学基础理论研究对象的。所以,文正邦认为,"马克思主义法哲学与法学基础理论"之间的关系是"一般与特殊的关系",马克思主义法哲学具有哲学层面的"一般性",法学基础理论只是马克思主义法哲学的一种特殊类别。[2]

其次是"马克思主义法哲学"与"法理学"的区别。20 世纪 90 年代后,中国法学理论教材正式与国际社会接轨,更名为"法理学",与之前的"法学基础理论"相比,"法理学"教材不仅仅是名称的变化,实际上教材的基本体例也从"纵的体例"变成了"横的体例",从"马克思主义法理学"发展为"一般法理学"。[3] 法学理论教材超越了马克思主义法理学的范畴,教材的编者在坚持马克思主义基本原则的指导下,一般将马克思主义

---

〔1〕 陈守一、张宏生主编:《法学基础理论》,北京大学出版社 1981 年版。

〔2〕 鲁平珍、文正邦:《马克思主义法哲学研究对象不应否定》,载《现代法学》1987 年第 3 期。

〔3〕 付子堂、郭小东:《中国法理学教材改革新论——以新中国法理学教材 70 年为研究对象》,载《河南财经政法大学学报》2021 年第 3 期。

法学基础理论作为“法理学”教材中的一个章节展开阐述,而更多的内容是分析和解释法的一般性原理,包括法的本体论、法的运行论、法的价值论、法学方法论等。更重要的是,此时“马克思主义法哲学”与“法理学”教材之间的区别进一步扩大,马克思主义法哲学研究范围至少包含马克思主义法学基础理论(马克思主义法理学)、马克思主义法律思想、马克思主义法律思想中国化、国外马克思主义法哲学等。正如李步云在《法哲学的研究对象和意义》一文中特别指出的,法哲学与法理学的研究对象有很大不同,法哲学的研究范围大于法理学。法理学是关于法的一般原理的科学,它的主要内容是研究法的一般概念、范畴与原则。而法哲学的主要任务则是集中探讨与解决法现象与法思想中主客观的关系问题以及法辩证法一系列辩证规律与范畴的科学含义。[1] 因此,从 20 世纪 90 年代初开始,马克思主义法哲学研究对象就超出了“法理学”的研究范畴,这实质上也是法学界多数学者的观点。

总而言之,第二种观点认为马克思主义法哲学的研究对象大于传统法理学教材所框定的范围。作为法学体系的重要组成部分,马克思主义法哲学从马克思主义哲学的视角,运用哲学的思维和方法来分析法律现象,阐释马克思主义法律思想起源、形成与发展过程,揭示马克思主义法的一般性原理,进而指导中国法治实践。

近年来,有学者认为马克思主义法哲学的研究对象应该是“国家制度”而不是“法的一般理论”。“马克思主义法哲学是马克思主义关于国家制度的理论思维,或者说,是马克思主义关于国家制度的最高抽象。”这种观点是对改革开放以后彻底摒弃苏联“国家与法的理论”传统的再反思,对进一步思考马克思主义法哲学研究对象具有重要的启发意义。

2. 马克思主义法的本体论

马克思主义法的本体论研究是马克思主义法学基础研究的重要议题。法的本体论涉及法的本质理论和法的概念问题,是法哲学永恒的话

〔1〕 李步云:《法哲学的研究对象和意义》,载《中外法学》1992 年第 3 期。

题，也是千百年来法哲学家致力于解决的问题。马克思恩格斯在法学理论上的最大贡献就在于法的本质理论。

新中国成立以来，学界就法的本质理论在20世纪50年代和80年代曾有过两次激烈的争论。最初新中国废除“六法全书”，批判和摧毁旧的法学观点，全面继受苏联法学家维辛斯基的法学理论，突出强调法的阶级本质。1957年前后，法学界对法的阶级性和继承性展开了激烈的辩论，即法的阶级性与继承性是否是相互排斥的。[1] 1959年后，法学界对此争论没有达成统一意见，但这次争论突出强调“法的阶级性”，实质上就意味着对“法的继承性”的否定。因此，新中国成立后的很长一段时间里，“阶级斗争法理论是不可怀疑和不可动摇的，它指导我国法制的创建和发展”[2]。到了20世纪80年代，法学界对法的阶级性与社会性再次展开了激烈的争论。这一次法学界达成了相对一致的意见，即认为法的本质是社会性和阶级性的统一。[3] 尽管在我国传统法理学教材中，对法下定义时仍强调法的阶级本质属性，但回顾70余年来关于马克思主义法本质理论的实践与发展，可以发现其逻辑进路：坚持强调法的物质制约性；由注重法的阶级性转向注重法的社会性；法的终极追求回归人性又超越人性。[4] 因此，对马克思主义法本质的实践运用与教材中所框定的马克思主义法本质理论存在一定差异，实践中的马克思主义比理论要丰富很多。

3. 马克思主义法的历史发展论

法的起源、法的历史类型和法律消亡论是马克思主义法学理论的重

---

〔1〕 方今：《也谈法的阶级性和继承性》，载《法学》1957年第2期；杨峰：《论法的阶级性的统一性》，载《法学》1957年第2期；梅耐寒：《关于“法的阶级性和继承性”的讨论——介绍上海法学会第二次学术座谈会》，载《法学》1957年第2期。

〔2〕 蔡定剑：《阶级斗争与新中国法制建设——建国以来法学界重大事件研究（十一）》，载《法学》1998年第4期。

〔3〕 周凤举：《法单纯是阶级斗争工具吗？——兼论法的社会性》，载《法学研究》1980年第1期；陈学明：《法是阶级性与社会性的统一》，载《青海社会科学》1982年第4期；李林：《应该统一理解法的阶级性和社会性》，载《中国社会科学院研究生院学报》1985年第1期。

〔4〕 徐忠麟、刘雁铭：《马克思主义法的本质观中国化的历史进程》，载《江西社会科学》2012年第8期。

要组成部分,但国内学者对此研讨并不多,因为这些问题多数已达成共识,并被当作区分马克思主义法哲学与非马克思主义法哲学的重要标志之一。首先,关于马克思主义法的起源问题,学界主要存在两种观点,一种观点认为原始社会末期就已经产生了法。原始社会规范的出现和原始习惯的产生是法产生的重要标志。[1] 另一种观点认为,原始社会没有法,法是和国家同时产生的,这种观点是国内大部分法理学教材采用的观点。[2] 其次,关于法的历史类型划分,学界对这一方面的研讨也比较少,根据马克思主义经典作家的划分标准,有四种历史类型的法,即奴隶制法、封建制法、资本主义法和社会主义法。最后,关于法律消亡论。法律消亡论是马克思主义法学的一个著名论题,对此学界主要存在两种观点,一种观点认为马克思主义的法律消亡论应当被抛弃。持有该观点的学者对马克思主义的法律消亡论提出了批评,认为马克思主义者采用法的阶级工具论所论证的法律消亡论并没有全面而准确地揭示法律的本质属性,因而,法律消亡论应当被放弃。[3] 另一种观点认为,法律消亡论不应被抛弃。持有该观点的学者认为马克思主义关于"法律消亡"的理论尝试,不过是马克思主义探求未来社会之科学实现的实践方式的一次演习,不应被视作马克思主义政治和法律理论的教条。[4]

4. 马克思主义法学方法论

马克思主义法学方法论是以马克思主义基本原理为指导所形成的法学方法体系及其理论。[5] 近年来,国内学者对马克思法学方法论的研究日渐深入。黄文艺对马克思主义法学方法论的基本问题进行了系统而全面的研究,包括马克思主义法学方法论的概念界定、存在形态、方法论原

---

〔1〕 高金榜:《法的起源探源——再论马克思主义的法起源观》,载《中国地质大学学报(社会科学版)》2003 年第 3 期。

〔2〕 张文显主编:《法理学》(第 5 版),高等教育出版社 2018 年版。

〔3〕 邱昭继:《法律消亡论的概念分析》,载《浙江社会科学》2015 年第 1 期。

〔4〕 林永虎:《对柯林斯"关于法律消亡论的批判"的批判》,载《浙江社会科学》2013 年第 11 期。

〔5〕 黄文艺:《马克思主义法学方法论基本问题论析》,载《社会科学战线》2012 年第 10 期。

理、方法体系和发展途径等基本问题。也有学者对马克思法学方法论的内容展开了研究，认为马克思主义法学的方法论内容包括辩证唯物主义方法论和历史唯物主义方法论。其中，辩证唯物主义方法论具体包括批判分析、实践分析、价值分析等；历史唯物主义方法论具体包括经济分析、阶级分析、实证分析等。[1] 近期，有学者对恩格斯晚年书信中的法学方法论思想展开了深入研究，认为马克思主义法学方法表现在：要把马克思主义理论当成方法而非教条；要看到经济因素对法的发展具有"归根结底"的决定作用，同时也要看到其他上层建筑因素和法之间存在相互影响和作用；等等。[2]

5. 马克思主义法的价值论

马克思和恩格斯在历史唯物主义中对法的价值问题有深刻的阐述，国内学者对马克思主义关于法的价值相关阐述也有较为深入的研究，这些研究和探讨主要围绕法与正义、法与自由、法与平等、法与人权展开。第一，关于法与正义问题的研究，近年来国内学术界围绕"马克思与正义"问题展开了激烈的学术争鸣，且争论各方都以马克思本人的著作为依据。[3] 20 世纪 90 年代初，孙国华曾对马克思主义法正义观有过初步探讨。[4] 胡玉鸿的博士学位论文研究了马克思主义司法公正学说。[5] 司春燕的博士学位论文对马克思恩格斯的法正义观展开进一步的探索。[6] 第二，关于法与自由的研究，许多学者从马克思青年时期的经典文本出发，采用解读原著的方法，论述马克思的理性法与自由观。[7] 第三，关于

[1] 武静：《论马克思主义法学方法论》，载《广西社会科学》2014 年第 2 期。
[2] 任岳鹏：《恩格斯晚年书信中的法学方法论思想研究》，载《法治现代化研究》2020 年第 4 期。
[3] 陈飞：《马克思正义观的四个层次》，载《求索》2015 年第 1 期。
[4] 孙国华、郭华成：《马克思主义法正义观初探》，载《中国法学》1991 年第 3 期。
[5] 胡玉鸿：《马克思主义司法公正学说研究》，华东政法学院 2005 年博士学位论文。
[6] 司春燕：《马克思恩格斯的法正义观研究》，中共中央党校 2012 年博士学位论文。
[7] 李淑梅：《马克思〈莱茵报〉时期的政治哲学思想》，载《哲学研究》2009 年第 6 期；龚廷泰、吕波：《青年马克思新理性自由法思想探析》，载《南京社会科学》2000 年第 9 期；文学平：《马克思青年时期法哲学视野中的理性与自由——利益协调过程中理性的自由秩序状态》，载《求实》2006 年第 5 期。

法与平等的研究，有学者探讨马克思主义的司法平等观，[1]也有学者研究邓小平对马克思主义平等观的运用。[2] 第四，关于马克思主义人权思想的研究。国内比较早研究马克思主义人权观的学者有张光博、严存生和黎国智等。张光博在《坚持马克思主义的人权观》（1990 年）一文中阐述了人权的基本内涵。[3] 严存生在《论马克思主义人权观》（1990 年）一文中揭示了马克思主义人权观与资本主义人权观的差异。[4] 黎国智主编的《马克思主义人权理论概要》（1992 年）一书选择了马克思、恩格斯、列宁、毛泽东及我国其他领导人的有关著作加以评述，概括了马克思主义人权理论的基本内容和精髓。[5] 万其刚在《马克思、恩格斯人权思想研究》（1998 年）一文中系统阐释了马克思、恩格斯人权思想的形成过程，并对马克思主义人权思想的基本主张展开了说明，揭示了马克思主义人权思想的基本特征。[6] 21 世纪以来，马克思主义创始人的人权思想研究成果比较丰富，如刘冲的博士学位论文《马克思人权思想研究》、李超群的博士学位论文《马克思人权思想研究——以从人的异化到人的解放为线索》等。

概言之，国内学者研究马克思主义法哲学的基础理论主要围绕四个维度展开，并取得了重要成就。以上四个维度所体现出来的一些重要特征，构成了马克思主义法学与非马克思主义法学的本质差别。从上面的论述中，可以发现，马克思主义法学基础理论研究与我国在不同阶段使用的法理学教材，如《国家与法的理论》《法学基础理论》《法理学》，有着内在联系，在任何一个阶段的法理学教材中，马克思主义法学基础理论都是必不可少的内容。马克思主义法哲学基础理论研究所取得的重要成果也

---

〔1〕 胡玉鸿：《论马克思主义的司法平等观》，载《法学》2003 年第 2 期。

〔2〕 董霞：《论邓小平对马克思主义平等观的运用和发展》，载《中共云南省委党校学报》2005 年第 2 期。

〔3〕 张光博：《坚持马克思主义的人权观》，载《中国法学》1990 年第 4 期。

〔4〕 严存生、贺海仁：《论马克思主义人权观》，载《学习与探索》1990 年第 5 期。

〔5〕 黎国智主编：《马克思主义人权理论概要》，四川大学出版社 1992 年版。

〔6〕 万其刚：《马克思、恩格斯人权思想研究》，载《政法论坛》1998 年第 4 期。

构成了研究马克思主义法哲学其他方向的前提和基础。

（二）马克思恩格斯的法律思想研究

1. 阶段性研究

马克思恩格斯法律思想的内容丰富、逻辑严谨、特点鲜明，但其形成不是一蹴而就的，其发展也不是一帆风顺的，而是呈现出阶段性的发展特征。[1] 因此，学者针对不同阶段的马克思主义法律思想展开了研究，包括研究马克思主义法律思想的萌芽、发展和形成等不同阶段。20 世纪 80 年代和 90 年代初期学者侧重于研究马克思恩格斯早期法律思想的形成和发展。如陈学明发表在《中国社会科学》中的文章阐明了马克思历史唯物主义法律观孕育和萌芽的过程。[2] 还有学者着重分析了青年时期马克思的自由和理性法思想的发展过程和主要内容。[3] 有学者论证了马克思早期的法律思想的演变是马克思主义法学创立的思想准备，既不能将早期的法律思想与成熟时期的法律思想完全割裂开来，也不能认为两者没有区别。[4] 20 世纪 90 年代后，有学者专门研究了马克思晚年的法律思想。如公丕祥对马克思晚年在《人类学笔记》中的法律思想进行了全面的剖析，取得了重要的理论成果，拓宽了马克思主义法律思想的研究视域，填补了国内该研究领域的空白，为马克思主义法律思想的体系化作出了重要贡献。[5]

2. 整体性研究

采用全局性、整体性的模式阐释马克思恩格斯的法律思想。在这方面，从 20 世纪 90 年代开始就涌现出大量成果：1990 年，公丕祥在《中国社会科学》和《中国法学》分别发表《马克思法哲学思想论要》和《马克思法律观概览》两篇文章，两篇文章把马克思的法律观作为一个整体进行考

---

〔1〕 吕世伦：《论马克思恩格斯法律思想史的分期》，载《法律学习与研究》1991 年第 2 期。

〔2〕 陈学明：《马克思早期法哲学观及法律思想初探》，载《中国社会科学》1983 年第 1 期。

〔3〕 龚延泰、吕波：《青年马克思新理性自由法思想探析》，载《南京社会科学》2000 年第 9 期。

〔4〕 李龙：《论马克思主义法学的创立》，载《中国法学》1990 年第 3 期。

〔5〕 公丕祥：《传统东方社会法律文化的固有逻辑——马克思晚年的理论探索》，载《法律科学（西北政法学院学报）》1994 年第 1 期。

察,系统梳理了马克思主义法律思想的形成过程。1991 年,李光灿、吕世伦主编的《马克思恩格斯法律思想史》,是我国第一部全面、系统探讨马克思恩格斯法律思想的专门著作。1992 年以后,随着马克思主义法哲学研究的不断发展,对马克思恩格斯法律思想进行系统性梳理的著述越来越多,这些成果是进一步研究马克思主义法律思想中国化的基础。从整体阐释的维度全方位研究马克思恩格斯法律思想的代表性专著有付子堂的《马克思主义法律思想研究》(2005 年),该书被教育部研究生工作办公室列为向全国推荐的国家级"研究生教学用书",并荣获重庆市社会科学优秀科研成果一等奖。近年来,在马克思主义法律思想研究方面的重大成果是公丕祥和龚廷泰主编的四卷本《马克思主义法律思想通史》(2014 年)。在这部著作中,仅第一卷就用了 800 多页的篇幅全面考察了马克思恩格斯法律思想的形成和发展过程,该著作以深描的笔法展现了马克思主义法律思想史的恢宏画卷。此外,吕世伦、叶传星的《马克思恩格斯法律思想研究》(2018 年)等也是马克思主义法律思想研究方面的重要成果。

3. 经典文本研究

聚焦经典文本研究马克思恩格斯的法律思想是非常经典的研究方式。马克思主义法律思想的形成和发展过程的理论依据就是马克思恩格斯在不同阶段的经典著述。尤其 21 世纪以来,在"回到马克思"的口号下,中国学界围绕着马克思主义经典作家的文本做了大量研究。比如围绕马克思在《莱茵报》时期的经典著述,解读马克思早期的理性法与自由观念。[1] 围绕马克思在《德法年鉴》时期的经典著述,解读马克思由唯心主义到唯物主义、由革命民主主义到共产主义两个伟大转变时期的法律

[1] 吴晓明:《"理性的法"和"私人利益"——马克思〈莱茵报〉时期所面临的物质利益难题》,载《复旦学报(社会科学版)》1994 年第 5 期;炎冰、熊一:《利益魔咒下法律正义的虚假本体——重读马克思的〈关于林木盗窃法的辩论〉》,载《河海大学学报(哲学社会科学版)》2015 年第 4 期。

思想。[1] 围绕《德意志意识形态》《1844 年经济学哲学手稿》《共产党宣言》等经典著述，解读马克思主义法律思想的形成。[2] 围绕着《路易·波拿巴的雾月十八日》《1848 年至 1850 年的法兰西阶级斗争》《资本论》等经典著述，解读马克思主义发展时期的法哲学思想。[3] 围绕着《法兰西内战》《哥达纲领批判》《人类学笔记》等经典著述，解读马克思晚年的法律思想。[4] 围绕着《反杜林论》《家庭、私有制和国家的起源》《路德维希·费尔巴哈与德国古典哲学的终结》等重要著述，解读恩格斯对马克思主义法律思想的捍卫和发展。[5] 总之，不管是采用阶段化的研究方式还是从整体层面对马克思恩格斯的法律思想进行阐释，抑或响应"回到马克思"的口号——重新解读马克思恩格斯的经典文本，国内学者在这一领域都取得了骄人的成绩。研究马克思恩格斯法律思想的形成和发展是马克思主义法哲学研究的重要组成部分，也是进一步探讨马克思主义法哲学中国化的前提条件。

（三）马克思主义法哲学中国化研究

马克思主义法哲学中国化是在 20 世纪 90 年代以后逐渐发展，并在 21 世纪不断深入，成为国内马克思主义法哲学研究的重要方向。马克思主义法律思想中国化的本质就是将马克思主义法学基本原理同中国法治的具体实际相结合，用马克思主义法学理论的基本立场、观点来指导中国革命、建设、改革和发展进程中的法治实践。伴随着新中国法治建设的历史进程，国内学者在马克思主义法律思想中国化研究领域产生了一批颇

[1] 胡兴建：《马克思与现代自然法思想的内在难题——基于〈论犹太人问题〉的分析》，载《现代法学》2012 年第 3 期；周尚君：《马克思的法律社会理论及其当代启示——以〈《黑格尔法哲学批判》导言〉为分析对象》，载《北方法学》2008 年第 5 期。

[2] 李超群：《马克思"史前史"观念的法哲学意涵——基于〈德意志意识形态〉的分析》，载《河北法学》2015 年第 3 期；李龙、刘青：《〈共产党宣言〉中的法律思想》，载《马克思主义研究》2018 年第 1 期。

[3] 种明钊：《略论马克思〈资本论〉中的法律思想》，载《法学杂志》1984 年第 4 期。

[4] 公丕祥：《马克思晚年〈人类学笔记〉中的法律思想初探》，载《法学研究》1992 年第 1 期。

[5] 喻中：《国家与法的方法论——关于〈家庭、私有制和国家的起源〉的重新理解》，载《政法论丛》2018 年第 4 期。

有见地的研究成果。

路径选择问题是研究马克思主义法律思想中国化的重点议题。国内学者对路径选择达成了基本共识，即实践主导模式，不过，实践主导模式存在不同理解。第一种观点认为，马克思主义法律思想中国化的路径有两个层面，一个是实践层面，另一个是文化层面，前者是将马克思主义基本原理同中国具体实践相结合，以马克思主义法学理论指导中国实践，使抽象的马克思主义变成具体的马克思主义；后者是将马克思主义与中国历史文化相结合，阐释马克思主义法律思想与中国优秀传统文化相契合之处。但就马克思主义法律思想中国化而言，实践层面是根本性的。[1]第二种观点认为，马克思主义法律思想中国化的路径有实践主导模式和理论主导模式两个层面，实践主导模式是以实践需要为中心对理论进行取舍和应用的理论与实践结合机制，是一种回应现实问题的模式。[2]

总而言之，国内学者围绕上述三个维度对马克思主义法律思想中国化展开了全面而系统的研究，并取得了一系列显著的成绩，将我国马克思主义法哲学理论研究推向了更高台阶，有利于建设中国特色社会主义现代化法治强国，助推“中国之治”进入新境界。

(四)苏联马克思主义法哲学研究

马克思主义法学在苏联的运用和发展问题是国内学者研究的热点话题。首先，对列宁法哲学思想的研究。公丕祥、龚廷泰在主编的《马克思主义法律思想通史》(第2卷)中，系统研究列宁法律思想的形成与发展过程，深入阐述列宁法律思想的主要内容，主要包括列宁历史唯物主义法律观的形成和确立、列宁论法律的社会基础及其方法、列宁对剥削阶级法律本质的揭示、列宁对民主与法律的科学阐发、列宁的宪法思想以及列宁

[1] 张波：《马克思主义法律思想中国化路径研究》，上海师范大学2010年博士学位论文。

[2] 付子堂：《马克思主义法律思想中国化研究论纲——写在〈现代法学〉首任主编黎国智教授80寿辰之际》，载《现代法学》2007年第5期。

《哲学笔记》和《国家与革命》中的法哲学思想。[1] 实际上，国内学者编写《马克思主义法律思想研究》的基本形式都是从马克思主义法律思想到列宁的法律思想，再到列宁之后苏联重要领导人的法律思想和法律实践，紧接着就到马克思主义法律思想中国化部分。因此，深刻认识和理解列宁的法律思想是研究马克思主义法律思想中国化的重要一环。还有学者重点研究了列宁的法律监督理论，探讨列宁的法律监督理论在我国检察制度中的具体运用。[2] 其次，国内学者对苏联法学家叶夫根尼·帕舒卡尼斯(Evgeny B. Pashukanis)法律思想的研究成果也比较丰富，这些研究主要围绕帕舒卡尼斯的著作《法的一般理论与马克思主义》而展开。[3] 最后，学者对苏联法学家维辛斯基的法律思想研究成果也较为丰富，研究主要集中于维辛斯基的法概念。[4] 还有学者专门研究了维辛斯基的证据理论。[5] 除了列宁、帕舒卡尼斯和维辛斯基的法律理论，学者还研究了 20 世纪 20 年代苏联学者托洛茨基、季诺维也夫、布哈林等思想家关于列宁主义以及列宁法律思想的相关论述。

(五)西方马克思主义法哲学研究

国外马克思主义法哲学研究是马克思主义法哲学研究的重要组成部分，除了上述苏联马克思主义法哲学外，国内学者对于国外马克思主义法哲学的研究还集中于西方马克思主义法哲学。

---

〔1〕 公丕祥、龚廷泰主编：《马克思主义法律思想通史》(第 2 卷)，南京师范大学出版社 2014 年版。

〔2〕 徐益初：《论列宁的法律监督理论在我国检察制度中的运用》，载《法学研究》1990 年第 1 期；石少侠、郭立新：《列宁的法律监督思想与中国检察制度》，载《法制与社会发展》2003 年第 6 期。

〔3〕 孙文凯：《作为形式的法律：帕舒卡尼斯的法律理论述评》，载《江海学刊》2009 年第 5 期；王雅琴：《叶夫根尼·帕舒卡尼斯法律理论再认识——评〈法的一般理论与马克思主义〉》，载《国外理论动态》2014 年第 12 期；赵颖：《国外马克思主义法律思想评析——以伦纳、帕舒卡尼斯和柯林斯为考察对象》，载《厦门大学学报(哲学社会科学版)》2019 年第 3 期。

〔4〕 孙国华、曾斌：《评维辛斯基关于法的定义》，载《法学家》1996 年第 2 期；刘颖：《苏联法概念在中国(1949—1958)》，西南政法大学 2010 年博士学位论文。

〔5〕 王希仁：《评维辛斯基的证据观》，载《法学》1986 年第 10 期；崔敏：《评维辛斯基的诉讼证据理论》，载《中国法学》1989 年第 1 期。

西方马克思主义法哲学是20世纪以来在欧美各国出现的一股马克思主义法学思潮，它经历了一个复杂的思想演变过程。西方马克思主义法哲学是马克思主义法律思想史的有机组成部分。近年来，国内学者在西方马克思主义法哲学研究方面有了很大的进展，其中，公丕祥、龚廷泰主编的《马克思主义法律思想通史》（第4卷）对西方马克思主义法哲学的产生和发展过程进行了开拓性研究，揭示了马克思主义法律思想对当代西方法律思想的重要影响。[1] 这有利于我们站在中华民族伟大复兴的世界大格局角度，以开放包容的视角、发展的观点、兼容并蓄的态度、唯物辩证的方法正确对待西方马克思主义法哲学，为坚持和发展中国化马克思主义法哲学提供更加丰富多样可供借鉴的理论资源。[2] 此外，在李其瑞、邱昭继等学者的努力下，西北政法大学在该领域取得了一系列研究成果。2014年10月，在西北政法大学的组织下，“西方马克思主义法哲学论坛”在西安召开，与会学者对西方马克思主义法哲学进行了充分的探讨。[3] 此外，有学者对西方马克思主义法哲学的源流、方法与价值进行了研究；[4] 也有学者研究西方学者关于马克思法学问题的主要争论；[5] 还有学者对西方马克思主义法学的总体特征进行归纳分析。[6] 尽管西方马克思主义法哲学研究在不断推进，但从现有的成果来看，相较于马克思主义法哲学基础理论、马克思主义法律思想史和马克思主义法律思想中国化的研究，国内学者对西方马克思主义法哲学研究的重视程度还不够。实际上，西方马克思主义法哲学对我国马克思主义法哲学的发展具有重要的借鉴意义。

---

〔1〕 公丕祥、龚廷泰主编：《马克思主义法律思想通史》（第4卷），南京师范大学出版社2014年版。

〔2〕 李林：《马克思主义法学理论：中国特色社会主义法治理论的思想基础和理论渊源》，载《光明日报》2015年9月30日，第14版。

〔3〕 邱昭继：《“西方马克思主义法哲学论坛”综述》，载《哲学动态》2015年第2期。

〔4〕 李其瑞、邱昭继：《西方马克思主义法学的源流、方法与价值》，载《法律科学（西北政法大学学报）》2012年第5期。

〔5〕 宋玉波：《争论中的当代“西方马克思主义法学”》，载《现代法学》2001年第4期。

〔6〕 苏瑞莹、马拥军：《论西方马克思主义法学的总体特征》，载《河北学刊》2013年第3期。

三、马克思主义法哲学研究的基本经验

回望70余年的研究历程,新中国马克思主义法哲学研究走过了不平凡的道路,也取得了不寻常的成就,为中国特色社会主义事业作出了重要贡献。

(一)注重回归经典与关注现实相结合

新中国成立初期,我国马克思主义法哲学主要在苏联传统下开展,将马克思主义经典视为教条,学者们基本上没有自由阐释的空间。改革开放以后,我国马克思主义法哲学研究逐渐走出苏联"国家与法的理论"教科书传统的桎梏,开启了马克思主义法哲学研究的中国化道路。自主自觉探索马克思主义法哲学的研究对象、基本性质和研究方法,摆脱了苏联化的马克思主义法哲学研究模式的藩篱,回到马克思主义创始人的法哲学经典文本,从经典文本中重新阐释马克思主义法学的基本原理,以经典文本为基础提炼不同阶段马克思恩格斯法律思想的基本内容,揭示马克思主义法哲学的普遍性、科学性和真理性。

21世纪以后,在"回到马克思"的口号下,更多的学者从经典文本出发,充分挖掘和剖析马克思主义创始人在经典文本中的原意,赋予经典文本新的理论蕴涵。在"回归经典"的同时,学者们对现实问题比较关切,试图重新阐发马克思主义法哲学经典文本,以回应现实社会中的政治与法律实践的问题。比如关于马克思主义人权理论存在与否的问题,在20世纪90年代,有如黎国智、严存生、张光博等学者通过重新挖掘和阐释马克思主义经典作家的文本,论证了马克思主义蕴含着丰富的人权思想,揭示了马克思主义人权思想的理论基础及其基本内涵。[1]

马克思主义法哲学经典著作蕴含和集中体现着马克思主义法哲学原理,是马克思主义法哲学的本源和基础。只有深入研读和理解马克思主

---

〔1〕 张光博:《坚持马克思主义的人权观》,载《中国法学》1990年第4期;严存生、贺海仁:《论马克思主义人权观》,载《学习与探索》1990年第5期;黎国智主编:《马克思主义人权理论概要》,四川大学出版社1992年版。

义法哲学经典著作,才能创造性地运用马克思主义法哲学的立场观点方法去分析和解决我们在法治实践中面临的实际问题,这也意味马克思主义法学经典的研究不能闭门造车,需要对现实问题有所体悟、有所关切、有所回应,这就是"回归经典、关注现实"的基本内涵,两者的有机结合是我国马克思主义法哲学研究的基本经验。

(二)注重历史探源与理论创新相结合

将"研究马克思恩格斯法律思想的发展史"与"推进马克思主义法律思想中国化的理论创新"相结合是70余年来我国马克思主义法哲学研究的重要经验。在20世纪80年代,我国马克思主义法哲学研究从苏联模式中觉醒,为了进一步拨开苏联化马克思主义法哲学理论的迷雾,国内一批学者开始回到马克思恩格斯法律思想产生的逻辑起点,揭示马克思主义法律思想的萌芽、发展和走向成熟的过程,探究马克思主义法律思想发展的历史逻辑,包括马克思恩格斯青年时期的新理性批判主义法律思想、从新理性批判主义法学向历史唯物主义法学过渡时期的法律思想、马克思恩格斯历史唯物主义法律思想的形成和问世、马克思主义法律思想的初步运用和深化、恩格斯晚年对历史唯物主义法律思想的补充等。通过梳理马克思主义法律思想的发展史,总结马克思主义法律思想的核心命题,从中得出关于马克思主义法律思想的规律性认识,形成科学理论,进而为改革开放进程中所面临的实际法制问题提供指导意见,是改革开放以来我国学者坚持研究马克思主义法哲学的主要目标之一,对马克思主义法律思想发展史的深入把握和正确认识是我国马克思主义法哲学研究区别于苏联马克思主义法哲学模式的重要标志。申言之,马克思主义法律思想是马克思法律思想中国化的理论源泉和创新来源,只有将两者紧密结合在一起,马克思主义法律思想中国化的内容才能推陈出新。在20世纪80年代对马克思主义法律思想深入研究的基础上,马克思主义法律思想中国化在20世纪90年代逐渐兴起。21世纪以后,马克思主义法律思想中国化成为中国马克思主义法哲学研究领域最重要的方向。学者们运用马克思主义法律思想的基本原理和原则分析中国法治建设中的实际问题,论证马克思主义法律思想与中国民主法治建设的内在关联。

二〇二〇年十一月召开的中央全面依法治国工作会议,是第一次以党中央工作会议形式研究部署全面依法治国工作的重要会议。这次会议最重要的成果,就是顺应党心民心和时代要求,确立了习近平法治思想在全面依法治国工作中的指导地位。这是我国社会主义法治建设进程中具有重大现实意义和深远历史意义的大事。习近平法治思想是马克思主义法治理论中国化的最新成果,是中国特色社会主义法治理论的重大创新发展,是习近平新时代中国特色社会主义思想的重要组成部分,是新时代全面依法治国必须长期坚持的指导思想。

(三)注重实践主导与多元推进相结合

回望70余年马克思主义法哲学研究的发展历程,可以发现,我国马克思主义法哲学研究并不是孤立的、封闭的和静止的,而是实践的、开放的、具有高度包容性的学术实践活动。

新中国成立初期,由于特殊的历史原因,中国法学全面向苏联学习,马克思主义法哲学研究也主要围绕着苏联"国家与法的理论"传统下的教科书展开。但我们在运用苏联法学指导中国革命、建设具体法律实践过程中,在开展法学教学与研究中,犯了教条主义的错误。马克思主义法哲学研究离不开对马克思主义经典著作的解读和阐释,但如果我们将苏联法学专家对马克思主义法学经典著作的解读神圣化、教条化,那中国马克思主义法哲学研究必然是"寄人篱下"的、没有自主性的,也自然无法指导中国法治的具体实践。更重要的是,苏联权威学者解读下的马克思主义法学是一种强烈凸显阶级斗争的法学("维辛斯基法学"),具体来讲,围绕着维辛斯基"法概念"展开的马克思主义法学主要包括以下五个方面的教条,即法起源于阶级斗争的不可调和(起源论)、法是统治阶级的国家意志(本质论)、法是阶级斗争或统治阶级的工具(功能论)、法与阶级共存亡(发展论)、法是阶级社会的特有现象(特征论)等大纲。[1]而我们将这些教条化的马克思主义法学视为金科玉律,加剧了法律虚无主义的盛行。陈守一在1956年就清楚地意识到苏联化教条主义危害,他说,“教条主义是普遍存在的,目前已成为改进法律教育工作和提高教学质量的敌人。……我们习惯于从苏联已有的经验中找寻现成公式。显然这只能使我们变成思想懒汉,使科学研究工作死气沉沉”[2]。总体而言,新中国成立初期的马克思主义法哲学研究是以理论为主导的,尤其是以苏联专家解读下的理论为主导,以理论“裁剪”实践。这种将苏联化理论作为唯一要领而不是以实践为主导的研究模式是一种教条主义、本本主义的表现。

改革开放以后,在“实践是检验真理的唯一标准”的大讨论背景下,中国学者开始自主自觉研究马克思主义法哲学,捍卫马克思主义法哲学研究的独立地位,明确马克思主义法哲学的研究对象和研究方法,将马克思主义法哲学研究与中国改革开放的历史进程相结合,坚持以实践导向作为马克思主义法哲学研究的重要方法,中国马克思主义法哲学研究开启了新的篇章。特别是,1992年邓小平南方谈话以后,人们的思想进一步解放,马克思主义法哲学的研究异彩纷呈,涌现出一批颇有见地的研究成果。作为最具代表性的以实践为导向的研究成果,马克思主义法律思想中国化研究取得了非凡成就,推动国内马克思主义法哲学研究走向成熟。迈入21世纪,在实践主导的基础上,马克思主义法哲学研究的主题更加多元、研究范围不断扩大、论域不断深化,马克思主义法哲学研究呈现出全面发展的局面,在马克思主义法学基础理论、马克思主义法律思想史、马克思主义法律思想中国化、国外马克思主义法哲学等重要领域全面开花,研究成果不断推陈出新,文本与实践之间的互动性不断增强,理论与实践之间的联动性不断彰显,马克思主义法哲学研究以一种包容的、多

---

〔1〕 吴世宦:《四论我国法学现代化——关于划清马克思主义法学与维辛斯基法学的界限问题》,载《政法学刊》1987年第4期。

〔2〕 陈守一:《法学研究与法学教育论》,北京大学出版社1996年版,第7页。

元的、自信的姿态引领世界马克思主义法哲学研究的前沿。面向未来，要始终坚持实践主导与理论指导，兼顾多方面多学科的多元研究模式，以实践检验真理，以多元共创未来。

四、马克思主义法哲学研究的未来展望

（一）加强对多学科交叉研究方法的运用

马克思主义法哲学研究走过70余年，取得了不少成就，也积累了许多研究经验。马克思主义法哲学研究本身就是马克思主义理论和法学理论跨学科研究的产物。在全面推进新文科建设的背景下，马克思主义法哲学研究需要加强运用多学科交叉研究方法，融合多学科的知识理念，探索马克思主义法哲学研究的新方法和新路径。

首先，需要加强宏观的马克思主义理论研究与微观的马克思主义法哲学研究的互动性。马克思主义法哲学研究的学者主要集中在法学领域，与马克思主义理论研究学者之间的交流和沟通并不多，这导致马克思主义法哲学研究没有很好地吸收马克思主义理论研究的理论成果，具有一定的封闭性。新中国成立以来，我国马克思主义理论工作者不断深化马克思主义基本原理、马克思主义发展史、马克思主义中国化、国外马克思主义等各个领域的研究，不断强化马克思主义理论体系整体性研究和中国特色社会主义理论体系研究，取得了一系列研究成果，[1]这些研究成果是推进马克思主义法哲学研究的重要理论资源。未来，马克思主义法哲学研究需要不断加强运用马克思主义理论研究成果。

其次，马克思主义法哲学研究需要增强与法学研究之间的互动性。虽然说马克思主义法哲学研究主要是在法学学科中展开，但马克思主义法哲学研究与传统法哲学研究之间还是有很大的不同。法哲学研究是运用哲学的方法和思维来解决法学的一般性问题。目前国内马克思主义法哲学则重在对马克思主义法学经典的阐释与对马克思主义法律思想中国

〔1〕　程恩富、胡乐明：《中国马克思主义理论研究60年》，载《马克思主义研究》2010年第1期。

化的实践性考察,对传统法哲学研究方法的运用程度不够深入,需要进一步加强马克思主义法哲学研究中的法学思维和法学方法的运用,强调以马克思主义哲学视角来理解法理论问题。

最后,马克思主义法学研究还应当吸纳多门学科的知识,借鉴不同学科的方法,如哲学、社会学、政治学、经济学、历史学、语言学等人文与社会学科的研究方法。20 世纪 70 年代末以来,科恩、布坎南、柯林斯、坎贝尔以及希普诺维奇等西方学者运用分析哲学的概念分析方法研究马克思主义法学,从而形成了分析的马克思主义法哲学,为马克思主义法学的发展作出了独特的智识贡献。[1] 这是马克思主义法哲学与哲学交叉研究的典例。未来马克思主义法哲学研究者需要进一步开阔研究视角,构建多元化的发展路径。

(二)加强对中国特色社会主义国家制度和法律制度的理论研究

新中国成立初期,中国法制建设全盘借鉴苏联经验,从教材编写到教学机构设置,几乎都以苏联为摹本。马克思主义法哲学研究的基本方式自然也被置于苏联模式中,尽管以现在的眼光去审视这段历史时难免会带有批评态度,但是如果我们置身于当时的处境,我们就会发现,苏联化的马克思主义法哲学不仅填补了当时国内马克思主义法哲学研究的空白,也揭示了马克思主义法哲学研究的基本对象、基本方法和主体内容。在当时的苏联学者看来,马克思主义法哲学的研究对象就应当是国家与法的一般理论,离开国家理论,法的一般理论是不完整的,因为不同的历史发展阶段会有不同的国家形态和法的表现形式。这样的观点实际上是理解马克思主义法哲学的另一种维度,直到现在,仍然有国内学者从马克思主义经典文本出发,主张马克思主义法哲学的研究对象是国家理论,认为马克思主义法哲学是马克思主义关于国家制度的理论思维或最高抽象。[2] 也有学者对于去除“国家理论”之后的马克思主义法哲学研究方

---

〔1〕 邱昭继:《分析的马克思主义法哲学的思想方法与理论贡献》,载《哲学研究》2016 年第 9 期。

〔2〕 牟成文:《马克思主义法哲学论纲》,载《当代世界社会主义问题》2020 年第 3 期。

式提出尖锐的批判,认为这是一种“没有国家的法律观”。[1]

改革开放以后,人们的思想得到了解放,马克思主义法哲学研究者的自主性达到了空前的高度,致力于摆脱苏联教条主义的束缚。但在这个过程中,却彻底将国家理论的研究剥离出了马克思主义法哲学的研究范畴,这是当下开展马克思主义法哲学研究者需要再度反思的问题。习近平总书记提出,“要加强对中国特色社会主义国家制度和法律制度的理论研究,总结70年来我国制度建设的成功经验,构筑中国制度建设理论的学术体系、理论体系、话语体系,为坚定制度自信提供理论支撑”[2]。国家制度理论与法律制度理论是马克思主义法哲学研究不可分割的一部分。迈向新的历史征程,我们尤其要加强国家制度理论研究,具言之,可从以下两个方面入手:一是深入研究马克思主义国家制度经典理论。从纵向上研究马克思主义国家观的演进历程及其内在逻辑;从横向上研究马克思主义国家观的内在结构,包括国家的起源观、国家的本质观、国家的职能观、国家的形态观、国家的消亡观等;比较研究马克思主义国家观与西方自由主义国家观;研究马克思主义国家理论的进步性和创造性等。二是加强对中国特色社会主义国家制度和法律制度的研究。探讨国家制度建设和国家治理现代化的核心命题;探讨中国特色社会主义国家制度和法律制度存在哪些优越性;探讨中国特色社会主义国家制度和法律制度在何种程度上继承和发展了马克思主义理论;探讨中国特色社会主义国家制度和法律制度在何种程度上弘扬和发展了中华民族的传统文化,又在何种程度上吸收借鉴了西方制度文明的有益成果;论证中国特色社会主义制度中的根本制度、基本制度和重要制度的逻辑关系等。

(三)加强对马克思主义法律思想中国化的研究

回顾过往,在众多学者的努力下,马克思主义法律思想中国化的研究

---

〔1〕 强世功:《迈向立法者的法理学——法律移植背景下对当代法理学的反思》,载《中国社会科学》2005年第1期。

〔2〕 习近平:《坚持、完善和发展中国特色社会主义国家制度与法律制度》,载《求是》2019年第23期。

取得了一系列研究成果，包括厘清了马克思主义法律思想中国化的核心概念、回应了马克思主义法律思想中国化的路径选择问题、确立了马克思主义法律思想中国化的历史分期以及对马克思主义法律思想中国化重要代表人物的法律思想展开全面研究。但马克思主义法律思想中国化研究应当是永不止步的，因为马克思主义法律思想中国化所坚持的是以实践为主导的模式，而实践主导模式是以实践检验理论，对理论进行取舍，是一种解决现实问题取向的应用模式，其最大的特色是立足于中国社会实际和社会问题。因此，对于开展马克思主义法律思想中国化的研究，研究者需要做到与时俱进，站在历史唯物主义的立场，深刻洞察时代发展规律，致力于解决国家治理现代化所面临的各种问题。

展望未来，学者们应从以下三个方向对马克思主义法律思想中国化进行研究：其一，论证马克思主义法治理论与中国特色社会主义法治建设的内在逻辑关系。在西方学者的观念里，马克思主义法学是基于对资本主义社会法治的批判建立起来的，他们单纯将马克思主义法学当成批判法学思潮的一种，完全忽视了马克思主义法学的建设性面向，很多学者把马克思主义法学理论简单看作对资本主义法治原则的彻底批判和否定，这种理解是片面的。中国学者需要深入研究马克思主义法治理论，构建马克思主义法治理论体系，论证马克思主义法治理论中的建设性面向。其二，马克思主义法哲学中国化研究的难题在于如何防止马克思主义教条化。只有理性反思和吸取历史的经验教训，中国法治建设才能行稳致远，才能凸显马克思主义法律思想中国化的价值。其三，习近平法治思想是马克思主义法治理论的最新成果，需要进一步加强对习近平法治思想的研究，提炼习近平法治思想的原创性贡献。

五、结语

对于马克思主义法哲学的研究，要始终坚守在文本与实践之间。概览新中国法治建设历程，马克思主义法哲学研究从苏联模式迈向自主发展的中国化研究模式，迈向了全面发展新阶段。改革开放以来，几代学者致力于将马克思主义法哲学从苏联教科书教条化的束缚中"拯救"出来，赋予了中国马克思主义法哲学研究的独立地位，擦拭了掩盖在马克思主义经典文本上的历史尘埃，还原了马克思主义法哲学本真样态，在某种程度上实现了马克思主义法哲学在中国、在世界的新生。新中国成立以来，我国马克思主义法哲学研究传统薪火相传，中青年两代学者不断拓展马克思主义法哲学经典命题的理论深度，回到马克思主义法哲学经典文本，深度挖掘和分析马克思主义法哲学的文本蕴涵，冲破理解马克思主义法哲学语境中的重重迷障，在马克思主义人权、自由、正义、法治等理论有了新的理论创见。国内学者结合中国法治建设的具体实践，积极探讨马克思主义法哲学中国化的路径内涵、理论基础和基本经验，取得了一系列重要成果。习近平法治思想是马克思主义法治理论中国化的最新成果，是中国法治实践的根本遵循，指引着新中国马克思主义法哲学研究。

延伸阅读学术著作

1. 武步云：《马克思主义法哲学引论》，陕西人民出版社 1992 年版。
2. 孙国华：《马克思主义法理学研究——关于法的概念和本质的原理》，群众出版社 1996 年版。
3. 付子堂：《马克思主义法律思想研究》，高等教育出版社 2005 年版。
4. 付子堂主编：《文本与实践之间：马克思主义法律思想中国化问题研究》，法律出版社 2009 年版。
5. 付子堂主编：《历史与实践之维：马克思主义法律思想时代化问题研究》，法律出版社 2011 年版。
6. 文正邦主编：《马克思主义法哲学在中国》，法律出版社 2014 年版。
7. 公丕祥、龚廷泰：《马克思主义法律思想通史》（第 1—4 卷），南京师范大学出版社 2014 年版。
8. 李步云、高全喜主编：《马克思主义法学原理》，社会科学文献出版社 2014 年版。

9. 吕世伦、叶传星:《马克思恩格斯法律思想研究》,中国人民大学出版社2018年版。

10. 顾培东主编:《马克思主义法学及其中国化》,社会科学文献出版社2021年版。

延伸阅读学术论文

1. 文正邦:《应该开展马克思主义法哲学的研究》,载《四川大学学报(哲学社会科学版)》1981年第1期。

2. 公丕祥:《马克思法哲学思想论要》,载《中国社会科学》1990年第2期。

3. 李龙:《论马克思主义法学的创立》,载《中国法学》1990年第3期。

4. 李晖:《论马克思法律观的形成》,载《政法论丛》2004年第1期。

5. 付子堂:《马克思主义法律思想中国化的第三次创新》,载《法学家》2006年第5期。

6. 付子堂:《马克思主义法律思想中国化研究论纲》,载《现代法学》2007年第5期。

7. 周尚君:《论中国化:马克思主义法哲学新发展的主体向度》,载《法治研究》2008年第9期。

8. 王恒:《〈黑格尔法哲学批判〉与法哲学的当代使命》,载《华东师范大学学报(哲学社会科学版)》2010年第3期。

9. 朱学平:《从共和主义到社会主义——马克思〈论犹太人问题〉新解》,载《现代哲学》2014年第3期。

10. 公丕祥:《马克思法哲学实践论的革命》,载《江海学刊》2024年第1期。

延伸阅读学位论文

1. 周尚君:《〈巴黎手稿〉的法哲学问题——历史、文本与理论》,西南政法大学2009年博士学位论文。

2. 李超群:《马克思人权思想研究——以从人的异化到人的解放为线索》,西南政法大学2015年博士论文。

第三章　自 然 法 学

本论题导读

作为法哲学概念的自然法最早产生于希腊，是西方法律思想史中的重要论域。自然法学说涵盖了“自然”(nature)、“自然法”(natural law)、“自然权利”(natural right)等诸多概念，并伴随时代变迁发生内涵外延上的变化。应当说，自然法学说兼具历史性与哲学性，是宏大且多变的；而如何认识自然法，则成为西方法律思想史中的永恒命题。面对这一宏大命题，可从以下三个维度掌握其基本面貌：其一，自然法的观念维度。人类文明起源之初面对的首要问题便是如何恰当处理人与自然的关系。人创设的规则（法律）与自然规则（自然法）之间的关系是什么，是否存在具有普遍效力的法律，诸如此类的问题构成了自然法的观念基础。其二，自然法的价值维度。自然法往往代表着正义、自由、正当性，为实定法提供了效力来源和评判标准。其三，自然法的规范维度。自然法在形成之初是与宗教规范、道德规范相混同的，随着时间的推移，才逐渐成为体系化、理性化的相对独立的规范体系。

我国学界对自然法的研究源远流长，尝试对“自然法研究”作一个学术史的梳理，确实是一个有挑战性的工作。之所以存在挑战，原因有二：其一，自然法本身是一个宏大的范畴。何谓自然、何谓自然法，不同时期、不同学科学派的概念界定与理论阐释都有所不同。即使在法学学科内，也横跨法理、法史两个方向。若采用完全封闭的概念，则易一叶障目，影响梳理工作的全面性与客观性。其二，我国自然法研究时间跨度大，如何对其“断代”考察,关系到对自然法研究脉络及研究特点的概括与呈现。自然法研究本就是宏大范畴,又历经不同时期的研究积累,相关研究可谓汗牛充栋。面对数量如此之多的研究材料,如何剪裁、梳理,则是另一难题。

为解决上述前提性难题,须对本章研究对象和思路作简要说明。由于“自然法”概念本身的复杂性,无法在历史时期、学术流派不明确的前提下,面面俱到地论述自然法研究的所有论题,因而本章对研究对象加以限定,通过横向的类型化,来归纳总结纵向的自然法研究演进规律,相对全面地呈现我国自然法研究的研究对象与研究目的,回顾总结自然法研究在我国学界的成就与变化,并尝试对未来发展方向作出展望。

一、新中国自然法研究的动力机制与发展样态

(一)多元复合的动力机制

西方自然法观念在明清时期经由传教士引入中国,但在当时并未引起学者的关注,[1]原因在于自然法观念中的宗教传统在中国缺乏文化土壤,且“与道家所观察到的宇宙的微妙性和复杂性比起来是太幼稚了”[2]。及至近代,国家与社会的重大变革促进学者重新审视传统文化的得失,并积极引进西方思想资源。正是在译介西方学术著作的过程中,自然法研究才产生了原动力。严复翻译的赫胥黎的《天演论》、孟德斯鸠的《法意》等西方经典著作开始流传,经典自然法学派作家的学术观点开始得到我国学界的关注。梁启超曾撰写了《霍布士学案》《卢梭学案》《斯片挪莎学案》等文,系统介绍了社会契约论、三权分立学说等自然法相关理论,并以“格义”之法将儒家法的观念定义为自然法观念,“是故儒家关

〔1〕［美］弗朗西斯·奥克利:《自然法、自然法则、自然权利——观念史中的连续与中断》,王涛译,商务印书馆2015年版,第33页。

〔2〕［英］李约瑟:《中华科学文明史》(第2版),柯林·罗南改编,上海交通大学科学史系译,上海人民出版社2002年版,第315页。

于法之观念,以有自然法为第一前提”[1]。在严复、梁启超等近代学者看来,引进研究包括自然法在内的西方理论是改造中国传统社会的必经之路,其实践意义大于理论意义。职是之故,我国的自然法研究原生动力内嵌于国家变革进程之中,自然法理论成为我国法律制度建设和法治观念发展的重要知识资源。

当然,国家与政治的外部变革并非自然法研究的唯一动力。自然法作为西方法学理论的重要组成部分,凝聚了上千年的法学发展历程。任何对西方法学发展有深刻认识的研究者,都无法忽略自然法相关理论。此外,自然法理论往往还提供了反思批判实定法的标准与范式,进而得到了法学研究者和法治实践者的青睐。因此,围绕自然法进行知识生产也是自然法研究的主要动力之一。

最后,学科建设也成为我国自然法研究的动力所在。自然法作为跨学科知识,并非法学学科的专属研究领域,政治学、哲学也有涉及。1952年院系调整,“国家与法的理论”成为法学的基础学科[2],自然法研究被涵盖其中;政治学也不再作为一门独立学科存在,包含部分自然法理论的“政治学说史”被置于“国家与法的理论与历史”的范畴,归属于法学门类。[3] 学科建设中的“苏联化”倾向,波及了自然法研究。

需要指出的是,自然法研究的动力机制并非单一或线性的,而是由国家变革、知识生产、学科建设三种内外动力复合构成的,并在不同时期有所变化。近代自然法研究的主要动力是国家所带来的外部压力,而新中国成立之后,自然法研究逐渐从国家政治变革的外部动力转化成学科建设、知识生产的内部动力。

(二)由“史”到“理”的书写方式

书写方式是指作者以何种立场与方式呈现学术成果,在知识社会学

[1] 梁启超:《梁启超论中国法制史》,商务印书馆2012年版,第19页。

[2] 杜宴林、彭军:《中国法理学四十年(1978—2018)》,载中国政法大学法律史学研究院主编:《中国法学四十年(1978—2018)》,中国政法大学出版社2018年版。

[3] 房宁主编:《新中国政治学研究70年》,中国社会科学出版社2019年版,第354页。

的理论框架下，总体上划分为"内史"（internal history）、"外史"（external history）两类。[1] "内史"关注的是概念或理论本身在历史中的发展，强调的是学科内部自身的发展逻辑；而"外史"则注重分析文化、政治等外部社会因素对理论发展的影响，将观念知识置于更为复杂的社会背景中去考察。[2] 从我国自然法研究的整体脉络来看，不同时段内的学术作品侧重不同的书写方式。从近代自然法进入我国研究视野至20世纪50年代，可归为我国自然法研究的初期阶段。在这一阶段，学者们大多遵循"内史"的写作方式，着重梳理介绍自然法理论的知识性内容。例如，李达于1947年前后完成《法理学大纲》一书，并依据此书内容于1949年前后于武汉大学开设"西方近代自然法学派思想史"一门课程。在此书中，李达梳理了古代自然法与近代自然法的不同，"古代自然法学说，是一种纯哲理的探索，假定在人定法之上，还存在着普遍不易的理想法即自然法，……近代自然法从人性论出发，假设'人类的自然状态'作为立论的根据"[3]。又如王伯琦简要勾勒了17、18世纪的西方自然法的发展轨迹，认为自然法思想发展到17、18世纪，已成为法律与道德相融合的伦理学范畴。"原属于道德上的项目，经许多法学家的阐发，渐渐得到了一般大众的共鸣，而成为所谓伦理的习惯，而被司法实务上适用，从而成为法律。这种法律，本质上原是道德律，亦就是自然法。"[4]20世纪60年代后，自然法研究也开始转向与政治、文化等外部因素的关系，以"外史"作为主要写作范式。当然彼时语境下的"外史"研究是简单化、意识形态化的。部分学者将自然法定义为"资产阶级的思想理论"，其主要功能就是"为帝国主义服务"[5]。及至改革开放之后，自然法研究逐步恢复理性化、学术化，研究也开始兼顾"内史""外史"两条路径，并逐渐具有哲学意

---

〔1〕 方文：《学科制度和社会认同》，中国人民大学出版社2008年版，第38页。

〔2〕 陆远：《传承与断裂：剧变中的中国社会学与社会学家》，商务印书馆2019年版，第20页。

〔3〕 李达：《法理学大纲》，法律出版社1983年版，第39页。

〔4〕 王伯琦：《近代法律思潮与中国固有文化》，清华大学出版社2005年版，第35页。

〔5〕 吕世伦：《为帝国主义服务的现代自然法学》，载《人民日报》1963年6月29日，第6版；高树异：《为垄断资产阶级服务的现代"新自然法"学说》，载《政法研究》1963年第4期。

蕴。“外史”研究更为集中探讨西方法治观念的渊源问题，将自然法作为西方法治观念的重要理论来源，代表性学者有吕世伦等。[1]“内史”研究则逐渐深入化、思辨化，不再满足于简单地梳理介绍，而是深入具体的自然法理论内部，论述作者持何种哲学立场、理论靶向是谁以及为了解决何种根本性问题，代表性学者有沈宗灵、梁治平等。[2] 简言之，自然法研究的理论范式与书写方式逐步从“历史学”发展为“哲学”。所谓“历史学”的书写方式，是指研究成果侧重对自然法知识性内容的介绍，力求“还原”；所谓“哲学”的书写方式，则是指研究者更为重视对西方自然法理论哲学基础、逻辑结构、理论脉络的澄清，所追求的是对理论价值的评判。简言之，书写方式从“史”到“理”的变化，意味着我国自然法研究从以“知识”为主转变为以“问题”为主。

（三）超越史学的研究方法

研究方法分为两个层次，即较为抽象的方法论层次和较为具体的论证分析层次，研究方法的选择取决于研究对象与研究目的。新中国成立之后，自然法研究多以马克思主义为指导，以“阶级分析”为主要研究范式，以“自然法理论/学说是什么”这一本体论问题以及“如何评价自然法学说”这一价值论问题为主要研究对象，将自然法定义为资产阶级的法学学说，予以批判。在这一时期，自然法研究的具体方法更为贴近传统史学，即对某位自然法思想家的著作进行整理分类，以“人”或者“书”为中心进行结构安排，以时间为逻辑线索，力求明确思想家的理论主张。这一阶段的自然法研究更偏向法律史学，以考据学、史料学的研究方法为主，[3]研究成果也多以史学口吻叙事，简要勾勒了自然法学说的理论内容，使读者能够把握自然法理论学说的基本内容，但其局限也十分明显。单一地依靠史学研究方法，使新中国成立之初的自然法研究成果缺乏理

〔1〕 吕世伦、周世中：《论法治合理性的内涵及其意义》，载《法制现代化研究》1998 年第四卷。

〔2〕 沈宗灵：《现代西方法理学》，北京大学出版社 1992 年版，第 37－143 页；梁治平：《自然法学的历史发展》，载《学员之家（法律版）》1986 年第 2 期。

〔3〕 马小红、张岩涛：《当代中国法律史学研究方法的分析》，载《政法论丛》2020 年第 1 期。

论分析,无法呈现自然法的理论脉络和哲学基础。又加之意识形态的对立,使不少自然法研究成果过度运用阶级分析方法,遮盖了自然法研究的真正问题。

改革开放之后,两个层次上的研究方法都发生了较大的转变与发展。在方法论层面上,从局限于"阶级分析"视角的本体论研究扩展到功能论、价值论研究。例如,有学者从自然法对于实体法、人权学说的功能角度展开研究,认为自然法为实定法提供了衡量标准,为人权学说提供了思想基础。[1] 还有学者从价值层面研究自然法的理论内涵,挖掘自然法理论的正义、自由等价值。[2] 研究视域的扩展和研究重点的转变,促进了具体研究方法的多样化,诸如概念分析、哲学分析、价值分析、比较研究等方法都成为自然法研究中的主要方法。梁治平在 20 世纪八九十年代的多篇著作中使用了价值分析、比较研究等研究方法[3],将中国传统的"法自然"思想纳入自然法研究的视野中,一定程度上扩宽了研究视野;严存生、徐爱国、张乃根等学者则推动了我国自然法研究的概念化、哲学化,[4]使自然法研究不断细化、思辨化。

与法学其他范畴的研究不同,自然法研究本身就是对学术史或者说观念史的书写,需要对概念/观念进行学术史上的追踪分析。因此,从整体上看,新中国自然法研究方法经历了两个阶段。新中国成立至 20 世纪 80 年代,是自然法研究方法的单一化时期。这一时期自然法研究主要依靠史学研究方法,并受到意识形态对立下的"阶级分析法"影响;20 世纪

---

[1] 严存生、郭军明:《自然法 · 规则法 · 活的法——西方法观念变迁的三个里程碑》,载《法律科学(西北政法学院学报)》1997 年第 5 期;沈宗灵:《二战后西方人权学说的演变》,载《中国社会科学》1992 年第 5 期。

[2] 陆沉:《公平正义:人类永恒的难题——对"自然法"观念的意义分析》,载《西南民族学院学报(哲学社会科学版)》1998 年第 6 期;张中秋、王静:《价值的追求:古典自然法学派的评析》,载《江苏社会科学》2000 年第 5 期。

[3] 梁治平:《自然法今昔:法律中的价值追求》,载《比较法研究》1987 年第 1 期;梁治平:《"法自然"与"自然法"》,载《中国社会科学》1989 年第 2 期。

[4] 徐爱国:《老庄学派与斯多葛学派法律思想之比较》,载《法学评论》1989 年第 3 期;张乃根:《菲尼斯的新自然法思想》,载《法学》1989 年第 9 期;严存生:《法哲学应从实然和应然两个领域研究法》,载《中外法学》1993 年第 6 期。

80 年代之后，自然法研究逐渐摆脱意识形态研究范式桎梏，走向综合运用多种研究方法的三种观念史样态。第一种为“概念史”样态，主要关注概念表述内涵及其历史变化，以“自然法理论流变”“自然权利流变”“自然法概念的古今差别”等为主要论题；第二种为“历史语境”的“思想史”样态，以还原概念或理念在当时语境下的意义为主要研究内容，对自然法理论的诠释解读是其主要形式；第三种为“社会史”样态，将自然法理论背后的话语形态或社会背景纳入研究范畴，对二者的互动关系进行研究，以“自然法与人权”“自然法与法治”等话题为例证。[1] 三种观念史样态研究视野逐步扩宽、研究方法逐渐多元、理论深度逐渐加深，与哲学命题、社会实践的联系越发紧密，成为我国法学知识生产的重要领域。

二、新中国自然法理论研究的主要类型

上文已将我国自然法研究类型分为四类，但并不能涵盖自然法研究的所有类型，且各类型研究主题之间并非决然分离的，而是相互交叉的。不过，以类型化的方式回顾自然法研究的学术史，可以相对清晰地呈现出自然法研究的主要成果、主题分布以及演进规律。

（一）自然法理论的历时性研究

自然法观念最早可追溯至古希腊，历经中世纪经院哲学的浸染，及至 16、17 世纪形成古典自然法学派，最终演进为现代自然法流派。可以说，自然法观念、理论源远流长，对西方法律法哲学思想和法律制度产生了深远作用。对于自然法观念在历史长河中的纵向考察，成为自然法研究的重点。

对于自然法流变的纵向考察，首先体现在法理教材、法律思想史书籍的编排逻辑上。1956 年，苏联的 K. A. 莫基切夫主编的《政治学说史简明教程》由中国人民大学出版社翻译出版。此教程按照国家类型将政治学说分为“奴隶制政治学说”“封建主义政治学说”“资产阶级政治学说”

〔1〕 方维规：《什么是概念史》，生活 · 读书 · 新知三联书店 2020 年版，第 14 页。

“社会主义政治学说”，并以此为线索呈现自然法学说的流变。[1] 1982年，为配合西方法律思想史的教学，西北政法学院法学基础理论教研室编撰了《西方法律思想史资料选辑》一书，收录了《西方法律学派略论》《略论自然法学说的历史演进》等文，力求读者可以整体把握自然法等学说的历史流变。

与之相似的，1983年，西南政法学院国家与法的理论教研室编撰了《西方法理学评介参考资料》一书，同样收录了《略论自然法学说的历史演进》《自然法观念之演进》等文，目录编排也是以时间为逻辑线索。同年，张宏生编著的《西方法律思想史》作为“高等学校法学试用教材”出版，此书目录在遵循时间线索的同时，并不区分法学流派，而是以国别作为各章节的题目，诸如“荷兰资产阶级革命时期的法律思想”“英国资产阶级革命时期的法律思想”等[2]。除了以时间为线索展示自然法理论的流变，以问题为线索的研究成果也有不少。例如，张宏生编著的《西方法律思想史》以46个问题作为全书目录线索[3]，如“中世纪的自然法与古代的自然法有什么异同”“洛克对自然法理论的主要贡献是什么”“卢梭自然法思想的特点是什么”等类似题目简明扼要地勾勒出了自然法观念史中的关键问题。随着自然法研究的推进，有关自然法观念史的教材著作也逐步增加，主要分为以下两类：其一，以“西方法律思想史”为作品名称，内容涵盖了对自然法观念的梳理。[4] 其二，以自然法观念史本身

---

[1] [苏联]K. A. 莫基切夫主编：《政治学说史简明教程》（上册），李嘉恩译，中国人民大学出版社1956年版。

[2] 法学教材编辑部《西方法律思想史》编写组编：《西方法律思想史》，北京大学出版社1983年版。

[3] 张宏生编著：《西方法律思想史》，法律出版社1986年版。

[4] 以“西方法律思想史”为题的著作不下40种，代表性成果有：法学教材编辑部《西方法律思想史》编写组编：《西方法律思想史》，北京大学出版社1983年版；张宏生编著：《西方法律思想史》，法律出版社1986年版；徐爱国、李桂林、郭义贵：《西方法律思想史》，北京大学出版社2002年版；[爱尔兰]J. M. 凯利：《西方法律思想简史》，王笑红译，法律出版社2002年版；严存生主编：《西方法律思想史》，法律出版社2004年版；谷春德主编：《西方法律思想史》，中国人民大学出版社2004年版；吕世伦主编：《西方法律思想史论》，商务印书馆2006年版；何勤华主编：《西方法律思想史》，复旦大学出版社2009年版。

为专题进行的研究。[1] 上述研究成果体现了“通史型”自然法研究的发展规律。首先,自然法观念流变研究多维化。“以历史时间为线索”是考察自然法观念流变的主要维度,但仅依靠时间线索无法发现观念流变的内生动力及其理论脉络。因此,我国自然法研究逐步从单一的时间维度走向以时间、事件、社会变革为指标的复合维度。其次,从粗线条勾勒到更为细致全面地论述。20 世纪 80 年代之前的自然法流变研究以介绍自然法学派思想为主要内容,很少深入理论内部进行哲理性研究;而 20 世纪 80 年代之后的自然法流变研究在呈现“大而全”特点的同时,更加注重对自然法学术脉络、历史意义、哲学基础的论述,因而更接近哲学研究而非历史研究;此外,自然法观念流变研究也逐步摆脱了以批判为首要目的,复归为以“还原”为主要目的的思想史研究。

此外,因为篇幅要求的不同,期刊论文一般无法回顾整个自然法流变历史,故研究焦点更为集中,主要关注关键人物、重要时间节点和核心观念的前后变化。柯岚简要梳理了从希腊到近代“自然”概念的变迁,指出希腊世界观中的自然,首先指向的是“本性”,其次,在极少数的情况下,才指向自然界。作为古典自然法的延续与发展,中世纪经院哲学将自然与人的理性相结合,与善、真理相关联,赋予其规范性。直至近代科学的兴起,“自然”这一概念退化为“自然状态中的客观法则”,成为一种与人之本性无关的描述性概念。[2] 舒扬、杨天江等学者从自然法与基督教哲学的关系入手,以托马斯·阿奎那为代表性人物分析了中世纪前后的自

---

〔1〕 例如,[奥]菲尔德罗斯:《自然法》,黎晓译,西南政法学院法制史教研室编译 1987 年版;[美]列奥·施特劳斯:《自然权利与历史》,彭刚译,生活·读书·新知三联书店 2003 年版;鄂振辉:《自然法学》,法律出版社 2005 年版;黄颂:《西方自然法观念研究》,华中师范大学出版社 2005 年版;申建林:《自然法理论的演进:西方主流人权观探源》,社会科学文献出版社 2005 年版;[德]海因里希·罗门:《自然法的观念史和哲学》,姚中秋译,上海三联书店 2007 年版;西方法律思想史研究会编:《自然法:古典与现代》,中国法制出版社 2007 年版;占茂华:《自然法观念的变迁》,法律出版社 2010 年版;吴彦、黄涛主编:《自然法:古今之变》,华东师范大学出版社 2018 年版。

〔2〕 柯岚:《“自然”与“自然法”概念的古今之异——关于自然法学术史的一个初步反思》,载《法律科学(西北政法大学学报)》2008 年第 5 期。

然法差异。他们认为以阿奎那为代表的中世纪经院哲学将宗教伦理注入自然法观念当中,连贯融合了“自然”与“理性”,将上帝确立为自然法的最终来源,形成“基督教的自然法理论”。[1] 格劳秀斯将上帝从自然法理论中排除出去,因而也是自然法观念流变中的关键学者。通过对格劳秀斯前后自然法思想转型的观察,朱晓喆将近代自然法的转向归纳为三个方面:其一,近代自然法开启了世俗化、理性化的进程;其二,人类社会的基本道德事实由“义务”转向“权利”;其三,自然科学开始对自然法产生影响,推动自然法开启体系化、理论化的进程。[2] 张乃根第一次相对全面地介绍菲尼斯的新自然法理论中的“基本善”构成以及实践理性倾向[3],吴彦则论述了菲尼斯的实践哲学要义,[4] 陆幸福、杨天江等则点明了“基本善”的不可通约性与多元社会的契合,由此新自然法理论得以发展。[5] 同样被作为观察点的还有“二战”前后自然法理论的变化。沈宗灵注意到了“二战”对自然法思想的影响,分别论述了拉德布鲁赫如何由实证主义法学转向自然法、富勒的八条法制原则以及其与哈特的论战、马里旦的新托马斯主义法学、罗尔斯的正义论与德沃金的权利论法学等内容,基本展示了自然法理论在现代的变化与发展。[6]

(二)自然法理论的哲理性研究

与关注观念流变的历时性研究不同,学界对自然法理论的哲学性诠释更为集中。简言之,自然法流变研究特点在于“广”,而哲理性研究在

---

[1] 舒扬:《法律精神的过渡期西方中世纪的理性法思潮》,载《现代法学》1997 年第 6 期;陈林林:《信仰之旅:基督教神学自然法思想解读》,载《南京大学法律评论》2000 年第 2 期;林庆华:《析托马斯·阿奎那的自然法概念》,载《宗教学研究》2003 年第 2 期;杨天江:《何种自然?何谓法?——对阿奎那自然法概念的一个评注》,载《人大法律评论》2016 年第 2 期。

[2] 朱晓喆:《格劳秀斯与自然法传统的近代转型》,载《东方法学》2010 年第 4 期。

[3] 张乃根:《菲尼斯的新自然法思想》,载《法学》1989 年第 9 期。

[4] 吴彦:《菲尼斯实践哲学概要》,载《苏州大学学报(法学版)》2019 年第 2 期。

[5] 杨天江:《作为实践理性原则的自然法——格里塞—菲尼斯学派对阿奎那自然法理论的新发展》,载《金陵法律评论》2011 年第 2 期;陆幸福:《现代场景与基本善的使命——读菲尼斯〈自然法与自然权利〉》,载《河北法学》2008 年第 9 期。

[6] 沈宗灵:《现代西方法理学》,北京大学出版社 1992 年版。

于“深”;自然法流变研究重在突出变化,而哲理性研究则力求呈现理论结构。后者大致分为三种研究路径:对特定人物自然法理论的诠释、对自然法与其他学派争鸣的论述、对自然法哲学基础的探究。

从发表成果的数量来看,对于特定人物的自然法理论诠释主要集中在古典自然法学派和新自然法学派。例如,石碧球对洛克自然法思想的渊源、形而上基础、理论内涵以及自然法的执行权进行了探讨,论述了洛克自然法对圣经传统的偏离,尝试澄清洛克在近代思想政治史中的作用。[1] 王涛则以“政治社会”为线索,分析洛克如何通过自己的自然法秩序学说和社会契约论来塑造政治社会的实质内涵。[2] 与之类似,胡兴建认为自由是卢梭著作的主要线索和其自然法理论建构的根本目的。[3] 上述例证分享了类似的研究思路,即确立自然法人物的核心问题意识,将其作为线索串联起人物的所有著作,深入其理论内部,解读理论的来龙去脉和哲学基础。

对于自然法学说和法律实证主义争论的关注,是我国学界理解现代自然法理论的关键,也是我国自然法研究细化深化的表现。张文显从“哈特与富勒”“德富林与哈特”“德沃金与哈特”的三次论战切入,论述新自然法学派在“法律性质”“法律与道德”“应然的法与实际的法”等重要命题上的深化与发展。[4] 林来梵、孙文恺、刘杨等学者则从司法开放性、守法义务等外部角度论述新自然法理论的跃迁。[5] 应当说,自然法与法律实证主义在20世纪的争论,既是新自然法发展的重点节点,也成为我国学界理解诠释自然法的重要切入点。

---

[1] 石碧球:《洛克自然法思想研究》,北京师范大学2008年博士学位论文。

[2] 王涛:《洛克的“政治社会”与自由秩序学说》,中国人民大学2011年博士学位论文。

[3] 胡兴建:《为了自由——论卢梭法哲学的主题及其演进》,西南政法大学2008年博士学位论文。

[4] 张文显:《战后西方法哲学的发展和一般特征》,载《法学研究》1987年第3期。

[5] 林来梵、王晖:《法律上的“唯一正解”——从德沃金的学说谈起》,载《学术月刊》2004年第10期;孙文恺:《开放结构中的确定性追求——兼论哈特与富勒法律理论的契合性》,载《江苏社会科学》2009年第6期;刘杨:《道德、法律、守法义务之间的系统性理论——自然法学说与法律实证主义关系透视》,载《法学研究》2010年第2期。

分析自然法理论的哲学基础是我国自然法研究的另一进路。西方自然法理论本就是哲学研究的分支,甚至许多自然法学派作家的第一身份就是哲学家。因此,探究自然法理论的哲学渊源是必不可少的研究方向。我国对西方哲学的系统性研究,首先体现在对西方哲学著作的翻译上。[1] 例如,商务印书馆的“汉译名著系列”,翻译出版了诸如《理想国》《政治学》《利维坦》《政府论》《社会契约论》等经典著作;[2] 中国大百科全书出版社则关注近代新自然法学派,翻译出版了诸如《法律帝国》《认真对待权利》等著作;[3] 其他有影响力的丛书系列还有中国社会科学出版社的“西方现代思想丛书”、商务印书馆的“自然法名著译丛”等。除翻译国外著作外,我国学者主要通过以下三个主题推进自然法理论的哲学研究:其一,分析自然法的理性主义传统。齐延平论述了西塞罗对斯多葛学派理性主义传统的承继,[4] 申建林、李庆钧等学者则论述了古典自然法的理性传统,[5] 刘艳红则论证了“整个理性主义法律观的形成、产生与发展,与自然法的传统与历史发展过程相伴相随”[6]。其二,政治哲学、道德哲学传统下的自然法研究。黄颂论述了自然法为何是理解西方政治哲学的前提,[7] 李猛则论述了人类如何借助自然法和共同体建构从自然

---

〔1〕 韩震:《中国西方哲学研究70年》,载《社会科学战线》2019年第9期;付子堂、郭小东:《认真对待法学翻译——以新中国法理学译著70年为研究对象》,载《法治社会》2021年第2期。

〔2〕 [古希腊]柏拉图:《理想国》,郭斌和、张竹明译,商务印书馆1986年版;[古希腊]亚里士多德:《政治学》,吴寿彭译,商务印书馆1965年版;[英]霍布斯:《利维坦》,黎思复等译,商务印书馆1985年版;[法]孟德斯鸠:《罗马盛衰原因论》,婉玲译,商务印书馆1984年版;[法]卢梭:《社会契约论》,何兆武译,商务印书馆1980年版。

〔3〕 [美]罗纳德·德沃金:《法律帝国》,李常青译,中国大百科全书出版社1996年版;[美]罗纳德·德沃金:《认真对待权利》,信春鹰、吴玉章译,中国大百科全书出版社1998年版。

〔4〕 齐延平:《论西塞罗理性主义自然法思想》,载《法学论坛》2005年第1期。

〔5〕 李庆钧、杨春福:《西方古典自然法的理性之维》,载《国家检察官学院学报》1999年第1期;申建林:《近代西方自然法理论与理性主义》,载《广西大学学报(哲学社会科学版)》2004年第6期。

〔6〕 刘艳红:《理性主义法律观之解读——以自然法的传统与历史为视角》,载《中国政法大学学报》2009年第6期。

〔7〕 黄颂:《自然法——西方政治哲学中的一个具有本体意义的概念》,载《湖北社会科学》2005年第7期。

状态走向政治社会。[1] 其三,论述自然法理论和马克思主义哲学的关系。马克思主义哲学在我国哲学研究中占据主导地位,从马克思主义的视角与进路研究自然法是不可回避且相当重要的维度。这一研究进路可以概括为"马克思如何批判自然法理论"以及"马克思主义中的自然法观念"两类。在前一研究类型中,学者一般以马克思著作为线索,梳理从《黑格尔法哲学批判》到《德意志意识形态》时期,马克思关于自然法正义观念的认知轨迹。一方面,马克思从黑格尔那里吸收了市民社会与国家的二元分析框架,以批判近代自然法学说中自然状态与政治国家的分立;另一方面,马克思借助近代自然法理论的革命性来批判黑格尔的国家观。[2] 在后一类研究中,有学者通过梳理布洛赫、卡门卡等西方马克思主义学者的观点,尝试证明马克思主义与自然法理论的相容性,并指出马克思主义自然法理论仍具有促进法治等理论价值。[3] 需要指出的是,也有学者认为,"马克思主义法学与自然法在法的本质、法律的流变和个人权利等方面存在诸多差异,而且马克思主义法学理论还包含着法律实证主义的一面。这种双重面相表明,马克思主义法学与自然法理论并不契合"[4]。

(三)自然法理论的本土化研究

自然法作为"舶来品",在中国学界始终须面对如何寻找文化共鸣或者说哲学通约项的问题。在寻找这一问题解决方案的过程中,学者们整体沿着三种逻辑展开自然法的本土化研究。

其一,"自然法"与"法自然"的比较研究。在这一研究路径中,学者以西方自然法作为坐标系,去探寻儒道墨等传统哲学中是否存在类似"自

---

〔1〕 李猛:《自然社会:自然法与现代道德世界的形成》,生活·读书·新知三联书店出版社2015年版。

〔2〕 林进平:《马克思对近代自然法正义观的批判——从〈从黑格尔法哲学批判〉到〈德意志意识形态〉》,载《马克思主义与现实》2008年第6期。

〔3〕 李学成:《马克思主义自然法观述评——兼论马克思主义自然法观的继承与发展》,载《云南大学学报(法学版)》2014年第2期;邱昭继:《马克思主义的自然法理论及其当代价值》,载《学习与探索》2018年第7期。

〔4〕 王云清:《马克思主义与自然法:错误的联姻》,载《马克思主义与现实》2017年第2期。

然法”的观念理论,并得出不同的学术回答。这一问题意识最早可追溯至清朝末年,梁启超认为儒家法理念即为自然法,“是故儒家关于法之观念,以有自然法为第一前提”[1]。新中国成立之后,也有不少学者持类似观点。例如,费开文、马作武认为庄子“齐万物”思想和卢梭的自然法平等观类似[2];赵建文认为墨子对“天志”的尊崇与西方自然法的超越性逻辑一致[3];邓建华则将自然法定义为“普遍适用于人类一切行为的永恒法则”,同时以儒家经典论证“礼”源自人的理性,且“为人类一切行为之规范”,由此,得出儒家具有自然法思想,可为当代法治建设所借鉴。[4]总而言之,这些学者的观点可以概括为“中国古代是有自然法的,既有儒家自然法,又有道家和墨家自然法,这是无可争辩的事实”[5]。当然,也有学者不同意这一论断。例如,梁治平并不同意梁启超儒家法理念即自然法的论断,其从东西方“自然”观念理解差异入手,论证了“法自然”与“自然法”存在根本性不同。梁治平认为,西方自然法是一套具有超越性的价值观念,其基础来源于上帝的神圣性或人的理性,而中国所谓“自然法”范畴之内的“义”“礼”“理”等观念,都是道德秩序的延续,“所有这些概念都不曾表明‘另一个世界’的存在”[6],中国传统法哲学的内核不具有外在超越性,“天人合一”不过是“人人合德”。[7] 由此,梁治平得出结论:中国传统法律观念是“经验的而非超验的,是自然的而非理性的”[8],故中国传统社会期望实现的是无法律、无冲突的自然和谐状态。[9] 与之

---

[1] 梁启超:《梁启超论中国法制史》,商务印书馆2012年版,第19页。
[2] 费开文、马作武:《试比较庄子与卢梭的自然法平等观》,载《中南政法学院学报》1986年第4期。
[3] 赵建文:《墨子法律思想的自然法理论特征》,载《现代法学》1995年第2期。
[4] 邓建华:《儒家自然法思想及其启示》,载《湖南师范大学社会科学学报》2000年第1期。
[5] 崔永东、龙文茂:《“中国古代无自然法”说平议》,载《比较法研究》1997年第4期。
[6] 梁治平:《“法自然”与“自然法”》,载《中国社会科学》1989年第2期。
[7] 梁治平:《“法自然”与“自然法”》,载《中国社会科学》1989年第2期。
[8] 梁治平:《“法自然”与“自然法”》,载《中国社会科学》1989年第2期。
[9] 梁治平:《寻求自然秩序中的和谐——中国传统法律文化研究》,商务印书馆2013年版。

持类似观点的,还有俞荣根、刘小枫等学者。[1] 其实,对于"中国传统哲学是否存在自然法"这一问题,不同立场的学者往往会有不同的回答。若完全以西方自然法观念为"标准",则中国传统哲学确实不存在自然法;但若从哲学的底层逻辑和文化特征出发,中国传统哲学观念确实存在与西方自然法的相似之处。但重要的是自然法比较研究推动了我国对东西方法哲学理论的深刻理解。

其二,对自然法理论在中国演进过程的研究。自然法理论如何在"异国他乡"发展演进,本就是有意义的学术史研究。我国学者在推进自然法研究向前发展的同时,也在回顾自然法理论在中国的发展史。赵明从"内部视角"观察自然权利观在近代中国的演进,反对将西方法律价值观念的冲击作为近代中国自然权利观念兴起的主要原因,主张发掘中国思想传统中的内在资源,认为中国思想传统演进的内生动力才是自然权利兴起的根本原因。[2] 狄亚娜在其博士学位论文中论述了自然法在近代中国传播的社会背景、传播路径、学者评价,回顾了自然法作为"外来之物"在近代中国的本土化过程。[3]

其三,以中国文化视角去诠释研究自然法理论。苏力是较早采用这一进路对自然法理论进行本土化研究的学者。在《自然法、家庭伦理和女权主义?——〈安提戈涅〉重新解读及其方法论意义》一文中,苏力提出以儒家进路对《安提戈涅》这一自然法寓言进行"中国化"的解读,以"人伦悲剧"对《安提戈涅》进行概括,进而促进自然法理论与儒家伦理的相互理解。[4] 显然,苏力对于自然法的本土化路径与梁治平等学者是截然相反的。梁治平以西方自然法理论为参照系,对照出了"传统法哲学不具

---

〔1〕 俞荣根:《儒家法思想通论》(第2版),广西人民出版社1998年版;刘小枫:《"天问"与超验之问》,载刘小枫:《拯救与逍遥》,上海三联书店2001年版,第81-136页;罗昶:《中国"法自然"观与西方"自然法"说比较》,载《法商研究(中南政法学院学报)》1996年第5期。

〔2〕 赵明:《近代中国的自然权利观》,中国社会科学院研究生院2001年博士学位论文。

〔3〕 狄亚娜:《西方自然法思想在近代中国》,重庆大学2017年博士学位论文。

〔4〕 苏力:《自然法、家庭伦理和女权主义?——〈安提戈涅〉重新解读及其方法论意义》,载《法制与社会发展》2005年第6期。

有超越性，是封闭保守的理论体系”这一结论；而苏力则是以传统儒家伦理为理论坐标，去分析西方自然法文本。但无论如何，研究路径的多样化，显示了我国自然法本土化研究的逐步成熟。与之类似，张守东在与西方自然法学界交流的过程中，也保有了中国学者自觉的问题意识。张守东于2018年发表了一篇回应性文章《中国自然法传统及其现代应用》。在此文中，张守东梳理了孟子、王阳明等中国先哲的哲学思想，并引用胡适、吴经熊的观点，以说明中国存在自然法传统；同时，张守东从自然法的角度分析了“于欢案”，借此说明自然法对当代中国法律理论和实践的意义。〔1〕 张守东认为，要解释为何法院对于欢的判决会引起争议，必须从阿奎那所言的“人之本性”的角度出发。司法判决的合理性部分来自人们心中的常识与良知，当法律和司法判决与人们心中的自然法相冲突时，便会引起争议。因此，在“于欢案”这类正当防卫案件中，对于不法侵害紧迫度的判断，应当交由被侵犯人判断，而非由具体的实定法条文规定。〔2〕 最后，张守东提出，认真对待自然法是一种应对中国法律棘手问题的全新思路。应当说，张守东在自然法与中国当下法律实践相结合的“本土化”研究中，作出了一个很好的示范。

（四）自然法理论的价值论研究

自然法作为西方法哲学的重要流派，是“人权”“法治”“正义”等价值观念的理论渊源，也为“环境法”“民法”“刑法”等部门法提供了价值引领。随着法治建设的推进，自然法理论的价值作用成为学界研究的又一重点。

首先，部分学者研究自然法何以为人权、法治等理念提供了证成性资源。有学者认为，人权理念是从自然法理念中孕育而生的，人权的超越性就是效仿自然法的超越性而创设，现代人权理念源自以洛克为代表的近

---

〔1〕 Zhang Shou Dong, *Chinese Natural Law Traditionandits Modern Application*, Frontiers of Law in China, Vol. 13:86(2018).

〔2〕 Zhang Shou Dong, *Chinese Natural Law Traditionandits Modern Application*, Frontiers of Law in China, Vol. 13:106 - 108(2018).

代自然法理论家,并与自然法理论的发展同频共振;[1]也有学者从自然权利和人权的关系出发进行论证,认为现代人权脱胎于自然权利。[2] 当然,也有学者从自然法与实定法的紧张关系角度论证自然法对于法治的价值。在这一分析进路中,自然法充当了评判实定法、法治实践的规范性标准。唯有能够通过自然法价值验证的实在法,才是正义的法,进而可能构成法治。[3]

其次,有不少学者注意到了自然法为部门法提供的方法借鉴与正当性基础。例如,张永华从历史的角度梳理了“诚实信用”“契约自由”等民法原则如何受到了自然法理论的影响,以及“自由”“正义”等自然法观念如何成为民法的价值基础。[4] 与之类似,环境法、刑法等部门法学者也从自然法观念中汲取到了自身学科的正当性基础。[5] 从整体来看,我国部门法学者主要从历史逻辑、理论逻辑、价值逻辑三个层面上挖掘自然法理论对于部门法的价值作用。所谓历史逻辑,是指通过回顾特定时期内自然法理论如何对法治实践产生影响,譬如“自然法理论对欧洲法典化运动的作用”[6];所谓理论逻辑,是指借助自然法所具有的“超越性”“理性化”等理论特点,来论证国际法等法律的效力来源以及民法等法律的形式理性特征;所谓价值逻辑,是指以自然法作为法治、人权等观念的价值基础,构建这些理念的正当性基础。

---

〔1〕 申建林:《自然法理论的演进——西方主流人权观探源》,社会科学文献出版社2005年版;文卫勇、陈小军:《自然法与世界人权理论发展的一致性》,载《江西社会科学》2004年第5期。

〔2〕 陈林林:《从自然法到自然权利——历史视野中的西方人权》,载《浙江大学学报(人文社会科学版)》2003年第2期。

〔3〕 蒋秋明:《法治:自然法与实在法的调和》,载《学海》1992年第4期;吕世伦、张学超:《西方自然法的几个基本问题》,载《法学研究》2004年第1期。

〔4〕 张永华:《民法的自然法学基础》,西南政法大学2005年博士学位论文。

〔5〕 蔡守秋、杜万平:《论环境法对古代自然法学尊重自然精神的复兴——以“自然”含义的演变为视角》,载《当代法学》2005年第2期;黄明儒:《解读自然法意义上的刑法哲学——兼评陈兴良著〈刑法的人性基础〉》,载《中南大学学报(社会科学版)》2003年第3期;谭岳奇:《自体法:通向自然法之路径》,载《武汉大学学报(社会科学版)》2001年第1期。

〔6〕 舒国滢:《17、18世纪欧洲自然法学说:方法、知识谱系与作用》,载《比较法研究》2014年第5期。

三、新中国自然法研究的回顾与展望

（一）我国自然法研究的发展脉络

如果以观念史的三种样态作为理论模型，我国自然法研究则呈现出相对明确的演进规律，即自“概念史”而起，经由“历史语境主义”（historical contextualism）的“思想史”阶段，最终发展为分析话语背后社会发展的“社会史”研究。当然，这三种研究模式并非泾渭分明的，只是对概念、语言的关注点和研究方法不同，都可归为诠释学研究方法。简言之，“观念史”的三种范式基本契合了我国自然法研究的发展脉络。

我国自然法研究的第一阶段为新中国成立至20世纪80年代，可称之为“概念化时期”。这一时期，学者主要通过介绍特定时期或特定人物的“自然法”概念为主，缺乏系统的理论梳理，研究成果以译著、教材为主，整体上是传统意义上探讨概念含义的“概念史研究”。加之意识形态对立的影响，“自然法”这一概念又被贴上了“资产阶级学说”的标签。因此，学界整体对于自然法的理解是浅层次的、碎片化的，且具有失真倾向。

第二阶段大致为20世纪80年代至21世纪初，可称之为自然法研究的“理论化时期”。改革开放之后，随着意识形态在学术研究领域的淡化，这一时期的自然法研究得到了长足的进步。学者对于自然法的研究不仅仅是针对特定概念的介绍，而是深入自然法理论内部，论述其理论脉络、哲学基础、价值理念等。随着这一时期自然法研究的推进，学者理论视野越来越广、问题意识越发清晰、理论焦点逐渐细致，整体上把握了西方自然法理论的演进规律、核心问题和重要人物，主要研究成果也从教材、译著扩展至原创性的著作论文。从这个角度而言，这一时期的研究更接近“思想史”研究。

第三阶段为21世纪至今，可称之为自然法研究的“社会化时期”。这一时期，自然法研究由内向外突破。学者不仅关注自然法理论本身，还尝试论证自然法理论的功能作用及其与外部社会背景的互动关系，诸如“自然法的价值作用”“自然法与人权”“自然法与法治”等都成为热门话题，更有学者开始将其作为一种权利话语，对自然权利的不完备性、自然法学说的自洽性进行批判性研究。[1] 此外，学者外语水平的提高和对外交流的增多使新时期自然法研究的时效性更强，可以同步追踪西方学界自然法理论的最新成果。

总而言之，我国自然法研究经历了从“概念介绍”到“思想诠释”、从“思想诠释”到“发现社会”的研究特征转变。所谓的“发现社会”有两层含义：其一，将社会文化背景等外部的物质性变量引入自然法的研究当中。“思想史研究”以关注文本中的概念观念为中心，主要寻找自然法观念连续性的发展曲线，描绘出自然法理论发展的连续性和同一性；而“社会史研究”的研究范式并不仅仅关注自然法的发展脉络，更关注特定时空下社会物质、文化、制度等因素和自然法观念的相互作用，更倾向突出自然法观念的差异性、非连续性和社会性。其二，重视不同社会文化背景对自然法观念理解的影响。自然法观念的相关文本作为意义载体，对其的理解会受到研究者立场和文化背景的影响。如果仅关注文本中的自然法观念，则缺少了关键的研究维度，进而可能导致对自然法观念理解的过度主观化。我国第三阶段“社会思想史”路径下的自然法研究弥补了这一重要维度，将自然法观念放置在西方原生的社会背景之下，既保障了自然法研究的客观性与准确性，又为从中国社会背景下对其进行反思批判性研究提供了可能性。

（二）自然法研究的成就及发展方向

不断变化发展的自然法研究，主要在以下三方面推动了法学研究的发展：其一，成为我国法学研究重要的理论增长点。自然法作为西方法哲学的重要传统，涵盖了诸多法哲学根本命题的讨论，通过对自然法理论的学习研究，产生了丰硕的学术成果。仅以“自然法”为主题在知网进行搜索，就能得到超过4000篇期刊论文，超过1500篇硕博学位论文以及上百

---

〔1〕 胡玉鸿：《天赋人权论自洽性之商榷》，载《现代法学》2021年第4期；程志敏：《论自然权利的不完备性》，载《现代法学》2021年第4期；杜宴林：《人权的天赋与反天赋论面孔——基于实践唯物主义的分析》，载《现代法学》2021年第4期。

本著作，跨越法学、政治学、哲学等多个学科。其二，推动了我国学科建设以及学科交流。自然法理论的宏大范畴促进研究者、教师掌握更完备的历史知识和更扎实的理论基础，同时推动了不同学科学者之间的交流借鉴。例如，每年的“西方法律思想史年会”都会有不同学科背景下的自然法研究成果，2005 年“西方法律思想史年会”更是以“自然法和拉德布鲁赫法律思想”为题进行专题研究；〔1〕“自然法青年论坛”更成为一项长期性、跨学科的自然法研究活动，参加此论坛的自然法青年学者期待通过自然法推动我国法理学研究的反思及发展。〔2〕其三，自然法理论既提供了一把探索西方法律思想的钥匙，又提供了从外部视角审视反思我国传统法律观念的契机。

未来我国自然法研究是否还存在可提高之处？答案是肯定的。首先，自然法研究方法仍须创新。纵观我国 70 余年的自然法研究，以历史学上的归纳分析、哲学上的概念分析、价值分析为主要研究方法，部分成果使用了比较研究方法。整体而言，研究方法较为固定，且无明显创新发展。尽管自然法研究离不开对其理论的归纳和价值的分析，但其不确定性较高。因此，如何在自然法的观念史研究中将价值分析和实证分析相结合，是值得思考的问题。统计学与社会科学相结合的方法同样可以运用到自然法研究领域，以增强自然法研究的实证性和说服力。其次，自然法研究的本土化程度仍显不足。尽管苏力、张守东等学者尝试以更为“本土化”的方式研究自然法，但整体上自然法研究仍未摆脱面对中国文化观念时的陌生感与疏离感。中国学者如何在自身文化传统中推动自然法研究，贡献融合中国智慧和文化背景的成果，仍须探索。最后，自然法研究的实践意义欠缺。自然法研究在智识上的贡献是毋庸置疑的，但其实践维度的意义却不明显。自“概念史”而起、复归“社会史”的自然法研究，未来须在研究方法、本土化路径、实践维度三个方面予以改善。

---

〔1〕 西方法律思想史研究会编：《自然法：古典与现代——西方法律思想史论集》，中国法制出版社 2007 年版。

〔2〕 吴彦：《自然法学为何要出场》，载《中国社会科学报》2016 年 7 月 20 日，第 5 版。

四、结语

我国自然法研究可从横向分类和纵向演进两个角度同时进行考察。从横向分类来看，我国自然法研究可归为历时性研究、哲理性研究、本土化研究、价值论研究四类；从纵向演进来看，自然法研究则历经了由“概念史”到“思想史”再到“社会史”的发展轨迹，亦即从历史性研究到哲学性研究再到社会性研究的转化。应当说，自然法理论为我国提供了反思传统观念的参照系，也促进了法学的知识生产与学科建设。然而，我国自然法研究在研究方法、本土化进程、实践意义等方面仍有发展空间，唯有朝着这三方面改善才是自然法研究进步的必由之路。

延伸阅读学术著作

1. 沈宗灵：《现代西方法理学》，北京大学出版社 1992 年版。
2. 张文显：《二十世纪西方法哲学思潮研究》，法律出版社 2006 年版。
3. 强世功：《法律的现代性剧场：哈特与富勒论战》，法律出版社 2006 年版。
4. 王叔岷：《先秦道法思想讲稿》，中华书局 2007 年版。
5. 李猛：《自然社会：自然法与现代道德世界的形成》，生活·读书·新知三联书店 2015 年版。
6. 崔林林主编，张守东执行主编：《道法古今：自然法与中西法律传统》，法律出版社 2021 年版。

延伸阅读学术论文

1. 梁治平：《“法自然”与“自然法”》，载《中国社会科学》1989 年第 2 期。
2. 严存生、郭军明：《自然法·规则法·活的法——西方法观念变迁的三个里程碑》，载《法律科学（西北政法大学学报）》1997 年第 5 期。
3. 陈林林：《从自然法到自然权利——历史视野中的西方人权》，载《浙江大学学报（人文社会科学版）》2003 年第 2 期。

4. 吕世伦、张学超:《西方自然法的几个基本问题》,载《法学研究》2004 年第 1 期。
5. 胡兴建:《美洲发现对现代立法者的启示——〈政府论〉中自然法思想的可能性初探》,载《现代法学》2008 年第 2 期。
6. 柯岚:《"自然"与"自然法"概念的古今之异——关于自然法学术史的一个初步反思》,载《法律科学(西北政法大学学报)》2008 年第 5 期。
7. 杨天江:《凯尔森对自然法学说批判的再思考——基于阿奎那自然法传统的反驳》,载《法制与社会发展》2013 年第 2 期。
8. 舒国滢:《17、18 世纪欧洲自然法学说:方法、知识谱系与作用》,载《法学评论》2014 年第 5 期。
9. 张恒山:《权利:本能自由、本益禁侵与公意自由——古典自然法学权利观辨析》,载《行政法学研究》2023 年第 5 期。
10. 陆幸福:《为什么是义务论?——揭开菲尼斯自然法理论的面纱》,载《浙江社会科学》2024 年第 10 期。

延伸阅读学位论文

张亮:《古典自然法学派的权利思想研究》,吉林大学 2008 年博士学位论文。

第四章　法律实证主义

本论题导读

法律实证主义是20世纪西方三大主要法学流派之一。新中国成立以来法律实证主义研究走过了政治性批判、复苏与本土尝试、兴盛与繁荣三个阶段,产出了丰硕的研究成果。新中国成立之初,受到特殊政治形势与苏联法学的影响,国内法律实证主义研究主要集中于对凯尔森的纯粹法学的批判。改革开放后,学界迎来理论研究的复苏,本土研究亦得到关注。进入21世纪,法律实证主义的翻译与理论研究工作实现全面发展,法律实证主义研究逐渐呈现出兴盛的景象。这个漫长而复杂的研究历程,展现出新中国法律实证主义研究的时代背景、渊源流变、方法系统、学派分野以及理论运用等具有启发意义的问题。为进一步构建中国语境下的法律实证主义理论体系,实现理论的本土化,未来还应继续关注理论定位的科学性以及"中国法律理想图景"。

法律实证主义[1]并非继受自中国传统法学,而是传自西方的法学理论。法律实证主义是使用分析方法研究实在法的描述性法律理论。根据研究侧重点的不同,法律实证主义的发展历程大体可分为三个阶段:第一阶段是科学主义阶段,代表性人物包括杰里米·边沁(Jeremy Bentham)、

---

〔1〕 实证主义法学分为两类:分析实证主义与社会实证主义。从发展历史上看,所有自然法学说之外的法哲学都可归到广义的法律实证主义名下。"现代西方法理学中所讲的实证主义法学通常仅就其狭义而言,即仅指分析实证主义法学"(沈宗灵:《现代西方法理学》,北京大学出版社1992年版,第128页)。本书使用的是狭义的"法律实证主义"概念。

约翰·奥斯丁(John Austin)、汉斯·凯尔森(Hans Kelsen)以及霍菲尔德(Hohfeld);第二阶段是诠释学阶段,主要以哈特(Hart)为代表;第三阶段是多元发展阶段,代表性人物包括拉兹(Raz)、尼尔·麦考密克(Neil MacComick)以及奥塔·魏因贝格尔(Ota Weinberger)等。[1]

伴随着西学东渐的浪潮,以边沁、奥斯丁为代表的分析法学于清末传入中国,其主要的传播途径包括留日学生的编译[2]以及国内的法科教育。通过大量教科书性质的著作引入,中国学者获取了分析法学方法、代表人物及其产生原因等知识。[3] 五四运动后,各大学逐步设立法科,这一时期开始的新文化运动推进并深化了"西学"的进程。除译著与相关评介外,学者们开展了法律实证主义本土研究的初步尝试,即中国新分析派法学[4]、对分析实证主义法学的初步运用[5]以及辩证法法理学[6]。中华人民共和国成立后,法律实证主义研究历经批判与沉浮。时至今日,学界产出了丰硕的成果,有力推进了国内法学研究的发展。

学术史的考察可以为学术研究提供历史资料和历史经验,为一般学人了解学术历史和现状提供丰富而宝贵的信息。[7] 本章的目的即通过梳理法律实证主义研究的发展脉络,一方面为当代法学研究提供丰富的学术资源;另一方面通过透视历史进程,重拾过去发展中的经验与教训,

---

〔1〕 陈锐:《多面的法律实证主义》,中国政法大学出版社 2016 年版,第 22 – 23 页。

〔2〕 编译分为三种情况:一是直接地、全文地翻译;二是有选择地翻译和译介;三是为了教学等而进行的整理编辑。俞江:《清末民法学的输入与传播》,载《法学研究》2000 年第 6 期。

〔3〕 [日]矶谷幸次郎、[日]美浓部达吉:《〈法学通论〉与〈法之本质〉》,王国维等译,中国政法大学出版社 2006 年版,第 50 页;张知本等编辑:《法学通论》,湖北法政编辑社 1906 年版,第 22、27、28 页;孟森:《新编法学通论》,商务印书馆 1911 年版,第 16、17 页。

〔4〕 吴经熊:《法律的三度论》,载吴经熊:《法律哲学研究》,清华大学出版社 2005 年版,第 17、18 页;端木恺:《中国新分析派法学简述》,载《东吴法学》2013 年第 1 期(本文原载于《法学季刊》1930 年第 5 期);孙渠:《续中国新分析派法学简述》,载《东吴法学》2013 年第 1 期(本文原载于《法学季刊》1930 年第 5 期)等。

〔5〕 王世杰运用奥斯丁的理论解释"法律的实质定义",参见王世杰:《法律与命令》,载《武大社会科学季刊》1930 年第 2 期;燕树棠探讨了分析法学对自由的理解,参见燕树棠:《自由与法律》,载吴经熊、华懋生编:《法学文选》,中国政法大学出版社 2003 年版,第 86 页。

〔6〕 高承元:《正负法论——辩证法的法律学方法论》,高承元律师事务所 1948 年版。

〔7〕 刘曙光:《关于"当代学术史"学科建设的若干思考》,载《云梦学刊》2005 年第 4 期。

为未来法律实证主义研究及其本土化打下坚实理论基础。

一、法律实证主义研究的重启

中华人民共和国成立后,“另起炉灶”的观念主导着政治、经济、文化以及思想领域。人民政权采取革命的方式摧毁了旧政权的“法统”,并且连同六法全书体系下形成的法科教育体制、培养的旧法人员以及“法统”所生成的法律“精神”、法律“思想”在内一并消解。[1] 政治和政策上的“经济思维原则”主导着决策的制定,中国在多个方面借鉴和倚重苏联的模式。在这一背景下,中国法学界逐渐接受以苏联法学家维辛斯基为代表的作为阶级斗争理论的“国家和法的理论”。伴随着政治环境的变动和苏联法学的引入,学者们开启了法律实证主义在中国的传播与研究。这一时期,国内的法律实证主义研究几乎都聚焦于凯尔森的纯粹法学,其一度成为“显学”[2]。

为什么重点关注凯尔森?凯尔森的纯粹法学对于当时的中国来说究竟意味着什么?“凯尔森的反动影响”是回答这一问题的恰当答案。学者们注意到,凯尔森学说得到美国统治集团的重视和美国法学界,特别是拉丁美洲一些法学者的推崇,取得了相当高的声誉,是个“反马克思主义的法学体系”,是“帝国主义时期资产阶级法学中最主要最反动的派别之一”。为此,学者们对其进行了彻底的批判。

1957 年 1 月,刘燕谷在《凯尔生的反动法学理论批判》一文中运用马克思主义理论,主要从以下几个方面展开批判:首先,纯粹法学的“纯粹性”根源于康德的“存在”与“应当”的划分,刘燕谷认为这种划分是错误的。根据马克思主义的观点,“存在”与“应当”具有不可分的联系,“应当”是由存在决定的。凯尔森的规范科学从根本上否定了法律学的科学

---

〔1〕 舒国滢:《新中国法理学七十年:变化与成长》,载《现代法学》2019 年第 5 期。

〔2〕 李刚:《批判与继承——纯粹法学在中国》,载《山西大学学报(哲学社会科学版)》2007 年第 5 期。

性，并且其写作意图是掩盖资产阶级剥削人民的反动本质。[1] 其次，凯尔森的“法与国家一元论”实际上与国家的阶级本质相悖。这一理论具有较强的政治意义，其利用合法性为国家的一切行为辩护。[2] 再次，凯尔森的“国际法优先说”关系着国家存废的大问题，否定了国家的主权学说。“如果取消主权学说，那么像‘艾森豪威尔主义’一类的东西，将如冲破了堤口的洪水一样，泛滥成灾！”[3] 最后，关于“根本规范”，刘燕谷指出：“凯尔森明知道这是一个秘密；而这个秘密如果揭穿的话，不仅纯粹法学的体系无法建立，而更重要的，是法的阶级本质，也将暴露无遗。所以只好借用‘假设’的名辞，含混了事。而事实上，这种说法，并不能挽救纯粹法学理论的灭亡的命运。”[4] 在刘燕谷看来，“根本规范”只是凯尔森的假设，本质上是政治权力，代表统治阶级的意志。

1962 年，吴恩裕翻译的《布尔什维主义的政治理论》由商务印书馆出版。[5] 在《布尔什维主义的政治理论》一书中，凯尔森试图揭示布尔什维主义的内部矛盾，即无政府主义与集权主义之间的矛盾，其尤其批判了苏联宪法和斯大林时期的极端民主制。吴恩裕认为，《布尔什维主义的政治理论》实际上反映出凯尔森的反动倾向，在为该书所撰写的序言《凯尔森“纯粹法学”反马克思主义的实质及其手法》[6] 中全方位地批判凯尔森的纯粹法学。除刘燕谷所提到的“纯粹性”、“法与国家一元论”、“国家法优先说”以及“根本规范”外，吴恩裕的批判内容还包括：首先，凯尔森区分了法律的实效与有效，即有效性法律原则。吴恩裕认为有效性原则使法律与道德无关，是为法西斯的专横行为辩护。[7] 其次，凯尔森指出共产

〔1〕 刘燕谷：《凯尔生的反动法学理论批判》，载《武汉大学人文科学学报》1957 年第 2 期。
〔2〕 刘燕谷：《凯尔生的反动法学理论批判》，载《武汉大学人文科学学报》1957 年第 2 期。
〔3〕 刘燕谷：《凯尔生的反动法学理论批判》，载《武汉大学人文科学学报》1957 年第 2 期。
〔4〕 刘燕谷：《凯尔生的反动法学理论批判》，载《武汉大学人文科学学报》1957 年第 2 期。
〔5〕 [奥]凯尔森：《布尔什维主义的政治理论》，吴恩裕译，商务印书馆 1962 年版；[奥]凯尔森：《共产主义的法律理论》，王名扬译，商务印书馆 1962 年版。
〔6〕 吴恩裕：《纯粹法学的反动实质》，载《人民日报》1962 年 2 月 27 日。
〔7〕 吴恩裕：《凯尔森“纯粹法学”反马克思主义的实质及其手法》，载[奥]凯尔森：《布尔什维主义的政治理论》，商务印书馆 1962 年版，第 9 页。

主义的进化规律与革命是相矛盾的。吴恩裕认为凯尔森实际上仅证明了进化观和革命观的矛盾,并未证明马克思列宁主义社会发展观和革命的矛盾。因此,凯尔森的提法是对逻辑的滥用。[1]

此外,其他一些学者亦对凯尔森的纯粹法学进行研究。例如,贾宝廉等翻译的《现代资产阶级法学理论的批判》(1959 年)、王名扬翻译的《共产主义的法律理论》(1962 年)等。[2] 总的来看,新中国成立后,学者们关于西方法律实证主义的研究大多是为了满足政治上的需要。尽管在客观性上有所欠缺,但通过对这一时期研究成果的整体梳理,其中所反映的特点仍值得进一步讨论与回味。首先,西方法律实证主义在中国的传播在很大程度上受到苏联的影响。这一时期,大量苏联学者来到中国讲授"国家与法的理论"课程,一批苏联法学著作传入中国。国内学者通过苏联获悉纯粹法学的最新动态,"规范法学"一词的使用即源自苏联。其次,以政治性批判为主导。凯尔森的纯粹法学被国内学界视为"帝国主义时期资产阶级中最主要最反动的派别"[3],这成为翻译、评介纯粹法学的首要动因。由此,学者们批判时所使用的语言大多已经偏离理论探讨的学术性。最后,尽管这一时期的研究带有一定的时代局限性,但依然是有价值的。学界关于纯粹法学的介绍相当全面,批判所涉及的问题近乎构成了国内关于纯粹法学理论的完整体系。

二、法律实证主义研究的复苏与本土尝试

1978 年 5 月 11 日,《光明日报》发表《实践是检验真理的唯一标准》一文,引发学界关于真理问题的大讨论。同年 12 月,党的十一届三中全

---

〔1〕 吴恩裕:《凯尔森"纯粹法学"反马克思主义的实质及其手法》,载[奥]凯尔森:《布尔什维主义的政治理论》,商务印书馆 1962 年版,第 17 - 18 页。

〔2〕 [苏联]图曼诺夫:《现代资产阶级法学理论的批判》,贾宝廉等译,法律出版社 1959 年版,第 37 - 56 页(该文原载于《政法研究》1957 年第 6 期);[奥]凯尔森:《共产主义的法律理论》,王名扬译,商务印书馆 1962 年版。

〔3〕 李刚:《批判与继承——纯粹法学在中国》,载《山西大学学报(哲学社会科学版)》2007 年第 5 期。

会确立了解放思想、实事求是的思想路线,制定了改革开放的基本方针。这无疑对中国法学界具有重大意义,为法律实证主义研究的复兴创造了契机。

(一)理论研究的复苏

改革开放之初,国内学界重新开展法律实证主义研究。1981 年,沈宗灵的《论哈特的新分析法学》一文从规则体系、内外观点、法律与道德、法律概念以及国际法五个方面率先介绍了哈特的理论。〔1〕 在这之后,关于边沁、霍菲尔德以及哈特的研究成果陆续发表,但在内容上仍为一般性的介绍。〔2〕 实际上,整个 20 世纪 80 年代,国内参考资料较为有限,主要是《法学流派与法学家》(1981 年)、《西方法律思想史资料选编》(1983 年)、《现代西方法律哲学》(1983 年)、《西方政治法律学说史》(1988 年)等教学资料,〔3〕翻译出版的法律实证主义著作仅有凯尔森的《国际法原理》(1989 年)与哈特的《惩罚与责任》(1989 年)。〔4〕

进入 20 世纪 90 年代,国内法律实证主义的翻译工作进入活跃时期。一些具有代表性的法律实证主义著作陆续出版。1994 年,由中国政法大学出版社推出的"当代法学名著译丛"出版了麦考密克与魏因贝格尔的《制度法论》(1994 年)〔5〕。1996 年,由江平主编的"外国法律文库"作出卓越贡献,相继出版了凯尔森的《法与国家的一般理论》(1996 年)与哈特

〔1〕 沈宗灵:《论哈特的新分析法学》,载《法学研究》1981 年第 6 期。

〔2〕 王哲:《第十一讲　边沁的法律思想》,载《国外法学》1984 年第 6 期;孙守煌:《论边沁的法律思想》,载《外国法律研究》1985 年第 2 期;杜万华:《霍费尔德的法律分析理论简介》,载《外国法学研究》1985 年第 3 期;张乃根:《哈特的规则分析理论》,载《法律科学(西北政法学院学报)》1988 年第 1 期。

〔3〕 徐步衡、余振龙主编:《法学流派与法学家》,知识出版社 1981 年版;西方法律思想史编写组编:《西方法律思想史资料选编》,北京大学出版社 1983 年版;沈宗灵:《现代西方法律哲学》,法律出版社 1983 年版;王哲:《西方政治法律学说史》,北京大学出版社 1988 年版。

〔4〕 [奥]凯尔森:《国际法原理》,王铁崖译,华夏出版社 1989 年版;[英]H. C. A. 哈特:《惩罚与责任》,王勇等译,华夏出版社 1989 年版。

〔5〕 [英]麦考密克、[奥]魏因贝格尔:《制度法论》,周叶谦译,中国政法大学出版社 1994 年版。

的《法律的概念》(1996 年)。[1] 随着翻译工作的开展,学者们在这一基础上进行了更加细致的研究。这一时期,哈特的法律理论成为法律实证主义研究的热门。哈特的“现代分析法学”上承边沁、奥斯丁的分析法学,下启法律实证主义的多元发展阶段,向国内学界展示了现代法律实证主义的核心问题,其内外在观点[2]、语言分析方法[3]、司法理论[4]、涉及国际法的观点[5]以及参与的论战[6]为中国学者重点关注。

值得注意的是,许多学者开始关注由麦考密克与魏因贝格尔创立的制度法学。刘同苏最早在《制度法理学述评》一文中简要介绍了制度法学的基本理论框架。[7] 制度法学自称为“制度实证主义”,一方面吸收了社会学法学的因素,把事实看作法律的构成因素;另一方面吸收了自然法学的因素,承认制度道德是法律的组成部分,这在某种意义上超越了实证主义与自然法。也正是制度法学的这一特点为国内学者提供了研究法律实证主义与自然法学的全新视角。[8]

尽管缺少代表性著作的翻译,但国内学者亦对奥斯丁、霍菲尔德以及拉兹等学者的法律理论进行了讨论。法律实证主义新兴研究领域的开拓,促进了经典著作的引进。大体上,国内学者已逐渐把握法律实证主义的基本框架与发展脉络,这为后来的深入研究奠定了基础。

(二)本土研究的尝试

20 世纪 80 年代开始,法律实证主义研究开始尝试走出单纯的理论

---

〔1〕［奥］凯尔森:《法与国家的一般理论》,沈宗灵译,中国大百科全书出版社 1996 年版;［英］哈特:《法律的概念》,张文显译,中国大百科全书出版社 1996 年版。

〔2〕江启疆:《哈特法律思想体系论纲》,载《政法学刊》1991 年第 1 期。

〔3〕张文显:《二十世纪西方法哲学思潮研究》,法律出版社 1996 年版,第 95 页;刘星:《哈特法律概念分析的模式建构及其历史定位》,载《比较法研究》1996 年第 4 期。

〔4〕刘星:《哈特司法理论评析》,载《学术研究》1996 年第 2 期。

〔5〕古祖雪:《国际法的法律性质再认识——哈特国际法学思想述评》,载《法学评论》1998 年第 1 期。

〔6〕沈宗灵:《评介哈特〈法律的概念〉一书的“附录”——哈特与德沃金在法学理论上的主要分歧》,载《法学》1998 年第 10 期。

〔7〕刘同苏:《制度法理学述评》,载《法学研究》1991 年第 2 期。

〔8〕张文显:《超越法律实证主义和自然法理论——制度法理学的认识 - 方法论和本体论》,载《比较法研究》1995 年第 1 期。

介绍与梳理，主动把法律实证主义理论与中国法学理论需要相关联，力求挖掘中国法律资源，成为中国法律实证主义自觉的发端。

1984年，沈宗灵提出“为何中国学界对法律现象本身结构研究薄弱”[1]的问题，进而直接推导出另一个问题，“为何中国学界对法律实证主义的研究薄弱”。根据这一问题所反映出的学术现象，部分学者认为这与中国传统思想具有关联。中国传统强调的是“直观”“意象”的经验思维，与法律实证主义所强调的“逻辑”“分析”等是存在差异的。“与凯尔森的实在法一元论和哈特的形式分析法学这一极端相比，东方社会却处在反形式和逻辑分析、与政治伦理价值相混淆的另一极端，这对于正处于激烈的社会变化和经济发展的东方社会的法律变革的确不利。”[2]其实，这种思维上的差别在哲学上早有定论，不仅属于法学领域，“可以说中国哲学只重生活上的实证，或内心之神秘的冥证，而不注重逻辑的论证。中国思想家并不认为细密论证是必要的；反之，乃以为是赘疣”[3]。

1999年，王涌的博士学位论文《私权的分析与建构——民法的分析法学基础》将法律实证主义研究的范围扩大到了部门法领域，尝试将霍菲尔德的权利理论运用于中国的民法研究。[4] 王涌首先将“分析法学”限定为法律方法论，就此而言，注释法学、概念法学、现代英美国家分析法学、斯堪的纳维亚法律实在论都将被纳入分析法学的范围。[5] 在这一基础上，王涌创造性地运用霍菲尔德的理论，提出了自己的法律关系理论，并将其用来分析民法领域中的所有权、共同共有、知识产权以及代理等基

[1] 沈宗灵：《我国法学基础理论学科的改革》，载《政治与法律》1984年第4期。

[2] 顾肃、小田桐忍：《法律实证主义的哲学基础与方法论特色》，载《南京大学学报》1995年第2期。

[3] 张岱年：《中国哲学大纲》，中国社会科学出版社1982年版，第8页。

[4] 王涌：《私权的分析与建构——民法的分析法学基础》，中国政法大学1999年博士学位论文。

[5] 王涌：《分析法学与中国民法的发展》，载《比较法研究》1997年第4期。

本关系。[1] 总的来说,王涌不仅发掘了霍菲尔德的权利关系理论,而且将其与部门法理论结合,尽管缺乏后续的研究成果,但也为中国法律实证主义研究作出了一定意义的贡献。

三、全面开展法律实证主义研究

进入21世纪以来,国家进入了新的历史发展时期,学术界在新的时代背景下对制度设计中进行了科学的学术探讨。国内涌现出了大批高水平的研究人员,法学研究进入繁荣时期,法律实证主义研究亦实现了全方位的发展。

(一)理论引进的系统化

进入21世纪,学界提高了对法律实证主义翻译工作的重视。分析法学被视为法律实证主义的开端,其代表人物边沁、奥斯丁理论的重要性毋庸置疑。边沁的《论一般法律》(2008年)[2] 与奥斯丁的《法理学的范围》(2003年)[3] 被视为各自最为重要的法律理论著作,两者的出版有助于国内学者从源头上审视法律实证主义的基本样貌。值得注意的是,源自奥斯丁传统的霍菲尔德著作的中文译本第一次进入了国内学者的视野,其《基本法律概念》(2009年)[4] 由中国法制出版社出版。此后,凯尔森、哈特成为国内法律实证主义研究的核心对象,凯尔森的《共产主义的法律

[1] 王涌认为,所谓狭义权利—义务关系,指在甲与乙之间,乙必须做什么或不做什么。此种法律关系,对于甲即为(狭义)权利,对于乙即为义务。所谓无权利—无义务(自由)关系,指在甲与乙之间,乙不必须做什么或不做什么,即乙可以做什么或不做什么。此种法律关系,对于甲即为无权利,对于乙即为无义务(自由)。必须强调的是,这里的"甲之无权利"系指甲无权利要求乙做什么或不做什么。所谓权力—责任关系,指在甲与乙之间,甲能够通过自己的行为创设、变更或取消乙与甲或乙与其他人的特定的法律关系。这种法律关系,对于甲即为权力,对于乙即为责任。所谓无权力—无责任(豁免)关系,指在甲与乙之间,甲不能够通过自己的行为创设、变更或消灭乙与甲或乙与其他人之间的特定的法律关系。这种法律关系,对于甲即为无权力,对于乙即为无责任(豁免)。参见王涌:《法律关系的元形式——分析法学方法论之基础》,载《北大法律评论》1998年第2期。

[2] [英]杰里米·边沁:《论一般法律》,毛国权译,上海三联书店2008年版。

[3] [英]约翰·奥斯丁:《法理学的范围》,刘星译,中国法制出版社2003年版。

[4] [美]霍菲尔德:《基本法律概念》,张书友编译,中国法制出版社2009年版。

理论》(2004 年)、《纯粹法理论》(2008 年)，以及他的研究论文集《法治国作为中道——汉斯·凯尔森法哲学与公法学论集》(2017 年)以及《纯粹法学说》(2021 年)等作品相继出版。[1] 哈特最重要的著作《论法律的概念》已于 20 世纪 90 年代翻译出版，在这之后，《法理学与哲学论文集》(2005 年)、《法律、自由与道德》(2006 年)、《法律的概念》(2006 年)以及《法律、自由与道德》(2021 年)等相继出版，[2] 呈现出了哈特法律理论更为完整的框架。

近年来，拉兹的理论逐渐成为法律实证主义的另一个研究热点，其《法律体系的概念》(2003 年)、《法律的权威——法律与道德论文集》(2005 年)、《自由的道德》(2006 年)、《实践理性与规范》(2011 年)等作品的逐一引入，引发了学界新的研究热潮。[3] 此外，麦考密克的作品亦在国内产生了一定影响，包括《法律推理与法律理论》(2005 年)、《法律制度——对法律理论的一种解说》(2019 年)等相继出版。[4]

值得注意的是，其他一些法律实证主义的重要学者，例如，安德雷·马默(Andrei Marmor)、朱尔斯·L. 科尔曼(Jules L. Coleman)、布莱恩·比克斯(Brian Bix)、约翰·格雷(John Gray)、斯科特·夏皮罗(Scott

---

〔1〕［奥］凯尔森：《共产主义的法律理论》，王名扬译，中国法制出版社 2004 年版；［奥］凯尔森：《纯粹法理论》，张书友译，中国法制出版社 2008 年版；张龑编译：《法治国作为中道——汉斯·凯尔森法哲学与公法学论集》，中国法制出版社 2017 年版；［奥］凯尔森：《纯粹法学说》(第 2 版)，雷磊译，法律出版社 2021 年版。

〔2〕［英］H. L. A. 哈特：《法理学与哲学论文集》，支振锋译，法律出版社 2005 年版；［英］H. L. A. 哈特：《法律、自由与道德》，支振锋译，法律出版社 2006 年版；［英］H. L. A. 哈特：《法律的概念》(第 2 版)，许家馨等译，法律出版社 2006 年版；［英］H. L. A. 哈特：《法律、自由与道德》，钱一栋译，商务印书馆 2021 年版。

〔3〕［英］约瑟夫·拉兹：《法律体系的概念》，吴玉章译，中国法制出版社 2003 年版；［英］约瑟夫·拉兹：《法律的权威——法律与道德论文集》，朱峰译，法律出版社 2005 年版；［英］约瑟夫·拉兹：《自由的道德》，孙晓春、曹海军译，吉林人民出版社 2006 年版；［英］约瑟夫·拉兹：《实践理性与规范》，朱学平译，中国法制出版社 2011 年版。

〔4〕［英］尼尔·麦考密克：《法律推理与法律理论》，姜峰译，法律出版社 2005 年版；［英］麦考密克：《法律制度——对法律理论的一种解说》，陈锐、王琳译，法律出版社 2019 年版。

Shapiro）等的作品同样得到了相当程度的关注。[1] 总体而言，进入21世纪前20年里法律实证主义的理论引进，已不仅仅是关注个别人物的法律理论。系统化的理论引进呈现出法律实证主义的多面性，其足以支撑未来学界对于法律实证主义的多元以及深入的研究。

（二）多元化研究进路

对代表性人物的研究，仍然是这一时期法律实证主义研究的主题。不同于以往的是，学者们的研究对象几乎囊括了西方法律实证主义发展史上的所有代表性人物。例如，2000年李桂林与徐爱国合著的《分析实证主义法学》系统介绍了法律实证主义内部的流派划分与演变逻辑，对各个人物做了专章的深入阐述。[2] 陈锐所著的《多面的法律实证主义》更是总结了十几年来国内对于法律实证主义的深入了解。[3] 进一步来看，对于单一人物的研究不管在深度还是在广度上都有了较大的提升。新中国成立之初，受到彻底批判的凯尔森的纯粹法学，在改革开放初期，学界并没有彻底改变否定态度。在新的大环境下，当代学者对凯尔森理论，包括从思想渊源[4]、基础规范[5]、法律效力[6]、国际法理论[7]、相对主

---

〔1〕［美］安德雷·马默主编：《法律与解释——法哲学论文集》，张卓明等译，法律出版社2006年版；［美］朱尔斯·L.科尔曼：《原则的实践——为法律理论的实用主义方法辩护》，丁海俊译，法律出版社2006年版；［美］布莱恩·比克斯：《法理学——理论与语境》，邱昭继译，法律出版社2008年版；［美］约翰·奇普曼·格雷：《法律的性质与渊源》，马驰译，中国政法大学出版社2012年版；［美］安德雷·马默：《法哲学》，孙海波、王进译，北京大学出版社2014年版；［美］斯科特·夏皮罗：《合法性》，郑玉双、刘叶深译，中国法制出版社2016年版。

〔2〕李桂林、徐爱国：《分析实证主义法学》，武汉大学出版社2000年版。

〔3〕陈锐：《多面的法律实证主义》，中国政法大学出版社2016年版。

〔4〕陈景辉：《独立的法律研究对象之确立》，载郑永流主编：《法哲学与法社会学论丛》（七），中国政法大学出版社2005年版；吴彦：《新康德主义法学的两种路向：施塔姆勒与凯尔森》，载《南京社会科学》2013年第12期。

〔5〕梁晓俭：《试论凯尔森基础规范理论的合理性》，载《现代法学》2002年第1期；朱庆育：《私法自治与民法规范凯尔森规范理论的修正性运用》，载《中外法学》2012年第3期。

〔6〕梁晓俭：《凯尔森法律效力论研究》，山东人民出版社2005年版。

〔7〕黄瑶：《世纪之交反思凯尔森的国际法优先说》，载《法学评论》2000年第4期；王承志、冯志明：《凯尔森国际法优先的一元论思想研究》，载《中山大学学报（社会科学版）》2011年第6期。

义正义观〔1〕、宪法理论〔2〕等方面进行了重新评价与内容细化。对哈特的研究而言，学界开辟了新的研究领域。近年来，学者们挖掘了哈特语言分析方法的学术史渊源，大多认为其受到了奥斯汀学说与维特根斯坦学说的影响，〔3〕部分学者进一步探讨了哈特的解释学或诠释学转向，并形成了内在观点与意思中心说。〔4〕此外，一些学者深入探讨了哈特所参与论战的理论意义，根据不同的论战内容及过程完善了对哈特理论的理解。〔5〕

另外，还包括一些将哈特与边沁的功利主义相结合的研究、哈特法律规范性理论以及法伦理思想的综合性研究。〔6〕作为哈特之后法律实证主义的集大成者，拉兹自然为学界所重视。排他性法律实证主义大体概括了拉兹的法律理论，学者们从多重命题以及论战中探讨了其形成

---

〔1〕张文显：《二十世纪西方法哲学思潮研究》，法律出版社 2006 年版，第 488 页；[瑞典]杰斯·布加罗普：《凯尔森的法律与正义哲学理论》，张翠梅译，载《求是学刊》2019 年第 3 期。

〔2〕黎敏：《宪法的多种面孔与守护宪法的不同制度模式——凯尔森与施密特论战的主要问题意识及当代意义》，载《华东政法大学学报》2018 年第 2 期。

〔3〕吴树勤：《用实证主义方法重构法律和语言关系——哈特对法理学“语言转向”的开创之功》，载《社会科学战线》2006 年第 2 期；谌洪果：《通过语言体察法律现象：哈特与日常语言分析哲学》，载《比较法研究》2006 年第 5 期，第 137 页；陈锐：《论维特根斯坦后期哲学对哈特法哲学的影响》，载《比较法研究》2012 年第 1 期。

〔4〕梁晓俭、宫燕明：《哈特法律规则说的解释学研究》，载《法学》2003 年第 3 期；陈锐：《从外在视点到内在视点：哈特与法律实证主义的诠释学转向》，载《西南民族大学学报（人文社会科学版）》2005 年第 10 期。

〔5〕强世功：《法律的现代性剧场——哈特与富勒论战》，法律出版社 2006 年版；孙笑侠、麻鸣：《法律与道德：分离后的结合——重温哈特与富勒的论战对我国法治的启示》，载《浙江大学学报（人文社会科学版）》2007 年第 1 期；朱振：《哈特/德沃金之争与法律实证主义的分裂——基于“分离命题”的考察》，载《法制与社会发展》2007 年第 5 期。

〔6〕谌洪果：《法律实证主义的功利主义自由观：从边沁到哈特》，载《法律科学（西北政法学院学报）》2006 年第 4 期；苗炎：《哈特法律规范性理论研究：以法律实证主义传统为背景的分析》，吉林大学 2007 年博士学位论文；吴真文：《法律与道德的界限——哈特的法伦理思想研究》，湖南师范大学 2009 年博士学位论文；骆意中：《哈特是法律非认知论者吗？——以反对内在陈述的优先性为中心》，载《环球法律评论》2020 年第 5 期；刘清平：《走出“恶法亦法”的迷宫——哈特法哲学的悖论解析》，载《学术界》2022 年第 3 期。

来源。[1] 根据排他性实证主义,陈锐认为拉兹在法律实证主义中引入了实践哲学,并集中体现于他的权威理论。[2] 金韬详细解读了拉兹的法律规范性理论的两要素,即"理由论"和"权威论",并完整展现了法律系统"理由—权威—理由"的规范性结构。[3] 而相较于权威理论与法律体系理论,学界对拉兹的形式主义法治观缺乏进一步的探讨,具有代表性的仅为侯建在 1999 年发表的《法治、良法与民主——兼评拉兹的法治观》,认为拉兹不仅在法治与良法的关系上自相矛盾,而且没有讲明法治与民主的具体关系。[4] 法律制度主义在这一阶段受到的关注相对较少,唐仲清对弗里德曼与麦考密克的比较研究较为具有代表性。[5]

法律实证主义的命题研究是另一条主线,代表人物有陈景辉、朱峰等。2004 年,陈景辉在其博士学位论文《法律的界限:实证主义命题群之展开》中以哈特的实证主义理论为线索,经由科尔曼的包容性法律实证主义,逐一探讨了分离命题、社会来源问题、道德安置命题、社会惯习命题、权威命题以及实践差异命题。[6] 部分学者意识到,法律实证主义的命题研究能够有利于凸显思想理论的传承关系,把握法律实证主义本身的历史演变。[7] 此外,这一时期法律实证主义命题对"恶法亦法"与"法律命

---

〔1〕 朱峰:《排他性法律实证主义——兼评拉兹的权威理论》,载《河南省政法管理干部学院学报》2005 年第 1 期;朱峰:《拉兹:法律权威的规范性分析》,黑龙江大学出版社 2013 年版;陈景辉:《原则与法律的来源——拉兹的排他性法实证主义》,载《比较法研究》2006 年第 4 期。

〔2〕 陈锐:《拉兹的法哲学趣向——将法律实证主义导向实践哲学》,载《法律科学(西北政法大学学报)》2010 年第 5 期。

〔3〕 金韬:《理由与权威——约瑟夫·拉兹的法律规范性理论》,法律出版社 2021 年版。

〔4〕 侯健:《法治、良法与民主——兼评拉兹的法治观》,载《中外法学》1999 年第 4 期。

〔5〕 唐仲清:《法律制度的概念分析——读弗里德曼〈法律制度〉、麦考密克、魏因贝格尔〈制度法论〉衍生的法哲学思辨》,载《辽东学院学报》2005 年第 1 期;王荣余:《重访法律制度主义:新旧之别与异同之辨》,载《学术月刊》2020 年第 9 期。

〔6〕 陈景辉:《法律的界限:实证主义命题群之展开》,中国政法大学 2004 年博士学位论文。

〔7〕 朱峰:《法律实证主义的命题研究》,载《法学论坛》2006 年第 6 期;华雨:《法实证主义命题群的历史演变》,载《交大法学》2016 年第 1 期。

令说”的意义也为国内学者所注意。[1]

与命题研究不同,法律实证主义的概念研究也是近年来的关注热点。法律规范是西方法律实证主义研究的重点,随着国内学界对西方法律实证主义的引入,学者们逐渐开始借鉴其理论探讨法律规范问题。法律实证主义将法律规范的概念分为静态法律规范体系与动态法律规范体系,前者多用于中国“逻辑法律规范”的探讨中,后者用于“法律规范体系”的探讨中。“逻辑法律规范”是通过一种抽象逻辑形式而形成法律规范的构成要素,在中国学界主要体现为三要素说[2]、二要素说[3]、新三要素说[4]、新二要素说[5]以及四要素说[6]。“法律规范体系”主要体现在两个方面:采用法律实证主义的观点总结法律规范体系的特征[7]和思考法律位阶划分标准[8]。陈锐在分析了法律规范逻辑结构的基础上,还讨论了相关的元理论问题,认为应当以“法律规范命题的逻辑结构”替代“法律规范的逻辑结构”。[9]

法律推理问题是近些年中外法学界研究的热点问题。法律推理在西方法律语境中有两种用法:其一,法理学或法哲学上的用法,指的是一种法治理念或审判制度;其二,法律逻辑上的用法,指的是解决法律问题的逻辑推理方法。[10] 法律实证主义是我国探讨法律推理时的主要理论资

---

〔1〕 周力:《法律实证主义的基本命题》,载《华东政法大学学报》2008 年第 2 期。

〔2〕 张文显:《对法律规范的再认识》,载《吉林大学社会科学学报》1987 年第 6 期。

〔3〕 罗玉中:《法律规范的逻辑结构》,载《法学研究》1989 年第 5 期。

〔4〕 舒国滢主编:《法理学》,中国人民大学出版社 2005 年版,第 72 页以下;舒国滢主编:《法理学导论》,北京大学出版社 2012 年版,第 102 页。

〔5〕 陈金钊主编:《法理学》,北京大学出版社 2004 年版,第 79 – 81 页;雷磊:《法律规则的逻辑结构》,载《法学研究》2013 年第 1 期。

〔6〕 舒国滢:《法律规范的逻辑结构:概念辨析与逻辑刻画》,载《浙江社会科学》2022 年第 2 期。

〔7〕 钱大军、马新福:《法律体系的重释——兼对我国既有法律体系理论的初步反思》,载《吉林大学社会科学学报》2007 年第 2 期。

〔8〕 顾建亚:《法律位阶划分标准探新》,载《浙江大学学报(人文社会科学版)》2006 年第 6 期。

〔9〕 陈锐:《论法律规范的逻辑结构及相关的元理论问题》,载《浙江社会科学》2022 年第 2 期。

〔10〕 张保生:《法律推理中的法律理由和正当理由》,载《法学研究》2006 年第 6 期。

源,并且学者们主要从法律逻辑上的用法进行探讨。[1] 除此之外,还包括法律关系、权利哲学等方面的研究。[2]

利用法律实证主义的理论分析现实问题是近十年来的重点研究方向。霍菲尔德的学说有助于启发人们对这些概念的重新思考并减少在使用这些概念时的混乱现象,并据此厘清现实法律关系。为此,霍菲尔德的权利关系理论被广泛地运用于现实权利问题的分析,例如税法权利[3]、结果除去请求权[4],以及搜索引擎服务商提供链接服务[5]、人体冷冻胚胎监管与处置[6]、在家上学中的权利义务关系[7]、环境权[8]以及领土权[9]。此外,还包括对国际司法机构、中国自然资源法律体系、宪法上

---

〔1〕 具有代表性的包括张继成:《从案件事实之"是"到当事人之"应当"——法律推理机制及其正当理由的逻辑研究》,载《法学研究》2003 年第 1 期;陈景辉:《"开放结构"的诸层次反省哈特的法律推理理论》,载《中外法学》2011 年第 4 期;黄泽敏、张继成:《案例指导制度下的法律推理及其规则》,载《法学研究》2013 年第 2 期;陈坤:《法律推理中的独特思维倾向及其可能的误区》,载《现代法学》2020 年第 1 期;徐雨衡:《"法感"在法律推理中的价值及其适用》,载《法制与社会发展》2020 年第 2 期;雷磊:《人工智能时代法律推理的基本模式——基于可废止逻辑的刻画》,载《比较法研究》2022 年第 1 期。

〔2〕 陈锐:《法律关系内容的重构:从线性结构到立体模型》,载《法制与社会发展》2020 年第 2 期;陈景辉:《不可放弃的权利:它能成立吗?》,载《清华法学》2020 年第 2 期。

〔3〕 叶姗:《税法权利的逻辑结构——以霍菲尔德的权利分析理论为据》,载《甘肃政法学院学报》2007 年第 5 期。

〔4〕 蒋成旭:《论结果除去请求权在行政诉讼中的实现路径以霍菲尔德基本法律概念为视角》,载《中外法学》2016 年第 6 期。

〔5〕 陆幸福:《论搜索引擎服务商在提供链接过程中的权利与义务——基于霍菲尔德权利理论的一种分析》,载《法学评论》2013 年第 4 期。

〔6〕 侯学宾、李凯文:《人体冷冻胚胎监管、处置权的辨析与批判——以霍菲尔德权利理论为分析框架》,载《苏州大学学报(哲学社会科学版)》2016 年第 4 期。

〔7〕 申素平、段斌斌:《在家上学的法律关系分析——以霍菲尔德的法律关系理论为分析视角》,载《教育发展研究》2017 年第 12 期。

〔8〕 熊静波:《环境权概念的分析性诠释——以霍菲尔德的权利理论为分析工具》,载《安徽大学学报(哲学社会科学版)》2021 年第 4 期。

〔9〕 李虎:《领土权的概念:基于霍菲尔德权利理论的分析》,载《同济大学学报(社会科学版)》2021 年第 2 期。

的法律实证主义命题以及《民法典》中的个人信息保护问题等方面的研究。[1]

法律实证主义从现实的意义上关注法律问题，这不仅对注重法治理论的实际效果的中国学者来说具有重要的参考价值，同样回应了我国"依法治国"的现实要求。陈金钊在《理想与现实之间——西方法学流派与法治》(2000 年)一文中深入分析了法律实证主义的法治观，认为法律实证主义是唯一具有建构性、能够实践操作、支持依法办事的法治理论。[2] 彭宁进一步探讨了法律实证主义在中国法治建设中对于培育公民对法律的内在信念、选择我们这个时代法律的基本属性和在法律实践中澄清我们对概念问题的理解等方面的方法论意义。[3] 西方法律实证主义法治观与中国传统法治观是否存在关联？王人博在《一个最低限度的法治概念——对中国法家思想的现代阐释》(2003 年)一文中比较了中西法治理论，试图找到两者的共通之处，从而实现中国传统法律文化的现代性转换。[4] 此外，包括贺海仁的《先秦法家共同体的敌人：以法治国的规范理论》[5]与陈弘毅的《法家思想传统的现代反思》[6]等均对法律实证主义与法家法律思想的关联进行了探讨。

除此之外，部分学者将法律实证主义与中国的马克思主义法学相比

---

[1] 安曦萌：《论国际司法机构在构建国际法律秩序中的作用——从凯尔森国际法思想出发的考察》，载《华东师范大学学报（哲学社会科学版）》2011 年第 4 期；张书海、阮端斌：《中国自然资源法律体系的反思与完善——基于拉兹法律体系观的文本实证分析》，载《中国土地科学》2019 年第 6 期；王旭：《中国宪法学中的法实证主义命题及理论反思》，载《清华法学》2020 年第 6 期；吕炳斌：《论〈民法典〉个人信息保护规则蕴含的权利——以分析法学的权利理论为视角》，载《比较法研究》2021 年第 3 期。

[2] 陈金钊：《理想与现实之间——西方法学流派与法治》，载《清华法治论衡》2000 年第 00 期。

[3] 彭宁：《分析法学方法论及其对中国法治建设的启示》，载《哈尔滨工业大学学报（社会科学版）》2018 年第 6 期。

[4] 王人博：《一个最低限度的法治概念——对中国法家思想的现代阐释》，载《法学论坛》2003 年第 1 期。

[5] 贺海仁：《先秦法家共同体的敌人：以法治国的规范理论》，载《政法论坛》2007 年第 6 期。

[6] 陈弘毅：《法家思想传统的现代反思》，载范忠信、陈景良主编：《中西法律传统》（第 2 卷），中国政法大学出版社 2002 年版。

较。徐友渔首先注意到了统治阶级的意志与西方的法律实证主义（主要指向法律命令说）的关联，认为统治者的意志是二者的核心和共同点。[1] 陈景辉同样指出，维辛斯基的法律概念与奥斯丁的以主权者的命令为基本模式的实证主义法律概念间存在着天然的亲和之处。[2] 沈宗灵从另一个角度剖析两者的关系，更为完整地表现了学说之间的内在联系："维辛斯基关于法的定义，看来来自两个方面思想的结合：一个方面是马克思、恩格斯讲过的法是统治阶级意志的体现；另一方面是英国19世纪分析法学派创造人之一的奥斯丁关于法的定义：法是掌权者对在下者所下的，以制裁的威胁作为后盾的命令。在维辛斯基的定义中，奥斯丁讲的'掌握主权者'已改为'统治阶级'，而'命令'已改为'规范的总和'。"[3] 总体而言，国内学者主要还是以凯尔森对马克思主义的批判为视角来发展中国的马克思主义法学，但相较于以往的"政治性批判"，理论分析更加客观。周尚君与文正邦认为，社会科学的"制序化"过程并不排斥其他的学科话语，马克思的法律理论是在"美学"话语策略之下带领人们进入法律理论的内核，在"真正的社会科学"的理论机理中深刻理解法律的结构与模式。[4] 王时中认为凯尔森误解了马克思展开"资本逻辑"的理论坐标与表述形式，同时，由于他将康德的先验方法引入实在法时否定了"应然"层次的客观性，因此无法为"纯粹规范"确立恰当的逻辑形式并陷入了"规范非理性主义"。[5]

四、结语

回顾新中国法律实证主义研究的发展历程，从20世纪五六十年代的

---

〔1〕 徐友渔：《评法律实证主义》，载《江苏行政学院学报》2004年第2期。

〔2〕 陈景辉：《中国对前苏联法的继受：以法概念的分析为中心》，载《淮北煤师院学报（哲学社会科学版）》2002年第5期。

〔3〕 沈宗灵：《法理学与比较法学论集》，北京大学出版社2000年版，第334页。

〔4〕 周尚君、文正邦：《马克思法律理论的"美学"话语及其意义——从凯尔森回到马克思》，载《政治与法律》2009年第10期。

〔5〕 王时中：《从"生产"到"规范"——以凯尔森对马克思的批评为视角》，载《天津社会科学》2015年第3期。

"政治性批判"到改革开放后的多元、本土化发展，当代法律实证主义研究焕发出兴盛的样态。首先，传播途径多元与进程加快。改革开放以来，中西方学术交流越发频繁，西方法律实证主义研究的最新成果不断涌入国内学界；出国访学以及具有较好外语功底的青年学者的数量与比例逐年上升，"许多年轻人都是通过翻译外国的重要法学著作提升了自己，补充了自己"。[1] 相比过去，21 世纪的中国法律实证主义研究呈现出繁荣景象，各种研究成果集中喷发出来。其次，聚焦重点与内容全面。经过最近几十年的发展，西方法律实证主义的重要法学著作大多传入国内，积累了大量中译本以及二手解读文献，大体上把握了法律实证主义的整体框架。同时，研究对象重点突出，主要集中于边沁、奥斯丁、哈特以及凯尔森等的理论。再次，客观化与价值重估。直到 20 世纪 90 年代前，阶级分析一直是学术研究的评判尺度，政治需要仍占据主导。进入 21 世纪，学者们更多以客观的视角进行学术评论与价值判断，法律实证主义正不断被揭开过往误解的面纱，以真实的面貌呈现在我们面前。最后，本土研究的自觉。当代中国学界有意识地展开了法律实证主义本土研究的尝试，试图与本土资源相结合，形成适合于自身特点的法律实证主义，切实推进了中国法律实证主义研究。

目前而言，为进一步发展打下基础，新时代中国法律实证主义研究至少还应当从以下两个方面做出努力：

第一，理论定位。从历史上看，中国法律实证主义研究乃至中国法理学的兴衰都带有强烈的时代烙印。20 世纪五六十年代在苏联"国家与法的理论"的影响下，展开了大规模的"政治性批判"。法律实证主义本身是否"有用"，在法学研究中究竟意味着什么，这是当时大多数学者所无暇思考的。基于政治的需要，领导者们认为新中国的革命的法制是在同各种错误思想倾向的不断斗争中建立与健全起来的。这种认识的代价是

---

[1] 苏力：《当代中国的法学著作翻译——从制度或经济学的角度考察》，载《清华法学》2004 年第 1 期。

昂贵的,一旦国家真正需要进行法治建设的时候,苍白的理论分析框架根本不能胜任现实政治的重托,并不能清楚而有说服力地解释法治国家建设面临的问题,更无从设计建构的方案。[1] 因此,未来法律实证主义研究的首要任务仍然应当是保证其"纯粹性",真正做到"旁观"、审思法律实证主义,切实地与本土资源实现双向互动,为中国的法治建设添砖加瓦。

第二,"中国法律理性图景"。邓正来先生曾感叹道:"中国法学深受着一种我所谓的西方'现代化范式'的支配,而这种'范式'不仅间接地为中国法制/法律发展提供了一幅'西方法律理想图景'……我们必须结束这个受'现代化范式'支配的法学旧时代,并开启一个自觉研究'中国法律理想图景'的法学新时代。"[2] 构建"中国法律理想图景"是新时代中国法学研究的首要任务。为此,未来中国法律实证主义研究还需结合传统法律文化与思想资源确立中国话语体系以及理论范式,做出中国人所独有的理论贡献。

延伸阅读学术著作

1. 李桂林、徐爱国:《分析实证主义法学》,武汉大学出版社 2000 年版。
2. 徐爱国:《分析法学》,法律出版社 2005 年版。
3. 柯岚:《法哲学中的诸神之争——西方法哲学流派述评》,商务印书馆 2021 年版。

延伸阅读学术论文

1. 吴恩裕:《纯粹法学的反动实质》,载《人民日报》1962 年 2 月 27 日。

---

〔1〕 舒国滢:《新中国法理学七十年:变化与成长》,载《现代法学》2019 年第 5 期。
〔2〕 邓正来:《中国法学向何处去——建构"中国法律理想图景"时代的论纲》,商务印书馆 2006 年版,第 3 页。

2. 杜万华:《霍费尔德的法律分析理论简介》,载《外国法学研究》1985 年第 2 期。

3. 张文显:《超越法律实证主义和自然法理论——制度法理学的认识 - 方法论和本体论》,载《比较法研究》1995 年第 1 期。

4. 王涌:《寻找法律概念的"最小公分母"——霍菲尔德法律概念分析思想研究》,载《比较法研究》1998 年第 2 期。

5. 刘星:《重读奥斯丁的〈法理学的范围〉》,载《环球法律评论》2002 年第 1 期。

6. 梁晓俭:《试论凯尔森基础规范理论的合理性》,载《现代法学》2002 年第 1 期。

7. 朱振:《法律权威与行动理由——基于拉兹实践哲学进路的考察》,载《法制与社会发展》2008 年第 6 期。

8. 陈景辉:《"开放结构"的诸层次 反省哈特的法律推理理论》,载《中外法学》2011 年第 4 期。

9. 金韬:《约瑟夫·拉兹的理由分类学:以规范性为中心》,载《哲学分析》2018 年第 4 期。

10. 吴玉章:《哈特法律与道德思想新论——一处自相矛盾的表述》,载《现代法学》2018 年第 6 期。

延伸阅读学位论文

陈彦宏:《分析法学的权利概念分析》,吉林大学 2011 年博士学位论文。

第五章 法社会学

本论题导读

法社会学，又称法律社会学、社会学法学，是法学与社会学学科间整合形成的新兴学科。法社会学源起于西方社会学研究，并成为20世纪重要的学术增长点。20世纪初，法社会学通过译介传入中国，开始了其中国化的进程。新中国成立后，法社会学研究经历了30余年的沉寂，而后迅速复苏。近40年来，中国法社会学研究从译介西方法社会学理论，发展到运用法社会学解释社会问题，再到在“本土”语境下反思学术研究的知识贡献，呈现出繁荣景象。值得注意的是，中国法社会学研究至今仍未完全跳出西方的理论框架。要实现法社会学研究的中国化，需要建构起中国语境下的法社会学理论体系。

相较于法学与社会学的悠久历史，法社会学显得相当年轻。从1892年意大利学者安齐洛迪在《法律哲学与社会学》中首次提出“法社会学”这一概念起算，法社会学距今只有130余年的历史。[1] 但法社会学的发展相当迅猛，20世纪上半叶涂尔干、韦伯、霍姆斯、庞德、埃利希等思想家的相关研究，推动法社会学成为现当代社会科学研究领域中的一支中坚力量。新中国成立后，随着国内政治局势的变化，对于法社会学的研究起起伏伏、颇多坎坷。时至今日，法社会学已成为社会科学研究领域提升学

---

〔1〕 胡平仁：《法社会学的百年历程》，载《山东大学学报（哲学社会科学版）》2007年第2期。

术水平的重要知识增长点，[1]成为当代中国的显学。故此，回顾新中国成立70年来法社会学研究的发展脉络，有助于学界及时总结经验、展望未来。

一、20世纪50—70年代：批判与沉寂

新中国成立初期，东西方在意识形态领域的对立延伸至学术研究领域。诸如法学、社会学等学科的研究被视为"资产阶级社会科学复辟"，[2]曾在20世纪40年代兴盛一时的法社会学被视为"现代反动资产阶级的法的理论"[3]的一种，受到猛烈批判。对法社会学批判的核心论点是，作为资产阶级法学思想的法社会学理论，以"法律发展的重心在社会本身"为借口否认了法律的阶级属性，进而否认了国家作为阶级矛盾不可调和产物的"客观真理"。[4]

批判集中于西方法社会学的主要代表人物，如庞德、狄骥、埃利希等，其中尤以批判庞德为盛。批评者将庞德的"社会工程论""社会控制论"等主要理论归纳为"实用主义法学"，认为这是"资产阶级在法律问题上的反动观点"。[5] 论者批判法社会学，一方面是指责其学说丧失阶级性，另一方面仍是在为否定前政权、旧法统提供武器。

事实上，如果抛开"阶级性"这一视角，这些批判实质上已经较为清晰地梳理了其时的法社会学理论。如对庞德"实用主义法学"[6]与狄骥

---

[1] 侯猛：《中国法律社会学的知识建构和学术转型》，载《云南大学学报（法学版）》2004年第3期。

[2] 石啸冲：《不许资产阶级社会科学复辟》，载《学术月刊》1957年第8期。

[3] [苏联]A. B. 杜曼诺夫、陈中绳：《反对现代反动资产阶级的法的理论》，载《华东政法学报》1956年第2期。

[4] 张宏生、王林：《艾尔力许的社会学法学、自由法学的反动实质》，载《政法研究》1963年第4期。

[5] 王林：《庞德的社会学法学是美国垄断资产阶级政策的产物》，载《北京大学学报（人文科学）》1964年第3期。

[6] 顾维熊：《反动的庞德实用主义法学思想》，载《政法研究》1963年第3期。

“客观法”〔1〕规范理论的区分,对埃利希“活的法律”研究方法的归纳,〔2〕对法社会学派反对教条研究法条、主张关注法的社会效果的研究方法的承认,〔3〕这些批判研究在一定程度上也总结了新中国成立前法社会学的研究成果。当然,20 世纪 50 至 70 年代的研究对法社会学的关注最终是落脚在对其“资产阶级法学本质”的批判上,对法社会学总体上持否定的态度,这类批判性的学术作品并没有实质性地推动法社会学进一步发展。

30 年的批判是否意味着其间关于法社会学的研究毫无进展? 与批判的论调不同的学术研究也是零星存在的。如上海社会科学院信息研究所主办的《现代外国哲学社会科学文摘》就曾多次刊载国外学者对法社会学的研究,其中尤以介绍美国法社会学研究为主。〔4〕 一些对法社会学持批判观点的学者也呼吁不能够完全否定“旧法律思想”,认为“新法律思想”与诸如法社会学思想的“旧法律思想”间应当是存在“千丝万缕的联系”的。〔5〕 被公认为是法社会学文献基础的《论法的精神》(孟德斯鸠著,张雁深译)也在 1961 年由商务印书馆分上下两册出版。

有学者认为,毛泽东的实践观为这一阶段法社会学的社会实践奠定了理论基础,并提出诸如“马锡五审判方式”“枫桥经验”等即为法社会学研究的政法实践。〔6〕 另有学者认为,法社会学研究虽在其时按下暂停键,但马克思主义学说中包含了许多法社会学的“因子”。〔7〕 对于前者,将领导人思想或某种政策实践视为学术研究,颇显牵强;但后者在一定程

---

〔1〕 卢干东:《狄骥反动法律学说的初步批判》,载《武汉大学人文科学学报》1957 年第 2 期。

〔2〕 张宏生、王林:《艾尔力许的社会学法学、自由法学的反动实质》,载《政法研究》1963 年第 4 期。

〔3〕 [苏联]A. B. 杜曼诺夫、陈中绳:《反对现代反动资产阶级的法的理论》,载《华东政法学报》1956 年第 1 期。

〔4〕 及川伸:《美国的法律社会学》,载《现代外国哲学社会科学文摘》1959 年第 12 期;斯科尔尼克、陈文藻、周子亚:《美国法律社会学的概况和发展趋势》,载《现代外国哲学社会科学文摘》1966 年第 1 期。

〔5〕 刘焕文:《在“百家争鸣”中谈旧法思想》,载《华东政法学报》1956 年第 2 期。

〔6〕 李瑜青、李思豫:《当代中国法律社会学的发展——在新中国成立 70 年之际的思考》,载《毛泽东邓小平理论研究》2019 年第 11 期。

〔7〕 汤唯:《法社会学在中国——西方文化与本土资源》,科学出版社 2007 年版。

度上确有其道理——在马克思、恩格斯庞大的思想体系中，蕴含了一些法社会学的思想和原理，[1]马克思主义学说为中国学者研究法律与社会问题提供了理论基石。[2]

值得注意的是，无论是部分译介西方法社会学发展的研究，还是认为在马克思主义学说中包含了一些法社会学的原理、因素的研究，这些研究或者规模不大，或者对于法社会学这一主题极不明确，并不能意味着其为法社会学的实质发展，更不意味着这是对20世纪前50年法社会学研究的延续。很明显的是，20世纪50至70年代中国法社会学的研究与前50年的法社会学研究之间出现了巨大的断裂。在彼时以激烈批判为主流的时代背景中，与今日法社会学研究更具有相似性及渊源的法社会学研究隐含于马克思主义学说中。

总体而言，新中国成立后的30年，在社会主义与资本主义意识形态严重对立的背景下，法社会学被贴上了“资产阶级法学”的标签。来源于“资本主义世界”的法社会学思想因其“资产阶级本质”注定无法成为主流研究。20世纪上半叶中国法社会学研究的繁荣景象消逝，法社会学在阶级论的批判声中走向沉寂。

二、20世纪80—90年代：研究的复苏与自觉

改革开放解放了人的思想，学术研究也迎来了春天。进入20世纪80年代后，法社会学研究迅速复苏，这既是学术系谱延续的需要，也显然是国家现代化发展中实践对理论的需要。这一时期大批研究成果的涌现，为法社会学的发展带来蓬勃生机。

（一）理论研究的复苏

法社会学研究的复苏首先自译介西方法社会学理论起。一些学术期

---

〔1〕赵震江、季卫东、齐海滨：《法律社会学的意义与研究框架》，载北京大学法律系法学理论教研室、中国经济体制改革研究所法律室编：《法律社会学》，山西人民出版社1988年版。

〔2〕赵震江主编：《法律社会学》，北京大学出版社1998年版。

刊刊载专题介绍法国、[1]日本、[2]苏联、[3]英国、[4]美国[5]等国的法社会学发展状况，在详细梳理各国法社会学研究路径、研究内容、主流思想的基础上，国内学界对国外法社会学研究的认识从区分欧美两大法社会学派系，[6]发展到反思西方法社会学发展的基调、范围和方法，[7]再到提出我国法学研究应当在分析实证的基础上吸收法社会学研究中重视社会经验的方法与思路。[8] 西方法社会学研究状况的轮廓逐渐清晰。

与此同时，大批学者开始专注研究西方法社会学领域代表人物的学说。庞德的法社会学理论仍是重要的研究对象。1984 年，《通过法律的社会控制·法律的任务》一书由商务印书馆出版，1989 年，《法律史解释》由华夏出版社出版，为深入研究庞德的理论提供了文本。相较于新中国成立初期对庞德进行的“作为社会工程的法律因只关注是否实用而充满唯心色彩”[9]之批判，此时的研究者虽仍然多少提及法律对社会进行控制这一观点的唯心主义本质，[10]但更主要的关注点已集中在研究如何通过法律调整利益关系以实现有益的社会效果与社会目的，[11]庞德动态论述法律“过程”的观点亦受国内学者赞许。[12]

1987 年，法国学者布律尔的《法律社会学》（亨利·莱维·布律尔著，

---

〔1〕［苏联］C. B. 鲍鲍托夫、王兴权：《法国法律社会学》，载《国外社会科学》1979 年第 6 期。

〔2〕［日］及川伸、高作宾：《日本法社会学研究动向》，载《国外社会科学》1980 年第 4 期。

〔3〕陈明华：《苏联法社会学发展评介》，载《法律科学（西北政法学院学报）》1989 年第 2 期。

〔4〕［英］R. B. M. 科特雷尔、潘汉典：《当代英国的法社会学》，载《比较法研究》1989 年第 2 期。

〔5〕王学成：《美国法社会学与经济立法》，载《西北第二民族学院学报（哲学社会科学版）》1994 年第 1 期。

〔6〕吕世伦：《论社会学法学》，载《学习与探索》1981 年第 4 期。

〔7〕张文显：《西方法社会学的发展、基调、范围和方法》，载《社会学研究》1988 年第 3 期。

〔8〕茅红：《西方法学思潮的演进及其对我国法学发展的启示》，载《山东社会科学》1999 年第 1 期。

〔9〕王林：《庞德的社会学法学是美国垄断资产阶级政策的产物》，载《北京大学学报（人文科学版）》1964 年第 3 期。

〔10〕孔小红：《庞德法律效果说初探》，载《社会科学》1987 年第 10 期。

〔11〕王常松：《社会法学的理论大纲——读庞德〈通过法律的社会控制·法律的任务〉》，载《政治学研究》1988 年第 6 期。

〔12〕倪正茂：《庞德的法律社会学思想》，载《政治与法律》1994 年第 5 期。

许钧译）由上海人民出版社出版，这是我国第一部以法社会学为标题的专著（译著）。1989 年，华夏出版社出版了英国学者科特威尔的《法律社会学导论》（罗杰·科特威尔著，潘大松等译）。其他亦有关于狄骥、塞尔兹尼克、埃利希、涂尔干等学者学说的研究发表。国外法社会学研究的专著与学术论文接连出现，有力地推动了法社会学研究的发展。此外，法社会学研究对法律与社会两个面向的关注更使法治的观念在 20 世纪 80 年代即孕育产生。[1]

值得关注的是，许多学者开始关注布莱克和韦伯的法社会学理论。布莱克的“纯粹法社会学”理论为行为法学在中国的传播提供了渠道，[2]其区分事实与价值、社会因素与法律因素的“纯粹”学说[3]及对法律集体主义、法的非社会化、社会的非法律化的概括[4]向中国学者展示了美国法社会学研究的最新进展。韦伯学说中的价值无涉论、理想类型研究方法、法律的理性化等内容是中国法社会学研究者关注的重点，自 20 世纪 80 年代末期起，韦伯学说成为法社会学领域研究的热点。20 世纪 80 至 90 年代，布莱克和韦伯的作品尚未被大规模、成体系地在中国翻译出版，其时中国学者对布莱克和韦伯法社会学理论的研究主要依靠英文文献，这在一定程度上表明了中国法社会学界国际化水平的提升。

法社会学研究的复苏亦体现在以法社会学为主题的学术研讨会的召开及大批专著、教材的出版。1987 年，首届法社会学理论研讨会在北京召开，全国 30 个单位 53 位学者参加了会议，[5]参会论文以《法律社会学》为题由山西人民出版社出版。1988 年，第二届法社会学理论研讨会在重庆召开，会议提出“法社会学在我国已由初创阶段进入了较实质性的

〔1〕 潘大松：《通过法律研究社会在社会中研究法律——罗杰·科特瑞尔〈法律社会学导论〉评述》，载《比较法研究》1988 年第 1 期。

〔2〕 吕世伦、邹列强：《唐·布莱克的纯粹法社会学》，载《法律科学（西北政法学院学报）》1992 年第 4 期。

〔3〕 朱景文：《论布莱克的纯粹法社会学》，载《当代法学》1993 年第 3 期。

〔4〕 朱景文：《论布莱克的纯粹法社会学（续）》，载《当代法学》1993 年第 4 期。

〔5〕 张文显：《全国首次法社会学理论讨论会在北京召开》，载《法学研究》1987 年第 6 期。

研究阶段”。[1] 两次会议的召开对于刚刚复苏的法社会学研究意义重大,会议中讨论的法社会学学科归属、[2] 法社会学研究内容、[3] 法社会学未来发展方向[4] 等议题对推动法社会学这一学科的健康发展起到了凝聚共识的作用。其后,法社会学研究复苏步伐加快。1988 年,上海市社会学会成立全国第一个法律社会学研究会。[5] 进入 20 世纪 90 年代,相较于复苏初期对法社会学的介绍仅作为学术作品中的某一章节,关于法社会学的专著、教材涌现,短短十年间有近十部著述出版。正如有学者指出,教科书的编写在一定程度上表明了学科发展开始走向成熟。[6]

(二)本土研究的自觉

20 世纪 90 年代开始,法社会学研究开始尝试走出单纯的理论介绍与学术史梳理,主动把法社会学理论用于解释中国问题,成为中国法社会学自觉的发端。

1990 年,一篇题为《文化失范与青年越轨——青年文化的法社会学思考》的论文第一次尝试把法社会学作为一种研究视角开展研究。这篇文章是典型的社会学论文,其所谓的“法社会学”是指青年群体中形成的团体文化成了一种“活法”,从而在团体内部具有一定的规范性。[7] 1993 年,《市场经济与法律发展——一种法社会学思考》一文论述了法律与经济间的作用关系,其“法社会学思考”抽象地论述了法制建设对于经济活动的重要意义。[8] 由此起,法社会学作为一种研究方法、思考方式、解释路径开始出现在人们的视野中。

---

〔1〕 余华智:《全国第二届法社会学理论研讨会综述》,载《现代法学》1988 年第 6 期。
〔2〕 杜万华:《第二次全国法律社会学研讨会综述》,载《社会学研究》1989 年第 1 期。
〔3〕 龚津航:《改革与法律社会学——我国首次举行法律社会学理论讨论会》,载《法学》1987 年第 10 期。
〔4〕 林晓:《我国首次法社会学研讨会在京举行》,载《法学杂志》1987 年第 5 期。
〔5〕 余东:《上海市法律社会学研究会成立》,载《上海大学学报(社会科学版)》1988 年第 6 期。
〔6〕 丁卫:《法律社会学在当代中国的兴起》,载《法律科学(西北政法大学学报)》2010 年第 3 期。
〔7〕 冯云翔:《文化失范与青年越轨——青年文化的法社会学思考》,载《青年研究》1990 年第 6 期。
〔8〕 石泰峰:《市场经济与法律发展——一种法社会学思考》,载《中外法学》1993 年第 5 期。

1994年,苏力发表了《法律活动专门化的法律社会学思考》,通过实证地分析司法活动与社会间的互动过程,讨论司法人员的行为可能产生的社会效应,将法社会学理论所关注的法律与社会联系起来,建设性地解释了二者的关系。[1] 其后,苏力连续发表了《市场经济形成中的犯罪违法现象——法律社会学的思考》(1994年)、《关于对抗制的几点法理学和法律社会学思考》(1995年)、《法律社会学调查中的权力资源——一个社会学调查过程的反思》(1998年)等论文,其著作《法治及其本土资源》(1996年)、《制度是如何形成的》(1999年)等相继出版,把作为方法与视角的法社会学展示得淋漓尽致,引起了学界的极大关注。《法治及其本土资源》的出版更是轰动一时,书中从刑法、民法、文学、教育等多个视角研究法律对社会的影响、社会对法治的反馈,在大量社会经验事实中穿梭,成功地向学界展现了"什么是法社会学的贡献"。此后,越来越多的学者开始使用法社会学的视角分析、解释问题,法社会学研究出现了一股热潮。

同时期,梁治平的《清代习惯法:社会与国家》(1996年)、邓正来的《国家与社会:中国市民社会研究》(1997年)相继出版,着重关注社会中自发形成的民间法与习惯法,这一研究为法社会学的实践运用开辟了新空间。一时间"立足于乡土中国社会而展开的民间法或习惯法研究几乎成为法律社会学的同义词"。[2] 马长山从公民结社权利、结社活动出发,[3]详细讨论了公民意识对建设法治社会的驱动作用,[4]形成了极具特色的"市民社会理论"。[5] 而以付子堂为代表的学者集中研究法律功能问题,于20世纪90年代末连续发表了《论法律功能与依法治国——法治秩序中的法律功能状况及其实现障碍》(1997年)、《论法律的社会功

[1] 苏力:《法律活动专门化的法律社会学思考》,载《中国社会科学》1994年第6期。

[2] 丁卫:《法律社会学在当代中国的兴起》,载《法律科学(西北政法大学学报)》2010年第3期。

[3] 马长山:《结社活动的深层历史底蕴及其对民主法治的结构性支撑》,载《江苏社会科学》1999年第1期。

[4] 马长山:《公民意识:中国法治进程的内驱力》,载《法学研究》1996年第6期。

[5] 马长山:《市民社会理论:法学现代化的重要基点》,载《求是学刊》1999年第1期。

能》(1999 年)、《关于法律功能实现的若干思考》(1999 年)等论文,通过论证法律对行为的激励及对利益的调控机制,提出"法之理在法外",[1]沿着功能论的进路将法社会学研究推向法治实践。

20 世纪 90 年代是法社会学快速发展的阶段。市场经济体制改革的推进、"法治"理念的提出等影响国家发展的重大事件的发生,使社会急剧转型。在转型中既出现了大量经济、制度发展机遇,也暴露出诸多社会问题。传统规范法学无法为转型社会建构具有解释力的理论框架,法社会学通过研究法律与社会之间的互动过程,为分析中国问题提供了一个全新的视角。苏力、梁治平、马长山、付子堂等人从不同进路开拓了法社会学研究的理论及方法空间,使法社会学研究从 20 世纪 80 年代的西方理论研究转向中国问题分析,法社会学显现出蓬勃的生机。

三、进入 21 世纪:系统化与多元化

新千年之后,随着国家经济的快速发展、高等教育制度的逐渐完备、研究人员国际化水平的不断攀升,科学技术研究迎来了繁荣时期。高等教育规模的扩张既带来了受教者对理论深挖、溯源的需求,也形成了推动理论进一步发展的生力军。法社会学研究亦是如此。2000 年以后,法社会学研究进入了快速发展时期。一方面,对西方经典法社会学理论的研究进一步系统化、前沿化;另一方面,许多学者已不满足于单纯地研习西方理论,法社会学界对于构建中国本土法社会学理论的呼声越来越高。

(一)理论引进的系统化

庞德作为 20 世纪法社会学理论的核心人物,其功能主义法社会学学说在 21 世纪仍有强大的生命力。2000 年以前,庞德作品的中文版仅有《通过法律的社会控制·法律的任务》和《法律史解释》两部;新千年后,《普通法的精神》(2001 年)、《法律与道德》(2003 年)、《法的新路径》(2016 年)、《法哲学导论》(2019 年)、《自然法的复兴》(2023 年)等作品

[1] 付子堂:《法律功能论》,中国政法大学出版社 1999 年版,第 109 页。

已相继译出出版，其五卷本《法理学》现亦已出版四卷。继庞德之后，国内学者近年开始翻译、研究朱利叶斯·斯通的作品。[1] 帕森斯作为功能主义和结构主义的集大成者，又因为在传播韦伯作品方面的贡献，其作品备受法社会学者关注。2004 年广西师范大学出版社出版的《韦伯作品集》系列集聚了韦伯的主要著作，一经推出便引起了法学界、社会学界的热烈关注。至今，《韦伯作品集》已重版四次，单行本、重译本更是多如牛毛，“韦伯学”仍是当今社会科学界研究的热门，更是法社会学界的研究核心之一。以福柯为代表的解构主义学说是部分法社会学者关注的重点，对其权力理论的研究为“法社会学视角”提供了有力的武器，有学者认为苏力等人的法社会学思想即根源于福柯。[2] 近年来逐渐兴起的系统论法社会学更是法社会学研究的一个热点，其代表人物卢曼的《宗教教义与社会演化》(2003 年)、《信任：一个社会复杂的简化机制》(2005 年)、《社会的法律》(2009 年)、《法社会学》(2013 年)、《风险社会学》(2020 年)等作品的持续译介，在法社会学界形成了一股研究热潮。当然，其他西方思想家如哈贝马斯、布迪厄等的作品亦在国内有相当影响。如果说改革开放初期研究者所关注的西方思想家，如庞德、埃利希等，还可大致视为法学家；当今的法社会学研究中，一个突出的现象是当前研究者对西方社会学家的高度关注。这或许与法社会学在新千年后在实践应用方面不断寻求突破、在理论方面尝试找到更坚实的土壤密切相关。

(二)研究进路的多元化

自 20 世纪 90 年代末成功将法社会学理论运用于解释实践问题后，苏力笔耕不辍，沿着两条路线继续提升法社会学的实践分析水平。2000 年，《送法下乡——中国基层司法制度研究》由中国政法大学出版社出版，再次引起学界极大轰动；其后，苏力发表了《纠缠于法律与事实之中》

---

[1] 薄振峰：《法律、理性与人类正义——朱利叶斯·斯通的实用主义正义观》，载《环球法律评论》2006 年第 2 期；薄振峰：《朱利叶斯·斯通的社会法学思想》，载《清华法学》2006 年第 3 期。

[2] 萧瀚：《解读〈送法下乡〉》，载《中国社会科学》2002 年第 3 期。

(2000 年)、《中国当代法律中的习惯——从司法个案透视》(2000 年)、《基层法官司法知识的开示》(2000 年)、《判决书的背后》(2001 年)等十余篇关注司法运行过程的论文。其深入司法活动一线,在发表的著述中大量展现了司法活动各方主体的行为及互动过程,把长久以来"高高在上"的法律规范"压低"到与田间地头的人情往复之中。这种以"工具箱"的方式解读法治实践的方式极大地更新了人们对法律与社会间关系的认识,这可谓是苏力研究法社会学的实践路径。而自 1996 年发表《〈秋菊打官司〉案、邱氏鼠药案和言论自由》一文以来,其通过文学影视作品解读法社会学成为苏力学术的另一大特色。近 20 年来,苏力先后发表了《复仇与法律——以〈赵氏孤儿〉为例》(2005 年)、《窦娥的悲剧——传统司法中的证据问题》(2005 年)、《作为社会控制的文学与法律——从元杂剧切入》(2006 年)、《崇山峻岭中的中国法治——从电影〈马背上的法庭〉透视》(2008 年)等一系列透过影视文学作品开展法社会学研究的论文,既带来了全新的社会科学研究方法,也极大地丰富了其 20 世纪 90 年代提出的法治本土资源论。以苏力为代表,北京大学法学院集聚了一大批从事法社会学研究的学者,号称"法律社会学的北大学派",[1] 并先后创办了《北大法律评论》《法律和社会科学》等刊物,对法社会学近 20 年的发展影响颇深。

与苏力的研究进路不同,梁治平、高鸿钧等学者以法律文化论为切入点研究法社会学。自 20 世纪 90 年代其《法辩:中国法的过去、现在与未来》(1992 年)、《清代的习惯法:社会与国家》(1996 年)出版以来,梁治平以法律史为研究领域,先后发表了《法律史的视界:方法、旨趣与范式》(2002 年)、《"礼法"探原》(2015 年)等论文,试图在中国法律史中提炼出法律文化,以此促成法社会学的本土化。而其对法社会学研究影响更大之处,是其于 1996 年起主编的"法律文化研究文丛"。该系列中出版的诸如苏力的《法治及其本土资源》(1996 年)、林端的《儒家伦理与法律文

[1] 强世功:《法律社会学的"北大学派"——怀念沈宗灵先生》,载《读书》2019 年第 8 期。

化》(2002 年)、强世功的《法制与治理——国家转型中的法律》(2003 年)等书籍对中国法社会学的发展起到了巨大的推动作用。高鸿钧主要从事比较法研究,其对域外法律制度、法律文化的研究为中国法律文化论提供了域外对照模板。在其影响甚广的《法律文化的语义、语境及其中国问题》中,高鸿钧提出中国法治发展的“文化底盘”论,[1]成为法律文化论的中坚理论之一。法律文化论的研究者以研究法律思想史、法律制度史的学者为主,其挖掘“本土资源”的路径不是实证地分析司法过程,而是试图在中国传统法律文化中总结有中国特色的制度、思想根基。以梁治平为代表的学者自 20 世纪 90 年代以来在中国法律文化中耕耘,以高鸿钧为代表的学者则通过对域外法律制度的比较研究,扩宽了法律文化的研究范围,更加凸显了具有中国基因的法律文化对于法治发展的重要性。

民间法/习惯法是法社会学研究的另一条主线,其代表人物有谢晖、田成有等。20 世纪 90 年代末期,苏力的本土资源论名声大噪时,谢晖将其定性为“法治保守主义”,并提出尖锐质疑。[2] 新千年后,谢晖转向民间法研究,先后发表了《当代中国的乡民社会、乡规民约及其遭遇》(2004 年)、《民间规范与习惯权利》(2005 年)、《民间法与裁判规范》(2011 年)等论文,吸引了大批研究者追随。2002 年,谢晖主持创办了《民间法》;2005 年起,分别在《山东大学学报》《甘肃政法学院学报》主持“民间法研究”“民间法/民族习惯法研究”等学术专栏;2010 年起,主编丛书“民间法文丛”,魏治勋的《民间法思维》(2010 年)、龙大轩的《乡土秩序与民间法律》(2010 年)、谢晖的《大、小传统的沟通理性》(2011 年)等一大批具有影响力的民间法、习惯法、民族法研究著作相继出版。田成有在 20 世纪 90 年代专注民族习惯法研究,发表了数十篇研究民族法的论文,20 世纪 90 年代末期开始从民族习惯法上升到思考法律文化,并逐渐转向法社会

[1] 高鸿钧:《法律文化的语义、语境及其中国问题》,载《中国法学》2007 年第 4 期。
[2] 谢晖:《法治保守主义思潮评析——与苏力先生对话》,载《法学研究》1997 年第 6 期。

学理论研究；其作品《法律社会学的学理与运用》（2002 年），影响颇大；2005 年调任云南省高级人民法院后，继续关注作为软法的民间法在国家法治中的作用，发表了《中国法治进程中的软法问题及软法现象分析》（2007 年）、《民俗习惯在司法实践中的价值与运用》（2008 年）等论文。民间法的研究涵盖民族法、习惯法等内容，研究范围穿梭古今，在近 20 年的法社会学研究中具有相当的影响力，其对乡规民约、自治规范等的深入研究在当下更是大放异彩。

值得关注的是，新千年后，一批“70 后”“80 后”中青年学者逐渐崭露头角，既不断创新研究方法，也持续拓宽研究领域，已逐步成长为当代法社会学研究的中坚力量。如王启梁运用人类学研究方法对民间法的研究，陈柏峰运用社会学研究方法对乡村秩序、基层政权的研究，周尚君运用经济学理论对地方法治试验、地方法治竞争的研究，侯猛对政法委、中国政法体制的研究等。教育经历、学科背景的多样化为这一批中青年学者提供了广阔的研究视野，研究方法的丰富使近年来法社会学研究逐步迈出法学的圈子，从社会学领域汲取营养。

（三）两场大讨论

20 世纪 90 年代，梁治平的《寻求自然秩序中的和谐：中国传统法律文化研究》（1991 年）、《法辩：中国法的过去、现在与未来》（1992 年）、《法律的文化解释》（1994 年）和《清代习惯法：社会与国家》（1996 年）相继出版，其关于法律文化的研究对中国法学产生了相当大的影响，学界称之为“法律文化论”。2004 年，苏力的《道路通向城市——转型中国的法治》和《也许正在发生——转型中国的法学》由法律出版社出版，连同其前两本影响极大的作品《法治及其本土资源》（1996 年）、《送法下乡——中国基层司法制度研究》（2000 年），以苏力为代表的“本土资源论”研究团体基本形成。“法律文化论”与“本土资源论”作为 20 世纪 90 年代以来中国法社会学研究的自觉，对革新中国法学研究范式、推动法社会学研究发展起到了极大的作用。梁治平、苏力也是公开宣称自己属于“法社会学派”（“社科法学派”）的学者。[1] 20 世纪 90 年代末、21 世纪初，论及法社会学研究，几乎人必言梁、苏。

2005 年，邓正来撰写 17 万字长文《中国法学向何处去》，由《政法论坛》连载四期发表，对“权利本位论”、“法条主义”、“本土资源论”和“法律文化论”提出批判，[2] 掀开了“何处去”的宏大讨论。邓正来将“本土资源论”和“法律文化论”统称为“本土法律”派，认为其研究受到“现代化范式”支配，其为中国法制提供的是一幅“西方法律理想图景”而非“中国法律理想图景”，因而是“受西方现代性范式支配的法学旧时代”。邓正来本人一般亦被归类为法社会学者，[3] 其对当时法社会学研究中具有代表性的“本土资源论”和“法律文化论”的激烈批判，既显示出法社会学研究内部的观点分化，也反映出当时学者对理论建构本土化的迫切追寻。这场讨论持续约 4 年之久，在 2006 年、2007 年达到顶峰，几乎所有的法理学者都参与其中。在“中国法学”的宏大目标下，这一讨论既反思了当时的整体法学研究，也推动了法社会学研究的进一步发展与分化。

第二场大讨论起因于 21 世纪初。2001 年，苏力在《也许正在发生——中国当代法学发展的一个概览》一文中将法社会学定位为“社科法学”；其后十余年的发展中，以法社会学为主体的“社科法学”与以民法学、刑法学为主体的“教义法学”在法学的研究方法上日渐分化，形成了社科法学与教义法学的分立。2014 年，《法商研究》刊载“中国法学研究

[1] 汤唯：《法社会学在中国——西方文化与本土资源》，科学出版社 2007 年版。

[2] 邓正来：《中国法学向何处去（上）——建构“中国法律理想图景”时代的论纲》，载《政法论坛》2005 年第 1 期；邓正来：《中国法学向何处去（中）——建构“中国法律理想图景”时代的论纲》，载《政法论坛》2005 年第 2 期；邓正来：《中国法学向何处去（下）——对苏力“本土资源论”的批判》，载《政法论坛》2005 年第 3 期；邓正来：《中国法学向何处去（续）——对梁治平“法律文化论”的批判》，载《政法论坛》2005 年第 4 期。

[3] 汤唯：《法社会学在中国——西方文化与本土资源》，科学出版社 2007 年版。

中的社科法学”主题论文，连载五篇论文，[1]拉开了社科法学与教义法学大讨论的序幕。这场讨论范围极广，几乎覆盖法学全领域。以法社会学者侯猛、陈柏峰等为代表的社科法学不仅与法理学内部以孙笑侠、雷磊等为代表的教义法学对话，还需回应来自民法、刑法、诉讼法等部门法教义法学的追问。2016 年雷磊的《法律体系、法律方法与法治》、2017 年侯猛的《法学研究的格局流变》相继出版，讨论逐渐进入白热化。2018 年、2019 年，讨论达到一个高峰，仅此两年学界参与讨论的论文就接近 300 篇，成为新中国成立以来法学研究中的一道奇观。相较于 2005 年的大讨论，此场讨论时间更久、范围更广、影响更深。在此场讨论中，法社会学研究必须回应教义法学对于“实证”的追问，这对法社会学研究方法论的形成及学科定位的反思起到了催化作用，促进了法社会学整体发展。时至今日，社科法学与教义法学的对话已由“方法论之争”转向“时代问题之论”。2023 年，以“共同面对新科技”为议题，社科法学与教义法学再次展开大讨论。此次讨论将目光聚焦于新科技带来的新挑战，密切关注社会现实，充分回应时代命题，为法社会学研究开辟了全新方向。

四、法社会学发展回顾

新中国成立 70 余年来，法社会学研究从最初 30 年的遭受批判，发展到在当今的社会科学研究中引领潮流。20 世纪 90 年代中后期以来，多个具有特色的研究团体的形成使今天的法社会学研究看上去颇显繁荣。但这不意味着法社会学研究从一开始就具有如此宽阔的研究领域——事实上，20 世纪 80 年代法社会学研究的复苏，更大意义上是一种工具主义的选择；与其说是为了恢复一种理论学说，不如说是为了解决一些实际问题。

1983 年，王翰光、陆建承提出，“我国的社会主义革命和建设的实践，

---

〔1〕 苏力：《中国法学研究格局中的社科法学》，载《法商研究》2014 年第 5 期；陈柏峰：《社科法学及其功用》，载《法商研究》2014 年第 5 期；侯猛：《社科法学的传统与挑战》，载《法商研究》2014 年第 5 期；李晟：《实践视角下的社科法学：以法教义学为对照》，载《法商研究》2014 年第 5 期；谢海定：《法学研究进路的分化与合作——基于社科法学与法教义学的考察》，载《法商研究》2014 年第 5 期。

也为法律科学提出新的要求。社会上的确存在大量的问题……这些都要求我们从社会角度出发，研究、探讨这些问题，找到最佳解决方案，然后把它上升为法律加以实施"[1]。1985 年，文正邦、高其才提出，"法社会学是运用社会学的原则和方法，来研究法律在制定、颁布、实施以及遵守的整个过程中所包含的各种社会问题，为立法、司法和守法提供必需的社会信息，探寻解决各种法律问题的社会途径，揭示法律与社会相互作用的机制"[2]。

很明显，作为学科的法社会学的建设是为了解决传统规范法学无法有效处理社会中涌现出的大量新问题的困难局面而启动的。也正是因为这种定位，自 20 世纪 80 年代以来的法社会学只会是法学视野下的社会学研究（或运用社会学方法的法学研究），而不会是社会学语境中的法学研究——对于解决现实中出现的问题而言，从法学的进路出发寻求一些规范、规则上的改变，明显要比在社会学领域中重新架构起一套社会行动理论要更有效率、也更具有制度连贯性。1988 年，赵震江等提出"法律社会学"（sociology of law）（法社会学）与"社会法理学"（sociological jurisprudence）（社会学法学）"实质上具有同一含义"。[3] "法律社会学"与"社会法理学"明显存在差异，法社会学与社会学法学本应分别在法学与社会学中找到归宿，但事实上法社会学一直都只是"法学中的一个分支学科"。[4]

同样的逻辑在法社会学的译介中亦可发现。早期法社会学在西方兴起时，其思想渊源毫无疑问是来自社会学家，如孔德、孟德斯鸠、涂尔干、韦伯等；及至传入美国，由庞德集其大成形成了功能主义的法律作为社会控制工程思想。20 世纪 80 年代初我国法社会学学科的创立跳过了第一

[1] 王翰光、陆建承：《探讨法律社会功能的学科——法律社会学》，载《社会》1983 年第 5 期。

[2] 文正邦、高其才：《法社会学的方法论意义》，载《四川师院学报（社会科学版）》1985 年第 2 期。

[3] 赵震江、季卫东、齐海滨：《论法律社会学的意义与研究框架》，载《社会学研究》1988 年第 3 期。

[4] 沈宗灵：《法律社会学的几个基本理论问题》，载《法学杂志》1988 年第 1 期。

个阶段,在工具主义的目标下,大量翻译、研究必然是以美国学者为主的实用法社会学理论。

工具主义可以作为学科启动建设的动力,但作为一门社会科学的法社会学,其持续发展显然不能仅以工具主义为驱动力。法社会学研究的进一步发展必须跳出工具主义的思路。以理论基础为例,经典社会学理论是法社会学研究无法忽略的重要一环,20 世纪 80 年代末以来"韦伯学"研究的持续升温就是研究者的自觉"补课"。韦伯的"支配"学说突破了国家法律规范、国家行政机关对权力的独占,社会团体、甚至个人同样可以成为享有权利的支配主体,这一思路对拓宽中国法社会学研究的范围具有明显的启发意义。而诸如法人类学等研究进路的兴起也显然是对纯粹工具论的调整。〔1〕

20 世纪 90 年代中后期以来,中国法社会学研究迎来了一个较为繁荣的发展阶段。近 30 年的研究分化出了本土资源论、法律文化论、民间规范研究、法律功能论等多个各具特色的研究团体,但必须承认的是,当前的研究仍然只是片段式、领域式的法社会学研究,至今没有学者提出较为系统的法社会学理论体系。更有学者指出,即使是在当前并不全面的法社会学理论的介绍中,基本都是从法学视角和研究路径来梳理法社会学的历史脉络和体系,缺少社会学研究方法和研究传统的观照,迄今尚无一本由具有社会学背景的学者编撰的法社会学教材。〔2〕 作为法社会学另一个侧面的社会学法学依然没有成长起来。

并非没有学者意识到这个问题。早在 1996 年,苏力就曾提出"什么是你的贡献?"〔3〕2004 年邓正来批判本土资源论、法律文化论之时,同样也在向学界追问"何处去"。但迄今 20 余年的发展仍然只实现了法社会学"在中国"却没有实现"中国化"。〔4〕 甚至,由于缺乏理论框架支撑,法

〔1〕 罗洪洋:《法人类学论纲——兼与法社会学比较》,载《法商研究》2007 年第 2 期。
〔2〕 郭星华主编:《法社会学教程》(第 2 版),中国人民大学出版社 2015 年版。
〔3〕 苏力:《法治及其本土资源》,中国政法大学出版社 1996 年版。
〔4〕 高其才:《法社会学中国化思考》,载《甘肃政法学院学报》2017 年第 1 期。

社会学的研究或者因专业研究领域中的对象化而日益僵化或教条化，从而失去了批判力；或者因为缺乏问题自觉而无法取得理论上的突破。[1] 某种意义上，这种苦苦寻求本土化而不得的状况或许与早期工具主义的思路有关联——过于迫切地追求解决实际问题，可能会使法社会学研究始终困在"问题—对策"的研究思路中；只追求方法的创新或许可以在实证技术层面获得些许突破，但终究会在技术瓶颈处止步不前。有学者指出，仅依靠向社会学、人类学等学科借鉴实证方法，终究会因缺乏宏大集中的问题意识和理论关怀而使实证研究面临总体性挑战。[2]

近10年来，若干社会事件的发生引发了全社会的讨论，法社会学研究更是在讨论中不断追问理论的元命题。[3] 诸如法是什么？法的作用是什么？法的实践效果是什么？围绕这些命题展开的法社会学视角的理论与实证分析不断涌现，对这些问题的深入思考必然将为法社会学的本土化、中国化打下坚实的基础。围绕着法社会学本土化这一目标，未来的法社会学研究至少应当在以下方面努力：

其一，严格恪守学术规范。早在2003年，苏力就曾指出法学研究中的不规范问题。[4] 时至今日，学术不端行为仍频频发生，令人触目惊心。实现本土化目标，首先必须保证学术的原创与规范。

其二，研究经典社会学理论，填补法社会学研究中的社会学根基。法社会学应当具备法律社会学与社会学法学两个面向，当前的研究仍然只是在法学框架下开展法律社会学研究，社会学角度的社会学法学研究较为薄弱。应当推动法学与社会学领域人才的交叉与互动，真正实现学科间的科际整合。

---

〔1〕 强世功：《中国法律社会学的困境与出路》，载《文化纵横》2013年第5期。

〔2〕 陈柏峰：《法律实证研究的兴起与分化》，载《中国法学》2018年第3期。

〔3〕 例如，近年来发生的药家鑫案、许霆案、于欢案、于海明案等多个引起全社会广泛关注的案件，在法学界、尤其是法社会学界引起了强烈的反响，围绕着这些案件展开的反思催生了大批学术成果产生。

〔4〕 苏力：《从法学著述引证看中国法学：中国法学研究现状考察之二》，载《中国法学》2003年第2期。

五、结语

法社会学研究归根结底是实证的研究,需要在经验材料中总结理论、验证理论。当前,法社会学研究中已有一部分年轻学者开始尝试使用社会学、人类学、经济学等领域的研究方法,未来应当进一步推动法社会学研究者掌握多种实证研究方法,鼓励研究者走向"经验的田野"。

过去的法社会学研究也曾经历过言必称庞德、言必称韦伯的阶段,关注西方法社会学理论本身并没有问题,但是强行套用西方理论解释中国现象,可能只能得出没有解释力的结论。中国社会中发生的问题存在内生于中国历史的事件逻辑,只有如实分析中国社会中各行为主体的行动逻辑,才可能做出真正的本土化研究。

延伸阅读学术著作

1. 朱景文:《现代西方法社会学》,法律出版社 1994 年版。
2. 赵震江主编:《法律社会学》,北京大学出版社 1998 年版。
3. 田成有:《法律社会学的学理与运用》,中国检察出版社 2002 年版。
4. 强世功:《法制与治理:国家转型中的法律》,中国政法大学出版社 2003 年版。
5. 朱景文主编:《法社会学》,中国人民大学出版社 2005 年版。
6. 苏力:《法治及其本土资源》,北京大学出版社 2015 年版。
7. 季卫东:《议论与法社会学——通过沟通寻找最大公约数的研究》,译林出版社 2021 年版。
8. 付子堂主编:《法社会学新阶》,中国人民大学出版社 2014 年版。
9. 侯猛:《法社会科学:研究传统与知识体系》,北京大学出版社 2024 年版。
10. 刘思达:《法社会学信札》,北京大学出版社 2024 年版。

延伸阅读学术论文

1. 王勇飞:《西方的社会法学派与中国的法律社会学》,载《比较法研究》1987

年第3期。

2. 张文显:《西方法社会学的发展、基调、范围和方法》,载《社会学研究》1988年第3期。

3. 俞荣根:《法社会学在中国社会变革中的兴起与发展》,载《中外法学》1996年第1期。

4. 邓正来:《中国法学向何处去(下)——对苏力“本土资源论”的批判》,载《政法论坛》2005年第3期。

5. 丁卫:《法律社会学在当代中国的兴起》,载《法律科学(西北政法大学学报)》2010年第3期。

6. 苏力:《中国法学研究格局中的社科法学》,载《法商研究》2014年第5期。

7. 侯猛:《社科法学的传统与挑战》,载《法商研究》2014年第5期。

8. 谢海定:《法学研究进路的分化与合作——基于社科法学与法教义学的考察》,载《法商研究》2014年第5期。

9. 陈柏峰:《法律实证研究的兴起与分化》,载《中国法学》2018年第3期。

10. 雷磊:《法教义学之内的社会科学:意义与限度》,载《法律科学(西北政法大学学报)》2023年第4期。

延伸阅读学位论文

杜健荣:《卢曼法社会学理论研究——以法律与社会的关系问题为中心》,吉林大学2009年博士学位论文。

第六章 法经济学

本论题导读

法经济学是法学与经济学交叉形成的学科，肇始于20世纪60年代。我国从20世纪80年代起开始翻译、介绍、引进法经济学，并对法经济学的方法论、理论基础、基本假设、理论范畴、研究范式等展开了基础理论研究。随着对法经济学的理解日渐成熟，学者开始基于法经济学的视角和方法分析中国本土的问题。21世纪以来，从法理学中的理论问题到民法、刑法、经济法等部门法中的具体问题都产生了大量卓有成效的研究，研究方法进一步丰富，研究内容进一步深化。但整体的研究依然建立在西方的法经济学分析框架之上，未来需要作出更大的理论努力以为法经济学的研究作出原创性的理论创新。

法经济学(Law and Economics)自罗纳德·哈里·科斯(Ronald H. Coase)开创以来，飞速发展，涌现出丰硕的成果，在法学界和经济学界都产生了很大的影响，取得了巨大的成功。科斯指出，法经济学包含两部分：一是法律的经济分析，即运用经济学方法分析法律问题；二是研究法律系统的运行对经济系统的影响。但他也坦承，法经济学的前一个部分成果汗牛充栋，而后一个部分则相对来讲乏善可陈[1]。中国的法经济学研究始于20世纪80年代，经历了这些年的发展，取得了非常多的成果。从总体来看，中国法经济学的研究从20世纪80年代到21世纪初主要是

---

〔1〕 史晋川主编：《法经济学》，北京大学出版社2007年版，第34－35页。

引进、吸收、理解法经济学，此后逐步地走上运用法经济学分析、研究本土问题[1]。本章将对中国的法经济学研究先进行一个总的评论，然后对各个分支领域的研究进行综述与评论。

法经济学作为法学研究中涌现的一个现象，其内容基本上涵盖了法律的所有门类，也正是因为其在许多部门法中的成功运用，进一步彰显了法经济学理论和方法的魅力。

一、中国的法经济学研究总评

（一）引进与吸收

总体看，从20世纪80年代到21世纪初中国法经济学的研究主要是引进、吸收与理解。由于法经济学本身诞生的时间也不长，改革开放之后我们才开始成规模地接触、引进和研究法经济学。现有的法经济学体系是从西方引进的，但中国在20世纪80年代也有学者独立地提出对建设法经济学学科的一些见地和思考。据学者考证，中国国内法经济学的研究最早可追溯到1983年[2]，当时西南政法学院的种明钊发表了《马克思主义法学的理论基础与法经济学的建立》[3]一文，后来西南政法学院的倪继信、任祖耀发表了《法经济学研究对象初探》[4]一文。两篇论文的共同特点是均基于马克思主义经典作家对于法律和经济的论述提出建立法经济学学科的思考。

随着中国学术研究的对外交流日益增加，学术界对西方最新的学术思潮更为了解，法经济学也在20世纪八九十年代被引入，一些学者如种明钊、信春鹰、沈宗灵、张乃根、顾培东、蒋兆康等纷纷对法经济学进行介绍和评述，对国内学者了解法经济学起到了很好的作用。20世纪90年

---

〔1〕 魏建、宁静波：《法经济学在中国：引入与本土化》，载《中国经济问题》2019年第4期；史晋川、吴晓露：《法经济学：法学和经济学半个世纪的学科交叉和融合发展》，载《财经研究》2016年第10期。

〔2〕 魏建、宁静波：《法经济学在中国：引入与本土化》，载《中国经济问题》2019年第4期。

〔3〕 种明钊：《马克思主义法学的理论基础与法经济学的建立》，载《法学季刊》1983年第2期。

〔4〕 倪继信、任祖耀：《法经济学研究对象初探》，载《法学季刊》1983年第3期。

代中期,学界进一步翻译了波斯纳(Posner)的《法律的经济分析》和考特(Cooter)、尤伦(Ulen)的《法和经济学》两部著作(教材),这两本著作的翻译对于法经济学在国内的迅速传播起到了极大的推动作用。这两部著作体系完备、分析深入,系统展示了西方法经济学自 20 世纪 60 年代以来的成果,极大地激发了学界对法经济学的兴趣,吸引了很多学者和学生对法经济学的学习研究。

随着对法经济学译介的展开,对法经济学的理解和研究也随之而开展,此后国内出现了大量法经济学基础理论研究方面的作品,代表性的如魏建、张乃根、黄少安、钱弘道、冯玉军等人的研究〔1〕。当然,这一阶段也不乏对于部门法的法经济学研究以及针对中国本土问题的法经济学分析,如周林彬、刘大洪、李胜兰等对经济法的经济分析〔2〕,史晋川等对侵权法的经济分析〔3〕,陈正云、卢建平等对刑法和犯罪的经济分析〔4〕,张维迎对法律制度的信誉基础以及诉讼过程逆向选择问题的分析等〔5〕。但相比于基础理论方面的研究,这些领域的成果还相对分散,尚未形成系统性研究。

这一阶段的整体特征是对法经济学学科进行翻译、介绍、阐释和基础理论研究。从学科来看,这一时期法学界对法经济学的关注和研究相对

---

〔1〕 魏建:《理性选择理论与法经济学的发展》,载《中国社会科学》2002 年第 1 期;张乃根:《经济学分析法学》,上海三联书店 1995 年版;黄少安:《产权经济学导论》,山东人民出版社 1995 年版;钱弘道:《法律经济学的理论基础》,载《法学研究》2002 年第 4 期;冯玉军:《法经济学范式研究及其理论阐释》,载《法制与社会发展》2004 年第 1 期。

〔2〕 李胜兰、周林彬、邱海洋:《法律成本与中国经济法制建设》,载《中国社会科学》1997 年第 4 期;刘大洪:《经济法的成本分析》,载《法商研究(中南政法学院学报)》1998 年第 5 期;刘大洪:《论经济法效益》,载《法学》1998 年第 7 期;周林彬:《市场经济立法的成本效益分析》,载《中国法学》1995 年第 1 期;应飞虎:《从信息视角看经济法基本功能》,载《现代法学》2001 年第 6 期。

〔3〕 史晋川、汪淼军:《计算机软件侵权的最优赔偿原则研究》,载《经济研究》2000 年第 8 期。

〔4〕 陈正云:《罪犯的犯罪决策的经济分析》,载《法律科学(西北政法学院学报)》1996 年第 6 期;卢建平、苗淼:《刑罚资源的有效配置——刑罚的经济分析》,载《法学研究》1997 年第 2 期;陈正云:《刑罚效益成本资源有效配置论》,载《现代法学》1998 年第 4 期。

〔5〕 张维迎:《法律制度的信誉基础》,载《经济研究》2002 年第 1 期;张维迎、柯荣住:《诉讼过程中的逆向选择及其解释——以契约纠纷的基层法院判决书为例的经验研究》,载《中国社会科学》2002 年第 2 期。

更多。从研究方法来看，以理论研究为主，经验研究几乎是缺乏的。整体的这些研究特征也与当时的背景密切相关。一方面，学界对法经济学感到新鲜，对交叉学科带来的思维冲击感受比较明显，因此法学界率先展开相关研究，而对相关理论的翻译、介绍和阐释也是非常受学界欢迎的。所以当时法经济学甚至成为一种时髦，在标题上愿意冠以"法经济学分析""法经济学的视角"等名称。另一方面，从学术研究的规律来讲，只有首先了解、吃透了相关的理论，才可能真正地运用其方法和理论分析中国的问题，从学科角度作出原创性的理论创新。因此这一阶段更多的精力也都投入了法经济学的基础理论方面的研究，而且随着对法经济学的学习，学界对于相关方法掌握得越来越纯熟，法学和经济学两个学科对其关注度进一步提升，交流也日渐增多，为学科在中国的发展打下了基础。

（二）法经济学的本土化

从21世纪初至今，中国的法经济学研究从内容、方法、学科等方面看比前一阶段均有长足进步，这一时期更加有意识地针对中国的本土问题开展法经济学研究，取得了更为丰硕的成果。

从内容方面来看，整个法经济学的研究领域大大拓展，对各个分支学科领域的研究不再是分散的，而是逐步积累了大量的成果，对许多具体问题进行了细致研究。法经济学这一时期的研究几乎囊括了所有部门法，尽管其分布依旧是不均匀的。在第一阶段，主要是从法律的经济分析角度从事法经济学的研究，而这一时期也开始关注法经济学的另一研究方向：法律对经济的影响。由于大量的经济学家的加入，使这一分支得到了巨大发展，尤其是近些年来发展迅速，并且越来越受到经济学界的关注。这一时期也进一步对国外的法经济学前沿研究进行了翻译和介绍，比如苏力主持翻译的波斯纳系列著作，北京大学出版社组织翻译出版的法经济学系列著作等。正是由于研究的积累和分工进一步细化，对许多问题的研究深度明显加强。正如史晋川、魏建等所提炼的，法经济学的本土化特征明显显现。诸多研究开始真正将法经济学的思维方法用来研究中国的具体问题，使对相关具体问题的理解增添了多元视角。

不仅在内容的广度上有发展,在研究的深度上也有长足进展。表现在一是大量关注本土问题,更好地运用法经济学方法开展相关研究;二是对相关问题的研究开始逐步系统化,尽管在许多领域法经济学的研究依然是零散的,但是部分领域形成了对某些问题的集中深入讨论。

从方法来看,第一阶段的研究以理论研究为主,第二阶段的方法明显更加多元。理论方面的研究除了延续用微观经济学的方法分析法律问题,还增添了对行为法经济学、博弈论等方法的运用。尤其是从近些年来看,统计学和计量经济学的定量研究方法被大量运用到法经济学的研究中,经济学者表现特别明显,法学的实证研究也取得了长足进步。不仅如此,裁判文书网公布了大量案例,而大数据和爬虫等技术也进一步丰富了法经济学的研究资源,一些法经济学的实证研究基于相关数据展开了卓有成效的研究,取得了高质量的研究成果。当然,也还有一些法经济学的研究延续了案例研究方法,大量地结合了社会学、法经济学和博弈论的研究方法展开研究〔1〕。

从学科来看,法经济学研究初期更多的是由法学家主导,但在第二阶段法学家和经济学家均积极参与其中,使法经济学取得了更大发展。如史晋川、叶斌提出构建“以马克思政治经济学为理论基础,以中国市场经济和法治体系的实践为问题导向,借鉴现代法律经济学中的科学理论和国外法律的有益实践,传承和弘扬中华优秀传统法律文化”〔2〕的四位一体的中国特色法律经济学学科体系结构。同时从学科组织来看,进入第二阶段后呈现了许多新的发展。一是国内相继成立了许多专门的法经济学研究机构,如山东大学、浙江大学、中山大学、北京大学等高校都较早地成立了法经济学的研究中心,组建了相应的研究团队,后续还有很多高校也都成立了相应的研究机构。这些研究机构对于凝聚研究力量、推动法经济学研究、培养法经济学人才都起到了重要作用。二是相关学术交流

---

〔1〕 如徐昕:《论私力救济》,中国政法大学出版社 2005 年版。

〔2〕 史晋川、叶斌:《中国特色法律经济学的学科体系及其建构》,载《浙江大学学报(人文社会科学版)》2023 年第 12 期。

机制的建立。2003 年山东大学的黄少安和浙江大学的史晋川组织发起了第一届“中国法经济学论坛”,每年举办一次,2024 年组织了第 22 届。该论坛对于融合法学和经济学者、推动学科交流、促进法经济学研究起到了重要作用。随着研究的增多,小型的相关交流机制更加健全和常见。三是诸多杂志开始大量接受法经济学的研究论文,甚至开设法经济学专辑或专栏[1],时至今日,所有的主流经济学期刊和法学期刊都发表过法经济学的相关研究。四是人才培养方面取得长足进步。在法经济学的第一阶段,极少学者是专门从事法经济学的学习和研究的,法经济学的人才培养也刚刚开始。但是进入第二阶段后,许多学校开始开设法经济学课程,一些法学家和经济学家还联合编写了法经济学的教材[2],许多高校先后设立法经济学专业的博士点、硕士点或确定招生方向。而且法经济学学科点部分设立在法学院,部分设在经济学院,呈现出多样化的培养模式和风格。越来越多的学生和研究者受过法学和经济学的双重学术训练,为法经济学储备了大量后备研究力量,越来越多的法学和经济学学位论文以法经济学作为研究选题或研究方法。

二、法经济学基础理论与法理学问题研究

(一)法经济学基础理论研究

在法经济学刚刚引入中国的时候,出现了众多对法经济学基础理论进行研究的作品。

在 20 世纪 80 年代和 90 年代,一些法学家如种明钊、信春鹰、沈宗灵、张乃根、顾培东、蒋兆康等均对西方的法经济学研究进行了相关的介

---

[1] 比如黄少安教授主编的《制度经济学研究》杂志刊发了大量法经济学领域的论文,《经济社会体制比较》《经济学(季刊)》《中外法学》《中国社会科学》《经济研究》等也都刊发了许多法经济学的优秀论文。

[2] 如经济学界的魏建教授和法学界的周林彬教授共同主编的《法经济学》,史晋川教授主编的《法经济学》,经济学界的卢现祥教授和法学界的刘大洪教授共同主编的《法经济学》等。

绍和评述[1]，展示了法经济学的总体内容、基本分析方法、价值观等。张乃根的《经济学分析法学》一书，较为全面地对经济分析法学进行了介绍和研究。[2]黄少安从方法论角度对产权经济学基础理论进行了深入系统的研究。[3] 魏建从交易成本理论分析了法经济学的基础，并从理性选择理论角度解析了法经济学的发展，其博士论文也是系统地对法经济学的分析范式进行了研究，同时后续也对法经济学分析范式的演变及其发展方向进行了展望。[4] 钱弘道从旧制度经济学、新制度经济学回顾并分析了法律经济学的理论基础，基于法律经济学的假设详细地分析了供求分析和成本收益分析两个重要的分析工具，从微观经济分析、经济决定论、市场经济的制度基础阐释了法律经济分析的三个角度，同时也对法律经济分析方法进行了评判。[5] 冯玉军详细地分析了法经济学的基本假设、基本分析方法和基本范畴与基本定理，并总结了法经济学的一般理论框架和法经济学范式的知识基础。[6] 丁以升等从个人主义和主观主义分析了法律经济学的方法论，并对法经济学的方法论及其困境与出路进行了

---

〔1〕 沈宗灵：《论波斯纳的经济分析法学》，载《中国法学》1990 年第 3 期；张乃根：《科斯的法律—经济学理论剖析》，载《社会科学》1992 年第 3 期；信春鹰：《美国的经济分析法学派》，载《法学研究》1986 年第 3 期；种明钊、顾培东：《西方法经济学评介》，载《现代法学》1985 年第 1 期；顾培东：《效益：当代法律的一个基本价值目标——兼评西方法律经济学》，载《中国法学》1992 年第 1 期；蒋兆康、田培炎：《作为一种法哲学的法律经济学——它的历史、基础和方法》，载《中外法学》1992 年第 1 期。

〔2〕 张乃根：《经济学分析法学》，上海三联书店 1995 年版。

〔3〕 黄少安：《产权经济学导论》，山东人民出版社 1995 年版。

〔4〕 魏建：《理性选择理论与法经济学的发展》，载《中国社会科学》2002 年第 1 期；魏建：《交易成本理论：法经济学的理论基础》，载《学术月刊》1998 年第 9 期；魏建：《谈判理论：法经济学的核心理论》，载《兰州大学学报》1999 年第 4 期；魏建：《当代西方法经济学的分析范式研究》，西北大学 2001 年博士学位论文；魏建：《法经济学分析范式的演变及其方向瞻望》，载《学术月刊》2006 年第 7 期。

〔5〕 钱弘道：《法律经济学的理论基础》，载《法学研究》2002 年第 4 期；钱弘道：《法律的经济分析工具》，载《法学研究》2004 年第 4 期；钱弘道：《法律的经济分析方法评判》，载《法制与社会发展》2005 年第 3 期；钱弘道：《关于对法律进行经济分析的三个角度》，载《法制与社会发展》2004 年第 3 期。

〔6〕 冯玉军：《法经济学范式的知识基础研究》，载《中国人民大学学报》2005 年第 4 期；冯玉军：《法经济学范式研究及其理论阐释》，载《法制与社会发展》2004 年第 1 期。

分析。[1] 李树特别从经济学帝国主义的视角检视了法经济学的发展。[2] 周林彬基于中国的法经济学研究现状,指出其“非法学化”问题,强调法经济学要重视实务研究和定量分析。[3] 艾佳慧从法律经济学基础层面反思并指出波斯纳定理是波斯纳误读科斯定理后得出的有待商榷的理论,应当破除对科斯定理的误读,中国法经济学研究才能突破障碍。[4]

(二)法经济学视角下的法理学问题研究

除了以上法经济学基础理论的研究,还有许多法经济学角度的法理研究。一个有意思的现象是,从历史中寻求对中国本土资源的法律经济学解释似乎受到了学界欢迎。苏力基于中国古代海瑞的司法裁判总结出公平定理和差别定理,并展示海瑞分析背后隐含的经济学逻辑及其普遍性,展示其理论力量。[5] 桑本谦延续苏力的研究,进一步展现了疑案判决的经济学原则,认为古代和现代在处理疑案时大体遵循了同样的经济学逻辑,其目标是要最小化证明成本和错判损失之和,通过对错判概率、实际错判损失、预期错判损失和证明成本进行衡量和比较从而获得疑案判决的经济学原则。[6]

张维迎和邓峰从信息经济学的角度对连坐和保甲制度进行了不同于以往的分析,认为这些制度是在国家控制能力低下和信息严重不对称情

---

〔1〕 丁以升、张玉堂:《法律经济学中的个人主义和主观主义——方法论视角的解读与反思》,载《法学研究》2003 年第 6 期;丁以升:《法律经济学的意义、困境和出路》,载《政治与法律》2004 年第 2 期。

〔2〕 李树:《法学研究的经济学维度——基于法律经济学的思考》,载《现代法学》2003 年第 6 期;李树:《经济学帝国主义下的法律经济学运动》,载《社会科学》2004 年第 1 期;李树:《经济学何以能够“帝国主义”》,载《学术月刊》2009 年第 1 期。

〔3〕 周林彬:《中国法律经济学研究中的定量分析问题》,载《制度经济学研究》2006 年第 4 期;周林彬:《中国法律经济学的实务研究问题》,载《学术研究》2006 年第 10 期;周林彬:《中国法律经济学研究中的“非法学化”问题——以我国民商法和经济法的相关研究为例》,载《法学评论》2007 年第 1 期。

〔4〕 艾佳慧:《科斯定理还是波斯纳定理:法律经济学基础理论与混乱与澄清》,载《法制与社会发展》2019 年第 1 期。

〔5〕 苏力:《“海瑞定理”的经济学解读》,载《中国社会科学》2006 年第 6 期。

〔6〕 桑本谦:《疑案判决的经济学原则分析》,载《中国社会科学》2008 年第 4 期。

况下的一种强有力的激励机制，借此强调信息成本是决定法律制度有效性的主要因素，法律应该随信息成本变化而变化，还对中国古代的礼法分野进行了法律经济学解读；吴元元也做过类似的研究，张维迎还特别论述了法律制度的信誉基础。[1]

桑本谦从法经济学角度对法理学中广泛的话题进行了研究。实质正义和形式正义是法理学中两千多年来的重要主题，其经济学目标分别是减少法律决策的误差损失和降低法律运行的信息费用，调适二者的冲突意味着是在误差损失和信息费用之间寻求均衡。[2] 现实生活中的公共惩罚和私人惩罚各自有其比较优势，他借此分析了社会控制总成本的最小化问题，[3]正是受到国家支付能力的约束，国家需要有意地保留一些法律空白，从而部分有害行为就会“逍遥法外”。[4] 现实生活中利他主义的法律救助有多重策略，制度设计应该着眼于提高救助收益或降低救助成本，基于此可用来分析各种法律对策的取舍。[5] 他还分析了法律解释的困境，认为对不同判决方案预测其社会效果并权衡其利弊得失是隐含于法律解释中的思维过程，这个过程决定了疑难案件应当如何判决、法律应当如何解释。[6] 除此以外，应飞虎、李宣还从行为经济学角度分析了促进守法的机制。[7]

总体来看，学界对于法经济学的理论基础、研究方法、研究范式等都

---

[1] 张维迎、邓峰：《信息、激励与连带责任——对中国古代连坐、保甲制度的法和经济学解释》，载《中国社会科学》2003 年第 3 期；张维迎、邓峰：《国家的刑法与社会的民法礼法分野的法律经济学解释》，载《中外法学》2020 年第 6 期；吴元元：《神灵信仰、信息甄别与古代清官断案》，载《中国社会科学》2006 年第 6 期；张维迎：《法律制度的信誉基础》，载《经济研究》2002 年第 1 期。

[2] 桑本谦：《法理学主题的经济学重述》，载《法商研究》2011 年第 2 期。

[3] 桑本谦：《公共惩罚与私人惩罚的互动——一个解读法律制度的新视角》，载《法制与社会发展》2005 年第 5 期。

[4] 桑本谦：《法律控制的成本分析——以对通奸和黄色短信的法律控制为例》，载《现代法学》2007 年第 5 期。

[5] 桑本谦：《利他主义救助的法律干预》，载《中国社会科学》2012 年第 10 期。

[6] 桑本谦：《法律解释的困境》，载《法学研究》2004 年第 5 期。

[7] 应飞虎、李宣：《行为经济学促进守法的机理与路径》，载《深圳大学学报（人文社会科学版）》2021 年第 6 期。

作出了较为深入的分析，这些研究对于国内学界认识、理解法经济学以及法经济学的传播起到了很好的作用。在对法理学问题的研究中，学者们对于展示各种法律规则、现象和法律行为背后的经济学逻辑很感兴趣，同时也主动基于法经济学的方法分析了一些相关的法理学问题。对于法理学问题的关注以法学家为主，经济学家相对较少，方法上以理论研究为主，很少看到实证研究。

三、民法的经济分析

法经济学从1960年科斯的开创性论文《社会成本问题》一文中即开始了对财产法、侵权法等民法核心领域的分析，法经济学在民法领域积累了大量研究成果。国内最先从讨论科斯定理开始，对诸如产权和财产权、交易成本等基本概念进行廓清，早期的讨论以经济学家为主，后续也有部分法学家加入了讨论。随着基本概念进一步的明晰，学界开始从科斯的论文中进一步走入中国的具体实际场景研究中国问题。

卡拉布雷西（Calabresi）和梅拉米德（Melamed）于1972年发表了关于责任规则、产权规则的经典论文，这成为财产法和侵权法研究的重要问题。国内学者对此也非常感兴趣，对此进行了理论上的研究，后续的研究进一步结合中国的一些具体问题进行更加细致的讨论，如农民权益保护、环保和排污、城市房屋产权保护、个人信息和数据保护、知识产权等。[1]周林彬和张永健均对物权法的经济分析进行了系统研究[2]，学界

---

〔1〕 陈国富：《财产规则、责任规则、不可转让规则与农地产权保护——农地征用中农民利益受损的法经济学分析》，载《开放时代》2006年第4期；凌斌：《法律救济的规则选择：财产规则、责任规则与卡梅框架的法律经济学重构》，载《中国法学》2012年第6期；丁晓强：《个人数据保护中同意规则的"扬"与"抑"——卡—梅框架视域下的规则配置研究》，载《法学评论》2020年第4期；杨峰、刘先良：《卡—梅框架下我国排污权担保的规则配置研究》，载《现代法学》2019年第5期；凌斌：《规则选择的效率比较：以环保制度为例》，载《法学研究》2013年第3期；魏建：《城市房屋产权的保护：责任规则、财产规则与管制性征收》，载《法学杂志》2012年第3期。

〔2〕 周林彬：《物权法新论——一种法律经济分析的观点》，北京大学出版社2002年版；张永健：《物权法之经济分析：所有权》，北京大学出版社2019年版。

还对物权法定和物权自由、特定物权制度、相关领域的产权配置等进行了研究〔1〕。土地产权问题一直是中国非常重要的问题，因此吸引了许多研究者的兴趣，其讨论涉及了多个学科，黄少安等还专门分析了农村土地承包法〔2〕。

侵权法经济分析的框架非常成熟，在中国也有大量的侵权法问题，因此侵权法的经济分析受到了特别的关注。较早翻译的萨维尔的《事故法的经济分析》以及兰德斯和波斯纳合著的《侵权法的经济结构》奠定了侵权法经济分析的知识基础，后续中国学界也针对侵权法以及环保侵权、医疗侵权、侵权损害赔偿的经济分析等涌现出了相应的专著。〔3〕学界对于惩罚性赔偿表现出了较为浓厚的兴趣〔4〕，这既跟该制度的经济分析表现出较强的魅力有关，也与中国部分领域的需求相关。而对于具体的侵权赔偿也有诸多讨论，如生命价值的赔偿、软件侵权、交易获利机会、纯经济损失等。〔5〕侵权法经济分析的思想核心之一在于预防，随着保险的发展，侵权赔偿、预防和激励功能都更加紧密地与保险连在了一起，许明月等对

〔1〕张巍：《物权法定与物权自由的经济分析》，载《中国社会科学》2006年第4期；苏永钦：《法定物权的社会成本》，载《中国社会科学》2005年第6期；黄立君：《气煤冲突与产权保护：法经济学视角》，载《广东财经大学学报》2014年第4期。

〔2〕黄少安、刘明宇：《公平与效率的冲突：承包制的困境与出路——〈农村土地承包法〉的法经济学解释》，载《经济社会体制比较》2008年第2期。

〔3〕如王成：《侵权损害赔偿的经济分析》，中国人民大学出版社2002年版；李婧：《侵权法的经济学分析》，知识产权出版社2016年版；杨静毅：《医疗侵权的经济分析》，法律出版社2013年版等。

〔4〕谢晓尧：《惩罚性赔偿：一个激励的观点》，载《学术研究》2004年第6期；陈屹立：《惩罚性赔偿的根据与适用：法经济学观点》，载《思想战线》2007年第2期；应飞虎：《知假买假行为适用惩罚性赔偿的思考——基于法经济学和法社会学的视角》，载《中国法学》2004年第6期。

〔5〕李本森：《生命价值的法律与经济分析——中国生命赔偿法律的改革路径》，载《中国社会科学》2011年第6期；朱理：《专利侵权损害赔偿计算分摊原则的经济分析》，载《现代法学》2017年第5期；刘凯湘、薛启明：《交易获利机会损失的侵权损害赔偿》，载《社会科学》2012年第3期；史晋川、汪森军：《计算机软件侵权的最优赔偿原则研究》，载《经济研究》2000年第8期；张瀚：《纯粹经济损失的法经济学分析》，载《政法论坛》2020年第3期。

这些问题也进行了研究。[1]

相比于对财产法和侵权法的经济分析而言，合同法的经济分析则相对更少。少有专著专门针对合同法进行法经济学分析[2]。黄少安等基于中国的案例深刻地分析了悬赏广告的福利效应[3]，较多的研究关注到了效率违约这一有着鲜明法经济学分析标签的理论[4]，其他则关注了惩罚性违约金、格式合同、商事契约解释等话题。

此外，刘茂林对知识产权法进行了较为系统的经济分析。[5] 董雪兵等人对最优专利保护期限、最优知识产权保护程度进行了分析，后续也有人基于创新性国家的角度从宏观上讨论最优知识产权保护问题。[6]

总体来看，民法领域的法经济学分析很好地吸引了学者们的注意，尤其是法学家对此是非常感兴趣的，而后的研究中也以法学家为主，经济学家主要对于部分具体问题感兴趣。从方法来看，民法领域的研究都是理论研究，实证研究作品非常少见，这或许与民法领域提供的问题及其数据有一定关系。民法本身体系完备，逻辑严谨，而相关的法经济学分析起步最早，理论体系也较为成熟，要想在一般理论方面进行创新的空间显得不如其他部分领域那么充分，但是结合中国诸多的民法问题依然是能够大有作为的。

---

〔1〕 袁建刚：《法经济学视野中的侵权法——风险预防的视角》，载《现代法学》2021年第5期；周江洪：《侵权赔偿与社会保险并行给付的困境与出路》，载《中国社会科学》2011年第4期；许明月：《论社会损害综合防控体系中的责任保险制度设计——基于损害救济与防控效率的社会成本分析》，载《法商研究》2015年第5期。

〔2〕 柴振国：《契约法律制度的经济学考察》，中国检察出版社2006年版；贾敬华：《不完备合同的经济分析》，人民出版社2006年版。

〔3〕 黄少安、李振宇：《悬赏广告的法经济学分析》，载《经济研究》2002年第5期；黄少安、王安：《对拾遗者定罪及其权利主张的法经济学分析》，载《学术月刊》2010年第11期。

〔4〕 霍政欣：《效率违约的比较法研究》，载《比较法研究》2011年第1期；孙良国：《效率违约理论研究》，载《法制与社会发展》2006年第5期；唐清利：《效率违约：从生活规则到精神理念的嬗变》，载《法商研究》2008年第2期。

〔5〕 刘茂林：《知识产权法的经济分析》，法律出版社1996年版。

〔6〕 董雪兵、史晋川：《累积创新框架下的知识产权保护研究》，载《经济研究》2006年第5期；董雪兵、王争：《R&D风险、创新环境与软件最优专利期限研究》，载《经济研究》2007年第9期；陈凤仙、王琛伟：《从模仿到创新——中国创新型国家建设中的最优知识产权保护》，载《财贸经济》2015年第1期。

四、刑法与犯罪的经济分析

从学科发展史来看，刑法和犯罪学本质上从一诞生开始即拥有浓厚的法经济学分析意味。刑法学鼻祖贝卡里亚在《论犯罪与刑法》中认为犯罪本质上是其收益大于成本，如果要减少犯罪，则应该加大其痛苦或成本。[1] 这种功利主义的犯罪学思想，被沃尔德等评价为建立了一个人们依据成本收益理性算计的犯罪模型。[2] 但是这种功利主义的犯罪学思想除边沁以外，后世继承得并不好。直到贝克尔（Becker）之后才得到复苏[3]。

陈正云和卢建平等人在国内最早基于经济分析方法来分析刑法和犯罪问题。陈正云基于成本收益分析了犯罪决策问题，卢建平等从资源稀缺出发，分析了刑罚资源的配置问题，陈正云还进一步分析了惩罚确定性和惩罚严厉性、及时性最优配置的问题。[4] 这些讨论的结论和分析思路至今依然具有重要的现实意义。还有学者对刑法和犯罪的经济分析进行了系统的梳理，并对刑罚问题进行了更为细致的分析，也有学者基于威慑理论讨论了赔偿减刑问题。[5]

以上的研究都是理论研究，而在刑法和犯罪学领域实证研究方面的领军人物是北京大学的白建军，其长期倡导基于实证研究方法来研究法律问题，[6]并亲力亲为做出了许多非常有分量的研究成果，讨论了现实

---

[1] ［意］贝卡里亚：《论犯罪与刑罚》，黄风译，中国法制出版社2005年版。

[2] ［美］乔治·B. 沃尔德等：《理论犯罪学》，方鹏译，中国政法大学出版社2005年版，第247页。

[3] ［美］加里·S. 贝克尔：《犯罪与惩罚》，载［美］加里·S. 贝克尔：《人类行为的经济分析》，王业宇、陈琪译，上海三联书店1993年版。

[4] 陈正云：《罪犯的犯罪决策的经济分析》，载《法律科学（西北政法学院学报）》1996年第6期；卢建平、苗淼：《刑罚资源的有效配置——刑罚的经济分析》，载《法学研究》1997年第2期；陈正云：《刑罚效益成本资源有效配置论》，载《现代法学》1998年第4期。

[5] 沈海平：《寻求有效率的惩罚：对犯罪刑罚问题的经济分析》，中国人民公安大学出版社2009年版；戴昕：《威慑补充与"赔偿减刑"》，载《中国社会科学》2010年第3期。

[6] 白建军：《少一点"我认为"，多一点"我发现"》，载《北京大学学报（哲学社会科学版）》2008年第1期。

中犯罪轻重如何被定义、法官的集体经验与量刑预测、司法潜见对定罪过程的影响、现实中的死刑适用、民众刑法偏好等诸多重要而有意思的问题。

刑法学界对经济分析方法的运用不及其他部门法多。而非常有意思的是,经济学界对犯罪学问题(尤其是中国的犯罪率)表现出了极大的兴趣,这应该与诺贝尔经济学奖获得者贝克尔的影响有极大关系,也可能与犯罪学领域提供了较好的数据有关。

经济学界较早就关注到了中国改革开放之后犯罪率呈现迅速增长态势,并主要从经济因素寻求犯罪率增长的原因。诸多研究都注意到收入不平等是中国犯罪率增长的重要原因〔1〕,一些研究认为劳动力市场状况和人口流动是中国犯罪率增长的重要因素〔2〕,部分研究还特别强调了流动人口的就业对犯罪率的影响。〔3〕 除此以外,教育、社会福利和社会保障、失业等也被文献所关注和研究。

另一些文献关注了犯罪的威慑和犯罪的治理问题。一些学者对法经济学关于犯罪威慑的文献做了梳理,并基于中国数据对威慑理论开展了实证研究,同时对中国特色的严打也进行了实证分析,后续还有基于裁判

---

〔1〕 相关研究如胡联合、胡鞍钢、徐绍刚:《贫富差距对违法犯罪活动影响的实证分析》,载《管理世界》2005 年第 6 期;陈屹立:《收入差距、经济增长与中国的财产犯罪——1978—2005 年的实证研究》,载《法制与社会发展》2007 年第 5 期;陈春良、易君健:《收入差距与刑事犯罪:基于中国省级面板数据的经验研究》,载《世界经济》2009 年第 1 期。

〔2〕 陈春良、刘正山:《劳动力市场状况与刑事犯罪——基于城市面板数据的经验研究》,载《浙江社会科学》2014 年第 9 期;陈刚、李树、陈屹立:《人口流动对犯罪率的影响研究》,载《中国人口科学》2009 年第 4 期;史晋川、吴兴杰:《我国地区收入差距、流动人口与刑事犯罪率的实证研究》,载《浙江大学学报(人文社会科学版)》2010 年第 1 期。

〔3〕 章元、刘时菁、刘亮:《城乡收入差距、民工失业与中国犯罪率的上升》,载《经济研究》2011 年第 2 期;张丹丹、李力行、童晨:《最低工资、流动人口失业与犯罪》,载《经济学(季刊)》2018 年第 3 期。

文书网的数据研究惩罚对于个罪的威慑效应。[1] 一些文献对中国犯罪治理的宏观策略进行了实证研究[2]，还有一些基于监狱的调查数据研究犯罪决策问题[3]。另外，也还有对犯罪空间分布、犯罪社会成本等方面的研究。

总体来看，犯罪与刑法的经济分析在理论方面主要对一些结合中国实际的问题进行了探索，而实证研究方面则表现惊艳。相关研究从最先的时间序列数据到面板数据再到微观调查数据和裁判文书网数据，逐步丰富了计量研究的素材，实证研究技术也稳步提高。关注的话题也非常本土化和多元，从中国的犯罪率解释、空间分布、犯罪决策、犯罪威慑、刑事司法、刑法观念一直到犯罪治理的广泛话题均得到了研究。随着这一领域提供的数据质量越来越高，相信经验研究方面还会涌现更多高质量的研究。

五、商法和经济法的经济分析

在法经济学尚未成为分支学科之前，其实法学和经济学就已经有了天然的结合，这些结合的领域便是商法和经济法领域。事实上，学科分割导致了一些问题被分解成不同的面向由不同学科的人来研究其中不同的

---

〔1〕 魏建、宋艳锴：《刑罚威慑理论：过去、现在和未来——刑罚的经济学分析》，载《学习与探索》2006 年第 4 期；陈屹立、陈刚：《威慑效应的理论与实证研究：过去、现在与未来》，载《制度经济学研究》2009 年第 3 期；陈屹立、张卫国：《惩罚对犯罪的威慑效应：基于中国数据的实证研究》，载《南方经济》2010 年第 8 期；陈硕、章元：《治乱无需重典：转型期中国刑事政策效果分析》，载《经济学（季刊）》2014 年第 4 期；熊谋林：《惩罚确定性与犯罪控制——基于 1986—2019 年司法统计数据的研究》，载《清华法学》2021 年第 5 期；陈屹立：《严打政策的政治经济学分析》，载《法制与社会发展》2012 年第 2 期；曾婧婧、张阿城、童文思：《刑事重典对遏制不同类型犯罪效果的比较研究——对拐卖妇女儿童和集资诈骗案件裁判文书的实证分析》，载《经济学动态》2018 年第 4 期。

〔2〕 陈硕：《转型期中国的犯罪治理政策：堵还是疏？》，载《经济学（季刊）》2012 年第 2 期；陈刚、李树、陈屹立：《中国犯罪治理的财政支出偏向：选择“大棒”还是“胡萝卜”？》，载《南开经济研究》2010 年第 2 期。

〔3〕 张丹丹、王也、Xin Meng、Lisa Cameron：《农民工犯罪类别的决定因素——基于监狱调查数据的实证分析》，载《经济学（季刊）》2015 年第 1 期；戴治勇、赵峰：《风险偏好与犯罪选择》，载《世界经济文汇》2016 年第 3 期。

点。而有些问题天然地受到多个学科学者的共同关注，比如公司治理、反垄断与竞争政策、金融监管等，这些是法学研究的重要问题，同时也是经济学、工商管理等学科关注的话题，它们天然就是法经济学研究的“战场”。因此从“问题”的角度来讲，即使很多研究均不冠以法经济学分析的头衔，但却天然地可以归属于此。我们这里不能做太宽泛的处理，更多的以冠以法经济学分析或者明显使用了经济学分析方法的文献为主，否则这里的综述将难以展开。在这个领域，如应飞虎、周林彬、罗培新、吴元元等均作出过不少努力。

学界对于公司法的经济分析产生了较浓厚的兴趣。罗培新对公司法经济分析的一般理论、公司表决权规则、信息披露、董事义务、收购等诸多问题均做了深入研究，并较早地写就《公司法的法律经济学研究》一书〔1〕，还主持了《公司法的经济结构》一书的翻译，这是系统深入分析公司法的重要法经济学文献。〔2〕 周林彬等对公司法的许多问题也做了深入的研究〔3〕，卢代富系统研究了企业社会责任问题〔4〕，王煜宇对中国的商人法律制度进行了系统研究。〔5〕 学界还对诸如公司资本制度、企业形态、无形资产出资、强制要约收购等具体的公司法问题进行了分析。〔6〕

较早的时候，学界集中从一般层面讨论了经济法的经济分析，如李胜兰等从法律成本角度分析中国经济法制建设，周林彬和刘大洪对经济法

---

〔1〕 罗培新：《公司道德的法律化：以代理成本为视角》，载《中国法学》2014 年第 5 期；罗培新：《公司法学研究的法律经济学含义——以公司表决权规则为中心》，载《法学研究》2006 年第 5 期；罗培新：《公司法的法律经济学进路：正当性及其限度》，载《法学研究》2013 年第 6 期；罗培新：《公司法的法律经济学研究》，北京大学出版社 2008 年版。

〔2〕 [美]弗兰克·伊思特布鲁克、[美]丹尼尔·费希尔：《公司法的经济结构》，北京大学出版社 2014 年版。

〔3〕 集中性的可参见周林彬、李胜兰编著：《法学与经济学的“联姻”》，中山大学出版社 2021 年版。

〔4〕 卢代富：《企业社会责任的经济学与法学分析》，法律出版社 2002 年版。

〔5〕 王煜宇：《中国社会转型期商人法律制度研究》，法律出版社 2008 年版。

〔6〕 黄辉：《公司资本制度改革的正当性：基于债权人保护功能的法经济学分析》，载《中国法学》2015 年第 6 期；薛人伟：《论中国强制要约收购制度之合理性：从法经济学视角分析》，载《中外法学》2019 年第 5 期。

从成本效益的角度进行了分析。[1] 应飞虎等特别强调从信息角度研究经济法问题,其基于信息经济学分析了经济法的功能,研究了规制中的信息工具,还特别讨论了权利的倾斜性配置问题。[2] 后续经济法领域的学者主要从法经济学角度分析了食品安全问题、金融监管问题和反垄断问题等。

食品安全问题吸引了法学和经济学学者的共同关注。许多学者均从信息经济学的角度分析了食品安全问题,龚强等强调了在严重信息不对称情形下以社会监督为核心的信息揭示机制,吴元元强调了声誉机制的作用,戚建刚也强调了信息监管工具的重要作用,有研究强调了媒体、资本市场和政府的协同治理,还有文献研究了监管的两面性并讨论了监管的有效性边界。[3] 除此以外,学界还讨论了诸如严格责任制度、食品安全赔偿与责任保险制度、惩罚性赔偿等问题。[4] 应飞虎还对消费者立法中的信息工具、知假买假行为进行了经济分析,从信息经济学角度分析了结果导向信息披露的重要性,还从行为经济学角度分析了"三高"食品的

---

〔1〕 李胜兰、周林彬、邱海洋:《法律成本与中国经济法制建设》,载《中国社会科学》1997 年第 4 期;刘大洪:《经济法的成本分析》,载《法商研究(中南政法学院学报)》1998 年第 5 期;刘大洪:《论经济法效益》,载《法学》1998 年第 7 期;周林彬:《市场经济立法的成本效益分析》,载《中国法学》1995 年第 1 期。

〔2〕 应飞虎:《从信息视角看经济法基本功能》,载《现代法学》2001 年第 6 期;应飞虎、涂永前:《公共规制中的信息工具》,载《中国社会科学》2010 年第 4 期;应飞虎:《权利倾斜性配置研究》,载《中国社会科学》2006 年第 3 期;应飞虎:《信息如何影响法律——对法律基于信息视角的阐释》,载《法学》2002 年第 6 期。

〔3〕 龚强、张一林、余建宇:《激励、信息与食品安全规制》,载《经济研究》2013 年第 3 期;吴元元:《信息基础、声誉机制与执法优化——食品安全治理的新视野》,载《中国社会科学》2012 年第 6 期;吴元元:《食品安全信用档案制度之建构——从信息经济学的角度切入》,载《法商研究》2013 年第 4 期;吴元元:《食品安全治理中的声誉异化及其法律规制》,载《法律科学(西北政法大学学报)》2016 年第 2 期;周开国、杨海生、伍颖华:《食品安全监督机制研究——媒体、资本市场与政府协同治理》,载《经济研究》2016 年第 9 期;谢康等:《食品安全、监管有界性与制度安排》,载《经济研究》2016 年第 4 期;戚建刚:《我国食品安全风险监管工具之新探——以信息监管工具为分析视角》,载《法商研究》2012 年第 5 期。

〔4〕 肖峰:《我国食品安全制度与责任保险制度的冲突及协调》,载《法学》2017 年第 8 期;高圣平:《食品安全惩罚性赔偿制度的立法宗旨与规则设计》,载《法学家》2013 年第 6 期;刘大洪、张剑辉:《论产品严格责任原则的适用与完善——以法和经济学为视角》,载《法学评论》2004 年第 3 期。

规制问题,[1]刘瑞明等也从行为经济学角度分析了为何假冒伪劣现象层出不穷。[2]

金融监管是另一法经济学分析成果众多的领域。岳彩申讨论了民间借贷的激励性法律规制,桑本谦从历史维度分析了民间借贷风险控制的制度变迁,陈志武基于中国清代民间借贷的数据进行了定量分析。[3] 王煜宇对金融监管腐败、监管制度供给过剩、投融资体制改革、农村机构金融法律制度等广泛的话题做了深入研究。[4] 除此以外,学界还对金融监管边界、金融监管的正义性、社会失信、中小企业融资、证券市场监管、互联网金融规制等诸多问题进行了研究。[5]

反垄断与竞争政策领域是天然的法学与经济学融合的领域。事实上,从发表的论文来看,法学家对反垄断法与竞争领域的研究极为丰富,不仅涉及基础理论,也涉及具体的制度规则以及中国的具体问题。与之对应,经济学家同样对从基础理论到制度设计再到中国具体问题也做了诸多研究。两个学科也都对中国目前数字经济领域和平台经济的反垄断等较新的问题做了很多讨论。这些研究中,很多研究除了作者的身份标签和杂志的学科标签,其实很难区分究竟属于法学还是经济学。从内

---

〔1〕 应飞虎:《知假买假行为适用惩罚性赔偿的思考——基于法经济学和法社会学的视角》,载《中国法学》2004 年第 6 期;应飞虎:《论结果导向的信息披露》,载《中国社会科学》2019 年第 5 期;应飞虎:《行为经济学视野中三高食品的法律规制》,载《政法论坛》2020 年第 4 期;应飞虎:《消费者立法中的信息工具》,载《现代法学》2019 年第 2 期。

〔2〕 刘瑞明、段雨玮、黄维乔:《中国转型期的食品安全治理——基于行为法经济学的分析》,载《中国工业经济》2017 年第 1 期。

〔3〕 岳彩申:《民间借贷的激励性法律规制》,载《中国社会科学》2013 年第 10 期;陈志武、林展、彭凯翔:《民间借贷中的暴力冲突:清代债务命案研究》,载《经济研究》2014 年第 9 期;桑本谦:《民间借贷的风险控制一个制度变迁的视角》,载《中外法学》2021 年第 6 期。

〔4〕 王煜宇:《新型农村金融机构法律制度研究:基于法经济学的分析范式》,法律出版社 2022 年版;王煜宇等:《西部地区农村投融资体制改革问题研究:基于法经济学的分析范式》,法律出版社 2009 年版;王煜宇:《我国金融监管制度供给过剩的法经济学分析》,载《现代法学》2014 年第 5 期;王煜宇、何松龄:《金融监管腐败:结构性制度成因与供给侧结构性改革》,载《现代法学》2018 年第 5 期。

〔5〕 王怀勇:《金融监管边界的经济学与法学分析》,载《政法论坛》2013 年第 5 期;李晗:《法经济学视野下的金融监管法正义性分析》,载《法制与社会发展》2006 年第 5 期;杨东:《互联网金融的法律规制——基于信息工具的视角》,载《中国社会科学》2015 年第 4 期。

容方面唯一可能不同的是，少部分经济学家对我国反垄断法实施的经济效应进了一些实证研究。〔1〕 两个学科也都组织过很多专门的反垄断和竞争政策方面的研讨会。除了发表的论文，国内也翻译了一些反垄断经济分析方面的教材和著作，国内学者也写了一些相应的专著。

当然，经济法涵盖领域广泛，此处只是概括了几个研究较多的方面。总体上看，经济法学与经济学有着天然结合的性质，所以在法经济学方法的运用方面是非常多的。很多问题同时被两个学科的学者所关注，而且研究也非常深入和系统，诸多研究也非常本土化，同时该领域的很多研究也非常前沿。方法方面比较开放，各种研究方法均在使用，不仅有大量的理论研究，也有一些高质量的实证研究。而且两个学科在这一领域有着更好的对话与交流。总体来看，这个领域可以视为国内法经济学研究较为成功的领域。

六、其他领域的相关研究

第一，知识产权法的实证研究。该话题受到了经济学界的广泛关注。厦门大学龙小宁团队在知识产权保护法律的经济效应以及知识产权司法方面做了大量高质量的工作。其研究了专利执法与创新、专利执行保险与创新、知识产权制度与高校创新、版权保护与企业绩效、知识产权保护的价值度量等话题〔2〕，而且他们还讨论了司法地方保护主义、专利诉讼

〔1〕 王彦超、蒋亚含：《竞争政策与企业投资——基于〈反垄断法〉实施的准自然实验》，载《经济研究》2020 年第 8 期。

〔2〕 易巍、龙小宁：《中国版 Bayh—DoleAct 促进高校创新吗？》，载《经济学（季刊）》2021 年第 2 期；林菡馨、龙小宁：《推行自由裁量权标准能提升执法效果吗？——基于专利行政执法与企业创新的证据》，载《经济学（季刊）》2020 年第 3 期；龙小宁、易巍、林志帆：《知识产权保护的价值有多大？——来自中国上市公司专利数据的经验证据》，载《金融研究》2018 年第 8 期；龙小宁、林菡馨：《专利执行保险的创新激励效应》，载《中国工业经济》2018 年第 3 期；王俊、龙小宁：《版权保护能够提升企业绩效吗——来自德化陶瓷企业的证据》，载《经济学动态》2016 年第 6 期。

歧视、发展和改革与法治的关系等司法问题。[1] 当然，经济学界较早的时候就特别关注知识产权保护与创新的问题。一些文献讨论了“全球南方”国家的知识产权保护与自主创新问题，一些文献从微观角度特别地关注了知识产权保护与企业创新的问题，也有一些文献从相对宏观的角度（城市、行业、省级等）讨论了知识产权保护与创新问题。[2]

第二，劳动合同法的实证研究。《劳动合同法》在颁布前就引来了法学、经济学、社会学以及实务界的热烈讨论。该法出台后，学界对于其对劳动者的影响、对企业的影响均做了大量的实证研究。一些研究主要关注其对劳动者的影响，发现劳动合同法缩短了农民工的工作时间长度[3]，显著提高了员工的工作满意度[4]，但也提高了部分雇员的离职概率[5]，且扩大了收入差距，同时降低了企业雇佣水平并延长了加班时间，企业愿

〔1〕 龙小宁、王俊：《法治与改革——基于中国法院系统的历史与实证研究》，载《经济社会体制比较》2016年第1期；龙小宁、王俊：《中国司法地方保护主义：基于知识产权案例的研究》，载《中国经济问题》2014年第3期；龙小宁、李娜：《涉外知识产权诉讼存在司法歧视吗？——基于知识产权一审案例的实证研究》，载《经济科学》2021年第3期。

〔2〕 王华：《更严厉的知识产权保护制度有利于技术创新吗?》，载《经济研究》2011年第S2期；郭春野、庄子银：《知识产权保护与“南方”国家的自主创新激励》，载《经济研究》2012年第9期；庄子银、丁文君：《知识产权保护、模仿与南方自主创新》，载《经济评论》2013年第3期；史宇鹏、顾全林：《知识产权保护、异质性企业与创新：来自中国制造业的证据》，载《金融研究》2013年第8期；魏浩、巫俊：《知识产权保护、进口贸易与创新型领军企业创新》，载《金融研究》2018年第9期；黎文靖、彭远怀、谭有超：《知识产权司法保护与企业创新——兼论中国企业创新结构的变迁》，载《经济研究》2021年第5期；苗妙、魏建：《知识产权行政执法偏好与企业创新激励——基于转型期“大调解”机制政策效果的分析》，载《产业经济研究》2014年第6期；李平、崔喜君、刘建：《中国自主创新中研发资本投入产出绩效分析——兼论人力资本和知识产权保护的影响》，载《中国社会科学》2007年第2期；纪祥裕、顾乃华：《知识产权示范城市的设立会影响创新质量吗?》，载《财经研究》2021年5期；蒋殿春、于洋、方森辉：《专利试点政策如何影响城市创新水平》，载《南开经济研究》2021年第6期；佟家栋、范龙飞：《知识产权保护与国内价值链网络深化升级》，载《经济学动态》2022年第2期。

〔3〕 杜鹏程、徐舒、吴明琴：《劳动保护与农民工福利改善——基于新〈劳动合同法〉的视角》，载《经济研究》2018年第3期。

〔4〕 丁从明、李汪南、黄雪洋：《签订正式劳动合同可以提高员工工作满意度吗?》，载《财经研究》2020年第10期。

〔5〕 蒋帆、于大川：《解雇规制对就业稳定性的影响——基于〈劳动合同法〉实施效果的实证研究》，载《劳动经济研究》2021年第6期。

意选择更多的临时工，且降低员工培训比例。[1] 一些文献关注其对企业成本和雇佣方面的影响，有的发现劳动合同法并没有显著提高企业用工成本，但有的发现对小规模企业、私营企业等的成本影响较大，其加剧了民营企业人工成本黏性[2]。还有一些文献关注了劳动合同法对企业其他方面的影响，发现其促进了制造业生产率进步，提高了劳动密集型企业出口产品质量，还推动了企业创新，但也发现其显著减少了企业出口，弱化了高学历员工的创新作用并降低了民营企业投资，还会导致企业经营弹性下降[3]。

第三，法与金融理论的研究。国内学者研究主要从宏观着手，关注法律与金融发展、司法与金融发展、执法与金融发展等议题[4]，另一些研究

---

〔1〕 陈东、刘金东：《劳动保护有助于缩小就业弱势群体的相对收入差距吗——以新〈劳动合同法〉的实施为例》，载《财贸经济》2014 年第 12 期；刘庆玉：《〈劳动合同法〉对企业雇佣水平的影响——基于无固定期限劳动合同条款的研究》，载《中国经济问题》2016 年第 5 期；张雪凯、宁光杰：《劳动力市场管制与企业雇佣合同选择——来自世界银行中国企业调查的证据》，载《经济科学》2020 年第 6 期。

〔2〕 章元、程郁、沈可：《新〈劳动合同法〉与简单劳动力成本——来自城市劳动力市场和中关村企业的双重证据》，载《江苏社会科学》2019 年第 3 期；张继彤：《劳动合同法的成本效应分析》，载《经济学家》2009 年第 3 期；刘媛媛、刘斌：《劳动保护、成本粘性与企业应对》，载《经济研究》2014 年第 5 期。

〔3〕 李波、蒋殿春：《劳动保护与制造业生产率进步》，载《世界经济》2019 年第 11 期；李波、杨先明：《劳动保护与企业出口产品质量——基于〈劳动合同法〉实施的准自然实验》，载《经济学动态》2021 年第 7 期；倪骁然、朱玉杰：《劳动保护、劳动密集度与企业创新——来自 2008 年〈劳动合同法〉实施的证据》，载《管理世界》2016 年第 7 期；李建强、赵西亮：《劳动保护与企业创新——基于〈劳动合同法〉的实证研究》，载《经济学（季刊）》2020 年第 1 期；张明昂、施新政、邵小快：《劳动力市场制度约束与企业出口：基于〈劳动合同法〉的证据》，载《世界经济》2022 年第 2 期；王珏、祝继高：《劳动保护能促进企业高学历员工的创新吗？——基于 A 股上市公司的实证研究》，载《管理世界》2018 年第 3 期；潘红波、陈世来：《〈劳动合同法〉、企业投资与经济增长》，载《经济研究》2017 年第 4 期；廖冠民、陈燕：《劳动保护、劳动密集度与经营弹性：基于 2008 年〈劳动合同法〉的实证检验》，载《经济科学》2014 年第 2 期。

〔4〕 卢峰、姚洋：《金融压抑下的法治、金融发展和经济增长》，载《中国社会科学》2004 年第 1 期；郑志刚、邓贺斐：《法律环境差异和区域金融发展——金融发展决定因素基于我国省级面板数据的考察》，载《管理世界》2010 年第 6 期；谈儒勇、吴兴奎：《我国各地金融发展差异的司法解释》，载《财贸经济》2005 年第 12 期；江春、许立成：《产权、法律制度与中国金融发展之谜》，载《财经问题研究》2004 年第 8 期；罗煜、何青、薛畅：《地区执法水平对中国区域金融发展的影响》，载《经济研究》2016 年第 7 期；罗煜、何青、薛畅：《地区执法水平对中国区域金融发展的影响》，载《经济研究》2016 年第 7 期。

主要从微观层面的公司入手，关注了投资者保护与公司融资成本、公司治理、资本结构等议题[1]。这一方面的研究主要以实证研究为主，几乎以经济学家为主导，少数法学家也对法与金融理论进行了一些理论性的研究。[2]

第四，环境法律规制的实证研究。环境规制包括强制型、市场型和自愿型三种，而法律规制是强制型规制的主要形式。中国已逐步建立起相对完备的环境保护法律体系，其相关的影响陆续展现。这方面的研究非常多，大致包含以下几个方面：一是关注了环境法律规制的治污效果；二是从宏观层面关注环境法律规制对生产率、绿色生产率、就业、经济增长的影响；三是重点关注了法律规制对创新（微观和宏观两个层面）的影响；四是从微观角度关注了环境法律规制对企业成本、绩效、出口、生产率、企业价值和股市表现等方面的影响。相关文献采用了各种各样的定量研究方法，数据方面从早期的时间序列数据到省级面板数据、城市层面数据，空气污染方面甚至使用了城市层面的日度数据。微观方面则使用了上市公司数据、中国工业企业数据、海关数据等。总体来看，这方面的文献还在不断增加，且最近这些年环保方面的法律与制度变革较多，因此相关研究也在持续跟进。

还有一部分学者关注了法律与经济增长的话题，周林彬、黄健梅、郁

---

〔1〕 赵劲松：《法律还是政治变迁？——以1904—1940年的投资者保护和金融发展为例》，载《经济学（季刊）》2012年第2期；沈艺峰、肖珉、林涛：《投资者保护与上市公司资本结构》，载《经济研究》2009年第7期；肖珉、沈艺峰：《跨地上市公司具有较低的权益资本成本吗？——基于“法与金融”的视角》，载《金融研究》2008年第10期；沈艺峰、陈舒予、黄娟娟：《投资者法律保护、所有权结构与困境公司高层管理人员变更》，载《中国工业经济》2007年第1期；沈艺峰、肖珉、黄娟娟：《中小投资者法律保护与公司权益资本成本》，载《经济研究》2005年第6期；沈艺峰、许年行、杨熠：《我国中小投资者法律保护历史实践的实证检验》，载《经济研究》2004年第9期；余劲松、陈其安：《立法导向、投资者诉讼与上市公司治理水平改善》，载《中国管理科学》2009年第2期。

〔2〕 李清池：《法律、金融与经济发展：比较法的量化进路及其检讨》，载《比较法研究》2007年第6期；缪因知：《法律如何影响金融：自法系渊源的视角》，载《华东政法大学学报》2015年第1期。

光华等较早地从理论上讨论中国的法律在经济增长中的作用〔1〕。董雪兵等也曾专门讨论了中国知识产权保护制度的经济增长效应〔2〕。后续李胜兰等的专著《中国法律制度与经济增长的实证研究》系统梳理了这一领域的理论与实证研究文献,并对中国的法律与投资、法律与人力资本、专利保护与技术进步、环境规制与生态效率等广泛的话题进行了研究〔3〕。这一领域有意思的现象是,原本法律与经济增长传统上应该属于经济学家关注的问题,但在国内,却是法学家相对更早地投入这一领域的研究。

除了以上这些被系统性讨论的议题,学界也讨论了诸如土地产权制度的经济绩效、税制的收入分配效应、义务教育法的回报率、物权法与企业投融资、反垄断法的经济效应(投资、创新、公司治理等)等范围广泛的话题。广义上来讲,经济学界关于腐败和反腐败的经济效应的大量研究也可以纳入法经济学这一大的领域(本质上是犯罪以及执法对经济的影响)。

总体来看,学界对于法律效果的实证研究越来越感兴趣,几乎均基于中国本土问题和本土数据。法学家和经济学家关注的问题虽有重合,但大部分时候是分离的,对话还明显不够。对于有些问题,法学家本应该关注的却没有什么关注,如环境保护法律体系对污染治理的实际效果。随着中国法律制度的进一步完善,法治的进一步推进,法律在现实生活中起的作用和产生的影响力越来越大,这一领域值得开展的研究还很多,相信也会吸引更多的学者加入其中。

---

〔1〕 周林彬、黄健梅:《法律在中国经济增长中的作用:基于改革的实践》,载《学习与探索》2010 年第 3 期;郁光华:《经济增长与正式法律体系的作用》,载《中外法学》2011 年第 1 期。

〔2〕 董雪兵、朱慧、康继军、宋顺锋:《转型期知识产权保护制度的增长效应研究》,载《经济研究》2012 年第 8 期。

〔3〕 李胜兰、黄健梅等:《中国法律制度与经济增长的实证研究》,中山大学出版社 2016 年版。

七、结语

除了以上相对集中的研究,其他领域也不乏优秀的研究,如张维迎、左卫民等学者对诉讼和执法的问题进行的分析[1]。同时,左卫民也是我国法学实证研究的倡导者和重要组织者。限于篇幅,且考虑到其他领域的研究相对不如上述领域这样集中,就不再赘述。

虽然中国法经济学已经取得了很大的进步,但从整个学科的角度来讲,未来的发展还需要注意以下一些方面的问题。

第一,国内的法经济学在经历了引进学习吸收和本土化之后,也逐步呈现出国际化的现象。[2] 国内学者与国际法经济学的研究交流越来越多,国内学者在国际上发表的文章也越来越多。这是中国法经济学发展的必然和重要方向。在过往的几十年中,中国的法经济学更多的是学习、运用。实际上诸多的学术领域对一般问题的经济分析的理论创新空间已经远远不如法经济学刚刚创立的时候。而现在中国问题在国际上显得越来越重要,这实际上也给了我们很好的学术机遇。在很多前沿的领域内(如数字经济领域),中国学者与国外学者本质上已经不存在时间差。一

---

〔1〕 张维迎、柯荣住:《诉讼过程中的逆向选择及其解释——以契约纠纷的基层法院判决书为例的经验研究》,载《中国社会科学》2002 年第 2 期;张维迎、艾佳慧:《上诉程序的信息机制——兼论上诉功能的实现》,载《中国法学》2011 年第 3 期;左卫民:《刑事诉讼的经济分析》,载《法学研究》2005 年第 4 期。除张维迎和左卫民外,这个领域还有很多优秀的研究,如艾佳慧:《司法判决书中"双高"现象并存的一种社会学解释》,载《中外法学》2005 年第 6 期;贺欣:《中国民事诉讼的确存在逆向选择效应吗——评张维迎、柯荣住的〈诉讼过程中的逆向选择及其解释——以契约纠纷的基层法院判决书为例的经验研究〉》,载《法学》2005 年第 7 期;林越坚、刘青青:《博弈论视角下民事再审监督机制的程序优化》,载《法学》2015 年第 3 期;周林彬:《我国私力救济制度的实证分析:从定性到定量》,载《制度经济学研究》2004 年第 3 期;徐昕:《论私力救济》,中国政法大学出版社 2005 年版;戴治勇、杨晓维:《间接执法成本、间接损害与选择性执法》,载《经济研究》2006 年第 9 期;戴治勇:《选择性执法》,载《法学研究》2008 年第 4 期;宁静波:《民事诉讼的法经济学分析》,中国戏剧出版社 2013 年版;王海军:《刑事审判模式的经济分析》,中国政法大学出版社 2013 年版;屈新:《证据制度的经济学分析》,中国政法大学出版社 2015 年版;刘晓东:《刑事审判程序的经济分析》,中国检察出版社 2014 年版;李本森:《论刑事诉讼的外部性——以法律经济学为研究视角》,载《学术界》2024 年第 6 期。

〔2〕 宁静波:《法经济学在中国的本土化及应用》,中国社会科学出版社 2020 年版。

些研究者受过良好的学术训练，与国际学术界联系密切。因此一部分中国学者便可能在一些问题或领域内慢慢地对整个法经济学学科贡献增量知识。我们相信，随着中国法经济学未来的进一步发展，中国学者将进一步国际化，为更多的法经济学问题的研究贡献中国学者的智慧。

第二，经济学和法学还需要加强融合，更多地以问题为导向而非以学科为导向。比如对于劳动合同法，经济学家和法学家均投入了大量研究，但是二者似乎没有形成太多交集，大家关注了同一个问题的不同面。经济学家更多关注了法律给劳动者个体、给企业带来的影响，不怎么关注《劳动合同法》具体的制度规定、执行等法律的制度性问题。而法学家似乎更多地关注其作为法律属性内部的问题，相对没那么关注其作为法律客观上给外界带来的重大影响。现在的学科划分似乎严格地界定了各自的研究范围，法学家关注法律本身的制定、修改、解释、执行等问题，相对不关注其影响，而经济学家则相反。法律规则的科学性及其执行的程度决定了其产生的影响，而相应的影响的评估又反过来需要重新审视法律规则本身，所以法律的规定、执行与法律的影响都很重要，二者不能割裂开来。

第三，重视对具体实务问题的研究。法经济学不仅要在理论方面直面中国问题，在很多新的领域大胆进行理论创新，同时也特别需要重视法经济学在现实中的运用和普及工作，要特别重视现实中对实务问题的研究，能够将法经济学这个本来更加交叉的学科运用到具体问题的解决中。只有这样，法经济学才会从理论层面更好地走向实践层面，产生更大的影响力，并必将通过对实践问题的解决而反过来滋养理论研究。在对实务问题的研究中，还特别需要注重数据的收集、整理等基础性工作，建好数据库，为相关理论尤其是实证研究的展开提供更丰富的素材。

第四，注重法经济学理论的原始创新。从法经济学开始引入到现在，中国的法经济学研究经历了从引进吸收到本土化的过程，也取得了很多有分量的研究成果。但是不得不承认，中国的法经济学研究基本都建立在西方既有的法经济学理论框架之上。未来中国的法经济学研究要在研究范式上有所突破，在理论框架上有所创新，还需要我们付出更多的努力。

延伸阅读学术著作

1. 陈正云：《刑法的经济分析》，中国法制出版社1997年版。
2. 魏建、黄立君、李振宇：《法经济学：基础与比较》，人民出版社2004年版。
3. 钱弘道：《经济分析法学》，法律出版社2005年版。
4. 史晋川主编：《法经济学》，北京大学出版社2007年版。
5. 周林彬等：《法律经济学：中国的理论与实践》，北京大学出版社2008年版。
6. 冯玉军主编：《法经济学》，中国人民大学出版社2013年版。
7. 王利宾：《刑罚的经济分析》，法律出版社2014年版。
8. 魏建、周林彬主编：《法经济学》，中国人民大学出版社2017年版。
9. 熊秉元：《法的经济解释——法律人的倚天屠龙》，东方出版社2017年版。
10. 张永健：《法经济分析方法论20讲》，北京大学出版社2023年版。

延伸阅读学术论文

1. 魏建：《理性选择理论与法经济学的发展》，载《中国社会科学》2002年第1期。
2. 张维迎：《法律制度的信誉基础》，载《经济研究》2002年第1期。
3. 钱弘道：《法律经济学的理论基础》，载《法学研究》2002年第4期。
4. 黄少安、李振宇：《悬赏广告的法经济学分析》，载《经济研究》2002年第5期。
5. 冯玉军：《法经济学范式研究及其理论阐释》，载《法制与社会发展》2004年第1期。
6. 应飞虎：《知假买假行为适用惩罚性赔偿的思考——基于法经济学和法社会学的视角》，载《中国法学》2004年第6期。
7. 苏力：《"海瑞定理"的经济学解读》，载《中国社会科学》2006年第6期。

8. 桑本谦:《疑案判决的经济学原则分析》,载《中国社会科学》2008 年第 4 期。

9. 艾佳慧:《法律经济学的新古典范式——理论框架与应用局限》,载《现代法学》2020 年第 6 期。

10. 史晋川、叶斌:《中国特色法律经济学的学科体系及其建构》,载《浙江大学学报(人文社会科学版)》2023 年第 12 期。

延伸阅读学位论文

冯玉军:《法经济学范式研究》,中国人民大学 2003 年博士学位论文。

第 二 编

法学基本范畴研究

第七章　法律本质

本论题导读

法律本质问题一直都是法学领域核心问题之一。中华人民共和国成立以来，围绕着如何在中国社会进程和法律实践中来诠释法律的本质，产生了诸多不同的见解。法律本质研究最初受苏联法影响至深的阶级意志论这一基本命题演进至阶级性与社会性之论争；党的十一届三中全会后，学界走出了“斗争法学”的阴霾，不再教条地理解马克思主义法学，法律本质之“社会性”逐渐得到重视；随着党的十五大提出“依法治国”的基本方略，学界对苏联法本质观点进行了反思，重视马克思主义法理论观，结合自身实践形成具有中国特色的法律本质观点。这一系列关于法本质的研究过程体现了我国法学理论由学习效仿苏联法学到反思进而构建基于自身理论实践的法本质的变迁。回顾当代中国法本质理论的发展历程，阐释当代中国法本质理论演进逻辑，促进中国法学理论的发展、推动全面依法治国、在法治的轨道上建设社会主义现代化国家，为“中国之治”提供强有力的理论支持和实践指引。

法律本质问题长久以来作为法学理论基本范畴的核心问题被广泛讨论。要理解法律本质，首先应当区分法的本质、本原、本体、本位以及本性，既是法哲学本体论的核心内容也是法学理论不可回避的问题。法的本原，即法的根源或法的实质渊源，要回答的是法的真实基础是什么，法根植于哪里以及法从哪里来的问题；法的本体，即法的存在本身，要回答究竟是什么东西使法之所以为法的问题；法的本位，或者说在特定历史阶段法学及法律体系的重心是什么的问题;法的本性(称法的本能),是恒定的,是指法的基本要求或基本精神。[1] 那么,法的本质是什么呢?法律本质可表述为“法律是什么”的问题。马克思主义经典作家认为,本质与现象是一对范畴,法的本质深藏于法的现象背后,是法存在的基础和变化的决定性理论,是深刻的、稳定的,不可能通过感官直接把握,需要通过抽象思维来把握。[2]

对于法律本质的不同认识也形成了不同法学流派的核心思想,如法律实证主义法学派以奥斯丁为代表的“法律命令说”;近代古典自然法学派以卢梭为代表的“人民公意说”;社会法学派以罗斯科·庞德为代表的“社会控制说”等。由此可见,对于法律本质问题的不同观点,反映出不同时期、不同阶级对法的认识与理解,往往也“规定着整个法学研究和法律实践的价值取向和着重点”[3]。新中国成立以来,我国法学界对于法律本质的认识,经历了一个由学习吸收到反思过去主动探索再逐渐深入这一漫长而曲折的过程,事实上也是我国坚持和发展马克思主义法学中国化历史进程的缩影。回顾、梳理新中国70余年法律本质理论的发展历程,不但可以窥见各学派在我国理论战场中的学术争锋与理论较量,更为重要的是,在理解马克思主义唯物史观的科学基础上,形成中国特色社会主义法律本质观点的历史逻辑,以期在新的历史阶段,在全面建设社会主义现代化国家新征程上,为中国式法治现代化提供理论支持与实践指引。

一、新中国法律本质研究历史脉络

(一)法律本质理论承继和探索时期(20世纪50年代到70年代末)

新中国成立打开了中国历史的新篇章,同时也打开了法学理论研究的新篇章。新中国社会主义革命和建设需要全新的法学理论支撑,在此背景下法学建设的目标主要为彻底摧毁以国民党的“六法全书”为基础

---

〔1〕 付子堂主编:《法理学高阶》(第3版),高等教育出版社2020年版,第192-207页。

〔2〕 张文显主编:《法理学》(第5版),高等教育出版社2018年版,第67-68页。

〔3〕 孙国华、曾斌:《评维辛斯基关于法的定义》,载《法学家》1996年第2期。

的旧法学体系，清除资产阶级的法学思想，建立以马克思列宁主义、毛泽东思想为指导的、崭新的社会主义法学。[1] 随着对旧法的摧毁和旧法学观点的批判与新中国当时“一边倒”政策，新中国的法学理论学习吸收了苏联的法学理论。在苏联法学理论的影响下，我国法律本质理论主要有以下表现。

1.承继苏联法律本质理论

新中国成立初期借鉴了苏联法律本质的定义，即法是统治阶级意志的体现。因亟须建立自己的法学理论体系的客观现实需要，我们一方面学习苏联的经验理论来构建自己的法学理论体系，另一方面着手培育自己的法学理论学科，增加法制建设相关人才、智识储备。当时我国法学教育领域缺乏系统性、专业性的教材作为支撑。为了填补法学教育的空白，中国学者在党中央的号召和苏联专家的指导下，开始翻译苏联法理学著作。[2] 当时的法理学者针对法学理论领域，主要从事两项工作：翻译苏联法理学教材，以此为蓝本编写自己的法理学教材。[3] 将1955年翻译出版的维辛斯基的《国家和法的理论问题》中关于法的概念和本质的这种理论概括成为新中国关于马克思主义法的概念和本质问题上的权威表述：“法是以立法形式规定的表现统治阶级意志的行为规则和为国家政权所认可的风俗习惯和公共生活规则的总和，国家为了保护、巩固和发展对于统治阶级有力的和惬意的社会关系和秩序，以强制力量保证它的施行。”[4]这个定义强调法的规范性、国家强制性、阶级意志性，但对于法的

---

〔1〕 周新民：《十年来新中国法学发展的回顾》，载《政法研究》1959年第5期。

〔2〕 教育部于1952年11月27日发布《关于各高等学校组织翻译苏联教材制定计划时应注意的事项的指示》，参见《中国教育年鉴·1949—1981》，中国大百科全书出版社1984年版，第527页。

〔3〕 付子堂、郭小东：《认真对待法学翻译——以新中国法理学译著70年为研究对象》，载《法治社会》2021年第2期。

〔4〕 [苏联]安·扬·维辛斯基：《国家和法的理论问题》，中国人民大学编译室译，法律出版社1955年版，第100页。

物质制约性,在文字上难以看出。[1] 这一关于法理论的定义“几乎成为当时人们回答‘法律是什么’等法理学基本问题的唯一依凭,成为诠释一切法律现象的终极根据”[2]。如1955年蔡雲嶺在其《什么是法律》一书中,认为维辛斯基对于法的定义是法律的一般定义,它是从各种具体的法律中抽出了它们的共同特征,因而这个定义也就无一例外地适用于各种具体的法律。[3] 此外,在我国影响较大的法理学翻译著作还有苏联玛·巴·卡列娃等所著的《国家与法的理论》,我国学者以这本书为蓝本开始编写具有中国特色的法理学教材,区别一般只有以“中国社会主义法的体系”这一章节替换了原书中“苏维埃社会主义法的体系”这一章节。[4] 在此过程中,新中国通过国家和法的一般理论框架确立了维辛斯基对于法的定义而衍生的关于法律本质的判断——法是统治阶级意志的体现,即法的阶级意志性,把法律与国家看成阶级矛盾不可调和的产物。自此,法的阶级意志性是法律唯一或者说最根本的本质属性,成为这一时期马克思主义法学最权威的学说。

2. 法律本质理论研究继受

继受、应用苏联关于法律本质观点,探索适用于中国实践的法律本质观点。这一时期分为两个阶段:第一个阶段为1956—1957年,苏联法本质理论继受的过渡阶段,围绕苏联法律本质观点在中国的适用性展开。在应用苏联的经验和方法的过程中,出现了一些“水土不服”的现实问题,毛泽东于1956年作的《论十大关系》重要报告中提出“以苏为鉴,走自己发展道路”。同年9月,召开中国共产党第八次全国代表大会,总结探索适合中国发展道路的初步经验和理论,做出党和国家的工作重心必须转移到社会主义建设上来的重大决策。于此基础上形成了促进科学和

[1] 孙国华主编:《马克思主义法理学研究——关于法的概念和本质的原理》,群众出版社1996年版,第101页。

[2] 舒国滢:《新中国法理学七十年:变化与成长》,载《现代法学》2019年第5期。

[3] 蔡雲嶺:《什么是法律》,湖北人民出版社1955年版,第7页。

[4] 付子堂、郭小东:《认真对待法学翻译——以新中国法理学译著70年为研究对象》,载《法治社会》2021年第2期。

艺术发展的“百花齐放，百家争鸣”的方针。然而，同时期的苏联法学界，对于维辛斯基关于法的定义提出了尖锐的批判，[1]但因当时的历史条件与社会需要，苏联法学界的争议和批判未能在我国构成较大影响。国内法学界仍然使用斗争哲学机械的二分法来看待法律本质，对被统治阶级的意志进行完全的否定与排斥。讨论主要集中在两个方面：第一，就统治阶级意志是否是法的本质属性问题展开了讨论。[2] 第二，对苏联斗争法理论范式下，就新旧法律之间是否存在继承性进行了研讨。[3] 之所以对新旧法之间继承性进行争论，其根本原因仍然是对于法律本质问题的理解。两种观点都承认法律的本质被普遍认为是统治阶级的意志，只是对阶级性的内涵存在争议。一种观点认为，旧法作为过去统治阶级的意志，新法作为新中国统治阶级的意志，二者之间存在不可调和的矛盾，[4]另一种观点认为，新法可以利用旧法中为社会主义法制建设服务的合理因

---

[1] 批判主要集中在三个方面：一是认为其定义只强调了法的阶级意志性，没有指出法的物质制约性；二是强调了国家强制力的作用，强调了统治和服从，而忽视了人们自觉遵守法律的意义；三是强调法的规范性是对的，但是片面强调法的规范性，削弱了对个人和集体权利的关注。参见孙国华、曾斌：《评维辛斯基关于法的定义》，载《法学家》1996 年第 2 期。

[2] 张恒山主编：《共和国六十年法学论争实录 · 法理学卷》，厦门大学出版社 2009 年版，第 41 页。

[3] 1956 年起《华东政法学报》先后发表了李良、刘焕文、杨兆龙、万山等人的一系列探讨法的阶级性和继承性文章，接着在 1957 年出版的《法学》双月刊、《政法》双周刊和中央政法干校校刊《教与学》也陆续刊登了有关法律的阶级性和继承性方面的文章。上海法学会还于 1957 年召开专题学术座谈会进行讨论。

[4] 万山：《驳“继承祖国法的遗产论”》，载《法学》1957 年第 3 期；侯志纬：《新旧法律究竟有没有继承性——粉碎右派企图复辟伪法统的阴谋》，载《教学与研究》1957 年第 12 期；王致远：《粉碎右派分子对我国人民民主法制的猖狂进攻》，载《理论与实践》1958 年第 1 期；潘念之：《论法律的本质——驳斥杨兆龙否定法律阶级性、主张继承旧法的谬论》，载《学术月刊》1958 年第 1 期；郑绍文：《同资产阶级政治法律思想彻底决裂法学研究工作来个大跃进必须彻底划清新旧法的界限》，载《政法研究》1958 年第 3 期。

素，批判地继承。[1] 经过讨论，学界逐渐认识到上述两种观点都存在一定的片面性，不应当过于简化地认为阶级对立就不能继承，也不能因为赞成法的继承性而否认剥削阶级国家的法律具有统一的阶级性。[2]

第二个阶段为 1957—1978 年，阶级斗争理论范式的机械应用阶段。此阶段关于法律本质问题的讨论主要有两点：首先，法律的本质是否只能体现统治阶级的意志，是否存在超越阶级的法律。以方今、张晋藩等为代表的学者都认为不存在超越阶级的法律，[3] 也是当时学界的通说。[4] 既然统治阶级意志是法律唯一来源，那么法律本质就是对统治阶级意志的反映和实现统治阶级意志的工具。我国在法制尚未完备的情况下，当时司法实践大量地依靠党的政策来实现，实践映射到理论，学界认为过多地依赖政策会造成以政策代替法律的局面，不利于我国法制的完善与发展。其次，法律的本质是政策实现的工具，以及由此衍生出法律与政策关

〔1〕 刘焕文：《在“百家争鸣”中谈旧法思想》，载《华东政法学报》1956 年第 2 期；周原冰：《如何对待法学遗产》，载《华东政法学报》1956 年第 3 期；李良：《“百家争鸣”和法律科学》，载《华东政法学报》1956 年第 2 期；吉甦生：《如何改变我国法律科学的落后现状》，载《华东政法学报》1956 年第 3 期；孙晓楼：《关于中国法学遗产问题的看法》，载《华东政法学报》1956 年第 3 期；俞承修：《对在法学中贯彻“百家争鸣”的一些意见》，载《华东政法学报》1956 年第 3 期；徐盼秋：《在法学研究中贯彻“百家争鸣”的精神》，载《华东政法学报》1956 年第 2 期；梅耐寒：《关于“法的阶级性和继承性”的讨论——介绍上海法学会第二次学术座谈会》，载《法学》1957 年第 2 期；方今：《也谈法的阶级性和继承性》，载《法学》1957 年第 2 期；张晋藩：《关于法的阶级性和继承性的意见》，载《政法研究》1957 年第 3 期；曾炳钧：《关于法的继承性问题》，载《政法研究》1957 年第 3 期；郭宇昭：《略论法的继承性》，载《法学》1957 年第 3 期；沈宗灵：《什么是法律的阶级性》，载《光明日报》1957 年 2 月 12 日；杨伯攸：《法的继承性与法的阶级性是否有矛盾?》，载《光明日报》1957 年 4 月 1 日。

〔2〕 孙国华主编：《马克思主义法理学研究——关于法的概念和本质的原理》，群众出版社 1996 年版，第 130 页。

〔3〕 与此相关的论述参见方今：《也谈法的阶级性和继承性》，载《法学》1957 年第 2 期；张晋藩：《关于法的阶级性和继承性的意见》，载《政法研究》1957 年第 3 期。

〔4〕 吴大英：《社会主义法律的概念和特征》，载《法学》1958 年第 3 期；张景华：《关于法律继承性中的几个问题》，载《法学》1957 年第 5 期；竺型熹：《不要被右派分子杨兆龙的谬论所欺骗》，载《法学》1957 年第 6 期；傅季重：《驳右派的反马克思主义的法律观点》，载《学术月刊》1957 年第 9 期；侯志纬：《新旧法律究竟有没有继承性——粉碎右派企图复辟伪法统的阴谋》，载《教学与研究》1957 年第 12 期；许崇德：《列宁对资产阶级宪法的批判》，载《政法研究》1963 年第 4 期。

系的讨论。[1]

（二）法律本质理论发展时期（20 世纪 80 年代初到 90 年代初）

1978 年的“真理标准问题大讨论”打破了思想僵化、教条主义的沉重枷锁，同年党的十一届三中全会取消了“以阶级斗争为纲”的政治路线，作出把工作重点转移到社会主义现代化建设上来的战略决策，提出了“健全社会主义民主、加强社会主义法制”的方针，我国进入社会主义建设新时期。相应地，伴随着思想的解放，我国法学界也突破了法律是阶级斗争工具的论点，走出了“斗争法学”的思想政治藩篱，越来越多地注意到法律在促进经济建设和推进民主政治方面的功能。法的阶级本质理论渐渐显露出力不能及之势，表现在对于国家发展过程出现的新现象、新问题解释力不足，并且对于促进社会主义法制、民主建设方面未起到应有的作用。事实表明，把阶级性作为法律本质的唯一来源理论已经落后于我国社会主义发展实践，法学界应当对此做出回应。

我国恢复了正常的法学教育，法学理论研究也恢复了生机，开始更多地关注马克思主义法学在中国的具体实践。法学家们一方面对法的阶级性理论提出疑问，另一方面结合中国法治实践重视法的社会功能。首先是关于法理学教材的名称改变。1980 年以前，各政法院校和综合性大学的法学理论教材仍然沿用苏联教材体系采用“国家与法的理论”的名称。[2] 1980 年，北京大学法律系国家与法的理论教研室编印法理学教材时采用“法学基础理论”这一名称，而不再是“国家与法”的相关名称。第二年，我国第一本以《法学基础理论》[3]命名的法理学教科书在全国推行，该书的章节标题已经去掉了关于国家的部分。[4] 1988 年是法学理论

〔1〕 朱恩霖：《法律和政策的关系》，载《法学》1957 年第 6 期；万山：《略论政策和法律的关系》，载《法学》1958 年第 4 期；高呈祥：《适用法律必须服从党的政策》，载《法学》1958 年第 8 期；光博：《法律必须服从党的政策》，载《法学》1958 年第 5 期；张达之：《政策是法律的灵魂》，载《政法研究》1958 年第 3 期。

〔2〕 付子堂、郭小东：《中国法理学教材改革新论——以新中国法理学教材 70 年为研究对象》，载《河南财经政法大学学报》2021 年第 3 期。

〔3〕 陈守一、张宏生主编：《法学基础理论》，北京大学出版社 1981 年版。

〔4〕 雷磊：《法的一般理论及其在中国的发展》，载《中国法学》2020 年第 1 期。

出版作品新旧交替的一年，出版了以《法的一般理论》[1]命名的教材，同年出版了万斌编著的我国第一部以《法理学》命名的教材，书中明确提出坚持和发展马克思主义法学，绪论以“坚持和发展马克思主义法理学”为一节。万斌在书中讨论了法的起源、法的本质、法的基本职能等问题，并对法的本质做了新的解释。对于传统认为法是统治阶级意志反映的观点并没有否定，而是承认法包含了一定的强制性，但更多地从人的主体性角度探讨，提出“法是由社会系统强制规定的、由社会共同体制定或认可的制约人的外部行为，协调人与自然，人与社会，人与自身关系的规范体系，具有普遍性、确定性、强制性”[2]。对此定义，夏雨认为万斌运用马克思“法是肯定的、明确的、普遍的规范”[3]提出了新观点，即法作为人类理性自我定制的规范，其本质属性不再是阶级性而应当是规范性，并且万斌把法理解为社会共同体依据人的理性制定的规范体系，更注重法的社会性、共同性、时代性等属性。[4]

周凤举在1980年发表了一篇名为《法单纯是阶级斗争工具吗？——兼论法的社会性》的文章，拉开新中国成立以来第二次法本质大讨论的序幕。张宗厚1986年发表的《对法的三个基本概念的质疑》一文再一次对法的阶级本质理论提出了批判，并引发了法律本质阶级性与社会性之争论。学术研讨上，1985年，首届法理学研究会于庐山举行，在会议上学界对法律的本质的阶级性与社会性也进行了激烈的争论。这段时期法律本质争论较为热烈，文章题目常以“与××同志商榷”这样的字眼出现，争

---

[1] 张文显主编：《法的一般理论》，辽宁大学出版社1988年版。

[2] 夏雨：《法的主体性探讨——评万斌新作〈法理学〉》，载《探索》1989年第2期。

[3] 夏雨：《法的主体性探讨——评万斌新作〈法理学〉》，载《探索》1989年第2期。

[4] 夏雨：《法的主体性探讨——评万斌新作〈法理学〉》，载《探索》1989年第2期。

论的主题主要围绕法阶级性、社会性或共同性方面展开。[1]

（三）法律本质理论反思与发展（20 世纪 90 年代至今）

进入 20 世纪 90 年代，1992 年邓小平同志南方谈话指出“必须坚持马克思主义”“马克思主义必须与中国实际相结合”[2]，1997 年党的十五大报告正式提出“依法治国，是党领导人民治理国家的基本方略”，1999 年“依法治国，建设社会主义法治国家”写入我国宪法。对真理标准问题的讨论为法理学破除教条、迷信的迷雾提供思想基础，依法治国等政策方针的提出为法学研究与发展指明方向。

在法学教材方面，1992 年武汉大学召开法理学年会后“法理学”成为法学理论学科教材普遍名称，最具代表性的为 1994 年沈宗灵主编的《法理学》一书。[3] 1988 年张文显主编《法的一般理论》具有一定的理论框架的延续性，并且依据马克思主义法学方法论分析。之后的法理学基础书籍、教材，基本都以“法理学”来命名，如孙国华、朱景文于 1999 年主编的《法理学》等[4]。法学理论蓬勃发展的同时，学界对中国的法理学教

[1] 周凤举：《法单纯是阶级斗争工具吗？——兼论法的社会性》，载《法学研究》1980 年第 1 期；刘瀚、吴大英：《也谈法的阶级性——与周凤举、唐琮瑶二同志商榷》，载《法学研究》1980 年第 3 期；唐琮瑶：《再谈社会主义法的阶级性——答刘瀚、吴大英二同志》，载《法学研究》1980 年第 5 期；孙国华、朱景文：《试论法的阶级性和社会性》，载《法学研究》1982 年第 4 期；万斌、倪健民：《法的共同性初探》，载《社会科学》1983 年第 9 期；田培炎：《也谈法的共同性——与万斌、倪健民同志商榷》，载《社会科学》1983 年第 12 期；沈国明：《评“法的共同性”》，载《政治与法律》1984 年第 1 期；万斌：《法的阶级性、共同性的再探索——兼与田培炎、沈国明同志商榷》，载《社会科学》1984 年第 5 期；张宗厚：《对法的三个基本概念的质疑》，载《法学》1986 年第 1 期；钮传诚：《法与国家的产生是阶级社会特有的现象——兼与张宗厚同志商榷》，载《四川师范大学学报（社会科学版）》1986 年第 6 期；张宗厚：《法学理论必须变革和更新》，载《中国法学》1988 年第 1 期；殷勇：《论法的超阶级性》，载《法学研究》1986 年第 4 期；蒋兆康：《关于法的本质属性的思考——与殷勇同志商榷》，载《法学研究》1986 年第 6 期；李林：《关于法的本质的思考——兼谈“更新法学理论”的几个问题》，载《中国社会科学院研究生院学报》1987 年第 3 期。

[2] 李铁映：《重读邓小平“南方谈话”》，载《新湘评论》2015 年第 3 期。

[3] 这本教材被视为第一本以“法理学”命名的“官方版本”。参见刘作翔：《法理学的定位——关于法理学学科性质、特点、功能、名称等的思考》，载《环球法律评论》2008 年第 4 期。

[4] 付子堂、郭小东：《中国法理学教材改革新论——以新中国法理学教材 70 年为研究对象》，载《河南财经政法大学学报》2021 年第 3 期。

材中关于法本质的相关理论受苏联法理学影响较深这一现象作出了客观评价。刘金国教授指出,我国是以苏联科学院法学研究所的《马克思列宁主义关于国家与法权理论教程》、罗马什金等主编的《国家和法的理论》、阿列克谢耶夫的《法的一般理论》、雅维茨的《法的一般理论》等著作为蓝本,构建自己的马克思主义国家与法的理论的框架内容;黄建武指出,20世纪50年代主要是把苏联的教材转化为我们自己的教材,在20世纪七八十年代中后期的教材中,无论是在观点、内容还是体例上,都可以明显看出20世纪50年代苏联教材的影子,20世纪80年代中后期以来,在"法的本质"等重要问题上深入探讨了苏联法理学的影响,才出现了大量在结构、内容上都有突破性的教材。[1]

不少学者认为过去几十年来"法的阶级性意志"占据主流地位是源于当时的客观现实和政治需要,如吕世伦指出,现代西方三大主流法学派其实对法的概念有不同的理解,但维辛斯基法的概念只对分析实证法学派感兴趣,因法律实证主义的国家主义色彩最为浓厚,新中国当时与苏联在经济、政治体制上相似性较多,因此最易接受。[2] 当然,中国几千年来法律传统文化的深刻影响,使我们接受苏联关于法本质等概念较为顺利。回顾中国法治建设,一方面我们不能否认苏联对我国法制建设中的积极影响。孙国华教授指出,苏联法学对我国最大的贡献是给中国带来了系统的马克思主义法律观,并且明确了社会主义法的必然性,虽然对法的概念有一定的历史局限性,但我们也应当从自身反思。[3] 另一方面,它对

[1] 黄建武认为苏联对教材的影响在于两方面:一是对教材结构,无论是人民大学国家与法权教研室集体编写的《国家与法权理论讲义》,还是陈守一、张宏生主编的《法学基础理论》和孙国华主编、沈宗灵副主编的《法学基础理论》,我们都可以看到与苏联教材基本相同的内容和编写顺序;二是对于法的观点和概念,如法的本质等观点,还有"批判的叙事方式",都来自苏联。参见张少瑜、胡东、刘春萍等:《苏联俄罗斯法学与中国法学学术研讨会纪要》,载《法学研究》2001年第5期。

[2] 张少瑜、胡东、刘春萍等:《苏联俄罗斯法学与中国法学学术研讨会纪要》,载《法学研究》2001年第5期。

[3] 张少瑜、胡东、刘春萍等:《苏联俄罗斯法学与中国法学学术研讨会纪要》,载《法学研究》2001年第5期。

我国法学和法制建设也带来了严重的危害,禁锢了法学思维的科学发展。几十年来,在阶级斗争法论指导下法本质研究显得教条与单调,主要是源于经典著作中对于法的论述以及苏联法学家的论断而形成的法本质理论,并未形成我国法学界自身的理论构架,造成了理论研究的封闭性与滞后性。并且借鉴苏联法学也造成了中国传统历史与文化的"二次断裂",阻断了欧陆英美"翻译法学"在我国的发展,舒国滢称之为"维辛斯基法学"的"后遗症"。〔1〕 20 世纪 80 年代以来对法本质的探讨引发了批评阶级斗争法律观的讨论,但更多的是从理论上进行批判,真正最有力的来自实践,在市场经济社会的改革中,关于法的阶级性的论争正在结束它的历史命运。〔2〕 有文章认为,法本质的理论历来仁者见仁智者见智,争论不休,但在人类认识法本质的历史进程中,各时代的法学工作者(无论是马克思主义的还是非马克思主义的),都运用自己的智慧从不同的角度做出了贡献,今天我们研究法的本质,应当注重实践,应对法制实践具有意义。〔3〕

二、新中国法律本质研究关注的主要问题

(一)法律本质的阶级性

我国法律本质阶级性的认识经历了接受苏联法学到质疑再到达成一定共识的过程。新中国成立初期,我国深受苏联关于法本质的定义的影

〔1〕 舒国滢:《法学的知识谱系》,商务印书馆 2020 年版,第 38 – 43 页。

〔2〕 相关论述参见蔡定剑:《阶级斗争与新中国法制建设——建国以来法学界重大事件研究(十一)》,载《法学》1998 年第 4 期。

〔3〕《今天到底该怎样看待法的本质——法学基本问题专题(一)研讨会纪要》,载《法商研究(中南政法学院学报)》1999 年第 1 期。

响，认为法是统治阶级意志的体现。[1] 到20世纪50年代中期，在“以苏为鉴，走自己发展道路”之后，学界对统治阶级意志是否是法的本质展开了讨论。

1. 继受法律本质阶级性之质疑

在继受苏联法理论的过程中，学界曾对其法律“阶级性”理论产生过质疑。第一，法是否一定体现为阶级性。学者认为不同的法律规范有不同的性质，法律规范本身不一定表现得出具体的阶级性，法律规范按照性质可以划分为主导性的规范和辅佐性的规范，前者往往只能用于某个特定的阶级社会，而后者可以用于各种不同性质的阶级社会，主导性规范的变动是可以改变法律的阶级本质的，而辅佐性规范的变动则无伤于大体。[2] 第二，法是否可以反映多个阶级的意志。学者认为法应当不限于统治阶级意志而应当体现多个阶级意志，一个国家的法律规范不论性质如何，都只能为那个国家的统治阶级服务，这对社会主义国家来讲是对的，但对于剥削阶级国家来讲，则未必完全说得通，对于阶级性在任何时

---

〔1〕 而这一根本命题通常概括为法的阶级意志性，基本立场就是法的阶级意志性被认为是法的唯一的或最根本的本质属性。在这个根本命题下又包含了几个基本命题：法和国家具有相同的阶级本质；法是阶级矛盾不可调和的产物；法体现社会中统治阶级的意志；法是统治阶级镇压被统治阶级的阶级斗争工具；法依靠国家强制力来保障实施；法仅仅存在于阶级社会，原始社会和共产主义社会都没有法等。参见华岗：《论毛泽东思想的本质》，载《山东大学学报》1952年第1期；陶伟：《从法律的阶级性谈肃清旧法观点》，载《新建设》1952年第9期；维辛斯基、石健：《苏维埃法学中的几个问题》，载《政法研究》1954年第1期；中国人民大学法律系翻译组：《社会主义国家》，载《政法研究》1954年第1期；何思敬：《马克思底国家与法权学说——纪念马克思诞生一百三十六周年》，载《政法研究》1954年第1期；中央政法干部学校国家与法律理论教研室：《斯大林关于社会主义国家学说的发展》，载《政法研究》1954年第1期；严景耀：《资产阶级宪法的虚构性与危机》，载《政法研究》1954年第2期；人民日报社：《我国的宪法是属于社会主义类型的宪法》，载《政法研究》1954年第2期；谭叔辩：《批判资产阶级宪法的讨论提纲》，载《政法研究》1954年第3期；孙国华：《论我国人民民主法制在社会主义建设中的作用》，载《政法研究》1955年第1期；李光灿：《学习列宁的国家学说——介绍列宁著〈国家与革命〉一书》，载《政法研究》1955年第2期；张尚鷟：《安·扬·维辛斯基院士对法律科学的卓越贡献——介绍维辛斯基的“国家和法的理论问题”》，载《政法研究》1955年第4期。

〔2〕 杨兆龙：《法律的阶级性和继承性》，载《华东政法学报》1956年第3期。

代、任何国家都是统一的说法,是有待商榷的。[1] 还有学者对普遍认为法的起源是法阶级性的唯一标准质疑,认为既然马克思主义学说认为经济基础决定上层建筑,那么法律作为上层建筑,法的阶级性本质应当最终取决于这个时代的社会经济以及政治文化条件,而不应当是法起源之处。[2]

2. 法律本质阶级性理论固化

20 世纪 60 年代以后,苏联法在形式上不再对中国的法有直接影响,及至后来的七八十年代,苏联早已抛弃了 50 年代自己的法理论向前发展,中国还停留在苏联 50 年代法理论的影响下。[3] 例如,有些学者认为法律是阶级斗争不可调和的产物,阶级存在法律即在。[4] 萧永清与康树华从批判"客观主义"角度出发,认为宣扬所谓的"超阶级"资产阶级法律观点,实质上没有站在工人阶级立场、不结合当前阶级斗争实际和思想实际来传授"纯法学"知识,缺乏或者根本不对资产阶级法律的本质加以批判和分析,是变相对资本主义的歌颂和赞扬,客观主义论者是以偷天换日的方式抹杀了法律的阶级性。[5] 还有学者对现代修正主义进行了批判,指出现代修正主义者对马克思列宁主义关于法的基本原理进行的篡改和修正,是完全否定了马克思列宁主义的国家观和法律观,否认在社会主义

---

〔1〕 法律的阶级性在任何时代、任何国家是必然统一的说法是有待商榷的,有以下理由:(1)剥削阶级国家的领导统治权不一定完全掌握在一个阶级手中,所制定的法律必然反映着不同阶级的立场。(2)掌握统治权的领导者为了维护统治的需要,制定了一些对被统治阶级更为有利的法律,更大程度上体现了被统治阶级的意志。(3)进步势力在某些资本主义国家的发展占据了优势地位,议会所制定的法律就不可能只反映一种阶级性。参见杨兆龙:《法律的阶级性和继承性》,载《华东政法学报》1956 年第 3 期。

〔2〕 杨兆龙:《法律的阶级性和继承性》,载《华东政法学报》1956 年第 3 期。有学者认为法是由一定的经济基础所产生,法发展和变化的根本原因是经济基础的发展变化,并且指出由于经济基础的不同才有不同类型的法,参见张鑫、朱华泽:《评介蔡云岭同志著〈什么是法律〉》,载《政法研究》1956 年第 4 期;蔡云岭:《答张鑫、朱华泽两同志》,载《政法研究》1956 年第 4 期。

〔3〕 蔡定剑:《关于前苏联法对中国法制建设的影响——建国以来法学界重大事件研究(22)》,载《法学》1999 年第 3 期。

〔4〕 方今:《也谈法的阶级性和继承性》,载《法学》1957 年第 2 期。

〔5〕 萧永清、康树华:《旧法观点的反动性及其危害》,载《政法研究》1958 年第 4 期。

社会存在阶级和阶级斗争，否认阶级斗争的不可调和性，背弃了法的阶级性[1]，诸如此说，并且伴随着一些以党的政策代替法律的观点。孙国华指出，虽然维辛斯基的理论坚持了马克思主义阶级分析的方法，指出了法的阶级意志性，强调了法与国家权力的内在联系，不足之处在于过分强调法与国家、专政的联系，忽视了法的内容以及法是从社会生活中产生，[2]这种观念不利于民主政治建设，容易导致滥用权力，忽视经济规律，忽视对社会成员权利、自由的保护。[3] 总的来说，此时法的本质，突出强调法的政治性，认为法仅仅是专政的工具，具有强烈、鲜明的阶级性。

3. 法律本质阶级性理论反思

随着思想的解放、经济的发展与中国法治建设的进步，法学理论学科名称从“国家与法的理论”到“法学基础理论”再到“法理学”，经历了学界思想认识转变的过程，同时也体现了法学逐步与政治相分离的过程。“法学基础理论”的特点是国家理论与法学理论交织，法学没有自己独立的研究对象，其实质上仍然是政治学；[4]“法理学”命名的学科研究取代“法学基础理论”，意味着法学终于摆脱政治的束缚，“开始在中国法学体系和哲学科学体系中赢得合法性学科地位的历史性突破”[5]。学界认识到法不仅仅是阶级斗争的工具，法律不但具有阶级统治的职能，而且还有社会公共职能。对该问题的讨论分为两个方面：其一，对法的阶级性本质进行反思，破除对阶级性强调的惯性；其二，并不否认法本质的阶级性，而是加入适合社会发展的“社会性”。对于第二点后面将给予详细阐述，这里不赘述。

---

〔1〕 对现代修正主义的批判请参见蔡云岭：《为保卫马克思列宁主义的国家学说而斗争——批判现代修正主义攻击无产阶级革命和无产阶级专政的谬论》，载《政法研究》1958 年第 4 期；杨峰：《对庞德“近代司法的问题”批判——从实用主义法学谈到现代修正主义的国家观点》，载《学术月刊》1958 年第 6 期；顾维熊：《反动的庞德实用主义法学思想》，载《政法研究》1963 年第 3 期；铁光：《法学理论战线的战斗任务》，载《政法研究》1964 年第 2 期；向实：《探讨法学领域中的新问题》，载《政法研究》1964 年第 3 期；吴大英：《试论我国运用法律的几个观点问题》，载《政法研究》1965 年第 4 期。

〔2〕 孙国华、彭汉英：《1996 年法理学研究的回顾与展望》，载《法学家》1997 年第 1 期。

〔3〕 孙国华、曾斌：《评维辛斯基关于法的定义》，载《法学家》1996 年第 2 期。

〔4〕 徐显明：《中国法理学进步的阶梯》，载《中国社会科学》2018 年第 11 期。

〔5〕 雷磊：《法的一般理论及其在中国的发展》，载《中国法学》2020 年第 1 期。

更新法律本质理论，首要是破除根深蒂固的旧观念，去除维辛斯基法理论的“阴影”，法学界自觉地对法律本质的阶级性作为其唯一属性进行反思。首先，学者向“国家与法的理论”发起挑战，此观点与法律源头说紧密相连。学界对周凤举提出的“法律不单纯是阶级斗争的工具”没有异议，但对于法律为什么不单纯是阶级斗争工具进行了激烈的争辩。周凤举提出不应当把国家与法律结合在一起讨论，法律并不是与国家一同诞生与消亡的，并且援引马克思恩格斯的著作举证，早在国家未产生之前的氏族社会中，法就已经出现了，因此法不是阶级斗争的产物，法的源头与国家没有关系。〔1〕此说法一经出现就引起了学术界的关注与激烈讨论，持相同观点的张宗厚提出，一定的法是一定物质关系的产物，不能认为法是阶级社会特有的现象〔2〕。反对的声音也有很多，如刘瀚、吴大英认为习惯与习惯法不可混为一谈，法律与国家不可分离，法与国家具有同一个根源，即私有制的出现与阶级的产生，而周凤举所说的氏族制度向国家过渡时期的法，是同私有制和阶级逐步产生阶段适应的，与国家密不可分。〔3〕其次，提出具有法的超阶级性意味的法之“共同性”。万斌与倪健民于 1983 年在《法的共同性初探》一文中，在承认法具有阶级性的基础上，认为阶级性是法在阶级社会所特有的属性，当国家、阶级不存在，法的阶级性也随之消失；与阶级性相对，法律还应当具有一定的共同性与继承性，〔4〕开启了法本质阶级性之外的探讨。〔5〕这种学术争鸣适应建设具

---

〔1〕 周凤举：《法单纯是阶级斗争工具吗？——兼论法的社会性》，载《法学研究》1980 年第 1 期。

〔2〕 张宗厚：《对法的三个基本概念的质疑》，载《法学》1986 年第 1 期

〔3〕 刘瀚、吴大英：《也谈法的阶级性——与周凤举、唐琮瑶二同志商榷》，载《法学研究》1980 年第 3 期。

〔4〕 万斌、倪健民：《法的共同性初探》，载《社会科学》1983 年第 9 期。

〔5〕 田培炎：《也谈法的共同性——与万斌、倪健民同志商榷》，载《社会科学》1983 年第 12 期；沈国明：《评“法的共同性”》，载《政治与法律》1984 年第 1 期；万斌：《法的阶级性、共同性的再探索——兼与田培炎、沈国明同志商榷》，载《社会科学》1984 年第 5 期；尤俊意：《对“法的共同性”的几点质疑》，载《政治与法律》1984 年第 5 期；徐牧：《要正确分析法的本质——读〈法的共同性初探〉》，载《社会科学》1985 年第 2 期；万斌：《三论法的共同性——兼答尤俊意、徐牧二同志》，载《社会科学》1985 年第 7 期；杜道夫：《法的共同性与特殊性》，载《社会科学》1985 年第 1 期。

有中国特色社会主义需要，对于坚持马克思主义法学，建立和完善具有中国特色法学体系具有重要作用。[1]

（二）“阶级性”与“社会性”的法本质之争

法律本质“共同性”的提出，让学界看到了法律本质理论其他的可能性——法律不再是单纯的阶级斗争的工具。张宗厚于1986年在《对法的三个基本概念的质疑》一文中认为，法的本质属性是依赖于客观存在的社会性，阶级性既不是法律唯一的属性，而且甚至不是法的本质属性，阶级性存在于社会性中。[2] 张宗厚虽然不是第一个提出法本质“社会性”的学者，[3]却是当时影响、讨论最多的。[4]

第一，无阶级的法律是否存在。主张部分法律有阶级性，部分法律则无阶级性只有社会性的学者，主要是从社会利益角度出发进行论证。一些主要执行社会公共职能的法律规范，为全社会利益服务，因此是没有阶级性的。[5] 而有学者则认为这是把对全社会有利同有阶级性绝对地对立起来。似乎任何现象只要对全社会有利，就没有阶级性，反过来只要有阶级性，就不能对全社会有利。这种简化的观点在一定程度上与实际并

---

[1] 杜道夫：《法的共同性与特殊性》，载《社会科学》1985年第1期。

[2] 三个质疑分别是：(1)法律是阶级社会特有现象的质疑；(2)对统治阶级意志论的质疑；(3)阶级性是法的唯一属性的质疑。参见张宗厚：《对法的三个基本概念的质疑》，载《法学》1986年第1期。

[3] 孙国华、朱景文：《试论法的阶级性和社会性》，载《法学研究》1982年第4期；尤俊意：《关于法的阶级性与“社会性”问题》，载《政治与法律》1984年第4期；李林：《应该统一理解法的阶级性和社会性》，载《中国社会科学院研究生院学报》1985年第1期；吴世宦：《论法的社会性和阶级性的统一——兼与孙国华同志商榷》，载《中山大学学报（哲学社会科学版）》1986年第3期。

[4] 张宗厚的文章引起学界的又一次争鸣，参见钮传诚：《法与国家的产生是阶级社会特有的现象——兼与张宗厚同志商榷》，载《四川师范大学学报（社会科学版）》1986年第6期；张宗厚：《法学理论必须变革和更新》，载《中国法学》1988年第1期；殷勇：《论法的超阶级性》，载《法学研究》1986年第4期；蒋兆康：《关于法的本质属性的思考——与殷勇同志商榷》，载《法学研究》1986年第6期；李林：《关于法的本质的思考——兼谈“更新法学理论”的几个问题》，载《中国社会科学院研究生院学报》1987年第3期。

[5] 吴家麟：《法律的阶级性、社会性和继承性试析》，载《宁夏社会科学》1985年第1期；郭道晖：《法的本质问题的哲学思考》，载《政治与法律》1985年第5期；朱华泽、刘升平：《关于社会主义法律本质的几个问题》，载《法学研究》1987年第1期。

不相符。从社会角度出发,社会是以一定的物质生产关系为基础,对社会有利的法律规范实际上也是国家意志的体现,是由国家强制力保证实施的。[1]

第二,法律本质的阶级性与社会性的关系。大部分学者认为法有社会性,问题的关键在于对法的社会性怎样理解、怎么看待法的阶级性与社会性的关系。[2] 其一,部分学者认为法的社会性与法的阶级性存在互斥关系。一方面,主张法不是阶级社会的产物的学者,把法的社会性与其阶级性截然对立起来,认为法的社会性就是法的超阶级性,就是指法反映了整个社会的利益和要求。这里的社会性就是超阶级性的,是与法的阶级性绝对排斥的社会性。另一方面,还有学者提出法律本质只有社会性而无阶级性。其认为在社会主义现阶段,剥削阶级已被消灭,仍将阶级性作为法的根本属性,是与现实相背离的。在无阶级社会里,法应具有社会性而非阶级性,在整个阶级社会过程中,法的阶级性将逐渐减弱乃至消失,法的社会性将逐渐加强并成为唯一的根本属性。[3] 与此相对,还有学者坚持认为阶级性才是法律的本质属性。如邵成提出"阶级性"是决定法的性质、面貌和发展的,法律其他的属性皆从属于法的阶级性,因此,阶级性是法律本质的唯一属性。[4] 其二,还有学者认为法的阶级性和社会性存在相容关系。武步云从经济基础出发,法律既由物质生活条件决定,其阶级性、客观性与社会性必然保持完全一致,因此阶级性与社会性二者应是统一体。[5] 有学者从属性角度出发,认为法是一种社会现象且调整社

---

〔1〕 孙国华:《关于法的阶级性和社会性问题的几点意见》,载《浙江法学》1986 年第 1 期。

〔2〕 相关论述参见周凤举:《法单纯是阶级斗争工具吗? ——兼论法的社会性》,载《法学研究》1980 年第 1 期;于浩成:《论法的阶级性与社会性》,载《法学杂志》1984 年第 1 期;周凤举:《论法的本质与原理》,载《中国法学》1988 年第 6 期。

〔3〕 刘升平:《近年来法理学研究述评》,载《中外法学》1996 年第 1 期。

〔4〕 邵诚:《阶级性是法的本质属性——对"法的社会性"的看法》,载《西北政法学院学报》1984 年第 1 期。

〔5〕 武步云:《试论社会主义法律的阶级性和客观性》,载《法学研究》1980 年第 5 期。

会关系,必然具有社会属性。[1] 还有学者主张法的社会性与阶级性不是绝对排斥的,而是辩证联系、有机统一的,法的社会性反映法的阶级性,法的阶级性说明法的社会性。[2] 有学者从法的阶级性和社会性相互联系的不同角度和层面来理解,认为不存在离开社会的孤立的法的阶级性,也不存在离开一定阶级的所谓法的社会性,这两种属性又是矛盾的,它们是矛盾的统一。[3] 崔敏从法律的定义与目的出发,法律既体现了阶级意志,又保护合法权益,因此法律具有两重性,即阶级性与社会性相统一。[4] 其三,学界还有一种阶级"消亡论"。[5] 其理论基础来源于马克思经典作家的论述,学者认为不论多么强调法律的社会性、客观性、科学性等,但没有阶级斗争的出现,则不可能有法律的存在,因此推断出法的阶级性将随着阶级的消灭而消失。如朱华泽提出法的阶级性与社会性两者在某种层面上是统一的,但是这种统一会随着阶级性的消亡和社会性的扩展而最终分离。[6] 还有学者从公共权力角度认为国家和法自原始社会以来都是具有社会性和阶级性的,在阶级社会中,公共权力以歪曲形式出现,主要体现为阶级性,而在无阶级社会中,这种歪曲形式得以矫正,阶级性消失,社会性恢复。[7] 有学者提出,法与人的社会本质紧密相连,

---

〔1〕 吴家麟:《法律的阶级性、社会性和继承性试析》,载《宁夏社会科学》1985 年第 1 期;郭宇昭:《法的阶级性与社会性问题的探讨》,载于浩成、崔敏编:《法的阶级性与社会性问题讨论集》,群众出版社 1987 年版,第 217 页。

〔2〕 沈宗灵、张文显:《法理学》,高等教育出版社 1994 年版,第 24 – 31 页;孙国华、朱景文:《试论法的阶级性和社会性》,载《法学研究》1982 年第 4 期。

〔3〕 任中杰、王启富:《试论法的阶级性和法的社会性的统一》,载《中国政法大学学报》1984 年第 1 期;吴光辉:《试论法的社会性》,载《法的阶级性与社会性问题讨论集》,群众出版社 1987 年版,第 156 – 159 页。

〔4〕 崔敏:《试论法律的社会性和客观性》,载于浩成、崔敏编:《法的阶级性与社会性问题讨论集》,群众出版社 1987 年版,第 70 – 71 页。

〔5〕 杜飞进、孔小红:《转折与追求〔上〕——新时期法学论析》,载《中国法学》1989 年第 1 期;杜飞进、孔小红:《转折与追求〔中〕——新时期法学论析》,载《中国法学》1989 年第 2 期;杜飞进、孔小红:《转折与追求〔下〕——新时期法学论析》,载《中国法学》1989 年第 3 期。

〔6〕 朱华泽:《法律的阶级性和社会性》,载于浩成、崔敏编:《法的阶级性与社会性问题讨论集》,群众出版社 1987 年版,第 139 页。

〔7〕 周凤举:《法单纯是阶级斗争工具吗?——兼论法的社会性》,载《法学研究》1980 年第 1 期。

人类社会与法始终共存亡。法反映了全体社会成员的意志和利益，但是，法的阶级性只是法的阶级社会的特有属性，随着阶级社会的消亡，法的阶级性属性也会最终消失。[1]

（三）法律本质层次新说

关于法律本质问题的讨论之所以如此受到学界关注，实际上是中国法学如何开展进一步研究的一次大讨论。通过讨论，法律本质单一属性的观点逐渐被学界抛弃，转而出现了许多法律本质多层次观点。通过对《法理学》书籍、论文中法律本质理论观点梳理可见。

首先是法律本质二层次观点，代表人物为张文显。张文显于 1987 年在《试论法的质和法的本质》一文中提出，法律分为“浅层本质”和“深层本质”。[2] 张文显在 1988 年版本法理学著作中，延续了这种观点，认为法律本质第一层是法的浅层本质，即统治阶级的意志；第二层是法的深层本质，即社会物质生活条件决定统治阶级意志，这一看法与 1994 年沈宗灵版本的著作基本一致。[3] 此外，还有学者持这种观点，但分析方法与张文显的本体论视角不同，学者从本质与现象的区别出发，把法律本质同样分为两个层次：第一个层次为法的“阶级性”，作为法律的本质属性；第二个层次为其他非本质属性。[4]

其次是法律本质的三层次理论，沈宗灵、孙国华[5]、朱景文、何勤华等持这种观点。沈宗灵提出分三个层次研究法的本质，同时提出法学研究的词义分析方法。他强调关于法的本质的第三个层次，即经济以外的

---

[1] 相关论述参见万斌、倪健民：《法的共同性初探》，载《社会科学》1983 年第 9 期；齐延平：《打破陈旧僵化模式发展我国法学理论》，载《中国法学》1988 年第 6 期。

[2] 张文显：《试论法的质和法的本质》，载张国华等编：《中国社会主义法制建设的理论与实践》，鹭江出版社 1987 年版，第 122 页。

[3] 张文显主编：《法的一般理论》，辽宁大学出版社 1988 年版，第 64 页；沈宗灵主编：《法理学》，高等教育出版社 1994 年版，第 24 – 31 页。

[4] 吴家麟：《法律的阶级性、社会性和继承性试析》，载《宁夏社会科学》1985 年第 1 期。

[5] 孙国华：《也谈法学的现代化与法的概念的科学表述——与吴世宧同志商榷》，载《政法论坛》1985 年第 6 期。

各种因素，包括政治、思想、道德、文化、历史传统等对法的影响。[1] 孙国华、朱景文主编的《法理学》(1999年版)教材中，在第一篇“法的基本原理中”，把“法的概念和本质”作为一章命名，认为法有三层本质，与法本质的二层论不同的是，除了统治阶级的意志(第一层)与社会物质生活条件(第三层)，把第二层本质认为是被一定历史条件所决定的人民的行为自由与纪律，表现为社会权利与义务；在第二篇“中国社会主义法的基本原理”中，又以“社会主义法的本质和基本原则”命名一章，区分了社会主义法本质与一般法本质的概念，社会主义法有阶级本质与社会本质。[2] 何勤华等主编的法律专业自学考试辅导用书《法理学》(2000年版)把“法的本质”作为法的概念一章中的一节，分为三个层次，第一层为国家意志，第二层为以物质生活条件作为最终决定因素，第三层为经济以外的因素，包括政治、思想、道德、文化、民族、习惯等。[3]

再次是法律的四层次本质论。吴世宦于1985年在《论法学现代化与法的本质概念的科学表述》一文中，提出了法的本质四层次论。[4] 法律是一个复杂的系统，法律的各层次属性之间是矛盾统一的，运用微观分析机制分析法律，得出以下结论：法律的第一层本质是社会关系的反映，社会关系产生社会行为，法律通过权利义务作出规定来规制社会行为保障社会有序发展；第二层本质为意志层次，法律作为意识形态的上层建筑，具有社会性和人民性的对立意志的统一；第三层本质是法律对社会客观规律的反映，属于法律规律性的质；第四层本质是法律的功能，法律是社会关系的调节器，因此具有惩处功能和协调功能，根据不同时期社会需要分别占主导地位。

最后是法律的五层次本质。张浩在《关于法的本质属性的几个问题》中提出了法律本质的五层次观点。[5] 本质属性是一事物区别于其他

---

[1] 张骐：《当代中国法理学家沈宗灵》，载《中国社会科学报》2025年1月6日，第8版。

[2] 孙国华、朱景文主编：《法理学》，中国人民大学出版社1999年版，第35－41、99－107页。

[3] 胡土贵编：《法理学》，复旦大学出版社2000年版，第10－11页。

[4] 吴世宦：《论法学现代化与法的本质概念的科学表述》，载《政法论坛》1985年第3期。

[5] 张浩：《关于法的本质属性的几个问题》，载《政法论坛》1988年第2期。

事物的规定性。法的本质属性是法这种特殊的社会规范区别于其他社会规范的质的规定性,法的阶级意志性、国家强制性、行为规范性、物质制约性和社会需要这几种属性是法区别于其他社会规范的质的规定性。因此,法的本质属性应该包括这五个层次的内容。

马克思主义理论研究和建设工程重点教材《法理学》(2010 年版)在“法的本质”一节中,区分了资产阶级法学家关于法本质的论述(如意志说、命令说、规则说等)与马克思主义经典作家关于法本质的论述,指出“法的本质”与“法的现象”是一对范畴,资产阶级法学家对法的认识只停留在表面或把法的现象等同于法的本质,而无法把握法的深层次本质,马克思理论从辩证唯物主义和历史唯物主义出发,科学地揭示了法的本质及其发展规律。张文显主编的《法理学》(2018 年版)作为全国高等学校法学专业核心课程教材,在其第二编法理学基本概念中,法的概念作为其中一节出现,区分了“马克思主义经典作家关于法的本质的论述”、“法的阶级本质”与“法的本质由特定社会的物质生活条件决定”。付子堂主编的《法理学初阶》(2021 年版)中,也是在其中“法律基本知识”编中,将“法律本质”作为“法律的概念”一章中的一节呈现,书中认为法律本质是对法律内在属性的解释,常表现为一种“法律是什么”的提问,区分了两部分:一是“关于法律本质的主要学说”主要是西方的主流学说,法律命令说、人民公意说与社会控制说;二是“法律本质的三个层次”,法律是国家意志的一种表现形式,体现为掌握国家政权的社会阶级的意志,同时也保障社会公共利益,法律所体现的意志归根结底源于社会物质生活条件,共三个层次。

从不同年代的学者观点以及法理学著作中关于“法的本质”观点可以看出,学界坚持和重视了马克思主义法律观,不再僵化、教条地理解马克思主义法学观点。在此基础上,马克思主义法律观在法律本质上的认识越发深入并达成了一定共识。同时,西方的法本质概念梳理和介绍也逐渐客观。

(四)法律本质的解构性观点

1995年11月19日,"法律文化研究中心"在北京大学法律系举行学术讨论会,对法律本质问题进行了深入探讨。[1] 朱苏力在《关于法律本质的法理学思考》中提出,"法律本质"是西方法律史中实证主义法学派的观点,并不是马克思首创,马克思也并没有给法律下过严格的定义。就中国法律本质而言,20世纪50年代以来主张法律本质是"统治阶级的意志",源于维辛斯基的观点,但维辛斯基除指出法律的阶级意志之外,还强调法律是国家认可的习惯和惯例,强调法律源于市民社会这一属性,是一次实证法与自然法结合的积极尝试,并且,"意志论"中集体意志是虚构的,将法律定义为意志的反映并无意义;20世纪80年代的法律阶级性与社会性的争论实际上可以看作西方自然法与实证法之争在中国的翻版,也已经没有可作讨论的学术前途。"法律"可以指习惯法、法典、家庭法、法官创造的法等,它们仅仅是共用一个名称而已,仅仅由于适用方便而具有相似性,应当抛弃人为虚构的本质,将词语从形而上学代入日常生活。王亚新认为,中国的本质主义与西方的非本质主义形成了两种不同的常识,究其原因是学术语境的隔绝,就中国而言,专家主张"非本质论",普通人主张本质论,中国应当打破这种专家话语,实现研究范式的转变。有学者认为,近几年学术界对法本质问题的探讨几乎没有,也没有必要重提。对此,邓正来持不同意见,认为不探讨不等于大家认为法没有本质,因此必须从认识论上解决这个问题,关键在于找出本质主义在中国产生的社会机制以及其所产生的法学理论影响。梁志平认为,反本质主义不等于不给法律下定义,而是说对于法的定义可能是灵活的、开放的、实用主义的。

---

〔1〕 法律文化研究中心:《法律的本质:一个虚构的神话》,载《法学》1998年第1期。

三、当代中国特色社会主义法律本质

(一)坚持马克思主义与中国实践相结合

20 世纪 90 年代重申“马克思主义必须与中国实际相结合”为法律本质问题的争论指出了方向。我国的法治建设不能依赖简单的法律借鉴与法律继承,目前法治建设中出现的不少问题表明,我们需要更多的智识资源,而马克思主义法哲学无疑能为我国法治建设提供正确的理论指导。马克思研究法哲学问题、形成法哲学理论的方法论是我们法治建设的路标。

马克思主义科学地揭示了法作为国家意志的阶级性和物质制约性,创立了历史唯物主义法本质理论。法律本质理论是法理学变革与发展的基础理论,不能囿于过去教条、僵化的观点,使法本质理论陷入“斗争理论”的窠臼。因此,我们要用新的思想和观点重新界定法的本质,继承与发展马克思主义法的本质观点,法律本质的物质制约性应当受到生产关系与生产力相适应的规律和市场经济在内的规律制约,法的阶级性真正受制于客观规律性,增强科学性。[1] 马克思法本质理论立足于社会生产实践,固守了唯物主义的方法论原则立场,与唯心主义法哲学家把法的本质归结为“神的意志”“上帝意志”“人的理性”导致法本质陷入神秘性与思辨性不同,马克思继承与超越了黑格尔的思辨辩证法,用严谨的历史分析研究,突破了唯心主义法本质的形而上,揭示了法本质意志性与物质制约性的统一。[2] 重视马克思主义法律理论,才能真正科学全面地发现马克思恩格斯关于法本质的基本原理。[3] 马克思主义的法本质在形式上是普遍适用性,在实质上是由一定物质生活条件所决定的社会公共利益

〔1〕 卢云:《重新界定法的本质论的内涵:法理学变革发展的基石》,载《法律科学(西北政法学院学报)》1995 年第 3 期。

〔2〕 李真:《马克思法哲学方法论的承继与超越——以法本质观为视角》,载《江西社会科学》2014 年第 5 期。

〔3〕 司春燕:《马克思主义法本质观新探》,载《理论学刊》2018 年第 3 期。

和需要，体现的是社会公共意志。马克思主义法律理论突破了本质主义的藩篱，其开放性的法律理论并未明确定义法律及其本质，这种开放性立场是在指引我们不可单独研究法律及其本质，应将研究视角多元化，也应关注法律服务的对象及其本质。[1] 研究法律本质，应当回到经典中去，探究马克思、恩格斯原意。因此，有学者回到马克思主义经典作家的文本，通过对经典的解读，认为马克思、恩格斯谈论了法本质的两个方面：一方面是法的内容本质，即法是由一定物质生活条件所决定的社会共同利益和需要的体现，是社会公共意志的反映；另一方面是法的形式本质，即法具有的普遍适用性，得出马克思主义法本质观的主要内容是社会公益性和普遍适用性。通过以上归纳，其指出：中国特色社会主义法律，总体上反映了人民群众的共同利益和需要，执行管理社会公共事务的职能，在全社会普遍适用，并主要依靠人民群众自觉遵守实施，较为充分地体现了法的本质属性，在较高层次上体现了法的内容与形式本质的有机统一。[2] 黄成松从形式逻辑的视角探讨法本质。以属性→直接属性→特有属性→本质属性的方式推导法的本质，从这一路径出发证成法本质≠法的内容、法本质≠法的实质、法本质≠法的形式。[3] 吴劲松强调对马克思主义法学关于法本质界定需要运用历史解释方法、比较法解释方法、唯物辩证法等方法，将历史唯物主义基本原理与辩证法充分运用到法本质的探究中。[4] 还有学者通过马克思经典文献解读法律本质，同时，结合中国法治实践提出在众多法本质学说中“人民意志说”较为准确，提出法律应当真正地体现和代表人民的意志。那么如何体现和代表人民的意志——通过什么样的程序、机制收集、采纳民意才是更好的？我们应当建

---

〔1〕 周尚君：《法学观念史论稿》，法律出版社2014年版，第73－79页。

〔2〕 司春燕：《马克思主义法本质观新探》，载《理论学刊》2018年第3期。

〔3〕 黄成松：《形式逻辑视野下的法本质》，载《北京城市学院学报》2021年第5期。

〔4〕 吴劲松：《马克思主义法的本质理论研究——一种法律方法的视角》，载《文化学刊》2020年第6期。

立一种使人民的意见得到有效性、机制性、制度性的采纳的机制。[1]

部分学者试图从其他法哲学流派出发，回答法律本质问题的争论。任丑把关于法本质的哲学追问的途径归结为三种基本范式，通过研究实证法律的法学现象论、追问法学价值论，试图融合法学价值和实证法律主体性的法学主体论，得出结论：法的本质是法律主体通过一定的民主商谈程序，依据终极的普遍的道德价值，确定当下的社会秩序的价值基准，据此修改、废止、订立以及践行当下的实证法律秩序的自由实践过程。[2]还有学者认为，应当看到实证法学派与自然法学派之间的论辩，两学派对法律本质的探讨形式差异在于对法律概念的认识，而要想化解这种分歧，离不开方法论的介入与调整。到底是从法律结构来展望法律本质，还是从道德探究并提炼法律本质，需要更进一步探究。[3]

（二）法律无本质等后现代观点回应

有关法律本质问题的讨论，在进入21世纪前后，渐渐减少。有学者认为，法律究竟有无本质就不是一个值得研讨的问题。“法本质应与法的存在一样，应是一种客观存在，不以研究人员的意志而转移，研究者所能做的只是去发现法律之为法律的本质性因素。”[4]对于法律有无本质的论题，陈金钊指出，我国法制建设还处于初级阶段，对于严格的法治思维匮乏，那种立足于后现代哲学思潮的法本质“虚构论”在我国当前不宜过分宣扬，应当弘扬的是法的确定性与安定性。[5] 反本质主义的这种后现代思想，与古典思想的建构性叙事不同，强调一种去中心、反本质的解构性思想，一方面反映了系统性理论建构完成后，后来者研究的视角逐渐微观化；另一方面这种微观视角带动了“部门法理学”“具体法治”等具有较

---

〔1〕 刘作翔：《回归常识：对法理学若干重要概念和命题的反思》，载《比较法研究》2020年第2期。

〔2〕 任丑：《关于法本质的哲学追问》，载《哲学研究》2012年第12期。

〔3〕 罗时贵、郑玉双：《法律的本质：基于法实证主义与自然法之间展开》，载《广西社会科学》2017年第2期。

〔4〕 谢晖：《法律本质与法学家的追求》，载《法商研究（中南政法学院学报）》2000年第3期。

〔5〕 陈金钊主编：《法理学》（第2版），北京大学出版社2010年版，第49－59页。

强实践性的法理学研究兴起。[1]

（三）中国特色社会主义法本质

法应该是什么，这是先哲们一直追寻的问题。在马克思、恩格斯那里看到了法的终极本质：社会物质生活条件决定的统治阶级意志。这里所指的是应然层面的法。而法是什么？即如何看待实然法的本质。随着实证主义的影响日益增长，有学者开始探讨法在“应然区”与“实然区”的本质是否一致。学者指出应然层面的法本质是阶级性和物质制约性，在实然层面的法本质是平等性和规则的明确性或统称技术性。应然区与实然区的法本质是一个有机统一体。用法的阶级本质代替平等与技术本质，会导致统治阶级的意志就是法律，法律只要制定出来就等于实现了平等的错误；用平等与技术本质代替法的阶级本质，会导致法的“超阶级性”错误结论。在应然层面，法的阶级性本质和内容需要法律这个载体，同样地，在实然层面，法的平等性技术性本质和内容也需要法律作为载体。认识法的本质，就应将应然与实然相结合形成一个有机联系的本质体系：阶级性、物质制约性、平等性和技术性。[2] 田志明、周建超坚持用法的“阶级性”与“社会性”辩证统一的观点解读马克思主义法本质观念，把马克思主义法本质观，分为“理想的法本质观”和“现实的法本质观”，马克思主义法本质的“现实本质”反映法的政治职能；“理想本质”是法的价值本质，反映法的社会职能，即自由。他们指出，用全面、发展的眼光解读马克思主义法本质观，有助于法治中国的人权保护、秩序维护以及生态文明建设。[3] 杨显滨认为，无论是法律本质“阶级论”还是“社会论”或“无本质论”，都无法有效地发展法律本质理论，而“公平正义”反映了法律诸多属

---

〔1〕 褚宸舸：《论法律起源研究的中国化——一个知识谱系的反思》，载《法制与社会发展》2011年第2期。

〔2〕 相关论述参见孙国华主编：《马克思主义法学与当代》，中国金融出版社2004年版，第140－142页。

〔3〕 田志明、周建超：《马克思法本质观的双重视角及其对法治中国建设的启示》，载《江海学刊》2014年第1期。

性中的“共同性”，可作为当代中国法律本质。[1] 还有学者认为，法的实然性与应然性的契合点应当是“人性”：法关怀人性、成就人性，也约束、压制人性。[2] 邱昭继通过对马克思、恩格斯法律本质观点的解读，提出法律本质上是人与人之间的物质社会关系。[3] 法是社会关系的调节器，它是国家制定或认可的调整社会关系的必须普遍遵守的行为规范。因此，有学者提出，要掌握法的本质就要看它调整什么样的社会关系。社会关系的本质是“利益”关系，社会主义法律调整的是人民内部各群体与个人之间的利益关系。因此，我国的社会主义法律的本质应该在于它的“人民性”。[4]

四、法律本质研究的总结与展望

新中国成立以来，围绕着如何在当代中国的社会进程和法律实践中诠释法律本质，产生了诸多不同的见解。在改革开放前 30 年时间里，我国关于法律本质理论主要缘于苏联法学家维辛斯基对法的定义而衍生的关于法律本质的判断——法是统治阶级意志的体现。在一定程度上而言，苏联法律本质理论是阶级斗争的产物，能够适应政治斗争形势，满足阶级斗争的需要，这种相似的阶级斗争环境为新中国接受苏联的阶级本质理论提供了现实条件。中国法制建设和法本质理论建构全面接受了苏联理论模式，也是从苏联法制理论中找到了直接的理论表达方式。“与其说中国照搬苏联的法制模式，不如说我们需要苏联的理论来表达直接对法律的基本见解。”[5] 因此，新中国成立以后，需要建立一种全新的法制，建立一种以法的阶级本质为核心的法学理论，就逻辑地决定了新中国必

---

〔1〕 杨显滨：《论当代中国法律文化价值的应然归属》，载《河北法学》2013 年第 2 期。

〔2〕 林柏旬、周雪惠：《法的本质新探》，载《西南交通大学学报（社会科学版）》2004 年第 5 期。

〔3〕 邱昭继：《法律的社会关系本体论——马克思恩格斯法律本质观的再解读》，载《学习与探索》2022 年第 11 期。

〔4〕 李步云：《法哲学的体系和基本范畴论纲》，载《现代法学》2019 年第 1 期。

〔5〕 蔡定剑：《关于前苏联法对中国法制建设的影响——建国以来法学界重大事件研究（22）》，载《法学》1999 年第 3 期。

须要效法革命老大哥的法制经验和法的阶级本质理论。[1] 这种法律本质理论，强化了马克思方法论中的冲突理论，即强化阶级斗争理论，中国对苏联法本质理论的接受，使维辛斯基对于法律本质的判断成为中国法学理论界的权威和主流表达，也使"斗争法学"长期成为支配中国法学研究的主要方法。"一切根据阶级斗争理论来解释复杂的法律现象，法学的智慧之光被简单地斗争理论所取代和遮蔽。"[2]党的十一届三中全会后，"以阶级斗争为纲"转向"以经济建设为中心"，确立了"解放思想、实事求是"的思想路线。中国法学从"左"的思想禁锢中走了出来，不再片面地强调法的阶级本质，转向重视法的社会性，不再忽视法律本质与客观经济规律的内在联系，即从强调法的意志性转为强调法的规律性，从法的本体意义转向法的功能意义。[3] 马克思主义者坚持与重视马克思主义法律观，在讨论中坚持和发展马克思主义法律观，在法律本质问题上的认识越发全面、深入。这场长达几十年的讨论，推动了国家的法治进程，为党和国家确立"依法治国，建设社会主义法治国家"提供了坚实的理论基础，充分体现了我国学术自由发展。

长期以来我们在提到有关法本质问题时，都会在马克思主义经典原著中寻找理论依据，引用马克思主义经典作家的经典论述来表述自己的观点，对此有学者质疑："学者们有时用马克思主义经典原著中不同的论述来佐证完全相反的论点，有时甚至基于其中的同一段论述得出完全相反的观点。"[4]究其原因，一方面可能与原著较为晦涩难懂并且在语言不通的情况下依靠翻译造成了一定的理解偏差有关；另一方面可能是我们对马克思主义经典作家的文本不够重视导致对其解读不够。因此，应当从两方面着手，即"回归经典，关注现实"。一方面，重视马克思主义经典文本，

---

〔1〕 孙国华教授指出，新中国成立初期，"人们普遍认为旧法学必须批判，建设社会主义国家，需要社会主义法学，必须向苏联法学习"。转引自王申：《中国法理学知识谱系中的前苏联因素——我国著名法理学家孙国华教授访谈录》，载《法学》2005 年第 2 期。

〔2〕 舒国滢：《法学的知识谱系》，商务印书馆 2021 年版，第 38－43 页。

〔3〕 张文显、姚建宗、黄文艺等：《中国法理学二十年》，载《法制与社会发展》1998 年第 5 期。

〔4〕 司春燕：《马克思恩格斯法正义观研究》，人民出版社 2014 年版，第 160 页。

把握上下文之间的联系，真正理解其表达的含义；另一方面，坚持与发展马克思主义法律观，不应当教条、僵硬地解读书本中的文字，而应当与中国当代法治发展的实践相结合，在实践中发展具有中国特色的法律本质理论。

延伸阅读学术著作

1. 崔敏编：《法的阶级性与社会性问题讨论集》，群众出版社 1987 年版。
2. 张文显：《法学基本范畴研究》，中国政法大学出版社 1993 年版。
3. 孙国华主编：《马克思主义法理学——关于法的概念和本质的原理》，群众出版社 1996 年版。
4. 谢晖：《法学范畴的矛盾辨思》，山东人民出版社 1999 年版。
5. 季金华：《当代中国法律本质理论的历史逻辑》，法律出版社 2008 年版。
6. 刘颖：《法概念的跨语际实践：苏联法在中国（1949—1958）》，法律出版社 2011 年版。
7. 文正邦主编：《马克思主义法哲学在中国》，法律出版社 2014 年版。
8. 舒国滢：《法学的知识谱系》，商务印书馆 2020 年版。
9. 吴国喆：《不确定法律概念研究》，商务印书馆 2024 年版。

延伸阅读学术论文

1. 杨兆龙：《法律的阶级性和继承性》，载《华东政法学报》1956 年第 3 期。
2. 潘念之：《论法律的本质——驳斥杨兆龙否定法律阶级性、主张继承旧法的谬论》，载《学术月刊》1958 年第 1 期。
3. 周凤举：《法单纯是阶级斗争工具吗？——兼论法的社会性》，载《法学研究》1980 年第 1 期。
4. 郭道晖：《法的本质问题的哲学思考》，载《政治与法律》1985 年第 5 期。
5. 李道重：《关于法的本质的几个问题》，载《郑州大学学报（哲学社会科学版）》1991 年第 3 期。
6. 郭道晖：《论法与法律的区别——对法的本质的再认识》，载《法学研究》

1994 年第 6 期。
7. 谢晖:《法律本质与法学家的追求》,载《法商研究(中南政法学院学报)》2000 年第 3 期。
8. 杨显滨:《论当代中国法律本质的应然归属》,载《法学论坛》2014 年第 1 期。
9. 邱昭继:《法律的社会关系本体论——马克思恩格斯法律本质观的再解读》,载《学习与探索》2022 年第 11 期。
10. 王夏昊:《论法律规范的性质——以康德实践哲学为基础》,载《学术界》2024 年第 11 期。

延伸阅读学位论文

杜建明:《论当代中国法学研究中的阶级分析方法》,吉林大学 2011 年博士学位论文。

第八章　法律权利

本论题导读

新中国的权利研究在主体与外部条件、法律与社会变革、理论与现实需求之间的矛盾运动中逐步发展起来，不仅始终贯穿着人对权利乃至自身的价值探寻与意义追问，而且深刻体现出中国人权利意识的勃兴与权利观念的变迁。1949—1978 年是“起步时期”，以革命斗争为先导、“民主权利”为中心，奠定了研究的基本原则与总体基调：政治革命与制度更迭是权利研究的根本动因；研究视角限定于国家之下与法律之内，突出强调权利的国家性与法定性；阶级分析方法占据主导地位。1978—2012 年是“建构时期”，以权利价值为指引、“权利本位”为基点，搭建了研究的理论体系与学术框架：改革开放与经济发展是权利研究的首要动因；研究视角拓展到社会之中及法律之外，开始追求权利的内在性与人的主体性；结构性、系统化、整合式研究涌现；经济分析方法产生重要影响。2012 至今是“聚焦时期”，以权利论证为主线、“新兴权利”为引领，提供了研究的思维范式与逻辑进路：科技革命与观念开放成为权利研究的重要动因；研究视角转向国家与社会、立法与司法的有机互动，更加强调权利的正当性与社会性；研究走向实证化、微观化、技术化，逻辑分析方法运用渐趋增多。权利研究要坚持理论自觉和学术自信，深度把握社会实际与人性需求，以基本的价值共识与多维的方法体系，构建中国式权利理论体系，助推社会全面进步与人的全面发展。

权利具有理论与实践上的双重重要性。在理论层面，作为法学理论的基石或核心范畴，权利既是法现象的生命形式，又是法文化的重要面向；在实践层面，作为具有特殊意义和相对分量的话语表达，权利不但成为解决矛盾纠纷的有效着力点，而且成为分析社会问题的思维方式。而法律权利，即寓于法律规范之中的权利，是“权利的法律化与制度化”。[1] 法律权利影响着其他诸多法律概念与法学范畴，并塑造了精彩纷呈的法律生活和法治世界。

新中国成立70多年来，学术界从不同层面、不同视角，借助不同学科、不同方法，对权利的理论与实践开展了多元化、系统化的深入研究，逐步构建出一个科学的、完备的理论体系与学术框架。法律权利研究与实践的历史，是中国法学发展和法治建设的缩影或写照。在这段历史中，权利作为一个凝结着平等、自由、正义、秩序、幸福、安全等价值的“伟大的发明”，理论不断丰富完善、观念逐渐深入人心、实践日趋蓬勃发展。同时，学界对权利孜孜不倦的学术追问与知识探索，缊含着主体需求与外部条件之间的互惠互利，体现着法律发展与社会进步之间的相依相存，彰显着理论建构与现实关怀之间的交织交融。

一、起步时期（1949—1978年）：革命法制下权利研究的政治化

新中国的成立，开启了权利实践与权利研究的“新纪元”。[2] 从权利的（政治）基础来看，国家形态、权力结构、政治制度等，往往直接制约着一定社会的权利体系，以及确认和实现这种权利体系的机制。[3] 这一时

---

〔1〕 付子堂主编：《法理学进阶》，法律出版社2022年版，第28页；程燎原、王人博：《权利论》，广西师范大学出版社2014年版，第339页。（《权利论》一书，第一版书名为《赢得神圣——权利及其救济通论》，1993年由山东人民出版社出版；第二版名为《权利及其救济》，1998年由山东人民出版社出版。）

〔2〕 新中国成立前，毛泽东的《新民主主义论》（1940年）、《论联合政府》（1945年）和《论人民民主专政》（1949年）三篇文章，对即将诞生的新国家及其新权利体系进行了科学设计；中国人民政治协商会议第一届全体会议（1949年9月21日至30日）通过的《中国人民政治协商会议共同纲领》（在一个时期内起着临时宪法的作用）、《中国人民政治协商会议组织法》和《中华人民共和国中央人民政府组织法》三个文件，对“人民”的权利进行了法律确认。

〔3〕 程燎原、王人博：《权利论》，广西师范大学出版社2014年版，第180－185页。

期，政治发展是权利研究发展的首要动因。人民性、革命性、阶级性、国家性、法定性，是把握权利现象的基本原则；由政治话语所主导，也成为权利研究的突出特征。

（一）权利的概念与性质

科学准确地给权利下定义，是权利研究的一个根本性问题。不同的认识论与方法论、国家观与法律观，会产生不同的权利思想、权利观念和权利学说，特别是国家的意识形态，也深刻影响着学者们对于权利概念的理解和认识。

1. 权利的概念：可能说

苏联对我国法学理论的重要概念、核心命题以及基本取向，产生了全面而深刻的影响。在权利概念的内涵上，我国长期沿用了苏联的“可能说”，即权利是指法律规范规定的有权人作出一定行为、要求他人作出一定行为，以及请求国家强制力量给予协助的可能性。[1] 基于此，权利在来源上具有“法定性”，在状态上关注“可能性”。权利的可能性包括了主观可能性和客观可能性。[2] “可能说”的价值在于“使权利人注意到权利行使与实现的可能，隐含着敦促权利主体由权利之可能性变为现实性的要求”。[3]

在权利概念的表述上，学术界关注“基本权利”。1954 年《宪法》在权利发展史上具有里程碑意义。“五四宪法”在保留《共同纲领》中人民权利相关规定的基础上，不仅拓展了基本权利的基本内容，而且规定了权利实现的保障制度。“五四宪法”中的公民“基本权利”逐渐成为学界普遍采用的学术概念。

2. 权利的性质：阶级性

革命的洗礼使学者们认识到，权利不是“天赋”的，而是“中国人民长

---

〔1〕 张文显：《法哲学范畴研究》，中国政法大学出版社 2001 年版，第 304 页。
〔2〕 韩大元：《基本权利概念在中国的起源与演变》，载《中国法学》2009 年第 6 期。
〔3〕 范进学：《权利概念论》，载《中国法学》2003 年第 2 期。

期进行英勇奋斗的革命斗争的结果”。[1] 在无产阶级专政的国家，自由和民主属于广大的工人、农民及其他一切劳动人民，属于一切拥护社会主义和爱国的人民。[2] 宪法不仅“用立法形式记载了人民争得的各种权利和自由”，更是确定了公民在社会生活、国家社会中的地位，为公民真正享受这些权利和自由提供了保障。[3]

“权利的主体”与“权利的性质”高度关联：权利的阶级性，决定着权利主体的范围。“五四宪法”将“公民”规定为权利主体。而“权利的主体范围”主要包括两个议题：一是权利主体是“人民”还是“国民”（公民）；二是权利主体是否包括犯罪分子。

周恩来曾对“人民”和“国民”作出了区分：“人民”是指工人阶级、农民阶级、小资产阶级、民族资产阶级，以及从反动阶级觉悟过来的某些爱国民主分子；而官僚资产阶级和地主阶级在完成改造之前只是“国民”。[4] 人民是权利主体，而国民只是义务主体。1956 年，社会主义改造基本完成，社会主义制度成功建立，权利主体也进一步扩展。

对于“犯罪分子是否享有权利”这一问题，毛泽东《关于正确处理人民内部矛盾的问题》（1957 年 2 月 27 日）产生了重要影响。学界对于刑事犯罪是否可作为专政对象，形成了几种看法，主要包括：一切刑事犯罪都是敌我矛盾，都是专制对象；一切刑事犯罪并不都是敌我矛盾，并不都是专制对象；人民内部的刑事犯罪是专制对象，但不是敌我矛盾。[5]

---

〔1〕 吴家麟：《中华人民共和国公民的基本权利和义务》，载《教学与研究》1954 年第 7 期；辛光编著：《中华人民共和国公民的基本权利和义务》，湖北人民出版社 1955 年版，第 7 页；李光灿：《我国公民的基本权利与义务》，人民出版社 1956 年版，第 6 页。

〔2〕 西北大学法律系国家和法的理论与历史教研组编：《国家和法的理论基本知识》，陕西人民出版社 1958 年版，第 40 页。

〔3〕 李光灿：《我国公民的基本权利与义务》，人民出版社 1956 年版，第 2 页；杨化南：《中华人民共和国公民的基本权利和义务》，中国青年出版社 1955 年版，第 105 页。

〔4〕 周恩来：《人民政协共同纲领草案的特点》（1949 年 9 月 22 日），载中共中央文献研究室编：《建国以来重要文献选编》（第 1 册），中央文献出版社 1992 年版，第 17 页。

〔5〕 相关论文有：邓平：《一切刑事犯罪是否都算作敌我矛盾？是否都看作专政对象？绝不可把人民中间的犯法分子都当作专政对象》，载《政法研究》1958 年第 3 期；赖传祥：《不能说一切刑事犯罪是敌我矛盾的性质》，载《法学》1958 年第 9 期；等等。

(二)人民民主权利及其内容

为建立与新生人民政权相适应的国家和法律制度体系,这一时期开展了一系列立法活动:在“五四宪法”颁布之前,已经制定了《婚姻法》《土地改革法》《惩治反革命条例》《惩治贪污条例》《民族区域自治实施纲要》等。就宪法基本权利与其他法律权利的关系而言,基本权利是“最主要和最根本的权利”,是其他各种权利的基础;而一般权利,则由其他法律根据宪法原则来规定。[1] 学者们以人民民主权利为中心,深入剖析具体权利的阶级意蕴。

1. 民主与政治权利

政治权利的确认与实现,为其他各种权利的实现提供了前提和基础。1953 年,《关于政治法律工作的报告》指出,政法工作的重要任务之一,就是“保护人民群众的民主权利”。1954 年,《关于中华人民共和国宪法草案的报告》也强调了宪法在保障民主权利和自由方面的重要意义。[2] “民主制的发展和扩大,……意味着人民的民主权利的扩大和这些权利的物质保障的逐步扩充。”[3]

2. 经济和劳动权利

社会主义改造,使法律权利的经济基础发生了变化。学界对“经济和劳动权利”[4],特别是“所有权”[5]和“按劳分配”[6]等相关问题进行了

---

〔1〕 吴德峰等编著:《中华人民共和国宪法讲话》,湖北人民出版社 1954 年版,第 106 页。

〔2〕 《刘少奇选集》(下卷),人民出版社 1985 年版,第 168－170 页。

〔3〕 西北大学法律系国家和法的理论与历史教研组编:《国家和法的理论基本知识》,陕西人民出版社 1958 年版,第 52、53 页。

〔4〕 例如,关怀:《论我国公民的劳动权》,载《政法研究》1959 年第 4 期;伍彤:《认真贯彻按劳分配原则,切实保障社员经济权利》,载《政法研究》1961 年第 4 期。

〔5〕 相关论文有:丁毅之、卓萍:《对全行业公私合营以后资本家生产资料所有权问题的商榷》,载《政法研究》1956 年第 2 期;皮纯协:《对我国公民个人所有权问题的一些看法》,载《政法研究》1963 年第 1 期;等等。

〔6〕 相关论文有:孙亚明:《关于按劳分配和资产阶级法权残余问题》,载《政法研究》1959 年第 2 期;徐崇温:《关于按劳分配原则具有无产阶级法权属性问题的商榷》,载《江汉学报》1962 年第 11 期;郑文:《必须限制按劳分配所体现的资产阶级法权》,载《北京师院学报(社会科学版)》1975 年第 1 期;等等。

探讨。学者们认为,劳动及劳动权对国家及公民具有极强的重要性;生产资料所有权、公民个人所有权应当受到正确对待;公有财产神圣不可侵犯;[1]人民公社“充实、扩大了社员经济权利”。而“按劳分配”更多是作为“资产阶级法权残余”受到猛烈的批判。

3. 特定群体及社会权利

第一,妇女权利。《婚姻法》作为新中国成立后的第一部法律,专章规定了“夫妻间的权利和义务”,为“男女平等”提供了规范基础。“男女权利平等”“婚姻自由”等问题引起了极大关注。[2]

第二,少数民族的权利。在处理涉少数民族案件时,人民法院要以事实为依据、以法律为准绳,并且还要运用民族政策;因不了解风俗习惯而引起的纠纷,属于人民内部矛盾,不能以破坏民族团结罪处理,只能用行政纪律等民主办法。[3]

第三,犯罪分子的权利。在讨论“刑事犯罪是否为人民内部矛盾”的同时,学者们还对“刑事诉讼中被告人的法律权利与诉讼地位”的相关问题展开了研究。[4] 其中也不乏有对“有利被告”[5]和“无罪推定”[6]的争论。

(三)通过普遍守法的权利实现

从新民主主义到社会主义,人民民主权利始终具有广泛性与真实性。

---

[1] 西北大学法律系国家和法的理论与历史教研组编:《国家和法的理论基本知识》,陕西人民出版社1958年版,第106-107页。

[2] 此类文章有:童书业:《从历史上看婚姻法的伟大意义》,载《文史哲》1953年第2期;荆司:《关于婚姻家庭纠纷中所反映的阶级斗争问题》,载《政法研究》1965年第1期;等等。

[3] 西北大学法律系国家和法的理论与历史教研组编:《国家和法的理论基本知识》,陕西人民出版社1958年版,第104-105页。

[4] 相关研究有:周亨元:《论我国刑事诉讼中被告人的辩护权》,载《政法研究》1956年第3期;熊先觉:《保护刑事被告人的上诉权》,载《政法研究》1956年第4期;等等。

[5] 相关文章有:黄怡祥:《应当批判辩护人的“有利被告论”》,载《法学》1958年第3期;张汝东:《批判在审判实践中的旧法观点与有利被告论——从两个案件谈起》,载《政法研究》1958年第4期;等等。

[6] 相关讨论有:黄道:《略论刑事诉讼中的无罪推定原则》,载《法学》1957年第2期;王秉新:《关于“无罪推定”原则的探讨》,载《西南政法学院学报》1979年第1期;等等。

有学者深刻揭露了资产阶级统治下人民权利的虚伪性。[1] 而我国人民已经具备了权利实现的现实条件与制度基础。学者们也开始思考权利如何真正由“可能”成为“现实”。

1. 守法是权利实现的途径

权利和义务是辩证统一的：人人都要遵守法律，依照法律规定行使权利、履行义务，从而确保权利的充分实现。一方面，仅就权利人而言，权利和义务是统一的。“任何人不会是只尽义务，不享受权利；任何人也不能只享受权利，不尽义务。”[2] 另一方面，从权利人与相对人之间的关系来看，权利和义务也是相对的。权利的实现依赖于义务人作出的一定行为。总体上，权利的实现要求义务的履行。这种权利观念受到了苏联法学理论的深刻影响，因而是“规则模式论”和“义务本位观”的一种鲜明体现。

2. 国家权力必须遵守法律

人民权利是真实的，意味着权力必须为人民服务。从国家机构来看，人民代表大会是国家权力机关，人民代表由人民选举产生，其他国家机关由权力机关产生，这从根本上保证了人民权利的实现。[3] 从守法来看，国家机关及其工作人员必须遵守法律，违反法律就要承担法律责任。[4] 守法在我国不仅是法律义务，更逐渐成为道德义务。[5] 此外，从权力本身来看，监察机关也要根据法律规定的职权去监督国家机关及其工作人员。[6]

---

〔1〕 严景耀：《资产阶级宪法的虚构性与危机》，载《政法研究》1954 年第 2 期。

〔2〕 《刘少奇选集》（下卷），人民出版社 1985 年版，第 162 页。

〔3〕 严景耀：《我国宪法中的国家机构》，载《政法研究》1954 年第 3 期。

〔4〕 1956 年，《中共八大关于政治报告的决议》强调：“一切国家机关和国家工作人员必须严格遵守国家的法律，使人民的民主权利充分地受到国家的保护”。另可参见杨玉清：《关于法律责任的几个问题》，载《政法研究》1957 年第 1 期；王珉：《宪法肯定的政治方向绝不容许篡改——纪念宪法颁布三周年》，载《政法研究》1957 年第 5 期。

〔5〕 西北大学法律系国家和法的理论与历史教研组编：《国家和法的理论基本知识》，陕西人民出版社 1958 年版，第 115 页。

〔6〕 西北大学法律系国家和法的理论与历史教研组编：《国家和法的理论基本知识》，陕西人民出版社 1958 年版，第 91 页。

3. 国家具有保障权利实现职能

在我国，人民权利之所以广泛而真实，其根本原因在于：国家利益与人民利益是和谐一致的，国家会积极帮助和鼓励人民群众运用这些权利和自由。[1] “法律是人民经过自己的代表制定的，表达着人民的意志，保护着人民的利益”，能够“使公民的合法权利得到国家有效的保护”。[2] 这是国家职能的内在要求；军队、警察、监狱等一系列暴力机构的存在，也是出于此种目的。[3]

此外，党在法律权利实现中的作用也受到了学者的关注。共产党是无产阶级专政的领导核心；只有在党的领导下，社会主义法制才能有力地维护人民的权利，维护社会主义制度，维护国家的安全。[4]

（四）由政治话语所主导的权利研究

中华人民共和国的成立，以及社会主义革命的完成，使我国实现了历史上最深刻、最伟大的社会变革。[5] 新中国建立了新制度，颁行了新法律，从而也建立起新的权利体系，实现了新的权利发展。政治发展成为权利研究发展的首要动因，也使权利研究进入了“泛政治化”时期。

第一，观念特征。人民渴望获得国家和法律的承认，因此，民主、平等成为权利的价值追求，权利也被视为政治地位的体现。除政治性权利以外，其他权利也带有浓厚的政治色彩，都是国家政治制度的重要组成部分。

第二，内容特征。在权利的概念上，“可能说”忽视了“运行中的权利”，无法解释在具体法律关系中权利主体实际享有的，或正在行使的权利。[6] 在权利的实现上，“普遍守法”其实是在强调公民义务的履行。

---

〔1〕 杨化南：《我国宪法中公民的基本权利和义务》，载《政法研究》1954 年第 3 期。

〔2〕 张光博：《关于“公民在法律上一律平等”的意义》，载《法学》1957 年第 2 期。

〔3〕 西北大学法律系国家和法的理论与历史教研组编：《国家和法的理论基本知识》，陕西人民出版社 1958 年版，第 4、12、13 页。

〔4〕 西北大学法律系国家和法的理论与历史教研组编：《国家和法的理论基本知识》，陕西人民出版社 1958 年版，第 85、86 页。

〔5〕《中国共产党简史》，人民出版社、中共党史出版社 2021 年版，第 182－183 页。

〔6〕 张文显：《法哲学范畴研究》，中国政法大学出版社 2001 年版，第 308 页。

第三，视角特征。权利研究的视角限缩在国家之下与法律之内。学者们认为人民的民主权利是由国家和法律所赋予的，并否定了权利的“天赋性”。这也是批判资产阶级权利观念、主张权利之阶级性的一种自然反映。

值得肯定的是，这一时期奠定了权利研究的基本原则与总体基调，特别是关于权利的人民性，以及权利与义务、权利与权力、国家与人民关系的某些正确认知，对后续的权利研究产生了深远影响。

二、建构时期（1978—2012年）：改革开放后权利研究的体系化

党的十一届三中全会开启了改革开放和社会主义现代化建设的新时期，同时也开启了权利研究大发展的新时期。[1] 在坚持正确政治方向的前提下，经济发展成为权利发展和权利研究的基础动因，思想解放与科技进步亦为重要因素。正如马克思所言：“权利决不能超出社会的经济结构以及由经济结构制约的社会的文化发展。”[2] 1982年《宪法》颁布、1991年第一份人权白皮书《中国的人权状况》发表、2004年“国家尊重和保障人权”入宪、2011年中国特色社会主义法律体系形成等一系列大事件，以及关于法律本质（阶级性与社会性）、法治与人治等一系列大讨论，不断推动权利研究走向深入。中国学者开始搭建权利理论的整体性框架与知识体系。

（一）权利的本体论

对于权利的概念，学界进行了本体论上的意义追问与理论探寻。从既有研究来看，权利本体论主要包括权利概念、权利意识、权利起源、权利基础、权利结构、权利形态等问题。[3]

---

〔1〕 1981年，《关于建国以来党的若干历史问题的决议》明确指出：“必须……完善国家的宪法和法律并使之成为任何人都必须严格遵守的不可侵犯的力量，使社会主义法制成为维护人民权利……的强大武器。”

〔2〕 《马克思恩格斯选集》第3卷，人民出版社1995年版，第305页。

〔3〕 杨春福：《权利法哲学研究导论》，南京大学出版社2000年版。

1. 权利的要素与结构

关于权利概念的对比分析，通常是在批判“可能说”的同时，对利益说、资格说、自由说、要求说、选择说、法力说等诸多界说进行概括式分析与反思性评价，并在此基础上提出权利概念之新的表达。[1] 特别是，学者们提出了权利概念的“要素说”，试图透过权利的主体、内容、客体、方式、目的、意义等各种方面、不同层面的基本属性，对权利概念进行全面的理解和认识。

从权利的不同界说中，学者们将意志、利益、行为、正当、资格、权能、承认等基本要素筛选出来，形成了“三要素说”[2]“四要素说”[3]“五要素说”[4]等关于权利概念的综合性认识。理解权利概念，就是要理解这一概念所体现的主体性、价值性、规范性、实践性、社会性等基本特征与属性。

在权利要素研究的基础上，关于“权利结构”的研究一般有两种视角。一种是内部视角，即切入权利概念的内部，将其诸多要素根据一定逻辑关系排列组合起来。法律权利内在结构的逻辑关系主要有三种分析方式：一是由主及客的横向逻辑关系[5]，二是从内而外的层次逻辑关

[1] 王希仁：《“权利”新解》，载《青海社会科学》1984年第2期；张贵成：《再论权利》，载《政法论坛》1988年第5期；徐显明：《论权利》，载《文史哲》1990年第6期；林喆：《法律权利概念的解说》，载《法学》1991年第6期；范进学：《权利概念论》，载《中国法学》2003年第2期；等等。

[2] 程燎原、王人博：《权利论》，广西师范大学出版社2014年版，第23-31页；舒国滢：《权利的法哲学思考》，载《政法论坛》1995年第3期。

[3] 葛洪义：《论法律权利的概念》，载《法律科学（西北政法学院学报）》1989年第1期；葛洪义：《论法律权利的本质》，载《当代法学》1988年第3期；北岳：《法律权利的定义》，载《法学研究》1995年第3期；李拥军：《论权利的生成》，载《学术研究》2005年第8期。

[4] 夏勇：《人权概念起源》，中国政法大学出版社1992年版，第42页。（该书1993年、1994年、1995年和1997年先后四次重印，并于2001年出版修订版，2007年由中国社会科学出版社再版。）

[5] 武步云：《论权利——兼析权利和法律的关系》，载《当代法学》1991年第3期。

系[1]，三是从先到后的顺次逻辑关系。[2] 权利的内在结构分析实质上是在其要素分析的基础上，明确意志、行为、利益、权能、资格、救济等各要素在权利概念中的地位和作用。还有一些分析呈现出上述不同逻辑关系之间的相互交错。[3]

另一种则是外部视角，即着眼于整个法律权利体系，根据类型或性质对各种权利作出界分。[4] 美国分析法学家霍菲尔德(Hohfeld，1879—1918年)的权利分析理论将所有的法律关系化约为权利和义务关系，并归纳出权利、义务、特权、无权利、权力、责任、豁免、无能力等八个基本法律概念，给我国学者带来了启发意义。[5] 除此之外，“结构”一词还在其他意义上被用于权利研究，如，“权利的内容结构”[6]或“法定权利的制度结构”[7]。

2. 权利的历史与基础

权利概念的历史分析主要包含三个方面：一是考析古代中国的权利观念，以及权利观念在近代中国的传播；二是梳理西方权利观念的产生与演进，尤其是不同法学流派的权利思想；三是系统研究马克思主义权利思想，包括中国共产党人的权利思想。

---

[1] 林志敏：《论法律权利结构》，载《吉林大学社会科学学报》1990年第4期；刘兴树：《论法律权利》，载《湖南师范大学社会科学学报》1994年第1期；王启富、马志刚：《权利的法律结构分析》，载《中央政法管理干部学院学报》1999年第5期。

[2] 舒国滢：《权利的法哲学思考》，载《政法论坛》1995年第3期。

[3] 叶立周：《试论权利的逻辑构成》，载《河北法学》2005年第2期；汪太贤：《论法律权利的构造》，载《政治与法律》1999年第5期；杨春福：《权利法哲学研究导论》，南京大学出版社2000年版，第96－104页。

[4] 林志敏：《论法律权利结构》，载《吉林大学社会科学学报》1990年第4期；武步云：《论权利——兼析权利和法律的关系》，载《当代法学》1991年第3期。

[5] 沈宗灵：《对霍菲尔德法律概念学说的比较研究》，载《中国社会科学》1990年第1期；王涌：《寻找法律概念的“最小公分母”——霍菲尔德法律概念分析思想研究》，载《比较法研究》1998年第2期；陈锐：《对霍菲尔德法律概念论的逻辑分析》，载《西南政法大学学报》2003年第5期；陈彦宏：《权利类属理论之反思——以霍菲尔德权利理论为分析框架》，载《法制与社会发展》2011年第6期；等等。

[6] 从人的需要的层次上分析，权利包括生存的权利和发展的权利两个层次；从人的需要的类型上分析，权利包括政治权利和其他社会权利两个方面。参见贺培育：《论权利的结构》，载《探索》1995年第5期。

[7] 主要包括主体制度、内容制度、实现制度、责任制度、救济制度。参见程燎原、王人博：《权利论》，广西师范大学出版社2014年版，第345－347页。

古代汉语中，“权利”指权势与货利，而“定分”中的“分”则蕴含一定现代权利观念。[1] 西方权利观念则可追溯至古希腊、古罗马，中世纪神学、古代自然法学、德国古典哲学、功利主义哲学、实证主义法学、社会学法学、新自然法学等不同法学流派的不同思想家对权利也有不同认识。[2] 通过对学术史的梳理，自然权利[3]、习惯权利[4]等其他概念表达，也重新回到了学术视野当中。[5]

这一时期又重启了马克思主义权利思想研究。[6] 权利观念具有历史性，近代资产阶级社会的法律制度都建基于权利观念。[7] 马克思从历史唯物主义出发，深刻揭示了“权利的基础”，主要包括社会人类学基础（人的本质）、伦理价值基础（自由）、现实经济基础（社会物质生活条件）、社会历史基础（共产主义社会）、政治基础（民主制）、法律基础（法定权利）。[8] 权利生成的一般机理可概括为：权利的生成源于人的需求，取决于权利观念，意味着社会规范对稀缺性利益或资源的制度性界定，标志着群体对个人自由与利益的认可。[9]

---

〔1〕 周沂林：《权利观念史论》，载《中国社会科学院研究生院学报》1985 年第 4 期。

〔2〕 周沂林：《权利观念史论》，载《中国社会科学院研究生院学报》1985 年第 4 期；另可参见方新军：《权利概念的历史》，载《法学研究》2007 年第 4 期。

〔3〕 何兆武：《自然权利的观念与文化传统》，载《学术月刊》1987 年第 3 期。

〔4〕 [德]马克思、[德]恩格斯：《马克思恩格斯全集》第 1 卷，中共中央马克思恩格斯列宁斯大林著作编译局译，人民出版社 1956 年版，第 143 页。

〔5〕 随着生态环境的恶化、可持续发展理念的传播，自然权利还演化出“自然的权利”的概念，意指动物、植物等自然体所拥有的权利。参见张锋：《自然的权利》，山东人民出版社 2006 年版；刘湘溶：《自然的权利》，载《森林与人类》1994 年第 3 期；陈伟：《再论动物权利的理论基础——生命自由先于行动自由》，载《北京理工大学学报（社会科学版）》2011 年第 4 期；等等。

〔6〕 例如，杨海坤：《坚持和发展马克思主义的权利义务观——学习现行宪法札记》，载《政法学刊》1986 年第 2 期；鲍宗豪：《论马克思主义的权利理论》，载《江汉论坛》1992 年第 11 期；张丽君：《马克思的权利思想》，载《政治学研究》2005 年第 4 期；杨海：《论〈哥达纲领批判〉中的权利平等观》，载《社科纵横（新理论版）》2008 年第 3 期；等等。

〔7〕 张康之：《论权利观念的历史性》，载《教学与研究》2007 年第 1 期。

〔8〕 公丕祥：《权利现象的逻辑》，山东人民出版社 2002 年版，第 24－26 页。还有学者从人类学和法哲学的角度，论述了权利的道德基础、经济基础、权力基础、心理基础和法律基础，其中也引用了马克思的若干基本观点。参见杨春福：《论权利的起源与基础》，载《南京大学法律评论》1998 年第 1 期。

〔9〕 李拥军：《论权利的生成》，载《学术研究》2005 年第 8 期。

3. 权利的类型与形态

根据规范基础的不同，权利可分为习惯权利、道德权利和法律权利。基于马克思主义经典著作（特别是《关于林木盗窃法的辩论》），学者们思考了“习惯权利”。这也引发了权利的起源，或者法律权利的来源问题。习惯先于习惯权利存在，而习惯权利又构成了法律权利的界限。[1] 习惯权利与法律权利之间具有密切关系[2]，因此，习惯权利也是认识权利现象的一个重要面向。[3]

而“道德权利”则是以道德伦理规范为支撑的一类权利。道德权利的具体问题主要包括：道德权利的成立，道德权利的含义、内容和特点，道德权利与道德义务、道德权利与法律权利的关系等。[4] 法律权利与道德权利既可能相互冲突和排斥，也可以相互保障、相互促进。[5]

从存在形态来看，权利可分为应有权利、法定权利和实有权利。[6] 习惯权利和道德权利属于应有权利之列。权利研究必须对权利的形态加以区分。[7] 权利实现的过程，就是从应有权利到法定权利，再从法定权

---

〔1〕 张贵成：《论权利》，载《政法论坛》1988 年第 1 期；钱福臣、孙育玮：《法定权利义务与惯习权利义务范畴思考》，载《当代法学》1988 年第 3 期；钱福臣、孙育玮：《对法定权利义务与习惯权利义务的几点思考》，载《求是学刊》1988 年第 6 期；徐显明：《论权利》，载《文史哲》1990 年第 6 期。

〔2〕 杨春福：《论权利的起源与基础》，载《南京大学法律评论》1998 年第 1 期；谢晖：《民间规范与习惯权利》，载《现代法学》2005 年第 2 期。亦可参见张永和：《权利的由来——人类迁徙自由的研究报告》，中国检察出版社 2001 年版，第 95 页。

〔3〕 例如，孙育玮：《应重视对“习惯权利”问题的研究》，载《求是学刊》1992 年第 5 期；韦志明：《习惯权利的本质：作为一种生活方式的正当主张》，载《长白学刊》2010 年第 1 期；孙育玮、张善根：《习惯权利的基本问题探析——对马克思一个重要法律思想的解读和运用》，载《政治与法律》2010 年第 5 期；韦志明：《论作为事实性的习惯权利》，载《山东大学学报（哲学社会科学版）》2010 年第 4 期；等等。

〔4〕 杨义芹：《道德权利问题研究三十年》，载《河北学刊》2010 年第 5 期。另可参见程立显：《试论道德权利》，载《哲学研究》1984 年第 8 期；李树军、李业杰：《道德权利初探》，载《郑州大学学报（哲学社会科学版）》1985 年第 4 期；余涌：《道德权利研究》，中央编译出版社 2001 年版；等等。

〔5〕 余广俊：《论道德权利与法律权利》，载《山东社会科学》2009 年第 10 期。

〔6〕 李步云：《论人权的三种存在形态》，载《法学研究》1991 年第 4 期。另可参见文正邦：《有关权利问题的法哲学思考》，载《中国法学》1991 年第 2 期。

〔7〕 公丕祥：《合法性问题：权利概念的法哲学思考》，载《社会科学战线》1992 年第 3 期。

利到实有权利的过程。[1]

至此，作为权利之三种规范类型的道德权利、习惯权利、法律权利，以及作为权利之三种存在形态的应有权利、法律权利、现实权利，全部登上了新中国权利研究的历史舞台。

4. 权利主体与权利意识

从主体性角度来看，权利的实现不仅要靠国家的确认与保障，更需要权利主体的行动与维护。国家提供了条件，法律界定了范围，而权利主体则须在此基础上作出有目的、有意识的自由选择。特别是当权利与法治国家、民主政治、商品经济紧密联系起来时，主体就更需要树立权利意识。[2] 对于国家整体而言，权利意识在构建法律制度、实行权力控制、增强法治信仰等方面具有重要意义。[3] 在很大程度上，权利意识影响和制约着主体的权利行为，即行使权利的行为、保护权利的行为和争取权利的行为。[4] 从个人来看，能力决定权利实现的程度。[5] 权利意识既是获得权利实现能力的基础，又是具备这种能力的体现。

从价值层面来看，权利意识包含自由意识和平等意识，因此要消除等级特权意识，增强对他人的尊重和认同。[6] 从构成要素来看，权利意识可以分为权利认知、权利情感、权利评价、权利意愿和权利信仰。[7] 社会

---

〔1〕 王人博、程燎原：《法治论》，山东人民出版社 1989 年版，第 136 页；程燎原、王人博：《权利论》，广西师范大学出版社 2014 年版，第 326－356 页。

〔2〕 曹颖苹：《权利意识、权力意识与商品经济》，载《吉林大学社会科学学报》1989 年第 4 期；张敏：《依法治国与公民权利意识》，载《山东社会科学》1998 年第 4 期；刘文、吕世伦：《论权利意识与法治》，载《北方论丛》2004 年第 1 期；刘月平：《公民权利意识培育与中国民主政治发展》，载《前沿》2008 年第 9 期。

〔3〕 文敬：《论权利意识》，载《中国法学》1988 年第 4 期；黄永忠：《论现代权利观念》，载《江苏社会科学》1998 年第 2 期；李臣：《权利意识论》，载《中央政法管理干部学院学报》1998 年第 5 期。

〔4〕 程燎原、王人博：《权利论》，广西师范大学出版社 2014 年版，第 274－277 页。

〔5〕 蔡恒松：《权利的现实和实现》，载《前沿》2011 年第 1 期。

〔6〕 文敬：《论权利意识》，载《中国法学》1988 年第 4 期；袁吉亮、汪成忠：《权利意识与意识中的人权》，载《四川师范大学学报（社会科学版）》1994 年第 1 期；李臣：《权利意识论》，载《中央政法管理干部学院学报》1998 年第 5 期。

〔7〕 黄永忠：《论现代权利观念》，载《江苏社会科学》1998 年第 2 期；程燎原、王人博：《权利论》，广西师范大学出版社 2014 年版，第 265－269 页。

是个人权利实现的基础,个体在实现自身权利时,不能损害社会利益与他人权利。[1] 在高度复杂的现代社会中,“合作”而非“斗争”,是保证权利实现的重要方式。[2] 权利意识也并不必然排斥义务意识。[3] 只有二者兼具,法律权利才能得到充分实现。

市场经济是权利型经济,其运行离不开权利设定与权利配置,其发展也离不开权利主体的“自由自觉活动”。权利“是个体的主动性、独立性的表现,是人们的行为自由。……法的真谛在于对权利的认可和保护,是解放人、发展社会主义商品经济、发展生产力的重要手段”[4]。“主体”是指“具有某种自主性、自为性、自觉性、自律性、主动性、主导性的个人”[5]。然而,随着市场经济的发展以及对求利行为的肯定,特别是经济分析方法的引入,在有些学说中,主体的自由意志与自主选择逐渐淡化,权利概念也因此被简化为“利益”。

(二)权利与法律的关系论

经过法律本质的阶级性与社会性之争,以及国家治理的人治与法治之争,学者们逐渐将目光聚焦于“社会”与“法治”之上。“中国法学发展的转机和法学变革的契机乃在于对权利的再发现。”[6]1988年6月,在长春举办的“全国法学基础范畴研讨会”(以下简称长春会议)提出,应以权利与义务为基本范畴重构法学理论体系,权利的意义引起了学界的高度

---

〔1〕 柯卫:《论权利的法律实现途径》,载《山东社会科学》2004年第3期。

〔2〕 李拥军、郑智航:《从斗争到合作:权利实现的理念更新与方式转换》,载《社会科学》2008年第10期。

〔3〕 文敬:《论权利意识》,载《中国法学》1988年第4期。

〔4〕 文正邦、程燎原、王人博等:《法学变革论》,重庆出版社1989年版,第99页。

〔5〕 张文显:《论人权的主体与主体的人权》,载《中国法学》1991年第5期。

〔6〕 文正邦、程燎原、王人博等:《法学变革论》,重庆出版社1989年版,第98页。书中提到:1986年、1987年,已有学者注意到了权利的重要性。此外,张宗厚也对“法学应是权利之学”这一命题作出了思考。(参见张宗厚:《对法学乃是权利学的进一步思考》,载《法学》1989年第1期。)

关注。[1]

1. 权利作为法的本位

“没有无义务的权利，也没有无权利的义务。”[2]学者们也一向强调权利和义务的统一性、一致性，或者不可分离性。[3] 长期以来的研究，也使“权利义务是法学的基本范畴”这一命题得到广泛认可。[4] 只不过，权利和义务何者更为基础，还需要进一步论证。

第一，权利本位论。“权利本位”是一个有着丰富语义的概念。[5] 它意味着对权利平等的保障、对自由社会的追求、对多元利益的确认、对世俗幸福的肯定。[6] 义务应当来源于权利、服务于权利并从属于权利。[7] 从义务本位到权利本位，是法的发展规律。[8] 据此，中国法哲学便可以实现研究范式的切换。[9] 权利本位论传递出一种作为时代精神的民主精神、一种个体自主的精神。[10]

第二，义务重心说。从“法律的可操作性”来看，法作为社会控制、规

---

〔1〕 会议详细情况可参见郑成良：《商品经济、民主政治的发展与法学的重构——法学基本范畴研讨会综述》，载《政治与法律》1989 年第 1 期；卞文：《商品经济、民主政治的发展与法学的重构——法学基本范畴研讨会纪实》，载《当代法学》1988 年第 3 期。

〔2〕 郑成良：《试析马克思的一句法律格言》，载《当代法学》1990 年第 2 期。

〔3〕 张友渔：《论公民的权利和义务不可分离——宪法修改草案的一个重要问题》，载《东岳论丛》1982 年第 5 期；肖方扬：《论我国公民的权利与义务的统一》，载《江淮论坛》1982 年第 4 期；等等。

〔4〕 杨海坤：《正确的权利义务观念是社会主义民主与法制观念的核心》，载《光明日报》1986 年 9 月 3 日；张光博：《法定权利义务是法学研究的重大课题》，载《当代法学》1987 年第 3 期；张文显：《关于权利和义务的思考》，载《当代法学》1988 年第 3 期；等等。

〔5〕 张文显：《权利本位之语义和意义分析——兼论社会主义法是新型的权利本位法》，载《中国法学》1990 年第 4 期。

〔6〕 郑成良：《权利本位说》，载《政治与法律》1989 年第 4 期。

〔7〕 郑成良：《权利本位论——兼与封日贤同志商榷》，载《中国法学》1991 年第 1 期。

〔8〕 张文显：《从义务本位到权利本位是法的发展规律》，载《社会科学战线》1990 年第 3 期。

〔9〕 张文显、于宁：《当代中国法哲学研究范式的转换——从阶级斗争范式到权利本位范式》，载《中国法学》2001 年第 1 期。另可参见葛洪义：《法律 · 权利 · 权利本位——新时期法学视角的转换及其意义》，载《社会科学》1991 年第 3 期。

〔10〕 孙笑侠：《“权利本位说”的基点、方法与理念——兼评“法本位”论战三方观点与方法》，载《中国法学》1991 年第 4 期；葛洪义：《法律 · 权利 · 权利本位——新时期法学视角的转换及其意义》，载《社会科学》1991 年第 3 期。

范手段，主要通过义务性规范来实现目的。[1] 人的利益被认可为“权利”，需要以其承诺和履行义务为前提，所以，“义务先定”，权利来自对义务的承担和履行。[2] “义务重心说”经过不断完善，最终发展成为“义务先定论”。[3]

第三，权义一致说。“权利义务一致说”主要强调的是法律与义务之间的密不可分性。[4] 正因如此，也有学者认为“法无本位”。

2. 权利作为法的价值

法律权利概念是逻辑分析与价值分析的统一。[5] 在思考法的本位时，只有对权利的价值作出客观阐发，进而才能对法律权利之于整个法律体系的地位和意义作出正确判断。而权利价值论就是要揭示权利满足主体需要的属性。[6] 首先，权利本身就是一种法的价值，是法律及法治存在的基础。[7] 权利从确认到实现（对主体发生效用）的过程，与法的价值的实现过程具有内在一致性。[8]

其次，权利概念中还蕴藏着一个价值体系。权利的价值有四个层次，即目的价值（正义、秩序、效率、自由、平等、安全）、构造价值（权利与义

---

〔1〕 张恒山：《论法以义务为重心——兼评“权利本位说”》，载《中国法学》1990 年第 5 期。

〔2〕 北岳（张恒山）：《关于义务与权利的随想》（上），载《法学》1994 年第 8 期；北岳（张恒山）：《关于义务与权利的随想》（下），载《法学》1994 年第 9 期。

〔3〕 例如，张恒山、黄金华：《法律权利与义务的异同》，载《法学》1995 年第 7 期；北岳（张恒山）：《法律义务的合理性依据》，载《法学研究》1996 年第 5 期；北岳（张恒山）：《人类理性协议与法律规则的来源》，载《现代法学》1997 年第 1 期；张恒山：《论人权的道德基础》，载《法学研究》1997 年第 6 期。

〔4〕 封日贤：《权利本位论异议》，载《现代法学》1990 年第 5 期；封日贤：《“权利本位说”质疑——兼评“社会主义法是新型的权利本位法”》，载《中国法学》1990 年第 6 期；郭宇昭：《析“权利本位”说》，载《中国法学》1991 年第 3 期；孙华国：《当前我国法理学研究中的几个问题》，载《法学》1996 年第 4 期；郭道晖：《论义务及其与权利的本质关系》，载《河南省政法管理干部学院学报》2006 年第 5 期。

〔5〕 葛洪义：《论法律权利的本质》，载《当代法学》1988 年第 3 期。

〔6〕 方永军：《论权利的本质及价值》，载《社会科学战线》2004 年第 1 期。

〔7〕 张宗厚：《法治的精髓是自由与权利——兼论“民主价值论”的缺陷》，载《改革》1989 年第 1 期。

〔8〕 胡春明：《关于权利的价值思考》，载《法学》1990 年第 9 期；陈友清：《价值与权利：九十年代中国法学理论的重心》，载《法学》1992 年第 4 期。

务、权力的结构关系)、手段价值(行为引导、获利手段)和表象价值(利益)。[1] 通过不同层次价值的实现,权利自身的价值也得以实现。

从作用范围来看,权利的价值可分为个体价值和社会价值。就个体而言,权利集中体现出主体对自身价值、尊严、地位及使命的期待或追求。[2] 由此,权利便产生了思想价值,使个体形成独立意识、主体意识、平等意识、效率意识;这些意识可为经济、政治和法治等领域带来诸多价值。[3] 具体而言,权利的社会价值主要在于对抗侵权和暴力、消除腐败和渎职、促进社会和谐与正义。[4] 从劳动与交换的角度看,权利也具有个体价值与社会价值的二重性。[5]

以上的探讨产生了一个新的问题,即在权利的价值体系中,何种价值最具基础性或本原性。从经济学角度看,利益是权利的本原因子。[6] 以效率为价值取向进行权利配置,可以最大限度上使主体享用劳动自由、创造社会财富。[7]

社会经济文化是不断发展变化的,主体的价值取向也越来越多元化,因此,权利的价值取向也会发展变化。[8] 就如同"意志论"与"利益论"之争,在一定程度上也可归因于商品经济的发展,以及权利主体的价值选择。

(三)权利实现与权利的运行论

随着中国特色社会主义法律体系的形成,法律权利体系也基本形成。

---

〔1〕 王云飞、丰霏、徐红菊:《权利的价值层次探析》,载《大连大学学报》2005 年第 5 期。

〔2〕 公丕祥:《权利现象的价值分析——马克思权利思想述论》,载《南京社会科学》1991 年第 2 期。

〔3〕 张光博:《权利和义务的社会价值》,载《当代法学》1990 年第 2 期。

〔4〕 王建华:《权利的社会价值》,载《人权》2008 年第 1 期。

〔5〕 魏再龙:《权利价值的二重性》,载《法学》1990 年第 10 期。

〔6〕 这里的"利益"主要是指"物质利益",但也包括基于伦理道德和心理体验而产生的"精神利益"。参见征汉年、章群:《利益:权利的价值维度——权利本原解析之一》,载《国家教育行政学院学报》2006 年第 7 期。

〔7〕 田培炎、蒋兆康:《论权利与效率——一种法律经济学观点》,载《法学研究》1992 年第 6 期;程燎原、王人博:《权利论》,广西师范大学出版社 2014 年版,第 259 - 262 页。

〔8〕 德全英、赵承寿、白洁:《法律权利的价值取向》,载《新疆大学学报(哲学社会科学版)》1995 年第 1 期。

改革开放的深入推进,使越来越多的权利类型受到关注,学界也对权利作出了更细致的划分,如物质权利与精神权利、实体权利与程序权利、公法权利与私法权利、个人权利与集体权利等。[1] 权利实现的过程既是法律权利由可能性向现实性转化的过程,也是法律价值与权利价值实现的过程。[2] 权利实现不仅体现着法律关系主体之间的关系,也体现着国家与个体之间的关系。

1. 权利救济与权利保障

权利救济,是指在权利被侵害后,对权利进行恢复、修复、补偿,或对侵权进行矫正。[3] 其根本目的就是使受到冲突或纠纷影响的合法权利及法定义务能够得以实现和履行。[4] 我国的法治建设在拓展法律权利体系的同时,也在不断改进权利救济制度,构建权利救济体系。[5]

公力救济和公助救济是权利救济的主要方式。而诉讼又是公力救济的主要形式;这种权利救济由国家通过法律来实施,并以国家强制力为保障。[6] 代替性纠纷解决机制、监督解决机制和特殊解决机制也是权利救济的重要方式。[7] 在民事诉讼过程中,司法在权利救济目的指引下,还具备了"生成权利"的功能。[8] 此外,信访权、申诉权等相关问题,还蕴含着以权利监督和制约权力的理念:权力不仅要为权利实现服务,权利也要发挥规范权力运行的作用。

---

〔1〕 例如,吴玉章:《公法权利的实践——结社现象的法学意义》,载《法学研究》2006 年第 5 期;刘志刚:《基本权利与私法权利的界限》,载《法学评论》2010 年第 1 期;等等。

〔2〕 公丕祥:《论权利的实现》,载《江苏社会科学》1991 年第 2 期。

〔3〕 贺海仁:《自我救济的权利》,载《法学研究》2005 年第 4 期。

〔4〕 程燎原、王人博:《权利论》,广西师范大学出版社 2014 年版,第 372 – 374 页。

〔5〕 高鸿钧、马剑银、刘辉:《法治背景下的民权——2003 年民权进展回顾与反思》,载《清华大学学报(哲学社会科学版)》2004 年第 3 期。

〔6〕 程燎原、王人博:《权利论》,广西师范大学出版社 2014 年版,第 379 – 381 页。

〔7〕 李俊:《从一元到多元:公民权利救济方式的比较研究》,载《华东师范大学学报(哲学社会科学版)》2007 年第 4 期。另可参见范愉:《非诉讼纠纷解决机制研究》,中国人民大学出版社 2000 年版;范愉:《非诉讼程序(ADR)教程》,中国人民大学出版社 2002 年版;等等。

〔8〕 罗飞云:《论权利的司法生成》,载《法学论坛》2004 年第 1 期;杨秀清:《论司法过程的权利生成功能 以民事权利救济为视角的分析》,载《法律适用》2007 年第 11 期。

此外,私力救济也受到了很多关注。通常意义上,诉讼的出现是一种社会进步。[1] 但是,不能简单地将私力救济和公力救济对立起来,因为公力救济是对私力救济的发展,而非对其简单的抛弃。[2] 从经济学的博弈论来看,"复仇"作为私力救济的典型形式,在古代社会是"唯一有效的战术"。[3] 而现代社会中的"民间收债",也是权利主体在考虑诉讼成本与司法潜在弊端之后做出的一种理性选择。[4] 就像现代法治不能满足个体诉求,因而导致了"秋菊的困惑"。[5] 私力救济背后所呈现的,是一种"利益论"的权利观念。[6] 权利主体维权行为的根本出发点,就是利益的最大化。

与权利救济的"事后性"有所不同,"权利保障"同时强调权利实现受阻后的救济性保障,以及权利实现时无阻却性保障。[7] 通过法律的权利确认、义务承担和责任追究,可为权利实现提供形式、实体和程序等方面的具体保障。[8] 权利保障不仅是法治现代化的价值取向,也是法治现代化的评价指标。[9]

国家(权力)与公民(权利)的关系,是权利保障所面临的重要问题。"基本权利"保障是现代国家的正当性基础,是国家权力的一种约束力量,因而也是公民法律权利的最后保障和底线。[10] 法律确认了作为公民

---

〔1〕 顾培东:《社会冲突与诉讼机制》(第3版),法律出版社2016版,第18页。

〔2〕 贺海仁:《自我救济的权利》,载《法学研究》2005年第4期;贺海仁:《小康的社会的权利理论》,社会科学文献出版社2016年版。

〔3〕 苏力:《复仇与法律——以〈赵氏孤儿〉为例》,载《法学研究》2005年第1期。

〔4〕 徐昕:《论私力救济》,广西师范大学出版社2015年版。

〔5〕 苏力:《法治及其本土资源》,北京大学出版社2015年版,第25-43页。

〔6〕 黄涛:《权利、利益与德性——1990年代权利观念发展之反思》,载齐延平主编:《人权研究》(第20卷),社会科学文献出版社2018年版,第4-18页;黄涛:《从个体到共同体——当代中国权利理论的逻辑发展》,载《法治现代化研究》2019年第2期。

〔7〕 范进学:《论权利的制度保障》,载《法学杂志》1996年第6期。

〔8〕 宋显忠:《通过法律的权利保障》,载《吉林大学社会科学学报》2006年第5期。

〔9〕 杨春福:《保障公民权利——中国法治化进程的价值取向》,载《中国法学》2002年第6期。

〔10〕 蒋德海:《基本权利与法律权利关系之探讨——以基本权利的性质为切入点》,载《政法论坛》2009年第2期。

身份的权利,国家应当承担相应的责任,包括消极义务和积极义务。[1] 然而,国家义务的履行,又必须以相应的国家权力为支撑。[2] 为了防止国家权力滥用、侵犯公民权利,又必须对国家权力进行有效限制,使其始终以公民权利保障为价值遵循。[3]

从法社会学角度来看,权利立法的超前、权利规则不完善等,是权利实现的主要障碍;要慎重对待权利立法以防止权利泛化,认真对待权利救济以防止权利霸权。[4] 从根本上看,权利实现具有一定的物质制约性。权利实现所呈现的“差序格局”,是权利现象的一个内在规律;只有经济上的巨大进步,才能真正缓解应有权利与实有权利、法律权利与实有权利之间的冲突。[5]

总体而言,“国家义务是权利实现的根本保障”这一命题,逐渐成为学界的广泛共识。[6] 而国家义务在一定程度上则体现为高额的公共支出。为此,有学者对权利话语进行了反思与批判。从法经济学的角度来看,“一种权利是否能够得到保障……取决于国家和社会是否具有支撑这种权利的充足资源”,而“权利话语的使用者却很少考虑权利保障所需的资源和成本问题”。[7]

2. 权利冲突与权利位阶

法律权利体系的不断扩展,使其内在融洽性也成为一个令人关注的

---

〔1〕 程燎原、王人博:《权利论》,广西师范大学出版社 2014 年版,第 341 页。

〔2〕 程燎原、王人博:《权利论》,广西师范大学出版社 2014 年版,第 197－204 页。

〔3〕 张晓琴:《论国家权力对公民权利的保障》,载《宁夏大学学报(人文社会科学版)》2009 年第 2 期。

〔4〕 林孝文:《论法定权利的实现——以法社会学为视角》,载《湘潭大学学报(哲学社会科学版)》2008 年第 5 期。

〔5〕 郝铁川:《权利实现的差序格局》,载《中国社会科学》2002 年第 5 期。

〔6〕 龚向和:《国家义务是公民权利的根本保障——国家与公民关系新视角》,载《法律科学(西北政法大学学报)》2010 年第 4 期;蒋银华:《论国家义务的基本内涵》,载《广州大学学报(社会科学版)》2010 年第 5 期;蒋银华:《论国家义务概念之确立与发展》,载《河北法学》2012 年第 6 期;等等。

〔7〕 桑本谦:《反思中国法学界的“权利话语”——从邱兴华案切入》,载《山东社会科学》2008 年第 8 期。

问题。这种融洽性不仅体现为法律文本上的静态关系,而且更多则是法治运行中的动态关系。权利冲突研究经历了产生、反思、深化三个阶段。[1] 尽管有学者认为权利冲突是一个伪命题[2],但更多学者认为这是一个不能忽视的法律问题或法律现象。

权利冲突既包括法定权利之间的冲突,也包括推定权利与法定权利之间、推定权利之间的冲突。[3] 权利边界的模糊性,导致了权利冲突的必然性。[4] 在权利冲突的解决上,“权利的抽象性”与“解决矛盾的具体性”之间也存在根本的矛盾。[5] 有学者提出,“平等保护”、“社会利益优先”与“一般利益优先”是解决权利冲突的三个基本原则。[6]

其中,较为关键的一个问题是“权利应否平等保护”,或者“权利是否存在位阶”。对于这一问题,主要有三种观点:一是权利位阶不存在,各种权利类型之间应是平等的。[7] 二是权利位阶不确定,只有在个案中进行价值衡量,才能解决权利冲突。[8] 三是“权利位阶规则”规定权利的效力高低,权利优位是确定的;“权利位阶原则”确定权利的价值轻重,权利优

---

〔1〕 郭明瑞:《权利冲突的研究现状、基本类型与处理原则》,载《法学论坛》2006 年第 1 期。另可参见朱兴文:《权利冲突论》,中国法制出版社 2004 年版;张平华:《私法视野里的权利冲突导论》,科学出版社 2008 年版。

〔2〕 郝铁川:《权利冲突:一个不成为问题的问题》,载《法学》2004 年第 9 期。

〔3〕 权利冲突也可分为内部冲突与外部冲突。外部冲突是指权利与秩序、安全、平等、福利等其他法的价值之间的冲突。参见程燎原、王人博:《权利论》,广西师范大学出版社 2014 年版,第 217-218 页。

〔4〕 张平华:《权利冲突辨》,载《法律科学(西北政法学院学报)》2006 年第 6 期;张平华:《权利冲突是伪命题吗?——与郝铁川教授商榷》,载《法学论坛》2006 年第 1 期。

〔5〕 梅夏英:《权利冲突:制度意义上的解释》,载《法学论坛》2006 年第 1 期。

〔6〕 刘作翔:《权利冲突的几个理论问题》,载《中国法学》2002 年第 2 期;郭明瑞:《权利冲突的研究现状、基本类型与处理原则》,载《法学论坛》2006 年第 1 期。

〔7〕 刘作翔:《权利冲突的几个理论问题》,载《中国法学》2002 年第 2 期。另可参见关今华:《权利冲突的制约、均衡和言论自由优先配置质疑》,载《法学研究》2000 年第 3 期;王克金:《权利冲突论——一个法律实证主义的分析》,载《法制与社会发展》2004 年第 2 期;刘作翔:《权利平等的观念、制度与实现》,载《中国社会科学》2015 年第 7 期。

〔8〕 林来梵、张卓明:《论权利冲突中的权利位阶——规范法学视角下的透析》,载《浙江大学学报(人文社会科学版)》2003 年第 6 期。

位不是绝对的。[1]

从经济学角度来看,权利冲突会导致权利成本的提高和权利效益的降低。[2] 因此,法经济学主张“权利的相互性”。不同类型的权利都可以在一定程度上转化为财产权利,从而实现“通约”;在权利冲突时,法律应该通过制度化的“权利配置”来实现社会效益最大化。[3] 也正是在这种观点的进一步影响下,权利概念出现了利益化的演变倾向。

3. 权利推定与权利泛化

法律权利是应有权利确认过程的最终结果;而权利确认则是客观性与主观性的统一,应有权利和法律权利之间也因此存在矛盾性。[4] 除法律确认的明示权利外,还存在默示权利、漏列权利、新生权利、剩余权利、空白权利以及习惯权利。[5] 为了保障公民权利、完善权利立法、实现司法公正,需要由立法机关和司法机关按照法定职权和法定程序,以正确的思维逻辑来推导出其他权利。[6] “权利本位说”的支持者,通常也支持权利推定。[7]

就方法而言,权利推定主要包括:由权利推定权利;由义务推定权利;根据宪法法律的基本原则、精神及立法宗旨推定权利;依“法不禁止即自由”的原则推定权利;对习惯权利合法性的推定。[8] 其中,从法律规定推

[1] 张平华:《权利位阶论——关于权利冲突化解机制的初步探讨》,载《法律科学(西北政法学院学报)》2007年第6期。

[2] 王启富、马志刚:《权利的成本—效益分析》,载《政法论坛(中国政法大学学报)》1999年第4期。

[3] 苏力:《〈秋菊打官司〉案、邱氏鼠药案和言论自由》,载《法学研究》1999年第3期。

[4] 公丕祥:《论权利的确认》,载《法律科学(西北政法学院学报)》1989年第3期。

[5] 郭道晖:《论权利推定》,载《中国社会科学》1991年第4期。

[6] 郭道晖:《论权利推定》,载《中国社会科学》1991年第4期;参见林志敏:《论法律权利的形式与推定》,载《吉林大学社会科学学报》1991年第5期。

[7] 张文显:《权利本位之语义和意义分析——兼论社会主义法是新型的权利本位法》,载《中国法学》1990年第4期;郑成良:《权利本位论——兼与封日贤同志商榷》,载《中国法学》1991年第1期。

[8] 郭道晖:《论权利推定》,载《中国社会科学》1991年第4期。此外,也有学者反思了“法不禁止即自由”的推定原则。参见林喆:《“行乞权”之争的法理误区——兼评“法无明文禁止之处即可作权利的推定”命题》,载《北京行政学院学报》2004年第3期。

定出“现有”的法律权利,被称为“形式推定”;从立法精神、法律原则、社会目标等推定出“应有”的法律权利,被称为“实体推定”。[1] 总体而言,权利推定是一个联结法律价值与法律规范的思维工具。[2]

与权利推定相关联的概念是“权利泛化”,即将自然权利或某些利益直接作为法律权利,以寻求法律救济。[3] 私法观念的兴起、个人利益的追求、权利意识的提高、法律体系的滞后、权利推定的错误等,都会导致权利泛化的产生。[4] 从根本上看,法律权利的支配力与强制力,促使权利话语出现了消费化、工具化的倾向。[5] 过度消费权利话语会带来消极影响:消解权利神圣,损害法律权威;造成诉权滥用,浪费司法资源;提高守法成本,影响行为自由;等等。[6] 权利推定和权利泛化促使学界更加关注权利确认的必要条件,以及权利生成的社会基础。

4. 权利限制与权利滥用

“权利限制”并非可以被简单理解为“对权利的限制”。这一概念实质上是在强调权利的合理界限。从利益属性来看,权利是利己的,而义务是利他的;逐利心使权利主体对权利和义务产生了两种截然不同的态度,

---

〔1〕 林志敏:《论法律权利的形式与推定》,载《吉林大学社会科学学报》1991 年第 5 期;程燎原、王人博:《权利论》,广西师范大学出版社 2014 年版,第 357 – 361 页。

〔2〕 进入 21 世纪,霍宏霞发表了一系列关于权利推定的论文。例如,霍宏霞:《论权利推定》,吉林大学 2008 年博士学位论文;等等。

〔3〕 唐先锋:《试析国内“权利泛化”现象》,载《人大研究》2004 年第 7 期。

〔4〕 唐先锋:《试析国内“权利泛化”现象》,载《人大研究》2004 年第 7 期。此外,网络环境下公民的权利意识日益高涨,网络因此成为权利泛化的“催化剂”,进而也对传统权利理论产生了一定冲击。参见周昕:《论网络环境对传统权利理论的影响》,载《中南民族大学学报(人文社会科学版)》2008 年第 3 期。

〔5〕 钱大军、尹奎杰、朱振:《权利应当如何证明:权利的证明方式》,载《法制与社会发展》2007 年第 1 期。有学者指出,若将“环境”视为“法益”而非“权利”,则能够更好地保护人们的环境利益。参见郭英华:《环境权还是环境法益?——权利泛化背景下对环境权的反思》,载《内蒙古社会科学(汉文版)》2008 年第 6 期。

〔6〕 唐先锋:《试析国内“权利泛化”现象》,载《人大研究》2004 年第 7 期;龙著华:《论侵权法保护的利益》,载《法商研究》2007 年第 4 期。

这不利于社会总体上的权利实现。[1]“限制权利的目的不在于取消权利,而在于实现权利;不在于削减和缩小权利,而在于扩大权利。”[2]

权利限制有内部限制与外部限制。其中,内部限制既包括权利与权利之间的相互限制,也包括法律规范对权利界限的框定,如时间性[3]、空间性、对人性等,抑或资格限制、行为限制、利益限制等;外部限制既包括秩序、安全、平等、正义等其他价值对权利的限制,也包括经济、政治、历史、文化等外部因素的条件限制。[4]但是,这也并不意味着权利限制是没有限制的,权利限制必须遵循正当性、不贬损性和最低性原则。[5]对于基本权利而言,其“权利核心”是不可侵犯的,这构成了立法、行政、司法等权力所不可逾越的边界。[6]

一旦超越了权利边界,就构成了“权利滥用”。而禁止权利滥用也是为了保障社会总体上的权利实现,从而维护社会的和谐状态。[7]为此,法律必须明确权利滥用的判断标准,以及产生的法律后果。权利滥用有四个构成要件:主体是适格的权利人;客体是公共利益或他人权利;主观方面违背了权利存在的目的、存在损人利己的故意;客观方面产生了不利

---

〔1〕 徐显明:《论权利》,载《文史哲》1990 年第 6 期;汪太贤:《权利的代价——权利限制的根据、方式、宗旨和原则》,载《学习与探索》2000 年第 4 期;丁文:《权利限制论之疏解》,载《法商研究》2007 年第 2 期。

〔2〕 程燎原、王人博:《权利论》,广西师范大学出版社 2014 年版,第 220 页。

〔3〕 关于权利的时间性问题,可参见熊赖虎:《权利的时间性》,载《现代法学》2011 年第 5 期。

〔4〕 张光博:《试论法定权利的界限》,载《社会科学战线》1981 年第 4 期;封日贤:《浅析权利义务的界限》,载《天津社会科学》1990 年第 1 期;徐显明:《论权利》,载《文史哲》1990 年第 6 期;公丕祥:《论权利的实现》,载《江苏社会科学》1991 年第 2 期;丁文:《权利限制论之疏解》,载《法商研究》2007 年第 2 期;王立:《超越权利限制》,载《哲学研究》2008 年第 2 期;尹奎杰:《权利观念的限度》,载《法制与社会发展》2009 年第 1 期;程燎原、王人博:《权利论》,广西师范大学出版社 2014 年版,第 218 – 245 页。

〔5〕 汪太贤:《权利的代价——权利限制的根据、方式、宗旨和原则》,载《学习与探索》2000 年第 4 期;丁文:《权利限制论之疏解》,载《法商研究》2007 年第 2 期。

〔6〕 李云霖:《权利限制之临界点:权利核心》,载《求索》2009 年第 3 期。

〔7〕 龚炜、徐婷:《论禁止权利滥用与和谐社会》,载《学习与探索》2007 年第 2 期。

后果。[1] 其法律后果主要包括行为无效、停止滥用、损害赔偿、限制权利、剥夺权利等。[2]

（四）以权利本位为基点的理论构建

党的十一届三中全会之后,改革开放使中国社会发生了全方位深层次的变化。政治稳定是权利研究的根本保证,经济发展是权利研究的基础动因,思想解放与科技进步是权利研究发展的重要因素。法学从“国家和法的理论”中独立出来,并以权利与义务为基本范畴,实现了理论体系的重构。市场经济的发展需要赋予主体更多的权利和自由,强调人的主体性,激发主体的主动性与创造性。权利话语不再纯粹作为革命话语或阶级话语,而是逐渐向学术话语回归。

具体而言,这一时期的权利研究可以分为三个阶段。1978—1988 年为“权利基础理论的铺垫时期”。权利领域出现了很多专门性、系统性研究,也涉及更多宏观的、抽象的理论探讨。1989—1999 年为“权利核心地位的确立时期”。法学回归“权利之学”;“权利本位论”应运而生,并得到广泛认同。2000—2012 年为“新兴权利概念的生成时期”。随着“法外权利”研究的不断增多,新兴权利作为一个学术概念出现在权利领域。[3] 学者们越来越倾向于从权利的视角、以权利的话语来思考法律及社会发展中的问题。[4]

---

〔1〕 徐显明:《论权利》,载《文史哲》1990 年第 6 期;徐国栋:《论权利不得滥用原则》,载《中南政法学院学报》1992 年第 3 期;黄凯:《法哲学视野中的权利滥用》,载《湖北社会科学》2007 年第 7 期。

〔2〕 汪渊智:《论禁止权利滥用原则》,载《法学研究》1995 年第 5 期;钱玉林:《禁止权利滥用的法理分析》,载《现代法学》2002 年第 1 期。

〔3〕 例如,姚建宗:《新兴权利论纲》,载《法制与社会发展》2010 年第 2 期;徐钝、郑记:《新兴权利救济:司法能动立场的证成与运作》,载《理论与改革》2010 年第 6 期。需要指出的是,“新兴权利”的概念提炼于具体新兴权利的研究之中。陈祥建的《论新型农地权利名称的创设》(载《东南学术》2002 年第 5 期)、王利明的《空间权:一种新型的财产权利》(载《法律科学(西北政法学院学报)》2007 年第 2 期)等一系列文章,对新兴权利概念的产生起到了推动作用。

〔4〕 张文显、姚建宗:《权利时代的理论景象》,载《法制与社会发展》2005 年第 5 期;姚建宗:《权利思维的另一面》,载《法制与社会发展》2005 年第 6 期。

第一，观念特征。人之于权利的主体性获得了承认，自由、效率等权利的诸多价值也得到了肯定。权利研究不仅强调主体的自由意志与自主选择，而且强调权利的利益面向。正因如此，权利概念也存在个体化、利益化的倾向。

第二，内容特征。马克思主义经典、西方法学流派〔1〕以及中华传统文化（特别是儒家思想的权利因子），构成了权利研究的三大理论渊源。〔2〕学者们以权利救济为核心，思考权利实现的途径，并强调权利意识在其中的积极作用。

第三，视角特征。权利研究不仅主动融入世界，而且自觉认识中国社会。学者们不仅剖析着法律权利的类型与结构，还洞悉着社会条件的发展变化，感知着“权利的基础”的变化，开始挖掘法律之外的应有权利。

第四，方法特征。哲学、历史学、经济学、社会学、伦理学等学科的多元方法被引入法学研究领域。〔3〕社会学方法有助于了解人们主观上的权利意识以及实践中的权利行为〔4〕；而经济学方法则影响了对权利价值、权利冲突、权利救济、权利保障等一系列权利问题的认识，进而也影响了对权利概念的界定。

至此，权利的理论体系与学术框架已经基本搭建完成。值得注意的是，进入 21 世纪，“经典的权利在新的时代背景下衍生出许多新的具体的

---

〔1〕 例如，林喆：《权利的法哲学——黑格尔法权哲学研究》，山东人民出版社 1999 年版；张亮：《古典自然法学派的权利思想研究》，吉林大学 2008 年博士学位论文。

〔2〕 王岩云：《权利问题研究与当代中国法律文化的发展变迁》，载《法制与社会发展》2010 年第 1 期。

〔3〕 例如，周新铭：《试论法学研究的比较方法》，载《现代法学》1981 年第 1 期；熊继宁、段桂鉴：《试论系统科学方法在法学研究中的应用》，载《中国政法大学学报》1984 年第 4 期；文正邦、高其才：《法社会学的方法论意义》，载《四川师院学报（社会科学版）》1985 年第 2 期；韦绍英：《梅因的历史方法试析》，载《法学评论》1985 年第 3 期；等等。

〔4〕 1993 年前后，夏勇主持了一项反映 20 世纪 90 年代初期中国人的权利意识的社会调研，参见夏勇主编：《走向权利的时代：中国公民权利发展研究》，中国政法大学出版社 1995 年版。后来，苏力和夏勇之间进行了争论。参见苏力：《读〈走向权利的时代〉》，载苏力：《法治及其本土资源》，中国政法大学出版社 1996 年版；夏勇：《批评总该多一些——答谢、反思与商榷》，载夏勇：《朝夕问道》，上海三联书店 2003 年版。

权利问题，而新的社会关系要求在权利大家族中添列新的成员，新兴权利与日俱增”。[1] “新兴权利”成为下一阶段权利研究中新的突破点、增长点。

三、聚焦时期(2012 年以来)：社会发展与权利研究的新面向

党的十八大以后，中国特色社会主义进入新时代。经济、政治、法治、科技、文化、教育、社会、生态等全方位的发展，是权利研究发展的重要动因："新兴权利"成为权利研究的焦点论题；"美好生活"成为权利研究的价值导向；"权利质量"[2] 与"权利意义"[3] 成为权利领域的新课题。此外，习近平法治思想的确立，为权利理论研究提供了方向性指引与方法论基础。

(一)权利的逻辑与属性

权利的概念，是贯穿权利研究史的一个恒久问题。只有先厘定"权利是什么"，才能更好地把握权利与其他法律概念、法律现象的关系，进而明确权利概念的重要性。学者们开始反思权利的个体化、利益化倾向，并突出强调权利概念所蕴含的正当性与社会性要素。

1. 法律权利的逻辑分析

法律权利的分析性研究，主要是对权利结构与类型的逻辑研究。这类研究一般是建立在对霍菲尔德权利分析理论(以下简称权利分析理论)反思、批判和吸收的基础之上，具体可以从"规范"(norm)或"地位"(position)两个角度展开。前者从法律条文所表述的意义出发，后者则涉及人与行动的规范性特征，以及人与人之间、人与行动之间的规范性

---

[1] 张文显、姚建宗：《权利时代的理论景象》，载《法制与社会发展》2005 年第 5 期。

[2] 此类文章可参见胡成蹊：《权利质量之探析》，载《厦门大学法律评论》2013 年第 1 期；任瑞兴：《法治中国建设中的公民权利质量》，载《中国社会科学报》2018 年 4 月 24 日；任瑞兴：《公民权利质量的意义之维》，载《河南大学学报(社会科学版)》2019 年第 2 期；尹奎杰：《权利质量研究的理论视域》，载《河南大学学报(社会科学版)》2019 年第 2 期。

[3] 刘日明：《现代性与权利的意义问题》，载《天津社会科学》2012 年第 5 期；张鹏：《论权利之于尊严的意义》，载《法学论坛》2013 年第 4 期。

关系。[1]

就权利的法律地位而言,有学者将法律权利分为广义的和狭义的。广义的法律权利包括请求权(狭义的法律权利)和法律自由。权利的这两个部分拥有各自不同的内部结构,并且在外部结构上形成了对应关系;因此,权利在结构上构成了一个逻辑整体。[2]

"基本法律概念"研究主要有两项任务,即形式化推导与实质性构建。前者需要实现"权利分析理论"与逻辑分析方法的有机融合;而后者需要弥补"权利分析理论"的缺陷,将基本法律概念根植于一定的"法律观"。[3]

有学者从霍菲尔德与哈特的权利理论出发,分析了权利的类型及其"根据"。权利可以分为自由权(针对所有人的一般权利)与要求权(针对特定人的特殊权利):自由权的根据是自由的价值;而要求权的根据则包括承诺的契约关系、自然的亲属关系,以及某些人的特殊处境。[4]

也有学者将法律权利的基本语义类型概括为主张权、自由权与权力权。这三者均由持有者、主题与承受者三要素所构成,并且必然地指向一个共同的"本体论承诺",即权利是一种规范的人与人之间的关系,是一种法律地位与关系。[5] 而法律权利的"概念观分异",根源于"法律权利总是可能处在不同阶段或不同层面"(法律权利的证成或正当理由、作为法律地位与关系的法律权利、法律权利的实施或执行)。[6]

与此相照应,也有学者指出了"权利分析理论"的适用范围,即仅适合司法层面法律权利的规范结构分析。实质上,法律权利在立法层面和

[1] 雷磊:《法律权利的逻辑分析:结构与类型》,载《法制与社会发展》2014 年第 3 期。

[2] 雷磊:《法律权利的逻辑分析:结构与类型》,载《法制与社会发展》2014 年第 3 期。

[3] 刘杨:《基本法律概念的构建与诠释——以权利与权力的关系为重心》,载《中国社会科学》2018 年第 9 期。

[4] 姚大志:《我们能够拥有什么权利?》,载《中国人民大学学报》2020 年第 1 期。

[5] 王夏昊:《本体论同构与法律权利概念观分异——基于分析路径的权利研究》,载《法制与社会发展》2021 年第 4 期。

[6] 王夏昊:《本体论同构与法律权利概念观分异——基于分析路径的权利研究》,载《法制与社会发展》2021 年第 4 期。

司法层面会分别呈现出不同的规范结构：在立法层面，法律权利表达了以义务型规范为核心的不同类型规范之间的逻辑关系；在司法层面，法律权利在规范结构上表现为当事人之间的，以获得司法救济为核心内容的多种诉讼关系。〔1〕 司法层面的法律权利预设了立法层面的权利，也是立法层面法律权利的限定版本。〔2〕

2. 回归权利的“正当”要素

在权利的诸多解释中，“意志论”与“利益论”以及它们之间的争论占据着重要地位。〔3〕 这两种界说在解释权利概念上各有得失。因此，学者们从三种进路出发，对此展开了进一步研究：第一种是为既有理论辩护；第二种是对既有理论进行批判或补正；第三种则是以新的角度展开分析和论证。

有学者在对各种学说进行比较分析的基础上，认为意志论最能说明权利的本质：自由意志是内在核心要素，资格是内在形式要素，利益是外在要素。〔4〕 也有学者认为，利益论能够合理地解释权利与价值、义务、利益的关联和差异。〔5〕 拉兹的“充分理由命题”指出了“个人的利益与他人的义务的证立关系”，揭示了权利在法律实践中的普遍性、区分性特征。〔6〕 但也有学者认为，利益能否成为充分理由，缺乏一定的判断标准；为此，应当引入“权利角色责任命题”，即权利是指那些对基本履行角色

---

〔1〕 于柏华：《法律权利的双层规范结构——对霍菲尔德法律关系学说适用范围的反思》，载《昆明理工大学学报（社会科学版）》2019 年第 2 期。

〔2〕 于柏华：《法律权利的双层规范结构——对霍菲尔德法律关系学说适用范围的反思》，载《昆明理工大学学报（社会科学版）》2019 年第 2 期。

〔3〕 陈景辉：《权利的规范力：一个对利益论的批判》，载《中外法学》2019 年第 3 期；吴然：《基于角色责任的利益理论——权利概念分析新解》，载《法制与社会发展》2017 年第 1 期。也有学者对权利规范论进行了专门性研究。参见于柏华：《法律权利规范论》，中国政法大学 2011 年博士学位论文。

〔4〕 方新军：《为权利的意志说正名——一个类型化的视角》，载《法制与社会发展》2010 年第 6 期。

〔5〕 于柏华：《权利概念的利益论》，载《浙江社会科学》2018 年第 10 期。

〔6〕 于柏华：《权利的证立论：超越意志论和利益论》，载《法制与社会发展》2021 年第 5 期。

责任来说必不可少的利益。[1]

还有学者从权利的规范力出发，指出了利益论的缺憾，即“个人利益无法与权利的规范力相匹配”。[2] 引入以“自由意志”为核心的“共同善”进行补强论证，可能会使其沦为意志论，并且也难以匹配指向性义务的要求。[3]

此外，也有学者试图超越意志论和选择论之争，以新的视角或理念来阐述权利概念，因而提出了观念论、要求说、正当说、程序说等观点。观念论认为，权利可视作一种规范性事业，“互惠性检验”和“平等参与”是权利理论的核心要素。[4] 要求说认为，权利意味着“发出要求”的资格；主体需要普遍具有自治能力与共情能力。[5] 正当说认为，作为一种观念形态的现象，权利本体是社会的赞同性、允许性评价，即正当（或正当性）。[6] 而程序说则试图跳出权利的概念争论，构建出使人自由表达意志、参与利益评价的“程序性权利理论”。[7] 以上种种论断，都进一步凸显了权利的正当性、社会性要素。

---

〔1〕 吴然：《基于角色责任的利益理论——权利概念分析新解》，载《法制与社会发展》2017年第1期。

〔2〕 陈景辉：《权利的规范力：一个对利益论的批判》，载《中外法学》2019年第3期。

〔3〕 陈景辉：《权利的规范力：一个对利益论的批判》，载《中外法学》2019年第3期；王籍慧：《需求如何成为权利——共同善权利观的两种论证方式及其限度》，载《法学论坛》2019年第3期；朱振：《共同善权利观的力度与限度》，载《法学家》2018年第2期。

〔4〕 张洪新：《传统权利概念的反思及其“元理论”证成——一个权利理论的新进路》，载《人权研究（辑刊）》2021年第2期。

〔5〕 张峰铭：《论权利作为要求——超越利益论与选择论之争》，载《法制与社会发展》2021年第2期。

〔6〕 张恒山：《论权利本体》，载《中国法学》2018年第6期。关于权利的“资格说”“主张说”“法力说”“自由说”“选择说”“可能说”“利益说”“优势说”都是从“正当”这一社会评价的内容中推理出的派生性属性。这些属性能够说明的，其实只是权利的作用或效用。完整意义上的权利概念包含权利本体、权利载体（自为行为、对物行为、对人行为、令他行为）以及权利功能（认可、示善、示选、排他、禁侵、示助）三个要素。（参见张恒山：《论具体权利概念的结构》，载《中国法学》2021年第6期；张恒山：《论权利之功能》，载《法学研究》2020年第5期。）

〔7〕 彭诚信：《现代权利理论研究》，法律出版社2017年版，第190－195页。另可参见高鸿钧：《权利源于主体间商谈——哈贝马斯的权利理论解析》，载《清华法学》2008年第2期。

3. 迈向社会"权利本位论"

权利本位论是我国新时期法学领域最具引领性的法学理论之一，极大地推动了法学观念的变更和法学理论的更新。[1] 学者们重新梳理了权利本位的理论内涵与价值目标，并在此基础上分析这一理论的合理性与局限性，思考它与实践之间的实际关系，展望权利本位理论的未来发展。

就权利本位与权利实践的现实关系而言，有学者指出，当下的权利话语缺乏义务意识与责任意识，并非由权利本位论本身造成，而是因为缺乏具有"权利文化"的适格主体；权利本位论具有自身的限度，而这种限度并非源于其自身存在谬误。[2] 然而，也有学者指出，以权利本位来解构阶级分析，会背离马克思主义法学研究范式。[3] 权利本位论需要实现从自说自话到中西对话、从法哲学理论到多学科理论、从理论体系到实践方法论的三大转变。[4]

还有学者认为，就世界范围来看，权利本位经历了从"个人权利本位"到"社会权利本位"的变革过程。[5] 社会权利本位要求以社会上的所有人、每个人为本位，人人是主体，人人有权利；国家干预是实现社会权利本位的基本要求。[6] 因此，还有学者再次思考了法的发展规律，即从义务本位法到权利本位法，再到新型权利法（平衡法）。[7] 平衡法的意义在于塑造人性，实现人的社会价值；关怀社会，实现社会团结和谐；维护秩

[1] 何进平、江游：《权利本位新论》，载《社会科学战线》2015 年第 2 期。

[2] 钱大军：《再论"权利本位"》，载《求是学刊》2013 年第 5 期。

[3] 王耀海：《评"权利本位"范式》，载《江淮论坛》2013 年第 2 期。

[4] 黄文艺：《权利本位论新解——以中西比较为视角》，载《法律科学（西北政法大学学报）》2014 年第 5 期。

[5] 何进平、江游：《权利本位新论》，载《社会科学战线》2015 年第 2 期。

[6] 何进平、江游：《权利本位新论》，载《社会科学战线》2015 年第 2 期。

[7] 贺电、张翼飞：《法的发展规律——从义务本位法、权利本位法到平衡法》，载《社会科学战线》2016 年第 2 期。另可参见贺电、马楠：《当代中国法哲学研究范式的新发展——从权利本位范式到平衡范式》，载《社会科学战线》2014 年第 1 期。

序，保证国家长治久安。[1]

此外，还有学者认为，以权利和义务为法学的核心范畴在一定程度上脱离了当代中国的法律生活实践，而权利和权力也不能作为法学的核心范畴。应当以法律生活实践为基准，以财产归属为根本标准，严格区分权利与权力，将权利权力统一体——“法权”作为法学的核心范畴。这种学说被称为“法权中心说”，其核心内容由权、权利、权力、法权、剩余权、义务、法等7个基本概念、若干基础性命题和相关分析模型构成，法权是其重心所在。

还有学者为了反思个体化、独立化、利益化的权利观念，对权利与共同体的问题进行了思考。权利本位论研究蕴含着个体性原则的兴起，多元化利益受到了承认和肯定；然而，个体自由被限制在实定法的框架之下，权利主体是由共同体支配的主体，而共同体也并非权利主体自觉承认的共同体。共同体应当由权利主体内在地建构起来，成为主体和他者共同营造的美好生活空间；只有生活在共同体中，意识到共同体的价值，主体的权利生活才是真正的幸福生活。[2]

(二)新兴权利的理论回应

实际上，早在2010年，就有学者对新兴权利做了初步研究。新兴权利所表征和代表的实际上是一系列不同类型和性质的权利，因此也就是一个表征“权利束(丛)”的统合概念，是用以描述我国社会现实中所存在的某些具体权利诉求和权利主张现象的一个松散的概念。[3] 这一时期，学者们对新兴权利展开了更为系统性、全面性的研究。

---

〔1〕 贺电、张翼飞：《法的发展规律——从义务本位法、权利本位法到平衡法》，载《社会科学战线》2016年第2期。

〔2〕 黄涛：《自由、权利与共同体：德国观念论的法权演绎学说》，商务印书馆2020年版；黄涛：《主体性时代的权利理论——改革开放以来中国权利理论的逻辑演进》，载《法制与社会发展》2019年第1期；黄涛：《从个体到共同体——当代中国权利理论的逻辑发展》，载《法治现代化研究》2019年第2期；黄涛：《权利、利益与德性——1990年代权利观念发展之反思》，载齐延平主编：《人权研究》(第20卷)，社会科学文献出版社2018年版，第3－25页。

〔3〕 例如，姚建宗：《新兴权利论纲》，载《法制与社会发展》2010年第2期；徐钝、郑记：《新兴权利救济：司法能动立场的证成与运作》，载《理论与改革》2010年第6期。

1. 新兴权利的概念

新兴权利概念的存在是否具有意义,引起了学者们的讨论。有学者认为,权利具有动态性,并且道德权利是法律权利的前提和基础,因此,新兴权利的正当性根据是“权利观念”;而权利观念天然拥有应对新问题的能力,在权利观念之外,没有主张新兴权利的必要性。[1]

对此,有学者指出,权利的具体化无法满足新情境的所有权利需求,并且法律权利也不等同于道德权利,因此,新兴法律权利有其存在的空间。[2] 还有学者认为,尽管权利可以应用于不同领域,也有法律权利和道德权利之分,但是,这并不意味着新兴权利的产生不需要通过理论的论证,而且也不能将新兴权利视为一个与道德权利、法律权利相并列的范畴。[3]

一般地,新兴权利与新型权利作同义使用,但也有学者进行了区分。[4] 例如,有学者认为,新型权利是(新出现的)法定权利,包含司法推定的权利;而新兴权利则是法定权利之外、与法定权利密切相关的权利。[5] 新型权利生成的直接社会根据,是习惯以及从中提取出来的习惯权利;其生成的救济方式,是社会或国家基于习惯(包括传统习惯和新习惯)作出的权利推定。[6] 至于新兴权利,其生成根据包括法律遗漏、法律排斥与社会变迁;保护方式则包括权利推定(法律保障)、民间规范(社会

---

〔1〕 陈景辉:《权利可能新兴吗?——新兴权利的两个命题及其批判》,载《法制与社会发展》2021 年第 3 期。

〔2〕 刘叶深:《为新兴权利辩护》,载《法制与社会发展》2021 年第 5 期。另可参见张泽键:《权利无法新兴吗?——论既有权利具体化的有限性》,载《法制与社会发展》2022 年第 3 期。

〔3〕 王方玉:《自然、法律与社会:新兴权利证成的三种法哲学路径——兼驳新兴权利否定论》,载《求是学刊》2022 年第 3 期。

〔4〕 此外,也有学者提出了“未列举权利”“未列举宪法权利”的概念。参见郭春镇、张薇薇:《转型期权利的法律保障研究——以未列举权利及其推定为例》,厦门大学出版社 2013 版;余军:《未列举宪法权利:论据、规范与方法——以新权利的证成为视角》,中国政法大学出版社 2017 年版。

〔5〕 谢晖:《论新型权利的基础理念》,载《法学论坛》2019 年第 3 期;谢晖:《论新兴权利的一般理论》,载《法学论坛》2022 年第 1 期。

〔6〕 谢晖:《论新型权利生成的习惯基础》,载《法商研究》2015 年第 1 期。

保障）和纠纷解决（运行保障）。[1]

2. 权利泛化的效应

"新兴权利"所带来的影响是多方面的，不仅有积极的一面，也有消极的一面；不仅给传统权利理论和权利观念带来挑战，也对既有法律体系及权利体系带来冲击。基于此，学者们进一步讨论了"权利泛化"现象。

权利泛化可视作权利的一种生长机制：权利在产生之前，往往以事实、利益或行为的形式存在，只有通过不断地主张、要求，才能被道德和法律所承认；在这个逻辑过程中，道德是权利的初审者，而法律则是权利的最终认定者。[2] 有学者认为，权利泛化的积极作用只存在于社会层面；但就学术研究而言，权利概念的滥用会"动摇法学、法哲学自身的理论根基"，"从而导致对权利概念中某些稳固结构的怀疑，最终难免取消了权利的独立性"。[3]

具体而言，权利泛化可能会导致权利主体范围的非理性扩大、权利内容的过分扩张、权利应有的可行性和与权利相对应的义务责任被忽略、不同权利话语之间产生冲突等问题产生。[4] 其中，目标与实效相背离或冲突的现象，被称为"权利的乌龙效应"。[5] 这种乌龙效应还体现为"权利越多、管制越全"，这源于"权利与权力的共生性"。[6]

然而，也有学者认为，权利泛化并不是针对权利重要性的一项合理指责。权利与个人道德主体地位直接关联，因此权利会对共同善或公共利益提出某些基本限制，而这些限制将消除对权利泛化的担心。[7] 也有学者指出，不能把权利体系的稳定当作社会法律秩序本身的稳定；相反，法

---

〔1〕 谢晖：《论新兴权利的一般理论》，载《法学论坛》2022 年第 1 期。
〔2〕 汪太贤：《权利泛化与现代人的权利生存》，载《法学研究》2014 年第 1 期。
〔3〕 陈伟：《权利的交往维度：哈贝马斯法哲学语境中的权利理论》，载《南京大学法律评论》2012 年第 2 期。
〔4〕 王方玉：《权利的内在伦理解析——基于新兴权利引发权利泛化现象的反思》，载《法商研究》2018 年第 4 期。
〔5〕 陈林林：《反思中国法治进程中的权利泛化》，载《法学研究》2014 年第 1 期。
〔6〕 陈林林：《反思中国法治进程中的权利泛化》，载《法学研究》2014 年第 1 期。
〔7〕 陈景辉：《回应"权利泛化"的挑战》，载《法商研究》2019 年第 3 期。

律秩序本身的稳定依赖于正确地创制、确认和拓展那些聚合了社会和人民利益期待的新的权利款项。[1]

正因如此，有学者提出了权利的“内在伦理”，即权利必须为人服务、应对主体具有善的价值、对社会公共利益有益或无害、应获得社会共识并具有可行性。[2] 将权利的内在伦理应用于立法、执法和司法等法治运行的各个环节，可以在一定程度上减少和防止权利泛化、权利滥用带来的负面效应。

3. 权利证成的进路

实际上，学者们很早就已经注意到了权利是否需要证明，以及如何证明的问题：理性（自然法）、合法（实证法）、认同（伦理性）是权利证成的几个基本路径。[3] 随着新兴权利的增多以及对权利泛化的担忧，也有更多的学者对“权利证成”问题进行了思考。其实，新兴权利证立的关键不在于“新兴”，而在于“权利”；新兴权利的证成问题，始终都要再度回到权利的概念中进行思考。

总体而言，这一时期的权利证成有很多逻辑条件，如权利的概念本义、生成基础、法律支撑、实现条件等。[4] 前两种条件往往是相互交织的。例如，有学者指出，权利证成需要分析一项“要求”所提供的理由是否为内在理由，以及这种内在理由的性质，如“权利人中心论”或者“权利的共同善”。[5] 基于此，新兴权利证成也可以视为从道德（特别是公德）

[1] 张曦：《“权利泛化”与权利辩护》，载《华东政法大学学报》2016 年第 3 期。

[2] 王方玉：《权利的内在伦理解析——基于新兴权利引发权利泛化现象的反思》，载《法商研究》2018 年第 4 期。

[3] 钱大军、尹奎杰、朱振：《权利应当如何证明：权利的证明方式》，载《法制与社会发展》2007 年第 1 期。另可参见尹奎杰、卢学英：《现代西方权利理论的三重证成维度及其启示》，载《云南大学学报（社会科学版）》2011 年第 2 期。

[4] 也有学者将新兴权利提出和证成的路径概括为三种，即体现自然法思维的自然路径、基于法律的实证路径以及带有法社会学色彩的社会路径，并对不同路径的利弊进行了分析。王方玉：《自然、法律与社会：新兴权利证成的三种法哲学路径——兼驳新兴权利否定论》，载《求是学刊》2022 年第 3 期。

[5] 刘小平：《新兴权利的证成及其基础——以“安宁死亡权”为个例的分析》，载《学习与探索》2015 年第 4 期。

中发现权利的过程,而非创造权利的过程。[1] 也有学者描述了新兴权利生成的逻辑基础:从利益的角度来看,新兴权利产生于“不公平分配的调适”,或者“可掌控资源的拓展”。[2]

就法律支撑而言,有学者认为,以价值为支撑的法律权利提供了权利证成的“理由”;需要判断一项要求是否可以归属于某个既有基本权利,以及是否符合构成这一基本权利的内在理由。[3] 就第四种条件而言,基于权利义务的对应性命题[4],有学者提出,新兴权利能否成立的问题,可以转化为“该权利所对应的义务能否成立”的问题;主张者需要清晰地认识这项主张所必需的义务成本,从而审慎地对待权利。[5]

除此之外,也有学者采取了一种综合式的证成进路。例如,有学者提出了由合理性、合法性、现实性三者构成的证成标准:合理性要求新兴权利符合权利的概念标准,即利益的正当性,以及个人选择被保护的重要性;合法性是指新兴权利能够被既有法律体系所容纳,判断方法则是“权利推定”;现实性则意味着新兴权利被实现的可能性,这需要进行社会成本、政治现实等政策性考量。[6] 也有学者采取了“内在理由”与“外在理由”相结合的论证思路:个人利益(初步证成)与共同善(最终保障)是权利证成的内在理由,对权利的证成(正当性)起决定性作用;权利实现的

---

〔1〕 陈彦晶:《发现还是创造:新型权利的表达逻辑》,载《苏州大学学报(哲学社会科学版)》2017 年第 5 期。

〔2〕 周赟:《新兴权利的逻辑基础》,载《江汉论坛》2017 年第 5 期。

〔3〕 朱振:《认真对待理由——关于新兴权利之分类、证成与功能的分析》,载《求是学刊》2020 年第 2 期。

〔4〕 关于这一命题成立与否的讨论,可参见陈景辉:《权利和义务是对应的吗?》,载《法制与社会发展》2014 年第 3 期;张洪新、陈宏霞:《权利及其相关性:你最好相信它——兼与陈景辉副教授商榷》,载《西部法学评论》2017 年第 6 期;张洪新:《为权利的相关性命题申辩》,载《人权研究》2018 年第 1 期。

〔5〕 贾永健:《再论新兴(型)权利的证成标准:对应义务验证说》,载《北方法学》2022 年第 5 期。

〔6〕 雷磊:《新兴(新型)权利的证成标准》,载《法学论坛》2019 年第 3 期。关于权利推定的文章,可参见季金华:《权利推定的三个维度:价值、理性和经验》,载《江苏社会科学》2017 年第 1 期。

成本等操作性问题是外在理由，影响着权利受保护的程度。[1] 此外，还有学者讨论了“权利发现”的方法，即从人性、权利基础、时代变革、道理（道德）、已有权利、权利冲突、实践等因素中发现权利。[2]

（三）法治运行中的权利保护

推进全面依法治国，根本目的是依法保障人民权益。[3] 权利的实现不仅依赖于完备高效的法治体系，也在一定程度上需要借助有力的公共政策体系：法治体系为权利实现提供规范化的制度依据，而政策体系为权利实现提供坚实基础。权利保护包括新兴权利的保护，已经融入了法治运行的全过程；同时，权利论证（新兴权利证成）也逐渐融入权利保护的全过程。

1. 权利保护的国家义务

国家义务是保障公民权利不可或缺的工具。人性尊严为国家义务提供了正当性基础，而国家义务也为民主国家提供了正当性基础。[4] 从基本权利的功能理论出发，国家义务的构造总体上呈现出以尊重、保护和给付为基本要素的“二元三层次多位阶”的格局。[5] 随着国家治理现代化不断推进，国家能力日益提升，国家义务也发生了变化：总体上，学者们更加重视积极义务；而在积极义务中，也更加强调给付义务。[6] 劳动、教育、健康、医疗、养老、育儿、文化、体育、出行、住房等方面的社会权利，都

---

〔1〕 段卫利：《新兴权利的证成标准分析——以被遗忘权为例》，载《河南大学学报（社会科学版）》2022 年第 4 期。

〔2〕 王利军：《如何发现权利?》，载《南京社会科学》2019 年第 8 期。

〔3〕 习近平：《以科学理论为指导，为全面建设社会主义现代化国家提供有力法治保障》（2020 年 11 月 6 日），载习近平：《习近平谈治国理政》（第 3 卷），外文出版社 2022 年版，第 288 - 289 页。

〔4〕 蒋银华：《论国家义务的价值基础》，载《行政法学研究》2012 年第 1 期；蒋银华：《论国家义务对国家正当性的证成》，载《湖南社会科学》2012 年第 3 期；蒋银华：《论国家义务概念之确立与发展》，载《河北法学》2012 年第 6 期。

〔5〕 朱军：《国家义务构造论的功能主义建构》，载《北京理工大学学报（社会科学版）》2018 年第 1 期。

〔6〕 就《民法典》而言，其在功能上体现了国家对人权的保障义务，构建了国家与人民个体之间的框架性关系，从而完善了人权的实现机制。参见朱虎：《〈民法典〉的人权意涵》，载《人权》2022 年第 6 期。

需要巨大的公共支出与社会成本。[1]

对于新兴权利而言，现代国家建构是新兴权利产生与发展的逻辑前提，对新兴权利的回应也能夯实其自身的正当性基础。[2] 从权利本位论、“权利—义务”结构理论、国家义务的宪法基础等角度出发，新兴权利的国家保护义务也可以获得逻辑证成。[3] 而新兴权利的国家保护义务首先体现在立法和司法两个方面。

在权利保障问题中，“权利克减”是必须要回答的一个重要问题。特别是新冠疫情全球大流行，使学者们再度关注突发事件、紧急状态下的权利（特别是基本权利）保障问题。实际上，很早就有学者对此进行了研究：紧急状态下的国家可以在合理限度内，对宪法上的基本权利进行限制，并实现个体利益与国家利益的平衡。[4] 从根本上来看，紧急状态的目的是保护国家、社会和人民的公共利益，其中也必然包含着权利保障的价值取向。[5]

但是，权利克减必须控制在一定范围之内。[6] 基于此，有学者提出了“基本权利不可克减”原则：即使在危及国家生存的紧急状态中，一些基本权利无论如何也不能被克减。[7] 也有学者提出，权利克减应当遵循几个基本原则，即当然保障、特别保障、救济保障、自助保障。[8] 总体而言，要通过制定紧急状态法，有效地规范紧急权力，合理地克减公民权利，

---

〔1〕 姚建宗：《权利思维的另一面》，载《法制与社会发展》2005 年第 6 期。

〔2〕 孟融：《政治国家如何回应新兴权利——一个理解新兴权利的“国家”视角》，载《河南大学学报（社会科学版）》2020 年第 4 期。

〔3〕 魏文松：《论新兴权利的国家保护义务》，载《学术交流》2020 年第 9 期。

〔4〕 韩大元：《论紧急状态下公民基本权利的限制与保障》，载《学习与探索》2005 年第 4 期。亦可参见黄学贤、郭殊：《试论紧急状态下公民基本权利之保障》，载《当代法学》2004 年第 4 期；李荣荣：《紧急状态下公民权利的保障——基于公法救济之行政诉讼的视角》，载《湖北行政学院学报》2009 年第 1 期。

〔5〕 谢晖：《论紧急状态中的国家治理》，载《法律科学（西北政法大学学报）》2020 年第 5 期。

〔6〕 有学者指出，合理有效的权利克减有两个构成要素：实体性要素包括但不限于克减的主体、情境、方式、对象、客体等；而程序性要素则主要包括克减的期间、程序等。参见李卫海：《紧急状态下的人权克减研究》，中国法制出版社 2007 年版，第 61 - 202 页。

〔7〕 王祯军：《论紧急状态法制中的不可克减原则》，载《河北法学》2012 年第 9 期。

〔8〕 谢晖：《论紧急状态中的国家治理》，载《法律科学（西北政法大学学报）》2020 年第 5 期。

成功地化解社会风险；特别是构建起以相称性原则为基础、以不得克减原则为底线、以合法性原则为范围、以裁量性原则为操作规程的综合模式，为权利克减提供明确而有效的法律指引。[1]

2. 新兴权利的立法保护

回首改革开放以后的1978—2012年的立法实践，可以发现，基于权利保护的价值指向和变迁动力，立法体制、立法内容、立法技术等方面均发生了巨大转向。[2] 而国家治理、社会变迁、知识指引、实践探索共同推动了我国立法的“权利转向”。[3] 其中，“权利本位论”无疑是权利立法的知识指引。从价值维度考量，权利立法不仅能够有效保障基本权利、平衡权利冲突、制约国家权力，也能够更好地践行党的宗旨、夯实党的执政基础、完善中国特色社会主义法治体系、增强我国国际人权对话合作成效。[4]

然而，有学者却指出，权利本位理论中的认识偏差导致了法律文本中的固有缺陷：将权利视为手段造成部分法律文本重管理轻权利；权利要素分析的研究进路导致权利性条款缺乏可操作性；对权利义务关系理解的偏差造成了义务约束的缺憾。[5] 为此，必须在澄清理论认识的基础上，完善权利立法：在法律关系中认识权利，根据具体的法律关系构建权利性条款；突破单纯的归纳概括，根据行为而不是主体拟定权利性条款；澄清权利与义务的对应关系，坚持权利本位的同时在立法中进一步强化义务规定。[6]

这些认识，为进一步思考新兴权利的立法保护提供了良好的智识基础。有学者认为，新兴权利的法定化有两类具体路径，包括“激进式入法”和“渐进式入法”。其中，渐进式入法路径以“司法续造”为基础。具

〔1〕 刘小冰：《紧急状态下公民权利克减的逻辑证成》，载《法学》2021年第7期。

〔2〕 陈姿含：《论立法的权利转向——透视我国历史新时期的立法实践》，载《中共中央党校学报》2014年第2期。

〔3〕 陈姿含：《论立法的权利转向——透视我国历史新时期的立法实践》，载《中共中央党校学报》2014年第2期。

〔4〕 彭超：《权利立法价值论》，载《青海民族大学学报（社会科学版）》2020年第4期。

〔5〕 张鹏：《权利理论与权利立法》，载《河北法学》2014年第4期。

〔6〕 张鹏：《权利理论与权利立法》，载《河北法学》2014年第4期。

体可分为三个步骤:第一步是个案裁判的特殊化救济;第二步是司法解释的规范化续造;第三步是法律规定的普遍化建构。[1] 新兴权利最终能否法定化,主要取决于三个考量因素,即以立法谦抑为重点的必要性考量、以社会共识为中心的重要性考量以及以权利成本为核心的可行性考量。[2]

具体而言,新兴权利的入法方式有两种:一种是直接入法,即由法律赋予权利之名,并规定相应的权利内容;另一种则是间接入法,即虽然不被法律赋予权利之名,但是依然可以受到保护。[3] 其中,间接入法也有多种方式:一是通过法律义务的反射间接入法;二是通过国家职权的映射间接入法;三是通过一般条款的涵摄间接入法。[4] 要根据新兴权利的具体特性,如是否过于个性、是否易于滥用、是否足够成熟等,选择实用的、适宜的间接入法方式。

3. 新兴权利的司法保护

早在新兴权利概念出现之初,就有学者关注到司法对于新兴权利应持有的立场问题:司法克制主义应当作为主流立场,以维护基本的法治秩序;作为补充立场的司法能动主义对于回应社会需求确有必要。[5] 立法机制固有的滞后性、不周延性和不合目的性等缺陷,决定了通过立法及时、有效地确立新兴权利的限度和困境;而司法作为权威的纠纷解决机制、利益的个别调整机制和个案正义的再分配机制,不仅能有效化解或避

---

〔1〕 王庆廷:《新兴权利渐进入法的路径探析》,载《法商研究》2018 年第 1 期。

〔2〕 王庆廷:《新兴权利渐进入法的路径探析》,载《法商研究》2018 年第 1 期。

〔3〕 王庆廷:《新兴权利间接入法方式的类型化分析》,载《法商研究》2020 年第 5 期。

〔4〕 王庆廷:《新兴权利间接入法方式的类型化分析》,载《法商研究》2020 年第 5 期。

〔5〕 徐钝、郑记:《新兴权利救济:司法能动立场的证成与运作》,载《理论与改革》2010 年第 6 期。

免立法路径的短板，也能在新兴权利保护上展现出较强的优势。[1] 司法能动主义运作不应囿于方法角度，程序角度、功能角度的司法能动主义在新兴权利救济上也有所作为。[2]

因此，学者们将新兴权利法律保护的重心转向了司法，即司法机关以个案的方式，将"法定权利"之外的新兴权利主张纳入国家保护范围。这主要包括三类对象：尚未普遍化的新兴权利主张、尚未法定化的事实性权利主张、与法定权利相关联的新兴权利主张。[3] 总体而言，新兴权利司法的主要任务，是识别哪些主张是法律能够保护的"权利"。这意味着，新兴权利司法的关键环节就是"权利证成"，因此需要回到"权利的概念本义"（如意志论、利益论等）[4]与"权利的生成基础"（如人性基础、道德基础、习惯基础等）[5]。此外，也需要考虑"权利的实现条件"。[6] 在方法上，仍需借助于"权利推定"，当然也包括各种法律方法，即法律发现、法律解释[7]、法律推理、法律论证、价值衡量[8]等。只有综合并规范地运用各种法律方法，才能提升新兴权利司法的合理可接受性，进而更好地

---

〔1〕 张昌辉：《新兴权利确认：司法路径的正当性阐释》，载《宁夏社会科学》2017年第2期。也有学者指出，借由立法创制或认可新型权利，程序冗、成本高且风险大，故认真对待判例制度，借助司法裁判应对新生社会关系，创制或认可新型权利，既能及时规制相关社会关系，也能补救立法在新兴权利规范中的上述缺陷。参见谢晖：《论新型权利的基础理念》，载《法学论坛》2019年第3期；侯学宾、闫惠：《新兴权利保护实践中的司法中心主义》，载《学习与探索》2022年第1期。

〔2〕 徐钝、郑记：《新兴权利救济：司法能动立场的证成与运作》，载《理论与改革》2010年第6期。

〔3〕 侯学宾、闫惠：《新兴权利保护实践中的司法中心主义》，载《学习与探索》2022年第1期。

〔4〕 刘小平：《为何选择"利益论"？——反思"宜兴冷冻胚胎案"一、二审判决之权利论证路径》，载《法学家》2019年第2期。

〔5〕 王方玉：《新兴权利司法推定：表现、困境与限度——基于司法实践的考察》，载《法律科学（西北政法大学学报）》2019年第2期；曹晟旻：《论新兴权利通往"善"的司法裁判之路——以指导性案例86号为例》，载《江汉论坛》2019年第10期。

〔6〕 王方玉：《新兴权利司法推定：表现、困境与限度——基于司法实践的考察》，载《法律科学（西北政法大学学报）》2019年第2期。

〔7〕 陈阳：《互联网新兴权利的司法证成——以法官解释权为视角》，载《学习与探索》2018年第9期；方新军：《权利保护的形式主义解释方法及其意义》，载《中国法律评论》2020年第3期。

〔8〕 张超：《新兴权利的利益衡量判定——以侵犯人格利益个案为背景的分析》，载《法制与社会发展》2022年第3期。

发挥司法在促进新兴权利法治化进程中的价值和功用。[1]

基于此，有学者归纳了上文中以"司法续造"为基础的新兴权利渐进式入法路径。而司法续造则包括个案裁判的司法续造与司法解释的规范化续造。[2] 也有学者提出了新兴权利的司法证成包括三个递进要件，即实质论据、形式依据以及技术方法：实质论据展现了新兴权利的现实来源和内在正当性；形式依据起到了补强论证的效果；技术方法则体现了法官的论证说理模式。[3] 还有学者概括了新兴权利司法的逻辑环节，即权利确认、权利定型、权利论证。[4]

（四）以权利论证为主线的权利研究

中国特色社会主义进入新时代，党和国家事业取得历史性成就，发生历史性变革。经济发展水平和国家治理能力的提升，为权利研究（特别是国家义务研究）提供了现实基础；科技发展（特别是网络信息技术、生物基因技术）成为权利研究的关键动因；民生需求（主要是医疗、养老、教育、文化）成为权利研究的重要推力。"新兴权利"成为新时代权利理论研究的一个关键词。这主要体现在，很多新兴问题是由新兴权利引起的，同时，有些经典问题的重新讨论，也是由新兴权利引起的。当然，新兴问题也往往以经典问题为理论基础。

第一，观念特征。基于社会利益多元化、价值取向多元化、个体诉求多元化的社会现实，学界更加强调权利的社会面向与正当性基础，强调权利的社会基础与实现条件，特别是社会对权利的认同和肯定。

---

〔1〕 孙跃：《法律方法视角下新兴权利的司法困境类型与应对》，载《北京交通大学学报（社会科学版）》2021 年第 1 期；陈阳：《互联网新兴权利的司法证成——以法官解释权为视角》，载《学习与探索》2018 年第 9 期。

〔2〕 具体而言，个案裁判的司法续造有三种模式，包括从既有权利到将来权利的嫁接模式，从一般权利到特定权利的涵摄模式，以及从法外权利到法内权利的创设模式。参见王庆廷：《新兴权利渐进入法的路径探析》，载《法商研究》2018 年第 1 期。

〔3〕 王方玉：《新兴权利司法证成的三阶要件：实质论据、形式依据与技术方法》，载《法制与社会发展》2021 年第 1 期。另可参见余军：《未列举宪法权利：论据、规范与方法——以新权利的证成为视角》，中国政法大学出版社 2018 年版。

〔4〕 孙跃：《法律方法视角下新兴权利的司法困境类型与应对》，载《北京交通大学学报（社会科学版）》2021 年第 1 期。

第二，内容特征。围绕“新兴权利”，更加关注权利的生成、证成与实现，将“权利的基础”理论应用于“权利的证成”。据此，权利的社会性主要体现在三个方面，即内容的社会性（特别是社会权利）、生成的社会性与实现的社会性。

第三，视角特征。权利研究不仅关注国家（法律）与社会的有机互动，也更加关注立法与司法的双向贯通。社会认同是新兴权利生成的重要条件，而国家（法律）确认是权利获得保障的必经过程。司法确认对此有着较强的比较优势。

第四，方法特征。无论是法律权利的类型与结构分析，还是权利证成、权利立法（立法技术）、权利司法（法律方法），都依赖于较强的逻辑思维，以及一定的技术方法。当然，逻辑分析方法的应用，也不排除社会经验分析与价值分析。

总体而言，权利研究逐渐走向实证化、微观化、技术化：细致地辨析权利的概念、解剖法律权利的结构、挖掘新兴权利的基础、构建权利证成的标准、梳理权利立法的技术、思考权利司法的方法……这些研究大都呈现出极强的技术化特征，依赖于严密的逻辑思维；特别是“权利论证”也已经逐渐融入权利研究的诸多方面以及权利运行的各个环节。

四、新中国权利研究的评析与展望

新中国成立后，权利研究开启了新纪元；改革开放以后，权利研究进入新时期；党的十八大以来，权利研究迈进新时代。内因和外因的综合作用，推动权利研究不断走向深入。其中，外因既包括政治、经济、法治、社会、科技、文化、伦理等若干客观条件，也包括社会思想解放与权利意识勃兴等基本主观条件；内因是指权利理论研究的内生动力，如基础理论的确立和发展（权利本位论）、研究方法的更新和丰富、研究视角的拓展与延伸等。在一系列因素的协调促进、全面推动下，新中国的权利研究逐步发展起来，并深刻反映出主体与客体、法律与社会、理论与现实之间的矛盾运动关系。

(一)权利研究的理论框架与方法体系

纵观新中国权利研究的发展史,可以发现,权利与法治在精神文化和制度规则上,具有同生共荣的深层逻辑;而权利与社会在发展方向与前进动力上,具有互促共进的内在同一性。权利的发展,相伴于法治的发展;而社会的发展,也会推动权利的发展。经过学界的不懈努力,权利研究已经构建出一个庞大的、复杂的、科学的、完备的理论体系与学术框架。

总体而言,权利研究从“三种进路”出发,通过“六大板块”,从根本上回答了权利“是什么”、权利“为什么”以及权利“做什么”等几个重大问题。其中,“三种进路”包括分析性的(规范与地位)、规范性的(伦理与解释)和经验性的(历史与社会);[1]“六大板块”是指本体论(概念与结构)、历史论(起源与发展)、价值论(目标与取向)、社会论(基础与动因)、运行论(确认与实现)以及方法论(诠释与推理)。[2] 经由法律确认(立法确认与司法确认)的权利(法定权利与推定权利),即为“法律权利”。

权利是一个极其复杂的概念,与社会的各个方面、各种因素都具有密切的关联。权利理论不仅是以“权利”为对象和核心的理论,而且是以权利这一“问题”为中心的综合性分析;需要通过法学、哲学、逻辑学、政治学、社会学、经济学等不同学科的知识体系和研究方法,对权利进行综合型阐释、论证、描述或分析,以实现权利的概念化、体系化、制度化、法律化。[3] 本章在选取研究文本与描述对象时,不局限于理论法学这一种视域,也包括宪法、民法、刑法、行政法等诸多部门法学;不局限于法学这一种领域,也包括社会学、文化学、伦理学等诸多学科门类。

与此同时,权利也逐渐成为一种“方法”。权利不单是要探讨和研究

---

[1] 雷磊:《法律权利的逻辑分析:结构与类型》,载《法制与社会发展》2014 年第 3 期。另可参见王夏昊:《本体论同构与法律权利概念观分异——基于分析路径的权利研究》,载《法制与社会发展》2021 年第 4 期。

[2] 上文提到,杨春福《权利法哲学研究导论》(南京大学出版社 2000 年出版)一书较早地构建了权利研究的宏观理论体系,即权利本体论、权利价值论和权利运行论三个板块。在此基础之上,本章结合近年来权利研究的发展实际,将权利理论体系进一步描述为“六大板块”。

[3] 程燎原:《权利理论研究的“再出发”》,载《法学研究》2014 年第 1 期。

的对象，也是“解决与权利相契合的其他各种问题的方法，包括认识社会问题、解释社会问题的方法”：一是经由“权利”来研究与建造社会关系和社会秩序；二是经由“权利”来研究社会历史。[1]

总体而言，本章尽管已经勾勒出了权利理论研究的基本框架，但囿于篇幅的限制，未能完整展示其中的诸多精彩细节，如权利观念与中华文化的有机贯通、权利主体（个体、集体、社会、国家）的类型范围、权利与权力的关系定位、维权与维稳的逻辑关系、新兴权利概念的生成逻辑等问题。

值得注意的是，有些问题贯穿了新中国权利研究的整个历史，如权利与义务、权利与权力、国家与公民的关系等（只不过，权利对权力的制约监督作用越来越受到重视，而政府职能在“管理”基础上更加凸显“服务”面向）；也有一些问题是历久弥新的，如“权利的基础”研究，转化成“权利的证成”研究（“权利的基础”成为权利证成的理论依托，而“权利推定”也成为权利证成的逻辑方法）。这体现出学术研究的持续性与连贯性。

此外，本章尽管关注到权利研究的两个层面，即理论研究与实践研究，但更多则是偏向于纯粹的理论研究与实践的理论研究，简化了以社会学方法，对立法、司法、执法、守法（行权、维权）、监督等法治实践领域作出的经验研究。

（二）权利研究的发展进路与价值依归

回首过去是历史，面向未来即发展。权利研究发展的未来之理，其实在一定程度上也是权利研究发展的历史之理。历史与未来的相互贯通，形成了权利研究演进的完整逻辑。从历史经验来看，权利研究未来要始终处理好权利发展与社会发展、权利发展与人的发展、权利发展与法治发展之间的内在关系，并在此基础上构建出中国式的权利理论体系与权利话语体系。

第一，面向社会发展。权利根源于一定社会条件。研究要从政治、经济、社会、文化、道德等基础条件的变迁中，感知权利之基础的发展变化，

---

〔1〕 程燎原：《权利理论研究的“再出发”》，载《法学研究》2014 年第 1 期。

在不断丰富传统权利内涵的同时，也发现更多新兴权利。在社会发展的过程中，妥当地进行权利配置，处理好个体与个体、个体与社会之间的关系，既要保持人的主体性，也要维护社会的整体性。作为社会关系的一种体现，权利只有深植于社会的土壤，才能有利于维持主体的生存、维系社会的稳定，并为社会的进一步发展提供助益。

第二，指向人性本质。权利产生于人的需求，取决于人的本性。人是自然性与社会性的统一，也有着诸多自然需求与社会需求。权利的意义实际上在于满足主体的多重需求。这些需求以个人利益（表层价值）为基础，也包含了主体对平等、自由、正义、秩序、幸福、安全等深层价值的不懈追求。权利研究必然要洞察人的本性，了解人基于社会条件变化而不断产生的新的需求，进而再将人的客观需求与社会客观条件统一起来，构建出符合人性与需求的权利理论。

第三，走向法治实践。法治建设的关键当然在于法律文本确定了多少权利，同时也必然在于通过法治实现了多少权利。权利研究必须关注权利实现与法治实践的关系，特别是反思既有制度在权利实现中的实际作用。权利研究要进一步实现技术化、微观化。权利立法需要依靠规范的立法技术、立法方法，而权利司法也涉及法律方法与裁判技术。此外，就守法（行权、维权）而言，也应从经验研究的视角，对权利主体的主观意识与行动逻辑加以审视。

第四，奔向世界舞台。要深耕于中华优秀传统法律文化，通过进行创造性转化、创新性发展，实现历史与现实的贯通，为今后的权利研究提供古典智识与本土资源，构建出具有融贯性、周延性、独特性的中国式权利理论体系。在权利的国际学术对话中，充分展现中国人有尊严、有意义的权利生活。

五、结语

权利之所以重要，是因为权利概念所蕴含的主体性与正当性；法律权利之所以重要，是因为法律本身所具有的普遍性与规范性。在法治的框架下，权利可以真实而充分地实现，人也能够自由而全面地发展。就此而言，理论界的学术自觉也只是新中国权利发展与法治建设中的一个部分。作为一种联结纽带或者沟通桥梁，法律权利研究一端是社会及社会的权利主体，另一端则是国家及国家的权力组织。国家权利制度的建构自觉、个体权利实现的行为自觉、权利理论研究的学术自觉，共同构成了新中国权利发展的深层逻辑。政治、经济、文化、社会等各领域之全方位的现代化，为权利发展奠定了深厚基础与提供了肥沃土壤。权利思想的古今之辩、权利理论的东西交融，为权利研究提供了本土智慧与理论资源。经过70余年的砥砺奋进与不懈追求，权利理论研究顺利实现了成长与蜕变。

中国的权利理论是在社会变迁中坚强生长起来的，而权利研究的使命，不仅关乎学术本身，更关乎人与社会。理论家们除拥有学术抱负外，也有着崇高的社会理想。权利不仅是建构国家制度与塑造社会关系的重要途径，也是其主体展现自由本性与实现全面发展的阶梯。在人与社会发展的过程中，作为主体的人与其所在世界各要素之间的相互关系逐步交还“自己”、归于“解放”。从政治解放（摆脱对人的依赖关系）到经济解放（摆脱对物的依赖关系），人类在自我解放（基于自由个性的关系）过程中对权利的执着探寻，包括古代人挣脱思想的桎梏、现代人拓展权利的基础，即所有人之于权利发展史的一切努力，都值得每一个能够自由而全面发展的未来人所珍视。

延伸阅读学术著作

1. 杨化南：《中华人民共和国公民的基本权利和义务》，中国青年出版社1955年版。
2. 程燎原、王人博：《赢得神圣——权利及其救济通论》，山东人民出版社1993年版。
3. 杨春福：《权利法哲学研究导论》，南京大学出版社2000年版。
4. 公丕祥：《权利现象的逻辑》，山东人民出版社2002年版。
5. 何志鹏：《权利基本理论：反思与构建》，北京大学出版社2012年版。

6. 程燎原、王人博:《权利论》,广西师范大学出版社 2014 年版。
7. 彭诚信:《现代权利理论研究——基于“意志理论”与“利益理论”的评析》,法律出版社 2017 年版。
8. 余军:《未列举宪法权利:论据、规范与方法——以新权利的证成为视角》,中国政法大学出版社 2018 年版。
9. 范进学:《权利政治新论》,上海人民出版社 2021 年版。
10. 张恒山:《论权利》,商务印书馆 2024 年版。

延伸阅读学术论文

1. 吴家麟:《中华人民共和国公民的基本权利和义务》,载《教学与研究》1954 年第 7 期。
2. 郑成良:《权利本位说》,载《政治与法律》1989 年第 4 期。
3. 张文显:《权利本位之语义和意义分析——兼论社会主义法是新型的权利本位法》,载《中国法学》1990 年第 4 期。
4. 郭道晖:《论权利推定》,载《中国社会科学》1991 年第 4 期。
5. 刘作翔:《权利冲突的几个理论问题》,载《中国法学》2002 年第 2 期。
6. 方新军:《权利概念的历史》,载《法学研究》2007 年第 4 期。
7. 龚向和:《国家义务是公民权利的根本保障——国家与公民关系的新视角》,载《法律科学(西北政法大学学报)》2010 年第 4 期。
8. 张恒山:《论权利本体》,载《中国法学》2018 年第 6 期。
9. 黄涛:《主体性时代的权利理论——改革开放以来中国权利理论的逻辑演进》,载《法制与社会发展》2019 年第 1 期。
10. 林来梵:《迻译与拒弃:近代中国权利观形成中的自主性》,载《中外法学》2024 年第 5 期。

延伸阅读学位论文

程晓鸣:《权利与法律权利要论》,中国人民大学 1993 年博士学位论文。

第九章　法律义务

本论题导读

法律义务是现代法学的中心范畴之一。自新中国成立以来，关于法律义务之本质的观念经历了从“制裁”到“不利”再到“应当”的演进脉络；其侧重点分别在于：“义务即制裁”强调其中的必为性，并杂糅着两种性质有别的义务概念；“义务即不利”主张适应权利要求；“义务即应当”则转向对社会评价之基础的强调。这一演变折射出法学研究“从法学之外到法学之内”的逐步理性化、自主化特征，并伴随着对个人权利基础的反思。然而，现有义务研究仍存在诸多不足，有必要进一步“认真对待义务”。

权利和义务是法学范畴与法学体系的核心概念和逻辑起点，[1]但后者的相关研究和推进相对于前者仍显得不足，尤其是在自改革开放以来形成诸如中国“权利学派”的背景下，学界已开始认识到“人们对法律义务的理解相对于权利的理解而言是肤浅的”。[2] 若承认权利义务二者共同构成法学的基础范畴，并承认法律存在本身就意味着人们的行为不再是任意的从而具有义务性特征[3]，那么这种“肤浅”也就意味着，我们对法律和法治的理解是不足的。由此，“法律义务”便成为我们亟待面对的

---

〔1〕 张文显：《论法学的范畴意识、范畴体系与基石范畴》，载《法学研究》1991 年第 3 期。

〔2〕 李龙主编：《法理学》，武汉大学出版社 1996 年版，第 190 页。

〔3〕 H. L. A. Hart, *The Concept of Law*, Clarendon Press, 1994, p. 6.

重点问题。通过对法律义务本质观念作脉络梳理，可以发现，新中国成立以来的法律义务核心观念先后经历了从“制裁”到“不利”再到“应当”的推进；在此推进过程中，法律义务研究以“国家与法的理论”为起点，经由学术自主化的努力得到不断发展，显现出一条“从法学之外到法学之内”的演进轨迹。

一、20世纪50—70年代末：义务即制裁

如果认为从清末修律起算，中间经过中华民国时期法学家几十年的理论积淀和铺陈努力，我们曾初具一种学术传统的话，那自新中国成立之后的学术研究传统则是大不相同的。前者主要受英美和欧陆法理学传统的影响，尤其带有明显的英美风格和印记；[1]而后者则建立在马克思主义法哲学思想之上，其中包括经过苏联诠释之后的马克思主义法哲学理论。因此，在很大程度上，自新中国成立以来，我们重建了一种法学传统，它以1949年2月发布的《中共中央关于废除国民党的六法全书与确定解放区的司法原则的指示》为基本标志。该文件第5节要求，应该经常以蔑视和批判国民党六法全书及其他一切反动法律法令的精神，以蔑视和批判欧美日本资本主义国家的一切反人民法律法令的精神，以学习和掌握马列主义—毛泽东思想的国家观、法律观及新民主主义的政策、纲领、法律、命令、条例、决议的办法，来教育和改造司法干部。[2]这一建立在马克思主义法哲学思想基础之上的新的法学传统是围绕着“国家与法的理论”而逐步展开的。

（一）“国家与法的理论”与义务本位

马克思主义认为，“国家”是当一个社会陷入了不可解决的自我矛盾时，为了避免在无谓的斗争中把自己和社会消灭所需要并产生的一个表

---

〔1〕　舒国滢：《法哲学：立场与方法》，北京大学出版社2010年版，第17页。

〔2〕　北京广播电视大学法律教研室编：《法学基础理论参考资料》，中央广播电视大学出版社1984年版，第3页。

面上凌驾于社会之上的力量，这个力量便是国家。[1] 列宁说得更明确、"国家是阶级矛盾不可调和的产物和表现。"[2]其中，法是"以立法形式规定的表现统治阶级意志的行为规则和为国家政权所认可的风俗习惯和公共生活的总和，国家为了保护、巩固和发展对于统治阶级有利的和惬意的社会关系和秩序，以国家强制力保证它的施行"[3]。这一引自苏联的法概念凸显了法概念中的国家主义、工具主义以及规则主义，[4]三者共同的基础在于，法的本质是"上升为统治阶级的国家意志"，法的意志论型塑了我们对法的基本理解方式。国家主义的法概念与个人主义的法概念相对，它为一切个人间的关系披上国家主义的烙印，因此很难存在纯粹的私人关系；工具主义强调法的外在价值，从而不免对其内在价值有所忽略，由此可能会沦为权力的附庸；规则主义使法学成为一门形式化的学问，这导致它既可以包括也可以不包括任何的实质性内容。在"国家与法"的理论下，法学在很大程度上依附于政治学，它自身所具有的相对独立性尚未真正确立。其后，在"革命法制"的基调下，这种法概念进一步演化为巩固新生政权的斗争论、工具论和政策论的法学话语。[5]

---

〔1〕"这个社会陷入了不可解决的自我矛盾，分裂为不可调和的对立而又无法摆脱这些对立面。而为了使这些对立面，这些经济利益相互冲突的阶级，不致在无谓的斗争中把自己和社会消灭，就需要有一个表面上凌驾于社会之上的力量，这种力量应当缓和冲突，把冲突保持在'秩序'的范围以内；这种从社会中产生又自居于社会之上并且日益同社会相异化的力量，就是国家。"参见[德]恩格斯：《家庭、私有制和国家的起源》，中共中央马克思恩格斯列宁斯大林著作编译局译，人民出版社 1999 年版，第 176 - 177 页。

〔2〕《列宁全集》(第 31 卷)，中共中央马克思恩格斯列宁斯大林著作编译局译，人民出版社 1986 年版，第 6 页。

〔3〕[苏联]安・扬・维辛斯基：《国家和法的理论问题》，中国人民大学编译室译，法律出版社 1955 年版，第 100 页。根据中共中央 1949 年 2 月发布的《中共中央关于废除国民党的六法全书与确定解放区的司法原则的指示》，我们可以发现，官方文件在对苏联法概念的引介过程中，去掉了"风俗习惯和生活内容的总和以及社会关系内容"，将其表述为"统治阶级公开以武装强制执行的所谓国家意识形态，法律和国家一样，只是保护一定统治阶级利益的工具"。完整的表述为"法律是统治阶级公开以武装强制执行的所谓国家意识形态。法律和国家一样，只是保护一定统治阶级利益的工具，国民党的六法全书和一般资产阶级法律一样，以掩盖阶级本质的形式出现，但实际上既然没有超阶级的国家当然也不能有超阶级的法律"。

〔4〕孙国华、曾斌：《评维辛斯基关于法的定义》，载《法学家》1996 年第 2 期。

〔5〕周尚君：《中国法学的话语流变考略》，载《法制与社会发展》2012 年第 5 期。

在此法概念之下，义务的违反总是与国家的暴力制裁相联系，因此相较于权利，法的义务面向与“革命法制”这一基调表现出更高程度的契合。在马克思主义权利义务辩证统一的论述之下，“法”的矛盾的主要方面在于义务。法概念的国家主义体现的是保护国家以及国家权力，而缺失了权利尤其是个体权利；由于人民民主专政的“国家与法”要服务于社会主义革命与建设阶段的基本任务和主要矛盾，从而通过义务来解决敌我矛盾、实现对敌专政就成为理论与实践的必然选择。〔1〕在这样的语境下，法学研究对义务的关注以及法律实践中对义务的强调就不自觉地成为出发点，义务成为法的本位。然而，义务本位中的“义务”并非或主要不是法律意义上的义务概念；在国家与法的理论下，亦即在法学与政治学浑然一体的情形下，法学中的义务概念呈现为两种不同意义上的义务概念——法律义务和伦理义务的杂糅。更准确地讲，法学意义上的义务概念被稀释或遮蔽了。在法学沦为“更富于想象力的发挥和更为充分的运用”〔2〕之际，法学意义上的义务概念及其义务类型逐渐异化为仅仅表达泛政治化的形式概念。在当时的历史环境下，如果承认法学意义上的义务概念具有自身的独立价值，那么这种情形显然不利于法学的成长和发展。

（二）法律义务、伦理义务概念与“制裁”

一切义务要么是法律上的义务，要么是伦理上的义务；前者是立法机关可能规定的义务，后者是立法机关不可能规定的义务。后者之所以如此，是因为“任何外部立法，无法使得任何人去接受一种特定的意图，或者能够决定他去追求某种宗旨，因为这种决定或追求取决于一种内在的条件或者他心灵自身的活动”〔3〕。法律义务是与伦理义务完全不同的概念，公民对政治共同体的服从是一种不同于法律义务的道德义务。两种

---

〔1〕 齐乃宽：《国家与法的基本理论讲话——第七讲　人民民主专政的国家与法在社会主义革命与建设中的作用》，载《法学》1958 年第 7 期。

〔2〕 杜飞进、孔小红：《转折与追求（上）——新时期法学论析》，载《中国法学》1989 年第 1 期。

〔3〕 ［德］康德：《法的形而上学原理：权利的科学》，沈叔平译，商务印书馆 1991 年版，第 10 页。

义务概念的高度同一化直接导致对法学中的义务概念的阐释以一种泛化的方式进行：以泛政治伦理化的方式来论述法律义务，以法律义务之强制性来强化公民对政治共同体的伦理责任。这种理论上的杂糅，同时表征着实践层面上的混乱：泛政治伦理义务代替了公民必须践行的法律义务，法律义务异化为公民对政治共同体的泛政治伦理义务。

在义务概念的制裁话语之下，两种不同的义务概念找到了一个既能在理论层面相互沟通又能有助于对实践予以论证的共通点。义务即制裁的观念裹挟在“责任”之中，它认为义务就是“公民必须履行的一种责任，这种责任是由国家强制力量来保证其实施，如果有个别公民不履行这种责任，国家就要用强制方法，情节严重的还要受到法律制裁”[1]。义务概念在形式上被理解为一种责任，尤其是公民对国家的伦理责任，而法律工具主义使对责任的理解又以后果主义式的制裁话语来展开；它所关注的不在于义务本身，而在于违反义务后的威慑性后果，制裁的威慑性后果又促使对义务的理解重新回到“国家与法”的逻辑之中。国家是法律背后的暴力机关，其实施强制的办法就是对义务的违反进行制裁。由此，义务概念实质上就跳过了形式层面上的责任概念而直接走向了“制裁”。在激烈的敌我斗争中，人们只能通过法律对阶级敌人的镇压和制裁去理解

〔1〕 西南政法学院民法教研室编著：《我国公民的基本权利和义务》，重庆人民出版社 1955 年版，第 5 页。需要说明的是，义务概念的“责任论”之所以会成为从新中国成立到改革开放甚至是 20 世纪 80 年代前期的主导性界说和指称性概念，其依据除了上述文本以及可查的教材运用之外，还在于中国第一部《法学基础理论》所作的义务界定，它认为“法律规定的义务是指法律关系的主体应从事一定行为或不应从事一定行为的责任”。参见陈守一、张宏生主编：《法学基础理论》，北京大学出版社 1981 年版，第 351 页。该教材代表了当时的主导性观念，而且反映了人们过去的认知痕迹——“责任”是义务指称性概念。此外，有的论者肯定不会赞同从“责任论”到“义务即制裁”的上述推理，从形式层面上来看似乎确实如此，但就“义务观念”而言上述质疑将无法成立，它忽略了对义务观念影响巨大的“革命法制”的历史语境。这一点也可以在张文显的《法哲学范畴研究》一书中得到印证，他认为“尽管权利和义务范畴的字面没有多少变化，但思想内容却在不断地变化……例如，义务概念强调‘应当’而不是制裁”。参见张文显：《法哲学范畴研究》，中国政法大学出版社 2001 年版，第 297 页。

法律存在的意义和作用。[1] 制裁成为义务的核心和灵魂，由此也成为新中国成立至改革开放这段期间理解义务的基本进路。这与法律实证主义者约翰·奥斯丁对义务与制裁的理解颇为相似。义务隐含在法的意志或命令之中，当谈到不利后果的可能性时，就是义务；当直接谈到不利后果本身之时，就是制裁[2]，义务与制裁成为法的正反两面。

为什么"义务即制裁"？一般而言，制裁是与强制、命令、服从、刑罚以及工具等术语相关联的，这一概念在中国有着特殊的文化意义和特定的现实需求。在以"礼法结合"为主要特征的法律文化和以"伦理法"为主要特征的法律体系的中国传统法律思想[3]之中，"法自君出"，它是君主手中的"刑赏二柄"，治理国家的要义是"德礼为政教之本，刑罚为政教之用"，因此可以诸法合体、民刑不分、公私不分；权利和义务都旨在强化宗法等级结构和巩固君主专制制度，由此义务是首要的、绝对的，这是一种义务本位的法律观。[4] 法与刑几近同义，刑则意味着刑事制裁，因此义务也必然打上制裁的烙印。此外，中国法学发展自革命根据地时起便面临激烈的敌我斗争和并不宽松的环境，因此人们只能更多地、优先地通过镇压和制裁去理解法律的意义和作用。[5] 法律是镇压和制裁的工具，而这种镇压和制裁须得以义务来展开，义务便与制裁必然勾连。传统的影响和现实的需要使我们需要并且自然而然地接纳了维辛斯基的法概念，也接纳了"义务即制裁"的义务概念。如王人博所言：一种外来文化如果不能找到与本土文化融合的契合点，那么这种外来文化是没有生命力的。这便可以解释为何由维辛斯基的法概念开发出来的"义务即制裁"会受到欢迎；甚至可以说，即便没有这样的概念引入，我们也会自发地

---

〔1〕 蔡定剑：《关于前苏联法对中国法制建设的影响——建国以来法学界重大事件研究(22)》，载《法学》1999 年第 3 期。

〔2〕 [英]约翰·奥斯丁：《法理学的范围(中译本)》，刘星译，北京大学出版社 2013 年版，第 27 页。

〔3〕 张晋藩：《中国法律的传统与近代转型》，法律出版社 1997 年版，第 27 – 34 页。

〔4〕 公丕祥：《中国传统法律文化与义务本位》，载《学习与探索》1991 年第 6 期。

〔5〕 杜飞进、孔小红：《转折与追求(上)——新时期法学论析》，载《中国法学》1989 年第 1 期。

创造出一个与之相似的理论解说。中国法学的发生和发展都是中国社会转型和变迁的产物,是与这一历史背景无法分开的,[1]当语境发生变化,这样的义务观念也必定随之变化。

二、20 世纪 80—90 年代末:义务即不利

(一)法、利益与权利本位

改革开放以后,理论研究进入“法学基础理论时期”。其中,法律义务研究又可分为两阶段:其一,1978 年至 1988 年,它以“法学基本范畴研讨会”为分界点,这次会议达成的共识意味着权利义务问题从法理层面得到重视,二者作为革新手段得到了实质性运用;其二,1989 年至 1999 年,它以张恒山的《义务先定论》为分界点,这是首本独冠“义务”之名的法理学学术专著,带有中国学者思考法律义务问题的印迹。具体而言,自党的十一届三中全会以来,“改革”成为中国社会的一种“主流话语和正当性基准”,法学领域亦是如此,它面临着从传统型向现代型的变革。人们逐步认识到,既有法学理论始终面临两个严重缺陷:一是把斗争论、工具论不适当地贯彻到法的一切方面和全部过程,从而歪曲了法本身;二是把复杂的法现象归结为没有活性的规则,见物不见人。[2]法学面临着革新与“向何处去”的双重考验,而撬动整个理论的“阿基米德支点”亦即重构法学理论的关键则落在了“权利”之上。通过将“权利义务”视为法学的基本范畴并进一步将“权利”视为基石范畴来重塑法学理论的地基,这无疑是改造基础理论的重大历史事件。法学从义务之学演变为权利之学,自此以降的时代是一个通往权利的时代,这与现代法的精神相吻合;其根本动力在于实践需要,尤其是经济实践的需要。

权利问题的提出,主要在于更好地适应社会主义商品经济、民主政治

[1] 苏力:《也许正在发生:转型中国的法学》,法律出版社 2004 年版,第 11 页。

[2] 卞文:《商品经济、民主政治的发展与法学的重构——法学基本范畴研讨会纪实》,载《当代法学》1988 年第 3 期。

和法制的发展需要,从而更好地为四个现代化服务。[1] 经济现代化的快速发展蕴含着对权利的呼求,亦即新型的平等主体之间的权利义务关系,而非权力义务关系;社会主义市场经济是法治经济,它需要凸显法概念中的个人权利、利益以及自由等要素。在这一实践逻辑背后,还暗含着一条“主体性”的理论逻辑,它对权利话语的兴起和发展起着助推作用;在某种意义上可以说,“当代权利理论的发展过程正是主体性通过法律概念和法学话语的表征过程”[2]。作为哲学概念的“主体性”,其初始含义在于对个人存在之价值和意义的肯定,并对个体自由选择之正当性予以承认。基于市场经济而生发出的对利益、自由、权利的强调,以及基于主体性而要求的对个人和个人权利的强调,一起形塑了我们对法概念的基本想象。

所谓权利,是指“国家通过法加以规定并体现在法关系中的、人们在统治阶级的根本利益或普遍范围内作出选择,获得利益的一种能动手段”[3]。它突出强调了权利概念的三个方面:一是权利主体及其选择中的自由。个人作为权利主体得到凸显,权利从而更多地指向个体权利,权利理论的构建亦是为个人的权利和自由的保障。权利主体侧重点的变化以及对选择自由或自由选择等能动性因素的强调,使前后两个时期对法与权的认知呈现出较大的差异。二是法关系的范围限定。与“国家与法”的进路不同,它把“法”和“权利”视为相对独立的法学范畴,从而确立起法学研究和法律实践的边界意识。三是权利内容中的利益要素。利益要素的凸显为权利主体行使其自由选择或选择其自由提供了合法性基础;只是囿于对利益的特殊界定方式以及对法的理解进路,以阶级利益形式来表达的以经济利益为原型的利益概念带有浓厚的“政治—法学”色彩。[4] 以此为基础展开的对法、权利与义务的理解逐渐被普遍接受,遂

---

〔1〕 陈守一:《法学要为四个现代化服务》,载《法学杂志》1980 年第 1 期。

〔2〕 黄涛:《主体性时代的权利理论——改革开放以来中国权利理论的逻辑演进》,载《法制与社会发展》2019 年第 1 期。

〔3〕 张文显:《关于权利和义务的思考》,载《当代法学》1988 年第 3 期。

〔4〕 邓正来:《中国法学向何处去——建构“中国法律理想图景”时代的论纲》,商务印书馆 2011 年版,第 67 - 73 页。

成为主导性方式。在权利本位论的语境之下，义务来源于、服务于、从属于权利；[1]因此，当通过表征着“选择”“自由”“可能”“能动”的“利益”一词来理解权利时，义务就成为一种“不自由”“无选择”“不可能”“被动”的“负担”。换言之，义务即不利。

（二）权利本位视野下的义务研究

权利本位语境下，义务是指“国家按规定并体现在法关系中的，人们应该和必须适应权利主张而作出或抑制一定行为的负担或约束”[2]。负担和约束是相对于利益和自由而言的，二者都是一种否定性、被动性的不利。这是一个以权利概念为原型和参照系、以权利本位为主导性话语的概念，法律义务以“保障权利主体获得利益”或“适应权利主张”[3]而获得存在的意义。虽然在老一辈法学家那里，义务同样会被视作一种约束或限制，但“适应权利主体”之类的表述却是没有的，而是表达为“对法律关系主体的限制”。[4] 按后者来理解，义务就其本身而言就意味着一种约束或负担，而非像前者那样呈现出权利义务之间的耦合关系。差别是轻微的，“义务即不利”的普遍法学想象却是共同的，[5]这一界说被逐步

---

[1] 郑成良：《权利本位论——兼与封日贤同志商榷》，载《中国法学》1991年第1期。

[2] 张文显主编：《法的一般理论》，辽宁大学出版社1988年版，第167页。

[3] 张文显：《关于权利和义务的思考》，载《当代法学》1988年第3期。

[4] 比如沈宗灵的义务概念认为，义务是“由国家规定或承认，法律关系主体应这样行为或不这样行为的一种限制或约束”。沈宗灵：《权利、义务、权力》，载《法学研究》1998年第3期。

[5] 就邓正来所总结的改革开放以来主导中国法学的四大范式来看（“权利本位论”“法条主义”“法律文化论”“本土资源论”），其中只有“权利本位论”最明确地涉及权利义务问题。当时的人们认为，“自权利和义务作为法学基本范畴正式使用以来，由于法律制度和法律生活中权利对义务的前提性和主导性，几乎所有的法学家都先阐释权利，然后附带地界说义务，或干脆把义务隐含在权利概念之下，因此，对义务的定义必然以权利为前提”（参见李龙主编：《法理学》，武汉大学出版社1996年版，第190－193页）。这就意味着，当我们首先将权利界定为一种利益或能动手段时，义务就必定而且也只能相应地被定性为一种负担或约束或不利。这种义务观念还与我们对法律本身的理解有关，他们认为，“法律是调整社会各种利益关系的重要工具、保护各种利益，调节、解决各种利益矛盾，预防和制裁侵犯合法利益的行为”。因此，“从实质上看，权利就是法律所承认的各种利益”（参见沈宗灵主编：《法理学研究》，上海人民出版社1990年版，第58－60页）。在权利义务的相关性这一前提下，所有这一切都自然地导向义务即不利的结论。

树立起来。

“不利”是一个与“制裁”不同的概念，前者强调的是法的内容、动机方面，后者强调的是法的功能、国家权力方面。如果承认法律的重要使命在于“对专制和无限制地行使权力创设若干约束”[1]的话，则义务概念从“制裁”到“不利”的变迁就意味着法学研究和法律实践的双重进步：法学研究对内容与动机的关注，实际上是摆脱法律工具论的表征之一，对法之内容的关注和研究同时会强化实践中对法律关系主体的法律保障。只不过，不管是“制裁”还是“不利”，它们都不是规范性概念，而偏向于描述性的事实概念，“不利”尤其如此。因此，“义务即不利”的规范解释力如何，就成为一个必须面对的问题。

近代中国最初理解“权利”一词时，主要是比附于“力量”和“利益”，或将其作为动词指“权衡利弊”；它们的重点都不在“权”而在“利”。[2]这是我们理解权利的最初出发点。即便到了当下，就权利理论的本质解说而言，在“自由论”比“利益论”更具解释力的情形之下，我们依旧偏爱权利的利益论。权利的利益论从而“义务即不利”的概念界说是被一种独特的实践逻辑所支配，而非理论逻辑。对于实践逻辑而言，当权利作为主体的一种能动手段时，“义务即不利”的结论显得不言自明；然而，就理论逻辑来看，“禁止杀人”是一种不利吗？与其说“禁止杀人”是一种不利，还不如说它是一种“利”。这也等于说，视义务为一种利或不利，既可以也不可以，差异之处只在于视角和立场。根据同一律的要求，基于不利来解说义务概念似乎就显得不那么恰当了。对于身处社会中的每一个人而言，“禁止杀人”这一义务存在的理由不是因为它是一种不利，从而必须去做，而是因为人们践行这一义务本身便具有内在的正当性，而这是“义务即不利”这一描述性概念无法解答的规范性问题。一般的朴素观念肯定认为，享有权利是件好事，义务远不如权利那样可欲。在

---

〔1〕［美］博登海默：《博登海默法理学》，潘汉典译，法律出版社 2015 年版，第 13 页。

〔2〕金观涛、刘青峰：《观念史研究：中国现代重要政治术语的形成》，法律出版社 2009 年版，第 103－150 页。

"利益永远是权利形成的动机"[1]这一极具吸引力的解说下,继而在权利问题获得普遍关注和重视、义务的法理学反思不足的情形下,我们在"义务即不利"的概念面前便相当程度地丧失了理论反思的能力。在"什么是义务的正当性根据"这一规范性问题上,"义务即不利"的界说就不那么令人信服,从而我们仍需一个研究法律义务问题的规范性的概念起点。此外,囿于权利话语的主体性哲学基础实际上与义务论可能的理论基础相去甚远,义务解说如果无法探寻到自身的正当性根据,则无法摆脱"义务即不利"的尴尬境地。因此,权利本位话语下"义务即不利"的依附性质命定地需要进行理论上的反思,从而探寻其自主性的道路。

任何的法律义务规范都是立法者通过当为语句表达的应然规范,因此,通过在法学研究中适用与之相应的规范性概念和规范性分析[2],我们就能够探寻到义务的深层本性。相比于"制裁"和"不利","应当"这一概念本身就显得具有更强的规范性色彩,它暗含着"因为做某事是正确的而必须去做它"[3]这种一般性的观念,因此,当义务概念从"义务即制裁""义务即不利"发展到"义务即应当"时,我们便拥有了更具理论说服力和解释力的义务概念。

三、20 世纪末至今:义务即应当

"义务即应当"的法理内涵在张恒山的笔下进行过系统的辨析。在1995 年的一篇论文中,他首次用"正当"来界定权利,用"应当"来界定义务。[4] 通过对"义务重心论"的系统阐述,中国法学对"权利""义务"的认识事实上得到了很大的深化。张文显认为,在权利义务范畴的认识过程中,"尽管权利和义务范畴的字面没有多少变化,但思想内容却在不断

[1] 张文显:《法哲学范畴研究》,中国政法大学出版社 2001 年版,第 297-310 页。
[2] [德]伯恩·魏德士:《法理学》,丁晓春、吴越译,法律出版社 2013 年版,第 85 页。
[3] [英]A. J. M. 米尔恩:《人的权利与人的多样性:人权哲学》,夏勇、张志铭译,中国大百科全书出版社 1995 年版,第 34 页。
[4] 张恒山、黄金华:《法律权利与义务的异同》,载《法学》1995 年第 7 期。

地变化……例如，义务概念强调‘应当’而不是制裁”[1]。这一表述实际上表达了法学理论界对“义务即应当”的承认和接受。[2] 何为“应当”？在义务重心论的语境下，这实际上是一种社会评价，社会评价是基于三人社会规则产生模式的理性协同评价，并最终根植于对人性的基本考察。具体而言，“应当”意义下的“义务”概念指的是，主体作（或不作）某种行为的应当性，即主体在实际生活中按照法律规则的指示作（或不作）某种行为的应当性。[3] 有学者将这种义务概念归结为“要求说”[4]，这实际上并不符合作者的原意。因为它突出的是主体作（或不作）某种行为的要求的“应当性”，而不仅仅是“应当性的要求”。一项法律义务之所以必须予以履行，而且一旦不履行就会给予否定性评价，是因为该义务本身就具有“正当性”，从而义务主体“应当”去履行；这种正当性在形式层面由国家成文法保障，但实质上成文法所规定的义务条款只有经受住社会评价之后才真正具正当性，道德义务即是如此，且更为明显；任何法律义务都以“社会和国家对个人作出的在一定条件下要对个人提出作（或不作）

〔1〕 张文显：《法哲学范畴研究》，中国政法大学出版社 2001 年版，第 297－310 页。

〔2〕 这一引述或许并不充分，我们可以进一步查“马克思主义理论研究和建设重点教材”《法理学》中对义务的叙述来进行补强性论证，它认为义务的“特点在于义务的必为性，义务人必须从事或不从事一定的行为”。参见本书编写组：《法理学》，人民出版社 2010 年版，第 121 页。在很大程度上，“必为”是“应当”一词更通俗化的表述，在“必为”这一指称概念中，“应当”是其核心要义。除此之外，从权威学者所主编或编著的以“法理学”命名的著作来看，他们在解说“义务”一词时所使用的指称性概念大多直接或间接地与“应当”而不是“制裁”或“不利”等词汇相连。如“法律义务是主体应当采取的行为模式，并且是引起偏离行为模式的行为者承担法律责任的理由”。参见姚建宗主编：《法理学》，科学出版社 2010 年版，第 106 页。即便以“限制或约束”作为指称概念，这也与之前的解说存在重大差异，它引入了“应当”之类的表述，如“法律义务是由法所规定的作为法律关系主体的即义务主体或承担义务人应当这样行为或不这样行为的一种限制或约束”。参见周旺生主编：《法理学》，北京大学出版社 2007 年版，第 402 页。

〔3〕 完整地讲，“法律义务是为了防范对某些利益的侵害或增进他人或义务主体本人的利益，由代表着社会和国家的预约性意见的法律规则在预设的条件得到实现的情况下，向实践中的法律主体提出的、以一旦违反将受到国家制裁为威胁的、关于作（或不作）某种行为的要求”。参见张恒山：《法理要论》，北京大学出版社 2009 年版，第 307－315 页。

〔4〕 李牧、楚挺征：《我国法律义务定义观之检讨——以权利附带定义观为主线》，载《南京社会科学》2011 年第 7 期。

特定行为的要求的预先约定”为前提。[1] 由此,义务的本体就是一种社会意见,其理论基础在于社会契约论。[2]

相较于“义务即制裁”或“义务即不利”,“义务即应当”实际上将考察对象深入规则主义背后。在它看来,既有的义务概念——尤其是权利本位话语下的义务概念,过多地通过“在学术论争中引入政治策略的方法来打造自身在政治价值方面居于优势的形象”[3],即通过把利益、平等、自由等价值都划给权利、权利本位,把负担、不利、不平等都丢给义务、义务本位;[4]当对“在立法和法律实践中立法者或国家是以保护公民权利为目的还是以给公民强加义务为目的”进行论证时,权利、义务完全都被置于政治评价中,由此必然得出“凡是主张义务本位之立场的就是政治不正确”的结论。这种策略“还有可能在一定程度上转换成某种政治话语或意识形态话语的同时成为那种更高的意识形态的注释”[5]。因此,“义务即应当”的法学研究一开始便暗含着一种不同于“政治—法学”而更接近于“知识—法学”的智识努力,而“知识—法学”的未来是要建立起法学研究主体的理性和自主性。因此,“义务重心论”视野下的“义务即应当”这一带有中国学者思考痕迹的理论成果及其研究理路对中国法学的意义已不仅仅在于它所提供的一种更具规范解释力的理论,而在于知识本身;但这不等于说“义务即应当”的义务界说不存在理论缺陷。

“义务重心论”的问题意识源于对“权利本位”的批判,后者认为,义

[1] 张恒山:《法理要论》,北京大学出版社 2009 年版,第 307 - 315 页。

[2] 张恒山:《由意志论到契约论——论当代中国法治建设的观念基石》,载《金陵法律评论》2002 年第 1 期。

[3] 张恒山主编:《共和国六十年法学论争实录:法理学卷》,厦门大学出版社 2009 年版,第 222 页。

[4] “在权利和义务互为参照系的条件下,是坚持权利本位还是坚持义务本位,可以这样来识别:如果立法者把向人民施加义务约束视为主要目标,为了使人民更好地履行服从现行统治的义务,才略施恩惠,让人民享有某些权利,这就是义务本位。如果立法者把确认人民的权利视为首要目标,为了使人民的权利受到保障,才不得不向每个人施加平等的义务约束,这就是权利本位”。参见郑成良:《权利本位论》,载《政治与法律》1989 年第 4 期。

[5] 邓正来:《中国法学向何处去——建构“中国法律理想图景”时代的论纲》,商务印书馆 2011 年版,第 65 - 73 页。

务来源于、服务于、从属于权利。其中有一个隐含着的并为二者所共享的理论前提，即全部法的问题都可以归结到权利义务问题。[1] 正是在权利义务关系中，才有可能谈“义务先定”，继而才有可能在法关系中谈“义务重心”；但也正是如此，它的考察范围被大大限缩，从而忽略了一个关键的要素，即权力。义务在引入社会性评价以回应伴随“福利权”等问题出现的不足时，无法真正地延伸至对公共权力推动个人利益诸问题的回应，这或许是“义务即应当”存在的巨大理论缺陷。其原因在于，它与权利理论具有同样的“去权力中心化”的理论追求，权力问题被有意识地边缘化。与此相关的是，它也无法有效地解释与权力问题相关的“责任”问题。[2] 国家是没有权利的，权利义务关系是一种横向关系，缺失了权力这一纵向要素的法律分析不可能构成对法的全方位立体分析。仅仅侧重权力面向是无法为权利理论和义务理论接受的，但没有权力的法律又是不可想象的。就此难题，将义务问题模态化处理从而引入权力要素，成为可供选择的路径。该理论认为，义务模态可分为权利对权利的义务、权利对权力的义务、权力对权利的义务、权力对权力的义务。[3] 就法本位视角来看，这是去掉“本位”这一路径本身，或者说权利、义务与权力三者并重的模式。此外，即便义务意味着应当，但这并非就等于说“应当”都是义务或者说法律条文中没有应当的就不是义务，二者并不存在等值关系。而且，这种解说一不小心就会滑向对“应当”而不是“义务”的研究。如何界定“应

[1] 张文显：《法哲学范畴研究》，中国政法大学出版社 2001 年版，第 297－310 页。

[2] 针对这一问题，钱大军提出了新的义务解说，他认为法律义务是“主体应当采取的行为模式，并是引起偏离行为模式者的法律责任的正当理由”。其中包括三方面要素：一是应当，即义务是作为期待中的行为模式而存在的，是“应当”的行为模式；二是法律义务旨在规范“行为”；三是偏离行为模式的行为，即“引起法律责任的可能性”。在理解方式上，它侧重于描述和解释；在内容上，它试图通过“应当”与“正当理由”等概念来淡化或消除义务作为一种负担所带来的某些不符合时代发展的因素；与“义务即应当”相类似，它还有志于突破法律义务研究乃至于法学研究的本质主义倾向。参见钱大军：《法律义务的逻辑分析》，载《法制与社会发展》2003 年第 2 期；钱大军：《法律义务研究论纲》，科学出版社 2008 年版，第 45－67 页。

[3] 胡平仁：《法律义务新论——兼评张恒山教授〈义务先定论〉中的义务观》，载《法制与社会发展》2004 年第 6 期。

当”? 西季威克认为,我们无法给出形式上的定义。[1] 因此,即便张恒山花费大量精力对“正当”和“应当”等术语进行技术层面的辨析,也仍存在诸多不足。这似乎是任何基础性的指称概念所无法摆脱的命运。

四、结语

法律义务概念必定像法律自身一样具有“开放结构”,因此也必定仁者见仁、智者见智,但这并不妨碍我们在理论层面对义务的本质进行认知和把握。从“义务即制裁”到“义务即不利”再到“义务即应当”的演进既是理论的推进,也是观念的进步,从中我们可以发现:其一,义务概念及其观念的发展理路也经历了从法学之外走向法学之内的推进,表现出从外在分裂到内在一致的变迁特征。“法学之外”的义务概念试图通过或是革命法制话语或政治话语来界说义务,这不仅使对义务之正当性的前提性审视无法得到有效展开,也使义务概念呈现一种内在的分裂,表现为法律义务与泛政治伦理义务之间的纠缠。不利意义上的义务概念克服了法学之外的不足,但陷入了对权利话语的依附境地。应当意义下的义务概念及其内在逻辑促使将法学话语和义务范畴的相对独立性结合起来,使其从外在分裂逐步走向内在一致,义务概念也由此更具规范性和解释力。其二,从超越“义务即制裁”、批判“义务即不利”到形成“义务即应当”,对法律义务之本质的认识表现出逐步理性化的变迁特征,在此基础上深化了“义务”作为相对独立的法学范畴的知识自主性。在国家与法的理论下,革命法制话语主导了义务概念的全部内容,这“显然主要不是法学理论自然逻辑演进的结果,而是出于法学理论对政治决策、政治纲领等法学外部问题的一种回应”[2]。改革开放之后,义务从斗争工具成为“适应权利主张”的一种手段,它来源于、服务于、从属于权利,这使作为法学基础范畴的义务的知识自主性还有待于进一步推进。“义务即应当”从基本

---

〔1〕 [英]亨利·西季威克:《伦理学方法》,廖申白译,中国社会科学出版社 1993 年版,第 55 页。
〔2〕 程燎原:《从法制到法治》,法律出版社 1999 年版,第 280 页。

理论假定出发,遵循严格的知识逻辑,不仅为义务研究的自主化树立了榜样,也为义务观念理性化指引了方向。

延伸阅读学术著作

1. 李步云、徐炳:《权利和义务》,人民出版社 1986 年版。
2. 张恒山:《义务先定论》,山东人民出版社 1999 年版。
3. 张文显:《法哲学范畴研究》,中国政法大学出版社 2001 年版。
4. 钱大军:《法律义务研究论纲》,科学出版社 2008 年版。
5. 张恒山:《法理要论》,北京大学出版社 2009 年版。
6. 梁洪霞:《公民基本义务:原理、规范及其应用——一个宪法学的视角》,中国政法大学出版社 2011 年版。
7. 张秀:《政治义务、法律正义与公民服从——基于政治伦理的思考》,上海人民出版社 2017 年版。
8. 龚向和等:《民生保障的国家义务研究》,东南大学出版社 2019 年版。

延伸阅读学术论文

1. 杨化南:《我国宪法中公民的基本权利和义务》,载《政法研究》1954 年第 3 期。
2. 许启贤:《论权利和义务的辩证统一》,载《法学研究》1980 年第 2 期。
3. 张贵成:《法律义务与法律责任》,载《法学》1984 年第 7 期。
4. 张文显:《关于权利和义务的思考》,载《当代法学》1988 年第 3 期。
5. 张恒山:《论法以义务为重心——兼评"权利本位说"》,载《中国法学》1990 年第 5 期。
6. 张恒山、黄金华:《法律权利与义务的异同》,载《法学》1995 年第 7 期。
7. 钱大军:《法律义务的逻辑分析》,载《法制与社会发展》2003 年第 2 期。
8. 张恒山:《分析实证主义法学义务观辨析》,载《苏州大学学报(哲学社会科学版)》2013 年第 2 期。
9. 吴玉章:《法律义务亦行为理由论》,载《法学》2022 年第 8 期。

10. 王夏昊:《法律义务的基本语义类型与特性》,载《南京师大学报(社会科学版)》2023 年第 2 期。

延伸阅读学位论文

钱大军:《法律义务研究》,吉林大学 2005 年博士学位论文。

第十章 法 律 作 用

本论题导读

关于新中国法律作用的研究，不同时期的研究旨趣和研究重心不同。新中国前30年，学界较为关注法律作用理论的政治属性，而学理挖掘与学术争鸣相对较少；改革开放以来，法律作用的研究最为丰富，理论核心概念也趋于成熟、定型；进入新时代，法律作用研究呈现出一些新现象、新特征，基于不同理论视角的探讨成果明显增多。新中国法律作用研究发展过程中，总体上呈现法律的社会作用得以凸显、法律作用的微观机制得以重视、法律作用的片面观点得以矫正、法律作用研究的多元思维得以确立这几个特点，同时分别在理论研究层面和方法研究层面历经了升华。进入数字社会，诞生于工业文明时代的现代法律作用理论面临挑战。下一步法律作用研究有必要赋予法律作用理论核心概念新的内涵，思考法律在虚拟空间的作用及其局限性、法律作用和代码规制之间的关系等新命题。

法律的作用，是法学理论和法律实践中十分重要的主题。然而，新中国法学界70多年来对这个主题的研究成果并不是十分丰富。[1] 总体来

---

〔1〕 据笔者初步统计，目前中国法学界关于法律作用研究的专著只有一本（郁光华：《法律的作用：不同理论视角的探讨》，法律出版社2011年版），关于法律功能研究的专著也不多见。在博硕士学位论文中，与法律作用主题直接相关的博士学位论文仅有1篇（丰霏：《法律制度的激励功能研究》，吉林大学2010年博士学位论文），硕士学位论文仅有3篇（费世军：《论法律的局限性》，广西师范大学2004年硕士学位论文；张敏：《论法的指引作用》，南京师范大学2009年硕士学位论文；郝世鹏：《南平公益诉讼的法理分析——以法律指引作用为视角》，西南政法大学2017年硕士学位论文）。在期刊论文中，与法律作用主题直接相关的论文仅有78篇（统计截止时间：2023年2月20日）。

看，新中国成立前30年，中国法律学界对法律作用关注并不多，主要是一些学者对于法律作用理论的零敲碎打的基本理论阐释，学理意义相对不足。改革开放新时期，法律作用普遍进入学者们的视野，法理学教材基本都会用整章或整节的篇幅来阐述这个主题，[1]法律作用及其局限性问题也得到了细致的思考。与之相伴随的是，法律社会学研究范式下的法律功能理论蓬勃兴起。[2] 但这个时期关于法律作用理论的系统性、整体性研究成果仍然较少，理论"增色"并不十分明显。进入新时代，中国的法理学教材普遍以一节的篇幅阐述法律作用问题，更加重视法律的作用这个主题。[3] 但在这个时间段，我国法理学界倾向于把法律作用当作法学基本知识，侧重于阐述法律作用的内涵、法律的规范作用和社会作用、法律作用的局限性这三个传统问题。尽管有部分学者转换了法律作用研究的视角，提高了法律作用研究的理论深度，但学界总体上仍没有关注法律作用研究的学术增长点，这导致法律作用的相关理论仅仅在法理学教材中得到"常识性"的介绍，并没有机会进入国内主流法学理论研究视野。

有鉴于此，本章动态地回顾新中国法理学界对法律作用问题的研究变迁，在相关文献的细致梳理中总结、评析法律作用研究的学术历程和学术积淀。这一方面能够直观地反映学界对法律作用研究的广度和深度，另一方面则有助于发掘法律作用研究的不足和空白，进而把握学界对法律作用研究的可能走向。在此基础上，希望学界将法律作用研究引向并回应数字社会新实践，对法律作用问题作出应有的理论创新与升华。

---

[1] 赵震江主编：《法律社会学》，北京大学出版社1998年版；孙国华、朱景文主编：《法理学》，中国人民大学出版社1999年版；沈宗灵主编：《法理学》，北京大学出版社2001年版。

[2] 比较具有代表性的，参见付子堂：《法律功能论》，中国政法大学出版社1999年版；倪正茂：《激励法学要言》，载《东方法学》2009年第1期；丰霏：《法律制度的激励功能研究》，吉林大学2010年博士学位论文；孙岳兵：《结构主义视角下法律功能范畴研究》，载《求索》2016年第1期。

[3] 付子堂主编：《法理学初阶》（第6版），法律出版社2021年版；张文显主编：《法理学》（第5版），高等教育出版社2018年版。

一、新中国法律作用研究的回理

学术史的回顾与梳理可以为学术研究提供历史资料和历史经验,为学者了解学术历史和研究现状提供丰富而宝贵的信息。

(一)新中国前30年的法律作用研究

在苏联版“国家与法的理论”范式影响下,法学界的学者们倾向于在资本主义和社会主义的二元对立中研究法律的本质和作用问题,强调法学自身的独立性和正当性主要为国家社会主义政权建设服务。因此,无论是法律本质、法律秩序、法律关系的研究,还是法律规范、法律主体、法律作用的研究,都必须以社会主义国家政权建设为中轴展开。比较典型的例子是,在教材目录中,凡涉及法律基本范畴的地方,大部分是以“国家”内容为主,并且会冠以社会主义或苏维埃社会主义的定语。〔1〕 由是观之,当时的法学理论或法学研究更多地强调法律的政治功能及其阶级属性。〔2〕

在这一段时间,总体来看,学者们对法律作用研究空间是比较狭窄的,研究视野、研究方法也比较单一。当时的法学学者没有也无法阐述法律在经济体制改革、精神文明建设、民主政治建设和对外交往等方面的积极作用,法律规范作用和社会作用的明确区分自然也没能进入他们的视野。同时,囿于国家性、阶级性和政治性的研究立场,学者们也未能触及法律作用的局限性问题。学者们受苏联法学教材的影响,普遍将法律现象作为一种国家现象来看待,重在强调法律对敌专政的“强制性”作用,意在凸显法律为社会主义国家的国家机构运转、主要职能发挥、贯彻党的政策方面的“服务”作用。例如,有学者提出,“法律是统治阶级镇压敌对

---

〔1〕 比较具有代表性的是,20世纪50年代至60年代苏联科学院法学研究所集体编著的《马克思列宁主义关于国家与法权理论教程》、杰尼索夫的《国家与法律的理论》、维辛斯基的《国家和法的理论问题》。

〔2〕 郭忠:《中国法理学教材发展的阶段和趋势——基于1950年到2010年教材出版情况和内容的分析》,载《甘肃政法学院学报》2012年第4期。

反抗阶级的工具，它表现着统治阶级的意志”[1]，“法权是实现党的政策的工具，我国的法权是为贯彻执行党的政策服务的，是为无产阶级政权服务的，它不是超政治的东西”[2]。

不过，从我国进入过渡时期开始，也有少数学者不满足学界对“法律是对敌专政的工具”这样一种主流看法，开始把眼光从法律的政治领域转向经济领域，明显注意到法律对于国家经济建设的重要作用。与之相伴随的是法律指引作用的思想开始萌芽。比较有代表性的学者是谦益，他明确提出法律还具有“明确地指出法律在经济活动中应该做什么不应该做什么，应当怎样做不应当怎样做”的指引作用。[3] 但由于历史大背景的影响，有关法律指引作用以及法律的社会作用问题没有得到进一步深入的讨论，也没有上升为一种主流的理论观点。

综上，囿于苏联版“国家与法的理论”研究范式，新中国前 30 年我国学界对法律作用的相关探讨总体上在浅层次徘徊，许多关键的理论和观点没有得到确立，甚至出现单方面强调法律的阶级性而忽视法律社会作用、“要政策不要法律”的错误倾向。同时，法律作用的“教育、评价、预测”面未得到充分关注，法律的社会作用以及法律作用的局限性问题更是少有人探讨。

（二）改革开放新时期的法律作用研究

改革开放后，整个法学界的精神面貌发生了翻天覆地的变化，研究队伍迅速建立起来，学术机构也逐渐增多，学术交流活动变得越来越重要。正是在这样的背景下，中国法理学界也迎来了法律作用理论研究的高潮。法律的作用被正式确立下来，并且法律规范作用和社会作用的划分也在这个时期成熟。得益于思想的解放，学者们明确提出了法律具有局限性的观点，对法律局限产生的原因作了不同探讨。此外，也有学者从法律社

---

[1] 杨玉清：《论遵守法律》，载《政法研究》1954 年第 3 期。

[2] 柴钟麟：《关于我国过渡时期法权的性质和作用问题》，载《政法研究》1962 年第 3 期。

[3] 谦益：《关于我国过渡时期法权在解决人民内部矛盾方面的两点意见——与柴钟麟同志商榷》，载《政法研究》1962 年第 3 期。

会学的角度观察法律作用，用法律社会学的思维、方法和话语研究法律的功能，引起了学界较为广泛的讨论。总体来看，改革开放新时期有关法律作用的研究主要集中在如下几个方面。

1. 法律作用分类研究

法律的作用指的是法律给人的行为以及社会关系所带来的影响，其可分为规范作用和社会作用。规范作用包括指引、评价、预测、强制和教育，社会作用包括分配社会利益、解决社会纠纷和实施社会管理等作用。[1] 新中国成立初期，学者们重点关注法律的强制性作用，并没有给予法律指引作用、评价作用、预测作用和教育作用这些层面过多关注。改革开放新时期，关于法律作用的理论发生了根本变化，其首先体现在学界开始有意识地关注法律在不同层面上的作用。例如，有学者提出，法律主要发挥规范社会成员行为、规范经济主体行为、规范国家机关及其工作人员管理行为、规范国家政治行为的作用，同时法律还具有发展科技教育、促进社会文明进步等社会作用。[2] 有学者重点探讨了法律的指引作用，认为"法律对于那些既满足了个体需求，又肯定或促进了社会利益的行为，就确认为权利，鼓励人们从事该行为；对于那些仅生成了个体自身的生存条件，却损害了社会利益的行为就给予限制和制裁，禁止人们去从事"[3]。还有学者则认识到法律对于人类价值的实现作用，提出法律的作用在于保护自由、人身不可侵犯、最低限度的物质满足，法律还具有促进人类价值实现的重要作用。[4]

2. 法律作用的局限性研究

有学者明确提出，法律不仅本身存在局限性，而且立法者的认识、法律调整的范围等方面都具有不可回避的局限性。[5] 有学者提出，法律的局限性根源于人的认识的局限性。人类认识的有限性和无限性的矛盾及

---

〔1〕 付子堂主编：《法理学初阶》（第6版），法律出版社2021年版，第94页。
〔2〕 孙潮：《法律的特点、作用和评价》，载《上海人大月刊》1998年第9期。
〔3〕 王广辉：《法律规范的性质及作用》，载《法律科学（西北政法学院学报）》1995年第6期。
〔4〕 刘作翔：《论法律的作用及其局限性》，载《法制与社会发展》1996年第2期。
〔5〕 熊乐兰：《论法律的局限性——驳法律万能论》，载《江西行政学院学报》2002年第3期。

人类社会不断变化发展的现实这两大因素导致法律局限性。因此,法律局限性是法理学的一个"永恒"的主题。[1] 也有学者提出,法律的局限性在于法律的不确定性,由于社会生活关系过于复杂,法律概念及其法律制度无法覆盖现实生活中的各个方面。从这个意义上说,法律总是滞后于社会现实。[2] 也有学者通过分析腐败和权力的关系,提出法律在清除腐败方面的各种局限性,并进一步认为对腐败无法像对其他犯罪那样通过严格执法来实现治理目标。[3] 此外,有学者基于历史维度的考察,深入分析了法律在中国社会纠纷解决方面的局限性。[4]

3. 法律社会学话语下的法律功能研究

法律社会学应用功能学派的系统理论对法律作用问题进行了探讨,建立了一套崭新的法律功能理论体系。付子堂的《法律功能论》(1999年)一书集中且全面地讨论了法律功能问题。其中,以专章的形式论述了法律的行为激励功能、法律的利益调控功能、法律的社会功能以及法律与经济、政治、文化的关系等主要内容。[5]

在法律功能的研究范式下,学者们对具体问题展开讨论,形成了不同的理论观点。首先,有学者提出了法律功能概念的"关系说",认为"法律功能是基于其内在结构属性而与社会单位所发生的,能够通过自己运行造成一定客观后果,并体现自身价值在社会中的实际特殊地位的关系"[6]。其次,关于法律功能分类的探讨主要有三种观点:第一种观点是"三分法",主张将法律功能分为"模式建构功能、模式维持功能和模式发展功能"三种类型。[7] 第二种观点主张从不同维度将法律功能分为"整

[1] 刘作翔:《论法律的作用及其局限性》,载《法制与社会发展》1996年第2期。

[2] 沈敏荣:《法律不确定性之克服——论法官在法律制度中的作用》,载《政治与法律》1998年第2期。

[3] 徐祥民:《清除腐败赖品德——兼论法律作用的有限性》,载《政法论丛》2014年第1期。

[4] 瞿同祖:《法律在中国社会中的作用——历史的考察》,载《中外法学》1998年第4期。

[5] 付子堂:《法律功能论》,中国政法大学出版社1999年版。

[6] 赵震江:《法律社会学》,北京大学出版社1998年版,第214-215页。

[7] 郭剑平:《论法律功能的概念与类型》,载《韶关学院学报》2008年第8期。

体功能和部分功能”“显性功能和隐性功能”“正功能、反功能和非功能”。〔1〕第三种观点主张把法律功能分为“保护性功能、信号功能和自我承诺功能”。〔2〕最后，关于法律功能中激励功能的深入研究。有学者明确提出，法律的种种功能归结起来就是对行为的激励功能，并把激励功能具体划分为“外附激励功能、内滋激励功能、公平激励功能、期望激励功能、挫折激励功能”五个方面。〔3〕有学者综合运用多学科激励理论，以跨学科交叉研究的方法，构建了法律制度激励功能理论的基本框架和主要内容。〔4〕也有学者对法律激励的发生机制展开研究，提出了法律的威慑机制、需求机制、公平机制和期望机制。〔5〕

4. 法律作用与相关概念的辨析研究

进入改革开放新时期，我国法学界不断深化对法律作用的理解，开始探讨法律作用、法律功能、法律理想、法律价值等不同概念的差异性。例如，刘作翔重点区分了法律作用与法律理想两个概念的差异，他指出，“法律作用更多地体现为一个过程、一种手段，而法律的理想则是指法律所追求的一种最终目标和目的”〔6〕。贺海仁则提出了法律价值、法律效力和法律功能之间的区别，并认为法律价值的实现取决于法律效力和法律功效的统一。〔7〕也有学者重点研究了法律价值和法律作用的区别，认为一些论者在理解与使用法律价值概念时，经常有意无意地把它与法律作用等同起来，认为法律价值就是法律作用的另一种表述。实际上，这种观点是不能成立的。因为法律价值概念的外延比法律作用要宽，法律作用最

〔1〕付子堂：《法律功能论》，中国政法大学出版社1999年版，第二章。

〔2〕郁光华：《经济增长与正式法律体系的作用》，载《中外法学》2011年第1期。

〔3〕付子堂：《法律的行为激励功能论析》，载《法律科学（西北政法学院学报）》1999年第6期。

〔4〕丰霏：《法律制度的激励功能研究》，吉林大学2010年博士学位论文；丰霏：《论法律制度激励功能的分析模式》，载《北方法学》2010年第4期；丰霏：《法律激励的理想形态》，载《法制与社会发展》2011年第1期。

〔5〕申来津：《法律与行为选择：法律激励及其发生机制》，载《法学杂志》2006年第4期。

〔6〕刘作翔：《法律的理想与相关法学概念关系的法理学分析》，载《法律科学（西北政法学院学报）》1994年第4期。

〔7〕贺海仁、杨保军：《法律价值：效力与功效》，载《法律科学（西北政法学院学报）》1991年第2期。

终体现为一种工具性价值,但法律价值除表现为某种工具性价值外,还泛指法律对主体的其他一切功效。[1]

在区分法律作用与相关概念过程中,法律作用和法律功能的区分尤其引起学者们激烈的讨论。其主要有三种代表性的观点:第一种是"法律功能与法律作用等同说"。孙国华认为,法的作用与职能(功能)基本是同义的,"作用和职能所表述的意思十分相近,都说明被研究对象的活动、运作和它对外界的影响"[2]。沈宗灵认为,"法的作用,又称法的功能,泛指法对个人以及社会发生影响的体现"[3]。第二种是"法律作用和法律功能区别说"。具有代表性的是周旺生的观点,"法的功能是法所固有的内在属性,而法的作用是被赋予和设定的;法的功能是法所固有的稳定属性,而法的作用则需常有变动;法的功能是法所固有的应然属性,而法的作用则具有现实的指向"[4]。第三种是"折中说",其主张法律功能与法律作用存在一定区别,但并不主张对两者刻意地区分。"功能与作用在其词源意义上还是有一定区别的,这两个术语并不是法律体系构成中的严格术语,所以在研究中我们也没有必要刻意去对两者作出区分。功能或作用这两个概念只是我们分析和认识法与社会的一个方面。"[5]

(三)新时代的法律作用研究

进入新时代,我国法学界对法律作用的研究呈现一些新气象、新变化和新特点,理论深度也得到进一步提高。具体来看,主要表现在以下几个方面。

1. 从多元视角探讨法律作用机制

这一时期,学者们在研究法律作用问题上视野更加开阔。例如,在法律作用的分类问题上,有学者不再局限于传统理论对法律作用的分类,他

---

〔1〕 杜飞进:《法律价值概念论析》,载《学习与探索》1994 年第 3 期。
〔2〕 孙国华、朱景文主编:《法理学》,中国人民大学出版社 1999 年版,第 54 页。
〔3〕 沈宗灵主编:《法理学》,北京大学出版社 2001 年版,第 82 页。
〔4〕 周旺生:《法的功能和法的作用辨异》,载《政法论坛》2006 年第 5 期。
〔5〕 公丕祥主编:《法理学》,复旦大学出版社 2002 年版,第 65-66 页。

们基于不同的视角对法律作用的分类问题作出了新的探讨。有学者以法律目的实现的角度将法律作用分为规范作用和价值作用。[1] 也有学者从法律经济学的视角出发，对法律的激励作用展开了深入的研究，认为法律激励的实现模式主要包括权利模式与义务模式、奖励模式与惩罚模式、助力模式与阻力模式，每种模式的具体选择都应当根据不同的激励目标、不同激励对象的个性特征以及不同的激励环境进行不同的选择。[2] 还有学者专门研究了法律与文化的相互作用机制，认为"法律的颁布和实施，能够保障系统成员进行文化生产和文化交易的自由，避免或缓解因为系统文化交互而导致的冲突和矛盾"[3]。

此外，随着党内法规逐渐进入中国法学界视野，有学者系统探讨了国家法律对党内法规的促进、保障作用。例如，有学者提出，法律"为党内法规的制定提出合法性标准，保障党内法规的制定质量；为党内法规提供立法原则、立法程序和立法技术等方面的经验借鉴；国家法律以保障性、配套性、转化性的规定来支持、配合和保障党内法规的有效实施"[4]。有学者则在双重逻辑交互作用的视角下指出，法治毋庸置疑成为改善党治的重要利器，如果党治以法治方式行事，则党治与法治在治理的意义上便达到了"至善"。[5]

2. 进一步深化了法律对道德作用的研究

有学者提出，"推进中国特色社会主义法治体系和社会主义法治国家的建设，必须始终不渝地以法律规范体现和维护社会主义道德理念和道德准则，使人们的道德追求真正在法治上获得保证"[6]。有学者认为，德

[1] 郭忠：《法律规范特征的两面性——从法律目的实现的角度分析》，载《浙江社会科学》2012 年第 6 期。
[2] 丰霏：《法律治理中的激励模式》，载《法制与社会发展》2012 年第 2 期。
[3] 邹龙妹：《论法律与文化的相互作用机制》，载《学术交流》2013 年第 12 期。
[4] 孙才华、方世荣：《论党内法规与国家法律的相互作用》，载《湖北社会科学》2015 年第 1 期。
[5] 陈明明：《双重逻辑交互作用中的党治与法治》，载《学术月刊》2019 年第 1 期。
[6] 李良栋：《坚持法律的规范作用与道德的教化作用相结合》，载《社会科学研究》2015 年第 2 期。

治的贯彻和实施，应该建立在法治国家的基础之上，法治是德治的基础，要充分发挥法律对道德的保障作用。[1] 也有学者在社会调控视野中理解法律对道德的作用机制，认为要把握好法律和道德间的作用模式和相互间的转化关系，为了更好地发挥法律对道德的促进作用，应当着力培养公众的守法意识和道德意识，树立法律权威。[2] 此外，也有学者从法哲学的视角切入，认为法治是执政党实现执政合法性的现实途径，“德治”为“法治”之体，“法治”为“德治”之用。[3]

3. 丰富了法律作用研究的理论要素

进入新时代，学者们对法律作用展开研究的一个明显特点就是研究方法更加多元化，理论要素得以进一步丰富。例如，谢晖在研究法律作用局限性时，将其与制度修辞联系起来。他认为，“法律的模糊/局限性，取决于其诗性、修辞性和可接受性，但同时又帮助法律克服模糊/局限性，并在修辞预设的前提下，实现法律的理性、逻辑性和科学性”[4]。任帅军在社会治理的视域中展开法律评价作用的研究，提出法律的评价作用是推动社会变迁的重要力量，也是创新社会治理的重要内容，法律通过评价作用的发挥积极有效地维护了社会民众的基本权利。[5] 还有部分学者关注了习惯法、民间法的作用机制。例如，张军辉提出，少数民族习惯法发挥着不可忽视的作用，其作用的效力基础来源于自然禁忌或宗教信仰、内容与程序的民主性、惩罚的严厉性等方面。[6] 刘作翔则明确指出，包括民间法在内的每一种规范类型都有自己存在的价值和作用。[7]

---

[1] 齐强军、王军伟：《论“德治”的法治基础及作用机理》，载《社会科学家》2015 年第 3 期。
[2] 王震：《社会调控视野中法律与道德作用机制研究》，载《河北师范大学学报（哲学社会科学版）》2016 年第 2 期。
[3] 许菁菁：《德治与法治关系在当代中国的特殊性——从法哲学的视角切入》，载《人民论坛》2012 年第 20 期。
[4] 谢晖：《法律的模糊/局限性与制度修辞》，载《法律科学（西北政法大学学报）》2017 年第 2 期。
[5] 任帅军：《论法律评价的社会作用》，载《上海政法学院学报（法治论丛）》2015 年第 5 期。
[6] 张军辉：《论少数民族环境习惯法的作用机制》，载《中国政法大学学报》2012 年第 4 期。
[7] 刘作翔：《每一种规范都有自己存在的价值和作用》，载《人民法院报》2017 年 6 月 2 日，第 5 版。

二、新中国法律作用研究的评析

为更清晰地呈现新中国法理学界对法律作用问题的研究全貌，既需要在微观上回顾、梳理法律作用基本范畴的时代变迁，讲述法律作用基本理论的源流演变，也需要从宏观上提炼、评析法律作用研究70多年来的经验和不足。基于此，本部分拟勾勒出学界关于法律作用研究的成长轨迹，并尝试性地评析目前研究状况的不足之处。

（一）新中国法律作用研究的变迁特点

1. 法律的社会作用得以凸显

新中国成立初期，学界关于法律作用的研究受“阶级性”影响较大，偏向于突出法律的强制性色彩及其法律对国家建设的作用。进入改革开放新时期，法律作用的“社会性”面貌逐渐清晰起来。学者们的眼光不再局限于法律的强制作用，开始重点关注法律的其他规范作用和社会作用，具有代表性的是周凤举1980年发表于《法学研究》的《法单纯是阶级斗争工具吗？——兼论法的社会性》一文。[1] 然后，一些学者陆续发表文章讨论法律的指引、评价、预测和教育作用，最终形成了关于法律规范作用的完整体系。同时，法律的社会作用开始进入学者们的视野。有学者一开始将法律的社会作用概括为维护阶级统治和执行社会公共事务，后来又有学者阐述了法律对政治、道德、文化和经济的重要作用。由此，中国法理学界也基本形成了一个共识：法律作为一种调整社会关系的社会规范，既包括规范作用，也包括社会作用。此外，以付子堂为代表的一批学者在法律社会学的研究范式下，对法律的社会作用展开了细致的研究，着重探讨了“法律的行为激励功能”“法律的利益调控功能”“法律的社会功能”等内容，形成了一批关于法律社会作用问题的代表性成果。[2]

---

〔1〕 周凤举：《法单纯是阶级斗争工具吗？——兼论法的社会性》，载《法学研究》1980年第1期。

〔2〕 季金华：《改革开放三十年我国法律本质理论的回顾》，载《北方法学》2009年第1期。

2. 法律作用的微观机制得以重视

新中国成立初期对法律作用的研究总体上是以“结果”为导向，学者们多是直接呈现出法律具有什么样的作用，而对法律产生作用的过程分析不多、理论提炼不够。进入改革开放新时期，中国法理学界的自觉意识萌芽，其反映在法律作用研究上就是学者们开始关注法律作用的发生机制及法律在运行过程中的作用。其中，有学者阐释了法律对道德、文化产生作用的机制，也有学者较为关注法律实践过程中影响法律作用实现的基本要素，重点分析了法律在立法、司法和执法过程中的作用及其局限性。此外，一部分学者应用社会学中功能学派的理论对法律作用问题进行探讨，阐释了法律产生作用的微观过程，论证了法律对人们行为的作用机制。随着法治建设新时代的到来，以及法学研究方法的多元化发展，中国法理学界不再满足宏观上的法律作用研究，而是深入法律发生作用的“过程”，对法律作用机制展开讨论，或者在法经济学范式下研究影响法律作用实现的因素。总之，整个学界对法律作用主题的研究旨趣从“结果性”的有用或无用转向“过程性”的作用机制或影响因素。

3. 法律作用的片面观点得以矫正

受苏联版“国家与法的理论”研究范式的影响，我国法理学界很长一段时间关于法律作用问题的探讨曾出现过“绝对论”的倾向。这主要表现为两种绝对化的理论观点：一种是“法律万能论”，另一种观点是“法律无用论”。随着彻底纠正以阶级斗争为纲的极左思潮以及开展真理标准的大讨论，法律作用“绝对论”的倾向得到纠正，中国法理学学者开始辩证地看待法律的作用。具有代表性的是，刘作翔 1996 年在《法制与社会发展》上发表的《论法律的作用及其局限性》一文。他在文中明确反对“法律万能论”和“法律无用论”的观点，并总结了法律的作用及其局限性。[1] 学界后来在法律作用及其局限性的问题上已经形成了共识，只是对法律局限性的产生原因还存在争议。在这些理论观点的交锋过程中，

---

〔1〕 刘作翔：《论法律的作用及其局限性》，载《法制与社会发展》1996 年第 2 期。

明显感受到的变化就是中国法理学界内部兴起的某种怀疑谨慎或内省倾向,对待理论问题的辩证思维也在不断增强。这些质疑、批评的声音,虽然从形式上看是出于某个学者,其实,也可以视为来自社会的声音,至少可以找到相应的社会基础。[1] 因此,正是新中国 70 多年来快速发展的社会环境孕育了中国法理学界辩证的思维方式。

4. 法律作用研究的多元思维得以确立

新中国成立前 30 年,我国法理学界关于法律作用主题的研究视角较为狭隘,研究思维较为固化。“阶级作用论”的研究范式成为学界的主流,法律的社会作用及其局限性问题没有得到充分关注。进入改革开放新时期,我国经济发展和社会环境都发生了翻天覆地的变化,与之相伴随的是我国法理学者也十分关注法律对经济的作用,而且还充分探讨了法律在建立社会主义市场经济体制中的重要作用。同时,也有学者借助经济学的方法、社会学的方法研究法律的作用,研究方法逐渐多元化。具有代表性的是郁光华的《法律的作用:从不同理论视角的探讨》(2011 年)一书。该书由 9 篇文章构成,这些文章从不同角度、利用不同方法讨论了法律的作用问题。[2] 进入法治建设新时代,我国法理学界关于法律作用的研究出现的一大变化是学者们讨论法律作用的视角更加多元化,思维更加活跃,反而对法律的规范作用、法律的社会作用、法律的局限性等基本问题讨论很少。这一方面是因为我国社会环境的大变化,另一方面则是因为学者们的学术旨趣、学术研究方法发生了变化。

(二)新中国法律作用研究的两次升华

新中国法律作用研究的第一次升华可概括为“理论升华”,即法律“阶级作用论”的祛魅。进入改革开放新时期,学界关于法律作用的研究从阶级斗争政治视野下的法律“阶级作用论”中解脱出来,脱离了过分强调意识形态支配的研究路径,回归到了改革开放背景下的法治实践的视

[1] 付子堂主编:《法理学高阶》(第 3 版),高等教育出版社 2020 年版,第 159 页。

[2] 郁光华:《法律的作用:不同理论视角的探讨》,法律出版社 2011 年版。

野中。换言之，新时期广泛的立法、司法等领域的法治实践支配了法理学界在对法律作用进行研究时所必要的思维转向。[1] 无疑，这形成了法律作用研究的“理论升华”。具体而言，主要表现在三个方面：一是“法律万能论”“法律无用论”等绝对化看法得到纠正。二是学界基本形成了一个共识，法律作用既包括涵盖指引、评价、预测、强制和教育在内的规范作用，也包括法律在实践运行过程中的社会作用，如分配社会利益、解决社会纠纷、实施社会管理。三是学界明确了法律作用的局限性。刘作翔于1996年在《法制与社会发展》上发表《论法律的作用及其局限性》一文，引起大家广泛的讨论。不久学界基本就形成了共识，法律作用在实践过程中具有局限性。总之，法律作用研究理论升华呈现出对法律本质认知的复归，其所形成的重要理论观点也都在这次转变中逐渐产生、成熟和定型。

新中国法律作用研究的第二次升华可概括为“方法升华”，即法律作用研究方法从单一宏观转向多元微观。这种方法升华具体表现为法社会学、法经济学、个案法理学等方法的兴起。以法社会学方法的兴起为例，有学者不再满足以往的规范性研究范式，转而利用功能学派的系统理论对法律作用问题进行探讨，着重分析了“法律的行为激励功能”“法律的利益调控功能”“法律的社会功能”等内容。[2] 而法理学界利用经济学方法研究法律作用的代表性学者是丰霏。其对法律的激励作用展开了定量研究，认为激励对象的个性特征以及激励环境会对法律作用的实现产生重要影响。[3] 当然，也有学者综合利用多种理论资源，以跨学科交叉研究的方法，对法律作用的某一微观面向展开多层面的研究。不仅如此，在从单一宏观向多元微观的研究方法转变中，研究主体的学术旨趣必然也会呈现一种多元化的趋向。例如，谢晖就把法律的局限性同制度修辞联

---

〔1〕 石伟：《论中国法理学的实践转向——三十余年法理学学术史考察》，载《现代法学》2012年第4期。

〔2〕 付子堂：《法律功能论》，中国政法大学出版社1999年版。

〔3〕 丰霏：《法律治理中的激励模式》，载《法制与社会发展》2012年第2期。

系起来，认为法律的模糊/局限性，取决于其诗性、修辞性和可接受性，但同时又帮助法律克服模糊/局限性。[1] 学界有关法律作用的研究逐渐从宏观走向微观，力图使法律作用机制及其局限性的解释更加细致、具体。尽管进入新时代后法律作用的传统理论未得到进一步更新，但研究方法的自觉性已经在法治实践中有所体现。

综上，新中国法律作用研究大致经历了从理论核心到研究方法的两次"升华"：一是从政治附庸下的法律作用研究转向学理化、独立化的法律作用研究，二是从讲究"大词"的法律作用研究转向注重微观化、方法多元化的法律作用研究。但是，这两个方面的"升华"都发生在改革开放新时期，当下的法律作用研究反而遭遇降温，法理学界的学术旨趣发生变化，法律作用理论没有更进一步的发展。更重要的是，法律作用理论如今面对数字社会的新挑战，亟须回应数字社会的秩序场景，这必然带来对法律作用及其局限性的重新认识。

（三）新中国法律作用研究的相对不足

1. 学理发展面向方面的不足

自新中国成立以来，我国法理学界关于法律作用的研究虽然取得了很大的进步，但从严格的理论标准来衡量，其理论内涵仍未有质的飞跃。相较于其他主题的研究，法律作用研究总体上处于"弱势"地位，仅仅在法理学教材中得到"常识性"的介绍，并没有机会进入国内主流法学理论研究视野，学理提炼、理论升华的程度还远远不够。这主要体现在如下几个方面：一是代表性成果少，精品力作更少。学者们关于法律作用主题的系统性研究成果少，投入精力不多。当前能拿得出手的代表性成果较少，而对法律作用理论进行学理提炼、反思论证的精品之作更少。此外，在法律作用研究领域获得广大法理学研究者关注的，对于法理学学科和其他法学学科产生重要影响的研究成果也不多见。二是论断多，论证少，且论

---

〔1〕 谢晖：《法律的模糊/局限性与制度修辞》，载《法律科学（西北政法大学学报）》2017 年第 2 期。

证的学理程度不足。大多数的研究成果只注重结论,仅仅归纳出法律作用的方面,或者总结出影响法律作用发挥的几个局限性因素,但很少关注论证的严谨性与科学性,说理程度不足。三是内容阐述多,理论反思少。从理论上来讲,中国法理学更应该重视和运用多种学术理论资源来对其理论主张进行学术"论证",而不应该仅仅进行终结性的真理"论断"。[1]这70多年来,我国法理学研究者对法律的规范作用、法律的社会作用、法律作用的局限性等问题进行了广泛的研究,但是这些研究主要是以阐述为主,在理论反思上还不够。长此以往,学界将形成一种思维固化的趋势,倾向于把上述这些问题当作"常识性"知识,而失去了对其展开反思、批判的意愿和能力。

2. 理论创新动力方面的不足

20世纪80年代左右的中国法学界,已有学者从不同角度对法律作用的研究进行反思。例如,周凤举曾经对法律的"阶级性"作用进行了反思,并提出了法律的社会性作用。刘作翔提出对"法律万能论"或"法律至上论"的质疑。这些理论反思是和当时中国的时代环境密切相关的,党的十一届三中全会的召开为学者们解放思想、破旧立新创造了历史契机。进入法治建设新时代,随着法治实践的发展,有关法律作用理论和观点本应该更加成熟,法理学界也应该根据新时代的法治实践提出一些新观点、新命题和新理论。但是,法律作用研究在晚近时期却遭遇了降温,甚至有逐渐被学界边缘化或"遗忘"的趋势,理论创新动力远远不够。

近几年,以法律作用为主题的直接研究基本上没有,法律作用理论的基本范畴、命题和话语仍然停留在改革开放新时期阶段就是明证。换言之,从新中国法理学界70多年来法律作用学说的发展轨迹来看,虽然大多数学者倾向于肯定法律作用具有重要意义,但可以看到,这类问题已不再成为法理学的热点,晚近法学研究逐渐追求实用性和对策性。在学术

[1] 姚建宗:《主题变奏:中国法学在路上——以法理学为视角的观察》,载《法律科学(西北政法学院学报)》2007年第4期。

旨趣发生明显转向的背景下,关于法律作用的理论创新已很难实现。一方面,学者们追求学术热点和新兴话题,不愿再深入研究法律作用这样的"老"话题,自然也没有对其进行理论反思、理论锤炼的动力。另一方面,法律作用理论至今所呈现的理论魅力还不足以吸引大多数学者的关注。因为在大多数学者看来,法律作用问题早已成为法学教科书上的基本"常识",其内容少、明白易懂,没有值得深挖的理论创新点。正是在这个意义上,我国法理学界应当对法律作用的相关研究进行梳理,寻找其学术增长点,使法律作用这个主题在理论创新方面得到越来越多学者的关注。

三、新中国法律作用研究的展望

回顾与梳理新中国法理学界关于法律作用的研究发现,有关法律作用的理论在不同的历史时期有不同的使命,面对不同的社会环境和法治实践,其成长与变化具有很强的实践回应性。随着新中国法治实践的不断深化,法律作用研究也呈现两次比较明显的内在"升华",学者们的理论重心、理论旨趣和研究方法均发生了明显变化。但是,法律作用理论在紧扣法治实践脉搏的同时,也呈现某种程度上的"断裂"。如今,学者们要么对法律作用理论在新时代的实践回应无动于衷,要么仍然停留在之前对法律作用的讨论层面上,而且目前学界根本还没有认真思考如何回应传统法律作用理论在数字社会新实践中面临的深刻挑战。

随着以智能互联网、大数据与算法等为代表的新一代科技革命不断迈向纵深,不仅给法律领域带来技术问题和法教义层面的问题,也对法理学知识体系,尤其是法学基本范畴形成挑战。[1] 而对于法律作用范畴来说,主要的挑战在于代码规制的秩序样态在数字空间中逐渐形成,有学者甚至提出"代码就是法律"[2]的论断。代码在什么意义上充当法律？法律又如何规制代码？法律和代码在网络空间(以及在如今非常前沿的

〔1〕 雷磊:《新科技时代的法学基本范畴:挑战与回应》,载《中国法学》2023年第1期。

〔2〕 [美]劳伦斯·莱斯格:《代码2.0:网络空间中的法律(修订版)》,李旭、沈伟伟译,清华大学出版社2018年版,第6页。

“元宇宙”)中的作用如何协调?[1]这些问题既构成了对法律传统理论的挑战,又为法律作用理论在数字社会背景下得以创新发展提供了良好契机。面对数字社会的全新挑战,下一步有必要在新技术革命概念化背景下,并在法律作用新形态、新现象的基础上,赋予法律作用理论核心概念新的内涵,从而实现法律作用研究的创新发展。

首先,从法律作用理论更新来看,要明确如何把法律作用嵌入虚拟空间中,避免法律的规范作用和社会作用在网络空间中被架空。这是因为,随着数字孪生时代的到来,现实世界与虚拟世界出现“虚实相生”甚至“以虚运实”的趋势,“虚实相生”的秩序场景就很可能导致“规则隔音”现象,从而架空法律在虚拟空间中发挥作用。[2] 而且,随着算法自动化决策在人类应用场景中持续丰富,代码规制所发挥的作用日益凸显。这也引发了一些问题,首要的问题就是如何协调好法律作用和代码规制的相互关系?又如何发挥法律的作用规范代码?这些问题无疑挑战着既有的法律作用理论,也在一定程度上拓展了法律作用理论的边界,因此可以成为法律作用研究的学术增长点。此外,法律作用的局限性理论也需要在数字社会实践新形态、新现象基础上重新认识。传统法律作用局限性理论聚焦于立法局限性、法律语言局限性或法律运行过程中的局限性等方面,但数字社会要面临的新问题是分析法律在算法自动化决策、智慧司法、智能合约、人机混合等新兴技术场景中的局限性。往大的方向说,法理学界应该更加注重法律在新兴科技面前的局限性,以及思考如何作出有效回应。[3]

其次,从法律作用的方法更新来看,法理学界要特别重视计算科学与

---

〔1〕 罗有成:《“元宇宙社会”:内在逻辑与法律治理》,载《西北民族大学学报(哲学社会科学版)》2023 年第 2 期;罗有成:《算法的价值挑战及其包容性治理》,载《华侨大学学报(哲学社会科学版)》2022 年第 6 期。

〔2〕 衣俊霖:《数字孪生时代的法律与问责——通过技术标准透视算法黑箱》,载《东方法学》2021 年第 4 期。

〔3〕 郑戈:《人工智能与法律的未来》,载《探索与争鸣》2017 年第 10 期;郑戈:《算法的法律与法律的算法》,载《中国法律评论》2018 年第 2 期。

法学的交叉研究，充分利用计算法学思维[1]、实验思维[2]展开法律作用理论的研究。进入21世纪，学界已经有学者先后利用经济学的方法对法律作用问题展开定量研究，但定量化研究的数据代表性和科学性还有待提高。在数字社会中，我们就可以依托大数据分析解决这个问题，并促进定量研究更加贴近实践。计算法学思维是计算思维和法学思维的融合，它能够将法律作用或法律局限性问题转化为可计算问题，在全样本的数据中"计算"出某一法律在具体应用场景中的精确作用数值，也能够运用算法建立法律作用或法律局限性的模型，从而大幅提高学者们分析法律作用及其局限性的精准度和效率。同时，计算法学方法可以用来研究和确定法律作用的可解释边界。从规范研究的角度，学者们有时候很难从学理上解释清楚法律作用的边界问题，但通过计算法学方法可以准确地告诉我们法律作用的边界和限度，并帮助我们从计算结果中获得有价值的相关信息，丰富法律作用研究的领域和方法。因此，借助计算法学的研究方法，法律作用主题的研究可获得广阔的发展空间。

四、结语

回顾新中国法律作用研究的发展历程可以发现，不同时期的研究旨趣和研究重心不同。新中国成立后的前30年我国学界对法律作用的研究总体上在浅层次徘徊，许多关键的理论没有得以确立，甚至出现单方面强调法律的阶级作用的错误倾向。改革开放新时期，学界对于法律作用研究最为丰富，主要探讨了法律的规范作用和社会作用、法律作用的局限性、法律功能等内容，其理论核心概念也趋于成熟、定型。进入新时代，法律作用研究呈现一些新气象、新特征，方法自觉意识也得到提高，但同时

---

〔1〕 有关计算法学、计算法学思维的讨论，参见邓矜婷、张建悦：《计算法学：作为一种新的法学研究方法》，载《法学》2019年第4期；申卫星、刘云：《法学研究新范式：计算法学的内涵、范畴与方法》，载《法学研究》2020年第5期。

〔2〕 胡铭：《数字法学研究的实验方法与风险防控》，载《华东政法大学学报》2023年第1期。

面临学理发展面向、理论创新动力的困境。

当今世界面临虚实相生甚至“以虚运实”的数字化、智能化转型，部分法学基本范畴的既有理解将得到彻底或部分重构。在这个大背景下，法律作用理论研究有必要在新技术革命概念化条件下，建立在法律作用实践新形态、新现象的基础上，赋予法律作用理论核心概念新的内涵，对数字社会的挑战作出及时有效的理论回应、方法更新，从而抓住中国法学自主性发展的新机遇。

延伸阅读学术著作

1. 付子堂：《法律功能论》，中国政法大学出版社 1999 年版。
2. 郁光华：《法律的作用：不同理论视角的探讨》，法律出版社 2011 年版。

延伸阅读学术论文

1. 杨玉清：《论遵守法律》，载《政法研究》1954 年第 3 期。
2. 柴钟麟：《关于我国过渡时期法权的性质和作用问题》，载《政法研究》1962 年第 3 期。
3. 周凤举：《法单纯是阶级斗争工具吗？——兼论法的社会性》，载《法学研究》1980 年第 1 期。
4. 刘作翔：《法律的理想与相关法学概念关系的法理学分析》，载《法律科学（西北政法学院学报）》1994 年第 4 期。
5. 王广辉：《法律规范的性质及作用》，载《法律科学（西北政法学院学报）》1995 年第 6 期。
6. 刘作翔：《论法律的作用及其局限性》，载《法制与社会发展》1996 年第 2 期。
7. 周旺生：《法的功能和法的作用辨异》，载《政法论坛》2006 年第 5 期。
8. 郁光华：《经济增长与正式法律体系的作用》，载《中外法学》2011 年第 1 期。

9. 张军辉:《论少数民族环境习惯法的作用机制》,载《中国政法大学学报》2012 年第 4 期。
10. 任帅军:《论法律评价的社会作用》,载《上海政法学院学报(法治论丛)》2015 年第 5 期。

延伸阅读学位论文

付子堂:《法律功能基本理论研究》,北京大学 1997 年博士学位论文。

第十一章　法律起源

本论题导读

新中国成立以来，中国法学界对法律起源的研究，大致可以分为三个循序渐进的阶段：第一阶段为新中国成立后至改革开放前，在苏联法学的影响下，中国法学界将国家和法视为一个整体来讨论，认为法是阶级社会特有的产物，原始社会没有法律；第二阶段为改革开放后至20世纪90年代初，中国法学界在对法的本质问题进行反思之时，也对“法起源于阶级社会”批判和质疑，争论的焦点在于原始社会有没有法；第三阶段为20世纪90年代中后期至今，受后现代法学思潮影响，中国法学界整体学术研究旨趣发生深刻变化，主张通过“外部视角”运用多学科交叉的方法进行研究，其中最值得关注的是法律起源研究的文化学和社会学转向。

法律起源是历代众多思想家、法学家研究的对象。法律何时产生？其所产生的历史阶段，人类社会的发展状况如何？法律产生的动因和方式是什么？最初的法律有怎样的表现方式？上述问题引人深思。回顾新中国成立以来中国法学界对法律起源的研究，我们发现法律的起源与国家的起源、法的本质、法的定义等密切相关。通过梳理法律起源研究的重点及其背后的理论支撑，以明晰中国法律起源研究发展脉络。

一、新中国成立后法起源于阶级社会通说的确立

（一）我国引进的苏联法学教材的观点

新中国成立初期，中国法学界在苏联法学的影响下，将国家和法视为

一个整体来讨论，法的产生与国家息息相关，在国家没有诞生前，并没有法律。[1] 当时引入的苏联法学教材将法视为阶级社会的特有产物，是阶级斗争的工具。[2] 他们认为，在阶级社会形成之前的原始公社中没有产生法律。

在苏联法学教材中，法的起源与国家的起源被列为一个共同章节来讨论。[3] 教材首先解释国家产生的过程，以人类社会劳动生产力的发展为逻辑主线，来说明随着社会生产率的提高，原始社会赖以为基础的生产资料公有制逐渐解体，社会分工和交换的出现促进了生产资料私有制的发展。原始氏族内部开始出现阶级分化——奴隶主和奴隶，统治阶级为维护统治阶级内部利益，需要工具来维护统治，于是就逐渐产生了一个专门进行强制的机关——国家。

在简要阐明原始公社解体和国家诞生后，苏联法学教材开始阐述法产生的原因。在原始公社制度下，习惯是调整人们相互关系的行为规则，是人们共同的生活准则，反映的是全体氏族成员的利益和意志。但当社会出现阶级后，原有的习惯无法调整社会分裂为阶级后所形成的社会关系，社会亟须一种新的行为规则来调整社会秩序。法应运而生。法由国家制定或认可，反映的是统治阶级意志和利益。法产生后，原始公社制度下的习惯并非一概被废除，有的被保留下来，并被注入阶级内容，即只为统治阶级利益服务，由国家强制力来保证执行。在原始公社中保护全体成员利益的习惯，在阶级社会中就变成用来保护统治阶级利益和安全的法。

教材接着指出法和原始公社习惯在性质上的不同之处：在反映的利益和意志方面，法只反映统治阶级的利益和意志，原始公社习惯则反映全

〔1〕 苏联科学院法权研究院编著：《马克思列宁主义关于国家与法权理论教程》，中国人民大学马列主义关于国家与法权理论教研室译，中国人民大学出版社1955年版，第78页。

〔2〕 中央政法干部学校国家和法的理论教研室编著：《国家和法的理论讲义》，法律出版社1957年版，第12页。

〔3〕 [苏联]玛·巴·卡列娃、[苏联]费其金主编：《苏维埃国家和法的基础》，中国人民大学编译室译，法律出版社1955年版，第29页。

社会的利益和意志；在强制力方面，法由统治阶级制定或认可，其适用以国家强制力来保证，而原始公社习惯是自发形成的，人们自觉地遵守，并不需要强制机关的保证。[1]

教材在最后章节批判了资产阶级关于国家和法的起源理论，包括神学论、家长制学说、契约学说、暴力论、心理学理论五类。[2] 教材指出资产阶级学说漠视物质条件对国家产生的意义并力图否认和掩盖国家的阶级本质，无法正确地解释国家起源问题，同时将法律规范与原始公社下的习惯混为一谈，得出法能够不依赖国家而独立产生，凡人类交往的地方，就存在法的结论。

（二）马克思主义经典作家关于法律起源的观点

新中国成立后至改革开放前，法律起源研究的理论底色基本上承袭马克思主义经典作家的著名论述。其中，恩格斯在《论住宅问题》[3]和《家庭、私有制和国家的起源》[4]中对法律起源问题的讨论，历来为国内学者所引证，并成为进一步讨论的出发点。

恩格斯在其著作《论住宅问题》中并没有对法的产生原因、形成方式以及特征等进一步论述，而是将法的起源作为国家产生的一个从属问题来加以研究。在马克思主义法律思想中，法与国家的关系紧密，例如，恩格斯在《家庭、私有制和国家的起源》中阐明国家最终形成的标志时，对法也进行了阐述——“从前人们对于氏族制度的机关的那种自由的、自愿的尊敬，即使他们能够获得，也不能使他们满足了；他们作为同社会相异化的力量的代表，必须用特别的法律来取得尊敬，凭借这种法律，他们享

[1] 中国人民大学国家与法权理论教研室集体编写：《国家与法权理论讲义》（上册），中国人民大学出版社 1957 年版，第 22 页。
[2] 中国人民大学国家与法权理论教研室集体编写：《国家与法权理论讲义》（上册），中国人民大学出版社 1957 年版，第 34 页。
[3] 《马克思恩格斯选集》（第 3 卷），中共中央马克思恩格斯列宁斯大林著作编译局编译，人民出版社 2012 年版，第 260 页。
[4] 《马克思恩格斯选集》（第 4 卷），中共中央马克思恩格斯列宁斯大林著作编译局编译，人民出版社 2012 年版，第 108 页。

有了特殊神圣和不可侵犯的地位。”〔1〕

恩格斯关于法的起源的基本观点可以分为三个方面：

第一，法产生的原因同国家一样，是随着生产资料私有制的产生，社会分裂为阶级，为缓和阶级矛盾才产生的，并非本来就有。

第二，法的形成经历了一个长期的历史演变过程。这一过程的经典形式是依靠改造原始公社制度下的部分氏族习惯。

第三，法有区别于原始氏族习惯的专有特征，是考察完整意义上的法是否出现的重要标志。

“特别的法律”一词被恩格斯用来区分建立在公共权力基础上的法律与原始氏族习惯和萌芽状态的法律。一方面，法律是统治阶级为维护其阶级利益而建立起来的，它只能反映统治阶级的利益和意志，并非如同原始公社下的习惯反映氏族全体成员的共同利益和意志；另一方面，法律是以统治阶级掌控的公共权力为后盾的“特殊工具”，而原始氏族的习惯是建立在人们对机关自愿尊敬的基础之上。以上两点是关于完整意义的法所具有的基本特征，其核心是国家的建立。

这段时期的法律起源研究重点在于论证法起源于阶级社会，生产力发展是法律产生的根本原因，私有制和阶级分化、国家的产生是法律产生的直接原因。〔2〕 苏联法学教材将国家的起源等同于法的起源，其理论底色来自马克思主义法律起源观，科学地揭示了国家和法的产生过程，为我国法学界提供了正确认识国家和法的本质、作用及其发展规律的路径。需要注意的是，用某一阶段法的历史特征作一般历史概括，无法对人类社会历史作完整的描绘，可能会导致不能清楚地表述出法最初的本源和本质。〔3〕

---

〔1〕《马克思恩格斯选集》（第4卷），中共中央马克思恩格斯列宁斯大林著作编译局编译，人民出版社2012年版，第188页。

〔2〕江剑峰、宋会峰：《〈家庭、私有制和国家的起源〉中的法起源观重述》，载《重庆文理学院学报（社会科学版）》2007年第4期。

〔3〕刘平：《论法起源的论证基础》，载《中国社会科学院研究生院学报》2000年第4期。

二、改革开放初期围绕原始社会有没有法的争论

（一）法的本质的争论涉及法律起源的研究

随着改革开放的不断深入，我国法理学教材名称从“国家和法的理论”变更为“法学基础理论”〔1〕，试图摆脱苏联维辛斯基教条化马克思主义法理学的影响。〔2〕法理学教材虽保留了“法的一般理论”，删减了“国家理论”，但关于法律产生的论述仍未发生变更，“原始社会没有法律”仍是当时我国法理学教科书的主流观点，并且延续了对剥削阶级思想家国家与法的起源学说的批判。〔3〕我国法学界对法律起源问题的关注，是在20世纪80年代对“法律本质”争论的背景下逐渐兴起的。中国法学界在对法的本质问题进行反思的同时，学者也对“法起源于阶级社会”的教科书观点〔4〕进行了批判和质疑，争论的焦点在于原始社会有没有法。

一些学者坚持原始社会不存在法律的观点，对其进行了更细致的论证。例如，唐荣智认为原始社会不存在法律，但原始社会末期存在习惯法，法律起源经历了“原始公社的习惯—军事民主制阶段的原始习惯法—国家制定或认可的法律”这三个阶段。〔5〕李道重坚持法和国家是随着阶级矛盾和阶级斗争的不可调和而最终形成的，法是为了适应新阶级社会的生产关系和阶级斗争的需要而产生的。〔6〕刘瀚和吴大英认为不能将法和国家分开研究，在氏族制度被国家代替之前，尽管国家和法正在形成，但不能认为已经有阶级社会中完整意义上的法。〔7〕郭宇昭认为应将

〔1〕陈守一、张宏生主编：《法学基础理论》，北京大学出版社1981年版，第47页。

〔2〕强世功：《迈向立法者的法理学：法律移植背景下对当代法理学的反思》，载《中国社会科学》2005年第1期。

〔3〕孙国华主编：《法学基础理论》，中国人民大学出版社1987年版，第44页。

〔4〕唐静权、周长龄、陈淑珍、邓运贵编著：《法学基础理论》，南开大学出版社1984年版，第39页。

〔5〕唐荣智：《对法律起源问题的探讨——兼与倪正茂、李景毅同志关于原始社会有无法律问题的商榷》，载《兰州学刊》1982年第3期。

〔6〕李道重：《关于法的起源的几个问题》，载《青海社会科学》1989年第5期。

〔7〕刘瀚、吴大英：《也谈法的阶级性——与周凤举、唐琮瑶二同志商榷》，载《法学研究》1980年第3期。

法同其他社会规范相区分,完整意义的法具有两个特征:一是只反映统治阶级的利益和意志;二是以统治阶级手中掌握的公共权力为后盾。[1] 李茂管认为恩格斯在《论住宅问题》中的经典论述存在翻译失误,这段话并不是回答法律和国家的产生谁先谁后,而是强调法律起源的经济根源和客观历史过程,同时指出国家产生的必然性。[2] 王威宣认为法律是在国家出现后才有的,法律产生的目的是维护统治阶级的经济利益和政治统治。[3]

更多的学者对当时法理学教科书中的主流话语进行质疑,认为法绝不是阶级社会的特有产物,原始社会存在法律。例如,李景毅认为人类社会先于国家之形成,在国家出现之前的原始社会,法就已存在,国家的出现只能表明法的发展,而不能代替法的起源。[4] 倪正茂借助人类三次社会大分工来说明法律起源于阶级分化,而阶级分化出现于原始社会末期,不是在奴隶社会,原始社会存在调整人们之间关系的习惯法。[5] 周凤举在其文章中绕开对法进行明确定义的步骤,从法的内容和属性出发,指出原始社会不但有“历史的法”“严格的法则”和具有法性质的习惯、制度等,还有诉讼活动和审判职能。[6] 陈守一认为法律产生于阶级和国家之前,马克思、恩格斯并没有讲过法律是在国家、阶级出现之后才有的,也没有讲过法律是阶级斗争的特有产物。[7] 张宗厚对传统法学理论坚持法律是阶级社会特有现象的观点进行批判,认为一定的法律是一定物质生

---

〔1〕 郭宇昭:《法不是从来就有的——学习恩格斯:〈家庭、私有制和国家的起源〉的一点体会》,载《法学研究》1983 年第 4 期。

〔2〕 李茂管:《关于法的本质属性的探讨》,载《中国法学》1988 年第 1 期。

〔3〕 王威宣:《论法律的起源和本质——兼论法律的阶级性和社会性》,载《山西大学学报(哲学社会科学版)》1985 年第 3 期。

〔4〕 李景毅:《法本论》,载《兰州学刊》1980 年第 3 期。

〔5〕 倪正茂:《论法律的起源》,载《社会科学》1981 年第 1 期。

〔6〕 周凤举:《法单纯是阶级斗争工具吗? ——兼论法的社会性》,载《法学研究》1980 年第 1 期。

〔7〕 陈守一:《关于法学理论更新的几个问题——记陈守一和张宗厚的一夕谈》,载《法学杂志》1986 年第 4 期。

产关系的产物,在阶级社会之前,已有了不完备的法律。[1] 吴世宦认为流行的"原始社会没有法"的定理主要是根据"阶级性是法的根本属性"推论出来的,而原始父系氏族社会的"习惯法"是没有阶级性的,它的根本属性是客观规律性。[2] 薛其晖对《尚书·尧典》中的法律思想进行考证,认为虞舜时代就已制定了刑法,规定了刑法中的罪名以及刑罚的种类,设立了刑法的执行机关,中国的法律起源于原始社会末期的唐尧时代。[3] 武树臣认为法律产生于原始社会末期,在中国历史上相当于黄帝至尧、舜、禹的时代;在法律起源内容方面,各古老民族既有共同之处,又有其独特之处。[4] 吕世伦和叶传星认为法的产生是多种因素综合作用的结果,这些因素包括社会组织结构、商品生产与交换、习惯权利与义务、阶级分化和国家形成,经历了一个由自发到自觉、由社会构成的自然成分到表面上凌驾于社会之上的长期过程。[5]

关于原始社会有没有法的争论实质上是不同法观念的争论。我国学者出于强烈的对法律本质的论证和社会转型法律观转变的需要,用较强主观性的观点,遮蔽了接受其他观点的可能。[6] 法的本质争论影响下的法律起源研究,告诫人们若要弄清法的概念问题,深化对法的本质、作用问题的认知。同时,公开否定把法视作阶级斗争工具的传统观点,也打破了我国法学界对"法起源于阶级社会"的认识存在片面且僵化的停滞状态。但我们同样应意识到,对传统法观念进行革新,并不意味着漠视法在阶级斗争中的重要意义,这场论战扩展了人们对法起源的理解,让人们对法的历史和现实有了更清晰的认知。

---

〔1〕 张宗厚:《对法的三个基本概念的质疑》,载《法学》1986 年第 1 期。

〔2〕 吴世宦:《论法的社会性和阶级性的统一——兼与孙国华同志商榷》,载《中山大学学报(哲学社会科学版)》1986 年第 3 期。

〔3〕 薛其晖:《〈尚书·尧典〉法律思想辨析——试论中国法律的起源》,载《学术月刊》1984 年第 8 期。

〔4〕 武树臣:《中国法的起源及其特征》,载《中外法学》1992 年第 6 期。

〔5〕 吕世伦、叶传星:《现代人类学对法起源的解释》,载《中国法学》1993 年第 4 期。

〔6〕 褚宸舸:《论法律起源研究的中国化——一个知识谱系的反思》,载《法制与社会发展》2011 年第 2 期。

（二）争论背后的国家与法律关系问题

分析这段时期中国法学界对“原始社会有没有法”的争论，发现在其背后隐藏着国家与法的关系问题。

国家与法律的关系可以分为两类观点：

第一，实证主义法学的观点。该观点认为法从属于国家，是国家活动的产物和国家行为的结果。法律被视为国家的附属物，是由国家制定的规范的总和。此观点曾在苏联法学理论中流传甚广，苏联著名法学家维辛斯基的法定义就是此类观点。维辛斯基在 1938 年全苏联苏维埃法律和国家科学会议上提出法的经典定义，“法是以立法形式规定的表现统治阶级意志的行为规则和为国家政权所认可的风俗习惯和公共生活规则的总和，国家为了保护、巩固和发展对于统治阶级有利的和惬意的社会关系和秩序，以强制力量保证它的施行”〔1〕。维辛斯基指出苏维埃法的概念的基本界定，最终形成了“法的统治阶级意志说”命题，此命题在被引入我国后，法学界关于法本质的研究大多以此作为权威表述。

这段时期的法学研究是从“法是国家意志”和“法是阶级斗争工具”的观念出发来解释法的起源。“把法的起源与阶级和国家联系起来是为了强化阶级斗争观念，为了证明法与国家和阶级的联系，这是一种反法治的政治意识形态。”〔2〕

第二，古典自然法学的观点。社会契约论是古典自然法学家关于国家和实在法起源的理论假说。〔3〕古典自然法学从国家受制于法的观点出发，认为法应产生于国家形成之前。由于古典自然法学派使用的研究方法主要是演绎推理和理论假设，主要解决法与国家的根据问题，但中国学者常常将法和国家的起源问题混淆。王世杰、钱端升认为国家的起源和国家的根据是两个问题，而我国学者将其混为一谈，国家的产生是政治

〔1〕［苏联］安·扬·维辛斯基：《国家和法的理论问题》，中国人民大学编译室译，法律出版社 1955 年版，第100 页。

〔2〕周永坤：《法理学——全球视野》，法律出版社 2016 年版，第 361 页。

〔3〕严存生主编：《西方法律思想史》，法律出版社 2010 年版，第 119 页。

学上的国家起源问题，国家存在的理由以及因何要求我们服从是国家根据问题，两个问题并不具有因果关系。[1] 卓泽渊认为法与国家二者之间没有谁先产生谁后产生的问题，在法律与国家共存的历史期间，法律规制国家是永恒的话题。在法与国家的优先问题上，法律优先论基于法与国家的不同性质以及保障人民权利的价值目标是有深刻含义的。[2]

梳理这段时期我国法学界对法律起源的研究，我们发现学者分歧较大，其原因主要是受“法起源于阶级社会”这种法本质观的影响。在此观点之下，第一步涉及如何界定法律，回答什么是法律，原始社会的各种规范能否被称为法律，以及以什么样的标准去区分习惯、习惯法和法律。一定要确定某一时刻国家产生了或某一时刻法产生了，既不可能也没有必要。中国法学界所要探讨的更深刻的问题在于对法律的定义。

三、20 世纪 90 年代中后期的后现代主义法律起源观点

（一）反本质思潮影响下的法律起源研究

对于“原始社会有没有法”的争论在改革开放初期并未持续很久，其背后的原因是受当时发展社会主义民主、健全社会主义法制需求的影响，中国法学界将目光从宏大的理论研究转向当时亟须解决的中国法制问题。20 世纪 90 年代中后期，中国法学界受反本质主义思潮影响，法学界整体学术研究旨趣发生深刻变化，学者开始试图运用人类学、文化学和社会学等学科的研究方法来深入发掘法律的起源，这段时间学术成果大致可以分为四个方面：

第一，法律起源的一般性研究。例如，万宗瓒在《家庭、私有制和国家的起源》中发掘出诉讼制度起源的四种社会机制，得出作为社会规范的诉讼制度在原始社会就已出现。[3] 姜登峰从人性冲突视角研究法律起源，

---

〔1〕 王世杰、钱端升：《比较宪法》，商务印书馆 2010 年版，第 61 页。

〔2〕 卓泽渊：《法政治学研究》，法律出版社 2018 年版，第 365 页。

〔3〕 万宗瓒：《人类社会三次大分工与诉讼制度的起源——以〈家庭、私有制和国家的起源〉为中心》，载《社科纵横》2008 年第 10 期。

不但揭示了法律起源与人性之间的内在关系，还表明了人性矛盾冲突是法律产生的推动力。[1] 米晓波认为道德是法律的源泉，道德的法律化与法律的道德化可以在合适的限度内同时进行并相互转化，最终达成一致。[2] 梁兴国认为法的起源与国家性之间并无必然联系，法是原始伦理和原始公共生活的产物，并指出法的四种表现形式，即图腾崇拜、禁忌、原始复仇和原始社会习惯。[3] 周长龄从人类社会文明起源和发展的新视角，运用地理、人文、历史学等资料来阐述法律起源思想发展脉络，并描绘了六个文明古国法律产生的轨迹。[4] 刘春兴将上帝、禁忌、宗教等现象纳入统一的信息演化框架，渐次从人类社会的发展轨迹将法律诞生的奥秘娓娓道来。[5]

第二，“中国法律”起源研究。武树臣认为中国奴隶社会的法律发展至西周之时仍未有成文法的产生，直至战国初期李悝制定《法经》，标志着中国法律的发展跨入成文法时代。[6] 茅彭年认为中国法的最早表现形式为“制令”，制令起源于五帝时代。[7] 徐忠明试图根据文字符号及传说资料，来揭示中国古代法律起源，得出中国古代的法律观念脱胎于先民的神判活动，古人以神兽为“法官”，令决疑狱。[8] 张中秋认为部族征战不仅是中国古代法借以形成的特殊途径，亦是中国古代司法官和司法机构产生的重要渊源。[9] 马小红认为中国法律以祭祀和战争为源头，不仅重视刑罚以及镇压手段的完备，还注重家族伦理关系以及社会关系的协调。[10] 李明德通过考古资料与文献记载相印证的方式，将中国法律的起

---

〔1〕 姜登峰：《法律起源的人性分析——以人性冲突为视角》，载《政法论坛》2012 年第 2 期。
〔2〕 米晓波：《道德：法律的起源与归宿》，载《社科纵横（新理论版）》2009 年第 3 期。
〔3〕 梁兴国：《法的起源：国家性、伦理性、公共性及其它》，载《政治与法律》2010 年第 8 期。
〔4〕 周长龄：《法律的起源》，中国人民公安大学出版社 1997 年版，第 190 页。
〔5〕 刘春兴：《法律的起源——从自然法到实在法》，中国政法大学出版社 2017 年版，第 272 页。
〔6〕 武树臣：《中国法的源与流》，人民出版社 2013 年版，第 66 页。
〔7〕 茅彭年：《中国国家与法的起源》，中国政法大学出版社 2013 年版，第 47 页。
〔8〕 徐忠明：《神话思维与中国古代法律起源若干问题释证》，载《比较法研究》1994 年第 2 期。
〔9〕 张中秋：《中西法律文化比较研究》，法律出版社 2019 年版，第 13 页。
〔10〕 马小红：《祀与戎——中国古代法律的源头》，载《文史知识》1993 年第 6 期。

源暂定在河南龙山文化时期和与之相当的尧舜禹时期，大约在公元前2400 年。[1] 张晋藩认为中国古代的刑罚及以刑法为基本内容的法律，最初起源于战争或军事行动的某些需要，兼有军事镇压性质之军法和刑事制裁性质之刑法等双重含义。[2] 王学辉认为中国早期法起源的源头是民族禁忌，民族习惯作为原始社会基本的法，是现代法律的前身，中国法起源的重要途径是酋邦战争。[3]

第三，马克思主义经典作家法律起源研究。殷明根据摩尔根的古代法律研究成果研究了《家庭、私有制和国家的起源》，以此探究恩格斯法律思想中的法律起源问题。[4] 黄云明认为马克思的劳动哲学在事实与价值对立统一中探讨法律起源，而在此之前的法律起源理论不能在客观必然性和主观能动性的辩证统一中揭示法律起源问题。[5] 谢石松对马克思主义法学中法的起源观作了新的注释，提出阶级性并非法律的根本属性，随着阶级对立的消灭，法律的阶级性就会失去其存在的基础。[6] 高金榜认为工具主义本质论导致“法起源于国家”成为必然，而这是对马克思、恩格斯关于“法的起源”论述的误解和歪曲，法是在社会进化到原始母系氏族社会时才出现的。[7] 周长龄和李名认为《家庭、私有制和国家的起源》是恩格斯关于法律起源思想的定型之作，解答了《论住宅问题》中的疑点。[8]

第四，我国少数民族法律起源研究。例如，龙大轩分析历史上国家制

---

〔1〕 李明德：《中国法律起源的新探索》，载《法学研究》1993 年第 5 期。

〔2〕 张晋藩主编：《中国法制史》，中国政法大学出版社 2016 年版，第 9 页。

〔3〕 王学辉：《从禁忌习惯到法起源运动》，法律出版社 1998 年版，第 1 页。

〔4〕 殷明：《科学完整地阐析法律起源问题——〈家庭、私有制和国家的起源〉读书札记》，载《四川大学学报（哲学社会科学版）》1999 年第 6 期。

〔5〕 黄云明：《论马克思基于劳动哲学的法律起源论》，载《四川大学学报（哲学社会科学版）》2021 年第 4 期。

〔6〕 谢石松：《再论马克思主义关于法的起源观》，载《法学评论》1998 年第 6 期。

〔7〕 高金榜：《法的起源探源——再论马克思主义的法起源观》，载《中国地质大学学报（社会科学版）》2003 年第 3 期。

〔8〕 周长龄、李名：《恩格斯关于法律起源问题的经典论述新探——从〈论住宅问题〉到〈家庭、私有制和国家的起源〉》，载《中国法学》1993 年第 4 期。

定法与羌族习惯法之间的关系,认为羌族习惯法在国家制定法面前逐渐由外化形态退居观念形态,现阶段的羌族习惯法主要表现为习惯法观念以及受此观念支配的法行为。[1] 何星亮认为法不能以阶级产生与否来划分,应当以成文法和不成文法来划分,在分析世界各地民族及云南纳西族的基础上,认为图腾崇拜是最早的宗教形式,图腾禁忌是最早的习惯法。[2] 杨堃在分析氏族外婚制的基础上,认为法律的起源和道德、宗教的起源同时,最早的习惯法是氏族社会的习惯法。[3] 杨军分析了哈尼族的习惯法,认为其产生源于原始宗教、禁忌、生产方式以及传统道德。[4] 张斌分析了苗族贾理以神话传说为载体,勾画和彰显了苗族支系社会的习惯法规范与秩序途径。[5]

（二）法律起源研究的文化学和社会学转向

20 世纪 90 年代中期至今,由于后现代法学兴起,反本质主义[6]成为热点,本质主义受到怀疑和批判。后现代主义质疑社会领域中的主流话语,反对一切绝对主义或必然论,批判统一宏大的法学研究风格,重视个体的感受和直觉的作用。[7] 法律起源研究受此影响,研究方法开始发生转向,通过“外部视角”运用多学科交叉的方法进行研究,运用人类学、文化学、社会学等方法研究法律起源问题。其中最值得关注的是法律起源研究的文化学和社会学转向。

法律起源研究的文化学转向,即运用文字学(训诂)和文化学(阐释)的方法,以古籍文献为基础材料来研究中国法律起源问题。例如,徐忠明对记载黄帝时期司法活动的古籍进行考证,发现中国“法”之起源与审判

[1] 龙大轩:《历史上的羌族习惯法与国家制定法》,载《现代法学》1998 年第 6 期。
[2] 何星亮:《图腾崇拜与法的起源》,载《内蒙古社会科学(文史哲版)》1991 年第 1 期。
[3] 杨堃:《民族学概论》,云南大学出版社、云南人民出版社 2018 年版,第 299 页。
[4] 杨军:《哈尼族习惯法的起源》,载《兰台世界》2013 年第 19 期。
[5] 张斌:《诗性智慧、民族记忆与共同体秩序:作为社会控制工程的苗族贾理》,载《甘肃政法学院学报》2016 年第 6 期。
[6] 褚宸舸:《论法律起源研究的中国化——一个知识谱系的反思》,载《法制与社会发展》2011 年第 2 期。
[7] 付子堂主编:《法理学高阶》(第 3 版),高等教育出版社 2018 年版,第 127 页。

和监狱密不可分，认为中国“法”起源于传说时期的诉讼断狱——“神判”。[1] 温慧辉研究古籍中的大禹治水，认为大禹治水对中国夏朝的诞生起到了催化作用，对上古洪水的治理直接导致了古代中国法律的产生和早熟。[2] 张永和运用训诂的方法对“灋”字进行全面考察，以此梳理中国早期法观念的形成路径。[3] 武树臣认为“灋”字是古人对“法”这一社会现象的真实记录，研究“灋”字的结构和本义，可以为探讨法的起源提供有益的启示。[4] 胡大展在分析“灋”的构成部分和结构关系后，认为其最初含义应是“判决”，是我国古代神判的一种速写记录，今文“法”字意义是从判决引借和发展的。[5] 黄震对照民族学、文化人类学调查资料，认为“法”字的“水”旁是原始宗教处在自然崇拜阶段形成的“水神”裁判习俗的取象，“水”在某种意义上可以说是中国法最古老的渊源。[6] 王伟臣从法律起源的研究范式入手，认为对法律起源的研究必须以考古资料为中心，尽可能谨慎参考书面文献（神话传说）与当代人类学民族志的有关资料，并以“三重证据法”加以综合，而后在“游团—部落—酋邦—国家”的历史分期与宪法、民法、刑法、诉讼法等分析模型组成的交叉坐标体系中予以分析和定位，并且要充分发挥想象力。[7] 王沛认为揭示中国法律起源的关键在于辨析三代之间的差异与联系，研究者应充分利用近年来数个大型史前政治体与大量出土材料等考古资料追溯三代。[8] 魏琼以近100余年考古学的成果，详尽地梳理和分析了中华法律文化的起源

---

[1] 徐忠明：《从“法”看中国司法的兴起及理念》，载《中山大学学报（社会科学版）》2005年第4期。

[2] 温慧辉：《“水”与“法”之渊源》，载《中国海洋大学学报（社会科学版）》2006年第5期。

[3] 张永和：《“灋”义探源》，载《法学研究》2005年第3期。

[4] 武树臣：《寻找最初的“法”——对古“法”字形成过程的法文化考察》，载《学习与探索》1997年第1期。

[5] 胡大展：《“灋”意考辨——兼论“判决”是法的一种起源形式》，载《比较法研究》2003年第6期。

[6] 黄震：《“水”与中国法律起源》，载《湖南社会科学》2004年第4期。

[7] 王伟臣：《浅议法律起源的研究范式》，载何勤华主编：《外国法制史研究》第21卷，法律出版社2019年版。

[8] 王沛：《从三代考古看中国法律的起源》，载《法律史评论》2022年第2期。

及其轮廓,试图说明在文字诞生之前中国“公法”“私法”“刑法”之萌芽、诞生和起源的进程与路径。[1]

从文化学角度对“灋”等蕴含早期法律基因的文字符号进行训诂,丰富了我国法律起源研究的理论素材和研究角度,扩展了学者的研究视角和观察视域,角度新颖且独特。作为早期人类社会文化符号的“灋”字,其虽蕴含法律的萌芽,但我们将其作为法律起源研究的观察载体和沟通渠道时,不可忽视对法律事实本身的研究。

法律起源研究的社会学转向,即通过拓展实证主义法学对法律的理解,将法律定义扩宽到人类生活中的所有规范,运用田野调查、参与式观察等研究方法来获取中国本土法律起源研究样本。不少学者用少数民族社会材料和习惯法的产生来解释法律的起源。例如,田成有和张向前认为法是与人类社会机体相联系的用以调节个人与社会关系的社会机制,在国家产生前,禁忌、习惯或习惯法就是这种机制的表现形式。[2] 马雁以纳西族先民所遵循的行为规范——东巴典籍《开坛经》为研究文本,分析了基于文化规则和文化差异对法律起源进行探索的路径。[3] 白廷举对土族习惯法的起源进行了探讨,认为土族习惯法的渊源是多元的,包括土族先民的法文化、汉藏等民族的法文化、吐蕃法律文化以及宗教法规范。[4] 莫金山和陈建强从瑶族石牌律的产生来研究法律的起源,认为法律最初形式是习俗,它经历了“习俗—习惯法—成文法—制定法”的发展过程。[5]

由于视角和方法的局限,法律起源研究借鉴法社会学研究方法,很难建构出一套系统且宏大的法学理论,其研究方法受制于“田野”是微观的

〔1〕 魏琼:《中华法律文化之起源考》,载《中国法学》2024年第2期。
〔2〕 田成有、张向前:《原始法探析——从禁忌、习惯到法起源的运动》,载《法学研究》1994年第6期。
〔3〕 马雁:《文化规则的形态学和象征学研究——以东巴经神话传说中的法起源问题为范畴》,载《云南农业大学学报(社会科学版)》2010年第5期。
〔4〕 白廷举:《土族习惯法探析》,载《青海民族学院学报》2002年第3期。
〔5〕 莫金山、陈建强:《从瑶族石牌律看法律的起源》,载《广西民族研究》2009年第2期。

而非宏观的。同时,由于研究方法具有“取异”“求别”的价值追求,其无法对预设的统一规则和秩序体系进行有效回应。

四、结语

新中国成立以来,法律起源研究经历了循序渐进的三个阶段。1949年以后,中国法学界引入苏联法学教育,法的起源被作为国家产生的从属问题来研究,“原始社会没有法”是当时法律起源研究的主要观点。受改革开放初期关于法的本质争论的影响,少部分学者坚持原始社会不存在法律,并对其进行更细致的论证,而更多学者对“原始社会没有法”质疑,认为法绝不是阶级社会的特有产物,原始社会存在法律。直到20世纪90年代中后期,受后现代主义哲学影响,法学界研究旨趣发生转变,开始运用多学科交叉方法获取中国本土法律起源研究样本,其中法社会学和法人类学研究成果颇丰。通过对法律起源研究发展脉络的梳理,可以观察到中国法学开始逐渐迈向自主化、独立化、成熟化,并尝试运用中国法学知识体系和话语体系来回答“中国问题”。

延伸阅读学术著作

1. 周长龄:《法律的起源》,中国人民公安大学出版社1997年版。
2. 王学辉:《从禁忌习惯到法起源运动》,法律出版社1998年版。
3. 苏秉琦:《中国文明起源新探》,生活·读书·新知三联书店1999年版。
4. 张永和:《权利的由来——人类迁徙自由的研究报告》,中国检察出版社2001年版。
5. 郭道晖:《法理学精义》,湖南人民出版社2005年版。
6. 卓泽渊:《法政治学》,法律出版社2005年版。
7. 张永和编:《“灋”问》,清华大学出版社2010年版。
8. 茅彭年:《中国国家与法的起源》,中国政法大学出版社2013年版。
9. 武树臣:《中国法的源与流》,人民出版社2013年版。

10. 刘春兴:《法律的起源——从自然法到实在法》,中国政法大学出版社2017年版。

延伸阅读学术论文

1. 倪正茂:《论法律的起源》,载《社会科学》1981年第1期。
2. 武树臣:《中国法的起源及其特征》,载《中外法学》1992年第6期。
3. 吕世伦、叶传星:《现代人类学对法起源的解释》,载《中国法学》1993年第4期。
4. 田成有、张向前:《原始法探析——从禁忌、习惯到法起源的运动》,载《法学研究》1994年第6期。
5. 刘平:《论法起源的论证基础》,载《中国社会科学院研究生院学报》2000年第4期。
6. 褚宸舸:《论法律起源研究的中国化——一个知识谱系的反思》,载《法制与社会发展》2011年第2期。
7. 姜登峰:《法律起源的人性分析——以人性冲突为视角》,载《政法论坛》2012年第2期。
8. 赵书文:《权力与权利的博弈——法律起源问题迷雾之争的本质》,载《山西师大学报(社会科学版)》2012年第3期。
9. 何勤华:《法律文明的起源——一个历史学、考古学、人类学和法学的跨学科研究》,载《现代法学》2019年第1期。
10. 魏琼:《中华法律文化之起源考》,载《中国法学》2024年第2期。

第十二章　法律意识

本论题导读

新中国成立后,"法律意识"这一概念伴随着苏联"国家与法权理论"系列教材的引入,进入中国法理学界的视野内。20世纪80年代以降,法律意识研究在中国法理学界日渐兴盛,研究主题遍及法律意识的性质、构成等。随后,法理学者将法律意识研究延伸至法治意识、法律文化、法律信仰等法律意识分支或关联领域。可以说,法律意识研究是新中国法理学研究的重要组成,梳理和评析法律意识研究的核心议题与理论争议,可以为推进相关研究理清头绪并提供启示。

在拥有法体系的人类社会中,法律不可避免地介入并影响了社会成员的行动和生活。而受法律指引和约束的社会成员,也往往对法律及其他相关现象持有某种信念、偏好、欲望或态度:或是对法律概念和功能的理解,或是对某些法体系和实在法的看法,又或是对法律工作者之品行与行为的评价,诸如此类,不可穷举。在法学理论中,这些信念、偏好、欲望和态度通常被称为法律意识。进言之,尽管法律意识的研究对象范围并不宽泛,但却是理解社会成员—法律体系之互动的关节所在:法律想要调整人类行为,至少需要部分法律工作者和社会成员对法律持有某些见解和态度;反之,社会成员对法律的看法,同样影响了法律在人类社会中的状态、功能和地位。

因此,法律意识研究是法理学研究中的基本议题之一,诸多理论家不仅观察、分析和评价社会成员的法律意识,而且以此为切入点,对其他法理学问题展开研究。新中国法理学研究亦概莫能外。历经70余年风雨，新中国法理学界的法律意识研究已形成研究领域广泛、理论观点多元、研究成果丰硕的基本局面。鉴于法律意识对我们理解法律及法律实践的重要性，回顾和评析这些既有研究，不仅有助于深化我们对法律意识的见解，探寻既有学术空白和可创新之处，而且也为理解和探究诸多法律概念和法律现象提供了一个独特视角。

一、法律意识核心主题研究

（一）法律意识概念研究的议题与脉络

对法律意识概念的探究，围绕着法律意识的性质及其他关联议题展开。其中，探究法律概念的性质，就是要确认法律意识之为法律意识所必须具备的特性，以及发现法律意识必然拥有的属性。[1] 此外，探究法律意识的概念，还涉及与法律意识性质相关的其他问题：一是构成问题，即何种要素拥有法律意识应当具备的性质，因而可以被纳入法律意识这一范畴内，并成为法律意识结构的一部分；二是本质问题，即根据法律意识的性质，法律意识的本原是什么。

新中国法理学界对法律意识概念（当时也称法权意识[2]）的研究，起始于《马克思列宁主义关于国家与法权理论教程》《苏维埃国家和法的基础》等教材的引入与翻译。《苏维埃国家和法的基础》将法权意识界定为"法律意识是社会意识的一种形式，它是一定阶级的法律观点的总和"[3]。在20世纪五六十年代，上述观点也被《国家与法的理论讲义》和

---

〔1〕［美］斯科特·夏皮罗：《合法性》，郑玉双、刘叶深译，中国法制出版社2016年版，第10－13页。

〔2〕尽管法权意识和法权观念还有其他含义和指称，但在当时部分教科书中，其所言"法权意识"与此后法理学界所言的"法律意识"含义和指称相一致，如《国家和法权理论讲义（下）》第262页中认为，法权意识是"包括对现行法的评价和解释，也包括对人们的行为是否合法的评价"。

〔3〕［苏联］玛·巴·卡列娃、［苏联］费其金主编：《苏维埃国家和法的基础》，中国人民大学编译室译，法律出版社1955年版，第135页。

《国家与法权理论讲义（下）》等国内自编教材所沿用。[1] 然而，在教材之外，中国法理学界关于法律意识概念的研究几乎为空白，在《论破除资产阶级法权观念》《彻底与资产阶级法权观念决裂》少数几篇提及“法权观念”的论文中，在略提一笔“资产阶级法权观念是资产阶级思想体系的一个组成部分”后，便转而去讨论“如何对待按劳取酬这一资产阶级法权残余”，以及“如何与资产阶级法权观念决裂”[2]。

20 世纪 80 年代至 21 世纪前十年，法律意识的概念问题开始为法理学界广泛关注。不仅在《法的一般理论》、《法学基础理论》（孙国华编）、《法学基础理论》（沈宗灵编）等教材中有所涉及，而且还形成了一系列论著。其中，李茂管依然从社会意识角度界定法律意识；王勇飞等将法律意识视为人们关于法律的心理状态，并将法律意识划分为对法律的理解、态度和要求；李步云与朱景文围绕“法律意识的本原是法律现象还是社会物质生活条件”这一议题开展论争；刘旺洪的《法律意识论》是新中国首篇围绕法律意识开展专门研究的博士学位论文。

（二）法律意识的性质

对法律意识性质的考察，可以在不同理论语境下展开。根据不同语境形成的见解，尽管并非必然冲突，但其理论前提和侧重点的确各有不同。目前，新中国关于法律意识性质的讨论主要有两种理论语境：社会意识与心理状态。

1. 作为社会意识的法律意识

孙国华在《法学基础理论》中提出，“法律意识是社会意识的一种特殊形式，是人们关于法律现象的思想、观点和心理的总和”[3]。从社会意识角度界定法律意识的，还有沈宗灵的《法理学》、朱景文和李正斌的《法

---

[1] 中央政法干部学校国家和法的理论教研室编著：《国家和法的理论讲义》，法律出版社 1957 年版，第 196 页。中国人民大学国家与法权理论教研室编：《国家与法权理论讲义（下）》，中国人民大学出版社 1957 年版，第 262 页。

[2] 撒仁兴：《论破除资产阶级法权观念》，载《哲学研究》1958 年第 7 期；张懋：《彻底与资产阶级法权观念决裂》，载《法学研究》1958 年第 6 期。

[3] 孙国华主编：《法学基础理论》，中国人民大学出版社 1987 年版，第 294 页。

律意识的概念与本原辨析》等论著。要理解这一观点,就需要考察其中的两个关键命题:

第一,法律意识是一类社会意识。什么是此处所言的社会意识?探讨法律意识的理论家一般采取两种回答进路:一是穷尽式列举社会意识的外延。[1] 二是指出社会意识的性质,社会意识区别于不以人的意识和意志为转移的社会存在,其本身"总括了人的一切意识要素和观念形态以及人类社会的全部精神现象及其过程"[2]。这意味着社会意识至少涵盖了两类对象:一是过程性的,即人类对于社会现象的认知判断、情感形成、欲望和态度塑造的过程本身;二是内容性的,即经由前述过程形成的观念内容,如法律理论和法律文化。[3]

第二,法律意识所反映或关涉的社会现象是法律现象。在这里,法律现象拥有相当广阔的外延,如《法理学初阶》提及的法律现象就有现行法、法律适用、法律行为、权利义务关系等。[4] 在李茂管看来,实在法整体包括不再具有效力的法及未来的法律,不仅仅是现行法,都是法律现象的一种。[5]

上述观点的要旨在于,只有反映法律现象的观念内容和精神过程才可以被纳入法律意识的范畴。由此,还可以推导出法律意识所必然具备的两个属性:第一,法律意识必然是非社会存在;第二,由于从社会意识进路研究法律意识的理论家同意社会存在决定社会意识,[6] 所以,法律意识相对于社会存在而言具有派生性。

2. 作为心理状态的法律意识

20 世纪 80 年代末,张文显、王勇飞等学者将法律意识视为一种以法

---

〔1〕 沈宗灵主编:《法学基础理论》,北京大学出版社 1994 年版,第 261 页。

〔2〕 朱景文、李正斌:《法律意识的概念与本原辨析》,载《中央政法管理干部学院学报》1995 年第 1 期。

〔3〕 孙国华主编:《法学基础理论》,中国人民大学出版社 1987 年版,第 306 - 307 页。

〔4〕 付子堂主编:《法理学初阶》,法律出版社 2021 年版,第 155 页。

〔5〕 李茂管:《试论社会主义法律意识》,载《学习与探索》1983 年第 3 期。

〔6〕 李步云:《法律意识的本原》,载《中国法学》1992 年第 6 期;朱景文、李正斌:《关于法律意识与法的关系的几个理论问题》,载《中外法学》1994 年第 6 期。

律为对象的心理活动，张文显指出："意识是人的自觉的心理活动，而人的心理活动呈现为认识、情感、意志三过程，且此过程与群体或个体（个性）心理特征紧连，因此，法意识是与群体或个体（个性）心理特征相连的人们关于法现象的认知、情绪和意志的总和。"[1]

既然法律意识被归为心理活动，那么需要进一步对心理活动或心理状态进行分析，说明何为认识、情感、意志。心理状态大致可以理解为内隐于个体、区别于物理行动的精神活动。根据心理状态是否适真，可进一步区分为认知状态和非认知状态。其中，认知状态是个体对世界的认识和判断，认知的结果是形成个体对世界的信念被确信为真的命题。而信念适用于真假标准，如果个体的信念符合事实，那么其信念为真，反之为假。而非认知状态包括情感和欲望等。情感表达了个体对世界的偏好，而欲望则是"使世界与之相适应"的目标，不同于信念，非认知状态不适用于真假判断，即使个体的情感、态度或欲望在内容上不符合世界，也不构成一种失败。

初看之下，关于法律的心理活动和反映法律现象的社会意识似乎没有区别：无论是信念、情感还是欲望，不都属于社会意识吗？然而，如前所述，对于法律意识性质的不同理解并非冲突关系，而是在不同理论语境下各有侧重的结果。

从社会意识层面解释法律意识的性质，立足于社会存在与社会意识两分的理论前提，强调法律意识区别于社会存在的主观性和派生性。而从心理状态来说，法律意识是关于法律的心理活动，侧重于具体个人与法律现象之间的内在联系，当寻求对一个意向行动的因果解释时，人们通常可以诉诸行动者的心理状态。

3. 对法律意识性质研究的评析

从既有论述来看，上述理论对于法律现象的论述，的确有必要进一步深入。法律意识性质的讨论，不论立基于社会意识还是心理活动，都承认

---

〔1〕 张文显主编：《法的一般理论》，辽宁大学出版社1988年版，第233页。

法律意识是关于或者反映法律现象的。那么,只有当确认了“什么是法律现象”,才能进一步明确什么是法律意识。诚然,诸多论著确实列举了部分可被纳入法律现象范畴的要素,但并未进一步解释此处法律的含义是什么。显然,法律的意涵既可能仅仅是实体法,也可能是法律这一语词所指代的范畴,而二者有着相当程度的理论差异。更复杂的是,在后者的意义上,法律一词指代的范畴所必须具备的性质是什么,实体法是否确实具备这些性质,本身又是法哲学中极富争议的问题。因此,如果不能充分回应“法律是什么”这一问题,就无从确认何为法律现象,由此对法律意识性质的回答仍不清晰。

(三)法律意识的类型

法律意识类型研究是法律意识概念研究的一部分。这是因为,一方面,因共享相同性质而被归入法律意识范畴的不同事物,依据其他标准如意识对象、心理状态和观念内容,还可以被进一步划入不同的概念中。另一方面,就法律意识外部而言,法律意识的持有者可能具有不同的主体身份,且不同主体的法律意识程度同样有所差别。关于法律意识的类型,新中国法理学界大致形成了主体、意识、对象、要素、内容和阶段五项划分标准。

1. 以主体为划分标准

在主体标准内部,存在两种划分观点:

第一,个人法律意识、群体法律意识和社会法律意识。[1] 前者是具体个人拥有的法律意识,中者是社会集合体的法律意识,这些社会集合体是由具有共同利益的复数自然人组成的,而后者则是法律意识的宏观形态,是国家或民族共同持有的法律意识。

第二,占统治地位的法律意识和不占统治地位的法律意识。[2] 前者是统治阶级的法律意识,对于法的形成和实现具有重要作用,通常对现行

---

〔1〕 孙国华主编:《法学基础理论》,中国人民大学出版社1987年版,第301页;姜起民:《中国社会转型期法律意识变迁研究》,中国人民公安大学出版社2013年版,第63－64页。

〔2〕 孙国华主编:《法学基础理论》,中国人民大学出版社1987年版,第304－306页。

法持肯定态度;后者是与法律制度整体或局部相对抗或持中立态度的法律意识,但也可能与法律的某一部分相协调。

2. 以意识对象为划分标准

有学者根据法律类型的划分形成法律意识的划分标准:第一,以公法和私法为标准,有公法法律意识和私法法律意识;第二,以实体和程序为标准有实体法律意识和程序法律意识。[1]

3. 以要素为划分标准

如果从心理学进路分析法律意识的性质,根据心理状态的不同,可以对法律意识进行划分。具体而言,不同学者提出了以下分类:

第一,对法律的理解、态度和意志。[2] 前者是对法律的信念,即适用于真假标准的法律判断;中者是对法律的情感、偏好和态度,如赞同、厌恶、重视、轻视等;后者则是与法律有关的欲望,既包括改变法体系及相关制度的欲求,又包含想要通过法律实现特定目标。

第二,法律情感、法律理想、法律知识、法律评价、法律意志和法律信仰。其中,法律情感的概念与第一种分类方式大致相同,法律理想是在对法律理性认识的基础上产生的对法律制度和法律应当是怎样的反映,法律知识被认为是人们科学认知法律而形成的成果,法律评价是人们关于法律现象的评价标准以及根据标准做出的主观判断,法律意志是人们面对不法行为时表现出的捍卫法律的倾向,法律信仰则是“以理性为基础的主体对法律的全身心的认同”[3]。

4. 以内容为划分标准

法律意识一词,有时指的是人们有意识形成的法律命题,如“该行为是合法的”“法律是一类规则”等。根据对这些命题的分类标准,就形成相应的法律意识分类。既有分类有如下三种:

---

〔1〕 姜起民:《中国社会转型期法律意识变迁研究》,中国人民公安大学出版社 2013 年版,第 64－68 页。

〔2〕 张文显主编:《法的一般理论》,辽宁大学出版社 1988 年版,第 233 页;王勇飞、王常松:《法律意识结构层次浅析》,载《法学季刊》1987 年第 2 期。

〔3〕 刘旺洪:《法律意识论》,中国人民大学 2000 年博士学位论文。

第一,公民法律意识和臣民法律意识。[1] 公民法律意识包括主张法治,以权利为本位,重视程序,赞同自由、平等价值。臣民法律意识则主张法制,以义务为本位,重实体轻程序,反对自由、平等价值。

第二,权利本位法律意识和义务本位法律意识。[2] 该划分标准主要讨论:权利义务何者为目的,何者为手段;权利分配是否遵循平等原则;以公民基本权利还是少数人特权为保护对象;主张法无明文禁止即权利还是法无明文授权(利)即义务。

第三,正确的法律意识和非正确的法律意识。这是根据法律意识是否符合客观规律而划分的。[3]

5. 以阶段为划分标准

根据法律意识的感性和理性程度,形成了两种划分方式:

第一,法律心理和法律思想体系(法律意识形态)的两分。[4] 此处的心理,与前文提及的心理状态或心理活动有着不同的指称。法律心理是指人们的法律意识处于低水平阶段,其对法律现象的认识或情感仅仅是表面、直观和朴素的,而法律思想则是高水平的法律意识,达到了理论化的基本特征。

第二,法律心理、法律观念和法律思想体系(法律意识形态)的三分。[5] 刘作翔、刘旺洪等接受了两分法中关于法律心理和法律思想的概念和划分,但主张法律心理和法律思想之间存在一个过渡带,即法律观念。法律观念较法律心理更为自觉和理性,但尚未实现体系化和稳定化,

---

〔1〕 姜起民:《中国社会转型期法律意识变迁研究》,中国人民公安大学出版社 2013 年版,第 69 页。

〔2〕 姜起民:《中国社会转型期法律意识变迁研究》,中国人民公安大学出版社 2013 年版,第 70 – 71 页。

〔3〕 蒋晓伟:《试述法律意识的价值分类》,载《同济大学学报(人文·社会科学版)》1997 年第 1 期。

〔4〕 孙国华主编:《法学基础理论》,中国人民大学出版社 1987 年版,第 301 – 304 页;李茂管:《试论社会主义法律意识》,载《学习与探索》1983 年第 3 期。

〔5〕 刘作翔:《法律文化理论》,商务印书馆 1999 年版,第 127 – 128 页;刘旺洪:《法律意识论》,中国人民大学 2000 年博士学位论文;付子堂主编:《法理学初阶》,法律出版社 2021 年版,第 155 – 156 页。

对法律的认识和情感是在自发与外部影响双重作用下形成的；法律意识还处于法律观念阶段的人们，主要根据自身在日常生活中形成的法律价值观来安排行为，而非通过了解现行法的要求。

6. 法律意识类型研究的评析

多元化的法律意识分类标准，体现了新中国法理学界某种观念的突破。如蒋晓伟认为，将正确性作为法律意识划分的独立标准，可以克服阶级斗争绝对论在法律意识研究领域的弊端。在阶级斗争的视野下，法律意识的正确性随附于其所属的社会类型：剥削社会下的法律意识总是错误的，社会主义中的法律意识总是正确的。但这一观点简化了现实复杂性而缺乏解释力，如社会主义中同样存在“权大于法”这一可能造成不良后果的法律意识，而根据法律意识的独立性进行考量，将有利于人们更加准确地评价现实存在的法律意识。[1]

此外，上述分类标准同样面临一些挑战。

第一，部分标准的分类依据有待进一步澄清。如将法律意识区分为个人、群体和社会的法律意识，考虑到社会和群体成员由个人组成这一事实，群体法律意识和社会法律意识是否仅仅是个人法律意识的加总？如果不是，这就意味着某些群体和社会意识不能被还原为个人法律意识，那么这些法律意识是如何脱离个人意识而存在的？再如，法律评价是否具有独立于法律知识和法律情感的地位同样值得思考：如果这些评价具有适真性，那么就可以归入法律信念范畴，反之，如果表达的是情感或偏好，又可以纳入法律情感之中。

第二，按照部分标准，法律意识中的某些部分无法被归入标准中的任一类型。如将法律意识划分为公法法律意识与私法法律意识、实体法律意识与程序法律意识，可能无法涵盖某些更为抽象的法律意识，比如关于法律性质的命题。而将法律意识划分为法律知识、法律情感、法律意志、

〔1〕 蒋晓伟：《试述法律意识的价值分类》，载《同济大学学报（人文·社会科学版）》1997 年第 1 期。

法律评价、法律信仰和法律理想也面临这一问题：知识是被证明为真的信念，但显然，人们的信念也可能存在为假的情形，这些为假的信念不是知识。进言之，人们对法律的某些信念同样可能为假，这些为假的信念虽然不是法律知识，但作为信念也应当归属于法律意识的范畴。据此，仅将知识纳入法律意识范畴，显然不能涵盖为假的法律信念。

第三，部分标准内部存在不同性质的分类依据。如法律信仰虽然与法律知识、法律情感等并列为法律意识的要素，然而，按原文的观点，法律信仰是“法律意识的最高境界”[1]，换言之，法律信仰应当适用法律意识的水平标准，而非作为法律意识的要素。

（四）法律意识的本原

主张法律意识是一种社会意识的学者基本赞同“社会存在决定社会意识”这一问题，这意味着社会存在是社会意识的本原，社会意识是社会存在的派生。但问题在于，作为法律意识之本原的社会存在，究竟是什么？对此，新中国法理学界存在两种冲突观点：李步云等学者主张，法律意识的本原应当是法律现象；而朱景文等学者认为，只有社会物质生活条件才是法律意识的本原。

1. 法律意识的本原是法律现象

对法律意识的本原是法律现象的证明由四个命题构成：[2]第一，社会存在是不以社会意识为转移的现实社会，包括社会现象和社会发展进程；而社会意识则是反映社会存在的观念、心理及过程。第二，社会存在与社会意识之间的本原和派生，反映于被反映的关系，社会存在决定社会意识，社会意识反映社会存在。第三，法律制度是具有独立于社会意识的社会现象，具有客观存在性，因此法律当属社会存在。第四，由于法律意识的客体是法律现象，因此法律意识是对法律现象的反映。而法律现象又是一种社会存在，因此法律意识的本原是法律现象。

---

〔1〕 刘旺洪：《法律意识论》，中国人民大学2000年博士学位论文。
〔2〕 李步云：《法律意识的本原》，载《中国法学》1992年第6期。

为进一步论证法律现象同样是客观的社会存在，李步云认为，从“法学的研究对象是法律现象”这一共识出发，由于“‘研究’就是作为主体的人对客观世界的一种认识活动”[1]，既然法律现象是被研究的对象，那么其应当归于客观世界。同时，为了反驳法律意识的本原是社会物质生活条件这一观点，李步云主张，尽管经济基础确实决定上层建筑，但这一命题仅仅意味着社会物质生活条件在社会发展的因果进程中起决定性作用。然而，社会存在与社会意识的关系却是个认识论问题，即社会意识的认识对象是社会存在，不能将社会物质生活条件的决定作用简单套入其中。[2]

2. 法律意识的本原是社会物质生活条件

对法律意识的本原是社会物质生活条件的论证由四部分构成：[3]首先，社会存在和社会意识的划分标准是物质与思想的两分，社会存在是且仅仅是人类社会中不以人的意志为转移的物质范畴。其次，法律仅仅具有物质化的外壳，法律的本质是统治阶级意志的体现，依然是一种观念产物，因而不可能是社会存在。再次，法律意识作为一种社会意识，其本原只能是社会存在，因此法律现象并非法律意识的本原。由于只有物质方面才是社会本原，所以法律意识的本原是社会物质生活条件。最后，上述论证与法律和法律意识形成的经验事实相一致。朱景文主张，在成文法的形成过程中，最先由经济基础和社会生活其他客观需要促使人们形成对于权利和义务的感受，这种感受进而在实践发展中成为占统治地位的法律思想，产生了将感受确立为法律权利义务的动机，并在此动机的促使下制定成文法。由此可见，法律意识形成和发展最终可能追溯到人类意识之外的物质原因。

同时，朱景文对法律现象是社会存在这一观点提出了反驳。他认为，

---

[1] 李步云：《法律意识的本原》，载《中国法学》1992 年第 6 期。

[2] 李步云、刘士平：《论法与法律意识》，载《法学研究》2003 年第 4 期。

[3] 朱景文、李正斌：《关于法律意识与法的关系的几个理论问题》，载《中外法学》1994 年第 6 期；朱景文、李正斌：《法律意识的概念与本原辨析》，载《中央政法管理干部学院学报》1995 年第 1 期。

法律现象是法律意识的认识客体,不足以证明法律现象是社会存在。这是因为,意识客体仅仅是指被人类所认知或实践的对象,而人类的认知对象不限于社会存在,社会意识本身同样可以成为认知对象,[1]据此,能成为认知客体不等于是社会存在。

3. 对法律意识本原研究的评析

实际上,双方观点的分歧,源于对"本原"持有不同理解,继而才对社会存在产生争议。主张法律意识的本原是社会物质生活条件,其核心理由在于,法律意识和法的形成,最终可以溯源至一个非社会意识的原因,而这个非社会意识的原因正是社会物质生活条件。而李步云明确指出,"社会意识反映社会存在"是一个认识论命题,即现实世界中的个体乃是通过认知和体验法律现象,从而掌握法律意识中的观念内容。由此,双方的研究问题不同,并无真正的分歧。

具体到双方的论证,皆有进一步推进的空间。从法律意识的本原是法律现象的论证过程来看,明确社会存在和社会意识的概念殊为关键。但问题在于,其对社会存在的界定是独立于社会意识的社会现象与过程,这意味着想要判断哪些范畴属于社会现象和过程,就需要判断它们是否独立于社会意识,这就需要先掌握社会意识的概念。然而,该理论又将社会意识的概念界定为"反映社会存在的思想与心理及其发展过程的总和"[2],换言之,如果不确定什么是社会存在,就无法了解社会意识的性质。因此,想要真正掌握社会存在和社会意识的概念,应当揭示这些概念指称的范畴具有实质属性。

而对于法律意识的本原是社会物质生活条件,其论证实际由两部分组成:其一,证明只有社会物质生活条件才是社会存在;其二,从人类历史来看,法律意识的形成确实是由社会物质生活条件决定的。可以看出,第二部分的论证是描述性的,因此,只有当该论证中的各项描述性命题确实

---

〔1〕 朱景文、李正斌:《关于法律意识与法的关系的几个理论问题》,载《中外法学》1994年第6期。

〔2〕 李步云、刘士平:《论法与法律意识》,载《法学研究》2003年第4期。

符合事实，其论证才是可靠的。想要保障描述性命题符合事实，就需要获取关于该事实的充分证据。从原作来看，作者仅仅提供了关于法律意识和法律现象形成的概括性说明，[1] 如果要进一步提高论证可信度，就需要人类学、心理学和社会学的介入。

二、法律意识分支主题研究

新中国法理学者不仅关注法律意识，而且将法治意识（亦称法治观念、法治文化）、法律信仰和法律信任等视为法律意识的分支主题，予以广泛研究。[2]

（一）法治意识研究

关于法治观念，傅昭中的《关于经济法治观念的几个问题》系首篇对法治观念内容展开探讨的学术论文。而黄稻主编的《社会主义法治意识》则是首部以专著形式的学术论著，探讨了法治意识的概念、构成、作用、地位、社会效应和培养等问题。近年来，陈金钊的《法律修辞方法对构建法治意识形态的意义》、江必新的《法治精神的属性、内涵与弘扬》等论著在法治观念研究的视角和观点上有所突破和推进。本章将对法治意识研究中的重要议题与观点进行梳理和评析。

1. 作为心理状态的法治意识

与法律意识类似，对法治意识概念和构成的分析主要有心理状态和观念内容两种进路。根据心理状态界定法治意识，同样存在两种不同理解。

一是将法治意识视为以法治为认知、体验或欲求对象的心理状态，包

---

〔1〕 朱景文、李正斌：《法律意识的概念与本原辨析》，载《中央政法管理干部学院学报》1995 年第 1 期。

〔2〕 探讨相关主题的理论家，或者明言相关主题与法律意识的关系，如张文显：《法律文化的释义》，载《法学研究》1992 年第 5 期；黄稻主编：《社会主义法治意识》，人民出版社 1995 年版，第 346 – 355 页。或者根据其对相关主题的概念界定，有理由认为作者将其纳入法律意识范畴，如陈金钊：《论法律信仰——法治社会的精神要素》，载《法制与社会发展》1997 年第 3 期；季卫东：《论法律意识形态》，载《中国社会科学》2015 年第 11 期。

含了法治认知、法治理想、法治心理和法治评价。[1] 此种意义上的法治意识，强调法治意识作为法律意识的独特性在于，其认知对象仅限于法治现象，这不意味着人们对法治的认知、感受或追求满足特定标准，不论是对法治薄弱的认知还是深刻的见解，均可称为法治意识。在此意义上，有学者区分了"法治意识"和狭义"法治精神"，后者仅指"进步的"法治意识。[2]

二是将法治意识理解为达到一种特定程度的法律意识，在此意义上，法治意识是指"社会成员应当具备的法律意识"。肖海军主张，一个人拥有法治意识，意味着包含法律认知、法律信仰与法律依赖的以下三点。[3] 第一，对法与法的社会效用达到充分认知。第二，对法律达到确信与服从的法律信仰境界：相信法具有正义性、权威性和有效性，服从于具有这些属性的法律，追求法律创设的理想秩序，并将法律作为行动准则。第三，积极主张权利并追求应然权利的实现，这不仅意味着积极主张法定权利、寻求权利救济和追求应然权利，还强调依靠法定权利和法律手段对"恶法"进行和平抵制。姚建宗同样将对法的神圣情感、以法律为行为标准作为"法治的精神气质"的一部分，此外，他将自觉参与法治也纳入其中。[4]

上述两种法治意识在对象上存在差别。将法治意识理解为关于法治的意识，其认知、感受和欲求的对象乃是法治；而将法治意识理解为特定的法律意识，其认知对象依然是法。

2. 作为观念内容的法治意识

而观念内容意义上的法治意识或法治意识形态，则由一系列命题构成。有学者在价值层面上提出法治意识的观念内容，即法治谓之法治，具有或者可以实现哪些价值，如张文显认为，法治精神包括"善治精神、民主精神、人权精神、公正精神、理性精神、和谐精神等"[5]。而按照柯卫、朱

---

〔1〕 黄稻主编：《社会主义法治意识》，人民出版社 1995 年版，第 330 页。

〔2〕 王守贵：《论当代中国的法治精神》，吉林大学 2010 年博士学位论文。

〔3〕 肖海军：《论法治意识》，载《湖南大学学报（社会科学版）》2001 年第 3 期。

〔4〕 姚建宗：《信仰：法治的精神意蕴》，载《吉林大学社会科学学报》1997 年第 2 期。

〔5〕 张文显：《法哲学通论》，辽宁人民出版社 2009 年版，第 406 页。

海波的论述,法治意识的内容要素有平等、公正和正义观,权利意识,民主参与意识和法律权威意识。[1]

江必新进一步主张,不同价值之间存在张力,绝对支持一种价值而放弃另一种价值并非法治之精神,法治精神不是对诸多价值的列举,而是这些价值的实现与相容,其中包括:规则治理与良法善治,积极履职与制约公权,惩恶扬善与以人为本,公平正义与效率效益。[2]

陈金钊从方法论意义上解读法治意识,认为法治意识形态是一项如何实现特定目标的方法准则,包括:法治应当成为国家治理、社会控制、心理控制和社会动员的基本方式;强调以逻辑平衡权利与权力、国家与社会的关系;主张司法克制主义;强调法律修辞的运用,法治的实施依赖于法律修辞。[3]

3. 对法治意识研究的评析

首先,主张法治意识是关于法治的认知、评价、理想和心理的观点,[4]旨在揭示何种要素可被归入法治意识的范畴。诚然,上述要素确实是法治意识的构成,但从社会实践来看,仍有某些要素属于法治意识,却不能被纳入作者所列举的范围。比如哈特所说的内在观点就是一例。[5] 换言之,内在观点是行动者在行动选择或评价时,对规则在实践推理中扮演什么角色的态度。显然,人们同样可能对法治秉持内在观点,但这种态度本身不是对法治的偏好或评价,也没有提及法治应当如何,同时,内在观点仅仅表明社会成员将法律视为行为标准,而非在本体论上认为法律是行为标准,因而也不是一种认知。

其次,认为法治意识是达到一定程度的法律意识的观点,实际上是一

[1] 柯卫、朱海波:《社会主义法治意识与人的现代化研究》,法律出版社 2010 年版,第 88 - 100 页。

[2] 江必新:《法治精神的属性、内涵与弘扬》,载《法学家》2013 年第 4 期。

[3] 陈金钊:《法律修辞方法对构建法治意识形态的意义》,载《杭州师范大学学报(社会科学版)》2014 年第 6 期。

[4] 此处的心理同样不是心理状态,而是主观感受,即心理状态中的情感等。

[5] [英]哈特:《法律的概念》,许家馨、李冠宜译,法律出版社 2018 年版,第 110 页。

项规范性主张，正如作者所言，法治意识是应当具备的与现代民主政治、市场经济和文明形态相适应的，为法治社会所必需的法律素养、法律精神和法律价值观念。[1] 但这是否是现代社会中社会成员所应当或者必备的意识？公民可能对法律和法治秉持合作态度，承认法律确实是现状下行动指引和评价的良好方案，但不对法律形成确信乃至信仰，此种立场不见得会阻碍法治建设。

最后，对法治观念中的价值命题的讨论，体现了学者对价值理论的深入和突破，但仍有进一步讨论的空间。可以发现，除了民主精神、法律权威、规则之治、全民守法等外，其他价值并未直接涉及法律的创制和运行。那么，诸如人权、和谐、平等、正义等价值，与法治是什么关系？这存在两种可能：一是主张法治与这些价值是手段—目的关系，法治是实现这些价值的手段；二是主张法治就是依据这些价值进行国家统治和社会运行的方式，脱离了这些价值，法治便不再是法治。在法治与这些价值构成手段—目的关系的见解中，又可以区分出两种冲突观点：第一，法治在概念上是实现这些价值的手段，如果不能实现这些价值，那就不是法治；第二，法治与这些价值没有概念上的联系，即使不能实现这些价值，也依然是法治。[2]

（二）法律信仰研究

法律信仰是新中国法理学界讨论最为激烈的主题之一。“法律信仰”这一表述，最早见于谢晖的《法律信仰与法律怀疑精神》。其后，围绕法律信仰的可能性和可欲性，法律信仰与法律信任等议题，诸多法理学者展开了全面探讨。

值得注意的是，尽管伯尔曼的《法律与宗教》及其中译本并无“法律信仰”等表述，《法律信仰与法律怀疑精神》中也未援引或提及此书，但《法律与宗教》中的观点和论述[3]——如广为流传的名言“法律必须被

[1] 肖海军：《论法治意识》，载《湖南大学学报（社会科学版）》2001 年第 3 期。
[2] 陈景辉：《法治必然承诺特定价值吗?》，载《清华法学》2017 年第 1 期。
[3] ［美］哈罗德 · J. 伯尔曼：《法律与宗教》，梁治平译，中国政法大学出版社 2003 年版。

信仰，否则将形同虚设”——却被反复论及，部分学者对法律信仰的可能性或可欲性等问题发表观点时，以伯尔曼的见解为理论支撑。

1. 法律信仰的可能性和可欲性

在新中国法理学界，学者不论是否对法律信仰的可能性和可欲性持肯定立场，基本同意他们所谈论的不是伯尔曼主张的法律信仰。否定法律信仰具有可能性和可欲性的学者认为，肯定论是对伯尔曼的原意和文化背景的误读，而部分肯定论者认识到了这一点，也不否认其观点与伯尔曼原意有所出入，但认为，伯尔曼“并没有、也不能垄断法律信仰理论的研究”[1]。

具体而言，法律信仰肯定论由概念主张、可能性论证和可欲性论证构成。

在概念主张上，谢晖在早期给出了以“属 + 种差”的定义形式来揭示法律信仰的性质。[2] 但在后期，他似乎试图说明“拥有法律信仰意味着什么”以澄清法律信仰的概念。[3] 首先，法律信仰表现为一种精神修辞，而精神修辞是人们对某种对象或自身的精神境界的预设，进而相信并信仰这种精神境界。其次，在世俗社会，如果一个人拥有法律信仰，那么他所预设的精神境界乃是以“天赋人权”“社会契约”等真理修辞为基础的法律至上、法律神圣的境界。最后，这种法律信仰既是对人类理性的信仰，体现作为世俗社会的法律信仰以主体的自信为基础，又表现为主体对法律的本能依赖，这种依赖体现在人们把一系列自治活动交由预设的规范体系。

在可能性论证上，谢晖认为，对法律建立信仰是可能的，人们与法律的四种关联方式可能让人们形成法律信仰。[4] 第一，法律是以利益为核心的价值体系，受法律影响的人们在追求自身利益时会建立法律信仰。

[1] 谢晖：《从制度修辞视角看法律信仰》，载《北方法学》2016 年第 6 期。
[2] 谢晖：《法律信仰与法律怀疑精神》，载《法律科学（西北政法学院学报）》1995 年第 6 期。
[3] 谢晖：《论法律信仰与制度修辞》，载《中国政法大学学报》2017 年第 1 期。
[4] 谢晖：《从制度修辞视角看法律信仰》，载《北方法学》2016 年第 6 期。

第二,法律传统具有规范表达特征,且被赋予了神圣和必行的特质。第三,如果法律永恒服从于正义,或人们可以透过法律追求正义,那么就可被信仰。第四,法律可以作为利益满足机制,人们在通过法律追求并实现利益的过程中建立法律信仰。这意味着,对法律的功利动机与对法律的信仰并不冲突,这与苏力的见解相合:“遵循或诉诸法律必定是由于法律可能给人们带来各种便利和利益。”〔1〕实际上,苏力的推论更进一步,认为将法律视为利益追求机制并沉迷其中就是拥有法律信仰的表现。

在可欲性论证上,法律信仰之所以值得追求,是因为法律信仰对法律而言必不可少。谢晖主张,法律是一种制度修辞,而法律信仰则是对这一制度修辞的精神修饰,“现代法律信仰作为法律和法治的精神要素,表达着人们对于制度的理想和想象,也表现着人们对法律制度与正义的必然结构性关联之精神期待”〔2〕。

而主张法律否定论的观点,大致有三种论证。

第一,伯尔曼式的法律信仰不适合中国语境。张永和认为,伯尔曼的法律信仰命题以西方文化传统中法律与宗教相勾连为前提,以解决西方整体性危机为目标,而中国既不存在这样的传统,所面临的也不是整体性危机而是社会转型问题,因此没有塑造法律信仰的可能性和必要性。〔3〕

第二,在法律信仰的可能性问题上,否定论者提出了三种反驳。其一,法律缺乏超然性,而作为价值观的信仰具有神圣性,不可能与规则相联系;康德语境下的信仰是作为理性的信仰,只能是超验而非经验的,人们不可能被命令去信仰。〔4〕其二,实在法具有工具性,人们不可能对工具保持信仰,何况实在法既具有强制性这一违反人性的属性,又不可能具有终极性和至善性,而人们只能向往和信仰完美无瑕的事物。〔5〕刘焯考

---

〔1〕苏力:《法律如何信仰》,载《法律信仰:中国语境及其意义》,广西师范大学出版社 2003 年版,第 133－134 页。

〔2〕谢晖:《论法律信仰与制度修辞》,载《中国政法大学学报》2017 年第 1 期。

〔3〕张永和:《法律不能被信仰的理由》,载《政法论坛》2006 年第 3 期。

〔4〕张永和:《法律不能被信仰的理由》,载《政法论坛》2006 年第 3 期。

〔5〕范愉:《法律信仰批判》,载《现代法学》2008 年第 1 期。

察了不同类型的法律信仰：基于传统价值（如正义）而信仰法律，是对传统和价值的信仰，一旦法律不符合传统或无法实现这些价值，人们就不会信仰法律；将法律作为工具而信仰有违信仰概念，因为信仰在性质上超越了功利计算；而对由合法政府经合法程序产生的法律保持信仰，并非一种信仰，仅是对法律的服从。[1] 其三，实在法是一种权威，而权威与信仰在概念上互斥：权威以强制力为后盾，如果人们的行为偏离了权威要求就会被施加制裁，而现世的强制无法激发人们对彼岸的渴求。[2]

第三，在法律信仰的可欲性问题上，否定论者主张应当培育法律信仰这一观点具有危害性。[3] 首先，由于实在法与权力联系密切，主张对实在法保持信仰可能将人们引向权力信仰。其次，主张应当树立法律信仰蕴含了法律已至善至美的看法，由此对法律进行批判和怀疑就缺乏必要性和正当性，当局就失去了变革完善法律的动机。最后，鼓吹法律信仰可能会导致错误归因，简化问题，“将所有的问题归结为民众法律意识低，将法律化和诉讼以及法律职业者的作用视为解决一切问题的良方”[4]。

也有学者并不认为法律信仰本身是不可能或者不应当的，但认为中国语境下的法律信仰存在三重悖论：[5]一是切断与中国传统的联系而主张法律信仰。但人们不可能离开产生终极意义的社会实践而形成信仰。二是中国语境下的法律信仰蕴含了一种建构主义的法律信仰培养观，即从中国传统观念中不可能生成法律信仰，而需有意培植。但这与伯尔曼所反对的法律实证主义相合流。三是中国语境下的法律信仰由于对中国传统的精神和价值持否定态度，不可能像伯尔曼那样从西方传统中寻求法律与宗教的联系以重塑法律信仰，只能将法律信仰作为实现某些目标（如法治建设）的工具，从而“进行具有工具性意味的‘他求’”。

[1] 刘焯：《“信仰法律”的提法有违法理》，载《法学》2006年第6期。
[2] 张永和：《法律不能被信仰的理由》，载《政法论坛》2006年第3期。
[3] 刘焯：《“信仰法律”的提法有违法理》，载《法学》2006年第6期。
[4] 范愉：《法律信仰批判》，载《现代法学》2008年第1期。
[5] 刘小平、杨金丹：《中国法律信仰论的内在悖论及其超越》，载《法商研究》2014年第2期。

2. 法律信仰研究评析

具体而言，在法律信仰肯定论和否定论的交锋中，最重要的争议在于法律和信仰的概念之争。不难发现，否定论所言之信仰，因其神圣性和超验性而在概念上抗拒功利性，也不同意基于功利动机可以产生法律信仰。而肯定论所界定的信仰，不仅不排斥因利益获取而形成信仰，甚至认为通过法律争取利益也可以被视为拥有法律信仰。然而，问题不在于采用什么概念，而在于为什么采用这一概念。这就需要提出衡量理论优越性的理由，由此，当讨论信仰概念与功利性和经验性的关系时，不能仅仅指出信仰排斥/包含功利性，也不能仅仅因为信仰排斥/包含功利性便主张对立观点是错误的从而提出一项衡量标准，除非学者承认他们在谈论完全不同的东西——除了共享“信仰”这一语词外，他们毫无共同之处，因此“这种信仰”是可能的，而“那种信仰”是不可能的。但如此一来，除了“谁的概念更符合语义和语用”外，就不存在任何理论争议了。

对法律概念的讨论同样如此。否定论者反对法律信仰之可能性时，预设了法律的工具性和权威性，但这同样是需要论证的，为什么这是法律的工具性和权威性？法哲学20世纪以来的新近进展表明，将强制性作为法律和权威的性质，忽视了法律和权威的规范性：人们不仅将法律视为命令和威胁，在判断应当如何行为时，还可能将法律和权威视为理由，此时，强制性并非法律和权威必然具备的性质。[1]

（三）法律信任研究

法律信任是与法律信仰相关联的主题：对部分主张不可能或不应当被信仰的学者来说，法律信任较法律信仰更为现实和值得追求；对不反对法律信仰的学者而言，法律信任或是法律信仰的实践要求，或与法律信仰并行不悖。[2]

---

〔1〕［英］哈特：《法律的概念》，许家馨、李冠宜译，法律出版社2018年版，第171－179页。

〔2〕谢晖：《法律信仰的理念与基础》，山东人民出版社1997年版；王瑜：《信仰亦或信任——论守法模式的超验与经验》，载《河北法学》2018年第1期。

1. 法律信任理论的基本框架

一些学者建构了一个理性主体—法律信任的理论框架，其要点有三：

第一，对法律秉持信任是主体理性选择或批判反思的结果。[1] 至于这里的“理性”是什么意思，不同学者给出了类似但有差别的回答。马新福和杨清望主张，说一个人是理性主体，就是说他的目的行为受制于社会关系网络，该主体可能主动选择某些非效益最大化的行动以及选择接受合法但不利于己的后果；而理性主体的法律信任以承认有限理性为前提，即认知并接受法律存在模糊、不稳定和不一致等缺陷，但仍选择对法律保持信任。[2] 而郭春镇认为，理性主体是这一种存在：“人们的理性使人们追求自己的利益并在此基础上考虑和尊重公共利益；同时，人们的理性也使他们追求一些利益之外的价值。”[3]

第二，法律信任意味着尊重法律，即对法律秉持信任，就是说一旦选择“参与”法律，就愿意接受法律运行对自身造成的后果，即使这一后果对其自身而言是不利的。[4] 马新福认为，自愿承受不利后果而不违抗，是因为理性主体可以合理期待他也能成为法律参与的受益者。[5]

第三，法律信任是一种抽象、普遍的弱信任关系。抽象信任是一种基于抽象系统而非熟人人际关系形成的信任关系；普遍信任是基于契约和规则建立的信任系统；而弱信任既是指通过中介系统而非“面对面交往”形成的信任关系，又是指人们对法律的信任程度较弱。[6] 但问题在于，除了“对法律的信任较弱”这一特征外，其中所言的抽象信任、普遍信任

---

〔1〕 魏敦友：《理性的自我祛魅与法律信念的确证——答山东大学法学院谢晖教授》，载《广西大学学报（哲学社会科学版）》2001 年第 2 期；马新福、杨清望：《法律信任初论》，载《河北法学》2006 年第 8 期；郭春镇：《从“神话”到“鸡汤”——论转型期中国法律信任的建构》，载《法律科学（西北政法大学学报）》2014 年第 3 期。

〔2〕 马新福、杨清望：《法律信任初论》，载《河北法学》2006 年第 8 期。

〔3〕 郭春镇：《从“神话”到“鸡汤”——论转型期中国法律信任的建构》，载《法律科学（西北政法大学学报）》2014 年第 3 期。

〔4〕 郭春镇：《从“神话”到“鸡汤”——论转型期中国法律信任的建构》，载《法律科学（西北政法大学学报）》2014 年第 3 期。

〔5〕 马新福、杨清望：《法律信任初论》，载《河北法学》2006 年第 8 期。

〔6〕 马新福、杨清望：《法律信任初论》，载《河北法学》2006 年第 8 期。

和弱信任，似乎是社会成员、社会团体和机构之间基于法律而形成的信任关系，而非对法律的信任。

2. 法律信任理论面临的挑战

学者不仅提出了法律信任的概念框架，而且主张在中国法治建设中，应当以塑造法律信任而非法律信仰为目标。但这一实质性主张遭到了两种反驳：

第一，在中国语境下，这种法律信任不可能生成。刘小平主张，理性框架下的法律信任实际上是韦伯式的法律信任，这种信任的对象是形式主义的理性法、实证法和国家法，但国内的实在法有一部分来自法律借鉴，并未充分发挥其实效性，因而没有被信任的根基。即使将信任对象扩大到民间法也不足以解决问题，因为人们对法律的信任是一种策略性信任，如果法律符合人们的行动、习惯和预期，才会对其予以信任，但民间法与国家法可能存在冲突，人们可以选择性地信任一者，由此也就无法构建其整体性的法律信任。[1]

第二，法律信仰有法律信任无法取代的价值。王瑜认为，在认识论上，法律信任是通过经验形成的，即社会成员的经验到法律规则的适用具有预期性、连贯性和一致性，那么他们将"调整自己的行为，使自己的行为符合自己对法律的预期"[2]。据此，社会成员只能对可被作为经验的实在法秉持法律信任。但问题在于，如果人们想要在法律中追求某些超验之物（如个人权利），就不能通过经验途径加以实现，相反，只能"通过信仰模式来使自己的行为符合某种超验的价值"[3]。

三、结语

新中国法理学界关于法律意识的研究广涉法律意识的性质、构成、本

---

〔1〕 刘小平：《需要何种法律信任》，载《北方法学》2016 年第 3 期。

〔2〕 王瑜：《信仰亦或信任——论守法模式的超验与经验》，载《河北法学》2018 年第 1 期。其中，预期性是指人们可以预期法律规则适用的结果，一致性是指法律规则适用结果是一致的，连贯性是指法律规则适用结果并无例外。

〔3〕 王瑜：《信仰亦或信任——论守法模式的超验与经验》，载《河北法学》2018 年第 1 期。

原、法治观念、法律文化和法律信仰等诸多主题,形成了一系列颇具开创性的理论见解,关于法律意识本原、法律信仰之可能性与可欲性等理论争议,昭示了法理学界在研究视角和理论语境中的多元化。前人的努力与成就使法律意识研究得以繁荣发展,也为后来者留下了开拓与深入的空间:如何发现实践意义和理论价值的研究主题,如何构建更为自洽而精致的理论观点,如何确认真正的理论争议并对此展开交锋。

延伸阅读学术著作

1. 龚祥瑞主编:《法治的理想与现实——〈中华人民共和国行政诉讼法〉实施现状与发展方向调查研究报告》,中国政法大学出版社 1993 年版。
2. 黄稻主编:《社会主义法治意识》,人民出版社 1995 年版。
3. 谢晖:《法律信仰的理念与基础》,山东人民出版社 1997 年版。
4. 刘旺洪:《法律意识论》,法律出版社 2001 年版。
5. 张永和:《信仰与权威:诅咒(赌咒)、发誓与法律之比较研究》,法律出版社 2006 年版。
6. 柯卫、朱海波:《社会主义法治意识与人的现代化研究》,法律出版社 2010 年版。

延伸阅读学术论文

1. 张懋:《彻底与资产阶级法权观念决裂》,载《法学研究》1958 年第 6 期。
2. 撒仁兴:《论破除资产阶级法权观念》,载《哲学研究》1958 年第 7 期。
3. 王勇飞、王常松:《法律意识结构层次浅析》,载《法学季刊》1987 年第 2 期。
4. 李步云:《法律意识的本原》,载《中国法学》1992 年第 6 期。
5. 朱景文、李正斌:《法律意识的概念与本原辨析》,载《中央政法管理干部学院学报》1995 年第 1 期。
6. 张永和:《法律不能被信仰的理由》,载《政法论坛》2006 年第 3 期。
7. 范进学:《"法律信仰":一个被过度误解的神话——重读伯尔曼〈法律与宗

教〉》,载《政法论坛》2012 年第 2 期。
8. 陈金钊:《法律修辞方法对构建法治意识形态的意义》,载《杭州师范大学学报(社会科学版)》2014 年第 6 期。
9. 俞学明:《“伯尔曼之思”:从法律信仰到现代性反思——以当代中国“法律信仰”的流行成因探讨为线索》,载《世界宗教文化》2019 年第 1 期。
10. 陈亚飞:《法律的教化性——从“法律信仰”论说开去》,载《法学》2023 年第 7 期。

延伸阅读学位论文

刘旺洪:《法律意识论》,中国人民大学 2000 年博士学位论文。

第十三章　法 律 行 为

本论题导读

法律行为的特征突出表现为以下几点：一是法律行为研究的问题意识主要源于民法基本理论在我国的引入与论争。二是相较于其他研究领域，该命题的研究成果更直接地影响了当下和未来中国的法治面貌。三是法理学的诸多理论成果对该命题研究的参与主要体现为间接性的引领和指导作用——法理学者较少以直接的争论态势参与其中，但民法学者在注疏与论说的过程中，却一直以法理学的研究成果和翻译成果作为理论的武器。如果没有法理学提供的支持，这一场绵延几十年的学术论争或许不能达到当下我们看到的理论深度以及由此产生的对未来的深远影响。因此，新中国法律行为理论的发展成果分别体现在民法学和法理学两个领域，民法学者首先借民法典编纂的机会将法律行为理论代入理论探讨和立法实践中，其间受到苏联民法影响并经历了法典编纂的停滞期，但在20世纪90年代以后该命题呈现出了百家争鸣的理论精进态势，而法理学在此过程中不仅为民法领域法律行为的论争提供了学术助益，也开启了在法理学领域内更为宏观的法律行为研究新课题。

对新中国成立以来法律行为研究进行的回望与评述，离不开对法律行为概念在新中国民事立法过程中的内涵演变的把握（其中包括苏联法律行为理论对我国理论界的影响），也离不开对我国自《民法通则》这段时间百家争鸣的法律行为研究成果的概述，同时还必须总结法理学研究在此过程中作出的学术资源和智识资源的贡献。下文将以上述内容为依托，再结合我国主要民事立法的时间线,对上述几个方面进行梳理,以期对法律行为研究提供一个尽可能全面客观的回望和评述。

一、前民法典时代的法律行为理论

在前民法典时代虽然研究空间有限,但法律行为理论却在该时期的立法中有过闪现,尽管它的闪现因为特定历史原因而无法留下足够分量的成果,然而可以从中窥探出新中国初期的民事立法成就(就法律行为理论而言)在当代中国的传承轨迹。

(一)三次民法典起草中的法律行为理论论争

1. 概念的短暂闪现

1954年,全国人大常委会启动第一次民法典起草,共形成4份民法典草案,法律行为概念的定义和在民法典中的位置这两个问题在4份草案及备案里都有不同意见。

第一份草案中的第四章以"法律行为"概念命名,用24个条文对法律行为进行了专门性、一般性的规定。第37条规定:"法律行为是设定、变更、消灭民事权利义务关系的行为;可以是单方的,也可以是双方的。"在第一份草案的预备性条款中,为法律行为概念预留了一个可替代概念:民事行为,即设定、变更、消灭民事权利义务以及引起法律后果的行为。[1] 第二份草案在内容上与第一份草案没有太多区别,但就"法律行为"的概念而言,这一份草案明确将关于"民事行为"的规定列于"法律行为"之后,正式将其作为备案处理。

显然两份草案体现出的主要问题有两个,一是作为法定术语的"法律行为"和"民事行为"的取舍,二是法律行为或民事行为的效力规定。[2]

---

〔1〕 何勤华、李秀清、陈颐编:《新中国民法典草案总览》(上卷),法律出版社2003年版,第8-11页。

〔2〕 在1956年1月28日提出的"总则部分讨论题"中,这一问题被指定要求讨论:"法律行为与民事行为有何区别?法律行为是否包括不合法的?无效法律行为的提法是否妥当?法律行为中的无效与契约中的无效有何不同?在我国的民法中如何反映?"参见何勤华、李秀清、陈颐编:《新中国民法典草案总览》(上卷),法律出版社2003年版,第23-24页。

讨论结果形成了四种意见：

第一种意见保留法律行为的概念，并将无效法律行为也囊括到法律行为当中，但同时明确排除侵权行为概念；第二种意见主张选用民事行为取代法律行为，认为民事行为既包括当事人在设定、变更或者消灭民事权利义务关系的合法（有效）行为以及不合法（无效）行为，也包括引起法律后果的侵权（违法）行为，上述行为都可以统称为“民事行为”；第三种意见倾向于取消总则中关于法律行为的一般性规定，代之以在分则篇章中统一规定；第四种意见则明确认为法律行为只能是合法行为，不应当有无效或不合法的法律行为，更不应该将侵权行为也包括进来。经过讨论，第二种意见，即用民事行为取代法律行为概念的意见占据上风。在数次讨论基础上，第一次民法典起草的第三份草案和第四份草案分别在 1956 年 12 月 17 日和 1957 年 1 月 15 日公布。第三份草案将第四章的“法律行为”改为“民事行为”：“民事主体的行为，不论单方的或双方的，凡能引起民事关系的发生、变更、消灭以及其他民事法律后果的，都是民事行为。”第四份草案虽然也是将民事行为作为正文用语，将法律行为作为备案，但在这个问题上出现了很大分歧。[1]

2. 研究的中断

1962 年，中央举行扩大会议，认为社会主义初级阶段必须充分发展商品生产、进行等价交换、实行按劳分配原则。在此背景下，毛泽东提出，不仅刑法要制定，民法也需要制定，全国人大常委会由此开始了第二次民法典起草工作。

就如学者所讲：“这次起草形成的民法典草案无论是结构还是具体条文内容，均与以往大异其趣。除了被冠以‘民法’名称以外，其余一切似

---

〔1〕 该草案第四章对“民事行为”列出了三种可供选择的定义：(1)民事主体所为的行为，凡能引起民事法律关系发生、变更、消灭以及其他民事法律后果的，都是民事行为。(2)民事主体的行为，不论单方或者双方，凡能引起民事法律后果的，都是法律行为。值得注意的是，该定义条款之后又规定“行为人的行为，目的在于设立、变更、废止民事权利义务关系的，是意思表示的行为”，这条规定虽然没有使用法律行为概念，但第一次明确提出了意思表示。(3)民事主体的行为，不论单方的或者双方的，凡能引起民事法律关系发生、变更、消灭以及其他民事法律后果的，都是民事行为。

乎都与传统意义上的民法再无联系。”[1]该次起草形成的“草案试拟稿”取消了包括自然人、法人、物权、债权等大量民法上的专用术语，代之以大量体现计划经济特质的政治经济术语。这种背景下，极具专业特征的法律行为概念不可能在草案中有立足之地，跟法律行为相关的一切专业讨论也无从展开。1966 年，第二次起草因形势的变化戛然而止。

3. 破冰重启

1979 年，新中国开始了第三次民法典起草工作，分别在 1980 年 8 月 15 日、1981 年 4 月 10 日、1981 年 7 月 31 日公布了三份草案，法律行为概念在三份草案中获得完全不同的“待遇”。草案一和草案二基本延续了 1955 年第一次民法典起草的内容，分别对法律行为进行了专门规定[2]。但恰好这个问题在后来的起草意见里引起了很大争议，反对在民法典里规定法律行为的意见最终占了上风，并直接影响了后来几乎所有有关法律行为的立法规定。[3] 草案三里，“法律行为”被整章删除，只留下关于代理的规定，尽管有学者对此提出了学理上的不同意见，[4]然而在 1982 年 5 月 1 日发布的草案四中删除了法律行为的主要规定，确定法律行为概念退出了第三次民法典起草内容。1982 年 6 月 3 日全国人大常委会法制委员会撤销民法起草小组，第三次民法典起草工作结束。1986 年 4 月 12 日，作为第三次民法典起草工作阶段性重要成果的《民法通则》问世，其中第 54 条规定，民事法律行为是公民或者法人设立、变更、终止民事权利和民事义务的合法行为；在第 58 条至第 61 条以及第 66 条里又使用了

---

〔1〕 朱庆育：《法律行为概念疏证》，载《中外法学》2008 年第 3 期。

〔2〕 草案一第四章为“法律行为”，第 45 条规定，法律行为是公民或法人确定、变更或者终止民事权利和民事义务的行为；草案二第 33 条只是将之前第 45 条的“确定”改为“设定”。参见何勤华、李秀清、陈颐编：《新中国民法典草案总览》（上卷），法律出版社 2003 年版，第 377 页。

〔3〕 朱庆育：《法律行为概念疏证》，载《中外法学》2008 年第 3 期。

〔4〕 林我朋对此发表意见认为：“法律行为是民法上一个重要的法律事实，是发生、变更、消灭民事法律关系的主要原因。它不但民事法规和经济法规都能应用，而且它的种类除合同外，还有单独行为和共同行为。三稿将其规定在合同编内，似乎不是很恰当。我认为应该鼓励规定一章，可以突出它的重要作用，也比较符合民法原理和逻辑”。参见朱庆育：《法律行为概念疏证》，载《中外法学》2008 年第 3 期。

"民事行为"的概念,这些条文设计的目的在于规制无效行为、可撤销行为、可变更行为。

以《民法通则》作为阶段性立法成果的第三次民法典起草工作既是新中国成立 30 多年来民法理论发展的集中展示,也为后来法律行为理论论争做了充足的"铺垫"。

《民法通则》明确放弃对"法律行为"概念的使用,代之以"民事法律行为"和"民事行为",将民事法律行为界定为合法行为,同时又创造民事行为作为上位概念统摄无效、可撤销、可变更以及效力待定的民事行为,这样的立法规定是史无前例的。根据通说,这样的设计是为了避免民法立法上的一个矛盾:如果法律行为是合法的,那么无效的、可撤销的、效力待定的法律行为极有可能因为效力瑕疵被取消其法律效力而成为无效法律行为,"一个合法的法律行为最后转换成一个无效的法律行为",这在当时的中国民法学者看来是一个逻辑上的断裂,因此通过创造民事行为概念来统摄无效、可撤销、效力待定等行为以避免上述学理尴尬。但如此一来却引发另外的问题:如果法律行为合法性在概念逻辑上有如此明显的漏洞,那究竟是什么原因使法律行为的合法性定义一直持续到 2017 年《民法总则》才得以改变?[1]对法律行为合法性的论争自《民法通则》颁布以来便成为中国民法学界的焦点问题。

如果说法律行为合法性特征是《民法通则》直接留给后来的论争点,那么法律行为概念的另一个核心要件"意思表示"在立法定义中的缺位,则在"如何理解私法行为以及私法自治"这一更深层面引发了学者的大量讨论。从立法过程不难看出,《民法通则》在高调规定法律行为合法性的同时,却对法律行为之"意思表示"特征语焉不详。意思表示作为私法自治最为重要的"工具",其对法律行为理论的重要性在于:它体现了一

---

〔1〕 例如,根据柯伟才的梳理,德国学者早在 1835 年米伦布鲁赫开始,就把合法性当作法律行为的特征,包括克彭、洛特马尔、奇特尔曼、贝泽勒等学者也认同法律行为的合法性,尽管角度有所不同。参见柯伟才:《"合法性"等于国家强制? ——法律行为合法性问题的历史解析》,载《华东政法大学学报》2018 年第 1 期。

个国家的法秩序在多大范围及多大程度上看待并尊重私主体在私法范围内对自己私人事务的决定权，也就是民事法律效果的效力来源问题。《民法通则》对此的回避反映了当时我国学界对这个问题整体性的认知模糊，但这个问题迟早会在研究中被提出来。尤为重要的是，当这个问题被学者提到研究前沿时，我国自20世纪90年代以来快速发展的法理学研究为这个问题的讨论提供了智识资源——无论是民法学者还是法理学者，都从特定角度出发利用法理学理论论证自己的观点，法律行为理论的研究在法理学的加持下获得了从未有过的学术繁荣。

（二）苏联的法律行为理论在我国的传播及影响

苏联法学理论的影响是讨论我国改革开放以前的任何法学研究都无法回避的问题，法律行为理论亦是如此。苏联学者在独特的国内环境中改造了来自德国的民法传统，我国在20世纪五六十年代引进出版了一批苏联学者的法律著作，[1]内容包括被学者改造以后的法律行为理论，其中对我国学者影响最大的当属“法律行为本质合法说”以及对意思表示的限制。

1922年《苏俄民法典》使用了“无效法律行为”一词，学者别列捷尔斯基则认为无效法律行为不能产生法律上的效果，因而不应被划入法律行为的范畴。这一理论一开始并未引起太多关注，但20世纪30年代维辛斯基首先提出社会主义法律性质的概念：“法律是表现统治阶级意志、以立法所规定的行为规范以及为国家权力所认可的社会生活规范与习惯的

---

〔1〕 我国在20世纪五六十年代引进出版的苏联法律著作主要包括：[苏联]杰尼索夫：《国家与法律的理论》，方德厚译，中华书局1951年版；[苏联]玛·巴·卡列娃等：《国家和法的理论》，李嘉恩等译，中国人民大学出版社1956年版；[苏联]彼·斯·罗马什金等主编：《国家和法的理论》，中国科学院法学研究所译，法律出版社1963年版；苏联科学院法权研究院编著：《马克思列宁主义关于国家与法权理论教程》，中国人民大学马列主义关于国家与法权理论教研室译，中国人民大学出版社1953年版。以上4本是引进出版的教材类。其他跟法律行为有关的有影响力的译著主要有：[苏联]安·扬·维辛斯基：《国家和法的理论问题》，中国人民大学编译室译，法律出版社1955年版；[苏联]诺维茨基：《法律行为·诉讼时效》，康宝田译，中国人民大学出版社1956年版；[苏联]赫鲁菲娜：《苏维埃社会主义民法中合同的意义和本质》，郑华等译，法律出版社1956年版。

总和”，并在此基础上进一步提出“苏维埃社会主义民法的基础，不是罗马法，而是公法原则”[1]，此后，别列捷尔斯基的观点重新引起了重视。学者阿加尔柯夫在别列捷尔斯基学说基础上提出“法律行为本质合法说”，法律行为合法性遂成为学界主流观点。“合法性”将法律行为主体想要产生、变更的法律关系的决定权维系于体现统治阶级意志的整体法秩序的同意，简言之，这套理论直接以国家本位观念为基础，认为社会主义国家的一切法律都必须以体现国家意志为己任，“法律以国家的存在为前提，因为行为规则由国家制定或批准，并以国家强制力来加以巩固”，[2]包括私法在内的所有法律规则发挥作用的途径归根结底都源于国家意志的同意，法律行为虽然有私人意思表示的成分在内，但这种意思表示也必须以符合国家意志为前提，就如诺维茨基认为的：“合法性之所以是法律行为的特有特征，在于法律行为的内容应当能够经受得起国家的检查和评定，以及应与国家利益相符合。”[3]

同时，20 世纪 20 年代以后，苏联因为之前实行的新经济政策极大地压缩了私人自治空间，国家与社会的二元结构不复存在，“民法作为苏维埃国家完成发达社会主义社会所面临任务的手段之一，也带有全民性质”[4]。在当时，所有的政治行为和经济政策都是为统一的国家利益和国家意志服务，苏联法的所有部门皆以个人利益和社会利益结合为基础，民法在产生和适用上具有与传统民法完全不同的社会基础，其职能包括调整、保护以及预防违法和教育的任务，为了实施这些职能，调整民事法律关系，不仅遵循价值规律的一般原则，而且要符合有计划按比例发展国民经济的规律。[5] 在这种压缩私法空间的立法环境下，就连最典型的民

---

〔1〕［苏联］安·扬·维辛斯基：《国家和法的理论问题》，中国人民大学编译室译，法律出版社 1955 年版，第118 页。

〔2〕鲁春雅：《法律行为制度研究》，法律出版社 2019 年版，第 235 页。

〔3〕［苏联］诺维茨基：《法律行为·诉讼时效》，康宝田译，中国人民大学出版社 1956 年版，第 9 页。

〔4〕［苏联］格里巴诺夫、［苏联］科尔涅耶夫、中国社会科学院法学研究所民法经济法研究室编：《苏联民法》（上册），法律出版社 1984 年版，第 19 页。

〔5〕鲁春雅：《法律行为制度研究》，法律出版社 2019 年版，第 236 页。

法调整对象的合同也被赋予了新的内涵:“合同联系的制度,乃是经济计划和经济核算相结合的最好办法,所以一切经济组织应对这件事情予以特别注意”;“在实际上把计划与合同有害地对立起来和认为有了计划就不需要合同的观点,都是不能容许的”。[1] 如果新经济政策给予民法的影响主要体现为经济领域,那么《苏联宪法》第 130 条“苏联每一个公民,都必须尊重社会主义共同生活规则”的规定,则在政治和道德层面进一步限缩了私法行为生存的空间。所谓的社会主义共同生活的规则,就是社会主义社会依照共产主义道德所树立而未经法律明文规定的人们相互关系的规则,这些规则虽然不是民法的渊源,但是在适用民法方面具有巨大的意义,早期我国学者也在这个问题上受到直接影响,20 世纪 50 年代的一篇涉及法律行为的学术文章就是解析苏联社会主义共同生活规则在民法规范适用方面的意义。[2] 既然私人自治空间和私人意志被压缩到极其有限的范围,而法律行为与希望达到的法律效果之间起决定作用的又是体现国家意志的整体法秩序,那么传统民法上考量民事法律效果最重要的意思表示要素,其作用也就在很大程度上被消减了,因而也就当然失去了在立法和研究中的必要性。

综上,苏联学者的上述观点直接对我国“法律行为合法性”的争论产生了影响,也间接压制了以意思表示为手段的私人自治行为和自治空间的研究,割裂了传统民法认同的私人法律行为与法律效果之间的直接联系。自 20 世纪 80 年代末,我国在法律行为领域开始的百花齐放局面的学术争论,其目的都是对这两个问题进行反思。

二、以法理学为依托的法律行为理论

从 20 世纪 90 年代开始,我国继《民法通则》以后进入了民事立法的

---

[1] [苏联]赫鲁菲娜:《苏维埃社会主义民法中合同的意义和本质》,郑华等译,法律出版社 1956 年版,第 11、16 页。

[2] 洪文澜:《社会主义共同生活规则在民法规范适用方面的重要意义》,载《法学》1957 年第 3 期。

高频时期，民法学术研究也进入一个精进时期。但与前民法时代不同之处在于，《民法通则》颁布之前，民法和法理基本是在各自领域内自发进行研究，理论上的交集互融极为罕见，这一时期的研究则是民法学者主动引用法理学的理论资源，用法理学知识提供的分析工具在更高层次上对这两个问题进行说理论证，无论观点如何，研究的整体层次是前民法时代与之不能相提并论的。

（一）法理学视野中的法律行为理论

上文一直致力于梳理以民法理论为视野的法律行为理论在前民法时代的脉络，客观地看，新中国成立到《民法通则》颁布前后这一段时期，这个领域内的研究都是围绕民法典起草工作而展开的，纯粹从法理学角度和其他部门法学角度对法律行为进行研究的成果很少。但这一现状并不等于法理学和其他部门法学在法律行为问题上就完全保持了沉默。

《民法通则》颁布前，一部分法理学教材在涉及法律事实项下的分类时，避免了采用法律行为的概念，代之以“行为”[1]。虽然学者没有正面解释这个问题，但极有可能的原因是这些学者意识到中文翻译在这个问题上的尴尬：如果法律行为特指意思表示与法律效果上有直接联系的私法行为，但是在私法领域之外，人们的行为同样可以引起包括刑法、行政法、诉讼法在内的各种法律后果，那么引起这些部门法后果的行为又该如何称呼？由于我国没有一个用于区分私法“法律行为”的其他“与法律有关的行为”的概念，因此对法律行为概念的“跨界”使用，使得学术研究基本集中在民法定位的法律行为上，而没有从更宏观的、更抽象的层面上研究“法律上的行为”或者“跟法律有关的行为”，简言之，缺乏“法理学上的

---

〔1〕 1981年北京大学出版社出版、陈守一和张宏生主编的《法学基础理论》在法律事实这部分表述为“法律事实大体上可分为两类。第一是不依照人们意志为转移的事件，第二是人们的行为”；1982年法律出版社出版、孙国华主编的《法学基础理论》将法律事实分为事件和行为，也避免了直接使用“法律行为”。即便在《民法通则》颁布以后，一部分法理学教材也没有使用法律行为概念，例如1988年北京大学出版社出版、沈宗灵主编的《法学基础理论》；1999年中国人民大学出版社出版、孙国华和朱景文主编的《法理学》；2001年北京大学出版社出版、沈宗灵主编的《法理学》。

法律行为”的研究。

既然法理学者已经意识到这一点，在《民法通则》颁布以后，部分法理学者开始正视这个问题，并通过学术写作唤醒法理学者在这一问题上的“自觉意识”，一批以法理学视角研究“法律上的行为”的研究成果陆续出现。这些成果中有学者直接将法理学意义上的法律行为定性为部门法法律行为的上位概念，在更宏观的角度对之进行解析；[1]有学者着重分析法理学意义上的法律行为的内在结构、外在特征，并从心理学、社会学角度分析产生这些行为的心理动机与社会影响；[2]有学者从法律行为作为法律秩序功能要素的角度分析法理学意义上的法律行为与政治行为、道德行为、经济行为等其他种类社会行为的区别，并在整体法秩序下对法律行为进行分类；[3]有学者引入理科分析方法，对法理学上的法律行为进行了事项函数化，以此对法律行为的性质、定义、行为系统及法制影响等方面进行多重透视。[4]

以上种种研究证明，从新中国建立到《民法通则》制定前后的几十年时段里，对法律行为理论的研究虽然总体上集中在民法领域，但法理学者已经认识到“法律行为”与“法律上的行为”之区别，更意识到通过应用法理学知识研究法律行为，不仅可以站在更高的角度看待人的行为与社会法秩序之间的关系，也能给民法领域的法律行为制度研究提供更好的智识帮助，后来的理论发展证明，法理学做到了这两点。

（二）“合法性”难题的法理学化解

学者曾有判断：“合法性”是否构成法律行为的本质特征？这大概是我国民法中最大的谜团之一。[5] 这个判断确有道理，《民法通则》第 54 条明确规定法律行为的合法性定义，就此开启对“合法性”的质疑以及回

---

〔1〕 李林：《试论法律行为的性质和特征》，载《宁夏社会科学》1987 年第 2 期。
〔2〕 张文显：《法律行为的结构分析》，载《社会科学》1992 年第 12 期。
〔3〕 陈金钊：《论法律行为》，载《河南大学学报（社会科学版）》1992 年第 6 期。
〔4〕 莫纪宏：《法律行为的几重透视》，载《中国社会科学院研究生院学报》1988 年第 3 期。
〔5〕 薛军：《法律行为“合法性”迷局之破解》，载《法商研究》2008 年第 2 期。

应的无数学术交锋,合法性问题一直是学者关注的命题,各次民事立法只要走到法律行为这里,是否将合法性特征规定在法条里就会成为争论焦点。

1. 有学者直接从法律事实分类的源头质疑将法律行为归于“法律事实”的合理性,认为将法律行为作为一种“事实”的客观化处理与法律行为本身具有的特定内涵有明显矛盾。“严格地说,我们不能在将法律行为归类到法律事实体系中去的同时又试图赋予法律行为中的那些不具有客观事实属性的‘内在效果意思’以‘法律事实’的属性。根据法律事实的概念,主观性质的‘意愿’、‘意思’是无法成为法律评价对象的”[1]。在此基础上学者利用法理学上“事实性”和“规范性”的二元分立,提出“合法性判断”和“有效性判断”的二分,对于具有事实性质的行为(如侵权行为),适用的是合法性判断,是代表国家意志的强制性规范对行为作出的肯定性或否定性的评价并伴随以明确的后果,而“有效性判断”针对的则是具有规范性质的行为,也即对具有能设定权利义务的规范行为的判断,判断结果是有效或者无效。不论客观上对具有规范性质的行为的评价规范来自何处,评价结果只能是有效或无效。法律行为是私人之间通过意思表示以设立、变更、终止法律关系的行为,是一种以意思表示为工具为双方设定权利义务的规范性行为,用合法性来进行定义或评价本身就是错误的,因此合法性定义应该在立法中取消。[2]

2. 有学者将法律行为本质合法性的出现归咎于苏联“意志论”理论与计划经济体制的全面推行。该观点认为苏联学者维辛斯基对法律的定义,即法律是表现统治阶级意志、以立法所规定的行为规范以及为国家权力所认可的社会生活规范与习惯的总和,是苏联法“意志论”的直接源头。同时认为,这样的认识将法律规范直接与国家利益、国家意志画上等号,将法律行为中的个人意志和利益的实现全部维系在法律行为的法定主义中,而这个法又是仅仅体现国家意志和利益并被国家权力认可的规

[1] 薛军:《法律行为“合法性”迷局之破解》,载《法商研究》2008 年第 2 期。
[2] 薛军:《法律行为“合法性”迷局之破解》,载《法商研究》2008 年第 2 期。

范和习惯,因而体现的仅仅是国家意志对私人意志的强力干预,私法空间和个人意志在实质上已经被国家意志法定主义消解一空,“刻意要求法律行为‘本质合法’,正是为了推行法律行为法定主义,而如果有了法律行为法定主义,则‘意志论’理论的终极性目标——国家本位和国家万能就有了实现的途径和措施保障”〔1〕。

3. 也有部分学者从法律行为效果的角度反思成立要件和生效要件来反对合法性定义。法律行为制度将法律行为的做出与法律效果的实现这个过程作了阶段区分,如弗卢梅指出:“为适用有关法律行为的法律规范,须区分两层面问题:一是法律秩序所规定的某一行为类型是否构成旨在自主形成法律关系的行为——法律行为;二是法秩序所规定的,可被纳入法律行为这一抽象概念下的行为在个案中能否实现。即法律行为成立本身与法律行为能否发生规范效力,是两个不同层面的问题。”〔2〕从这一角度出发,生效要件自然是法秩序对法律行为能否产生意思表示所希望的法律后果的效力性评价:有效或无效,与合法违法没有关系。如研究者所称:虽然法律行为成立要件规则为强制性规范,但法律行为成立领域基本上属于行为自主决定的领域。法律行为之行为人可以基于其自由意志而自主决定完成使法律行为成形的行为,也可以基于其自由意志而自主决定不完成使法律行为成形的行为,并无所谓行为人合法或违法的问题……成立要件之于法律行为的意义在于,符合则法律行为构成,不符合则法律行为不构成,仅此而已。〔3〕 因此无论是从行为成立要件看还是从成立以后的生效要件看,合法性的评价都是不必要的。

也有民法学者结合司法过程质疑合法性定义的必要性:法律行为是实现意思自治的手段,但不能断言法律行为是实现意思自治的合法手段。

---

〔1〕 高在敏:《法律行为本质合法说观点源头考——对民事法律行为本质合法说质疑之三》,载《法律科学(西北政法学院学报)》1999 年第 6 期。

〔2〕 易军:《法律行为为“合法行为”之再审思》,载《环球法律评论》2019 年第 5 期。

〔3〕 易军:《法律行为为“合法行为”之再审思》,载《环球法律评论》2019 年第 5 期。

因为法律行为作为自治手段是否合法,还需要在个案中予以评判,不能先入为主地贴上合法标签。如果法律行为内容违法或被用于违法目的,则其并非实现自治的合法手段。仅因民法一般性地允许民事主体通过法律行为创设或者变更法律关系就认为其为合法行为,实无必要。[1]

这一时期也有支持或者说不反对在立法上对法律行为以合法性定义的观点。例如有学者从定义分类角度提出,严格意义上的定义,仅指内涵定义而言,包括实质定义和语词定义,实质定义的基本任务在于揭示事物的固有属性或曰本质属性,换言之,实质定义所指向的是被定义事物之"共相",而所涉具体事物,则可称为"殊相"或者"个体",共相和殊相之间是一与多的关系:共相代表了事物的本质,殊相则在不同程度上分享着共相性质,因此必定是为数众多的,亦不可能完全与共相重合。该学者进一步将法律行为在立法上的定义看作共相,传统民法观念认同合法性为法律行为特征,因此"合法性"就是作为对事物的共相特征而被规定在定义里;而具体的法律行为可被视为概念的殊相,即便有不合法的少量情况,也不会因此否定掉共相定义的合理性,因为殊相本来就允许与共相有非本质的差别。[2] 当然也有学者认为合法性争论是一个"伪问题",理由在于:法律行为的合法性质是一个在德国民法上就已经被学者普遍认可的理论(虽然大部分学者没有明确提出过、立法上没有明确规定过),我国立法如此定义并不是偏离民法思维的"独特创举",不应该遭到如此大反驳;而针对反对合法性定义的学者提出的民事行为和民事法律行为在逻辑上的矛盾,则完全可以通过其他具体规定得以规避,甚至完全可以通过对概念字面的修改(如将"合法行为"改为"有效行为")加以完善,实践上可以克服的困难没必要动用如此之大的学术资源进行理论批判和立法重置。[3]

---

〔1〕 杨代雄:《法律行为论》,北京大学出版社2021年版,第46页。

〔2〕 朱庆育:《法律行为概念疏证》,载《中外法学》2008年第3期。

〔3〕 柯伟才:《"合法性"等于国家强制?——法律行为合法性问题的历史解析》,载《华东政法大学学报》2018年第1期。

尽管学者各有所持,但自《民法通则》颁布以后,随着合法性问题讨论的深入,赞同取消合法性的意见成为主流,立法实践也尊重学术界意见,2017 年颁布的《民法总则》第 133 条规定:“民事法律行为是民事主体通过意思表示设立、变更、终止民事法律关系的行为。”该条虽然依旧使用“民事法律行为”的概念,但合法性规定被取消。

（三）民事法律行为的效力来源——私法自治与国家意志的博弈

法律行为的“合法性”定义问题在一定程度上可以通过民法技术在部门法框架内化解,实践中《民法总则》也的确取消了民事法律行为的合法性定义,但规则术语的消失不代表背后更深层次的理论问题的解决。“合法性”虽然从立法语词中消失,但“法”的问题仍旧存在——毕竟不是任何一个私人意思表示的成立都可以获得国家法秩序上的认可。概括而言,民事主体通过意思表示希望获得民事法律关系成立或变更的法律效果,如果此种法律效果最终得以确认并受到国家强制力的保护,那究竟是以意思表示为表现的私人自治行为赋予了法律行为法律效果,还是私人自治之外的代表国家意志的强制性规范赋予法律行为法律效果?传统大陆法系国家没有经历过类似苏联曾有过的压缩民法适用空间的历史,因此这个二元对立的问题能在司法实践中得到大致满意的处理。但我国国家意志强力干预的惯性很强,因此,这个问题在我国现阶段的讨论自然而然地转化为另外一个问题:民法及其所代表的自治观念在一个国家的法秩序内应该获得怎样的地位与尊重?这不是一个能在民法技术范围之内解决的问题,同合法性问题的谈论一样,学者利用法理学提供的理论成果与智识资源参与了讨论。[1]

私法自治指个体基于自己的意思为自己形成法律关系的行为,是自

---

〔1〕 虽然在我国,私法自治的效力规范问题在很多学者那里暂时转化为对私法自治的强调与尊重,但近年来有学者从实证主义法学观念出发,尤其从凯尔森的规范理论中找到路径,力图为私法行为的效力根源找到既不同于客观法根源也不同于主观意志根源的解释。参见胡东海:《论法律行为的规范性》,载《中外法学》2012 年第 6 期;沈娜:《论法律行为之个别规范效力》,载《湖北经济学院学报(人文社会科学版)》2022 年第 1 期。

主决定这一原则的一部分。但在《民法通则》时代，我国的民事立法对法律行为“合法性”和作为私法自治手段的“意思表示”这两个问题的处理恰好相反，把其他国家基本不会出现的“合法性”定义加在法律行为上，同时又把其他国家必须在法律行为定义里规定的“意思表示”隐藏起来。意思表示，是法律行为的核心，这一增一减其实是一体两面的问题：突出合法性。这是为了强调国家强制性规范在法律行为效果上的优先裁量权，它让人们在从事法律行为时，首先考虑的就是其他强制性规范对私人行为可能产生的否定性影响。[1] 淡化意思表示则是为了在立法层面压制私人自治（以意思表示为表现）发挥作用的空间，着重强调法律效果与国家意志之间直接的联系。换言之，立法者在民事法律行为之法律效果的效力来源上，直接秉持的指导思想是国家法秩序中强制性法规是效力来源，而间接达到的立法效果则是要尽量淡化私人自治在法秩序中的地位，显而易见这与传统民法的指导思想是背道而驰的。这是我国 20 世纪特定历史阶段遗留的意识形态在民法领域的反映，也是民法理论研究和民法典制定指导思想必须越过去的一道坎。诚如有学者所说：“在私人自治基础上构建的民事法律保障个人有自由形成其法律关系的可能。而自由形成法律关系是指每个人都可以按照自己的意思决定法律关系。进一步看，民法上法律行为是私人自治的工具主要有两方面内容，一是行为自由，二是效果自决……但在《民法通则》中却没有奉行这一基本理念，反而因要界定或定义法律行为而对法律行为的理解产生偏差，长期以来，纠缠于合法性等问题，反而掩盖了法律行为真正的含义。”[2]

---

〔1〕 立法条文的设计从反面印证了这一点：《民法通则》一个以合法性定义民事法律行为，同时第 7 条，第 55 条，第 58 条第 1 款第 4 项、第 5 项，第 61 条第 2 款分别以强制性规范、国家利益、社会公共利益为由，限定民事法律行为的合法性边界，这样的设置其实就可以窥见立法者对民事法律行为的“控制欲”与“防范性”是极为强烈的。《民法总则》虽然在定义上取消了合法性，但却以比《民法通则》更多的条款（第 1 条、第 8 条、第 132 条、第 143 条第 2 项、第 153 条第 2 款）对民事法律行为的合法性进行了限制，因此有学者指出，虽然《民法总则》取消合法性定义看似对私人意思表示更尊重，但实际上却通过分散立法的方式施加了更多限制。参见鲁春雅：《法律行为制度研究》，法律出版社 2019 年版，第 245－249 页。

〔2〕 王洪亮：《法律行为与私人自治》，载《华东政法大学学报》2016 年第 5 期。

行为自由和效果自决体现出现代民法对“人”的基本立场：一个通常意义上的现代人，是一个具备理性能力，并能运用理性能力做出判断和选择且对后果独立承担责任的自由人，这是现代民法所有规则制定的根本出发点。尊重人，就是尊重人的理性、尊重人的自由选择。《民法典》总则第六章专章规定“民事法律行为”，该法第133条规定“民事法律行为是民事主体通过意思表示设立、变更、终止民事法律关系的行为”。虽然还是沿用“民事法律行为”概念而不是传统民法上的“法律行为”概念，但合法性定义被取消，意思表示的核心要素正式进入立法规定，这为我国私法领域内的意思自治提供了一道保障。

三、法律行为概念的跨语境问题

截至《民法典》颁布，法律行为研究的重点问题在民事立法和实践层面获得了共识，但法理学科在法律行为理论上的学术难题却还没有得到解决。既然《民法典》在法律行为立法上回到了传统民法的立场，将民事法律行为看作以意思表示为核心的私人自治行为，那么“法律行为”这个概念在整个法学界的定位就很清楚了，这是一个民法上具有特定内涵的理论术语。如此一来，前文曾经提到的法理学意义上的“法律行为”概念和民法意义上的“法律行为”概念之间的混淆就应该得到重新规范。[1]

目前国内主要的法理学教材里，在涉及“法律行为”问题时，处理方法大致有以下几种：(1)有的教材将法律行为设置在法律关系变动的内

[1] 必须说明一点，虽然《民法典》使用“民事法律行为”这个表述，但不等于就解决了法理学意义上的法律行为概念和民法意义上法律行为概念之间的混淆问题。一是因为在定义中加入“民事”二字本身就受到质疑，很多学者认为即便从民法对外交往的方便角度而言，也没有必要创造一个民事法律行为的概念；二是因为传统民法的法律行为概念具有的特定内涵在各国民法学界都已形成固定共识，《民法典》颁布以后学者在研究中大部分仍旧直接使用法律行为的概念，也就是说实践中不同语境下法律行为概念的混淆并没有因为在《民法典》中加入“民事”二字就得到澄清。

容里，将法律事实作为法律关系变动的原因，然后在法律事实下面分类，有的教材分为“行为”和“事件”，有的教材分为“法律行为”和“法律事件”，并且都将个人意志定位在行为里；[1]（2）有的教材除了在法律关系项下提到法律行为，另外又专设一章专门讲述“法律行为”；[2]（3）也有部分教材在提到法律行为时对概念的来源，即传统民法理论中法律行为的词源、内涵变迁做了一个简短的说明，以此区分民法语境中的法律行为

---

〔1〕 孙国华主编：《法理学教程》，中国人民大学出版社 1994 年版；孙国华、朱景文主编：《法理学》，中国人民大学出版社 2015 年版；沈宗灵主编：《法理学》，北京大学出版社 2014 年版；张文显主编：《法理学》，高等教育出版社 2003 年版；卓泽渊：《法学导论》，法律出版社 2021 年版；付子堂主编：《法理学初阶》，法律出版社 2021 年版；乔克裕主编：《法理学教程》，法律出版社 1997 年版；张曙光主编：《法理学》，中国人民大学出版社 2003 年版；葛洪义主编：《法理学》，中国人民大学出版社 2003 年版；黄建武、邓伟平、彭娟编著：《法理学》，广东高等教育出版社 2005 年版；刘星：《法理学导论》，法律出版社 2005 年版。上述教材都将法律行为放在法律关系一章里，作为引起法律关系变动的法律事实项下的一个分类，大多数也强调了“人的意志”因素，不同的是有的教材定义为“法律行为”，有的定义为“行为”。

〔2〕 孙国华、朱景文主编的《法理学》（中国人民大学出版社 2015 年版）中，第八章将法律事实分为行为和事件，第九章设专章讲解法律行为，分类为广义（一切在法律上具有意义的行为）和狭义（《民法通则》上的民事法律行为）；付子堂主编的《法理学初阶》（法律出版社 2021 年版）中，第十一章法律事实项下分类为法律事件和法律行为，第十二章第二节专门讲解法律行为；孙笑侠、夏立安主编的《法理学导论》（高等教育出版社 2004 年版）中，第五章法律事实项下分为法律事件和法律行为，第六章设专章“法律行为概述”进行讲解；马新福主编的《法理学》（科学出版社 2004 年版）中，第十章法律事实项下分类为事件和行为（法律行为），第十一章设专章讲解法律行为；陶广峰主编的《法理学》（兰州大学出版社 1996 年版）中，第十二章法律事实项下分类为法律行为和法律事件，第十三章设专章讲解法律行为；张文显主编的《法理学》（高等教育出版社 2018 年版）中，第十章设专章讲解法律行为，第十一章将法律事实分类为法律事件和法律行为；刘金国、舒国滢主编的《法理学》（中国政法大学出版社 1999 年版）中，第六章法律事实项下分类为法律事件和法律行为，第十章设专章讲解法律行为。

和法理学语境中的法律行为。[1]

上述教材不同的处理方法确实反映出法律行为概念在法理学研究中存在歧义的现实。通过梳理可以发现，大部分教材直接将法律行为放置在法律事实的分类项下，又强调其中的个人意志因素，这其实是从狭义的民事法律关系的变更角度看待法律行为，实质上也就是《民法典》所指的民事法律行为。从整体看，法理学界确实没有从更抽象更宏观层面讲解"法律行为"，但我们又不能否认除了民法以外还有很多与其他部门法发生联系的行为，它们也同样造成了不同法域内的法律后果，因此，完全避而不谈民法之外的与法律有联系的行为，在学理体系上是不完备的。有部分教材可能考虑到这个问题，将法律行为放置在两处，一是仍旧在法律事实项下的分类中（作为民事法律行为处理），二是另外再开设专章讲解法理意义上的法律行为。但问题是这些教材并没有给出分而置之的理由，也没有梳理清楚其间的区别，甚至给出模棱两可的定义。还有部分教材意识到这种情况，专门就民法上法律行为的概念史做了简要梳理并区分出广义法律行为和狭义法律行为，但梳理完毕后直接又将这个概念搬到法理学领域进行法理学意义上的讲解并沿用统一的"法律行为"概念做统称，即便有部分学生知道概念在不同语境中的不同含义，但这毕竟不

---

〔1〕在孙笑侠、夏立安主编的《法理学导论》（高等教育出版社 2004 年版）中，法律行为一章对法律行为在德国法上的词源有简要梳理，也对《民法通则》将民事法律行为定义为合法行为表示了学术质疑；周旺生主编的《法理学》（西安交通大学出版社 2006 年版）中，第十五章专章讲解法律行为，作者在对概念史作简要梳理后明确将法律行为分为狭义的民法上的行为和广义的法理学上的行为；马新福主编的《法理学》（科学出版社 2004 年版）中，也在法律行为一章中将民事法律行为和法理学意义上的法律行为做了区分；李龙主编的《法理学》（人民法院出版社、中国社会科学出版社 2003 年版）第十七章，明确区分了法理学意义上的法律行为和民法学法律行为；在张文显主编的《法理学》（高等教育出版社 2018 年版）中，对法理学意义上的法律行为作了定义："所谓法律行为，就是人民所实施的、能够发生法律上效力、产生一定法律效果的行为"；在卓泽渊所著的《法理学》（法律出版社 2016 年版）中，作者呼吁重视"法律行为的法学"，并从三个层面阐释法律行为的特征：法律行为不等同于合法行为，法律行为不等同于民事法律行为，法律行为就是法律所调整的、具有法律意义的行为"；在刘金国、舒国滢主编的《法理学》（中国政法大学出版社 1999 年版）中，在对法理学意义上的法律行为和民法学意义上的法律行为作出区分后，作者还建议将民事法律行为的中文翻译改为"法律示意（表示）行为"。

符合学术规范,也给法理学和民法的教学带来不必要的麻烦。

实际上有法理学者在《民法通则》颁布以后就发现了这个问题,并力图进行澄清。[1] 还有学者从德语词源"Rechtsgeschaft"的语义演变过程出发,呼吁改变民法上法律行为的中文翻译,建议将其改译为"设权行为"。[2] 但这些努力要么只是谈到问题而没有提出解决方案,要么其解决方案会产生更大的学理纠错成本,因此时至今日这个问题还是没能在法理学界得到解决,这是留给法理学界未来的一个思考。

四、结语

虽然多年来关于法律行为的研究成果斐然,但无论是民法学领域还是法理学领域,法律行为研究远远没有画上句号。如何消除法律行为概念在两个研究领域的跨语境使用问题,如何在教学与研究中确立属于法理学自身的法律行为概念及范围,是法理学者和民法学者在未来共同面对的一个课题。我们相信,随着新时代我国法治理论的不断完善,法治实践的不断深入,上述问题在未来的学术研究中一定会得到圆满解答。

延伸阅读学术著作

1. 董安生:《民事法律行为——合同、遗嘱和婚姻行为的一般规律》,中国人

---

[1] 张文显早在《法学基本范畴研究》一书中就指出,"(1)在汉语中,法律行为中的'法律'是用来修饰'行为'的中性定语,指'具有法律意义的'或'能够引起一定法律后果的',而不是'公平的'、'合法的'、'违法的'。因此,'法律行为'指称具有法律意义的或能够引起一定法律效果的行为。(2)在逻辑上,'法律行为'的对应概念应是'非法律行为',而不是'违法行为'。这一点可以借鉴伦理学的概念方法。在伦理学中,道德行为(伦理行为)是与非道德行为(非伦理行为)相对的。……(3)仅仅因为《民法通则》把'民事法律行为'界定为合法行为,同时用'民事行为'概念与之并行,就要改变一个学理概念的内涵以及采用了这一内涵的其他法律文件,也是不可取的",参见张文显:《法学基本范畴研究》,中国政法大学出版社 1993 年版,第 131 – 132 页。

[2] 宋炳庸:《"法律行为"概念应更名为"设权行为"》,载《延边大学学报(社会科学版)》1999 年第 4 期。

民大学出版社 1994 年版。
2. 黄金荣:《法理学中的"法律行为"》,载郑永流主编:《法哲学与法社会学论丛》总第 10 期,北京大学出版社 2007 年版。
3. 窦海阳:《论法律行为的概念》,社会科学文献出版社 2013 年版。
4. 鲁春雅:《法律行为制度研究》,法律出版社 2019 年版。
5. 杨代雄:《法律行为论》,北京大学出版社 2021 年版。

延伸阅读学术论文

1. 高在敏、陈涛:《论法律行为的合法与本质——对民事法律行为本质合法说质疑之二》,载《法律科学(西北政法学院学报)》1998 年第 5 期。
2. 王利明:《法律行为制度的若干问题探讨》,载《中国法学》2003 年第 5 期。
3. 孙宪忠:《中国民法典制定现状及主要问题》,载《吉林大学社会科学学报》2005 年第 4 期。
4. 薛军:《破解法律行为"合法性"迷局之破解》,载《法商研究》2008 年第 2 期。
5. 朱庆育:《法律行为概念疏证》,载《中外法学》2008 年第 3 期。
6. 窦海阳:《法律行为概念的再思考》,载《比较法研究》2016 年第 1 期。
7. 王洪亮:《法律行为与私人自治》,载《华东政法大学学报》2016 年第 5 期。
8. 梁慧星:《对民法典编纂若干理论问题的思考》,载《河南社会科学》2017 年第 4 期。
9. 易军:《法律行为为"合法行为"之再审思》,载《环球法律评论》2019 年第 5 期。

延伸阅读学位论文

李军:《法律行为理论研究——以私法为根据》,山东大学 2005 年博士学位论文。

国家出版基金项目
NATIONAL PUBLICATION FOUNDATION

"十四五"国家重点出版物出版规划项目

中国法理学自主知识体系

回理、评析与构建

中卷

付子堂/主　编
董彦斌/副主编

法律出版社
LAW PRESS · CHINA
北京

总　目　录

第三编 | 法律价值研究

第四编 | 法律社会研究

第五编 | 法律实践研究

第六编 | 结 论

中卷目录

第三编 | 法律价值研究

第十四章　法律渊源

本论题导读

新中国成立以来，我国法理学界对法律渊源的研究具有三个发展脉络。第一脉络为"立法渊源说"（始于20世纪80年代）。这一脉络法律渊源学说呈现从"本质渊源说""表现形式说""效力渊源说"到"混合渊源说"的发展逻辑。第二脉络为"司法渊源说"（始于20世纪90年代）。法律渊源学说从"法官法律渊源说"精细化为"权威理由说"。第三脉络为"综合渊源说"（始于21世纪）。学界从立法和司法双重角度分析法律渊源价值和具体规范的法律渊源属性。回顾新中国法律渊源研究历程，可以发现，法律渊源研究始终围绕"法律渊源与法的表现形式""法律渊源与法律方法""法律渊源与法"这些核心争论点。法律渊源研究受国家法治建设发展影响，得益于国外法律渊源理论，且与学者研究视域有关。研究视角从法律渊源地位转为法律渊源适用。法律渊源内部理论逻辑与实践品性也逐渐完善。展望未来，法律渊源研究范式应超越制定法本位，研究场域囊括法治实践，研究目标致力于构建法律渊源体系，以发展实践性法律渊源理论。

1956年，《国家与法的理论教学大纲》首次将法律渊源概念作为法学基本理论知识。[1] 后经30余年的沉寂，我国法理学界对法律渊源的研

〔1〕 中国人民大学法律系国家与法的理论教研室编：《国家与法的理论教学大纲》，法律出版社1956年版，第18页。

究,开始呈现立法和司法的不同研究立场,发展出多种法律渊源学说及法律渊源分类。具体规范的法律渊源属性、法律渊源类别、法律渊源适用位阶呈现多重评判标准。总结与审视中国法律渊源研究进路,有助于把握各个法律渊源学说的形成逻辑,促进对法律渊源理论的认知。

一、法律渊源理论的发展历程

(一)法律渊源学说发展脉络

1. 第一脉络“立法渊源说”:始于20世纪80年代

受苏联国家主义的影响,我国一开始视国家为唯一权威,法律渊源研究主要围绕立法行为,法律渊源体系与国家立法体制相一致。这种研究可概括为“立法渊源说”。“立法渊源说”呈现从“本质渊源说”“表现形式说”“效力渊源说”到“混合渊源说”的发展逻辑。

(1)本质渊源说

“本质渊源说”即法的本质渊源,强调法的内在的、终极的来源。1981年,全国第一本正式出版发行的法学基础理论教科书《法学基础理论》,依据“渊源”之来源、根源本义,将法律渊源视为法的本质渊源,强调法的内在的、终极的来源,即社会物质生活条件。[1] 魏再龙认为,本质渊源包括物质渊源和精神渊源。社会生产方式是法的物质基础,法的物质渊源即引起生产方式变更。法的精神渊源是法的认识来源,强调统治阶级具有法律意识。[2] “本质渊源说”在我国学界未形成共识,除“混合渊源说”将法的本质渊源视为范畴之一外,学者一般不采此界定,而代之以法的本质。

(2)表现形式说

“表现形式说”主张,法律渊源是法的形式或法的(具体)表现形式。《法学原理》(1981年)将法律渊源视为法律规范的表现形式[3],第一部

---

[1] 陈守一、张宏生主编:《法学基础理论》,北京大学出版社1981年版,第340页。

[2] 魏再龙:《法学权利论》,湖北教育出版社1990年版,第146-148页。

[3] 李放、张哲编著:《法学原理》,辽宁人民出版社1981年版,第138-139页。

全国高等学校法理学试用教材《法学基础理论》(1982 年)提出,“国家机关制定或认可的法律规范的种种表现形式,即法律渊源”[1]。《法学基础理论讲义(试用本)》(1983 年)[2]、《法学基础理论参考资料》(1985 年)[3]、《法学概论》(1986 年)[4]持相同观点。

1988 年,王勇飞从整体社会生活意义、法的本质意义、法作为规范体系三种视角,质疑“表现形式说”,并以习惯、判例、学说和一般原则、政策为例,论证法律形式无法概括法律渊源。[5] 《法理学》(1999 年)同样指出,“法律渊源本意不是法的表现形式,它首先指法的效力来源。法律规范的效力取决于创制机关和创制方式,这些是隐藏在法律规范表现形式背后,并决定它的形式的关键性要素”[6],对法律渊源与法的表现形式关系的反思,促进了“效力渊源说”的形成。

(3)效力渊源说

“效力渊源说”视法律渊源为法的效力渊源,是具有法的效力和意义的法的外部表现形式,又称法的形式渊源。“效力渊源说”在坚持“表现形式说”的基础上,增加法的效力条件。只有产生法效力的法律文本或条款,才有可能成为法律渊源。“表现形式”和“法律效力”成为法律渊源不可或缺的因素。学界对效力渊源有两种理解:一为法的表现形式,指具有法的效力和意义的法的外部表现形式。葛洪义指出,法律渊源是不同国家机关制定或认可,因而具有不同法律效力或法律地位的各种法的表现形式。[7] 为了强调“渊源”一词,张文显指出,法律渊源是法律规范首次出现的地方。换言之,首创法律规范的文件才是法律渊源。[8] 二为法的

〔1〕 孙国华主编:《法学基础理论》,法律出版社 1982 年版,第 256 页。

〔2〕 法学教材编辑部编审:《法学基础理论讲义(试用本)》,法律出版社 1983 年版,第 179 页。

〔3〕 王勇飞编:《法学基础理论参考资料》(修订版)(下),北京大学出版社 1985 年版,第 1135 页。

〔4〕 北京大学法律系法学理论教研室《法学概论》编写组:《法学概论》,北京大学出版社 1986 年版,第 30 页。

〔5〕 王勇飞:《试论法的渊源》,载《当代法学》1988 年第 3 期。

〔6〕 孙国华、朱景文主编:《法理学》,中国人民大学出版社 1999 年版,第 258 页。

〔7〕 葛洪义主编:《法理学教程》,中国法制出版社 2000 年版,第 260 页。

〔8〕 张文显主编:《法理学》,中共中央党校出版社 2002 年版,第 50 – 57 页。

创制方式和法的外部表现形式。沈宗灵指出,法律渊源特指由何种国家机关制定或认可,因而具有不同法律效力或法律地位的各种法律类别。[1] 各类法学辞典也采用这一观点。《中华法学大辞典:法理学卷》(1997 年)提出,法律渊源是一般法的创制形式,以及由创制方式决定的法律规范的外部表现形式,即法由何种国家机关、依据何种创制权限、通过何种方式创制、表现为何种形式,以及不同形式的法律规范之间的效力关系如何。[2] 《法学大辞典·法理学卷》(1998 年)认为,法律渊源通常指法的形式渊源或效力渊源。[3] 《法律辞海》(1998 年)也指出,在法学上,法律渊源是法的创制方式和法的外部表现形式。[4]

(4)混合渊源说

"混合渊源说"将上述法律渊源学说予以两种或多种结合。主要存在三种情形:其一,结合"本质渊源说"和"效力渊源说"。如孙国华主编的《法理学》(1995 年)、李龙主编的《法理学》(1996 年)、郑成良主编的《法理学》(2008 年)、沈宗灵主编的《法理学》(2009 年)均认为,法律渊源包含实质渊源和形式渊源。[5] 其二,结合"本质渊源说""效力渊源说""表现形式说"。1988 年,王勇飞最早指出,法律渊源包含法的根源、法形成的力量源泉及特定的表现形式。[6] 魏再龙提出,法律渊源包括法的物质渊源和精神渊源、法的强制效力的根据和法的合法形式的根据。[7] 卓泽渊同样将法律渊源分为终极来源(物质生活条件)、效力来源(包括立法、习惯、法理、学说等)和形式来源。[8] 其三,广泛结合。典型

---

〔1〕 沈宗灵主编:《法学基础理论》,北京大学出版社 1988 年版,第 54 页。

〔2〕 孙国华主编:《中华法学大辞典:法理学卷》,中国检察出版社 1997 年版,第 78 页。

〔3〕 曾庆敏主编:《法学大辞典·法理学卷》,上海辞书出版社 1998 年版,第 1089 页。

〔4〕 王启富、陶髦主编:《法律辞海》,吉林人民出版社 1998 年版,第 1112 - 1113 页。

〔5〕 孙国华主编:《法理学》,法律出版社 1995 年版,第 304 页;李龙主编:《法理学》,武汉大学出版社 1996 年版,第 314 页;郑成良主编:《法理学》,清华大学出版社 2008 年版,第 93 页;沈宗灵主编:《法理学》,北京大学出版社 2009 年版,第 259 页。

〔6〕 王勇飞:《试论法的渊源》,载《当代法学》1988 年第 3 期。

〔7〕 魏再龙:《法学权利论》,湖北教育出版社 1990 年版,第 146 - 148 页。

〔8〕 卓泽渊主编:《法学导论》,法律出版社 1998 年版,第 45 - 46 页。

学者是周旺生。他在2005年连续发表《重新研究法的渊源》《法的渊源与法的形式界分》《法的渊源意识的觉醒》《法的渊源的价值实现》4篇论文。[1] 核心论点即法律渊源是法得以形成的资源、进路和动因。资源是法的形成原料，进路是法的形成途径，动因是法的形成动力和原因。[2] 周旺生笔下的法律渊源，不再是单一平面概念，而是包含法律生成过程的延续性概念。

2. 第二脉络“司法渊源说”：始于20世纪90年代

自20世纪90年代起，法理学界开始在“立法渊源说”视域下强调法律渊源的司法作用，“司法渊源说”的雏形形成。1995年，孙笑侠指出，以往法理学中法律的非正式渊源，实际是法律的推论渊源，法官可凭借这些推论渊源进行法律推论。法理、政策、习惯、公共利益观念是法律推论的参照依据。[3] 2001年，胡玉鸿指出，法律渊源在法理上虽定位为法律的各种表现形式，但实质则在于是否能成为法官判案的依据。[4] 陈金钊主编的《法理学》（2002年）强调，法的效力渊源的意义在于，说明某一规则如何产生，或具有何种外部表现形式才具有法律效力，以成为司法机关判案的权威性根据。[5]

（1）法官法律渊源说

2003年，陈金钊首次提出“法官法律渊源说”。[6] 他认为，立法立场的法律渊源，缺乏法学专业技术意义。法律渊源与法官适用有关，涉及法官从何处寻找法律。

---

〔1〕 周旺生：《重新研究法的渊源》，载《比较法研究》2005年第4期；周旺生：《法的渊源与法的形式界分》，载《法制与社会发展》2005年第4期；周旺生：《法的渊源意识的觉醒》，载《现代法学》2005年第4期；周旺生：《法的渊源的价值实现》，载《法学家》2005年第4期。

〔2〕 原料包括习惯、道德规范，国际法、法的解释，国家和有关社会组织的政策、行政命令，法理、法学家著作、科学探讨等；进路包括立法、行政、司法、国际交往等；动因包括日常社会生活、社会发展需要等。

〔3〕 孙笑侠：《法的现象与观念》，群众出版社1995年版，第266页。

〔4〕 胡玉鸿、彭东：《试论法律社会渊源的理论基础》，载《中国法学》2001年第3期。

〔5〕 陈金钊主编：《法理学》，北京大学出版社2002年版，第143页。

〔6〕 陈金钊：《法治与法律方法》，山东人民出版社2003年版，第299页。

法官寻找法律之处，即法官法律渊源。[1] 换言之，法律渊源是司法裁判依据的规范或准则来源，也可理解为法律推理的大前提。[2] “法官法律渊源说”与法律方法结合，使法律渊源概念具有实践价值。然而，“法官法律渊源说”忽视了法律效力对法律渊源的理论意义，形成法律渊源地位评判标准的“去效力化”。学者对宪法、社会主义核心价值观、党内法规、国家政策、指导性案例、司法解释性质文件、习惯、法律学说等进行法律渊源地位界定时，采用制度权威、法律渊源条款、司法作用、助动词“应当”、内在态度等不同判定标准。[3] 不同判定标准使同一事物被赋予不同法律渊源地位及法律渊源类别。因此，遗留诸多疑问：法律渊源地位评判标准到底是什么？裁判者应如何界定和选取法律渊源？被选取的法律渊源是法律方法适用前提还是结果？裁判理由来源是不是法律渊源？社会规范与法律渊源的真正区别又何在？等等。上述问题促进“司法渊源说”的精细化研究。

(2)权威理由说

雷磊立基于法理论视角，[4]在“法官法律渊源说”基础上发展出“权威理由说”。2015 年，其论文《指导性案例法源地位再反思》初具“权威理

---

[1] 陈金钊主编：《法理学》，北京大学出版社 2010 年版，第 431 页。

[2] 除此之外，在法理学教材方面，付子堂主编的《法理学初阶》(2021 年)、《法理学高阶》(2020 年)；孙笑侠主编的《法理学》(2011 年)；郑成良主编的《法理学》(2012 年)均采用“法官法律渊源说”。参见付子堂主编：《法理学初阶》(第 6 版)，法律出版社 2021 年版，第 121 页；付子堂主编：《法理学高阶》(第 3 版)，高等教育出版社 2020 年版，第 247－259 页；孙笑侠主编：《法理学》，浙江大学出版社 2011 年版，第 99 页；郑成良主编：《法理学》，高等教育出版社 2012 年版，第 63－64 页。

[3] 雷磊：《指导性案例法源地位再反思》，载《中国法学》2015 年第 1 期；熊静波、林洹民：《由内在态度决定的权威——对指导性案例规范性的再评估》，载《法学评论》2016 年第 6 期；武静：《裁判说理——适用指导性案例的理论与实践皈依》，载《河北法学》2017 年第 1 期；刘颖：《论民法中的国家政策——以〈民法通则〉第 6 条为中心》，载《华东政法大学学报》2014 年第 6 期；彭中礼：《为国家政策辩护——基于〈民法总则〉第十条的思辨》，载《探索与争鸣》2019 年第 7 期；等等。

[4] 雷磊是从法理论学科与法哲学学科、法社会学学科对法律渊源研究的不同入手。法哲学研究法是什么/法的本质为何，法社会学在法律创制方面，研究法的形成质料或素材，在法的适用方面，研究一切影响司法裁判的真实因素。法理论研究对司法裁判具有法律拘束力的规范基础。参见雷磊：《“法的渊源”意味着什么？》，中国政法大学出版社 2021 年版，第 42 页。

由说”思想。文中指出,法律渊源是司法裁判中基于制度性权威并具有规范拘束力的裁判依据。[1] 2019 年,雷磊首次指出,法律渊源是法律适用过程中裁判依据的来源,是裁判所要依循的权威理由。[2] 以此为基础,他在 2021 年连续发表《法的渊源理论:视角、性质与任务》《重构“法的渊源”范畴》《法的渊源:一种新的分类法及其在中国语境中的运用》三篇论文,并出版独著《“法的渊源”意味着什么?》,[3] 对法律渊源理论进行深入研究。相较于“法官法律渊源说”,“权威理由说”最大的理论优势是区分裁判依据和裁判理由,采取新的法律渊源分类标准。

3. 第三脉络“综合渊源说”:始于 21 世纪

“综合渊源说”没有发展新的法律渊源学说,而是综合立法和司法视域,形成较完整表述。完整表述呈现两种方式:一是法的表现形式。《法律原理与技术》(2002 年)指出,法律渊源是由国家或社会所形成的能够被法官适用,并对法官审判有拘束力或影响力的不同效力等级的法律规范的各种表现形式。[4] 《法理学》(第 5 版)指出,法律渊源是具有法律效力和意义的法的外部表现形式。[5] 姚建宗直接将法律渊源的实质认定为关于法律的表现形式问题。[6] 二是裁判依据的来源。《法理学导论》(2006 年)指出,法律渊源是被承认具有法的效力、法的权威性或具有法律意义,并作为法官审理案件之依据的规范或准则来源。[7]

有的学者从综合立场强调法律渊源的目的、价值及范畴。郑成良主编的《法理学》(2008 年)提出,法律渊源旨在解决行为规则通过何种方

---

〔1〕 雷磊:《指导性案例法源地位再反思》,载《中国法学》2015 年第 1 期。

〔2〕 雷磊:《习惯作为法源? ——以〈民法总则〉第 10 条为出发点》,载《环球法律评论》2019 年第 4 期。

〔3〕 雷磊:《法的渊源理论:视角、性质与任务》,载《清华法学》2021 年第 4 期;雷磊:《重构“法的渊源”范畴》,载《中国社会科学》2021 年第 6 期;雷磊:《法的渊源:一种新的分类法及其在中国语境中的运用》,载《河北法学》2021 年第 11 期;雷磊:《“法的渊源”意味着什么?》,中国政法大学出版社 2021 年版。

〔4〕 胡玉鸿主编:《法律原理与技术》,中国政法大学出版社 2002 年版,第 97 页。

〔5〕 张文显主编:《法理学》(第 5 版),高等教育出版社 2018 年版,第 86 页。

〔6〕 姚建宗主编:《法理学》,科学出版社 2010 年版,第 56 页。

〔7〕 舒国滢主编:《法理学导论》,北京大学出版社 2006 年版,第 66 页。

式、具有何种外部形式,才被认为具有法律规范效力、为法律适用提供权威性依据。[1] 舒国滢主编的《法理学导论》(2006 年)提出,法律渊源理论价值在于,立法者可凭借法律渊源理论和知识,从法律渊源中提取有关规则,上升为法或法律规范,使立法具有针对性;司法者可从法律渊源中选取特定规范,实现司法形式公正与实质公正。[2] 高其才认为,立法上,凡能成为法律规范或法律规范的产生根据,都可成为法律渊源。司法上,凡能成为裁判依据的规范,都应成为法律渊源。[3]

(二)法律渊源分类发展脉络

受马克思主义法学和苏联法学的影响,我国一些法理学教材主张法律渊源包含实质渊源和形式渊源。实质渊源是法的真正来源、根源,是法产生的物质生活条件。形式渊源指法的创制方式和表现形式,也就是法的效力来源。[4] 我国法理学界当前一般讨论的法律渊源分类都是对形式渊源的再分类,而并未指向实质渊源。因此,本书没有把“实质渊源与形式渊源”作为与下述并列的一种分类类型。经过分析也可发现,实质渊源与形式渊源表面是法律渊源分类,实则属于法律渊源学说。前者对应“本质渊源说”,后者对应“效力渊源说”。

1. 正式法律渊源和非正式法律渊源

正式法律渊源和非正式法律渊源是我国法理学界主流的分类方法。此分类方法主要源于美国法学家博登海默,他的区分标准是在正式文件中是否“得到权威的或至少是明文的阐述与体现”。正式法律渊源是可以从体现为权威性法律文件的明确文本形式中得到的渊源。非正式法律渊源是具有法律意义的资料和值得考虑的事项,而这些资料和事项尚未

---

[1] 郑成良主编:《法理学》,清华大学出版社 2008 年版,第 93 页。
[2] 舒国滢主编:《法理学导论》,北京大学出版社 2006 年版,第 67 页。
[3] 高其才:《法理学》,清华大学出版社 2007 年版,第 72 页。
[4] 孙国华主编:《法理学》,法律出版社 1995 年版,第 304 页;李龙主编:《法理学》,武汉大学出版社 1996 年版,第 314 页;郑成良主编:《法理学》,清华大学出版社 2008 年版,第 93 页;《法理学》编写组编:《法理学》(第 2 版),人民出版社 2020 年版,第 107 页。

在正式法律文件中得到权威性或至少是明文的阐述和体现。[1] "权威性法律文件的明确表达"是一个模糊说法,我国学者从中解读出不同意涵。[2] 不同见解的核心在于对法律效力的评判标准不同,一是在规范性文件中有文字表达即可,二是必须由国家权威机关制定,具有规范性地位。依据前者,只要体现在规范性法律文件中就是正式法律渊源。比如以《民法典》第10条为代表的"法律渊源条款"、经由国家机关依法定立法权限和程序转化为法律的"法律转化"以及法律条文明确规定出现某种情况时,依据或执行特定规范的"法律指引条款"等国家机关认可的方式,便赋予特定规范正式法律渊源地位。依据后者,正式法律渊源地位依赖于立法机关制定这一事实,因此,法律渊源条款、法律转化、法律指引条款不能改变特定社会规范本身的法律渊源性质,它们仍属于非正式法律渊源。

学者以正式法律渊源与非正式法律渊源的分类为基础,衍生出"直接渊源与间接渊源""主要渊源和次要渊源""权威渊源与补充渊源""法定渊源与酌定渊源"等不同法律渊源分类。[3] 分类标准未发生本质变化,均强调前者出自权威机关、具有法律效力、可作为裁判根据;后者具有法律意义,但并非出自法定权威机关。前者的司法适用优先于后者。需要注意,周永坤对法律渊源"主要渊源和次要渊源"的分类比较特殊,他立基于全球视野,将在诉讼中优先适用的称为主要渊源,包括制定法、判例法、习惯法。次要渊源是附属性法律渊源,在诉讼中居于次要地位,包括权威的理论和公认的价值。[4] 因此,前文所谓的"主要渊源和次要渊源"

---

〔1〕［美］E.博登海默:《法理学:法律哲学与法律方法》,邓正来译,中国政法大学出版社1999年版,第415、430页。

〔2〕大致包括"直接具有国家法律效力""国家机关据以作为法的来源或作为处理法律问题的根据""在国家制定的规范性法律文件中以明确条文显示""具有明文规定的法律效力且直接作为法官审理案件之依据""由一定权威机关按照法定程序制定的以规范性文件表现出来的法"。

〔3〕郑成良主编:《法理学》,清华大学出版社2008年版,第94页;周安平:《法律渊源的司法主义界定》,载《南大法学》2020年第4期。

〔4〕周永坤:《法理学——全球视野》(第4版),法律出版社2016年版,第44-45页。

针对的是我国法律渊源，而非全球视野中的法律渊源。

2. 必须的法律渊源、应该的法律渊源和可以的法律渊源

2011年，王夏昊在论文《法适用视角下的法的渊源》中，根据法官适用义务强弱，将法律渊源分为必须的法律渊源、应该的法律渊源和可以的法律渊源。必须的法律渊源是法律适用者必须引用或提及的法律渊源，应该的法律渊源是法律适用者应该引用或提及的法律渊源，可以的法律渊源是允许法律人引用的法律渊源。它们分别对应强意义上的义务（法官必须引用）、弱意义上的义务（法官不引用时，负有论证负担）和无义务。以此为据，中国诸法律渊源被重新归类。必须的法律渊源包括宪法、法律、行政法规、地方性法规、民族自治法规、经济特区法规、特别行政区的规范性文件、国际条约等；应该的法律渊源包括部门规章、地方性规章、司法解释文本等；可以的法律渊源包括：立法资料、习惯、政策、道德、法理等。[1]

此种分类混淆了法官义务定性属性与司法适用位阶定量性质。习惯和政策被认定为可以的法律渊源。根据《城市房地产管理法》（2019年修正）第55条的规定，住宅用房的租赁，应当执行国家和房屋所在城市人民政府规定的租赁政策。法官有义务适用政策，政策应归为必须的法律渊源或应该的法律渊源。再以《民法典》第10条为例，“可以适用习惯”说明习惯属于可以的法律渊源。而《民法典》第142条第2款规定：“无相对人的意思表示的解释，不能完全拘泥于所使用的词句，而应当结合相关条款、行为的性质和目的、习惯以及诚信原则，确定行为人的真实意思。“应当”说明法官在判断行为人的真实意思时，有义务采用习惯。上述逻辑冲突的主要原因在于法官义务定性属性不同于司法适用位阶定量性质，以及未理清习惯和法律适用之间的区别。根据《民法典》第142条的规定适用了习惯，这也是适用了《民法典》第142条本身，同时被适用的习惯和法律在法律渊源属性上并不相同。综上，三分法强调了法律渊源的

---

〔1〕 王夏昊：《法适用视角下的法的渊源》，载《法律适用》2011年第10期。

适用位阶，可作为一种立基于法律渊源适用位阶的不完全分类，而作为法律渊源唯一周延分类，则确有不妥。

3. 效力渊源和认知渊源

2019 年，雷磊在论文《习惯作为法源？——以〈民法总则〉第 10 条为出发点》中首次提出效力渊源和认知渊源。[1] 法律渊源由两部分组成：一是鉴别裁判依据之法律效力的来源，二是鉴别裁判依据之内容的来源。裁判依据需同时具备效力来源和内容来源。若某种来源同时具备独立的效力来源和内容来源，它就是效力渊源。比如制定法的效力和内容都来自立法行为，具备独立的效力来源和内容来源，法官可直接依据制定法规范进行裁判。效力来源和内容来源分离时，裁判依据内容上的来源为认知渊源。认知渊源必须获得法律直接或间接认可，且必须与法律相结合才能在司法裁判中作为权威理由。如《民法典》第 10 条，发生民事纠纷而法律法规没有规定时，裁判依据的内容来源是习惯，效力来源则是《民法典》第 10 条本身。它们只有相结合才能得出有效的裁判。概言之，相较于上述两种分类，此分类更强调效力渊源和认知渊源之间的附属关系。

以雷磊对法律渊源分类的研究进程来看，在《法理学》（2019 年）中，他将制定法、司法解释、国际条约和协定认定为效力渊源，并将影响特定法律条款的理解作为判断认知渊源的因素，如作为国家政策的刑事政策对于特定刑法条款的理解和特定犯罪的量刑具有很大的影响。而在 2021 年出版的《“法的渊源”意味着什么？》一书中，他只把制定法认定为效力渊源，司法解释、国际条约和协定则是认知渊源。这反映了司法适用位阶从作为法律渊源分类标准，到被排除出分类标准的过程。如《法理学》（2019 年）所陈述的，国际条约和协定在可能适用于中国法院审理的涉外案件中与国内法具有同样的约束力。[2] 而《“法的渊源”意味着什么？》指出，国际条约和协定能作为裁判依据的来源，其效力根据在于我国

---

〔1〕 雷磊：《习惯作为法源？——以〈民法总则〉第 10 条为出发点》，载《环球法律评论》2019 年第 4 期。

〔2〕 雷磊：《法理学》，中国政法大学出版社 2019 年版，第 156 页。

法律创制机关的行为或者说制定法本身。也就是说,法律渊源的分类只强调法律效力的定性属性,不涉及司法适用的具体效力位阶问题。司法适用中具体法律条文的不适用,不能排除法律规范的效力渊源地位。因此,雷磊指出,中国只有制定法属于效力渊源,国际条约、外国法、司法解释、指导性案例、国家政策、习惯、法律行为是认知渊源。法理、实在道德规范、类案裁判、党的规范(党的政策与党内法规)、党政机关的指导性文件不是法律渊源,在司法裁判中只能作为释法说理的裁判理由。〔1〕

二、法律渊源的基础规范

(一)法律渊源研究核心争论点

1. 法律渊源与法的表现形式

从“表现形式说”到“效力渊源说”,反映了学者对法律渊源与法律形式关系的正确理解。法律渊源与法的表现形式关系论证视角有以下两种:一是前后因果关系视角。法律渊源可能被选择、提炼或成为法律,法律形式是已然的法律所采取的表现形式。它表明不同法律具有各自不同的效力等级,未经权威国家机关采取特定形式予以表现,法律渊源不能成为法律。〔2〕 二是法律渊源独立价值视角。法的表现形式无法解决法律渊源形式划分理论价值,很难说清为何有的法律形式被称为法律渊源,有的法律形式不是法律渊源。如制定法、习惯法、判例法、国际条约等形式划分,被称为法律渊源,一般法与特别法、成文法与不成文法、根本法与普通法的形式划分,则不被称为法律渊源。〔3〕

“效力渊源说”批驳“表现形式说”忽视法律渊源与法的表现形式的前后因果关系,反映了对法律渊源之“渊源”一词的尊重。然而,“效力渊源说”概念中有“法的表现形式”字眼,常被误认为“表现形式说”,甚至引起学界以批判“表现形式说”的理由,来批判“效力渊源说”。然而,法律

〔1〕 雷磊:《“法的渊源”意味着什么?》,中国政法大学出版社2021年版,第101-130页。

〔2〕 付子堂主编:《法理学初阶》,法律出版社2005年版,第119页。

〔3〕 徐显明主编:《法理学》,中国政法大学出版社2007年版,第37页。

效力与法的表现形式,在两种法律渊源学说中的逻辑关系不同。“效力渊源说”视域下,法的表现形式是法律效力的条件。效力渊源强调法律的直接来源,与法的内容和价值取向没有直接关系,也不涉及法的终极来源,仅仅指法律规范在形式上的来源,即国家的制定和认可,且必须表现为特定的形式。因此,法的创制行为经常和法的表现形式结合在一起,统称为法的效力渊源。“表现形式说”视域下,法律效力是法的表现形式的条件,法律渊源是现行有效的法的表现形式。因此,虽然“国家机关制定或认可的,具有不同法律效力和法律意义的法的表现形式”这一说法既可归为“表现形式说”,也可纳入“效力渊源说”,但两者的理论逻辑不同。针对前者,“法的表现形式”是基底,“国家机关制定或认可”是法的成立方式,“具有不同法律效力和法律意义”是法的内在特性,因此可称为“表现形式说”之法的表现形式基本概念的细化。针对后者,“国家机关制定或认可”是基底,“制定和认可”的结果是“不同法律效力和法律意义的法的表现形式”。不同的形成逻辑造成了两种学说的偶然一致。

“司法渊源说”主张,法律渊源与法律形式并不矛盾;法律形式与法律渊源相结合,可称为法律渊源的表现形式,形成法官发现法律的大体区域。“司法渊源说”反驳“表现形式说”“效力渊源说”,但没有反对“法的表现形式”,也未反对将“法的表现形式”字眼作为概念界定要素。如于晓青提出,司法立场上的法律渊源,是因产生形式与来源不同,对法律制定和法律适用具有不同效力和不同意义的法的各种表现形式。[1] 因此,“法的表现形式”并非直接归属于“表现形式说”“效力渊源说”。“表现形式说”“效力渊源说”处于法律创制视角,“法的表现形式”则可溢出法律创制,延伸至司法适用及综合立场。如葛洪义、刘作翔一贯认为,法律渊源是法的外在表现形式。[2] 葛洪义站在司法视角,刘作翔立基于立法

〔1〕 于晓青:《法理与学说作为法源之研究》,复旦大学出版社 2017 年版,第 72 页。

〔2〕 葛洪义主编:《法理学》,中国政法大学出版社 2012 年版,第 280 页;刘作翔:《“法源”的误用——关于法律渊源的理性思考》,载《法律科学(西北政法大学学报)》2019 年第 3 期。

视角,持相同观点的《法理学》(第5版)则是综合视角。[1]

2. 法律渊源与法律方法

法律方法是法律适用获取确定性和权威性的当然路径,法律渊源研究自然与法律方法结合。法律渊源与法律方法关系存有"法律渊源是法律方法前提""法律渊源是法律方法""法律方法是法律渊源的组成部分"三种见解。一般来说,除将法律渊源直接等同于法律方法外,其他两种均具有一定的合理性。若法律渊源是法律方法,法律渊源就是法律适用的方法之一,法律渊源也就只是法律方法的替换词。如此,法律渊源独立概念属性无法成立,法律渊源与法律方法结合的实践性意义也被抽空。

法律渊源与法律方法的多重关系,反映学者对法律渊源理论性质的不同理解。"法律渊源是法律方法前提"意味着,法律渊源理论是宏观理论。法律渊源与法律方法相对分开,法律渊源是法律论证活动开展的起点,依据适格的法律渊源,确定可作为裁判依据的法律规范的范围后,才能对此范围内的法律规范进行解释、续造。[2] 因此,它探讨的是裁判依据来源的宏观物理形式,在我国主要包括制定法、习惯、指导性案例。法律渊源间的适用位阶,以及制定法文本内部条文间的关系,则属于具体法律方法论问题。

"法律方法是法律渊源的组成部分"说明,法律渊源是微观理论,关注具体司法适用。法律渊源是根据法律共同体所承认的共识规则,用以证成解释或法律决定大前提的理由。法律推理大前提并非法律文本所包含的法律条文,而是法律适用者依据法律解释规准,对法律条文进行解释或续造而形成的个案裁量基准。法律文本与法律解释规准共同构成法律决定大前提的来源和理由。小前提是从生活事实转向案件事实,再由案件事实转向法律事实的思维过程。[3] 也就是说,法律推理大、小前提是

---

〔1〕 张文显主编:《法理学》(第5版),高等教育出版社2018年版,第86-87页。

〔2〕 雷磊:《"法的渊源"意味着什么?》,中国政法大学出版社2021年版,第56页。

〔3〕 于辉:《法律推论中小前提建构的逻辑机制》,载《湖北大学学报(哲学社会科学版)》2016年第5期。

既定法律规则与未加工的特定事实,经过形式论证和实质论证得出的结果。司法三段论是大、小前提既存后的一种逻辑适用结构,而非法官如何将法律规范适用于案件事实的实质运行。因此,作为决定法律推理大前提的法律渊源自然包含法学方法。法律渊源与法律解释及法律解释规准在司法中始终连贯,以体系化方式运作。[1]

3. 法律渊源与法

"立法渊源说"和"司法渊源说"蕴含对法的规范性的坚定共识。"立法渊源说"坚守法的规范性在学界无异议,问题在于"司法渊源说"。刘作翔指出:"我是从规范法学立场来理解法律,即只有权威立法机关制定的规范才是法律。司法立场的法律渊源理论实质是法律现实主义的,即法官所运用的规则都是'法律'"。[2] 周永坤指出,司法视角下,凡是司法适用的规范都是法律,不管它是否被立法权威承认。[3] 为促进司法实质公正,法官确需将习惯、指导性案例、政策等认定为法,为裁判依据提供法律本身所欠缺的实质理由。然而,这种认定并非随意,只有获得制定法认可,才能纳入法官裁判的范围。认可方式有两种,一是直接认可,如以《民法典》第10条为代表的"法律渊源条款"、法律条文明确规定出现某种情况时,依据或执行特定规范的"法律指引条款"。二是间接认可,授予国家机关特定权力。如《人民法院组织法》(2018年修订)第18条第2款和《人民检察院组织法》(2018年修订)第23条第2款规定最高人民法院和最高人民检察院可以发布指导性案例。

简言之,"立法渊源说"和"司法渊源说"均反对无条件将社会规范或有关司法的某些个人因素纳入法律渊源。法律渊源并非数学法则,存在法官个人情绪等一切影响司法裁判的真实因素。司法适用存在很多相关性要素,这些要素无形中会影响甚至决定法官判决。法官也可能直接根

---

[1] 王夏昊:《法律规则与法律原则的抵触之解决——以阿列克西的理论为线索》,中国政法大学2007年博士学位论文,第272-275、298-305页。

[2] 刘作翔:《"法源"的误用——关于法律渊源的理性思考》,载《法律科学(西北政法大学学报)》2019年第3期。

[3] 周永坤:《法理学——全球视野》(第4版),法律出版社2016年版,第43页。

据职务活动经验中获得的敏锐正义感，或根据对个案公平合理的特有理解作出裁判。不管法官事实上基于何种理由，判决都需要逻辑论证支撑和制定法确证。不是动机促成性或因果性要素，而是法律理由保证或正当化了裁判结论。将法律规范、事实、裁判结论放置于涵摄模式，内在逻辑关系是证立，反映如果有 A，应当有 B 的规范性关系。因此，习惯、指导性案例等作为裁判依据，正当性来自制定法。裁判规范是否被认定为法，是学者间的不同称呼。"法""法律渊源"不同称谓均未冲击法律的规范性。如陈金钊指出，把非法律的规范拟制为法律渊源，是在打开法的封闭性后，全面、恰当运用法律的体系思维。拟制是附条件的，需契合法律的规定。[1]

（二）法律渊源研究历史经验

法律渊源研究受国家法治建设发展的影响。新中国成立初期，法治建设目标是建立健全法律法规，法律渊源与国家立法行为紧密相连。20 世纪 90 年代以后，学者逐渐从司法角度理解法律渊源。国家法治建设为法律渊源研究提供实践经验和资源，同时也是法律渊源理论发展的重要源泉和基础。特定国家法律渊源范畴取决于该国的实在法规定及其制度性实践。随着我国逐渐建成社会主义市场经济体制，形成以公有制为主体、多种所有制经济共同发展的基本经济制度，学界逐渐反思国家政策的法律渊源地位。[2] 2017 年颁布的《民法总则》改变了《民法通则》第 6 条的相关表述。

法律渊源研究得益于国外法律渊源理论。新中国成立初期，我国主要借鉴苏联法律渊源理论。1951 年翻译出版的苏联著作《国家与法律的

---

〔1〕 陈金钊：《法源的拟制性及其功能——以法之名的统合及整饬》，载《清华法学》2021 年第 1 期。

〔2〕 刘颖：《论民法中的国家政策——以〈民法通则〉第 6 条为中心》，载《华东政法大学学报》2014 年第 6 期；李敏：《民法上国家政策之反思——兼论〈民法通则〉第 6 条之存废》，载《法律科学（西北政法大学学报）》2015 年第 3 期；张红：《论国家政策作为民法法源》，载《中国社会科学》2015 年第 12 期；王洪平：《论"国家政策"之法源地位的民法典选择》，载《烟台大学学报（哲学社会科学版）》2016 年第 4 期；等等。

理论》,将法律渊源分为实际意义法律渊源和形式意义法律渊源。[1] 同年出版的《国家和法的理论》和《苏联法律辞典》,强调法律渊源是法的表现形式,表明各种统治阶级意志的形式。[2] 苏联法律渊源理论促进了“本质渊源说”和“表现形式说”的形成。周旺生指出,“表现形式说”可能源自日本学者著述。[3] 1913 年翻译出版的日本学者织田万所著的《法学通论》,把法的形式作为法律渊源重要部分之一。[4] 此外,西方法律渊源理论逐渐传入中国,原西南政法学院 1983 年印行的《英美法源理论》,是我国翻译的首部专门介绍英美法律渊源理论的著作。[5] 我国受影响较大的专门研究法律渊源的学者有加拿大法学家罗杰・塞勒、瑞典法学家亚历山大・佩策尼克和美国法学家约翰・奇普曼・格雷。塞勒以法律或类法规则的存在条件是否是法律机构活动职责,以及法律或类法规则语义是否充分正当,将法律渊源分为法的严格制度化的渊源和法的准制度化的渊源,[6] 为“权威理由说”提供理论基础。佩策尼克改变法律渊源“定性”分类的理论路径,转向更加细致的注重适用顺序的“定量”分类。将以往惯于把法律渊源分为两类的二分法升级为“必须法律渊源、应该法律渊源和可以法律渊源”三分法,[7] 促进法律渊源定性与适用位阶差异认知。格雷区分法律渊源和法律,[8] 强调待解释的法律材料不同于经法官

---

〔1〕 [苏联]杰尼索夫:《国家与法律的理论》(下册),方德厚译,中华书局 1951 年版,第 414 页。

〔2〕 [苏联]玛・巴・卡列娃、斯・费・凯契克扬等:《国家和法的理论》(下册),李嘉恩等译,中国人民大学出版社 1956 年版,第 387 页;[苏联]库德利雅夫采夫主编:《苏联法律辞典》(第三分册国家和法的理论部分),中国人民大学国家和法的理论教研室等译,法律出版社 1957 年版,第 108 页。

〔3〕 周旺生:《法的渊源与法的形式界分》,载《法治与社会发展》2005 年第 4 期。

〔4〕 [日]织田万:《法学通论》(第 1 卷),刘崇佑译,商务印书馆 1913 年版,第 43 页。

〔5〕 [日]高柳贤三:《英美法源理论》第 2 集,杨磊等译,西南政法学院法制史教研究室、科研处编译室 1983 年印行。

〔6〕 [加拿大]罗杰・塞勒:《法律制度与法律渊源》,项焱译,武汉大学出版社 2010 年版,第 1 - 6 页。

〔7〕 [瑞典]亚历山大・佩策尼克:《论法律与理性》,陈曦译,中国政法大学出版社 2015 年版,第 298 - 300 页。

〔8〕 [美]约翰・奇普曼・格雷:《法律的性质与渊源》,马驰译,中国政法大学出版社 2012 年版,第 71 页。

解释后的法律。

法律渊源发展与学者研究视域有关。其一,专门研究立法的学者。如周旺生在2002年编著的《法理学》中,主张“表现形式说”,而在2005年发表的系列论文及编著的教材中,将法律渊源视为法得以形成的资源、进路和动因,即“混合渊源说”。其二,专门研究法律方法论的学者。如陈金钊、葛洪义等。2002年,陈金钊主编的《法理学》主张“效力渊源说”,2003年出版的《法治与法律方法》将法律渊源含义发展为“司法渊源说”。其三,其他学者。其他学者基本根据自身研究议题,选取特定法律渊源含义作为论证基础。如顾培东采用“裁判合法性基础的资料”的广义法律渊源含义,将指导性案例、示范性案例及一般性判例的法律渊源属性归结为约束性法律渊源、引导性法律渊源和智识性法律渊源。〔1〕选取特定法律渊源学说对具体规范进行研究,法律渊源扮演介入角色,法律渊源理论本身未获得探讨。如上述约束性法律渊源、引导性法律渊源和智识性法律渊源学,实则是指导性案例的功能定位。

(三)法律渊源研究发展逻辑

法律渊源发展脉络反映学界对法律渊源研究的不同努力向度,大致呈现研究视角转向具体、追求法律渊源理论内部自洽性、注重法律渊源理论的实践品性三方面发展逻辑。

研究视角转向具体。首先,法律渊源研究从性质厘定逐渐转向具体事物法律渊源地位界定,主要包括宪法、社会主义核心价值观、党内法规、国家政策、指导性案例、司法解释性质文件、习惯、法律学说等,〔2〕核心论域是能否成为法律渊源以及司法适用效力位阶。法律渊源没有统一性质界定和内涵阐释,学者对法律渊源地位认定标准存在较大差异。如制度

〔1〕 顾培东:《我国成文法体制下不同属性判例的功能定位》,载《中国法学》2021年第4期。

〔2〕 熊静波、林洹民:《由内在态度决定的权威——对指导性案例规范性的再评估》,载《法学评论》2016年第6期;武静:《裁判说理——适用指导性案例的理论与实践皈依》,载《河北法学》2017年第1期;王彬:《再论指导性案例的效力——以法律论证理论为分析路径》,载《内蒙古社会科学(汉文版)》2017年第2期;彭中礼:《为国家政策辩护——基于〈民法总则〉第十条的思辨》,载《探索与争鸣》2019年第7期等。

权威、法律渊源条款、司法作用、助动词“应当”等。不同判定标准使同一事物被赋予不同法律渊源地位和法律渊源类别。因此，学界需继续反思法律渊源地位评判标准，法律渊源地位、类别对司法适用是否有限制，以及立法立场与司法立场对法律渊源界定是否合适等。其次，具体法律渊源研究重点从法律渊源地位转为法律渊源适用。如案例指导制度使法律渊源从法理学上的概念讨论，走向部门法的司法适用。自 2010 年 11 月 26 日起，最高人民法院发布《关于案例指导工作的规定》，案例指导制度正式成立，研究范围逐渐涵盖指导性案例的遴选标准，“同案同判”的性质厘定，供需机制、收集机制、书写机制以及参照机制等外部配套机制和内部制度设计，裁判规则、裁判要点、裁判理由三者的内容及相互关系以及类案检索的适用步骤、区分标准及区分技术等多领域。[1]

追求法律渊源理论内部自洽性。从“表现形式说”到“效力渊源说”反映了学者对法律渊源与法律形式关系的正确理解过程，从立法到司法反映学界在保持法律规范性前提下，旨在解决制定法无法满足复杂司法适用的实践难题。从“法官法律渊源说”到“权威理由说”是追求法律渊源理论内部自洽性的典型，主要表现在两个方面：一是区分裁判依据与裁判理由。“权威理由说”明确指出，法律渊源是裁判依据的来源，法理、实在道德规范、类案裁判、党的规范（党的政策与党内法规）、党政机关等扮演裁判理由角色的不属于法律渊源。裁判依据的来源既包括法社会学视域下影响司法裁判依据的真实因素，也包括法理论视域下为裁判提供正当性辩护的裁判规范基础。“权威理由说”属于后者。简言之，“权威理由说”是一种严格的封闭理论，法律渊源范围限定于裁判依据，且需获得制定法的明确认可。二是法律渊源分类。从“正式法律渊源与非正式法律渊源”到“必须的渊源、应该的渊源和可以的渊源”，直至“效力渊源与

〔1〕 黄泽敏：《指导性案例主/被动援引规则之重构》，载《法制与社会发展》2020 年第 1 期；顾培东：《判例自发性运用现象的生成与效应》，载《法学研究》2018 年第 2 期；张骐：《论裁判规则的规范性》，载《比较法研究》2020 年第 4 期；杨知文：《指导性案例裁判要点的法理及编撰方法》，载《政法论坛》2020 年第 3 期；孙海波：《类案检索在何种意义上有助于同案同判？》，载《清华法学》2021 年第 1 期；等等。

认知渊源”的发展逻辑，反映法律渊源评判标准的纯化，仅依赖法律渊源的效力属性，而排除适用位阶。

注重法律渊源理论的实践品性。法律渊源研究视角从法律创制转为司法适用，法律渊源成为实践理性理论。从“司法渊源说”到“综合渊源说”反映学者对法律渊源实践价值的全方位把握，尤其在法典化时代，如何实现法律渊源在立法和司法上的双重价值，成为学界当今研究的重点。“综合渊源说”一定程度上弥补了立法渊源和司法渊源的单一性。法治不只立法和司法中的一方面，立法渊源无法阐述法律渊源与法律方法的关系，司法渊源会因法律学说等无法直接作为裁判依据，而将其排除出研究范围，也无法满足法典化时代法典编纂对法律渊源的理论诉求。“综合渊源说”最大的优势表现在，根据规范的不同属性，选定从立法抑或司法视角，论证其法律渊源地位以及发挥作用的领域。如孙光宁提出，社会主义核心价值观应定位为一般法律原则。在法律规范体系内，已经入宪、不断入法的立法实践表明，社会主义核心价值观已成为诸多法律共同认可的基本原则；在司法实践中，社会主义核心价值观发挥作用的方式与法律原则高度一致。这些均明确了社会主义核心价值观的正式法律渊源地位。[1] 在国家政策方面，学界普遍建议更多在立法领域，发挥政策的法律渊源作用，实现国家政策的法律化。[2]

三、法律渊源的发展方向

（一）研究范式超越制定法本位

从研究范式视角观之，现有法律渊源理论方案有待完善。无论是立法学者提出的“立法渊源说”，还是司法学者提出的“司法渊源说”，研究范式都是基于制定法本身展开。例如，“司法渊源说”所主张的裁判依据的来源是基于制定法本身的既有规定。在此基础上，即便从法理学视角

---

〔1〕 孙光宁：《社会主义核心价值观的法源地位及其作用提升》，载《中国法学》2022 年第 2 期。

〔2〕 沈宗灵主编：《法理学》（第 4 版），北京大学出版社 2014 年版，第 268 页；葛洪义主编：《法理学》（第 4 版），中国人民大学出版社 2015 年版，第 262 页。

研讨法律渊源范畴,也是立足制定法。从"从属性"或"依附性"的术语表达即可窥其端倪。例如,有学者认为,尽管法理具有实践重要性,但在司法裁判中只能扮演裁判理由。换言之,法理必须被制定法的指示性条款直接或间接地认可,才能够担当裁判依据。[1] 立足制定法的法律渊源结论往往具有滞后性,当法治实践需要新的法律渊源类型时,其不仅无法提供理论证明其合理性,更难以提供确定的评判标准。也就是说,制定法本位的叙事模式难以胜任服务于法治实践的法律渊源理论诉求。法律渊源理论不能停留在描述和判断的意义上,而应是一种证成或辩护理论。因此,法律渊源范畴是封闭的,依附于现有的制度体系,但是法律渊源理论必须发挥检视既定法律渊源范畴、分类的功能,以形成带有建构性的理论、制度和实践命题,作为法律创制和法律论证的基础,回答何为法律渊源、为何具有法律渊源地位、如何获得法律渊源地位以及形成何种法律渊源体系四个基本问题。

(二)研究场域囊括法治实践

法律渊源不是纯学理问题,而取决于实在法规定和制度性实践。法学理论囊括立法之理与司法之理,法学基本范畴不能只关注单一方面。立法立场与司法立场的转换,是中国法治走向,而非法律理论研究问题。例如,中国的合宪性审查制度为法律渊源理论争论设定了新的实践场域。合宪性审查制度要求重新思考宪法渊源的实践意义。"形式宪法/实质宪法""成文宪法/不成文宪法""宪法典/宪法部门"等概念,已足以帮助我们在学理上理解宪法本身。而合宪性审查情景的出现,要求明确合宪性审查应当依据的"宪"是什么。这就为宪法渊源理论设定了"法适用"的任务。[2] 还有学者指出,与司法中心的违宪审查制度下的宪法教义学不同,中国合宪性审查制度下的宪法学应该更多关注立法中的宪法教义

[1] 雷磊:《法的渊源:一种新的分类法及其在中国语境中的运用》,载《河北法学》2021 年第 11 期。

[2] 张翔:《宪法概念、宪法效力与宪法渊源》,载《法学评论》2021 年第 4 期。

学。[1] 这说明，法适用领域不仅限于司法实践，守法、执法、司法以及特定场景中的立法，均属于法治实践范畴。规范创设行为具有双重面相。规范适用者总是承担双重角色：从上位阶规范看，作为规范适用者或规范领取者起作用；从下位阶规范看，作为规范制定者或规范给予者起作用。在法秩序阶层上，法同时被制定和适用。因此，没有理由将创设法律的活动排除在法治实践之外。

立法渊源和司法渊源并非对立关系，《民法典》中即存在诸多因案而修的法律条文。部分条款由司法解释转化而来，部分条款则直接吸收相关司法案例的裁判要点。据学者统计，在《民法典》的1260条法律条文中，明确由司法解释转化而来的法律条文有89条，占比达7%。[2] 我国虽不是判例法国家，但仍具有从司法实践提炼司法原则的必要。大多数法理学教材亦将法律渊源放置于“法的本体”编。[3] 与“法的本体”编内容一致的称为“法理学基本概念”[4]、“法的一般原理”[5]或“法律基本问题”。[6] 因此，法律渊源理论发展的关键，既非在立法法律渊源和司法法律渊源之间作立场选择，也不在于法律渊源所指涉的法是立法之法还是司法之法，而是在兼顾立法和司法基础上，探寻法治之法的实现路径。这决定了有待反思的法律渊源的界定是“具有法律效力的法的表现形式”。

（三）研究目标致力于法律渊源体系

法律渊源体系是法律渊源概念厘定、结构整合、司法适用的理论前提，有助于统合诸个法律渊源，对各种法律渊源予以科学恰当的效力定位，界定各种法律渊源在规范构造和司法适用中的地位、作用及结构安

---

〔1〕 张翔：《“合宪性审查时代”的宪法学：基础与前瞻》，载《环球法律评论》2019年第2期。

〔2〕 黄雄义：《“因案修法的基本路径析论——以〈中华人民共和国民法典〉为视角》，载《江汉论坛》2022年第4期。

〔3〕 陈柏峰主编：《法理学》，法律出版社2021年版，目录页。

〔4〕 张文显主编：《法理学》（第5版），高等教育出版社2018年版，目录页。

〔5〕 沈宗灵主编：《法学基础理论》，北京大学出版社1988年版，目录页。

〔6〕 付子堂主编：《法理学初阶》（第6版），法律出版社2021年版，目录页。

排。它能够回答:从特征上讲,根据什么标准识别一个法律渊源体系;从结构上讲,一个法律渊源体系内部的关系模式,以及具体法律渊源与一个法律渊源体系之间的从属关系;从内容上讲,法律渊源体系应包括哪些因素。其中,尤其注重具体法律渊源作用及其结构安排。以法理为例,法理的深度及宽泛的指涉范围,使其不仅可作为法律体系理念、法律论证理由,也是法律漏洞补充的原理。然而,当前的司法环境无法达到法理极高抽象性对法律适用的要求;直接运用法理可能会导致法理滥用,甚至损害司法的公正性和统一性。法理作为法律渊源,一般通过法律学说、法律规则、法律原则等载体,借助法理适用规则,发挥作用,实现一般条款从精致化到判断构造化的转向。简言之,未来法理学界需要在法律渊源体系协调、范畴厘定和实践运作等方面,提升法律渊源理论的社会适应性,建立起与中国法学理论、中国法治实践相契合的法律渊源体系制度结构。

四、结语

法律渊源理论发展反映学者对法律渊源含义、价值、理念、功能等细化、理论化及实践化的研究努力方向。法律渊源理论研究离不开中国法治实践的启迪,需要始终与中国法治实践同频共振。源于法治又服务于法治,是法律渊源理论体系的学术品格及内在理据。法律渊源概念来源于西方,但是我国法律渊源研究并未把西方理论作为现成教义进行演绎加工,而是在中国法治实践基础上,发展出具有中国特色的法律渊源体系。案例指导制度便是我国首创的一种既不同于英美法系,也不同于大陆法系的法律渊源制度。法律渊源研究应继续从中国本土法治实践中提炼、总结、积累理论资源,在法治实践中检验、解释、论证法律渊源理论,在新的法治实践因素、实践领域和实践需求中不断成长,建构起立基于中国语境的实践性法律渊源理论体系。

延伸阅读学术著作

1. 彭中礼:《法律渊源论》,方志出版社 2014 年版。
2. 雷磊:《"法的渊源"意味着什么?》,中国政法大学出版社 2021 年版。

延伸阅读学术论文

1. 周旺生:《法的渊源意识的觉醒》,载《现代法学》2005 年第 4 期。
2. 陈金钊:《法律渊源:司法视角的定位》,载《甘肃政法学院学报》2005 年第 6 期。
3. 王夏昊:《法适用视角下的法的渊源》,载《法律适用》2011 年第 10 期。
4. 彭中礼:《法律渊源词义考》,载《法学研究》2012 年第 6 期。
5. 马驰:《法律认识论视野中的法律渊源概念》,载《环球法律评论》2016 年第 4 期。
6. 刘作翔:《"法源"的误用——关于法律渊源的理性思考》,载《法律科学(西北政法大学学报)》2019 年第 3 期。
7. 彭中礼:《论法律学说的司法运用》,载《中国社会科学》2020 年第 4 期。
8. 雷磊:《重构"法的渊源"范畴》,载《中国社会科学》2021 年第 6 期。
9. 董彦斌:《法典赋名及其恰当性述论》,载《政法论坛》2024 年第 3 期。
10. 汪雄:《近代法典概念的当代回应》,载《现代法学》2024 年第 6 期。

延伸阅读学位论文

彭中礼:《法律渊源论》,山东大学 2012 年博士学位论文。

第十五章　法 律 分 类

本论题导读

法律分类是法学理论的重要内容之一。透过法律分类知识的演化可以观察到不同阶段的观念变迁。我国关于法律分类的探讨最早围绕法律的历史类型展开,旨在批判资产阶级法权观。继之而起的是补充历史类型的其他分类方法,这些方法明显具有弱化根据本质进行分类和趋向根据形式特征进行分类的特点,而且分类标准也日渐多样化。分类系统最终定型于一般分类与特殊分类这种二元并置模式。这种模式表面上看具有整全性,却无法避免因法律渊源和法系研究所带来的重叠和刻板的弊端。随着对法学理论应用性的强调,传统的法律分类方法因无法指导法律适用而渐有消解之势,代之而起的将是更具实效且偏重法律内容的分类系统。

分类,是人类最基本的能力。分类思想最早被用于生物界,时至今日已成为严谨系统的科学。鉴于法律这种现象明显不同于动植物的存在事实,那么生物学的分类原则无疑不适用于法律分类。即使从有机体的角度去思考法律,也不能通过遗传关系的表达对法律进行分类。但是,毕竟法律并非一个任意安排的体系,它有着理性的根基。既然生物学已经为自身找到了一个稳固的分类基础,旨在成为一门科学的法学没有理由做不到同样的事情。法律分类必须结合其目的,至少寻求两个目标:第一,对法律进行有序的安排,能够使人将法律作为一个整体进行把握,实现同质的部分或部门汇聚一处,使之相互间具有明晰的关系,这样任何因审议或判决所引起的问题都可以被划到恰当的类别之下,与具有真正类比意义的判决联系起来;第二,可以为法律的主要论题提供一个方便的目录指南,其中每个都具有一个组织有序的标题,这样就可以通过标题检索到论题,从而有助于对先例的搜索。

在中外法律思想当中,关于法律的分类都是一个相当重要的问题。我国历史上各个时期在制定法典之时均重视律令的分门别类和循名责实,而罗马法也有很多分类,例如公法和私法,自然法、万民法和市民法,等等。至今,这些分类及其背后的原理仍对研究和适用法律具有一定的价值。作为法学的基础学科,法学理论一直都重视法律分类这一知识谱系,纵观不同时期的教科书,无论其名称为何,《国家与法的理论》抑或《法学基础理论》,还是《法理学》,都有专门讨论法律分类的内容。通过对这些内容的历史考察和比较研究,一方面可以把握作为通说的法律分类的形成,另一方面,也是更重要的,能够透视法律分类演化背后的观念变迁。

一、识别法的本质:历史类型式分类

当回顾20世纪50年代到80年代这段时期的法学理论教学材料时,最为直观的是其对经济基础决定上层建筑和阶级分析法的全面运用,以及对法律作为上层建筑受制于经济基础、经济基础变化导致法律变化的反复强调。这段时期没有严格意义上的法律分类,或者说法律分类是以对法律历史类型的划分形式出现的。“与经济基础的变化相适应,在历史上存在有四种依次更替的法的历史类型:奴隶占有制的法、封建制的法、资产阶级的法和社会主义的法。前三种是剥削者的法,只有后一种才是真正属于人民的法。”[1]按照这种观点,法律并非独立的现象,要依存于作为最终决定因素的经济基础;法律亦非永恒不变的实体,它随着历史形

[1] 中央政法干部学校国家和法的理论教研室编:《国家和法的理论讲义》,法律出版社1957年版,第33页。

态的更替而更替。如果说人类历史的法律可作区分,那么唯一的区分就是剥削社会的法律和非剥削的社会主义法律之别。因此,关于法律的四种历史类型的观点所要揭示的恰恰是最深刻的二分法,分类的标准是剥削的有无。

法律的历史类型理论,除了要揭示出剥削社会的法律与社会主义法律的根本对立,还要为法律的本质理论、进步观和革命叙事提供基础。首先,各种社会的法律均有其本质,奴隶制法不同于封建制法,封建制法不同于资本主义法,而社会主义法与这三者有着本质的不同。前三者是私有制下的法律,而社会主义法是公有制下的法律。那么,以历史类型替代分类,所要实现的恰恰是通过法律的历史类型识别法律的本质。其次,这种历史类型的划分,可以呈现法律从低级往高级进化的趋势,正所谓社会主义国家和法的类型是人类的新纪元,它是新的最高类型的国家和法。[1] 最后,正因为法律有一个从低级到高级的类型更替过程,从奴隶制法向封建制法再到资本主义法,都经历了革命的过程,那么从本质为私的法律向本质为公的法律的更替当然需要通过革命助推。

从 20 世纪 50 年代为数不多的教学材料中可以看出,历史类型理论当中本就隐含着对法律的分类。这种分类表面上是以历史阶段划分作为主要内容的前后相继的过程,实际上却在重要节点上呈现出根本的断裂。因此,当把它看作一个分类时,不应忽视这个分类其实是两次划分完成的,首先是社会主义国家的法律与一切剥削社会的法律的非此即彼的严格二分。其次是在剥削社会阵营内部根据统治阶级的不同进行的二次划分。而且,这两次划分重点在于说明社会主义法与此前一切剥削社会的法律的截然不同,进而说明社会主义法的本质优越性。最后旨在证明社会主义法取代一切剥削社会的法律的历史必然性。因此,法律的历史类型理论当中不仅包含是与非的逻辑划分,还包含真与假的价值判断,因为

---

〔1〕 西北大学法律系国家和法的理论与历史教研组编:《国家和法的理论基本知识》,陕西人民出版社 1958 年版,第 24 页。

只有社会主义法才是真正属于人民的法律。

到20世纪七八十年代,一些教科书更加明确了法律的历史类型即是对法律的分类。“国家和法的历史类型问题,就是按照经济基础的性质与国家和法的阶级本质把国家和法加以分类的问题。”[1]同时还说明了经济基础的性质和阶级本质就是对法律进行分类的最科学的标准和依据。不同历史阶段有不同类型的法律,法律的历史类型“是对历史上已存在过的各种不同的法,根据其产生的经济基础和阶级本质所作的科学分类”[2]。这些表述不同于此前的地方在于,它们不仅说历史类型即是分类,而且凸显了科学分类的观念。那么,这种分类为什么是科学的呢?原因是作为分类基础的社会基本矛盾运动理论的科学性。“历史上存在几种不同类型的法,是社会基本矛盾运动发展变化的结果。”[3]这里所说的社会基本矛盾,即是指生产关系和生产力、上层建筑和经济基础之间的矛盾,正是这两组矛盾推动着国家和法的发展变化,决定着国家和法的历史类型更替。

法律的历史类型是科学的分类,历史类型的更替是客观的必然规律。那么,为何更替不会自动发生而是必须通过社会革命呢?这一时期的教科书对这个问题的回答和论证有两条路线:一条是理论的,另一条是实践的。理论的路线是说法律是统治阶级意志的体现,只有通过先进阶级推翻反动阶级的斗争,先进阶级掌握了国家政权,才能改变国家性质,从而废除旧法、创制新法。实践的路线以两场伟大革命作为例证,即苏联十月社会主义革命和中国共产党领导下中国人民的革命,证明了革命而非改良才是推动法律的历史类型更替的主导力量。

总体来看,虽然这段时期也有零星的其他分类方法,如英国法和美国法、我国过渡时期的法和苏联过渡时期的法、罗马国家的公法和私法等。

---

〔1〕 西南政法学院、湖北财经学院法律系、国家与法的理论教研室合编:《马克思列宁主义国家与法的理论讲义》,1979年版,第44页。

〔2〕 林仁栋主编:《法学基础理论简明教程》,山东人民出版社1986年版,第79页。

〔3〕 西南政法学院国家与法的理论教研室编:《法学概论》,1980年版,第11页。

当时的学者深信,历史类型是识别法的本质的重要手段。“正确掌握法的历史类型的含义,可以使我们透过各种各样法的外部特征,看到它们在本质上的内在联系;分析法律现象的种种差异,揭示同一历史类型法在本质上的共同特征。”[1]那个时期,透视法律的本质不仅具有重要的理论意义,更重要的是它所折射出来的斗争精神和意识形态力量。

二、突出法的形式:复合型分类方法

20世纪80年代末法学理论教科书编写出现了一个新的变化。法律的历史类型无疑仍是一块占据大篇幅的知识内容,但关于法律的其他分类的论述也逐渐找到了自己的位置。这是一个新的知识增长点,它相当于在保留法律的历史类型这块知识的前提下,开辟了法律分类的新知识领地。

当时对法律分类的探讨大致有两种处理方式:一种是把它放在“法的本质”标题之下,用一节内容论述法律的分类问题,或者把它与“法的形式”或“法的渊源”放在一节讨论;另一种是在讲完法律的历史类型之后,接着讲法律的分类。这两种处理方式有一个共同之处:认为法律的历史类型是关于法律的本质分类,而在本质分类之外还有一些依据不同标准进行的形式分类。其中较有代表性的是这样的论断:“依据不同的标准,从不同的角度出发,法律可以有不同的分类。本节所讲的法的分类,是依据法的形式的外部特征,从法律的主体、效力、内容和产生方法的角度出发,对法律进行的分类。”[2]因此,这段时期是法律分类研究当中形式取向和复合分类的确立时期。但是,这里有两点需要特别注意:第一,虽然当时学界已经呈现出趋向形式的分类方法,但都没有反对本质分类,甚至没有觉得形式分类是对本质分类的一种背离。对此,我们从当时讨论形式分类的标题中可窥一斑:“法的其他分类”“五花八门的法的分类”[3]

---

〔1〕 张泉林主编:《法学基础理论》,武汉大学出版社1987年版,第54页。
〔2〕 郑州大学法律系:《法学基础理论(试用)》,1985年版,第32页。
〔3〕 陈业精、刘学灵编著:《法理》,上海社会科学院出版社1987年版,第29页。

等。第二,所谓复合分类,不仅是指形式分类当中的各种不同划分标准和划分结果,而且还指历史类型和其他分类本身就构成了一种二分法。

其他分类当中几乎囊括了后来成为法学理论定论的所有分类方法。大体而言,我们可以通过对这段时期教科书内容的综合把当时的分类总结为以下8种:(1)按照创立和表现形式的不同分为成文法和不成文法;(2)按照法律关系主体和适用范围的不同分为国际法和国内法;(3)按照调整的主要内容和效力程度的不同分为根本法和普通法;(4)按照内容是关于实体还是程序的不同分为实体法和程序法;(5)按照效力范围的不同分为一般法和特别法;(6)按照是否源于本国固有文化和法律传统分为固有法和继受法;(7)按照法律效力的绝对性和相对性分为强行法和任意法;(8)按照内容、制定程序和效力程度的高低不同分为宪法性法律和普通法律(有的称为母法和子法或基本法和构成法)。除了以上八种常见的分类之外,有些教科书还特别提到另外两种分类:公法和私法与普通法和衡平法。

尤其是公法和私法的分类,之所以特别值得关注,是因为通过它们可以反映出我们对当时西方法学的总态度。当时的教科书一般称为"资产阶级学者"或"外国法学家"的分类,从而与自己所作的分类相区别。而且,字里行间通常还强调公法和私法的分类不适用于我们国家。"事实上,公法和私法的划分是以私有制为基础的,社会主义法以公有制为基础,不采用公法和私法的划分。"[1]换言之,社会主义法学应当摒弃公法和私法的分类,因为社会主义国家和社会是建立在生产资料公有制的基础之上的,作为公法和私法划分基础的私有制已经不复存在。

公法和私法划分否定论契合当时的理论氛围,显然受到了马克思主义经典作家相关论述的影响。马克思指出:"私法和私有制是从自然形成的共同体形式的解体过程中同时发展起来的。"[2]列宁在十月革命胜利

〔1〕 陈业精、刘学灵编著:《法理》,上海社会科学院出版社1987年版,第33页。
〔2〕《马克思恩格斯全集》(第3卷),人民出版社1965年版,第76页。

后制定苏联民法典时也曾明确指出:“我们不承认任何‘私法’,在我们看来,经济领域中的一切都属于公法范围,而不属于私法范围。”[1]在当时的情况下,否定公法和私法的划分即意味着否定私法的存在,国家法都是公法,国家利益高于个人利益,“为了维护社会主义国家的利益,经济领域中的一切,无论是‘私’是‘公’,国家和法律都要干预,而且必须干预”[2]。回溯过去,关于公法和私法划分的争论在学术史上颇有价值,尽管从教科书的角度来看,这个争论持续的时间并不长,到 20 世纪 90 年代中期时绝大多数论者在把这个划分作为一种分类时,已没有太多思想负担。但到 21 世纪初时仍有针对这个问题的讨论,不过这时已经变成了对否定论的反思和检讨。“随着我国改革开放政策的出台,特别是建立社会主义市场经济体制和创建社会主义民主政治两大目标的确立,我国法学界基本上抛弃了对公、私法分类所持的否定态度,对公法与私法划分的理论价值和现实意义有了深刻的认识。”[3]至此,公法和私法划分能否作为一个重要的分类问题告一段落。

从某种意义上来说,20 世纪 80 年代末的教科书确立了一个法律分类系统。这个系统开始注重形式分类,但并未反本质分类,更没有去本质分类,而是在本质分类的旁边创造出了一个内容丰富、活力十足的“其他分类”。虽然按照历史类型的划分仍是最根本的划分,但它至少赋予了其他分类以合理性和正当性。这个非本质的分类可以把很多问题凸显出来,例如,不成文法也是法律,国际法也是法律,程序法也是法律,宪法的效力高于普通法律,特别法优于一般法适用,强行法的适用运作不同于任意法,等等。从 20 世纪 80 年代末到 21 世纪初这段时期出现了一个较为显著的变化:在教科书中历史类型的篇幅逐渐削减,直至变成形式分类的一个导引。“以社会形态为标准,可以将法分为奴隶制法、封建制法、资本

〔1〕 中共中央马克思恩格斯列宁斯大林著作编译局编译:《列宁全集》(第 36 卷),人民出版社 1985 年版,第 587 页。

〔2〕 吴祖谋、李双元主编:《新编法学概论》,武汉大学出版社 2007 年版,第 25 页。

〔3〕 孙笑侠、夏立安主编:《法理学导论》,高等教育出版社 2004 年版,第 64 – 65 页。

主义法、社会主义法……但我们这里所讲的法的分类，侧重于从形式意义上对法的分类。"[1]到21世纪初，许多法学理论教科书甚至在目录当中删去了"历史类型"，不再对它进行专章专节的讨论。此消彼长，"其他分类"与"历史类型"的地位相颠倒，原本作为附带讨论的"其他分类"变成了主要内容，而原本是主要内容的"历史类型"则变成了附带讨论的对象。

三、反映普遍适用程度：一般和特殊分类

随着法学研究的进步，"历史类型"和"其他分类"的分类模式也逐渐被另一种分类模式取代，这就是21世纪初流行于各主流教科书的一般分类和特殊分类二元并置模式。略举几部教科书为例。"法律的一般分类是对所有的法律制度普遍适用的法的分类。法律的特殊分类是指这种分类不具有普遍适用性，仅仅是部分国家或地区对法律进行的分类。"[2]"法的一般分类是对世界上所有国家的法律都基本适用的一种分类，而法的特殊分类则是仅适用于某一类和某一些国家的法律的分类。"[3]"适用于世界各国法的分类是法的一般分类，适用于个别国家和地区或一定历史时期的法的分类是法的特殊分类。"[4]"法的一般分类是对世界上所有国家的法律基本上都适用的分类。但有些法的分类仅适用于某一类国家或地区，可称为法的特殊分类。"[5]"法的一般分类，是指世界上大多数国家都可适用的分类方式"，"法的特殊分类，是指仅适用于某一类和某一些国家的分类。"[6]尽管这些表述在个别词语上有所差别，但至少在一点上存在共识：可以根据分类的普适性程度不同区分为一般分类和特殊分

[1] 张文显主编：《法理学》，法律出版社1997年版，第86－87页。持有类似观点和采取类似写法的还有，陶广峰主编：《法理学》，兰州大学出版社1996年版，第32页；宋世杰主编：《法理学》，中南工业大学出版社1997年版，第264页；等等。

[2] 付子堂主编：《法理学进阶》，法律出版社2005年版，第158页。

[3] 张文显主编：《法理学》（第3版），法律出版社2007年版，第142页。

[4] 李龙主编：《法理学》，武汉大学出版社2011年版，第87页。

[5] 舒国滢主编：《法理学导论》（第2版），北京大学出版社2012年版，第87页。

[6] 肖光辉主编：《法理学》（第2版），中国政法大学出版社2015年版，第62、64页。

类。实际上,所谓“一般”指的是更大的普适性,而所谓“特殊”则指的是仅在特定情况下可见。

那么,具体而言,哪些分类属于一般而哪些分类又属于特殊呢?综合当时的教科书我们可以看出,学者通常会把成文法和不成文法、根本法和普通法、实体法和程序法、一般法和特别法、国际法和国内法作为一般分类对待,而把公法和私法、普通法和衡平法、联邦法和联邦成员法作为特殊分类加以处理。在这个大体的分类框架之外,还零星存在少量例外情形。例如,有学者认为成文法和不成文法这个分类应属于特殊分类。究其原因可能有两个:第一,这个分类其实并不具有普遍的意义,“通常在英美法系具有意义”〔1〕;第二,可以把不成文法具体化为不成文宪法,如英国的《王位继承法》《人身保护令》等,或者把它理解为习惯法或判例法,而这些主要也都出现在英美国家。有学者还提出存在新法与旧法、上位法和下位法的分类,前者属于一般分类,后者属于特殊分类。〔2〕 虽然这两种分类方法在法律分类章节当中没有达成多少共识,但它们最终在关于法律效力的探讨之中获得了尊重,成为确定法律效力原则“新法优于旧法”和“下位法不得与上位法相抵触”的前提性分类。

除了以上内容,还有学者为某类具体的划分提供了补充性知识。例如,针对国内法和国际法这一分类,有人就指出还有超国家法的存在,比如欧盟法,它既不是国内法也不是国际法,而是超国家组织的法律。“超国家法与国家法两者为统一的法律体系,即在一个超国家集团中,超国家法是国家法的上位法律,实质上是地区性的世界法。”〔3〕针对公法和私法这个分类,越来越多的学者补充以社会法或公私混合法的概念。这源于越来越多的人认识到,无论对公法和私法的划分采取何种标准,学者最终都无法仅用二者涵盖一些非公非私或亦公亦私的法律。正因如此,必须补充以“第三领域”的法律类别以弥补公法和私法二分法的不足。无论

---

〔1〕 周永坤:《法理学——全球视野》(第4版),法律出版社2016年版,第68页。

〔2〕 李龙主编:《法理学》,武汉大学出版社2011年版,第89-90页。

〔3〕 周永坤:《法理学——全球视野》(第4版),法律出版社2016年版,第67页。

是超国家法对国内法和国际法分类的补充,还是社会法对公法和私法分类的校正,实际上都反映了这一时期对法律分类的研究力图顺应法律发展现状、捕捉前沿动态。

除了个别需要特殊说明的分类外,这段时期整体上把一般和特殊的分类框架固定了下来,而且对于其中某个具体的分类在表述上都大同小异。尽管不排除在前后相继的教科书编写过程中有参考和借鉴之处,我们还是可以从中看出些端倪。首先,全部分类旨在把主要国家的法律形态都囊括在内,一般与特殊的二元并置实际上是想追求一个完美的结果。其次,诚然一般分类可以作为一个描述大多数国家法律形态的普遍分类,它实际上更像是基于我们国家法律对世界上其他国家法律的想象,而在特殊分类当中的三种划分方法则是对应美国、英国和具有罗马法传统的欧洲大陆国家。其中,联邦法和联邦成员法的分类直接对应美国,普通法和衡平法的分类直接对应英国,公法、私法和社会法更多地指向欧洲大陆国家。

这个分类框架的奠定有赖于对外国法研究的深入,也承载着当时比较法研究的某些成果。虽然很难看出各个分类之间的具体关系是什么,以及它们是否具备逻辑必然性,但这种分类框架至少为我们提供了一个似乎能把世界各国法律形态都囊括在内的想象。这种想象能促使当时的研究者更加细致地研究世界各地的法律形态,从而找出其形式的或实质的共性和规律性。

四、与法系和法律渊源的协调

随着法学理论研究视野的拓展,法律分类与法系的内在关联逐渐浮现出来。一方面,法律分类的细化,特别是公法和私法、普通法与衡平法这样的分类,与法系的标志性特征有重叠之处;另一方面,作为比较法学家经常使用的一个基本概念“法系”有助于学者更科学地认识法律的一般分类和特殊分类。“正如神学家和政治科学家承认宗教或政体类型一样，比较法学家也可以将法律简化为少数几个系（families）。”[1]

粗略地讲，法系也是对法律进行分类的产物，最早出现在对资本主义法律的讨论之中，被视为是对资本主义法律的一种形式分类。在仔细阅读20世纪80年代的代表性教科书后，也会得出这样的结论。“法系是资产阶级法学中的一个概念，是资产阶级法学家对法进行基本分类的概念。”[2]“法系是西方法学家们经常使用的一个概念。他们所讲的法系，是指根据法的历史传统对法律进行分类，凡属于同一传统的法律就构成一个法系。”[3]换言之，资本主义法律具有共同的阶级本质，只是鉴于历史传统和表现形式的不同才可以把它大致分为大陆法系和英美法系。

引入法系这一概念之初，是作为一个描述资产阶级法律内部区别的概念出现的。它的主要功能在于说明本质相同的法律制度或法律体系为何形式不同。因此，法系往往被置于法律的历史类型之后紧跟着进行讨论，被视为一个次要的、辅助性的概念。“法的基本分类的概念应是法的历史类型，而不是法系。但是在有了法的历史类型的概念对法进行基本划分以后，借鉴‘法系’概念，来研究法在形式上结构上的某些特点，还是必要的。”[4]简言之，历史类型是本质分类，是首要的；而法系是形式分类，是次要的，它只具有补充性作用。

对法系的这种理论性地位和作用的认识并非中国学者所独创，实际上有苏联理论源头。我们可以从当时比较有代表性的苏联教科书当中找到证据。例如，在苏联学者阿列克谢耶夫的《法的一般理论》中，他提出“法的历史类型”和“结构上的共同体”（“法系”）是说明某个时代与某种文明的法律体系的特点的两个概念。这两个概念都是用来描述民族法律体系的，而民族法律体系是具体的历史的社会现实，具有统一性和独立性的特点。历史类型概念可以把一定时代的法律体系与历史上的一定的经

---

[1] 沈宗灵：《比较法研究》，北京大学出版社1998年版，第53页。

[2] 孙国华主编：《法学基础理论》，天津人民出版社1988年版，第83－84页。

[3] 唐静权主编：《法学概论》，南开大学出版社1986年版，第54页。

[4] 孙国华主编：《法学基础理论》，天津人民出版社1988年版，第84页。

济基础、生产资料所有制的类型联系起来。法系概念的正当性在于民族法律体系通常具有特殊的结构和法律技术内容，这种特殊性成为区分的前提。“并且这种区分也正是要以构造上、结构上的特点（规范的特点、按部门和制度对规范进行分类、法律调整在该国规范性调整的一般结构中的地位和作用等）为出发点的。”[1] 相较而言，法的历史类型概念是马克思主义法学中的关键性概念，而法系概念则是从属性概念。“对于民族法律体系分类来说，‘结构共同体’这一概念是次要的、辅助性的（位于‘历史类型’这一概念之后的）根据。所以，它在科学上的意义也是次要的、辅助性的。”[2]

虽然法系最初是作为一个次要的、辅助性的概念出现的，它后来却逐渐成为一块独立的、庞大的内容。从编写体例来看，它有着从专节到专章的发展；从实际内容来看，它有着从资本主义两大法系到世界主要法系的演进。到 20 世纪 90 年代，把中华法系、社会主义法系与大陆法系、英美法系等量齐观的研究已屡见不鲜。接下来，甚至有学者开始把法系提升至法律文明的高度加以讨论，认为法律文明有东西方之别，在此基础上可以区分出若干种法系。“东方法律文明包括中华法系、印度法系和伊斯兰法系，西方法律文明中包括民法法系（大陆法系）和普通法法系（英美法系）。”[3]

法系最终脱颖而出，成为一个重要的学术概念占据着教科书的特定篇幅。另一个与法律分类具有紧密联系、逐渐受到重视的概念是法律渊源。法律渊源，或称法的渊源，公认来自古罗马法的“fontes juris”（法的或权利的源泉）概念，同时在英美法理学当中亦有其学说谱系，如奥斯丁、格雷、萨尔蒙德和庞德等。尽管关于法律渊源的确切所指及其与法律形式之间关系问题尚存争议，这个概念的地位却日渐确立下来，“自 20 世纪

---

〔1〕［苏联］C. C. 阿列克谢耶夫：《法的一般理论》（上册），黄良平、丁文琪译，法律出版社 1988 年版，第 109 页。

〔2〕［苏联］C. C. 阿列克谢耶夫：《法的一般理论》（上册），黄良平、丁文琪译，法律出版社 1988 年版，第 109 页。

〔3〕公丕祥主编：《法理学》（第 2 版），复旦大学出版社 2008 年版，第 111 页。

80 年代后期,我国法学家在教科书中多使用‘法的渊源’”[1]。

20 世纪 90 年代基本形成了法律渊源研究的基本框架,它包含两个方面的内容:一是法律规范的创设机关、创制权限和创制方法;二是法律规范有哪些表现形式,不同形式的规范之间的效力等级和相互关系。鉴于这两个方面都不触及法律规范的实质内容,因此有学者侧重从“形式渊源”方面去理解法律渊源。“仅仅是指出了法律规范的效力在形式上的来源,即国家的制定或认可,并着重于说明法律规范的外部表现形式。”[2]

因为无论是从历史的角度来看,还是基于对现实情况的观察,法律渊源都具有多样性的特点,法律渊源必定与法律分类和法系相互交叉。例如,可以把法律划分为成文法和不成文法,这是一个法律的一般分类问题,同时它也是一个法律渊源问题,成文法可能涵盖着宪法、法律、行政法规等不同的规范,而不成文法则可能囊括了习惯法、判例法、法理学说等内容。当涉及不同国家法律渊源的情况时,比如中国古代的律、令、格、式、敕,古罗马的习惯、元老院决议、平民大会决议、裁判官告示,英美法的制定法、判例法、衡平法,又无法绕开法系的内容。

因此,法律分类就与法系和法律渊源交织在了一起,这样就无法回避教科书编写过程中的顺序和篇幅问题,从而既不遗漏也不重复,既不失衡也不紊乱。越来越多的教科书倾向于把法律渊源与法律分类置于前后相继的章节进行讨论,而在它们之后把法系作为一个独立的主题加以探究。其中蕴含的道理在于,法律渊源探究的是认识、寻找法律的源头,只有完成这一任务才能对其进行分类。

五、以适用为目标的分类导向

作为一个固定的模式,法理学教科书多把法律分类置于法律一般理论、基本概念或法律本体论当中进行处理,即是说法律分类是在明确了法

---

〔1〕 张文显主编:《法理学》(第 5 版),高等教育出版社 2018 年版,第 86 页。
〔2〕 孙国华主编:《法理学教程》,中国人民大学出版社 1994 年版,第 392 页。

律的本质、特征之后所要做的工作。但是，从教科书的发展来看，法律分类这个主题所处的位置逐渐后移，呈现出从本体论向运行论过渡的趋势。换言之，越来越强调法律分类对法律适用的意义。“法律分类还对于法律适用具有重要意义，它对于我们了解和掌握不同法律的特性、效力、功能等等，有重要意义。”〔1〕

法律分类与法律渊源之间联系的强化，也使学者看到了法律分类之于法律适用的可能作用。无论是历史类型，还是历史分类加其他分类，抑或一般分类和特殊分类，都是力求从理论角度对法律进行宏观的把握，明晰同质的法律之间的关系，从而深化对法律的体系性理解。所得出的结论难以从现实适用的角度提供真正有效的指引。如果法律分类不再仅仅停留在抽象的层面上，而是具体到法律存在的各种源头，那么分类就不仅仅是对已经确定下来的法律的形式划分，还附加着识别和查明法律的目标导向。

按照现在法理学教科书的常见分类，我国法律渊源可以分为正式渊源和非正式渊源，其中正式渊源包括宪法、法律、行政法规、地方性法规、自治法规、经济特区的经济法规、特别行政区法律法规、国际条约与协定和法律解释，而非正式渊源包括习惯、政策、指导性案例和法理等。这是一种主要基于立法体制的分类，而随着法律渊源上的“立法中心主义”与“司法中心主义”论争的深入，法律渊源理论渐有趋向司法实践的势头。

另外，随着法律信息化产业的繁荣，目前已有的检索工具都开发了自己的分类系统。这些分类系统有一个共同的特征：放弃纯粹知识性的分类，拥抱更加实用的分类。例如，中国法律资源库、法律图书馆、法律之星—中国法律信息网、聚法案例、北大法宝、北大法律信息网等，多从效力级别、发布机关、主题分类、时效性、发布时间、地域范围等方面对法律进行分类。具体而言，根据效力级别，将法律分为法律、行政法规、部门规章、地方性法规、地方政府规章等。根据发布机关，将法律分为中央法规

〔1〕 高其才主编：《法理学》，中国民主法制出版社 2005 年版，第 139 页。

和地方法规。根据法律所涉及的主题,各大法律法规检索网站的处理则有所差异。无讼案例从宏观角度将其分为宪法性法律、民法、知识产权法、商法、经济法、行政法、刑法、诉讼与非诉讼程序法;法律快车将其分为国家法编、民商法编、行政法编、经济法编、社会法编、刑法编、程序法编、国际法编;与此不同,法律之星—中国法律信息网则具体以民法民诉、知识产权、刑法刑诉、行政诉讼、财税审计、食品医药、证券期货、建设建筑等关键词作为分类导航。根据时效性,将法律分为现行有效、失效、已被修改、尚未生效、部分失效的法律等。总体来看,现行的大部分法律法规检索网站侧重法律的内容,从部门法角度即以法律的调整对象和调整方法为依据对法律进行分类。

这些分类模式和检索系统已对教科书上的法律分类理论提出挑战。随着法理学应用性要求的突出,作为传统知识体系之一的法律分类本应关注并回应法律实践的需求,但它目前的知识供给显然无法满足这一点。从部门法角度入手的法律分类在一定程度上淡化了重历史传统和形式的分类,从法律规定的内容方面对现行法律体系的划分更有市场。而且,在实践层面上,有助于法官、律师和其他法律工作者处理具体案件的检索分类体系渐趋兴盛。因此,在法理学未来发展中,法律分类的知识有可能逐渐淡出研究者的视野,表现在教科书中则是与法律渊源和法系等内容渐趋融合。具体来说,一般分类当中的成文法和不成文法、根本法和普通法、实体法和程序法、一般法和特别法、国际法和国内法与法律渊源理论融合,而特殊分类当中的公法和私法、普通法和衡平法、联邦法和联邦成员法等则融入法系理论之中。

六、结语

我国法理学教科书中法律分类的理论起始于以历史类型说明法律本质,完结于一般分类和特殊分类二元并置,它本就并非建立在严格的逻辑分类的基础之上,而是在变迁之中不断增加或减少划分的类别。随着法系研究的深入,法律分类当中的部分内容会因重叠和趋同而被取代,另一部分内容又存在实用性不强的弊端，无法为法律适用提供切实的帮助。正因如此，法律分类从对法律体系或法律制度的分类过渡到对具体法律规范的分类将成为一个趋势。这将使法律分类与法律渊源不可避免地被捆绑在一起。唯有如此，它才能既描述法律的表现形式，又反映法律的效力等级，从而为法律的检索、关联、类比和适用提供有效的工具。

延伸阅读学术论文

1. 朱华荣：《试论法律体系及其科学分类》，载《法学》1983 年第 3 期。
2. 沈宗灵：《法律分类的历史回顾》，载《法学》1985 年第 6 期。
3. 刘诚：《部门法理论批判》，载《河北法学》2003 年第 3 期。
4. 王启梁：《法律是什么？——一个安排秩序的分类体系》，载《现代法学》2004 年第 4 期。

第十六章　法律效力

本论题导读

法律效力概念的争议在于对“法律”与“效力”二者的界定之上。但究其本质，法律效力的核心内涵仍是法律规范在生效范围内的约束力。通过“法律效力位阶”与“法律实效”两个话题重新审视法律效力概念，对法律效力的认识应建立在“正确性”与“权威性”两个维度。在内容上应当注意的是社会效力与道德效力对法律效力具有深刻的影响。在实践中，应当注意法律效力同法律实效和法律存在有一定的概念合并倾向。这些认识有助于我们更为准确、深刻地理解法律效力的概念。

“法律效力”是法学的基本概念之一，在法律实践中频繁出现。法律效力的存在确保法律秩序的有效运行，是法律实效存在的先决条件。通常我们会从“法律的约束力”和“法律的生效范围”上来理解法律效力，这在大多数法律应用场景中并不会出现歧义。但当深究“法律效力”的定义时，争论便会纷沓而至，有关规范性文件的法律效力、非规范性文件的法律效力、法律效力的位阶、法律实效等问题便会接踵而来。相关问题产生的根源在于对法律效力基本概念的认识仍不充分。鉴于此，本书在梳理学界对法律效力已有研究的同时，结合法律效力相关研究中出现的法律效力位阶与法律实效两个核心相关话题，以重新认识法律效力概念。

一、对法律效力概念的认识与反思

（一）对“法律的生效范围”说的批判

20 世纪 90 年代，国内关于法律效力的研究多集中于法律规范的效力，尤其对法律规范的界定范围存在一定的争议。法律规范的生效范围成为学界对法律规范的效力的通识。但有些文献在用词上并不加以区分，或直接认为法律效力即为法律规范的效力。[1] 这也招致后来的学者对该观点进行批评，但学者的批评也存在失当之处。而法学教材中对法律效力的研究集中于法律规范的效力，法律规范的效力是指法律规范的适用范围，包括空间、时间和对人的效力。[2] 或立足于两个层面，认为法律效力通常有两种含义：一是指法律的生效范围；二是泛指法律的约束力。[3] 是故，后期学者对前人的法律效力研究统称为“法律的生效范围”说，并对其存在的片面性加以批评。[4]

虽然部分学者对“法律的生效范围”说的批判存在一定的失当，但这也反映出单纯的法律规范的效力的学术研究已经无法承载日益丰富的法律实践。学界也逐渐地意识到该问题，开始有意地对法律规范的效力与法律效力进行概念区别。法律规范的效力涉及的是普遍约束力问题。法律效力涉及一般法律的约束力问题，除探讨具有普遍约束力的规范性法

---

〔1〕 中国大百科全书总编辑委员会《法学》编辑委员会、中国大百科全书出版社编辑部编：《中国大百科全书：法学》，中国大百科全书出版社 1984 年版，第 85 页；乔伟主编：《新编法学词典》，山东人民出版社 1985 年版，第 642 页；章若龙、唐永禅等编：《简明法律辞典》，湖北辞书出版社 1986 年版，第 12 页；邹瑜、顾明主编：《法学大辞典》，中国政法大学出版社 1991 年版，第 1044 页。

〔2〕 孙国华主编：《法学基础理论》，法律出版社 1982 年版，第 293 页。

〔3〕 盛祖贻、胡秋江主编：《法学基础理论指要》，成都科技大学出版社 1991 年版，第 347 页。

〔4〕 张楚：《法律效力定义刍议》，载《法学与实践》1998 年第 1 期。该文是相对较早探讨这个话题的文章。后来，学者均开始采用此观点对“法律的生效范围”说予以批判。参见夏华、倪振峰：《法律效力新论》，载《政治与法律》1988 年第 3 期；刘小文：《法律效力构成简析》，载《法律科学（西北政法学院学报）》1994 年第 2 期；杨春福：《论法律效力》，载《法律科学（西北政法学院学报）》1997 年第 1 期；潘晓娣：《法律效力的再认识》，载《河北法学》1993 年第 1 期；姚建宗：《法律效力论纲》，载《法商研究（中南政法学院学报）》1996 年第 4 期。

律文件的效力外，还探讨包括不具有普遍约束力的非规范性法律文件的法律效力。[1] 但这一观点并未得到广泛接纳。从后期的研究来看，学者基本放弃了法律规范的效力这一表达，转而采用法律效力予以表述（部分采用法的效力）。这一表述的转变，多基于"法律规范的效力"一词无法涵盖规范性文件、非规范性文件和法律行为的效力问题。这种文义上的狭窄带来了法律实践的不便。因此"法律效力"这一表述被各界广泛采纳。在基本确定了"法律效力"这一表述后，随之而来的概念争论更为激烈。关于"法律"和"效力"的概念界定，也成为后来学者争论的核心。[2]

（二）法律效力中的"法律"

学界对法律效力中的"法律"存在多种理解，或狭义，或广义，或持一种综合态度。其中有代表性的观点如下：

1."法律规范说"。法律效力首先是指法律规范的效力。[3] 这里的法律效力只能是法律的效力，不包括衍生文件和文书的效力。这种观点认为，具有法律效力的"法律"仅指宪法、法律、行政法规等规范性法律文件，是狭义的法律。与法律相关的衍生文件，如判决书、合同等，具有法律适用和法律实施的效力，也可以称为法律承认的效力。[4] 虽然在日常生活和法律实践中，我们也称判决书、合同等文件和文书具有法律效力。但该法律效力不同于法理学中的法律效力，这只是"法律效力"一词多义的结果。法律效力可以用来描述法律文件和法律行为的合法性和有效性，但法律效力首先是法律规范自身的合法性和有效性。[5] 法律效力的范围是笼统的、抽象的，而衍生文件和文书的效力范围是具体的、特定的。

---

〔1〕 孙国华主编：《法理学教程》，中国人民大学出版社 1994 年版，第 441 页。

〔2〕 关于法律的生效范围这一话题，除法律的溯及力问题外，学界并无太大争议，是故本书不再加以讨论。

〔3〕 刘小文：《法律效力构成简析》，载《法律科学（西北政法学院学报）》1994 年第 2 期。此外，潘晓娣：《法律效力的再认识》，载《河北法学》1993 年第 1 期；杨春福：《论法律效力》，载《法律科学（西北政法学院学报）》1997 年第 1 期；张根大：《论法律效力》，载《法学研究》1998 年第 2 期均持此观点。

〔4〕 张根大：《论法律效力》，载《法学研究》1998 年第 2 期。

〔5〕 潘晓娣：《法律效力的再认识》，载《河北法学》1993 年第 1 期。

因此,这两种效力的范围不在同一个概念中,所谓衍生文件和文书的法律效力只能被效力涵盖,不能被法律效力涵盖。

2.“法律规范及其派生文书说”。法律效力不单单是指规范性法律文件的效力,还包括公民之间、法人之间、公民与法人之间依法订立的各种合法生效的合同、协议;以及法院作出的已生效的司法裁判文书所具有的效力。[1] 这种观点所表达的法律是现行的和广义上的法律,是我国法律体系内的全部规范性文件。该观点是针对法律实践中客观存在的诸如裁判文书、合同等非规范性法律文件具有法律效力的常见表述,试图提出一个较为统一、扩大的法律效力的定义。该观点将法律效力的归属者“法律”扩大为法律及其部分衍生文书和文件,试图在用法和概念上统一规范性法律文件和非规范性法律文件的法律效力。

3.“合法行为说”。合法行为产生的效力应当是法律效力的实质。法律实践中需要一种法律上的力来确保法律秩序的存在,并使合法行为在法律效果上得到肯定、明确的反馈,而这种法律上的力就是法律效力。因此,“法律效力的实质含义是合法行为发生法律上效果的保证力”[2]。其后,持该观点的学者在此观点基础上,进一步修正提出法律效力是“合法行为发生肯定性法律后果的强制性保证力”[3]。所谓肯定性法律后果即行为人因特定法律行为所处的具体法律状态,核心在于其符合行为人的利益。[4] 合法利益的实现正是通过立法对行为的控制而实现的。因此,该观点一改以往有关法律效力中“法律”的认识,主张立法行为所产生的法律效力才是法律规范所具有的法律效力的本质,而立法行为与法律的实施行为都是合法行为。由此可见,法律效力是合法行为在法律上

[1] 陈世荣:《法律效力论》,载《法学研究》1994 年第 4 期。
[2] 李琦:《法律效力:合法行为发生法律上效果之保证力——兼与陈世荣商榷》,载《法学研究》1995 年第 2 期。
[3] 李琦:《论法律效力——关于法律上的力的一般原理》,载《中外法学》1998 年第 4 期。
[4] 李琦:《论法律效力——关于法律上的力的一般原理》,载《中外法学》1998 年第 4 期。

发生效果的保证力。所以“法律规范等同于立法行为”是其立论的基础。[1] 上述学说的提出建立在对“法律规范及其派生文书说”的质疑之上。而对于“派生文件、文书”的效力问题,其认为“派生文件、文书”的法律效力实际上是作为法的实施行为的法律效力的代名词而已。[2] “法律效力实质只应是合法行为的效力”的观点抛弃了规范性法律文件与非规范性法律文件的效力辨析,转而认为二者可统合于合法行为的法律效力。

4.“‘法律’综合说”。该观点并不对法律效力做统一的概括,而是将法律效力做广义和狭义的区分,法律效力在不同的场景有不同的含义。法律效力从广义上讲,无论是规范性法律文件还是非规范性法律文件,都对人的行为具有法律约束力和强制力。在这里,规范性法律文件一般对人的行为具有普遍约束力,而非规范性法律文件对特定的人和事具有法律上的约束力。但仅在狭义层面上,法律效力主要指规范性法律文件的生效范围或适用范围。[3] 类似地,有学者认为法律效力内含于法律规范中,而外延至非规范性法律文件。[4] 这种“法律”综合说,对上文讨论的说法都加以承认,但又不予以说明,而是根据适用场景来转换相应的法律效力概念。

可见,仅对法律效力中的“法律”一词,即有多种不同甚至针锋相对的观点,而每种观点都存在一定的缺陷。“法律规范说”指出了法律效力的渊源,并且对非规范性法律文件的法律效力和合法行为的法律效力作了统一的解释。但该学说无法将法律实践中适用法律效力的现象作法律

---

〔1〕 李琦:《法律效力:合法行为发生法律上效果之保证力——兼与陈世荣商榷》,载《法学研究》1995 年第 2 期。

〔2〕 李琦:《法律效力:合法行为发生法律上效果之保证力——兼与陈世荣商榷》,载《法学研究》1995 年第 2 期。

〔3〕 张文显主编:《法理学》(第 5 版),高等教育出版社 2018 年版,第 93 页。包括沈宗灵主编:《法理学》(第 2 版),高等教育出版社 2009 年版,第 366 页;葛洪义主编:《法理学》(第 3 版),中国政法大学出版社 2017 年版,第 295 页;舒国滢主编:《法理学导论》(第 2 版),北京大学出版社 2012 年版,第 89 页;马长山主编:《法理学导论》,北京大学出版社 2014 年版,第 60 页。

〔4〕 谢晖:《论法律效力》,载《江苏社会科学》2003 年第 5 期。

用语上的统一。这使法律效力概念上和实践中存在一定的混乱。[1] “法律规范及其衍生文书说”最大的缺陷在于，衍生文件和文书的效力范围是具体的和特定的，而法律效力的范围是笼统的和抽象的，两者的效力范围不能简单地被统摄为一个概念。[2] “合法行为说”中将法律规范的效力等同于立法行为的效力也遭到一定的质疑。法律规范和立法行为之间不是对等的，而是因果的，是立法行为产生法律规范。[3] 法律规范无法等同于立法行为。因此“法律规范及其衍生文书说”的理论基础就存在相应的错误。相较而言，“法律”综合说在一定程度上发展了“法律规范说”，并修正了“法律规范及其衍生文书说”的缺陷。虽然在法律实践中，“法律”综合说仍存在广义与狭义概念适用上的割裂，但相较其他观点，其所具备的折中性、修正性也更为全面地诠释了法律效力的概念。因此该观点也成为法理学教科书所采用的通说。

(三)法律效力中的“效力”

关于法律效力中的“效力”，通常我们会认为是一种约束力。这也是学者论述、法理学教科书中关于“效力”之表达出现频率最高的词汇。但是从各方文献来看，约束力似乎难以支撑法律效力之“效力”。各种观点可归纳如下：

1. 约束力。早期关于法律效力之“效力”均被认为是约束力，泛指法律的约束力。[4] 这一观点也在后来的研究中得到沿袭与发展。[5] 约束力也是形容法律效力之“效力”最多、最常见的表达。虽然也有学者提出法律效力是指法律对法律主体的拘束力。[6] 但此拘束力仍为约束力的

---

〔1〕 黄金荣：《法律效力定义研究述评》，载《研究生法学》1998 年第 4 期。

〔2〕 张根大：《论法律效力》，载《法学研究》1998 年第 2 期。

〔3〕 张根大：《法律效力论》，法律出版社 1999 年版，第 17 页。

〔4〕 孙国华主编：《法学基础理论》，法律出版社 1982 年版，第 293 页。

〔5〕 张文显主编：《法理学》(第 5 版)，高等教育出版社 2018 年版，第 93 页；高其才主编：《法理学》，中国民主法制出版社 2005 年版，第 143 页；孙国华、朱景文主编：《法理学》(第 4 版)，中国人民大学出版社 2015 年版，第 112 页；沈宗灵主编：《法理学》(第 4 版)，北京大学出版社 2014 年版，第 307 页均采用此说法。

〔6〕 舒国滢主编：《法理学导论》(第 2 版)，北京大学出版社 2012 年版，第 89 页。

一种表述,概念上并无不同,故在此不再赘述。

2. 强制力。该观点早期认为“法律效力是国家强制力所保障的法律强制效力的执行”〔1〕。而后有学者认为,法律效力是指法律对某一主体的约束力,而这种约束力是以国家的强制力为保障的。〔2〕也可以表述为法律效力是法律规范的普遍约束力,其以国家强制力为后盾,从而保证法律的有效实施。〔3〕这一观点也逐渐被简化为:法律效力泛指法律约束力和法律强制力。〔4〕后期,该观点也演化为多部法理学教材的共识观点:法律效力泛指法律的约束力和强制力。〔5〕可见,仅用约束力来定义法律效力仍存在一定的争议,部分学者认为强制力和约束力是相辅相成的。有的学者直接认为法律效力是一种强制力,“法律效力是国家在时间、地域、对象、物质四个维度上的强制力”〔6〕。在此,强制力也变成了法律“效力”的重要表达。

3. 保护力。此观点是把保护力纳入法律效力的概念中。法律效力通常指法律的保护力和约束力。〔7〕法律的保护力和约束力是法律效力常见的表达。法律的约束力指涉相关行为的违法实施或不实施,损害受法律保护的社会关系,应当接受国家强制调查并追究相关责任。法律的保护力指涉社会主体接受法律的调整和引导,依法作为或不作为,就应当受到法律的承认和保护。对主体行为而言,保护力是积极的、正面的;而约

〔1〕《什么是法律效力》,载《人民司法》1979年第2期。

〔2〕夏华、倪振峰:《法律效力新论》,载《政治与法律》1988年第3期。

〔3〕刘小文:《法律效力构成简析》,载《法律科学(西北政法学院学报)》1994年第2期。

〔4〕朱力宇:《关于法的效力的几个问题》,载《法学杂志》2003年第3期。沈宗灵主编:《法理学》(第2版),高等教育出版社2009年版,第366页,也采用同样的表述。但在沈宗灵主编的《法理学》(第4版)(北京大学出版社2014年版,第307页)中,编者修改了自己的观点,回归“约束力”说。

〔5〕葛洪义主编:《法理学》(第3版),中国政法大学出版社2017年版,第295页;杜宴林主编:《法理学》,清华大学出版社2014年版,第61页;文正邦:《法律效力的法哲学反思》,载《云南法学》2000年第2期。

〔6〕张根大:《论法律效力》,载《法学研究》1998年第2期。

〔7〕付子堂主编:《法理学初阶》(第5版),法律出版社2015年版,第148页;马长山主编:《法理学导论》,北京大学出版社2014年版,第60页。

束力是消极的、负面的。[1]

当然，对法律效力之“效力”的观点不只能理解为“约束力”、“强制力”和“保护力”。有学者认为，法律效力是法律的赋予力和约束力，并且赋予力是法律的第一效力。[2] “赋予力”强调法律最重要、最根本的价值在于赋予立法者和人民必要的权力和权利。有学者认为，法律效力实际上是创设法律对合法行为的保证，是为合法法律行为提供了一种保证之功能。[3] 也有学者提出，法律效力是作用于其客体的一种合意的力量，[4]这种合意表现为一种合目的性，而合目的性的力量是法律的一种本质力量，它突出体现在立法者的价值取向上。另有学者认为，法律效力是在法律存续期间内以规范压力和规范动力的形式主动引导其规制对象的力量。[5] 这种力量是法律对人的作用，是由法律的“合法性”产生的。可见，关于法律效力之“效力”学界众说纷纭，每一观点皆有其合理之处，这也恰恰使法律效力整体概念处于混沌状态。

（四）社会效力和道德效力对法律效力的作用

通过上文对法学界的研究进行梳理后，仍不难看出法律效力的概念在确定性与模糊性之间游走。这是一种极为矛盾的表达，这种矛盾的出现在于人们通常从实证主义的法律效力概念出发来使用“法律效力”一词。但在法律实践中，往往又会跳脱实证主义的视角，带着其他“视野”来使用“法律效力”一词。学者试图创造相应的法律效力概念，从而将这种现象加以统一。由此便呈现出多元的法律效力概念。在此，罗伯特·阿列克西的观点或许能给我们一定的启迪。存在三种效力概念：社会学、伦理学和法学中的效力概念，它们分别与社会的实效性、内容的正确性和

---

〔1〕 付子堂主编：《法理学初阶》（第5版），法律出版社2015年版，第148页。

〔2〕 陈世荣：《法律效力补论》，载《法学研究》1995年第3期。

〔3〕 李琦：《法律效力：合法行为发生法律上效果之保证力——兼与陈世荣商榷》，载《法学研究》1995年第2期。

〔4〕 杨春福：《论法律效力》，载《法律科学（西北政法学院学报）》1997年第1期。

〔5〕 姚建宗：《法律效力论纲》，载《法商研究（中南政法学院学报）》1996年第4期。

权威的制定性这三个法律概念相对应。[1] 其中,社会学的效力是指法律规范遵守或被遵守时所产生的强制力;伦理学的效力指向道德的效力,是指在道德上具有正确认可的法律规范应当被人们遵守的效力;法学的效力是指由国家依法颁布的法律,自生效之日起即具备相应的强制力与执行力,人们应当自觉遵守。阿列克西认为,法律效力的概念必须包含社会学的效力的要素。因为如果一个法律规范只具有纯粹的法学的效力而没有任何社会学的效力,尤其是社会实效性,法律规范没有表现出最小的社会效力,不具备相应的社会实效,那么该法律规范仍然不能称为具有法律效力。[2] 德国学者伯恩·魏德士则将法律效力分为三种类型:“法律”效力、“现实”效力、“道德”效力。但是这并不妨碍我们抛弃社会效力去构建一个狭义的法律效力概念。其分别对应三个概念:应然效力、实然效力、确信效力或认可效力。[3] 由此可见,我国关于法律效力的研究由实证主义法学的效力出发,出现了不包含社会效力的狭义的法律效力学说,包含社会效力的实证主义法律效力学说(但对社会效力程度的适用不同,也使得概念存在一定的差异),以及包含道德效力、社会效力的非实证主义法律效力学说。概念的杂糅使得对于法律效力的研究呈现出一定的混乱。

国内关于法律效力的研究重视法律规范的界定以及法律约束力的探讨,但关于作为“法律资格标志”[4]的法律效力的研究却有所忽视。正如拉兹所言,“在法律上无效的规则根本不是法律规则。有效的法律是法律,无效的法律不是法律”[5]。当我们重新审视法律效力的概念时,我们会发现它存在两个问题:一个是内在的,另一个是外在的。内在的问题在

---

[1] [德]罗伯特·阿列克西:《法概念与法效力》,王鹏翔译,商务印书馆 2015 年版,第 89 页。

[2] [德]罗伯特·阿列克西:《法概念与法效力》,王鹏翔译,商务印书馆 2015 年版,第 91 页。

[3] [德]伯恩·魏德士:《法理学》,丁晓春、吴越译,法律出版社 2013 年版,第 149 页。

[4] 马驰:《分析法学传统中的法律效力概念——法律约束力抑或法律资格?》,载《法制与社会发展》2015 年第 5 期。

[5] [英]约瑟夫·拉兹:《法律的权威:法律与道德论文集》,朱峰译,法律出版社 2005 年版,第 125 页。

于法律概念本身似乎预设了法律效力的定义。外在的问题在于如何处理好法律效力与社会效力以及道德效力之间的关系。针对这两个内外问题的研究，本书将循着另外两条线展开论述，分别是针对内部问题的法律效力位阶研究，以及针对外部问题的法律实效研究。

二、法律效力位阶问题

（一）法律效力有位阶吗

法律效力有位阶吗？对于该问题国内法学界呈现出旗帜鲜明的两派。一派认为法律效力不存在位阶（等级），另一派认为法律效力存在位阶（等级），并由此构建相关的法律效力位阶理论。

法律效力不存在位阶论者认为法律效力与法律位阶在本质上并不是相同概念。而且，法律效力与法律位阶并不属于全部外延与部分外延重合的关系，法律效力从逻辑上是无法解释法律位阶的。法律效力概念本身不存在高低等级之分。[1] 该观点的核心在于法律是根据宪法制定的，宪法是法律的效力理由，当法律符合宪法而成立，它是有效的，其效力与宪法的效力没有两样，即作为效力理由的宪法规范的效力与法律的效力是相同的。[2] 因此法律位阶虽不同，法律效力却没有不同，宪法、法律和法规的法律效力都是相同的。法律都具有法律效力，且具有同样的效力，人们就应该给予同样的尊重和对待。法律效力不存在位阶论者认为，法律规范是具有等级的，但法律效力没有等级之分。那些想当然地认为法律等级就是法律效力等级，或者用法律效力等级来解释法律位阶的观点都存在机械主义的弊病。

但是综合来看，“法律效力不存在位阶”的观点并未在法学界中流行开来。相反，法律效力位阶论者认为，法律位阶是指不同国家机关制定的

---

〔1〕 邓世豹：《法律位阶与法律效力等级应当区分开》，载《法商研究（中南政法学院学报）》1999 年第 2 期。

〔2〕 邓世豹：《法律位阶与法律效力等级应当区分开》，载《法商研究（中南政法学院学报）》1999 年第 2 期。

规范性法律文件在法律渊源体系中的有效地位和等级，是由立法制度决定的。[1] 在后来的法理学教科书中，法律效力位阶论占据完全主导的地位，成为法学界的通说。

（二）法律效力位阶的构建

法律效力是有位阶的。“法律规范是有等级的，它涉及各自的效力大小和相互之间的从属关系。”[2]因为法律的等级和位阶高低不同，法律效力的效应也随之产生强弱和大小。根据不同的法律位阶，可以构建一个有机的法律效力位阶序列。

判断法律效力位阶高低的标准有三个：（1）根据立法主体判断；（2）根据立法依据判断；（3）根据效力的适用范围判断。[3] 基于这三个判断标准，以及宪法的相关规定，我国按照宪法、法律、行政法规、地方性法规、行政规章的效力等级顺序，形成了法律效力位阶体系。在处理法律效力位阶的冲突方面，“特别法优于一般法”、“上位法优于下位法”以及“新法优于旧法”的规则在学界已达成基本的共识，故对此不再探讨。此外，在部门规章与地方性法规的冲突问题上，《立法法》也确定了“制定机关及上级制定机关裁决”的规则，对此也并无争议。

（三）法律效力位阶理论的争议

依据前文的分析，法律效力位阶理论完全建立在法律效力的狭义概念之上。广义上的法律衍生文书、文件、法律行为在此荡然无存。不仅如此，关于司法解释与指导性案例[4]的法律效力位阶也存在定位难题。当然，我们可以自始就将法律效力位阶定义在狭义的法律效力概念下。但是，司法解释的效力位阶仍存在定位难题。本书在此同意“最高人民法院在授权范围内对具体法律规定作出的司法解释与拟解释的具体法律具有

[1] 朱力宇：《关于法的效力的几个问题》，载《法学杂志》2003 年第 3 期。
[2] 张楚：《法律效力定义刍议》，载《法学实践》1998 年第 1 期。
[3] 张根大：《法律效力论》，法律出版社 1999 年版，第 180－181 页。
[4] 当然，从法律效力的狭义概念出发，指导性案例并不具有法律效力，这也是司法实践中亟须解决的问题。相关观点参见陆幸福：《最高人民法院指导性案例法律效力之证成》，载《法学》2014 年第 9 期。

同等的效力"[1]的观点。如此一来,也能解决司法解释的法律效力位阶定位问题。

更为重要的问题在于宪法具有最高法律效力,自然使人们生成了其他法律也具有法律效力的高低、强弱之分,但这种逻辑自始就似乎存在矛盾。重新审视凯尔森的理论,其并未创设法律效力位阶之说。凯尔森的高级规范和低级规范是效力的传递,并非划分规范间效力高低的根据。"规范之所以是有效力的法律规范就是由于,并且也只是由于,它已根据特定的规则而被创设出来。"[2]在这里,凯尔森强调的是一条"效力链条",基本规范通过它传递到各个层级的从属规范。而在这其中"效力链条"与各级规范之间是一种静态关系与动态关系。[3] 这其中也并无效力高低之分。法律实践中根据《立法法》处理法律冲突问题,这其中是否存在效力的位阶,恐怕也是难以作答的。从一种法律适用的视角来看,似乎这种法律冲突中,并不包含效力的位阶。

也有学者发现了法律效力位阶理论的缺陷,并提出构建法律效力位阶序列的三条标准。第一,法律效力的等级(位阶)应该是有效法律的效力等级;第二,法律效力等级应为同一有效法律在不同状态的效力等级;第三,法律效力的等级应该是同一有效法律在不同时间阶段的效力的一种表现形式。[4] 这样的法律效力位阶标准从正确性上说并无问题,但会跳脱出我们通常所探讨的法律效力位阶,将研究引向一个全然不同的方向。因为该标准所解决的是同一法律在不同情形下的效力位阶,而非判断不同法律规范间的效力位阶序列,所以在法律实践中也难有适用意义。因此本书认为这样的三条标准并未解决法律效力位阶理论的实际困境,甚至可以说是完全否定了现有的法律位阶理论。

效力的强弱是难以证成的。这是法律效力位阶理论出现瑕疵的核心

---

〔1〕 王成:《最高法院司法解释效力研究》,载《中外法学》2016 年第 1 期。
〔2〕 [奥]凯尔森:《法与国家的一般理论》,沈宗灵译,商务印书馆 2013 年版,第 178 页。
〔3〕 [奥]凯尔森:《法与国家的一般理论》,沈宗灵译,商务印书馆 2013 年版,第 176 - 177 页。
〔4〕 张根大:《法律效力论》,法律出版社 1999 年版,第 192 - 194 页。

点。但法律效力强弱也成为法律实践中的惯用表达。这是因为法律效力存在两个维度:正确性和权威性。[1] “法律效力不存在位阶”论者从“效力的正确性”出发,认为法律效力只存在有效和无效两种状态。但其忽视了“效力的权威性”,这也导致与日常法律实践的割裂,因此这种观点不被多数人认可。现有的法律效力位阶理论是对法律效力权威性的表达。拉兹对权威的解释更富有见地,他认为并非所有的权威规则体系都是法律体系。但是,具有法律约束力的规则应该是权威性指令。这证实社会中存在对社会成员行使权威的机构或制度,并要求社会成员仅仅因为当局宣布而遵守某些行为准则,无论它们是否为合法的标准。[2] 权威性效力可以在程度上区分大小,有权威性效力的规范应当得到尊重。这也是为何在识别法律效力位阶时,法律的制定机关尤为重要。权威性效力的行为方式是激励被作用主体的尊重,特别是法院的尊重。[3] 因此,从这个意义上讲,权威性效力存在一定的高低,而这种高低也影响着法院的尊重程度。这也是法律效力位阶为何在法律实践中广为使用的原因之所在。因此,将狭义的法律效力概念做法律效力位阶排序是有价值的。

三、法律效力与法律实效

对法律效力的研究不能回避其与法律实效的关系。法律实效是指人们实际按照法律规范规定的行为模式行事,法律实际为人们所执行、适用或遵守的状态。[4] 法律实效和法律效力是两个容易混同的概念。法律效力属于“应然”的范畴,更多指向法律的存在和法律的约束力。法律实效属于“实然”范畴,主要表明法律在现实生活中的状况。

(一)法律效力与法律实效的关系

法律研究离不开对法律条文的分析,这是法律研究的基础。但仅仅

---

〔1〕 俞祺:《正确性抑或权威性:论规范效力的不同维度》,载《中外法学》2014 年第 4 期。

〔2〕 [英]约瑟夫·拉兹:《法律的权威:法律与道德论文集》,朱峰译,法律出版社 2005 年版,第 45 页。

〔3〕 俞祺:《正确性抑或权威性:论规范效力的不同维度》,载《中外法学》2014 年第 4 期。

〔4〕 沈宗灵主编:《法理学》(第 4 版),北京大学出版社 2014 年版,第 310 页。

研究法条是不充分的，还要注意法律在社会生活中的实际实施效果。社会现实与法律规定之间往往存在一定的间隙。我们应该知道法律在社会中的执行现状，它是否有效，执行程度如何，对人们的生活产生了怎样的实际影响等。[1] 法律实效的研究是伴随法律效力和法律的实施研究的深入展开的。正是基于这一点，国内学者逐渐意识到法律实效的重要性，并展开深入的探讨。

有学者从公民守法的角度研究法律实效问题，认为法律实效充分实现的基础条件是法律实效主体能够普遍自觉地以法律为基本活动准则，保障法律实施，并保护法律的尊严。此外，需要一个能够确保法律全面实施的良好制度。[2] 有学者注意到法律实效与法律效力间的区别与联系，认为法律效力与法律实效是一阶与二阶、静态到动态的关系。研究法律效力不仅在于对其下定义，更在于进一步揭示出法律规范获得普遍效力的一般条件。此时便进入法律效力的第二阶段即法律实效，因此要进行法律实效条件的系统研究。[3] 也有学者注意到经验对法律效力与法律实效的重要性。有学者认为，法律效力与法律本身的文化合法性密切相关。[4] 这种法律自身的文化合法性要从法律实践经验中探寻。因此，法律效力也存在经验证成的可能性。这种经验证成即是法律实效对法律效力的影响，因此法律效力与法律实效之间存在有机互动。[5] 这种有机互动在法律实效到法律效力上体现为优良的法律实效也是法律效力的来源，因为它已被人们广泛认可。

但也有学者意识到法律效力与法律实效间的割裂。造成这种割裂的原因：一是在于法律本身所具有的局限性；二是人自身认识的局限性；三

---

〔1〕（清）瞿同祖：《中国法律与中国社会》，商务印书馆2010年版，第8页。

〔2〕赵震江、周旺生等：《论法律实效》，载《中外法学》1989年第2期。

〔3〕黄海林：《法效力与法实效之研究》，载《法学》1992年第1期。

〔4〕梁忠前：《法效力的逻辑探寻——法律效力的文化辨析》，载《法律科学（西北政法学院学报）》1998年第1期。

〔5〕刘婵秀：《法律效力的经验证成》，载《法律科学（西北政法学院学报）》2001年第1期。

是社会发展的非间断性与复杂性。[1] 法律效力与法律实效间的割裂也是对法律盲目崇拜者的警醒。我们应当认识到法律效力与法律实效间的对立统一，不断缩小二者之间的距离，尤其是在执法与守法领域。随后也有学者认识到缩进法律效力与法律实效距离的重要性，并认为法治的过程是法律效力向法律实效转化的过程。任何一个真正的法治社会，都必须是一个具有很高法律实效程度的社会。[2] 这提醒了我们在法治建设过程中，要努力实现法律效力向法律实效的转化，理想法律向现实法律的转化。当然，从法律效力到法律实效的转变不可能是一蹴而就的。法律实施过程中法律自身的内在因素也会影响法律效力转向法律实效。这种制约概括而言包括：法律对社会、客观现实的需要反映不足；法律的模糊性和不可预测性；法律与道德的冲突；法律用语和立法技术无法充分大众化。[3] 因此，法律实效的实现需要一定的保障。这种保障首先要求法律自身要保障其实效，这体现在法律的可操作性上，更具体体现在法律的可诉性上；其次是在法律观念保障上，这体现在公民的守法意识上；再次是在组织机制保障上，这体现在国家组织在法律实效产生过程中的能动性；最后是经济机制的保障，这体现在对法律实效产生过程的成本投入，如在执法、司法上的经济投入。[4]

（二）法律效力与法律实效的概念合并倾向

从前文对法律效力与法律实效的讨论来看，法律实效问题使法律效力话题重新回到了法律实证主义中。但国内的法律实效研究更像是法律的实施效果。从这个层面来看，法律实效与法律效力在概念上是极易辨识的。国内的法律实效研究在概念上仍存在一定的匮乏，因此我们需要回归法律实证主义者那里，重新审视其与法律效力间的概念。在法律实证主义者那里，法律效力与法律实效间存在复杂的关系。并且对二者间

---

〔1〕 郭立新：《论法的效力与实效》，载《中央检察官管理学院学报》1994 年第 4 期。
〔2〕 刘焯：《法的效力与法的实效新探》，载《法商研究（中南政法学院学报）》1998 年第 1 期。
〔3〕 屠世超：《论法律实效》，载《当代法学》2000 年第 2 期。
〔4〕 谢晖：《论法律实效》，载《学习与探索》2005 年第 1 期。

的研究不可避免地倒向另一个话题，即法律存在。因此有必要重新审视法律的存在（existence）、效力（validity）和实效（efficacy）[1]之间的关系。关于法律的存在、效力和实效，我们会自然地生成这样一个逻辑，法律的存在—法律效力—法律实效。而法律实证主义者的观点似乎证明这个逻辑是错误的。

对于效力和实效，凯尔森认为两者指的是完全不同的现象。效力是法律所具备的特殊品性；所谓实效是人们实际行为的属性，而不是像日常语言所暗示的那样，是法律本身的属性。法律有实效的唯一含义是人的实际行为符合法律规范。[2] 虽然凯尔森在此明确表明了法律效力与实效的分离状态，但他随后的法律体系的实效观点又使法律效力与实效之间变得模糊。凯尔森指出法律规范之所以有效，并不是因为整体秩序是有效的，而是因为它们是在符合基本规范——宪法的背景下创造出来的。但是，这只有在整体秩序有效（实效）的情况下才具有效力。[3] 有学者直指凯尔森观点的这种矛盾，并认为其在处理法律效力与实效上存在一定的缺陷与混淆。[4] 凯尔森的矛盾在于，法律效力只能来自另一种规范，但为什么一个法律规范体系的实际效力能够构成法律效力的条件呢？对此疑问，凯尔森没有予以回答。另一位法律实证主义者哈特也认为法律效力与法律实效间的复杂关系导致我们对法律效力的概念产生困惑。[5] 哈特也认为法律效力与法律实效之间不存在必然的联系。但任何法律规则的效力必须基于该法律体系是普遍具有实效的这一外在陈述为假定前提。[6] 哈特在法律效力与法律实效的观点上与凯尔森相似，二者均认为单个规范的法律效力与实效之间不存在必然的联系，但单一规范的法律

---

〔1〕 efficacy 译为实效。参见［奥］凯尔森：《法与国家的一般理论》，沈宗灵译，商务印书馆 2013 年版，第 64 页。［英］哈特：《法律的概念》，许家馨、李冠宜译，法律出版社 2011 年版，第 93 页。

〔2〕 ［奥］凯尔森：《法与国家的一般理论》，沈宗灵译，商务印书馆 2013 年版，第 78 页。

〔3〕 ［奥］凯尔森：《法与国家的一般理论》，沈宗灵译，商务印书馆 2013 年版，第 186 页。

〔4〕 Stephen Munzer, *Legal Validity*, by Martinus Nijhoff, The Hague, Netherlands, 1972.

〔5〕 H. L. A. Hart, *The Concept of Law*, Oxford University Press, 2012, p. 103.

〔6〕 H. L. A. Hart, *The Concept of Law*, Oxford University Press, 2012, p. 103 – 104.

效力取决于法律体系的实际效力。国内学者也意识到效力与实效的概念混淆，并对凯尔森、哈特二人的观点加以批判，因为他们都在各自的理论中严格区分了法律效力与法律实效，但又矛盾地依赖法律实效来构建他们的法律效力标准。[1] 对法律效力和法律实效更好的理解或许是：实效是法律效力标准的基础性内容，是法律效力理论的原则。[2] 而法律的效力与法律存在之间似乎就没有那么复杂。正如前文已经提及的拉兹的观点：在法律上无效的规则根本不是法律规则。无效的法律不是法律，有效的法律才是法律。对此，凯尔森也多次提及"我们所说的效力，意思就是指规范的特殊存在"[3]、"法律规范的存在在于其效力"[4]。可以说，法律效力是法律存在的充分必要条件。

在以上理论背景下我们再来审视法律的效力、实效和存在。既然法律的效力和存在在外延上是等价的，那么法律规则的存在对于其效力来说既是必要的，也是充分的。由于实效不是存在的必要条件，因此法律规则的实效不是法律效力的必要条件。法律持续的无实效是否会导致法律的无效，取决于有关法律制度是否规定无实效的规则失去效力这一相当偶然的事件。法律的效力证成了法律的存在，法律本身又是效力的载体。由法实证主义者的论述来看，法律体系的实效又是法律效力的来源。可以看出法律的效力、实效与存在间似乎"缠绕"着复杂的逻辑。但抛开这些复杂的逻辑关系，在正常运作的法律体系中，现行的、有效的和有实效的法律规则之间通常存在大量的一致性。而法律的效力与存在、法律的效力与实效之间又存在互惠性（或有机统一）。主要是这些事实造成了把法律的效力、实效和存在这三个概念合并的倾向。[5] 而面对这种合并倾向，我们应当注意法律效力概念的"应然"和"实然"的两个面向。并且

---

〔1〕 刘叶深：《原则、效力与法律的概念》，中国政法大学出版社 2018 年版，第 69 页。

〔2〕 刘叶深：《法律效力理论中的实效性原则》，载《北方法学》2013 年第 5 期。

〔3〕 ［奥］凯尔森：《法与国家的一般理论》，沈宗灵译，商务印书馆 2013 年版，第 65 页。

〔4〕 ［奥］凯尔森：《法与国家的一般理论》，沈宗灵译，商务印书馆 2013 年版，第 89 页。

〔5〕 Stephen Munzer, *Legal Validity*, by Martinus Nijhoff, The Hague, Netherlands, 1972. 文中认为法律的效力、实效与存在是极宜辨识的，但又存在概念合并的倾向（tendency to conflate）。

当我们通过实效来审视效力时应当注意，实效并不是评判效力存在的唯一标准，也包括法律渊源在内的其他标准。[1] 当然这也无法很好地解决法律效力概念上的混淆。这也是法学学术研究和法律实践中既要有所识别，而又无可避免需要面对的现实。

四、结语

国内对法律效力的研究呈现多种角度。但法律效力的核心内涵仍是“法律规范在生效范围内的约束力”。只不过在此核心内涵之下，法律效力的概念在“法律”和“效力”上存在一定的外延。法律规范及其衍生文书效力、法律行为效力、强制力与保证力等都是这一外延的表现。通过对法律效力位阶与法律实效进行研究后重新审视法律效力的概念可以发现，法律效力概念的多维在于：一是法律效力存在正确性效力和权威性效力两个维度；二是法律效力与法律实效虽是两个极易辨识的概念，但二者与法律存在之间有着一定的概念合并倾向。希望通过本书的分析，能够将上述法律效力概念的基本内容准确而深刻地呈现出来，从而消除一些歧义，提高人们对法律效力的认识。

延伸阅读学术著作

1. 张根大：《法律效力论》，法律出版社 1999 年版。
2. 刘叶深：《原则、效力与法律的概念》，中国政法大学出版社 2018 年版。

延伸阅读学术论文

1. 李琦：《法律效力：合法行为发生法律上效果之保证力——兼与陈世荣商榷》，载《法学研究》1995 年第 2 期。
2. 陈世荣：《法律效力补论》，载《法学研究》1995 年第 3 期。

---

〔1〕 刘叶深：《原则、效力与法律的概念》，中国政法大学出版社 2018 年版，第 86 页。

3. 姚建宗:《法律效力论纲》,载《法商研究(中南政法学院学报)》1996 年第 4 期。
4. 张根大:《论法律效力》,载《法学研究》1998 年第 2 期。
5. 邓世豹:《法律位阶与法律效力等级应当区分开》,载《法商研究(中南政法学院学报)》1999 年第 2 期。
6. 谢晖:《论法律效力》,载《江苏社会科学》2003 年第 5 期。
7. 江必新:《论软法效力——兼论法律效力之本源》,载《中外法学》2011 年第 6 期。
8. 黄金荣:《"规范性文件"的法律界定及其效力》,载《法学》2014 年第 7 期。
9. 王成:《最高法院司法解释效力研究》,载《中外法学》2016 年第 1 期。
10. 王世涛:《宪法最高法律效力规范分析》,载《比较法研究》2022 年第 2 期。

第十七章　法律关系

本论题导读

法律关系是以法律规范为基础形成的、以法律权利与法律义务为内容的社会关系。一般认为，法律关系的观念源自于罗马法的“法锁”(juris vinsulum)，即“债”的概念。19世纪时，法律关系作为一个专门的概念存在。新中国法律关系研究受苏联法学的影响，在法律关系三要素说的理论模型基础上展开。一直以来，法律关系研究的私法色彩浓厚。为解决法律关系理论的适用问题，改革开放后，学界尝试构建一般意义上的法律关系理论。近年来，法律关系理论研究视角更加开放，吸收西方学术成果，丰富研究方法。关于法律关系内容权利义务说的研究正在成为重构法律关系理论的突破点。为构建一般意义上的法律关系理论，理应坚持法理学科视角，立足中国语境，回应法治实践问题。

德国法学家萨维尼(Friedrich Carl Von Savigny，1779—1861)在《当代罗马法体系：法律渊源·制定性解释·法律关系》中第一次对法律关系(Rechtsverhältnis)作了系统的理论阐述，将法律关系定义为“通过法规则而界定的人与人的联系”[1]。通过奥斯丁(Austin)、温迪施切特(B. Windscheid)、塞尔曼德(J. W. Salmond)、韦斯利·纽科姆·霍菲尔德(Wesley Newcomb Hohfeld)、A. 考克瑞克(Albert Kocourek)等法学家对

〔1〕［德］萨维尼：《当代罗马法体系：法律渊源·制定法解释·法律关系》(第1卷)，朱虎译，中国法制出版社2010年版，第258页。

法律关系概念的深入研究,[1]法律关系理论逐渐成为法理学的专门理论问题之一。但是,在西方法律关系研究中,法律关系往往作为权利和义务的下位概念出现。我国法学界对法律关系的探讨源自苏联法学。[2] 自20世纪30年代起,苏联法学家对法律关系问题展开研究,[3]从法理学的高度来研究法律关系问题,把法律关系作为权利和义务的上位概念。新中国成立后,我国法学界关于私法领域法律关系和具体法律关系研究较多;改革开放后,公法领域法律关系和一般意义上的法律关系理论构建逐渐成为学界关注的重点;时至今日,法律关系研究趋于多元化,法理学界关注现实、回应法治实践,学者正在探索构建一般意义上的法律关系理论。

一、新中国法律关系研究的历史进程

新中国法律关系研究主要经历三个时期:新中国成立初期,主要借鉴苏联法学关于法律关系的研究,国内学界的自主研究较为薄弱;改革开放之后,以张贵成为先驱的一批学者开始对传统法律关系理论进行反思与总结,突破传统苏联法律关系理论并尝试提出符合社会主义市场经济发展特点的法律关系理论;20世纪90年代末,学界更多地转向西方法律关系理论,并运用分析法学的方法进行法律关系理论研究,丰富了传统法律关系的研究方法。

(一)1949—1977年:继受苏联法学传统

为巩固国家政权,中国采取"一边倒"的外交政策,苏联法学成为中

---

[1] "德国学说汇纂派著名代表温德萨伊德(Bernhard Windscheid)的《学说汇纂教程》、法学家诺易纳(Neuner)的《私法关系的本质与种类》、彭夏尔特(Puntschart)的《基本的法律关系》、比尔林(Ernst Rudolf Bierling)的《法律原理论》等著作对法律关系进行了专门的研究。"参见高其才:《法理学》,清华大学出版社2015年版,第108页。张文显:《法哲学范畴研究》,中国政法大学出版社2001年版,第94页。"在英美法学家中,对法律关系作了专门研究的有特利的《英美法的指导原则》、霍菲尔德的《司法推理中应用的基本法律概念》、A.考克瑞克的《法律关系》等。"参见马长山主编:《法理学导论》,北京大学出版社2014年版,第66-67页。杜宴林主编:《法理学》,清华大学出版社2014年版,第119-120页。

[2] 赵震江、付子堂:《现代法理学》,北京大学出版社1999年版,第55页。

[3] 周永坤:《法理学——全球视野》(第4版),法律出版社2016年版,第102-103页。

国法学借鉴的最好范本。[1] 新中国成立初期，苏联法学关于法律关系的研究已历经两个阶段的发展，[2]积累了一批较为成熟的研究成果，成为新中国法律关系研究的模板。改革开放前的新中国法律关系研究呈现出继受苏联法学的特点，主要体现在以下两个方面。

一是法律关系研究内容的继受。这一时期，苏联法律关系理论已经具有较为完整的理论结构。[3] 苏联法律关系研究者批判性地继承了西方资产阶级法律学说的合理成分，根据法律权利和义务的性质与联系来界定法律关系。[4] 20 世纪 50 年代初期，新中国法学研究者通过翻译苏联法学的教材、专著、论文，[5]借鉴了苏联法学关于法律关系的研究内容。

二是法律关系研究方法的继受。苏联法律关系研究以马克思主义的基本原理为指导，运用历史唯物主义和辩证法进行法律关系研究。学者

---

〔1〕 李龙、汪习根：《二十世纪中国法理学回眸》，载《法学评论》1999 年第 4 期。

〔2〕 苏联法律关系研究大致可以分为三个发展阶段，第一阶段：起步（20 世纪 20 年代至 30 年代），第二阶段：发展（20 世纪 30 年代后期至 50 年代初期），第三阶段：成熟（20 世纪 50 年代中期）。参见［苏联］卡列娃、［苏联］费其金主编：《苏维埃国家和法的基础》，中国人民大学编译室译，法律出版社 1955 年版，第 157－160 页。舒国滢：《法律关系》，载王勇飞、张贵成主编：《中国法理学研究综述与评价》，中国政法大学出版社 1992 年版，第 493－494 页。

〔3〕 ［苏联］卡列娃、［苏联］费其金主编：《苏维埃国家和法的基础》，中国人民大学编译室译，法律出版社 1955 年版，第 157－160 页。

〔4〕 王勇飞、张贵成主编：《中国法理学研究综述与评价》，中国政法大学出版社 1992 年版，第 493 页。

〔5〕 ［苏联］列文等：《国家与法律概论》，中央人民政府法制委员会编，杨旭译，人民出版社 1950 年版；［苏联］卡列娃、［苏联］费其金主编：《苏维埃国家和法的基础》，中国人民大学编译室译，法律出版社 1955 年版；［苏联］玛・巴・卡列娃、［苏联］斯・费・凯契克扬等：《国家和法的理论》（下册），李嘉恩等译，中国人民大学出版社 1956 年版；［苏联］凯契克扬：《法律规范和法律关系》，李嘉恩译，载中国人民大学国家与法权理论教研室辑：《国家和法的理论论文选译》（第 1 辑），中国人民大学出版社 1956 年版；［苏联］亚历山大洛夫：《关于法律关系学说的几个问题》，李光谟译，载中国人民大学国家与法权理论教研室编：《国家和法的理论论文选译》（第 1 辑），中国人民大学出版社 1956 年版；［苏联］亚历山大洛夫：《苏维埃社会中的法制和法律关系》，宗生、孙国华译，中国人民大学出版社 1958 年版；［苏联］A. A. 彼昂特考夫斯基：《国家和法的一般理论的若干问题》，徐鹤皋译，载《政法译丛》1956 年第 3 期；［苏联］Г. M. 格罗莫娃：《苏联科学院法学研究所关于社会主义法律关系问题讨论的报道》，时筱节译，载《政法译丛》1956 年第 5 期；［苏联］斯塔利格维奇：《社会主义法律关系理论的几个问题》，辛洁译，载《政法译丛》1957 年第 5 期；［苏联］哈尔芬娜：《法律关系理论的方法论方面》，载《苏维埃国家与法》1971 年第 10 期。

根据马克思主义原理分析法律关系，基本上对于法律关系的性质、权利和义务的关系方面争议较小，但对于法律关系客体相关问题分歧较大。[1]

这一时期的法律关系研究主要是对苏联法学的吸收，研究成果相对薄弱，但为马克思主义法学理论研究和巩固社会主义法律制度作出了一定的理论贡献。同时，这一时期的法律关系研究为改革开放之后的法律关系研究奠定了一定的理论基础，具体体现为法律关系研究的内容和方法为后来的研究提供了理论和方法上的借鉴。

（二）1978—1997 年：反思与总结

改革开放之后的 20 年间，社会经济快速发展，民主法制建设稳步推进。这一时期，是新中国成立以来法理学的奠基时期[2]，也是新中国法律关系研究反思与总结的时期。

关于法律关系的论述首先在法理学教材中出现。作为新中国首部真正意义上的法理学教材，[3]1981 年北京大学法律系编写的《法学基础理论》，以专章形式介绍了社会主义法律关系基本概念及法律关系产生、变更和消灭的理论知识。[4] 1982 年，法律出版社出版的全国高校统编教材《法学基础理论》，在“中国社会主义法的制定和实施”部分论述了社会主义法律关系及其构成。[5] 整体上，这两部教材延续了苏联法律关系研究的观点，但对于法律关系的知识体系介绍并不完善，缺少法律关系分类、法律关系客体的内容，其中关于法律关系基本性质等传统观点在当时引起了学者的反思。1985 年，张贵成发表论文《试论法律关系的概念和性质》，率先质疑传统法律关系的概念和性质，随后学界开始反思法律关系

[1] 雷磊：《法的一般理论及其在中国的发展》，载《中国法学》2020 年第 1 期。
[2] 胡水君主编：《法理学的新发展》，中国社会科学出版社 2013 年版，第 34 页。
[3] 张文显、姚建宗等：《中国法理学二十年》，载《法制与社会发展》1998 年第 5 期。
[4] 陈守一、张宏生主编：《法学基础理论》，北京大学出版社 1981 年版。
[5] 孙国华主编：《法学基础理论》，法律出版社 1982 年版。

的基本性质问题，关于法律关系基本性质的研究逐渐增多。[1] 这一时期董国声系统展开关于法律关系体系的研究[2]，其博士学位论文《社会主义法律关系的一般理论》对法律关系本体论和法律关系体系论两部分进行研究。[3] 1991年，张文显发表《法律关系论纲——法律关系若干基本问题的反思》，探讨了法律关系概念、基本性质、构成要素及运行的基本问题[4]，大致结束了对法律关系基本性质的争论，形成了目前法理学教科书的主流观点。1992年，在法律关系研究已经初现一批学术成果的基础上，王勇飞、张贵成编写的《中国法理学研究综述与评价》中关于法律关系的研究综述为新中国法律关系研究作了细致的总结。由舒国滢撰写的"法律关系"一章，对法律关系起源、英美及苏联法律关系理论的发展历程、新中国成立后法律关系研究等问题的主要论点及观点进行了细致的评述。

新中国法律关系研究在这一时期进入了反思与总结的新阶段，一方面反思传统苏联法律关系的研究内容和研究方法，另一方面总结改革开放20年间法律关系研究成果。这一阶段的研究具有明显的局限性，较多地运用逻辑推理，较少地关注与社会实践的联系，传统的法律关系理论仍占据主流，研究中的新提法和新观点也有待进一步的检验。学者认识到

---

〔1〕 关于法律关系基本属性的研究成果，主要包括张贵成：《试论法律关系的概念和性质》，载《政法论坛》1985年第1期；董国声：《社会主义法律关系的规定性初探》，载《法学研究》1987年第5期；刘翠霄：《试论社会主义法律关系的本质属性》，载《法学研究》1987年第6期；张志铭：《中国社会主义法律关系新探》，载《中国法学》1988年第5期；邵诚、宋瑞兰：《试论法律关系的性质》，载《西北政法学院学报》1988年第1期；李颂银：《对法律关系理论两个传统观点的质疑》，载《现代法学》1989年第3期；朱景文、韩旭：《关于法律关系属性的几个理论问题》，载《中国法学》1994年第4期。

〔2〕 董国声：《论法律关系体系》，载《上海社会科学院学术季刊》1989年第4期；董国声：《法律关系体系内部结构刍议》，载《法律学习与研究》1989年第4期；董国声：《苏联关于一般法律关系理论的争论》，载《中外法学》1990年第2期；董国声、高云超：《论我国法律关系的分类》，载《法律科学（西北政法学院学报）》1990年第4期；董国声：《论社会主义保护性法律关系》，载《中国人民大学学报》1991年第1期。

〔3〕 董国声：《社会主义法律关系的一般理论》，中国人民大学1991年博士学位论文。

〔4〕 张文显：《法律关系论纲——法律关系若干基本问题的反思》，载《天津社会科学》1991年第4期。

需要进一步剖析传统法律关系理论的缺点，密切联系我国社会主义法律关系的实际，尝试构建一种能够普遍适用的、唯物的、辩证的法律关系理论。[1]

（三）1998 年至今：开放与创新

20 世纪 90 年代以后，法理学译著进入繁荣时期。2004 年，田士永译《萨维尼论法律关系》，对包括法律关系概说、法律关系的本质、法律关系的种类等问题加以说明。[2] 朱虎就萨维尼视野中的法律关系给出界定，并对法律关系、生活关系、法律制度三个概念进行区分。[3] 葡萄牙法学家安德拉德的《法律关系总论》第 1、2 卷已出版中译本。[4] 此外，学界涌现关于霍菲尔德法律关系理论研究、艾伯特・考库瑞克法律关系理论研究的成果。[5] 法律关系研究突破了沿用苏联理论模型的传统范围，开始吸收和借鉴西方法律关系理论研究成果。分析法学的方法被引入，为之后的研究提供了新的方法指引。与此同时，方法论意义上的法律关系研究徐徐展开，民法学者王涌关于“法律关系元形式”的研究为国内民事法律关系研究提供了新的分析方法。[6] 学界随之展开了不同领域的法律关系研究，如网络交易法律关系研究、监察法律关系研究、环境权、数据权利、搜索引擎服务提供商的权利义务、人体冷冻胚胎监管、处分权、个人信

[1] 张文显：《法哲学范畴研究》，中国政法大学出版社 2001 年版，第 95 页。

[2] [德]弗里德里希・卡尔・冯・萨维尼：《萨维尼论法律关系》，田士永译，载郑永流主编：《法哲学与法社会学论丛》（七），中国政法大学出版社 2005 年版。

[3] 朱虎：《萨维尼视野中的法律关系的界定——法律关系、生活关系和法律制度》，载《比较法研究》2009 年第 3 期。

[4] [葡]曼努埃尔・德・安德拉德：《法律关系总论》（第 1 卷），吴奇琦译，法律出版社 2015 年版。

[5] 林孝文、金若山：《从法律概念中探寻法律关系——霍菲尔德法律关系理论研究》，载《湘潭大学学报（哲学社会科学版）》2013 年第 4 期；尚佩佩：《艾伯特・考克瑞克法律关系理论研究》，西南政法大学 2016 年硕士学位论文等。

[6] 王涌：《法律关系的元形式——分析法学方法论之基础》，载《北大法律评论》1998 年第 2 期。

息权利等问题。[1] 另外，学界开始逐渐注重法律关系的应用。法理学教科书中开始将“法律关系的运用和分析”作为新的部分编入“法律关系”章节[2]，指出法律关系在司法活动中占有重要的基础性地位。法律关系作为分析案件、解决纷争的工具，具有重要的方法论意义。

相较于前一时期，这一阶段西方法律关系研究成果开始进入我国法理学界，为我国法律关系研究提供了新的方法借鉴，有学者开始运用分析方法尤其是概念分析和逻辑分析方法进行法律关系研究。分析方法的运用丰富了我国学界以马克思主义方法论为主导的法律关系研究，有助于对法律关系的基本概念和要素进行更加精细化的研究。

二、新中国法律关系研究关注的主要问题

（一）法律关系的概念界定

新中国成立后的前20年里，法律关系理论一直是中国关于法的一般理论研究的重点，法律关系概念的界定则是关键一环。1938年7月，维辛斯基提出了著名的“法即规范”观点，[3] 认为法律、法律关系和生产关系三者间互相联系，相互影响，但是三者并不等同。因为虽然社会关系是

---

[1] 陆幸福：《论搜索引擎服务商在提供链接过程中的权利与义务——基于霍菲尔德权利理论的一种分析》，载《法学评论》2013年第4期；杨立新：《网络交易法律关系构造》，载《中国社会科学》2016年第2期；侯学宾、李凯文：《人体冷冻胚胎监管、处置权的辨析与批判——以霍菲尔德权利理论为分析框架》，载《苏州大学学报（哲学社会科学版）》2016年第4期；杨抒见：《监察法律关系刍论》，载《西南政法大学学报》2020年第6期；王涌：《道义逻辑、人工智能与法律——霍菲尔德法律关系形式理论的应用》，载《经贸法律评论》2020年第2期；戴昕：《数据界权的关系进路》，载《中外法学》2021年第6期；张凌寒：《数据生产论下的平台数据安全保障义务》，载《法学论坛》2021年第2期；范卫红、陆成虎：《劳动者数据权分析：权利证成与规范构建》，载《电子科技大学学报（社科版）》2022年第6期；隋军、周自达：《霍式理论下民法典环境权入法路径研究》，载《中国环境管理》2022年第1期；袁俊宇：《个人信息的民事法律保护——以霍菲尔德权利理论为起点》，载《江苏社会科学》2022年第2期。

[2] 马长山主编：《法理学导论》，北京大学出版社2014年版，第82－85页；陈金钊主编：《法理学》，北京大学出版社2010年版，第174－177页。

[3] [苏联]维辛斯基：《苏维埃社会主义法律科学的基本任务》，郑华译，载[苏联]安·扬·维辛斯基：《国家和法的理论问题》，中国人民大学编译室译，法律出版社1955年版，第100页。

法律的基础、根源抑或更深层次的本质，但是社会关系并非法律本身。维辛斯基法学在苏联法学史上占据了近20年的统治地位，其观点也深刻地影响了苏联和中国学者。随着一些学者对马克思主义方法运用得更为娴熟，尤其是对经济基础与上层建筑之间的作用关系，理解得更为透彻，以彼昂特考夫斯基为代表的法学家反对维辛斯基的“规范说”，认为必须要规定作为上层建筑一部分的法的概念的内容，绝不能把法只看作法律规范，而应视为法律规范与法律关系。〔1〕在1956年2月关于法律关系问题的讨论会上，各位学者对法律关系理论非常重视。卡列娃与凯契克扬分别就法律关系作了相应报告，为当时苏联和中国关于法的一般理论奠定了主基调。尽管各个学者对何为法律关系尚未达成统一意见，但总体来看，仍只是“在维辛斯基定的基调和框架内进行因循和微调”。〔2〕多种观点中比较权威的是《苏联法律辞典》中的定义，“法律关系是社会关系的一种，这种关系的特征在于：每一种法律关系的参加者都是被法律规范所规定的一定的主体权利和法律义务相互联系起来的。法律关系归根到底是由社会的基础所决定的，属于思想社会关系的范畴”〔3〕。相较于德国历史法学萨维尼的法律关系理论而言，这一定义突出了法律关系的“阶级意志”与“国家意志”属性。也正是加入“政治上统治阶级的意志”因素，法律关系理论才突出了社会主义属性。其后的学者几乎都是从这个角度理解法律关系，例如，卡列娃在《国家和法的理论》一书中也说道：“凡法律关系都是用法律规范规定的，而法律规范体现着对社会实行国家领导的统治阶级的意志。由此可见，统治阶级的意志正是通过法律关系

〔1〕［苏联］彼昂特考夫斯基：《国家和法的一般理论的若干问题》，徐鹤皋译，载《政法译丛》1956年第3期。

〔2〕刘颖：《法概念的跨语际实践：苏联法在中国（1949—1958）》，法律出版社2011年版，第111－112页。

〔3〕［苏联］库德利雅夫采夫主编：《苏联法律辞典》（第三分册国家和法的理论部分），中国人民大学国家和法的理论教研室等译，法律出版社1957年版，第116页。

而实现的。"[1]

改革开放之后，法学教育逐步走向正轨。在教材的论述中，关于法律关系的定义仍然带有意识形态的色彩，着重强调法律关系的社会主义属性。[2] 法律关系被定义为：法律关系是法律在调整人们行为的过程中形成的以权利和义务为表现形式的社会关系。学者对法律关系的表述略有不同，但总体上大致包含了以下三个特征：第一，法律关系的落脚点在于"社会关系"，即法律关系是一种特殊的社会关系。第二，强调法律关系以权利义务为内容，并以此作为外部表现形式与其他社会关系区分。第三，法律关系受制于法律的调整。如果没有法律规范，就没有法律关系。对于前两点，学者的争议较小，基本能达成一致。然而，学者对于第三点存在重大分歧。毫无疑问，法律规范是法律关系存在的前提，但这里的"前提"究竟为何意？进一步而言，法律规范、法律关系、社会关系之间存在什么样的关系？

一种观点认为，法律关系是由作为立法者意志表现的法律规范中"产生"出来的。例如，孙国华认为，法律关系是根据法律规范产生的、人与人之间的、由国家强制力保证的、个体化了的权利义务关系。[3] 沈宗灵认为，法律关系是根据法律规范产生的、以主体之间的权利与义务关系的形

---

〔1〕［苏联］玛·巴·卡列娃、［苏联］斯·费·凯契克扬等：《国家和法的理论》（下册），李嘉恩等译，中国人民大学出版社 1956 年版，第 403 页。另外可参见其他学者的关于法律关系的定义，［苏联］尼·格·亚历山大洛夫：《苏维埃社会中的法制和法律关系》，宗生、孙国华译，中国人民大学出版社 1958 年版，第 81 页。

〔2〕改革开放初期的教材重点突出了社会主义法律关系与资本主义法律关系不同，具体表现为：第一，社会主义法律关系是建立在社会主义公有制基础之上的上层建筑，是摆脱了剥削的人们之间的相互关系。第二，社会主义法律关系是由社会主义法所规定和调整的人们之间的相互关系，它体现着工人阶级为领导的广大人民群众的意志与利益，反映着社会主义的政治观点、法律观点和共产主义道德观点，从而决定了社会主义法律关系是高尚的进步的法律关系。第三，社会主义法律关系对维护和巩固社会主义的社会秩序，保护、巩固和发展社会主义经济基础，促进生产力发展起着巨大的作用，是为建设社会主义和最终消灭阶级，实现共产主义服务的。参见安徽大学法律系编：《法学基础理论》，安徽大学出版社 1983 年版，第 302 页；郑州大学法律系编：《法学基础理论（试用）》，郑州大学出版社 1985 年版，第 336 页。

〔3〕孙国华：《法律基础理论》，天津人民出版社 1988 年版，第 324 页。

式表现出来的特殊的社会关系。[1] 赵震江、付子堂认为,“所谓法律关系,是指法律规范在调整人们行为的过程中所产生的、以主体之间的权利与义务的形式表现出来的特殊社会关系”[2]。这种观点在我国法理学界似乎占据主流[3],原因在于“产生说”的优势是能够进一步推导出“法律关系是一种思想、意志关系”的结论。

另一种观点认为,“产生说”完全颠覆了马克思法哲学的基本原理,即社会不是以法律为基础的,“相反地,法律应该以社会为基础,法律应该是社会共同的、由一定物质产生方式的利益和需要的表现”[4]。假定“产生说”是正确的,那么法律关系是依据法律规范而产生的社会关系,人们就可理所应当地认为不是社会关系决定法律关系,而是法律关系决定社会关系。这样一来,立法者可以随意地建立法律关系。这在理论上是荒谬的,在实践中也是有害的。[5] 法律关系本质上还是一种社会关系,只不过这种社会关系受到法律规范的调整,也就为这种社会关系“披上了法律外衣”。因此,持这一观点的学者认为,“法律关系是法律规范在指引人们的社会行为、调整社会关系的过程中所形成的人们之间的权利和义务联系,是社会内容和法的形式的统一”[6]。“实际社会关系(事实关系)是第一性的,是法律关系存在的客观依据和内容本身,它决定着法律

---

〔1〕 沈宗灵主编:《法理学》,高等教育出版社 1994 年版,第 372 页。

〔2〕 赵震江、付子堂:《现代法理学》,北京大学出版社 1999 年版,第 55 页。类似观点还有:吴大英:《法律基本理论》,四川人民出版社 1988 年版,第 213 页;王天木主编:《法理学》,中国政法大学出版社 1992 年版,第 212 页等。

〔3〕 最初的各个高校的教材几乎都是此种观点,参见《法学基础理论》编写组:《法学基础理论》,法律出版社 1982 年版,第 293 页;《法学基础理论》编写组:《法学基础理论》,法律出版社 1982 年版,第 295 - 296 页;北京大学试用教材:《法学基础理论》,法律出版社 1984 年版,第 373 页;安徽大学法律系:《法学基础理论》,安徽大学出版社 1983 年版,第 302 页;郑州大学法律系:《法学基础理论(试用)》,郑州大学出版社 1985 年版,第 336 页等。

〔4〕 [德]马克思、[德]恩格斯:《马克思恩格斯全集》(第 6 卷),中共中央马克思恩格斯列宁斯大林著作编译局译,人民出版社 1961 年版,第 291 - 292 页。

〔5〕 张贵成:《试论法律关系的概念和性质》,载《政法论坛》1985 年第 1 期。类似观点还有李颂银:《对法律关系理论两个传统观点的质疑》,载《现代法学》1989 年第 3 期。

〔6〕 张文显:《法学基本范畴研究》,中国政法大学出版社 1993 年版,第 160 页;张文显:《法哲学范畴研究》(修订版),中国政法大学出版社 2001 年版,第 96 页。

关系的性质和类别；法律关系是第二性的，它是实际社会关系的法律外衣，从属于一定的社会关系。”[1]

在法律关系的分类中，我们仍能发现关于法律关系本质的争论。比如支持“产生说”的学者将法律关系分为“原生法律关系”与“派生法律关系”或“确认的法律关系”与“创立的法律关系”。其中前者是指直接原生于社会关系，经由法律规范确认、调整而形成的那些法律关系，后者是指在社会生活中原本并不存在，而是由法律规范创立、构建而成的法律关系。[2] 对此，反对“产生说”的学者从以下两方面回应：第一，“法律关系的本质是法律规范还是社会关系”这一问题是在法哲学本体论意义上的追问，是针对第一性法律关系亦即法律关系常态之本原性存在的抽象追问，而诉讼法律关系以及刑事法律关系等第二性法律关系实为对第一性法律关系的逻辑延伸，是在技术上、制度上对遭到破坏的常态法律关系的校正，它们在逻辑上和制度上从属于、派生于第一性法律关系，故而在讨论本体论问题时不宜独立出现。第二，事实上，“在各种复杂的诉讼法律关系形成之前，已然存在社会生活主体之间的各种纠纷关系，以及他们诉诸第三者解决纠纷而衍生出来的各种关系”。[3] 也就是说，所有第二性法律关系在终极意义上也都源自社会生活关系。从总体上看，公法关系、程序性法律关系比私法关系、实体性法律关系包含有更多的立法者主观创设成分，在表现形式上呈现出更为浓重的制度设计色彩，从而距离其社会生活关系的本原更具有间接性。[4]

（二）法律关系的基本性质

新中国法学界关于法律关系基本性质的研究观点源自苏联法学，认为法律关系不同于物质社会关系，是一种思想社会关系、意志关系，属于

---

〔1〕 舒国滢：《法律关系》，载王勇飞、张贵成主编：《中国法理学研究综述与评价》，中国政法大学出版社1992年版，第507页。

〔2〕 周永坤：《法理学——全球视野》，法律出版社2000年版，第127－128页；王果纯：《现代法理学——历史与理论》，湖南出版社1995年版，第205页。

〔3〕 李步云主编：《法理学》，经济科学出版社2000年版，第185页。

〔4〕 庞正：《法律关系基础理论问题论辩》，载《法治研究》2010年第6期。

上层建筑的范畴。这种观点主要是依据列宁对于社会关系的二分法,即"思想的社会关系不过是物质的社会关系的上层建筑,而物质的社会关系是不以人的意志和意识为转移而形成的,是人维持生存的活动的(结果)形式"〔1〕。对这一观点持批判态度的学者认为,传统的命题将意志与意志关系混为一谈,不符合历史唯物主义关于划分社会关系性质的标准。〔2〕法律关系的研究受限于法律关系具有"特殊的思想性"这一简单结论,而漠视了法律关系的客观性。〔3〕把所有的法律关系都视为意志关系,划入上层建筑的范畴是错误的。这两种观点的对立早先也存在于苏联法律关系研究中,苏联法学教材《国家和法的理论》论述了这两种观点,并且认为后者是错误的〔4〕,支持一切法律关系都具有意志性的观点。

此外,还有三种观点:一是以邵诚、宋瑞兰的观点为代表,法律关系可以从狭义的和广义两种意义理解和使用。二者都属于上层建筑的范畴,但广义的法律关系又是思想关系和一定实际社会关系的统一,其中的经济性法律关系是思想关系与物质关系的统一,也就是上层建筑因素与经济基础因素的统一。我国社会主义法律关系的重要组成部分是经济性法律关系,所以不能说实际的社会主义法律关系是纯粹的上层建筑因素。〔5〕二是以董国声的观点为代表,认为法律关系是法律性、意志性和社会物质性交织在一起的特殊社会关系。法律规范调整社会关系的过程是法律规范和现实的社会关系二者的融合过程,即法律形式与人们的行为和利益相融合而形成一种再造型的新型的特殊法律关系的过程。这种特殊的社会关系不是单纯的意志关系,不属于上层建筑的范畴。研究法

---

〔1〕［苏联］列宁:《列宁全集》(第2版增订版)(第1卷),中共中央马克思恩格斯列宁斯大林著作编译局译,人民出版社2013年版,第121页。

〔2〕李颂银:《对法律关系理论两个传统观点的质疑》,载《现代法学》1989年第3期。

〔3〕张贵成:《试论法律关系的概念和性质》,载《政法论坛》1985年第1期。

〔4〕"某些苏维埃法学家认为,马克思所说的法律关系的意志性质仅指买卖上的法律关系而言,因此不能把他的这一论断硬套到一切法律关系上,因为并非一切法律关系都能算作意志关系。但是这种观点是决不能令人同意的。"参见［苏联］玛·巴·卡列娃、［苏联］斯·费·凯契克扬等:《国家和法的理论》(下册),李嘉恩等译,中国人民大学出版社1956年版,第439页。

〔5〕邵诚、宋瑞兰:《试论法律关系的性质》,载《法律科学》1988年第1期。

律关系既要注重法律形式，又要研究实际内容；既要研究法律关系参加者之间的权利和义务，又要研究决定这种权利义务的客观现实的行为和利益关系。该观点反对片面强调一方而否定了另一方的做法，而应区分法律规范与法律关系的性质。[1] 三是以张志铭的观点为代表，认为法律关系在内容上的基本性质是综合性的，提出以意志或意识活动的性质作为划分思想社会关系和物质社会关系的标准。[2] 另有学者提出法律关系具有"法律性"[3]这一观点。舒国滢认为，这一提法不够科学，因为"法律性"只是一个中性词，仅描述了法律关系具有的法律意义、法律效力和法律效果，但并不能明确说明法律关系的特殊性。也有学者认为，争论法律关系是意志关系还是物质关系不是一个真正有学术价值的问题，应从规范意义与事实意义两个层面研究法律关系。[4]

法律关系基本性质研究具有一定的时代性。新中国法律关系研究初期确实受到苏联的教条主义以及我国20世纪50年代后期"左"的思潮的影响，但随着发现和反思苏联传统法律关系理论的缺陷，我国的法律关系研究在逐步深化。法律关系基本性质研究逐渐摆脱"唯阶级性"的标签，开始更多地考察法律关系的实际效果。

（三）法律关系的分类

法律关系的数量和种类，在一定程度上体现了法律调整社会生活的深度和广度。现实中的法律关系依据不同的分类标准可以划分为不同的种类。新中国法律关系种类研究最初开始于法律关系体系研究[5]，有学者将法律关系体系定义为是基于法律调整社会关系而产生的，是不同层次的法律关系的有机结合。[6] 之后"法律关系体系"几乎不再被提及，法

[1] 董国声：《社会主义法律关系的规定性初探》，载《法学研究》1987年第5期。
[2] 张志铭：《中国社会主义法律关系新探》，载《中国法学》1988年第5期。
[3] 邵诚、宋瑞兰：《试论法律关系的性质》，载《西北政法学院学报》1988年第1期。
[4] 庞正：《法律关系基础理论问题论辩》，载《法治研究》2010年第6期。
[5] 董国声：《论法律关系体系》，载《上海社会科学院学术季刊》1989年第4期。
[6] 陈金钊：《试论法律秩序中的法律关系体系》，载《法律科学（西北政法学院学报）》1990年第5期。

理学教材中多以列举几组常见的法律关系种类来介绍法律关系的分类。一般而言,除去依据形成法律关系的法律规范所属的法律部门所划分的法律关系种类,还有如下几种主要的划分方式(见表17－1)。

表17－1　法律关系的分类

分类标准	类型
构成法律关系内容的社会关系在整个社会关系中的性质、等级和相应的法律关系的重要程度	基本法律关系
	普通法律关系
法律关系发生的方式	调整性法律关系
	创设性法律关系
法律关系主体在法律关系中的地位	纵向法律关系(隶属型法律关系)
	横向法律关系(平权型法律关系)
法律关系主体处于抽象状态/被具体化	一般法律关系(抽象法律关系)
	具体法律关系(现实法律关系)
法律关系主体是单方确定/双方确定	绝对法律关系
	相对法律关系
法律关系主体数量及其权利义务是否一致	单向(单务)法律关系
	双向(双边)法律关系
	多向(多边)法律关系
法律关系之间的因果联系	第一性法律关系(主法律关系)
	第二性法律关系(从法律关系)

注:内容整理自张文显主编:《法理学》,高等教育出版社2018年版;付子堂主编:《法理学初阶》(第6版),法律出版社2021年版;舒国滢主编:《法理学导论》,北京大学出版社2019年版;《法理学》编写组:《法理学》,人民出版社、高等教育出版社2010年版;朱景文主编:《法理学》,中国人民大学出版社2021年版;孙国华、朱景文主编:《法理学》,中国人民大学出版社2021年版;陈柏峰主编:《法理学》,法律出版社2021年版。

一些学者在此基础上增加了一些新颖的分类，如根据权利义务的内容不同，可以将法律关系分为实体法律关系、程序法律关系和执行法律关系；[1]根据法律规范的调整方式和对主体意志的影响方向，可以分为积极型法律关系和消极型法律关系；[2]根据构成法律关系内容的社会关系在整个社会关系中的性质、等级和相应的法律关系的重要程度，可以分为基本法律关系和普通法律关系。[3] 当前法理学学者对法律关系的分类几乎是上述分类情况的排列组合，这些分类数目繁多，容易重复，虽有助于认识法律关系的本质，但是对于法律关系体系化的关注较少，因而学者开始从法律关系体系角度进行法律关系的分类。有学者主张从大多数国家法学中通用的公私法之分来考虑，将法律关系分为私法法律关系、公法法律关系和公私法混合法律关系。[4] 有学者继承列宁的观点，认为并不存在任何私法，法律关系领域同样如此，并依据阿列克谢耶夫的观点提出一般法律关系、具体法律关系和特殊法律关系三个层次的分类。[5]

大多数学者认同一般法律关系、具体法律关系和特殊法律关系的分类[6]，但也有学者质疑一般法律关系概念是否成立。这一理论问题最早来源于苏联法理学界，并逐渐波及部门法学，尤其是宪法学。我国学者简单地介绍了苏联关于一般法律关系理论所涉及的问题。苏联法学界形成

---

〔1〕 卢云主编：《法学基础理论》，中国政法大学出版社 1994 年版，第 311 页；马长山主编：《法理学导论》，北京大学出版社 2014 年版，第 70 页；黄建武主编：《法理学》，广东高等教育出版社 1998 年版，第 298 页。

〔2〕 董国声、高云超：《论我国法律关系的分类》，载《法律科学（西北政法学院学报）》1990 年第 4 期。孙国华认为，积极型法律关系和消极型法律关系是调整性法律关系独有的一种划分。参见孙国华：《法律基础理论》，天津人民出版社 1988 年版，第 329 页。

〔3〕 张文显：《法学基本范畴研究》，中国政法大学出版社 1993 年版，第 168 页。

〔4〕 沈宗灵主编：《法理学》，北京大学出版社 1999 年版，第 498 页。

〔5〕 董国声：《法律关系体系内部结构刍议》，载《法律学习与研究》1989 年第 4 期。

〔6〕 孙国华：《法律基础理论》，天津人民出版社 1988 年版，第 328 页；张文显：《法学基本范畴研究》，中国政法大学出版社 1993 年版，第 165 页；张文显：《法哲学范畴研究》（修订版），中国政法大学出版社 2001 年版，第 110 页；陈金钊：《试论法律秩序中的法律关系体系》，载《法律科学（西北政法学院学报）》1990 年第 5 期。民法学者则有与之类似的作为规范的法律关系和事实上的法律关系分类，参见张俊浩主编：《民法学原理》，中国政法大学出版社 1991 年版，第 75 页。

了两种对立的观点：一种观点是以阿列克谢耶夫为代表，认为那些涉及宪法中社会制度和国家制度的法律关系，是一般的、基本的法律关系。另一种观点以雅维茨为代表，认为法律关系不可能是一般的，而始终是具体的，它表现为法律关系主体之间具体的权利义务关系。一般法律关系因不存在确定的关系主体，而无法存在。[1] 中国学界对一般法律关系的理解和研究也基本上在此框架下展开。董国声沿着阿列克谢耶夫的思路，全面、详细地阐述了一般法律关系。他认为，“所谓一般的法律关系就是宪法规范和法律中的原则性规范、任务性规范以及其他一般性的规范在对社会关系进行普遍调整的过程中所形成的国家与一切社会关系主体之间以及各种社会关系主体之间的一般法律联系”[2]。其特征为：第一，主体的广泛性和作用的普遍性。“一般”这一术语所表示的并不是主体无个性、非人格化的现象，而是统一的、不可分割的全体主体。第二，一般法律关系是原则性的规定，无法像具体法律关系一样通过权利义务关系来确定。第三，具体法律关系依据某种具体的法律事实而产生，一般法律关系则是由“长久的事实状态”所引起的。在此基础上，法律关系体系便可分为三个层次：一般法律关系、具体法律关系和特殊法律关系。有学者提出与之类似的体系层次：基本的法的关系、普通的法的关系和特殊的法的关系。[3] 也有学者提出法律关系体系由两个层次三种形式构成：两个层次是指一般调整和具体调整，三种形式是指一般调整形成抽象法律关系，具体调整则分别形成实体法律关系和保护性法律关系。[4]

另外一些学者追随雅维茨的脚步，认为把一国之内的所有自然人、法人、国家机关、社会团体等均设定为同一法律关系的权利人和义务人，没有实际的意义，不可能存在不确定义务人的法律关系。法律关系与其他

---

〔1〕 董国声：《苏联关于一般法律关系理论的争论》，载《中外法学》1990年第2期。

〔2〕 董国声：《论法律关系体系》，载《上海社会科学院学术季刊》1989年第4期；董国声：《法律关系体系内部结构刍议》，载《法律学习与研究》1989年第4期。

〔3〕 张光博：《法论》，吉林大学出版社1986年版，第88－89页。

〔4〕 陈金钊：《试论法律秩序中的法律关系体系》，载《法律科学（西北政法学院学报）》1990年第5期。

社会关系的重要区别在于法律关系的法律形式，即为一般的社会关系披上法律规范的外衣。当一般的社会关系受到法律规范的调整时，那么在形式上，就产生下列效应：社会关系由一般的、不特定的人，转变为具体的、特定的法律主体，一般社会关系也就转变为当事人之间的权利义务关系。实际上，法律关系 = 法律规范 + 法律事实，“一般的法律关系”或民法学者所谓的“作为规范的民事法律关系”，都不需要现实的、具体的法律事实的存在，因而它们本质上都不是法律关系，而是法律关系模型。〔1〕国内学者似乎一定程度上借助了萨维尼的法律关系理论，强调法律关系和法律联系的区别。萨维尼认为，在每个法律关系中，可以区分出两个部分：第一部分是素材（Stoff），即联系（Beziehung）本身；第二部分是法对于此素材的界定。〔2〕如果扩大法律关系的外延，将法律联系等同于法律关系，就否定了法律关系存在的前提条件及构成要素的特殊性和具体性。

上述争论实际上体现了中国学者研究法律的思维模式的重大转变。过去受苏联法学，特别是“法即规范”观点的影响，中国学者仅仅在规范中研究法律；而今中国学者不仅关注规范中的法律，更加重视“生活中的法”或者“行动中的法”。〔3〕上述学者对一般法律关系争论，实际上并非对法律关系本质的认识不同，而是对法的实现的立场不同。支持一般的法律关系的学者，认为具体法律关系是实现法的唯一路径，因此必须创造一个抽象的法律关系模型。不支持一般的法律关系的学者，认为法的实现需要借助具体的法律关系，但是也存在法规范并不是通过法律关系来实现的情形。

（四）法律关系的构成要素

通说认为，法律关系构成要素包括法律关系主体、法律关系内容和法

---

〔1〕舒国滢：《法律关系》，载王勇飞、张贵成主编：《中国法理学研究综述与评价》，中国政法大学出版社 1992 年版，第 506 页；隋彭生：《绝对法律关系初论》，载《法学家》2011 年第 1 期。

〔2〕［德］萨维尼：《当代罗马法体系：法律渊源 · 制定法律解释 · 法律关系》（第 1 卷），朱虎译，中国法制出版社 2010 年版，第 258 – 259 页。

〔3〕在 20 世纪 90 年代的教材中，尚有“法的实现”单独成章，之后法的实现仅仅在法的实效、法的实施章节中作为比较概念出现。

律关系客体。也有学者提出反对意见,认为法律关系要素仅是权利和义务,不存在主体、内容、客体之分。[1] 另有学者尝试建立法律关系“主体—客体”构成新理论。[2] 不过,已有研究成果大多是在法律关系三要素说框架下进行的,其中对法律关系客体的研究开展较早并具有延续性。

1. 法律关系的主体

法律关系主体是指在法律关系中享有权利和履行义务的人。[3] 法律关系主体必须同时具备权利能力和行为能力。从当前法律关系主体研究的成果来看,法律关系主体的种类主要有:自然人、法人、国家、国家机关、人民、民族、非法人组织。[4] 不同的社会在不同的历史时期,法律关系主体的种类并不完全相同,存在一个具体的演变过程。此前的研究中,对于法律关系主体的内涵和资格几无争议,仅在关于法律关系主体的种类上有着不同的界定,这也体现了不同历史时期的法律关系主体的演变过程。

2. 法律关系的内容

法律关系的内容是法律关系构成的必备要素之一。目前学界普遍认同的观点是,法律关系的内容是法律权利和法律义务。法理学教材编排上有两种常见的方式,一是将法律权利与法律义务作为法律关系的内容编入“法律关系”专章中,二是将法律权利与法律义务编入其他章节。[5]

---

〔1〕 邹列强:《对法律关系的新思考》,载《法律学习与研究》1992 年第 1 期。

〔2〕 王兴运:《挑战“公理”:“法律关系三要素说”批判纲要》,载《河北法学》2001 年第 5 期。

〔3〕 张文显主编:《法理学》,高等教育出版社 2018 年版,第 154 页。

〔4〕 张文显主编:《法理学》,高等教育出版社 2018 年版,第 155 – 156 页。

〔5〕 例如,舒国滢主编的《法理学导论》在“第八章法律关系第三节法律关系内容”对法律权利与法律义务的介绍较为简单,更多的内容在“第二章法的内容与形式第二节法律权利与法律义务”。付子堂主编的《法理学进阶》对法律权利和法律义务理论进行全面介绍,并未在《法理学初阶》“第十章第一节法律关系”中赘述。陈柏峰主编的《法理学》在“第九章第二节法律关系的构成”中仅以一个案例来介绍法律关系的内容,对权利与义务的展开介绍安排在“第十章权利与义务”。参见舒国滢主编:《法理学导论》,北京大学出版社 2019 年版;付子堂主编:《法理学初阶》(第 6 版),法律出版社 2021 年版,第 170 页;付子堂主编:《法理学进阶》(第 6 版),法律出版社 2022 年版,第 33 – 34 页;陈柏峰主编:《法理学》,法律出版社 2021 年版。

值得注意的是，一些法理学教材也将“法律责任”编入“法律关系内容”部分，[1]也有部分学者不赞成传统的“权利和义务作为法律关系内容”的观点，他们认为传统的法律关系理论过于单薄，在解释公法领域的法律关系时具有明显的局限性，亦无法准确反映私法的现实状况，为此学界出现一些重构法律关系内容的理论尝试。

基于现有研究成果，学者重构法律关系内容的出发点是传统法律关系理论不足以推及至所有法律领域，认为传统法律关系理论仅是民事法律关系的简单升格。冉昊主张将权利义务这一抽象概念具体化，并据此引入新的概念“权力—责任分母”，分平权私法主体、强弱势主体、平权公法主体三种情况分别建立法律关系内容要素说的模型。[2] 陈锐认为，传统法律关系理论将权利与义务作为法律关系的内容，如此将很多本属于法律调整的社会关系排除出了法律领域，无法准确反映私法的现实情况，又使法律关系理论难以被拓展到公法领域，传统法律关系理论显得过于单薄。其认为霍菲尔德对四对法律关系的揭示仍不够清楚。为更好地解释法律实践中出现的复杂社会关系，克服传统法律关系理论的弊端，他将霍菲尔德的八个基本法律概念进行重新演绎，尝试构建起法律关系的立体模型。[3]

虽然传统法律关系理论将“权利和义务”作为法律关系内容的观点仍占据主流，但学者对其存在的缺陷和试图重构的研究也不容忽视。无论是以立体模型代替传统的权利—义务线性模型，还是引入“权力—责任分母”的新概念来重构法律关系的内容，都体现学者正在试图构建一般意义上的法律关系理论，只是目前的研究成果数量较少，且较多停留在法哲学的理论探讨层面。

---

〔1〕 例如，雷磊编写的《法理学》“第九章法律关系的内容第三节责任”，参见雷磊：《法理学》，中国政法大学出版社 2019 年版。

〔2〕 冉昊：《法律关系的内容及其模型建立——传统法律关系理论的缺陷及其补救初探》，载《南京大学法学评论》1999 年第 1 期。

〔3〕 陈锐：《法律关系内容的重构：从线性结构到立体模型》，载《法制与社会发展》2020 年第 2 期。

3. 法律关系的客体

法律关系客体研究在改革开放后起步并持续至今。法律关系客体的种类是法律关系客体研究最为突出的主题。

法律关系客体是“法律关系主体发生权利义务联系的中介，是法律关系主体的权利和义务所指向、影响和作用的对象”〔1〕。对于法律关系客体的认识，曾有研究指出，法律关系客体在名称上的运用极不统一，诸如“法律关系客体”“权利义务客体”“法的客体”“权利客体”“权利内容（目的）”“标的”“标的物”这样经常被运用的名称并没有得到规范的解释。〔2〕随之有学者探讨了法学界存在的两种对法律关系客体的认识，即“社会关系客体说”和“权利客体形式说”这两种观点。〔3〕这两种观点主要区别在于是否将法律关系客体与权利义务客体区分开来。

对法律关系客体的不同认识也影响着法律关系客体种类的界定。目前法理学教材中通常列举的法律关系客体的种类有：物、人身、智力成果、行为。早期研究认为，传统法律关系客体理论将人身和人格排除在法律关系客体范围外是不恰当的，在某些情况下人身和人格也可以成为法律关系的客体。例如，随着器官移植技术的发展，应当允许公民个人自愿将某个器官在死后移植给其他器官受损的人，并在生前获取报酬。不过，公民处置自己人身的权利应该是受到严格限制的，而这个界限是什么还需要深入研究。〔4〕还有学者认为物、行为不能是法律关系的客体。〔5〕对此，张文显提出不同观点，认为法律关系客体是指构成权利义务内容或对象的行为及行为所指向、影响、作用的东西，可概括为国家权力，人身、人格，行为，法人，物，精神产品。〔6〕另有学者认为，在任何法律关系中，法

---

〔1〕张文显主编：《法理学》，高等教育出版社2018年版，第156页。

〔2〕王勇飞、张贵成主编：《中国法理学研究综述与评价》，中国政法大学出版社1992年版。

〔3〕颜俊、姚建宗：《法律关系客体理论新探》，载《当代法学》1993年第2期。

〔4〕张志铭：《中国社会主义法律关系新探》，载《中国法学》1988年第5期。

〔5〕刘翠霄：《论法律关系的客体》，载《法学研究》1988年第4期。

〔6〕张文显：《法律关系论纲——法律关系若干基本问题的反思》，载《天津社会科学》1991年第4期。

律关系的客体都是行为，而法律关系的标的则是依法律关系的不同，由法律行为指向的物、智力成果等不同的对象。[1] 支持此观点的看法认为，传统的把法律关系客体表述为“物、行为结果、精神财富、人身利益标的、环境和国家利益的”的理论，存在论证理由不够充分，无法很好实现对其他部门法学的理论指导的问题，因而该论者认为在“权利客体”的标准下把法律关系客体抽象为“行为”是较好的选择。近年来，随着科技的发展，有学者认为虚拟空间正在改变我们的时代和人与世界的连接方式，如传统法律关系客体理论难以涵盖日益复杂的社会关系，虚拟财产是否能够成为一种新型的法律关系客体是需要进行研究的问题。[2] 目前，“信息”已单独作为法律关系客体种类被一些法理学教材列入。编写者指出信息时代背景下的互联网扩展和数码存储技术的发展，将使信息在法律关系客体中的地位更加重要。[3]

法律关系客体的种类界定与一国国情和生产力相关联。法律关系客体的种类并非恒定不变的，随着科学技术的发展，能够成为法律关系客体的事物越来越多，法律关系客体的种类也会日益丰富。例如，试管婴儿也成为财富的组成部分而作为法律关系的客体存在。[4] 西方也有动物作为法律关系客体继承财产的案例出现。

（五）法律关系的运行

法律关系的运行，也称法律关系的演变，[5]是指法律关系的产生、变更和消灭。法律关系产生、变更和消灭的前提和条件分别是法律规范和

---

〔1〕 薛辉：《社会主义法律关系客体探微》，载《法律科学（西北政法学院学报）》1995 年第 1 期。

〔2〕 何敏：《法律关系客体的反思》，苏州大学 2007 年硕士学位论文。

〔3〕 张文显主编：《法理学》，高等教育出版社 2018 年版，第 159 页；陈柏峰主编：《法理学》，法律出版社 2021 年版，第 104 页。

〔4〕 周旺生：“法律关系客体”（object of legal relationship），北京大学法学百科全书编委会编：《北京大学法学百科全书：法理学 · 立法学 · 法律社会学》，北京大学出版社 2010 年版，第 262 页。

〔5〕 周旺生：“法律关系的演变”（evolution of legal relationship），北京大学法学百科全书编委会编：《北京大学法学百科全书：法理学 · 立法学 · 法律社会学》，北京大学出版社 2010 年版，第 262 页。

法律事实,其中法律事实通常根据是否以人的主观意志为转移而分为法律事件和法律行为。

法律事实是联系法律规范与法律关系的中介。法律规范设定法律主体权利和义务的一般模式,不是现实的法律关系本身。法律事实是由法律规范规定,能够引起法律关系产生、变更和消灭的客观情况或现象。[1]在法理学教材中,法律事实作为法律关系运行的条件已是共识,只是在法律事实的分类介绍上有详略差别。较为详细的方式是首先将法律事实依据不同的划分标准分类,再分别介绍法律事件和法律行为。例如,马长山主编的《法理学导论》首先区分了依据法律事实存在形态划分的确认式法律事实和排除式法律事实,依据法律事实作用时间长短划分的一次性作用的法律事实和连续性作用的法律事实,依据引起法律关系产生、变更、消灭的法律事实数量划分的单一的法律事实和事实构成。较为简略的方式即是主要介绍法律事件和法律行为,对法律事实其他的分类未有提及。[2]

在法律关系与法律规范的联系问题上,一般认为法律关系是法的实现形式,法律关系的存在以法律规范为前提。苏联学者凯契克扬首先提出了法律规范和法律关系统一的原理,并以此阐述法律关系与法之间的关系。他认为,"法律规范和法律关系是统一的整体,法律关系是正在实施中的法律规范。法律上层建筑不能仅仅归结为法律规范的体系,它还包括根据这些规范而形成的法律关系"[3]。法律关系与法律规范之间的内在联系决定了法律关系具有法所具有的重要属性,如国家意志性。对于法律关系是依法形成的社会关系的普遍认识,学界也曾出现反对的观点,即法律规范不是法律关系存在的必然前提。这种观点提出的主要依据是,在某些社会关系领域,虽然没有正式的法律规定,但这些社会关系

---

〔1〕 张文显主编:《法理学》,高等教育出版社 2018 年版,第 159－160 页。

〔2〕 马长山主编:《法理学导论》,北京大学出版社 2014 年版;付子堂主编:《法理学初阶》(第 6 版),法律出版社 2021 年版;舒国滢主编:《法理学导论》,北京大学出版社 2019 年版。

〔3〕 孙国华主编:《马克思主义法理学研究:关于法的概念和本质的原理》,群众出版社 1996 年版,第 357 页。

却得到国家事实上的确认和保护，或是在之后才由国家机关以法律、法规、政令或判决的形式加以确认，但这些社会关系此时已经具备法律关系的属性，因此即使没有法律规范的存在，某些社会关系也可以成为事实上的法律关系。[1] 这种观点存在明显的误解，即把法律调整之前的社会关系误解为法律关系。有学者认为，形成这种误解的原因在于没有认识到法律规范存在不同表现形式，即法律规范不只是以国家正式颁布的规范性文件为表现形式，还能够以其他形式的法律渊源表现出来，如习惯法。[2] 法律规范是法律关系产生的前提是目前学界普遍认同的观点。

（六）方法论意义上的法律关系

长久以来，我国法学界对法律关系的方法论功能研究较为薄弱。[3] 20 世纪 90 年代末至今，虽然相较于对法律关系基础理论问题的研究，对方法论意义上的法律关系的研究较少，但此类研究成果的出现意味着法律关系研究有了新的发展方向。

有研究将法律关系作为工具性概念，为问题研究提供理论分析框架。有学者提出在立法和法律实施中，当以法律关系为分析框架，进而保证立法和法律实施的科学性。[4] 也有法理学教材将法律关系作为分析工具的内容编入法律关系章节，指出法律关系分析思维是培养学生法学思维方式的重要部分。现有研究成果中，“法律关系元形式”研究是较具代表性的研究方向。民法学者王涌关于“法律关系元形式”的研究[5]为法律关系研究提供了新的分析方法。有别于传统的唯物辩证法，他以霍菲尔德的法律概念分析思想作为研究法律关系的基础，认为将复杂的法律关系化约为若干最为基本的法律关系进行分析是最好的方法。由于概念法

[1] 张文显：《法哲学范畴研究》，中国政法大学出版社 2001 年版，第 96 页。

[2] 孙国华主编：《马克思主义法理学研究：关于法的概念和本质的原理》，群众出版社 1996 年版，第 361 页。

[3] 陈金钊、侯学勇：《法律关系及其逻辑模型的建构》，载《重庆工学院学报》2006 年第 10 期。

[4] 黄建武：《法律关系：法律调整的一个分析框架》，载《哈尔滨工业大学学报（社会科学版）》2019 年第 1 期。

[5] 王涌：《法律关系的元形式——分析法学方法论之基础》，载《北大法律评论》1998 年第 2 期。

学和分析法学的理论和方法还未对中国法学研究产生深刻影响，法律关系的元形式理论作为一种重要的法律方法论也还未被重视。有学者提出，完善的法律关系理论需要法哲学范式与法理学范式的适度整合，由部门法律关系理论、法哲学范式法律关系理论及法理学范式法律关系理论组成。具体而言，在构建理论的素材上开放借鉴分析法学对权利、义务、权力等法律概念的定义，抽象出几种法律关系的元形式；理论功能上以服务于司法实践为目的；研究方法上遵循具体—抽象—具体的分析方法，着重运用由思维抽象上升到思维具体的方法。[1]

三、未来法律关系研究的主要方向

随着社会经济的发展，社会分工进一步细化，新型社会关系不断出现，具体法律关系更加多样。部分学者已经敏锐地觉察到，现有法律关系理论仍是主要以私法法律关系为原型，不足以解释所有领域的法律关系，应当构建一般意义上的法律关系理论。归纳近年的研究动向，法律关系研究有三个主要的趋向：一是趋向更加多元的法学研究方法，学者开始使用分析方法进行法律关系研究；二是趋向法律关系内容理论研究，重构法律关系内容“权利—义务说”逐渐成为研究的热点；三是实践面向。

（一）研究方法多元化

新中国法律关系研究始终坚持马克思主义方法论，随着理论视野的愈加开放，分析方法也进入我国法律关系研究之中。新中国成立初期，法律关系研究过于强调阶级性而忽视社会性，阶级性强调法律关系的个性，社会性强调法律关系的共性。法律以社会为基础决定了法律关系的研究也应重视社会基础。经济社会的发展促使法律关系研究从阶级性视角转向了社会性视角。早期的法律关系研究仅从阶级性角度分析问题，呈现出僵化的教条主义特征，忽视了社会的实际因素，使法律关系研究脱离社

---

〔1〕 唐祖爱：《法哲学范式法律关系理论评要》，载《三峡大学学报（人文社会科学版）》2002年第3期。

会生产和生活的发展,减弱了法律关系理论对于实践的指导作用。同时学者指出我国多数法学教科书对法律关系都是从其产生的角度进行定义的,是从发生学的角度进行的研究,忽略了司法活动参与者对法律关系的感受。[1] 改革开放之后,经济社会快速发展,社会关系更加复杂多样。越来越多的学者开始从社会的角度分析法律关系问题,打破了前期将法律关系束之高阁的境况,在提出法律关系具有客观物质性的基础上,指出我们要从社会实际的角度去研究更多的具体法律关系。之后,学者在进一步的研究中发现,现有法律关系理论有着明显的局限性,无法推及至所有的法律关系领域。伴随西方法律关系理论的引入,也出于构建更具一般意义的法律关系理论的设想,学者开始借鉴概念分析和逻辑分析的方法,对法律关系内部进行更为精致的研究。有学者从法哲学层面进行理论尝试,也有学者利用霍菲尔德法律关系理论的分析方法进行法律关系理论内部的逻辑分析并试图提出更具现实意义的理论模型。[2]

新中国法律关系研究主要依据的是马克思主义方法论,即历史唯物主义和辩证唯物主义,这种单一的研究进路不利于对研究对象进行更为精细化的结构和要素研究。雷磊认为,马克思主义方法论是新中国法律关系研究的"道",分析方法则是新中国法律关系研究的"器"。法学研究应该"道器并举"。[3] 马克思主义方法论和分析方法的综合运用,能够使法律关系理论研究既注重认识法律关系的本质和发展规律,也注重深入探索法律关系的概念和构成要素等问题,对于法律关系理论的完善具有重要的价值。分析方法特别是概念分析和逻辑分析方法的运用,为法律关系理论研究提供了新思路。

(二)法律关系内容理论研究成为重点

新中国法律关系研究初期深受苏联法学传统的影响,囿于特定的历

---

〔1〕 陈金钊、侯学勇:《法律关系及其逻辑模型的建构》,"第十四届全国法律逻辑学术讨论会"会议论文,2006 年 7 月于杭州。

〔2〕 陈锐:《法律关系内容的重构:从线性结构到立体模型》,载《法制与社会发展》2020 年第 2 期。

〔3〕 雷磊:《法的一般理论及其在中国的发展》,载《中国法学》2020 年第 1 期。

史时期,法律关系基本性质问题曾是我国学界关注的问题。跟随改革开放和民主法制建设的步伐,学界认识到苏联传统法律关系理论中与我国经济社会发展不相适应的部分,陆续出现关于质疑、反思、总结法律关系理论的研究,形成了现有法理学教材中的普遍观点。在此期间,法律关系客体的种类问题曾引起学界热议。在20世纪90年代,更加开放的理论视野和分析法学方法的进入,为法理学界检视法律关系理论内部问题提供了新思考。综合法律关系理论在部门法学中的研究,〔1〕学者为构建一般意义上的法律关系理论做出了新的努力。

尤其是在法律关系内容理论方面,学者注意到传统的“权利—义务说”不能解释公法领域的法律关系,问题的根源在于传统法律关系理论将所有法律关系都化约为权利与义务关系是不恰当的,法律关系实际包括的范围更为广泛,而权利义务关系只是法律关系中最重要的内容。基于此,学者尝试构建立体模型来改造“权利—义务说”这种线性的理论模型,使其在解释具体法律领域的法律关系时更具有一般性。〔2〕在此方面,法理学意义上的法律关系研究意在突破民法中严格意义上的法律关系。法律关系内容是法律关系理论构成的必备要素之一,是构建一般意义上的法律关系理论的重要组成部分。目前,法理学界已然觉察到法律关系内容“权利—义务说”的缺陷,但还未就此提出系统的解决方案,这一问题仍有较大的理论研究空间。

（三）法律关系研究的实践面向

法律关系作为法学理论的一个基本概念,对其最初的研究多聚焦于法律关系的性质、概念,很少从法治运行角度考察法律关系。法律关系作为法理学体系中的运行论范畴,对法的实施有着重要的指导意义。法律

〔1〕部门法学关于法律关系理论的研究参见杨抒见:《监察法律关系刍论》,载《西南政法大学学报》2020年第6期;苏宇:《面向未来的学理革新:行政法律关系理论之省视与展望》,载《行政法学研究》2019年第6期;曹明德:《论生态法律关系》,载《中国法学》2002年第6期;李铁刚:《民事诉讼法律关系研究综述》,载《法学研究》1989年第4期。

〔2〕陈锐:《法律关系内容的重构:从线性结构到立体模型》,载《法制与社会发展》2020年第2期。

关系是法的实施与实现的核心问题，在守法、执法、司法等一系列司法和公法领域都显现着法治的基本精神。[1] 新中国法律关系研究的重点从关注法律关系理论自洽转向回应社会现实，即从注重对法律关系的概念、性质、构成要素等的理论证成转向重视对法律实施中法律关系具体问题的理论指引。已有学者提出，应当以法律关系作为一个分析框架来保证立法和法律实施的科学性。[2] 部分法理学教材在论及法律关系章节时，已将“法律关系的运用”作为法律关系章节的内容进行介绍，并通常辅以具体案例中的法律关系分析进行教学，意在培养法学专业学生的法学思维，也体现了对法律关系理论运用的重视。2020 年 7 月，“数字人权”经全国科学技术名词审定委员会批准发布试用，“数字人权”的实践和保护，需要法律关系理论回应由此产生的复杂社会关系。“在人际关系上，人们不再局限于传统工业社会的各种法律关系，还会在网络中形成虚拟社区和社群关系。”[3]“法理学讲的是法学之理，具有宏观指导性，对各部门法具有引领、启示、促进和保障作用。”[4]法律关系研究的重点在关注理论证成的同时也应当回应社会现实，通过法律关系实践完善法律关系理论。正所谓“凭现实以审视法理，借法理以优化现实”。[5] 法律关系的应用研究体现了我国法律关系研究的法治面向。

四、结语

法律关系这一概念在法律概念体系中具有基础性地位，是法理学研究的重要问题之一，具有不容忽视的理论意义和现实意义。新中国法律关系研究从主要受苏联传统影响到反思与总结，再到开放与创新的发展

---

〔1〕 章戎、凌娜：《“法律关系”概念在私法和公法领域中的意义》，载《法治论丛（上海政法学院学报）》2007 年第 3 期。

〔2〕 黄建武：《法律关系：法律调整的一个分析框架》，载《哈尔滨工业大学学报（社会科学版）》2019 年第 1 期。

〔3〕 马长山：《深入探索数字时代的法学命题》，载《人民日报》2020 年 3 月 9 日，第 9 版。

〔4〕 李龙：《中国法理学发展史》，武汉大学出版社 2019 年版，第 10 页。

〔5〕 李光宇：《社会现实与法学理论的平衡——付子堂先生的法学思想点滴》，载《社会科学战线》2011 年第 5 期。

历程中，法理学者为突破“苏联传统＋民法原型”的理论模型进行了诸多尝试。无论是对苏联法律关系理论进行的本土化改造，还是引入西方法律关系理论研究方法，对于形成我国一般意义上的法律关系理论都有着积极意义。但是，对于构建起一般意义上的法律关系理论的目标，学界还须做出更多努力。同时，法律关系是法律从静态到动态的转化，在法治建设中有着重要的现实意义。相较于法律关系理论的学理构建，从应用视角出发的法律关系方法论功能研究还有较大的发展空间。展望未来，我国法律关系研究将从理论构建和回应现实出发，继续致力于突破传统法律关系理论的桎梏，推进法理学意义上的法律关系理论的发展与完善。

延伸阅读学术著作

朱虎：《法律关系与私法体系：以萨维尼为中心的研究》，中国法制出版社2010年版。

延伸阅读学术论文

1. 张贵成：《试论法律关系的概念和性质》，载《政法论坛》1985年第1期。
2. 张志铭：《中国社会主义法律关系新探》，载《中国法学》1988年第5期。
3. 陈金钊：《试论法律秩序中的法律关系体系》，载《法律科学（西北政法学院学报）》1990年第5期。
4. 张文显：《法律关系论纲——法律关系若干基本问题的反思》，载《天津社会科学》1991年第4期。
5. 王兴运：《挑战“公理”：“法律关系三要素说”批判纲要》，载《河北法学》2001年第5期。
6. 庞正：《法律关系基础理论问题论辩》，载《法治研究》2010年第6期。
7. 黄建武：《法律关系：法律调整的一个分析框架》，载《哈尔滨工业大学学报（社会科学版）》2019年第1期。
8. 陈锐：《法律关系内容的重构：从线性结构到立体模型》，载《法制与社会发展》2020 年第 2 期。
9. 舒国滢:《“事实”与“案件事实”概念之再探讨——基于哲学与法学双重视角》,载《清华法学》2024 年第 4 期。
10. 赵宏:《法律关系在行政法上的功能定位与体系结构》,载《环球法律评论》2024 年第 5 期。

延伸阅读学位论文

董国声:《社会主义法律关系的一般理论》,中国人民大学 1991 年博士学位论文。

第十八章 法律责任

本论题导读

自新中国成立以来，我国法律责任理论研究呈现出从分散到局部，再向系统演进的历史脉络。法律责任概念形成了包括责任论、处罚论、义务论、后果论和手段论等在内的诸多学说。总结而言，前述学说主要呈现否定性评价、不利法律后果和第二性义务论三种最具代表性的方案。法律责任分类、主体及功能研究也随着新中国成立以来的历史发展进行了一定的研究转向。未来应根据数字化时代的变化，对法律责任含义进行再造并拓展外延，增强该理论体系的国家话语权。

法律责任是法学基本范畴之一，也是现实法律运行操作中必须予以充分把握和高度重视的概念，是法学理论和法律实践中一个极其重要的问题。自新中国成立以来，特别是20世纪80年代到21世纪初，法律责任研究一直备受学界关注并成为着重研究的方面。在前述时间区间，围绕法律责任问题，特别是法律责任的概念，我国法学界逐步形成了“责任论”“处罚论”“后果论”“义务论”“手段论”等代表性理论。党的十八大以来，中国特色社会主义法治建设取得的伟大成就和中国特色社会主义法治理论和法学理论体系的创新发展，赋予了包括法律责任等法学理论研究新的历史使命和巨大理论空间。我们虽然不能对前述法律责任理论作出否定性评价，但其对新时代法治中国实践中的新情况、新问题的回应明显不足。基于此，重新回顾和梳理法律责任理论的变迁，既可以厘清该理论发展的历史脉络、深挖各种学说的内在差异，更为重要的是能够立足新时代法治实践的新要求重塑人们对法律责任的理解,以期形成与新时代法理学相适应的法律责任理论体系。

一、法律责任理论研究的历史脉络

中国法律责任理论研究从内容、方法和成果等不同维度来看,经历了从分散到局部,再向系统演进的历史发展脉络。

(一)“从分散到局部”:生发于苏联的中国法律责任理论

新中国成立以来的相当长的一个时期内,法学教育仿照了苏联的教育模式。在此期间,苏联的“国家与法权理论”“国家与法的理论”等系列法理学教材被译介到中国并经过翻译整理成为各高等院校的教科书,比较具有代表性的论著包括《马克思主义关于国家与法权理论教程》(1950年)、杰尼索夫的《国家与法律理论》(1951年)、维辛斯基的《国家和法的理论问题》(1955年)、卡列娃等的《国家和法的理论》(1956年)、罗马什金等的《国家和法的理论》(1963年)等。前述系列教学资料中虽然存在诸如法律责任及刑事责任、民事责任等的语词表述,但并没有针对法律责任理论概念和本质等一般理论进行的研究。在苏联库德利亚夫采夫主编的《苏联法律辞典》中列明的法律概念或术语中,包括法律上的义务、法律关系、法律事实、法律意识和法律类推等,但并没有法律责任。受此影响,法律责任理论在20世纪五六十年代的中国学界研究中一直是空白点,即便是存在法律责任的语词表达,亦并非作为一个学术概念或者术语被提出并使用。

苏联正式提出“法律责任”的学术概念并对法律责任理论进行较为全面系统的研究,主要集中在20世纪60年代后期到80年代初期,较有代表性和影响力的论著包括阿斯特米罗夫的《法律责任的概念》(1969年),切尔丹采夫、科日夫尼科夫的《关于法律责任的概念和内容》(1976年),布拉图斯的《法律责任和法制》(1976年),勒伊斯特的《违法的法律责任的基本种类》(1977年),巴季列夫的《法律责任的目的和职能》(1978年),雅维茨的《法的一般理论——社会和哲学问题》(1981年),阿列克谢耶夫的《法的一般理论》(1982 年)等。自此,我国法理学界一方面继续引入苏联的法律责任理论研究成果,比如朱景文于 1986 年翻译出版雅维茨的论著《法的一般理论——社会和哲学问题》[1];黄良平、丁文琪分别于 1988 年和 1991 年翻译出版阿列克谢耶夫的论著《法的一般理论》[2],其中均涉及对法律责任的概念、特点等一般理论的论述。另一方面则在借鉴吸收苏联关于法律责任理论研究成果的基础上,积极开展对法律责任一般理论的探讨,早在 1982 年出版的孙国华主编的《法学基础理论》当中,即已经针对法律责任的概念和分类及法律制裁的关系进行专题论述。[3]

自 1982 年一直延续到 21 世纪初期,法律责任理论研究受到学界的广泛关注和重点研究,特别是 20 世纪 80 年代末到 90 年代整个时间区间,处于学界对法律责任研究的高峰期。[4] 其中,比较具有代表性的著作包括孙国华的《法学基础理论》(1986 年),张文显的《法的一般理论》(1988 年),赵震江、付子堂的《现代法理学》(1999 年),张文显的《法理学》(1999 年),沈宗灵的《法理学》(2000 年)等;具有较大影响力的论文包括李放、林志敏的《简论法律责任的本体论问题》(1988 年)[5],张文显的《法律责任论纲》(1991 年)[6],沈宗灵的《论法律责任与法律制裁》(1994 年)[7],刘作翔、龚向和的《法律责任的概念分析》(1997 年)[8]等。

中国法律责任理论的发展历程呈现对苏联法律责任理论的集成、批判和发展的过程。其间,学界围绕法律责任理论形成了"责任论""处罚

---

[1] [苏联]雅维茨:《法的一般理论——社会和哲学问题》,朱景文译,辽宁人民出版社 1986 年版,第 196 - 198 页。

[2] [苏联]C. C. 阿列克谢耶夫:《法的一般理论》(上册),黄良平、丁文琪译,法律出版社 1988 年版,第 280 - 290 页。

[3] 孙国华主编:《法学基础理论》,法律出版社 1982 年版,第 323 - 326 页。

[4] 1988 年 11 月 5—8 日,原国务院法制局在苏州召开关于法律责任理论研讨会,就法律责任的概念和一般理论等问题展开讨论。(参见海鲲:《关于法律责任理论研讨会观点综述》,载《政治与法律》1989 年第 2 期。)

[5] 李放、林志敏:《简论法律责任的本体论问题》,载《当代法学》1988 年第 3 期。

[6] 张文显:《法律责任论纲》,载《吉林大学社会科学学报》1991 年第 1 期。

[7] 沈宗灵:《论法律责任与法律制裁》,载《北京大学学报(哲学社会科学版)》1994 年第 1 期。

[8] 刘作翔、龚向和:《法律责任的概念分析》,载《法学》1997 年第 10 期。

论”“后果论”“义务论”“手段论”“负担说”等多种学说,大部分学说均可以从苏联的研究中找寻到支撑。诸如对于“处罚论”,苏联学者巴格里－沙赫马托夫即认为“对应付法律责任的人来说,法律责任(按其内容来讲)意味着最终要实施法律制裁(法律规范或契约规定的制裁)”〔1〕,雅维茨则认为“(否定性)法律责任是法律规范制裁部分的具体化”〔2〕,其直接将否定性法律责任界定为一种制裁;对于“后果论”,苏联学者萨莫先科认为“责任就是一个人必须承受他的行为给自己造成的不利后果”〔3〕,阿列克谢耶夫认为“法律责任主要涉及对非法的、不负责任的(从法律上看)行为所应承担的后果”〔4〕;对于“义务论”,苏联学者巴格里－沙赫马托夫认为“法律责任是一种国家强制方法,相当于法人或自然人根据苏维埃法律规范的规定,向国家或国家授权的社会机构对其违法作为和不作为承担的义务”〔5〕,切尔丹采夫、科日夫尼科夫认为“法律责任是违法者接受国家强制措施的义务”〔6〕,雅维茨认为“法律责任是违法者由于作出从法律观点来看应受指责的行为而受到痛苦的一种特殊的义务”〔7〕。

(二)“从局部到系统”:中国法律责任理论体系的渐趋完善

首先,从研究内容上来看,呈现局部向系统的演进。20 世纪 80 年代关于法律责任理论的研究主要集中于法律责任的概念、分类、本质及其与

---

〔1〕[苏联]П. В. 巴格里－沙赫马托夫:《刑事责任与刑罚》,韦政强、关文学、王爱儒译,法律出版社 1984 年版,第 3 页。

〔2〕[苏联]雅维茨:《法的一般理论——社会和哲学问题》,朱景文译,辽宁人民出版社 1986 年版,第 196 页。

〔3〕[苏联]П. В. 巴格里－沙赫马托夫:《刑事责任与刑罚》,韦政强、关文学、王爱儒译,法律出版社 1984 年版,第 5 页。

〔4〕[苏联]С. С. 阿列克谢耶夫:《法的一般理论》(下册),黄良平、丁文琪译,法律出版社 1988 年版,第 286 页。

〔5〕[苏联]П. В. 巴格里－沙赫马托夫:《刑事责任与刑罚》,韦政强、关文学、王爱儒译,法律出版社 1984 年版,第 10 页。

〔6〕[苏联]切尔丹采夫、[苏联]科日夫尼科夫:《关于法律责任的概念和内容》,载《法学》1976 年第 5 期。

〔7〕[苏联]雅维茨:《法的一般理论——社会和哲学问题》,朱景文译,辽宁人民出版社 1986 年版,第 196 页。

法律制裁的关系上，比如孙国华的《法学基础理论》、张文显的《法的一般理论》等专著以及李放、林志敏的《简论法律责任的本体论问题》等论文。自20世纪90年代以来，学界对法律责任研究的内容不断拓展，诸如杜飞进、叶传星对法律责任的设定原则和（哲学）根据的研究、龚向和对法律责任合理性的关注、翁文刚对法律责任外延的探析、张骐对法律责任目的和功能的论述等，并呈现较为明显的体系化趋向，诸如马朱炎和葛洪义的《法律责任若干理论问题的探讨》、周永坤的《法律责任论》等，特别是张文显的《法律责任论纲》把法律责任作为法学范畴体系的要素，从"定义、本质、主体、客体、认定和归结、执行"等八个方面对法律责任进行比较全面的分析和论述。伴随赵震江、付子堂、张文显、李步云、沈宗灵等法理学名家主编教材的相继出版，中国法理学界已经形成了包括"法律责任概念（含义、本质、特点、原则、产生原因、目标与功能等）、法律责任的根据、法律责任的构成、法律责任的分类、法律责任的实现（规则与免除）、法律责任与法律权利、法律义务和法律制裁的关系等"在内的较为系统和完整的法律责任理论体系。

其次，从研究态势上来看，表现为去本质化和专章化论述。在20世纪80年代关于法律责任理论的研究中，因强调法的阶级本质而被区分出来的社会主义法和剥削阶级法，在对法律责任的论述中冠以"社会主义"的定语，比如孙国华即对"社会主义社会的法律责任"进行了专题论述，提出"社会主义国家对违法者追究责任，使之承担相应的法律后果，是巩固无产阶级专政的需要，是实施社会主义法律的基本要求"〔1〕，并对社会主义的法律责任的四个特点进行了总结归纳。直到20世纪90年代以后，"'法理学'作为一门为国际法学界所通用的法学学科，取代了我国原有的'法学基础理论'"〔2〕，学界关于法律责任理论的论述甚少直至不再使用"社会主义"的前置限定；1982年至1999年，法律责任理论受到学界

〔1〕孙国华主编：《法学基础理论》，法律出版社1982年版，第325－326页。

〔2〕刘作翔：《发展为中国法治实践所需要的中国法理学——新中国70年法理学发展的回顾与展望》，载《人民法院报》2019年12月13日，第7版。

日益关注并迎来研究的高峰，但这一时期除张文显的《法的一般理论》在第十八章对“法责任”进行专门论述外，其他均将法律责任作为“章”下的一节或者“节”下的一个专题进行论述，诸如孙国华的《法学基础理论》第二十一章“违法、法律责任与法律制裁”第四节〔1〕，王子琳、李放的《法学基础理论》第十六章“社会主义法制”第四节〔2〕，吴世宦的《法理学教程》第十八章“法律的遵守”第二节〔3〕，卢云的《法学基础理论》第十六章“社会主义守法”第二节〔4〕等。直到1999年以来，法律责任在法学理论中开辟了新的知识领地，单独成章，获得属于自己的位置，比如赵震江、付子堂的《现代法理学》第二十九章“法律责任”〔5〕，张文显的《法理学》第十二章“法律责任”〔6〕，沈宗灵的《法理学》第十八章“法律责任与法律制裁”〔7〕，李步云的《法理学》第十三章“法的责任”〔8〕等。

最后，从研究领域上看，在重视实体法责任之同时开始触及程序法责任。传统法理学中只有宪法责任、民事责任、刑事责任、行政责任等实体性法律责任，而没有程序性法律责任。但自20世纪90年代以来，学者研究的目光开始触及程序性法律责任，诸如杜飞进首先提出了“法律责任体系”的概念，认为“诉讼责任”是与民事责任、刑事责任等相并列的法律责任体系的重要组成部分，“是由诉讼法律关系主体在各类诉讼活动中违反诉讼法规定的义务而导致的带有强制性的法律后果”〔9〕。袁岳则明确提出“诉讼法律责任”的概念，即“针对诉讼法律关系主体违反诉讼义务的行为而科以诉讼法上的否定性后果，就是诉讼法律责任”〔10〕，并对诉讼法

〔1〕 孙国华：《法学基础理论》，天津人民出版社1988年版，第345－360页。
〔2〕 王子琳、李放主编：《法学基础理论》（修订本），吉林大学出版社1987年版，第354页。
〔3〕 吴世宦主编：《法理学教程》，中山大学出版社1988年版，第387－391页。
〔4〕 卢云主编：《法学基础理论》，中国政法大学出版社1994年版，第350－359页。
〔5〕 赵震江、付子堂：《现代法理学》，北京大学出版社1999年版，第481－491页。
〔6〕 张文显主编：《法理学》，高等教育出版社、北京大学出版社1999年版，第142－150页。
〔7〕 沈宗灵主编：《法理学》，北京大学出版社2000年版，第504－527页。
〔8〕 李步云主编：《法理学》，经济科学出版社2000年版，第315－334页。
〔9〕 杜飞进：《试论法律责任的若干问题》，载《中国法学》1990年第6期。
〔10〕 袁岳：《诉讼法律责任论》，载《学习与探索》1991年第3期。

律责任的适用主体、确认依据及责任形式等进行了全面系统的论述。李颂银提出“诉讼程序法律责任……与刑事责任、民事责任、行政责任相并列，是一种独立的法律责任”[1]，并提出“程序性法律责任”的概念，即“违反程序法的行为及其结果，在程序意义上承担的法律责任”[2]。赵震江、付子堂明确将“诉讼责任”界定为“公法责任”纳入法律责任的类别范围，指出“诉讼责任，即由刑事诉讼法、民事诉讼法和行政诉讼法三大诉讼程序法律责任共同组成的诉讼程序法律责任”[3]，这在当时法理学主流教材中具有开创性意义。随后，学界继续推动并从不同视角开展程序性法律责任研究，诸如田平安、罗健豪的《民事诉讼法律责任论》[4]等。

（三）新时代法律责任理论研究的转向

中国特色社会主义进入了新时代，包括法律责任理论等在内的中国特色社会主义法治理论必须与时俱进、创新发展。新中国成立至今，关于法律责任理论的研究成果颇为丰富。一方面，实践中的新情况促进法律责任基础理论研究的更新。在经过十余年的沉寂后，学者开始反思我国法律责任理论的不足，并提出了新的观点。蔡宏伟支持哈特的法律责任理论，认为法律责任是指违法者在法律上必须受到惩罚或者必须做出赔偿，亦即“存在于违法者和救济之间的必然联系。[5] 李拥军则认为法律责任应该被定义为：因特定的法律事实使某主体承担不利后果的法律依据。[6] 而后，王夏昊再度回归哈特的理论视角，认为法律责任的本质是一种解答能力，即行为人对其行为向受害者和社会提供合理解释并承担相应后果的能力。[7] 有关法律责任本质的讨论再次回归学术视野。另

---

〔1〕 李颂银：《论诉讼法上的法律责任》，载《法商研究（中南政法学院学报）》1998 年第 1 期；李颂银：《我国法律责任制度若干疑难问题探析》，载《现代法学》1998 年第 1 期。

〔2〕 李颂银：《从法律责任角度重新认识法学基本理论问题八议》，载《现代法学》1999 年第 5 期。

〔3〕 赵震江、付子堂：《现代法理学》，北京大学出版社 1999 年版，第 485 页。

〔4〕 田平安、罗健豪：《民事诉讼法律责任论》，载《现代法学》2002 年第 2 期。

〔5〕 蔡宏伟：《“法律责任”概念之澄清》，载《法制与社会发展》2020 年第 6 期。

〔6〕 李拥军：《法律责任概念的反思与重构》，载《中国法学》2022 年第 3 期。

〔7〕 王夏昊：《法律责任概念基本语义和性质》，《甘肃社会科学》2023 年第 6 期。

一方面,实践中的新情况促进法律责任基础理论研究的更新。首先是人工智能法律责任的研究。以"人工智能+法律责任"进行搜索,可以看到2017年前后开始出现了相关研究。其中,无人驾驶法律责任研究[1]、诊疗人工智能的医疗损害责任研究[2]等,对法律责任理论的定义进行了挑战,进一步丰富了法律责任的内涵和外延。郑志峰提出,相较于机动车交通事故责任,产品责任在解决自动驾驶汽车责任分担方面更具共识与优势,既高度契合自动驾驶汽车的事故特点,又可以直接督促生产者一方提高产品安全性能,并且能够更好地救济受害人和分散风险。[3] 其次是未成年人法律责任研究。2020年12月《刑法修正案(十一)》颁布后,未成年人的法律责任年龄下调至12岁,使得对未成年人法律责任的研究迎来高峰。再次是促进型立法中的法律责任研究。在党中央提出坚持依法治国和以德治国相结合的背景下,学者开始关注文明行为的法律责任设置问题,期望通过法律责任的设计实现道德法治化。[4] 最后是网约车平台、直播平台的责任承担问题。网约车平台和直播平台作为数字化时代下的新兴主体,在一定意义上拥有着平台权力,因此需要关注其法律责任承担问题,规范平台权力。戴昕提出,建构合理的平台责任体制需要基于对平台性质和功能的深入了解,并超越"背信厌恶"引发的情绪化反应。结合信义原则重构平台责任,有助于重建平台经济健康发展的社会信任基础。[5]

二、法律责任概念的学说主张

关于"法律责任"的概念有6种学说主张:其一,责任论:把法律责任界定为一种特殊的责任。如"违法者必须承担具有强制性的某种法律上

---

[1] 郑志峰:《自动驾驶汽车的交通事故侵权责任》,载《法学》2018年第4期。

[2] 郑志峰:《诊疗人工智能的医疗损害责任》,载《中国法学》2023年第1期。

[3] 郑志峰:《自动驾驶汽车产品缺陷的认定困境与因应》,载《浙江社会科学》2022年第12期。

[4] 李龙亮:《促进型立法若干问题探析》,载《社会科学辑刊》2010年第4期。

[5] 戴昕:《平台责任与社会信任》,载《法律科学(西北政法大学学报)》2023年第2期。

的责任”[1],“法律责任是指由违法行为引起的依法应承担的责任”[2]等。其二,处罚论:把法律责任定义为处罚、惩罚和制裁。如哈特指出,“当法律规则要求人们作出一定的行为或抑制一定的行为时,(根据另一些规则)违法者因其行为应受到惩罚,或强迫对受害人赔偿”[3];我国台湾地区学者李肇伟认为,“所谓(法律)责任,乃为义务人违反其义务时,所应受法律之处罚也”[4]。其三,后果论:把法律责任界定为某种不利后果。如李步云认为,“法律责任是指行为主体因违反法律义务而应当或必须承担的不利后果”[5];林仁栋亦认为,“法律责任是指一切违法者,因其违法行为,必须对国家和其他受到危害者承担相应的后果”[6]。其四,义务论:把法律责任定义为“义务”或第二性义务。如“法律责任是由于违法行为而引起的,由专门国家机关认定和归结于具体自然人、法人或国家公职人员的义务”[7];张文显在此基础上提出“第二性义务论”,即“法律责任是由特定法律事实所引起的对损害予以补偿、强制履行或接受惩罚的特殊义务,亦即由于违反第一性义务而引起的第二性义务”[8]。其五,手段论:把法律责任界定为一种手段。如赵震江、付子堂认为,“法律责任是指对违反法律上的义务关系或侵犯法定权利的违法行为所作的否定性评价和谴责,是依法强制违法者承担法定的不利后果,作出一定行为或禁止其作出一定行为,从而补救受到侵害的合法权益,恢复被破坏的社会关系和社会秩序的手段”[9]。其六,负担说:把法律责任定义为一种合理负担。如刘作翔、龚向和在吸收义务说、后果说及法律地位说的合理因素基

---

〔1〕 孙国华主编:《法学基础理论》,法律出版社 1982 年版,第 345 – 360 页。

〔2〕 吴祖谋、李双元主编:《新编法学概论》,武汉大学出版社 1992 年版,第 95 页。

〔3〕 [英]哈特:《责任》,载张文显:《法哲学范畴研究》(修订版),中国政法大学出版社 2001 年版,第 185 页。

〔4〕 李肇伟:《法理学》,台北,中兴大学出版社 1979 年版,第 306 页。

〔5〕 李步云主编:《法理学》,经济科学出版社 2000 年版,第 315 页。

〔6〕 林仁栋:《马克思主义法学的一般理论》,南京大学出版社 1990 年版,第 73 页。

〔7〕 王子琳、李放主编:《法学基础理论》(修订本),吉林大学出版社 1987 年版,第 345 页。

〔8〕 张文显主编:《法理学》(第 3 版),高等教育出版社、北京大学出版社 2007 年版,第 168 页。

〔9〕 赵震江、付子堂:《现代法理学》,北京大学出版社 1999 年版,第 481 页。

础上提出，“法律责任是有责主体因法律义务违反之事实而应当承受的由专门国家相关部门依法确认并强制或承受的合理的负担”〔1〕。前述学说主张，择其要者，可以归纳为以下三个最具代表性的方案。

（一）法律责任是法律上的否定性评价

将法律责任界定为法律上的否定性评价，被称为“否定评价说”，又被称为“斥责说”“责难说”。该学说可以追溯到1980年我国台湾地区学者袁坤祥的著作《法学绪论》，其认为“法律之制裁者，乃国家为确保法律之效力，而对于违法者所加之恶报也”〔2〕；赵秉志认为“法律责任是国家对违法者及其违行为所给予的否定性评价或被斥责、责难”〔3〕。将法律责任界定为法律上的否定性评价，具有明显的优越性，其“从法律的价值标准的角度，揭示了法律责任总是与法律所不希望发生或明确反对的行为相联系的”〔4〕。它可以让人们对其承担法律责任的原因有一个清晰的认知，即自己所实施的行为偏离了法律的规则、原则和精神甚或与之背道而驰。然则，该种学说亦存在不足之处，法律的否定性评价不一定就是法律责任，某些轻微的违法行为虽受到法律的否定性评价，但行为人可能并不因此承担法律责任。需要注意的是，这里导致否定评价但不担责的原因并非单一和绝对的，可能是受制于立法缺陷，即某些法律不希望发生或明确反对的行为没有与之相对应的法律责任规定；或者行为违法程度较小，虽未达到刑罚标准，但其依然要承担治安管理责任、民事责任、行政责任等。

（二）法律责任是某种不利的法律后果

将法律责任界定为某种不利的法律后果，这是对否定性评价结果的处置回应。该方案在一定意义上囊括了处罚说、后果说、负担说等，其“从利害关系的角度揭示了法律责任与行为的联系，即行为人如果不遵循法

〔1〕 刘作翔、龚向和：《法律责任的概念分析》，载《法学》1997年第10期。

〔2〕 袁坤祥：《法学绪论》，台北，三民书局1980年版，第90页。

〔3〕 赵秉志、吴振兴主编：《刑法学通论》，高等教育出版社1993年版，第313页。

〔4〕 张文显主编：《法理学》（第3版），高等教育出版社、北京大学出版社2007年版，第165页。

律的指引去追求自身利益,那么,他的预期利益和现实利益就得不到法律的承认和保护,甚至要为此而付出某种代价"[1]。这里的"代价"不仅包括英国法哲学家哈特、美国法学家凯尔森[2]、苏联学者沙赫马托夫等所主张的处罚、惩罚和制裁,还包括苏联学者萨莫先科以及沈宗灵、李步云、林仁栋、周永坤、杜飞进等提出的不利后果、(受制裁、强制和给予补救的)必为状态[3]等,亦包括刘作翔、龚向和等主张的合理负担。将法律责任界定为某种不利的法律后果,这一观点得到大部分学者的认可,"如比较权威的《法学词典》对法律责任所作的解释为:由于违法行为而应当承担的法律后果"。[4] 同时,将法律责任界定为某种不利的法律后果,以"处罚、惩戒、负担等消极性处置"作为法律责任的核心要素,过度强调法律责任的强制性和必为性,而没有说明法律责任的当为性,且将法律责任界定为一种法律后果,仅仅揭示了法律责任客观属性的一个方面,其并未体现观念属性的内涵,何况典型的分析法学思路,将对法律责任的概念理解引向规范责任的角度,导致法律责任、法律义务和法律制裁的生发逻辑的混乱,表征不利结果的"制裁、惩罚、负担等"被置于更加重要的位置,偏离了法律责任的本质,"而且有'法律责任'即惩罚、制裁之嫌"。[5]

(三)法律责任是一种法律上的义务

将法律责任界定为一种(特殊意义的)义务,是对否定性评价和不利的法律后果两种方案的进一步优化,是"从'权利和义务这对最基本的法学范畴是理解法律现象之网的总纽结'的认识出发,用'义务'作为法律

---

〔1〕 张文显主编:《法理学》(第3版),高等教育出版社、北京大学出版社2007年版,第168页。

〔2〕 凯尔森认为,"法律责任的概念是与法律义务相关联的概念,一个人在法律上对一定行为负责,或者他在此承担法律责任,意思就是,如果作相反的行为,他应受到制裁"。(参见[奥]凯尔森:《法与国家的一般理论》,沈宗灵译,中国大百科全书出版社1996年版,第73页。)

〔3〕 周永坤认为,"法律责任是法律规定的,义务之不履行所处之必为状态"。(参见周永坤:《法律责任论》,载《法学研究》1991年第3期。)杜飞进亦认为,"所谓法律责任是指由于某些违法行为或法律事实的出现而使责任主体所处的某种特定的必为状态"。(参见杜飞进:《试论法律责任的若干问题》,载《中国法学》1990年第6期。)

〔4〕 李周伟、沈林荣:《论法律责任的层次》,载《长春市委党校学报》2008年第3期。

〔5〕 刘作翔、龚向和:《法律责任的概念分析》,载《法学》1997年第10期。

责任定义中的指称范畴”[1]。该种方案，包括传统义务论和新义务论。传统义务论者或者将法律责任直接界定为义务，或者将其界定为与义务含义相等同的责任，前者如苏联学者沙赫马托夫和雅维茨等，后者如孙国华和吴祖谋、李双元等，可以看出，这里的“责任”实际上相当于“义务”。新义务论主要以张文显为代表，其认为“法律责任是由特定法律事实所引起的对损害予以补偿、强制履行或接受惩罚的特殊义务，亦即由于违反第一性义务而引起的第二性义务”。[2] 传统义务论“未表明责任与国家权力的特殊关系，难以区分法律责任和法律义务”，[3]新义务论把法律责任看作由于违背第一性义务而招致的第二性义务，不仅揭示了法律责任和法律义务的内在逻辑联系，又对两者的区别作出清晰厘定，将法律责任引入义务范畴，弥补了否定性评价和不利的法律后果的缺陷，兼顾说明了法律责任的必为性和当为性。但是，该方案亦存在明显的缺陷，虽然法律责任都是基于义务而产生，本身包含义务的要素，但将法律责任界定为一种义务，即便是诸如第二性义务等被赋予特殊意义的义务，在本质上也是对法律责任和法律义务的等同或混淆。“义务只是责任产生的一个客观要素，不能涵盖责任的丰富内涵。”[4]法律责任和法律义务存在一种前后相继的关系，法律责任是因违反法律义务而产生的，在此意义上法律责任与法律义务是客观上的因果关系，法律责任是违反法律义务所应承担的处置结果。

前述各种学说及方案从不同的角度揭示了法律责任的生发逻辑及其本质，均有其合理性和实用性，但由于法律责任现象的复杂性，关于法律责任的界定未能形成学界公认的清晰严谨的共识性意见，且在“发展为中国法治实践所需要的中国法理学”任务统领下，法律责任理论研究应当紧扣中国法治发展实践，形成具有中国特色的法律责任理论体系。

---

[1] 张文显：《法律责任论纲》，载《吉林大学社会科学学报》1991 年第 1 期。
[2] 张文显主编：《法理学》（第 3 版），高等教育出版社、北京大学出版社 2007 年版，第 168 页。
[3] 周永坤：《法律责任论》，载《法学研究》1991 年第 3 期。
[4] 刘作翔、龚向和：《法律责任的概念分析》，载《法学》1997 年第 10 期。

三、法律责任理论研究的其他方面

（一）法律责任的分类

法律责任的分类，直接反映对法律责任性质及功能的理解，间接反映当时的法治化水平。新中国成立以来，法律责任的分类经历了以下三个变迁过程，分别是：经济责任的提出及淡出、诉讼责任的提出及淡出、宪法责任的确立。“经济责任”是指由经济违法行为或某些特定的法律事实的出现而引起的否定性法律后果。它在新中国成立初期所颁布的经济法规，特别是在党的十一届三中全会以来所颁布的一系列经济法规中经常出现。1979 年《人民法院组织法》第 31 条、第 27 条、第 24 条分别规定，最高人民法院、高级人民法院、直辖市和省、自治区辖的中级人民法院应设经济审判庭。1983 年修改的《人民法院组织法》第 19 条增加规定基层人民法院可以设立经济审判庭。1986 年修改后的《人民法院组织法》沿用前述规定。由于经济责任是经济法律关系主体在国家经济活动中违反经济法规的要求而产生的法律责任，所以它主要是一种经济上的责任。在 1979—2000 年，经济责任往往作为法律责任中的一个单独分类。[1] 2000 年 8 月，最高人民法院作出决定，取消原来的经济审判庭，改经济审判庭为民事审判庭。随着经济审判庭的退出，经济责任的分类也逐渐淡出历史舞台。“诉讼责任”随着诉讼法的制定而得到关注。如今，诉讼责任的说法已经被刑事、行政和民事责任的法律责任分类所吸收。1995 年以后，宪法责任的独立地位逐步确立。

目前，法律责任最主要、最基本的分类，是按照部门法界限，划分为私法责任和公法责任；进而结合违法行为性质划分为宪法、行政、刑事和民事责任。其中，民事或私法责任主要有违约、侵权责任等。

---

〔1〕 杜飞进：《经济责任的概念及其特征》，载《学习与探索》1985 年第 6 期；杜飞进：《试论经济责任的特征》，载《政治与法律》1986 年第 3 期；杜飞进：《试论经济责任的根据及免责事由》，载《法学》1987 年第 10 期。

（二）法律责任的主体研究

法律责任的主体研究可能偏向部门法研究，但法理在其中有提供智识支持。以行政法为例，法律责任的主体研究经历了从行政责任相对人向行政机关责任的研究；以公司法为例，改革开放后早期立法以企业的所有权性质界分市场主体资格，分别是国营、集体、私营企业。随着市场经济的发展，依据承担法律责任的能力来确定法律关系主体越来越成为共识，有限责任作为新的责任方式也促成公司制度的确立。法律关系主体从“是什么性质”到“能对什么负责”的法律责任主体。以刑法为例，2021年开始施行的《刑法修正案（十一）》将刑事责任年龄下调至12岁，对于防治学生欺凌事件也有着重要的意义。刑事年龄的下调体现了国家对未成年人犯罪的关注，填补了未成年人犯罪预防的薄弱点。

（三）法律责任的功能研究

新中国成立以来，法律责任的功能研究，经历了从关注其惩罚功能到关注其救济、补偿功能的研究。对政府及其工作人员的法律责任研究，体现了对国家公权力的规范和限制。法律责任研究越来越关注其预防功能，期望通过禁止方式反向表达立法者的意图。20世纪80年代以前，立法上通常采取“奖励和惩罚”的表述，而不采用“法律责任”的表述。[1] 20世纪80年代以来，立法上逐渐将法律责任单独列为章节，例如，1982年通过的《食品卫生法（试行）》单独将“法律责任”设为一章。在一定程度上，法律责任功能的转向，也体现了法律责任概念从惩罚论到义务论的转向。

四、结语

法律责任理论虽经由否定性评价、不利的法律后果和法律上的义务的批判和争鸣过程，但至今未形成共识性意见，特别是在当今法律全球化

---

〔1〕 例如，《环境保护法（试行）》（1979年）第六章：奖励和惩罚。《森林法（试行）》（1979年）第六章：奖励与惩罚。《食品卫生管理条例》（1979年）第六章：奖励和惩罚。

的背景下,世界法学学者在关于法律责任理论的研究中分歧更加突出。基于此,我们应当构建独特的法律责任概念及与之相关的一般理论,发展为中国法治实践所需要的法律责任理论。

对法律责任含义的重新界定。法律责任既涉及实体法上的责任,又包括程序法上的责任,其与法律制裁、法律义务等虽具有因果律上的密切联系,但亦具有明显区别,其目的并非在于对有责主体施加负担,而在于预防侵害法益之行为的发生,并向受到侵害者进行合理救济。故此,法律责任即是指有责主体因违反法律规定、约定事项及程序规范之事实而被科以某种合理负担之当为状态,是通过预防、惩戒、补救等直接或间接强制,确保社会利益衡平分配及社会主体平等追求并享有美好生活的必要手段。这里需要注意的是,“法律责任的认定和追究,并非只能由国家专门机关来进行,有时,非国家机关的社会组织和公民个人也可以追究违法者的法律责任”〔1〕。

人工智能法律责任的进一步研究。随着数字化时代的到来,人工智能的法律责任研究进入我们的视野。人工智能主体能否成为独立的法律责任承担主体,能否赋予人工智能主体以独立的法律人格,人机协同的情况下如何认定法律责任,人工智能决策错误的责任承担等问题,都需要得到进一步的厘清和研究。我们未来应该更加重视对人工智能法律责任的研究。

法律责任是理论与实践之间的桥梁,其旺盛的生命力在于对部门法具体问题的回应。随着数字化时代的到来,人工智能的法律责任研究已经成为学术热点之一,囊括民事侵权责任制度设计〔2〕、人工智能的刑事责任主体资格〔3〕、人工智能的产品责任〔4〕、自由意志与法律责任〔5〕等

〔1〕 赵震江、付子堂:《现代法理学》,北京大学出版社 1999 年版。

〔2〕 冯珏:《自动驾驶汽车致损的民事侵权责任》,载《中国法学》2018 年第 6 期。

〔3〕 刘宪权:《人工智能时代的刑事风险与刑法应对》,载《法商研究》2018 年第 1 期。

〔4〕 张童:《人工智能产品致人损害民事责任研究》,载《社会科学》2018 年第 4 期。

〔5〕 朱振:《归责何以可能:人工智能时代的自由意志与法律责任》,载《比较法研究》2022 年第 1 期。

诸多问题。这种学术趋势,一方面是因为人工智能技术在医疗、金融、自动驾驶、自动生成等领域的应用扩张,带来了新的法律挑战;另一方面则是法律责任的分配、证明、承担是法律运行的基础。但作为法理学的基本概念之一,法律责任不仅关系到法律实践的有效性,也直接影响法理学自主知识体系的构建,因此法律责任理论的完善与证成越发迫切。

延伸阅读学术著作

1. 任志宽、袁岳等:《行政法律责任概论》,人民出版社 1990 年版。
2. 张智辉:《刑事责任通论》,警官教育出版社 1995 年版。
3. 高小珺:《地方立法中法律责任的制度建构》,沈阳出版社 2009 年版。
4. 杨立新:《医疗损害责任研究》,法律出版社 2009 年版。
5. 戈含锋:《法律责任的立法研究——基于中国立法文本的分析》,经济日报出版社 2015 年版。
6. 董彪:《人工智能时代新型民事法律责任规则研究》,中国政法大学出版社 2021 年版。

延伸阅读学术论文

1. 李放、林志敏:《简论法律责任的本体论问题》,载《当代法学》1988 年第 3 期。
2. 张文显:《法律责任论纲》,载《吉林大学社会科学学报》1991 年第 1 期。
3. 周永坤:《法律责任论》,载《法学研究》1991 年第 3 期。
4. 沈宗灵:《论法律责任与法律制裁》,载《北京大学学报(哲学社会科学版)》1994 年第 1 期。
5. 刘作翔、龚向和:《法律责任的概念分析》,载《法学》1997 年第 10 期。
6. 李周伟、沈林荣:《论法律责任的层次》,载《长春市委党校学报》2008 年第 3 期。
7. 余军、朱新力:《法律责任概念的形式构造》,载《法学研究》2010 年第 4 期。

8. 蔡宏伟:《"法律责任"概念之澄清》,载《法制与社会发展》2020 年第 6 期。
9. 李拥军:《法律责任概念的反思与重构》,载《中国法学》2022 年第 3 期。
10. 王夏昊:《法律责任概念基本语义和性质》,载《甘肃社会科学》2023 年第 6 期。

延伸阅读学位论文

叶传星:《法律责任导论》,中国人民大学 1998 年博士学位论文。

第十九章 法律方法(一)

本论题导读

新中国法律方法论研究可分为:向苏联学习的阶级分析法学;向欧美借鉴推理、解释方法的技艺法学;建构社会主义法治思维与法治话语的法学三个阶段。主要成就表现为:法律方法论成为法理学的重要内容;确立了法律思维规则在法治建设中的功能;为中国特色社会主义法治话语的体系建构提供了思维方法基础。与法治原则相匹配的法理正在型塑,传统的辩证思维正在改变。主要问题是研究成果借鉴的成分较多,原创性以及对中国问题的深入研究不足,对中国现实问题关怀不够。

方法是获取知识的方便之门,方法是逻辑的,但却可以与具体的内容结合起来形成带有学科特性的次级方法。法律也是如此。法律方法的核心是运用法律的技术、规则和技巧等为法治服务。法律方法是随法治而衍生的概念;任意的思维和行为,既不需要法律,也不需要方法。所以法律方法是以实现法治为目标,以逻辑规则为基础的法学拟制。理想秩序的建构需要进行系统法律规范、法律主体以及法律概念等的拟制。法治是拟制性概念,从思维方式的角度可简单归结为依据规则的治理。然而,在多变的政治经济文化之下,法治又是极为复杂的理念、精神、概念、原则、原理等。如果在时空的跨度中理解法治,会发现法治的不同含义。从历史或动态的角度看,法治是一个不断被重构的概念。法治定义的变化会影响法律方法的开放与封闭。

一、对“新中国法律方法论研究”的理解

“新中国法律方法论研究”,既是中华民国时期法律解释、推理等方法研究的延续;也是中国法学与西方法学碰撞交融的过程。[1] 就整体而言,中国学者对法律方法论的专门研究,是在进入21世纪后的事。当然,这只是说那时对法律思维、法律运用方法的研究,不是以法律方法论之名展开的。对法律推理、法律解释等方法论探究,可追溯到党的十一届三中全会后的法制、法学的恢复,但对法律方法论的深入研究,则是来自全面推进法治中国建设的需要。新中国成立早期,人们对法律方法的不重视和法律思维的保守性,决定了法律思维滞后于现实的政治。这就出现了法律方法论研究进展与政治进程不吻合的情景。再加上法律、法学没有自身独立发展的历史,且过度依附于政治经济等,更强化了阶段划分的难度。而最近40年法律方法论研究之所以兴盛,乃是法治建设对法治逻辑、法律方法论的需求迫切所致。

(一)阶段划分

中国学者对西方的法律方法不是全盘吸收,而是自觉或不自觉地用传统整体、辩证和实质思维等进行加工重组。与原本的西方法学比较,“加工重组”后的中国法学有两方面的变化:其一,西方法学、法律逐步开始中国化或本土化。原产于西方的法律、法学在中国有了独特的意义。其二,建立在形式逻辑基础上的西方法律思维与中国传统思维方式之间的矛盾从此开始。自西方借鉴的分门别类的法律制度逐渐替代了“以刑为主,诸法合体”的整体性法律,但法治现代化依然任重道远。法治现代化不仅需要现代化的规范制度和机制体制,还需要现代化的思维方式。法治实现需要法治思维,而法治思维的塑造需要重视逻辑对传统辩证思维方式的改造。法治思维方式的塑造需要中西思维方式的重组。可当今

---

〔1〕 在本书的研究中,虽然所描写的是中国法律方法论研究70年,但书中的引用多有翻译过来的作品。出现这种现象并不奇怪。中国法律方法论研究的进步伴随对西方法学的消化。

学者对中国古代的法律解释、推理等方法的研究并不充分，而法治所需的据法思考，面对情理法结合的思维方式就失去了抵抗力。在形式法治理论或修辞言说之中，更多的是法治理想以及对实质法治的批判，没有形成与法治相匹配的思维方式。

对“法律方法论”的探究大体经历了三个阶段：

第一阶段是向苏联学习的过程。新中国成立后，中国法学向苏联学习，使清末以来主要向欧美、日本法学学习的势头有所减弱。从那时起，中国法学开始对西方法学、法治进行全面批判：揭露资本主义法律的反动性及法治的虚伪性，预言资产阶级法学被无产阶级法学取代，与法治匹配的法律推理、解释等让位于阶级分析方法。自此，苏联法学家维辛斯基的观点日益占据主导地位。支持形式法治的法学理论、法律思维被政治挂帅的实质法治观替代。在苏联专家的帮助下，我国一些学者翻译了不少苏联法学家的作品。中国的一些政治法学家也开始像苏联法学那样，批判形式逻辑和据法思考的法律思维，弘扬辩证思维、斗争思维、革命思维等，认为法律解释不是根据法律文本的解释，不是对逻辑思维规则的运用，而需要到阶级意志、人民利益中去寻找；法律不是独立的，其深刻意义是由生产关系所决定的。[1] 这个时期的主流思维方式，已经偏离了形式法治所尊重的形式与程序，走向了阶级实质。[2]

第二阶段是改革开放后对法律方法论的粗疏“不自觉”研究。之所以称为粗疏，是因为只对法律解释、法律推理等展开了简单、直观的研究。之所以称为“不自觉”是因为对“方法论”没有自觉意识，缺乏专业化的专门研究。很多人认为法治就是依法办事，很少有人意识到法律的运用必须运用发现、解释、论证、推理等方法。然而，当出现不进行解释法律就难以适用的情况时，学者纷纷把眼光投向了西方法学。部分学者开始从西

---

〔1〕［苏联］彼·斯·罗马什金、［苏联］米·斯·斯特罗果维奇、［苏联］弗·阿·图曼诺夫主编：《国家和法的理论：马克思列宁主义关于国家和法的学说基础》，中国科学院法学研究所译，法律出版社1963年版。

〔2〕唐永春：《苏联法学对中国法学消极影响的深层原因——从马克思东方社会理论出发所作的分析》，载《法学研究》2002年第2期。

方法学中汲取法律方法知识以及法律思维方式。诸如 20 世纪 80 年代初期,西南政法学院科研处编译(内部印刷)了英美国家的一些著作,对中国法律方法论的研究产生了很大影响。[1] 美国法学家博登海默的《法理学——法哲学与法律方法》对那时法律方法论的中国研究者产生了巨大影响。博登海默所主张的综合法学派,以及所使用的辩证、整体、整合的思维方式,很容易为中国学者所接受。同时,英国法理学家哈特的《法律的概念》[2]一书之影响至今不衰。虽然书名叫作"法律的概念",但该书却是从思维方式的角度探寻"法律是什么",为法学研究者和从业者等指明在个案中如何寻找、确定法律的路径或方法。20 世纪 90 年代,美国法学著作在国内大量翻译出版,产生了较大影响。如德沃金在《法律帝国》[3]所描述的整全性、解释性法及法律存在唯一正解等,都是在确定捍卫法治的思维路径。这对许多青年法学研究者产生了积极影响。波斯纳的《法理学问题》对经济分析方法的偏爱[4],也对这一时期的法律方法论研究产生了不小影响。就专业影响而言,美国法官鲁格罗·亚狄瑟的《法律的逻辑——法官写给法律人的逻辑指引》[5],孙斯坦的《法律推理与政治冲突》等对法律方法论研究产生了较大影响。[6]

英美法学家对法律方法论研究的影响,从整体上看是碎片化或个体化的。而以学科整体面目出现的法律方法论或法学方法论,当属欧洲大陆国家法学家的贡献。其对中国法律方法论研究的影响主要有:我国台湾地区学者陈爱娥翻译的拉伦茨的《法学方法论》,该书于 20 世纪 90 年代先在我国台湾地区翻译出版,2003 年在大陆商务印书馆再次出版发

---

〔1〕 如日本法学家高柳贤三的《英美法源理论》(杨磊、黎晓译)、法国比较法学家勒内·达维德的《法国法与英国法:一种实质性比较》(潘华仿等译)等。

〔2〕 [英]哈特:《法律的概念》,张文显等译,中国大百科全书出版社 1996 年版。许家馨、李冠宜翻译出版哈特该书的第 3 版,该版本由法律出版社在 2018 年出版。

〔3〕 [美]R. 德沃金:《法律帝国》,李常青译,中国大百科全书出版社 1996 年版。

〔4〕 [美]波斯纳:《法理学问题》,苏力译,中国政法大学版社 1994 年版。

〔5〕 [美]鲁格罗·亚狄瑟:《法律的逻辑——法官写给法律人的逻辑指引》,唐欣伟译,法律出版社 2007 年版。

〔6〕 [美]凯斯·R. 孙斯坦:《法律推理与政治冲突》,金朝武等译,法律出版社 2004 年版。

行。德国法学家恩吉施的《法律思维导论》是法律方法论的经典著作,[1]经郑永流翻译后,对中国法学界产生了不小的影响。就法律论证而言,产生重大影响的作品是舒国滢翻译出版的德国学者阿列克西的《法律论证理论——作为法律证立理论的理性论辩理论》一书。[2] 张其山等人翻译出版的荷兰学者菲特丽丝的《法律论证原理——司法裁决之证立理论概览》[3]也有很大的影响。

第三阶段是进入新时代后的法律方法论研究。在这一阶段,中央倡导全面依法治国,推进法治中国建设,要把法治当成治国理政的基本方式,要用法治思维和法治方式化解社会矛盾。基于对法律方法以及法律方法论的旺盛需求,法律方法论研究进入了与中国法治建设相结合的路径。可以说,新时代的法律方法论研究是全面的,包括以逻辑为基础的法律思维规则研究、以修辞为特色的法治话语体系及其建构研究、以应用方法为基调的法律方法体系研究。就法律思维规则研究来说,有不少的博士学位论文以此为题展开研究,如宋保振的《走出法律解释的泥淖——法律解释规则理论与运用》、[4]杨铜铜的《体系解释方法运用研究》、[5]李亚东的《法律解释规则分类研究》等;就法律修辞而言,焦宝乾著有《法律修辞学:理论与应用研究》、陈金钊著有《法治思维及其法律修辞方法》等;还有不少博士研究生也把法律修辞作为专题开展研究,如吕玉赞的《"把法律作为修辞"理论研究》、戴津伟的《法律中的论题及论题学思维研究》、沈寨的《裁判合理性研究——以修辞学为视角》等;还有学者把法律发现与法律渊源结合起来,从而使法律方法论有了更为宽泛的研究范围。法律论证方法成了新的知识增长点,借助论证理论,法律解释方

[1] [德]卡尔·恩吉施:《法律思维导论》,郑永流译,法律出版社 2014 年版。
[2] [德]罗伯特·阿列克西:《法律论证理论——作为法律证立理论的理性论辩理论》,舒国滢译,中国法制出版社 2002 年版。
[3] [荷]伊芙琳·T. 菲特丽丝:《法律论证原理——司法裁决之证立理论概览》,张其山、焦宝乾等译,商务印书馆 2005 年版。
[4] 宋保振:《走出法律解释的泥淖——法律解释规则理论与运用》,法律出版社 2020 年版。
[5] 杨铜铜:《体系解释方法运用研究》,中国社会科学出版社 2021 年版。

法(特别是体系解释方法)也获得新生。当然,传统思维方式深深影响了新中国法律方法论研究,传统思维依然支配着人们对法律、法治的认识。

(二)代表性学术活动及作品

进入21世纪后的法律方法论研究,与很多重要的学术活动密切关联。如由葛洪义倡导的"全国法律方法与法律思维学术研讨会"举办过6届;由谢晖、舒国滢、陈金钊、胡玉鸿、蒋传光等学者主持的"全国法律方法论坛"连续召开17届;由陈金钊、熊明辉、刘风景等学者主持的"全国法律修辞学学术研讨会"已经举办15届;[1]由葛洪义主编的《法律思维与法律方法》至少出版了9辑[2];由陈金钊、谢晖主编的《法律方法》已经出版了44卷[3];从2005年到2019年,《山东大学学报》作了13次法律方法论年度学术研究报告。[4] 在法律解释方面,新中国的学者对概念的认识不断升华。其中出版较早的作品有陈金钊的《法制及其意义——法律解释问题研究》(1994年)。对法律解释研究影响较大的则是梁慧星的《民法解释学》(1995年)以及段匡的《日本的法律解释学》(2005年)等。著作类的代表有舒国滢等著的《法学方法论》(2018年),刘星的《司法的逻辑——实践中的方法与公正》(2015年),陈金钊等著的《法律方法论研究》(2010年),王利明的《法学方法论》(2012年)、《法律解释学导论:以民法为视角》(2009年)[5],张明楷的《刑法分则的解释原理》(2011年)[6],

---

〔1〕"全国法律修辞学学术研讨会"最初由山东大学陈金钊、南开大学刘风景、中山大学熊明辉、上海师范大学蒋传光、中南财经政法大学张继成等发起。现已由山东大学、南开大学、中山大学、华东政法大学、北京第二外国语学院、中南财经政法大学、青岛科技大学、河北经贸大学和山东理工大学等高校连续举办15届。

〔2〕葛洪义主编的《法律思维与法律方法》从2002年开始由中国政法大学出版社出版第1—3辑,由法律出版社出版第4—9辑。

〔3〕《法律方法》其中第1—21卷,由山东人民出版社出版;第22—25卷,由中国法制出版社出版;第26—44卷,由研究出版社出版。

〔4〕其中2005—2011年的年度学术报告由焦宝乾、陈金钊撰写。内容涉及法律方法论学科意识的觉醒、法治迈向法官法论时代、法律方法论研究的困惑与执着。2012—2020年的研究报告由焦宝乾、孙光宁、吕玉赞等撰写。

〔5〕王利明:《法律解释学导论:以民法为视角》,法律出版社2009年版;王利明:《法学方法论》,中国人民大学出版社2012年版。

〔6〕张明楷:《刑法分则的解释原理》(第2版),中国人民大学出版社2011年版。

陈兴良的《刑法方法论研究》(2006年)[1],魏治勋的《法律解释的原理与方法体系》(2017年)[2],王国龙的《法律统一适用与自由裁量规范问题研究》(2022年),陈柏峰的《法律的经验研究方法》(2024年)等。教材有如张鹰、徐海燕的《法律逻辑》(第2版)(2023年)。此外,还有我国台湾地区学者黄茂荣的《法学方法与现代民法》(2007年),台湾大学法律丛书1993年出版(后增订7版),杨仁寿的《法学方法论之进展》(2013年)、《法学方法论》(2013年)等,对大陆法律方法论研究产生了很大的影响。文章类有季卫东的《法律解释的真谛——探索实用法学的第三道路》(上、下)[3]、舒国滢的《法律原则适用的困境——方法论视角的四个追问》、葛洪义的《试论法律论证的概念、意义与方法》、陈金钊的《司法过程中的法律发现》和《司法过程中的法律方法论》及《法律方法论对中国法治的意义》、雷磊的《重构"法的渊源"范畴》等。

二、法律方法(论)成为法理学的重要内容

自新中国成立以来,法律方法论的主要成就是:完善了法理学体系的构成要素,使法律运用的方法论成为中国法理学的重要内容之一。法律方法论是法理学学科体系中发展最快的部分。主要表现为,法律方法(论)的概念日益清晰,与法本体论、认识论、价值论一起构成较为完整的法学体系。由于传统的法律适用论被法律方法论替代,成就了法理学研究的方法论转向。从方法论的角度改变了人们对法律的认知,强化了法理学的实用性。特别是体系、逻辑、修辞等的普遍使用,正在改变着问题导向研究的绝对性。只要是辨思,法理肯定在法外,但如果运用逻辑的体系思考或以内在参与者视角观察,就会发现法理不仅包括法外之理,也包括法内之理,并且法治之理主要是法内之理。目前,中国法治出现的一些

[1] 陈兴良主编:《刑法方法论研究》,清华大学出版社2006年版。
[2] 魏治勋:《法律解释的原理与方法体系》,北京大学出版社2017年版。
[3] 季卫东:《法律解释的真谛——探索实用法学的第三道路》(上、下),分别载《中外法学》1998年第6期和1999年第1期。

问题有诸多原因,其中重要的就是我们的思维方式难以接受法内之理,而过多的法外之理使得法治的基本原则无法实施。法律方法论的研究不仅在改变法理,还在型塑法治思维方式。

(一)法律方法(论)的概念日益清晰

在中国法学史上,对法律解释、法律推理等方法的研究持续了很长时间。可是以法律方法论之名开展的专门研究,则始于20世纪末。就世界范围内而言,法律方法论研究的历史也不是很长;对法律方法的特别关注是近些年的事情。据德国法学家魏德士考证,“法律方法问题在德国长期以来不受欢迎,即使对著名的学者和实践而言亦不例外。直到20世纪60年代,法学方法才走进课堂”[1]。当然,对与法律方法(论)相关内容的研究,无论中外都有很悠久的历史。长期以来,人们对法治实施方法的基本认识,也是“根据法律的推理、解释等”。“法律方法”及“法律方法论”语用,在中国的普及基本是21世纪的事情。现在中国法学界,许多人对法律方法的认知是陌生的,不时还伴随有生造词汇的指责。在法律方法(论)出现以前,还有“法学方法”的概念。从规范法学或教义学的角度看,法学方法与法律方法并无二致。可我国一些学者把“法学方法”指称为法学的研究方法,而非法律运用的方法。这就为法律方法的语用普及提供了契机,致使一些学者认为“法律方法”更接近法律运用,并且法治实践更需要法律方法。[2] 这样,法律方法在我国遂替代了来自德国的“法学方法”。法律方法语用的增多,还因为用于表达法律运用的方法增多,诸如法律发现、法律推理、法律解释、法律论证、法律修辞、法律思维、

---

〔1〕 [德]伯恩·魏德士:《法理学》,丁小春、吴越译,法律出版社2003年版,第289页。

〔2〕 葛洪义、谢晖、舒国滢、孙笑侠等学者在20世纪末的多次会议中,对究竟是用法学方法还是法律方法的问题有所探讨。后来才出现了21世纪初葛洪义召集的“全国法律思维与法律方法”连续四届会议。谢晖、舒国滢、陈金钊等发起的“全国法律方法论坛”也与这种探讨有关。

法律论辩等，需要一个能把各种法律运用方法都涵盖其中的方法。[1] 换句话说，诸多表达执法司法过程的思维方法或应用方法需要一个上位概念，而这个概念就自然地被概括为法律方法或法律适用方法，随之也就有了对法律方法研究的法律方法论。

其实法律方法与法律方法论，是既有联系又有区分的概念。法律方法论是对法律方法的系统研究。与法律方法不一样，法律方法论是关于法律运用的理论，就其理论形态的位置而言，是与法律本体论、认识论、价值论并列的法学基础理论。方法论是对研究过程、手段、成果的反思。我们可以从如下陈述中体悟二者的区别。“目前的法学在宏大叙事和实务琐碎两极附近游荡，主要原因是法学理论受制于其他学科（哲学、经济学、社会学、政治学甚至行政学、行政管理学等）的言语控制，研究者感受到其中精彩和高明，但缺乏将其转化为法律思维的能力”[2]，作为理论形态的法律方法论与法律适用方法之间有一定距离，可两者之间更多的是密切关系。诸如，教义学的法律方法论与法律方法并无二致。法官作出决定，既离不开实践法教义学，也离不开理论法教义学。法律方法论是对法教义学方法的反思。从教义学的角度看，法律方法是对一般性、规范性法律的运用方法，是把一般性、规范性法律转化为针对个案的具体法律。

就最近 30 年来看，国内法学者使用较多的是法律方法。可学界对法学方法与法律方法的差异及二者之间的关系争论也很多。舒国滢认为，法学方法在本质上是以规范或教义学的方式，告诉人们（特别是法律人）如何对一般性法律做出理解、解释和运用；是法律人对“法律是什么”的

---

〔1〕 用于描述执法、司法过程词汇的增多，与中国政法大学舒国滢主编并倡导研究法律论证以及翻译阿列克西的《法律论证理论》有关系。1999 年山东大学（威海）法学院召开了“全国法律论证理论研讨会”。在会议上刘士国所使用的是词汇叫作“法律议论”，而此时拉伦茨的《法学方法论》在我国台湾地区已由陈爱娥翻译出版。拉伦茨的法学方法论主要是指描述法律运用的方法，而非法学研究的方法，可是在大陆法学界一些人则认为把研究法学问题的方法论叫作法学方法论，而把法律运用的方法论叫作法律方法论。但无论是法学方法论还是法律方法论，基本是从研究西方法学的同类问题开始的。

〔2〕 黄卉：《法学通说与法学方法：基于法条主义的立场》，中国法制出版社 2015 年版，“代序”第 7 页。

探究方法。法学方法属于诠释学的方法而非经验的方法;是关于推理或论证的方法。[1] “在中国大陆法学界很多人之所以将‘法学方法论’称为‘法律方法论’,主要在于这些学者不明白法学的这种分类以及法教义学是什么。”[2] 其实,很多学者之所以不愿意用法学方法的概念,原因不止于此,如把法学方法论当成法学研究甚至写论文的方法,这促使人们使用法律方法以区别与法学研究和论文写作方法。其实,法学方法论(包括法学的研究方法)与法律方法论的顶层是相通的,区别仅限于表层。法教义学也无非是以内在参与者的视角,介入据法思考的探究方法;而教义学外的其他法学研究方法,无非是“关于法律思考”,人们更多的是把此类诸如法律社会学、经济法学、价值法学的探究称为法学方法。法学方法论的探究的范围、所使用方法更为宽泛。

(二)方法论成为法理学的要素之一

法律方法论与本体论、认识论、价值论一起,构成了较为完整的法理学体系。然而,中国的法理学(法哲学)对方法论不重视,存在用认识论代替方法论的倾向。这就使我国的法理学体系不完整,缺乏方法论。法理学学科体系或原理体系不能缺少指引思维、解决纠纷的方法论。法律本体论主要是研究“法律是什么”,是在抽象思考基础上的再思或反思。与本体论抽象、概念化地谈论“法律概念、定义是什么”不一样,法律方法论是在具体语境中探讨“法律的意义是什么”,是对法律运用的思维方法的探究。认识论是指如何理解、定义、认知法律的思维方法。这构成了传统法哲学的主要内容。不同的认识论会导致对法律意义的不同确认。[3] 认识世界的方法论与解决纠纷的方法论,虽有联系但不完全一样。正确理解、认识法律,是用法律解决纠纷的前提,但认识的路径并不是解决问

〔1〕 舒国滢、王夏昊、雷磊:《法学方法论》,中国政法大学出版社 2018 年版,第 12 - 13 页。

〔2〕 舒国滢、王夏昊、雷磊:《法学方法论》,中国政法大学出版社 2018 年版,第 2 页。

〔3〕 有学者断言,在法律判断问题上的认识论与方法论可以等置。这虽然有一定道理,但是在辩证思维盛行的情况下,把认识论等同于方法论非常不利于法治建设。因为,对法律与其他社会关系辨思的结果是新的知识,而非解决问题的方法。

题的方案。对法律的认识方法，虽然影响决策，但不是解决问题的行为方法。与对事实真伪的认识不一样，法律方法论要解决的是法律运用的“法律意义”问题，是对一般法律固有意义的进一步清晰。法律方法论探究的是解决纠纷的“法律”方法，如何认识、理解法律的认识方法，与解决问题的方法论有关联，但与认识论有较大区别。价值论是如何评价法律的思维形式，主要是运用一般的价值，如自由、民主、公平、正义等衡量评判法律及行为。价值的实现，虽与方法论有关，从价值入法的要求到解决问题的具体方法，还有很多工作要做。在对法律探究的本体论、认识论和价值论之后，还要有调整社会、解决纠纷的方法论。法律与价值的特殊关系决定了，在能够辨明是非曲直的范围内，价值可以改变法律的意义。对这样的方法，人们称为价值衡量或者还原成利益分析方法。

自法律方法论研究得到重视后，传统法理学关于法律适用的章节，逐渐被法律方法论取代。假如法律方法可界定为法律适用的方法，那么这个适用的方法究竟是指什么？方法论究竟是解决问题的技术，还是指引思维的规则？如果法律方法就是指法律思维规则，那么这个规则是不是可以判断思维过程的对错？“法学方法就是要控制法律人对其所属国家现行有效实在法的意义的了解、认识、获得及运用的活动”[1]，在本质上是商谈或论证的。思维规则意义上的法律方法之必要性在于：任何解释、推理、修辞都不能恣意而为。所以，法律方法并不在于解决疑难案件，而在于能够恰当地判断。假如我们不遵循一定的方法，可能会出现诸多的错误。法律思维需要尊重法律方法。对于法律检索的顺序，很多学者揭示是先有结论而后跟进发现，并由此断定法律思维规则的指引作用。其实这种做法并非恣意，而属于常态，也属于寻求正义的努力。因为只有先有结论，才能更好地解释与论证。只不过如果发现与论证的结果，与先定结论不一样，还需要重新发现与论证。

需要看到，法律方法的使用与逻辑思维规则联系密切，甚至可以说法

---

〔1〕　舒国滢、王夏昊、雷磊：《法学方法论》，中国政法大学出版社2018年版，第13页。

律方法就是逻辑思维规则的直接运用。法学与法律的差异使有学者更愿意把法律思维规则称为法学思维方法。“法学思维方法不外三种，亦即以规范(规则或法规)为核心的法规思维；其次是具体的秩序思维；还有以决定为核心的决断论思维方式。”〔1〕非常明显，法律思维是以形式逻辑为思维基础的，这一点与法治思维奠基于辩证思维不一样。法律定义、判断、推理、论证等逻辑思维方式与法律方法联系密切。而法律思维规则指向的是确定个案中的具体法律(与立法者所创设的一般法律有别的)是什么的思维过程。“法律方法是为了得到法律判断。”因而法律方法论被称为法律思维方法。“主要是指解释者(尤其是法官)在查明法律规范的意志时，必须遵循的规则学说。”〔2〕法律方法与司法方法虽有关联重合，但也不尽相同。司法方法包括对事实问题和法律问题的思考。事实真伪主要依靠证据学思维来解决，而法律问题则主要靠法律方法或法律思维方式来解决。这当然不是说事实与法律之间没有关联，只是说证据学与法律方法论有不同的研究重点。法律方法着重在认定事实真伪的基础上赋予事实以法律意义。“每种法学方法论都取决于对法的理解。”〔3〕而证据学是对事实真伪的思考，法律思维规则说强调了法律方法对思维过程的指引以及对思维对错的界定。

(三)法理研究的重心有转向方法论的趋势

对法律方法论的专业研究，是最近30年的事情。改革开放后，我国更加重视民主法治建设，促使法理学研究出现了方法论转向。如今法律方法论已成为法理学的重要组成部分。〔4〕在多个版本的法理学教材中都添加了法律方法论这一章节。由法律方法论引申出的新概念、原理等，

〔1〕［德］卡尔·施密特：《论法学思维的三种模式》，苏慧婕译，中国法制出版社2012年版，“蔡宗珍导读”第8页。

〔2〕［奥］恩斯特·A.克莱默：《法律方法论》，周万里译，法律出版社2019年版，第1页。

〔3〕［德］卡尔·拉伦茨：《法学方法论》，陈爱娥译，商务印书馆2003年版，“导读－代序”第3页。

〔4〕“法学方法论述是法理学或法理论的一部分。”参见舒国滢、王夏昊、雷磊：《法学方法论》，中国政法大学出版社2018年版，第15页。

对思维方式的改变以及法治思维的形成，均发挥了非常重要的作用。从理论来看，人们已经开始注意建构法律方法理论体系。从实践来看，法律方法的专业性开始受到重视，法律方法对职业、执业的积极作用已经展现。关于法律方法论研究，虽然难说是显学，但是它已经被重视。2011年12月教育部、中央政法委员会联合下发的《关于实施卓越法律人才教育培养计划的若干意见》明确提出要重视实践环节的教学、开发法律方法课程，切实提升学生的法律诠释能力、法律推理能力、法律论证能力以及探知法律事实的能力。2015年12月中共中央办公厅、国务院办公厅联合下发的《关于完善国家统一法律职业资格制度的意见》也有关于法律方法的表述。该意见对于统一的法律职业考试方式作了如下规定："着重考察宪法法律知识、法治思维和法治能力，以案例分析、法律方法检验考生在法律适用和事实认定等方面的法治实践水平。"法理学研究的方法论转向，来自法治实践的需求，显示出了旺盛的生命力。

值得注意的是，在辩证思维盛行的大背景下，以形式逻辑为基础的法律方法论在中国日益成型，赢得了不少学者和法律人的关注。法律方法论的存在，也表征着对立法万能论的否定或使自动售货机理论的破产。没有方法就没有科学。方法是科学的重要标准之一。当然，辩证思维与逻辑思维的融贯还需要时日。总体来看，目前的研究尚存在如下不足：

第一，以认识论代替方法论的情结仍然根深蒂固。解决问题的方法论，常被交织在作为认识论的辩证思维之中。其中，与辩证思维匹配的革命思维至今仍有重要影响。在全面推进法治中国的战略中，与法治现代化相匹配的法治思维、法治话语体系之建构需要法律方法论作为支撑。虽然法治思维离不开辩证思维，但完全依赖辩证思维也不可能成就法治。改革开放以后，法学逐步成了相对独立的学科，在对苏联维辛斯基法学批判的同时，开始把眼光投向欧美学术界，借鉴法学知识、原理体系以及方法等。"'方法'意指通向目标的路径。在科学上，方法是这样一种路径，它以理性的，因而也是可检验的和可控的方式导向某一理论上或实践中的认识,或导向对已有认识之界限的认识。”[1] 然而,在问题导向的思维中,表达理性要求的法律逻辑、法律方法论不被重视,许多人只是空喊依法办事。

第二,在整体上还处于对西方法学的学习和对自身法律方法的塑造阶段。最明显的表现是,理论对复杂的法律实施过程做了简单化的处理。我们在法律很少的时候,主张把“依法办事”当成法制的核心。可在中国特色社会主义法律体系已然成型之际,我们却认识到仅靠法律是不够的。早年的政治人或立法者,根据逻辑推论而设想“法律是明确的行为规范”,只要司法者解释推理,执法者认真贯彻执行,公民普遍遵守,法治就能实现。可是对立法者而言的明确法律,在遭遇社会的复杂、变化、事实的多样性以及不同的理解时,所谓明确的法律,会出现不确定性、疑义或多重意义等情况。这还不包括基于辩证思维而衍生的不确定和新事物的历史演化。

三、法律方法论对现代法治的贡献

虽然我国法理学对法的概念或本质进行了多角度研究,可阶级本质说仍是主流观点。在法概念的表述中,除对法律的阶级本质界定之外,一般都伴有“行为规范的总和”这一论断。[2] 从中可以窥见,法学家对法律之行为规范属性非常重视。一些法学家认定“法律是对行为的规整。基于理论和实践的古典区分,这意味着:法律规范并不服务于对世界的认识。也就是说,法的最终目标是提供实践性的准则,即行为规范”[3]。确实,法律不是对事实的描述而是对行为的规定。法律是行为规范,包含作为与不作为的命令。“法律命题的意义在于规定某种行为或不行为。”[4]

---

〔1〕 [德]齐佩利乌斯:《法学方法论》,金振豹译,法律出版社 2009 年版,第 1 页。

〔2〕 “法是调整社会关系的行为规范;是国家制定和认可的行为规范。”参见张文显主编:《法理学》(第 4 版),高等教育出版社、北京大学出版社 2011 年版,第 45 页。“法是调节人们行为的规范。”参见沈宗灵主编:《法理学》(第 4 版),北京大学出版社 2014 年版,第 25 页。

〔3〕 [德]齐佩利乌斯:《法学方法论》,金振豹译,法律出版社 2009 年版,第 1 页。

〔4〕 [德]齐佩利乌斯:《法学方法论》,金振豹译,法律出版社 2009 年版,第 7 页。

法律作为规范要调整、规制、指引、评判预测人的行为,可我们必须注意到所谓规制、指引、评判、预测等都是思维活动。这意味着,对"行为"的规制等,首先要影响到"思维",尔后才是行为。尽管思维是行为的前奏,思维与行为的关系非常密切。可是区分思维规则和行为规范还是必要的。行为规范是判断合法、违法的标准,思维规则是评价思维对错的依据。这是近些年法律方法论研究的重要"发现"。

(一)法律方法论结合了相关学科的思维规则

法律方法论与逻辑学、修辞学等关系密切,是逻辑及其思维规则在法律、法学中的具体运用。逻辑是研究思维规则或规律的学问。据此推论法律方法论就是研究法律思维规则的学问。然而,很多人对此并不认可。这主要是因为在我国人们对逻辑重视不够。因此,重视逻辑的法学理论在我国的传播过程中,法律作为"行为规范"的思想得到了普遍认同;[1]但是,法律是思维规则的事实,却"借助"人们对逻辑的忽视,隐于法学家的关注之外。同时,不少论断也从侧面否定法律作为思维规则的属性,诸如,法律是调整行为的,而道德是调整思想的;法律只惩治行为,而不惩罚思想等。我国的多数法理学人都承认,提升法律思维水平是法学教育的基本目标。其实,法律不仅服务于对行为的调整、规制,还服务于对思维的规范化处理,即法律不仅是行为规范,还是思维规则。只不过,有时两者是重合的。法律作为行为规范是以尺度、标准来衡量行为的合法、违法以及非法;而法律作为思维规则不仅可以指引思维,还可评判思维之对错。从整体角度看,法律方法或法律方法论不是解决疑难案件的理论或技术,而主要是对法律思维规则的探究。

自对法律方法论的研究开始后,学者们就觉察到"法律方法其实质是

---

〔1〕 我国学者在翻译"Law - as - action"时,有人译为行动的法律,有人译为作为行为的法律。美国法学家霍尔认为行动法律不同于行为。因为讲行动需要考虑人的精神状态,行动是有目的的、有动机的、有用的、内在价值的。"行动是概念(包括法律规则概念)、事实[包括法律规则概念、事实(包括官员和其他人的行为)以及实现某种宝贵目标价值的综合。]"沈宗灵:《现代西方法理学》,北京大学出版社1992年版,第456页。

对法律是什么的思维方法”。有多少种法律方法,就有多少种思维规则。法律方法虽是从司法执法经验中概括出来的,但其基本形式是思维“规律”或较为准确地称为思维规则。对此,我们可以从两个方面理解:首先,被称为法律方法的,如法律发现检索、理解解释、推理论证、修辞论辩等其实都是思维活动。在这些方法之背后是法律发现(检索)、法律解释、法律推理等规则。其次,“法律思维”之“法律”,不是作为思维主体的存在,而是一种基于假定的拟制。法律思维、法律解释、法律发现、法律推理等之“法律”是拟制的概念。这种拟制假定了法律能够自主,法律人运用法律可以获得法律的意义;思维过程需要法律决断。法律的运用者要摆正自己的位置,把自己置身于拟制的法律的角色之中,尊重法律、模仿法律、让法律“自主”释放意义。法律思维秉持法律决断论,强调法律解释是独断性解释;法律修辞是把法律作为修辞的说服;法律推理是三段论、据法推理;法律裁判理由的构建需要方法;等等。

需要看到,不承认法律思维规则的存在,对法学乃至于法律的运用产生了不少负面影响。主要表现为:第一,使法律只能作为衡量行为的标准,而对于思维之对错判断缺乏标准。法律对思维的指引及对思维对错的评判功能没有引起人们的重视,这造成了在法律问题上的错误认识——“只有不同答案,而没有正确答案”的观点被更多的人接受。其实,没有正确答案是玩世不恭的法学观点,是从法律意义的绝对性所推出来的命题,是后现代法学瓦解法治命题的基础观点。然而,这种观点与我国的庸俗辩证思维结合起来,赢得了很大的市场,致使基于形式逻辑的传统法治观被摧毁。对于法律是否有正确答案的探索,确实可能会陷入循环论证,可就现实情况而言,确实存在错误答案。所谓错误答案就是:“适用法律时违背思维法则就是对法律的不正确适用。”[1]法律方法的基本功能就是指引思维,评判思维之对错。第二,就实践角度看,导致一些人(尤其实现法治的“关键少数”——领导干部)对逻辑思维的功能重视程

---

〔1〕［德］乌尔里希·克卢格:《法律逻辑》,雷磊译,法律出版社2016年版,第212页。

度不够，对法律方法运用能力不足。由此而来的是，与法治相关的决策思维常常出现逻辑断裂。法律逻辑方法不受重视，致使限权意义上的法治，缺乏思维规则的约束。我们需要意识到，“对方法的忠诚起着自我监督的作用”。[1] 无论是法治理论还是法律实践，都需要法律方法论。如果作为法律方法的法律思维规则能够得到尊重，那就能够促成法律的一般性、权威性、安定性等，因为法律方法论要求在个案裁判与一般规范间应存在逻辑上的推导、论证或恰当解释的关系。这正是法治得以实现的基本方式。法律思维规则对排斥专断有重要意义，任意裁断恰恰不需要尊重思维规则。

（二）法律方法论研究奠定了法治思维的逻辑基础

法律方法与法治相关。自从有了法治理想及目标，就需要与之匹配的法律思维决策方法。法理学意义上的法律方法论与法治的诸原则有关。这些原则以富勒等法学家提出的法治八原则（法律的一般性、明确性、稳定性、体系性以及实现法律这些属性的法律自主性等）为代表。法治思维强调以不变的法律调整千变万化的社会（政治人对法律稳定性的尊重）、以简约的法律调整复杂的社会（尊重法律的一般性、体系性等）和持法达变（即使法律有所变化，也需要遵守法治的基本原则、原理等）。“法学方法论解决的核心问题是，事实与规范或者个案与法律规范之间的缝隙或矛盾问题。”[2]法律思维需要法律方法或者说法律思维规则。一般性法律的意义释放依赖法律方法的指引和运用。法律方法的主要功能是指引思维，法律方法所蕴含的法律思维规则不仅可以指引思维，还可以评判思维过程之对错。

因为法治是一种拟制性称谓，假定了法官等都要受法律的约束，所以制定法也可以作为思维规则而发挥作用。对管理者来说，法律是管理的工具或方法。因而，法律运用的方法在一定程度上是“方法的法”，但这

---

〔1〕［德］伯恩·魏德士：《法理学》，丁小春、吴越译，法律出版社2003年版，第294页。
〔2〕舒国滢、王夏昊、雷磊：《法学方法论》，中国政法大学出版社2018年版，第41页。

种“法”不具有法律的约束力,而是基于法律方法论研究所概括出来的思维规则。这里的“方法涉及(到达目标的)道路,而不直接涉及目标。”〔1〕法律思维方法的重要性在于:一般的法律需要转换为具体的法律才能发挥作用。所谓法律运用的方法就是将一般法律转变为具体法律的思维过程。在这一过程中,人们需要首先从现行法律获取一般性的知识、规范,从而在一般法律命题与特定事实间构建判断或决定。因而,影响法律思维决策的方法也可称为法治方法,因为法治思维需突出法律对思维决策的影响。

有一些法律人认为,法律方法是传授法律运用诀窍的技术,主要用于解决疑难案件。这其实是一种误解,该观点过于强调法律方法的经验成分。虽然有些法律方法能够解决疑难案件,但作为一门学科,法律方法主要是描述如何正确、恰当地获取、理解、解释和运用法律的思维规则。法律思维规则作为思维的法则,既可以指引人的思维,也可以作为衡量思维对错的标准。假如解释、推理、论证等违背逻辑法则,那就会面临这样的“困境”:“认为它违背逻辑的同时也必须认为它违反了法律。”〔2〕有学者主张把违背法律思维规则的理解、解释、论证、推理等思维错误纳入上诉的理由。各种对法律方法的研究目的,就在于揭示恰当运用法律的经验或“规律”,而对这一经验规律的使用则能为案件的解决提供恰当的理由。“法律适用者首先有义务说明用来认定和确定案件事实的法律是具有一般性的法律规范。”〔3〕法律方法论还要求法律适用结论与用于判决的前提之间,存在一个可检验的推导关系。唯有一般性得到尊重,平等价值才能得以实现。就此而言,法律方法论是基于逻辑思维规则的理论展开。

对法学教育来说,教师借助法律运用的诀窍训练提升学生的法律思维。相反的认识是:法律运用没有什么诀窍;即使未经过训练的一般人都

---

〔1〕［奥］恩斯特·A. 克莱默:《法律方法论》,周万里译,法律出版社2019年版,第7页。

〔2〕［德］乌尔里希·克卢格:《法律逻辑》,雷磊译,法律出版社2016年版,第210页。

〔3〕舒国滢、王夏昊、雷磊:《法学方法论》,中国政法大学出版社2018年版,第50页。

会运用法律,即依法行为人皆可为。其实,这两种认识都有一定道理,但也都不全面。就法治思维是以简约应对复杂来说,立法者创设的法律应该是明确的,一般人都能理解的。但是,由于立法能力、文字本身的局限性、人们的理解能力不一等,人们对于“依法”的理解必定会产生诸多纷争。就普遍的执法、司法现象来说,依法办事既非不能做到,也非难以实现。在一般情况下,人们能够比较容易地做到依法办事。但是,如果遇到疑难案件,那就需要运用更多的法律发现、法律推理、文义解释、体系解释等解释规则。而这些规则就是法律方法的核心内容。

法治思维的出现为法律方法论研究提出了新的命题。法律方法是从专业的角度奠定法治思维的逻辑基础。面向法治思维的法律方法研究,需要完成由法律思维向法治思维的升华(由解决个案的思维到解决社会矛盾的进化)。由指引决策、解决个案纠纷的法律思维到化解社会矛盾的法治思维,在中国语境中意味着法律调整范围的进一步扩大,法律开始影响政治行为的决策方式。在这其中,政治家的影响是不可忽视的。当然在解释法治思维的时候,目前还存在不少的偏差。诸如,现在很多人在解释法治思维时,依然把其称为法律思维。其实,法律思维与法治思维有很大的区别。法律思维是法律人的专业、职业、执业思维,目标在于指引个体决策、解决个案纠纷;而法治思维是政治思维,目标在于指引权力决策、化解社会矛盾。法律思维的基础是法学原理;而法治思维的基础是政治社会学原理。例如,在法律实施过程中需要处理法律的稳定性与社会的变动性之间的矛盾,处理这一矛盾的法治思维是以不变的法律调整千变万化的社会。在简约的法律与复杂的社会间也存在矛盾,解决这一矛盾的思维方式就是以简约的法律调整千变万化的社会。而在一般的法律规范与个案事实衔接问题上,则需要据法思考,全面阐释法律文义,恰当引入法律价值,正确使用法律方法。

自从开展法律方法论研究以后,人们发现把依法办事当成实现法治的主要方法存在很多问题。因为,法治实现的过程是一个复杂的过程。需要正确的发现检索和理解解释方法。如果出现不同理解,还需要修辞论辩等方法。虽然就一般的规定而言,人们会知道该怎么办,但在遇到稍微复杂一些的规定或出现复杂案件时,都需要借助法律方法来正确地实施法律。“法学作为以‘正义问题’的解决为其研究对象的科学,必须有一套足以保证其可论证性及客观性的公认的思维方法,如此才能维持其科学性,才能使‘正义问题’的解决,在最大程度上不受个别司法者或执法者的恣意或无知的左右和影响,并使最终的解决方案在民众当中具有最大限度的说服力。而这方面理论准备不足,已经在相当程度上成为我国通向法治国家发展道路的一个‘瓶颈’。”[1]法治实现需要法治思维,而法治思维就是奠基在法律方法基础上的思维方法。法治思维与法律方法的关联度很大。有什么样的法律方法就有什么样的法治思维。法律方法论是对司法执法思维经验的概括和总结。在诸多的法律方法中,基础性的方法是法律检索;常用的方法是法律解释、法律推理;非典型案件或疑难案件的处理需要借助法律论证、法律论辩和法律修辞等较为复杂的方法。

(三)法律方法论为法治话语提供了技术支撑

进入新时代以后,中国共产党提出了建构中国特色社会主义法治话语体系的宏伟目标。其主要内容包含在习近平总书记的系列讲话及党的十八届四中全会以后的系列文件之中。其要点是全面推进依法治国,把法治当成治国理政的基本方式;通过法治国家、法治政府和法治社会一体建设,实现法治中国;用法治思维和法治方式化解社会矛盾等。中国梦的实现,需要与之匹配的话语体系。构建法治话语体系,还需要对法治话语进行正确解读,然后才有法治思维或法治决策。法治话语是指捍卫法治的言辞、命题以及言说方式。法治话语的正确理解和运用都需要以对法律方法论的研究为基础。并非任何涉及法治的话语都是法治话语。法治言辞是否属于法治话语,需要经由法理学论证以及法律思维的检验。法治话语是以法律修辞的方式(把法律作为修辞)调控思维;是法治原则对

[1] [德]齐佩利乌斯:《法学方法论》,金振豹译,法律出版社 2009 年版,“译后记”第 180 页。

思维方式以及言说方式的要求。从学理的深层次看，法治话语与法律方法具有同质性，实质是用言说方式影响意识形态，进而引导思维朝着法治的方向发展。法治话语对法治思维的促成，是通过法律方法所追求的自主性、合法性以及可接受性等来实现的，这意味着法治话语的传播需要借助法律方法。

法治话语虽然与法学有很大关联，即在技术操作以及方法制成的角度属于法学话语，但从其基本属性来看，则是政治话语，是法治政治的组成部分。“每一种法学思维方式均有其承认何者为‘法’的特别想法，并且排斥其他思维方式对法的认知。”[1]当然，面向法治时，很多原则还是一致的。法学（法律）角度的法治原则，则表现为对法律一般性、明确性、稳定性、体系性等价值的追求。“法律确定了对司法和行政都有约束力的一般性规范。这与分权和法律安定性的原则是一致的。因此司法和行政原则上应按照一定的解释规则来发现这些一般规范的含义，以维持和遵守这些规范。”[2]法律方法是法律思维规则的运用技术；需要满足法律一般性等基本要求。法治目标的实现必须有法律方法。富勒的法治八原则及其实现方法，都在力图证明法律推理、法律解释等的可行性或法治实现的可能性。[3]

改革开放以来，法治话语发生了很大变化。20世纪80年代流行的法治话语是依法办事，今天盛行的是依法执政、依法行政，把法治当成治国理政的基本方式。社会主义法治的基本要求，也由“有法可依、有法必依、执法必严、违法必究”，转变为“科学立法、严格执法、公正司法、全民守法”。法治中国成了新时代社会和国家治理转型的目标。

在这一阶段，法律方法论研究所做的基础工作，就是从侧面消解革命思维的绝对性。诸如倡导“法律是善良和公正的艺术”就是对蛮干的批

---

〔1〕［德］卡尔·施密特：《论法学思维的三种模式》，苏慧婕译，中国法制出版社2012年版，“蔡宗珍导读”第11页。

〔2〕［德］齐佩利乌斯：《法学方法论》，金振豹译，法律出版社2009年版，“第10版前言”第1页。

〔3〕陈金钊：《法治是被定义的生活——关于法治逻辑的意义探寻》，载《探索与争鸣》2019年第7期。

评。这意味着法律不应该向革命开放,而是需要向公平、秩序等价值开放,要运用法律方法实现自由、公平、正义和秩序。为实现社会秩序,法律也不能是封闭的,要向其他社会规范适度开放。对法律方法的倡导就是对专制以及不受约束的权力的警惕。与法治相反的是专断,想怎么做就怎么做不需要方法;专横、任意不需要逻辑与方法。强调"法律是善良和公正的艺术",就是从方法论和价值论的角度看法律。法律运用的艺术,还意味着面对诸多的法律方法,其适用也需要选择、识别。"认识法律不意味抠法律字眼,而是把握法律的意义和效果。"〔1〕这些方法和艺术都来自司法实践。价值论角度强调了法律与善良、公正的关系;方法论角度则重申法律就是实现善良和公正的艺术。艺术意味着法律面对诸多矛盾需要有方法、技术、技巧来处理。"从司法判决当中发展出来的一般法律原则,深深根植于这样的任务,即公正地解决社会冲突。"〔2〕法治话语需要法律方法论为其探索具体的实现路径。

在进入新时代后,法治话语也面临一些新的情况,诸如价值入法、情理法结合、党内法规与国家法律的融贯等问题。上述问题都需要方法论的支持。案例指导制度的落实也需要方法论的配合。"法律解释方法或规则的选择问题不仅关涉技巧的问题,而且牵涉更为基本的问题即权力分立和法治的问题。"〔3〕它会产生这样的问题,人们如何会知道法官是在执行立法的目的,而不是使法律成为公共利益的体现? 虽然法律方法论发挥着非常重要的作用,但目前的现实是,与法治相匹配的法治思维模式还没有形成。对法律方法论的研究已持续多年,可法治所要求的据法思考模式并没有成为主流方法,倒是消解据法思考(或克服据法思考弊端)的价值衡量、政治权衡、与时俱进等方法,大量融进了对法律意义的解释。就法治话语的功能来看,法律方法论有利于立法权与司法、执法等其他权力的区分。法律方法论的任务就是尽可能助益法律自主,限制主观任意

〔1〕［德］卡尔·恩吉施:《法律思维导论》(修订版),郑永流译,法律出版社 2014 年版,扉页。
〔2〕［德］齐佩利乌斯:《法学方法论》,金振豹译,法律出版社 2009 年版,第 15 页。
〔3〕舒国滢、王夏昊、雷磊:《法学方法论》,中国政法大学出版社 2018 年版,第 20 页。

判断的产生。“对于方法论，法官受法律约束的宪法原则完全是构成性的，这又是从（孟德斯鸠）分权原则得到启发的一项基本原则。”[1]与此相对应，法律漏洞及其补充的方法没有得到普遍认同，主要是因为传统的辩证思维方式不是那么容易改变。虽然近百年来科学理论得到了迅速普及，形式逻辑的地位有所改变，但依然没有成为主要的思维方式。

四、法律方法当前研究进展

对于法律方法体系，不同学者有不同的界定。有人以法律解释为主要方法进行界定，认为法律方法体系包括文义解释、体系解释和除弊解释等。这种划分是把法律推理、论证分解到文义、体系解释之中，而把利益衡量（价值衡量）、目的解释包括在除弊解释之中，以法律解释为核心概念来设计体系。日本的一些法学家就把法律解释等同于法律方法。还有一些学者以法律发现为支点构建体系，认为法律实施首先要使用法律发现方法（制定法是主要的发现场所），认定法律发现、法律解释、法律论证、法律论辩、法律修辞及法律推理等构成法律方法体系。还有学者以法律推理为核心概念塑造法律方法体系，认为法律推理分为形式推理和实质推理。形式推理包括法律关系分析、犯罪构成分析、文义解释、体系解释、三段论推理、内部证成等，实质推理包括目的论解释、外部证成、价值衡量等方法。之所以需要方法体系，是因为法律实施过程中的很多矛盾，需要不同的方法或者体系性的法律方法来解决。诸如，体系性法律和具体规范、法律条款、法律规范间的冲突需要通过解释予以协调；部门法之间的矛盾需要体系思维来融贯。法律规范与其他社会规范之间的矛盾也需要借助体系来调和。这引出了法律渊源的理论与实践问题。法律规范与价值追求、法律规定与文化传统等矛盾等，引申出了价值入法的原则、规则、方法等研究命题。

（一）法律发现与法律渊源的勾连

法律方法论研究目前最重要的发现，是我国学者重新确认了法律发

---

〔1〕［奥］恩斯特·A. 克莱默：《法律方法论》，周万里译，法律出版社2019年版，第11页。

现与法律渊源的关系。本来这一问题在西方法学中不是问题,但由于我国法学家在研习西方法学时秉持立法中心主义立场,把法律渊源界定为只有立法者加以认可和制定的规范形式或法律表现形式。通过多年的法律方法论研究,这种误解逐步得以消除,恢复了法律渊源之执法或司法的本来面目。我们注意到,立法者创设法典的重要使命之一就是统一法律渊源,但实际上这是立法者不可能完成的任务。面对繁杂多样的案件,把其他社会规范附条件地确定为法律渊源在所难免。“法律渊源学说与法律适用方法之间有着紧密的联系。”[1]法律方法的重要功能就是指导法官获取法意义。法律渊源之表现形式是法官等法律运用者,发现、获取、识别法律的场所。制定法是最重要的法律渊源形式,其命运与法律发现息息相关。如果没有法律发现方法,制定法只能是“死”去的法律。

法律方法不仅是对制定法的运用,还与其他社会规范联系密切。从这个角度看,法律方法的专业基础理论是法律渊源论。法律渊源论确定法律的范围及检索、识别、获取法律意义的基本方式。“法的渊源的原理决定了什么是法律推理而什么不是法律推理。”[2]只有在充分识别法律渊源论(法律发现方法)的基础上,人们才能更好地开展具体的法律方法运用,这些方法包括法律推理、法律解释、法律论证、法律论辩、法律修辞等方法。法律渊源理论是一种开放的法律观,在制定法不能解决纠纷或按照制定法解决问题会出现严重背离价值情形下,就可以附条件地把其他社会规范拟制为法律。在法律渊源理论中,法律方法的运用有开放与封闭两种思维,即法律推理分为形式推理与实质推理,法律解释分为据法阐释与辨思解释,文义解释、法律论证分为内部证成与外部证成、法律修辞分为把法律作为理由的说服和用法律外因素的说服等。无论法律方法的运用与哪种思维有关,都属于法律渊源论的组成部分。“法律人所得到的法律判断或法律决定必须得到法的渊源的支持,否则,该判断或决定就

[1]　[德]伯恩·魏德士:《法理学》,丁小春、吴越译,法律出版社 2003 年版,第 295 页。
[2]　舒国滢、王夏昊、雷磊:《法学方法论》,中国政法大学出版社 2018 年版,第 22 页。

不应被称为法律判断或决定。”[1]学者最近研究发现，法律渊源属于法治话语，[2]也属于开放意义上的法思维。没有法律渊源作为法治话语的修饰，仅把制定法或判例法视为法律，在很多场景下会使法治在逻辑或思维方式上推不下去。有了法律渊源，其他社会规范、合同等才可以附条件地被拟制为法律。

（二）体系解释对文义解释的超越

长期以来，我国学者不重视逻辑，而专注于问题导向研究。问题导向的优点是关注结果，而缺陷是不注重方法与逻辑。如果把两者结合起来研究，对我国的法治实践具有十分重要的意义。因为，在辩证思维之下的问题导向，非常容易忽视法规范的权威地位，不承认法律思维规则的存在，不重视体系方法的使用。低估体系思维以及体系解释方法的作用，已经成为当下法治思维的主要问题。这与西方早期法学界的观点形成了鲜明对照。法律方法论研究的重大进展之一，就是体系思维的引入以及对体系解释方法的重视。体系解释方法的拓展，延伸出的体系思维。这主要是因为近年来，我国的话语系统以及思维方式整体上发生了一些变化，言辞话语之中陡然增加了“体系修饰”，诸如话语体系、学术体系、理论体系、法治体系等。与逻辑被重视相对应，在法律解释学中出现了由文义解释向体系解释的转向，或思维的姿态由文义射程的封闭性到法律体系的开放性转变。在科学没有成为体系之前，西方有神学诠释学和法学诠释学。法学诠释学对法治思维的塑造以及法治话语的形成发挥着基础作用。“法解释学的任务，在于阐释法律。”[3]阐释法律的基本方法既有文义解释，也有体系解释。体系即逻辑。体系解释方法被重视意味着逻辑思维得以张扬。“体系方法，本质上也就是一种逻辑的运用。继而体系方

---

〔1〕 舒国滢、王夏昊、雷磊：《法学方法论》，中国政法大学出版社2018年版，第27页。
〔2〕 陈金钊：《法源的拟制性及其功能——以法之名的统合及整饬》，载《清华法学》2021年第1期。
〔3〕 杨仁寿：《法学方法论》，中国政法大学出版社2013年版，第38页。

法在很大程度上承担了逻辑在法学方法论中的命运。"[1]法学家们认定,文义解释所导致的死抠字眼、机械执法司法等问题,均可通过体系解释方法予以矫正。在西方,有法学家则认为,法学知识、法律规范以及法律方法体系能够解决所有的法律纠纷。教义法学家不仅解释实在法,而且将解释结果体系化。当然,体系解释方法也存在自身的弊端,即对问题导向的忽视。

(三)法律论证、论辩、修辞等方法的兴起

法理意义上法律方法论是以理性及可论证的方式,探究开放性法律应用问题的理论体系。"每一种法学方法论事实上都取决于其对法的理解。'法'是一种极为复杂的标的,它不只是不同的个别学科研究的客体,哲学也研究它。如果不考虑法哲学,就根本无法研究法学方法论。"[2]这意味着,语境中的具体法律与抽象的法律概念有关联,但法律方法论不是探究一般意义上的抽象法律或探究法律的概念,而是为主体思维决策和依法裁判寻找法律依据。捍卫法治之法律方法论的显著特色是据法思考。没有方法论,法理学就会缺乏回应实践的能力。在晚近的研究中,法律思维出现了由合法性向可接受性的转变。由演绎推理向体系论证(论辩、修辞)的转向(裁判结果由合法性到可接受性转变)。一般来说,法律方法不会单独使用,在很多场景下会被交叉使用,这就是认识论上的融贯,即法律运用需要演绎、类比之外的其他方法,以保证对法律的正确使用。融贯论方法得出的结论不仅具有合法性,还具有修辞意义上的可接受性。法律以及法律使用不可能做到价值无涉。在此意义上,融贯论与解释论有异曲同工之妙。体系解释方法也遭遇"论点学"或问题思维的对抗,认为追求概念体系的逻辑一致性会罔顾个别问题,因而不如问题导向更加切合社会实际。"问题思维方式,直接从被提问的问题着

[1] [德]英格博格·普珀:《法学思维小学堂——法律人的6堂思维训练课》,蔡圣伟译,北京大学出版社2011年版,第179页。

[2] [德]卡尔·拉伦茨:《法学方法论》,陈爱娥译,商务印书馆2003年版,"引论"第21页。

手,并且以解答这个问题作为目标"[1],所以不需要大规模的推导。问题导向是有意义的,然而这不是放弃体系思维的理由。关键在于辨思背景下的中国需要体系思维,以便正确理解、解释和运用法律。

就法律适用而言,"法律方法是在进行法律判断时的法律适用或应用方法"[2],即将一般性、规范性、体系性的法律作为前提、修辞、论据等,以获得判断的正当性、合法性。按照法治的要求,这里的正当、合法,是以不超越一般、规范性的文义及体系解释为标准。可由于文义、逻辑体系自身存在多义性、固定性、静止性等,可能会与社会的发展变化、复杂多样产生矛盾。为适应社会的发展变化,法律就需要权变。这就可能会出现超越法律的解释。法律方法要解决的就不是适用法律的问题了,演变成了"续造"或权衡。对于此类方法可称为法律运用的方法,而非法律适用的方法。这类方法不属于规范性或教义学属性的方法。因为它不强调在现行法律框架内运用,而是认为一般性法律可因为价值入法而得到填充、续造,法律的文义可因为利益衡量而改变;法律的漏洞可运用价值予以补充。一般性法律可因社会需求等因素而被续造。而这些诸多的方法,在有些法学著作中被称为实质推理或法官造法等。当然,这类法律创造方法,究竟是否属于法律方法还存在较大争议。

五、结语

思维方式的现代化成为法治现代化的时代诉求。就动力机制而言,思维现代化可能会成为改变中国,促动社会治理现代化转型的重要因素。就法律方法论的研究目标而言,学者意识到,要实现法治就必须重视逻辑,要把逻辑嵌入法理及人们的日常思维,从而使逻辑成为型塑法治思维、构造法治话语体系、促成法治行为的基础。这是法律方法论研究要完成的使命。

---

〔1〕[德]英格博格·普珀:《法学思维小学堂——法律人的6堂思维训练课》,蔡圣伟译,北京大学出版社2011年版,第180页。

〔2〕孙笑侠主编:《法律方法教程》,高等教育出版社2020年版,第10页。

延伸阅读学术著作

1. 梁慧星:《民法解释学》,中国政法大学出版社 1995 年版。
2. 杨建军:《法律事实的解释》,山东人民出版社 2007 年版。
3. 陈金钊等:《法律方法论研究》,山东人民出版社 2010 年版。
4. 王国龙:《法律解释的有效性问题研究》,山东人民出版社 2011 年版。
5. 王彬:《法律解释的本体与方法》,人民出版社 2011 年版。
6. 王利明:《法学方法论》,中国人民大学出版社 2012 年版。
7. 舒国滢、王夏昊、雷磊:《法学方法论》,中国政法大学出版社 2018 年版。
8. 杨铜铜:《体系解释方法运用研究》,中国社会科学出版社 2021 年版。
9. 陈柏峰:《法律的经验研究方法》,社会科学文献出版社 2024 年版。
10. 侯猛、代伟主编:《法社会科学研究方法指南》,北京大学出版社 2024 年版。

延伸阅读学术论文

1. 季卫东:《法律解释的真谛(上)——探索实用法学的第三道路》,载《中外法学》1998 年第 6 期。
2. 陈金钊:《司法过程中的法律方法论》,载《法制与社会发展》2002 年第 4 期。
3. 舒国滢:《法律原则适用的困境——方法论视角的四个追问》,载《苏州大学学报》2005 年第 1 期。
4. 杨建军:《法律事实与法律方法》,载《山东大学学报(哲学社会科学版)》2005 年第 5 期。
5. 侯学勇:《融贯论在法律论证中的作用》,载《华东政法大学学报》2008 年第 4 期。
6. 张继成:《可能生活的证成与接受——司法判决可接受性的规范研究》,载《法学研究》2008 年第 5 期。
7. 王国龙:《捍卫法条主义》,载《法律科学(西北政法大学学报)》2011 年第 4 期。

8. 孙光宁:《法律解释方法在指导性案例中的运用及其完善》,载《中国法学》2018 年第 1 期。
9. 陈金钊:《法律方法论对中国法治的意义》,载《江海学刊》2022 年第 4 期。
10. 雷磊:《法教义学在中国:历程、疑问与反思》,载《法商研究》2024 年第 4 期。

延伸阅读学位论文

姜福东:《返回方法论的法律解释学》,山东大学 2009 年博士学位论文。

第二十章　法律方法（二）

本论题导读

法律方法是新中国法理学知识体系的重要组成部分。国内研究对传统方法论、法律论证理论、法律方法学说史均有涉猎，在民法、刑法、公法以及类案裁判等领域亦有所应用。经过20余年的发展，国内研究的知识来源从单一走向多元，研究主体从以法理学者为主转变为多学科研究者共同参与，研究对象从域外理论逐渐转向本土实践，研究方法也趋于多元，会议、丛书等平台的搭建以及学术争论的此起彼伏更彰显研究氛围之热烈。未来，应进一步拓展理论知识来源，注重域外著作引入的广泛性与体系化，以及多元知识的深层差异。还须调整现行学术评价体系，深化学术界与实务界的互动交流，加强学说史研究，通过研究方法的革新与多学科背景研究者的协作实现本土理论创新。

作为“理由之治”的法治要求法律决定的作出者应当提供理由证成其决定。这里的理由除法律规范之外，另一重要来源正是法律方法。法律方法，也称法学方法论、法律方法论〔1〕，是法律人在法律适用过程中用

〔1〕 关于这门学问的称谓，国内法学界曾展开激烈的争辩。虽然来自德国的“法学方法论”对我国相关研究影响颇大，但多数学者依然主张应称呼这门学问为“法律方法”，从而避免与作为研究方法的“法学方法”相混淆。参见胡玉鸿：《方法、技术与法学方法论》，载《法学论坛》2003 年第 1 期；郑永流：《法学方法抑或法律方法？》，载郑永流主编：《法哲学与法社会学论丛》第 6 辑，中国政法大学出版社 2003 年版；林来梵、郑磊：《法律学方法论辩说》，载《法学》2004 年第 2 期；王夏昊：《缘何不是法律方法——原本法学的探源》，载《政法论坛》2007 年第 2 期；姜福东：《为什么不是“法学方法”——与王夏昊先生商榷》，载《浙江社会科学》2008 年第 10 期；戚渊：《法律方法与法学方法》，载《政法论坛》2009 年第 2 期；葛洪义：《法律方法与几个相关概念的比较》，载《法制与社会发展》2010 年第 3 期。

于解决法律问题,具有独特性的方法和技巧的总称。[1] 作为法理学的重要组成部分,法律方法不仅是连结法理学与部门法学、司法实践的重要纽带,更是法治建设中不可或缺的实践技艺。虽然起步较晚,但我国法律方法研究已逐渐成长为一门显学。随着中国法学主体意识的觉醒,法律方法研究也不再满足于单纯借鉴域外理论,而是试图回应我国法治建设过程中的各种现实问题,并形成具有中国特色的法律方法理论体系。在此背景下,对以往研究进行回顾与总结,既有助于查缺补漏、革除疲敝,也期望能对未来研究的方向及策略有所启示与帮助。

一、法律方法研究的主题及其发展脉络

国内对法律方法问题的探究肇始于孙国华、郭华成于 1988 年发表的《法律解释新论》一文。[2] 但在此之后很长一段时间,法律方法并未引起国内法学界的广泛关注。20 世纪 90 年代中后期,随着一些重要单行法律规范落地实施,我国法学研究不再单纯聚焦于立法层面,而是逐渐将视野扩展至司法适用层面,这在客观上催生出对法律方法的研究需求。梁慧星的《民法解释学》(1995 年)首次对法律解释学作出了系统性阐述。[3] 法理学者开始跟进研究,张志铭的《法律解释操作分析》(1998 年)[4]、陈金钊的《法律解释的哲理》(1999 年)[5] 以及梁治平编的《法律解释问题》(1998 年)[6] 都是国内法律方法早期研究的代表性作品。

---

〔1〕 付子堂主编:《法理学进阶》(第 6 版),法律出版社 2022 年版,第 142 页。

〔2〕 孙国华、郭华成:《法律解释新论》,载《政治与法律》1988 年第 5 期。在此之前,国内法学界已有关于"法律解释"的研究。例如,刘升平:《谈谈法律解释》,载《法学杂志》1981 年第 5 期。但这些文章都是从"有权解释"的角度来探讨作为法律渊源的立法解释、司法解释与行政解释,不属于作为法律方法的法律解释学,故在此略去不谈。

〔3〕 梁慧星:《民法解释学》,中国政法大学出版社 1995 年版。与《民法解释学》同年出版的还有刑法学者李希慧的《刑法解释论》。

〔4〕 张志铭:《法律解释操作分析》,中国政法大学出版社 1998 年版。

〔5〕 陈金钊:《法律解释的哲理》,山东人民出版社 1999 年版。

〔6〕 梁治平编:《法律解释问题》,法律出版社 1998 年版。

出于研究的迫切需要,法律方法著作引介工作也同步开展。国内第一部法律方法译著是美国学者史蒂文·J. 伯顿所著的《法律和法律推理导论》(1998 年)。[1] 由于彼时英美法系在司法实践模式上与我国存在较大差异,该书在出版后并未引起多大反响。影响力更大的是紧随其后由我国台湾地区译介的三部著作:《法学方法论》(1999 年)、《法学方法与现代民法》(2001 年)以及《法律思维与民法实例:请求权基础理论体系》(2001 年)。[2] 这三本书的优势在于结合案例将复杂精深的大陆法系法学方法论深入浅出地阐释出来,为域外学说的引入作铺垫。2003 年,拉伦茨所著的《法学方法论》[3]这部“经典中的经典”译本甫一问世,即成为我国法律方法研究与教学方面学者的“枕边书”。[4] 以上著作的出版进一步激发了国内学者的研究热情。短短 20 余年,法律方法研究已逐渐形成十分庞杂的研究主题。本部分梳理拟依照两条线索展开:一是对法律方法本身的研究,具体包含三个论域——传统法律方法论、法律论证理论以及法律方法学说史[5];二是对法律方法的应用研究,重点关注其在

[1] [美]史蒂文·J. 伯顿:《法律和法律推理导论》,张志铭、解兴权译,中国政法大学出版社 1998 年版。

[2] 杨仁寿:《法学方法论》,中国政法大学出版社 1999 年版;黄茂荣:《法学方法与现代民法》,中国政法大学出版社 2001 年版;王泽鉴:《法律思维与民法实例:请求权基础理论体系》,中国政法大学出版社 2001 年版。

[3] 该书译本早在 1996 年已于我国台湾地区出版,并且通过各种非正式途径流传于大陆相关研究者群体(尤其是博士研究生)之间。以此观之,该书在大陆产生影响的时间未必比杨仁寿所著《法学方法论》晚。

[4] 该书深刻地影响了国内法律方法专著、教材的篇章结构,以及相关课程的内容编排。参见雷磊:《域外法学方法论论著我国大陆传播考略——以欧陆译作与我国台湾地区作品为主线》,载《东方法学》2015 年第 4 期。

[5] 此处参考了雷磊的分类方式,但略有不同。雷磊将法律方法(法学方法论)的国内研究分为四个部分:传统方法理论、法律规范理论、法律论证理论以及方法论学说史。本书将法律规范理论合并至传统方法理论中的“法律漏洞填补”一节,故形成新的三分法。参见雷磊:《主题的拓展与方法意识的觉醒——四十年来规范法学的发展》,载《北京航空航天大学学报(社会科学版)》2019 年第 1 期。

民法、刑法、公法以及类案裁判等领域的开展。[1]

(一)法律方法基础理论研究

1. 传统方法论

(1)法律解释。在法律方法诸论域中，国内最早开展也最持续和深入的就是法律解释学。在很多早期研究者的观念里，法律解释学甚至就是法律方法的代名词。[2] 国内关于法律解释问题的研究主要围绕以下五个议题展开。一是法律解释学与哲学诠释学的关系问题。哲学诠释学是当代西方哲学两大流派之一[3]，其对当代法律解释学的影响世所公认，但郑永流、焦宝乾等大多数研究者都反对以作为本体论的法律诠释学颠覆作为方法论的法律解释学。[4] 二是对特定解释方法的研究。法律解释学发展至今已经积累了大量的解释方法，而国内研究的兴趣主要集中在文义解释[5]、目

[1] 除民法、刑法、宪法与行政法之外，其他法律部门也都有相关法律方法研究，但研究的热烈与深入程度均远逊于前述三部门，限于篇幅，故而不逐一探讨。至于类案裁判，其广布于各法律部门的司法适用中，从逻辑上讲本不应与前述三法律部门之方法相提并论。然而鉴于其在我国司法实践与研究中的重要地位，有必要将其单列出来讨论，故置于应用研究一节一并回顾。

[2] 例如，梁慧星的《民法解释学》就包含了法律漏洞的补充、利益衡量等不属于严格意义上法律解释学的内容。参见梁慧星：《民法解释学》，中国政法大学出版社1995年版。

[3] 另一流派是分析哲学。参见洪汉鼎：《当代西方哲学两大思潮》，商务印书馆2010年版。

[4] 郑永流：《出释入造——法律诠释学及其与法律解释学的关系》，载《法学研究》2002年第3期；焦宝乾：《本体论意义上的法律解释理论》，载《山东大学学报(哲学社会科学版)》2004年第1期；周赟：《法律解释(学)的理据、概念及价值》，载《法律科学(西北政法大学学报)》2010年第4期；姜福东：《反思法学对哲学诠释学的继受》，载《法商研究》2010年第5期；陈坤：《对当下法律解释学研究中几个基本问题的澄清》，载《南京师大学报(社会科学版)》2012年第6期。

[5] 陈金钊：《文义解释：法律方法的优位选择》，载《文史哲》2005年第6期；谢晖：《文义解释与法律模糊的释明》，载《学习与探索》2008年第6期；魏治勋：《论文义解释方法的细分释法功能》，载《法学杂志》2014年第8期；魏治勋：《文义解释在法律解释方法中的优位性及其限度》，载《求是学刊》2014年第4期；徐明：《文义解释的语用分析与构建》，载《政法论丛》2016年第3期。

的解释[1]、体系解释[2]以及社会学解释[3],并大多主张文义解释在各解释方法中居于首要地位。三是法律解释的元规则问题。在疑难案件中,不同解释方法会指向相互矛盾的解释结论,传统法律解释学的应对方案是构建解释方法的适用顺序与效力位阶规则。[4] 桑本谦等学者围绕这种规则是否存在以及如何构建等问题展开了激烈的争辩。[5] 四是关于法律解释是否反法治的争论。针对实践中过度解释的现象大量出现的问题,陈金钊于2007年提出"法治反对解释"命题。[6] 范进学则批评其为假命题,两位

[1] 蒋惠岭:《目的解释法的理论及适用》(上),载《法律适用(国家法官学院学报)》2002年第5期;蒋惠岭:《目的解释法的理论及适用》(下),载《法律适用(国家法官学院学报)》2002年第8期;陈金钊:《目的解释方法及其意义》,载《法律科学(西北政法学院学报)》2004年第5期;刘国:《目的解释之真谛——目的解释方法中的"目的"辨考》,载《浙江社会科学》2012年第1期;钱炜江:《论司法裁判中的目的解释》,载《法制与社会发展》2018年第5期;王云清:《制定法中的目的解释——以英美国家为中心》,载《法制与社会发展》2020年第1期;焦宝乾:《历史解释与目的解释的区分难题及其破解》,载《法商研究》2021年第5期。

[2] 梁迎修:《方法论视野中的法律体系与体系思维》,载《政法论坛》2008年第1期;陈金钊:《体系思维的姿态及体系解释方法的运用》,载《山东大学学报(哲学社会科学版)》2018年第2期;宋保振:《体系解释的中国运用》,载《济南大学学报(社会科学版)》2018年第6期;陈金钊:《体系思维及体系解释的四重境界》,载《国家检察官学院学报》2020年第4期。

[3] 武飞:《社会学解释:一种"自由"的裁判方法》,载《学习与探索》2010年第6期;袁春湘:《社会学解释方法在案件裁判中的运用》,载《法律适用》2011年第11期;焦和平:《法律之内实现社会效果的合理路径——社会学解释方法的司法适用》,载《河北法学》2013年第6期;杨知文:《社会学解释方法的司法运用及其限度》,载《法商研究》2017年第3期;侯学宾、耿思远:《司法裁判中的社会学解释与客观性社会解释》,载《法律方法》2018年第2期。

[4] 苏彩霞:《刑法解释方法的位阶与运用》,载《中国法学》2008年第5期;程红:《论刑法解释方法的位阶》,载《法学》2011年第1期。

[5] 桑本谦:《法律解释的困境》,载《法学研究》2004年第5期;孙光宁:《反思法律解释方法的位阶问题——兼论法律方法论的实践走向》,载《政治与法律》2013年第2期;周光权:《刑法解释方法位阶性的质疑》,载《法学研究》2014年第5期;雷绍玲:《论法律解释元规则》,载《广东社会科学》2009年第3期;李可:《法律解释方法位序表的元规则》,载《政法论丛》2013年第4期;王夏昊、吴国邦:《论法律解释方法抽象位阶的作用及其逻辑结构》,载《烟台大学学报(哲学社会科学版)》2018年第5期;程雷:《刑事诉讼法律解释方法的顺序规则初探——以反对强迫自证其罪原则与应当如实回答之关系为范例的分析》,载《中国刑事法杂志》2018年第1期。

[6] 陈金钊:《法治为什么反对解释?》,载《河南省政法管理干部学院学报》2007年第1期;陈金钊:《法治反对解释的原则》,载《法律科学(西北政法学院学报)》2007年第3期;陈金钊:《反对解释的场景及主体》,载《北方法学》2007年第1期。

学者你来我往形成一场颇具关注度与影响力的论战。[1] 五是对中国古典法律解释学的研究。21世纪初，谢晖率先运用当代哲学诠释学的基本原理来分析中国古典法律解释，试图建立以哲学诠释学为思想基础的中国法律解释学。[2] 在他的带动下，后续又有陈林林、王立民等分别从古代法律制度、典型案例以及学术体系着眼探究古代中国的法律解释智慧。[3]

(2)法律漏洞填补。法律解释学处理的是有规则可依的情况下如何构建法律推理三段论之大前提，若无规则可依，则需借助传统方法论的重要方法——法律漏洞填补。国内相关研究最早可追溯到梁慧星1994年发表的《诚实信用原则与漏洞补充》一文[4]，最早的专著则是孔祥俊2004年出版的《法律规范冲突的选择适用与漏洞填补》。[5] 此后该主题的研究主要关注具体的漏洞填补方法，尤其是依原则、习惯以及学说进行的漏洞填补。在依习惯进行的漏洞填补方面，谢晖不仅发表了一系列论

〔1〕 范进学：《"法治反对解释"吗？——与陈金钊教授商榷》，载《法制与社会发展》2008年第1期；陈金钊：《对"法治反对解释"命题的诠释——答范进学教授的质疑》，载《法制与社会发展》2008年第1期；范进学：《通向法治之途的方法论——与陈金钊教授第二次商榷》，载《现代法学》2008年第6期；陈金钊：《反对解释与法治的方法之途——回应范进学教授》，载《现代法学》2008年第6期。

〔2〕 谢晖：《古典中国法律解释的哲学智慧》，载《法律科学（西北政法学院学报）》2004年第6期；谢晖：《西法背景下中国古典法律解释的意义——文化视角的说明》，载《现代法学》2004年第5期；谢晖：《中国古典法律解释中的目的智慧——追求法律的实用性》，载《法学论坛》2005年第4期；谢晖：《中国古典法律解释的形上智慧——说明立法的合法性》，载《法制与社会发展》2005年第4期；谢晖：《中国古典法律解释的方法智慧——关注解释的合法性》，载《政法论坛》2005年第4期；谢晖：《中国古典法律解释的知识智慧——法律解释的知识形态》，载《法律科学（西北政法学院学报）》2005年第6期；谢晖：《中国古典法律解释的哲学向度》，中国政法大学出版社2005年版。

〔3〕 曾坚：《中国古代法律注释与当代法律解释学的差异》，载《贵州社会科学》2008年第12期；陈林林：《古典法律解释的合理性取向 以宋"阿云之狱"为分析样本》，载《中外法学》2009年第4期；陈锐：《两汉经学与汉代的法律解释》，载《西南政法大学学报》2011年第6期；王立民：《中国古代的律文解释与近代的刑法法条解释之比较——以〈唐律疏议〉与〈中华民国新刑法判解汇编〉为例》，载《现代法学》2014年第5期；厉广雷：《〈唐律疏议〉中的法律解释问题——一种本土的分析视角》，载《南大法学》2020年第2期。

〔4〕 梁慧星：《诚实信用原则与漏洞补充》，载《法学研究》1994年第2期。

〔5〕 孔祥俊：《法律规范冲突的选择适用与漏洞填补》，人民法院出版社2004年版。

文[1],还与陈金钊共同主编了CSSCI来源集刊《民间法》。在他的带动下,习惯法的司法适用问题逐渐成为近年来的热点问题。[2] 对依学说进行的漏洞填补的研究主要由2018年施行的最高人民法院《关于加强和规范裁判文书释法说理的指导意见》所引发。该意见规定,法官可以运用"法理及通行学术观点"论证裁判理由,由此促发了关于如何在裁判中(尤其是在法律规定不明的情况下)援引与运用法律学说的热议。[3]

(3)法律渊源。国内对法律渊源的研究最早可以追溯到潘华仿、高鸿钧等发表的《当代西方两大法系主要法律渊源比较研究》(1987年)。[4] 黄茂荣所著的《法学方法与现代民法》(2001年)在内容编排上的一大特色是将"论法源"作为开篇第一章。这一点明显不同于大陆法系传统法学方法论的主流教材与专著。研究热点有二:法律渊源的概念和特定类型的法律渊源。法律渊源在概念上的含混是研究的多元语境所致,因此研究法律渊源的前提性工作就是澄清概念的内涵。彭中礼细致考察了法律渊源的语源传承与概念流变[5];陈金钊、王夏昊等则从司法/法适用/法律认识论的视角对法律渊源在概念上进行了进一步的界定

---

[1] 谢晖:《初论民间规范对法律方法的可能贡献》,载《现代法学》2006年第5期;谢晖:《民间法与裁判规范》,载《法学研究》2011年第2期;谢晖:《论民间规范司法适用的前提和场域》,载《法学论坛》2011年第3期;谢晖:《论司法对法律漏洞的习惯救济——以"可以适用习惯"为基础》,载《中南大学学报(社会科学版)》2020年第1期。

[2] 钱炜江:《论习惯在民事司法中的运用》,载《法律适用》2016年第3期;周世中:《民族习惯法进入司法审判的前提条件与路径探讨》,载《社会科学家》2017年第1期;李可:《中国习惯之法源地位的发生条件、应然顺序及模式选择》,载《江苏社会科学》2019年第1期;庄晓华、张建文:《论民事习惯的司法运用》,载《西南政法大学学报》2021年第4期。

[3] 彭中礼:《论法律学说的司法运用》,载《中国社会科学》2020年第4期;金枫梁:《裁判文书援引学说的基本原理与规则建构》,载《法学研究》2020年第1期;杨帆:《司法裁判说理援引法律学说的功能主义反思》,载《法制与社会发展》2021年第2期;齐健:《裁判文书援引法律学说实证研究》,载《法律适用》2021年第7期;彭中礼:《司法裁判引证法律学说的功能研究——基于生效裁判文书的实证分析》,载《现代法学》2022年第1期。

[4] 潘华仿、高鸿钧等:《当代西方两大法系主要法律渊源比较研究》,载《比较法研究》1987年第3期。

[5] 彭中礼:《法律渊源词义考》,载《法学研究》2012年第6期。

与阐释,并由此揭示出法律渊源的性质、功能以及分类方式。[1] 在特定法律渊源类型研究上,学者热议的有司法解释、指导性案例[2]、国家政策以及习惯。司法解释(包括司法解释性质文件)与指导性案例都是具有鲜明中国特色的法律渊源类型。前者虽然在我国法律实践中长期存在,但学界对于它的法效力,即对裁判是否有拘束力以及如何协调其与其他法律渊源的关系,一直存在争议。[3] 尤其是在《民法典》编纂与实施前后,司法解释是否具有法效力这一议题更加成为学界热议的焦点问题。[4] 国家政策与习惯之所以获得关注,主要是因为它们的法律渊源地位过去或现在被明确规定在制定法当中。[5] 然而民法学界对于它们的法律渊源地位一直存在讨论。[6] 这些意见最终为《民法典》的起草者所采纳。其实在此之前,各种民间习惯、行业惯例、行政惯例早已出现在执法、司法实践中,只是没有被正式写入制定法中,国内学界对其法律渊

---

〔1〕 陈金钊:《法律渊源:司法视角的定位》,载《甘肃政法学院学报》2005 年第 6 期;李龙、刘诚:《论法律渊源——以法学方法和法律方法为视角》,载《法律科学(西北政法学院学报)》2005 年第 2 期;王夏昊:《法适用视角下的法的渊源》,载《法律适用》2011 年第 10 期;马驰:《法律认识论视野中的法律渊源概念》,载《环球法律评论》2016 年第 4 期;雷磊:《重构"法的渊源"范畴》,载《中国社会科学》2021 年第 6 期。

〔2〕 关于指导性案例的法律渊源地位问题会在后文"类案裁判方法"部分介绍。

〔3〕 曹士兵:《最高人民法院裁判、司法解释的法律地位》,载《中国法学》2006 年第 3 期;李永升、张飞飞:《最高人民法院刑事司法解释法律渊源地位之证伪》,载《当代法学》2013 年第 4 期;王成:《最高法院司法解释效力研究》,载《中外法学》2016 年第 1 期;彭中礼:《最高人民法院司法解释性质文件的法律地位探究》,载《法律科学(西北政法大学学报)》2018 年第 3 期;聂友伦:《司法解释性质文件的法源地位、规范效果与法治调控》,载《法制与社会发展》2020 年第 4 期。

〔4〕 薛军:《民法典编纂如何对待司法解释》,载《中国法律评论》2015 年第 4 期;黄忠:《论民法典后司法解释之命运》,载《中国法学》2020 年第 6 期。

〔5〕 1986 年施行的《民法通则》第 6 条规定:民事活动必须遵守法律,法律没有规定的,应当遵守国家政策。

〔6〕 刘颖:《论民法中的国家政策——以〈民法通则〉第 6 条为中心》,载《华东政法大学学报》2014 年第 6 期;张红:《论国家政策作为民法法源》,载《中国社会科学》2015 年第 12 期;李敏:《民法上国家政策之反思——兼论〈民法通则〉第 6 条之存废》,载《法律科学(西北政法大学学报)》2015 年第 3 期。

源属性的研究也已开展多年。[1]《民法总则》“法律渊源条款”[2]的出台,进一步刺激了学界对于习惯之法律渊源地位问题的热情。[3]

2. 法律论证理论

法律论证理论是20世纪70年代于欧陆兴起的研究流派。自20世纪80年代起,国内研讨法律论证理论的论文只有零星数篇。[4] 德国学者阿列克西的《法律论证理论——作为法律证立理论的理性论辩理论》(2002年)[5]与荷兰学者菲特丽丝的《法律论证原理——司法裁决之证立理论概览》(2005年)[6]翻译出版,才算为国内法律论证研究真正开启了一扇大门。焦宝乾的《法律论证:思维与方法》(2010年)则代表了该论域国内学者最早的系统性探索。[7] 总体而言,国内法律论证研究虽开展时间稍晚,但在成果数量与质量上丝毫不逊于传统方法论研究,甚至大有后来居上之势。目前已形成程序性、论题—修辞学以及逻辑三大研究进路。

(1)程序性进路。程序性进路主要以哈贝马斯和阿列克西的理论为基点,从商谈程序的视角来思考法律论证——特定法律主张能否成立,亦

---

[1] 李可:《论习惯法的法源地位》,载《山东大学学报(哲学社会科学版)》2005年第6期;刘作翔:《特殊条件下的法律渊源——关于习惯、政策、司法解释、国际条约(惯例)在法律中的地位以及对“非正式法律渊源”命题的反思》,载《金陵法律评论》2009年第1期;彭中礼:《论习惯的法律渊源地位》,载《甘肃政法学院学报》2012年第1期;高其才:《作为当代中国正式法律渊源的习惯法》,载《华东政法大学学报》2013年第2期。

[2] 《民法总则》(已失效)第10条,系国内民法学界的通称。

[3] 陈景辉:《“习惯法”是法律吗?》,载《法学》2018年第1期;雷磊:《习惯作为法源?——以〈民法总则〉第10条为出发点》,载《环球法律评论》2019年第4期;李可:《中国习惯之法源地位的发生条件、应然顺序及模式选择》,载《江苏社会科学》2019年第1期。

[4] 沈宗灵:《佩雷尔曼的“新修辞学”法律思想》,载《法学研究》1983年第5期;刘星:《阿尔诺的“法律确证”理论》,载《外国法译评》1993年第3期;舒国滢:《战后德国法哲学的发展路向》,载《比较法研究》1995年第4期。

[5] [德]罗伯特·阿列克西:《法律论证理论——作为法律证立理论的理性论辩理论》,舒国滢译,中国法制出版社2002年版。

[6] [荷]伊芙琳·T.菲特丽丝:《法律论证原理——司法裁决之证立理论概览》,张其山、焦宝乾、夏贞鹏译,商务印书馆2005年版。该书的特色在于对法律论证研究的主要成果作出了概览式的评述。由于当时国内法学界对法律论证理论所知甚少,该书的引入可谓雪中送炭,立刻成为相关研究的指南,本身虽为专著但却发挥了教材式的普及作用。

[7] 焦宝乾:《法律论证:思维与方法》,北京大学出版社2010年版。

即是否具有可接受性,取决于其是否符合理性商谈的形式与规则。国内对于程序性进路的关注点主要有二:一是关于阿列克西的法律论证理论实践效度的争论。阿列克西虽只是域外众多法律论证研究者的其中之一,但在不少国内学者的认知里,谈及法律论证则言必称阿列克西,其学说几乎可以与法律论证理论本身画等号。随着法律论证研究在国内升温,围绕阿列克西学说能否为司法程序和司法判决提供有益的启示或指导,桑本谦、雷磊等学者展开了激烈的争辩。[1] 二是关于裁判后果论证的研究。[2] 最高人民法院倡导在司法裁判中要努力实现"法律效果与社会效果相统一"。这引起了法学界关于裁判之社会效果的关注。尤其是2013年以来法教义学与社科法学之争拉开帷幕之后[3],在法律推理中是否需要考量后果,如何考量,以及结果取向在法律论证中的作用与正当性等问题成为学界热议的焦点。[4]

(2)论题—修辞学进路。在2005年发表的《寻访法学的问题立场——兼谈"论题学法学"的思考方式》一文中,舒国滢提出要打破法学

---

〔1〕 桑本谦:《法律论证:一个关于司法过程的理论神话——以王斌余案检验阿列克西法律论证理论》,载《中国法学》2007年第3期;雷磊:《法律论证何以可能?——与桑本谦先生商榷法律论证理论的基本问题》,载《政法论坛》2008年第4期;杨洪:《司法论证的逻辑结构与可能——以阿列克西法律论证理论为例》,载《法学》2016年第4期。

〔2〕 将后果论证归入程序性进路或许并不十分妥当,因为论题—修辞学进路也偶有诉诸后果的论证。但国内后果论证研究的主要学术渊源是麦考密克的程序性法律论证理论,相关研究也大多在程序性进路所强调的"内部证立/外部证立"二分框架下的外部证立层面探讨,因此将之放置于程序性进路一节。

〔3〕 这场学术争论以陈景辉的《法律与社会科学研究的方法论批判》一文发表为起点。参见陈景辉:《法律与社会科学研究的方法论批判》,载《政法论坛》2013年第1期。

〔4〕 杨知文:《司法裁决的后果主义论证》,载《法律科学(西北政法大学学报)》2009年第3期;任彦君:《刑事疑难案件中结果导向思维的运用》,载《法学评论》2012年第2期;王彬:《司法裁决中的"顺推法"与"逆推法"》,载《法制与社会发展》2014年第1期;孙海波:《通过裁判后果论证裁判——法律推理新论》,载《法律科学(西北政法大学学报)》2015年第3期;孙海波:《"后果考量"与"法条主义"的较量——穿行于法律方法的噩梦与美梦之间》,载《法制与社会发展》2015年第2期;宋亚辉:《追求裁判的社会效果:1983—2012》,载《法学研究》2017年第5期;陈辉:《后果主义在司法裁判中的价值和定位》,载《法学家》2018年第4期;王彬:《司法裁决中的后果论思维》,载《法律科学(西北政法大学学报)》2019年第6期;雷磊:《反思司法裁判中的后果考量》,载《法学家》2019年第4期;王彬:《事实推定中的后果考量》,载《法律科学(西北政法大学学报)》2021年第6期。

的“公理体系之梦”，主张论题取向而非公理取向的研究路径。这标志着法律论证研究另一条重要进路——论题—修辞学进路——正式进入国内学界的视野。正如雷磊所观察到的，该文发表后的短短数年间，国内法律方法研究者似乎发生了集体转向，以此为主题的会议纷纷召开，相关论文呈几何级数增长，相关论著亦不断涌现。[1] 在论题学法学方面，舒国滢不仅是重要的译介者，而且承担了不少开拓性工作。该领域研究之艰辛不仅在于资料难寻，而且对外语能力要求也极高。除了常用的英语、德语之外，还需熟识古希腊文与拉丁语乃至阿拉伯语，方能精研文献。舒国滢围绕该问题撰写了一系列论文[2]，从古希腊一直梳理到近现代，并集结成一部 80 万字的专著《法学的知识谱系》(2020 年)。[3] 国内关于法律修辞学的研究则相对丰富。舒国滢仍是一马当先，在西方古代法律修辞学发展源流的爬梳[4]，尤其是在争点论[5]、决疑术[6]等具体修辞学理论与方法的引介上作出突出贡献。相比于舒国滢的历史感，陈金钊、彭中礼、侯学勇等学者则更关注法律修辞学的现实意义，如法律修辞学对疑难案件的解决[7]，对公民规则意识的培养[8]，助益司法公正与社会正义

---

[1] 雷磊:《域外法学方法论论著我国大陆传播考略——以欧陆译作与我国台湾地区作品为主线》，载《东方法学》2015 年第 4 期。

[2] 舒国滢:《走近论题学法学》，载《现代法学》2011 年第 4 期;舒国滢:《西塞罗的〈论题术〉研究》，载《法制与社会发展》2012 年第 4 期;舒国滢:《亚里士多德论题学之考辨》，载《中国政法大学学报》2013 年第 2 期;舒国滢:《论题学:修辞学抑或辩证法?》，载《政法论丛》2013 年第 2 期。

[3] 该书通常被认为是一部西方法律思想史方面的著作，但书中相当多数的篇幅都涉及法律论证理论中的论题—修辞学进路。参见舒国滢:《法学的知识谱系》，商务印书馆 2020 年版。

[4] 舒国滢:《西方古代修辞学:辞源、主旨与技术》，载《中国政法大学学报》2011 年第 4 期;舒国滢:《追问古代修辞学与法学论证技术之关系》，载《法学》2012 年第 9 期。

[5] 舒国滢:《“争点论”探赜》，载《政法论坛》2012 年第 2 期。

[6] 舒国滢:《决疑术:方法、渊源与盛衰》，载《中国政法大学学报》2012 年第 2 期。

[7] 陈金钊:《解决“疑难”案件的法律修辞方法——以交通肇事连环案为研究对象的诠释》，载《现代法学》2013 年第 5 期。

[8] 侯学勇:《解决纠纷还是培养规则意识——法律修辞在司法中的作用定位》，载《法商研究》2013 年第 2 期。

的实现。[1] 焦宝乾与孙光宁在概念区分上亦有所贡献。焦宝乾着重阐明了逻辑与修辞这一对法学范式的区分与关联，尤其是其在中国语境下所具有的理论与实践意义。[2] 孙光宁则区分了判决书写作中的消极修辞与积极修辞[3]，法律修辞的微观层次与宏观层次[4]，对于提升当下判决书写作水平具有重要借鉴意义。

（3）逻辑进路。法律论证的逻辑进路是由逻辑学者与法学中具有逻辑学背景的学者共同推动的。张继成与王洪是法学界的开路先锋，而逻辑学界的代表则当推熊明辉。作为拓荒者，三位学者都侧重基础理论的探究，如法律推理的理性模式[5]、逻辑机制及其正当理由[6]，法律逻辑研究的基本问题[7]与主要趋向[8]，判例法与制定法框架下法律推理的基本模式[9]，以及法律逻辑中的推论规则[10]，等等。此后，随着年轻学者的加入，逻辑进路研究也逐渐分化，转向对法律逻辑自身特殊问题的探讨。主要的研究方向有三：一是对各种怀疑论的回应。三段论推理与涵摄模式传统上被认为是法律论证的逻辑基础，但后现代法学试图解构、颠覆其作用与价值。焦宝乾、雷磊等学者对此予以反驳，主张三段论推理是内部证立的逻辑形式，其价值在于确保法律拘束，并构成了平等对待原则

---

〔1〕 陈金钊：《法律修辞方法与司法公正实现》，载《中山大学学报（社会科学版）》2011 年第 5 期；彭中礼：《司法判决说服性的修辞学审视——围绕听众的初步分析》，载《法制与社会发展》2011 年第 1 期；侯学勇：《司法修辞方法在社会正义实现中的作用》，载《法律科学（西北政法大学学报）》2012 年第 1 期。

〔2〕 焦宝乾：《逻辑与修辞：一对法学研究范式的中西考察》，载《中国法学》2014 年第 6 期；焦宝乾：《逻辑与修辞：一对法学范式的区分与关联》，载《法制与社会发展》2015 年第 2 期。

〔3〕 孙光宁：《判决书写作中的消极修辞与积极修辞》，载《法制与社会发展》2011 年第 3 期。

〔4〕 孙光宁：《法律修辞的两种层次及其启示》，载《法学论坛》2011 年第 6 期。

〔5〕 张继成：《法律推理模式的理性构建》，载《法商研究》2002 年第 4 期。

〔6〕 张继成：《从案件事实之“是”到当事人之“应当”——法律推理机制及其正当理由的逻辑研究》，载《法学研究》2003 年第 1 期。

〔7〕 王洪：《法律逻辑的基本问题》，载《政法论坛》2006 年第 6 期。

〔8〕 王洪：《法律逻辑研究的主要趋向》，载《哲学动态》2009 年第 3 期。

〔9〕 王洪：《论判例法推理》，载《政法论丛》2018 年第 3 期；王洪：《制定法框架下的判决论证模式》，载《比较法研究》2019 年第 2 期。

〔10〕 熊明辉：《论法律逻辑中的推论规则》，载《中国社会科学》2008 年第 4 期。

与法的安定性原则的必要条件。[1] 二是对法律推理可废止性的探讨。可废止性是域外法律论证研究的热点问题,但国内对此所知不多。宋旭光与陈坤探讨了可废止性的概念,为何应将法律看作是可废止的,以及可废止推理与法治之间的关系等问题。[2] 三是关于人工智能时代法律推理基本模式的反思与重构。2016 年 AlphaGo 在人机围棋大战中大放异彩后,国内掀起了"人工智能与法律"研究热潮,焦点议题正是人工智能在法律推理领域的应用问题。熊明辉、雷磊等学者探讨了自动法律推理建模的路径,尤其是可废止推理对思考该问题的意义。[3]

3. 法律方法学说史

拉伦茨《法学方法论》最初引入时选用的并非全本,而是略去前五章学说史部分的"学生版"。[4] 这从侧面反映出国内法律方法研究不重视学说史研究的倾向。相关研究不仅起步较晚,而且专著与论文在总体数量上也略显单薄。由于中国古代并不存在严格意义上的法律方法学术研究[5],此处仅就国内对欧陆与英美法域的学说史研究进行梳理。

---

〔1〕 焦宝乾:《三段论推理在法律论证中的作用探讨》,载《法制与社会发展》2007 年第 1 期;孙海波:《告别司法三段论?——对法律推理中形式逻辑的批判与拯救》,载《法制与社会发展》2013 年第 4 期;雷磊:《为涵摄模式辩护》,载《中外法学》2016 年第 5 期;陈坤:《逻辑在法律推理中没有作用吗?——对一些常见质疑的澄清与回应》,载《比较法研究》2020 年第 2 期。

〔2〕 宋旭光:《为什么应当将法律看作是可废止的?》,载《人大法律评论》2016 年第 3 期;宋旭光:《论法学中的可废止性》,载《法制与社会发展》2019 年第 2 期;陈坤:《可废止法律推理与法治》,载《法制与社会发展》2019 年第 6 期。

〔3〕 梁庆寅、魏斌:《法律论证适用的人工智能模型》,载《中山大学学报(社会科学版)》2013 年第 5 期;熊明辉:《法律人工智能的推理建模路径》,载《求是学刊》2020 年第 6 期;雷磊:《人工智能时代法律推理的基本模式——基于可废止逻辑的刻画》,载《比较法研究》2022 年第 1 期。

〔4〕 2020 年,商务印书馆出版了由黄家镇翻译的全本《法学方法论》,补齐了"学生版"中略去的第一部分"历史的—批判的部分:萨维尼以来的德国法学理论与方法论"。参见[德]卡尔·拉伦茨:《法学方法论》(全本·第 6 版),黄家镇译,商务印书馆 2020 年版。

〔5〕 中国古代的司法裁判中也有运用法律方法的实例,如"推类方法"与"经学方法"。只是中国古代缺乏对于法律方法本身的学术研究,因而并未形成专门的法律方法学说,后世也就自然无所谓学说史研究了。参见陈锐:《法律方法上的西方经验与本土资源——兼论中国现代法律方法体系的建构》,载《华东政法大学学报》2009 年第 6 期。

(1)欧陆法律方法学说史。由于在知识体系上与欧陆法学方法论更为接近，国内对其学说史的研究也相对丰富一些。《概念法学、利益法学与价值法学：探索一部民法方法论的演变史》(2011 年)与《制造“拉伦茨神话”：德国法学方法论史》(2011 年)是国内最早系统梳理德国方法论学说史的专著。[1] 两部专著出版伊始并未引起多少关注，但随着法教义学与社科法学之争的兴起，郑永流、舒国滢等学者试图从欧陆法学方法论的历史演进过程中探究法学知识的属性与核心[2]，相关研究也有所升温。具体到学派，国内研究最为深入的当属历史法学派。早在 20 世纪 80 年代起，沈宗灵、徐爱国与何勤华等学者就探讨过历史法学派产生的时代背景、基本主张与历史贡献。[3] 此后，相关研究更多聚焦到其开创者萨维尼身上。[4] 除此之外，国内学者对于概念法学[5]、自由法学[6]、利益法学[7]均有所涉猎，但相关成果无论在数量还是深度上均远不及对历史法学的研究。

(2)英美法律方法学说史。国内对英美法律方法学说的研究更多集

[1] 吴从周：《概念法学、利益法学与价值法学：探索一部民法方法论的演变史》，中国法制出版社 2011 年版；顾祝轩：《制造“拉伦茨神话”：德国法学方法论史》，法律出版社 2011 年版。

[2] 郑永流：《欧陆法律方法的方向性进程》，载《清华法学》2018 年第 2 期；舒国滢：《法学的知识谱系》，商务印书馆 2020 年版。

[3] 沈宗灵：《略论历史法学派》，载《法学研究》1980 年第 3 期；徐爱国：《历史法学派简论》，载《江苏社会科学》1992 年第 6 期；何勤华：《历史法学派述评》，载《法制与社会发展》1996 年第 2 期。

[4] 陈爱娥：《萨维尼：历史法学派与近代法学方法论的创始者》，载《清华法学》2003 年第 2 期；陈颐：《萨维尼历史法学方法论简释——以〈论立法与法学的当代使命〉为中心》，载《比较法研究》2005 年第 5 期；谢鸿飞：《萨维尼的历史主义与反历史主义——从历史法学派形成机理角度的考察》，载《清华法学》2003 年第 2 期；朱虎：《萨维尼的法学方法论述评》，载《环球法律评论》2010 年第 1 期；杨代雄：《萨维尼法学方法论中的体系化方法》，载《法制与社会发展》2006 年第 6 期。

[5] 蒙晓阳：《为概念法学正名》，载《法学》2003 年第 12 期。

[6] 谢小瑶：《法律约束、个案正义与司法论证——对自由法学的另一种解读》，载《环球法律评论》2011 年第 2 期。

[7] 吕世伦、孙文凯：《赫克的利益法学》，载《求是学刊》2000 年第 6 期；陈林林：《方法论上之盲目飞行——利益法学方法之评析》，载《浙江社会科学》2004 年第 5 期；张文龙：《目的与利益：法范式的“哥白尼革命”——以耶林和海克为中心的利益法学思想史之考察》，载《清华法律评论》2015 年第 1 期。

中于美国法律现实主义思潮。这或许要归功于以苏力为代表的法律实用主义者的大力引介,启发了国内社科法学研究者在与教义法学拥趸的论战中从法律现实主义思想中汲取理论养分。刘星、许庆坤与陆宇峰等对法律现实主义的基本主张、历史演进以及后世影响作了全面的梳理工作。[1] 胡铭与王彬则分别从转型期的刑事司法裁判方法与我国司法决策理论模型的建构这两个具体角度切入来探讨法律现实主义思想的现实意义。[2] 此外,还有学者转入对法律现实主义运动中的主要旗手——霍姆斯[3]、卡多佐、卢埃林[4]、弗兰克[5]——个人思想的研究。相比之下,国内学者对于法律现实主义的竞争对手——法律形式主义——的研究则屈指可数。一个潜在的共识是,后者是陈旧过时的,不值得一驳。"法律形式主义"这个词本身甚至已经暗含贬义了。只有柯岚等少数学者试图为法律形式主义辩护,主张形式主义实际上是法律方法中的元方法,"过度的反法律形式主义会使自身陷入非法律形式主义的悖论,并使法学面临丧失自身自治性的危机"[6]。

(二)法律方法应用研究

1. 民法方法

民法方法的突出特点是较高的灵活性,尤其体现为法律续造的容许性上。国内民法学界也因而尤其关注利益衡量、民法法律渊源的多元化

---

〔1〕 刘星:《法律的不确定性——美国现实主义法学述评》,载《中山大学学报(社会科学版)》1996 年第 S3 期;许庆坤:《重读美国法律现实主义》,载《比较法研究》2007 年第 4 期;陆宇峰:《美国法律现实主义:内容、兴衰及其影响》,载《清华法学》2010 年第 6 期。

〔2〕 胡铭:《法律现实主义与转型社会刑事司法》,载《法学研究》2011 年第 2 期;王彬:《法律现实主义视野下的司法决策——以美国法学为中心的考察》,载《法学论坛》2018 年第 5 期。

〔3〕 刘练军:《在自制与能动之间——霍姆斯司法哲学刍议》,载《法制与社会发展》2010 年第 5 期;武宏志:《论霍姆斯的"逻辑"和"经验"》,载《政法论丛》2016 年第 6 期。

〔4〕 沈宗灵:《卢埃林的现实主义法学》,载《法学研究》1990 年第 5 期;王绍喜:《卡尔·N. 卢埃林:〈荆棘丛〉》,载《清华法学》2004 年第 1 期;孙新强:《卢埃林现实主义法理学思想》,载《法制与社会发展》2009 年第 4 期。

〔5〕 陆宇峰:《"事实怀疑论"的浅薄与深刻——弗兰克法律现实主义再解读》,载《江汉论坛》2014 年第 10 期。

〔6〕 柯岚:《法律方法中的形式主义与反形式主义》,载《法律科学(西北政法学院学报)》2007 年第 2 期。

等问题。

(1)利益衡量。梁上上不仅是国内利益衡量研究的开拓者，研究内容也最为系统。他从批评日本学者加藤一郎的利益衡量理论为出发点〔1〕，依次探讨了防范人们滥用利益衡量的方法〔2〕、制度利益衡量的逻辑〔3〕、异质利益衡量的公度性难题〔4〕以及公共利益衡量〔5〕等问题。由此形成了利益衡量研究较为完整的体系，该理论最终被整理成《利益衡量论》一书，一经出版在民法学界引起较大的反响，目前已更新到第3版。〔6〕

(2)民法法律渊源的多元化。关于民法法律渊源的研究主要围绕《民法通则》以及《民法典》制定前后"法律渊源条款"的修订而展开。修订后的法律渊源条款虽然正式承认了习惯的法律渊源地位，但我国部分民法学者持有不同意见，认为它不利于民法规则体系的开放、多元与有效实施，纷纷从民法方法上试图重构法律渊源体系。其中，石佳友主张，国家政策、司法性渊源、一般法律原则等不宜完全被排斥在法律渊源体系之外，而应在民事裁判中将其作为实质性法律渊源据以参考。〔7〕 汪洋则区分了"规范法律渊源"与"准规范法律渊源"，主张指导性案例、宪法规范与国家政策等虽未明确规定在法律渊源条款中，但属于准规范法律渊源。〔8〕 于飞与易军也主张法律渊源条款的二位阶法律渊源体系存在不

---

〔1〕 梁上上：《利益的层次结构与利益衡量的展开——兼评加藤一郎的利益衡量论》，载《法学研究》2002年第1期。

〔2〕 梁上上：《利益衡量的界碑》，载《政法论坛》2006年第5期。

〔3〕 梁上上：《制度利益衡量的逻辑》，载《中国法学》2012年第4期。

〔4〕 梁上上：《异质利益衡量的公度性难题及其求解——以法律适用为场域展开》，载《政法论坛》2014年第4期。

〔5〕 梁上上：《公共利益与利益衡量》，载《政法论坛》2016年第6期。

〔6〕 梁上上：《利益衡量论》(第3版)，北京大学出版社2021年版。

〔7〕 石佳友：《民法典的法律渊源体系——以〈民法总则〉第10条为例》，载《中国人民大学学报》2017年第4期。

〔8〕 汪洋：《私法多元法源的观念、历史与中国实践　〈民法总则〉第10条的理论构造及司法适用》，载《中外法学》2018年第1期。

足,应将“依基本原则确立的规则”或“法理”作为第三顺位法律渊源。[1]王雷则从《民法典》适用衔接问题出发提出了动态法律渊源观的设想。[2]

2. 刑法方法

我国刑法学深受德、日刑法学影响,因而德日刑法方法中的重要议题也延伸到国内研究中。最值得瞩目的是刑法解释的基本立场问题,以及类型化思维方法在刑事立法、司法中的运用问题。

(1)刑法解释的基本立场。在刑法解释的基本立场问题上,国内刑法学界形成了“主观解释论”与“客观解释论”、“形式解释论”与“实质解释论”之争。前两者争论的是刑法解释的目标问题,后两者争论的则是刑法解释的方法与限度问题。其中,主观解释论者主张,刑法解释的目标应是阐明刑法制定时立法者的意思,主要支持者包括许发民[3]、董邦俊[4]以及陈坤[5];客观解释论者则主张,刑法解释的目标是阐明解释时《刑法》条文客观上所展现出来的意思,吴丙新[6]与王政勋[7]是这一立场的主要拥护者。实质解释论以张明楷[8]、刘艳红[9]、苏彩霞[10]、姜涛[11]等学者为代表,主张对构成要件的解释不能停留在法条的字面含义上,必须以保护法益为指导,使行为的违法性与有责性达到值得科处刑罚的程度;在遵循罪刑法定原则的前提下,可以作出扩大解释,以实现处

〔1〕 于飞:《民法总则法源条款的缺失与补充》,载《法学研究》2018 年第 1 期;易军:《论作为民法法源的“法理”》,载《现代法学》2022 年第 1 期。

〔2〕 王雷:《民法典适用衔接问题研究动态法源观的提出》,载《中外法学》2021 年第 1 期。

〔3〕 许发民:《论刑法客观解释论应当缓行》,载《刑法论丛》2010 年第 3 期。

〔4〕 董邦俊:《刑法解释基本立场之检视》,载《现代法学》2015 年第 1 期。

〔5〕 陈坤:《论刑法主观解释论的正确性——从认知语言学的视角看》,载《浙江社会科学》2015 年第 5 期。

〔6〕 吴丙新:《刑法解释的基本思想及主体》,载《现代法学》2001 年第 3 期。

〔7〕 王政勋:《刑法解释的立场是客观解释——基于会话含义理论的分析》,载《法律科学(西北政法大学学报)》2012 年第 3 期。

〔8〕 张明楷:《实质解释论的再提倡》,载《中国法学》2010 年第 4 期。

〔9〕 刘艳红:《走向实质解释的刑法学——刑法方法论的发端、发展与发达》,载《中国法学》2006 年第 5 期。

〔10〕 苏彩霞:《实质的刑法解释论之确立与展开》,载《法学研究》2007 年第 2 期。

〔11〕 姜涛:《基于法益保护位阶的刑法实质解释》,载《学术界》2013 年第 9 期。

罚的妥当性。形式解释论的倡导者在数量上处于相对弱势,以陈兴良[1]、邓子滨[2]为核心,主张根据刑法条文的字面规定作出解释,强调刑法明文规定对于犯罪认定的限制机能。还有一部分刑法学者参与这场论战并非为了"站队",而是致力于探究争论背后的深层原因。[3] 还有学者认为,所谓形式解释论与实质解释论的流派划分和理论对立实际上是一个伪命题,因为无论是从解释结论看还是从定罪思路看,都不存在真正意义上的差别,其实质是一场"口号之争"。[4]

(2)类型化思维。在具体方法上,国内刑法学界研究最持续也最深入的当属类型化思维。类型化思维是对传统概念式思维的反动,主张以开放的、层级的以及实质的方式理解刑法中的概念。亚图·考夫曼的《类推与「事物本质」——兼论类型理论》(1965 年)是关于类型化思维最重要的研究著作之一。该书于 1999 年在我国台湾地区翻译出版[5],虽至今未在大陆正式出版发行,但早已流传于刑法学圈内。杜宇是对类型化思维研究最为系统化的国内学者。从 2002 年与张文合撰《刑法视域中"类型化"方法的初步考察》[6]一文起算,20 年来杜宇围绕类型化思维撰写了一系列论文,并集结整理成专著《类型思维与刑法方法》(2021 年)。[7]

---

〔1〕 陈兴良:《形式解释论的再宣示》,载《中国法学》2010 年第 4 期。

〔2〕 邓子滨:《中国实质刑法观批判》,法律出版社 2009 年版。

〔3〕 程红:《形式解释论与实质解释论对立的深度解读》,载《法律科学(西北政法大学学报)》2012 年第 5 期;劳东燕:《刑法解释中的形式论与实质论之争》,载《法学研究》2013 年第 3 期;欧阳本祺:《走出刑法形式解释与实质解释的迷思》,载《环球法律评论》2010 年第 5 期。

〔4〕 杨兴培:《刑法实质解释论与形式解释论的透析和批评》,载《法学家》2013 年第 1 期;陈坤:《形式解释论与实质解释论:刑法解释学上的口号之争》,载《刑事法评论》2012 年第 2 期。

〔5〕 [德]亚图·考夫曼:《类推与「事物本质」——兼论类型理论》,吴从周译,台北,学林文化事业出版社 1999 年版。

〔6〕 张文、杜宇:《刑法视域中"类型化"方法的初步考察》,载《中外法学》2002 年第 4 期。

〔7〕 杜宇:《类型思维与刑法方法》,北京大学出版社 2021 年版。

尽管提倡类型化思维之声不绝于耳〔1〕,但也有学者警告类型化思维(尤其是考夫曼的类型学说)本身存在一定缺陷且容易误用〔2〕;“过度类型化”不仅在刑事立法层面会导致各罪设定上的“同质分立”现象〔3〕,还会在刑事司法层面助长过度的能动主义,进而威胁罪刑法定原则乃至整个刑事法治。〔4〕

3. 宪法、行政法方法

(1)合宪性解释。在正当性问题上,张翔、上官丕亮等多数学者认为在不改变现行宪法权力框架的条件下,在裁判中运用合宪性解释不仅是可能的,也是必要的,它能够发挥补强民主、巩固宪法权威等功能。〔5〕

(2)不确定法律概念的具体化及其司法审查。相比于宪法学界,我国行政法学界在研究上更侧重于制度论,对法律方法并不十分关注。不确定法律概念却是个例外。它们充斥在行政法律规范中,给行政执法,尤其是行政裁量,带来了困难与挑战。行政法学界关于不确定法律概念的方法论研究主要从两个角度展开。一个是从行政机关执法的角度来探究不确定法律概念的具体化问题,包括具体化所应采用的技术、模式以及解

---

〔1〕吴学斌:《刑法思维之变革:从概念思维到类型思维——以刑法的适用为视角》,载《法商研究》2007 年第 6 期;王昭振:《类型思维:刑法中规范构成要件要素存在的法理根据》,载《法制与社会发展》2009 年第 1 期;齐文远、苏彩霞:《刑法中的类型思维之提倡》,载《法律科学(西北政法大学学报)》2010 年第 1 期;赵春玉:《罪刑法定的路径选择与方法保障——以刑法中的类型思维为中心》,载《现代法学》2014 年第 3 期。

〔2〕陈坤:《刑法解释中的类型思维与立法意图》,载《环球法律评论》2012 年第 5 期;陈坤:《法律现实化、类型思维与哲学诠释学——考夫曼类型学说的误区及其根源》,载《人大法律评论》2015 年第 1 期。

〔3〕王志远:《论我国刑法各罪设定上的“过度类型化”》,载《法学评论》2018 年第 2 期。

〔4〕马荣春:《警醒刑法学中的过度类型化思维》,载《法律科学(西北政法大学学报)》2012 年第 2 期;马荣春:《刑法类型化思维的概念与边界》,载《政治与法律》2014 年第 1 期。

〔5〕刘晗:《宪制整体结构与行政权的司法审查“马伯里诉麦迪逊案”再解读》,载《中外法学》2014 年第 3 期;张翔:《两种宪法案件:从合宪性解释看宪法对司法的可能影响》,载《中国法学》2008 年第 3 期;柳建龙:《合宪性解释原则的本相与争论》,载《清华法学》2011 年第 1 期;黄卉:《合宪性解释及其理论检讨》,载《中国法学》2014 年第 1 期;黄明涛:《两种“宪法解释”的概念分野与合宪性解释的可能性》,载《中国法学》2014 年第 6 期;杜强强:《合宪性解释在我国法院的实践》,载《法学研究》2016 年第6 期;夏正林:《“合宪性解释”理论辨析及其可能前景》,载《中国法学》2017 年第 1 期。

释方法,说明理由的内容、方式与标准。[1] 另一个则是站在法院的角度来探讨不确定法律概念司法审查的限度、方式与标准。[2]

4. 类案裁判方法

自2005年《人民法院第二个五年改革纲要(2004—2008)》提出建立和完善案例指导制度以来,我国逐步探索并建成一套成熟的案例指导制度,指导性案例对于裁判规范性与一致性的指导作用也愈加显著。最高人民法院不断强化统一法律适用工作,推出"类案检索"机制,扩大裁判参考的案例范围,试图打造具有中国特色的案例指导制度与实践。[3] 在此背景下,类案裁判方法走入法学界的视野,并成为法律方法应用研究的热点问题。其研究议题主要有三。

(1)同案同判的正当性与要求。作为类案裁判的价值基础,为什么要在裁判中坚持同案同判,以及同案同判对裁判提出了什么要求,都是开展类案裁判方法研究的前提性问题。白建军、张骐等多数学者主张,同案

〔1〕 余凌云:《对不确定的法律概念予以确定化之途径——以警察盘查权的启动条件为例》,载《法商研究》2009年第2期;尹建国:《不确定法律概念具体化的模式构建——从"唯一正确答案"标准到"商谈理性"诠释模式》,载《法学评论》2010年第5期;尹建国:《不确定法律概念具体化的说明理由》,载《中外法学》2010年第5期;尹建国:《行政法中不确定法律概念的价值补充——以对"社会效果"的考量和运用为中心》,载《法学杂志》2010年第11期;尹建国:《行政法中不确定法律概念的类型化》,载《华中科技大学学报(社会科学版)》2010年第6期;蔡琳:《不确定法律概念的法律解释——基于"甘露案"的分析》,载《华东政法大学学报》2014年第6期;王贵松:《行政法上不确定法律概念的具体化》,载《政治与法律》2016年第1期;王天华:《行政法上的不确定法律概念》,载《中国法学》2016年第3期;于立深:《行政事实认定中不确定法律概念的解释》,载《法制与社会发展》2016年第6期;杨铜铜:《论不确定法律概念的体系解释——以"北雁云依案"为素材》,载《法学》2018年第6期。

〔2〕 朱新力:《行政法律规范中的不确定法律概念及其司法审查》,载《杭州大学学报(哲学社会科学版)》1994年第1期;尹建国:《行政法中的不确定法律概念释义》,载《法学论坛》2009年第1期;卢佩:《德国关于不确定法律概念之第三审级司法审查》,载《现代法学》2013年第6期;李稷民:《论行政诉讼中不确定概念行政解释的司法审查》,载《求是学刊》2019年第2期;许春晖:《正当程序:解释不确定法律概念的判断标准》,载《东方法学》2020年第3期。

〔3〕 《最高人民法院统一法律适用工作实施办法》(法〔2021〕289号)。

同判是平等原则以及宪法法制统一原则的要求[1];但周少华旗帜鲜明地抨击同案同判不过是一个“法治神话”,作为纯粹形式原则的平等并不能作为其正当性理据。[2] 至于同案同判的适用要求及其限度,热议的问题有同案同判要求的是结果相同还是理由相同[3],同案同判究竟在性质上属于法律义务还是道德要求[4],以及在什么情况下可以“同案异判”[5]。

(2)指导性案例的法律渊源地位与效力。最高人民法院《关于案例指导工作的规定》第7条规定:“最高人民法院发布的指导性案例,各级人民法院审判类似案例时应当参照。”此处的“应当参照”该作何理解,决定了法院要在多大程度上以及在哪些环节根据指导性案例作出裁判。张骐认为指导性案例属于非正式意义的法律渊源,在效力上具有说服性与参考性[6],雷磊则基于较为新颖的法律渊源理论主张指导性案例已成为司法裁判中基于附属的制度性权威具有弱规范拘束力的裁判依据,具备“准法律渊源”的地位。[7]

(3)指导性案例的适用方法。适用方法的焦点问题是类案判断方法,即如何认定两个既有相似性又有不同之处的案件构成类似案件。张

---

[1] 刘树德:《刑事司法语境下的“同案同判”》,载《中国法学》2011年第1期;张骐:《论类似案件应当类似审判》,载《环球法律评论》2014年第3期。

[2] 周少华:《同案同判:一个虚构的法治神话》,载《法学》2015年第11期。

[3] 周少华:《同案同判:一个虚构的法治神话》,载《法学》2015年第11期;雷磊:《如何理解“同案同判”?——误解及其澄清》,载《政法论丛》2020年第5期。

[4] 陈景辉:《同案同判:法律义务还是道德要求》,载《中国法学》2013年第3期;孙海波:《“同案同判”:并非虚构的法治神话》,载《法学家》2019年第5期;孙海波:《类似案件应类似审判吗?》,载《法制与社会发展》2019年第3期;孙海波:《“同案同判”与司法的本质——为依法裁判立场再辩护》,载《中国法律评论》2020年第2期。

[5] 段文波:《民事程序视角下的同案不同判》,载《当代法学》2012年第5期;张超:《论“同案同判”的证立及其限度》,载《法律科学(西北政法大学学报)》2015年第1期;周少华:《刑事案件“同案同判”的理性审视》,载《法商研究》2020年第3期;雷磊:《同案同判:司法裁判中的衍生性义务与表征性价值》,载《法律科学(西北政法大学学报)》2021年第4期。

[6] 张骐:《试论指导性案例的“指导性”》,载《法制与社会发展》2007年第6期;张骐:《再论指导性案例效力的性质与保证》,载《法制与社会发展》2013年第1期。

[7] 雷磊:《法律论证中的权威与正确性——兼论我国指导性案例的效力》,载《法律科学(西北政法大学学报)》2014年第2期;雷磊:《指导性案例法源地位再反思》,载《中国法学》2015年第1期。

骐及孙海波、高尚对此作出了持续而系统的回答，主张类案判断不可避免地需要实质判断。[1] 认定构成类案后，则涉及如何形成同判或合理的差异化判决问题。周少华以刑事案件的裁判为切入点作出了较为深入的探索。[2] 此外，针对指导性案例适用所出现的实践困难与异化现象，我国学界也作出了及时的回应，探讨了诸如指导性案例中裁判要点的援引方式[3]、指导性案例主动与被动援引规则[4]等问题。

二、法律方法研究的态势及其成因

（一）研究背景：从以德为师到兼收并蓄

从知识来源上看，我国法律方法理论主要学习借鉴德国法学方法论，这集中体现为以下三个方面。首先，国内引入的相关域外著作大多出自德国学者的手笔。据笔者不完全统计，截至 2024 年年初，在国内出版的法律方法域外著作共计 45 部，半数以上（23 部）作者都是德国法学家。考虑到我国台湾地区作者王泽鉴、黄茂荣、杨仁寿等也深受德国法学方法论熏染，后者的实际影响还要更大。其次，法律方法研究的相关概念术语主要承袭自德国法学方法论。例如，国内研究经常会使用的“法律续造”（Rechtsfortbildung）一词，属于德国法学方法论中的基础性概念，在英美理论中难以找到直接对应的概念。甚至这门学问本身的主流称谓——

---

〔1〕 张骐：《论寻找指导性案例的方法 以审判经验为基础》，载《中外法学》2009 年第 3 期；张骐：《论类似案件的判断》，载《中外法学》2014 年第 2 期；张骐：《再论类似案件的判断与指导性案例的使用——以当代中国法官对指导性案例的使用经验为契口》，载《法制与社会发展》2015 年第 5 期；孙海波：《案例指导制度下的类案参照方法论》，载《现代法学》2020 年第 5 期；高尚：《司法类案的判断标准及其运用》，载《法律科学（西北政法大学学报）》2020 年第 1 期。

〔2〕 周少华：《刑事案件的差异化判决及其合理性》，载《中国法学》2019 年第 4 期；周少华：《差异化判决之定罪理由的类案考察——以“盗窃车牌勒索赎金类案件”为例》，载《法律科学（西北政法大学学报）》2020 年第 6 期。

〔3〕 黄泽敏、张继成：《指导性案例援引方式之规范研究——以将裁判要点作为排他性判决理由为核心》，载《法商研究》2014 年第 4 期。

〔4〕 孙光宁：《反思指导性案例的援引方式——以〈《关于案例指导工作的规定》实施细则〉为分析对象》，载《法制与社会发展》2016 年第 4 期；黄泽敏：《指导性案例主/被动援引规则之重构》，载《法制与社会发展》2020 年第 1 期。

“法律方法论”也产自德国,其在英美法系较为常见的称呼则是“法律推理”。严格来说,“法律方法论”这一概念在中国语境下是有歧义的,容易让人误以为讨论的对象是诸如实证考察、规范分析、经济分析等法学研究方法。[1] 但这并未妨碍它作为国内主流教材的书名[2],这也从侧面反映出德国法学方法论影响之深。最后,相关研究的框架体系也借鉴了德国法学方法论。国内主流教材在编排上大多参考了拉伦茨的《法学方法论》、恩吉施的《法律思维导论》等德语法学名著,很多章节从题目到内容都深受这些著作的影响。[3] 英美法系主流教材专章讨论的“先例运用”“类比推理”等问题,在国内教材中要么略去不谈,要么作为法律续造的众多方法的其中之一来谈[4],重视度不可同日而语。

之所以在知识来源上如此偏狭,大致有以下四个方面原因。第一,我国民、刑、行政等实体法与德国法律制度亲缘关系更近,而法律方法这门学问本身高度依附于相关实体法制度,因此国内学者对于德国法学方法论隔膜感相对较少,接受度也自然更高。第二,我国司法模式与德国司法模式同属“科层型”,迥异于英美的“协作型”。[5] 科层型下的法官自由裁量权相对较弱,因而德国法学方法论会着重区分法律解释与法律续造以标示裁量权的边界,这样的分析框架自然为我国研究所沿袭。然而在英美司法实践中,法官常常扮演“准立法者”的角色,故前述区分鲜见于其法律方法研究中。第三,相较于英美,我国与德国在法律渊源体系上也更为近似。中德两国皆以制定法为主要法律渊源类型,因此法律解释学基本可与“制定法解释学”画等号。反观英美,普通法在法律渊源地位上与制定法几乎不相上下,因而催生出独特的“普通法解释学”。第四,知

[1] 林来梵、郑磊:《法律学方法论辩说》,载《法学》2004 年第 2 期。

[2] 舒国滢、王夏昊、雷磊:《法学方法论》,中国政法大学出版社 2018 年版。

[3] 舒国滢主编:《法学方法论》,厦门大学出版社 2013 年版;郑永流:《法律方法阶梯》(第 4 版),北京大学出版社 2020 年版。

[4] 舒国滢、王夏昊、雷磊:《法学方法论》,中国政法大学出版社 2018 年版。

[5] [美]米尔伊安·R. 达玛什卡:《司法和国家权力的多种面孔:比较视野中的法律程序》,郑戈译,中国政法大学出版社 2015 年版,第 21－61 页。

识借鉴的路径依赖也是一个无法回避的客观原因。如前所述，我国法律方法研究在开展伊始主要引入的正是德国法学方法论著作，这种先占优势使得国内学者对德国法学方法论的概念术语、分析框架更为熟悉，也更倾向于在此基础上拓展研究。

近年来，国内研究“偏科”于德国学说的状况已有所改观。特别是在案例指导制度实施后，国内研究将目光更多地投向拥有成熟先例适用经验的英美法系。例如，英美法系法官常用的“区分”技术正逐渐成为国内研究的热点议题。[1]

（二）研究主体：从法理学者为主到群雄并起

在我国，法律方法研究者多为法理学者，部门法学者虽偶有涉猎，但无论在人数还是论文、著作的数量上都不及法理学者。[2] 这与域外状况形成鲜明的反差。因为无论欧陆抑或英美，法律方法研究者大多具备特定部门法专业背景。例如，耶林、拉伦茨的主业是民法学，考夫曼、诺依曼、恩吉施擅长刑法学，阿列克西、齐佩利乌斯、肖尔则兼及公法学。个中原因固然有域外法学院在师资配备中本就排斥纯粹的法理学者，如德国的法学院中并没有专设的法理学教席。这一点与政法传统下国内法理学者“单门独户”的格局形成了鲜明的反差。还有一个原因也不容忽视，即在国内部门法研究中，仍存在重“立法论”、轻“解释论”的倾向。国内部门法学者把精力更多地投向制度的设计与改进，对制度形成后的适用与执行则关注不足。在英美法系和大陆法系的一些国家由于相关法律制度业已稳定，这些国家法学工作者的主要工作便是围绕特定制度构建、打磨对应的法教义学，以指导法律的实施。而法教义学

〔1〕孙光宁：《区别技术在参照指导性案例之司法实践中的应用及其改进——以指导性案例第24号为分析对象》，载《法学家》2019年第4期；雷槟硕：《判例区分技术运用考察与借鉴》，载《华东政法大学学报》2020年第2期；孙海波：《普通法系法官背离先例的经验及其启示》，载《法商研究》2020年第5期。

〔2〕这种格局已经影响相关研究的基本取向。如在译著的引入选择上，由于大多数译者都是法理学者，难免会偏重那些理论艰深的作品，而忽略了另一些更偏重实务的作品。参见雷磊：《域外法学方法论论著我国大陆传播考略——以欧陆译作与我国台湾地区作品为主线》，载《东方法学》2015年第4期。

的形成与巩固高度依赖法律方法,故而法学方法论本身即是“法教义学方法论”的简称。[1] 也正因如此,法教义学越发达的地方,往往法律方法研究就越昌盛,从事法律方法研究的部门法学者也越多。随着中国特色社会主义法律体系的初步形成,以及法教义学研究在我国的兴起,我们有理由期待由法理学者主导的研究格局会有所变化,未来会有更多的部门法学者意识到法律方法之重要性,积极投身并壮大法律方法的研究队伍。

(三)研究对象:从引介域外理论到回应本土问题

现代法学意义上的法律方法主要出自西方。因此,国内法律方法研究在开展之初即着力于翻译与引介域外专著、教材与论文。在早期,国内研究的主要方向有三:重要概念与方法的澄清与辨析[2],对域外著名法律方法研究学者个人学术主张及其思想脉络的述评[3],以及域外法律方法研究中的焦点问题。[4] 随着我国法学研究主体意识的觉醒[5],以及国内学术研究整体氛围从“宏大叙事”到“精耕细作”的转型[6],2010 年前后,国内法律方法研究开始更多地关注具体应用研究,尤其是本土实践自生的问题。除了前文提到的类案裁判方法论、司法解释与习惯的司法适用、合宪性解释等议题之外,此后国内法律方法研究的主要方向还包括对社会热点案件的评析[7],裁判文书的论证说理规范[8],以及人工智能的司法应用[9],等等。总体而言,在研究对象上,国内法律方法研究不

---

[1] 舒国滢、王夏昊、雷磊:《法学方法论》,中国政法大学出版社 2018 年版,第 2 页。

[2] 周旺生:《重新研究法的渊源》,载《比较法研究》2005 年第 4 期。

[3] 沈宗灵:《佩雷尔曼的“新修辞学”法律思想》,载《法学研究》1983 年第 5 期。

[4] 侯学宾:《美国宪法解释中的原旨主义——一种学术史的考察》,载《法制与社会发展》2008 年第 5 期。

[5] 以 2005 年邓正来发出“中国法学向何处去”的时代之问为标志。参见邓正来:《中国法学向何处去:建构“中国法律理想图景”时代的论纲》,商务印书馆 2006 年版。

[6] 谢晖:《法理学:从宏大叙事到微观论证》,载《文史哲》2003 年第 4 期。

[7] 劳东燕:《法条主义与刑法解释中的实质判断——以赵春华持枪案为例的分析》,载《华东政法大学学报》2017 年第 6 期。

[8] 凌斌:《法官如何说理:中国经验与普遍原理》,载《中国法学》2015 年第 5 期。

[9] 左卫民:《如何通过人工智能实现类案类判》,载《中国法律评论》2018 年第 2 期。

仅越来越具体，而且越发关注本土议题。与之相对照，对域外思想与基础理论的研究则日渐式微。

（四）研究方法：从单一走向多元

法律方法归根结底属规范性问题，这使其天然与价值分析、概念分析方法绑定在一起。事实上，在国内法律方法研究开展之初，学者也主要是以这两种方法入手。然而域外法律方法理论本身是建立在一套依附于实体法的独特概念体系与价值目标之上的，单纯依靠价值分析与概念分析方法可能会导致我国在借鉴吸收域外法律方法理论时出现“水土不服”的窘况。意识到这一点后，一部分学者开始更加关注我国司法实践的实际状况，引入实证研究方法来思考法律方法的本土化问题。实证研究方法具体有二。一是对司法案件进行量化分析，透过统计数据摸索法官适用特定法律方法的规律。例如，冯健鹏通过分析裁判文书网收录的判决文书研究裁判援引宪法规范的功能。[1] 二是采取与一线执法、司法人员访谈、调研的方式，对其适用特定法律方法的态度及其背后成因进行质性分析。例如，杨帆通过对法官进行电话访谈的方式考察法官对裁判援引法律学说的倾向与顾虑。[2] 随着国内学者方法论意识的觉醒，在实证分析之外，比较分析[3]、语言学分析[4]、经济分析[5]、心理学分析[6]以及系统论分析[7]等方法也在国内法律方法研究中得到了越来越广泛的应用。多元化的研究方法不仅有利于法律方法研究的本土化，更有助于形成具有中国特色的法律方法研究范式。

---

〔1〕 冯健鹏：《我国司法判决中的宪法援引及其功能——基于已公开判决文书的实证研究》，载《法学研究》2017年第3期。

〔2〕 杨帆：《司法裁判说理援引法律学说的功能主义反思》，载《法制与社会发展》2021年第2期。

〔3〕 陈林林：《法律方法比较研究：以法律解释为基点的考察》，浙江大学出版社2014年版。

〔4〕 王政勋：《刑法解释的语言论研究》，商务印书馆2016年版。

〔5〕 张伟强：《利益衡量及其理论的反思——一个经济分析的视角》，载《法学论坛》2012年第4期。

〔6〕 李安：《司法过程的直觉及其偏差控制》，载《中国社会科学》2013年第5期。

〔7〕 宾凯：《社会系统论对法律论证的二阶观察》，载《华东政法大学学报》2011年第6期。

(五)研究氛围:从各自为政到交相辉映

在国内法律方法研究草创阶段,由于研究者数量相对较少,所属单位在地域上也比较分散,研究缺少互动与交集。这种各自为政的状况于2001年被打破。当年9月,由原西北政法学院发起、组织的第一届全国“法律方法与法律思维”专题学术研讨会[1]在西安召开,标志着国内法律方法研究共同体的形成。更具影响力的学术会议则是2006年起召开的“全国法学方法论论坛”。[2] 该论坛由中国政法大学、山东大学(威海)、浙江大学、中山大学、华南理工大学5所高校法学院法理学者共同发起,每年举办一次,至今已成功举办19届,大大促进了法律方法研究的交流与协作。此外,“全国法律逻辑学术研讨会”[3]与“全国法律修辞学学术研讨会”[4]等细分领域的会议的举办对于研究的沟通与融合也起到了积极的促进作用。

在学术共同体形成之后,专门刊物与丛书也随即规划部署。刊物方面,谢晖、陈金钊主编的《法律方法》[5],葛洪义主编的《法律思维与法律方法》[6],舒国滢主编的《法学方法论论丛》[7]都成为法律方法领域论文、译文发表的重要平台,发挥了整合学术资源与提升专业影响力的重要作用。丛书方面,中国政法大学出版社、北京大学出版社编辑出版的“法学方法论丛书”与“法律方法文丛”汇集了中国政法大学与山东大学两校法律方法研究骨干的成果,是国内法律方法研究成果的集中展示。译丛方面,早期域外法律方法著作主要收录在“当代德国法学名著”“西方法哲学文库”“美国法律文库”等综合性法学译丛当中。熊明辉、丁利主编

---

〔1〕 至2010年举办6届,后已停办。

〔2〕 后改名“全国法律方法论坛”。

〔3〕 至2024年已举办32届。

〔4〕 至2024年已举办16届。

〔5〕 2002年创刊,2007年入选CSSCI集刊,至2024年已出版48卷。

〔6〕 2002年创刊,至2016年已出版了9辑,之后未再出新辑。

〔7〕 2012年创刊,自第4卷起更名为《法理——法哲学、法学方法论与人工智能》,内容上扩展至法理学其他部分,至今已出版至总第15辑。

的“西方法律逻辑经典译丛”[1]以及舒国滢、雷磊主编的“法学方法论译丛”[2]的推出则宣告域外名著进入中国拥有自己专属的家园，有利于国内读者更加系统地了解该领域的代表性作品。

学术共同体兴旺的另一大表现是“商榷”类文章的大量涌现，这标志着学术互动的深化。国内法律方法研究早期的论辩主要追随热点案件展开，如泸州遗赠案、许霆案都刺激了一众学者争辩诸如法律规则与原则的关系，以及法条主义与民意审判等方法论问题。[3] 随着研究者理论意识的觉醒，一些由国内学者自主提出命题所引发的论战逐渐涌现。除了前文业已提及的论争外，引起较多关注的学术争鸣还有苏力、孙笑侠等法理学者关于“法律人思维”是否存在的争论[4]，以及劳东燕、赵运锋、魏东等刑法学者关于功能主义刑法解释论的争论。[5] 尤其值得注意的是，舒国滢、宋旭光与陈波之间围绕“以证据为根据还是以事实为根据”的争论[6]，形成了跨专业学者之间的交锋，可谓产生了“破圈效应”，进一步扩大了法律方法研究的学术影响力。

---

[1] 该译丛自 2014 年起由中国政法大学出版社出版发行，至 2024 年已出版译著 14 部。

[2] 该译丛自 2020 年起由中国法制出版社出版发行，目前尚处于草创阶段，出版译著 1 部，但已制定了庞大和系统的编译计划，正在紧锣密鼓地实施中。

[3] 林来梵、张卓明：《论法律原则的司法适用——从规范性法学方法论角度的一个分析》，载《中国法学》2006 年第 2 期；苏力：《法条主义、民意与难办案件》，载《中外法学》2009 年第 1 期。

[4] 苏力：《法律人思维？》，载《北大法律评论》2013 年第 2 期；孙笑侠：《法律人思维的二元论兼与苏力商榷》，载《中外法学》2013 年第 6 期。

[5] 劳东燕：《功能主义刑法解释论的方法与立场》，载《政法论坛》2018 年第 2 期；赵运锋：《功能主义刑法解释论的评析与反思——与劳东燕教授商榷》，载《江西社会科学》2018 年第 2 期；魏东：《刑法解释学的功能主义范式与学科定位》，载《现代法学》2021 年第 5 期。

[6] 舒国滢、宋旭光：《以证据为根据还是以事实为根据？——与陈波教授商榷》，载《政法论丛》2018 年第 1 期；陈波：《以审判程序为中心，以证据为依据，以法律为准绳——答舒国滢、宋旭光的商榷》，载《政法论丛》2018 年第 2 期；舒国滢、宋旭光：《法学与历史学中的事实、证据与证明》，载《国家检察官学院学报》2020 年第 6 期；宋旭光：《如何认识司法审判语境中的事实与证据——再与陈波教授商榷》，载《河南大学学报（社会科学版）》2021 年第 4 期；雷磊：《司法裁判中的事实及其客观性》，载《现代法学》2022 年第 6 期。

三、法律方法研究的未尽之处与改进方向

(一)域外理论的借鉴:博观约取

虽然我国法律方法研究水平相比20年前已经有大幅提升,但仍有不小的改进空间。继续适当借鉴域外理论并完善本土研究,依然是现阶段的任务之一。在此背景下,检讨并改进既有路径是十分必要的。本书认为,改进方向主要有以下三点。

首先,应进一步拓展理论知识的来源。在法律方法领域,除了德国、英国和美国,其他国家也有不少著名学者作出了突出贡献。例如,法国的惹尼、意大利的帕塔罗与拉托里、奥地利的魏因博格与比德林斯基、波兰的彼得拉茨基与弗洛伯列夫斯基、荷兰的舒特曼与爱默伦、匈牙利的肖洛姆、西班牙的阿蒂安扎与乌尔比纳、瑞典的林达尔、挪威的艾克霍夫、斯洛文尼亚的帕夫尼克、瑞士的马斯托拉蒂、澳大利亚的戈尔兹沃西。这些蜚声国际的作者,却至今尚未进入国内读者的视野。此外,某些域外学者虽在中国已有关注与讨论,但其重要著作至今仍未在我国翻译出版。比利时学者佩雷尔曼是法律论证理论中论题—修辞进路绕不开的名家,国内关于其个人学术思想的论文已有不少发表,但颇为尴尬的是,其代表作《新修辞学——一种论证理论》直至2021年年底才在国内翻译出版[1],其他重要著作国内读者依然无缘得窥。这样的状况显然不利于对其个人思想乃至其所属研究进路的深入探索。

其次,在域外著作的主题筛选上应更加注重覆盖面的广泛性与丛书的体系化。以往,国内译者在挑选域外著作时主观、功利色彩颇为浓重。主观性体现为作品的选择很大程度上是基于译者个人的学术偏好、师承关系甚至访学经历;功利性则表现为偏重那些在域外畅销或主题迎合国内时下热点议题的作品。主观性导致引入的域外法律方法著作覆盖面不

[1] [比]哈伊姆·佩雷尔曼、[比]露茜·奥尔布莱希茨-泰提卡:《新修辞学——一种论证理论》,杨贝译,商务印书馆2021年版。

够完整、不成体系；功利性则导致部分译著或因原著本身水平有限而反响平平，或因译者能力、精力不足而质量低劣，不仅浪费了宝贵的翻译、出版资源，也拖累了整体研究水平提高的步伐。据笔者所知，舒国滢、雷磊主持的“法学方法论译丛”正试图打破上述窠臼。该译丛计划分为六大主题[1]，基本囊括了欧陆传统中比较重要的方法论著作。我们也期盼今后能有更多类似的译丛，夯实并拓宽国内研究的理论基础与研究视野。

最后，在引入域外著作时，须注意知识来源不同所导致的理论背景、概念内涵、适用领域方面的差异。以英美制定法解释学中的“意图主义”(Intentionalism)与“文本主义”(Textualism)为例，国内不少研究者想当然地将两者分别对应为欧陆法律解释学中的“目的解释”与“文义解释”方法。殊不知，前两者并非独立的方法而更像是两种“方法(规则)丛”。类似的望文生义与错译在国内研究中并不罕见。此外，域外概念、理论以及作者的译名不统一现象仍较为普遍：一方面是我国大陆与台湾地区学者所用译名存在差异，另一方面则是法学内部不同学科之间所用译名有分殊。凡此种种，对读者理解及深入研究域外法律方法理论都造成误解与不便，甚至由此产生一些无谓的语词之争，在域外理论的实践应用方面也由于“水土不服”而容易导致“排异反应”。今后，随着多元域外理论的引入，误译、混用相同或类似概念的概率也会越来越高，亟须警惕。应对与改进策略大致有三。一是要仔细甄别域外理论的历史源流，尤其是理论背后的诠释学、语言哲学、分析哲学等深层思想资源。二是要注重特定概念、理论在其作者或学派思想体系中的位置与功能。三是要认真分辨域外理论的原初应用环境与本土实践状况之间的差异。

(二)本土理论的开拓：厚积薄发

继受域外理论本身不是目的，法律方法研究的根本使命仍是结合本土实践构建中国特色法律方法理论体系。既有研究的突出问题是积淀不

---

[1] 分别是法学方法论学说史、传统法学方法论、法律诠释学、法律论证理论、规范与逻辑理论、法学方法论教材。

足——既欠缺理论底蕴,也亟须实践经验。须从以下四个方面着手改进。

第一,调整"重数量,轻质量"与"重应用研究,轻理论反思"的学术评价体系。当下的学术评价体系犹如指挥棒,对法学研究的影响日益加深,法律方法研究也不能独善其身。法律方法归根结底属于基础理论研究,需要经年累月地思考与积淀才能在理论上有所突破创新。然而在现行高度量化与短期效用化的评价机制下,"短、平、快"才是主流,容不得"十年磨一剑"。再加上近年来各级科研课题在选题上更偏重制度构建与改革的对策研究,导致很多研究者转向法律方法的应用研究,如案例分析与规则细化。

第二,深化法律方法学者与实务部门的沟通与交流。法律方法是法理学中与实践关系最为直接和密切的学科。实务界人士出版的法律方法著作,如邹碧华法官的《要件审判九步法》(2010 年)〔1〕,虽然在法院系统内部影响力颇大,但在学术界却少有人问津〔2〕;反观实务人士的书架,来自学术界的相关著作要么积满灰尘,要么踪迹全无。这样的状况也加剧了国内法律方法研究的"书斋化"倾向——空谈理论建构,不谙司法实务。事实上,实务界并非天然排斥理论,只是反感自说自话、隔靴搔痒的理论;学术界也并非只重基础理论,不重应用研究(如前所述,情况刚好相反),只是其应用研究成果远非实务界所期待的。之所以会陷入这样尴尬的局面,或许与国内法律方法研究以法理学者为主体的研究格局存在一定关联,以法理学者为主体的研究使所主张之法律方法理论往往过于宏大、抽象,缺乏现实关照与可操作性。本书在此提倡一种"市场导向"的法律方法"中层理论"研究。"市场导向"意味着研究者不能只看发表作品的数量以及期刊引用率,更要看其研究成果在实务界的口碑,尤其是法

---

〔1〕 邹碧华:《要件审判九步法》,法律出版社 2010 年版。

〔2〕 例如,刘星 2015 年发在《法学》上的一篇论文是目前学术界讨论"要件审判九步法"刊物级别最高、引证数量最多的学术论文,但引证数也只有 8 个。参见刘星:《司法方法中的推理、管理、修辞及司法公正——以"要件审判九步法"为样本》,载《法学》2015 年第 4 期。

律文书中的引证与运用状况。“中层理论”[1]则要求研究者既非针对个案（哪怕是社会热点案件）细节或微观制度给出详尽无遗的应对方案，也非尽一切系统化努力而试图打造超越法系、无所不能的统一理论，而是介于“就事论事”与“宏大叙事”之间，使理论研究能够兼顾现实需求与反思性、普适性。张骐及其研究团队堪称这条路线上的典范，他们与最高人民法院长期合作，深入多地法院进行实地调研，在掌握大量一手材料基础上，结合域外类案裁判方面的经典理论，发展出一系列具有中国特色的类案裁判方法论成果，并得到学术界与实务界的共同认可。[2]

第三，加强法律方法学说史研究。梁上上回顾自身研究历程时检讨道，在最初研究利益衡量的10年间，相关论文虽发表多篇，但其知识来源主要是日本学者加藤一郎，以及访美期间所收集的一些判例。在决定开始写作《利益衡量论》一书之后，他才开始认真研究耶林、赫克以及庞德等利益衡量理论之先行者的论述，而这些学者的学说对于他最终形成自己的理论体系发挥了至关重要的作用。梁上上的经历并非个案，目前国内法学界普遍不重视学说史。学说史方面的论著引用率通常不高，在现行期刊评价体系下难以发表，这进一步降低了学者从事相关研究的热情，陷入恶性循环。如前所述，法律方法学说史可以说是国内研究版图中最薄弱的环节，不仅起步晚，数量、质量也比较单薄。为避免在法律方法研究中陷入事倍功半，重复作业，甚至走上弯路、歧路而不自知的窘境，笔者认为应大力提倡并强化学说史的研究，为法律方法研究在整体上的扎实推进保驾护航。舒国滢的《法学的知识谱系》（2020年）是这条道路上的里程碑。期盼今后涌现出更多这样积淀深厚的学说史著作。

第四，通过研究方法的革新与多学科研究者的协作实现理论创新。

---

〔1〕 这里参考了美国社会学家罗伯特·K. 默顿的“中层理论”（Middle—Range Theory）。参见[美]罗伯特·K. 默顿：《社会理论和社会结构》，唐少杰、齐心等译，译林出版社2008年版。

〔2〕 例如，张骐等：《中国司法先例与案例指导制度研究》，北京大学出版社2016年版；张骐等：《司法案例的使用方法研究》，北京大学出版社2020年版。

苏力那句“什么是你的贡献”[1]是对所有法学研究者的灵魂拷问。人文学科相比自然科学更依赖和看重底蕴与积淀。而我国法律方法研究起步晚、底子薄,原本在可预期的较长时段内都难以作出举世瞩目的理论贡献。但人工智能、算法、大数据等新科技手段的出现及司法运用为我国法律方法研究的突破创新带来了难得的契机。在新科技革命时代,我国与西方各国处于同一起跑线,在人工智能法律推理模型、裁量模型等前沿议题的研究上各有所长,均不具备明显的先发优势,我国法律方法研究完全有机会创造出独特的,甚至领先世界的理论贡献。虽然时代赋予了难得的契机,但任何理论创新都没有捷径可走。接下来须从三个方面着手认真准备。首先是研究方法的创新。正所谓“工欲善其事,必先利其器”,重大理论创新往往从研究方法的创新开始。新科技时代的法律方法研究尤其需要重视计算机科学、逻辑学、心理学、行为学、伦理学等多学科资源的综合运用。其次是应强化团队协作意识。新科技时代的理论创新依赖团队协作,应改变以往单打独斗式的研究格局,着力构筑多学科背景的研究者相互交流的平台,并与前沿科技企业展开深度合作。最后,与新科技手段相结合意味着法律方法研究注定走向“资金密集型”,需要在科研课题、论文发表以及学术会议等方面有所倾斜与支持。上述三点均与我国正在推进的新文科建设在方针与策略上高度契合。法律方法研究正可借助时代的东风力争早日实现“弯道超车”。

四、结语

如果以人的年龄来丈量我国法律方法研究的历程,其正处在青壮年时期。一路走来,既有青涩懵懂、酸甜苦辣,也曾有指点江山、意气风发。研究中所经历的艰难困窘,既是几代研究者前进道路上的挑战,也是这门学问走向成熟、完善的阶梯。现而今法律方法研究即将步入中年,站在时代的十字路口,未来将何去何从,理当慎重抉择。而作为法理学的重要组

[1] 苏力:《法治及其本土资源》,北京大学出版社2015年版,第Ⅰ页。

成部分，法律方法研究的过往与现状其实也是我国法理学研究的一个缩影；作为法治的实践技艺，法律方法研究的发达程度也直接关系到我国法治建设的未来进程乃至成败。我们有理由期待，我国的法律方法研究在总结经验教训、调整着力方向之后，会迎来更加灿烂辉煌的明天。

延伸阅读学术著作

1. 梁治平主编：《法律解释问题》，法律出版社 1998 年版。
2. 陈金钊：《法律解释的哲理》，山东人民出版社 1999 年版。
3. 谢晖：《中国古典法律解释的哲学向度》，中国政法大学出版社 2005 年版。
4. 焦宝乾：《法律论证：思维与方法》，北京大学出版社 2010 年版。
5. 雷磊：《类比法律论证——以德国学说为出发点》，中国政法大学出版社 2011 年版。
6. 陈景辉：《实践理由与法律推理》，北京大学出版社 2012 年版。
7. 张志铭：《法律解释学》，中国人民大学出版社 2015 年版。
8. 王利明：《法律解释学导论——以民法为视角》（第 2 版），法律出版社 2017 年版。
9. 郑永流：《法律方法阶梯》（第 4 版），北京大学出版社 2020 年版。
10. 侯猛、代伟主编：《法社会科学研究方法指南》，北京大学出版社 2024 年版。

延伸阅读学术论文

1. 苏力：《解释的难题：对几种法律文本解释方法的追问》，载《中国社会科学》1997 年第 4 期。
2. 胡玉鸿：《关于“利益衡量”的几个法理问题》，载《现代法学》2001 年第 4 期。
3. 郑永流：《出释入造——法律诠释学及其与法律解释学的关系》，载《法学研究》2002 年第 3 期。

4. 葛洪义:《法律原则在法律推理中的地位和作用——一个比较的研究》,载《法学研究》2002 年第 6 期。

5. 张继成:《从案件事实之“是”到当事人之“应当”——法律推理机制及其正当理由的逻辑研究》,载《法学研究》2003 年第 1 期。

6. 桑本谦:《法律解释的困境》,载《法学研究》2004 年第 5 期。

7. 舒国滢:《寻访法学的问题立场——兼谈“论题学法学”的思考方式》,载《法学研究》2005 年第 3 期。

8. 陈金钊:《文义解释:法律方法的优位选择》,载《文史哲》2005 年第 6 期。

9. 张骐:《试论指导性案例的“指导性”》,载《法制与社会发展》2007 年第 6 期。

10. 雷磊:《指导性案例法源地位再反思》,载《中国法学》2015 年第 1 期。

延伸阅读学位论文

赵英男:《论法律解释的条件、作用与目标——基于认知建构主义的展开》,北京大学 2020 年博士学位论文。

第二十一章　法律论证

本论题导读

新中国法律论证研究可以划分为三个时期,法律论证研究的孕育和兴起阶段(1949—2000 年),法律论证研究的迅猛发展阶段(2001—2011 年)以及 2012 年以来的法律论证研究相对成熟的阶段。中国法律论证研究在不同的历史阶段有不同的境遇和任务,亦有不同的理论表现和发展重心。法律论证在我国已经发展成为一项重要的独立研究课题,形成了诸多研究进路、研究论题和研究团队,并成为影响中国法理学和部门法研究的重要理论。中国今后的法律论证研究还面临如何镜鉴国外法律论证理论,立足中国的历史与现实语境,创建中国本土化的法律论证理论的问题。

法律方法论的科学化、系统化、成熟化,是中国法理学走向理性和繁荣的前提和标志,而法律方法论在中国正在发生一场深刻的转型,转向法律论证理论是其中的一种主要趋向。[1] 20 世纪 90 年代以来,随着中国法理学从“宏大叙事”逐渐转向“微观论证”,尤其是司法裁判实践所萌动的对法律说理的强烈需求,法律论证开始成为国内学界关注和研究的热门话题。中国法律论证研究不仅形成了相当广泛的论题、方法、原则和观念,而且涌现出了多种多样的认识旨趣和理论路向。本章将立足于国内

---

〔1〕 焦宝乾:《当代法律方法论的转型——从司法三段论到法律论证》,载《法制与社会发展》2004 年第 1 期。

外法律论证国内外理论发展的前沿信息，在纵向与横向对比分析的基础上，对国内法律论证研究从宏观上予以把握，以爬梳法律论证在新中国成立至今这一时空内的理论积累、发展脉络和研究趋势。根据中国法律论证研究的发展轨迹，本章把中国法律论证研究划分为三个历史阶段，即法律论证研究的孕育和兴起（1949—2000 年）、法律论证研究的迅猛发展（2001—2012 年）和新时代的法律论证研究（2012 年至今）。

一、法律论证研究的孕育和兴起

任何一种法学思考都不可避免地带有它得以型塑的“历史气候”和现实情境的印记，处在“意义之网”中的著者们从一开始就被不知不觉地限制在历史可能性和规定性的界限之内。我们考察新中国法律论证研究的发展历程，眼光当然不应局限于 20 世纪 90 年代法律论证在我国正式出场之后的历史阶段，而应该把 20 世纪 90 年代之前的这段历史纳入考察范围。

（一）法律论证研究的沉寂期

从新中国成立到 1977 年恢复高考前，中国这一时期的法理学总体上受维辛斯基“斗争法学”范式的主导，认为法是“建筑在构成社会经济结构的生产关系总和之上的上层建筑的一部分”〔1〕，将国家与法权理论作为整体进行研究，渲染和强调法律的阶级性、政治性、工具性和强制性。从 1949 年到 1966 年，中国学界就已经围绕亚里士多德论证理论〔2〕、墨家论证/论辩理论〔3〕以及辩证逻辑、现代逻辑和语言分析哲学等进行了一些初步探讨，在《斯通：〈法律制度与法学家的推理〉》这篇译文中甚至出现

---

〔1〕［苏联］安·扬·维辛斯基：《国家和法的理论问题》，中国人民大学编译室译，法律出版社 1955 年版，第 22 页。

〔2〕徐怀启：《亚里士多德论“论证的原理”》，载《学术月刊》1962 年第 4 期。

〔3〕杨芾荪：《墨家论辩——读墨札记》，载《中山大学学报·社会科学》1962 年第 1 期；杨芾荪：《墨家论证学说述畧——读墨札记之二》，载《中山大学学报·社会科学》1963 年第 3 期。

了法官进行论辩推理、“新论辩法”的相关论述。[1]

（二）法律论证研究的孕育期

博登海默、德沃金、哈特、佩雷尔曼、拉德布鲁赫等的法理学通过译介或阐述的方式在中国传播开来，法理学的学科性质和体系框架由此获得了新的理论化检讨。正是法理学的这些变化为法律论证理论的出场创造了相当有利的学术环境，经过从1978年到1990年的辛苦探索，中国法律论证研究迎来了它的孕育期。

国内对法律论证比较早的探讨和研究，主要是逻辑学家和有逻辑学背景的学者立足于法律适用的传统逻辑和现代逻辑的那些洞察，以及对佩雷尔曼新修辞学的介绍和翻译来进行的。1980年，阳作洲对刑事侦查中的选言判断、选言推理和假言推理进行了探讨，[2]吴家麟讨论了传统逻辑在法律实践中的应用问题。[3] 1981—1989年，雍琦[4]、黄厚仁[5]、陶景侃[6]等学者围绕法律逻辑和法律推理中的传统论题也进行了探讨。这些研究不仅开启了中国法律逻辑学的历史新纪元，同时也为法律论证研究在中国的顺利出场奠定了基础。1983年，沈宗灵专门探讨了佩雷尔曼的“新修辞学”法律思想，[7]同时佩雷尔曼的新修辞学也引起了国内哲学界和语言学界的兴趣和关注，[8]从而加深了国内学界对新修辞学尤其是法律论证理论的了解和认识。

这一时期，国内法律论证相关研究主要散见于法理学者的其他主题的成果之中，尚未出现法律论证方面的专题性、专门性研究。例如，信春

---

[1] [英]魏德伯恩：《斯通：〈法律制度与法学家的推理〉》，张锐译，载《现代外国哲学社会科学文摘》1966年第2期。

[2] 阳作洲：《在刑事侦查中怎样运用选言判断和选言推理》，载《西南政法学院学报》1980年第1期；阳作洲：《刑事侦查中怎样运用假言推理》，载《西南政法学院学报》1980年第2期。

[3] 吴家麟：《越剧“胭脂”中的审案、判案与逻辑》，载《法学杂志》1980年第2期。

[4] 雍琦：《法庭辩论要注意正确推理》，载《法学季刊》1983年第4期。

[5] 黄厚仁：《规范逻辑在法律工作中的应用》，载《中国政法大学学报》1984年第1期。

[6] 陶景侃：《法律命题逻辑系统及其实践意义》，载《兰州大学学报》1987年第4期。

[7] 沈宗灵：《佩雷尔曼的“新修辞学”法律思想》，载《法学研究》1983年第5期。

[8] 李苏鸣：《佩雷尔曼的“新修辞学”理论》，载《修辞学习》1987年第6期。

鹰在研究美国程序法学派时对其中的法律论证思想进行了介绍。[1] 朱景文在探讨美国批判法律运动时对其法律推理观念给予了重点关注。[2] 同时,学者也着手翻译了一些涉及法律论证的国外专著和论文,这些作品探讨的虽是法理学上的其他主题或话题,但包含着丰富的法律论证理论阐述。例如,邓正来和姬敬武翻译的《法理学:法哲学及其方法》一书有一章专门介绍辩证推理。[3]《有说服力的法律论据》这篇译文提出,法律的统一性不应通过强迫而应通过说服力来实现,将法律理解为有说服力的法律论据对法律本身极为重要。[4] 同时,国内哲学界、语言学界和逻辑学界也翻译和发表了一般论证方面的不少成果,这些成果为法律论证理论在中国日后的产生和发展提供了亟需的理论支援。

(三)法律论证研究的正式出场

进入20世纪90年代,越来越多的国内学者开始认识到法律论证理论的重要价值,以"法律论证"为专题或主题的研究或研讨开始增多,法律论证研究在中国正式出场。不过,法律论证理论还没有引起法理学者的普遍关注,学者主要是将其作为法理学的一种附属论题来进行研究的。所以,从1990年到1999年这10年只能作为中国法律论证研究的产生阶段。

具有留学经历或精通英语、德语的法学学者充当起了这一时期法律论证研究的"急先锋"和"主力军",他们是国内将法律论证作为法理学的一种理论进行探索和研究的开拓者和践行者。例如,刘星对阿尔诺的法律论证理论进行了专门探讨,[5]他此后发表的多篇论文也都带有明显的

---

〔1〕 信春鹰:《美国的程序法学派》,载《法学研究》1987年第6期。

〔2〕 朱景文:《对传统法律观的挑战——美国批判法律研究与中国法学理论更新的比较》,载《比较法研究》1989年第2期。

〔3〕 [美]博登海默:《法理学:法哲学及其方法》,邓正来、姬敬武译,华夏出版社1987年版,第411-484页。

〔4〕 [加拿大]H.帕特里克·格伦:《有说服力的法律论据》,牟西译,载《法学译丛》1988年第2期。

〔5〕 刘星:《阿尔诺的"法律确证"理论》,载《外国法译评》1993年第3期。

法律论证理论的问题意识。[1] 季卫东对图尔敏、阿列克西、佩雷尔曼、麦考密克等的法律论证理论作了系统研讨,并将法律论证理论作为重构法律程序和法律解释学的一种方向。[2] 舒国滢也是国内较早关注和研究法律论证的学者,他对国外尤其是德国的法律论证理论进行了整理和研究。[3] 张志铭从司法裁判之正当性论证的角度,探讨了法律解释论点的构建、运用和展示等理论问题。[4]

除此之外,苏力、刘作翔、王晨光、高鸿钧等法理学者在他们的研究中也对法律论证给予相应的关注和回应。相应地,法律逻辑学者对法律逻辑和法律推理的看法也开始发生转变,逐渐显现出与法律论证理论接合之趋势。他们开始普遍认识到,法律推理并非形式逻辑三段论,而是推导和论证司法判决的证成过程或证成方法。20 世纪 90 年代,理论界和实务界开始关注裁判文书说理问题,法律论证理论回应和解决司法裁判和法律文书说理的能力也逐渐增强。除此之外,我国这一时期也推出了一系列涉及法律论证的法理学译著。这些法学译著的出版为国内法律论证研究提供了亟需的理论资源和资料信息。这些法学作品虽然称不上法律论证理论的专门论著,但法理学研究的"论证转向"显然构成了这些作品的基本背景,它们的论述和主张中有着丰富的法律论证理论元素。[5]

---

〔1〕 刘星:《法律解释中的大众话语与精英话语——法律现代性引出的一个问题》,载《比较法研究》1998 年第 1 期。

〔2〕 季卫东:《法律程序的意义——对中国法制建设的另一种思考》,载《中国社会科学》1993 年第 1 期;季卫东:《法律解释的真谛(上)——探索实用法学的第三道路》,载《中外法学》1998 年第 6 期;季卫东:《法律解释的真谛(下)——探索实用法学的第三道路》,载《中外法学》1999 年第 1 期;等等。

〔3〕 舒国滢:《战后德国法哲学的发展路向》,载《比较法研究》1995 年第 4 期;郑永流:《法哲学是什么?》,载郑永流主编:《法哲学与法社会学论丛(一)》,中国政法大学出版社 1998 年版。

〔4〕 张志铭:《法律解释操作分析》,中国政法大学出版社 1998 年版,第 90 - 219 页。

〔5〕 例如,在诺内特和塞尔兹尼克所提出的"回应型法"模式中,司法者的使命不再是严格守法与严格执法,而是要"探求规则和政策内含的价值",思维模式由形式理性转为"追求实质合理和形式合理的融合",参见[美]诺内特、[美]塞尔兹尼克:《转变中的法律与社会——迈向回应型法》,张志铭译,中国政法大学出版社 1994 年版,第 31 - 87 页。

二、法律论证研究的迅猛发展

21 世纪伊始,中国法律论证研究便驶入了迅猛发展的快车道。法律论证不再被视为一种宽泛和模糊的研究领域,而是发展成了一项独立的研究课题。短短数年间,不同国家、不同学者的法律论证理论通过翻译或引介在国内轮番登场,以法律论证为主题的会议纷纷召开〔1〕,相关学术论文数量以几何级数增长,专著和教材亦不断推出。国内法律论证研究的整体水准和创新能力以明显可见的速度提升,法律论证理论体系的构造基本完成,法律论证理论的研究进路开始出现明显分化。法律论证理论研究亦开始自觉回应司法裁判的论证需求,与法律实务的关系越发密切。

(一)法律论证学术交流日趋频繁

中国这一时期的法律论证研究因循的仍是 20 世纪“先译后著”的老路。在对法律论证理论浓厚的学术兴趣和积极进取追求学术真知的动力驱动下,〔2〕学界和出版社开始组织力量重点翻译国外具有一定影响力的法律论证专著。短短 10 余年内,国际上一些著名的法律论证学者如阿列克西、菲特丽丝、麦考密克、佩策尼克、哈贝马斯、沃尔顿、菲韦格、诺依曼等人的学术作品便在国内纷纷面世,及时弥补了我国法律论证研究文献上的不足。这一期间推出的法律论证译著主要来自欧陆国家,其中以德国法学家阿列克西和荷兰论证学者菲特丽丝的作品最具代表性和影响力。中国学者同一时期的法律论证研究基本上都是在这两部译著设定的问题意识和理论脉络下进行的。除了世界法律论证经典名著的翻译出版,学者们还迻译了大量的法律论证专题论文。这些论文主要来自德国、美国以及比利时、荷兰、奥地利、瑞典、波兰等国,欧陆国家尤其是德国的

〔1〕 例如,早在 2001 年 5 月 1—2 日,山东大学法学院与中国政法大学法律系在山东大学(威海)联合主办“全国法律解释与法律论证理论研讨会”。

〔2〕 雷磊:《域外法学方法论论著我国大陆传播考略——以欧陆译作与我国台湾地区作品为主线》,载《东方法学》2015 年第 4 期。

法律论证作品构成了中国学者最重要的翻译和研习对象。可以说，我国整体上已经从20世纪对域外法律论证理论粗线条的阐释和抽象化讨论转向对不同国家、不同学者法律论证论著的个别化和针对性研习，一时间各种各样“原汁原味”的外国法律论证知识、理论和方法以翻译方式纷纷被引入国内。

随着国外法律论证译作在这一阶段的密集出版和广为传播，中国学者对法律论证这一理论的关注度越来越高，学者研究和商讨法律论证的兴趣和热情普遍高涨。法学界和逻辑学界为此组织召开了一系列法律论证学术研讨会。从2000年开始，几乎每一届“全国法律方法与法律思维学术研讨会”“全国法律方法论坛”“全国法律修辞学学术研讨会”“全国法律逻辑学术讨论会”“全国非形式逻辑与法律逻辑学术研讨会”都设有法律论证方面的主题研讨，甚至不少会议的主题就是法律论证理论。同时，一些其他主题的法理学研讨会以及民法、刑法等部门法学术会议也将法律论证作为研讨对象。可以说，我国这一时期法律论证学术活动已经实现了组织化、定期化和常态化，形成了由法律论证学者组建的论坛、研讨会和学术工作坊。〔1〕这些常态化的学术研讨会为法律论证研究者提供了相互交流的平台，也有效推动了这一时期的法律论证理论研究。除了定期举办这些以中国学者为主体的学术会议，我国还邀请国外的法律论证学家到国内访问、讲学，甚至举办国际性学术会议。〔2〕

（二）法律论证理论框架基本搭建

随着国内法学者和论证理论家们对法律论证的兴趣日趋高涨，法律论证在我国法学研究中逐渐升级为一门显学。越来越多的学者开始抛开

---

〔1〕 例如，2001年5月1—2日，山东大学法学院与中国政法大学法律系在山东大学（威海）联合主办“全国法律解释与法律论证理论研讨会”。2004年8月26—29日，第三届“全国法律方法与法律思维学术研讨会”在新疆召开，会议主题包括法律推理、法律论证、法律解释等。

〔2〕 例如，2004年10月，中国法学会邀请国际法哲学与社会哲学协会执委会代表团到中国访问。该协会主席亚历山大·佩策尼克专门就法律论证理论，阐述了当时的法学家所关注的问题及其理论贡献。

法理学和法律方法论的传统套路,按照各自的知识兴趣去寻求法律论证的知识—理论谱系,自觉对某一人、某一进路或某一领域的法律论证理论进行专门研究。国内学者法律论证研究理论水准有了明显提升,法律论证的缘起及思想背景,法律论证的概念、基本观念、思维方式,法律论证的可能性、知识论属性、基本结构,法律论证中的听众概念,法律论证的合理性、可接受性、融贯性以及评价标准等诸多主题都获得了较为深入的探讨。可以说,经过多年的知识继受和理论探索,中国法律论证理论的主要框架和基本体系基本搭建完成。

针对法律论证理论中常见术语和概念的译名和译法,一些学者从法律论证理论脉络出发对这些术语的译名和解释进行了指正和探讨,从而将这一时期的法律论证研究推进到了一个比较高的水准和层次。〔1〕 很多学者还对法律论证的概念和所指给予了关注和探讨,一些学者甚至专门撰文探讨法律论证的概念。〔2〕 同时,法律论证的概念也受到了法律逻辑学者的特别关注。〔3〕 中国学者普遍接受法律论证即运用法律理由(说理)将某种法律主张或者法律判断予以正当化这一定义。只不过,学者们在界定"法律论证"这个范畴时,往往强调法律论证的不同侧面,有的强调法律论证的逻辑证成功能,有的突出法律论证的论辩说理功能。为了弄清法律论证理论的来龙去脉,揭开法律论证概念的神秘面纱,不少学者还对法律论证兴起的历史及思想背景做了知识论上的考察。〔4〕

法律论证的学科归属和知识论属性也引起了学者们的广泛思考。例

---

〔1〕 武宏志:《关于批评性论辩文献翻译的若干问题——与张树学先生商讨》,载《佳木斯大学社会科学学报》2004 年第 1 期;熊明辉:《法律论证及其评价》,"逻辑与认知学术研讨会"会议论文,2004 年 5 月于广州;焦宝乾:《论证、法律论证及相关名词辨析》,载陈金钊、谢晖主编:《法律方法》第 5 卷,山东人民出版社 2006 年版。

〔2〕 焦宝乾:《论证、法律论证及相关名词辨析》,载陈金钊、谢晖主编:《法律方法》第 5 卷,山东人民出版社 2006 年版。

〔3〕 熊明辉:《法律论证及其评价》,"逻辑与认知学术研讨会"会议论文,2004 年 5 月于广州。

〔4〕 焦宝乾:《法律论证理论的兴起及其思想背景》,载《河南省政法管理干部学院学报》2004 年第 4 期;舒国滢:《从方法论看抽象法学理论的发展》,载《浙江社会科学》2004 年第 5 期。

如，法律论证到底属于法律方法论还是法律认知论？法律论证属于法律方法范畴还是法律逻辑范畴？对于这些复杂的理论问题，很多学者也进行了回应和探讨。为了夯实法律论证的理论根基，学者围绕法律论证的可能性、相对合理性尤其是法律论证理论的潜在缺陷也进行了诸多探讨，并引发了一系列理论争鸣。[1] 作为法律论证重要的理论基础，学者们对“法的发现”与“法的证成”以及“内部证成”与“外部证成”的区分表现出了浓厚兴趣，并进行了颇有成效的探讨。法律论证的运用形成了诸多新的法律思维形式，诸如主体际思维、对话思维、论证思维、开放体系思维、论题学思维等，[2]很多学者对法律论证的思维特征给予了关注和探讨，有的学者甚至对法律论证的思维方式进行了专门考察。[3] 作为观察法律论证的一个重要维度，学者对法律论证的理论意义和社会功能也进行了集中探讨。同时，围绕法律论证的正当性、有效性、合理性、可接受性、融贯性以及评价标准，我国学者也展开了系统而深入的探讨。

（三）法律论证研究方法分化趋势逐渐明显

当今法律论证理论并不存在统一的研究进路，而往往可以采取多种不同的方法、进路或策略。菲特丽丝将法律论证学者的研究分为三种研究进路（方法），即逻辑进路、修辞进路与对话进路。[4] 诺依曼则归纳并阐述了当今法律论证研究的四种进路：逻辑—分析进路、论题—修辞进路、实践商谈理论以及法律论证的复杂模式。[5] 自2000年以来，我国法律论证研究方法同样出现了多元分化的竞争局面，逻辑学、论题学、修辞

---

〔1〕 桑本谦：《法律论证：一个关于司法过程的理论神话——以王斌余案检验阿列克西法律论证理论》，载《中国法学》2007年第3期；雷磊：《法律论证何以可能？——与桑本谦先生商榷法律论证理论的基本问题》，载《政法论坛》2008年第4期。

〔2〕 焦宝乾：《法律论证的思维特征》，载陈金钊、谢晖主编：《法律方法》第8卷，山东人民出版社2009年版。

〔3〕 焦宝乾：《法律论证及其在法律方法体系中的地位》，载《法制与社会发展》2008年第3期。

〔4〕 ［荷］伊芙琳·T. 菲特丽丝：《法律论证原理——司法裁决之证立理论概览》，张其山、焦宝乾、夏贞鹏译，商务印书馆2005年版，第11－17页。

〔5〕 ［德］乌尔弗里德·诺依曼：《法律论证学》，张青波译，法律出版社2014年版，第18－125页。

学、商谈理论、语用学以及人工智能这些进路开始争相出现。

在域外法律修辞理论的强烈刺激下,法律修辞学迅速成为国内法律论证研究成果的重要增长点和学术热点。短短数年间,法律论证研究者们似乎发生了某种集体转向,以此为主题的会议纷纷召开,涌现出了一系列以法律修辞为主题的学术论文,相关专著亦不断出现。这一时期,国内法律方法研究领域的重要学者,基本上都有法律修辞方面的论著发表。例如,舒国滢对古罗马、中世纪的法律修辞学、开题术以及“决疑术”和“争点论”进行了系统的学术考察。[1] 同时,陈金钊、焦宝乾、侯学勇、孙光宁、蔡琳、洪浩、陈虎、杨贝、刘兵等学者也都对法律修辞学进行了深入研究。程序性法律论证是国内最早引入的研究进路,产生的学术影响也最大。这一时期,学者凡是以“法律论证”“法律论辩”为题发表的学术论文,所遵循和沿袭的基本上都是程序性进路,以至于很多学者误以为“程序性法律论证理论”就是法律论证理论本身。同时,受哈贝马斯法律商谈理论的影响,我国学者也发表了大量的以法律商谈、法律沟通为篇名或主题的研究成果,而这些成果运用的也是典型的程序性进路。同时,法律论证研究的语用—辩证进路也引起了国内学者的广泛关注。[2]

在法律论证的研究中,逻辑进路在我国的起步最早,2000 年之后更是进入一个迅猛发展的阶段。这一时期,国内法律论证逻辑进路方面的研究主要表现在四个方面:一是以法律逻辑或法律推理为主题的研究;二是法律论证的形式逻辑研究;三是法律论证的非形式逻辑研究;四是法律论证的人工智能研究。随着法律论证理论的兴起,人们对于法律逻辑和法律推理的观念发生了根本变化。相应地,很多学者对法律逻辑和法律

---

〔1〕 舒国滢:《追问古代修辞学与法学论证技术之关系》,载《法学》2012 年第 9 期。舒国滢:《决疑术:方法、渊源与盛衰》,载《中国政法大学学报》2012 年第 2 期;舒国滢:《“争点论”探赜》,载《政法论坛》2012 年第 2 期。

〔2〕 熊明辉:《语用论辩术——一种批判性思维视角》,载《湖南科技大学学报(社会科学版)》2006 年第 1 期;肖宇:《法律论证之“可接受性”的语用分析——以“肖传国雇凶殴打方舟子案”为例》,载《重庆理工大学学报(社会科学)》2011 年第 8 期;齐建英:《论语用学视域中的法律推理》,载《政法论丛》2012 年第 6 期。

推理的看法也发生了重要转变，显现出与法律论证主动接合之趋势。[1]尽管如此，很多学者对形式逻辑尤其是三段论在法律论证中的重要性仍然进行了捍卫。[2]非形式逻辑已经发展成为中国法律论证研究的主要框架，大部分逻辑学者的法律论证研究都是在非形式逻辑的进路下进行的。在国外相关研究的影响下，我国也开启了法律论证的人工智能研究。[3]同时，法律论证理论也引起了我国系统论法学、社科法学、法律心理学等研究领域的部分学者的兴趣和探讨。[4]

（四）法律论证在研究和实践中得以运用和体现

作为一种全新的法学思维范式，法律论证研究不仅推动了法律方法论上重要的理论转换，而且对法理学、法史学、立法学以及部门法学产生了深刻影响。例如，很多学者意识到，法律方法论正在发生一场深刻的转型，即从传统的司法三段论逐渐转向以法律解释和法律论证为理论维度的法律方法论。[5]法律解释方法具有一种证立功能，在证立意义上研究法律解释及各种解释方法具有积极意义。[6]同时，在法律论证理论的冲击和带动之下，利益衡量和法律续造等方法也陆续出现“论证转向”。[7]当代法理学试图通过语言研究建立一个法律的正当性标准或者至少是一

---

〔1〕 武宏志：《法律逻辑和论证逻辑的互动》，载《法商研究》2006 年第 5 期；孔红：《法律逻辑的研究工具与对象》，载《中山大学学报（社会科学版）》2003 年第 S1 期。

〔2〕 例如，参见张传新：《对形式逻辑作为法律分析评价工具的辩护》，载陈金钊、谢晖主编：《法律方法》第 8 卷，山东人民出版社 2009 年版，第 36 页；陈林林：《司法裁判中的演绎推论》，载《浙江大学学报（人文社会科学版）》2007 年第 1 期。

〔3〕 张保生：《人工智能法律系统的法理学思考》，载《法学评论》2001 年第 5 期；於兴中：《人工智能、话语理论与可辩驳推理》，载葛洪义主编：《法律方法与法律思维》第 3 辑，中国政法大学出版社 2005 年版。

〔4〕 宾凯：《社会系统论对法律论证的二阶观察》，载《华东政法大学学报》2011 年第 6 期；苏力：《法条主义、民意与难办案件》，载《中外法学》2009 年第 1 期；李安：《裁判形成的思维过程》，载《法制与社会发展》2007 年第 4 期。

〔5〕 焦宝乾：《当代法律方法论的转型——从司法三段论到法律论证》，载《法制与社会发展》2004 年第 1 期。

〔6〕 侯学勇：《法律解释方法的证立功能与司法能动主义》，载《华东政法大学学报》2010 年第 1 期。

〔7〕 杨素云：《利益衡量：理论、标准和方法》，载《学海》2011 年第 5 期；陈林林：《裁判上之类比推论辨析》，载《法制与社会发展》2007 年第 4 期。

个正当的法律论证程序，以将正确性、正当性重新纳入法律的概念和法律实践之中。[1] 还有论者指出，法律的制定与发展的过程，实际上是一个持续不断的论辩、试错、纠偏的过程，公共交往程序是实现法的价值共识的程序框架。[2] 除此之外，法的合理性、正当性、有效性、合法性、正确性以及法律真理的探讨也体现了法律论证的方法论自觉。[3] 古代法律传统中的论证因素也引起了学者的关注和兴趣，他们试图从文化视角认识和发掘法律传统中的学术资源。[4] 同时，法律论证理论对这一时期的立法学研究也产生了一定影响。例如，有学者提出了商谈式立法的概念，阐述了立法审议过程中论辩的重要性。[5]

长期以来，国内部门法学由于研究方法和水平的局限性，往往被人批判为所谓"注释法学"或"法条主义"。这一时期，随着我国法律方法研究水平的迅速提升，尤其是法律论证思维与方法的出现，民法、商法、刑法、宪法、行政法、国际法和诉讼法等部门法研究中，都出现了法律方法论意识上的明显觉醒，并形成了一系列法律论证方面的研究成果。[6] 同时，法律论证在法律实践问题的探讨中也得到了更加明显的体现，无论是法学学者还是实务工作者都更加关注司法裁判说理问题，开始自觉将法律论证理论运用于裁判说理研究，推出了一系列本土化和创新性的研究成果。我国在法律论证理论与案例分析的融合研究上也取得了很大进步，

---

〔1〕 葛洪义：《法理学基本问题的形成与演变——对法理学知识谱系的一种考察》，载《法制与社会发展》2004 年第 2 期。

〔2〕 张骐：《论法的价值共识——对当代中国法治进程中一个悖论的解决尝试》，载《法制与社会发展》2001 年第 5 期。

〔3〕 韩德明：《法律因何合法、怎样合理？——法律商谈论语境中的考察》，载《法制与社会发展》2006 年第 2 期；刘杨：《正当性与合法性概念辨析》，载《法制与社会发展》2008 年第 3 期；程德文：《事实性与有效性：现代法律的重建及其方法——哈贝马斯的法学方法论初探》，载《学习与探索》2004 年第 3 期；陈锐：《论法律真理》，载《法学论坛》2009 年第 4 期。

〔4〕 王志强：《清代成案的效力和其运用中的论证方式——以〈刑案汇览〉为中心》，载《法学研究》2003 年第 3 期。

〔5〕 唐丰鹤：《略论我国立法审议程序的论辩维度》，载《法治研究》2011 年第 3 期。

〔6〕 朱庆育：《意思表示解释：通过游戏而实现》，载《清华法学》2002 年第 00 期；苏彩霞：《刑法价值判断的实体性论证规则》，载《华东政法大学学报》2008 年第 1 期。

或者将法律论证作为理论工具对热点或经典案例进行重构性分析，从而提出裁判思路和论证方法，或者以热点或经典案例为切入点探讨法律论证的理论问题。[1] 此外，作为一种具体的法律论证方式，专家论证（意见书）也引起了一些学者的关注与研究。[2]

三、新时代的法律论证研究

新时代中国的法律制度实践向法理学界提出了亟须解答的重大理论问题，而法理学者们也纷纷自觉寻找各种理论资源、进路、方法，以担当起推动中国法制改革和法治进步的使命。[3] 2012 年以来，域外作品的翻译仍是法律论证研究的重要推动力量，不仅法律论证译作出版的速度和数量达到了一种史无前例的高度，而且域外作品的翻译具有了更明显的目标性和策划性。法律论证仍是"全国法律方法论坛"、"全国法律修辞学学术研讨会"以及"全国法律逻辑学术讨论会"研讨的焦点话题，法律实务部门和理论界围绕裁判文书说理、社会主义核心价值观司法运用、指导性案例参照适用等也举办了一系列学术研讨会。法律论证研究进路继续进行分化并形成了更为稳定的研究群体，法律论证具体方法研究成为重要的学术成果增长点。法律论证理论在中国法理学和法学体系中的地位进一步提升，法教义学与社科法学之争、"法理研究行动计划"等当中随处可见这一理论的参与和声援。法律论证理论回应和解决实践问题的能力也达到了一个新的历史水平。

（一）法律论证基础理论研究出现式微和下滑

中国学人经过三十几年前赴后继的探索和努力，基本上已经完成了法律论证理论的思想启蒙和体系建构的使命。进入新时代以来，法律论

---

〔1〕 杨贝：《合法律性论证与合理性论证——从南京彭 × 撞人案一审判决书谈起》，载《法治论坛》2008 年第 2 期；周永坤：《高楼坠物案的法理分析——兼及主流法律论证方法批判》，载《法学》2007 年第 5 期。

〔2〕 谌宏伟、谌湫鸿：《刍议"专家法律论证"》，载《云南大学学报（法学版）》2005 年第 6 期。

〔3〕 雷磊：《法的一般理论及其在中国的发展》，载《中国法学》2020 年第 1 期。

证基础理论研究开始出现式微和下滑，学界关注的重点逐渐转移到了修辞—论题、程序、逻辑和人工智能这些不同进路的法律论证研究。尽管如此，中国学者并没有完全放弃法律论证基本理论研究，仍有部分学者围绕法律论证的立场、基本结构、正确性、有效性、可接受性、融贯性、正义标准等进行探讨，从而推动了法律论证理论体系的进一步发展。不同于法律论证基础理论研究，各种进路的法律论证研究维持了先前的迅速发展态势。法律论证的研究进路进一步分化并形成了多元竞争、相互影响和彼此促进的良性发展局面。在对话进路研究方面，之前最受追捧的程序性研究的优势已经不再，学术成果产出的节奏明显放缓，高质量的研究成果更是少见，而语用学进路的研究则实现了相当程度的进展，涌现出了一批专注于法律论证语用学研究的学者。不过，程序仍是国内法律论证研究的基本进路之一，一些学者仍在继续探讨程序性法律论证理论，并推出了一些研究成果。[1] 在语用学进路研究方面，有部分学者从语用逻辑的角度对法律论证进行专门探讨，法律语用推理也构成了法律论证研究的一个重点领域，引起了很多学者的关注和探讨。[2]

进入新时代，法律修辞学和法律论题学不仅延续了之前的良好发展局面，而且获得了更多的关注和探讨。短短几年间，法律论证研究者们似乎发生了修辞研究的集体转向，无论是研究群体的规模还是学术成果产出的数量，修辞—论题进路的研究都超越了其他进路，修辞学和论题学一跃成为国内法律论证研究的主导进路和重点领域。修辞学视域下的法律论证研究，既有关于法律修辞的概念和理论旨趣，法律修辞与法律论证、法律逻辑的关系，“把法律作为修辞”理论，法律修辞的功能作用，法律修辞的合法性、合理性、可接受性等基本理论的深化，又有法律修辞的司法应用、法律修辞方法、法律修辞推理、法律修辞规则等具体理论方面的拓

---

〔1〕 王晓：《程序法律论证基本问题研究》，载《北方法学》2014 年第 4 期；张斌峰、徐梦醒：《交往理性视域下的法律论证》，载《深圳大学学报（人文社会科学版）》2013 年第 6 期。

〔2〕 聂长建：《法律语用推理的三元维度研究》，载《政法论丛》2019 年第 5 期；齐建英：《论法律语用预设推理的建构性及“预设陷阱”》，载《政法论丛》2015 年第 2 期。

展。在法律论题学研究方面，论题学在法律论证中的地位和重要性，论题学与修辞学、辩证法和解释学的关系，论题学的思维特征，论题学的功能等都获得了相应探讨和发展。

在域外法律逻辑译作不断出版的带动之下，逻辑进路的法律论证研究发展更为迅猛，以法律逻辑为主题的论文和专著不断推出。在研究主题和研究内容上，这一进路的分化趋势更加明显，不仅推出了专门从逻辑视角探讨法律论证的不少论著，而且围绕法律逻辑、法律推理、非形式逻辑、批判性思维、法律人工智能等主题也形成了大量研究成果。进入新时代以来，我国涌现出了更多的专门从逻辑学视角探讨法律论证理论的学术成果。同时，也有部分学者选择从论证理论的视角来探讨法律逻辑和法律推理，法律论证与法律逻辑在研究上的接驳和融合更加明显。随着国内人工智能与法律研究的迅速崛起，我国学者围绕人工智能与法律论证也展开了诸多探讨。〔1〕除了这些直接从人工智能进路所进行的法律论证研究，还有一些学者基于法律论证原理对法律人工智能所面临的挑战、技术可行性等问题进行了回应，某种程度上这也体现了法律人工智能与法律论证研究的交叉融合趋势。〔2〕除了这些研究进路，我国学者这一时期也从社会学、系统论、因明学等进路和视角对法律论证进行了探索。

（二）法律论证方法研究成为新的学术成果增长点

法律论证不仅是一种法学理论，也是一种重要的法律方法，但它并非一种独立的法律方法，而是传统法律方法在融入相应的商谈要素后所形成的综合性方法。法律解释、法律续造（反面推论、正面推论、类比推论）、利益衡量甚至司法三段论、法律涵摄等都可以转换成相应的法律论证方法。进入新时代以来，国内学者对法律论证的具体方法加大了关注

〔1〕梁庆寅、魏斌：《法律论证适用的人工智能模型》，载《中山大学学报（社会科学版）》2013年第5期；魏斌：《法律论证人工智能研究的非形式逻辑转向》，载《法商研究》2022年第5期。

〔2〕张保生：《人工智能法律系统：两个难题和一个悖论》，载《上海师范大学学报（哲学社会科学版）》2018年第6期；王竹：《司法人工智能推理辅助的“准三段论”实现路径》，载《政法论坛》2022年第5期。

和研究，以此为主题的论文、专著纷纷发表、出版，形成了这一时期法律论证研究新的学术成果的增长点。从内容上看，国内法律论证方法研究主要体现在三个方面：一是关于法律论证型式的概念、性质、分类等的一般研究；二是关于类比推理、判例推理、后果主义论证等法律论证方法的研究；三是关于证据推理、似真推理、设证推理、溯因推理等事实论证方法的研究。

近年来，国外的语用—论辩理论以及"人工智能和法律"研究都试图利用论证图式来对法律解释中的复杂论辩形式予以重构，用来补充那些应用于法律推理的逻辑。进入新时代，国内学者将论证图式作为法律论证研究中的重要问题也进行了积极探讨。[1] 法律论证的正当化作业主要是通过各种论证方法来实现的，这一时期，我国学者从对法律论证理论问题的关注已经转移到了对不同法律论证方法的研究，这其中后果主义论证和类比推理这两种论证方法获得的关注最多，研究上也最为深入细致。在当代中国社会转型的背景下，司法裁判中的后果考量已成为一种重要的裁判思路和论证策略。法学界关于司法裁判中的后果考量或者后果主义论证的研究颇为流行和时髦。[2] 所有的法律认识，包括我们所说的法律解释本质上都是一种类推，而类比论证也构成了法律论证中最重要的型式之一。我国学者从法律论证的视角对类比推理以及部门法中的类推问题进行了诸多探讨。同时，学者也对判例法推理、"顺推法"与"逆推法"等法律论证方法做了探讨。

法律论证中存在两种基本的论证活动：一是法律层面的论证，二是事实层面的论证，但我国学者多年来一直没有给予事实层面的论证应有的关注和重视。进入新时代以来，这一现象终于有了明显的转变，法律论证研究者尤其是法律逻辑学者普遍意识到事实论证的重要性，他们围绕案

---

〔1〕夏卫国：《司法论证型式的修辞研究》，载《逻辑学研究》2013 年第 2 期；武晓蓓：《法律论辩的落脚点：法律辩护的原型论辩模式》，载《政法论丛》2018 年第 1 期。

〔2〕王彬：《司法裁决中的实质权衡及其标准》，载《法商研究》2013 年第 6 期；陈辉：《后果主义在司法裁判中的价值和定位》，载《法学家》2018 年第 4 期；唐丰鹤：《司法裁决的后果衡量》，载《浙江社会科学》2015 年第 3 期。

件事实论证、证据推理、似真推理、设证推理、溯因推理、法律论证中的经验法则等进行了各种探讨，[1]而这其中以案件事实论证、证据推理获得的关注最充分，研究也最细致。

(三) 法律论证理论成为法学研究的重要进路

法律论证研究不仅体现了当今法律方法论的最新进展，而且也促发了法学理论的一系列变革和创新。2012 年以来，法律论证在法学知识—法学思想上的吸引力和引导力愈发强劲，“法教义学与社科法学之争”“一般法理论”“法理研究行动计划”“法治思维和法治方式”“社会主义法治话语”等当代法理学重要和热点问题的探讨，基本上都是在法律论证理论的支援和引导下展开的。从某种意义上可以说，法律论证理论已经变成了中国法理学研究的一种基本思考框架和研究范式。同时，在其他法理学主题尤其是部门法的研究中，法律论证理论作为一种思维工具和研究进路也发挥着重要影响。

近年来，在中国法学界内部兴起了一场法教义学与社科法学之间的持久争论。实际上，今日之法教义学不再局限于原来形式逻辑的思考方式，已经转向了结果导向性和价值导向性的思考。随着法律论证作为一种新的法律思维的推广和普及，国内学者对法教义学的理解在无形中出现了诸多变化，法教义学作为传统独断解释学的那种知识品格与印象逐渐淡化，而具有了开放性、实践性以及批判和进步功能，并因此不断趋近于现实社会生活。同时，在当代法律论证理论的影响下，社科法学研究者的立场和观点也变得更为克制和理性，他们不再将社科法学视为完全超越甚或背离法律的法外裁判方法，而是致力于与法教义学和法律科学展开内部/外部合作，调整和改善法教义学的论证结构，输出更有想象力和说服力的法教义学产品。法律论证所促成的这些理论上的重要转变在参

[1] 黄泽敏：《案件事实的归属论证》，载《法学研究》2017 年第 5 期；张保生：《事实认定及其在法律推理中的作用》，载《浙江社会科学》2019 年第 6 期；何雪锋：《基于经验法则的法律论证》，载《交大法学》2022 年第 2 期。

与法教义学与社科法学之争的很多学者的研究中都有明显的展现或体现。[1]

随着“中国法理学的身份焦虑”“中国法理学的死亡”“法理学是无用的”等悲观论调的轮番登场，“中国需要什么样的法理学”“法理学研究什么？”“法理学有什么用？”等理论问题也引起了法理学者的广泛争论并愈演愈烈。在对这些问题的思考和讨论中，不少学者都隐含或预设了法律论证理论的问题意识和基本观念。[2] 这不仅有力佐证了中国法理学已经或正在发生“论证”转向，而且说明了法律论证理论对于法理学研究的引领能力。学者在探讨法理的概念、法理的存在（表现）形式、法理的意义和功能以及法理思维这些问题时，也自觉融入了法律论证的分析视角。党的十八大报告提出，要“提高领导干部运用法治思维和法治方式深化改革、推动发展、化解矛盾、维护稳定能力”，高度重视法治思维、法治方式在国家治理中的作用。围绕法治思维、法治方式的概念、意蕴、特点及其运用，中国学者基于不同的立场、视角和进路进行了系统而深入的探讨，而法律论证无疑构成了其中最具建设性和可操作性的进路和视角之一。[3] 同时，针对中国特色法治话语、法学话语体系的建构等问题，学者们从法律论证的视角也进行了颇有成效的研讨。[4]

除此之外，在新时代的民法学、刑法学、行政法学、宪法学以及经济法学和国际法学等部门法学研究中，学者对法律论证理论的运用更加普遍也更加自觉。这不仅大大提升了部门法学研究的理性论证水准，而且通

---

[1] 雷磊：《法教义学的基本立场》，载《中外法学》2015 年第 1 期；孙海波：《法教义学与社科法学之争的方法论反省——以法学与司法的互动关系为重点》，载《东方法学》2015 年第 4 期。

[2] 雷磊：《法理论及其对部门法学的意义》，载《中国法律评论》2018 年第 3 期；王夏昊：《从法教义学到法理学——兼论法理学的特性、作用与功能局限》，载《华东政法大学学报》2019 年第 3 期。

[3] 陈金钊：《诠释“法治方式”》，载《新疆师范大学学报（哲学社会科学版）》2013 年第 2 期；韩春晖：《论法治思维》，载《行政法学研究》2013 年第 3 期。

[4] 石东坡：《作为法治文化的言说与表达：法治话语体系初论——以法治话语体系的界定、生成与对策为对象》，载《甘肃理论学刊》2014 年第 5 期；廖奕：《中国特色社会主义法学话语体系研究反思——以“党内法规”话语为例》，载《法学家》2018 年第 5 期。

过与部门法的交叉融合研究，法律论证理论自身也获得了发展和创新。随着全面依法治国、全面深化改革、推进国家治理体系和治理能力现代化的提出和落实，法律论证研究愈发重视我国特定的制度与社会语境，法律论证理论回应和解决实践问题的能力达到新的历史水准，裁判文书说理、裁判说理、法官说理等作为法律论证的传统议题受到了理论和实务界前所未有的关注和重视，并涌现出了一系列具有原创性和广泛社会影响的研究成果。同时，立法论证、社会主义核心价值观融入司法裁判、指导性案例等实践论题也获得了法学界的广泛关注。[1] 这些研究不仅拓展了法律论证的研究领域，而且提升了对法律论证的实践运用能力。

四、中国法律论证研究的总体评价与展望

（一）中国法律论证研究的总体成就

1. 法律论证已经发展成为一项重要且独立的研究课题，形成了诸多研究传统、研究论题和研究团队。20 世纪 90 年代，法律论证主要是作为法哲学或法理学中的一种附属论题来被探讨的，直接以法律论证为题目或主题的研究比较少见。自 21 世纪伊始，越来越多的学者开始专门研究法律论证，法律论证在我国终于发展成了一项独立的研究课题。这时，法律论证研究也衍生出了更多的话题、方法、观念和原则，研究进路和研究领域亦由此加速分化和拓展。学者从不同的学科视角研究法律论证，不同语境和领域中的法律论证被纳入研究范围。不仅法律论证研究的哲学论题、理论论题、重构论题、经验论题和实践论题全部出现，而且逻辑学、商谈理论、语用——辩证、修辞学、论题学、人工智能以及系统论、社科法学这些研究进路也争相出现。伴随法律论证研究在中国的兴起以及热门化，我国也涌现出了诸多研究团队和代表性学者。山东大学威海法律方法论研究中心是中国法律论证研究当之无愧的重镇，陈金钊、焦宝乾、侯

[1] 陆洲、陈晓庆：《论我国立法过程中的商谈规则》，载《政法论丛》2015 年第 6 期；于洋：《论社会主义核心价值观的司法适用》，载《法学》2019 年第 5 期；王彬：《再论指导性案例的效力——以法律论证理论为分析路径》，载《内蒙古社会科学（汉文版）》2017 年第 2 期。

学勇、孙光宁、魏胜强、武飞、夏贞鹏、姜福东、张其山、张传新等学者都来自该团队。中国政法大学法理学研究所是国内法律论证研究的另一个重镇，舒国滢是我国法律论证研究的奠基人和重要推动者，雷磊是阿列克西法律论证理论的主要传播者和研究者。中山大学逻辑与认知研究所和延安大学21世纪新逻辑研究院也是国内专注于法律论证研究的重要团队，它们在法律论证的非形式逻辑、批判性思维研究方面做出了重要贡献。进入新时代之后，中南财经政法大学的张斌峰团队在法律论证的语用学和非形式逻辑研究方面也产生了一定影响。随着陈金钊2013年由山东大学（威海）调入华东政法大学，该校的法律方法学科开始成为国内法律论证研究的重要力量。

2. 法律论证理论已经成为法理学研究的一种重要发展趋向，并成为指引和引领法学研究的基本理论。法学像道德知识一样，是一种实践知识/实践学问，它必须通过理性论辩者间的商谈/论辩，通过主体间的“反思判断”，达成对“那些要求一致认同的理性原则”的服从。〔1〕 法律方法论本身就是一种正当化和论辩的学说，它的目的就是为问题寻找最可行、最有说服力的答案。〔2〕 法律论证理论与法学研究的这一基本趋势甚相契合，由此成为中国法学研究的一种重要发展趋向。越来越多的法理学者开始自觉从法律论证的视角来探讨法理学的各种论题，可以说，法律论证理论已经变成中国法理学研究的一种基本思考工具和研究进路。国内法理学界正在发生一种“言之有理的”阐释革命，无论在法律之内还是在法律之外研究法律，单单凭借权威指示加上一种粗糙的辩证法就成就一种理论的时代已被读者不留情面地丢弃。〔3〕 近年来，“法律价值”“法律程序”“法律真理”“法教义学”“一般法理论”“法治思维”“法理思维”等

〔1〕 舒国滢：《法学实践知识之困与图尔敏论证模型》，载《国家检察官学院学报》2018年第5期。

〔2〕 ［德］托马斯·M. J. 默勒斯：《法学方法论》，杜志浩译，北京大学出版社2022年版，第6、12页。

〔3〕 夏贞鹏：《法律论证引论》，载陈金钊、谢晖主持：《法律方法》第3卷，山东人民出版社2004年版，第270页。

法理学重要和热点问题的探讨，无不是在法律论证理论的支援和参与之下进行的。当前部门法研究也改变了过去那种仅在部门法教义学体系内进行释义和推演的模式，开始直面部门法中的价值判断及说理论辩问题，努力寻找多知识进路、多学科方法来增强部门法研究的理性论证水平和共识形成能力。除此之外，在法律论证理论的影响之下，我国法制史、立法学研究一定程度上也出现了实践法学和论证研究的转向。

3. 我国已经跻身于世界法律论证研究的重要国家，在法律论证研究领域具有一定影响力。从 1970 年至今的发展历程中，法律论证理论已成为一个具有国际化特点的独立研究课题。如今，法律论证理论研究已经遍布世界各地：在欧洲，如德国、英国、荷兰、瑞典、芬兰；在拉丁美洲，如巴西、阿根廷、智利；更不用说美国和加拿大，还有澳大利亚、日本。[1] 2000 年之前，我国法律论证研究与国外相比还有不少差距，但 2000 年之后，中国法律论证研究便迎来了史无前例的快速发展，法理学、法律方法论、法律逻辑学、法律语言学、法律修辞学乃至法学之外的学者纷纷投身于法律论证研究，法律论证研究主体不断增加并形成了诸多研究团队。法律论证基本理论和核心问题的探讨逐步深入，法律论证研究分化出了更多的论题、视角和进路，来自实务界的人士也开始自觉关注法律论证问题，法律论证理论在法律实务和部门法研究中普遍渗透，研究论文数量呈几何级数增长，相关专著、教材、集刊和硕博论文亦源源不断推出。进入新时代，法律论证方法或论证型式研究异军突起，不同进路的法律论证研究推出了更多的研究成果，法律论证理论在法理学、立法学、部门法等研究领域的广泛运用产生了更多的研究成果。当前，中国法律论证研究的论著发表和出版总量已经超过了欧美很多国家，无论是从作品的广泛度还是从研究的品质上看，中国在国际法律论证研究领域都占有重要位置。

（二）中国法律论证研究存在的问题

1. 某种程度上仍受西方理论的支配，自主性和原创性的研究相对偏

---

〔1〕 武晓蓓：《法律论辩研究的新发展和新趋向——基于 Fundamentals of Argumentation（2017）的评论》，载《法律方法》2018 年第 1 期。

少。自20世纪初以来,传统中国的法学基本上受西方法学的宰制,我们现有的法学概念、认识框架、学术规范和研究范式、方法论,有不少是“舶来品”。[1] 法律论证作为一种继受自欧美学界的舶来理论在我国的传播和研究过程中,这一问题尤为明显和严重。国内不少法律论证研究者走的是“先译后著”的路子,原著的观点深刻影响甚至支配着译者自己的观点,他们的研究很大程度上停留于对国外理论的引介和演绎,介绍性、梳理性或整合性的研究较为常见。这一现象在20世纪70年代至90年代出生的中青年学者中尤为明显,他们很多人具有留学背景,熟稔国外学者关注的问题、研究的套路和方法,在研究中往往以引用、诠释和应用国外法律论证原典为能事,即使在探讨中国问题时也多将域外理论作为描述和评价的参照系。即使没有翻译过国外论著的学者,他们的研究同样依赖于国外法律论证理论,他们不是立足本土司法实践尝试建构中国自主性的法律论证理论,而是从问题意识到理论架构、从研究的论题到方法全面继承欧美法律论证理论。我国当下研究仍然缺乏“中国立场”和“中国问题”意识,总是想着用西方法律论证的“原理”来解释和指导中国的法治实践,同样也缺乏将西方理论和思想置换成“中国语境中的论说资源”的能力。[2]

2. 法律论证理论源于西方注重逻辑与语言分析的哲学传统,这与我们的思维方式和思维传统存在明显隔膜,而我国现有研究并没有正视并弥补这一缺陷和不足。法律论证理论是在承接古希腊修辞学、辩证法和实践哲学思想并借鉴和吸收20世纪中后期语言哲学、逻辑学、对话理论、实践哲学和科学哲学等知识领域的基础上所拓展出的法学研究领域。中国传统思维长于神秘的直觉、顿悟、洞见,以及笼统的综合和概括,擅长整体思维、辩证思维和模糊思维,“没有一种发达的认识论和逻辑学”。同

---

〔1〕 支振锋:《从文本到问题:中国法理学研究的进取路径 从资源汲取的角度切入》,载《中外法学》2009年第4期。

〔2〕 刘星:《西方法学理论的“中国表达”——从1980年代以后的“西方评介”看》,载《政法论坛》2005年第1期。

时，中国哲学特别是近现代中国哲学也缺乏对语言问题的真切关注，甚至一再强调语言作为思维、交际、表达形式的相对性和局限性。[1] 中国传统社会虽然并不欠缺法律论证的要素，但由于缺乏形式逻辑和近代科学的基础，所推崇的并不是论证式对话或者聚焦于同一争点的理性议论，而是性质迥异的复式语言游戏的展开和反复。[2] 随着国内法律论证研究的迅速发展，当代法律论证背后所赖以维系的分析哲学、逻辑学、哲学解释学、修辞学、论题学、语义学、非形式逻辑、符号学和沟通理论等理论与方法资源被国内学界逐渐发掘和引入。但对于中国读者而言，这些理论与法律论证理论一样迄今仍是难以消化的"异物"，一个难以被接纳的"他者"。[3] 这些被动引入的哲学理论并没有真正构成中国法律论证研究的"直接驱动力"，而只是中国学者理解和研究法律论证的背景性或修饰性的理论资料。

3. 法律论证目前还主要是学界关注的话题，理论研究与司法实务存在相互脱节的现象。法律论证理论并不回避实在法的实践问题；相反，它最终是为了面向生活世界，通过证成特定结论的理论效力、实践效果和引导效应，实现一种通过言说互动，建构意义理解，并最终影响行为导向，确立一种规范预期的社会关系模式。[4] 目前，法律论证在国内还主要是学界关注的话题，理论研究与法律实践还没有建立有效的沟通机制，甚至存在相互脱节的现象。法律论证研究的很多论题可能往往难以从实践操作层面上予以把握。近年来，我国虽然加大了对实践论题和经验论题的关注和重视，法律论证型式或方法成为研讨的重要话题，并提炼出了不少法律论证程序规则和法律修辞规则，但这些方法和规则主要是由学者从国外继受或"创造"出来后直接施加给实务界的，法律论证理论与司法实践仍未形成良性互动局面。指导性案例作为法律规定和审判逻辑相结合的

---

〔1〕 陈波：《分析哲学的价值》，载《中国社会科学》1997 年第 4 期。
〔2〕 季卫东：《中国的传统法律思维模式》，载《中国法律评论》2014 年第 1 期。
〔3〕 陈波：《点石成金的手指头》，载《光明日报》2005 年 5 月 19 日，第 1 版。
〔4〕 徐梦醒：《法律论证的规范性融贯研究》，载《法学论坛》2014 年第 6 期。

载体,已经引起国内法律论证研究者的广泛关注和研讨,但案例指导制度仅是沟通论证理论与法律实践的一种形式而已,若要全面加强法律论证理论与实务层面的联系,我们还需要从制度和观念等更广泛的层面上进行改变和调整。

4. 研究主题虽已覆盖到很多方面,但在有些领域还比较薄弱,且理论内部还没有实现融贯性。我国法律论证研究经过这些年的发展获得了相当全面的探讨,显露出了非常多样化的理论旨趣,哲学的、理论的、重构的、经验的和实践的这些不同的论题竞相出现,不同进路、不同语境和不同领域中的法律论证也得到相应探讨,但在某些领域和某些点上研究的力度依然不够,有些主题和方向的研究还比较薄弱。例如,在研究的进路方面,目前研究主要集中在程序和逻辑进路,论题学和语用——辩证进路方面的研究相对不足,其中逻辑进路方面,形式逻辑和人工智能进路的研究还比较薄弱;在研究的视域方面,当前研究主要是在法律方法论和法律逻辑学的语境下进行的,法理学和法哲学层面的研究相对较弱;在研究的论题方面,学界目前关注的焦点主要是哲学、理论这两种论题,重构、经验和实践这三种论题受到的关注比较少。同时,中国当前法律论证研究也没有实现内部统合划一的融贯性,不同的知识、方法和研究进路所使用的"法律论证"并不具有统一的含义,它们所理解的法律论证的说服对象、可接受性标准以及说理方式存在相当大的异质性。在不同学者的研究中,法律论证往往具有不同的理论表现,对于法律论证理论到底包括哪些内容,学者之间也尚未达成一致。

(三)中国法律论证研究的未来展望

通过对中国法律论证研究的历史考察及总体反思,笔者现就国内今后的法律论证研究提出如下建议。

一是立足全球化视野,学习和借鉴国外法律论证理论,提升法律论证研究的国际化程度。在今后的研究中,我们仍要认真对待国外法律论证理论,并进行深入的中西比较学习和研究。首先,要利用好国家留学基金委以及国内外各种机构的资助,鼓励更多有志于法律论证研究的青年学子赴欧美留学或进修，进一步系统学习和研究法律论证理论。其次，继续译介在国际学术圈内享有盛誉、在学术上地位十分重要的法律论证理论作品，尤其是法律论题学、法律修辞学方面的研究作品，以及德语世界法律逻辑学作品。最后，要以中国法律论证研究的现实需求为出发点，力争实现国外著作翻译的系列化和丛书化。当然，由于政治制度、法律传统、生活习惯等因素的影响，我们对西方法律论证理论应采取批判性的学习和研究态度。不仅如此，我们在把国外法律论证理论“请进来”的同时，我国自己的法律论证研究成果也要勇敢地“走出去”，相关部门要组织中国或国外学者翻译体现中国特色的法律论证研究成果，让世界了解中国法律论证研究的进展和贡献。

二是谋求法律论证理论与法律实践的良性互动，加强不同领域、不同部门之间的资源共享和知识互补，切实提升法律论证研究的理论水准。法律论证作为普遍关注的司法实践指导理论，在我国法律实践中扮演着日益重要的角色。为了削减法律论证理论和法律实践之间的知识隔阂和观念差异，可从以下方面进行努力：第一，中国法律论证研究必须立足中国法治实践，以中国问题的解决为基本学术使命。学者要形成对中国社会经验现实的感受，提高洞察能力，并在此基础上创造和提炼出对中国具有解释力的本土化概念和理论。〔1〕 第二，通过相关部门（如中国法理学研究会和最高人民法院）的互动和努力，在法律论证理论研究者和法律论证实践参与者之间搭建起沟通的桥梁，建立相应的交流机制和学术平台，将法律论证研究“从传统的单一主体的独白式话语逐步转向多元化主体的互动性的话语”〔2〕。同时，我国法律论证研究还需要加强不同行业、不同部门之间的沟通和合作。第三，法律论证研究还必须体现中国人自己传统文化的底色，系统地挖掘和整理中国法律传统中的实践论证智慧，融

---

〔1〕 魏建国：《法学研究的实践化与本土化转向——“卓越法律人才教育培养计划”所开放出来的学理更新》，载《社会科学辑刊》2013 年第 3 期。

〔2〕 张斌峰、徐梦醒：《交往理性视域下的法律论证》，载《深圳大学学报（人文社会科学版）》2013 年第 6 期。

通世界各国之智识,建立以“优美而精确”的汉语表达的法律论证理论体系。

三是着眼学科兼容,注重法律论证理论与法学内外学科的有机结合,强化法律论证研究的整合性和创新性。法律论证理论研究本身就代表了一种运用多种学科知识、方法和研究进路来寻求解决法律实践问题的探索和努力。作为一门交叉学科,法律论证理论要克服学术研究上的空洞、苍白和浅显,就必须站在法学学科发展的最前沿来追踪、吸纳人文科学、社会科学和自然科学的成就,从而获取法学之外和法学之内理论和方法的支持。当代法律论证理论背后赖以维系的理论与方法资源在我国尚未被充分发掘,相当程度上阻碍了法律论证理论与这些学科和理论的知识延展、联结与交叉融合需求。国内今后的法律论证研究,当以新文科建设为契机,注重加强哲学、语言学、解释学、论题学、逻辑学以及计算机科学、数据科学、人工智能等学科理论和知识的学习研究,自觉吸收和融合诸学科之理论优势和论证方法,对其理论交汇点进行探究与整合,从而推动当前法律论证理论的深化和更新升级,从学科导向转向以需求为导向,从专业分割转向交叉融合。法律论证理论作为联系和沟通法学诸学科的桥梁,它还必须在法学体系之内与法理学和其他部门法学相结合,不断从中汲取理论和方法上的资源。法律论证理论如果不想脱离实在的土地,就不应回避实在法,相反应当在实在法领域找到飞升的动力和羽化的质料。[1]

四是追踪法律论证研究最新进展,加强法律论证基础理论研究,拓展中国法律论证理论体系。目前,我国法律论证理论研究与国外相比还存在不少差距,法律论证中一些重要的领域或主题受到的关注和探讨还远远不够。为此,我国需要追踪和研究国外法律论证研究的最新理论动向,敏锐把握国外法律论证研究的亮点与热点,以锚定中国法律论证研究的努力方向。综合国外法律论证理论最新进展以及我国情况,今后国内法律论证研究应从以下方向发力:第一,深化法律论证基础理论研究,对法

〔1〕 舒国滢:《新中国法理学七十年:变化与成长》,载《现代法学》2019年第5期。

律论证的理论观念、思维方式、基本结构、正确性，以及法律论证中的听众概念、共识理论等继续进行探讨。第二，加大对论题学、语用——辩证进路以及形式逻辑和人工智能等进路的关注和研究，深入把握法律论证不同研究进路之间的区别和关联。第三，增强对立法论证、执法论证的研究，在司法论证方面，加强对法律论证的出发点、法律论证方法/型式和法律论证规则的类型化和体系化探讨。第四，加强对重构、经验和实践这三种论题的关注和研究，尤其应将法律论证的理性重构以及分析和评价作为重点关注。第五，努力减少或消除法律论证内部的理论混乱，提升法律论证理论研究的系统性和融贯性。

五、结语

法律论证这套主要继受自欧美的研究领域，经过中国法学工作者的共同努力，已经完全发展成了中国法学研究中的一门“显学”和系统性理论。中国已经跻身于世界法律论证研究领域的重要国家，法律论证理论已发展成为一项重要且独立的研究课题，成为当代中国法学研究的发展趋向和重要进路，并形成了诸多研究传统、研究论题和研究团队。然而，当前中国法律论证研究仍然存在一些问题和局限性，需要我们认真审视和努力改进。

延伸阅读学术著作

1. 张志铭：《法律解释操作分析》，中国政法大学出版社 1998 年版。
2. 谢兴权：《通向正义之路——法律推理的方法论研究》，中国政法大学出版社 2000 年版。
3. 焦宝乾：《法律论证导论》，山东人民出版社 2006 年版。
4. 陈林林：《裁判的进路与方法——司法论证理论导论》，中国政法大学出版社 2007 年版。
5. 侯学勇：《法律论证的融贯性研究》，山东大学出版社 2009 年版。

6. 熊明辉:《诉讼论证——诉讼博弈的逻辑分析》,中国政法大学出版社 2010 年版。
7. 焦宝乾:《法律论证:思维与方法》,北京大学出版社 2010 年版。
8. 雷磊:《类比法律论证——以德国学说为出发点》,中国政法大学出版社 2011 年版。
9. 孙光宁:《可接受性:法律方法的一个分析视角》,北京大学出版社 2012 年版。

延伸阅读学术论文

1. 沈宗灵:《佩雷尔曼的“新修辞学”法律思想》,载《法学研究》1983 年第 5 期。
2. 舒国滢:《寻访法学的问题立场——兼谈“论题学法学”的思考方式》,载《法学研究》2005 年第 3 期。
3. 焦宝乾:《法的发现与证立》,载《法学研究》2005 年第 5 期。
4. 武宏志:《法律逻辑和论证逻辑的互动》,载《法商研究》2006 年第 5 期。
5. 桑本谦:《法律论证:一个关于司法过程的理论神话——以王斌余案检验阿列克西法律论证理论》,载《中国法学》2007 年第 3 期。
6. 雷磊:《法律论证何以可能?——与桑本谦先生商榷法律论证理论的基本问题》,载《政法论坛》2008 年第 4 期。
7. 陈金钊:《把法律作为修辞——认真对待法律话语》,载《山东大学学报(哲学社会科学版)》2012 年第 1 期。
8. 杨贝:《法律论证的能与不能》,载《华东政法大学学报》2017 年第 2 期。
9. 雷磊:《法教义学之内的社会科学:意义与限度》,载《法律科学(西北政法大学学报)》2023 年第 4 期。
10. 雷磊:《法学方法论研究在中国:观察与反思》,载《社会科学》2023 年第 8 期。

延伸阅读学位论文

焦宝乾:《法律论证理论研究》,山东大学 2005 年博士学位论文。

第二十二章　法　　系

本论题导读

法系（又称法族、法圈或法律体系），意指一种将有着类似的传统和精神的不同国家和地区的法律制度划为一个系统的法律研究方法。按照传统的法系观，世界主要法律体系可以大致划分为英美法系、大陆法系、中华法系、伊斯兰法系和印度法系等。法系概念从提出到传入中国，具有一种明确的以社会和法律进化论为基本理论导向的功利主义色彩。新中国成立以来，对法系的研究一度陷于沉寂。改革开放以来，我国法系研究随着社会主义法律体系的建设而迅速发展，并和国际比较法的重视法律文化多元主义、强调多样性的发展总趋势逐渐靠拢。随着我国社会主义法律体系的初步建成，法系理论也逐渐从"师夷长法"的功利主义维度转向了以重建中华法系为核心的"系统论"研究。新的法系理论开始尝试着结合中华法律文化传统、西方法律思想和社会主义法律文化等要素重塑新中华法系。

"法系"作为比较法使用的一个术语和概念，起源于 19 世纪末 20 世纪初的日本。日本学者真田芳宪认为"按一定的标准使用法系（Legal system）、法圈（Rechtskreise）、法族（famile de droit）、法律传统（legaltradition）等概念将全世界无数的法律秩序划分为几个法律系统一般称为'宏观比较法'"。而在这一领域，"开世界法学之先河，并做出最卓越贡献的是日本民法之父之一的穗积陈重"。他早在 1884 年发表的《世界五大法族之说》中便以风土、宗教、民族的近似性为基础将世界上的法律秩序划分为五个法族。[1] 同时,我国学者高鸿钧也指出,"虽然近代意义的比较法学发源于西方,但最早系统探索法系划分问题的却是日本的穗积陈重"[2]。

站在今日的学术语境和立场来考察,法系不外乎是一种将有着类似传统和精神的不同国家和地区法律制度划为一类的研究方法。按照传统的法系分类,世界主要法律体系可以大致划分为中华法系、英美法系、大陆法系、伊斯兰法系、印度法系等。"法系"的最初产生具有明确的"社会改良"意识,因而具有鲜明的法律进化论[3]和功利主义色彩。例如,深受社会进化论影响的穗积陈重,在将世界主要法体系划分为五大法系之后,随即便阐释了他"适者生存,不适者灭亡"、"优胜劣汰"的法律进化论思想。

我国法律学者也是本着相似的"救亡图存""师夷长法"的基本动机将其引入我国的法律学界,并逐步展开了在解构传统中华法系的基础上对"先进"外来法律制度的比较和学习。因此,功利主义和法律进化论也构成了法系命题在中国最初的学术语境。但随着我国的独立自主并经历了40多年改革开放以后,"救亡图存""师夷长法"的语境已经发生了深刻的变化。此外,法系赖以产生和存在的基本方法——"社会进化论"本身也已经显得陈旧过时,缺乏恰当的学理支撑。因此,作为一种比较法术语和分类方法的"法系"理论便不得不从"进化论"转向一种"系统论"的新方法,并在此基础上开启一轮从终结(旧理论体系)走向重构(新方法、新体系)的全新历程。

---

〔1〕［日］真田芳宪:《日本近代法的诞生与欧洲》,崔延花译,载《比较法研究》2003年第2期。

〔2〕高鸿钧:《论划分法系的方法与标准》,载《外国法译评》1993年第2期。

〔3〕19世纪中后期自然科学的繁盛,促使包括法律学者在内的人文学者尝试着将自然科学的方法引入法学的研习中来。作为当时"显学"的"进化论"思想也因此而被人文学者加以改造利用。从萨维尼到梅因,学界逐渐开辟出了一条从"有机进化的法哲学"到"渐进式进化论"的法律假说(赵笑君、梁胜:《从孟德斯鸠到威格摩尔——法律"系统"进化论的诞生》,载《江西社会科学》2011年第2期)。

一、新中国早期法学研究的重大理论转向(1949—1978年)

新中国成立以来,我国的法学研究发生了急速的转向。在法系研究这一领域,当时的学界废弃了在中华民国时期已形成的学术路径,迅速转向了苏维埃社会主义法学。这一时期的研究一反之前的研究态度,开始对从日本和西方舶来的法学理论展开了几乎是步调一致的挞伐。〔1〕根据当时的权威定义,"比较法和法律面前人人平等、法治、司法独立等一样,也是属于资产阶级法学的范畴,也是一种'旧法观点',是必须蔑视、批判和否定的内容"〔2〕。此外,以苏联为首的社会主义阵营尚处于"刚刚肯定社会主义法的存在的阶段",社会主义的法还未发展成一个可以被独立研究和分析的"法体系"〔3〕。

在批判西方、日本学说的同时,法律学者也开始积极地引介其他社会主义国家的法律。〔4〕1955年法律出版社翻译出版了苏联学者维辛斯基

〔1〕杨玉清:《庞德——实用主义法学在中国的传播者——对庞德"学说"中几个观点的初步批判》,载《政法研究》1955年第3期;张鑫:《〈不公正的法院〉描画出来的美国司法》,载《政法研究》1962年第4期;李浩培:《拿破仑法典初步批判》,载《政法研究》1955年第2期;顾维熊:《反动的庞德实用主义法学思想》,载《政法研究》1963年第3期;王愚:《对美国实在主义法学的"法院判决即法律"的批判》,载《政法研究》1964年第2期;王绎亭、顾维熊:《狄骥的社会联带主义反动国家观》,载《政法研究》1965年第4期。

〔2〕参见《人民日报》1952年8月17日所发社论《必须彻底改革司法工作》;《人民日报》1952年8月22日刊发的李光灿、李剑飞的文章《肃清反人民的旧法观点》,8月26日刊发的陈传纲的文章《反人民的旧法律和人民革命政权绝不相容》;9月13日刊发的曹杰的文章《旧法观点危害国家经济建设》;10月17日刊发的叶澜的文章《必须彻底改革司法工作清算反人民的旧法观点》;等等。转引自何勤华:《关于大陆法系研究的几个问题》,载《法律科学(西北政法大学学报)》2013年第4期。

〔3〕王志华:《苏维埃社会主义法系的兴衰》,载《北方法学》2018年第2期。本文作者认为,这一时期以前,苏维埃政府对法律所持的乃是否定或消极态度,认为"法是资产阶级商品经济的产物,社会主义国家不应该有法的存在;在承认法存在的情况下则否定私法的存在,所有的法都是公法"。

〔4〕[苏联]安·伊·杰尼索夫:《苏维埃国家的法院和检察机关》,常伟译,载《政法研究》1954年第4期;[苏联]鲁·阿·鲁金科:《严格遵守社会主义法制》,黄永魁译,载《政法研究》1954年第4期;[苏联]格·伊·特列其雅可夫:《苏联宪法草案的全民讨论》,谭福灏译,载《政法研究》1954年第2期;[苏联]耶·伊林娜:《人民审判员卡梅柯夫同志的工作经验》,大诚译,载《政法研究》1955年第6期;[苏联]阿·弗·谢朋诺夫:《改善法律干部的培养工作》,陈忠诚译,载《政法研究》1955年第4期;[苏联]康·戈尔谢宁:《苏维埃法院及其在巩固社会主义法制中的作用》,定宏译,载《政法研究》1955年第3期;[东德]库尔特·葛尔纳:《德意志民主共和国的法院和陪审员》,载《政法研究》1956年第6期。

的《国家和法的理论问题》，第一次对苏联的社会主义法制进行了深入而系统的介绍。以该著作的译介为标志，新中国的法学研究获得了明确指引，开始确定"法是统治阶级的意志……是建筑在构成社会经济结构的生产关系总和之上的上层建筑的一部分"。作者认为，"苏维埃的法的基础，其中包括苏维埃社会主义民法的基础，不是罗马法，而是'公民法则'"。这一论述切断了苏维埃法律的罗马法渊源并以阶级分析法赋予其新历史意义。

严格来讲，这一时期新中国有关"法系"课题的研究是缺位的，此时的法律研究未再见冠以"法系""法族""法圈""法律体系"等术语为名的相关学术成果。实际上，"社会主义法系"的概念在此时才在法国学者那里起步。我国有学者认为，社会主义法律模式于 20 世纪 50 年代才在法国形成，且具有明显的政治根源。当时欧洲大陆的政治气氛鼓吹与苏联保持共存而非对抗，因此，知识分子开始调整立场和角度以便于更好地理解苏联，相关法律学者也开始从事对苏联政治意识形态和法律规则的研究。法国著名比较法学家达维德率先将苏联法视为一种新的法系——苏维埃社会主义法系，并以理论论证。他主张社会主义法系应当与普通法系和大陆法系相提并论。在其名著《当代主要法律体系》一书中，达维德第一次系统地阐述了社会主义法系形成的历史背景及其本身所具有的本质特征。新中国成立后的法系研究工作具有重要的价值和意义。一方面，"国家和法的理论"奠定了后来学界研究社会主义法律体系的理论基石；另一方面，新中国之后的学界通过对自中华民国形成的以进化论为指导思想的法系理论批判，为日后的法系研究和中国特色社会主义法律体系建设指出了新的方向和出路。

二、改革开放早期的法系研究（1979 年—21 世纪初）

（一）抢救和发展原有的法系知识

1979 年，陈朝璧首开介绍罗马法相关知识的先河。[1] 他在《罗马法的历史地位和借鉴作用》中大量引用了自己 1937 年《罗马法原理》一书中的内容来介绍罗马法的基本原理。值得注意的是，除了对罗马法原理的介绍外，他还大量引用了马克思主义经典，从马列主义角度出发对罗马法作出了深刻的评述。[2] 值得指出的是，该文虽未使用“法系”一词，但作者却针对不同的法体系进行了比较基础上的论证。1981 年，陈朝璧在《试论罗马法的可继承性》中提出了“新中国可以继承某些罗马法的基本原理和制度”的观点。[3]

1980 年，周枏在全国率先恢复罗马法教学，并与吴文翰、谢邦宇三人合著了新中国最早的一部《罗马法》。[4] 经过这一时期的教学，周枏将其授课录音和笔记悉心整理为《罗马法原论》一书并出版。《罗马法原论》的出版标志着新中国第一次有了最系统而全面的罗马法教材和专著，其影响经久不绝。[5] 在该书中，作者认为世界各主要法治国家、各主要法系均不同程度地受到罗马法的影响，学习罗马法不仅有助于了解民法制度的沿革，更有助于把握法律与社会、法与经济的辩证关系，借鉴法治

〔1〕 陈朝璧：《罗马法的历史地位和借鉴作用》，载《厦门大学学报（哲学社会科学版）》1979 年第 2 期。

〔2〕 比如，作者认为“罗马法在世界法制史上能有如此重要的历史地位和深远影响，主要归因于它‘包含着资本主义时期大多数法权关系’，符合发展商品生产的需要”。参见陈朝璧：《罗马法的历史地位和借鉴作用》，载《厦门大学学报（哲学社会科学版）》1979 年第 2 期。

〔3〕 陈朝璧：《试论罗马法的可继承性》，载《法学研究》1981 年第 1 期。

〔4〕 《罗马法》（群众出版社 1993 年版）由谢邦宇、吴文翰、周枏共同撰写，但周枏坚持该书的真正主编是谢邦宇。

〔5〕 比如，徐国栋便认为“《罗马法原论》恐怕是 1994 年后中国引用率最高的法学著作之一。尽管周枏先生自外于名利场，其影响之深之巨，恐怕非热衷名利场的法学者可比，而且这种影响有与日俱增之势”。而米健更称赞“《原论》之治学严谨，内容系统和原始资料文献的丰富，以致在‘我国迄今既有之罗马法著作中，《原论》可以说是最为全面系统的一部著作’”。米健：《读周枏先生〈罗马法原论〉札记》，载《环球法律评论》2005 年第 6 期。

经验。

同时，沈宗灵也在前期教学、科研的基础上，于 1987 年出版了新中国历史上第一部《比较法总论》，这是当时“比较法”本土研究的代表作。该书作者在对“法系”问题进行详细的阐释后，将世界主要法系分为普通法系、民法法系、苏维埃社会主义法系和当代中国社会主义法系四大法系。沈宗灵采用了与陈朝璧类似的研究思路，将社会主义基本原理融入对法系的划分和评价当中，将中国法律作为一个独立而非依附于三个主要法系或其中任一法系的子系统来加以探究。〔1〕

沿着以上思路，当时法系的另一个研究重点便落在了重新认识中华法系的问题上。中国学者早在 20 世纪 30 年代便深受威格摩尔“法律进化行星说”的影响〔2〕，开始重新正视传统中华法系的价值。〔3〕虽然法系理论核心从进化论转向马克思主义理论，这一时期的学者依旧强调在一个“系统”内将“法律的微观要素与法律的宏观运动方向相结合”的重要性。两种理论虽然在方法上不尽一致，但在将法律视为“各种力量作用之

---

〔1〕 对于社会主义法律体系是不是一个独立法系的问题，李步云则持有不同的观点。他在其《关于法系的几个问题——兼谈判例法在中国的运用》一文中坚持苏联与东欧一些国家的法律仍属于大陆法系的范畴，并认为中国当代的法律在形式上与西方法律不存在历史传统联系，“井水不犯河水”的观点是不符合历史事实的。参见李步云：《关于法系的几个问题——兼谈判例法在中国的运用》，载《中国法学》1990 年第 1 期。

〔2〕 赖骏楠：《建构中华法系——学说、民族主义与话语实践（1900—1949）》，载《北大法律评论》2008 年第 2 期。本文作者认为，可以肯定的是，至迟到 1930 年年初，已有若干中国学者阅读到了威氏著作的原文。而在同年早些时候，李次山也发表了《世界法系中之中华法系》一文，虽然从标题上难以看出此文同威氏著作的直接联系，但该文的前半部分介绍的是除“中华法系”之外的世界其他法系的发展历程，这里采用的是威氏的十六法系说，并且就内容而言，它实际上是威书的精缩版本。而在此后中华民国学界几乎所有与法系有关的论文中，威氏的十六法系说都会被提及，即使撰文之人未必同意威氏的这种观点。如果十六法系说在文章中确实被置于否定性地位，那么穗积陈重的五法系说作为与此相对应的更为“正确”的学说也时常会被论及。所以，威氏这部著作在中华民国法学界所造成的影响，无论是从正面还是反面来看，都是深远的。

〔3〕 威格摩尔在其 1929 年 *The Panorama of World Legal System* 一书中提出：“（中华法系）是唯一一个持续留存至今的古老法系——超过 4000 年的时间；中国的制度，不管朝代如何重复动荡更替，仍然存活了下来。”参见［美］约翰 · H. 威格摩尔：《世界法系概览》，何勤华、李秀清等译，上海人民出版社 2004 年版，第 2 页。转引自赖骏楠：《建构中华法系——学说、民族主义与话语实践（1900—1949）》，载《北大法律评论》2008 年第 2 期。

暂时性平衡的结果，以及把法律系统置入一系列更大系统之中的观点”[1]却不谋而合。因此，威格摩尔为我国学者提供了一种从异质的文化、风俗和习惯出发来考察法系的新思路[2]，它促使学者们越来越重视法系内部的传统法文化。

在剖析传统法律文化这一领域首开先河者是厦门大学的陈朝璧。他在1980年撰写的《中华法系特点初探》一文中就阐释了传统中国法律具有的“重视成文法典”，“以天理作为法的理论根据和立法指导思想”，“礼法并重”等特点，并大量引用古代文献予以说明。该文对中华法系和法律文化的研判，几乎成了后来者无法绕过的话题和立论依据。作者同时指出我国的社会主义法治建设应当本着唯物历史观从旧法中汲取养料。[3]由此可见，当时学者对传统法律文化的基本态度便是法治建设不能与传统法律文化割裂。[4] 基于该共识，有关中华法系的研究得到了充分发展。以俞荣根为例，其自20世纪80年代便在《法学研究》《政治与法律》

---

[1] 赵笑君、梁胜：《从孟德斯鸠到威格摩尔——法律“系统”进化论的诞生》，载《江西社会科学》2011年第2期。

[2] 陈灵海：《威格摩尔及其〈世界法系概览〉》，载《比较法研究》2003年第5期。本文作者指出：“法系与法系之间由于不同国家及地区经济水平、民族风俗、交易习惯等不同而有差别。这种差别如此之大，以致足以告诫人们，不但法律实践活动中不可能生搬硬套法律，即使在法律理论研究中，研究者们也必须不断警醒自己，对于异文化背景下的法律模式，我们所能做的，除了对‘差别’的理解和诠释之外，可能更重要的，是对‘差别’的宽容和接纳而绝不是一味地趋同或融合。”

[3] 陈朝璧：《中华法系特点初探》，载《法学研究》1980年第1期。本文作者指出：“旧法虽已成了历史陈迹，却有一些值得借鉴的因素，有待于后人发掘。用历史唯物主义观点把其中民主性精华批判继承下来，作为新法——我国社会主义法制的养料，这是正确对待古代文化遗产的科学态度，是法制史研究工作的历史任务，也是古为今用的基本要求。”

[4] 时任法律史学会副会长的王召棠在接受《社会科学家》杂志采访时明确指出，“就法律而言，几千年来留传下来的民族传统、道德风俗习惯，无疑会对法律产生一定的影响，我们不能借口我国法律的社会主义原则以及传统文化与当今法律现代化之间的差异，而不加分析地对这些影响采取虚无主义态度”，对于那些优秀的，为历史和实践所证明为有效的制度，应当“在新的基础上得到发扬”。沪人：《建设社会主义中国法系的几个问题——访法学家王召棠教授》，载《社会科学家》1989年第3期。

等多家法学刊物上以中华法系和传统法律文化为主题发文。[1] 经过长期积累，俞荣根作成《儒家法思想通论》一书，以至后来者在剖析东西方法文化的差别，把握中华法系的真义时，都必须对该书“用心论究”。在该书中，俞荣根指出其立论的基础是文化学而不是阶级的或社会的理论，认为儒家法思想乃是一种“伦理法”。因此，人治、德治、义务本位、家族主义、皇权主义或自然法等标签都无法完整说明儒家法之本质[2]，要真正理解传统中国法律，还必须要深入其特殊的社会文化背景中。

此外，多年耕耘于传统法律文化，积极倡导“重塑中华法系”的张晋藩于 1999 年作成《中国法制通史（十卷本）》。该书一改“中国古代刑民不分”的传统观念，将各代法依部门法体例编撰，并将各代法律的内容、变迁和当时的经济基础、阶级构成结合阐释，力图在二者的互动中科学评价中国古代法律。该书是中华法系和传统法律文化研究的又一高峰。结合对历代法律的整理、解读和近现代以来中国的法治建设成果，张晋藩认为，“经过百年法制改革的艰苦实践，中国已经具备参酌外国法律的同时走自己改革创新之路的条件。在未来的世纪应该是中华法系复兴的时期——重塑中华法系，将给予中华民族以建设国家的自信心。如果说中华民族曾经以其优越的法文化长期滋润过东方世界，也能够以其更加丰富的法文化而傲然自立于世界进步的法制之林”。[3]

（二）引进和译介新的法系知识

这一时期有关法系研究的另一重点是对国外晚近研究成果的译介。

---

〔1〕 俞荣根：《“儒家人治法家法治对立论”质疑——兼论先秦法律思想研究中的一个方法问题》，载《法学季刊》1984 年第 4 期；俞荣根：《怎样认识和评价孔子的法律思想?》，载《法学季刊》1982 年第 2 期；俞荣根：《孔子反对铸刑鼎就是反对成文法吗?》，载《政治与法律》1982 年第 2 期；俞荣根：《〈法经〉和李悝的政治法律思想》，载《西南政法学院学报》1980 年第 3 期；俞荣根：《晋刑鼎再议——兼向庆明同志请教》，载《法学研究》1986 年第 3 期；俞荣根、王祖志：《试论〈唐律疏议〉的伦理法思想》，载《法学季刊》1986 年第 4 期；俞荣根：《孔子伦理法律观的再认识》，载《法学》1984 年第 1 期；俞荣根：《“自然法说”献疑：兼与台湾法学界商榷》，载《台湾研究》1990 年第 1 期。

〔2〕 俞荣根：《儒家法思想通论》，广西人民出版社 1992 年版，第 134 页。

〔3〕 张晋藩：《重塑中华法系的几点思考——三论中华法系》，载《南京大学法律评论》1999 年第 1 期。

1980 年,潘汉典与蒋思慈几乎同时翻译了一篇名为《不同的经济制度与比较法》[1]的文章。这是改革开放以来最早有关法系的译作,第一次在学界引入了“社会主义法系”。1981 年,陈忠诚翻译了达维德的《当代世界的三大法系》一文[2],是漆竹生 1984 年翻译达维德所著《当代主要法律体系》[3]的先声。《当代主要法律体系》一书详细介绍了社会主义法系,并将其与普通法系和大陆法系并列。该书一经问世,便成为学者们系统性学习法系理论的重要读物。[4] 2004 年,潘汉典牵头翻译出版了 K. 茨威格特(Konrad Zweigert)和 H. 克茨(Hein Kotz)的《比较法总论》。该书比之达维德的《当代主要法律体系》篇幅更为宏大,内容更为翔实、新颖,并提出了“法系样式论”这一思考法系和比较法问题的全新角度。彼时,我国法学界正兴起从“法系”到“法律样式论”的理论热潮。1985 年,潘汉典便已在其译制的《法系式样论》一文中对“法律样式”进行了初步的介绍。作者认为“此项研究的目的不是提出新的法律体系的分类,而是利用关于法律式样的概念,比过去更好地阐明那些应当在法律体系分类上使用的以及在决定某一个体系应当属于某一个集团的各项标准”。[5] 此后,高鸿钧也在《论划分法系的方法与标准》一文中再次对 K. 茨威格特和 H. 克茨提出的“法律样式”理论进行了介绍和说明,指出他们法系划分的标准不在于实体法规则的异同而在于其他根本性和

---

[1] [瑞典]迈克尔·博格登:《不同经济制度与比较法》,蒋思慈译,载《现代外国哲学社会科学文摘》1980 年第 7 期;另参见[瑞典]米凯尔·博丹:《不同的经济制度与比较法》,潘汉典译,载《环球法律评论》1980 年第 5 期。

[2] 该文系达维德所著《当代主要法律体系》一书英文第 2 版的部分摘译。

[3] [法]勒内·达维德:《当代主要法律体系》,漆竹生译,上海译文出版社 1984 年版。达维德在本书中将世界主要法律体系分为罗马日耳曼法系、社会主义法系、普通法系以及包括伊斯兰、印度、远东和非洲在内的其他社会秩序观和法律观。值得注意的是,达维德因为中国特有的文化和法律传统而未将中国法列入社会主义法系,而是将其放在远东各国法中加以论述。

[4] 梁治平曾对达维德的著作作出这样的评价:“阅读本书会‘有助于’认识罗马法的生命力,探究西方崛起的原因,理解西方法律文化的特点及其与东方法律文化的区别等。”参见梁治平:《东西方法制观念的比较》,载《法律学习与研究》1986 年第 6 期。

[5] [德]K. 茨威格特、[德]H. 克茨:《法系式样论》,潘汉典译,载《法学译丛》1985 年第 4 期。

重要性差异，并认为 K. 茨威格特和 H. 克茨借用了文学艺术领域中"样式"一词作为标准，主张应根据各法律制度的"样式"划分法系。作者在该文中还指出了鉴别法律样式的方法："关于如何鉴别这种'样式'，他们提出了五个要素：1. 法律制度的历史背景和发展，2. 在法律方面主要和独特的思想方法，3. 特有的制度，4. 该法律制度所承认的法律渊源种类，5. 意识形态"。[1] 同样地，武树臣也在其《走出"法系"——论世界主要法律样式》一文中主张传统的法系划分方法存在一定缺陷，应当以"法律样式"来建立新的研究视野。[2] 由此可见，《比较法总论》的翻译出版无疑是学者关于"法律样式"之零星思考的一次总结提炼。此外，费安玲等学者还翻译出版了罗道尔夫·萨科（Rodolfo Sacco）的名作《比较法导论》。[3]

除此之外，学者还引进了大量有关法系理论的其他学术专著。[4] 在此类专著中特别值得注意的是威格摩尔的《世界法系概览》一书。该书作者提出了著名的"法律进化行星说"来对梅因的"渐进式进化论"或法律进化的"阶段式递进"进行了批判。他认为"法律体系并非锁步式地前进，甚至也不会向同一方向按部就班地阶段性进化"，因而"我们不能指望法律总是沿着单一的路径进化"，它是竞争性社会力量所达成的暂时性

---

〔1〕 高鸿钧：《论划分法系的方法与标准》，载《外国法译评》1993 年第 2 期。

〔2〕 武树臣：《走出"法系"——论世界主要法律样式》，载《中外法学》1995 年第 2 期。

〔3〕 [意]罗道尔夫·萨科：《比较法导论》，费安玲、刘家安、贾婉婷译，商务印书馆 2014 年版。该书"被法学界公认为可以比肩同时期著名的法国比较法学家勒内·达维德教授在比较法学界的影响"，并且，萨科还"提出了自己的独到见解，独树一帜地以集权和分权、有无独立立法者、有无法学家为标准来划分不同的法律体系"。参见王水明：《比较法学研究的视角与成果——简评萨科的〈比较法导论〉》，载《人民检察》2018 年第 7 期。

〔4〕 这些专著中比较著名的有：[美]约翰·H. 威格摩尔：《世界法系概览》，何勤华、李秀清等译，上海人民出版社 2004 年版；[法]勒内·达维德：《英国法与法国法：一种实质性比较》，潘华仿等译，清华大学出版社 2002 年版；[日]大木雅夫：《比较法》，范愉译，法律出版社 1999 年版；[加]帕特里克·格伦：《世界法律传统：法律的持续多样性》（第 3 版），李立红、黄英亮等译，北京大学出版社 2009 年版；[美]H. W. 埃尔曼：《比较法律文化》，高鸿钧等译，清华大学出版社 2002 年版；[美]约翰·亨利·梅利曼：《大陆法系》（第 2 版），顾培东、禄正平译，法律出版社 2004 年版；[美]艾伦·沃森：《民法法系的演变及形成》，李静冰、姚新华译，中国法制出版社 2005 年版；[意]D. 奈尔肯、[英]J. 菲斯特编：《法律移植与法律文化》，高鸿钧等译，清华大学出版社 2006 年版。

的“平衡”。“要解决法律进化规则的问题，我们首先必须全面分析各种隐藏在法律背后的社会力量，当然这些潜在力量也因不同的时间和空间而异。”[1]从20世纪30年代开始，中国的法系研究学者便受到威格摩尔“法律进化行星说”的深远影响。

（三）重构新话语体系的理论尝试

“法系”概念的产生和引进有着明确的语境意识和功利倾向。我国学者在使用“法系”一词时往往酝酿着与使用其他法律术语时截然不同的“情绪”。清末民初，这一术语的使用具有明显的明治维新式的“脱亚入欧”倾向。比如最早将法系概念引入我国的化名“攻法子”的留日学生便在其《世界五大法系比较论》一文中照搬穗积陈重的理论。而在20世纪30年代以后的中华民国，甚至是新中国成立后至今，“法系”这一术语的使用都具备了一定程度上的民族主义意味。[2]

但正是在中国学界还在纠缠于上述问题的同时，“法系”的国内外语境已经发生了深刻的变化。在国内，“救亡图存”这一滋生“法系”概念的语境已经不存在了，划分世界法律体系的目的朝着比较法诞生之初有关世界法、共同法的学术旨趣回归。而这种最初的学术趣味就恰如第一届国际比较法大会要找到一种“文明人类的共同法”的倡议。在这次会议上，与会学者就确立以“共同法”作为其研究的主要对象与追求的终极目标。这次会议的主要组织者萨莱伊（Raymond Saleilles）与朗贝尔（Edourad Lambert）提出了探求适合“文明人类的共同法”（droit commun

〔1〕 赵笑君、梁胜：《从孟德斯鸠到威格摩尔——法律“系统”进化论的诞生》，载《江西社会科学》2011年第2期。

〔2〕 正如赖骏楠所言，“被中国学者翻译成‘法系’的英语词是legal system。而正是在对这个词的理解和翻译上，歧义、暧昧、模糊在循环往复般地产生和消解，跨语际实践中复杂深邃的一面在此展露无遗。而这种复杂性却正在被中国学者有意无意中加以利用，以致在某一特定语境——这时是民族主义的语境——之中，跨语际实践中的某些词汇间的等值关系仿佛牢不可破，甚至于将这层复杂性也掩盖掉了。实际上，legal system、‘法系’、‘法律系统’这些中英文词汇的意义，都由于屈就了民族主义的政治需求，以致受到了不同程度的‘歪曲’”。参见赖骏楠：《建构中华法系——学说、民族主义与话语实践（1900—1949）》，载《北大法律评论》2008年第2期。

de l' humanité civilisée)这一学术主张。[1] 与之相似,达维德也认为"法在国际上的一定程度的统一是今天的世界所要求的,而对明天的世界来说,它将是更加必需的"[2]。就国际语境而言,全球一体化正促使传统两大法系不断靠拢融合。特别是欧盟这一跨法域、跨法系的统一法律实体的诞生为法系概念带来了不小的冲击。传统法系理论无法涵盖世界法律文化的多样性,难以解释当前正在发生的法律现象。于是,此时的学者尝试跳出传统的法系窠臼,以世界法或混合法的观念超越传统法系理论。

21 世纪以来,有学者认为传统法系理论难以描述新的法律体系发展格局。[3] 因此,融会贯通异质法律文化资源成为学界关注的焦点。比如,2002 年第一届"混合法域国际研讨会"(杜兰会议)的主题就是"混合法域经验的显著性与统一性:特质、模式、文化、共同之处"。在我国,中国人民大学、日本一桥大学与韩国釜山大学于 2007—2011 年连续举办了五次"东亚共同法"学术研讨会。这五次研讨会从历史的角度讨论了"东亚共通法"的基础问题,分别从民法、刑法以及公司法等范畴具体地研究了三国现有法律体系的共通之处,体现了未来地区间法律文化混合化发展的趋向。这种"共同法"的前提是东亚国家各自所深受的儒家化的"传统中华法系"的熏陶,且"自中国改革开放以来,三国之间的关系突破了冷战体系之下的敌对色彩,政治、经济、文化的联系日益频繁,这为东亚地区法律的融合奠定了基础"。这种对"共通法"的研究,体现了一种区域性法律融合的尝试,"是对各国法律、社会现实的深层次关注,也是混合法系

---

〔1〕 金星:《比较法的共同法图景:其成因探究》,载《广西大学学报(哲学社会科学版)》2012 年第 6 期。

〔2〕 [法]勒内·达维德:《当代主要法律体系》,漆竹生译,上海译文出版社 1984 年版,第 15 页。

〔3〕 夏新华:《混合法系发展的前沿——兼论中国法学家的理论贡献》,载《湘潭大学学报(哲学社会科学版)》2008 年第 3 期;作者指出"法系的概念和划分,更多的是对过去的,既有的法律发展格局的一种总结;而对混合法系的研究则不仅如此,它更重要的是对未来法律发展趋势的一种展望、一种描绘、一种预测"。

理论给法系研究方式带来的重大转变”。[1] 对此，乐观的学者甚至认为随着相似法律文化的融合，未来可能形成“新中华法系、新伊斯兰法系和新欧洲法系”三大混合法系。[2]

与“混合法系”理论相对应的是“世界法”观念，这一理论源远流长。有学者甚至认为这种观念是从罗马“万民法”演化而来，“在康德的永久和平的方案中已经提到世界政府和世界法的问题。它所追求的乃是一种能包容一切法律制度的‘法’，并且认为‘各国的法律和各种法律会最后趋于统一，变成一种适用于全世界的法’”。[3] 随着欧盟这一超主权实体的诞生，世界法的构想开始从理论走向法律的实践场域。欧盟催生了一个超越主权者绝对法权之上的“欧洲法”，甫一产生便成为国家间法律一体化进程的“模范法”。它促进了成员国法律相互协调合作，建立了一个没有内部边界的，资本、商品、人员、劳务均可以自由流动的大市场。其超国家形态的法取消了国内法的部分效力，一定程度上限制了成员国主权，反映了西欧法由分而合的大趋势。更重要的是，这一横跨两大法系的“欧洲法”既非内国法，也不是国际法。它开辟了一种具有某些超越主权国家的“共通法”。因此，“对类似欧共体一体化法律之研究预测成为一种时代必要。”[4]

综上，随着时代和文明的发展进步，法系术语所赖以存在的“适者生存，不适者灭亡”的进化论语境已经转换成“和平与发展”“求同存异”，因此“法系”研究的方法和内涵也要重新建构。而其重构的方向就是朝着1900 年第一届国际比较法大会所倡导的“世界主义”和比较法本身所具有的人类学、社会学视野回归。因此，这一时期涌现了大量关于非三大主

---

〔1〕 夏新华、张小虎：《终结，还是重构：对法系理论的超越——兼与黄文艺教授商榷》，载《政法论坛》2013 年第 2 期。

〔2〕 夏新华：《混合法系发展的前沿——兼论中国法学家的理论贡献》，载《湘潭大学学报（哲学社会科学版）》2008 年第 3 期。

〔3〕 严存生：《自然法、万民法、世界法——西方法律全球化观念的历史渊源探寻》，载《现代法学》2003 年第 3 期。

〔4〕 汤唯：《当代法律文化发展趋向》，载《法律科学（西北政法学院学报）》1996 年第 3 期。

要法系的其他国家和地区的法系研究。[1] 不仅如此，此时学者还针对非主要法系的法律传统和法律文化展开了深入的译介和研究，以上成果意味着我国学者对“法系”的研究开始朝着法律文化和法律传统转向，将法系视为民族文化传统中的有机整体而不再只是相似法律制度的松散联合。这是一种由“进化论”向“系统论”的重大理论突破。

三、超越与展望：21 世纪初至今

（一）对传统法系理论的超越

有西方学者认为传统法系研究方法因臆造和夸大的理论推定而注定无法产生令人满意的理论揭示和说明力。因此，如欲真正理解法律，只有将法律文化和秩序置于其各自所属的更为宽泛的社会文化语境下考察，才能正确地区分和比较不同的法系。[2]

2011 年，黄文艺在其《重构还是终结——对法系理论的梳理与反思》一文中认为，传统的法系范畴对当今世界各国的法律体系进行整体性的、切割性的分类已经失去了方法论基础和认识论价值。他在文中指出传统的法系划分方式既“无法跳出西方中心主义的思维定势”，还存在“分类

---

〔1〕 齐海滨：《简述伊斯兰法的特点》，载《法学杂志》1984 年第 1 期；高鸿钧：《论西方两大法系对伊斯兰法系的影响》，载《西亚非洲》1984 年第 6 期；张卫平：《菲律宾的法律制度》，载《东南亚研究资料》1985 年第 4 期；张卫平：《马来西亚、泰国、印尼三国民商法比较》，载《东南亚研究》1991 年第 2 期；赛生发：《伊斯兰教法知识答问》，载《中国穆斯林》1992 年第 5 期；黄跃庆、刘奕：《试论伊斯兰法系的渊源》，载《阿拉伯世界》1993 年第 3 期；王银：《〈圣训〉中的法律问题概述》，载《西北第二民族学院学报（哲学社会科学版）》1994 年第 4 期；麦秀闲：《伊斯兰法及其对海湾阿拉伯国家法制的影响及作用》（上），载《阿拉伯世界》1994 年第 2 期；从恩霖：《伊斯兰法学及其发展历程》，载《中国穆斯林》1996 年第 6 期；徐国栋：《〈非洲法导论〉：一个读者的满意和不满》，载《西亚非洲》2000 年第 4 期；颜运秋、洪永红：《非洲诉讼法的特征》，载《西亚非洲》2000 年第 3 期；马玉祥：《伊斯兰法文化与中国法文化的比较研究》，载《西北民族学院学报（哲学社会科学版·汉文）》2000 年第 1 期；夏新华：《非洲法律文化研究的理论辨析》，载《法学家》2006 年第 2 期；贺鉴：《论非洲法律文化研究中的法系问题》，载《湘潭大学学报（哲学社会科学版）》2010 年第 2 期；夏新华：《从“非洲法系”到“非洲混合法系”——再论非洲法研究中的法系问题》，载《比较法研究》2014 年第 6 期。

〔2〕 ［比］马克·范·胡可、［比］马克·沃林顿：《法律文化、法律范式与法律学说——迈向一种新的比较法研究模式》，魏磊杰译，载《人大法律评论》2010 年第 1 期。

明显违反概念划分的逻辑规则”以及“分类容易掩盖和遮蔽不同法系之间真实的异同”等问题。在黄文艺看来，正是这些问题的存在导致传统的法系理论无法正确回应当下法律全球化过程中同时存在的各国法律多元化、异质化这一整体趋势。不仅如此，黄文艺还在该文中批判了“混合法系”的设想，认为这一构想是法系理论的严重倒退，它除了指出被研究之对象具有法律多样性这一事实外，别无所云。因此，在黄文艺那里，混合法系理论不过是对法系理论的滥用，是一个盛放着不同东西的箱子而非一个体系。[1]

针对黄文艺的言说，夏新华、张小虎撰写了名为《终结，还是重构：对法系理论的超越——兼与黄文艺教授商榷》一文。该文指出，法系理论并非终结，而是要在创新的基础上进行重构，要在西方中心主义所主导的比较法和法系理论体系之外另辟蹊径，找到一种不同于传统法律体系分类方式的，面向未来的、开放的新模式。按照夏新华的观点，“回避法系理论的研究价值，终结法系理论的研究进程，实则默认了西方法学家在法系理论上的垄断地位，丧失了中国法学家的话语权”。因此，法系的重构不是一种对既有理论的简单重复，而是一种理论创新，是一种对贫乏而空洞的传统法系理论的“超越”。传统以进化论为理论基础的法系理论是“对过去的、既有的法律发展格局的一种总结；而对混合法系的研究则不仅如此，它更重要的是对未来法律发展趋向的一种展望、一种描绘、一种预测”[2]。夏新华运用这一动态和开放的法系研究方法，再次论证了“非洲混合法系”的问题。在其发表于 2014 年《从“非洲法系”到“非洲混合法系”——再论非洲法研究中的法系问题》一文中，他尝试打破“欧洲中心主义”那种既遂的、静止的、孤立的研究视角和思维格局，以一种预测性、前瞻性的眼光对非洲法系存在的时间与空间进行考察，认为混合法系理论既把握了非洲法在一种法律融合的历史过程所展现出的整体性，又注

〔1〕 黄文艺：《重构还是终结——对法系理论的梳理与反思》，载《政法论坛》2011 年第 3 期。

〔2〕 夏新华、张小虎：《终结，还是重构：对法系理论的超越——兼与黄文艺教授商榷》，载《政法论坛》2013 年第 2 期。

意到了非洲法在各区域发展的多样性,并将二者统一于非洲法律文化发展的混合性之中。[1]

除了方法上的超越,这一时期的法系和比较法研究还呈现出了一种研究"目的"的超越。如前所述,法系的起源、引入,有着明确的"功利主义"意识。我国有学者将这种价值取向的法系研究称为"功利主义指向的比较法"。随着我国的独立自主和经济实力、综合国力的不断增强,法系理论需要进一步拓展其空间并转向"文化指向的比较法学研究"。这种以文化为指向的观点认为,法系理论作为法学的一个部分和维度,归根结底是文明秩序之学,是不同的文明秩序的比较。中国的比较法学可以通过法学这种独特的方式,向世界解释中国,让世界更多地理解、认同中国的文明秩序,甚至可以将其作为展示中国文化实力的一个重要抓手。[2] 更有学者甚至明确指出:"法律是文化的一种。"在人类史上,法律需要相应文化环境的润泽,任何一种法律或法律现象都是特定社会的文化在法律上的反映。[3]

于是,一种在方法论和目的论上均与传统法系理论截然不同的新学术范式逐渐形成。这种范式摆脱了社会进化论的既有路径,以开放、动态和面向未来的态度,逐渐走出一条西方话语体系外的新学术道路。

(二)对"新中华法系"的展望

依据上文所展现的方法和目的,中华法系乃是一个集传统法律文化、西方法律学说和社会主义法治理论为一体的"法系"[4]。有学者认为,我国古代法律传统中"仁"的思想和现代社会"以人为本"的要求存在内在契合。因此,如果把新中国的法律视为一种"混合法"的话,它所混合的就不只是跨空间的不同法系和法域,还混合了跨越历史并延续至今的法

---

〔1〕 夏新华:《从"非洲法系"到"非洲混合法系"——再论非洲法研究中的法系问题》,载《比较法研究》2014 年第 6 期。

〔2〕 喻中:《在比较法学的表象背后》,载《现代法学》2016 年第 2 期。

〔3〕 苏艳英:《中华传统文化与现代民法文化的整合——民法典的法文化解读》,载《政法论丛》2020 年第 6 期。

〔4〕 徐爱国:《法理念的文化冲突与中国法律的多元属性》,载《社会科学研究》2014 年第 6 期。

律文化。这种具备横向和纵向,跨越了时空的中华法系是“人类法律实践活动内在规律的反映,它代表着人类法律实践活动的未来发展方向”。[1]与之呼应,这一时期关于中华法系的研究重点之一便在于发掘传统法律文化中的现代法治基因,强调我国的传统法律观本身便蕴含着以人为本、互利共赢、罪刑法定等现代法治主张。按照这样的思路,法治中国在历史上就本有其根基[2],传统中华法系追求的“良法善治”与现代“法治中国”的建设目标一致,法治中国应当借鉴礼法传统智慧。有中国特色的法学、法制既姓社会主义,也姓中华民族。[3] 因此“传承中华法文化,将会为实现中国特色依法治国的宏图伟业提供历史借鉴”[4]。

除了主张融合传统法律文化,如何将我国当下的社会、文化、经济现实融入新中华法系也是重要的新研究课题。新中华法系的建设对古代传统和其他法系的借鉴必须坚持“创造性转化,创新性发展”,要对传统文化和其他异质法系中的法律文化一分为二地区别精华与糟粕,在识别优秀法律文化的同时使其与中国法治现代化事业相适应,促使中华法系创造性转化、有效融入中国式法治现代化的基本立场。[5] 对其他法律文化“拿来用”的前提是这些法律文化本身是优秀的法律文明成果,并在比较中借鉴、在批判中吸收,绝不是全盘照搬。[6]

四、结语

综上所述,我国法系理论研究历经 70 多年的发展,已经从传统的对世界法律体系的“版图划分”进入了一个多元主义法治观的新时代。这奠定了一种不同于传统法系理论的新话语,也定义了一种有别于传统的,

---

〔1〕 武树臣:《中国传统法律文明的现代观察:论中华法系的社会成因和发展轨迹》,载《华东政法大学学报》2012 年第 1 期。

〔2〕 段秋关:《传统法律观及其蕴含的法治基因》,载《西北大学学报(哲学社会科学版)》2018 年第 2 期。

〔3〕 俞荣根:《礼法传统与良法善治》,载《暨南学报(哲学社会科学版)》2016 年第 4 期。

〔4〕 张晋藩:《中国传统法文化的历史地位与史鉴价值》,载《法学杂志》2018 年第 1 期。

〔5〕 郝铁川:《中华法系的创造性转化》,载《东方法学》2022 年第 1 期。

〔6〕 何勤华、周小凡:《弘扬中华法律文化,共铸世界法律文明》,载《政治与法律》2021 年第 5 期。

融合了古典礼法、西方现代法律理论和社会主义法治观的新中华法系。在这一历程中，我国的法系研究逐渐摒弃了传统的法系理念，发展了以科学主义和社会进化为方法论和价值观的传统法系概念。新的学术范式转向了一种以各国具体的文化、政治、经济等社会现实存在为基础的新的法律体系划分样式。一国法律体系的样貌不再被视为是一种静态的、孤立的秩序系统，而被看作一类适应各国具体国情和文化制度环境的动态发展的结果。这样的新法系观在科学而正确地认识了现代法律世界以及客观描述世界法律版图的形成过程和结果的同时，也在法律文化上强化了中国法律人和法律学者依据中国的文化、经济、社会现状和政治实践重塑新中华法系的理论和道路自信。这种自信不仅对我国新中华法系的建设有益，也为法系概念本身的理论突破贡献了中国力量。

延伸阅读学术著作

1. 沈宗灵：《比较法总论》，北京大学出版社 1987 年版。
2. 俞荣根：《儒家法思想通论》，广西人民出版社 1992 年版。
3. 周枏：《罗马法原论》，商务印书馆 1994 年版。
4. 何勤华主编：《法律文明史（第 9 卷）：大陆法系》（上、下卷），商务印书馆 2015 年版。
5. 何勤华主编：《法律文明史（第 7 卷）：中华法系》，商务印书馆 2019 年版。
6. 何勤华主编：《法律文明史（第 8 卷）：英美法系》（上、下卷），商务印书馆 2021 年版。
7. 郝铁川：《中华法系研究》（增订本），商务印书馆 2021 年版。
8. 俞荣根：《礼法中国：重新认识中华法系》，孔学堂书局 2022 年版。
9. 龙大轩：《重新认识中华法系》，中国人民大学出版社 2023 年版。
10. 高鸿钧、鲁楠主编：《印度法原论》，商务印书馆 2023 年版。

延伸阅读学术论文

1. 陈朝璧:《中华法系特点初探》,载《法学研究》1980 年第 1 期。
2. 韩玉林、赵国斌:《略论中华法系特点及其形成和消亡的途径》,载《吉林大学社会科学学报》1983 年第 4 期。
3. 高鸿钧:《论划分法系的方法与标准》,载《外国法译评》1993 年第 2 期。
4. 张晋藩:《重塑中华法系的几点思考——三论中华法系》,载《南京大学法律评论》1999 年第 1 期。
5. 赖骏楠:《建构中华法系——学说、民族主义与话语实践(1900—1949)》,载《北大法律评论》2008 年第 2 期。
6. 夏新华:《混合法系发展的前沿——兼论中国法学家的理论贡献》,载《湘潭大学学报(哲学社会科学版)》2008 年第 3 期。
7. 夏新华:《从“非洲法系”到“非洲混合法系”——再论非洲法研究中的法系问题》,载《比较法研究》2014 年第 6 期。
8. 王志华:《苏维埃社会主义法系的兴衰》,载《北方法学》2018 年第 2 期。
9. 强世功:《中国法治道路与法治模式——全球视野与中国经验》,载《行政管理改革》2019 年第 8 期。
10. 魏治勋:《中华法系的包容性特征与制度文化优势》,载《法学杂志》2024 年第 2 期。

延伸阅读学位论文

龚炜:《论普通法系与大陆法系的融合——以欧洲法院制度为例》,中国人民大学 2007 年博士学位论文。

第三编

法律价值研究

第二十三章　法 律 价 值

本论题导读

法律价值是法律的内在根据，也是弥久常新的人类精神现象，深刻影响着法治实践的发展。回顾新中国的法律价值研究发现，我国学者把法律价值作为专门的研究命题起步较晚，改革开放后学界才开始关注法律价值这一理论范畴。20 世纪 90 年代至 21 世纪初期，法律价值研究在整个法学理论研究中经历了一段繁荣期，法律价值的基本概念、核心内容和研究方法在这个过程中趋于定型。随着数字时代的来临，以大数据和算法为核心的技术对法律价值提出了深刻挑战，如何回应这一挑战成为法学界无法回避的新课题。法律价值研究的核心议题主要包括法律价值概念、法律价值属性、法律价值体系和法律价值冲突这几个方面。法律的进化取决于法律价值和法律精神的进化，不断探索法律价值在不同时代的“新”内涵具有重要意义。

本章在既有文献基础上，以法理学界对法律价值的研究演进为中心，梳理新中国法律价值研究的脉络和特点，把握法律价值理论的内在逻辑，以此深化法律价值理论的认识，回应数字时代法律价值的深刻挑战。

一、法律价值研究的演进历程

（一）法律价值研究的兴起阶段（1978—1990 年）

改革开放以后，以法的价值为专门研究对象的论著成果才开始出现。

范习新在介绍苏联学者的文章中,出现了“法律价值”的用语。[1] 俞荣根、王祖志合写的论文《试论〈唐律疏议〉的伦理法思想》中也有了“法律价值”的用语。[2] 刘登山翻译了苏联学者 B. 切特韦尔宁写的《社会主义法的价值》(作者 M. 拉宾诺维奇)的简介,叙述了“法的价值”的表现及作用。[3] 孙国华的《法学基础理论》一书中已经有了“法的价值”的内容。[4] 梁治平在介绍西方自然法观念时提出,法律最真实的生命就是法律的价值意义所在。[5]

在20世纪80年代的论著中,学界出现了法的价值、法律价值、价值法学等不同表述。从内容来看,这些表述侧重于对法的价值的定义或是内涵进行论述。[6] 公丕祥提出,法的产生和发展是和个人价值相关联的,法的价值应当反映出主体的需要、利益和责任。[7] 张志铭提出,随着全面改革的到来,价值观念也要更新,法律也要有价值判断标准,必须要重视法律价值的研究。[8] 因此,单从法律事实入手而忽略了价值考虑和判断的法学是不科学的,要对基础性法律概念及其中所蕴含的法律价值进行思考与研判。与此同时,舒扬注意到人的尊严和权利、民主、公平等构成了法律价值的重要部分。[9] 这些论述各有特色,法的价值理论研究开始逐渐丰富。

(二)法律价值研究的繁荣阶段(1990—2016年)

在20世纪90年代,国内法学学者陆续出版了一些研究专著,如严存生独著的《法律的价值》,杜飞进主笔的《法律价值论》,乔克裕、黎晓平合

---

〔1〕 [苏联]Г. 什维科夫:《法的进步和继承性》,范习新译,载《国外社会科学》1983年第9期。
〔2〕 俞荣根、王祖志:《试论〈唐律疏议〉的伦理法思想》,载《现代法学》1986年第4期。
〔3〕 [苏联]B. 切特韦尔宁:《〈社会主义法的价值〉一书简介》,刘登山译,载《国外社会科学》1986年第8期。
〔4〕 孙国华:《法学基础理论》,天津人民出版社1986年版。最早把“法的价值”作为专章内容写入法学教材的是张文显主编的《法的一般理论》。张文显主编:《法的一般理论》,辽宁大学出版社1988年版。
〔5〕 梁治平:《自然法今昔:法律中的价值追求》,载《比较法研究》1987年第1期。
〔6〕 葛洪义:《实证法学和价值法学的协调与我国法学研究》,载《法学》1987年第5期。
〔7〕 公丕祥:《论法的价值》,载《法律学习与研究》1987年第3期。
〔8〕 张志铭:《价值追求和经验实证:中国法学理论发展的取向》,载《法学》1988年第12期。
〔9〕 舒扬:《论法律基本价值的目标化》,载《现代法学》1988年第6期。

著的《法律价值论》,卓泽渊独著的《法律价值》及《法的价值论》,等等。进入 21 世纪初,法的价值研究方面,比较有代表性的专著是卓泽渊的《法的价值论》。[1] 在上述专著中,卓泽渊所著的《法的价值论》内容翔实丰富,比较全面地体现了改革开放以来法的价值研究的进展,比较早地把人权纳入了法的价值范畴,对法的价值进行了全面的考察,大大拓展了法的价值内容(生命、自由、平等、人权、秩序、公正、人的全面发展),还涉及了法的价值对立法、司法、执法的影响,对法的价值冲突也进行了研究,有较高的学术价值和影响力。

进入 21 世纪初期,中国特色社会主义市场经济发展进入新阶段。随着我国加入世界贸易组织、"人权"入宪,以及法律体系日益成熟,权利意识深入人心,学术界对法的价值的关注也发生了微妙变化。以法学院教材为例,大部分教材开始专门论述法的价值。且通过统计可见,最常出现的法的价值排序依次为公平、秩序、利益、正义、人权、自由、生命。其中,秩序通常排在首位。正义与秩序则是最常出现的两个法的价值,紧随其后的是自由、效率和人权。[2]

---

〔1〕 严存生:《法律的价值》,陕西人民出版社 1991 年版;杜飞进主笔:《法律价值论》,陕西人民出版社 1992 年版;乔克裕、黎晓平:《法律价值论》,中国政法大学出版社 1991 年版;卓泽渊:《法律价值》,重庆大学出版社 1994 年版;卓泽渊:《法的价值论》,法律出版社 1999 年版,2006 年出版第 2 版;谢鹏程:《基本法律价值》,山东人民出版社 2000 年版;杨震:《法价值哲学导论》,中国社会科学出版社 2004 年版。

〔2〕 参考的教材及专著有谢鹏程:《基本法律价值》,山东人民出版社 2000 年版;李步云主编:《法理学》,经济科学出版社 2000 年版;公丕祥主编:《法理学》,复旦大学出版社 2002 年版;陈金钊主编:《法理学》,北京大学出版社 2002 年版;卓泽渊主编:《法理学》(第 3 版),法律出版社 2002 年版;张文显主编:《法理学》(第 2 版),高等教育出版社、北京大学出版社 2003 年版;李龙主编:《法理学》,人民法院出版社、中国社会科学出版社 2003 年版;杨震:《法价值哲学导论》,中国社会科学出版社 2004 年版;周永坤:《法理学》(第 2 版),法律出版社 2004 年版;付子堂主编:《法理学进阶》,法律出版社 2005 年版;徐显明主编:《法理学》,中国政法大学出版社 2007 年版;《法理学》编写组编:《法理学》,人民出版社、高等教育出版社 2010 年版;孙国华、朱景文主编:《法理学》(第 3 版),中国人民大学出版社 2010 年版;肖光辉主编:《法理学》,中国政法大学出版社 2011 年版;郑成良主编:《法理学》,高等教育出版社 2012 年版;《法理学》编写组编:《法理学》,人民出版社、高等教育出版社 2012 年版;朱景文主编:《法理学》(第 3 版),中国人民大学出版社 2015 年版;葛洪义主编:《法理学》(第 4 版),中国人民大学出版社 2015 年版;卓泽渊:《法理学》(第 2 版),法律出版社 2016 年版。

与20世纪90年代的教材相比,法的价值排序发生了显著变化。曾经排在首位的自由,逐渐让位于秩序。这一变化从理论上反映了学界对法的秩序功能的重视,也体现了社会大众对社会稳定的期望。随着国家法律体系的完善,公众对正义与自由的需求逐渐发生变化:在稳定秩序的前提下,正义的追求与自由的保障成为新的关注重点;成熟的社会主义市场经济仍然强调法律对效益的关注;人权保障和尊重在全社会形成共识。近20年来,中国社会的迅速发展推动了社会观念的多元化与利益的多样化。通过这一阶段法学专业教材中法律价值内容与排序的变化,我们可以清晰地看到这一进程的映射。

(三)法律价值研究的挑战与回应阶段(2016年至今)

随着新技术的进步与发展,高度信息化的数字社会正在形成。人工智能、大数据、云计算、元宇宙等各类数据的应用在日常生产生活中随处可见,数字化的应用场景越来越多。一方面,信息技术、数字化技术的运用,使法律的调控范围拓展至各类"虚拟空间";另一方面,也产生了新问题进而出现新的法律研究对象,这对法律价值研究提出了新的挑战。

从总体上看,对于这种挑战,国内学界主要形成了两种不同的认识路径:其一,本体论意义上的颠覆性路径。例如,马长山认为,人机共处、算法主导的社会变革趋势必然导致法律价值上的深度变革,算法正义观将逐渐走上前台,成为现代性正义价值"家族"的新面孔。[1] 余成峰认为,数字技术的崛起带来法律价值的高度不确定性,并且在不同程度上改变了法律的规范主义特征和法律正义期望,最终将导致"法律功能危机"。[2] 韩水法甚至提出,算法使人的性质发生了根本性变化,既有自由意志的理由不复有效,从法律到道德都将失去根据。人类迄今为止所具有的正义观念和界限都需要重新构造与解释。[3] 其二,既有法律价值范

〔1〕 马长山:《智能互联网时代的法律变革》,载《法学研究》2018年第4期。

〔2〕 余成峰:《法律的"死亡":人工智能时代的法律功能危机》,载《华东政法大学学报》2018年第2期。

〔3〕 韩水法:《人工智能时代的人文主义》,载《中国社会科学》2019年第6期。

式下的回应性路径。例如，雷磊认为，面对新一代科技革命的冲击，现代法律制度及价值体系的概念、范畴不可能予以颠覆性重建，数字技术并没有“肇生”全新的法理学问题。数字技术对既有法律价值理论的“全新挑战”并非指“问题”的新挑战，而只是指“语境”的新挑战。[1]

在上述两种研究路径之下，国内学界也形成了一些具体研究成果：其一，致力于揭示算法给法律价值带来危机的学术探究。郑智航提出，算法独特的运作逻辑对道德目的论造成冲击，动摇了社会正义观中权利优先性这一核心理念。[2] 崔靖梓认为，算法歧视给传统的平等权保护带来危机，包括平等理念危机、歧视识别危机和平等权保护模式危机。[3] 罗有成则提出，算法对支撑法治社会的法律价值观念造成冲击和挑战。这种价值挑战主要表现为主体的自由空间被抑制、个体的平等机会面临算法歧视威胁以及算法的技术逻辑阻碍制度正义实现。[4] 其二，致力于阐释算法对人的主体性的深层次挑战，进而分析算法对传统法律价值理论解构的学术探究。例如，有学者认为，算法对人格尊严的基础构成重大挑战，可能会削弱主体的自主决定权力，并进而降低人在社会生活中的重要性。这些挑战已对现有正义价值体系构成潜在威胁并带来法律上的难题。[5]

随着数字化时代科技的持续进步和发展，全球化日益紧密，社会的生产、生活方式发生着变化，新问题、新挑战也不断涌现。如何回应新的问题和挑战，法律价值应当有什么新的内容来适应这种变化，既需要在理论上作出回应，更需要在实践中发现和验证。同时，在数字化时代，法律的

---

〔1〕 雷磊：《新科技时代的法学基本范畴：挑战与回应》，载《中国法学》2023 年第 1 期。

〔2〕 郑智航：《人工智能算法的伦理危机与法律规制》，载《法律科学（西北政法大学学报）》2021 年第 1 期。

〔3〕 崔靖梓：《算法歧视挑战下平等权保护的危机与应对》，载《法律科学（西北政法大学学报）》2019 年第 3 期。

〔4〕 罗有成：《算法的价值挑战及其包容性治理》，载《华侨大学学报（哲学社会科学版）》2022 年第 6 期。

〔5〕 陆幸福：《人工智能时代的主体性之忧：法理学如何回应》，载《比较法研究》2022 年第 1 期。

调整对象和方式也会发生变化，从而影响法律价值的判断和抉择。

二、法律价值研究的核心议题

（一）法律价值概念研究

在20世纪90年代前后，学者就法律价值的概念展开了讨论。公丕祥认为，法的价值就是反映统治阶级的意志并创制相应的社会秩序。[1] 严存生也认为，应当坚持马克思主义的观点，法律价值是法律对人的意义、作用及人对这种效用的评价。[2] 但也有学者认为，法的价值就是法律以其功能和属性对主体特定需要的满足。衡量法律价值的根本标准是能否促进社会进步。[3] 法的价值是体现社会主体和法律之间的赋予及实现其属性的关系。[4] 有学者从法律实践的角度出发，认为法的价值是"法律的内在机制在实践中对人的法律需要潜在的和现实的满足或不满足的过程"[5]。也有学者直接将法律价值定义为法律对主体的效应。[6] 沈宗灵论证了法律价值的三种含义，分析了古今中外思想家有关法律的价值、正义与利益等观点。[7] 张文显较早开始了法的价值问题研究，对法的价值的概念、特征及法的价值追求的目标如秩序、正义、自由、效率作了较为详尽的论述。张文显认为，法律价值就是在主客体之间体现出的法律的积极意义或有用性。[8] 随着市场经济的发展，对于法的价值的概念认知，有了一些新的表述。孙国华等认为，法的价值就是客体（法）对主体（个人、群体、社会、国家）的需要的积极意义和满足。[9] 卓泽渊则从

---

〔1〕 公丕祥：《论法的价值》，载《法律学习与研究》1987年第3期。

〔2〕 严存生：《"法律价值"概念的法哲学思考》，载《当代法学》1988年第3期。

〔3〕 武步云：《论法律价值和法律的主体性》，载《法律科学（西北政法学院学报）》1989年第4期。

〔4〕 董长春：《论法律价值》，载《南京社会科学》1995年第8期。

〔5〕 李其瑞、何为：《法律价值概念探幽》，载《法律科学（西北政法学院学报）》1990年第1期。

〔6〕 杜飞进：《法律价值概念论析》，载《学习与探索》1994年第3期。

〔7〕 沈宗灵：《法·正义·利益》，载《中外法学》1993年第5期。

〔8〕 张文显：《法的概念》，法律出版社2011年版，第68页。

〔9〕 孙国华、何贝倍：《法的价值研究中的几个基本理论问题》，载《法制与社会发展》2001年第4期。

广义上和形而上的角度定义和诠释法的价值的概念，认为广义上法的价值就是法对于人的一切的意义；更加抽象的定义即形而上的定义是“以法与人的关系作为基础的，法基于自身的客观实际而对于人所具有的意义和人关于法的绝对超越指向”〔1〕。从上述观点来看，学界对法律价值概念的认识越来越深入。

在探讨法的价值概念的过程中，陈友清指出，法律价值存在正负价值之分。〔2〕 对此，杨保军等学者反对法律有负价值的观点，在他们看来，能够促进人和社会进步的法律就是有价值的，否则没有价值，如果说法律还有负价值，则“违背了价值的内在涵义，也违背了人们对价值的惯常理解”〔3〕。一切法律与特定主体都有价值关系，所以，一切法律都是有价值的。〔4〕 卓泽渊则认为，从应然和目标层面的角度来看，法律只有正价值，但从已然和评价的角度看，确实存在零价值和负价值的现象。〔5〕 法律正负价值之争从另一个角度加深了学界对法律价值的认识，问题在于评价主体及如何判断法律的价值。关于法律正负价值的讨论基本上否认了法的负价值的理论观点，在探讨法律价值的时候，要关注的是法律价值的积极的评价和指引作用。但是也要注意负价值的可能，周永坤在总结国外的研究成果后指出，法的价值研究要注重程序与内容并重，防止走向价值独断或是极权，甚至是与价值无涉的境地。〔6〕

（二）法律价值属性研究

关于法律价值属性的研究主要集中在以下几个方面。

第一种观点认为，“法律价值是一种特殊的价值，是一种精神的工具性的价值，这与一般的物质和精神价值是明显不同的”〔7〕。不难看出，这

---

〔1〕 卓泽渊：《法的价值的诠释》，载《苏州大学学报（哲学社会科学版）》2005 年第 5 期。

〔2〕 陈友清：《论法的负价值》，载《法律科学（西北政法学院学报）》1990 年第 2 期。

〔3〕 杨保军：《主体需要与法律价值》，载《中外法学》1991 年第 2 期。

〔4〕 刘桂华、蔡四桂：《研究法律价值要区分不同的主体——与杨保军同志商榷》，载《中外法学》1991 年第 6 期。

〔5〕 卓泽渊：《法的价值论》，法律出版社 1999 年版，第 28 – 29 页。

〔6〕 周永坤：《法学研究中的价值处理》，载《法制与社会发展》2004 年第 4 期。

〔7〕 严存生：《法律的价值》，陕西人民出版社 1991 年版，第 28 页。

种观点明显受到了法律的工具价值论观点的影响，对法的目的价值未等量齐观。

第二种观点认为，法的价值是社会性和阶级性、主观性和客观性、相对性和绝对性的统一。[1] 这种观点是从哲学与社会学层面把握法的价值属性的。

第三种观点认为，法的价值具有多样性、阶层性、阶段性、交叉性、终极性等本质属性，其中终极性是法律理想的最显著特征，因为它是法律所追求的最终目标和最终目的。[2] 这种观点是从形式和内容两个层面的综合分类来把握法的价值属性的。

第四种观点认为，法的价值具有多重基本属性，包括属人性与社会性、客观性与主观性、应然性与实然性、特殊性与普遍性、知识性与超知识性等。这一观点侧重于从哲学角度探讨法的价值特征。然而，在论述“属人性”和“社会性”时，若表述为“阶级性”和“社会性”，则更为准确且具有现实意义，因为“属人性”和“社会性”本质上是相同的，二者难以分开。客观性指法对主体需求和利益的积极作用，无论主体是否意识到，法的客观存在均不变。法的客观性源自一定的社会实践和物质条件，主体的需求和利益并不依赖于个人意愿，具有客观性。因此，必须区分客观存在的利益与主体对自身利益的主观愿望。阶级性和社会性是法的本质问题，也是中国法治发展过程中曾广泛讨论并具有里程碑意义的重大议题。

第五种观点认为，法的价值具有以下属性：法的价值主体的普遍性、法的价值载体的待定性、法的价值对法的附从性、法的价值的应有性、法的价值名目的原初性、法的价值的理性。这种观点偏重于一种“法的内部视野”，即把法的价值视为立基于人的理性之上的，通过普遍性的法的社会主体的需要、欲求与法自身的存在、性状、属性、作用之间的相洽互适性

---

〔1〕 张文显主编：《马克思主义法理学——理论与方法论》，吉林大学出版社 1993 年版，第 252 页。

〔2〕 刘作翔：《法律的理想与法制理论》，西北大学出版社 1995 年版，第 16－19 页。

的有机联结，从而凝结了在法当中的人的理想与追求。[1] 这一观点的最大优点是厘清了“法的价值”和“法的作用”这两个概念。

（三）法律价值体系研究

改革开放之初，我国学界提到法律，基本上是把法律看作维护阶级利益的统治工具。随着对法的本质的深入探讨，有学者认为，法要体现自由与权利，法的价值应当反映出社会主体的需要、利益与责任、民主。[2] 舒扬认为，法的基本价值应当体现人的尊严与权利、民主自由与平等。[3] 陈友清从多角度划分法的价值内容，如社会主体划分法（群体、个人价值）、社会角度划分法（经济、政治、秩序价值等），认为法应当有最高价值，即促进人的全面自由发展。此外还以马克思、恩格斯的世界观变化为线索，总结了马克思主义法的价值观演变过程，即从理性价值观到阶级利益价值观，再到人的全面自由发展价值观。它包含了法的政治价值、理性价值、经济价值、阶级价值和伦理价值。[4] 王宗非从马克思主义法学思想出发，指出法的价值会受到法的文化背景、法的创制及适用的影响，取决于人与法之间的关系。[5] 谢晖指出，法律价值观表述形式不一，如阶级价值观、义务—秩序价值观、制度价值观、权利—自由价值观、发展价值观，可以总结为秩序价值与自由价值。[6] 这些观点在现在看来有值得商榷之处，但是在当时对于认识法的本质和内涵，确实起到推动作用，而且明确提到了自由、民主、利益等，这是很大的进步。这一时期，在论及法的价值的时候，阶级统治工具的色彩淡化了，不再刻意强调法的阶级性。后来，周永坤认为，法的阶级性观念与法的价值研究，这两者是无法统一的，

---

〔1〕 张恒山：《法理要论》，北京大学出版社 2002 年版，第 214 - 217 页。

〔2〕 张恒山：《法理要论》，北京大学出版社 2002 年版，第 214 - 217 页。

〔3〕 舒扬：《论法律基本价值的目标化》，载《现代法学》1988 年第 6 期。

〔4〕 陈友清：《如何评价法的最高价值》，载《现代法学》1990 年第 1 期；陈友清：《马克思主义法律价值观初探》，载《法律科学（西北政法学院学报）》1990 年第 6 期。

〔5〕 王宗非：《略论法的价值——兼及马克思的一个命题》，载《法律科学（西北政法学院学报）》1990 年第 6 期。

〔6〕 谢晖：《法律双重价值论》，载《法律科学（西北政法学院学报）》1991 年第 6 期。

否则可能导致反价值法学。[1] 从这些变化可以看出，学者对于法的价值的认识呈现多元化特点，工具色彩淡化了很多。

（四）法律价值冲突研究

冲突作为矛盾的一种表现形式，存在于社会生活和发展的各个领域和阶段。法律作为调控社会的手段之一，要平衡和保护各种社会利益，特别是在不同的社会发展阶段，利益诉求也会发生变化。法律价值要保护、平衡具体的利益诉求，其本身发生冲突、矛盾也是在所难免的。法学界对于法律价值冲突的研究，也历经了一个认识上的变化过程。

在20世纪80年代，学界已经认识到法律价值包含的内容比较多，但对于价值冲突并未给予过多的关注。[2] 随着我国社会主义市场经济的建立和完善，社会利益多元化，各种领域的利益冲突在所难免，学者开始注意到了法律价值的冲突现象。[3] 具体有以下几个方面：

第一，法律价值冲突的表现。有学者认为，法律价值（目标）冲突是指法律价值目标之间相互对抗、排斥和抑制的性质。[4] 也有学者认为，法的价值冲突含义比较多，既有可能是法的价值准则、观念的内在矛盾，也有可能是不同的价值主体在观念、认识上的对立，或者是法律体系、制度之间蕴含的价值对立状态。[5] 这个定义比较准确，反映出价值冲突既可能来自法律本身，也可能来自法律外部，可能出现在立法、执法、守法的各个环节。法律价值冲突的研究主要有平等与自由[6]、公平与效率[7]

---

[1] 周永坤：《法学研究中的价值处理》，载《法制与社会发展》2004年第4期。

[2] 吕世伦、文正邦主编：《法哲学论》，西安交通大学出版社、北京理工大学出版社2016年版，第248－258页。

[3] 个别专著或文章中有相关论述，如卓泽渊：《法律价值》，重庆大学出版社1994年版；秦策：《法律价值目标的冲突与选择》，载《法律科学（西北政法学院学报）》1998年第3期。

[4] 秦策：《法律价值目标的冲突与选择》，载《法律科学（西北政法学院学报）》1998年第3期。

[5] 卓泽渊：《法的价值论》（第2版），法律出版社2006年版，第605－613页。

[6] 张文显：《二十世纪西方法哲学思潮研究》，法律出版社1996年版，第536－541页。

[7] 张文显：《二十世纪西方法哲学思潮研究》，法律出版社1996年版，第602页；谢鹏程：《基本法律价值》，山东人民出版社2000年版，"序言"第4页；谢晖：《法律信仰的理念与基础》，山东人民出版社1997年版，第137页；卓泽渊：《法的价值论》（第2版），法律出版社2006年版，第622－630页。

两方面的内容。

第二,法律价值冲突的原因。社会是在发展变化的,价值观也是如此。作为社会重要调控方式的法律,不仅自身在变化,而且要适应变化的社会,法律价值的冲突就在所难免。而探究法律价值冲突的原因,有助于国家提高立法质量和执法、司法水平,绝不能对此视而不见。对于法律价值冲突产生的原因,学者们从理论和实践的角度作了探讨。有学者通过研究国外的法律发展史指出,法律价值冲突的原因在于,利益主体对于法律的期待和价值需求不同,法律价值本身也有统一性和对抗性,在理论和实践中必然会产生价值冲突。〔1〕 也有学者认为,主体多元、需求及客体多样及社会变化导致了法律在实践过程中产生价值冲突。〔2〕 还有学者总结为,法律价值冲突产生原因在于法的价值的主体原因、社会原因及文化原因的综合作用。这个论断比较客观和全面。法律价值冲突既可以在立法、司法的各个环节表现出来,也可以在执法和守法的环节表现出来。〔3〕 学者都注意到了造成法律价值冲突的原因是多面的,既有法律本身的原因,也有法律之外的原因。

第三,法律价值冲突的解决。对于如何平衡不同的价值追求,如公平与效率、自由与平等、自由与秩序等,学者从不同的角度提出了解决之道。例如,从立法、执法的角度提出,具体的法律规定视具体的情况来确定价值取向。〔4〕 在出现具体的价值冲突时,在尊重基本价值的前提下,也要合理照顾其他价值的实现。例如高鸿钧指出,承认效率价值的同时,不可忽视社会公平价值。〔5〕 随着社会主义市场经济的深入发展,社会利益的多元化和权利意识的增强,不同的价值追求难免有冲突与碰撞。如何有效调和价值冲突,这对国家的立法和司法提出了更高的要求,这也是法律

---

〔1〕 陈东升:《冲突与权衡:法律价值选择的方法论思考》,载《法制与社会发展》2003 年第 1 期。

〔2〕 杨震:《法价值哲学导论》,中国社会科学出版社 2004 年版,第 265 – 268 页。

〔3〕 秦策:《法律价值目标的冲突与选择》,载《法律科学(西北政法学院学报)》1998 年第 3 期。

〔4〕 卓泽渊:《法的价值论》,法律出版社 1999 年版,第 637 页。

〔5〕 高鸿钧:《现代法治的困境及其出路》,载《法学研究》2003 年第 2 期。

价值研究中值得长期关注的问题。

三、法律价值研究的经验启示

学者对法的价值的内容认识上的变化，体现了改革开放以来社会的巨大变化和进步，我们国家由有计划的商品经济到确立发展社会主义市场经济，再到深度参与全球经济，整个社会的思想观念也随之发生了相应的变化。学界逐渐摆脱了阶级的分析范式，法学回归了权利之学。对自由、正义、秩序、平等、效益的重视反映了整个社会的追求和期盼。这既是对改革开放之前的历史的反思，也反映了社会主义市场经济内在的本质要求，符合法律发展的一般规律。一系列的法的价值的排序变化，反映出改革开放以来社会观念的变化过程。改革开放之初，为了革除过去简单的"平均主义"和"大锅饭"的弊端，激发生产的积极性和活力，同时也基于对改革开放之前的实践反思，整个社会对"自由"非常重视，因而对自由的确认和保障显得尤为重要；自由是一个相对抽象的概念，它必须通过具体的法律权利体现出来，包括经济、政治、文化等方面的权利，因此权利排在自由之后是自然而然的。但是，一个社会的发展和进步是全面的，不能失去正义的衡量标准，所以正义排在自由、权利之后。秩序是法律的基本价值和功能体现，稳定的社会环境才能为其他价值的实现提供一个基本的前提和保障，这也是社会最容易感受到的。平等和效益出现的频率比较高，说明法律在发挥激励功能的同时，也要注意避免任由社会不公现象发生，法律应当发挥调节和保障功能，确保在尊重人的自由的前提之下，力求公平。这反映出法的价值的复杂性和多元性，同时在一定程度上体现了社会大众对具体的价值选择的排序。这些法的价值观念都体现在其后一系列法律法规的修改和制定中。从实效来看，逐渐完备的法律体系确实也起到了刺激经济发展、培养和普及权利意识的作用，同时在制度上完善、促进了法律的权利保障功能。

随着改革的深入发展，依法治国及人权保障思想写入宪法，明确指出我国要推进全面依法治国和建设和谐社会、实现人们对美好生活的向往。

有学者指出，面对社会利益多元化，法律要发挥缓和矛盾、协调各种利益的功能，发挥法的和谐价值。[1] 党的十八大以来，国家提出了新的发展理念。对于法律价值的研究也提出新的命题，如有学者指出，应当将幸福纳入法学理论学科体系价值的研究范畴，甚至可以建立幸福评价指数系统来衡量法治发展程度。[2] 中国社会的进步与变化为法的价值研究提供了中国场域和范本，同时也能够拓宽它的研究对象，丰富和推进法的价值研究。

对比域外国家的发展经验，学者对法律价值的认识符合法律发展的一般规律，即重视法的正义、自由、秩序、平等价值，对一些表述如自由、民主、人权不再避而不谈。在论及法的价值的同时，学界强调要坚持马克思的法律方法论，但阶级色彩越来越淡。这体现了思想观念上的解放和进步，对法律的评价标准发生了变化，非常重视对人的权利的尊重。价值评判的标准越来越多，这从另一个方面说明，法律对权利的保障越来越有力。这些都是中国改革开放以来的巨大进步的体现，值得肯定。

对法律价值的内容认识的不同，反映出学界对这一问题的客观存在的分歧。正如有学者所总结的，无论是持主体说、客体说还是结合论，一方面都反映了研究水平的提高，另一方面也存在各种不足，多少带有片面性和局限性。随着社会的进步和发展，法律所承载的人们的价值追求也越来越丰富。社会是在变化的，人的期望和追求也在变化，承载着这些期望和追求的法律价值亦随之变化。对于法律应当蕴含哪些价值，要在学界形成共识并不是容易的事，它更需要通过社会实践来发现和验证。不论如何变化，对人的诸多权利的尊重和保障，应当体现在法律价值之中。随着社会变化、人的期望和追求的转变，法律价值也在不断发展与变化，未来可能会融入环境权、发展权、数字正义、数字人权等新内容。

---

〔1〕 孙国华：《论法的和谐价值》，载《法学家》2008 年第 5 期。

〔2〕 付子堂、崔燕：《作为法哲学范畴的“幸福”——关于“幸福”在法学理论“学术地形图”中的定位问题之思考》，载《河北法学》2012 年第 10 期。

四、结语

法律价值不仅是法律的内在根基,也是推动法治发展的核心力量,它深刻影响着社会治理与法治实践的方向和深度。从新中国的法律价值研究历程来看,尽管我国学者起步较晚,但改革开放后的迅速崛起展示了法学界对于这一理论范畴的高度关注与深刻思考。尤其是 20 世纪 90 年代至 21 世纪初期,随着社会主义法治建设的推进,法律价值的研究进入了繁荣阶段,法律价值的基本概念、核心内容以及研究方法逐渐趋于成熟,奠定了法学理论发展的基础。当前,法律价值的研究已经涵盖法律价值的概念、属性、体系及其冲突等多个层面,学者在这一领域的深入探讨不断推动着法律理论的创新与发展。无论是在国家法治建设方面,还是在解决社会矛盾与维护公正方面,法律价值始终是法律本体的指引力量。法律的进化取决于法律价值和法律精神的进化,故不断探索法律价值在不同时代的"新"内涵具有重要意义。

一个加速变动的数字时代已经来临。数据、算法和算力的强强联合重新界定了人们的生存空间并不断开疆拓土,呈现出一种大数据加持、自动化决策和场景化驱动的全新秩序样态。以大数据、算法、区块链、元宇宙为代表的新一轮科技革命,呈现出前所未有的鲜明特征。它们不再作为单纯的"技术工具",技术本身开始展现出与人类相媲美的智能性和自主性,这对传统的法权关系和价值体系构成明显冲击。[1] 因此,技术进步和社会演化迫切要求根据新的技术语境对传统法律价值理论进行更新和补充。在新技术革命背景下,立足中国国情,着眼世界算法理论发展,建构数字时代的法律价值理论,提出一些具有创新性、独到性、集成性的学术观点和学术见解,为未来新的技术伦理框架提供基础,是时代发展所需、理论发展所需。

---

〔1〕 罗有成:《算法的价值挑战及其包容性治理》,载《华侨大学学报(哲学社会科学版)》2022 年第 6 期。

延伸阅读学术著作

1. 严存生:《法律的价值》,陕西人民出版社 1991 年版。
2. 杜飞进主笔:《法律价值论》,陕西人民出版社 1992 年版。
3. 李从军:《价值体系的历史选择》,人民出版社 1992 年版。
4. 卓泽渊:《法律价值》,重庆大学出版社 1994 年版。
5. 谢晖:《法律信仰的理念与基础》,山东人民出版社 1997 年版。
6. 谢晖:《价值重建与规范选择:中国法制现代化沉思》,山东人民出版社 1998 年版。
7. 付子堂:《法律功能论》,中国政法大学出版社 1999 年版。
8. 谢鹏程:《基本法律价值》,山东人民出版社 2000 年版。
9. 张文显:《法的概念》,法律出版社 2011 年版。
10. 卓泽渊:《法的价值论》(第 3 版),法律出版社 2018 年版。

延伸阅读学术论文

1. 张志铭:《价值追求和经验实证:中国法学理论发展的取向》,载《法学》1988 年第 12 期。
2. 孙国华:《论法的价值》,载《中国人民大学学报》1989 年第 3 期。
3. 武步云:《论法律价值和法律的主体性》,载《法律科学(西北政法学院学报)》1989 年第 4 期。
4. 葛洪义:《目的与方法:法律价值研究论析》,载《法律科学(西北政法学院学报)》1992 年第 2 期。
5. 李兵:《"法律价值效益优先论"质疑》,载《法学研究》1995 年第 5 期。
6. 孙国华、何贝倍:《法的价值研究中的几个基本理论问题》,载《法制与社会发展》2001 年第 4 期。
7. 周永坤:《法学研究中的价值处理》,载《法制与社会发展》2004 年第 4 期。
8. 卓泽渊:《法的价值的诠释》,载《苏州大学学报(哲学社会科学版)》2005 年第 5 期。
9. 朱颖:《德沃金与伯林之争:"原则"与"价值"的内在线索》,载《法制与社会发展》2014 年第 5 期。
10. 周尚君、罗有成：《数字正义论：理论内涵与实践机制》，载《社会科学》2022 年第 6 期。

延伸阅读学位论文

1. 陈国庆：《法的价值引论》，中国人民大学 1991 年博士学位论文。
2. 卓泽渊：《法的价值总论》，中国社会科学院 2000 年博士学位论文。

第二十四章　法律与秩序

本论题导读

新中国成立以来，法律与秩序研究始终与国家政治经济发展形势紧密相连，展现出从“革新”“探索”到“理论建构”“保障发展”，再到融合“中西之争”而走向“自主发展”的演进脉络。从核心论题来看，新中国法律与秩序研究所关注的主题呈现出一幅由外到内再到外的“螺旋式上升”图景，其所研究的对象与内容不断深入，并逐步走向成熟。当前，人类社会正在迈入以互联网、量子计算、大数据、人工智能等信息科技为支撑的数字社会，这一全新的社会样态为法律秩序进行自我变革提供了重要条件，是我国法律与秩序实现自主发展的时代机遇。

法律秩序具有“规范与事实”[1]两方面内涵，其不仅是表达权利义务之抽象的法律条文和规范，亦为现实生活中稳定的实际存在。[2] 回望新中国法律与秩序研究史，可以发现一条鲜明的基本线索：新中国法律与秩序的研究脉络始终沿着规范与事实两大路径展开。从横向上看，新中国法律与秩序的研究最初从“依赖”苏联与西方的法学理论建构概念体系，发展到自主意识觉醒，与我国传统法律文化以及本土法治实践结合，形成了适合我国国情、保障社会稳定、促进经济发展的法律与秩序话语体系；

---

〔1〕［美］E. 博登海默：《法理学：法律哲学与法律方法》，邓正来译，中国政法大学出版社 2004 年版，第 255 页。

〔2〕付子堂主编：《法理学进阶》（第 6 版），法律出版社 2022 年版，第 130 页。

从纵向上看，新中国法律与秩序研究的核心议题逐步深化，从最初基础的本体概念研究，渐渐迈向更深层次的价值范畴研究，并最终建构起了自主的“法治秩序”话语体系。据此，本章首先对新中国法律与秩序研究历史进行梳理，以说明特定时期的政治经济对法律与秩序的研究内容所具有的重要的影响；其次，在此基础上，提炼出新中国法律与秩序研究史中的四大核心议题；最后，总结出新中国法律与秩序研究过程中所呈现出的历史逻辑。

一、新中国法律与秩序研究史的梳理

新中国法律与秩序研究呈现出的特征是，学术界聚焦的具体内容与新中国政治经济实践紧密相连，被打上了深深的时代烙印。故而，在此意义上而言，法律与秩序研究史亦是新中国发展史。本章对新中国法律与秩序研究脉络进行的梳理，不仅有助于深入埋解法律秩序概念体系的演变过程，亦对把握新中国政治经济发展的逻辑脉络具有十分重要的意义。

（一）革新与探索：改革开放前的法律与秩序研究

新中国成立初期，建立区别于旧社会的新型政治社会秩序成为党和国家工作的重心。与社会主义基本制度确立阶段与探索发展阶段相适应，法律与秩序研究受革新与探索话语支配，呈现螺旋式发展的样态。

1.“法权秩序”概念的提出

由于受到政治话语的影响，法律秩序在这一时期被称为“法权秩序”或“社会主义法律秩序”，此为我国法学界对法律与秩序研究的起点。“‘法权’是统治阶级意志的表现，它与国家同时产生。”其意指“经国家制定或认可的规范总和，它实现在社会生活中、人们的关系上、人们的行为上”，而“法权秩序”则为“在法权规范上所表现出来和固定起来的社会中人们相互关系的秩序”；法权秩序是建立在法制基础上的秩序，法制根据意识形态的不同可分为“资产阶级法制”与“社会主义法制”，故而，法权秩序亦可分为“资产阶级法权秩序”与“社会主义法权秩序”。[1]“社会主义法律秩序”则为“社会主义社会在该发展阶段所固有的、归根结底由社会基础所决定的、由于实现社会主义法制原则而形成的社会关系的体系”[2]。对上述概念或定义的厘定可以看出，无论是“法权秩序”抑或“社会主义法律秩序”，均表现出政治与法律紧密相连的特点，其中蕴含着浓重的政治色彩。

2. 法律稳定社会秩序功能初现

法律可通过国家意志，以正式制度的形式将一定的社会秩序建构并保障其长久稳定。为迅速稳定新中国成立初期的社会秩序，镇压反革命活动成为党和国家工作的重心。在镇压反革命活动中为避免无辜群众受到错误对待，须探寻科学合理的审判程序，并建立新型的法律秩序体系。为达到有效且准确肃清反革命分子的目标，政务院于 1950 年 7 月 20 日颁布施行了《人民法庭组织通则》（已失效），规定以县（市）为单位成立人民法庭，其主要任务是“运用司法程序，惩治危害人民与国家利益、阴谋暴乱、破坏社会治安的恶霸、土匪、特务、反革命分子及违抗土地改革法令的罪犯”[3]。此规范奠定了新中国成立后新型司法秩序的法律基础，并激发了学术界对这一司法秩序的研究热情。学界开始围绕这一通则的具体规定展开研究，由此涌现出了学术研究成果，[4]但同时，由于人民法庭属于新生事物，在行使权力的过程中出现了一些不足之处。为提高人民法庭的专业性，有学者提出应改善人民法庭的审判作风，即应“在审判工作中切实地贯彻从实际出发、依靠群众、调查研究、实事求是、重视证据不轻

---

[1] [苏联]苏联科学院法学研究所编著：《马克思列宁主义关于国家与法权理论教程》，中国人民大学国家与法权理论教研室译，中国人民大学出版社 1949 年版，第 78、167－168 页。

[2] [苏联]玛·巴·卡列娃、[苏联]斯·费·凯契克扬等：《国家和法的理论》，李嘉恩等译，中国人民大学出版社 1956 年版，第 326－328 页。

[3] 《人民法庭组织通则》第 1 条。

[4] 如 1950 年 7 月 24 日，《长江日报》发表社论，认为建立人民法庭，“在目前是十分必要的”，并将人民法庭的性质与特点归纳为三点，并认为“县以上人民政府，要认真讨论《人民法庭组织通则》，加强对人民法庭的领导”。参见长江日报社：《重视建立与运用人民法庭》，载《江西政报》1950 年第 7 期。

信口供、反对逼供等原则"[1]；并通过调查研究、科学定罪量刑、深入理解政策、厘清法律与政治的关系等途径提升人民法院审判工作中的法制水平。[2]

此时期法律领域最为重要的事件是1954年新中国第一部宪法《中华人民共和国宪法》通过。基于此，学界开始聚焦于如何基于宪法文本建构宪法秩序。杨化南对宪法中关于公民的基本权利和义务的相关规定进行了解读，认为宪法中公民基本权利和义务的规定，"保证了我国人民能够积极地参加国家政治、经济和文化等各方面建设事业""与资产阶级国家宪法所规定的'公民权利和义务'形成鲜明的对比"[3]。在此基础上，杨玉清对为何遵守宪法、遵守宪法的重要意义作了论述，认为守法"必须要求之于全体公民，更须特别严格要求的是国家机关工作人员"[4]，如此方能维持宪法秩序的稳定。张志让认为"宪法是国家的根本法，当然必须遵守""公民自觉地遵守法律，是同犯罪作斗争，顺利建设社会主义的重大保证"[5]，遵守法律，特别是宪法法律，是建立稳定的法律秩序之前提与基础。

总的来说，1949—1978年是新中国法律与秩序研究革故鼎新的30年，其与新生的共和国相适应，致力于通过法律建立区别于旧中国的新型社会秩序，为社会主义新中国政治与经济的发展保驾护航。

（二）复苏与建构：1978年至世纪之交的法律与秩序研究

1978年12月召开的党的十一届三中全会，作出把党和国家的工作重心转移到经济建设上来、实行改革开放的历史性决策，开启了社会主义现代化建设的新时期。为稳定此时期的社会秩序，并在思想上拨乱反正，1978年5月10日在全国范围内展开了关于真理标准问题的大讨论，目的

---

〔1〕 鲁明健：《改善人民法院的审判作风》，载《政法研究》1955年第4期。

〔2〕 梅泽濬：《加强审判工作中的法制》，载《法学》1957年第1期；俞伟奕：《进一步加强人民民主法制和人民法院的审判工作》，载《法学》1957年第1期。

〔3〕 杨化南：《我国宪法中公民的基本权利和义务》，载《政法研究》1954年第3期。

〔4〕 杨玉清：《论遵守法律》，载《政法研究》1954年第3期。

〔5〕 张志让：《我国的人民民主法制》，载《政法研究》1956年第6期。

是打破“两个凡是”的思想禁锢，最终确立起“实践是检验真理的唯一标准”的观念。在这一观念的指引下，对法律与秩序的研究逐渐复苏，并开始进行理论体系的建构。

1. 法律秩序之功能研究的复苏

在改革开放前，学术界已经关注到法律具有建立并维护社会秩序与经济秩序的重要作用。随着改革开放后掀起的思想解放浪潮，学术界对法律建立并保障秩序之功能的研究热情开始复苏，这体现在以下三大方面。第一，法律的重要作用在于建立稳定的社会与经济秩序，提出这一观点的学者有陈守一、孙国华、沈宗灵、翁其银等[1]。第二，如何发挥法律的上述作用。有学者认为法律本身应当具有稳定性，不能朝令夕改[2]；亦有学者主张法律应具有阶级性，如此方能有效发挥其保障秩序稳定的强制力[3]；另有学者则认为应当处理好法律与道德之关系。[4] 第三，应当通过法律建立商品经济发展秩序。1984 年 10 月，党的十二届三中全会通过了《中共中央关于经济体制改革的决定》，明确了将经济体制改革的重点从农村转向城市、发展社会主义商品经济的经济发展目标。基于此，学界提出应当通过法律构建起保障经济发展的法律秩序，公丕祥、王保树、孙佑海等均对此论题发表了诸多研究成果。[5]

2. 法律秩序概念体系的建构研究

由常玢翻译的、李正乐校对的苏共中央社会科学院 T. M. 尚巴的《法

---

[1] 具体可参见陈守一、张宏生主编：《法学基础理论》，北京大学出版社 1981 年版，第 241 – 279 页；孙国华主编：《法学基础理论》，法律出版社 1982 年版，第 179 – 189 页；沈宗灵主编：《法学基础理论教学大纲》，北京大学出版社 1985 年版，第 42 页；翁其银：《论改革与法制的关系》，载《学术论坛》1983 年第 5 期。

[2] 张友渔：《关于法律的稳定性问题》，载《晋阳学刊》1980 年第 1 期。

[3] 唐琮瑶：《论社会主义法的强制性》，载《齐鲁学刊》1980 年第 5 期；孙国华：《坚持民主和法制是无产阶级的治国方针——兼论“人治”和“法治”》，载《西南政法学院学报》1980 年第 3 期。

[4] 李奇：《略论法和道德》，载《社会科学战线》1980 年第 3 期。

[5] 具体可参见公丕祥：《商品经济新秩序的法律特征》，载《政治与法律》1988 年第 6 期；孙佑海：《建立社会主义商品经济新秩序的法律思考》，载《中国法学》1989 年第 1 期；王保树：《建立社会主义商品经济新秩序的法律对策》，载《中国法学》1989 年第 2 期。

律秩序与民主》（1986 年）是法学界第一篇以“法律秩序”命名的学术论文，该文对法律秩序的研究现状、概念、特征等进行了详细论述，其将法律秩序定义为“在法的作用下形成的一种社会秩序”，[1]对我国学术界产生了重要影响。在此后的几年时间里，诸多学者对于法律秩序的概念这一论题产出了诸多理论成果，但均是在苏联法律与秩序理论的影响之下，将法律秩序定义为社会秩序的一种，且认同其具有阶级性。

在 20 世纪 90 年代苏联解体危机的影响下，我国法学界逐渐有意识摆脱苏联法学的“控制”，开始探索建立符合我国国情的法律秩序。学者对此大致通过现实角度（认为法律秩序的建构取决于政治经济社会等外部环境与法律创制、适用等内部机制）[2]、历史角度（法律秩序是一种文化现象）[3]、哲学角度（对法律秩序进行深入思考）[4]与马克思主义角度[5]等四种进路展开研究，为建立我国自主的法律与秩序研究理论体系奠定了重要路径基础。

我国学术界在开始法律与秩序研究自主化的进程之时，对法律与秩序之间关系研究也日益深化，开始关注更深的哲学价值。“法律的秩序价值是其所具有的最基本的价值。”[6]1988 年，张文显首次将法的秩序价值作为独立一节置于教科书中予以探讨。[7] 在此后，诸多学者在法理教

---

〔1〕［苏联］T. M. 尚巴：《法律秩序与民主》，常玢译，载《法学译丛》1987 年第 4 期。

〔2〕刘旺洪、夏锦文：《论法律秩序》，载《南京社会科学》1991 年第 3 期；林志敏、曹颖苹：《法律秩序的标志、建立与维持》，载《东北师大学报》1990 年第 2 期。

〔3〕何勤华：《法律秩序的历史考察以及模式选择》，载《中南政法学院学报》1993 年第 3 期；李本森：《秩序、自由、道德——关于儒家思想与现代法律的若干思考》，载《法学》1994 年第 2 期。

〔4〕汪太贤：《论法律秩序的理想模式》，载《理论与现代化》1993 年第 10 期；汪太贤：《法律秩序研究》，载《西南民族学院学报（哲学社会科学版）》1998 年第 6 期；肖北庚：《法律秩序的概念分析》，载《华东政法学院学报》2002 年第 2 期；杨力：《法律秩序的概念分析》，载《南京社会科学》2003 年第 11 期。

〔5〕蒋德海：《用什么建设我们的法律秩序》，载《探索与争鸣》1995 年第 10 期；谢晖：《论法律秩序》，载《山东大学学报（哲学社会科学版）》2001 年第 4 期。

〔6〕付子堂主编：《法理学进阶》（第 6 版），法律出版社 2022 年版，第 130 页。

〔7〕张文显主编：《法的一般理论》，辽宁大学出版社 1988 年版，第 93 – 98 页。

科书中对法律的秩序价值进行了或多或少的论述,[1]同时亦有学者在学术期刊上发表专门讨论法律秩序价值的论文。[2] 值得注意的是,卓泽渊在 1999 年出版了《法的价值论》一书,以专著的形式集中讨论法的价值体系,其中秩序价值占据着至关重要的地位。

从历史脉络来看,20 世纪 80—90 年代的时代话语是稳定社会与发展经济,与之相适应,法律与秩序研究的特点亦表现为建构科学的概念体系与保障经济的顺利发展。此为法律与秩序研究复苏的 20 年,更是积极主动进行理论建构的 20 年。在初步建立起法律与秩序研究的理论框架基础之上,这一课题的研究将进入中国与西方法学理论争锋与交融的全新时期。

(三)接轨与自主:21 世纪以来的法律与秩序研究

中国于 2001 年正式加入世界贸易组织,学术界开始思考中国法律体系如何与世界"接轨","现代化范式"支配下的法律与秩序研究在 21 世纪之初产生较大影响。同时,与接轨世界相伴随的是,诸多学者致力于挖掘我国历史传统以及本土资源中的优秀文化因子,以推进法律秩序研究"主体"意识的觉醒。

1."接轨"话语影响下的法律与秩序研究

随着我国在法律秩序研究中对国际法律秩序关注的逐渐深入,学术界开始用"现代化范式"改造传统法律秩序以与世界"接轨"。夏锦文、董长春发表的《现代化进程中的法律秩序》(1998 年)正式拉开了法律与秩

---

〔1〕 有些学者在"法的价值"一节中简单提及了"法的秩序价值",如孙国华、朱景文主编:《法理学》,中国人民大学出版社 1999 年版,第 59 页;陈金钊主编:《法理学》,山东大学出版社 2008 年版,第 203 - 205 页。而有些学者将"法的秩序价值"作为教科书中的一节甚至一章进行专门论述。作为一节论述的有,李步云主编:《法理学》,经济科学出版社 2000 年版,第 61 - 66 页;舒国滢主编:《法理学阶梯》(第 2 版),清华大学出版社 2012 年版,第 167 - 171 页;周永坤:《法理学——全球视野》(第 4 版),法律出版社 2016 年版,第 182 - 184 页。作为一章论述的有,公丕祥主编:《法理学》(第 2 版),复旦大学出版社 2008 年版,第 353 - 366 页;付子堂主编:《法理学进阶》(第 6 版),法律出版社 2022 年版,第 125 - 138 页。

〔2〕 具体可见吕世伦、邓少岭:《法律 · 秩序 · 美》,载《法律科学(西北政法学院学报)》2002 年第 2 期;周旺生:《论法律的秩序价值》,载《法学家》2003 年第 5 期。

序研究现代化的序幕。他首先对法律秩序的概念进行解构,认为法律秩序的本质并不等同于前期学者所提之法律规范或法律制度,而是“法律实现的客观状态”,能够衡量法律实现的结果,并成为法治现代化程度的判断标准。同时,作者在此文章中借鉴西方法学理论,对法律秩序进行了价值分析与实证分析。[1]

在推动中国法律与秩序研究走向现代化的同时,学术界也开始放眼于世界法律秩序的发展。梁西首先在《国际法律秩序的呼唤——“9·11”事件后的理性反思》(2002 年)的学术报告中对当今世界的时代特点进行了总结,并认为必须推动完善国际法律制度,以解决“战争与和平问题”“最不发达国家与全球发展问题”“恐怖主义与人类共同利益问题”等时代问题。[2] 在梁西作了上述报告之后,学术界掀起了一波研究国际法律秩序的热潮,这体现在开始注重联合国对国际法律秩序的建构与发展所发挥的重要作用的研究[3],对国际法律秩序演进历史逻辑的研究梳理[4],研究卢梭、康德、哈贝马斯等哲学家有关国际法律秩序的理论与思想[5],关注国际法律秩序面临的问题及中国的应对[6]等。

与此同时,一些学者通过赋予中国传统法律以“现代性”,积极推动中国本土法律秩序与国际“接轨”。如朱勇借鉴社会契约理论,主张赋予中国传统法律文化以“现代化色彩”,试图实现中国传统法律的秩序

---

[1] 夏锦文、董长春:《现代化进程中的法律秩序》,载《江苏社会科学》1998 年第 5 期。

[2] 梁西:《国际法律秩序的呼唤——“9·11”事件后的理性反思》,载《法学评论》2002 年第 1 期。

[3] 龚向前:《联合国与国际法律秩序的发展》,载《政治与法律》2004 年第 1 期。

[4] 冯汉桥:《国际法律秩序演进的历史分析》,载《湖南工业大学学报(社会科学版)》2008 年第 6 期。

[5] 吕炳斌:《康德〈永久和平论〉与当代国际法律秩序的构建及困境》,载《学术探索》2010 年第 4 期;徐晨:《从卢梭到凯尔森:当代国际法律秩序的现实路径和发展方向》,载《理论界》2011 年第 10 期;刘玉贤:《康德、哈贝马斯及促进以人权为基础的全球法律秩序的义务》,载《现代哲学》2012 年第 2 期。

[6] 冯玉军:《全球法律秩序面临的新问题及其挑战》,载《东方法学》2012 年第 1 期;张乃根:《试论国际经济法律秩序的演变与中国的应对》,载《中国法学》2013 年第 2 期。

化[1];金俭借鉴柏拉图、亚里士多德、康德、黑格尔与哈特的理论,提出社会主义法治现代化首先要求法治是“良法之治”,其次是“规则之治”,最后还应当是“理性之治”[2]。

2.“主体”意识觉醒下的法律与秩序研究

2007年党的十七大明确提出并系统阐发“中国特色社会主义理论体系”,在这一科学命题的指引下,进入21世纪的法律秩序研究“主体”意识开始觉醒,并与西方“现代化范式”展开激烈交锋,这主要表现为以下三点:其一,民间秩序研究兴起。[3] 民间秩序存在于民间社会中,主要通过民间习俗、乡规民约等“非正式规范”所维持,是与作为“正式制度”的国家秩序相对的社会秩序。其二,中国传统法律中的秩序价值研究兴起。中国传统法律秩序是在历史长河里,通过不断延展本民族法律文化而生长起来的,它形成了自身独特的法律精神品格和制度特征,并蕴含着丰富的法律价值因子。学者研究传统法律秩序,主要目的是将其中的合理因子运用到现代法治建设的过程中,从而推动中国现代法律秩序的形成。[4] 中国传统法律理念,诸如和谐、公正、惩恶扬善等,均是我们构建当代法律秩序所需继续坚持和弘扬的优秀价值。其三,中国特色社会主义理论引领下的法律秩序研究兴起。在构建社会主义和谐社会过程中,法律是重要的抓手,诸多学者开始围绕和谐社会的法律秩序建构这一主题开展学术研究。马长山认为,随着改革开放的深入推进,虽然

---

[1] 朱勇:《权利换和谐:中国传统法律的秩序路径》,载《中国法学》2008年第1期。

[2] 金俭、李祎恒:《论法治现代化视野下的中国传统法律秩序》,载《法学论坛》2010年第1期。

[3] 主要代表学者及其论文有:李朝晖:《民间秩序的重建——从乡规民约的变迁中透视民间秩序与国家秩序的协同趋势》,载《学术研究》2001年第12期;温珍奎:《论现代乡村法律秩序的特征》,载《江西社会科学》2003年第5期;温珍奎:《现代乡村法律秩序:一个事实》,载《赣南师范学院学报》2003年第1期;张佩国:《民间法秩序的法律人类学解读》,载《开放时代》2008年第2期;王斐:《民间社会与法律秩序》,载《民间法》2009年第8卷。

[4] 代表学者及其著作如下:刘佳:《中国传统法律秩序观与现代法治的契合》,载《法学杂志》2007年第1期;金俭、李祎恒:《论法治现代化视野下的中国传统法律秩序》,载《法学论坛》2010年第1期;蒋传光:《中国传统法文化中的秩序理念》,载《东方法学》2012年第3期。

“大大推动了民主法治进程”,但同时“不和谐的因素、社会失序的状况也日益凸显”。为回应时代发展诉求,需要重新审视和思考法律在和谐社会建构中的诸如利益平衡、权利确认、秩序推进等重要功能,积极促进多元和谐秩序的建立。[1] 张新平与李青则立足于中国特色社会主义理论,提出应当在法律秩序建设的过程中贯彻“以人民为中心”的人本主义理念。[2] 魏治勋则基于建构中国特色社会主义法治体系的论述,提出应推动法律体系向法治体系转变。[3]

值得注意的是,法律与秩序研究的自主化最集中地表现在“法律秩序”向“法治秩序”转变的过程之中。学术界最早以“法治秩序”命名的学术论文是吴越在 1994 年发表的《毛泽东的民主法制观与中国特色的法治秩序》,但观其内容,主要是介绍毛泽东在革命与建设时期形成的关于法律制度的论述,并赋之以现代意义,他并未详细论述“法治秩序”的概念内涵与具体特征。[4] 最早科学系统地对“法治秩序”进行论述的是赵震江、付子堂 1997 年发表的《论法律功能与依法治国——法治秩序中的法律功能状况及其实现障碍》一文。该文将“法律秩序”与“法治秩序”相区分,并认为“法治秩序是法律秩序发展到的最高境界”。[5] 以此为开端,学界对“法治秩序”这一理念进行了深入研究,并产生了诸多学术成果,

[1] 马长山:《多元和谐秩序建构中的法律功能及其实现》,载《学习与探索》2007 年第 2 期。

[2] 张新平:《法律秩序与人本法秩论析》,载《求索》2008 年第 7 期;李青:《弘扬中国法文化 建立社会主义法律秩序》,载《法学杂志》2012 年第 8 期。

[3] 魏治勋:《从法律体系到法治体系——论党的十八大对中国特色社会主义法治体系的基本建构》,载《北京行政学院学报》2013 年第 1 期。

[4] 吴越:《毛泽东的民主法制观与中国特色的法治秩序》,载《江汉论坛》1994 年第 4 期。

[5] 赵震江、付子堂:《论法律功能与依法治国——法治秩序中的法律功能状况及其实现障碍》,载《法学》1997 年第 2 期。

这集中于对法治秩序概念特征的厘定[1]、法治秩序如何建构[2]两大方面。值得注意的是，季卫东是最早对法治秩序进行系统化探索的学者之一，其早在1999年即出版了《法治秩序的建构》论文集，"社会变革与法治秩序的建构"作为逻辑主线贯穿始终，此书的最终目的是"探索出一条适合中国实情的法治途径"。[3]

3. 面向未来：迈向数字社会的法律与秩序研究

数字社会是以互联网、量子计算、大数据、人工智能等信息科技为支撑的社会形态，数字化、网络化、智能化深度融合是数字社会的典型特征。[4] 在人类社会正在迈入数字社会的时代背景下，法学界对法律秩序的研究开始转向数字法治的秩序建构。马长山是研究数字法治的先行者，其撰写了多篇有关数字法治的学术论文[5]，并出版了《数字法治概论》(2022年)，该书系统深入地剖析了数字法治的内在机理与外在表现。关于如何构建数字社会下的法律秩序，张文显提出构建以"科学、人本、公正、包容、共治"为核心的法理型法律秩序，是应对智能社会挑战的当务之急[6]；张成岗、庞金友、董青岭则从人工智能切入，探讨了如何通过法律

[1] 具体可参见马长山：《公共舆论与和谐社会的法治秩序》，载《浙江社会科学》2006年第5期；刘金国、闻立军：《法治秩序断想》，载《法学杂志》2008年第2期；李保平：《法治秩序论》，载《宁夏社会科学》2008年第4期；杨春福：《论法治秩序》，载《法学评论》2011年第6期；季卫东：《找寻法治秩序的核心价值》，载《法制资讯》2011年第8期；魏治勋：《从法律体系到法治体系——论党的十八大对中国特色社会主义法治体系的基本建构》，载《北京行政学院学报》2013年第1期；於兴中：《法治与文明秩序》，商务印书馆2020年版。

[2] 具体可参见刘雪松：《公民文化与法治秩序》，中国社会科学出版社2007年版；程波：《论法治秩序中的"公民美德"》，载《北方法学》2009年第2期；庞正：《法治秩序的社会之维》，载《法律科学(西北政法大学学报)》2016年第1期；刘作翔：《构建法治主导下的中国社会秩序结构：多元规范和多元秩序的共存共治》，载《学术月刊》2020年第5期；贾焕银：《经由"制度"通达法治秩序》，载《学习与探索》2020年第9期。

[3] 季卫东：《法治秩序的建构》，中国政法大学出版社1999年版，"前言"第1－4页，第3－11、315－325页。

[4] 汪玉凯：《智慧社会与国家治理现代化》，载《中共天津市委党校学报》2018年第2期。

[5] 马长山：《智慧社会的治理难题及其消解》，载《求是学刊》2019年第5期；马长山：《数字时代的法律变革》，载《浙江社会科学》2019年第12期；马长山：《数字社会的治理逻辑及其法治化展开》，载《法律科学(西北政法大学学报)》2020年第5期；马长山：《数字法学的理论表达》，载《中国法学》2022年第3期。

[6] 张文显：《构建智能社会的法律秩序》，载《东方法学》2020年第5期。

建立起现代科技的规制秩序[1]；孙益武以元宇宙为主要研究对象，提出了应当从“保护数据利用、引导算法向善、促进平台自治”出发，调整智能社会下的法律秩序。[2] 值得注意的是，已有学者从更为精细的角度出发研究数字社会下的法律变革，如周尚君认为“数字社会重新界定了人们的物理空间并不断开疆拓土，对传统国家权力运行的边界构成明显挑战”，并提出“数字化塑造权力机制，使权力的存在形态发生了从强制权到解析权、从层级权力到空间权力、从公开的权力到隐蔽的权力的深刻变化”。[3]

总之，进入21世纪以来，“接轨”话语与“主体”意识激烈交锋，法律与秩序研究的核心主题即是“中西之争”。在此过程之中，我国学术界在立足本土、吸纳西方之基础上，成功构建出了“法治秩序”话语体系，大大推动了中国法律与秩序研究的自主化进程。同时，从以上对数字社会法律与秩序的研究成果进行的简单梳理可以看出，学术界取得了一定的成果，对这一主题的研究具有较大发展潜力。

二、新中国法律与秩序研究核心议题的展开

通过对新中国法律与秩序研究史的回顾，可以发现，我国学术界对法律与秩序的认识正逐渐摆脱西方话语，并开始走向自主。仔细梳理法律与秩序迈向成熟的研究历程，有几大核心议题在其中扮演着重要角色，并持续推动学术界认识深入化与研究系统化的实现。这表现在：研究法律与秩序的概念和特征，建立理论基础；确立秩序为法律的基本价值，完善法律价值体系；明确法律秩序与道德秩序的互动关系，保障社会秩序的稳定；推动“法律秩序”向“法治秩序”转变，构建自主话语体系。

---

[1] 庞金友：《AI治理：人工智能时代的秩序困境与治理原则》，载《人民论坛·学术前沿》2018年第10期；张成岗：《人工智能时代：技术发展、风险挑战与秩序重构》，载《南京社会科学》2018年第5期；董青岭、朱玥：《人工智能时代的算法正义与秩序构建》，载《探索与争鸣》2021年第3期。

[2] 孙益武：《论元宇宙与智能社会法律秩序调整》，载《法治研究》2022年第2期。

[3] 周尚君：《数字社会对权力机制的重新构造》，载《华东政法大学学报》2021年第5期。

(一)由内到外:法律与秩序的本体论研究

对概念、特征等本体方面问题的厘定,是建立某一事物理论体系的前提。我国学术界真正开始对法律与秩序相关概念进行研究始于 20 世纪 80 年代,受苏联理论的影响,聚焦于法律与秩序内部概念的厘定。

1. 苏联理论影响下的概念厘定

通过上文对法律与秩序研究历史的梳理,我国以“法律秩序”命名的第一篇论文是译自苏联法学家尚巴的《法律秩序与民主》。在该文中,尚巴考察了当时法律秩序研究的现状,认为社会主义法律秩序理论的“组织和建设、完善的形式和方法的许多问题还无人研究”,其将法律秩序定义为“在法的作用下形成的一种社会秩序”。尚巴提出在研究法律秩序时,必须关注法律秩序的阶级性。〔1〕 这一定义对我国开展法律与秩序的研究产生了重大影响,如傅再明的《论法律秩序》(1989 年)、蒋兆康的《论法律秩序及其评价原则》(1989 年)、李邨的《试论法律秩序的概念及构成》(1989 年)、刘旺洪、夏锦文的《论法律秩序》(1991 年)等均受这一定义的影响,认为法律秩序是社会秩序的一种,其通过法律对社会关系的规范性调控而形成。值得注意的是,上述研究者并不是对苏联法学理论的照搬,而是在这一理论的基础上进行了深化。如李邨综合国外学者的论述,将法律秩序理解为五大层次〔2〕;刘旺洪全面分析了博登海默、凯尔森、罗尔斯等西方学者对法律秩序的相关论述,基于马克思主义理论,在对上述论述进行批判的基础上,提出法律秩序包含着“外部结构”与“内在结构”两方面内容。〔3〕

---

〔1〕 [苏联]T. M. 尚巴:《法律秩序与民主》,常玢译,载《法学译丛》1987 年第 4 期。

〔2〕 李邨将法律秩序理解为五大层次,一是整个社会秩序的组成部分;二是存在于特殊社会中的人、机构、关系的总体;三是具有法律意义的社会关系网络;四是相对有序的社会结构;五是掌握国家政权的阶级凭借法律重构的有机社会。可以看出这一概念是对尚巴所提之法律秩序社会性与阶级性的深化。参见李邨:《试论法律秩序的概念及构成》,载《法律科学(西北政法学院学报)》1989 年第 6 期。

〔3〕 刘旺洪所提之法律秩序的外在结构是指“社会关系的协调和耦合状态,是法律秩序的实证特征”;内在结构则体现了“社会关系的协同和有序化状态的基础和性质,是法律秩序的价值属性”。从这里可以看出,上述关于法律秩序内在结构的论述,已触及了法律的价值层面。参见刘旺洪、夏锦文:《论法律秩序》,载《南京社会科学》1991 年第 3 期。

2. 概念研究的自主意识觉醒

在20世纪90年代苏联解体危机的影响下，我国法学界逐渐有意识地摆脱苏联法学理论的影响，开始探索建立符合我国国情法律秩序的现实路径，学者们大致通过以下四大角度展开研究。第一，现实角度。刘旺洪、林志敏等认为，建立法律秩序取决于政治、经济、社会、文化等外部环境和法律创制、适用等内部机制，法律秩序须与“社会发展速度及社会改革的进程相适应”。[1] 第二，历史角度。何勤华认为“法律秩序是一种文化现象”，其在考察中国古代与西方传统法律秩序的结构模式的基础上，提出以马克思主义法律思想为指导，建设具有中国特色的社会主义法律秩序；[2]李本森通过考察儒家传统思想，认为有序的社会是儒家学说的永恒价值追求，在建设商品经济秩序的过程中，应当对儒家学说进行有鉴别的吸收。[3] 第三，哲学角度。汪太贤连续发表两篇文章从哲学角度分别探讨了法律秩序的理想模式与概念理论。关于前者，汪太贤首先对法律秩序优劣进行了评价，认为应以“法律秩序为社会和个人的‘能量’释放所提供的现实条件为标准”，从而提出法律秩序的两种模式，即“非理想模式——消极的法律秩序”与“理想模式——积极的法律秩序”；[4]关于法律秩序的概念，中西存在理论上的分野，西方秉持法律规范秩序说，认为法律秩序概念主要是指法律规范或制度总体，“法律秩序”一词仅仅专指法律体系或法律制度，而中国作为社会主义国家，受苏联法学理论的影响，则坚持法律社会秩序说，认为法律秩序是法律与社会结合的产物，为一独立法律术语。[5] 肖北庚从语义哲学角度出发，分析了法律秩序的

---

[1] 刘旺洪、夏锦文：《论法律秩序》，载《南京社会科学》1991年第3期；林志敏、曹颖苹：《法律秩序的标志、建立与维持》，载《东北师大学报》1990年第2期。

[2] 何勤华：《法律秩序的历史考察以及模式选择》，载《中南政法学院学报》1993年第3期。

[3] 李本森：《秩序、自由、道德——关于儒家思想与现代法律的若干思考》，载《法学》1994年第2期。

[4] 汪太贤：《论法律秩序的理想模式》，载《理论与现代化》1993年第10期。

[5] 汪太贤：《法律秩序研究》，载《西南民族学院学报（哲学社会科学版）》1998年第6期。

语义演变逻辑;[1]杨力则在梳理中西学界关于法律秩序概念的基础上,提出了法律秩序三大基本理念,即“法律调整理念”“形式合理理念”“进化理性理念”。[2] 第四,坚持以马克思主义理论建构符合我国国情的法律秩序理论。蒋德海从“以人民为中心”出发,认为要从制度和行为两大角度建构法律秩序,理性、普遍的法律制度与广泛的大众法律行为构成现代法律秩序的全部内容,“没有大众法律行为就没有真正的法律秩序”。[3] 谢晖基于唯物史论,认为法律秩序的概念包含以下内容,即“法律秩序形成于法律的调整”“法律秩序是在法律调节下的社会关系”“法律秩序是人类生存的一种方式”。[4]

3. 法律与秩序概念研究的“外部”转向

在构建起法律与秩序基本概念体系之后,我国学术界开始关注“秩序概念之外”,即法律可推动秩序的形成并保障秩序的稳定。我国在 1984 年提出“发展社会主义商品经济”这一目标后,公丕祥在学术界对此率先展开讨论,认为应“尽快地建立起社会主义商品经济的新秩序,这是当代中国改革面临的一个重大课题”,并提出“法律调整是商品经济获得存在和发展的必然要求,是整个商品经济生活的基础。没有法律调整,商品经济活动就会无组织、无秩序”。[5] 随后,诸多学者发文探讨通过法律建立社会主义商品经济新秩序的具体路径。水亨认为“商品经济新秩序应当建立在以宪法为核心的法制基础上”,故而,其提出应当在修改完善宪法、加强宪法保障的基础上,不断推进法律体系建设,以适应商品经济的发展需求。[6] 李中圣、孙佑海等在反思当时商品经济秩序出现混乱的原因后,主张在建立与调节商品经济秩序的过程中,应当“主要依靠法律手段、

---

〔1〕 肖北庚:《法律秩序的概念分析》,载《华东政法学院学报》2002 年第 2 期。
〔2〕 杨力:《法律秩序的概念分析》,载《南京社会科学》2003 年第 11 期。
〔3〕 蒋德海:《用什么建设我们的法律秩序》,载《探索与争鸣》1995 年第 10 期。
〔4〕 谢晖:《论法律秩序》,载《山东大学学报(哲学社会科学版)》2001 年第 4 期。
〔5〕 公丕祥:《商品经济新秩序的法律特征》,载《政治与法律》1988 年第 6 期。
〔6〕 水亨、晓宁:《建立商品经济新秩序的法律途径》,载《当代法学》1988 年第 4 期。

辅之以政策手段”。[1] 刘金国将法律秩序视为法律实现与否的判断标准,认为“作为法的实现,应自觉地立足于为建立适应社会主义商品经济发展的法律秩序服务”。[2] 1993 年 11 月,党的十四届三中全会审议通过《中共中央关于建立社会主义市场经济体制若干问题的决定》,明确了建立社会主义市场经济体制的基本任务和要求。在此背景下,学术界对商品经济法律秩序的研究转向了更为宏观的法律与经济秩序研究。1996 年,卢建平发表《论法律与经济秩序》,提出经济秩序具有法律属性,即“经济秩序要由法律来确立”,所有经济主体的行为都要遵循法律之规定,经济生活的基本原则也要上升为法律原则;同时“经济秩序必须始终受到法律的调控”。肖丽萍在《依法治国,建立适应市场经济的法律秩序》(1996 年)一文中认为“法律调整是构建社会主义市场经济秩序的最佳手段”“法律调整应该具有与市场经济秩序相适应的时代特点”。张文显则认为,法律在建立与维护经济秩序方面发挥着重要作用,主要体现为四大方面:“法律保护财产所有权”“对经济主体资格加以必要限制”“调控经济活动”“保障劳动者的生存条件”。[3]

(二)体系基石:作为法律基本价值的秩序

“法律的秩序价值是其所具有的最基本的价值。”[4] 1988 年,张文显首次将法的秩序价值作为教科书中独立的一节予以探讨。其认为在阶级社会中,“法存在的首要意义就在于建立和维护秩序”,可通过法建立和维护四种秩序,即“阶级统治秩序”“社会生活秩序”“社会生产和交换秩序”“权力运行秩序”。[5] 在此后,诸多学者在法理教科书中对法律的秩

---

〔1〕 李中圣:《商品经济新秩序的若干法律思考》,载《当代法学》1988 年第 4 期;孙佑海:《建立社会主义商品经济新秩序的法律思考》,载《中国法学》1989 年第 1 期;王保树:《建立社会主义商品经济新秩序的法律对策》,载《中国法学》1989 年第 2 期。

〔2〕 刘金国:《法理学教科书》,中国政法大学出版社 1999 年版,第 244 – 249 页。

〔3〕 张文显主编:《法理学》,高等教育出版社 1999 年版,第 229 – 231 页。

〔4〕 付子堂主编:《法理学进阶》(第 6 版),法律出版社 2022 年版,第 130 页。

〔5〕 张文显主编:《法的一般理论》,辽宁大学出版社 1988 年版,第 93 – 98 页。

序价值进行了或多或少的论述。[1] 同时亦有学者在学术期刊上发表专门讨论法律的秩序价值的论文，如吕世伦、邓少岭提出了法律秩序具有美感，"法律秩序之美，不属于自然美和艺术美，而属于社会美"[2]；周旺生则讨论了法律秩序价值的概念、体现、衡量尺度。[3] 值得注意的是，卓泽渊在 1994 年与 1999 年分别出版了《法律价值》与《法的价值论》两本专著，系统讨论了法律的价值体系。其中，卓泽渊在篇章安排上，将法的秩序价值置于效益、文明、民主、法治、理性、权利、自由、平等、人权、正义、人的全面发展等价值之前，可见秩序在法律价值体系中占据至关重要的地位。卓泽渊在明确秩序对人类所具有的重要价值意义、秩序是法的基本价值之基础上，对法的秩序价值的含义、实现方式以及社会改革中法秩序的应然位置进行了详细说明。[4]

这一时期，由于受多种思潮的影响，学者们对于秩序在法律价值体系中应然地位的认识出现了分歧。第一，秩序优位。持此种观点的学者认为秩序是法律价值体系中最基本的价值，"就秩序、公平、效率三要素的地位和作用而言，秩序是社会制度最基本的价值，它为人们提供基本生活环境"[5]、"秩序价值是其他价值实现的基础，在实现其他价值的时候秩序价值也就同时实现了"[6]。第二，秩序非最优。受到发展商品经济时代需求的影响，有学者认为我国社会主义最根本的价值包括效益、公平、自

---

〔1〕 有些学者在"法的价值"一节中简单提及了"法的秩序价值"，如孙国华、朱景文主编：《法理学》，中国人民大学出版社 1999 年版，第 59 页；陈金钊主编：《法理学》，山东大学出版社 2008 年版，第 203－205 页。而有些学者将"法的秩序价值"作为教科书中的一节甚至一章进行专门论述。作为一节论述的有，李步云主编：《法理学》，经济科学出版社 2000 年版，第 61－66 页；舒国滢主编：《法理学阶梯》（第 2 版），清华大学出版社 2012 年版，第 167－171 页；周永坤：《法理学——全球视野》（第 4 版），法律出版社 2016 年版，第 182－184 页。作为一章论述的有，公丕祥主编：《法理学》，复旦大学出版社 2008 年版，第 353－366 页；付子堂主编：《法理学进阶》（第 6 版），法律出版社 2022 年版，第 125－138 页。

〔2〕 吕世伦、邓少岭：《法律·秩序·美》，载《法律科学（西北政法学院学报）》2002 年第 2 期。

〔3〕 周旺生：《论法律的秩序价值》，载《法学家》2003 年第 5 期。

〔4〕 卓泽渊：《法的价值论》，法律出版社 1999 年版，第 177－202 页。

〔5〕 刘青峰：《法律：秩序、公平、效率的选择》，载《中外法学》1993 年第 6 期。

〔6〕 龙文懋：《"自由与秩序的法律价值冲突"辨析》，载《北京大学学报（哲学社会科学版）》2000 年第 4 期。

由和秩序，其中“效益尤其是应当优先予以考虑的方面”；[1]亦有学者认为秩序并非法律的价值目标，其认为法律的价值目标是“有机的综合体”，“秩序只是作为一种表现形式或手段体现了法的规范作用……正义和效率是法律价值目标的本质内涵”[2]；更有学者认为“和谐”是法的终极理想，是“法的秩序、自由、正义等价值的有机统一体”[3]。第三，秩序与自由的关系。在法律价值体系中，自由与秩序是最为重要的、同时也是被关注最多的价值，诸多学者对两者的关系进行了深入研究。谢晖在学术界最先发表了《法律双重价值论》(1991 年)一文，对法律自由与秩序价值的关系进行了专门探讨。其认为自由代表权利，秩序代表义务，故而“法律的价值应为自由与秩序之和”，两者的关系应该是“相互依存，相互渗透的”，“地位是相互转化的”，“互为目的、互为手段”。徐显明与谢晖的观点不谋而合，认为自由与秩序是对立统一的，“自由的实现有赖于秩序的建立”，而“秩序的形成取决于自由被规范的程度”。[4] 对于自由与秩序价值发生冲突时如何取舍，郭道晖认为应当根据具体的社会形势，综合考察各种情况，对两者“加以价值的权衡和平衡”。[5] 而龙文懋提出了与上述学者截然不同的观点，其认为“秩序价值是自由价值形成的基础”，秩序中包含多种法律价值，其中即有自由价值。[6]

（三）交相融合：法律秩序与道德秩序的互动

法律与道德的关系问题是古今中外法学家与伦理学家始终关注的核心议题，这一议题体现在法律与秩序研究之中，表现为应当如何处理法律秩序与道德秩序两者的交叉互动。

李奇在 1980 年率先对这一问题开展研究，其认为法律与道德都是维

---

〔1〕 姚建宗：《略论法的价值与我国社会主义法的最根本价值》，载《河北法学》1991 年第 3 期。
〔2〕 阮防：《法律的价值目标——富有正义、效率的秩序》，载《法学》1994 年第 7 期。
〔3〕 孙丽君：《和谐与秩序的暗合与分野——以法律价值为视角的探究》，载《法制与社会发展》2006 年第 4 期。
〔4〕 徐显明主编：《法理学》，中国政法大学出版社 2007 年版，第 263－264 页。
〔5〕 郭道晖：《法理学精义》，湖南人民出版社 2005 年版，第 83－84 页。
〔6〕 龙文懋：《“自由与秩序的法律价值冲突”辨析》，载《北京大学学报（哲学社会科学版）》2000 年第 4 期。

系人类社会稳定秩序的重要手段。“共产主义道德自觉性的提高，正是社会主义法律的威信和效果的提高”，道德与法律两者共同致力于维护“社会主义社会的秩序和纪律”。[1] 在此之后，诸多学者认为道德秩序与法律秩序均是建立并稳定社会的重要手段，两者在一定条件下可以实现交相融合，即法律应当具有一定的伦理基础，伦理亦应以法律作为实现的支撑。[2] 对于如何实现法律秩序与道德秩序的有序互动，有学者认为“有序的社会”是儒家学说永恒的价值追求，可将改造后的儒家学说作为桥梁，沟通道德秩序与法律秩序，最终促进商品经济的发展，推动“中国法律的现代化进程”[3]；亦有学者认为应以“和谐社会”为统领，实现“法律秩序与伦理秩序的同构”[4]。同时，法律秩序（或法治秩序）与道德秩序亦存在不同之处，两者是“两种理想型秩序观”，有着各自的“社会基础、正义观及实现路径”，区分两者对于实现社会正义是很有必要的。[5]

李建华是法学界最早对伦理道德秩序与法律秩序之关系进行系统探讨的学者，其在2004年出版的《法治社会中的伦理秩序》深入讨论了德治与法治、法律秩序与道德秩序的关系，认为“法治是现代德治的基础，也是构建伦理秩序的主要参照”，法律秩序是道德秩序实现的保障，道德秩序则是法律秩序是否良善的评判标准。[6] 进而，李建华首次在学术界提出“德法合治”的观点，并深入讨论了德法合治的必要性、要确认好实现基础与具体途径。

值得注意的是，郭忠对法律秩序与道德秩序的关系进行了更为深入的思考，他认为，从历史上来看，法律秩序的形成来自道德的法律化，而在法律秩序的基础上进一步建立道德秩序是可行的，通过“法律的道德性的

〔1〕 李奇：《略论法和道德》，载《社会科学战线》1980年第3期。

〔2〕 樊浩：《法律秩序与伦理效力》，载《天津社会科学》1997年第4期。

〔3〕 李本森：《秩序、自由、道德——关于儒家思想与现代法律的若干思考》，载《法学》1994年第2期。

〔4〕 李洁珍：《论伦理秩序、法治秩序与公民意识》，载《求实》2007年第5期。

〔5〕 张建：《法治秩序观与德治秩序观的比较——从社会基础、正义观及实现路径切入》，载《伦理学研究》2017年第3期。

〔6〕 李建华：《法治社会中的伦理秩序》，中国社会科学出版社2004年版，第6－11、45－52页。

建立以及公民积极自愿的守法行为”,实现道德秩序和法律秩序的相互转化。[1] 赵树坤认为应突破道德秩序与法律秩序框架的局限,在更为广阔的理论空间内,即在“多元社会冲突”之中探讨了实现社会秩序的可能途径,她在“论证社会秩序的生存秩序与意义秩序的二元结构基础上,反思了法律在对(与生存秩序相关的)现实性冲突与(与意义秩序相关的)非现实性冲突控制中存在的局限”,创新性地提出建构多元社会冲突控制机制的思路与建议。[2] 上述研究有力地推动了学术界在更深的理论层面上开展法律秩序与道德秩序互动关系的探讨。

(四)迈向自主:从“法律秩序”到“法治秩序”

“法治秩序”是我国学术界结合本土理论所提出的一个具有原创性的概念,“法律秩序”向“法治秩序”的转变则是我国法律与秩序研究走向自主化道路的集中体现。通过对法律与秩序研究史的梳理,最早对“法治秩序”概念进行系统化研究的是赵震江与付子堂,二人于 1997 年发表了《论法律功能与依法治国——法治秩序中的法律功能状况及其实现障碍》一文,对法治秩序的提出背景、概念内涵与建构障碍进行了深入探讨,并提出“法治秩序是法律秩序发展到的最高境界”。[3] 在此文的指引下,学术界开始集中探讨法治秩序,并涌现出了一批研究成果,根据研究内容,可分为以下三个方面。

首先,厘定法治秩序基本概念特征。法治秩序与法律秩序相连,后者先于前者而存在,而前者则为后者的高级阶段。法治秩序“充分表征了法治的实现过程和价值评价的社会秩序”,是“良好的法律秩序”,而法律秩序则不包含价值评价。法治秩序的存在至少有三大判断要素:“宪法得到

---

〔1〕 郭忠:《法律秩序和道德秩序的相互转化——道德的法律化和法律的道德化问题研究》,中国政法大学出版社 2012 年版。

〔2〕 赵树坤:《社会冲突与法律控制:当代中国社会转型期的法律秩序检讨》,法律出版社 2008 年版。

〔3〕 赵震江、付子堂:《论法律功能与依法治国——法治秩序中的法律功能状况及其实现障碍》,载《法学》1997 年第 2 期。

充分尊重”“国家法律与地方性法规的和谐”“法院和法律易于被亲近”。〔1〕同时，法治秩序具有“民族性”，表现出需要宗教、道德、习俗秩序支撑的“多元结构”，亦应回应人的需要，坚持“人性基础”，〔2〕在被建构的过程中须培育并体现出“公民美德”〔3〕。

其次，建构适合我国国情的法治秩序。关于法治秩序建构的具体途径，有学者从对“公民文化”的研究切入，认为处于法治转型期的中国，培育现代的公民文化对构建法治秩序具有重要的推动作用。具而言之，公民文化在中国法治进程中发挥着“指向功能”“整合功能”“反思功能”等三项功能。〔4〕故而，培养“公民德性”对于法治秩序的建构具有至关重要的作用。〔5〕亦有学者从社会维度出发，认为“国家立法不能否定和完全替代社会自我生成秩序的能力”，主张“以社会组织为主体充分发挥社会自我秩序化功能，是法治秩序实现的有效路径，也是弥补我国政府推进型法治的动力单一性缺陷的必要选择”，并应重视社会公共舆论的“促进多元和谐和社会稳定、拓展民主法治信念传播途径”的功能。〔6〕

最后，开展具有鲜明特色的法治秩序研究。季卫东是最早对法治秩序进行系统化探索的学者之一，其早在1999年即出版了《法治秩序的建构》论文集，“社会变革与法治秩序的建构”作为逻辑主线贯穿始终，此书的最终目的是“探索出一条适合中国实情的法治途径”。〔7〕《法治秩序的建构》理论基础为“文化多元主义”与“后现代法学”，聚焦于法的反思机制、媒介机制、继受机制、变迁机制等动态方面的实证分析，并在制度实践

---

〔1〕刘金国、闻立军：《法治秩序断想》，载《法学杂志》2008年第2期；杨春福：《论法治秩序》，载《法学评论》2011年第6期。

〔2〕李保平：《法治秩序论》，载《宁夏社会科学》2008年第4期。

〔3〕程波：《论法治秩序中的“公民美德”》，载《北方法学》2009年第2期。

〔4〕刘雪松：《公民文化与法治秩序》，中国社会科学出版社2007年版，第203－217页。

〔5〕张翠梅：《公民德性的三维建构与法治秩序生成》，载《学术交流》2014年第11期。

〔6〕马长山：《公共舆论与和谐社会的法治秩序》，载《浙江社会科学》2006年第5期；庞正：《法治秩序的社会之维》，载《法律科学（西北政法大学学报）》2016年第1期。

〔7〕季卫东：《法治秩序的建构》，中国政法大学出版社1999年版，“前言”第1－4页，第3－11、315－325页。

方面重视法律程序的重要性。这就与受苏联法学理论影响的旧有法律秩序理论相区分，形成了颇具特色的法治秩序理论。於兴中于2020年基于全球视野，提出了“文明秩序”这一概念，文明秩序与“用纯粹欺诈、狡伪和暴力建立并维持的秩序”相对立，其是“协调人与人、人与自己、人与社会和人与自然”四种关系的基本框架，是人类文明的产物。文明秩序具有四大基本构成要素，即“普遍认同的概念范畴、体现这些概念范畴的制度设计、解决概念矛盾和制度冲突的权威及集团秩序意识”。在厘定文明秩序概念的基础上，於兴中认为，现代意义上的“法治”是指“法律文明秩序”，是“外向型的、权利本位的、重规则、权威文本至上的文明秩序”。〔1〕

三、结语

回望新中国成立后法律与秩序研究的漫漫长路，可以发现，贯穿始终的一条基本线索是研究和国家社会的政治经济形势紧密相连。政治经济形势决定了法律与秩序研究的内容，同时法律与秩序的研究成果亦推动了政治经济的稳定发展。在把握这一基本线索的基础之上，我们可以发现新中国法律与秩序研究有以下基本历史逻辑。

第一，从研究动力上看，新中国法律与秩序研究深受党和国家基本方针政策的影响，在不同时代需求的呼唤下实现了自身的变迁与发展。新中国成立之初，为稳定社会秩序，建立起区别于封建主义、资本主义的新型制度体系，法律与秩序研究的主要任务在于为社会主义制度建构保驾护航，“革新”社会秩序与“探索”秩序建构成为这一时期法律与秩序研究的主题。改革开放初期，党和国家的工作重心已从“以阶级斗争为纲”转变为“以经济建设为中心”。为保障社会主义经济建设的顺利推进，必须建立起稳定的社会秩序，而法律正是最重要的抓手。在此需求下，法律与秩序研究的重点是在完善自身概念理论体系之基础上，推动商品经济以及市场经济秩序的建立，保障经济的快速稳定发展。21世纪之初，中国

〔1〕 於兴中：《法治与文明秩序》，商务印书馆2020年版，第17－32、51－60页。

成功加入了世界贸易组织，对我国的政治、经济、文化发展产生了重要影响，中国开始主动拥抱世界。在这一时代背景下，法律与秩序研究的主要任务开始转向如何加强我国法律国际化程度，实现中国的法律体系与世界的“接轨”。但这同时西方法学理论对我国传统与本土理论已然影响过多，为扭转局面，诸多学者开始关注法律秩序研究的“主体性”，“中西之争”随之成为法律与秩序研究的主题。通过上述对研究史的简单回顾，我们可以发现，我国政治、经济与社会的变迁是法律与秩序研究的核心推动力量，中国政治、经济与社会走向自主化，亦推动着法律与秩序研究的主体意识不断觉醒。

第二，从学术理路上看，新中国法律与秩序之研究呈现出一幅从“秩序概念之外”到“秩序概念之内”再到“秩序概念之外”的“螺旋式上升”图景。新中国成立初期，为回应建立新型制度的需要，法律与秩序研究主要关注的是，诸如如何通过法律稳定社会秩序、建立司法秩序、形成宪法秩序等法律秩序本体概念之外的课题。而在改革开放后，随着对法律与秩序的研究不断深化，学术界逐渐开始聚焦于法律秩序的概念、内涵、本质等“秩序之内”的本体论问题。在明晰法律与秩序的基本理论之后，法律秩序研究的重点又转向了保障经济发展、融入世界体系等“秩序之外”。但上述转向并非只是简单地回到原点，而是如同黑格尔所说的“螺旋式上升”的过程，在这一过程中，我国学术界对于法律与秩序的理解逐步深化，并最终走向成熟。

第三，从思想渊源上来看，新中国法律与秩序研究最初从“学习苏联，排斥西方”再到“吸纳西方，改造本土”，最终到“反思西方，发掘传统”，表现出一种逐步走向自主化的特征。在新中国成立初“一边倒”的外交方针下，法律与秩序的研究主要是学习苏联的理论成果，将法律秩序称为“法权秩序”或“社会主义法律秩序”，以此批判西方的法律秩序学说。但在改革开放后，特别是在全球化进程加快的时代背景下，法律与秩序的研究逐渐受到西方“现代化范式”的影响，并形成了“以现代化理论改造本土理论”的话语逻辑。随着中国特色社会主义进入新时代，为实现中国梦的宏伟目标,以习近平同志为核心的党中央提出要树立道路自信、理论自信、制度自信、文化自信,法律与秩序研究的主体意识开始觉醒,并逐步走向自主化。

总之,基于以上的历史逻辑,法律与秩序研究,并不是一味照搬西方所谓的"现代"法学理论,亦不是完全基于自身的文化传统而故步自封。法律与秩序研究的理想状态是,在借鉴吸收西方合理研究成果的同时,坚持以本土理论为根基,汲取中华优秀传统文化之养分,把握大数据、人工智能、元宇宙等数字社会的时代脉搏,从而建立起适合我国国情的、能自信屹立于世界法律与秩序研究之林的理论话语体系。

延伸阅读学术著作

1. 张文显主编:《法的一般理论》,辽宁大学出版社 1988 年版。
2. 季卫东:《法治秩序的建构》,中国政法大学出版社 1999 年版。
3. 卓泽渊:《法的价值论》,法律出版社 1999 年版。
4. 李建华:《法治社会中的伦理秩序》,中国社会科学出版社 2004 年版。
5. 苏力:《法治及其本土资源》,中国政法大学出版社 2004 年版。
6. 杨力:《社会学视野下的法律秩序》,山东人民出版社 2006 年版。
7. 刘雪松:《公民文化与法治秩序》,中国社会科学出版社 2007 年版。
8. 赵树坤:《社会冲突与法律控制:当代中国社会转型期的法律秩序检讨》,法律出版社 2008 年版。
9. 郭忠:《法律秩序和道德秩序的相互转化——道德的法律化和法律的道德化问题研究》,中国政法大学出版社 2012 年版。
10. 於兴中:《法治与文明秩序》,商务印书馆 2020 年版。

延伸阅读学术论文

1. 公丕祥:《商品经济新秩序的法律特征》,载《政治与法律》1988 年第 6 期。
2. 孙佑海:《建立社会主义商品经济新秩序的法律思考》,载《中国法学》1989

年第 1 期。

3. 何勤华:《法律秩序的历史考察以及模式选择》,载《中南政法学院学报》1993 年第 3 期。

4. 赵震江、付子堂:《论法律功能与依法治国——法治秩序中的法律功能状况及其实现障碍》,载《法学》1997 年第 2 期。

5. 周旺生:《论法律的秩序价值》,载《法学家》2003 年第 5 期。

6. 苏力:《无需法律的秩序》,载《环球法律评论》2004 年第 1 期。

7. 杨春福:《论法治秩序》,载《法学评论》2011 年第 6 期。

8. 张文显:《构建智能社会的法律秩序》,载《东方法学》2020 年第 5 期。

9. 马长山:《数字社会的治理逻辑及其法治化展开》,载《法律科学(西北政法大学学报)》2020 年第 5 期。

10. 周尚君:《数字社会对权力机制的重新构造》,载《华东政法大学学报》2021 年第 5 期。

延伸阅读学位论文

李宪明:《法律秩序论:一般理论与依法治国实践的思考》,中国人民大学 1999 年博士学位论文。

第二十五章　法律与平等

本论题导读

平等是法治的重要价值，是社会主义法律的基本属性、社会主义法治的基本要求，贯穿于立法、执法、司法、守法各个环节。新中国成立以来，法律平等问题一直都是法理学研究重点。1954 年《宪法》确立“公民在法律上一律平等”原则，引发了新中国成立后第一次有关法律平等问题的讨论。1978 年 11 月，学界以“法律面前人人平等”掀起对包括法律平等在内的若干法学重大问题大讨论。此后，相关研究随着改革开放、法治建设的推进以及中国特色社会主义进入新时代而不断深入。直至今日，法律平等问题研究的重心经历了数次变化，一定程度上揭示了法律平等研究的发展轨迹，并体现于法理学呼应社会发展和时代变迁的内在逻辑之中。

平等是法治的重要价值。法律平等的基本含义是“人与人在政治、经济、文化等各方面处于同等的地位，被同等地对待”[1]。自新中国成立以来，1954 年《宪法》规定了“公民在法律上一律平等”原则，引起了法学界对法律平等问题的集中讨论。1957 年反右派斗争之后，相关讨论几乎销声匿迹。直到 1978 年年底召开的党的十一届三中全会又重新提到“人民在自己的法律面前人人平等”。随后，在“实践是检验真理的唯一标准”思想解放运动的推动下，法学界开启了一次大讨论，“法的本质”“法治与

[1] 中国社会科学院法学研究所《法律辞典》编委会编：《法律辞典》（简明本），法律出版社 2007 年版，第 473 页。

人治”“人权”“法律面前人人平等”等话题成为讨论焦点。改革开放带来了法制建设的历史性转折，随着市场经济体制的建立发展、法律体系的完善、“法制”到“法治”的转变，以及人权观念的普遍接受，法理学关于法律平等问题的研究不断深入。梳理新中国成立以来的相关研究，不难发现，在精彩的争锋相对与平和理性的理论交流中，有“变”有“常”。对“变”与“常”的回顾足以唤醒人们真切的历史记忆，这段记忆闪烁着法学家们思想的光芒，流露出法理学引领时代的情怀。

一、新中国成立之初的“公民在法律上一律平等”

如何在社会主义国家，在工人阶级的领导下，认识“公民在法律上一律平等”，成为法学家们展开有关问题研究的初衷，并由此发生了新中国成立后第一次有关法律平等问题的讨论。

当时的讨论主要从马克思主义对法本质的认识和资本主义法律的虚伪性两个方面，对资本主义法律平等展开了深刻批判。马克思主义认为，法律作为阶级社会产物，是统治阶级意志的反映，为阶级利益服务。法律的阶级属性决定资本主义法律不可能对各个阶级同等看待，并且，在资本主义国家的法院中，由于法官受到资本、金钱驱策，绝不可能平等地适用法律。[1] 只有在人民真正当家作主的国家里，法律平等原则才能真正成为事实。[2]

当时的焦点集中在对于法律平等主体的探讨。有学者认为，“公民在法律上一律平等”适用于除国家依法剥夺政治权利的封建地主和官僚资

---

〔1〕 李猛、朱云：《对“公民在法律上一律平等”的认识》，载《政法研究》1955 年第 1 期。相关文章还有，谭叔辩：《批判资产阶级宪法的讨论提纲》，载《政法研究》1954 年第 3 期；张光博：《关于“公民在法律上一律平等”的意义》，载《法学》1957 年第 2 期；张光博、王子琳：《对资产阶级国家的“两院制”、“两党制”和所谓“平等”“自由”的批判》，载《东北人民大学人文科学学报》1958 年第 1 期；张进、潘撷、冯训瑜：《“自由、平等、博爱”口号的欺骗性》，载《理论与实践》1959 年第 12 期；叶孝信：《1789 年法国“人权宣言”的批判：从老根上清算右派分子关于民主、自由、法制等的谎言》，载《法学》1958 年第 4 期。

〔2〕 楼邦彦：《中华人民共和国宪法基本知识》，新知识出版社 1955 年版，第 171 页。

本家之外的所有公民。[1] 实际上该种观点认为法律平等只适用于人民内部。也有学者认为，正因为社会主义法律是人民意志的反映，在立法中已经反映了人民利益，在实施中则应平等适用于全体公民。[2] 基于法的阶级性的认识，以及对资本主义法律平等进行批判的需要，“人民平等”的观点在当时无疑更加具有说服力。

1949 年至 1978 年，“公民在法律上一律平等”原则总体上经历了从肯定到否定的过程。1954 年《宪法》颁布后，学界就法律平等问题进行研究，展开了新中国历史上首次有关“人民平等”还是“公民平等”的论争。直到 1975 年，法律平等一直都是宪法原则，但由于这一时期阶级斗争学说泛化，法治及法学研究缺乏必要的社会土壤，否定“法治”的法律虚无主义盛行，法律平等在事实上遭到了否定。在 1975 年《宪法》取消法律平等的规定之后，法律平等更是失去了根本支撑。

二、改革开放之初法学大讨论中的“法律面前人人平等”

1978 年 12 月 6 日，党的十一届三中全会召开前夕，《人民日报》发表了李步云的《坚持公民在法律上一律平等》一文。他认为，资产阶级所谓的“法律面前人人平等”是虚伪的，社会主义法律不承认等级特权及财产等方面的限制，能够真正做到公民在法律上一律平等。承认这一平等，“是对封建专制主义和等级特权观念的彻底否定”[3]。该文是时代先声，被公认为当时法学界突破思想理论禁区的第一篇文章。[4] 同年 12 月 18 日至 22 日，党的十一届三中全会召开，指出“要保证人民在自己的法律面前人人平等，不允许任何人有超于法律之上的特权”。全会闭幕后，法学

---

〔1〕 楼邦彦：《中华人民共和国宪法基本知识》，新知识出版社 1955 年版，第 171 页。相关专著还有，江虹编著：《中华人民共和国宪法基本知识》，湖北人民出版社 1955 年版；等等。

〔2〕 例如，金默生：《就有关我国宪法的几本书中若干问题的商榷》，载《政法研究》1956 年第 1 期；李猛、朱云：《对“公民在法律上一律平等”的认识》，载《法学研究》1955 年第 1 期。

〔3〕 李步云：《坚持公民在法律上一律平等》，载《人民日报》1978 年 12 月 6 日，第 3 版。

〔4〕 刘雪斌、李拥军、丰霏：《改革开放三十年的中国法理学：1978—2008》，载《法制与社会发展》2008 年第 5 期。

大讨论拉开序幕。法律平等问题是大讨论的“引子”，又是其中的重要话题。

（一）“公民平等”与“人民平等”之争

保证法律面前的平等是基本共识。然而，在改革开放初期，“公民平等”与“人民平等”之争仍然未有定论。“人民”和“公民”分别具有特定含义。新中国成立后，“人民”长期是“我国平等话语体系中最有活力的元素”。[1] 周恩来曾对“人民”作出这样的解释，“‘人民’是指工人阶级、农民阶级、小资产阶级、民族资产阶级，以及从反动阶级觉悟过来的某些爱国民主分子”[2]。可见，“人民”是基于阶级划分的概念。“公民”与国籍及法定权利义务相关，与阶级划分无关，本身便具有法律面前平等的含义。[3] 有学者认为，只能在“人民”内部讲平等，不能对不属于“人民”的“敌人”讲平等。超越阶级的法律平等与法的阶级性存在根本性冲突。[4] 上文提及的李步云的文章在当时引起了广泛共鸣，不少学者支持其“公民平等”的观点，认为国家法律要统一、平等适用于全体公民，任何公民，不论民族、性别、职业、出身、宗教信仰，也不管是不是国家工作人员，有多高的地位和多大的功劳，都应该严格遵守宪法法律。[5]

虽然党的十一届三中全会采用了“人民在自己的法律面前人人平等”的提法，但“公民平等”观点却在法理学影响下不断深入人心，推动了党和国家有关法律平等问题阐释的变化。1979 年 7 月 1 日，在第五届全国人大第二次会议闭幕式上，叶剑英委员长提出“一切公民，无论是党内

---

〔1〕 周尚君：《平等话语流变考》，载《思想战线》2015 年第 2 期。

〔2〕 周恩来：《人民政协共同纲领草案的特点》，载中共中央文献研究室编：《建国以来重要文献选编》（第 1 册），中央文献出版社 1992 年版，第 17 页。

〔3〕 何勤华等：《法律名词的起源》，北京大学出版社 2009 年版，第 292 – 293 页。

〔4〕 例如，沈典：《“人人平等”质疑》，载《社会科学辑刊》1979 年第 4 期；张光博：《也谈法律面前人人平等》，载《学术月刊》1979 年第 9 期；等等。

〔5〕 例如，王志文：《要坚持对一切公民在适用法律上一律平等的原则》，载《北京政法学院学报》1979 年第 2 期；蒋碧昆、喻特厚、孙光才：《论法律面前人人平等》，载《华中师院（人文社会科学版）》1979 年第 3 期；刘广明：《公民在适用法律上一律平等》，载《社会科学辑刊》1979 年第 4 期；刘升平：《我国社会主义法律适用的基本原则》，载《西南政法学院学报》1980 年第 1 期；袁小凡：《试论适用法律一律平等》，载《法学研究》1980 年第 2 期。

党外，上级下级，无论是什么社会地位和社会成分，在法律面前一律平等”，彭真主任也对“法律面前人人平等”进行了强调。1982年《宪法》规定，“中华人民共和国公民在法律面前一律平等”，重新将法律平等作为宪法的基本原则。这一原则也被人民法院组织法、人民检察院组织法和刑事、民事、行政诉讼法所采纳。“公民平等”与“人民平等”之争，既是法律平等主体范围之争，更重要的是“人民”这一带有浓厚阶级意味的政治话语与“公民”这一以权利义务为支撑的法律话语，两者在法理学研究中的深层次争议。“公民平等”观点的主流化，象征着法学研究中法律话语重构的开端。

（二）立法上公民应否平等之争

立法上公民应否平等是另一个被广泛争议的问题。潘念之和齐乃宽支持立法上公民平等的观点最具代表性。他们认为，司法以立法为前提，没有立法上对公民平等权利的确认，便没有司法上的平等。〔1〕 李光灿等学者对潘、齐二人的观点进行了批驳，论证了立法上公民平等与法的阶级性的背离。〔2〕 李步云也认为，平等着重于司法，立法必须区别人民和阶级敌人。〔3〕 经过讨论，法律平等不包括立法上公民平等的观点成为通说，被主要法理学教材所采用。〔4〕

立法上公民应否平等的问题，涉及如何正确理解并坚持社会主义法本质的根本性问题。并且，在唯“法的统治阶级意志论”话语下，适法平等的阶级限制得以松绑，反而让人们更加强调立法的阶级性，形成在平等适用法律的前提下，为保证法的阶级性，必须强调立法阶级性的共识。另

〔1〕 潘念之、齐乃宽：《关于“法律面前人人平等”的问题》，载《社会科学》1980年第1期；潘念之、齐乃宽：《再论“法律面前人人平等”的问题》，载《社会科学》1980年第4期。

〔2〕 例如，李光灿：《论法律面前平等》，载《社会科学辑刊》1980年第4期；王宗廷：《论“法律面前人人平等”的实质——兼与潘念之、齐乃宽二同志商榷》，载《法学研究资料》1980年第5期；唐琮瑶：《关于法的阶级性和公民在法律面前人人平等的统一——兼与潘念之、齐乃宽同志商榷》，载《社会科学》1980年第3期。

〔3〕 李步云：《坚持公民在法律上一律平等》，载《人民日报》1978年12月6日，第3版。

〔4〕 例如，孙国华主编：《法学基础理论》，法律出版社1982年版；沈宗灵主编：《法学基础理论》，北京大学出版社1988年版。

外,1954 年《宪法》规定“公民在法律上一律平等”,党的十一届三中全会指出“人民在自己的法律面前人人平等”,叶剑英委员长和彭真主任在第五届全国人大第二次会议上均提到“法律面前人人平等”,并被 1982 年《宪法》采用。从字面上理解,“公民在法律上一律平等”“法律面前人人平等”着重强调了法律实施中的平等,加上法学理论及研究方法存在缺陷,立法上公民平等还缺乏有力的依据。

总体而言,法理学虽迎来改革开放的历史机遇,但既有的理论及研究方法缺陷却无法在短时间内弥补。在法律话语构建过程中,曾经过分强调阶级性的固有思维对法理学研究的影响在所难免。这场大讨论如同法理学研究中阶级话语与法律话语的“磨合”,不仅促进“公民平等”观念形成定论,更重要的是“动摇了以阶级斗争为纲的法学理论体系”〔1〕。这种破与立之“变”,为 20 世纪 90 年代之后法律平等问题的讨论研究奠定了基础。

三、社会主义市场经济体制建立与法律平等理论的丰富

1982 年,党的十二大提出“正确贯彻计划经济为主、市场调节为辅原则”。1984 年,党的十二届三中全会提出实行“有计划的商品经济”。1992 年,邓小平南方谈话指出“计划和市场都是经济手段,不是社会主义与资本主义的本质区别”。同年 10 月,党的十四大提出建立和完善社会主义市场经济体制。1993 年,“国家实行社会主义市场经济”被写入《宪法》。全社会关于解放思想、发展社会主义生产力的共识,以及社会主义市场经济体制的建立发展,为法律平等问题研究提供了足够的动力和空间。

(一)市场经济呼唤立法平等

在社会主义市场经济体制建立发展过程中,阶级性分析和阶级斗争学说逐渐式微,法本质唯“法的统治阶级意志论”话语权动摇,立法平等

〔1〕 张文显、姚建宗:《权利时代的理论景象》,载《法制与社会发展》2005 年第 5 期。

的重要性凸显。江平认为,法律作为统治阶级意志的表现只是一个方面,在市场经济下还要体现市场经济规律。[1] 周永坤、范忠信认为,法律仅作为统治阶级意志体现的观点,过分强调了阶级对立,忽略了社会应有的统一,对法律现代化、推进改革开放、借鉴外国立法经验十分不利。[2] 卓泽渊指出,立法是否平等的问题,实质上是如何认识法的阶级性的问题。"立法上的绝对平等尚未出现,甚至永远无法实现,但在相对意义上的立法平等却是普遍存在,并逐步扩展的。如果说因为立法上没有绝对平等,就要否定立法平等,那么,法的适用上也没有绝对平等,为什么我们又不否认法的适用上的平等呢? 说到底,还是一个固有的认识问题,是一个害怕因此否定法的阶级性的问题。"[3] 这些观点并不意在否定"法的统治阶级意志论",而在于指出,法作为统治阶级意志的体现,不是法的唯一本质,法的社会性同样应被揭示和重视。

从市场经济角度对立法平等的论证中,最具代表性的是江平和郭道晖的观点。江平认为,根据不同主体地位分别制定法律,不符合市场平等竞争原则。[4] 郭道晖认为,敌对阶级作为阶级已被消灭,人民民主专政不再是对反动阶级的专政,而是对反革命犯罪和其他敌对性犯罪的专政,属于违法后的制裁而不是立法上预设权利的不平等,强调市场经济主体在立法上的平等,体现了"身份到契约"的进步。[5] 可见,质疑立法平等

〔1〕 江平:《完善市场经济法律制度的思考》,载《中国法学》1993 年第 1 期。

〔2〕 周永坤、范忠信:《法理学——市场经济下的探索》,南京大学出版社 1994 年版,第 18 - 20 页。

〔3〕 卓泽渊:《法的价值论》,法律出版社 1999 年版,第 375 页。

〔4〕 江平:《完善市场经济法律制度的思考》,载《中国法学》1993 年第 1 期。

〔5〕 郭道晖:《市场经济与法学理论、法制观念的变革——近年法学新论述评》,载《法学》1994 年第 2 期。相关文章还有,周永坤:《市场经济呼唤立法平等》,载《中国法学》1993 年第 4 期;文正邦:《论现代市场经济是法治经济》,载《法学研究》1994 年第 1 期;吴茂见:《市场经济立法要首倡民法的平等原则》,载《现代法学》1994 年第 2 期;章戎:《社会主义市场经济下法律价值观的重审》,载《法学》1994 年第 11 期;邵诚、杨凤婷:《论立法公平》,载《法律科学》1994 年第 5 期;赖廷谦:《略论市场经济与现代法律精神》,载《现代法学》1996 年第 5 期;姜明安:《法治的目标价值与手段价值》,载《中央政法管理干部学院学报》1996 年第 6 期;赵洪生:《依法治市:市场经济中国化的关键》,载《现代法学》1998 年第 2 期。

的理由仍然是法的阶级性。[1] 这时候的部分法理学教材将平等放在“司法”或“法的适用”原则部分;[2] 也有教材认为,立法上存在平等,并从人权角度进行论证。[3] 这依然很难认为立法平等成为通说。但是,有一点毋庸置疑,那就是“立法平等的观念获得了认同并渗透到市场经济的立法实践之中”[4]。

出现这种变化的主要原因在于市场经济发展的现实需要:市场经济需要最核心的运作机制即公平竞争,需要最基础的安全保障即产权制度,需要最符合经济发展的理念即契约精神。这些需求意味着,立法应主动消除可能阻碍市场经济发展的不平等法律因素和其他制度性风险。市场经济是引领决定这一时期相关论争的根本力量。在其引领下,一方面,阶级性话语逐渐淡去,法律话语逐渐占据上风。法律平等和法本质、法与民主、法与自由、法与经济等问题一起,不再是阶级立场是否正确的问题,也不再是单纯的政治话语或法律文本如何理解的问题,而是被真正作为法学理论的问题受到关注。相关研究不再僵化地套用语录“引经据典”去“权威立论”,也不再将平等的证成建立在对西方“自由、平等、博爱”观念进行阶级批判的基础之上。另一方面,理论研究与社会现实联系更加紧密。20 世纪 70 年代末 80 年代初,相关问题研究由于缺乏足够的社会实践基础,或停留在高度抽象的思想认识层面,或徘徊于对过往的纠错。20 世纪 90 年代的法理学研究则基于法学理论支撑市场经济发展的现实需要去阐释、解说理论问题,显现出一定的社会化趋势。

(二)平等与效率的关系等理论问题研究

市场经济意味着自由平等竞争,平等与效率的关系则成为十分重要

---

〔1〕 王勇飞、张贵成主编:《中国法理学研究综述与评价》,中国政法大学出版社 1992 年版,第 439 页。相关文章还有,侯宗源:《法律面前人人平等刍议》,载《新疆社会经济》1996 年第 5 期;何秉松:《试论新刑法中法律面前人人平等原则》,载《法律科学》1997 年第 6 期;等等。

〔2〕 例如,张文显主编:《法理学》,法律出版社 1999 年版;沈宗灵主编:《法理学》,北京大学出版社 1995 年版。

〔3〕 葛洪义主编:《法理学》,中国政法大学出版社 1999 年版,第 382 页。

〔4〕 李龙、陈佑武:《中国法理学三十年创新的回顾》,载《政治与法律》2008 年第 12 期。

的理论问题。总体而言，学界认识到了两者不可分割的统一关系，但又有明显的价值偏向。张文显认为，基于市场经济发展规律和经济体制改革要求，效率在法的价值中居于首要地位。效率居先并不排斥平等，只有主体以平等资格、在平等条件下公平竞争，才能激发和保证持续的效率。[1]还有学者认为，平等和效率处于同一位阶，效率是实体性、根本的目的价值，平等是程序保障性的手段价值。效率是平等的归结，平等是效率的前提和基础。[2]

此外，法律平等还在不同角度得到阐释。例如，关于平等的内涵，有学者认为，平等不承认差别，因而在调整人与人关系时要求无差别对待；[3]有学者认为，平等不排除对残疾人、孕妇等特殊群体和个人的区别对待；[4]还有学者提出“机会平等”，并将其视作现代法治的重要原则。[5]关于平等与民主、自由的关系，赵震江、付子堂认为，全面理解民主，要看基于国体政体原则的公民权利，特别是平等权利，民主从消极意义上讲即没有特权，从积极意义上讲即人人平等；[6]张文显认为，平等和自由在静态上都是抽象理想，是兼容和谐的，但在动态上，自由将产生更大的不平等，出现矛盾冲突。[7]关于平等在法律中的地位，有学者认为，平等是立法总原则；[8]也有学者认为，将平等作为原则，就排除了平等权，应将其作为一项基本权利。[9]关于平等的范围，有学者认为，平等不

〔1〕张文显：《市场经济与现代法的精神论略》，载《中国法学》1994 年第 6 期。

〔2〕姚建宗、郭立新：《市场经济与立法思维》，载《法律科学》1995 年第 3 期。

〔3〕辛忠孝、刘水林：《公平分配问题的法与经济伦理学思考》，载《法律科学》1997 年第 4 期。

〔4〕郭道晖：《市场经济与法学理论、法制观念的变革——近年法学新论述评》，载《法学》1994 年第 2 期。

〔5〕王瑞起：《论现代法治的一个重要原则——机会平等》，载《中央政法管理干部学院学报》1998 年第 5 期。

〔6〕赵震江、付子堂：《论政治法治化》，载《中外法学》1998 年第 3 期。

〔7〕张文显：《二十世纪西方法哲学思潮研究》，法律出版社 1996 年版，第 536 页。

〔8〕邵诚、杨凤婷：《论立法公平》，载《法律科学》1994 年第 5 期。

〔9〕宁乃如：《市场经济呼唤平等权——试论公民在法律面前一律平等》，载《法学研究》1993 年第 4 期。

仅存在于公民之间，还存在于法人之间和地方之间。[1] 虽然 20 世纪 70 年代末 80 年代初的法学大讨论出现在思想解放大潮之中，但仍可见学者们心有余悸，并且，相关理论研究重点着眼于“纠错”，缺乏应有的理论广度和深度。20 世纪 90 年代的学术研究已经趋于平和理性，“平等”的内涵与外延得到挖掘和延伸，并呈现出民主、自由、互相尊重、取长补短的学术氛围。

这一时期有关法律平等的论争迎来了社会主义市场经济体制建立发展的历史机遇。然而，我们还应看到，在市场经济体制建立发展最初阶段，人们急于将经济总量“蛋糕”做大，相关研究难免偏颇。例如，围绕市场经济发展去论证立法平等，并没有真正从正面回应立法平等与法的阶级性的关系问题；证成立法平等主要是为了市场经济主体平等自由地参与市场竞争，过分强调市场经济带来的经济发展势能和发展效率，忽视了竞争中可能出现的资源过度集中与分配不均及城乡差距加大等现实不平等问题，为相关研究在下一阶段的实践转向埋下了伏笔。

四、平等贯穿于法治和社会治理各方面

1997 年，党的十五大确定“依法治国”为治国基本方略。1999 年，“依法治国”被写进《宪法》。2012 年，党的十八大提出“全面推进依法治国”。在倡导并实施依法治国的时期，党中央对法律平等有了新的阐释。2014 年，党的十八届四中全会指出“平等是社会主义法律的基本属性”。2017 年，党的十九大提出要“树立宪法法律至上、法律面前人人平等的法治理念”。2020 年，中国共产党历史上首次召开中央全面依法治国工作会议，将习近平法治思想明确为全面依法治国的指导思想。党中央对法律平等认识和阐释的确认，与改革开放以来经济社会不断发展的社会背景紧密联系，深刻影响了法理学对法律平等问题研究的拓展深化以及研究重心的实践转向。

---

[1] 王磊：《平等、权力和利益》，载《法学家》1993 年第 3 期。

(一)城乡不平等问题

在市场经济发展过程中,出现了城乡、行业、阶层群体等不平等加剧的现象,其中城乡不平等最为典型。在经济分配上,有学者认为,户籍、国土资源权利、城乡税费、国民收入再分配等二元法律制度,以及由此形成的差别法律待遇,是造成农村贫困的制度根源。[1] 在城镇化中,农民权利体系发展的重点应集中于迁徙自由、平等就业及平等共享城镇化利益等方面。[2] 此外,留守儿童问题得到重视,有学者主张构建留守儿童平等发展权。[3] 在民事权利方面,2005 年,一起三轮车车祸引发公众对"同命不同价"死亡赔偿金的关注。有学者认为,从根本上消除"同命不同价"现象,需要在立法中杜绝集团利益,树立宪法理念,注重保护弱势群体权利,培育民众对歧视性法律的警惕意识。[4]

(二)反歧视诉讼与反歧视理论发展

21 世纪初,国内出现了不少的反歧视诉讼。例如,在就业中的禁止歧视诉讼方面,有"蒋某诉中国人民银行成都分行录用行员要求身高条件案"和"张某著诉芜湖市人事局录用公务员拒绝乙肝病毒携带者案";在针对无障碍环境建设的诉讼方面,有"丁某奇诉重庆市规划局、某银行侵犯残疾人无障碍设施权案"。这些诉讼引起了学界对反歧视问题的关注。周伟认为,平等和禁止歧视在本质上是一致的,平等不反对差别,却反对没有合理依据的区别对待。[5] 李薇薇等认为,所有人不得由于与工作毫无联系的特征而受到不平等待遇。[6] 齐延平等认为,妇女儿童、残疾人等弱势群体处于结构性社会歧视中,需要法定的特别保护,通过实质平等

[1] 孟庆瑜:《反贫困法律问题研究》,载《法律科学》2003 年第 1 期。
[2] 牛玉兵、杨力:《农民权利体系的逻辑构造与制度创新——以城镇化空间转型为视角》,载《学习与探索》2014 年第 2 期。
[3] 彭清燕、汪习根:《留守儿童平等发展权法治建构新思路》,载《东疆学刊》2013 年第 1 期。
[4] 王晓先:《歧视性法律产生的根源及防范措施》,载《前沿》2009 年第 13 期。相关文章还有,张旭东:《破解"同命不同价"难题的理论路径》,载《现代法学》2008 年第 6 期;巩固:《社会视野下的死亡赔偿》,载《法学研究》2010 年第 4 期。
[5] 周伟:《论禁止歧视》,载《现代法学》2006 年第 5 期。
[6] 李薇薇等主编:《禁止就业歧视:国际标准和国内实践》,法律出版社 2006 年版,第 5 页。

实现人权保障的全面化。[1] 还有许多学者对域外禁止歧视立法进行了深入研究。[2]

(三)技术进步带来的法律平等新问题

互联网中的不平等是技术进步带来法律平等新问题的典型。互联网中身份的符号化实现了机会和起点平等的规则,但加剧了知识水平、技术能力和年龄差异等带来的不平衡,出现"知识贫困""信息贫困"弱势群体。[3] 人工智能在司法实践中已有所运用。有学者认为,传统司法活动仅就行为适用规则,排除之前其他身份因素干扰。基于信息采集和运算规则的人工智能将形成概率性个体规则,某行为随着数据积累和算法学习,其影响不因处理结束而终结。随着数据积累,在司法实践中,会出现强者愈强而弱者愈弱的趋势,法律平等将面临解构危险。[4]

法理学对法律平等问题研究技术化、具体化的实践方向,除了经济社会发展需要使然,还受到以下因素影响:一是人权理论及人权法学迅速发展。1991 年,国务院发布第一份人权白皮书后,国内人权理论和人权法学发展迅速,尤其显著的是平等作为基本人权的理论研究进步和公众对禁止歧视理念的广泛接受。二是社会法及社会法学快速发展。从 20 世

---

[1] 齐延平主编:《社会弱势群体的权利保护》,山东人民出版社 2006 年版,第 108 – 140 页。相关文章还有,吴宁:《社会弱势群体保护的权利视角及其理论基础——以平等理论透视》,载《法制与社会发展》2004 年第 3 期;贾可卿:《规则平等与实质平等》,载《科学社会主义》2006 年第 2 期;余少祥:《弱势群体保护之法哲学论纲》,载《法学评论》2006 年第 6 期;陈霞明:《论实质平等》,载《江西社会科学》2007 年第 4 期;刘作翔:《权利平等的观念、制度与实现》,载《中国社会科学》2015 年第 7 期;于兆波:《立法视域中的弱势群体保护》,载《学习与探索》2018 年第 12 期。

[2] 例如,金俭:《国外反歧视立法与借鉴》,载《求索》2004 年第 7 期;谢增毅:《英国反就业歧视法与我国立法之完善》,载《法学杂志》2008 年第 5 期;廖娟:《美国反歧视立法和实践于我国的借鉴意义》,载《前沿》2011 年第 18 期;李双元、刘琳:《美国规制职场基因歧视立法研究》,载《浙江社会科学》2013 年第 7 期。

[3] 例如,周昕:《论网络环境对传统权利理论的影响》,载《中南民族大学学报(人文社会科学版)》2008 年第 3 期;张立先、李军红:《网络法律文化悖论的法理分析》,载《山东社会科学》2008 年第 11 期;孙占利、王曙光:《略论和谐社会的网络法治构建》,载《法学杂志》2011 年第 3 期。

[4] 李晟:《略论人工智能语境下的法律转型》,载《法学评论》2018 年第 1 期。相关文章还有,徐骏:《智慧法院的法理审思》,载《法学》2017 年第 3 期。

纪 90 年代开始，社会法体系不断完善，尤其是保障弱势群体方面立法取得了显著进展，在“法学研究大家庭中，社会法学作为弱势学科，其他兄弟学科不可能坐视不顾”[1]，必然引起法理等法学门类对社会法学领域现实问题的关注。三是法学研究方法呈现多样化。从 20 世纪 90 年代开始，法学与周边学科互动增加，不断吸收借鉴社会学、人类学的实证方法，法理学者也积极尝试将实证方法引入法理学研究。四是以信息技术为代表的新一轮技术革命带来法学研究及法律实践新情况、新机遇和新挑战，法律连接技术是新技术时代的必然。

进入 21 世纪，法理学界有关法律平等的研究迎来了一次在跳出思想禁锢基础上的真正意义上的飞跃提升，正在积极回应新的历史条件下新的法律平等课题。在微观层面，法律平等成为社会不同领域共同的真切呼唤，法理学可以在社会生活各领域发现无限的素材，着力研究法律平等原则在依法治国背景下如何得以贯彻并促进社会公平正义实现的技术化、具体化问题。在宏观层面，执政党形成并践行新思想的过程，为法理学研究法律平等指明了新的方向，法理学将在政治影响法理、法理回应政治的双向互动关系之中，不断拓展深化“法律面前人人平等”的科学内涵。

五、结语

梳理新中国成立以来法理学对法律平等问题研究的演变，其意义不仅在于回顾过去，唤醒历史记忆，还在于把握规律，指明前进方向。20 世纪 50 年代，学界在《宪法》颁行之际，讨论社会主义条件下的“公民在法律上一律平等”；20 世纪 70 年代末 80 年代初，在阶级性分析和阶级斗争学说掩护下，学界抓住历史机遇，突破法律平等理论禁忌，展开法学大讨论，在学术上拨乱反正，“公民平等”被理论和实践认可；20 世纪 90 年代，在市场经济推动下，学者们紧扣时代主题，推动立法平等观点广泛传播，

〔1〕 郑尚元：《社会法的定位和未来》，载《中国法学》2003 年第 5 期。

法律平等理论得以丰富；进入21世纪，相关研究既着眼社会不平等现象，走向技术化、具体化的现实关照，又积极回应新时代新思想就法律平等问题的新的阐释。随时代而“变”似乎是法律平等问题研究的基本轨迹。“变”是显性趋势，未来随法治建设、法治进程及法治理念的进步，法理学及其对法律平等问题的研究将不断深入，之于社会实践的应用性也将不断增强。或许这种应用性还将因其初步具有的前瞻能力，而进一步体现于诸如人工智能等最前沿的法与人权、法与社会及其发展的命题之中。“变”中又有“常”。“常”则是内在规律，话题重心在变，但法学理论对社会发展和时代变迁的回应，法理与政治及其话语变化的互动不变，这必然是未来法律平等问题研究及法理学自身发展中永恒的特征。

延伸阅读学术著作

1. 中国社会科学院法学研究所资料室编：《论法律面前人人平等》，法律出版社1981年版。
2. 王蕾：《宪法平等规范的诠释观：理念、规范与实践》，法律出版社2008年版。
3. 粟丹：《立法平等问题研究》，知识产权出版社2010年版。
4. 郭兴利：《论不平等的法律调控》，中国社会科学出版社2011年版。
5. 都玉霞：《平等权的法律保护研究》，山东大学出版社2011年版。
6. 莫于川主编：《平等权及其公法保障与救济》，法律出版社2014年版。
7. 杜睿哲：《当事人平等原则的程序展开》，科学出版社2018年版。
8. 马慧：《我国法律框架下男女平等研究》，中国政法大学出版社2022年版。

延伸阅读学术论文

1. 李猛、朱云：《对“公民在法律上一律平等”的认识》，载《政法研究》1955年第1期。
2. 潘念之、齐乃宽：《关于“法律面前人人平等”的问题》，载《社会科学》1980

年第1期。
3. 周永坤:《市场经济呼唤立法平等》,载《中国法学》1993年第4期。
4. 闫国智:《现代法律中的平等——平等的主体条件、法律平等的本体及价值》,载《法学论坛》2003年第5期。
5. 周伟:《论立法上的平等》,载《江西社会科学》2004年第2期。
6. 李步云、刘士平:《论法律平等》,载《湖南社会科学》2004年第5期。
7. 陈佑武、张晓明:《法治视野下的平等权》,载《社会科学辑刊》2010年第4期。
8. 严存生:《差异和平等——兼论法律上的平等》,载《北方法学》2011年第3期。
9. 周尚君:《平等话语流变考》,载《思想战线》2015年第2期。
10. 葛四友:《如何理解法律面前人人平等》,载《浙江社会科学》2023年第7期。

延伸阅读学位论文

邵敏:《法律与身份——基于对平等的阐释和反思》,武汉大学2016年博士学位论文。

第二十六章 法律与自由

本论题导读

同消极自由与积极自由的分类相关，自由概念可以区分为哲学上的自由、政治上的自由和法律上的自由。法律上的自由又存在不同的表现。自由成为法律价值的理由之一在于“外在的行为自由”部分。正是概念问题上的“外在的行为自由”转向，才开启了21世纪对法律限制自由的原则与限度的讨论。外在的行为自由又可以分为无序的、需要规制的自由以及优良的、值得追求的自由，对两种不同概念的使用实际上推动了“法律限制自由”和“法律保障自由”何者是主要关系的讨论。

学界通用的法理学教材一般都会把自由与正义、人权、平等、秩序等法律价值放在一起进行讨论，法与自由关系相关的论文更是不计其数，自由作为一种法律价值已经成为学界的共识。法与自由关系的讨论，其核心是自由能否成为法律的价值，以及自由作为一种法律价值如何与法律进行关联的问题，前者可以分为合理性问题和位阶问题，后者可以分为概念问题和关系问题。从新中国成立至今，对相关问题的研究逐渐走向成熟。关于法与自由关系的讨论可以分为三个阶段：对自由价值的扬弃阶段（1949—1977年）、对法与自由关系诸命题的进一步反思阶段（1978—1999年）和法与自由关系的精细化研究阶段（2000年至今）。其中，第二个阶段实际上包含“法与自由关系的具体体现”和“对法律中自由价值的承认”两种类型的命题，因此分为两部分讨论。本章试图以概念的澄清和梳理为主要任务和基本前提，兼顾对现实问题的回应，回顾新中国成立以来学界对法与自由关系的逻辑演进与观念变迁的过程。

一、自由价值及其扬弃(1949—1977 年)

(一)对资产阶级自由观的批判

新中国成立以后,受到苏联法学的影响,法学带有明显的政治色彩,“斗争法学”在这一时期占据主导地位。从相关文献可以看出,学界的主要批判观点是,资本主义国家滥用“自由”口号来掩盖资本主义的剥削本质,以抽象普遍的思想形式来掩盖阶级对抗。[1] 在资本主义国家,资产阶级享有剥削雇佣劳动、进行商品交易、掠夺殖民地人民的充分自由,而劳动者和殖民地的人民只能被剥削。[2] 在概念上,唯心主义的自由观认为个人的意志自由就是摆脱客观世界的限制,不受客观规律的拘束;而马克思主义自由观认为只有认识了客观必然性并依照它的要求来进行活动,才是真正的自由;这两种自由观源于两者根本对立的阶级地位和阶级利益。[3] 这些讨论虽难以摆脱阶级斗争的框架,对自由的认识也存在不同程度的偏颇,但它们无疑增进了学界对自由价值的认识。

(二)法律对婚姻自由的保障

新中国成立前夕颁布的《中国人民政治协商会议共同纲领》(已失效)里已经具有以法律规范的形式对人民的自由加以保障的雏形。1950 年 4 月通过的《婚姻法》(已失效)是新中国成立以来制定的第一部成文法律。其中第 1 条就规定了婚姻自由的基本原则:“废除包办强迫、男尊女卑、漠视子女利益的封建主义婚姻制度。实行男女婚姻自由、一夫一妻、男女权利平等、保护妇女和子女合法权益的新民主主义婚姻制度。”[4]《婚姻法》之所以能够最早问世,很大程度上是因为中国共产党在

---

〔1〕 薛靖:《关于资产阶级的“自由平等博爱”口号》,载《学术月刊》1964 年第 2 期。

〔2〕 张进、潘撷、冯训瑜:《“自由、平等、博爱”口号的欺骗性》,载《理论与实践》1959 年第 12 期。

〔3〕 协之:《论无产阶级的自由观与资产阶级的自由观》,载《政法研究》1959 年第 6 期。

〔4〕《婚姻法》(1950 年)第 1 条。

新民主主义革命时期已经进行了充分实践,积累了充足经验;其历史可以追溯到中华苏维埃共和国婚姻条例、婚姻法和后来各解放区的婚姻法。[1] 《婚姻法》颁布之后,贯彻执行《婚姻法》成为当时各级人民政府的重要政治任务,对婚姻自由问题的讨论成为当时的热门话题。不可否认,新中国成立前后推行的土地改革制度废除了旧有的土地所有制,女性分得了土地,这为《婚姻法》的顺利推行打下了坚实的物质基础。[2] 伴随各项民主改革和社会主义改造的推行,《婚姻法》也得到切实有效的实行,它废除了旧有的婚姻家庭制度,使妇女的地位获得了提升,推动了婚姻家庭观念的深刻变革。

(三)宪法对各种自由权的初步确认

1954 年 9 月 20 日,第一届全国人民代表大会第一次会议通过了《宪法》(已失效),这被称为“五四宪法”。“五四宪法”秉持了《中国人民政治协商会议共同纲领》的精神主旨。[3] 其中,第三章规定了公民的基本权利和义务,包括选举权和被选举权,言论、出版、集会、结社、游行、示威的自由,宗教信仰自由,公民的人身自由,住宅不受侵犯,通信自由,迁徙自由,进行科学研究、文学艺术创作和其他文化活动的自由等。[4] 这部宪法是在社会主义改造过程中产生的,在颁布初期还有学者对其中的内容进行讨论。[5]

二、法与自由关系诸命题的进一步反思(1978—1999 年)

这一阶段法治建设需要回应解放思想、推进改革、保障人权、推动市场经济发展等一系列的挑战,与这些论题相关的自由价值又重新得到人们的重视,它既可以作为一种人们追求某些权利的话语,又在某种程度上

---

〔1〕 杨大文、刘素萍:《论我国婚姻法的任务和作用》,载《政法研究》1963 年第 2 期。
〔2〕 马起:《论婚姻制度与婚姻法》,载《政法研究》1956 年第 3 期。
〔3〕 吴山:《宪法以共同纲领为基础,同时是它的发展》,载《政法研究》1954 年第 4 期。
〔4〕 《宪法》(1954 年)第 85 - 98 条。
〔5〕 杨化南:《我国宪法中公民的基本权利和义务》,载《政法研究》1954 年第 3 期。

显示了人们解放思想的信念以及社会积极向上的风气。在反对绝对自由的过程中，人们逐渐认识到自由价值对个人发展和商品经济发展的重要作用，关于法与自由关系的进一步反思随即全面展开，自由作为法律价值被写入教材。

（一）概念问题：哲学上的自由、政治上的自由与法律上的自由

1. 对三种自由概念的区分

要对法与自由关系进行讨论，就必须先理解所使用的是哪种“自由”。有学者指出，古今中外思想家所使用的自由概念有二百余种。[1]这意味着，如果不清楚在法与自由关系讨论中使用的自由概念，不厘清多个自由概念之间的关系，就必然导致使用中的模糊与混乱，无法清晰地展示法与自由关系中的诸多命题。而且，理论上的并存会变为行为上的对立，从而对宪法和法律的实施产生消极影响。[2] 总体而言，学界所讨论的自由大致可以分为三种：哲学上的自由、政治上的自由与法律上的自由。按照张文显的总结，哲学上的自由指的是对必然的认识和支配；政治学与社会学上的自由指的是免于他人的压迫和控制，每个人能够自主地安排自己的行为；法学上的自由指的是法律上的权利，其边界是不能从事法律所禁止的行为。[3] 对这三种“自由”概念的区分是从20世纪80年代开始逐渐被认识到并被普遍接受的。

在20世纪80年代初期，学者最早从马克思主义经典著作中提炼法与自由的关系，人们使用的自由也一般是哲学上的自由。按照恩格斯的观点，自由是“根据对自然界的必然性的认识来支配我们自己和外部自然界”[4]。就这种自由而言，它指的是对必然性的认识和掌握，是按意识到的理性规律行事，实现人的自由是国家和法的根本目的。[5] 由此可以看

[1] 何士青：《关于自由的法学思考》，载《湖北大学学报（哲学社会科学版）》1998年第5期。

[2] 盛辛民：《自由权利的法哲学》，载《厦门大学学报（哲学社会科学版）》1988年第1期。

[3] 张文显主编：《法理学》（第5版），高等教育出版社2018年版，第328－329页。

[4] ［德］恩格斯：《反杜林论》，中共中央马克思恩格斯列宁斯大林著作编译局译，人民出版社2018年版，第120－121页。

[5] 陈学明：《马克思早期法哲学观及法律思想初探》，载《中国社会科学》1983年第1期。

出，实现对必然性的认识和掌握仅仅是自由的“手段”，自由本身应该是“人的解放”。但是，哲学上的自由与我们提到的“婚姻自由”或“自由权”中的自由并不相同，因为“婚姻自由”中的自由有一种“依自己意愿自由选择”的含义。除此之外，关于“人自由不自由”的问题，用不同的自由概念显然会给出不同的答案。如果把自由权利理解为是对必然性的认识，或者说认识了必然性才算自由，那除极少数人之外，广大的行为人处处不自由，因为对必然性的认识并没有那么容易。[1]

这种不同随即就引发了人们的关注。马克思主义经典著作中不仅提到了哲学上的自由，还提到了政治上的自由和法律权利。马克思的“法典是人民自由的圣经”这句话中的“自由”应该被理解为哲学上的自由，哲学上的自由属于认识论范畴，而人际关系中的自由属于政治范畴，政治自由是认识论自由的外在条件、社会环境，起到认识论自由的促进或阻碍作用。[2] 就哲学上的自由而言，法律应当是对客观规律的认识和表述，是人们行为本身必备的规律；就政治上的自由而言，国家法律应该在一定程度上提供行为人依其自身意愿行为的领域；而法律上的自由应该指人民普遍的民主权利，[3]它是哲学含义的自由和政治含义的自由在法律上的表现，[4]法律不排斥自由，自由恰恰要以法律的形式存在。到 20 世纪 80 年代中后期，人们普遍开始区分哲学上的自由、政治上的自由与法律上的自由。

2. 消极自由与积极自由

在我们结合马克思主义经典与自身实践来理解自由概念区别的同时，西方法律思想的传入也给学界带来了全新的视角。在研究自由概念的问题上，最有影响力的理论莫过于以赛亚·伯林对消极自由和积极自由的区分。早在 20 世纪 50 年代，以赛亚·伯林对两种自由概念的分类

---

〔1〕 盛辛民：《自由权利的法哲学》，载《厦门大学学报（哲学社会科学版）》1988 年第 1 期。

〔2〕 李宏：《法律是人民自由的“圣经”》，载《学术论坛》1987 年第 2 期。

〔3〕 孙育玮：《“法典就是人民自由的圣经”——学习马克思早期法学思想的体会》，载《求是学刊》1983 年第 3 期。

〔4〕 张文显主编：《法理学》，法律出版社 1997 年版，第 303 页。

就被译成中文。[1] 到了20世纪八九十年代，随着介绍性的文献的增多，越来越多的学者开始关注这一区分。以赛亚·伯林把自由分为消极自由和积极自由，消极自由是指不受他人、国家、社会干预和强制的领域，即"免于……的自由"(be free from…)。积极自由指的是个体想成为他自己的主人，希望自己的生活与决定取决于自己，而不是某种外来的强制力，即"从事……的自由"(be free to do…)。以赛亚·伯林倾向于认为消极自由才是真正的自由，即使用"自由"概念时，最好都在"消极自由"的意义上使用它。[2] 无论是哲学上的自由、政治上的自由与法律上的自由的区分，还是消极自由和积极自由的区分，都是对实践中所使用的"自由"概念的解释。只要在自由概念的用法和相关问题上具有相似性，对两种自由概念的区分也必定是趋同的。在以赛亚·伯林看来，消极自由的对立面或强制力来源是他人、社会和国家的干涉，而积极自由的对立面或强制力来源则是我们的认知能力和客观规律。积极自由要求人们能够自我控制，实现的方式是服从理性和客观规律，"自由"在这种意义上变成了服从，而服从乃是自由的反面，所以他认为积极自由不能被称为自由，只有消极自由才是真正的自由。

大多数西方思想家同意以赛亚·伯林对两种自由概念的划分，但并不同意"只有消极自由才是自由"的观点。萨托利指出，完整的自由有五个方面：独立、隐私权、能力、机会、权力。前两者是传统意义上的自由权，而后三者是积极自由的形式。[3] 一些新古典自由主义学者支持以赛亚·伯林的观点，认为自由这一术语应当被限制适用于免于约束的自由，而在适当的社会环境中追求目的和发挥个人潜力的积极自由应当用其他字眼来表达，例如"机会"。[4] 但大多数学者反对这种观点，如麦克拉姆、罗尔

---

〔1〕［英］以赛亚·伯林：《两种自由观》，周煦良译，载《现代外国哲学社会科学文摘》1959年第6期。

〔2〕［英］以赛亚·伯林：《自由论》，胡传胜译，译林出版社2011年版，第170－183页。

〔3〕［美］萨托利：《民主新论》，冯克利、阎克文译，东方出版社2015年版，第464页。

〔4〕［美］E.博登海默：《法理学——法律哲学与法律方法》，邓正来译，中国政法大学出版社2017年版，第308页。

斯、李普森等认为,自由是指主体不受某种限制去做或不做某事(X is free from Y to do or not to do Z),消极自由和积极自由的区分仅能说明一个主体的自由具有“消极”和“积极”两个方面的特征。[1] 刑法学家乔尔·范伯格也认为,积极自由和消极自由就个人自由来说是同等必要的,任何一种自由都不比另一种“高级”或具有更高的内在价值,而且两者都与“无约束”没有本质的不同。[2] 博登海默也指出,追求和实现目的的自由就如同不受外部障碍之约束一样,是自由这一概念基本含义的一个重要且必不可少的向度。[3]

国内学界在评价以赛亚·伯林对两种自由概念的区分时,更侧重于分析两种自由概念的关联以及对其进行区分的实用意义。从两者关联的角度来讲,消极自由和积极自由的实质都是说个人与社会、国家及他人的关系中,个人有选择和主张的权利。[4] 它们是社会自由的两个方面,前者保护公民权利不受侵犯,后者强调人们在社会关系中积极参与、选择和行动,消极自由是所有政治自由和其他自由的基础,但仅仅有消极自由是不够的。[5] 从区分的意义上讲,以赛亚·伯林所强调的是积极自由往往转化为对消极自由的限制、对人的控制,这是因为不断增长的国家干预与个人自治之间的矛盾越来越突出。但对私人自由的调整与推行福利政策的调整是不同的,前者不适于国家干预,而对后者的干预越来越成为趋势;消极自由是人作为社会主体在社会中从事各种活动以及发展自己的基础,但要保障积极自由,就必然会干预消极自由,为了两种自由的平衡,应当把握好干预的限度。[6]

---

〔1〕 张文显:《二十世纪西方法哲学思潮研究》,法律出版社 1996 年版,第 530 – 531 页。

〔2〕 [美]J. 范伯格:《自由、权利和社会正义——现代社会哲学》,王守昌、戴栩译,贵州人民出版社 1998 年版,第 10 – 12 页。

〔3〕 [美]E. 博登海默:《法理学——法律哲学与法律方法》,邓正来译,中国政法大学出版社 2017 年版,第 308 页。

〔4〕 张钢成:《论法治的价值》,载《法律科学》1995 年第 2 期。

〔5〕 叶船:《论自由对法的决定性意义》,载《学习与探索》1998 年第 4 期。

〔6〕 黄建武:《试论法律对自由的确认与调整》,载《中山大学学报(社会科学版)》2000 年第 1 期。

(二)关系问题:法律对自由的限制和保障

1. 法律对自由的限制

20世纪八九十年代,关于法律限制自由的讨论是和“对绝对自由的批判”这一现实问题密切联系在一起的。改革开放之后,人们开始反思“文化大革命”给民主和法制建设造成的巨大破坏,健全社会主义民主和法制成为这一时期的工作中心。“自由”虽然被作为一种政治口号开始获得接受,但法学界对“自由”始终保持警惕。

学者普遍强调的一个重要问题是:自由是相对的,而不是绝对的,自由是法律许可范围内的自由。[1] “绝对自由”是一种无政府主义思想,即使是西方启蒙思想家们也反对无政府主义。[2] 我们每个人都处在社会主义法的保护之下,应该意识到遵守法律的必要性。[3] 随后,学者对这一问题有了更为系统化的思考。邹列强、刘春区分了自由的内在限制和外在限制、自由的表层限制和深层限制,认为法律等规范对自由的限制是表层限制,而生产方式对自由的限制是深层限制。[4] 在此基础上,可以将这一问题分为两个类型:由法律自身的性质决定的限制和由物质基础决定的限制。

从法律自身的性质上来说,一般认为,法律限制自由正是为了保障自由。总体而言,自由应该被限制的理由可以总结如下:(1)法律限制自由正是为了防止侵害,保障自由、平等、财产和人身安全,安全得不到保障,自由也无从保障;[5](2)法律是国家从社会的共同利益出发,根据客观规律制定的,法律限制自由是为了维护公共利益;[6](3)自由既是目的又是

---

〔1〕 李茂管:《公民的自由和法律》,载《法学研究》1981年第2期。

〔2〕 李步云:《资产阶级启蒙思想家怎样看待法律与自由的相互关系》,载《国外法学》1981年第6期。

〔3〕 郭宇昭:《谈谈自由和法律的关系》,载《法学杂志》1983年第5期。

〔4〕 邹列强、刘春:《对自由与限制的法哲学思考》,载《法学家》1993年第4期。

〔5〕 李步云:《资产阶级启蒙思想家怎样看待法律与自由的相互关系》,载《国外法学》1981年第6期。

〔6〕 张建华:《社会主义法是公民自由的保障》,载《法学研究》1985年第1期。

手段，人们运用自由去获取利益，需要法律的指导。[1] 从物质基础的层面上看，学者强调法律对自由的限制要考虑国情和社会物质生活条件。法律是一定经济基础的上层建筑的组成部分，是由相应的生产力发展水平决定的。[2] 就现实的自由而言，决定政治自由程度的因素在于社会的政治法律制度，但决定认识论意义上自由程度的主要因素在于科学文化水平。[3] 有学者对这些限制条件进行了总结：(1)阶级的观点：没有抽象的、超阶级的法律和自由；(2)历史的观点：法律与自由离不开历史条件，离不开国情；(3)安定的观点：安定团结是我国的大局，维护社会稳定，是当前我国人民的最高利益；(4)法制的观点：自由不是放任，必须在法律的范围内进行；(5)科学的观点：自由是对必然的认识，科学是实现自由的工具。[4]

2. 法律对自由的保障

法与自由关系的研究并不仅限于法与政治上自由的关系，也包括法与哲学上自由的关系。所以总体而言，法与自由关系并不仅仅体现为法律通过不干涉来保障消极自由，还表现为法律通过干涉来实现对法律权利的促进和保障。对这一问题的讨论可以分为三类：法律的存在本身如何保障自由、法律保障自由的方式以及如何促进法律对自由的保障。

就法律的存在本身如何保障自由而言，学界的讨论大致可以总结如下：(1)社会主义法确认了无产阶级的革命成果，否定了剥削制度，赋予了劳动人民自由；[5] (2)法律把自由意志转化为自由权利；[6] (3)法律确

〔1〕 严存生：《自由・限制・法制》，载《新湘评论》1981 年第 11 期。
〔2〕 金志广、张希坡：《自由・必然・法制》，载《北京大学学报(哲学社会科学版)》1981 年第 3 期。
〔3〕 李宏：《法律是人民自由的“圣经”》，载《学术论坛》1987 年第 2 期。
〔4〕 李龙：《法律是人民自由的圣经》，载《湖北社会科学》1990 年第 2 期。
〔5〕 张建华：《社会主义法是公民自由的保障》，载《法学研究》1985 年第 1 期。
〔6〕 郑成良：《论自由权利——简析自由概念在法理学中的含义》，载《当代法学》1988 年第 3 期。

定各种自由权利的范围；[1]（4）法律提供选择的机会；[2]（5）法律能维护社会安全，保障权利不受侵犯；（6）法律能促进经济文化发展，保障公民日益广泛的自由权利。[3] 就法律保障自由的方式而言，其和法律发挥作用的方式有类似之处，这主要体现为：（1）设立对等的权利和义务；（2）将自由与责任进行关联；（3）设置国家权力及正当程序以提供救济。[4]

和前两个问题相比，第三个问题显然更具时代特色。在当时“有法可依，有法必依，执法必严，违法必究”方针的指导下，要促进法律对自由的保障，李茂管认为，必须加强立法工作，严格依法办事，大力加强民主和法制的宣传教育。[5] 金志广、张希坡认为，在做到“有法可依”的同时，要使全党全民增强法制观念，自觉学法、懂法守法、监督法律的全面实施。[6] 另外，周建业还提到应该“真正实行法律面前人人平等，反对特权”[7]。除了增强民主意识，完善监督体系，刘金国认为“深化体制改革，是保障自由实现的重要前提”[8]。

三、对法律中自由价值的承认

（一）合理性问题：自由成为法律价值的理由

1. 自由符合个人全面发展的需要

必须指出的是，哲学上的自由，也就是“实现人的解放”或者“实现人自由全面发展”必然是一种法律价值，就像前面学者所指出的，实现人的自由是国家和法的根本目的。这种自由已然成为一种不容置疑的政治道德。所以，学界在讨论自由价值的合理性问题时，大部分还是围绕政治上

[1] 张文显主编：《法的一般理论》，辽宁大学出版社 1988 年版，第 104－108 页。
[2] 付子堂：《关于自由的法哲学探讨》，载《中国法学》2000 年第 2 期。
[3] 李步云、周元青：《法律与自由》，载《红旗》1981 年第 22 期。
[4] 张文显主编：《法理学》（第 5 版），高等教育出版社 2018 年版，第 330 页。
[5] 李茂管：《公民的自由和法律》，载《法学研究》1981 年第 2 期。
[6] 金志广、张希坡：《自由·必然·法制》，载《北京大学学报（哲学社会科学版）》1981 年第 3 期。
[7] 周建业：《论法律与自由》，载《法学季刊》1987 年第 3 期。
[8] 刘金国：《论法与自由》，载《政法论坛》1990 年第 6 期。

的自由来讨论,哲学上的自由没有程度之分,但政治上的自由却是有限度的,因此问题的焦点在于为什么要保证一定程度的行为选择的自由。由此带来的一个最为有效的论证就是,一定程度的行为自由是实现人的全面发展的必要条件。[1] 但是,“人的全面发展”毕竟是一个十分抽象、很难全面解释的问题,所以人们在论证自由价值的合理性时往往集中在一些较为具体的价值实现上,如尊严、理性、自主等,从而预设对这些具体价值的追求有助于实现人的全面发展。

首先,人具有选择自己行为的能力,能对客观上存在的若干行动方案进行选择。只有具备了一定程度上的外在行为自由,才能为社会主体在社会中从事各种活动以及发展自己提供基础。[2] 其次,个人对自身价值、尊严、地位及责任和使命感有着执着期待和追求,[3]一定程度上的自由能够为培养负责的理性公民提供基础。个人进行选择的前提是对自己的选择负责,自行承担由自己的选择造成的后果,这就将自由与责任关联起来。这种后果有好有坏,要追求好的结果,就必须审慎地对待选择和结果之间的因果关系,正确处理短期利益与长远利益、个人利益与集体利益之间的关系,正视偶然因素的影响,区分主客观,认清自身的现状、利益和追求,增强现实感,认识到理想与现实的差距,明确自己作为共同体一员所应承担的责任,通过合理的选择实现自身的目的。

2. 自由符合市场经济的发展要求

首先,要发展市场经济,意味着经济活动的主体具有独立自主的身份、地位、资格,可以依照自己的意愿进行经济活动,并接受相应的后果。[4] 这就需要一定程度的人身自由、财产自由、契约自由、竞争自由等,而法律能

---

〔1〕 郑成良:《论自由权利——简析自由概念在法理学中的含义》,载《当代法学》1988 年第 3 期。

〔2〕 黄建武:《试论法律对自由的确认与调整》,载《中山大学学报(社会科学版)》2000 年第 1 期。

〔3〕 公丕祥:《马克思心目中的法与自由之图式》,载《法律科学(西北政法学院学报)》1990 年第 3 期。

〔4〕 马协华:《商品经济社会的法律与自由》,载《法学》1990 年第 10 期。

够将人们进行自由经济活动的正当需求转化为具体的权利,并通过设立相应的规则来控制自由的限度,以保障市场经济秩序的良序运转。

其次,一定程度的自由对解放和发展生产力具有重要作用。不同的经济模式有着不同的价值追求,在小农经济的生产模式下,土地是人们的主要财产,离开了土地就无法进行农业生产,建立在这种生产方式上的价值观念中很少强调自由,其所确立的反而是一种与"自由"对立的"安土重迁"和"宗法伦理"观念。受这种观念的影响,商业往往被视为传统价值的冲击者和败坏者,这阻碍了生产力水平的提升,使小农经济在商业国家林立、追求竞争发展的世界格局中难以取得优势。而在市场经济模式下,经商行为传播和吸收了域外的信息,行为人可以自主选择和接受自以为有益的信息,接触到不同的生活方式和价值观念,在"优化意识"的影响下,有机会追求更美好的生活。[1] 商业活动带动了生产力的发展,促进了科学技术的进步,共同体有更多的财力、物力帮助改善民众的生活水平,更好地帮助个人实现全面发展。自由作为商业社会的基础性价值,[2] 在带动经济发展的同时,能够为人们追求其他价值提供选择空间。

(二)位阶问题:自由与其他法律价值的关系

1. 自由在何种意义上是最高价值?

哲学上的自由追求的是"人的解放",这意味着我们要运用我们的理性能力去发现客观规律,而法律必须反映客观规律,从这个意义上讲,人的理性指引着法律,而法律又反过来指引着人们理性地行为,从而带来社会生活的理性化,而理性化必然带来人的解放。许多学者从"人的解放"的角度将自由提到最高价值的地位。例如,郭道晖认为,自由是社会主义法的时代精神,这主要体现在:(1)人权的核心是自由;(2)从计划经济到市场经济意味着人的解放;(3)市场经济是一种自由经济,体现为自主经

〔1〕 盛辛民:《自由权利的法哲学》,载《厦门大学学报(哲学社会科学版)》1988 年第 1 期。

〔2〕 郑永流:《商品经济与计划经济中主要法律价值的对比》,载《中南政法学院学报》1991 年第 4 期。

营、自由竞争、自负盈亏、自主发展、自动调节；(4)自由要求经济体制和政治体制的改革，解放生产力。[1] 叶船分别从本体论、认识论和价值论三个角度阐述了自由对法的决定性意义：(1)自由是法的基础和构成法的进化基本因素；(2)自由是法的合规律性与合目的性相统一的基础；(3)自由是法的基本价值目标之一。[2]

将"人的解放"作为最高价值合情合理，但"法律自由"本身是否可以作为最高价值这一问题需要将其与"权利本位论"关联起来才具备一定程度的合理性。按照张文显的解释，权利本位具有四个特征：(1)社会成员是法律上平等的权利主体；(2)权利是目的，义务是手段；(3)在法律没有明确禁止或强制的情况下，可以作出权利推定；(4)法律只能禁止对他人权利的损害，不能阻止个人行使自己的权利。[3] 如果将法律自由理解为法律上的权利，那就可以理所当然地说，因为权利和义务是法理学理论的核心范畴且权利相对于义务而言居于主导地位，所以自由也应该是法律中最重要的价值。但是，对上文的分析引出了一个问题，即法律自由与权利的关系究竟是怎样的？对此，有两种不同的看法，如果自由等同于权利，那么就如前面所言，自由有资格成为法律的首要价值。但是，这种用法与通常意义上的"自由权"并不相同。

按照日本宪法学者芦部信喜对权利的分类，人权可以分为自由权、参政权与社会权，自由权指的是"不受国家干涉的自由"，参政权是"参与国家政治的自由"，社会权是"由国家给予照顾的自由"。[4] 由此可见，三种权利都可以被称为自由，但不是任何权利都是自由权，例如，宗教信仰自由、人身自由、隐私权等都是自由权，但受教育权、劳动权、获得物质帮助的权利等属于社会权。要保障自由权，法律需要做的是不干涉；要保障社会权，法律要做的是主动干涉以提供帮助。人享有自由权意味着可以在

---

〔1〕 郭道晖：《社会主义自由——当代社会主义法的精神》，载《法学》1994年第10期。

〔2〕 叶船：《论自由对法的决定性意义》，载《学习与探索》1998年第4期。

〔3〕 张文显主编：《法理学》(第5版)，高等教育出版社2018年版，第136－137页。

〔4〕 [日]芦部信喜：《宪法》(第6版)，林来梵等译，清华大学出版社2018年版，第61－62页。

某一范围内任意选择；而享有社会权意味着只能主张，并不能选择。另外，教育权和劳动权往往被认为既是权利，又是义务。

举一个最简单的例子，法律赋予每个人自由交易的权利，任何人都可以自由选择要不要去买食物，在这个意义上，法律只要不干涉就够了，但有些人无法买食物是因为他没有钱，有些人甚至连最基本的温饱都满足不了，那么法律为了保障这些最基本的权利，需要推动经济发展，主动对这些人提供帮助。法律提供帮助的最终目的是让人可以有更多的选择，这个意义上确实是在保障自由，但为了自由权的切实贯彻而作出的主张，本身并不是自由权。由此可见，作为权利本质属性的自由与作为法律权利的自由并不相同。[1]“自由权”中的自由其实就是前面提到的政治上的自由或消极自由，付子堂将此种意义上的自由概括为“外在的行为自由”。因为法律所调整的对象是人的行为，所以必然有一种自由表现为外在的行为自由。由此，法律自由应该理解为被法律所认可和保障的自由，是被规范化了的人的行为自由。[2]

总体而言，如果将自由理解为“人的解放”，那么自由理所当然地属于最高价值。如果将自由等同于与义务对立的权利，即自由权、参与权和社会权的结合，那么按照“权利本位论”，自由也应当是居于首要地位的价值。如果将自由理解为“自由权”中的自由，那么自由也可能理解为首要价值，即无论是义务的存在，还是参与权和社会权的存在，都是为了自由权的实现。在这个意义上，法律应当是“自由的法”，是自由的准则、依据和保证；法律规范只是为了确认和保障自由而设定，法律权利和义务也是为了实现自由而存在，法律实施的出发点和归宿都是为了自由。[3]

2. 自由在何种意义上不是最高价值?

那么，外在的行为自由在何种意义上不是最高价值? 一个可能的回答是，因为要对自由进行限制，所以外在的行为自由不是最高价值。但这

---

〔1〕 杜承铭：《论作为法学范畴的自由》，载《法商研究》2000年第1期。
〔2〕 付子堂：《关于自由的法哲学探讨》，载《中国法学》2000年第2期。
〔3〕 付子堂：《关于自由的法哲学探讨》，载《中国法学》2000年第2期。

种观点也不一定成立，因为反对者会认为对自由进行限制的理由也是自由，所以自由总能逻辑自洽地处于首要价值的地位。但这里会出现一个问题，如果限制我的行为自由，我的行为自由就减少了，所以对行为自由进行限制的结果肯定不是我的行为自由增加了，可能是我的财富增长了，或者我的安全得到了保障，或者纯粹是为了他人的利益，这些限制产生的后果对行使那些没有限制的行为自由是有利的，其最终目的可能也是某些自由，但限制的直接后果并不是自由，行为自由减少直接获得的是其他价值而不是行为自由。

所以，一个结论就是，限制自由是为了其他价值的实现，这些价值可能包括正义、平等、秩序、效益、安全等，因为限制自由是必要的，所以不能说自由就比其他价值居于更高的地位。很多学者都是在这种意义上来谈论自由的。例如，博登海默把秩序和正义作为“法律的性质和作用”的两个重要组成部分，而把自由、平等、安全和共同福利作为正义的几个重要面向。[1] 张文显、姚建宗认为，法的价值是一个多元体系，以多种价值形态存在。作为一般评价标准，效益、正义、自由、秩序等价值没有重要与不重要之分，它们都是马克思主义法学价值分析的要素。[2] 陈忠林则更为清晰地表达了这种倾向，认为与法律所保护的其他价值，如正义、秩序、生命，甚至财产相比，个人的自由，至少在现阶段，还只能处于次要和从属的地位，个人的自由很重要，但其并不高于其他价值，它不是唯一的、绝对的、压倒一切的价值。[3]

四、法与自由关系的精细化研究（2000年至今）

进入21世纪，经济的发展带来了社会生活的变迁，由此也带来了价值观念的冲突与进步，在若干疑难案例的讨论中，学界掀起对法律限制自

〔1〕［美］E. 博登海默：《法理学——法律哲学与法律方法》，邓正来译，中国政法大学出版社2017年版，第233－324页。

〔2〕张文显、姚建宗：《略论法学研究中的价值分析方法》，载《法学评论》1991年第5期。

〔3〕陈忠林：《自由·人权·法治——人性的解读》，载《现代法学》2001年第3期。

由的原则与限度的讨论。

(一)问题转向:法律限制自由的原则与限度

1.外在的行为自由

张文显于1988年出版的《法的一般理论》是较早将自由作为一种法律价值来论述的教材,在他看来,法学上的自由是法律上的权利。因此,在法与自由关系的讨论中,只有法律对自由的保障,而没有法律对自由的限制。付子堂将"法律限制自由"作为法与自由关系的主要表现,法律保护自由是对自由的肯定,法律限制自由是对自由的否定,[1]这种矛盾显示我们使用了不同的自由概念。如果我们认为法律是用来限制自由的,这意味着自由在一定意义上是无序的,必须被秩序所规制。[2] 这里引出了一个重要的问题,对外在的行为自由而言,其实存在两种自由概念,一种自由是无序的、需要规制的自由;另一种自由是优良的、值得追求的自由。当我们说"没有绝对的自由"或"自由需要被限制"时,我们使用的是前一种意义上的自由,如果我们将"自由"作为一种口号或追求时,我们使用的是后一种意义上的自由。[3]

回顾20世纪八九十年代学界对法律限制自由的研究,可以发现两个不足,一是仅对当时可以成立的合理理由进行了列举和论证,提出的限制理由并不系统化;二是更为关心法律对自由限制的合理性,而不关心法律限制自由的界限。这很可能导致现有理论难以应对社会中新出现的疑难案件,因为这些疑难案件所涉及的就是自由的模糊界限。为了回应这些

---

〔1〕 王少军、许诗宜:《法律限制自由质疑》,载《广西社会科学》2001年第2期。

〔2〕 龙文懋:《"自由与秩序的法律价值冲突"辨析》,载《北京大学学报(哲学社会科学版)》2000年第4期。

〔3〕 西方思想家对这个问题的研究可以从以赛亚·伯林和德沃金的争论中得以窥见。在以赛亚·伯林看来,自由价值应该是前道德的,即自由只有程度高低之分,没有好坏之分,其认为自由不能为了正义而被交易出去,不能认为更多的正义就代表更多的自由。但德沃金与此相反,他认为自由就应当是"符合正义的"或"值得追求的"。自由是一个解释性概念,这意味着它存在如何正确使用的问题,并且其是否被正确使用取决于它对我们的作用,只有在证明其被正确使用的最佳理由能够对我们的集体行为作出最好的解释时,我们才共享这个概念。

问题，学界开始从西方理论界借鉴新的研究方法。“二战”以后至今，西方学界在处理自由边界问题时总结出了法律限制自由的四个原则：损害原则、冒犯原则、法律家长主义原则和法律道德主义原则。1996 年，张文显在《二十世纪西方法哲学思潮研究》中较早对西方社会关于法律如何对自由进行限制的理论进行了系统介绍。[1]

2000 年出现了两篇法与自由关系研究中极具影响力的文章。一篇是杜承铭的《论作为法学范畴的自由》，其在文章中区分了“作为权利本质属性的自由”和“作为法律权利的自由”，认为这里存在两种自由：一种自由等于权利；另一种自由仅仅是“自由权”中的自由。[2] 另一篇文章是付子堂的《关于自由的法哲学探讨》，其在文章中对自由概念进行了较为彻底的澄清，认为最初的自由主要是自主、自立、摆脱强制，后来变成了人的解放、个性的解放；因为法律调整的对象是人的行为，所以他明确自己使用的是“外在的行为自由”意义上的自由，唯有在此意义上，法律限制自由才是可能的；他结合马克思主义理论和法律限制自由的四个原则总结了法律限制自由的四项基本原则。[3] 两篇文章实际上实现了在概念问题上向“外在的行为自由”的转向，开启了 21 世纪对法律限制自由的原则与限度的精细化研究。

2. 法律限制自由的四个原则

围绕对他人的损害（损害原则）、对他人的冒犯（冒犯原则）、对自己的损害（法律家长主义原则）和无害的不法行为（法律道德主义原则）四个不同的领域，西方学者总结出了法律限制自由的四个原则。损害原则认为，法律限制某些自由是为了有效防止对行为人之外的其他人造成损害，这些损害包括对个人人身、财产的不法损害或损害风险以及对公共利益造成的损害。冒犯原则认为，法律限制某些自由是为了防止对行为人之外的其他人的严重冒犯，一般指那些明知可能被人看到并会使人极度

---

〔1〕 张文显：《二十世纪西方法哲学思潮研究》，法律出版社 1996 年版，第 522 – 554 页。
〔2〕 杜承铭：《论作为法学范畴的自由》，载《法商研究（中南政法学院学报）》2000 年第 1 期。
〔3〕 付子堂：《关于自由的法哲学探讨》，载《中国法学》2000 年第 2 期。

羞耻、惊恐或激怒的公然的淫荡、放肆行为，如聚众淫乱、传播淫秽色情物品等。法律家长主义原则认为，某些限制是为了防止对行为人本人的损害，如自伤、自杀、安乐死、吸毒、赌博、要求系安全带等。法律道德主义原则认为，限制是认为某行为存在固有的非道德性，而无论该行为对行为人或他人有没有造成伤害或冒犯，如代孕、同性恋、卖淫嫖娼、换妻行为等，也包括许多涉及公序良俗的行为，如情妇获得遗赠的行为等。[1] 针对这四个原则，不仅要在每个原则内部确定其适用的界限，还要确定这些原则本身是否能够为法律限制自由提供正当的理由。

并不是所有人认为这四个原则都能提供限制自由的恰当理由。针对哪些原则可以作为正当性根据，学界产生了不同的立场。自由主义虽然分为古典自由主义、新自由主义和新古典自由主义，[2] 但在个人自由层面，他们普遍强调个人的自主选择权，因此，较为极端的自由主义者认为损害原则是唯一的原则，损害原则不能证成的行为就不应该得到限制；有些自由主义者认为仅仅应该把损害原则和冒犯原则作为限制自由的原则，如伤害原则的提出者约翰·密尔以及美国著名的刑法学家乔尔·范伯格；还有一些自由主义者不仅支持损害原则和冒犯原则，还支持法律家长主义立场，如英国法理学家哈特。虽然自由主义者对法律家长主义的态度不一，但他们却对法律道德主义抱有普遍敌视的态度，著名的哈特与德富林之争就是他们反对法律道德主义的一个典型事例。不同学者围绕自由主义、法律家长主义和法律道德主义三种立场对一些具体的案件和

---

〔1〕［美］乔尔·范伯格：《刑法的道德界限：对他人的损害》（第1卷），方泉译，商务印书馆2013年版，第28－29页。

〔2〕古典自由主义倡导经济自由和信仰自由，代表人物有洛克、孟德斯鸠、亚当·斯密、边沁、约翰·密尔等；新自由主义倡导建立自由基础上的平等和责任型政府，主张国家通过税收来干涉经济、调控市场，通过法律手段对社会财富进行二次分配，代表人物是凯恩斯、罗尔斯和德沃金等；新古典自由主义是古典自由主义的回归，重提消极自由的重要性，反对国家干涉经济，批判极权主义，代表人物有诺齐克、弗里德曼等。在自由主义理论刚刚被引入时，混淆新自由主义和新古典自由主义的现象十分普遍，法学界也不例外，这一问题得到澄清是在2006年。参见李小科：《澄清被混用的"新自由主义"——兼谈对New Liberalism和Neo—liberalism的翻译》，载《复旦学报（社会科学版）》2006年第1期。

具体的法律规定展开了讨论，争论的重心是法律家长主义和法律道德主义所支持的限制自由的法律是否合理。

（二）对法律家长主义的研究

“家长主义”是一个容易引起误解的词汇，一些学者将其与“家长制”联系在一起。“法律家长主义”对应的到底是不是这种观念引起了学界怀疑，因为它既可能指的是某种“家长式”专制，也可能是某种“家长式”关心。孙笑侠、郭春镇是最早系统介绍西方的法律家长主义的学者，他们的一个重要目的是让善意的法律家长主义与非善意的法律家长主义区别开来，使其能作为一个合理理由出现在法学理论中。〔1〕 法律家长主义“是善意的”指的是它能成为某些规定的合理理由，但这并不意味着以它为理由的规定都是不应受指责的。吴元元从一种善意的法律家长主义的角度对以此为理由的某些侵权责任规定进行了批判，〔2〕呼吁人们谨慎对待法律家长主义。

孙笑侠、郭春镇的阐发虽然让我们能够以一个更为全面的视角来审视这一理论，但其夸大了法律家长主义的重要性和适用范围。对此，黄文艺对法律家长主义进行了梳理。他认为，法律家长主义只能作为一种法律干预模式或一种为防止自我损害而限制自由的原则来理解，将政府和民众的关系比拟为父母和子女关系的理论是一种政治领域的家长主义而不是法律家长主义。〔3〕 有学者从政治领域的家长主义的角度探讨法律问题。刑法学者车浩明显将法律家长主义作为政治学学说使用，认为它是一种不同于契约论的另一种解读刑法的进路。〔4〕 孙良国试图用法律家长主义来解释法律对转基因技术的管制，认为在风险尚不确定的情况下，法律应当对其进行法律家长主义的强制管制。〔5〕

---

〔1〕 孙笑侠、郭春镇：《法律父爱主义在中国的适用》，载《中国社会科学》2006 年第 1 期。

〔2〕 吴元元：《法律父爱主义与侵权法之失》，载《华东政法大学学报》2010 年第 3 期。

〔3〕 黄文艺：《作为一种法律干预模式的家长主义》，载《法学研究》2010 年第 5 期。

〔4〕 车浩：《自我决定权与刑法家长主义》，载《中国法学》2012 年第 1 期。

〔5〕 孙良国：《法律家长主义视角下转基因技术之规制》，载《法学》2015 年第 9 期。

这一时期,许多学者探讨的都是法律家长主义的限度问题。喻中借由小产权房和金融管制的例子提出法律家长主义有其合理性,因为任何人的知识都是有限的,都有可能成为弱者,但不断扩张的行政权力不仅会妨碍社会的生机与活力,还可能导致“权力寻租”的灰暗后果。[1] 郑玉双主张对商业代孕、器官买卖和自杀等自我损害行为进行惩罚。[2] 付子堂、王业平对安乐死合法化问题进行了讨论,认为将实施安乐死的行为人以故意杀人罪论处这样“一刀切”的做法是不妥当的,允许他人自杀是增加弱者利益和个人意思自治的必然体现,但必须以当事人的真实意思表示为限。[3]

延伸阅读学术著作

1. 严存生编著:《法律与自由》,南开大学出版社 1987 年版。
2. 魏建国:《自由与法治:近代英国市民社会形成的历史透视》,中央编译出版社 2005 年版。
3. 周永坤:《论自由的法律》,山东人民出版社 2006 年版。
4. 周尚君:《自由主义之后的自由——马克思〈巴黎手稿〉的法哲学问题》,法律出版社 2010 年版。

延伸阅读学术论文

1. 协之:《论无产阶级的自由观与资产阶级的自由观》,载《政法研究》1959 年第 6 期。
2. 李茂管:《公民的自由和法律》,载《法学研究》1981 年第 2 期。

---

[1] 喻中:《法律父爱主义的限度》,载《法制日报》2012 年 8 月 8 日,第 10 版。

[2] 郑玉双:《自我损害行为的惩罚——基于法律家长主义的辩护与实践》,载《法制与社会发展》2016 年第 3 期。

[3] 付子堂、王业平:《法律家长主义与安乐死合法化的范围界限》,载《法学杂志》2021 年第 3 期。

3. 孙育玮:《“法典就是人民自由的圣经”——学习马克思早期法学思想的体会》,载《求是学刊》1983 年第 3 期。
4. 张建华:《社会主义法是公民自由的保障》,载《法学研究》1985 年第 1 期。
5. 郑成良:《论自由权利——简析自由概念在法理学中的含义》,载《当代法学》1988 年第 3 期。
6. 公丕祥:《马克思心目中的法与自由之图式》,载《法律科学(西北政法学院学报)》1990 年第 3 期。
7. 郭道晖:《社会主义自由——当代社会主义法的精神》,载《法学》1994 年第 10 期。
8. 杜承铭:《论作为法学范畴的自由》,载《法商研究(中南政法学院学报)》2000 年第 1 期。
9. 付子堂:《关于自由的法哲学探讨》,载《中国法学》2000 年第 2 期。
10. 蒋海松:《传统中国的政治自由与德性自由之辩——牟宗三对“黑格尔问题”的回应》,载《政法论坛》2020 第 5 期。

延伸阅读学位论文

胡兴建:《为了自由——论卢梭法哲学的主题及其演进》,西南政法大学 2008 年博士学位论文。

第二十七章　法律与人权

本论题导读

新中国成立以来，中国人权研究从不可触碰的“禁区”到“破冰”之旅的开启，从人权“姓资姓社之争”到“人权属性之争”“人权主体之争”“人权首要内容之争”“主权与人权之争”，在“批判西方”中逐步走向“对话西方”进而到以生存权和发展权为核心的中国特色人权理论和话语的自主塑造。这是人权研究逐步摆脱阶级话语，克服中西话语对抗，艰难确立中国人权研究主体性自觉的演进过程。今后的人权研究依然要极力关注以下论题：政治性与学术性的相互交织，“引介移植”与“自主塑造”的辩证互动，抽象演绎与具体人权研究互为犄角，人权话语与叙事研究的创新。

人权作为中国现代性建构的核心价值之一，对其研究的视角契合中国/西方、传统/现代这两对范畴。这两对范畴的相互激荡与碰撞几乎贯穿着中华人民共和国成立70多年来中国人权研究的始终。

新中国成立至改革开放以前的这段时间，人权研究基本上是处于空白的状态。从这一时期仅有的人权研究文献来看，学者主要从两个方面对人权展开阐释。一是批判西方的人权理论，例如，李浩培发表的《论美国总统行政命令对人民基本人权和自由的摧残》，对西方人权理论展开直接批判。[1] 又如，叶孝信在1958年发表文章从阶级斗争的角度对“右派

[1] 李浩培：《论美国总统行政命令对人民基本人权和自由的摧残》，载《政法研究》1962年第2期。

分子”所持有的人权观念进行批判。[1] 二是对西方相关人权观念进行译介，吸收学习同在社会主义阵营的苏联的相关人权理论，对资产阶级政治家关于人权的观点进行了批判式的介绍。新中国人权研究的真正起步始于改革开放，思想的解放为人权研究赢得了空间。

一、什么是人权

自“人权”一词在人类社会出现以来，关于“什么是人权”，乃至“人权包括哪些内容”，一直是一个众说纷纭、言人人殊的状态。

（一）国际社会的观点

联合国人权专家爱德华·劳森（曾任联合国人权司副司长）编纂的《人权百科全书》中，并未就“人权”专列一个词条并给出确切定义，劳森关于人权的理解，见诸其任职期间联合国通过的一切有关人权的决议、文书，尤以《世界人权宣言》条文“人人生而自由，在尊严和权利上一律平等”“人人有资格享有本宣言所载的一切权利和自由，不分种族、肤色、性别、语言、宗教、政治或其他见解、国籍或社会出身、财产、出生或其他身份等任何区别”为代表。他指出，该宣言被普遍认为是设立了“一个所有人民和所有国家努力实现的共同标准”[2]。该书译审委员会在中文版“中译者说明”中指出，“人权，自17—18世纪西方资产阶级以宣言形式公布以来，已走过了300多年的历程。其间，人权原则由最初几个国家的信条扩大到了整个世界，人权概念历经几个不同发展阶段而得到了极大的修正、充实和发展，人权形态更是几经变迁，呈现出纷繁复杂、色彩斑斓的局面”[3]。

英国《牛津法律大辞典》认为，人权“指人们主张应当有或者有明文

---

[1] 叶孝信：《1789年法国“人权宣言”的批判：从老根上清算右派分子关于民主、自由、法制等的谎言》，载《法学》1958年第4期。

[2] ［美］爱德华·劳森编：《人权百科全书》，汪潇等译，四川人民出版社1997年版，第1640页。

[3] ［美］爱德华·劳森编：《人权百科全书》，汪潇等译，四川人民出版社1997年版，第8页。

规定的权利。这些权利在法律上得到确认并受到保护，以此确保个体在人格或精神、道德以及其他方面的独立得到最全面、最自由的发展。它们被认为是人作为有理性、意志自由的动物固有的权利，而非某个实在法授予的，也不是实在法所能剥夺或消减的”〔1〕。

国际学界认为，在全球相互依存的时代，我们需要“一种能适用于一切人类关系的道德标准”，这就是人权。而人权这一观念若要既易于理解又经得起推敲，它就只能是一种最低限度标准的观念，“一种作为低限标准的人权观念，是能够与不容忽视的人的多样性相协调的”〔2〕。米尔恩指出，根据《世界人权宣言》，人权概念就是这样一种观念：“存在某些无论承认与否都在一切时间和场合属于全体人类的权利。人们仅凭其作为人就享有这些权利，而不论其在国籍、宗教、性别、社会身份、职业、财富、财产或其他任何种族、文化或社会特性方面的差异。”米尔恩认为，《世界人权宣言》中的人权概念是“一个所有人类社会都应该努力去达到的理想标准概念”〔3〕。

作为最低限度标准的人权概念，“是这样一种观念：有某些权利，尊重它们，是普遍的最低限度的道德标准要求”，“它不以所谓同质的无社会、无文化的人类为前提，相反，它以社会和文化的多样性为前提，并设立所有的社会和文化都要遵循的低限道德标准”。“低限道德标准的普遍适用需要它所要求予以尊重的权利获得普遍承认。用明白易懂的话来说，它们是无论何时何地都由全体人类享有的道德权利，即普遍的道德权利。”〔4〕

（二）中国学者的观点

由夏旭东、马胜利、段启增主编的《世界人权纵横》（1993年）汇集了

---

〔1〕［英］戴维·M. 沃克：《牛津法律大辞典》，李双元等译，法律出版社2003年版。

〔2〕［英］A. J. M. 米尔恩：《人的权利与人的多样性——人权哲学》，张志铭等译，中国大百科全书出版社1995年版，中文版序。

〔3〕［英］A. J. M. 米尔恩：《人的权利与人的多样性——人权哲学》，张志铭等译，中国大百科全书出版社1995年版，第2页。

〔4〕［英］A. J. M. 米尔恩：《人的权利与人的多样性——人权哲学》，张志铭等译，中国大百科全书出版社1995年版，第7页。

20世纪80年代末90年代初国内学者关于人权的渊源、历史演变、发展趋势、马克思主义人权观和资产阶级人权观的区别等议题的理论研讨成果。该书指出,“人权观念是随着人类历史的发展而逐渐形成、完善的”[1],“真正的、‘现代意义上的’人权观念是人类进入资本主义社会后产生的”,“是随着资本主义生产方式的产生而产生的”。“人权一般指自然人和社会人的权利两层含义。”“人权绝不是一种抽象、僵化和一成不变的概念。它是历史的产物,即无论是内涵还是形式都有一个产生和发展变化的过程。”“在人权发展过程中,权利的主体经历了由个人到集体,由民族到全人类几个阶段”,“人权的内容也经历了一个由政治权利到社会、经济权利,再到文化权、发展权、共同安全权的演化过程”,“随着社会经济和科学技术的发展,人权的内容无疑将不断深化,其涉及领域也会更加广泛”。“人权思想和人权运动在其发展的过程中必然要随着人类社会的演变而不断完善和更新,它永远不可能停留在一个水平和局限在某一标准上。”[2]

熊万鹏在《人权的哲学基础》中,从人权的历史性、法律性、道德性、政治性、社会性和价值性等方面,以多学科的视角对人权的概念进行了梳理,提出“不妨给人权下一个简单的定义,即:人权是人在一定的社会历史条件下,依照人格和尊严所享有或应当享有的权利”。并指出,“我们在使用人权这一概念的时候,不能只强调人权的某一方面,应把它作为一个整体,努力避免人权概念的碎片化”[3]。

王家福、刘海年主编的《中国人权百科全书》中指出,人权是“人依其自然属性和社会属性所享有或应当享有的权利”[4]。李步云也持类似观点,认为“人权是人按其本性应当享有的权利”,“简单说,就是‘人的权利’”。“人权源于人的本性。”“这种本性包括两个方面,即人的社会属性

---

[1] 夏旭东、马胜利、段启增主编:《世界人权纵横》,时事出版社1993年版,第3页。

[2] 夏旭东、马胜利、段启增主编:《世界人权纵横》,时事出版社1993年版,第84-86页。

[3] 熊万鹏:《人权的哲学基础》,商务印书馆2013年版,第1-15页。

[4] 王家福、刘海年主编:《中国人权百科全书》,中国大百科全书出版社1998年版,第481页。

和人的自然属性。"[1]"人权是人依其自然属性和社会本质所享有和应当享有的权利。""人权主要有三种存在形态,即应有权利、法定权利、实有权利。""人权的形成与发展伴随着整个人类社会发展的始终,是一个从低级阶段向高级阶段发展的过程。这一过程永远不会完结。"[2]这为很多国内人权学者所接受,成为国内高校人权课程教材的主流观点。

在1989年以前,人权问题是学术研究的禁区,而人权研究的坚冰状态是从1989年开始融化的。[3] 面对西方社会连续11次的反华提案,攻击所谓"中国的人权问题",相关部门委托部分高校组织专门人员进行人权理论的研究,大量资料整理和理论探讨逐步出现。1991年11月1日,国务院新闻办公室发布的首份《中国的人权状况》白皮书第一次使用"人权"这一名词,提出"生存权是中国人民的首要人权"。该白皮书被学界视为"国内第一次用马克思主义的观点来解释人权"。"1991年《中国法学》杂志刊登的评论员文章,率先在法学界号召高举马克思主义人权的旗帜,深入开展人权与法制的理论研究。"[4]以经济、社会、文化等具体权利为核心、以生存权和发展权为两大支柱的中国特色人权初步确立,这一话语也逐步成为我国人权理论研究、法制实践和对外传播的重要支柱。这一时期,不少学者开始对传统社会中的人权观念、近代人权引入历程进行反思。值得注意的是,1988年国际儒学联合会在北京召开了"儒学的人论"国际学术研讨会,多位参会学者以儒家与人权为主题进行了阐述,人权的传统和现代反思逐步开启。学界仍在为疏通人权与中国传统、人权与马克思主义理论之间的障碍而努力。学界对于人权基本理论的引

---

〔1〕 李步云:《李步云选集》,高等教育出版社2013年版,第407-426页。

〔2〕 李步云:《论人权》,社会科学文献出版社2010年版,第15页。

〔3〕 叶希善、钟瑞友:《从白皮书到宪法:中国人权事业的展开与抉择》,载《兰州学刊》2005年第2期。

〔4〕 郭道晖、陶威:《人权禁区是怎样突破的——建国以来法学界重大事件研究(24)》,载《法学》1999年第5期。

介[1]、对马克思主义人权基本原理的系统探究[2]、对基本权利来源等命题作出的深入分析,为社会主义人权理论的建构提供了质料基础,人权的具体、辩证性的政治分析和反复研讨推动着解放思想成为进路,同时也为中国特色人权理论形成提供了发展动因。马克思主义人权理论作为批判封建法律意识的有力武器和鉴别当代西方法学流派的方法论,促使其成为"取其精华、去其糟粕的科学标准"。[3] 生存权和发展权成为我国人权发展的逻辑起点和叙事方式。

此外,也有一些国内高校人权课程教材从其他角度对人权的概念作出界定。例如,付子堂主编的《法理学进阶》指出,"所谓人权,就是指基于人的本性,并在一定历史条件下,个人或群体按其本质和尊严享有或应该享有的基本权利"[4]。徐显明主编的《人权法原理》指出,"人权的含义极其丰富,具有道德性、历史性、政治性、阶级性、文化性、法律性多个维度"。"人权的概念,就像博登海默描绘的正义那样,也是一张普洛透斯的脸。"在对国内外各学派关于人权的不同角度解释进行梳理后,该书提出:"人权是人的价值的社会承认,是人区别于动物的观念上的、道德上的、法律上的标准。它包含着'是人的权利'、'是人作为人的权利'、'是使人成其为人的权利'和'是使人成为有尊严的人的权利'等多个层次。"[5]张文显主编的《法理学》同样使用了这一定义。[6]

---

[1] 这一时期,西南政法大学出现国内首篇以人权为主题的硕士学位论文,即张永和所写的《论人权保护》。

[2] 西南政法大学在黎国智教授的带领下,一直专注于马克思主义理论研究和经典解读,西南政法大学本科生、硕士研究生和博士研究生的毕业论文对马克思主义思想的梳理和观点论证较为系统。黎国智教授主编的《马克思主义人权理论概要》(四川大学出版社 1992 年版)为我国首部系统阐释马克思主义人权理论的著作。参见付子堂:《马克思主义法律思想中国化研究论纲——写在〈现代法学〉首任主编黎国智教授 80 寿辰之际》,载《现代法学》2007 年第 5 期。

[3] 黎国智:《理直气壮地坚持和发展马克思主义法学》,载《现代法学》1990 年第 1 期。

[4] 付子堂主编:《法理学进阶》(第 5 版),法律出版社 2016 年版,第 89 页。

[5] 徐显明主编:《人权法原理》,中国政法大学出版社 2008 年版,第 74 - 79 页。

[6] 张文显主编:《法理学》(第 2 版),高等教育出版社 2003 年版,第 380 页。

（三）一般观点

国务院新闻办公室于1991年发布的《中国的人权状况》白皮书指出，“享有充分的人权，是长期以来人类追求的理想。从第一次提出‘人权’这个伟大的名词后，多少世纪以来，各国人民为争取人权作出了不懈的努力，取得了重大的成果。但是，就世界范围来说，现代社会还远没有能使人们达到享有充分的人权这一崇高的目标”[1]。

2000年，中国人权研究会编的《中国人权年鉴》系统梳理了“人权概念的由来及发展”。其明确提出，“所谓人权，是指在一定的社会历史条件下每个人按其本质和尊严享有或应该享有的基本权利”。“人权的本质特征和要求是自由和平等。人权的实质内容和目标是人的生存和发展。”“所谓人权，就其完整的意义而言，就是人人自由、平等地生存和发展的权利，或者说，就是人人基于生存和发展所必需的自由、平等权利。”[2]

2005年，中国人权研究会在《人民日报》（理论版）开设“人权知识百题问答”专栏，陆续对人权的基本概念、基本知识、中国在人权问题上的基本立场和观点、中国人权事业的实践和进展、国际人权理论和知识等进行介绍。主要内容有：(1)“人权是一个社会历史的范畴，不同社会、不同阶级有不同的人权观。”“我们认为，人权是指在一定的社会历史条件下每个人按其本质和尊严享有或应该享有的基本权利。”“人权的核心和关键因素是对人的行为自由和价值的确认，既包括经济、社会、文化权利与政治权利，也包括生存权、发展权、民族自决权等权利。”“人权的本质特征是自由和平等，其实质内容和目标是人的生存与发展。”[3] (2)“西方传统人权概念主要体现为早期资产阶级启蒙学者提出的‘天赋人权’学说。”“‘天赋人权’学说的理论基础是自然法和人性论。”“‘天赋人权’观有两个根本点：第一，‘天赋人权’的主体是‘自然人’，即超越社会关系、

---

〔1〕 国务院新闻办公室编：《中国的人权状况》，中央文献出版社1991年版，第1页。

〔2〕 中国人权研究会编：《中国人权年鉴》，当代世界出版社2000年版，第3页。

〔3〕 中国人权研究会：《什么是人权》，载《人民日报》2005年1月12日，第9版。

超越历史发展、与世隔绝的孤立的个人,因而这种自然权利实质上是个人至上的权利;第二,这种自然权利是‘天赋的’,亦即绝对的、永恒的,因而任何他人、社会和政府都不能干预、制约和剥夺。”[1] (3)“国际社会的人权概念,一般是指‘国际人权宪章’及其他国际人权文书所确立的人权概念。”“国际社会的人权概念从内容上可以分为集体人权和个人人权两大部分。”“集体人权,是指国家和民族等集体在国际社会中应享有的各种权利,如民族自决权、发展权、各国对其自然资源享有的充分主权、和平权、环境权等。”“个人人权不仅包括公民权利和政治权利,还包括经济、社会和文化权利。”[2] 当今国际社会的人权概念是“发展了的人权概念”,“使人权概念突破了西方资产阶级人权的狭隘界限”,“强调人权内容的不可分割性”,“体现了人权普遍性与特殊性的统一”。[3]

二、人权研究的“破冰”

1978 年年底,学术界展开了一场人权问题大讨论。有观点认为,离开社会主义谈“民主”“人权”只能陷入资产阶级的泥淖。1979 年 3 月至 5 月,《北京日报》《文汇报》《红旗》先后发表题为《“人权”不是无产阶级的口号》《“人权”是资产阶级的口号》《马克思主义怎样看“人权”问题》的三篇文章,对部分学者所提出的观点进行反驳。这三篇文章都认为人权是资产阶级的专利,对人权持否定的态度。理论界对于人权也存在不同的观点,认为要客观公正地看待人权问题,不能简单进行姓“资”姓“社”的划分。总体来讲,1979 年国内报刊关于人权问题主要有三种观点:一是认为人权从来就是资产阶级的口号;二是认为人权应加以批判地

---

〔1〕 中国人权研究会:《西方传统人权概念的基本内涵是什么》,载《人民日报》2005 年 1 月 28 日,第 9 版。

〔2〕 中国人权研究会:《国际社会的人权概念包括哪些内容》,载《人民日报》2005 年 2 月 18 日,第 9 版。

〔3〕 中国人权研究会:《如何理解当今国际社会的人权概念》,载《人民日报》2005 年 2 月 21 日,第 9 版。

继承和发展;三是认为无产阶级也该有自己的人权观。[1] 蓝瑛认为,无产阶级更应该理直气壮地研究人权、讲人权,“在无产阶级消灭阶级、解放全人类的革命大旗上,应该写上‘实现真正的彻底的人权’这样一行鲜红的大字”[2]。1980 年,林榕年、张晋藩也撰文指出,将人权与资产阶级联系起来是错误的,人权口号资产阶级可以用,无产阶级也可以用,但各有其根本不同的内容和目的。[3]

与此同时,有些学者尝试跳出政治话语的限制,从历史和译介角度展开学术讨论。例如,1987 年刘靖华发表了《论美国里根政府的人权外交》;[4]1989 年王德禄、蒋世和编的《人权宣言》一书,系统地介绍了西方人权理念;[5]1991 年王先恒等翻译了米尔恩的《人权哲学》一书,这种对国外人权研究的关注对我国人权研究树立开放的视野观有重要作用。在关注国外人权研究的同时,学者对中国历史上的人权研究也给予了高度关注,如在 1986 年至 1987 年间,先后有数篇关于新中国成立前人权思想研究的文章发表。[6] 值得注意的是,1988 年国际儒学联合会在北京召开了“儒学的人论”国际学术研讨会,多位参会学者以“儒家与人权”为主题进行了阐述,产生了一系列的研究成果。[7] 这说明传统思想资源开始进入我国学者人权研究的视野。

总体而言,改革开放的前 10 年间,在国际国内的政治形势大背景下,人权仍旧是一个政治概念,是与资产阶级进行阶级斗争的工具。虽然有

---

[1] 晨钟:《国内报刊关于“人权”问题的讨论综述》,载《社会科学》1979 年第 3 期。

[2] 蓝瑛:《“人权”从来就是资产阶级的口号吗? ——同肖蔚云等同志商榷》,载《社会科学》1979 年第 3 期。

[3] 林榕年、张晋藩:《谈人权问题》,载《学习与探索》1980 年第 1 期。

[4] 刘靖华:《论美国里根政府的人权外交》,载《世界经济与政治》1987 年第 10 期。

[5] 王德禄、蒋世和编:《人权宣言》,求实出版社 1989 年版。

[6] 例如,秦英君:《人权派政治思想浅析》,载《史学月刊》1986 年第 6 期;宫永康、刘文著、孙有才:《浅论人权派的政治思想》,载《辽宁师范大学学报》1987 年第 1 期;李秀忠:《人权派的政治主张》,载《成都师专学报》1987 年第 2 期。

[7] 例如,陈祖为的《儒家人权观》,[美]萨尼 · 突维斯、吕丽红的《儒学对世界人权宣言的贡献——一种历史与哲学的观点》,郭颖颐的《做人与人权》。以上论文均收录于国际儒学联合会“儒学的人论”国际学术研讨会会议论文集《国际儒学研究》(第 6 辑)。

学者提出“人权”口号不再是资产阶级的专利，但从整体上来讲这种声音是微弱的，学界聚焦的重点仍然是批判。同时，在这一阶段，学者对中国“本土化”人权资源的挖掘虽然已经迈步，但广度和深度都有待拓展。

三、人权研究的“博弈”

进入20世纪90年代，随着中国社会改革和发展步伐不断加快以及国际国内形势的变化，1991年11月国务院新闻办公室发布了《中国的人权状况》白皮书。该白皮书的出台“标志着我国最终从政治上打破了人权禁区”[1]。自此，学界一方面从学术角度展开对人权的研究和阐释；另一方面，对占有主导地位的西方世界人权话语进行了数次论战。

（一）人权属性之争

陈新夏从马克思唯物史观的角度出发，认为“从人权概念的本质和人权提出的过程看，人权具有普遍性的含义。马克思主义并不否认人权的普遍性，而是发展了普遍人权的要求”[2]。孙国华等在主编的《人权：走向自由的标尺》一书中提出，人权在阶级社会中除了具有阶级性这一本质属性，还具有一定的普遍性，人权的阶级性不能排除人权的普遍性，人权的普遍性也不否定人权的阶级性，把二者对立起来是错误的。[3] 这种人权兼具阶级性和普遍性的双重属性的观点受到了大多数学者的认同。

随着改革开放的持续推进，人权属性的普遍性与特殊性之争开始登上历史舞台。坚持人权特殊性的学者们从科学依据、历史依据、主权至上、文化特殊、国情特殊等方面展开论述，为人权的特殊性提供理论依据。也有学者从国际斗争形势的角度分析，认为“西方国家强调人权的普遍性，其实际意义在于利用人权的普遍性向不同社会制度的国家施加压力，

---

〔1〕 汪滁：《人权理论禁区是怎样突破的》，载《百年潮》2004年第5期。

〔2〕 陈新夏：《论人权的普遍性与特殊性》，载《北京师范学院学报（社会科学版）》1992年第6期。

〔3〕 孙国华主编：《人权：走向自由的标尺》，山东人民出版社1993年版，第51－52页。

推行西方式的民主自由"[1]。但多数学者认为，否认人权的普遍性是不符合实际的，也不利于参与国际人权活动，应予改变。[2] 李步云认为，人权是普遍性和特殊性的统一，人权的普遍性是基于人的尊严和价值、人类的共同利益和共同道德；人权的特殊性体现在除基于全人类在利益与道德上存在一致外，也存在矛盾和差异，同时人权存在于特定的社会关系之中，不能脱离社会关系实际而独立存在。[3] 徐显明则进一步指出，人权的特殊性不应该影响人权的普遍性；相反，人权的特殊性应该有助于人权的充分实现。[4] 随着我国人权实践的不断发展，这种主张人权是普遍性与特殊性的统一的观点逐渐成为学界的通说。

（二）人权主体之争

个人主义是西方自由主义理论的基础，西方诸多思想家都坚持个人至上。正如德沃金所言，西方理论最重要的价值是个人主义的价值，即每个人独立存在的命运和尊严。[5] 受此影响，长期以来，西方自由主义人权观坚持只有个人才是人权的主体，对于集体人权持消极否认态度。[6] 此观点在进入国内以后，很多学者深受其影响。张文显在《论人权的主体与主体的人权》一文中指出，人权主体是一个限定的概念，主要指个人，把人权主体主要限定于个人，使之成为与集体权利、社会权利、国家主权相对应的独立范畴，符合人权的真实含义。[7] 此文发表以后，立刻在学术界引发了对人权主体问题的大讨论。1992 年陆德山撰文指出，人权主体除个体形态以外，还存在人权主体的集体形态和人权主体的聚体形

[1] 信春鹰：《国际人权问题热点述评》，载《中国社会科学》1994 年第 6 期。

[2] 刘升平：《近年来法理学研究评述》，载《中外法学》1996 年第 1 期。

[3] 李步云：《论人权的普遍性和特殊性》，载《中国社会科学院研究生院学报》1998 年第 5 期。

[4] 徐显明：《对人权的普遍性与人权文化之解析》，载《法学评论》1999 年第 6 期。

[5] [美]罗纳德 · 德沃金等：《认真对待人权》，朱伟一等译，广西师范大学出版社 2003 年版，第 18 页。

[6] 如一些西方学者认为集体人权不是一种权利，而是一些人或一些国家的利益上的要求，集体人权观可能会过分强调社会责任，有被政府滥用的可能。参见徐显明主编：《国际人权法》，法律出版社 2004 年版，第 7－8 页。

[7] 张文显：《论人权的主体与主体的人权》，载《中国法学》1991 年第 5 期。

态。[1] 针对陆德山的批评,张文显进行了回应。他认为,集体可以成为权利的主体,但"权利"与"人权"并非等值概念,"人权"是"权利"的下位概念,人权主体只是权利主体的一部分。集体人权的主体主要是指主权国家、国家或政治意义上的民族和作为整体的人民。[2] 针对张、陆二人的论争,徐显明撰文指出,随着人权成为国际法调整对象后,人权主体已不仅仅是个人人权,还包括集体人权,承认集体人权的概念有着国际政治斗争的意义,但集体人权属于国际人权法的范畴,国内法原则上不适用。[3] 徐显明在此后又多次撰文对此问题进行了阐释,他认为人权主体之争的实质是西方个人主义文化传统与非西方的集体主义(团体主义)文化传统之间的冲突,个人主义与传统主义之间的界限是动态变化的。[4] 他同时认为集体人权是从个人人权中推导和派生出来的,是一项手段性人权,真正的受益者、作为目标而存在的人权主体只能是个人。[5] 李步云也认为,个人人权与集体人权具有统一性和一致性,个人人权是集体人权的基础,集体人权是个人人权的保障,既要重视保障集体人权,又要重视保障个人人权,不可偏一而废,要做到个人人权与集体人权的辩证统一。[6]

(三)人权内容位阶之争

人权内容位阶之争的焦点主要集中在什么是首要人权。西方自由主义人权观注重个人的公民权利与政治权利,甚至有很多学者反对把经济、社会、文化权利列为人权。[7] 人权的内容与人权的主体一样是历史的、

---

〔1〕 陆德山:《也谈人权的主体》,载《中国法学》1992 年第 2 期。
〔2〕 张文显:《人权·权利·集体人权——答陆德山同志》,载《中国法学》1992 年第 1 期。
〔3〕 徐显明:《人权主体之争引出的几个理论问题》,载《中国法学》1992 年第 5 期。
〔4〕 徐显明:《文化与人权的主体》,载王家福、刘海年、李林主编:《人权与 21 世纪》,中国法制出版社 2000 年版,第 48 - 49 页。
〔5〕 徐显明、曲相霏:《人权主体界说》,载《中国法学》2001 年第 2 期。
〔6〕 李步云:《人权的两个理论问题》,载《中国法学》1994 年第 3 期;李步云:《迈向法治新时代——我的治学理念和实践》,人民出版社 2017 年版,第 241 - 254 页。
〔7〕 [美]杰克·唐纳利:《普遍人权的理论与实践》,王浦劬等译,中国社会科学出版社 2001 年版,第 31 - 32 页。

发展的概念,人权的内容也根据各国国情的不同而有所差别。[1] 我国官方和学界的主流观点认为,生存权和发展权是首要人权。1991 年,《中国的人权状况》白皮书明确指出生存权与发展权是中国人民的首要人权。将发展权作为首要人权是广大发展中国家对西方自由主义人权观的质疑。但也有学者提出了不同的观点,认为“随着生存权问题的基本解决,我国现实首要人权便发生变化,今后几十年我国人民的首要人权不再是生存权,而是自由权特别是言论自由权”[2]。2001 年,郭道晖撰文提出,生存权是基本人权,但不一定是首要人权,不能将生存的质量问题、温饱问题等同于生存权,同时他指出,相比生存权,发展权才是更为现实和紧要的人权。[3] 2003 年,郭道晖再次撰文对经济权利与政治权利的关系进行阐释。他认为,经济的发展促进政治权利的实现,但不能简单机械地直接将经济权利视作政治权利的基础,政治权利是经济的集中表现,也是发展经济的前提和保障。而且政治权利还是一种精神权利,实现人的政治解放是生产力解放的条件和动力,政治权利还能反作用于物质生产。[4] 徐显明则认为,每一种人权都是不可替代的,不存在人权的首要、次要之分。但这一逻辑关联并不妨碍政府或个人在人权发展方面进行优先选择及作出战略安排。从这一意义讲,“首要”仅可理解为优先选择。[5] 常健等也认为,不同的社会发展阶段对应不同的人权保障需求,当前中国的国情决定了将生存权与发展权作为首要人权,置于人权发展战略的优先位置,当中国社会进入新的发展阶段时,人权保障目标的优先顺序也需要作出相应的调整。[6]

---

〔1〕 张永和:《全面正确理解人权概念、人权话语以及话语体系》,载《红旗文稿》2017 年第 14 期。

〔2〕 杜钢建:《首要人权与言论自由》,载《法学》1993 年第 1 期。

〔3〕 郭道晖:《人权理论的困惑与质疑——关于人权、主权、生存权诸问题的探讨》,载谢道晖主编:《岳麓法学评论》第 2 卷,湖南大学出版社 2001 年版。

〔4〕 郭道晖:《政治权利与人权观念》,载《法学》2003 年第 9 期。

〔5〕 徐显明:《人权建设三愿》,载徐显明主编:《人权研究》第 2 卷,山东人民出版社 2002 年版。

〔6〕 常健、赵玉林:《关于人权普遍性的学科间争论》,载《南开学报(哲学社会科学版)》2014 年第 5 期。

四、人权研究的“主体性”觉醒

2004年，第十届全国人大二次会议通过《宪法修正案》，首次将“人权”写入《宪法》，明确规定“国家尊重和保障人权”。“人权”概念入宪是中国民主和政治文明建设的一件大事，是中国人权发展的一个重要里程碑，开启了人权研究的新一波热潮。

对西方现代化发展模式的学习、吸纳和批判，是自晚清以来中国百年改革之路的重要组成部分。[1] 中国人权研究也同样遵循如此进路，在学习中批判，在批判中反思，在反思中选择性吸收部分西方现代人权观念和价值。人权观念作为异质文明的元素之一，其被引入中国以后深受传统文化基因和特殊历史国情的影响。改革开放以来，学者基于传统文化与基本国情对西方以个人自由主义为核心的人权理论进行了多角度的反思。而这种反思是对上文中人权重要核心观念论争在理论层面的进一步探索与升华，主要集中在对西方人权观的核心理论，即对“个人”理论的质疑与批评上。

个人的绝对价值正是西方人权的必要假设和根本意义，[2]西方自由主义人权理论建构在一个理性的独立个人存在的基础之上，并以个人自由权利为核心权利，进而在此基础上拓展出其他各项支持性权利。这里的个人是单独的、普遍的、自主的原子式的个人，并非处于集体之中的个人。有学者认为，作为西方自由主义人权理论基石的理性个人存在并不符合社会生活实际，在现实社会中个人总是群体中的个人，并不存在纯粹生物学意义上的个人，人是社会属性与自然属性的统一。[3] 赵汀阳从多个方面对西方自由主义人权理论中的“个人”进行了反驳，认为人际关系是人权的存在论前提，人的概念是“道德人”而非“生理人”。[4] 也有学

---

〔1〕 周尚君：《中国法学的话语流变考略》，载《法制与社会发展》2012年第5期。

〔2〕 赵汀阳：《“预付人权”：一种非西方的普遍人权理论》，载《中国社会科学》2006年第4期。

〔3〕 李步云主编：《人权法学》，高等教育出版社2005年版，第39－46页。

〔4〕 赵汀阳：《“预付人权”：一种非西方的普遍人权理论》，载《中国社会科学》2006年第4期。

者从传统文化与马克思主义对人的认识角度出发对西方自由主义人权观质疑，认为儒家观念下的个人是生活在群体之中的个人，或属于家庭或属于天下，并且儒家伦理认为个人只有在隶属他人的关系中才有存在的价值。马克思主义理论下的人是社会动物，并且是只有在社会中才能独立的动物，人权只能在个人与社会相互联系的意境上被认可，西方以原子式个人为基础的人权缺乏现实合理性。[1]

解决"中国问题"必须立足于中国人权发展的现实基础。苏力指出，法学研究"不能仅满足于以西方的理论框架、概念、范畴和命题来研究中国，因为这样弄不好只会把中国人的经验装进西方的概念体系中，从而把对中国问题的研究变成一种文化殖民工具"[2]。21 世纪以来，伴随大国崛起而带来的文化自主性与自信心的提升，学者们开始摒弃以"冲击—回应"模式[3]为代表的西方中心主义研究进路，试图在前一阶段对人权吸纳反思的基础上建构中国特色人权话语体系，尝试将人权研究拉回到"主体中国"的轨道。

（一）继续挖掘传统文化基因中的"人权"因子

在中国主体性的基础上建构人权话语体系，必然需要从更深层次的文化角度展开。人权除了靠经济的发展、社会的进步滋润，它最深厚的资源就算是传统了。[4] 有观点认为，人权是个舶来品，按照西方人权的概念及逻辑在中国传统文化中难觅人权之踪影，但不可否认的是中国传统

---

〔1〕 罗艳华：《传统文化对东亚国家人权观的影响》，载徐显明主编：《人权研究》第 3 卷，山东人民出版社 2003 年版；李云龙、钱镇：《儒家文化与人权发展》，载《人权》2012 年第 5 期；张丽清：《难舍的道德帷幕：近代国人人权观念考论》，中国政法大学 2007 年博士学位论文，第 145 页。

〔2〕 苏力：《法治及其本土资源》，中国政法大学出版社 1996 年版，第 217 页。

〔3〕 "冲击—回应"模式是由哈佛大学终身教授费正清提出的一种研究近代中国的基本框架和模式，该模式包含着这样一个假设：中国的文化一旦形成传统，就具有巨大的稳定性，即使有发展，也不过是内部稍作调整，除非外来作用，否则中国难以跳出传统的窠臼。

〔4〕 程燎原：《从法制到法治》，法律出版社 1999 年版，第 205 页。

文化特别是儒家思想中也蕴含着人权的若干元素。[1] 有学者专门论述了儒家的人权思想,认为儒家的人权思想体现在对人之主体的深切关爱和对人的生存权的极大关注。[2] 与此同时,海外学者对“儒家与人权”也高度关注,如狄百瑞指出:“儒家本身是一种无须融汇外来文化的潮流和影响就可以产生和维护人权的自由传统。”[3]此外,杜维明、沈美华、成中英、安乐哲、罗思文、张伟仁、安靖如等学者也从多个角度对儒家与人权进行了深入的研究,着重探讨了儒家思想是否与权利观念相容,以及儒家思想在何种意义上可以接受权利观念,如何从儒家思想中发展出权利观念,等等。[4] 李云龙等认为,儒家思想包含大量进步内容,其中很多观点与现代人权思想不谋而合,并且儒家思想重视社会责任,可以在一定程度上弥补现代文明过分强调个人权利的缺点。[5]

在挖掘传统文化中人权因子上,学界研究的旨趣开始聚焦于如何在古典中寻求与现代转轨的思想灵感和资源。也有学者从《世界人权宣言》的思想渊源展开论述,认为儒家思想对《世界人权宣言》的制定以及由《世界人权宣言》所建构的世界新人权理论有重大贡献。参与《世界人权宣言》起草的中国代表张彭春将儒家思想的“仁”、“礼”和“道”等概念引入该宣言的协商过程,并且《世界人权宣言》第 1 条中的“良心”一词为

---

〔1〕 如牟宗三认为,中国传统文化本身已经包含着民主和人权的种子,并且人权保障在中国的建立是中国文化传统的内在要求。李明辉同样认为,儒家传统中包含若干现代人权概念的思想资源。陈祖为撰文对儒家思想与人权相抵触的观点进行了反驳,认为儒家思想虽与人权之间存在张力,但却没有不相容性。参见牟宗三:《政道与治道》,台北,学生书局 1996 年版,第 387 页;李明辉:《儒家视野下的政治思想》,北京大学出版社 2005 年版,第 53 页;陈祖为、匡钊:《儒家思想与人权》,载《学术月刊》2013 年第 11 期。

〔2〕 云翔:《挖掘中国传统文化中的人权思想——访著名学者、北京大学教授黄枬森》,载《人权》2002 年第 5 期;吴忠希:《中国人权思想史略——文化传统和当代实践》,学林出版社 2004 年版,第 20 - 38 页。

〔3〕 [美]狄百瑞:《亚洲价值与人权——儒家社群主义的视角》,尹钛译,社会科学文献出版社 2012 年版,第 150 页。

〔4〕 梁涛主编:《美德与权利——跨文化视域下的儒学与人权》,中国社会科学出版社 2016 年版。

〔5〕 李云龙、钱镇:《儒家文化与人权发展》,载《人权》2012 年第 5 期。

人权设定了仁学基础，是汉语法律文明的原创性贡献。[1] 也有学者认为，儒家思想在对人的理解方面、对人的尊重方面、在人己关系方面、在政府对人的责任方面，以及在人与自然关系方面，与西方文化有所不同，有着自己独到的且包含普遍意义的认识，儒家文化中的这些内容对当今人权建设有着重要的借鉴和继承意义。[2] 同时，研究并理解张彭春特别是儒家思想在《世界人权宣言》中的中国元素和贡献，对于打破西方人权观的话语霸权，构建中国特色社会主义人权理论体系具有重要意义。[3]

（二）马克思主义人权理论中国化的再深化

对马克思主义人权思想的研究始自改革开放初期的“人权论争”。经过延续十几年的人权“姓资姓社”大讨论过后，“马克思对人权持肯定立场”成为学界的主流观点。马克思、恩格斯的理论中具有丰富的人权思想，通过对学界相关研究成果的梳理，马克思主义人权理论主要包括如下几个方面：（1）人权并非天赋，而是历史地产生的；（2）人权以一定社会的经济条件为基础，人权的主体、内容和形式随着经济基础的变化而发展变化；（3）人权依附于国家而产生和发展，具有阶级性；（4）人权的内容也随着时代的发展而发展等。[4]

同时，学者除了关注马克思人权思想及马克思主义人权经典理论本身，对马克思主义人权理论的研究也更多地转向如何使其中国化方面。李林认为，用马克思主义的立场、观点和方法研究和阐释人权问题，是马

---

〔1〕 鞠成伟：《儒家思想对世界新人权理论的贡献——从张彭春对〈世界人权宣言〉订立的贡献出发》，载《环球法律评论》2011 年第 1 期；孙平华：《〈世界人权宣言〉研究》，北京大学出版社 2012 年版，第 63 页。

〔2〕 黄建武：《儒家传统与现代人权建设——以张彭春对〈世界人权宣言〉形成的贡献为视角》，载《中山大学学报（社会科学版）》2012 年第 6 期。

〔3〕 朱力宇：《〈世界人权宣言〉是多元文化融通的范本》，载《现代法学》2018 年第 5 期。

〔4〕 李林：《论马克思主义人权观》，载《昆明理工大学学报（社会科学版）》2008 年第 7 期；陈佑武：《马克思主义人权理论探析》，载《广州大学学报（社会科学版）》2013 年第 5 期；秦正为：《马克思主义人权理论及其中国实践》，载《学术界》2010 年第 9 期；冯颜利：《马克思主义人权论》，载《马克思主义研究》2006 年第 7 期；孙强：《改革开放以来马克思主义人权理论中国化研究》，中央编译出版社 2013 年版，第 63－71 页。

克思主义中国化的一项重要任务。[1] 李步云指出,社会主义人权需以马克思主义的基本理论为指导,从社会主义国家的社会现实和整个世界的现实状况出发,全面地、实事求是地总结社会主义人权制度的实践经验。[2] 学界在对马克思主义人权理论研究的基础上尝试建构中国特色社会主义人权理论。中国特色社会主义人权理论的首次阐述可以追溯至1991年颁布的《中国的人权状况》白皮书,该白皮书指出,中国人权具有广泛性、平等性以及真实性三大特点。通过对学界相关研究成果进行归纳总结,中国特色社会主义人权理论主要包含如下几个方面的内容:(1)人权是生产方式的产物,是历史的产物;(2)人权是具体的,人权的内容是变化发展的;(3)生存权和发展权是首要的基本人权;(4)人权是自然属性和社会属性的统一;(5)人权是权利与义务的统一;(6)人权是普遍性和特殊性的统一;(7)人权是各类权利有机统一的权利体系。[3]

(三)立足于中国人权建设实际的理论创新

人权研究所要回应和关注的是社会的需要。学者逐渐认识到并明确了人权研究必须立足于中国基本国情和人权实际进行理论创新和体系构建。

当前人权建设的最大实际就是中国仍旧处于并将长期处于社会主义初级阶段的基本国情没有变,发展仍旧是未来很长一段时间我党执政兴国的第一要务。正是基于对中国人权建设实际的认识,学界并未机械地照搬马克思主义人权理论的某些具体论述,也没有盲目学习西方人权发展模式,而是基于这一当今中国人权建设的最大实际,开始以发展权为核

---

〔1〕 李林:《论马克思主义人权观》,载《昆明理工大学学报(社会科学版)》2008年第7期。

〔2〕 李步云:《论人权》,社会科学文献出版社2010年版,第10-11页。

〔3〕 常健:《中国特色社会主义人权发展道路、理论和制度》,载《中国人权评论》2013年第2期;李步云:《论人权》,社会科学文献出版社2010年版,第11-22页;吴忠希:《中国人权思想史略:文化传统和当代实践》,学林出版社2004年版,第17-19页;汪进元:《〈国家人权行动计划〉的实施保障》,中国政法大学出版社2014年版,第29-36页;熊万鹏:《人权的哲学基础》,商务印书馆2013年版,第322-338页;孙强:《论中国特色社会主义人权理论》,载《理论探索》2010年第6期;广州大学人权理论研究课题组、李步云:《中国特色社会主义人权理论体系论纲》,载《法学研究》2015年第2期。

心构建中国特色人权话语体系。

李步云认为，发展权是一项权利，发展权有狭义与广义之分。狭义的发展权是一项集体人权，即发展中国家有“发展机会均等”的权利。广义的发展权首先是一项个人人权，即任何国家的任何个人都有参与发展的权利和平等享有发展成果的权利，同时广义的发展权的内涵和意义也适用于每个国家。他同时指出，我国对发展权的理解和立场应该是广义和狭义的结合，实现国家和人民的全面发展。[1]

从狭义来讲，当前西方发达国家主导的政治秩序和经济秩序以单一利益取向为主导，缺乏包容性，人为地将自由发展与全面发展进行割裂，这极大地限制了发展中国家享有世界发展的成果。汪习根等认为，发展权是不发达、被边缘化的权利主体争取话语权的产物，它将改变现行西方世界所主导的世界政治与经济秩序，是对西方个人主义人权、社会化人权以及发展中国家提出的集体人权观、经济人权观的超越，最终目的是实现人类社会整体的全面发展。[2] 常健进一步重申，西方以个人自由权利为核心的人权话语体系有其历史局限性，立足我国发展实际，以发展权为核心重构人权话语体系是对西方人权话语体系的超越与扬弃，将会拓展人权理解的视野，促进全球人权事业的健康发展。[3]

从广义来讲，以人民为中心的发展思想是发展权在我国适用和表现的主要依据。人的自由发展与全面发展并非对立，而是相辅相成、相互促进的。当前学界的主流观点认为，发展权具有整体性和协调性，其内容涉及政治、经济、社会、文化等不同领域，[4] 我国正在大力推进的“五位一

---

〔1〕 李步云：《发展权的科学内涵和重大意义》，载《人权》2015 年第 4 期。

〔2〕 汪习根、涂少彬：《发展权的后现代法学解读》，载《法制与社会发展》2005 年第 6 期。

〔3〕 常健：《以发展权为核心重构人权话语体系》，载《求是》2017 年第 14 期。

〔4〕 张永和：《发展权是人类社会的永恒权利》，载《人民日报》2016 年 12 月 20 日，第 11 版；谷春德：《中国特色人权理论与实践研究》，中国人民大学出版社 2013 年版，第 5 - 12 页；何志鹏：《权利基本理论：反思与构建》，北京大学出版社 2012 年版，第 176 - 180 页；李步云：《论人权》，社会科学文献出版社 2010 年版，第 289 - 292 页；徐显明、齐延平：《中国人权制度建设的五大主题》，载《文史哲》2002 年第 4 期。

体”的社会主义现代化建设战略与发展权相吻合，强调发展的整体性。[1]当前发展权的终极追求是实现人的全面发展，对发展权中任何一项权利的侵害都是对整体发展权的践踏，只有实现权利的协调发展，才能最终促进发展权的整体实现。[2]

关于“数字人权”术语的争论是近年来的核心主题。从2019年开始，数字人权[3]在人权法理中出现后，逐渐成为学界的高频词汇，学者们的立场莫衷一是，理由不一而足。支持论者分别从单向和双向来界定数字人权。单向论是从美好生活视角定位数字人权属于第四代人权，涵括通过数字科技实现的人权、数字生活或数字空间中的人权、数字科技的人权标准、数字人权的法理依据等具体内容。双向论提出数字人权之危机、变革、法治、自主等系列命题，使用数字权力、数字人性、数字形态等概念从正反两个方面交替论证其合理性。数字人权的论证主要涵盖三个焦点：第一，数字人权概念是否存在泛化。主张派认为数字权利等同于数字人权；反对派认为这是数字人权的概念泛化的体现，两者存在根本区别，不应把非人权的数字权利和人权混为一谈。第二，数字人权是否属于人权。主张派认为数字人权就是人权；反对派认为数字人权不是人权，也不具备人权本质。第三，数字人权是否能构成第四代人权。主张派认为数字人权是第四代人权；反对派认为数字人权不构成第四代人权。[4] 该论争虽

---

〔1〕 付子堂：《发展权与中国人权事业大发展》，载《人权》2017年第1期；罗豪才：《贯彻新理念推动新发展》，载《人权》2016年第3期。

〔2〕 张永和：《发展权是人类社会的永恒权利》，载《人民日报》2016年12月20日，第11版；齐延平：《论发展权的制度保护》，载《学习与探索》2008年第2期。

〔3〕 张文显：《新时代的人权法理》，载《人权》2019年第3期。

〔4〕 学界关于数字人权的基础理论的争论极为丰富。有代表性的论文如下：蔡立东：《为什么“数字人权”是第四代人权》，载《数字法治》2023年第3期；龚向和：《数字人权的概念证立、本原考察及其宪法基础》，载《华东政法大学学报》2023年第3期；郑智航：《数字人权的理论证成与自主性内涵》，载《华东政法大学学报》2023年第1期；刘志强：《“数字人权”再反思——与马长山教授等商榷》，载《政法论坛》2022年第6期；丁晓东：《论“数字人权”的新型权利特征》，载《法律科学（西北政法大学学报）》2022年第6期；杨学科：《第四代人权论：数字时代的数字权利总纲》，载《山东科技大学学报（社会科学版）》2022年第2期；刘志强：《论“数字人权”不构成第四代人权》，载《法学研究》2021年第1期；马长山：《智慧社会背景下的“第四代人权”及其保障》，载《中国法学》2019年第5期。

未就三大焦点形成共识，但向“人性”这一上位概念的探索成为继续探讨的重要方向。

近年来，运用马克思主义基本原理研究人权，既有回到经典文本的方式，也有关注中国人权学科和人权道路的方式。2023 年，张永和主编的《马克思恩格斯论人权：文本与解读》是对马克思、恩格斯关于人权思想的经典论述进行正本清源式的系统解读，从宏观维度展现马克思、恩格斯人权思想的总体理论面貌。该书选取 30 篇马克思、恩格斯的经典著作，摘选其中关于人权的论述并加以逐段解析，以求努力还原马克思主义人权思想的本来面貌。2021 年，鲁广锦在其所作的《历史视域中的人权：中国的道路与贡献》中，明确提出“中国走出了一条符合国情的人权发展道路，成为影响和推进世界人权事业发展的重要力量。中国坚持站在历史正确的一边，不断以自身的人权实践丰富发展着人类文明多样性”〔1〕。2023 年 12 月，中国首个人权学博士点落地吉林大学。何志鹏指出，“人权学科不是一个简单的追逐热点的学科，而是一个经过反复推敲、琢磨、提炼而形成的具有广阔背景的学科，体现了中国学科体系、学术体系、话语体系方面的积极作为、主动探索”，“期待为推动人权学科体系、学术体系、话语体系的发展提供了借鉴和助力”。〔2〕

五、人权研究的发展趋势

新中国成立以来，中国人权研究以阶级斗争话语开篇，跟随改革的脚步，在逐渐宽松的社会和学术氛围中从“排斥西方”走向“对话西方”，又在中西人权竞争与对话的过程中开始“反思西方”，逐步回归人权研究的自主性。综观这一中国人权研究的演进历程，有需要不断反思和完善之处。尤其在当前国内国际形势下，人权的非传统危机不断涌现，人权问题超越国家、地区等地理空间，作为全人类事业组成部分的特点越来越鲜

〔1〕 鲁广锦：《历史视域中的人权：中国的道路与贡献》，载《红旗文稿》2021 年第 1 期。

〔2〕 何志鹏、于润田：《人权学：学科内涵、发展方向与探索经验》，载《人权研究》2023 年第 4 期。

明,这为人权研究的未来发展趋势提出了许多新的思考点和智识增长点。我国今后的人权研究,在坚持主体性自觉的基础上,需要在以下方面继续加强关注,并展开不懈的探索。

首先,人权研究的政治性与学术性将长期相互交织。政治性与学术性问题并非人权研究所独有,可以说在人文社会科学中都或多或少存在。改革开放初期的人权研究主要服务于对外人权斗争的需要,用于批判以美国为首的西方国家强加于他国的人权价值观以及美国人权双重标准的虚伪性。1992 年以后,人权研究不再单纯从政治维度展开讨论,更多地转向法律、社会、经济、历史等多维度,人权问题也不再仅仅是政治问题,而更多地变成了一个具有法律属性、社会属性、经济属性等多面向的问题。诚如郭道晖所言,"在以后蓬勃展开的人权讨论中,已不限于只是对付外国人对我国人权状况的挑战,而且是对人权理论与实际问题本身展开了全面的探讨"〔1〕。

其次,实现人权研究的"引介移植"与"自主塑造"辩证互动。毋庸讳言,人权概念最早出现于西方,是"舶来品",中国传统文化并未生发出系统的人权理论与制度。改革开放初期,中国对人权的抗拒与排斥是出于阶级斗争的考量,认为人权是资产阶级向无产阶级进攻的口号。随着改革进程的不断深入,中国开始融入全球化、现代化潮流。中国人权研究开始从国际社会,包括以联合国为主导的国际人权法体系中引介诸多概念、范畴、话语,人权的概念、主体、属性、内容等核心理论都与现代西方国家产生了直接的和内在的联系。当然,全球化、现代化理论在逻辑上推演出来的同一性、普遍性,在实践层面面临着诸多现实挑战。来自西方主导的人权理论在中国的具体社会环境中出现了"水土不服"。这致使学界开始对"引介"的研究方法进行反思,从而为人权研究的"自主塑造"开放出空间。总体上,今后人权研究的"引介移植"与"自主塑造"不应该是对立的、非此即彼的关系。在国际视野下,立足于本国、本民族的历史脉络和

〔1〕 郭道晖:《人权论要》,法律出版社 2015 年版,第 158 页。

生活世界,自主塑造中国人的人权认知和想象也尤为必要。中国人权研究经历了从对西方人权观念的抗拒与排斥,到选择性吸收,再到部分引进西方现代人权观念和逆反价值注入,目前正走向反思与建构,尝试建构中国特色人权研究话语体系。目前这种反思和自主塑造的方法还不够多元,深度仍有待进一步发掘,如何精准把脉中国人权领域的真问题,如何发挥中华文化持续具有的"自我塑造"的实践智慧和能量,也必然是中国人权研究"向何处去"的基本方向之一。

最后,创新人权话语与叙事需要"融通中外"的心态。当前中国人权话语研究尚属起步,一方面,需要对西方人权话语保持理性的态度,加强相互交流和沟通;另一方面,需要加强对世界优秀文明进行持续不断的吸收,包括对我国传统文化以及第三世界国家中的人权元素进行挖掘和创造性转化。在此两者基础上,推动马克思主义人权思想中国化、大众化、时代化不断向纵深发展。另外,创新人权话语与叙事需要跨学科研究话语表达和传播机制。话语与叙事涉及传播学、新闻学、人权法学等多元学科议题。讲好中国故事,凝炼并传播中国人权经验和人权进步讯息,是中国人权事业和研究产生影响力的重要途径之一。一方面,未来人权议题的研究要充分尊重跨学科研究的基本要求并发挥跨学科研究的基本优势;另一方面,政治话语、学术话语、大众话语在人权话语体系中都占有重要的地位,未来人权话语与叙事上应该是多元力量共建。

六、人权研究的新进展〔1〕

随着全球化的深入发展和国际社会对人权议题日益关注,2014 年至 2024 年成为中国人权研究发展的关键 10 年。

(一)人权学术研究的新进展

2014 年至 2024 年我国出版的人权专著近 600 本。在研究主题方面,

---

〔1〕 赵树坤、朱莉:《中国人权研究及人权学科体系建设的新进展》,载蒋建国主编:《中国人权事业发展报告 - No. 14(2024)》,社会科学文献出版社 2024 年版,第 368 - 398 页。

这一时期的人权专著呈现出多元化和专业化的特点。在所有的研究主题中,“人权理论与实践”作为主要研究主题占据超过1/3的比重,体现了学界对人权基础理论的重视。“特定群体权利”研究主题占约20%,不仅关注传统弱势群体,还涉及城乡发展不均衡带来的新型弱势群体,反映了研究者对社会变迁的敏锐观察。“公民权利和政治权利”和“经济、社会和文化权利”的研究主题比例各自接近10%,显示出两类权利研究的相对平衡。“生存权和发展权”研究主题呈现增长趋势,反映了中国特色人权理论的发展。同时,“全球人权治理”和“工商业与人权”等新兴主题的出现,体现出中国学者对国际人权事务的参与度提升以及对新兴人权问题的关注日隆。

从学科视角来看,法学在人权研究中占据主导地位,在所有人权专著中,相关专著占比超过1/2,彰显法学在人权理论和实践中的核心作用。政治学、哲学、社会学等学科也对人权研究作出了重要贡献。跨学科研究方法开始成为人权研究的重要路径,不同学科的理论和方法被综合运用,以从多维度探讨人权问题。

这一时期的人权专著呈现出以下特点:第一,研究主题呈现多元化和专业化趋势。第二,研究焦点和主题随时间推移呈现明显的演变态势。传统核心议题与新兴议题交织,数字人权、全球人权治理等成为新的关注点。第三,人权研究逐渐形成多学科交叉格局,法学占据主导地位,但其他学科参与不断深化,跨学科研究方法日益重要。

在期刊论文方面,人权学术研究呈现如下特点:

第一,学术关注和期刊数量增加。中国人权研究会主办的《人权》被CSSCI中文社会科学引文索引(2021—2022)收录为来源期刊,山东大学人权研究中心主办的《人权研究(辑刊)》被CSSCI中文社会科学引文索引(2017—2018)收录为来源集刊,反映出人权研究的学术认可度和研究质量的提升。另外,中国政法大学主办的《人权研究(季刊)》以及西南政法大学主办的《人权法学》崭露头角,显示出人权研究在学术界的发展。从出版的期刊类型来看,人权研究的领域变得更加多元化。除了传统的法学研究，还包括残障权利研究、反歧视研究等更专业和细分领域的研究。

第二，人权研究焦点拓展。人权研究焦点拓展表现在对新兴议题的关注，全球与地方议题的结合，全球政治变迁对人权影响等方面。随着社会变迁和技术发展，一些新兴议题成为人权研究的焦点。例如，数字人权研究的兴起促使学者们扩展传统的人权理论框架，以纳入数字化时代的新问题和挑战。数字人权问题成为国际人权议程的重要组成部分。此外，环境变化对人权的影响，特别是气候变化对弱势群体生活权和发展权的影响，也逐渐成为人权研究的重要组成部分。全球化使国际和地方议题在人权研究中越来越多地交织在一起。学者关注全球人权规范如何影响地方实践，以及地方人权问题如何在地方或全球层面得到关注和解决。例如，研究如何将国际人权标准与本地文化和法律体系相结合，以及如何在全球框架下解决地方性人权问题。研究焦点的扩展显示出人权领域对于全球化时代新挑战的敏感性和适应性。这些研究不仅丰富了人权领域的理论和实践，也为应对当代世界面临的人权挑战提供了重要的视角和工具。

第三，批判性和建设性研究取向。批判性分析主要集中于现有的人权问题和政策的不足。学者们深入挖掘和分析人权受到侵犯的根源、制度缺陷、法律漏洞、政策执行的不足，以及全球和地区人权保护机制的局限性。这种分析不仅揭示问题的本质，还揭露导致这些问题的社会、政治和经济结构因素。在批判性分析的基础上，学者进一步提出解决方案和改进措施。这些建议包括法律修订、政策更新、制度创新以及国际合作的加强等。建设性的建议旨在提供具体、可行的方案来应对人权问题，推动人权保护和促进的实际进步。

（二）人权学科体系建设的新进展

人权研究与人权教育是当代中国人权学科发展的重要支点，其发展是一个累积性和多层次合作的过程。中国人权学科体系建设呈现出三个主要特征：一是与中国政治进程紧密结合，人权的认可和保障已成为中国政治发展的重要组成部分；二是与中国人权研究相互促进，理论研究为学科体系建设提供基础,学科建设又推动教育改革和人权教育发展;三是与多学科交叉融合,人权学科通过其跨学科的性质,有效地对现代学科分类的人为缺陷进行自我修复和完善,促进知识的整合,提高学科体系的科学性和合理性。

在学科建设方面,党和国家政策法律文件为人权学科提供了理论基石和实践指导框架。国家人权教育和培育基地的建立和运作,为人权研究提供了专业平台,推动了人权理论创新和实践应用。这些基地通过编写教材、承办会议和发布报告等形式,在人权学科的建立、专业人才的培养和人权知识的传播方面起到了引领和示范作用。

七、结语

从人权主体性觉醒,到生存权和发展权特色话语奠基,从“人权入宪”到“两个结合”,其话语体系逐步凝炼为“人民幸福生活是最大的人权”;从对东方和西方、传统和现代的省思到以生存权和发展权为核心主题的学术探索,新兴权利中“数字人权”争论无疑成为人权学术的新时代表达;从挖掘红色传统中的人权意蕴到出版马克思主义人权著作、颁布人权白皮书和行动计划,再到人权学的出现,马克思主义人权旗帜在学科中贯穿始终,对其进行推敲、琢磨、凝练的过程不断丰富和提升人权作为世界道德话语的意蕴。值得深思的是,当前人权研究尚属起步阶段,对西方人权话语应保持理性的态度,以马克思主义人权话语对各种流派进行评析和扬弃应成为确保其话语体系正确的基础;世界优秀文明特别是第三世界国家的文明形态,以及中国传统文化中的人权意蕴挖掘和转化应当成为人权的多样性框架;物质生活环境持续演化带来了诸多新的人权议题,人权仍然需要在生存和发展中寻求对诸种问题的解释力。本体的客观性、价值的人民性、关系的共识性也需要表达和传播,人权逐步融入哲学、公共管理学、传播学等更大的环境中。领悟历史故事、听懂世界故事、讲好中国故事仍然需要以人权学为中心进行多元共建,以求在马克思主义人权观统领下,“各美其美,美人之美,美美与共,天下大同”。

延伸阅读学术著作

1. 夏旭东、马胜利、段启增主编:《世界人权纵横》,时事出版社1993年版。
2. 孙国华主编:《人权:走向自由的标尺》,山东人民出版社1993年版。
3. 王家福、刘海年主编:《中国人权百科全书》,中国大百科全书出版社1998年版。
4. 李步云主编:《人权法学》,高等教育出版社2005年版。
5. 徐显明主编:《人权法原理》,中国政法大学出版社2008年版。
6. 李步云:《论人权》,社会科学文献出版社2010年版。
7. 熊万鹏:《人权的哲学基础》,商务印书馆2013年版。
8. 郭道晖:《人权论要》,法律出版社2015年版。
9. 张永和主编:《人权之门》,广西师范大学出版社2015年版。

延伸阅读学术论文

1. 李步云:《论人权的三种存在形态》,载《法学研究》1991年第4期。
2. 张文显:《论人权的主体与主体的人权》,载《中国法学》1991年第5期。
3. 沈宗灵:《人权是什么意义上的权利》,载《中国法学》1991年第5期。
4. 张恒山:《论人权的道德基础》,载《法学研究》1997年第6期。
5. 徐显明:《人权的体系与分类》,载《中国社会科学》2000年第6期。
6. 李林:《法治社会与弱势群体的人权保障》,载《前线》2001年第5期。
7. 郭道晖:《人权的本性与价值位阶》,载《政法论坛》2004年第2期。
8. 赵树坤、毛奎:《中国人权研究的主体性觉醒与省思:1978—2018》,载《华东政法大学学报》2019年第1期。
9. 马长山:《智慧社会背景下的"第四代人权"及其保障》,载《中国法学》2019年第5期。
10. 胡玉鸿:《论生存权是首要的基本人权》,载《求索》2024年第6期。

延伸阅读学位论文

赵雪纲:《论人权的哲学基础——以生命权为例》,中国社会科学院2002年博士学位论文。

第二十八章　法律与正义

本论题导读

新中国法理学对正义的研究经历了三个阶段：首先，随着法理学界的研究视野从法的阶级性拓展至法律价值，法之正义价值日益得到学界重视；其次，学界从单一地译介、接受西方法理论，到形成自主探索法律正义价值的理论自觉，"正义"作为法律价值成为共识，并为法理学教科书所确认；最后，学者关注作为抽象的正义观念，致力于以正义价值引领法治实践，法律作为"正义之术"回应了更多社会实践议题。正义研究的基本议题集中于：作为法律价值之正义的含义，法律价值体系中正义价值的地位，作为"看得见的"法律正义之程序正义论题。今后，法理学视野下的正义研究不仅需要坚守作为人类共同性价值之正义的观念，亦需注重研究的学术关怀和知识生产的现实关怀。

新中国成立以来的法理学界关于法律与正义的研究，大体经历了从研究起步到逐渐成长成熟的过程[1]，法学界关于正义的研究亦随之经历了重大转变。本章拟从正义研究的不同脉络出发，探究法律的正义研究在我国法理学发展史上的宏观演绎，再而深入内里，考察法理学界对法律与正义之基本议题的探索；另外，通过对新中国成立以来法理学界的论文期刊、著作及通用教材进行分析、整理和提炼，本章试图描绘出法理学视野下正义研究之概貌，对正义研究内在深度和广度进行回顾与反思，尽可

〔1〕 舒国滢：《新中国法理学七十年：变化与成长》，载《现代法学》2019 年第 5 期。

能为学界后续相关研究的开拓提供助力。

一、法理学界关于正义研究的历程

(一)正义研究的缘起

在党的十一届三中全会以前,国内法学学术作品几乎不深究正义概念,更不会过多讨论法与正义之间的关系。在当时的学界看来,“法”通常以政策指导下的“秩序”作为价值目标和主要功能,由一定经济基础和社会物质条件所决定,是致力于社会稳定的工具和手段。20 世纪五六十年代,主流法学界有关“正义”的几次发言,基本限于政治外交领域,如支持亚非拉民族国家争取独立、主权问题的正义等。[1]

改革开放以后,作为法律价值的正义研究逐渐在学术界兴起。法律价值的研究以不局限于功能法的阶级统治的作用、维护稳定秩序的功能的桎梏为始基,逐渐形成了自身独特的研究领域,并成为法学理论研究的重要先导。[2] 法律价值的研究使得“法”不再被定位为对社会不同阶级进行统治的被动封闭性角色,而是转向关注“法”所具有的独立价值目标,这就开放性地使法的精神吸收了社会价值与人的意义,“法”的意涵得以容纳“互动性的指向和丰富性的创造”。换言之,法律不再是原先所认为的封闭稳固的现实意志或经济社会的产物,而是融贯应然与实然、理想与现实的开放性统一体。因而,在以正义为核心的价值体系中,“法”保持着对现实的关切,同时,通过正义价值更合理地发挥着对现实社会的协调规范功能。

---

〔1〕 参见《拥护伟大的宣言,进一步发展法律为和平与正义服务的事业》一文中有关支持国际领域的社会主义国家争取民族独立斗争,以及反对美帝侵略的宣言,载《政法研究》1958 年第 1 期;沈钧儒:《保卫格列索斯就是伸张正义!》,载《政法研究》1959 年第 4 期;李浩培:《遣责美国的法西斯立法和审判,支持美共的正义斗争》,载《政法研究》1962 年第 1 期。

〔2〕 葛洪义:《法律价值研究的目的与方法》,载刘升平、冯治良主编:《走向 21 世纪的法理学》,云南大学出版社 1996 年版,第 174 – 180 页。

（二）正义价值研究的演进

20 世纪八九十年代，对西方法律思想史上各思想家和流派的正义观念之译介、梳理和分析，是这一时段的重大理论征象。[1] 人类思想史凝结了对人之自身价值的尊崇，溯源于自然法的正义、平等、自由等理念，为"法的价值"研究发展带来了诸多新鲜血液，法理学界对法的认识和观念定位，从原先封闭固定的"阶级本质论"，拓展至法律移植[2]及其开放多元的"价值论"局面。值得一提的是，1987 年邓正来翻译了博登海默的《法理学——法哲学及其方法》，1988 年何怀宏等人译介了罗尔斯的《正义论》，二者在很大程度上助推了国内学术界系统了解西方法学思想史和正义理论。博登海默一书，不仅设有"正义的探索"专章，还认为"法律是秩序与正义的综合体""正义指导法律，法律促进正义。法律旨在创设一种正义的社会秩序"[3]，至今影响深远；而罗尔斯一书，也引起了政治学界和法学界对"罗尔斯"和"正义"话题的讨论热潮，[4]将正义作为社会制度的首要价值是该书的重大理论议题，也为法理学界带来诸多对"社会正义"议题的关注。这些多元的学术冲击使学者的法观念和法意识发生转变，试图研究法在实现正义事业中的作用和功能，[5]"正义"作为一种重要的公认价值，值此开始进入国内诸多不同版本的法理学教科

[1] 倪正茂：《法学在探索中创新——兼评法学"幼稚"说》，载《政治与法律》1988 年第 4 期；谷春德：《西方法律思想史建设的十年》，载《法律学习与研究》1990 年第 6 期；谷春德、邓楚开：《西方法律思想史的回顾与改革》，载《法学家》2002 年第 3 期。

[2] 这一时期有些学者认可法治现代化以学习借鉴西方法为要义，除法律本身，还应当学习思想史上的法价值观念和法精神。参见郝铁川：《中国法制现代化与移植西方法律》，载《法学》1993 年第 9 期。

[3] [美]E. 博登海默：《法理学——法哲学及其方法》，邓正来、姬敬武译，华夏出版社 1987 年版。

[4] 张乃根：《罗尔斯的法律哲学思想》，载《法学》1987 年第 11 期。

[5] 孙国华、郭华成：《马克思主义法正义观初探》，载《中国法学》1991 年第 3 期；孔庆明主编：《马克思主义法理学》，青岛海洋大学出版社 1992 年版，第 451－455 页；严存生：《社会运动与法和正义》，载《法律科学》1994 年第 4 期。

书中。[1]

国内学者在对西方正义理论进行译介、阐释与廓清的过程中，梳理了西方思想史上正义理念发展的脉络与特点；其后，基于法理学领域对原先的法之“统治阶级工具”式理解，又进行了多方面的审视和反省。有学者提出法的秩序性，实则同时包含正义、自由、效益等各种价值面向。[2] 法理学领域有关法律正义价值的研究逐渐多了起来，基础理论的部分也开始引用西方思想史上的论点予以佐证。严存生、沈宗灵等学者属于法学界中较早着力于思想史研究的学者，从对西方法思想史的追溯中提炼出法的正义价值，为法律正义方面的研究开辟道路；[3] 张文显于1988年首次将正义作为法律价值之一纳入法理学教科书中，为其后各种版本的教科书提供了借鉴和指引；[4] 卓泽渊于1994年出版了《法律价值》一书，开创了国内法理学界以个人专著形式详述法律价值的先河，该书专章论述法的正义价值，是法律正义研究较早的专著。[5]

教科书作为学界知识构成的重要标志，同时昭示着法理学从对资产阶级法学的全面否定，到致力于一般性法理学基础研究之巨大转向。法理学领域众多教科书对法律正义价值的采纳，昭示着法的正义价值已成为学界相对稳定的共识认知。随着邓小平南方谈话以及党的十五大报告

---

〔1〕 张文显主编：《法的一般理论》，辽宁大学出版社1988年版，第99－104页；沈宗灵主编：《法理学研究》，上海人民出版社1990年版，第68－83页；修义庭主编：《马克思主义法理学》，上海远东出版社1993年版，第288－298页；范健、张中秋、杨春福主编：《法理学——法的历史、理论与运行》，南京大学出版社1994年版，第177－179页；李龙主编：《法理学》，武汉大学出版社1996年版，第100－112页；陈金钊主编：《法理学——本体与方法》，法律出版社1996年版，第284－289页；赵震江、付子堂：《现代法理学》，北京大学出版社1999年版，第109－121页。

〔2〕 阮防：《法律的价值目标——富有正义、效率的秩序》，载《法学》1994年第7期。

〔3〕 沈宗灵：《佩雷尔曼的“新修辞学”法律思想》，载《法学研究》1983年第5期；严存生：《“智者”的政治法律思想及其在古希腊的地位》，载《西北政法学院学报》1984年第2期；严存生：《“法律价值”概念的法哲学思考》，载《当代法学》1988年第3期；严存生：《公平、改革、法律》，载《法律科学》1990年第2期；沈宗灵：《法 正义 利益》，载《中外法学》1993年第5期。

〔4〕 张文显主编：《法的一般理论》，辽宁大学出版社1988年版，第99－104页。

〔5〕 卓泽渊：《法律价值》，重庆大学出版社1994年版，第349－376页。

提出“建设社会主义法治国家”，学界进一步解放思想、更新观念，这些为法理学的基础理论研究提供了重大机遇。[1] 萌芽于对西方法理论的译介、梳理、审视，法的正义价值的基础理论被提炼出来并不断完善，并进入教科书，这个演进无疑是巨大的，一定程度上为正义研究的后续深入奠定了重要基础。

（三）正义观念的实践转向

20 世纪末，随着社会主义市场经济法律体系的不断完善，人们对法的性质、作用和适用范围都有了全新的理解和认识。以市场经济为主导的经济体制改革，打破了计划经济体制下的利益格局，催生了诸多利益主体和群体。“效率优先、兼顾公平”的正义观念，“为克服改革前‘平均主义’与‘大锅饭’时代的弊端而占据主流”[2]，但这种“破旧立新”的正义观在确保经济效益目标的同时可暂时牺牲“公平”价值，实则是将法律作为服从经济建设和社会效率发展的工具。面对社会多元利益主体的矛盾关系，以及存在于东西部地区、城乡之间的贫富分化和社会不公现象，法学界试图通过倡导法治和法的公平正义来回应现实问题，以促进正义的具体落实。有关法的强制性与正当性的讨论值得一提，周永坤言明单一性的“强制论法观念将对法治国家建设构成严重障碍”，试图确证“法的正当性高于法的强制性”[3]。这一时期，对法的正当性、社会利益[4]、程

[1] 在这一时期对外开放的新形势下，法理学界打开大门，以多种形式开展对外学术交流，逐步走向世界。参见刘雪斌、李拥军、丰霏：《改革开放三十年的中国法理学：1978—2008》，载《法制与社会发展》2008 年第 5 期。

[2] 景天魁：《寻求公平与效率的均衡》，载《求是》2005 年第 23 期。

[3] 周永坤：《论法律的强制性与正当性》，载《法学》1998 年第 7 期。

[4] 张恒山、王健：《对科斯产权界定主张的法律分析——兼谈正义与效率的优先性问题》，载《天津社会科学》1994 年第 6 期；孙笑侠：《论法律与社会利益——对市场经济中公平问题的另一种思考》，载《中国法学》1995 年第 4 期；公丕祥：《社会正义与法哲学的时代天职》，载《法律科学》1995 年第 3 期；谢晖：《法治：中华民族精神转换的主导价值取向》，载《政治与法律》1995 年第 3 期。

序正义[1]、环境正义[2]等诸多正义议题的讨论，有力推动了正义研究的实践化转向。

世纪之交，随着法学界对正义研究的深入，旧有的抽象化正义价值逐渐进入现实，并具体化、制度化。[3] 人们对法律的理解和关注，从原先单纯服务于政治或经济社会发展的工具性角色，渐渐转向正义价值引导下的法治实践过程。从“法治”入宪到“和谐社会”建设，从“尊重和保障人权”入宪到将“正义”作为“全人类共同价值之一”，正义价值引领下的法治实践，要求现行法律以良法之治的姿态不断回应社会发展议题。“法治”“人权”在法理学领域产生诸多理论争鸣。例如，学者们提出，“社会主义法治理念”与“法治精神”的内容互相衔接，要旨在于依法治国、维护社会公平正义、促进社会和谐之精神，并主张融法治之善治、民主、人权、公正、理性、和谐等为一体；而相应的人权制度表达实为一套逻辑化和实证化的权利运行机制，人权精神的共识有赖于西方与东方、传统与现代之人权话语体系的相互开放。[4] 与此同时，“和谐社会”建设亦引发诸多讨论。例如，学者提出，“和谐社会”要求构建实现社会公正和保障弱势群体之社会正义的法律调整机制；要注重人与自然和谐相处的生态正义面向；要“从规则的正当性、结构的正当性和价值的正当性中，寻得良好

---

[1] 孙笑侠：《论法律程序与程序法制》，载《当代法学》1990年第4期；季卫东：《法律程序的意义——对中国法制建设的另一种思考》，载《中国社会科学》1993年第1期；左卫民：《公正程序的法哲学探讨》，载《学习与探索》1993年第4期；陈桂明：《诉讼公正与程序保障——民事诉讼程序之优化》，中国法制出版社1996年版；刘荣军：《程序保障的理论视角》，法律出版社1999年版。

[2] 蔡守秋：《论当代环境法学的发展》，载《法商研究》1998年第3期；汪劲、田秦等：《绿色正义——环境的法律保护》，广州出版社2000年版；王韬洋：《“环境正义”——当代环境伦理发展的现实趋势》，载《浙江学刊》2002年第5期；李华荣：《生态正义论》，载《山西大学师范学院学报》2002年第2期。

[3] 为充分回应“现代”与“后现代”互为张力的路径挑战，“就必须实现法学研究范式的转化，路径之一就是将人从单纯的法律认识主体转化为法律实践主体”。参见葛洪义：《法学研究中的认识论问题》，载《法学研究》2001年第2期。

[4] 钱鸿猷：《西方法治精神和中国法治之路》，载《中外法学》1995年第6期；李步云：《论人权的本原》，载《政法论坛》2004年第2期；王福民：《法治精神：当代中国政治文明的灵魂》，载《科学社会主义》2004年第6期；刘红臻：《人权的制度表达》，载《法制与社会发展》2004年第1期；张文显：《社会主义法治理念导言》，载《法学家》2006年第5期。

的法律秩序”之善治路径；在局部上，利益配置应强调法的主体性，体现对特殊群体的保护；在全局上，应强调法的公共性、基本利益资源配置的平等。[1]

另外，孙笑侠于 1999 年发表的一篇论文激起了法理学界对法的“形式正义”与“实质正义”问题的充分讨论，[2]其主张形式正义与法治密切相关。这些讨论使学界对法治的理解更加立体化，标志着正义研究的不断完善，法的实质面向与形式面向是对法之正义性不同视角的理解和认识，二者不可分割、不可偏废。“在法治语义史上，法治的初始含义是法律的普遍效力与法的‘德性’之统一；在法治实践史上，法治或表现为宪法统率下的体现公共利益的法律之统治，或表现为权利法主治，或正义法主治；在法治原则发展史上，法治表现为一系列形式性原则与实质性原则的统一体。”[3]正如於兴中所言，21 世纪的学术研究进入了后全球化和信息化时代，传统“点—线式”思维方式变化成为多元认知方式，这种冲击使得法理学的理论研究发生了“从普遍到个别”或“从理论到现实”之转变。[4]

从对正义作为一种价值的本体研究，到涉及社会正义、程序正义（或

---

〔1〕 王晨光：《和谐社会中的法律调整机制》，载《法学杂志》2005 年第 4 期；张文显：《构建社会主义和谐社会的法律机制》，载《中国法学》2006 年第 1 期；孙谦：《法治与构建和谐社会》，载《社会科学战线》2006 年第 3 期；朱景文、叶传星：《和谐社会构建过程中的法制发展》，载《法学家》2007 年第 1 期。

〔2〕 孙笑侠所认为的三种形式正义是社会正义（相对制度正义而言）、抽象正义（相对具体正义而言）、程序正义（相对实体正义而言）。“推行法治首先就是倡导形式正义，为了推行法治，实质正义应予以妥协。”参见孙笑侠：《法的形式正义与实质正义》，载《浙江大学学报（人文社会科学版）》1999 年第 5 期；严存生：《法治社会与实质正义》，载《山东法学》1999 年第 2 期；吴增基：《现代法治的形式理性品格》，载《华东政法学院学报》2000 年第 6 期；张恒山：《论正义和法律正义》，载《法制与社会发展》2002 年第 1 期。

〔3〕 周永坤：《法治概念的历史性诠释与整体性建构——兼评“分离的法治概念”》，载《甘肃社会科学》2020 年第 6 期。

〔4〕 於兴中：《法理学前沿》，中国民主法制出版社 2015 年版，第 29－35 页。

司法正义)、形式与实质正义、中西正义观比较〔1〕、正义观流变〔2〕、性别正义、诗性正义〔3〕、空间正义、全球正义、数字(算法)正义〔4〕等研究,法理学界的研究呈现出从对抽象正义观念的基础性研究,迈向回应性的、实践领域的对正义之治的研究,法律作为"正义之术",直面更多的理论和社会实践议题。

二、法理学界正义研究基本议题的展开

法律的正义价值基本可以被理解为法律制度为实现理想的社会状态而应当坚守的公理,也是法具有权威性的内在正当性基础。法律作为一种最具权威性的价值体系和规范体系,自然也是将实现正义作为自己的最终目标和终极目的。"法的最高目的就是提供和实现正义,法的特殊品格也使其能够成为维护和促进正义的最可靠保障。"〔5〕人类社会尽管对正义有无数不同的解释和争论,但普遍认为"正义"是一个崇高的价值理想和必须讨论的永恒议题,是现实法律的出发点,而实现正义更是法律自身的理想追求,也是法律的归宿。〔6〕 为了加深对正义研究历程之内在精

---

〔1〕 梁治平:《"法"辨》,载《中国社会科学》1986 年第 4 期;范忠信:《中西法观念比较》,载《比较法研究》1987 年第 3 期;范明生:《中西政治文化的核心范畴:礼和正义》,载《上海社会科学院学术季刊》1999 年第 2 期;侯纯:《中西礼、法之间的语境差异》,载《燕山大学学报(哲学社会科学版)》2002 年第 2 期。

〔2〕 值得一提的是,黄宗智认为中国当下"新型的正义体系"是结合三大传统的产物:"中华法系"之古代法传统、调解机制之革命法律传统、西方形式主义个人权利法律传统。"今后的发展进路不在三者中的任何单一方,而在更好、更精准地融合三者,朝向一个新型的、可能成为新的'万世之法'而推进。"参见[美]黄宗智:《中国的新型正义体系:实践与理论》,广西师范大学出版社 2020 年版。

〔3〕 张薇薇:《尼采的"大地"与中国之天命观:法则展开之源叙事》,载《政法论坛》2014 年第 6 期;冷建兵:《迈向法律的诗性正义》,华东政法大学 2016 年硕士学位论文;郭忠、刘祥辉:《重返法律的生活世界——理性、诗性及其法律正义》,载《上海政法学院学报(法治论丛)》2018 年第 3 期。

〔4〕 马长山:《智能互联网时代的法律变革》,载《法学研究》2018 年第 4 期;郑玉双:《计算正义:算法与法律之关系的法理建构》,载《政治与法律》2021 年第 11 期;周尚君、罗有成:《数字正义论:理论内涵与实践机制》,载《社会科学》2022 年第 6 期;金梦:《立法伦理与算法正义——算法主体行为的法律规制》,载《政法论坛》2021 年第 1 期。

〔5〕 付子堂:《法律正义引论》,载《河南省政法管理干部学院学报》2001 年第 2 期。

〔6〕 刘作翔:《法律的理想》,载《法学研究》1994 年第 6 期。

神的理解和把握,学界对以下主要争议点和重要议题进行了深入挖掘:作为法律价值的正义为何?法律为什么要维护与体现正义?正义与法的其他价值又有什么关系?如何实现法的正义,或可否欲求某种看得见的法律正义?这些基础议题反映了法理学和部门法学的融通,不仅发展和细化了法学理论的正义价值研究,更为学术研究的理论性和实践性带来活力。

(一)作为法律价值的正义

学界对法律正义价值本身意涵的研究现状可概括为,以思想史梳理或法哲学讨论为主,以原创性见解为辅,这源自学者们对正义意涵之流变性的理解。正如倪正茂认为,正义的意涵“在整个人类历史上逐步增添、发展和补充”〔1〕。“正义”是一个流变的概念,“在嬗变中综合”〔2〕,这提醒我们不得不回顾思想史。有的学者立基于思想史的宏大视野,试图发掘正义观流变的演进规律;有的学者针对思想史上个别法学家或学派的正义观念予以深入剖析。经过笔者进一步梳理,学界对正义意涵流变的理解连结着人类思想史的整个脉络:希腊神话、梭伦、柏拉图、亚里士多德一系的主流希腊思想连通古罗马法律制度的发展以及中世纪基督教的良心观念,经注入自然法的启蒙思想整合,多将法律的正义意涵视为对“个人利益配给及享有”之应然性、规范性调整;19 世纪中叶,伦理思潮由理性主义转向功利主义,有些法学家开始否认正义释义的客观性和真实性,转向对正义标准问题的讨论,也有一些法学家从功利主义角度解释人之行为的道德性和正义(如休谟、爱尔维修、边沁);20 世纪中叶之后,形成了西方各种法律思想的多元化局面,罗尔斯对功利主义的批判,提出“作为公平的正义”之新的正义解释,又引发了新一波对正义问题的讨论,如诺齐克的“持有正义论”、麦金泰尔的“德性正义论”、魏因贝格尔的“和谐正义论”等。据此,有学者在分析思想史上正义意涵的流变后主张,相较

〔1〕 倪正茂:《法哲学经纬》,上海社会科学院出版社 1996 年版,第 777 - 780 页。
〔2〕 廖申白:《论西方主流正义概念发展中的嬗变与综合》(上),载《伦理学研究》2002 年第 2 期。

之下，古代中国之正义的实指意涵，是一个“分析意义不彰明”的综合性概念，而回顾西方法思想史可得，正义的发展较早地与人们对法律的认识结合在一起，具有较为明确的分析意义。[1]

考究法理学界对正义的不同分类，有助于我们进一步理解作为法律价值的正义之范畴。首先，笔者通过考察国内常用法理学教材，发现学者对正义价值之分类具有一般性共识，如存在分配正义和矫正正义、个人正义或国家正义或社会正义、实质正义和形式正义的划分模式。其次，从学理上看，依据对正义不同适用层面的理解，有学者主张将正义划分为个人道德品性与行为的正义、近似于理想关系与状态的正义、体制或制度安排的正义、“法治”与合法性的正义；[2] 也有学者专门对法律的正义价值做了相当细致的研究，将法律正义划分为传统理论和现代理论两个大模块，指涉不同的内在范畴。[3] 最后，若深入法思想史上有关正义的基本意涵和精神可知，各派思想家对正义的理解或对立，或重叠，基于此，有学者依照正义所指的侧重点的不同，将其归纳为各得其所说、平等说、人人自由说、共同幸福说、协调统一说、正当或合理或必然说。[4]

从学者对“正义”词源学追踪的研究来看，若是悬置不同时代有所转变的实指意涵，直取语词的中心，作为法律价值的“正义”理念历久弥新——人类享有共通的正义感，这种正义感具有一定的客观稳定性和恒久性。学界大多的教科书或论文，在谈论法律的正义价值之章节，都会引用“正义”的古今中外之语词表达，以从侧面佐证中国法与西方法传统具有“正义”理念的共通之处，如某种朴素的正义感和美好追求。有些学者会诉诸传统法中的正义观念予以研究，人类的发展史早期，多以神话、诗

---

〔1〕 廖申白：《论西方主流正义概念发展中的嬗变与综合》（上），载《伦理学研究》2002 年第 2 期。

〔2〕 李龙主编：《法理学》，武汉大学出版社 1996 年版，第 100－112 页。

〔3〕 卓泽渊将法律正义的诸多范畴归纳如下五类：传统理论有客观正义论（数）、主观正义论（价值）、理性正义论（理性）、神学正义论（神法）、法规正义论（法律规范）；现代正义理论包括相对正义论（合法性）、社会正义论（分配）、形式正义论（规则的适用）、程序正义论（司法过程）四类。参见卓泽渊：《法律价值》，重庆大学出版社 1994 年版，第 349、361 页。

〔4〕 严存生：《西方法哲学问题史研究》，中国法制出版社 2013 年版，第 382－383 页。

歌等文学作品来展现那一时期民众心中的正义信念，中西传统法中的“天道”与“自然”无不昭示着正义的永恒性和普遍性。[1] 国内教材大多肯认，无论西方还是东方，“正义”都是人类基于内在冲动而产生的原初的美好追求，也是公认的善的价值品质。[2] 人类享有着共通的朴素正义感，即一种包含正直无私、公平、公道之合意的正义本质，这一点可被归结为人类灵魂中最原始的、在社会中最根本的、在观念中最为神圣的，乃是所有其他价值的来源。

总的来说，对作为法律价值的正义的解读路径，学者们大体形成了某种程度上的共识，即因价值不止于一种物理或心理层面的现实，“正义”价值的属性不是“存在着”，而是“意味着”，[3]况且“正义”论题本身具有跨学科的特点，因此，回顾思想史和法哲学的研究路径，以及对正义词源学追踪的研究，有助于理解正义价值意涵的流变性和人类普遍正义观的恒久性。对作为法律价值的正义的理解，学界较为共识性的主张可概括如下：从狭义的“正义”看，“正义”接近于“得其应得”（这种正义价值首先指向程序正义）的概念，以个体权利（right）为依据，并相应地关乎形式层面的“正当”，如罗尔斯便将“正义原则”与“正当原则”等量齐观。而从较广义的“正义”而言，“正义”追求某种“得其需得”的状态，这更多地与合乎人之合理需要相一致，接近于实质层面的“善”，符合人类共通的正义感和美好生活的目标。在此意义上，正义价值的以上二重含义，又体现了伦理学上正当与善的关联。[4]

（二）法律价值体系中的正义价值

从正义作为法律的价值角度看，尽管国内学界不同教材对于法律价

---

〔1〕 相对西方法之“二元性”，中国古代传统亦有“阴间律法”“因果报应”来协调人们现世的为人处事，“这种审判彰显了人们对于绝对正义的期待”，这样看来，周王朝的“天命观”如古希腊之安提戈涅悲剧中的永恒的神的律法一样。参见郭忠：《看不见的正义——幽冥文化中的“法”观念》，中国政法大学出版社2015年版。

〔2〕 吕世伦、文正邦主编：《法哲学论》，中国人民大学出版社1999年版，第463页。

〔3〕 冯景源：《现代西方价值观透视》，中国人民大学出版社1993年版，第61－62页。

〔4〕 杨国荣：《重思正义——正义的内涵及其扩展》，载《中国社会科学》2021年第5期。

值的内涵和外延有着不同的看法，对于诸价值之间的位序位阶同样各有其理，但总体来说，将正义作为法律价值这一命题，诸学者都是予以肯认的。自古罗马时期以来，法与正义便是相互关联而不可分割的命题——一方面，法是正义与否的科学之学，法学家乌尔比安定义法学是“关于正义和非正义的科学”；另一方面，正义的实现离不开法律，法学家凯尔苏斯言及“法是决定善良和公正的艺术”〔1〕。有关法律与正义的关系，学界主要有如下论点：其一，正义是法律本源，法律来自正义，并始终与正义密切相连；其二，正义是法律的基本性质和性格，不正义的法律便不能被称为法律，人们对此并无服从义务；其三，法律有最基本的正义之德性，其形式的规则化便是某种最低限度的正义性；其四，正义是法律的最基本价值和首要价值，是法律所要追求的终极目标；其五，法律制度与正义理念相辅相成。一方面，正义理念形成证成或批判力，以推动法律制度的演变；另一方面，一定时空下的法律制度的内在精神，也定义和形塑着人们对“何为正义”的理解。〔2〕 国内诸多教材均肯认，正义为现实的法律奠定了原则与基础，成为衡量法律好坏的标准和尺度，对法律产生变革性的推动作用。〔3〕 甚至有学者提出，“没有正义论，就没有法哲学”〔4〕。

从法律价值体系视角看，由于人类认知和需求的多元，秩序、自由、平等、安全、效率和公平等价值都可以说是哲学领域认同度较高的价值目

〔1〕［意］桑德罗·斯奇巴尼选编：《正义和法》，黄风译，中国政法大学出版社1992年版，第34、39－40页。

〔2〕胡玉鸿：《从个人应得、社会公平到复合正义——法律公正观的历史流变》，载《求索》2021年第5期。

〔3〕正义推动法律内在精神和价值的进化（前现代走向现代权利本位）、正义促进法律地位的提高（人治走向法治）、正义推动法律内部结构的完善（宪法、控权行政法、程序法）。参见卓泽渊：《法律价值》，重庆大学出版社1994年版，第363－366页；张文显主编：《法理学》，法律出版社1997年版，第324－326页；赵震江、付子堂：《现代法理学》，北京大学出版社1999年版，第114－116页。

〔4〕付子堂：《法律正义引论》，载《河南省政法管理干部学院学报》2001年第2期。

标,而法理学领域也不例外。[1] 国内法理学教材将“法的价值”部分大体作如下分布:有学者认为法的价值有三个层次的含义,即法所促进的价值(正义和利益两类)、法的评价准则、法自身的价值;[2]也有学者提出了类似但实则更为具体的看法,即法的目的价值(利益、秩序、自由、效率、正义等)、法的价值评价准则(生产力标准、人道主义标准、现实主义标准、历史主义标准)、法自身的价值或者形式价值(公开性、稳定性、连续性、明确性等);[3]还有学者把法的价值分成法所中介的价值(实际上也就是法的目的价值,即自由、正义、秩序、效益等)、法的工具性价值(确认、分配、衡量、保护、认识性价值)、法自身的价值。[4] 综上所述,法的价值作为国内法理学教材的重要一节,不同学者有不同的划分层次和区分标准,总体都认可将正义作为法的一种归属性价值,法与正义之间的关系密切不可分。

对法律的正义价值与其他价值(如秩序、自由、平等、安全、效率、公平等)的关系来说,国内大多教材采取在“法的价值”章节下,对“自由”“平等”“秩序”“正义”等诸价值予以并列式安排的方式。一方面,有学者把法的基本价值(目的价值)分成秩序、效益、自由、平等、人权、正义,并提出了若干法的价值冲突之解决原则,如适当成本原则、最佳效益原则以及补偿有余原则。[5] 还有学者把法的目的价值分成利益、秩序、效率、自由和正义,把法的价值评价准则分为经济、政治以及伦理评价标准三类。[6]另一方面,有些学者试图主张法的核心价值部分,如“正义和利益”[7]“正

---

〔1〕 “秩序”侧重有序、一致、稳定的趋向;“自由”侧重个体自身的自在、自为、自主之趋向;“平等”侧重相对等同、反差异、反特权的趋向;“安全”侧重现实及可期待利益的维护、稳定、持续性趋向;“效率”侧重产出与投入的比例更为有效、具有收益性期待趋向;“公平”侧重得其应得的利益分配之合理、公允、公道趋向。

〔2〕 沈宗灵:《法理学》,高等教育出版社 1994 年版,第 46 – 47 页。

〔3〕 张文显:《法理学》,高等教育出版社 1999 年版,第 209 – 259 页。

〔4〕 孙国华、朱景文主编:《法理学》,中国人民大学出版社 1999 年版,第 59 – 61 页。

〔5〕 葛洪义:《法理学》,中国人民出版社 2002 年版,第 44 – 64 页。

〔6〕 公丕祥主编:《法理学》,复旦大学出版社 2002 年版,第 83 – 100 页;张恒山:《法理要论》,北京大学出版社 2002 年版,第 217 – 220 页。

〔7〕 沈宗灵:《法 正义 利益》,载《中外法学》1993 年第 5 期。

义和秩序”[1]；但近年来，也有越来越多的学者主张，“正义”是包容一系列价值并抽象出的更高层次的上位概念，是作为法律制度应具有的优良品质以及所追求的崇高理想，甚至将对正义的研究视为对法律的概念与本质的研究。[2]

那么，正义是法律的最高价值吗？“真正的自由和真正的平等……是正义所要求的”[3]，因为，正义是综合性价值尺度，而自由和平等是具体的价值尺度；考夫曼曾言“法律价值研究的核心和基点，就是法律正义研究”[4]，而作为一种“更高层次的法律观”，正义往往被人类社会视为某种基本原则，构成了法律的根本渊源；也如罗尔斯在《正义论》一书中将正义视为对自由、平等和公平的统领性概念，并开宗明义地提出“正义是社会制度的首要价值”[5]。受到如上经典著作的影响，有学者主张法的基本价值（目的价值）就是正义，并将法的正义价值划分为安全、自由、平等、效率四个方面。[6] 甚至有学者将法的正义价值的优先性归结为：正义作为平等价值的内在要求、正义作为自由价值的应有之义、正义作为秩序价值的基石、正义作为效率价值的保证。[7] 另有学者将正义作为法的本质与基础性价值，[8]认为正义是“人类最基本的美德与最高理想”，正义在法价值论中处于统率地位，[9]甚至认为法律价值只能是正义，而不

---

[1] 龙红飞、谢廷文：《正义和秩序：依法治国的核心价值》，载《湖南师范大学社会科学学报》2001年第S2期。

[2] 胡启忠：《法律正义与法律价值之关系辨证》，载《河北法学》2010年第3期；陈岚：《法律的正义论》，载《湖北社会科学》2009年第11期；孙国华主编：《马克思主义法理学研究：关于法的概念和本质的原理》，群众出版社1996年版，第316页；张恒山：《“法的价值”概念辨析》，载《中外法学》1999年第5期。

[3] 《马克思恩格斯全集》（第1卷），中共中央马克思恩格斯列宁斯大林著作编译局译，人民出版社1956年版，第582页。

[4] ［德］考夫曼：《法律哲学》，刘幸义译，法律出版社2004年版，第9页。

[5] ［美］罗尔斯：《正义论》，何怀宏等译，中国社会科学出版社1988年版，第3页。

[6] 李步云主编：《法理学》，经济科学出版社2000年版，第55页。

[7] 周文华：《法的正义价值及其实现》，中国社会科学院研究生院2003年博士学位论文。

[8] 龚祥瑞：《法的本质乃是达成正义的一种秩序、一种制度：对法的理解与适用》，载《人大研究》1993年第1期。

[9] 孔庆明主编：《马克思主义法理学》，青岛海洋大学出版社1992年版，第444－447页；吕世伦、文正邦主编：《法哲学论》，中国人民大学出版社1999年版，第300页。

是其他（如效率），主张“应当把效率还给经济，把正义还给法律”[1]。从以上论述可知，绝大部分学者在谈论价值体系中的正义时，采“法的价值”之狭义理解，专注于法的目的性或本质性价值的范畴，更为集中地阐述正义作为法更为基础性的价值地位、更为核心的统率地位，至少在很大程度上，谈到法本身，必定意味着谈及正义问题。

“公平”、“公正”与“正义”之间语义联系密切。国内法学界在早期多将公平、正义二词连用，在当时的学术语境中，是为批评“意志说”“工具说”而提出的，“公平正义”被视为法律的价值基准和首要追求，也是法的核心理念、“灵魂”和主导性价值标准；[2]也有少部分学者将“公平”视为法律正义价值的根本体现和一般法律的基本原则。[3] 总体来说，均承认正义与公平的表意相同。随着价值研究的深入，学界对学术概念予以精细化追求，有学者开始区分法律上的“公平”与“正义”二词，认为公平侧重相对关系人之外的裁判者或裁判规则之公允和合理，而将正义视为终极之合理性和合道义性，并将二者统一于公正之基本准则之下；[4]另有学者认为，正义的抽象性高于公正，而公正的抽象性又高于公平，由此将正义看作公平、公正的抽象级概括，公正、公平均被看作正义的具体体现。[5]

（三）法律价值中的“程序正义”

法律正义价值的实现，主要以其形式化规则和外在程序为桥梁。对

---

〔1〕 周安平：《法律价值何以是与何以不是》，载《深圳大学学报（人文社会科学版）》2020 年第 3 期。

〔2〕 参见冯治良的《公正是法律的本性》、王威的《正义与公正：现代法的主要精神》、王传生的《论法律的效率与公平》文章，均载刘升平、冯治良主编的《走向 21 世纪的法理学》，云南大学出版社 1996 年版，第 153－167、203－207 页；严存生：《公平、改革、法律》，载《法律科学》1990 年第 2 期；高振强：《论公平正义的观念和现实》，载《学术交流》2009 年第 1 期。

〔3〕 杨思斌、吕世伦：《和谐社会实现公平原则的法律机制》，载《法学家》2007 年第 3 期。

〔4〕 卓泽渊：《法的价值论》（第 3 版），法律出版社 2018 年版，第 358 页。他认为，公平、公正更适合作为法律原则，而正义只能作为法律价值。

〔5〕 陆树程、刘萍：《关于公平、公正、正义三个概念的哲学反思》，载《浙江学刊》2010 年第 2 期。周安平：《法律价值何以是与何以不是》，载《深圳大学学报（人文社会科学版）》2020 年第 3 期。

于法治建设而言，程序正义是法治由规范状态向现实状态转化的关键环节。中国古代的法律被学者总结为是“具有相对确定性的‘情理法’整体性思维与一体化衡平艺术”[1]，这其中的程序正义理念和程序性权利保障是相对匮乏的。法律的正义性不只在于其尊重人权和人之平等的实质精神内蕴、合乎人类美好福祉的共同目的，更在于其过程本身的形式正当性——通过过程自身的正当来实现结果的正当。[2] 这种用“看得见的”方式[3]所实现的正义，主要侧重两个层面——法律程序（相对于实体结论）的正义和司法裁判过程（相对于裁判结果）的公平。程序正义在立法方面的实现，为一般正义；在司法方面的实现，为个别正义。[4] 正是在此意义上，法律实现其自身作为“正义之术”的使命。

国内长期存在“重实体，轻程序”“重权力，轻权利”的观念，[5]法学界于20世纪90年代以来，对此观念进行了深刻反思，出现了对程序性人权的关注、对程序之独立价值的觉悟，程序意识特别是程序价值观变革的契机也就由此而生，衍生出对程序正义和个人正义的讨论。[6] 田平安认为程序本质“不应该是形式性或手段性，而应该是交涉性和过程性”[7]；

---

[1] 张本顺：《“法意、人情，实同一体”：中国古代“情理法”整体性思维与一体化衡平艺术风格、成因及意义》，载《甘肃政法学院学报》2018年第5期。

[2] 孙莉：《德治与法治正当性分析——兼及中国与东亚法文化传统之检省》，载《中国社会科学》2002年第6期。

[3] 人们所共识的法律格言，“正义不仅要实现，而且要以人们看得见的方式实现”，便是程序法历史上常论及的“看得见的正义”。参见陈瑞华：《看得见的正义》（第3版），法律出版社2019年版，第6页。

[4] 肖建国：《程序公正的理念及其实现》，载《法学研究》1999年第3期。

[5] 孙莉：《司法改革与程序意识》，载《法律科学》1999年第3期；季卫东：《法律程序的形式性与实质性——以对程序理论的批判和批判理论的程序化为线索》，载《北京大学学报（哲学社会科学版）》2006年第1期。

[6] 传统的三段式认识论认为“程序＝形式→形式＝次要→程序＝次要”，这把法律的实体与程序仅仅看成是“内容”与“形式”的关系，本身是一个错误的前提。参见孙笑侠：《论法律程序与程序法制》，载《当代法学》1990年第4期；季卫东：《法律程序的意义——对中国法制建设的另一种思考》，载《中国社会科学》1993年第1期；孙笑侠：《两种程序法类型的纵向比较——兼论程序公正的要义》，载《法学》1992年第8期；陈瑞华：《论程序正义价值的独立性》，载《法商研究》1998年第2期。

[7] 田平安、杜睿哲：《程序正义初论》，载《现代法学》1998年第2期。

季卫东认为程序正义所强调的是程序本身所具有的独特的正义性，与实体结论之评判标准的多变和相对形成对比，正是程序决定了法治与恣意的人治之间的基本区别。[1] 总的来说，“程序正义”理论认为，程序不再是一种传统观念中规则发挥规制作用的纯粹过程或途径，而是本身具有正义价值。个人权利在形式化的程序中得以保护，个人正义要求对个人尊严与权利尊重，而程序正义持守程序本身的正直无偏私的中立价值，不再单纯去求索实质结论的公平与否或事实真相，而是试图做到“正义优先于真实”，即便牺牲事实真相也在所不惜。“个人权利在程序正义中得以表现，程序中的不正义，便是对人之基本权利的不公正、非正义对待。”[2]

程序正义不仅仅是一个理论问题，也是一大司法实践问题，相对实体结论，程序正义理论为司法是否公平正义提供了判断标准。从关注实质正义、结果正义，转向注重司法过程中个人的权利保护机制，这种转向试图通过法律程序机制来实现正义。国内20世纪90年代，司法程序体制有了较为重大的改革。1995年《法官法》的颁布和1996年《刑事诉讼法》的修改，使人们对司法诉讼过程有了较为清晰的认知；1999年国家对法院内部机构划分、审判方式的改革、司法形式之规范等作出要求，又推进了司法审判之程序体制的正义化和科学化。这一时期，法理学界出现较多针对司法公正议题的研究。例如，有学者主张司法程序是实现正义的有力途径，程序的参与主体应该在司法程序中进行合理的、有建设性的对话；另有学者总结，确保审判权依法独立行使是实现司法正义的重要前提条件，而人权保障是实现司法正义的价值目标，加强对司法的法律监督则是实现司法正义的有力保障。[3] 程序是法律的生命，也是法所具有的

---

〔1〕 季卫东：《程序比较论》，载《比较法研究》1993年第1期。

〔2〕 程序规则的设定目的主要是制约公权力，因而成为保障人权的有效措施；人权作为法律程序的一项价值标准，倡导在程序中切实尊重和保障人权。参见孙笑侠：《论法律程序中的人权》，载《中国法学》1992年第1期。

〔3〕 徐显明：《何谓司法公正》，载《文史哲》1999年第6期；刘荣军：《法和正义的发现与程序中的对话》，载《法学评论》1999年第1期；何家弘：《司法公正论》，载《中国法学》1999年第2期；公丕祥、刘敏：《论司法公正的价值蕴含及制度保障》，载《法商研究》1999年第5期；张德淼：《立法正义观与当代之求索》，载《河南省政法干部管理学院学报》2003年第4期。

“内在权威”来源之一，[1]程序正义要求构建一个正当化的司法程序，作为实现权利和义务的合法方式和必要条件，这更多地关联着形式正义，“其实践价值在于方便主体交往行为的趋向选择，预设国家权力干预主体行为的范围”[2]，以此促进依照程序所产生的结果之正当化。

相对实质结果之正义与否的模糊、不稳定、无相对客观化标准的特性，“程序正义”成为“看得见的”乃至“最低限度的”法律正义，为现代法治理念所支持。只有程序正义理念引领下的司法制度，才能输出司法公正，而司法作为社会正义的“最后一道防线”，“没有程序正义，实体正义焉存”。这种“正义”理念的解释性转换，“对司法改革以及整个法律体系的重构产生重大的指导意义”[3]。何为正当化程序之司法过程特性，学界早在20世纪90年代展开了讨论，法之“形式正义”的讨论热潮也为司法公正理论研究带来一定支持。[4] 例如，孙笑侠自1990年起发表诸多文章讨论程序所具有的独特价值，主张应当放弃忽视程序的传统观念，认为司法中的程序正义之要义包括民主、制约权力、平等对待和公开四项；季卫东甚至主张“法制程序化”的阶段性口号，认为程序拥有“对恣意的限制、理性选择的保证、‘作茧自缚’效应、反思性整合”之四个基本特性；左卫民认为“中立性、平等性、充分性共同构成公正程序的有机整体”；陈瑞华认为程序的基本要求包括“程序的参与性、中立性、对等性、合理性、自治性和及时终结性”六方面；王锡锌将司法程序正义的基本要求归结为程序中立、程序公平、程序理性以及程序经济四个方面。各家之言，不一

[1] 孙笑侠：《论法律的外在权威与内在权威》，载《学习与探索》1996年第4期。

[2] 谢晖：《论法律程序的实践价值》（上），载《北京行政学院学报》2005年第1期。

[3] 季卫东从对罗尔斯之“作为公平的正义”的借鉴予以思考，认为中国的现实是强调“善的界说”，但却忽视了“正的界说”，取而代之的是借助政治权力或高度集中化的权力进行整合。参见季卫东：《互惠的正义——法理学的视角转换及其实践意义》，载《中国法律评论》2018年第3期。

[4] 孙笑侠：《论法律程序与程序法制》，载《当代法学》1990年第4期；孙笑侠：《两种程序法类型的纵向比较——兼论程序公正的要义》，载《法学》1992年第8期；季卫东：《法律程序的意义——对中国法制建设的另一种思考》，载《中国社会科学》1993年第1期；左卫民：《公正程序探析》，载《四川大学学报（哲学社会科学版）》1993年第3期；陈瑞华：《程序正义论——从刑事审判角度的分析》，载《中外法学》1997年第2期。

而足。同时,学界相传甚广的诸多西方法谚,也呈现了司法公正的基本要旨,如“不得做自己案件的法官”、公开透明化的审判要求、庭审的正式庄严化、两造“平等武装”[1]、“有救济才有权利”、“疑罪从无”等,对国内法学界的司法公正思维产生了诸多影响。

三、对法理学界正义研究的评析

正义作为法学界永恒的议题,隐含着人类思想史的永恒之道,是值得予以追寻的人类共同的法律价值。新中国法理学正义研究历经了什么阶段、探索了何种议题,是一个兼具历史意义和理论价值的问题,而对这一问题的探讨,可为学界后续的正义研究之深入带来启示;对既有研究的反思和未来展望有助于法律正义研究的后续推进和深入。

(一)既有研究的贡献与不足

总的来看,既有研究形成了法律正义一定程度上的基础理论共识并展现出一种实践应用面向。国内外法理学课程或教材,多将法的正义予以专章专节讨论,这是当下法理学研究应当持续关注的重要方向,呼应了人类社会对法的正义的永恒诉求和祈愿。

一方面,现有阶段的法律正义研究具有很大贡献。对法理学自身体系来说,既有研究从中西法律经典理论中挖掘问题意识,促进了理论资源的再生产和再更新,为我国法理学学科体系提供了重大价值根基。对学术服务于社会而言,既有研究在已有理论基础上致力于解决我国法治实践过程中的社会议题,促进理论研究关怀社会现实,法律作为“正义之术”回应时代发展的拷问,大大助力了我国的法治实践探索。在追求真理这一学术本质的背景下,已有研究强调中西法学理论的开放与互通,促进了现实法律在应然层面的学术关怀。法律正义的研究因其蕴含的永恒价值光辉,超越了政治动荡、政体变革、社会转型等现实因素的影响,成为法

---

[1] 两造平等之“武装”,既包括形式方面的对等,又包括实质方面的对等。参见[英]萨达卡特·卡德里:《审判为什么不公正》,杨雄译,新星出版社2014年版,第28-29页。

学价值领域普遍关注的学术命题。这一研究方向,作为我国法学学术发展脉络中的重要启蒙,具有深远的历史意义。

另一方面,法律正义研究这一议题本身具有极大的意涵丰富性和跨学科性。从某种程度上说,人类社会的演进正是追逐正义的过程——伦理学、法学、政治学更是将对正义的关注置于首位。作为私人的存在,正义在个人道德生活中获得实现;作为社会的一分子,正义在政治制度的构建中得以体现;作为公民的存在,正义在每个人的法律生活中得以证成。由此,检讨当下法理学领域既有研究的不足,是十分必要的。

第一,在正义的基础研究领域,形成的共识偏少,异见较多。正如前所述,诸多法理学教科书和论文对正义价值的含义界定,以及法律诸价值间关系等方面存在多种层面的不同观点,在探讨正义价值本体问题时,有很多学者仍诉诸思想史上的既有研究,[1]而缺乏更为关键的统辖式界定和概念分析式的探讨,造成基础研究共识方面的匮乏,不利于后续正义研究的开展和对话。

第二,正义价值本体研究领域的跨学科借鉴少,正义研究在法理学领域的专题性研究较少,未形成体系化认知。[2] 正义议题本身具有跨学科性,如政治哲学、伦理学等领域已有诸多与正义相关的研究专著,[3]但反

---

[1] 可以教材和论文为例来说明当前的基础研究偏向于总结和类型化。笔者阅览了当前国内十数部主流的法理学教科书,关于正义价值的章节往往如此安排:第一部分,梳理正义理论的历史流变;第二部分,对正义进行分类;第三部分,梳理正义与法律之关系的诸理论。

[2] 笔者从各种渠道了解到域外众多知名高校的法理学课程安排(如牛津大学蒂莫西·恩迪克特的法理学、东京大学泷川裕英的法哲学、京都大学近藤圭介的法理学等),其中对"正义"的专题讨论和所涉书目,多有贯穿法理学、政治哲学、伦理学的倾向;从法理学通行教材来看,如博登海默的《法理学》、伯恩·魏德士的《法理学》、布莱恩·比克斯的《法理学》等,均有对"正义"之跨学科式的整体式解读、阐发,这在国内主流法理学教科书中较为少见。

[3] 就笔者粗浅的了解,政治哲学和伦理学界有如慈继伟、何怀宏、汪丁丁、陈宜中、葛四友等学者,均长期关注正义论题,发表了具有代表性的专著论文,提出来诸多从理论到现实的学理议题,推进了正义研究的新的进程。

观法理学界却稍显匮乏，学者倾向于将正义价值作为法律价值的自明之理，[1]在此前提下开展其他面向实践的研究，却缺少价值本体领域的专题探讨，跨学科的借鉴动力不足。

第三，对正义的概念分析和实质判断有待精细化。正义不仅是一项值得追求的价值，而且应当在社会中予以实践。而正义价值得以实践的前提是，人们切实地知晓何谓正义，正义如何独特于其他价值，以及正义为何重要。理论家应当对正义概念予以更为细致的考察，说明其所论述的正义的性质如何，提出何种规范性要求，如罗尔斯在《正义论》中就明确指出，他所讨论的不是个人正义，而是社会正义。[2] 而当前法理学界对正义价值的探索，长于弘扬和阐明正义价值的意义，但对于正义概念的分析则略显单薄。由此产生的结果是，关于正义的理论争议在缺乏概念共识的前提下展开，对正义价值的探讨也不易回应社会实践中的价值冲突。

（二）对后续研究的期许与展望

第一，立足于历史维度和跨学科视角，深化法律正义的基础理论研究。一方面，既有研究奠定了很多思想史梳理和法哲学讨论的基础，可在其基础上进一步整理挖掘；另一方面，致力于研究视野的扩大，从法理学扩大连通部门法学，从法学扩大连通政治哲学、伦理学等其他学科。由此，逐步形成跨历史、跨学科式的正义基础共识，明晰正义于思想史嬗变中综合而形成的意指、语词的使用范畴，把握正义以形成体系化、专题化的正义基础理论，提炼共识、巩固新知，推进基础理论的建构。

第二，在与法律正义的基础理论研究相关的衍生性论题研究中，注意对正义进行一定程度上的规范化处理。在新时代中国特色社会主义制度

---

〔1〕 笔者检索知网论文和相关著作，发现对于“正义”的本体研究，政治哲学与伦理学界有相当充分的理论资源，出版了诸多译著和专著，这和从域外引进的大量“正义”研究的论域有关；而法理学界相关研究的借鉴相对较少，多集中于“正义”的思想史流变或法律实践领域，影响较大的博登海默的《法理学》和罗尔斯的正义研究为国内“正义”研究的主要域外资源，是相关议题所引用的必备书目。

〔2〕 [美]罗尔斯：《正义论》（修订版），何怀宏等译，中国社会科学出版社 2009 年版，第 6 页。

背景下，始终离不开对正义的解释和规范，正义理应肩负起为政治制度、经济体制和治理体系提供观念、理论基础与方法的责任。[1] 由此，在今后的研究中，应尽量避免虚化、滥用、小题大做，尽可能运用分析性思维处理过于抽象的概念，依托思想史及法哲学分别对正义意涵、本质的探讨，避免对正义进行空泛、粗糙的口号式研究。

第三，在正义基础理论面向实践的领域，不仅不能止步于法律正义价值之内在意涵和深意的消化、理解，更需注重社会正义面向的实践研究，逐渐形成结合本土法律实践的体系化正义研究。如何通过法律实现正义是相当令人关切的问题，这就不得不聚焦于社会正义与人之尊严的角度，甚至注重正义实践的"人民性"。"民心是最大的政治，正义是最强的力量"，这要求学界今后的研究需进一步深入。相关的研究视野不仅要扩大，更要延伸，从"更高的"正义延伸向"底线的"正义，从简单统一的抽象正义观念延伸向多元面向的具体正义，如制度正义、弱者正义、性别正义、残障正义、代际正义等议题。

四、结语

新中国成立以来，法理学视野下的正义研究，从宏观上看，经历了多个维度的演变和更迭；从微观上看，主要关注于法律正义价值的某些基本议题。这一系列研究历程的转变和相关议题的深入探讨，是从借鉴到自发自觉的历程，反映了法理学界学术研究之自身内在的生发、成长与成熟；而对正义的研究，使法理学与部门法学得以互为融通，不仅发展和细化了法理学之正义价值的理论基础与价值方向，促进对法思想史的抽丝剥茧，寻得理论资源，更为学术研究的实践性和学术本土化创新带来生机与活力。因此，从对法律正义研究的回顾来看，今后的学术研究应当持守将正义作为人类共同性价值，并深入构建中国法理学之正义研究的理论

〔1〕 魏传光：《"正义"介入"制度"的三大议题——基于马克思正义思想的当代释义》，载《河北学刊》2021 年第 5 期。

体系和实践化研究路径。

“正义”的理念是一般性的，也是世界性的。法规则的形式化正义会促使国民形成稳定的守法之道德自律，法治正义本身又自有其内在机理——为了人之主体的权利与正义的内在追求。法的正义价值显现出超越实在法和强权话语的诉求，法借助更高的正义价值来衡量实在法及法律制度的正当性，以趋向法的正义与德性。要更好地掌握中国的现实情境和学术的未来方向，需要同时看到中外、古今的相符之处，也要看到其相悖之处，在坚守人类共同性的正义感前提下，在接纳与包容中求得知识再生产和再创造，形成自身学术本土化的实践路径。从这方面来说，法理学的正义研究还有很长的路要走。

延伸阅读学术著作

1. 慈继伟：《正义的两面》，生活·读书·新知三联书店2001年版。
2. 郭忠：《看不见的正义——幽冥文化中的“法”观念》，中国政法大学出版社2015年版。
3. 陈宜中：《何为正义》，中央编译出版社2016年版。
4. 陈瑞华：《看得见的正义》（第3版），法律出版社2019年版。
5. 葛四友：《分配正义新论：人道与公平》，中国人民出版社2019年版。
6. 徐向东：《权利、正义与责任》，浙江大学出版社2021年版。

延伸阅读学术论文

1. 王子琳：《略论法的阶级性、社会性和正义性》，载《法学季刊》1984年第4期。
2. 孙国华、郭华成：《马克思主义法正义观初探》，载《中国法学》1991年第3期。
3. 沈宗灵：《法　正义　利益》，载《中外法学》1993年第5期。
4. 刘荣军：《法和正义的发现与程序中的对话》，载《法学评论》1999

年第1期。

5. 严存生:《法治社会与实质正义》,载《山东法学》1999年第2期。
6. 付子堂:《法律正义引论》,载《河南省政法管理干部学院学报》2001年第2期。
7. 张恒山:《论正义和法律正义》,载《法制与社会发展》2002年第1期。
8. 季卫东:《互惠的正义——法理学的视角转换及其实践意义》,载《中国法律评论》2018年第3期。
9. 胡玉鸿:《从个人应得、社会公平到复合正义——法律公正观的历史流变》,载《求索》2021年第5期。
10. 胡烯:《矫正正义与侵权法的哲学基础再审视——一个德性理论的视角》,载《法制与社会发展》2022年第3期。

延伸阅读学位论文

司春燕:《马克思恩格斯的法正义观研究》,中共中央党校2012年博士学位论文。

国家出版基金项目
NATIONAL PUBLICATION FOUNDATION

“十四五”国家重点出版物出版规划项目

中国法理学自主知识体系

回理、评析与构建

下 卷

付子堂/主　编
董彦斌/副主编

法律出版社
LAW PRESS·CHINA
——北京——

总　目　录

第三编　|　法律价值研究

第四编　|　法律社会研究

第五编 | 法律实践研究

第六编 | 结 论

下卷目录

第四编 | 法律社会研究

第五编 ｜ 法律实践研究

第六编 | 结 论

第四编

法律社会研究

第二十九章　法律与社会

本论题导读

新中国成立之后,“法律与社会”相关内容在关于法的继承性与阶级性之争中有所展现。进入改革开放新时期,关于法的社会性、法治社会观念以及法律现代化等主题的争论使得“法律与社会”的内容进一步丰富。进入21世纪,在法的社会科学研究以及社会理论法学两条理路中,“法律与社会”相关的内容进一步深化。这种深化在两条理路中的理念、方法以及学科互动上有不同的侧重。而伴随数字社会发展对社会关系的重构,与“法律与社会”相关的各种观念将可能进一步更新。

社会是由各种相互联系、相互作用的因素所构成的复合体,包括经济、政治、文化等社会领域,以及法律、道德、宗教等社会规范。在这个复合体中,任何一个社会因素的变化,都会直接或间接地影响社会整体的均衡和稳定。也就是说,社会生活的各个方面乃是密切联系的统一体,法律作为一种制度形态和一种规范体系,是与其他社会现象不可分割的。法与社会的密切联结也意味着,法律功能及于整个社会。因此,法律对社会生活日益发挥着强大的作用,有着巨大的社会功能。今天,我们正处于中国特色社会主义法治建设的“进行时”,亟须厘清法律与社会的关系,并结合中国实际回应“法律与中国社会”这一主题。故而,在我们追求“法治国家”的目标时,有必要通过回顾新中国成立以来关于“法律与社会”这一主题的观念历史,来进一步深化对“法律与社会”这一主题的相关观念的思考。

一、改革开放前的“法律与社会”观念

新中国成立后至改革开放前这段时期关于“法律与社会”的讨论，大多涉及阶级性与继承性的问题。这并非说，关于“法律与社会”的讨论必然与前述两个主题相关，但与论者在论述前两个问题时，经常会涉及与“法律与社会”相关的内容。而这就意味着需要将相关内容从当时的论证中分离出来，才能提炼出当时关于“法律与社会”的诸多看法。这要求对当时讨论的情景予以适当的把握，以避免在分离时出现失真，同时，还要特别注意不要陷入对“阶级话语”的一般性批评中。

（一）阶级性与继承性中的“法律与社会”观念

在中共中央发布《关于废除国民党的六法全书与确定解放区的司法原则的指示》[1]以彻底废除旧法之后，基于建立适应社会主义革命和建设需要的新的法律系统，以及由此对苏联模式的全面参考，苏联法律理论以及相关的部门法研究被陆续引进国内，成为法学教育课程的一部分。[2] 关于法的本质，以苏联著名法学家维辛斯基从阶级角度定义法律本质为主。维辛斯基在1938年的第一次全苏联法律科学工作者会议上提出：“我们的法是被奉为法律的我国人民的意志。苏联工人阶级的意志是和全体人民意志融成一片的。因此，我们可以有根据地说，苏维埃社会主义法是全体人民意志的体现。”[3]可以说，新中国成立初期法学理论的形成，是以引进苏联法律和法学理论为背景的。而从阶级角度去界定法的本质，其实际上即以“阶级”以及相应的社会经济形态去看待法律。这种界定法律本质的视角，可被视为一种关于“法律与社会”的观点，它意味着，社会经济条件的发展，以及由此诞生的统治阶级及其意志，对法律

---

〔1〕 中共中央《关于废除国民党的六法全书与确定解放区的司法原则的指示》，1949年2月发布。

〔2〕 陈景良主编：《当代中国法律思想史》，河南大学出版社1999年版，第92－96页。

〔3〕 [苏联]安·扬·维辛斯基：《国家和法的理论问题》，中国人民大学编译室译，法律出版社1955年版，第101页。

的本质和内容的构成具有根本性作用，而法律对以上支撑它自身存在的各种条件，起到保护和促进的作用。

1956年后，法学界开始就法的阶级性与继承性和法制实践进行广泛的讨论。维辛斯基对法的本质的定义，作为讨论的概念资源被广泛使用，而基于维辛斯基的界定具有“社会性”，这些讨论也都几乎会涉及“法律与社会”这一主题，就此而言，相关的讨论从来没有仅限于对阶级观定义的单调复述，而是衍生出不少论点。

以杨兆龙关于法的阶级性与继承性的评论出发。为了论证新法与旧法之间具备继承关系，杨兆龙对法的阶级性进行了较为集中的讨论。其认为需要联系具体社会经济、政治及文化条件来分别决定法的阶级性表现在哪里，进而确认旧法中可以被继承的部分在哪里。[1] 杨兆龙提倡联系具体社会经济、文化条件来决定法的阶级性表现的观点，得到不少回应。黄文成也从阶级的社会经济利益角度看待继承问题，但得出的结论与杨兆龙相反。他赞同社会经济利益决定法的阶级特征，但由于决定法律性质的乃是其具体的阶级社会利益，以及相适于该阶级的保存其社会利益的功能，就此而言，新法与旧法不存在“继承性”。[2] 沈宗灵认为，强调考虑法律的阶级性需要纳入政治因素与文化因素是有益的，但社会经济乃是诸多要素中具有根本性的要素，而政治、文化等因素则不是，因此后者的影响对法律的阶级性的影响不是决定性的。其认为后者也决定了法律的阶级性，乃是一种“多元决定论”，在哲学上站不住脚。[3] 杨峰认为，社会经济基础本身决定文化、政治的表现形式，因此前者才是决定法律的根本性社会因素，而后者与前者由此不能被视为并列关系。[4]

关于剥削阶级占统治地位时期的法律体系中也有反映被统治阶级的利益的法律规范的观点，在曾炳钧的论述中有体现。曾炳钧认为，剥削阶

---

〔1〕 杨兆龙：《法律的阶级性和继承性》，载《华东政法学报》1956年第3期。

〔2〕 黄文成：《关于法的继承性问题的我见》，载《教学简报》1957年第27期。

〔3〕 沈宗灵：《什么是法的阶级性》，载《光明日报》1957年2月12日。

〔4〕 杨峰：《论法的阶级性的统一性》，载《法学》1957年第2期。

级的法基于自然的、社会经济的和人民群众的压力的影响以及限制，必然会包含符合大众利益的、科学的和进步的法律法规。同时，曾炳钧认为，社会关系本身存在一定的稳定性，不一定会因为统治阶级的变化而变化，原有的社会关系事实的存在，将会使得相应的法律规范也继续在不同阶级的统治中存在。[1] 与曾炳钧不同，倪仁海反对杨兆龙的观点，认为这种反映本质上只是剥削阶级为了更好实现统治而进行的妥协，本质上是一种欺骗。[2]

关于法律体系中区分出主导型规范与辅助型规范的观点，高炀认为，这种区分方法将无法说明制定法律的任务，因为看似辅助性的法律规范本质上很可能是对于进一步推进"主导型法律"的实施而制定的，从而其本身也具有阶级性。这里实际上涉及应该如何确定某个看似中立的法律规范的阶级性的问题。对此，幸世才认为，仅仅从统治阶级制定的法律条文本身的内容去理解法律本身的阶级性还不够。他建议从法律体系的运作过程来理解具体法律制度的阶级性，即综合其内容、制定与执行各个环节去理解其本质，而非仅仅从纸面上的内容去理解其中的阶级性。[3]

此外，也有从社会文化角度看待法律继承性问题的观点。芮沐认为，过往的法本身可以被视为一种文化知识现象以及文化遗产。[4] 沈宗灵认为，在谈及法律继承时，继承的对象所指并非国家强制力保障执行的法，而是作为社会文化现象和文化遗产的法。[5] 就此而言，法律本身也具备相应的社会文化性质。

除了上述观点，在关于法制建设的评论中，也有一些能反映"法律与社会"主题的观点存在。比如，杨兆龙在评论社会主义建设中的立法问题时，反驳了部分为立法工作迟缓的现象提供辩护的理由。对于以为只要

---

〔1〕 曾炳钧：《关于法的继承性问题》，载《政法研究》1957 年第 3 期。

〔2〕 倪仁海：《对法的继承性的一点看法》，载《政法研究》1957 年第 3 期。

〔3〕 前列两种说法参见梅耐寒：《关于"法的阶级性和继承性"的讨论——介绍上海法学会第二次学术座谈会》，载《法学》1957 年第 2 期。

〔4〕 《北京法学界讨论法律、法学的阶级性和继承性》，载《人民日报》1957 年 5 月 22 日。

〔5〕 沈宗灵：《一些不同的和补充的看法》，载《光明日报》1957 年 4 月 29 日。

有一批具有正确政治立场和理解政策内容的干部即能在一定程度上填补立法空白,因此不着急立法的观点,杨兆龙区分了政策与法律,并且从现代社会的复杂性特质出发,指出若缺乏相较于政策而言更为精细的法律规定,人民群众可能缺乏足够清楚的标准,来区分合法与违法的情况。同时,对于认为当下中国社会处于大变化中,故而不宜立即立法,而是应等待环境稍微稳定之后再立法的观点,杨兆龙认为,法律对社会国家的发展可具有推动作用,因此在合适的时候甚至应该积极立法,为社会发展提供助力。[1]

(二)改革开放前的"法律与社会"观念的评述

参照上述,可以比较清楚地看到,在这一时期,与"法律与社会"这一主题相关的观点,往往作为关于"法的阶级性与继承性"的论辩的"论据"而出现。同时,在法制建设领域,这些观点也会零零散散地出现。这些观点并没有准备推翻"法的阶级性",而是主要考虑:在确认阶级性时,有什么社会因素会被考虑在内。确认这些因素,除了具有理论上的价值,还具有实践价值,即什么法律资源可以被用来构建新中国的社会主义法制体系。[2] 这点与党的八大提出的对法制建设的定位相呼应。[3] 当法制建设要为社会主义工业化和现代化提供规范性保障,就意味着,法制本身需要从"刀把子"转向更丰富也更复杂的治理体系,以具备服务社会的功能。

同时,上述关于"法律与社会"中的某些内容值得特别指明。比如,社会的经济、政治与文化等条件对阶级性皆具有影响的看法,打破了仅以"贴标签"的方式看待法律的"阶级性"的观点,实际上为从社会角度去衡量、评价法律的功能与内容打开了诠释空间。此外,在关于社会中敌对力量的各种互动会在法律中留下痕迹的看法,已经关注到社会本身会对法

---

〔1〕 杨兆龙:《杨兆龙法学文集》,法律出版社 2005 年版,第 623 - 630 页。

〔2〕 张恒山主编:《共和国六十年法学论争实录 · 法理学卷》,厦门大学出版社 2009 年版,第 4 - 6 页。

〔3〕 中共中央办公厅编:《中国共产党第八次全国代表大会文献》,人民出版社 1957 年版,第 816 - 817 页。

律的内容及形式产生影响的因果关联,而这种“社会因果”的角度是典型的从“社会”视角看待法律的角度。而上述关于法律规范的内容与性质需要放置在具体的法制运作中去看待的观点,实际上隐含了从“成文法”的静态角度到“法律制度中的成文法”的动态角度的转变,从社会角度观察法律恰恰鼓励运用这种“由静转动”的观察方式去观察法律。最后,上述观点主张法律本身具备社会文化的特质,也已经开始具备从“文化”视角看待法律的内容与特质的可能性。以上特征,虽然最终都以为法的阶级性定位和具备继承性与否提供论据为目的,但将其从论证的网络中剥离出来,可以看到,它们蕴含着丰富的社会性视角,并且都不再仅从“阶级性”这一社会特征,而是从更多样的社会特征去看待法律。

二、“法律与社会”观念的回归与发展

改革开放以来,有关“法律与社会”主题的讨论具备了进一步讨论的空间。而在20世纪90年代,伴随我国提出建设中国特色社会主义市场经济以及提出依法治国方略,[1]相关讨论的深度与丰富程度被推进到新的水平。

(一)20世纪80年代的思想解放与研究准备

在改革开放后,关于“法律与社会”的主题的观念,隐藏在法学界对法律本质关于法的社会性的讨论中。虽然这场争论本身的着重点是讨论法的本质属性,但在相关的讨论中,“法律与社会”的观察视角并没有因此而缺位。

比如,借助引入法具有社会性,法律被视为一种社会现象,并被认为是在不同的社会形态中均存在的社会现象。[2] 此外,部分论者对马克思

---

〔1〕 刘瀚、李林:《开创跨世纪法理学研究的新局面——近年来中国法理学研究的回顾与前瞻》,载《法律科学》1998年第2期。

〔2〕 周凤举:《法单纯是阶级斗争工具吗?——兼论法的社会性》,载《法学研究》1980年第1期;《关于法学理论更新的几个问题——记陈守一和张宗厚的一夕谈》,载《法学杂志》1986年第4期。

主义经典作家的论断进行重述，强调经济因素对法律的决定作用，并据此认为以往仅仅从阶级性角度看待法律现象是片面的，并认为社会性才是法的根本属性。[1] 也有论者强调，应该从生产关系决定的统治阶级的根本利益去看待法律的本质，并就此主张阶级性不能直接与法的本质等同。[2] 也有论者从公共职能与公共管理的角度，强调法所具有的这种公共性是具备社会性的。[3] 还有学者认为法的社会性与法的阶级性是相互统一的"有机属性"，不能割裂看待。[4] 比较特别的是，有论者将社会性视为人的本性，而法是具有社会性的人在人类活动中产生了阶级现象之后，才通过国家这一"虚幻的共同体"确认下来的，并以此批判部分持社会性视角的论者过于宽泛地使用社会性，而使得对法的本质的定义陷入混乱当中。[5]

以上论述，虽然均是为关于法的本质的论辩提供论据而产生的，但与关于法的继承性问题的讨论一样，将其从论证网络中剥离出来，可以看到明显的关于"法律与社会"主题的论述。比如，将法律视为一种贯穿社会不同发展阶段的社会现象，实际上是依托了马克思、恩格斯经典作家对当时的人类学关于原始社会研究的关注；[6] 而将人的社会性与关于法的本质关联起来进行讨论，可以说已经初步具备从社会理论的角度思考法律的意识了。

除了上述关于社会性的讨论，另外值得注意的地方，是法社会学研究在本阶段被重新提起，主要表现为对法社会学的一般性的介绍和相关学

---

〔1〕 张宗厚：《对法的三个基本概念的质疑》，载《法学》1986 年第 1 期。

〔2〕 王福祥：《也论法的本质》，载《中国法学》1988 年第 5 期。

〔3〕 于浩成：《论法的阶级性与社会性》，载《法学杂志》1984 年第 1 期。

〔4〕 张浩：《论法的阶级性与社会性》，载《政法论坛》1986 年第 1 期；唐驷之、袁明健：《论法具有阶级性和社会性的两重性质》，载《法学杂志》1984 年第 4 期；高呈祥：《法是阶级性与社会性的统一》，载《探索与争鸣》1986 年第 4 期；任中杰、王启富：《试论法的阶级性和法的社会性的统一》，载《中国政法大学学报》1984 年第 1 期。

〔5〕 魏再龙：《论法的阶级性与人的社会性——兼评法具有社会性》，载《上海社会科学院学术季刊》1986 年第 3 期。

〔6〕《关于法学理论更新的几个问题——记陈守一和张宗厚的一夕谈》，载《法学杂志》1986 年第 4 期。

派的梳理。就此而言，围绕北京大学沈宗灵所形成的研究团体对此有很大的贡献。沈宗灵曾对法社会学的研究范围进行界定，〔1〕翻译了庞德等法社会学家的代表性著作，并就法社会学的基本问题进行概述。〔2〕1987年9月12日，中国经济体制改革研究所政治法律研究室与北京大学法律系法学理论教研室共同举办了全国首次法社会学理论研讨会，并在会后出版了《法律社会学》会议论文集。〔3〕有学者认为此标志了新中国法社会学研究的真正起步。〔4〕除此之外，同时期还通过翻译介绍了海外相关的法社会学研究的基本动态；〔5〕而部分论者就法社会学的研究论题范围、方法、研究对象等问题进行了一般性的讨论，〔6〕部分论文在讨论时还梳理了相应的西方法社会学研究流派。〔7〕

通过上述简要的回顾可以看到，本阶段法学界关于"法律与社会"主题的探讨，主要表现为两个方面。一方面，在关于法律的社会性的讨论中，法律的社会内涵以及其与社会的关系被重新获得审视，部分内容实际上可以被视为对20世纪50年代曾经提起的内容的复现，比如，关于法律的公共职能的论述在内容上与"辅助性的法"的内容有一定重合，而关于阶级性与社会性——部分是与经济关系——的关系的论述，实际上在杨兆龙提倡通过各种社会要素确认阶级性的主张里已经有所体现。总体而言，这部分的讨论依然依托于马克思、恩格斯经典作家的论述，因此虽然相关讨论确实起到解放思想的作用，但就引入新的观察视野、方法和主题而言，其所能起到的作用是有限的。另一方面，对法社会学研究的重提，

〔1〕沈宗灵、罗玉中、张骐编：《法理学与比较法学论集——沈宗灵学术思想暨当代中国法理学的改革与发展》，北京大学出版社2000年版，第53页。

〔2〕沈宗灵：《法律社会学的几个基本理论问题》，载《法学杂志》1988年第1期。

〔3〕林晓：《我国首次法社会学研讨会在京举行》，载《法学杂志》1987年第5期。

〔4〕俞荣根：《法社会学在中国社会变革中的兴起与发展》，载《中外法学》1996年第1期。

〔5〕［日］吉川伸：《日本法社会学研究动向》，高作宾译，载《国外社会科学》1980年第4期；战宪斌、董扬：《世界法社会学的回顾与展望》，载《比较法研究》1987年第2期。

〔6〕赵震江、季卫东、齐海滨：《论法律社会学的意义与研究框架》，载《社会学研究》1988年第3期；陈明华：《法社会学刍议》，载《西北政法学院学报》1987年第4期。

〔7〕张文显：《西方法社会学的发展、基调、范围和方法》，载《社会学研究》1988年第3期。

虽然更多集中于对法社会学的一般性讨论、对流派的梳理以及对国际研究动态的报告，就观点上没有太多的突出性的论述，但它推进了相关研究态势的形成，引入了更多的研究主题，拓宽了相关研究的视野。就此而言，对法社会学研究的重提为接下来关于“法律与社会”主题的观念形成做了基本的准备。

（二）“法治社会”与“法律现代化”观念

从20世纪80年代中叶起到90年代，政治经济建设领域的新趋势也为“法律与社会”主题讨论的进一步丰富提供了时代机遇。1984年，党的十二届三中全会通过了《中共中央关于经济体制改革的决定》，确认我国社会主义经济是公有制基础上的有计划的商品经济，由此，经济体制改革全面推开。1987年10月，党的十三大提出了社会主义初级阶段理论，提出了相应的发展方针。其中包括“必须以公有制为主体，大力发展有计划的商品经济”一条。随后，党的十四届三中全会通过了《中共中央关于建立社会主义市场经济体制若干问题的决定》，明确提出社会主义市场经济基本框架，社会主义经济发展被推进到新的阶段。伴随这些政治、经济上的一系列变化，学界开始在经济发展和改革的背景下，讨论“法治社会”这一主题。在这一主题之下，关于“法治社会”的一般性讨论，以及在建设“法治社会”中牵涉到的关于“法律现代化”的观念上的讨论，极大丰富了关于“法律与社会”这一主题的观念内涵。

1.“法治社会”观念

“法治社会”讨论的兴起与商品经济、市场经济建设的提出密切相关。在党的十三大提出建设有计划的商品经济之后，学界很快对此进行了回应。张文显在《中国步入法治社会的必由之路》一文中强调，商品经济是法治的经济基础，其孕育出的社会契约、主体意识、权利意识、平等与自由等观念是构成法治的文化基础，并强调只有充分发展商品经济，才能使得我国逐步进入法治社会。[1] 兆丰认为，法治的构建本身也是商品经

〔1〕 张文显：《中国步入法治社会的必由之路》，载《中国社会科学》1989年第2期。

济能顺利发展的前提。因为商品经济中活动的各个主体之间是平等、自由且处于竞争关系当中的，需要法律为其提供可预期的制度指引，来形成良性的市场交易机制。同时，这也意味保护自由、平等等价值是法律制度的内在追求，因此，兆丰强调，本质上商品经济中的法律构建必须是法治而非人治，构建与商品经济相适应的法律制度，就是一个从人治走向法治的过程。[1] 而谢邦宇则认为，在人治向法治转变的过程中，借助发展商品经济从而发展生产力，可以形成更为具体和科学的法律制度，为法治提供经济基础。[2]

而在正式提出建设中国特色市场经济之后，相关的讨论从商品经济的法治进一步转入市场经济的法治当中。其中首先得到强调的一个命题就是"市场经济是法治经济"。[3] 值得指出的是，郭道晖不仅仅是在构建市场经济的角度强调法治社会建设的必要性，而且从改革开放以来出现的"国家—社会"的相对区分的角度强调法治社会的必要性。郭道晖认为，伴随这种区分的出现，社会自身会具备自主的活动领域，并因此形成相应的社会权益和社会权力，后者将对国家的权力形成一定的限制，并且呼唤法律对其自身的利益进行保护。就此而言，法律的功能将更多转入对社会秩序的保护当中，并由此促成法治社会的形成。[4]

除了关于"市场经济就是法治经济"的论述，也有学者基于社会理论的视角，从制度构建层面思考市场经济的法治建设与法治社会的问题，其中的代表是季卫东。在《法律程序的意义——对中国法制建设的另一种

---

〔1〕 兆丰：《从人治走向法治——商品经济、民主政治与法治社会》，载《法律科学》1989 年第 4 期。

〔2〕 谢邦宇：《人治向法治的转变及其社会条件》，载《青海社会科学》1991 年第 2 期。

〔3〕 郭道晖：《法的时代呼唤》，中国法制出版社 1998 年版，第 735 页。

〔4〕 郭道晖：《法治国家与法治社会》，载《政治与法律》1995 年第 1 期。此外，相关观点可参见文正邦：《关于市场经济的法哲学思考》，载《法制与社会发展》1995 年第 4 期。文正邦认为，发达的市场经济与现代法治是相融的，法治同时将国家、个人、企业与社会围绕市场，与经济的各个环节相勾连，并且寻求经济活动乃至社会活动的效益增加与效率提高。另可参见石泰峰：《市场经济与法律发展——一种法社会学思考》，载《中外法学》1993 年第 5 期。

思考》一文中,季卫东指出,中国虽然具备市场经济构建所具备的契约精神传统,但是由于历史原因,高度依赖于其内在的社会条件与文化条件,具有不可复制性。[1]

“法治社会”的论述还涉及法治社会中的权利与权力的关系、[2]法治社会中的法律信仰以及法治社会中法律与道德的关系等领域。[3] 可以看到,关于“法治社会”的讨论,与构建市场经济秩序的治理目标密切相关。而在这些讨论中,与论者分别从市场经济与法治秩序的共生性、国家与社会二分模式以及社会系统理论的角度去思考法律与社会的关系。关于“法律与社会”的观念发展,也在这些讨论中被推进到更为深入的层面。

2.“法律现代化”视角下的不同理路

关于法治社会和法治建设的讨论,还牵连到对“法律现代化”的思考,这点与中国的法治建设涉及的法律移植及本土化,以及由此引发的现代化模式适用问题密切相关。该话题相关的讨论,涉及本土资源论、法律文化论以及关于法学研究的“现代化范式”的反思性论述等一系列的讨论。它们与关于“法治社会”的讨论一起,共同构成并丰富了“法律与社会”这一主题的理论以及话语资源。

(1)市民社会理路

市民社会理论是 20 世纪 90 年代兴起的一股重要的学术思潮,以

---

[1] 季卫东:《法律程序的意义——对中国法制建设的另一种思考》,载《中国社会科学》1993 年第 1 期。

[2] 刘作翔:《法治社会中的权力和权利定位》,载《法学研究》1996 年第 4 期。

[3] 前者参见陈金钊:《论法律信仰——法治社会的精神要素》,载《法制与社会发展》1997 年第 3 期,后者参见马长山:《法治社会中法与道德关系及其实践把握》,载《法学研究》1999 年第 1 期。

马长山为其中的研究代表。[1] 市民社会理论主要从现代社会中"国家—社会"的相对分离并各具自主性出发,强调两者之间具有一定的独立性,并基于此而存在复杂的互动关系。从市民社会理论的角度来看,中国发展市场经济的过程,必然会进一步推动国家与社会的相对区分,也会使得两者间的互动关系变得更为复杂。这种复杂性呼吁更多的制度供给,特别是基于合理的产权制度、个人权益保护机制以及相应的具备公共管理服务职能的行政体系等方面所构成的法律体系,即构建与这种分离相匹配的法治国家。而这里的每一项制度,都是法律现代化的成就,故法律现代化是市民社会所追求的。就此而言,市民社会理论认为构建"法治社会",更需要以社会本位为参照点:"法治社会的实现不仅需要在国家层面进行制度的构建,而且更应在社会层面进行构建,努力培养和营造市民社会的生成环境,这才是构建法治社会的重要的必经之路。"[2]

(2)法律文化论与本土资源论理路

法律文化论与本土资源论虽然在理论论述上有不同,但在论证结果和理论追求上,两者则具有相当的一致性,即强调对本土规范性资源的尊重,并且在此基础上重新思考法律现代化的构建和取向问题。如果说在应对"法律现代化"时,市民社会理论强调的是"求同"的路径,则法律文化论与本土资源论所强调的是"求异"。

法律文化论的代表学者是梁治平。梁治平主张,文化乃是不同人群思考与行动的参考系,不同的人群应对同样的问题与行为,会因为文化而有处理和理解上的差异,而这种文化类型之间彼此是不可通约的。值得一提的是,在一开始主张从文化角度"求异"思考本土法治的时候,梁治

---

〔1〕 关于市民社会研究的论文,可以分别参考马长山:《从市民社会理论出发对法本质的再认识》,载《法学研究》1995 年第 1 期;马长山:《市民社会理论:法学现代化的重要基点》,载《求是学刊》1999 年第 1 期;马长山:《市民社会理论:法学现代化及法治研究的新视角》,载《江苏社会科学》2001 年第 4 期;马长山:《中国法治进路的根本面向与社会根基——对市民社会理论法治观质疑的简要回应》,载《法律科学》2003 年第 6 期;马长山:《当代中国的"市民社会"话语转换及其对法治进程的影响》,载《求是学刊》2007 年第 2 期。

〔2〕 马长山:《国家、市民社会与法治》,商务印书馆 2002 年版,第 15 页。

平主要是希望说明本土文化对现代法治本身只会起到阻碍作用,并倾向于对本土性持批判观点。[1] 但在后来引入以哲学诠释学以及结构主义语言学为基础的"文化解释"理论之后,这种批判话语渐渐转变为基于类型学而形成的"同情与理解"。[2] 而这种批判性与理解性之间的矛盾态度,为其之后在清代习惯法研究中提出本土法律资源的"大传统"与"小传统"的区分提供了动力[3]——虽然后者的提出同时突出了文化类型学解释模式的中文化的"整体性"与大小传统分立模式下的文化的"内在异质性"之间的矛盾。[4]

本土资源论由北京大学法学院的苏力提出,在 20 世纪 90 年代中后期兴起。本土资源论承认"法律现代化"所导致的结果,即伴随我国一系列现代化进程的铺展,传统的社会结构将会被逐渐改变,基于该结构的宗法社会关系也会逐渐解体,并形成适合于现代法律体系构建的新的社会关系。不过,这一过程并非一蹴而就,特别是对于后发国家而言,它需要考虑到两个问题:制度引入与推进所产生的交易成本,以及不同主体、群体的认知的弥散性对于形成更低交易成本的规范引导机制所产生的作用。就此而言,本土资源论对依赖于顶层推进模式推进法律现代化的"变法模式"提出了挑战。值得注意的是,本土资源论本身并没有否定"法律现代化"的成果,而是多方运用各种社会科学资源,论证国家法与"非国家法"之间存在复杂的互动关系,并基于这种"法律多元"的图景,去思考"法律现代化"所必须顾及的"本土状况"。不过,本土资源论中的"本土"在一定程度上对应"国家/非国家"区分中的"非国家"部分,而这些"非国家"部分中的"本土情况"是否还有进一步区分的可能,是否存在更为复

---

〔1〕 梁治平:《法辨——中国法的过去、现在与未来》,贵州人民出版社 1992 年版,第 149 页。

〔2〕 梁治平编:《法律的文化解释》,生活 · 读书 · 新知三联书店 1994 年版,第 36 - 37 页。梁治平的论述受到了人类学家吉尔兹的解释人类学以及"地方性知识"的影响。这点同样也影响到了苏力。

〔3〕 关于此区分的讨论,可参见梁治平:《清代习惯法:社会与国家》,中国政法大学出版社 1996 年版,第 35 页。

〔4〕 邓正来:《中国法学向何处去》(第 2 版),商务印书馆 2021 年版,第 176 - 184 页。

杂的规范互动机制,则需要更为仔细的研究。[1]

此外,从法律实践对各种规范性知识的调动与运用的角度进行研究,也是一条研究“本土状况”的进路。这一进路的代表是强世功,分别在他的两篇关于民事调解的司法实践的文章中展现。[2] 受布尔迪厄的“场域”概念以及福柯的“权力—知识”分析的启发,强世功在解释民事调解的具体实践时,构建了“案件制作术”这一分析模式,去理解法官如何通过个人的知识实践,在适应案件所发生的基层的民间“场域”中所隐藏的种种知识、规范模式的同时,通过各种方式,将复杂的社会事实建构到能够符合法律逻辑与法律程序的程度,以作出“合法”的裁决。这一分析模式虽然并没有从理念上直接回应“法律现代化”,但它借助个案,展现了“现代化”的司法程序、法律逻辑与民间认知在具体司法案件中的互动,以及在此互动中的司法人员的具体实践的社会意义。这种分析方式,可以通过事实来激发对“法律现代化”的反思,并由此在一定程度上具备了批判法学的色彩。

(3)“现代化范式”批判

除上述讨论以外,还有学者通过批判“现代化范式”,反思了法学理论中关于“法律现代化”的诸多讨论。就此而言,邓正来提出的理论批评在一定程度上构成了该话题的“样板”。

邓正来基于对“现代化范式”的批判,对法律文化论、本土资源论等论述进行了批判。邓正来指出,这些法学理论建构皆因为潜在地以西方的“现代化范式”为理论引导,从而误将西方的法治图景视为中国的法治图景,或在否定前者的同时也否定了在现代化发展的条件下构建中国的法治图景的必要性,从而使得法学的知识生产和知识构建,始终缺乏具备本土实践价值的理论尝试。总的来说,邓正来的分析综合了社会理论中

---

〔1〕 邓正来:《中国法学向何处去》(第2版),商务印书馆2021年版,第176-184页。

〔2〕 强世功:《乡村社会的司法实践:知识、技术与权力——一起乡村民事调解案》,载《战略与管理》1997年第4期;强世功:《“法律不入之地”的民事调解——一起“依法收贷”案的再分析》,载《比较法研究》1998年第3期。

对现代化模式的批判，从知识社会学的角度，对法学以及法律与社会的关系提供了自己的理解。[1]

除此之外，季卫东与苏力就“法律现代化”与后现代主义之间的关系进行了争论。两者虽然共同认为，结合中国的情况，后现代主义法学研究将不会被本土所接受，但两者的着重点并不相同，特别是对基于本土资源论、法律文化论以及“权力—知识”分析的理论路径中所隐含的后现代元素而作出的对于中国的法律现代化的判断，两者存在不同的看法。季卫东认为，由于各种法律制度、法律技艺法和法律方法是现代化发展模式中的“法治”提供的，而后现代法学必须以此为背景才有讨论的意义，过分强调后现代的分析方式，可能会破坏“法律现代化”的实践积累与制度学习过程，对于构建本土的法治社会可能会造成损害。[2] 而苏力则认为，季卫东的观点预设了现代性的单线演化的发展观，使得后现代理论似乎仅仅是现代化之后的理论，仅仅应对后现代的问题，这是用现代化的视角掩盖了后现代的问题意识，因此也错失了后现代理论的问题意识，而后现代理论的描述在现实生活中也是有表现的。就此而言，季卫东的观点表现出的对后现代理论影响中国法律现代化进程的担忧，可能是过虑了。

（三）对本阶段的小结

本阶段关于“法律与社会”主题的观念探讨，主要回应了改革开放所引发的市场经济与法治社会建设。与论者所参考的理论资源、方法和观察视角，都较之前更为丰富。而本阶段的研究具有非常明显的“中国问题意识”，这点对于将西方的社会学以及社会理论，转化为对解决本土法律建设问题有帮助的理论，是有助益的。

但需要指出的是，虽然关于“法律与社会”的讨论，以及在此基础上关于“本土化”与“法律现代化”的关系的讨论在法理学领域非常兴盛，但

---

〔1〕 邓正来：《中国法学向何处去》（第2版），商务印书馆2021年版，第81－109页。

〔2〕 季卫东：《面向二十一世纪的法与社会——参加法社会学国际协会第31届学术大会之后的思考》，载《中国社会科学》1996年第3期。

这些讨论本身依然是对“法律现代化与本土化”的宏观讨论或个案分析，相比法理学对此问题的热情，部门法学则在积极引入国外法律制度与相关的法教义学说等“现代化”成果上更为直接与主动。而本阶段直接动用社会学或者社会理论去研究部门法具体问题的法理学研究，则少之又少。[1] 就此而言，本阶段留下了“基于‘社会视角’的研究能为法律的规范面向分析提供何种贡献”的问题。

三、社科法学及社会理论法学中的“法律与社会”

进入 21 世纪以来，“法律与社会”主题的相关观念，更多表现在社科法学以及社会理论法学上。与前一个阶段相比，“法律与社会”这一主题既在思想理念的层面，也在研究方法层面上有所展现。这点在上述提到的两个领域中有不同程度的表现。

（一）社科法学中的“法律与社会”[2]

社科法学本身可以有很多称呼，此点有学者进行过讨论。[3] 不过，总体而言，此一研究方式既关注法律与社会之间的关系，也自觉运用各种社会科学资源——有时候甚至是自然科学的资源——来研究在社会中的与法律相关的活动。可以看到，该领域的问题意识与 20 世纪的市民社会理论、本土资源论、法律文化论以及“权力—知识”分析等理路在观察视野上是重合的，都是基于“法律与社会”的观察视野来思考法律现象，并给出一定的理论解释。不过，在问题意识上，后者高度集中于基于法治建设所引起的“法律现代化”的讨论范围，具有更为宏观和集中的问题意识以及理论关怀，而前者则只是标出了一种研究方式的取向，不一定具备共同的、宏观而集中的问题意识。[4] 但这种情况并不一定是坏事。

从研究进路来看，社科法学分别涉及法律经验研究、法律经济学、法

---

〔1〕 强世功：《中国法律社会学的困境与出路》，载《文化纵横》2013 年第 5 期。
〔2〕 关于“新中国成立以来法的社会科学研究”更详细的论述请参见本书第 6 章。
〔3〕 侯猛：《法的社会科学研究在中国：一个学术史的考察》，载《社会科学》2023 年第 3 期。
〔4〕 强世功：《中国法律社会学的困境与出路》，载《文化纵横》2013 年第 5 期。

律与认知科学、法律定量分析[1]等研究进路。而就研究的主题来看,陈柏峰的基层法治研究[2]、侯猛关于“党管政法”的研究[3]等,可以视为从制度机制运作的视角进行的较为宏观的研究。除此之外,还有从个体行为以及特定时空中的制度运作机制进行的研究。[4] 这些研究领域看似分散而没有统一性,但它们中的部分可能具备形成统一理论的可能性。比如,侯猛认为,基于法律社会学、法律经济学以及法律认知科学均关注个人的行为且都较为关注互惠与合作行为,有可能在此层面形成具有统一性的法社会学。[5] 不过,如果将目光从这一研究理路的研究领域的分散以及方法来源的多样性上移开,转而关注这一理论本身所呈现出来的一般性特点,则可以看到,它们所使用的理论大部分是来自西方的社会科学理论,但在研究过程中则试图用这一理论解释本土法律现象。就此而言,该研究进路预设了其所运用的社会科学理论中具备可共享的知识。基于这种知识,本土经验或者可以作为一般性因果解释机制的范例而得到解释,或者可以实现一般性观察视角与研究场域中的“当地人”和研究者本身的日常经验之间的“视域融合”,由此则可能化解理论的一般性与文化的特殊性的张力,从而获得适应本土情形的法治理论。[6] 综上,可以看到,法与社会科学的研究进路回应“法律与社会”这一主题的方式,与 20 世纪 90 年代以“法律现代化”为集中问题意识来回应“法律与社会”主题的诸多理论进路的方式是不同的。后者大多以正面应对的方式,基于不同理论视角来直接讨论基于“法律现代化”模式建设“法治社会”的可能性和局限(如苏力和季卫东的争论),并且有时候会非常关注自身

[1] 此研究范例可参见程金华:《四倍利率规则的司法实践与重构 利用实证研究解决规范问题的学术尝试》,载《中外法学》2015 年第 3 期。
[2] 陈柏峰:《基层执法能力建设的中国经验——以第三世界国家为参照》,载《法学评论》2023 年第 2 期。
[3] 侯猛:《“党与政法”关系的展开——以政法委员会为研究中心》,载《法学家》2013 年第 2 期。
[4] 谢立中主编:《结构—制度分析,还是过程—事件分析?》,社会科学文献出版社 2010 年版。
[5] 侯猛:《社科法学的研究格局:从分立走向整合》,载《法学》2017 年第 2 期。
[6] 侯猛:《社科法学的研究格局:从分立走向整合》,载《法学》2017 年第 2 期。

所使用理论是现代化的还是后现代化的；而前者则更多设定了理论的“普遍性”（这并非说其不关注研究本身的文化特殊性），并且试图通过具体的研究结论，用“成果”直接证明自身对理论的一般性与文化的特殊性的张力的消解。就此而言，当前的研究所具备的技术条件和方法论条件，确实为实现该目标提供了可能。

（二）社会理论法学中的“法律与社会”

和社科法学研究一样，社会理论法学也关注“法律与社会”之间复杂的互动关系，其通过具备高度抽象性的理论构建，形成关于社会整体的一般图景，并将法律视为这一图景中的一部分，视为社会现象的要素之一。社会理论法学依靠这种宏观图景，考察法律的正当性基础、发展趋势以及它与其他社会要素之间的关联，并给出法律演化和法律的本质属性的一般性评价。〔1〕

相较于社科法学，社会理论法学的研究内容和研究主题相对集中。社会理论法学必然会集中研究各社会理论大家的法社会理论。几个主要被研究的大家分别为韦伯、涂尔干、马克思、哈贝马斯以及卢曼。〔2〕就论述领域来看，法律全球化带动了对沃勒斯坦、桑托斯等人的研究；〔3〕具体到部门法领域，宪法社会学方面的研究多与哈贝马斯、托伊布纳以及卢曼相关，〔4〕刑法领域则与贝克的“风险社会”理论相结合形成“风险刑

---

〔1〕 相关定义参考高鸿钧、马剑银编：《社会理论之法：解读与评析》，清华大学出版社2006年版，第1－17页。本文集亦为关于韦伯、涂尔干、哈贝马斯以及马克思的社会理论的具有代表性研究成果的研究论文集。

〔2〕 关于对卢曼的研究，泮伟江、宾凯等学者集中阐述卢曼的二阶观察、结构性耦合、系统的运作封闭与观察开放等概念，其中宾凯开始研究卢曼较早，可参见宾凯：《法律如何可能：通过“二阶观察”的系统建构——进入卢曼法律社会学的核心》，载《北大法律评论》2006年第0期。目前国内学界已出版对卢曼《社会中的法》的注释性解读，由相关领域学者集体编纂。参见高鸿钧主编：《系统论法学——〈社会中的法〉解读本》，商务印书馆2023年版。

〔3〕 鲁楠：《全球视野下的法律与发展》，法律出版社2016年版。

〔4〕 李忠夏：《宪法变迁与宪法教义学：迈向功能分化社会的宪法观》，法律出版社2018年版。

法”,[1]而商法研究则结合了托伊布纳基于社会系统理论的“新商人法”进行研究。[2] 此外,基于社会理论而对本土法治建设进行考察的有泮伟江根据超大规模城市治理所可能面临的功能分化格局,运用社会系统理论中的“结构耦合”来对实现治理的路径进行论述。[3] 同时,对大型复杂社会所面临的功能分化趋势以及相应的法治自主性构建问题,社会理论法学也有所讨论。而公共领域对法律改革的影响,以及科技变革与法律革命的关系,都在社会理论进路中有所反映。[4]

值得强调的是,社会理论法学在关注“法律与社会”这一话题上,和社科法学研究进路有明显的区别。首先,前者更注重宏观理论的建构和运用,也即要求从整体上首先形成对社会的一般性解释。其次,基于这种一般性解释,社会理论必须要做到在兼顾对社会整体描述的一般性的同时,动用相同的概念或解释机制,去区分出社会中具体的各个领域,以达到具体化论述的可能。这意味着,从社会理论的角度去思考法律,必然既能反映社会本身的一般性特质与需求,又能反映法律领域自身的自主性。就此而言,社会理论法学认为,社科法学将研究对象和领域定位在法律职业、立法博弈、法律意识以及“行动中的法”等研究领域,实际上错失了法的自主性,使得“法律”这种社会要素最终消解在理论分析当中。[5]

不过,社会理论法学虽然批评社科法学研究错失了作为社会要素的“法律”,但其理论本身的高度抽象性,使得社会理论法学对法律发展的判断与预估容易在因果描述层面落空。就此而言,如果要强调从事实上研究“法律与社会”的关系,那么社会理论法学虽然能提供启发性的视

---

〔1〕 劳东燕:《公共政策与风险社会的刑法》,载《中国社会科学》2007 年第 3 期;劳东燕:《风险社会与变动中的刑法理论》,载《中外法学》2014 年第 1 期。

〔2〕 鲁楠:《匿名的商人法——全球化时代法律移植的新动向》,载《清华法治论衡》2011 年第 1 期。

〔3〕 泮伟江:《中国超大规模城市法律治理》,载《国家检察官学院学报》2020 年第 6 期。

〔4〕 余盛峰:《临界:人工智能时代的全球法变迁》,清华大学出版社 2023 年版。

〔5〕 陆宇峰:《社会理论法学:定位、功能与前景》,载《清华法学》2017 年第 2 期。另外,该表述来自卢曼,可参考[德]尼克拉斯·卢曼:《法社会学》,宾凯译,上海人民出版社 2013 年版,第 40 - 43 页。

角，但仍需要进一步的实证研究去检验其价值。

四、结语

基于新技术以及依赖于新技术而形成的平台主体的挑战，它们分布于人工智能、大数据与大模型算法处理等科技领域，其中的一些正在逐步改变现有的社会结构，并催生出新的社会关系和权力格局。对于这一趋势，有学者视其为社会由工商社会转向数字社会的标志。而基于这种转变，原有的社会关系也会发生变化，而具体法律概念、原则、规则理论的体系也因此需要重构。[1] 同时，代码似乎成为数字社会法律新的表现形式，通过嵌入价值维度，运用代码的链接/不链接的功能，网络空间将会得到相应的规制，而这种规制是具有法律意义的。[2] 。与之相应，政府机构在将各种自动化行政设备接入自身，基于后台数据处理机制而形成新的行政模式之后，其本身似乎也可以被视为“平台”，并对行政法律关系的形成产生不可小觑的影响。[3] 而如果政府变成了“平台”，则政府相应的事务流程、体制机制和制度模式都面临着全面改变的可能性，进而其行政行为模式、公民参与机制以及行政治理模式，都将发生数字化的转变。[4] 由此亦可想见，基于代码控制与平台化运作的影响，社会与国家的权力格局将会发生新的改变，权力形态将发生变化，它将基于算法和代码共同编织起来的控制性网络，在使得被控制个体单体化的情况下，令权力产生从强制权到解析权、从层级权力到空间权力、从公开的权力到隐蔽的权力的形态变化。[5] 对此，进一步的问题则是：权力格局的转换将如何改变国家权力、社会权力与个人之间的互动关系，法律在其中有何作为?

上述基于智能技术变革而引发的社会变化，对法律的规制能力提出了新的要求。而这个要求清单在目前都依然还没填满。到目前为止，处

[1] 马长山：《数字法学的理论表达》，载《中国法学》2022 年第 3 期。
[2] 赵泽睿：《法律即代码：法典化中的公平提示原则》，载《东方法学》2023 年第 3 期。
[3] 彭箫剑：《平台型政府及行政法律关系初论》，载《兰州学刊》2020 年第 7 期。
[4] 马长山：《数字法治政府的机制再造》，载《政治与法律》2022 年第 11 期。
[5] 周尚君：《数字社会对权力机制的重新构造》，载《华东政法大学学报》2021 年第 5 期。

于数字社会转变期中的“法律与社会”主题的观念还处在高度不确定的状态。对此,法律依然需要及时回应社会的变化。关于“法律与社会”以及“法律与中国社会”的主题讨论,也将因社会变迁本身的不确定性,而拥有再写、再论与再构的可能性。

延伸阅读学术著作

1. 赵震江编著:《法律与社会》,时事出版社1985年版。
2. 苏力:《法治及其本土资源》,中国政法大学出版社1996年版。
3. 付子堂:《法律功能论》,中国政法大学出版社1999年版。
4. 马长山:《国家、市民社会与法治》,商务印书馆2002年版。
5. 强世功:《法制与治理——国家转型中的法律》,中国政法大学出版社2003年版。
6. 邓正来:《中国法学向何处去——建构“中国法律理想图景”时代的论纲》,商务印书馆2006年版。
7. 瞿同祖:《中国法律与中国社会》,商务印书馆2010年版。
8. 梁治平:《寻求自然秩序中的和谐——中国传统法律文化研究》,商务印书馆2013年版。
9. 季卫东:《法治秩序的建构》(增补版),商务印书馆2019年版。

延伸阅读学术论文

1. 杨兆龙:《法律的阶级性和继承性》,载《华东政法学报》1956年第3期。
2. 郭道晖:《法治国家与法治社会》,载《政治与法律》1995年第1期。
3. 马长山:《从市民社会理论出发对法本质的再认识》,载《法学研究》1995年第1期。
4. 朱宝信:《论我国当前的“市民社会”》,载《北京社会科学》1995年第4期。
5. 苏力:《变法,法治建设及其本土资源》,载《中外法学》1995年第5期。
6. 刘思达:《当代中国日常法律工作的意涵变迁(1979—2003)》,载《中国社会科学》2007 年第 2 期。
7. 劳东燕：《公共政策与风险社会的刑法》，载《中国社会科学》2007 年第 3 期。
8. 马长山：《数字社会的治理逻辑及其法治化展开》，载《法律科学》2020 年第 5 期。
9. 泮伟江：《中国超大规模城市法律治理》，载《国家检察官学院学报》2020 年第 6 期。
10. 陈柏峰：《基层执法能力建设的中国经验——以第三世界国家为参照》，载《法学评论》2023 年第 2 期。

延伸阅读学位论文

杨力：《社会分层与法律秩序》，南京师范大学 2005 年博士学位论文。

第三十章　法律与经济

本论题导读

新中国成立以来,“法律与经济”论题的法学研究,以不同时期经济体制为背景,可以分为三个阶段,以计划经济为主要背景的研究(1949—1978年),以计划经济向市场经济转型为背景的研究(1978—1993年),以建立、健全市场经济为背景的研究(1993年至今)。2014年,党的十八届四中全会提出,社会主义市场经济本质上是法治经济。随着经济法治实践建设进入了新发展时期,对法律与经济论题的研究进一步深化,着力回应了时代要求。通过“法律与经济”论题的历时性分析,可以发现该论题的研究从法律与经济基础的关系问题开始,沿着改革主线,落脚到法治经济。故,“法律与经济”论题横向上从法律与经济基础关系、法律与经济体制改革、市场经济本质上是法治经济三个子论题进行整理。市场经济就是法治经济,这既是改革开放以来,“法律与经济”论题的研究获得的最大共识,也是“法律与经济”关系最好的阐释。

在马克思主义经典作家的论述中,经济是指整个社会物质资料的生产和再生产过程,[1]包含物质资料生产、分配、交换和消费各个阶段,包括生产力和生产关系两个方面。在生产关系层面,经济也被认为是经济基础即生产关系各个方面的总和。狭义的生产关系主要是指生产资料所有制关系,广义的生产关系则包含生产、分配、交换和消费四个相互联系

〔1〕 付子堂主编:《法理学进阶》(第6版),法律出版社2022年版,第236页。

的环节上形成的社会经济关系的有机的整体。[1] 本章即从上述意义上讨论法律与经济之间的关系以及新中国相关的法学研究。

一、新中国“法律与经济”研究的历程

回理新中国成立以来“法律与经济”研究，最为突出的成就应是达成了最广泛的理论共识：社会主义市场经济本质上是法治经济。当然“法律与经济”的研究并不仅限于法治经济的论证，法治经济这一理论共识的达成，也非一蹴而就。回顾整理历时性的研究资料，可以发现每一代研究者都在回答其所处时代的实践问题，其研究具有明显的时代特征，体现了法学研究的回应性和时空性。法学以法律现实为研究对象，是实践的科学。法学研究无法脱离社会经济实践而独立存在。所以，结合新中国经济体制变革实践的时代背景来展开对新中国“法律与经济”研究的历时性阶段分析，求得每一研究阶段的特点，是可行的。

需要说明的是，在考虑历时性阶段划分时，“历史上时代之改变，不能划定于某日某时，前时代之结束，与后时代之开始，常相交互错综。在前时代即将结束之时，后时代之主流，即已发现”[2]，所以，一个阶段结束的年度，亦成为下一阶段开始的年度，每个起承转合的年度大致都反映了这样的特点。

（一）1949—1978 年：以计划经济为主要背景的研究

新中国伊始，摆在全国人民面前的首要问题是如何挣脱旧中国积贫积弱的历史阶段，实现社会经济的全面复苏。面对仍旧复杂的政治环境和国际局势，新生的人民政权选择以苏联为师，带领人民逐步发展社会主义计划经济和法制具有历史的合理性和必然性。

---

[1] 马克思主义政治经济学概论编写组：《马克思主义政治经济学概论》（第 2 版），人民出版社 2021 年版，第 9 页。

[2] 冯友兰：《中国哲学史》（下册），商务印书馆 2011 年版，第 490 页。

"法律与经济"论题的法学研究,从新中国成立到20世纪60年代前期,取得了丰富的理论成果。新中国老一辈研究者们以马克思列宁主义为理论养分,在逐步确立社会主义公有制和计划经济体制的背景下,对法律与经济基础的关系展开讨论并形成了较为一致的结论。但需要说明的是,此时的研究并非全然是专论性的讨论,除部分文章[1]外,更多分见于国家与法的一般理论、法的概念及性质、法的阶级性与继承性、法律与政策的关系等论题[2]的研究阐述中。

另外,从计划经济体制的萌生到形成,在"法律与经济"论题域下,法学研究者们亦就人民公社所有制、生产资料所有权、公民个人所有权、经济合同与经济计划、农业合作化、社员经济权利、作为民法调整对象的财产关系等问题展开了研究,从法学的角度论述了所有制形式,生产、消费资料的分配与交换方式等,形成了众多的学术文章。[3]

---

〔1〕 黎少岑:《法律对经济基础的依存关系及其演变》,载《理论战线》1958年第2期;刘文:《试谈我国法权在社会主义改造和社会主义经济建设中的作用》,载《政法研究》1962年第4期。

〔2〕 吴大英:《社会主义法律的概念和特征》,载《华东政法学报》1958年第3期;孙国华:《关于如何编写〈国家与法权理论教科书〉的几个问题》,载《政法研究》1963年第1期;鲁钝:《介绍〈法学基本知识讲话〉》,载《政法研究》1963年第4期;柴钟麟:《关于我国过渡时期法权的性质和作用的问题》,载《政法研究》1962年第3期;钟林、韩延龙、何东义:《对我国法的作用的看法》,载《政法研究》1962年第4期;陈守一:《把问题展开——在关于我国社会主义阶段法的性质和作用问题座谈会上的发言摘要》,载《政法研究》1962年第3期;杨峰:《论法的阶级性的统一性》,载《华东政法学报》1957年第2期;方今:《也谈法的阶级性和继承性》,载《华东政法学报》1957年第2期;郭宇昭:《略论法的继承性》,载《华东政法学报》1957年第3期;张景华:《关于法律继承性中的几个问题》,载《华东政法学报》1957年第5期;曾炳钧:《关于法的继承性问题》,载《法学研究》1957年第3期;朱恩霖:《法律和政策的关系》,载《华东政法学报》1957年第6期。

〔3〕 佟柔、胡金书:《巩固合同纪律,为实现国民经济计划而斗争》,载《政法研究》1956年第1期;丁毅之、卓萍:《对全行业公私合营以后资本家生产资料所有权问题的商榷》,载《政法研究》1956年第2期;陈齐:《我们帮助农业生产合作社修订原有社章的几点体会》,载《政法研究》1956年第2期;张敬:《如何正确地认识全行业公私合营后的资本家生产资料和其他资本所有权》,载《政法研究》1956年第4期;唐慧敏:《关于我国过渡时期的公民合法收入》,载《政法研究》1956年第6期;万山:《关于全行业公私合营后资本家生产资料所有权问题》,载《政法研究》1956年第6期;任建新:《加强经济合同工作促进国民经济计划的顺利进执行》,载《政法研究》1957年第1期;芮沐、祜周:《关于全行业公私合营后资本家生产资料所有权的讨论》,载《政法研究》1957年第2期;王叔文:《人民公社所有制的性质》,载《政法研究》1959年第1期;协鸣:《论合同制度》,载《政法研究》1959年第2期;

总体而言,新中国这一时期对“法律与经济”的研究稳定发展,综合运用阶级分析、实证分析等研究方法,反映、回答了以计划经济为主要时代背景的经济社会问题。

(二)1978—1993 年:以计划经济向市场经济转型为背景的研究

1978 年 12 月,党的十一届三中全会召开,经济建设成为党和人民的工作中心。法制建设也转向确认、保障、促进经济发展为中心的新阶段。1992 年 12 月召开的党的十四大提出经济体制改革的目标是建立社会主义市场经济体制。然而,该目标的确立,却非一蹴而就,而是经历了十多年的双轨制改革时期。

农村包干到户、城市个体经济,打破了计划经济“一统天下”的局面。市场取向的经济体制改革[1]经历了由计划经济为主、市场调节为辅,到有计划的商品经济,国家调节市场、市场引导企业,再到建立社会主义市场经济体制,逐步实现从计划经济体制到市场经济体制的转型。“社会转型必然要求法律转型,相应地必然逐步促使法学基本理论的更新。”[2]法律如何认识、确认、规范、保障、促进经济体制改革是摆在法学研究者面前的时代课题,社会主义法治与经济体制改革的关系成为法学理论研究的

关怀:《论我国公民的个人所有权》,载《政法研究》1962 年第 3 期;关怀:《试论农村人民公社以生产队为基础的所有权制度》,载《政法研究》1963 年第 1 期;皮纯协:《对我国公民个人所有权问题的一些看法》,载《政法研究》1963 年第 1 期;[苏联]玛·雅·克依里洛娃、段世芝:《苏维埃民法对集体农庄所有权的民事法律保护》,载《政法研究》1956 年第 3 期;黄社骥、卓萍:《民法对象中的财产关系问题》,载《政法研究》1956 年第 2 期;郭寿康、佟柔:《关于民法调整的对象——财产关系的几个问题》,载《政法研究》1956 年第 3 期;李奋武:《民法所调整的财产关系是物质关系吗?》,载《政法研究》1956 年第 3 期;孙亚明、史怀璧:《关于民法调整对象问题的初步意见》,载《政法研究》1957 年第 1 期;仝志敏:《试论资本主义工商业全行业公私合营后资本家生产资料所有权问题》,载《华东政法学报》1957 年第 2 期。

[1] 1979 年到 1992 年,是为实行市场经济体制做事实准备的过渡时期或称市场取向改革时期。参见张守文:《回望 70 年:经济法制度的沉浮变迁》,载《现代法学》2019 年第 4 期;张卓元:《中国经济改革理论三步曲:商品经济论、市场取向论、市场经济论》,载《财贸经济》1992 年第 11 期。

[2] 付子堂:《法之理在法外》,法律出版社 2003 年版,第 16 页。

时代新内容。[1]

1978年10月,四川人民出版社出版了胡乔木的《按照经济规律办事　加快实现四个现代化》一书,其中提出经济工作中按照经济规律办事,应当扩大经济组织和经济手段的作用,发展经济立法和经济司法,把国家、企业、职工、用户的利益和各种利益关系,用法律形式体现出来,并且由司法机关按照法律办法处理。[2] 学界围绕"经济立法和经济司法"的研究迅速展开。[3] 面对"三农"问题、国企改革、分税制改革、商品经济等具体的改革实践问题,研究者们围绕农业集体经济法律制度[4]、工业企业法律制度[5]、外商投资企业法律制度[6]、商标和专利法律制度[7]、经济合同法律制度[8]以及财政、金融、税收等专题展开研究,有效促进了改革开放初期经济立法的发展与完善。

---

〔1〕 详见本章第二部分第二节。

〔2〕 胡乔木:《按照经济规律办事　加快实现四个现代化》,四川人民出版社1978年版,第32页。

〔3〕 顾明:《关于加强经济立法的几个问题》,载《法学杂志》1980年第3期;孙亚明:《关于加快经济立法的几点建议》,载《人民日报》1980年8月15日;关怀:《经济立法必须体现宏观经济规律的要求》,载《法学杂志》1980年第2期;刘海年、陈春龙:《略论经济立法和经济司法》,载《学习与探索》1979年第3期;张庆升:《充分发挥经济审判工作在四化建设中的作用》,载《法学杂志》1981年第1期;任建新:《我国对外经济贸易和海事案件的仲裁》,载《西南政法学院学报》1980年第3期;金明善:《战后日本的经济立法》,载《法学研究》1981年第2期;黎建飞:《苏联的经济立法和司法》,载《法学季刊》1984年第3期;杨泉明:《论我国新时期的经济立法》,载《中南政法学院学报》1986年第2期。

〔4〕 李昌麒:《试论农业生产承包合同的法律性质》,载《社会科学研究》1984年第3期。

〔5〕 江平、康德琯、田建华:《国家与国营企业之间的财产关系应是所有者和占有者的关系》,载《法学研究》1980年第4期;杨紫烜、田建华、寇孟良:《关于扩大企业自主权与加强经济立法的调查报告》,载《法学研究》1980年第2期。

〔6〕 张序九、代大奎、李开国:《中外合资经营企业法的本质和作用》,载《西南政法学院学报》1979年第2期;王嵩山、汤秀娟:《对中外合资企业外商投资的法律保护》,载《中国法学》1986年第1期。

〔7〕 王家福、夏叔华:《专利法简论》,载《法学研究》1980年第6期;沈关生:《谈谈我国商标法的形成与发展》,载《法学研究》1980年第3期。

〔8〕 金平:《充分发挥经济合同制度在四化建设中的作用》,载《西南政法学院学报》1980年第1期;魏振瀛:《论经济合同的法律效力》,载《经济科学》1979年第1期;魏振瀛、杨振山:《论违法经济合同的赔偿责任》,载《人民日报》1980年10月16日;黎晓宽:《试论合同鉴证》,载《法学研究》1981年第4期;杨凯东:《〈经济合同法〉执行中存在的问题》,载《法学》1985年第4期等。

1979年6月，在第五届全国人大第二次会议上，叶剑英指出“随着经济的发展，我们还需要各种经济法”。彭真在《关于七个法律草案的说明》中指出，“我们还要经过系统的调查研究，陆续制定各种经济法和其他法律，使社会主义法制逐步完备起来”。社会主义现代化建设、经济体制改革实践以及经济立法研究的繁荣促使经济法学应运而生。经济法学是部门法学中的新兴学科，针对经济法的调整对象，部分学者提出，经济法是调整国家机关、企业、事业单位、社会团体等社会组织之间，它们同公民之间，以及社会经济组织内部领导机构、职能科室和生产单位之间，在国民经济管理和经济活动中发生的经济关系的法律规范的总称。经济法所调整的经济关系既包括国家机关在领导和组织国民经济的过程中与其他社会组织发生的纵向经济关系，也包括社会组织之间在进行经济活动过程中基于平等、等价、有偿的原则而发生的经济协作关系，即横向经济关系，还包括经济组织内部的管理与协作关系。[1] 江平、陶和谦在《谈谈民法与经济法的划分问题》中认为，民法和经济法是两个各自独立的法律部门，但它们之间又有着紧密的联系，经济法调整的是社会主义组织之间直接或间接有计划而产生的，以生产资料社会主义公有制为基础的生产领域中的商品关系。民法所调整的是主要在公民之间或公民与社会主义组织之间，以生活资料个人所有为基础的消费领域中的直接或间接的商品关系。[2] 但部分学者认为经济法没有独立的调整对象，对经济法的独立性亦持否定的观点。[3] 通过对上述研究的梳理，可以发现，学界围绕民法与经济法的调整对象及范围，以及经济关系、商品关系的法律含义展开了广泛的讨论。事实上，从1979年开始，该问题成为“法律与经济”论题域下的一个重要问题。[4] 对这一问题的讨论，不仅可以看作对法律部门划分的讨论，也可以看作对经济领域法律调整机制的讨论，[5]同时也

---

〔1〕 张序九等主编：《经济法教程》，吉林人民出版社1986年版，第1-5页。

〔2〕 江平、陶和谦：《谈谈民法与经济法的划分问题》，载《北京政法学院学报》1979年第1期。

〔3〕 王昌硕：《关于民法与经济法学术讨论》，载《法学杂志》1980年第2期。

〔4〕 江平：《沉浮与枯荣：八十自述》，法律出版社2010年版，第311-320页。

〔5〕 岳彩申、李永成：《中国经济法学三十年发展报告》，载《经济法论坛》2010年第7卷。

是对法律如何认识“市场与计划”,或者说是“市场自治和国家干预”在中国经济体制改革中的作用这一时代课题的讨论。随着该问题讨论的深入以及1986年《民法通则》(已失效)的颁布,学者们亦部分调整了观点,探讨了社会主义商品经济新秩序的法律问题,[1]这些研究促进了经济法学理论的进一步科学化,推动了民法学、经济法学的发展。

计划经济向市场经济转型,面临诸多理论与实践难题。袁成弟在《社会主义法也应有公私法之分》中提出,公法与私法之分并不违背社会主义法的本质,中国公民需要私权,中国国情需要兼顾国家、法人、个人三者的利益,进行公、私分类的研究是健全社会主义建设新的历史时期的法治的需要。[2] “当社会主义积累过程到达一定阶段,计划经济向市场经济过渡是一种客观的要求。”[3]在今天看来诸多理所当然的论述,却是那一代学者孜孜以寻得的。

法学研究的繁荣与共识,推动了经济改革和宪法发展。1993年《宪法修正案》第7条将“国家在社会主义公有制基础上实行计划经济……”修改为“国家实行社会主义市场经济”,“国家加强经济立法,完善宏观调控”。第8条将“国营企业在服从国家的统一领导和全面完成国家计划的前提下,在法律规定的范围内,有经营管理的自主权”修改为“国有企业在法律规定的范围内有权自主经营”。第9条将“集体经济组织在接受国家计划指导和遵守有关法律的前提下,有独立进行经济活动的自主权”修改为“集体经济组织在遵守有关法律的前提下,有独立进行经济活动的自主权”。至此,社会主义市场经济体制取代计划经济体制获得了宪法的确认和保障。

(三)1993年至今:以建立、健全市场经济为背景的研究

双轨制改革时期,政治秩序与社会治理回归到制度理性,为社会主义

---

〔1〕 俞梅荪、孙林、朱晓黄:《1988年的经济立法和经济法学》,载《中国法学》1989年第5期。
〔2〕 袁成弟:《社会主义法也应有公私法之分》,载《法学季刊》1986年第4期。
〔3〕 樊勇明、杜莉等编著:《公共经济学》,复旦大学出版社2010年版,第42页。

市场经济体制改革奠定了基础。经济体制改革，初启于农村[1]，重点在城市[2]。其中国有企业改革因关系市场主体的培育、政府职能的定位、企业与政府的关系而显得尤为重要。市场经济条件下，国家不再包办全能，亦非无所作为。区分作为财产所有者的国家与作为公权力者的国家，既是市场经济的本质要求，也是市场经济法律秩序的前提条件。[3] 然而，计划经济体制下的所有制与所有权具有对应关系论成为建立现代法人财产权的理论障碍，康德琯提出所有权所有制对应关系剥离论，认为所有权与所有制并不存在直接的对应关系，民法反映经济关系不可能也不应该把所有制性质反映出来。[4] 部分学者亦就国家所有权和企业独立财产权进行讨论，揭示出两者并未相互矛盾。理论研究的共识推进了改革进程，国有企业改革从扩大经营自主权深入所有权层次，通过引入股份制来实现所有权与经营权的分离，彻底改变国有企业是政府附属物的状况，使其真正成为市场经济中的主体。

在市场经济体制下，市场自治与政府干预应并行而生。李龙在《论宏观调控与法的功能》中论述宏观调控与法的功能的结合，是我国建立与完善社会主义市场经济的必由之路。法在宏观调控中具有引导、促进、保障、制约作用。[5] 1998 年，政府机构开始了第四次改革，重点按照市场经济的要求，转变政府职能，实现政企分开，把政府职能切实转变到宏观调控、社会管理和公共服务上。[6] 随着国家宏观调控实践的渐次展开，史

---

[1] 韩大元主编：《改革开放 40 年法律制度变迁——宪法卷》，厦门大学出版社 2019 年版，第 4 页。对内改革是从 1978 年 11 月安徽省凤阳县小岗村家庭联产承包责任制开始的，这也是宪法上保护公民财产权的新起点。在公有制占绝对主导地位的体制下，允许部分地方实行土地承包制，使某种意义上的财产权获得正当性基础。

[2] 卢云、金平主编：《社会主义市场经济法律问题研究》，四川人民出版社 1995 年版，第 5 页。另外，关于中国企业在改革开放背景下历史叙事可参见吴晓波：《激荡三十年：中国企业 1978—2008》（第 3 版上、下册），中信出版集团 2017 年版。

[3] 中国社会科学院法学所社会主义市场经济法律体系课题组：《建立社会主义市场经济法律体系的理论思考和对策建议》，载《法学研究》1993 年第 6 期。

[4] 康德琯：《所有权所有制对应关系剥离论和现代企业制度》，载《法学研究》1994 年第 6 期。

[5] 李龙：《论宏观调控与法的功能》，载《中国法学》1994 年第 2 期。

[6] 樊勇明、杜莉等编著：《公共经济学》，复旦大学出版社 2010 年版，第 17 页。

际春、肖竹提出宏观调控应当遵循分权和法治的基本原则。中央政府宏观调控部门之间的分权制衡和协调、中央政府与地方政府之间的调控权的合理划分,是有效分权的基本条件。宏观调控权必须法治化,关键是对宏观调控主体适当赋权,并将其纳入问责体系。[1]

郭道晖在《建构适应市场经济的法律体系的原则与方略》中,从立法体系的角度,阐释了法律体系的建构应遵循纲目有序、民主主导、结构优化等原则。[2] 在法律体系中设计和制定法律文件时,要明确"母子"、源流关系,主从关系,使立法体系层次分明、位阶有序。该体系中最高层次是宪法,所有有关市场经济的立法都必须以它为依据;第二层次是有关市场经济的一些基本法律;第三层次是有关规范生产要素与市场主体、行为、管理秩序等方面的法律;第四层次是第三层次衍生出来的各项具体的法律。随着经济体制改革深入,对市场的认识亦日益细化,反映在法学研究中便是逐渐从较宏观的铺展,即前文所描述的第一层次、第二层次,不断转向相对微观的制度层面,即第三层次、第四层次的研究。例如,从所有制改革的问题到平等保护财产权的研究;从带有计划经济基因的经济合同法到缔约自由的合同法的研究;从国企改制的两权分离到建立现代企业制度的研究;从按成分划分企业类型和所得税制度到统一的公司治理体制和所得税制度的研究;从国企股份制改革到现代资本市场法律体系的建立完善的研究;以及宏观调控权、市场规制法律关系的研究等。可以认为,社会主义市场经济法律制度,在改革开放初期,于法律经验主义的基础上,确认、维护经济体制改革;逐渐地,于法治理念主义的基础上,规范、引领经济体制改革,法律担负起了型构、维护社会经济生活秩序的时代要求。

发展社会主义市场经济,优化资源配置以提高经济效益乃是题中之义。相应地,效率原则作为一个法律原则或法律目标逐渐得到了广泛的

---

〔1〕 史际春、肖竹:《论分权、法治的宏观调控》,载《中国法学》2006 年第 4 期。

〔2〕 郭道晖:《建构适应市场经济的法律体系的原则与方略》,载《中国法学》1994 年第 1 期。

认可。效率居先是市场经济的必然规律。在整个法律价值体系中，效率价值应居于优先位阶而成为配置社会资源的首要价值标准，它决定权利、权力等法律资源的社会配置，并引导资源的个体配置。[1] 苏力在《市场经济对立法的启示》中认为，效率原则是人们承认的经济建设的首要原则，立法、司法和执法应当维护这一原则。立法、司法、执法不仅应考虑到为市场经济服务，还应考虑自身同样要注重效率原则，遵循效用最大化的标准。经济法学者亦提出经济效益原则系经济法的基本原则之一。[2] 与此同时，立足法律供给与需求，成本与收益分析的经济分析方法[3]获得更为广泛且系统的介绍并被展开研究。法经济学语词在市场经济体制改革前便已经出现，但当时指代法学与政治经济学的交叉学科研究，讨论法律与经济基础的关系，进而揭示法的起源和本质等理论问题。然而，1986 年，信春鹰发表了《美国的经济分析法学派》一文，详细地介绍了经济分析法学派，论述了经济分析法学派主张以经济观点分析法律，强调法律和经济之间的内在联系，其核心是，所有的法律活动，如立法、司法都要以最大限度地增加社会财富为目的。[4] 沈宗灵在《现代西方法理学》（1992 年）中亦系统地介绍了波斯纳的经济分析法学。蒋兆康翻译了波斯纳的《普通法、法律史和法哲学——一种经济分析》（1991 年），其随后翻译、出版了波斯纳的《法律的经济分析》（1997 年），其间苏力亦翻译并出版了波斯纳的著作《法理学问题》。上述译著系统、完整地介绍了波斯纳的法经济学理论。经济分析法学作为新的理论工具，有效地推进了市

[1] 林喆：《当代中国市场经济需要何种法的精神——“市场经济与现代法的精神”理论研讨会综述》，载《中国法学》1994 年第 5 期。

[2] 苏力：《市场经济对立法的启示》，载《中国法学》1996 年第 4 期；李昌麒：《寻求经济法真谛之路》，法律出版社 2003 年版，第 81 页。

[3] 钱弘道：《法律的经济分析》，清华大学出版社 2006 年版，第 96 – 120 页。

[4] 信春鹰：《美国的经济分析法学派》，载《法学研究》1986 年第 3 期。

场语境下的法学理论研究,形成了诸多研究成果。[1] 同时经济分析法学本身在中国法学理论的研究中亦不断丰富和发展。例如,邱本尝试从另一个视角,以法律的原理去分析经济,从市场主体、市场产权、市场交易、宏观调控、市场竞争和经济纠纷等方面,揭示法律对经济的影响。[2] 艾佳慧总结法经济学新古典范式的理论框架,认为以新古典经济学为理论基础的法经济学包括六大理论建构:理论前提系理性的效用最大化;四大理论包括单向度的成本收益分析、法律威慑理论、社会成本最小化理论和模拟市场理论;规范基础即社会财富最大或社会成本最小化。但该理论存在应用局限,如法律威慑理论忽视法律的定分、界权等作用而不能完全解说法律制度功能。[3] 赵海怡论述以卡拉布雷西为代表的法学和经济学双向校验互动的耶鲁学派,在科斯、波斯纳之外探索当代法与经济学发展的第三条进路。双向校验互动的研究,既借鉴经济学理论检视法律制度,又根据法律实践反向检视并修正经济学理论,[4] 对中国的法治实践有较强的解释力。

二、新中国"法律与经济"研究的主要论题

(一)法律与经济基础

法律与经济基础的互动关系是"法律与经济"研究领域里较早的论题。通过梳理相关的研究资料,可以发现研究者从不同的角度进行讨论,论证落脚点虽各有不同,但理论出发点皆以马克思列宁主义为理论自觉,

---

〔1〕 顾培东:《效益:当代法律的一个基本价值目标——兼评西方法律经济学》,载《中国法学》1992 年第 1 期;张守文:《经济法学的法律经济学分析》,载《法学研究》1992 年第 5 期;田培炎、蒋兆康:《论权利与效率——一种法律经济学观点》,载《法学研究》1992 年第 6 期;周林彬:《市场经济立法的成本效益分析》,载《中国法学》1995 年第 1 期;郭道晖:《立法的效益与效率》,载《法学研究》1996 年第 2 期。

〔2〕 邱本:《经济的法律分析》,载《吉林大学社会科学学报》1997 年第 1 期。

〔3〕 艾佳慧:《法律经济学的新古典范式——理论框架与应用局限》,载《现代法学》2020 年第 6 期。

〔4〕 赵海怡:《当代法和经济学发展的第三条进路——法学与经济学的双向校验互动》,载《政法论坛》2022 年第 4 期。

初期形成了基本一致的理论观点。关于法律与经济基础的互动关系，经济基础决定法律，法律基于经济发展的需要而产生，基于经济基础的发展变化而变化。法律对经济的作用主要表现为确认经济关系、规范经济行为、维护经济秩序、服务经济活动。〔1〕与此同时，各个法学科研院校编著的法理学教材虽然语言文字有差异，论证先后有区别，但持有的观点亦基本相同。例如，孙国华、朱景文主编的《法理学》论述，社会主义法作为一定社会上层建筑的组成部分，决定于该社会的经济基础，并最终决定于社会生产力。经济基础是决定法的性质及发展的根本因素，但法并不是一种消极、被动的力量，它在被经济基础决定的同时，也对经济基础发挥着重要的作用。〔2〕舒国滢在《法理学导论》中论述，法与经济的联系是最根本的联系，特别是与各种经济现象中的生产方式的关系尤为密切。生产关系的总和构成一定的社会经济基础，经济基础对法具有决定作用，法对经济基础具有反作用。生产力通过决定生产关系间接决定法律及其发展变化，符合客观经济规律的法律，通过生产关系的中介，促进生产力的发展。〔3〕

上述研究观点，虽各有侧重，但并非空中楼阁，更非一家之言。通过考察新中国成立以来相关的历时性法学研究资料，可以发现法律与经济基础互动关系的研究具有时代性和继承性的特点。

1949年以后，新中国老一辈研究者通过借鉴、吸收苏联法学，同时结合中国实际，展开了法学基础理论研究。〔4〕20世纪50年代中期，中国人民大学编译室翻译出版了卡列娃、费其金编著的《苏维埃国家和法的基础》，该书论述了马克思列宁主义关于上层建筑及其社会基础的相互关系和相互作用的学说，是正确理解国家与法在社会生活中的作用的根本原

---

〔1〕付子堂主编：《法理学进阶》（第6版），法律出版社2022年版，第236－238页。

〔2〕孙国华、朱景文主编：《法理学》（第5版），中国人民大学出版社2021年版，第305－311页。

〔3〕舒国滢主编：《法理学导论》（第3版），北京大学出版社2019年版，第278－280页。

〔4〕张友渔主编：《中国法学四十年：1949—1989》，上海人民出版社1989年版，第63页。

理。国家和法是由一定阶级社会基础所决定的上层建筑的组成部分。[1] 与此同时,各个法学科研院校编著的关于“国家与法”的理论教材也基本持相同的观点。[2] 黎少岑在《法律对经济基础的依存关系及其演变》中论述,法律产生于经济基础并作用于经济基础,法律的形式变化改变不了法律的本质,在建设社会主义的过程中,法律的作用是不能被低估的,要发挥法律的主动积极作用为社会主义经济服务。[3] 吴大英在《社会主义法律的概念和特征》中论述,社会主义法律是社会主义社会上层建筑的一个组成部分,是由经济基础产生和决定的。社会主义法律反映社会主义经济基础——社会主义生产关系的总和。[4] 董必武亦从司法的角度提出,司法工作必须为经济建设服务。[5]

20 世纪 60 年代,张若愚在著作《法学基本知识讲话》中提出,法是一定的经济基础的上层建筑。它是在一定的经济基础上产生的,为一定的经济基础所决定的,有什么样的经济基础,就有什么样的法。经济基础对法起着决定的作用。法产生后,又能反过来积极地为经济基础服务,保障和巩固自己的经济基础。社会主义的法,服务于先进的社会主义的经济基础,有助于无产阶级专政的国家组织社会主义经济建设,统一计划和管理整个国民经济,对社会的发展起着进步的作用。[6] 刘文在《试谈我国法权在社会主义改造和社会主义经济建设中的作用》中从社会主义法权保障和推动我国社会主义改造和社会主义经济建设工作的开展的角度,就生产资料所有制、经济管理体制、分配原则等多方面展开了论述。[7]

---

〔1〕［苏联］卡列娃、［苏联］费其金主编:《苏维埃国家和法的基础》,中国人民大学编译室译,法律出版社 1955 年版,第 17 - 20 页。

〔2〕中央政法干部学校国家与法的理论教研室编著:《国家和法的理论讲义》,法律出版社 1957 年版;中国人民大学国家与法权理论教研室编:《国家与法权理论讲义》,中国人民大学出版社 1957 年版等。

〔3〕黎少岑:《法律对经济基础的依存关系及其演变》,载《理论战线》1958 年第 2 期。

〔4〕吴大英:《社会主义法律的概念和特征》,载《华东政法学报》1958 年第 3 期。

〔5〕董必武:《论社会主义民主和法制》,人民出版社 1979 年版,第 104 页。

〔6〕张若愚:《法学基本知识讲话》,中国青年出版社 1963 年版,第 16 - 18 页。

〔7〕刘文:《试谈我国法权在社会主义改造和社会主义经济建设中的作用》,载《政法研究》1962 年第 4 期。

1979 年以后,法理学教学研究迅速恢复。通过考察这一时期的主要教材,学者们把“法律与经济”的论题在教材中以独立章节进行了介绍。根据此现象,并结合以经济建设为中心的时代背景可以推论,“法律与经济”的论题已经成为一项重要的理论研究问题,同时深入具体内容中,更加突出了法律对经济基础的反作用的观点。例如,孙国华主编的《法学基础理论》第十一章为社会主义法与社会主义经济,分别论述了社会主义法是社会主义经济基础的上层建筑的重要部分,是最接近经济基础的部分;社会主义法归根到底必须适应社会主义经济发展的需要;社会主义法对其经济基础形成和发展具有积极的创建作用;充分认识经济规律、在尊重经济规律的基础上利用经济规律,是发挥社会主义法具有的促进经济发展的可能性的必要条件;社会主义法确认、巩固社会主义经济制度。[1] 北京大学法律系法学理论教研室主编的《法学基础理论》第十二章为社会主义法律与经济。该章分别论述了社会主义法律和经济的一般关系、社会主义法律和基本经济制度、社会主义法律与社会生产力。[2] 屈野在《社会主义法是保护经济基础的重要工具》一文中认为,社会主义法保护社会主义经济基础主要表现在保卫公共财产不受侵犯,保证国民经济有计划、按比例、高速度发展,保证按劳分配原则的实行。[3] 常公旺在《法对经济基础的反作用——兼谈经济立法为经济建设开路问题》中论述,正确认识和充分发挥法对经济基础的反作用,对加强社会主义法制,加速经济立法,促进四个现代化建设事业,具有重要的意义。[4]

随着经济体制改革与建设法治国家实践的深入展开,社会主义法治与商品经济、市场经济的研究亦渐次进入了法学研究者的视野。张文显在其著作《法哲学范畴研究》中论述,法治的经济基础是商品经济和市场

---

〔1〕 孙国华主编:《法学基础理论》,中国人民大学出版社 1987 年版,第 221 - 239 页。

〔2〕 北京大学法律系法学理论教研室编:《法学基础理论》(第 2 版新编本),北京大学出版社 1984 年版,第 270 - 289 页。

〔3〕 屈野:《社会主义法是保护经济基础的重要工具》,载《思想战线》1980 年第 6 期。

〔4〕 常公旺:《法对经济基础的反作用——兼谈经济立法为经济建设开路问题》,载《法学季刊》1982 年第 2 期。

经济。法治总是与商品经济、市场经济相关,而与自给自足的自然经济和以国家垄断为内容的产品经济、计划经济无缘。法治的实现程度取决于商品经济、市场经济的发育和发展程度。[1] 社会主义市场经济是法治经济,社会主义市场经济法律体系构成社会主义市场经济的法治基础。换言之,社会主义市场经济是受法律规范、引导、制约、保障,并严格按照法律运作的经济。[2] 石泰峰在《市场经济与法律发展——一种法社会学思考》一文中提出,思考市场经济与法律发展的问题时,要在现实的社会变革中把握市场经济与法律发展的互动关系。[3]

(二)法律与经济体制改革

回溯新中国经济体制的时代变迁,包括主要实行计划经济体制的阶段和主要实行市场经济体制的阶段。每个阶段都包含过渡期,1949 年到 1956 年系由新民主主义经济(或称不发达的市场经济)向计划经济的过渡时期,1979 年到 1992 年系由计划经济向市场经济过渡的时期。[4] 经济体制是指在一定的基本经济制度基础上进行资源配置的具体方式和规则。[5] 改革开放语境下的经济体制改革是要从根本上改变高度集中的计划经济体制,建立社会主义市场经济体制。回理经济体制改革与法律变迁的研究,研究者们不断深化认识、分析改革中的社会经济现象与实践,并从经济体制改革与法律的关系、经济体制改革与法律观念更新、社会主义市场经济法律体系建设等角度研究法律如何反映、保障、促进,甚至引领改革。

随着"社会主义三大改造"完成,我国开始从多种经济成分并存的不发达市场经济逐渐转向以公有制为基础的高度集中的计划经济。法学研

---

〔1〕 张文显:《法哲学范畴研究》(修订版),中国政法大学出版社 2001 年版,第 178 页。

〔2〕 中国社会科学院法学所社会主义市场经济法律体系课题组:《建立社会主义市场经济法律体系的理论思考和对策建议》,载《法学研究》1993 年第 6 期。

〔3〕 石泰峰:《市场经济与法律发展——一种法社会学思考》,载《中外法学》1993 年第 5 期。

〔4〕 张守文:《回望 70 年:经济法制度的沉浮变迁》,载《现代法学》2019 年第 4 期。

〔5〕 马克思主义政治经济学概论编写组编:《马克思主义政治经济学概论》(第 2 版),人民出版社 2021 年版,第 281 页。

究者们就经济体制变革涉及的人民公社所有制、生产资料所有权、经济合同、经济计划、农业合作化等问题展开研究，从法学的角度认识、分析、保障社会主义经济制度。随着时间的推移，计划经济体制的弊端日益凸显，为了从根本上改变束缚生产力发展的经济体制，国家开启了计划经济体制的全面改革。经济体制改革与法律的关系成为亟待厘清的重要理论问题。

改革开放初期，法理学研究者便提出，改革要在法治的范围内进行，改革必须遵守宪法和法律，在宪法和法律的指导下进行，法治亦在改革中得到健全。[1] 运用法律手段为改革服务，完善立法与司法，保证和促进经济体制改革顺利进行。与此同时，社会主义法治本身也是一个改革的问题，社会主义法治的各个环节，都要不断地在改革中完善起来。[2] 考察当时的法学基础理论教材亦可发现相关的研究结论。孙国华主编的《法学基础理论》第十一章第三节论述，社会主义法在推进和保障经济体制改革中的作用主要表现在确定改革的基础，指明改革的方向；利用法律形式，贯彻改革的措施，推动经济体制改革的顺利进展；将改革的成果，通过经济立法巩固下来。[3] 北京大学法律系法学理论教研室主编的《法学基础理论》第十二章第三节亦论述，社会主义法律在促进经济体制的改革以及保护、完善新的经济体制方面具有重要作用。第一，任何一项改革的进行，都应通过一定的法律程序，在必要时，还应发布专门的法律、法规。例如，为实行利改税所发布的专门法规。第二，新的体制需要一定法律形式使之规范化、制度化，从而有助于它的普遍推行和确立。第三，法律不仅消极地确认新的经济体制，而且能积极地指引、促进改革的逐步发展。第四，应依靠法律的强制力来排除对改革的阻力，保证经济体制改革的顺利进行。[4]

---

〔1〕 张友渔主编：《中国法学四十年：1949—1989》，上海人民出版社 1989 年版，第 77 页。
〔2〕 李步云、刘兆兴：《法学理论与改革》，载《法学杂志》1985 年第 2 期。
〔3〕 孙国华主编：《法学基础理论》，中国人民大学出版社 1987 年版，第 232－234 页。
〔4〕 北京大学法律系法学理论教研室编：《法学基础理论》（第 2 版新编本），北京大学出版社 1984 年版，第 276 页。

随着社会主义市场经济体制目标和依法治国方略的确立、全面深化改革的提出,改革和法治的内涵日趋丰富。王乐泉在《论改革与法治的关系》一文中阐释,法治对全面深化改革具有引领、推动和保障作用。以法治凝聚改革共识,引领改革进程,规范改革行为,确认、巩固和扩大改革成果。法治建设要妥善处理法律的稳定性和改革的变动性之间的关系,既反映和确认改革成功经验,又为进一步深化改革和促进各项建设事业的发展预留下空间。相应地,全面深化改革亦规划部署了法治改革的方向,提出了法治自身建设的历史性任务,驱动我国法治现代化。[1] 贯彻落实新发展理念,涉及一系列思维方式、行为方式、工作方式的变革,涉及一系列工作关系、社会关系、利益关系的调整。必须在法治下推进改革,在改革中完善法治。在改革决策和立法决策上,应坚持统一、相衔接,确保改革和法治实现良性互动。[2]

经济体制改革必然带来法律观念、文化的更新。王威、赵万一在《建立适合我国经济发展的新型法律观》一文中,从社会主义平等观、权益观、民主观、法制观等方面阐述了建立适合经济发展的法律观的内容。[3] 同一时期值得一提的是,公、私法分类亦逐渐被解放出来。受苏联法学的影响,在相当长的时期,我国法学理论将一切法律均视为公法,否认私法的存在。即便是改革开放后,公、私法的划分在很长一段时间内仍被认为是资产阶级法学的专属。然而现代法区分公、私法乃是共识。公、私法的区分亦是现代法秩序的基础,系建设法治国家的前提。[4] 袁成弟在《社会主义法也应有公私法之分》中,便旗帜鲜明地提出公、私法之分与所有制没有直接关联,公、私法的区分并未违背社会主义法的本质。[5] 把所有制形式作为公、私法划分的基础是一种理论误解,公、私法的划分有利于

---

〔1〕 王乐泉:《论改革与法治的关系》,载《中国法学》2014 年第 6 期。

〔2〕 付子堂主编:《法理学进阶》(第 6 版),法律出版社 2022 年版,第 242 页。

〔3〕 王威、赵万一:《建立适合我国经济发展的新型法律观》,载《法学季刊》1986 年第 4 期。

〔4〕 中国社会科学院法学所社会主义市场经济法律体系课题组:《建立社会主义市场经济法律体系的理论思考和对策建议》,载《法学研究》1993 年第 6 期。

〔5〕 袁成弟:《社会主义法也应有公私法之分》,载《法学季刊》1986 年第 4 期。

区分市场调节和政府干预的法律规范及其作用。[1] 因此，建立社会主义市场经济法律体系，要求以承认公、私法的区别并正确划分公、私法为前提。[2]

市场经济体制改革目标确认后，传统的隶属性或行政性特征的社会关系应被以自主性以及平权性为特征的新型社会关系所取代，[3]引起法律文化的重大变革。张文显在《市场经济与现代法的精神论略》中回答了中国市场经济需要何种法的精神，论述现代法的精神是与市场经济的本质和规则相适应的理性精神和价值原则，并将现代法的精神概括为权利本位、契约自由、宏观调控、效率居先和人文主义。[4] 付子堂在《市场经济与私法文化》中提出，市场经济体制的建立必然伴随着私法文化的生成，其将市场经济下的私法的观念概括为利益主体多元化，重视权利平等，规范国际统一，效益、公平、秩序价值的互补等方面。[5] 苏力亦在《关于市场经济和法律文化的一点思考——兼评市场经济就是法制经济》中认为，现代市场经济需要更多的具有"形式理性的"法律制度以及社会文化。其主张市场经济的建设不仅仅是狭义上的经济变革，而且是一种文化的变革，一个系统的变革，法律和市场经济呈现出一种辩证的互动的不断理性化的进程。[6] 部分学者亦就更具体的价值取向或法律观与市场经济的关系展开了研究，其中，林喆认为，权利本位应是市场经济发展的必然要求。[7] 王保树在市场经济视域下讨论经济民主的基本结构，包括经营主体的经济民主、股东的经济民主、职工的经济民主、消费者的经济民主、防止经济力量过度集中和市场支配的经济民主、经济管理中的经济

[1] 王晨光、刘文：《市场经济和公法与私法的划分》，载《中国法学》1993 年第 5 期。

[2] 中国社会科学院法学所社会主义市场经济法律体系课题组：《建立社会主义市场经济法律体系的理论思考和对策建议》，载《法学研究》1993 年第 6 期。

[3] 林喆：《法学基础理论研究会 1993 年年会综述》，载《中国法学》1993 年第 5 期。

[4] 张文显：《市场经济与现代法的精神论略》，载《中国法学》1994 年第 6 期。

[5] 付子堂：《市场经济与私法文化》，载《法学》1993 年第 8 期。

[6] 苏力：《关于市场经济和法律文化的一点思考——兼评市场经济就是法制经济》，载《北京大学学报（哲学社会科学版）》1993 年第 4 期。

[7] 林喆：《权利本位——市场经济发展的必然要求》，载《法学研究》1992 年第 6 期。

民主。[1] 江平、张礼洪从意思自治的角度论述，市场经济是意思自治的经济，意思自治的功能空间就是市场的生存空间，意思自治的实施是保障和促进市场经济发展的有效手段，意思自治是市场经济法律活的灵魂。[2]

法律的功能在于提供理性而又可完善的规范制度，一个稳定有序的市场对法律秩序的建构尤为重要。如果没有一种法律秩序，经济制度尤其是现代类型的经济制度就不可能存在。[3] 在体制转轨时期，国家虽然已初步建立起商品经济的法律秩序，调整商品经济活动，但原先建于计划经济基础上的法律体系确已无法适应市场经济的需要，[4]“建立适应社会主义市场经济的法律体系”成为法学研究者一项重大而紧迫的任务。中国社会科学院法学所社会主义市场经济法律体系课题组[5]认为，市场是指在一定法律体系中进行各种交换关系的总体，只能在一定的法律体系中才能进行。这种适应市场需要的法律体系是社会主义市场经济的法治基础，其型构与维护公正自由的市场经济法律秩序。社会主义市场经济法律体系，从法律类别上包括规范市场主体的法律、规范市场主体行为的法律、规范市场秩序的法律、规范宏观调控的法律、规范劳动及社会保障的法律；从法律部门来看，主要由民商法、经济法和社会法三大部门法构成。[6] 张文显在《市场经济与法制建设三论》中认为，建立社会主义市场经济体制，与此相应，原有的法律制度要以市场为取向和参照，发生结构性变革，重构法律体系。这个新的法律体系直接关系市场经济体制和经济运行的法律，包括市场主体的立法、市场行为的立法、市场要素的立

---

〔1〕 王保树：《市场经济与经济民主》，载《中国法学》1994 年第 2 期。

〔2〕 江平、张礼洪：《市场经济和意思自治》，载《法学研究》1993 年第 6 期。

〔3〕 [德]马克斯·韦伯：《法律与社会》（第一卷），闫克文译，上海人民出版社 2010 年版，第 456 页。

〔4〕 林喆：《法学基础理论研究会 1993 年年会综述》，载《中国法学》1993 年第 5 期。

〔5〕 课题组负责人系王家福，成员包括王保树、梁慧星、谢怀栻、史探径、崔勤之、陈甦、邹海林。

〔6〕 中国社会科学院法学所社会主义市场经济法律体系课题组：《建立社会主义市场经济法律体系的理论思考和对策建议》，载《法学研究》1993 年第 6 期。

法、产权的立法、市场调控的立法。[1]

2011年3月10日,十一届全国人大四次会议宣布中国特色社会主义法律体系已经形成。王利明在《我国市场经济法律体系的形成与发展》中总结道,社会主义经济法律体系是社会主义法律体系的重要组成部分,具有充分的本土性、人民性、完整性、时代性和开放性的特征。该文认为社会主义市场经济法律体系形成经历了四个阶段,包括从1978年至1992年,是在明确建立社会主义市场经济体制目标之前逐步开展经济立法的时期;从1993年至1997年,是社会主义市场经济法律制度开始建立的时期;从1998年至2002年,是社会主义市场经济法律制度深入发展时期;从2002年至2013年,是社会主义市场经济法律体系逐步形成时期。这一体系主要包括四个方面:规范市场主体的法律制度、维护市场交易秩序的法律制度、确认和保护财产权益的法律制度、维护公平竞争市场秩序的法律制度。[2] 社会主义市场经济法律体系的功能主要表现在建设市场经济外部法律环境和内部法律环境两个方面。法律对外部环境的作用即为市场经济建设提供良好的外部基础,法律经济功能的实现离不开法律的政治功能和公共功能的发挥。法律在建设市场经济内部法律环境方面的功能,是法律直接作用于社会经济关系,发挥其经济功能的方面,具体包括确立市场经济的基本走向和基本原则;确认和维护各种市场主体的法律地位,规范市场主体的微观经济行为;通过法律培育市场体系,维护市场秩序;运用法律解决社会保障问题;运用法律对市场经济进行宏观调控。[3]

(三)社会主义市场经济本质上是法治经济

2014年10月23日,党的十八届四中全会审议通过了《中共中央关于全面推进依法治国若干重大问题的决定》,提出社会主义市场经济本质上是法治经济。使市场在资源配置中起决定性作用和更好发挥政府作

---

〔1〕 张文显:《市场经济与法制建设三论》,载《中国法学》1993年第3期。

〔2〕 王利明:《我国市场经济法律体系的形成与发展》,载《社会科学家》2013年第1期。

〔3〕 付子堂主编:《法理学进阶》(第6版),法律出版社2022年版,第240页。

用,必须以保护产权、维护契约、统一市场、平等交换、公平竞争、有效监管为基本导向,完善社会主义市场经济法律制度。

社会主义市场经济是法治经济的论述,既是改革开放以来“法律与经济”论题获得的最大的共识,又面向未来为经济体制改革进一步发展完善指明法治方向。法治经济是对市场经济在法律层面的本质特征的概括。〔1〕 事实上,该命题的研究在我国实行市场经济体制之初便展开了充分讨论,形成众多的学术成果。〔2〕 市场经济的法治诉求,一是建立适应市场经济需要的法律制度;二是法律在市场经济中居于统治地位,市场经济中的各种行为和关系必须具有合法性。但何为适应市场需要的法律?法律在市场经济中的合理规律性和权威性使市场经济蕴含着对强权和特权行为的对抗,对主体的自主、平等竞争行为的倡导,使市场经济得以依靠法律的力量来协调作为权力主体的国家的干预行为与作为权利主体的市场参与者的生产、经营行为之间的关系。〔3〕 张守文在《发展法学:经济法维度的解析》中论述推进法治经济的发展应关注三个重要问题,即公共经济是法治经济的重要组成部分、法治经济离不开良法善治、法治经济更需要充分保护市场主体的权利。〔4〕

强调法律应尊重市场规律,符合市场经济的需要,并非否认法律对市场经济的功能,事实上,随着人们对法律作为型构现代生活秩序的权威力量信念的增强,法治话语也获得表达现代生活真理观的权威性。我国的市场经济建设是自上而下由政府直接推动的,法律的重要经济功能就是

---

〔1〕 谢海定:《中国法治经济建设的逻辑》,载《法学研究》2017 年第 6 期。

〔2〕 江平:《完善市场经济法律制度的思考》,载《中国法学》1993 年第 1 期;董安生:《社会主义市场经济是法治经济》,载《法学家》1993 年第 1 期;卢云:《法律模式转换:一场深刻的革命性变革》,载《中国法学》1994 年第 1 期;文正邦:《论现代市场经济是法治经济》,载《法学研究》1994 年第 1 期;王家福:《发展社会主义市场经济必须健全法治》,载《求是》1994 年第 5 期;谢邦宇:《市场经济条件下的法制建设》,载《法学》1994 年第 6 期。

〔3〕 林喆:《法学基础理论研究会 1993 年年会综述》,载《中国法学》1993 年第 5 期。

〔4〕 张守文:《发展法学:经济法维度的解析》,中国人民大学出版社 2021 年版,第 171 - 181 页。

安排改革进程并重构社会。[1] 例如,从中国资本市场的建立健全的历史来看,1990年上海证券交易所、深圳证券交易所开业,1992年中国证券监督管理委员会成立,然后《公司法》于1993年通过,《证券法》于1998年通过,可以认为资本市场的建设、完善一定程度推进了资本市场法治发展。对资本市场的发展与理论的深入研究,则有效地促进了2005年股权分置改革,2009年创业板开市等金融实践。2019年《证券法》修订和科创板开市更是理论界长期充分讨论形成学术共识,促进法律完善,影响金融改革的例子。[2]

坚持社会主义市场经济改革方向,核心问题是处理好政府和市场的关系,使市场在资源配置中起决定性作用。市场经济秩序是竞争秩序,若对经济放任自流,经济就会通过自身的倾向导致垄断等市场失灵的自我悖谬。[3] 这就要求更好发挥政府的作用,不断提高政府管理社会主义市场经济的能力和水平,依法加强和改善宏观调控、市场监管,反对垄断,促进合理竞争,维护公平竞争的市场秩序。社会主义法治经济应建构现代市场经济条件下新的经济社会合作制度,以使国家干预与市场自由、社会公共与私人个体、经济权力与经济权利达致一种新的法治经济秩序,这种法治秩序具备适度的国家干预,使得国家干预为市场自治服务。设定政府干预行为的正当程序,使得国家对经济干预行为的任意性得到控制,使国家对经济的干预成为对市场与竞争的实质性支持。[4] 我国社会主义市场经济及其法治,既需要自由的市场,也需要能动的政府。政府规制要在宪法和民主法治下持之以恒地去武断化和去野蛮化,[5]不断优化、完善政府治理能力,把“有效的市场”和“有为的政府”在法治的视域下有机统合起来。

---

〔1〕 付子堂主编:《法理学进阶》(第6版),法律出版社2022年版,第240页。

〔2〕 吴晓求等:《中国资本市场三十年:探索与变革》,中国人民大学出版社2021年版。

〔3〕 [德]沃尔夫冈·费肯杰:《经济法》(第1卷),张世明、袁剑、梁君译,中国民主法制出版社2010年版,第34页。

〔4〕 李昌麒主编:《经济法理念研究》,法律出版社2009年版,第239页。

〔5〕 史际春:《政府与市场关系的法治思考》,载《中共中央党校学报》2014年第6期。

三、知识经济、数字经济时代的法治观察

经济体制改革是在坚持社会主义基本制度的前提下,改革调整不适应社会生产力发展的生产关系,其落脚点在不断解放和发展社会生产力。然则,法律并不直接作用于自然界,它通过规范人的社会行为而影响生产力的发展进程和方向。[1] 前文讨论了法律与体制改革的关系,然而就述及法律与经济发展关系时,往往力有不逮。经济发展既包括国内生产总值(GDP)数量和质量上的增长与提高,也包含以生产力发展为基础的经济形态变化或称现代化的描述。1954 年国家第一次明确提出"四个现代化"的任务,"现代化"便承载了新中国的发展与强国梦想。在这个视角下,法律与经济发展的关系亦阶段性地能够从法律与经济形态的关系来铺展观察。对于经济形态的研究和描述,一直是经济学研究的重要课题。从生产力发展水平和生产方式变化的角度分类,一般人类社会经济形态的发展过程可分为农业经济、工业经济和知识经济三种经济形态。[2] 在表现为经济形态演变的经济发展中,法律已经被当作一种重要的革新工具。法律直接地或间接地影响社会变迁,它重新定义规范秩序,拓宽正式权利以及达成预定目标。[3] 不同的经济形态,不同的生产要素资源在生产要素资源总体结构中占有不同的地位。农业经济时代的核心是土地,工业经济时代的核心是资本,知识经济时代的核心则是知识或称科学技术。[4] 与此相应地,法律通过确认、型构和保护相应的产权制度,确认、保障和激励人的合理欲望,激发人的创造性。[5] 例如,法律对家庭联产承包制度、现代企业产权制度、知识产权保护制度的确认、型构和保障,确

---

〔1〕 孙国华、朱景文主编:《法理学》(第 5 版),中国人民大学出版社 2021 年版,第 307 页。

〔2〕 邹德文:《ABC 模型的基本框架及对经济形态的初步分析》,载《经济学动态》2004 年第 3 期。

〔3〕 [美]史蒂文·瓦戈:《法律与社会》(第 9 版),梁坤、邢超国译,中国人民大学出版社 2011 年版,第 264 页。

〔4〕 邹德文:《ABC 模型的基本框架及对经济形态的初步分析》,载《经济学动态》2004 年第 3 期。

〔5〕 孙国华、朱景文主编:《法理学》(第 5 版),中国人民大学出版社 2021 年版,第 307 页。

认和保护市场经济主体对其合法劳动所得、经营所得、创造所得享有各种排他性的独立的权利，充分激发生产力中的人的积极因素，使得生产力和经济形态得以进一步发展。从利益性质来看，各类主体都是利益主体，这必然要为实现自己的利益采取相应的理性行动，只有肯定利益主体的欲望，法律才有规制的可能性。〔1〕

生产力本身并无积极或消极、有益或有害之分，它只是一种能力，但当把这种能力放在人与自然之间的关系的框架中予以分析时，我们发现生产力存在正面或负面的社会影响。〔2〕 法律之于生产力和经济形态的发展不仅具有激励的功能，对于其负面影响亦具有调控、规制，甚至是抑制的功能。例如，在工业、农业的发展进入工业经济形态后，人们向自然索取的能力在空前的增强，其与自然资源的有限性、自然环境难以再生性等存在明显的紧张关系。利益的冲突与资源的有限性将制度的安排引入了法律之中，调和与规范了人与自然、当代人与后代人的权利义务关系，补正了传统的公平理念。〔3〕 在知识经济时代，知识经济的价值体现在知识产权的占有上，要求用法律确立知识驱动机制，保障知识成为分配的最主要因素。〔4〕 但知识的私有性与生产的社会化的矛盾仍需要认真分析并由法律予以规制，〔5〕对滥用知识产权排除和限制自由、公平竞争的行为予以谴责与规制，对科学技术行为所引发的各种社会经济问题应予以检讨并施以抑制和预防。

从1994年中国接入第一根网线开始，截至2024年，中国数字经济规模已达53.9万亿元，占GDP比重达到42.8%。〔6〕 作为一种新经济形态的数字经济在保持高速增长之下逐渐成为国民经济重要的组成部分。数

〔1〕 张守文：《经济法学的基本假设》，载《现代法学》2001年第6期。

〔2〕 孙国华、朱景文主编：《法理学》（第5版），中国人民大学出版社2021年版，第308页。

〔3〕 李昌麒主编：《经济法理念研究》，法律出版社2009年版，第137－189页。

〔4〕 付子堂：《论知识经济时代法律对科技行为的调控功能》，载《法商研究（中南政法学院学报）》2000年第1期。

〔5〕 江帆：《竞争法对知识产权的保护与限制》，载《现代法学》2007年第2期。

〔6〕 中国信息通信研究院：《中国数字经济发展报告（2022年）》。

字经济以数据为关键生产要素,[1]由此使数据权利的界分与国家数据主权的论证显得尤为重要,从而形成众多学术成果。[2] 然而随着数字经济时代带来新的风险,传统的法治理念及其系统性制度设计所形成的普遍主义法治秩序面临严峻挑战。何邦武在《数字法学视野下的网络空间治理》中提出应当建构完善且逻辑自洽的数字法律制度,明确数据安全的优位性和核心性,划清网络空间各类公权力和个人权利之间的界限,并对算法进行全方位的规制,实现对网络空间从数字法理到相应制度的善治。[3] 数字经济时代下新兴产业与业态蓬勃发展,亦对传统的经济监管体系提出了挑战。刘权在《数字经济视域下包容审慎监管的法治逻辑》中论述到,包容审慎监管旨在追求效率与安全的动态平衡,要求政府给予新业态必要的发展时间与试错空间,并根据公共风险的大小进行适时适度干预,其是有利于破解传统监管困局的新型监管模式。数字经济的发展规律和特点,为包容审慎监管的实施带来诸多挑战,建议引入试验机制促成监管的包容审慎,建立容错机制以激励市场与政府探索创新。[4]

四、结语

社会主义市场经济的发展离不开社会主义法治,社会主义法治的建设亦离不开社会主义市场经济基础。"法律与经济"论题的法学研究在时代下展开,其本身亦构成了时代的一部分。富有生命力的真知,源于生机盎然的社会实际,[5]法学研究、法律发展对中国改革实践的回应,是实践理性内生演变的结果,它不断完善法学研究和法律发展,进而促进体制

---

〔1〕 陈晓红、李杨扬等:《数字经济理论体系与研究展望》,载《管理世界》2022 年第 2 期。

〔2〕 纪海龙:《数据的私法定位与保护》,载《法学研究》2018 年第 6 期;沈健州:《数据财产的权利架构与规则的展开》,载《中国法学》2022 年第 4 期;高富平:《个人信息保护:从个人控制到社会控制》,载《法学研究》2018 年第 3 期;张晓君:《数据主权规则建设的模式与借鉴——兼论中国数据主权的规制构建》,载《现代法学》2020 年第 6 期;杨永红:《美国域外数据管辖权研究》,载《法商研究》2022 年第 2 期;等等。

〔3〕 何邦武:《数字法学视野下的网络空间治理》,载《中国法学》2022 年第 4 期。

〔4〕 刘权:《数字经济视域下包容审慎监管的法治逻辑》,载《法学研究》2022 年第 4 期。

〔5〕 付子堂:《法之理在法外》,法律出版社 2003 年版,第 7 页。

改革和经济发展。市场经济就是法治经济,这既是改革开放以来,“法律与经济”论题研究获得的最大的共识,也是“法律与经济”关系最好的阐释。

延伸阅读学术著作

1. 张守文、于雷:《市场经济与新经济法》,北京大学出版社 1993 年版。
2. 李曙光:《转型法律学——市场经济的法律解释》,中国政法大学出版社 2004 年版。
3. 吴敬琏:《呼唤法治的市场经济》,生活·读书·新知三联书店 2007 年版。
4. 李昌麒主编:《中国改革发展成果分享法律机制研究》,人民出版社 2011 年版。
5. 孙磊:《法治经济——市场经济的法治化道路》,人民出版社 2014 年版。
6. 吴弘:《法治经济的理论探索与市场实践》,法律出版社 2017 年版。
7. 喻中:《西方法律经济学批判》,中国人民大学出版社 2018 年版。
8. 张守文:《发展法学:经济法维度的解析》,中国人民大学出版社 2021 年版。
9. 陈兵:《数字经济时代法治观澜》,人民出版社 2021 年版。
10. 甘培忠主编:《数字经济的法治保障研究》,光明日报出版社 2024 年版。

延伸阅读学术论文

1. 江平:《完善市场经济法律制度的思考》,载《中国法学》1993 年第 1 期。
2. 中国社会科学院法学所社会主义市场经济法律体系课题组:《建立社会主义市场经济法律体系的理论思考和对策建议》,载《法学研究》1993 年第 6 期。
3. 付子堂:《市场经济与私法文化》,载《法学》1993 年第 8 期。
4. 郭道晖:《建构适应市场经济的法律体系的原则与方略》,载《中国法学》1994 年第 1 期。
5. 张文显:《市场经济与现代法的精神论略》,载《中国法学》1994 年第 6 期。
6. 史际春:《政府与市场关系的法治思考》,载《中共中央党校学报》2014

年第 6 期。
7. 谢海定:《中国法治经济建设的逻辑》,载《法学研究》2017 年第 6 期。
8. 刘权:《数字经济视域下包容审慎监管的法治逻辑》,载《法学研究》2022 年第 4 期。
9. 迟方旭、王志豪:《中国特色社会主义市场经济法治理论的理论根源、演进脉络与经验启示》,载《经济问题》2024 年第 5 期。

延伸阅读学位论文

刘红臻:《知识经济与法制创新》,吉林大学 2006 年博士学位论文。

第三十一章　法律与政治

本论题导读

新中国的法律与政治研究经历了从借鉴别国到自主探索的路径转变，主要包括法律与政治关系的总体性研究、党的政策与国家法律研究、党内法规与国家法律研究三种视角。总体上呈现出逻辑架构更清晰、关系定位更明确、理论方法更自觉的研究特征。就法律与政治的研究而言，其在关系定位上引起了广泛的学术讨论；就党的政策与国家法律研究而言，不同历史时期的国家任务和制度环境不同，影响着人们对党的政策和国家法律的理解和社会治理实践。党内法规与国家法律的关系问题是研究党内法规的一个基础性视角，主要围绕平行关系、交叉关系和一体关系等分析来展开。系统梳理法律与政治的历史发展脉络和理论研究路径，对于新时代推进全面依法治国的理论和实践意义重大。

一、法律与政治关系的总体性研究

梳理新中国法律和政治关系研究的历史轨迹、追溯法律与政治关系的原初意义、探索具有中国特色的法律与政治的发展趋势是十分必要的一项学术工作。中国法学界把法律和政治区分为两个不同的概念范畴，强调二者具有不同的功能和价值，开启了法律与政治关系研究，呈现了文本面向和实践面向的不同研究路径。文本面向主要以文本为导向，对法学进行马克思主义理论指导下的分析性研究；实践面向主要以实践为基点，在政治建设与改革中强化法律的助力作用。

“需要什么样的法律”曾是中国法理学研究的热点话题。对“权利本位”理论的研究受到了学者们的广泛关注。以权利观念为线索，对人治与法治的关系、民主与法治的关系、法律与政策的关系等进行的广泛研究，为推进国家各方面制度民主化、法治化提供了有力的学理支撑。此后，学界关注法制与法治的观念差异，还将法治置于更宏大的时空背景下，探究法治与中国社会转型、治理方式变迁、党的执政方式转变，以及法治与社会主义民主政治、市场经济、精神文明的关系，依法治国与以德治国的关系等。这些学术研究，对于正确理解法律与政治的关系、维护法律的权威提供了可靠的依据和保障。新中国成立以来的法理学界对法律与政治命题的自主探索主要呈现为几组命题。

第一，政治与法律的辩证关系。谢次昌认为，“政治和法律相比，政治总是处于主导的地位，法律的制定和实施必须服从政治的需要。政治的稳定有赖于法制的建立和健全。它具有不因人而异的客观性，不因事而废的稳定性，具有统一性和权威性”〔1〕。部分学者一再强调，“在法律与政治的相互作用中，统治阶级的政治是法律的先导，对法律的存在与发展有着质的规定性，政治的发展变化，必然要引起法律规范的创立、修改或废除”〔2〕。但“党和人民的意见只有经全国人大和常委会通过和决定，才能成为法律，成为国家意志”〔3〕。这种以辩证视角分析政治与法律关系的学术研究具有很大的历史进步性。

第二，从民主与法治（法制）的角度讨论法律与政治的关系。赵长生指出，法律是实现民主政治的必要条件。〔4〕另有学者从法律规范角度讨论法律与政治的关系，认为政治秩序的稳定需要法律规范作为政治行为的准则。政治制度是整个政治秩序中最基本最核心的部分。政治体制同政治制度的稳定性相比，属于政治秩序中相对活泼的部分。〔5〕这种观点

〔1〕 谢次昌：《论政治与法律的关系》，载《法学》1985年第5期。
〔2〕 李林、赵建生：《论法律与政治的关系》，载《青海社会科学》1987年第1期。
〔3〕 徐炳、德祥：《宪法和法律是党的主张和人民意志的统一》，载《现代法学》1982年第4期。
〔4〕 赵长生：《法律与政治相互关系之多重透视》，载《法律科学》1991年第3期。
〔5〕 魏宏：《论法律规范与政治的关系》，载《安徽大学学报（哲学社会科学版）》1996年第4期。

认为发展社会主义民主政治,应以法律的完善为基础,通过法治逐步实现良好的政治形态或政治过程。

第三,从文化意义上考察政治与法律的关系。法的文化价值对政治功能的实现至关重要。“法的规范中凝结了一个社会所处时代的最基本价值期望和利益需求,因此法构成了人类社会文化中的核心要素。如果离开了法的这种文化特殊功用,人们就会在社会群体生活中失去这种相对、有序的生存自由,而在混乱、无序的社会环境中丧失任何权利和自由的有效保障和文化依托。”〔1〕政治的功能不能离开法律的作用而有效实现,而法律离开了民主的社会政治机制和政治文化条件也不能有效存在和发挥作用。法在组织人类社会文明生活、保障人类的有限自由和实现权利诸方面的文化价值不容忽视。

第四,法治是探索政治与法律关系的重要考量因素。依法治国背景下,法治成为探索政治与法律关系的重要底色。学者们普遍认为,政治应该被纳入法治轨道中来。朱景文认为,法律是一种规则政治,它来源于不同政治力量、派别之间的实力对比。〔2〕齐延平认为,法治为政治提供了价值整合的起点与方向,为政治提供了行为的规则和依据,还为政治理论范式的创新提供了新的方向。〔3〕陈金钊认为,“法治政治”或政治法治化是法治中国战略的重要理念;其同时指出了需要研究“法治政治”在中国的特殊性,积极探寻实现把权力关在制度的“笼子”里面、用法治思维和法治方式化解社会矛盾,以及把社会主义核心价值观融进法治建设等方法。〔4〕但是,政治依然发挥着主导作用。卓泽渊认为,政治为法律提供了权力、组织和政策的基础,法律受制于政治。〔5〕姚建宗认为,法律的存在与运作始终体现着政治逻辑主线,即政治作为法律的存在根基、现实目

〔1〕梁忠前、董博芳:《对法与政治关系的文化考察》,载《江苏社会科学》1994年第5期。

〔2〕朱景文:《法律是一种规则政治》,载《学习与探索》2005年第5期。

〔3〕齐延平:《法治:政治正当性的根据》,载《学习与探索》2005年第5期。

〔4〕陈金钊:《“法治政治”及其实现的方法论》,载《贵州民族大学学报(哲学社会科学版)》2017年第5期。

〔5〕卓泽渊:《政治是法律的基础》,载《学习与探索》2005年第5期。

的、实践背景和发展动因。[1]

第五，互动共生下的政治与法律关系。在法治成为人们的基本共识以后，有更多学者提出法律和政治是共生的，不应该否认政治的作用，二者彼此构成。姚建宗提出，“法律与政治之间具有非常密切的内在关联，法律与政治始终是共生的。在实质上不论是从彼此的构造生成，还是从运作实践来看，法律与政治都始终具有非常密切的内在联结”[2]。周祖成认为，法律与政治具有共生性，共同服务于社会目标与价值。法律与政治具有基于社会结构的差异性和独立性，因此法律可以和政治适度分离并超越政治。法律作为规则体系，暗含社会对政治的反控制诉求，能够形成对政治的节制。[3] 这些观点都对人们正确理解政治权力与法律关系具有一定的理论启示。通过这些论述可以发现，学者们既强调法律与政治关系的共生互动，又强调差异与超越；既承认法治借助规则约束政治的恣意，通过法律实体和程序规范政治保障以基本权利为核心的政治文明，又强调用法律手段约束权力，保障政治行为的合法性与正当性。

第六，推进全面依法治国背景下的法治建设自主性问题。学者们讨论不同时空背景下法治内涵的差异，理论自觉不断增强；研究的本土元素、中国视角逐渐凸显；法律与政治关系从理论探讨向实践推进。学界逐渐修正及完善对法律与政治关系的理性认识，法律在理性的预设和指引下逐渐成长。学者们注意到法律与政治相互依存的必要性，试图通过对二者关系的合理解释与构造，使社会走向一种秩序与和谐。在这里，“社会主义”与“中国特色”缺一不可，它们共同指引了法律与政治关系研究的理论和实践走向。这一阶段的学术研究体现出愈发强烈的中国意识和实践精神。比如，李林在《构建马克思主义政治法律学的自主知识体系》一文中提出，要建立马克思主义政治法律学，马克思主义政治法律学是以国家上层建筑及其与经济基础的互动关系作为主要研究对象，是与马克

---

〔1〕 姚建宗：《法律的政治逻辑阐释》，载《政治学研究》2010 年第 2 期。

〔2〕 姚建宗：《论法律与政治的共生：法律政治学导论》，载《学习与探索》2010 年第 4 期。

〔3〕 周祖成：《法律与政治：共生中的超越和博弈》，载《现代法学》2012 年第 6 期。

思主义政治经济学相对应的重大理论范畴和理论体系，是一门综合性、系统性、集成性的新学科。

一些研究认为，未来中国法制（治）的建设发展，法制与政治之间的关系仍然是其需要面对的重大课题：要着力建构法治与政治良性互动、有效平衡的新型“法政”传统，实现具有民主正当性基础的“良法”与具有宪法合法性约束的“善政”相互支撑、相辅相成的法政新格局。这种良好法政格局的形成需要公民的积极参与、有效推动，并且以公民权利的有效保障、平等保护和积极完善作为根本的评判标准〔1〕。回顾新中国法律与政治关系研究发展历程，可以看到其与中国法治实践协同发展、同频共振。寻求中国法治建设的实践路径，关切法律与政治关系的共生互动，为新时代科学认识法律与政治关系，推动现代化转型铸就坚实基础。

二、党的政策与国家法律

党的政策和国家法律究竟存在何种制度关联？两者在国家治理实践中又存在何种规律？这些问题的回答影响着人民对国家法治建设的理解和认同，因此，梳理新中国以来法理学界关于党的政策和国家法律关系研究的学术轨迹，并将其融入国家建设、改革与发展的历史实践中进行分析，进而实现对党的政策和国家法律关系研究的学术解读显得尤其重要。

（一）新中国法制建设初期

新中国成立之后30年的法制实践和法学研究奠定了中国法制建设的基础。就党的政策和国家法律的关系而言，党的政策是法律的生命线，法律是无产阶级专政的工具。国家法律以党的政策为总遵循，并构成政策的规范延伸。

在革命战争时期的特殊环境中，依靠政策治理是完全必要的，将党的政策及纲领、法律、条例、决议作为司法裁判的依据，是中国共产党领导中国人民进行伟大革命的历史延续。新中国成立初期，在国家政权亟待巩

〔1〕 瞿郑龙：《当代中国法制的政治逻辑》，吉林大学2015年博士学位论文。

固、法律制度尚不健全的背景下，党的政策成为维护革命成果、巩固国家政权并实行无产阶级专政的有力手段。将党的政策作为司法依据在一定程度上是基于法律系统缺位的现实考量，但新中国成立以后的历史实践表明，政策的作用并不限于弥补法律的缺位。

当时，在彻底摧毁旧的国家机器并全面废除“伪法统”之后，新中国的法制建设一方面传承了各个革命历史时期的红色基因；另一方面，在社会主义阵营内以苏联模式作为重要借鉴。当时的法学教育模式和法学基础理论，均受到苏联的深刻影响。[1] 依据马克思主义理论的基本原理，国家法律虽然反映的是统治阶级的意志，但受到社会物质生活条件的制约。马克思主义理论并不否定法的社会性特征，但这一特征，当时并没有得到足够的重视，“法律作为无产阶级专政工具论”被强化，为随后一定历史时期内法律虚无主义的出现埋下了伏笔。

从新中国成立到党的八大胜利召开，我国法学研究体系得以逐步形成，法制建设实践不断向前推进，统一的立法体系得以初步建立。新中国成立初期的法制建设既体现在立法实践之中，也表现在司法制度的设计之内。1954 年《宪法》明确规定，人民法院可独立进行审判，自此，新中国司法制度得以发展；1956 年，党的八大明确提出要制定相对系统和完备的法律制度，并且要做到有法可依、有法必依，推动法制建设。[2] 1957 年以后，

---

〔1〕 中国人民大学、中央人民政府法制委员会等单位聘请苏联专家讲授马克思主义国家与法的理论，组织翻译和介绍了四五十种有关苏联理论研究与实践教学方面的法学资料，如《国家与法律概论》（1950 年）、《马克思列宁主义关于国家与法权理论教程》（1953 年）、《苏维埃立法和它的适用原则》（1955 年）等。以此为基础，我国法学工作者先后编写出版十余种法学理论讲义、学术参考文献以及法制宣传材料。如《国家与法权理论讲义》《马列主义关于法律》《谈谈守法》《什么是法律》等，开始探索我国法学研究的成长之路。同时，学者们还探讨了法学研究对象、法的继承性、民主法制以及政策与法律的关系等法理学问题。参见孙国华、郭华成：《我国法学基础理论的回顾与展望》，载《法学家》1988 年第 3 期。

〔2〕 董必武说，“我认为依法办事，是我们进一步加强人民民主法制的中心环节”，“依法办事有两个方面的意义：其一，必须有法可依……其二，有法必依”。参见董必武：《社会主义民主和法制》，人民出版社 1979 年版，第 136 – 137 页。

党的政策被单纯地理解为无产阶级专政的方针路线。[1] 1957年10月,新华社通过《人民日报》发表文章《党和国家的政策是法律的灵魂》[2],讨论党的政策和国家法律的关系。1960年9月30日,《毛泽东选集》(第4卷)收录了毛泽东同志在解放战争时期有关政策的重要论述。随后,《政法研究》发表《政策是党的生命》一文,强调要把毛泽东思想作为学习的中心内容,由此提升广大干部的政策思想水平。[3] 党的政策在国家建设中发挥着纲领性作用。但这一特定历史时期的部分法学研究显示出远离司法务实的特征。有学者提出,政策是一定阶级的活动方针,是一定阶级对待阶级之间、民族之间、国家之间的关系的概括表现。[4] 当时的主流观点认为,党的政策是国家法律的灵魂,国家法律是贯彻党的政策的工具。[5]

(二)全面开展法制建设时期

社会主义市场经济体制的逐步确立催生出更大的法制需求,社会主义法制建设亟须在新的历史起点上稳步推进,国家大规模立法活动在社会各领域渐次展开。经济领域的立法成效尤为显著,指令性计划逐渐让位于市场化配置,传统计划经济渐渐隐退,现代市场经济快速发展。国家治理方式也随之从主要依靠党的政策办事,逐步向既依靠政策又依靠法律转变的过程。这一时期的法理学研究主要围绕法的本质问题展开讨论。

随着学界对法律的国家意志性、强制性、稳定性以及规范性等特征的学术探讨,党的政策和国家法律在产生基础、制定主体和具体效力等方面

[1] 朱恩霖:《法律和政策的关系》,载《法学》1957年第6期。
[2] 新华社:《党和国家的政策是法律的灵魂》,载《人民日报》1957年10月25日,第7版。
[3] 伍彤:《政策是党的生命》,载《政法研究》1961年第1期。
[4] 伍彤:《政策是党的生命》,载《政法研究》1961年第1期。
[5] 张友渔、王叔文:《法学基本知识讲话》,中国青年出版社1963年版,第78-79页。

的差异得以显现。“政策是法律的基础,法律是政策的法定化”[1]蕴含着辩证思维。其一,法律存在有它的必要性。国家法律的制定和实施要遵循党的政策指引,但在国家治理和社会管理中,国家法律不是可有可无的。其二,党的政策不能代替国家法律。因此,为顺应改革趋势和社会主义市场经济的发展,必须反对只讲政策不讲法律、只讲法律不讲政策两种实践倾向。

同时,为了对党的政策和国家法律的关系有更精细化的理解,有学者对党的政策作了细致区分。李步云认为,宪法的制定要以党的总政策和根本性政策作为依据,而党的具体政策又必须以宪法和基本法律作为依据;[2]王方仲认为,国家法律是贯彻和执行党的基本政策所必不可少的工具,但又会对党的具体政策的展开发挥某种程度的规制和约束作用。[3] 1985 年,时任全国人大常委会委员长彭真指出,有关重大改革的立法实践需要适度的探索空间,而这个试验性阶段正是党的政策向国家法律过渡的必经过程。[4] 充分领会政策精神是有效实施法律的前提,深刻知悉法律意蕴是全面执行政策的基础。[5] 就党的政策对国家法律的影响而言,“没有正确的政策观念,就没有正确的法律观念”[6]。当政策指示与法律规定出现正面冲突时,应当依照法定程序及时修改法律,但在法律尚未修改之前,政策应当服从法律。[7] 总体而言,这一历史时期的法学研究已不同于单纯的“法律专政工具论”,“党的政策不能代替国家法律”成为学界论证的焦点。

---

〔1〕 所谓政策是法律的基础,指法律直接来源于政策,法律的内容包含原政策精神,法律的执行保证了原政策的贯彻,法律与政策有内在的紧密联系;所谓法律是政策的法定化,就是需要制定成法律的政策,按照国家立法程序,制定成法律。参见高克明:《正确认识政策和法律的关系》,载《西南政法学院学报》1980 年第 1 期。

〔2〕 李步云:《政策与法律关系的几个问题》,载《法学季刊》1984 年第 3 期。

〔3〕 王方仲:《略论政策与法律的关系》,载《法学季刊》1986 年第 3 期。

〔4〕 《彭真文选(1941—1990 年)》,人民出版社 1991 年版,第 512 - 514 页。

〔5〕 高克明:《正确认识政策和法律的关系》,载《西南政法学院学报》1980 年第 1 期。

〔6〕 孙国华:《法学基础理论》,天津人民出版社 1986 年版,第 127 - 140 页。

〔7〕 李肇文:《政策不能代替法律——兼与汪雄同志商榷》,载《法学评论》1989 年第 2 期。

社会主义市场经济体制下的法制建设不再是单纯的外部保障,事实上已经成为改革决策的有机组成部分。在法学界,1992 年于上海召开的"法律与社会发展"学术研讨会,1993 年以"社会主义市场经济与法制建设"为主题召开的法理学年会,均就市场经济和法制发展等课题进行了研究和讨论。有学者认为,社会主义市场经济是法治经济〔1〕、法理型经济〔2〕,因此,"发展社会主义市场经济必须健全法治"〔3〕。法律所具有的引导性、公平性、强制性等诸多价值特征,决定了其在发展市场经济中扮演着不可或缺的制度性角色。〔4〕法的本质再度被挖掘,法的定义亦随之被重构,法律权利和法律义务成为法的核心内容。〔5〕法律的价值与功能被提到新的高度,并反映在党的政策与国家法律的关系定位上。社会主义市场经济体制的确立及其发展催生出新的法制需求,而立法机关的制度供给无法完全满足于当时社会各领域的现实需求,因而,社会主义市场经济发展初期的诸多改革措施实际上呈现为政策性文件形式。围绕社会主义市场经济的时代主题和国家发展的现实需要,经济领域的立法规划及制度实践相继展开。市场经济的本质属性决定了法律的重要定位,但强调法律的秩序调节作用并不否认国家计划存在的必要性。

总体而言,党的政策与国家法律是指导与被指导关系、在效力上是约束与被约束关系、在实施过程中是相互促进关系。〔6〕党的政策可以作为国家法律的核心内容,进而通过法律手段得以贯彻实施。〔7〕

---

〔1〕 文正邦:《论现代市场经济是法治经济》,载《法学研究》1994 年第 1 期。

〔2〕 公丕祥:《社会主义市场经济与法律调整》,载《法律科学》1993 年第 1 期。

〔3〕 王家福:《发展社会主义市场经济必须健全法治》,载《求是》1994 年第 5 期。

〔4〕 张耕:《对市场经济条件下法制地位和作用的再认识》,载《中国法学》1996 年第 3 期。

〔5〕 张文显认为,"法是由国家制定、认可并保证实施的,反映由特定物质生活条件所决定的统治阶级意志,以权利和义务为内容,以确认、保护和发展统治阶级所期望的社会关系和社会秩序为目的的行为规范体系"。参见张文显:《法学基本范畴研究》,中国政法大学出版社 1993 年版,第 35 页。

〔6〕 孙国华主编:《马克思主义法理学研究——关于法的概念和本质的原理》,群众出版社 1996 年版,第 423 页。

〔7〕 李步云主编:《法理学》,经济科学出版社 2000 年版,第 424 页。

（三）党的政策与法律关系发展的新时期

党的政策和国家法律的关系进入了新的历史发展阶段，学术界在新的时代背景下和制度设计中进行两者关系的学术探讨。随着党的政策和国家法律关系的定位日渐明晰，作为国家和社会治理的两种方式，可以经由规范转换实现两者价值与追求，并最终实现中国特色社会主义法治。

党的政策与国家法律为国家治理体系的重要组成部分。党的政策是管理国家的重要方式。[1] 1997 年 9 月，党的十五大报告将“建设社会主义法制国家”改为“建设社会主义法治国家”，并将其作为社会主义民主政治发展的目标，从党的政治主张的角度确认“法治国家”的政治基础，同时确立法治在社会治理中的作用。[2] 党的十五大对依法治国进行了科学界定，依法治国的前提和基础就是要坚持党的领导。发展和完善社会主义各项事业需要法律的制度性支撑，需要运用法治手段保护社会各主体的合法利益。依法治国彰显了党对国家治理的深刻反思，蕴含着执政方式的转型。推进法治建设是增强和发挥党的领导核心作用的重要方式。坚持党的领导是推进全面中国法治建设的历史必然，而积极领会和贯彻党的政策正是实现党的领导的重要形式。作为治国方略，依法治国的战略地位需要制度确认。因而，在 1999 年《宪法修正案》中，“依法治国”这一表述正式入宪，建设社会主义法治国家成为重要目标。同年 8 月，以“跨世纪法理学的回顾与展望”为主题的中国法学会法理学研究会在上海召开，李龙提出了中国法理学发展的“十大转变”，其中一个重要

---

〔1〕 张文显主编：《法理学》（第 5 版），高等教育出版社 2018 年版，第 399－400 页。

〔2〕 早在 1996 年 3 月，八届全国人大第四次会议就提出“依法治国，建设社会主义法制国家”，并将其写入《国民经济和社会发展“九五”规划和 2010 年远景目标》。参见韩大元：《“法治国家”的形式意义和实质意义》，载《检察日报》2014 年 1 月 14 日。

方面就是关于党的政策和国家法律的关系转变问题。[1]

在法学研究的整体层面，法治话语资源不断被融吸到新时期的法学研究之中，党的政策与国家法律的学术探讨也开始融入法治维度。然而，社会实践中的法律政策化现象不仅会使法律条文因过于原则化而难以实施，而且会因政策的阶段性特征而导致社会对法律产生短期效应的心理。因此，将政策和法律区别开来的学术努力，对于促进精细化立法、提升法律的可操作性显得十分必要。李步云认为，政策的制定和实施离不开人民的认可，而人民接受政策的最好方式就是经由法定程序将政策法律化。[2] 从根本意义上来讲，法定程序中的政策转化过程即党的政策主张经受人民意志的过滤和筛选过程。张文显认为，强调党的政策须依照法定程序来实现对国家法律的指导作用，并不是要取消党的政策对国家法律的指导作用，更不是要否认党的领导地位。[3] 法定程序的功能价值在于促使政策的法律化转变，经由法治精神注入党的政策规范，进而实现以法治方式贯彻和执行党的政策。赵震江和付子堂在论述党的政策和国家法律的关系时谈到，国家法律是外在形式，党的政策是实质内容，执行了法律也就实现了党的政策。[4] 党的政策经由法定程序上升为国家法律的转化过程，本质上就是党的执政方略接受人民检验的过程。随着依法治国方略的推进，法律成为治国理政的主要手段，党的领导和执政方式发生了历史性变革。

法治中国的建设、法治体系的完善以及依法治国的推进，都必须将坚

---

〔1〕 所谓“十大转变”，是指从政治哲学之法理学向法律科学之法理学转变；从研究方法的单一性向研究方法的复合性转变；从法的意志论向法的规律论转变；从法的批判性向法的批判性与法的继承性、法律移植相统一转变；从重政策轻法律向法律政策并重甚至治国主要依靠法律转变；从法的专政功能向法治与民主、法律与人权结合转变；从注重法的适用向法的适用与法的监督制约并重转变；从注释法学向实然法研究与应然法研究并重转变；从法与经济的一般关系论向市场经济与法制内在关联论转变；从工具性法制价值分析向依法治国的法治论转变。参见李龙、汪习根：《二十世纪中国法理学回眸》，载《法学评论》1999年第4期。

〔2〕 李步云：《政策与法律关系的几个问题》，载《法学季刊》1984年第3期。

〔3〕 张文显：《法理学》，法律出版社2018年版，第425－427页。

〔4〕 赵震江、付子堂：《现代法理学》，北京大学出版社1999年版，第275－280页。

持党的领导作为原则和基本遵循。党的十八大明确提出,依法治国是党领导人民治理国家的基本方略,法治是治国理政的基本方式。在国家治理体系和治理能力现代化的目标下,法治成为国家和社会治理所必须依托的制度资源,而党和人民也对法治的制度性和保障性作用寄予厚望。2012 年 12 月,习近平总书记在首都各界纪念现行宪法公布施行三十周年大会上的讲话中指出:"我们要坚持党总揽全局、协调各方的领导核心作用,坚持依法治国基本方略和依法执政基本方式,善于使党的主张通过法定程序成为国家意志,善于使党组织推荐的人选成为国家政权机关的领导人员,善于通过国家政权机关实施党对国家和社会的领导,支持国家权力机关、行政机关、审判机关、检察机关依照宪法和法律独立负责、协调一致地开展工作。"[1]党的领导核心作用以及现代法治的实质内涵决定了党的领导方式的转变,通过使党的主张经由法定程序上升为国家意志,可以实现党的领导、人民当家作主和依法治国的有机统一。国家法律以其国家意志性、强制性和规范性等保障党的政策的贯彻和实施,同时,党的政策的制定和实施要体现法治精神,进而践行党领导人民治理国家的基本方略。在推进全面依法治国背景下,国家法律对政策制定和实施的规范和制约作用有所显现。2013 年 11 月,党的十八届三中全会明确指出,税收优惠政策统一由相关法律法规规定,严禁和惩处各类违法实行优惠政策的行为。[2] 党的重要文献首次明确要求具体政策应当以法律为依据。党的政策是国家法律的先导,国家法律则是具体政策的依据,这既能保证党对法治中国建设的全面领导,又可实现现代法治精神的实践运作。

党的领导不仅体现在对依法治国的战略选择上,而且体现在对法治方略的治理实践中。"党的政策是国家法律的先导和指引,是立法的依据

---

〔1〕 中共中央文献研究室编:《十八大以来重要文献选编》(上),中央文献出版社 2014 年版,第 91 – 92 页。

〔2〕《中共中央关于全面推进依法治国若干重大问题的决定》,载《人民日报》2014 年 10 月 29 日,第 1 版。

和执法司法的重要指引。”[1]要善于将党的政策主张转化为国家法律以发挥党的领导核心作用。实施法律就是贯彻党的意志，依法办事就是执行党的政策。随着法治进程的展开，党在法治中国建设中的领导核心作用日益彰显。科学立法必须发挥党的政策的指导性作用，国家法律的具体实施环节是党的政策的法治化贯彻过程。2014 年 9 月，习近平总书记在庆祝全国人民代表大会成立六十周年大会上强调：“我们必须坚持党总揽全局、协调各方的领导核心作用，通过人民代表大会制度，保证党的路线方针政策和决策部署在国家工作中得到全面贯彻和有效执行。”[2]同年 10 月，党的十八届四中全会决定，凡涉及重大体制和重大政策调整的立法问题，必须报党中央讨论决定，这就保证了党在国家法律制定中的先导性地位。

就党的政策和法律关系的学术研究而言，可以划分为前后两个时期分别进行探讨。前期研究多将党的政策等同于党的领导，认为强调法律的作用会相应压缩政策的生存空间以至于削弱党的领导，甚或演变成加强法治会束缚党的领导。此外，其虽然也讲党的政策和国家法律的辩证关系，但更多是以对立视角来探究两者的关联，如政策为主，法律为辅；政策为里，法律为表等。这种学术论证所依托的理论资源是：法律是一种管制手段和统治工具，否认法的内在价值和良善品性。党的政策和国家法律由此被构筑为一个无法调和的矛盾体。后期研究则更加强调党的政策和国家法律的交融性，即两者不是互斥对立关系，而是有机统一关系。其思想根基在于，法律拥有追求美好价值和良善秩序的终极理想。

党和国家的建设、改革和发展，在很大程度上取决于党的政策的科学指引。无论是新中国成立初期的社会主义建设，还是改革开放时期以经济建设为中心的转型，或者新时代全面依法治国方略的实施，都是在党的政策指导下的社会主义实践。正确理解和认识党的政策和国家法律的核

[1] 《习近平关于依规治党论述摘编》，中央文献出版社 2022 年版，第 191 页。

[2] 习近平：《在庆祝全国人民代表大会成立六十周年大会上的讲话》，载《求是》2019 年第 18 期。

心要义，就是要从实现党的领导、人民当家作主和依法治国有机统一出发，深刻且正确认识党的政策和国家法律的共生关系。法律是将党的政策主张通过民主和法定程序上升为国家意志，进而实现党的领导贯穿于人民当家作主和依法治国的全过程和各领域。在新时代中国特色社会主义建设进程中，必须坚持党的政策是国家法律的根本指引，保证国家法律充分体现党的意志和主张。在党的政策与国家法律的关系的后续研究中，法学和法律工作者应当在构建中国特色、中国风格、中国气派的立法体系、司法体系和法治话语宏伟目标之下，稳步推进法学理论与法治实践深度融合与现实关照，为新时代中国特色社会主义法治建设作出贡献。

三、党内法规与国家法律

治国必先治党，治党务必从严，从严必依法度。这个“法度”，主要就是以党内法规为“脊梁”的党的制度。党内法规具有强烈的政治属性、鲜明的价值导向、科学的治理逻辑、统一的规范功能，高度凝结党的理论创新和实践经验，是用来规范党的领导和党的建设活动的专门规章制度。[1] 归纳总结百年来党内法规建设的基本经验与研究历程，对于进一步理解党内法规与国家法律的关系，提高党内法规建设科学化、推进依规治党与全面从严治党等均具有重大理论与实践意义。

（一）党内法规基本概述

中国共产党党内法规是一个历史地形成的概念，要理解党内法规与国家法律，就要了解党内法规的形成历程。

第一，新民主主义革命时期是党内法规的起步探索阶段。从《中共中央文件选集（1921—1949）》选编的党内文件来看，这一时期，面对复杂艰苦的成长发展环境，中国共产党为争取革命胜利，在艰巨的革命斗争任务中建设党内法规，不断制定、修改各类党内法规和党内重要文件 131

〔1〕 宋功德：《党内法规的百年演进与治理之道》，载《中国法学》2021 年第 5 期。

部，[1]并具体体现在组织纪律、宣传教育以及军队建设等方面。[2] 第二，社会主义革命和建设时期是党内法规的曲折发展阶段。这一时期，为巩固党的领导和执政基础，有效实现自身与中国政治社会的整合，党通过制定组织纪律、宣传教育、军队管理、党政管理党内法规，[3]完善自身建设，调整与政府关系，加强对军队领导，逐步确立了党对国家的领导体制。第三，改革开放和社会主义现代化建设时期是党内法规的逐步深化阶段。这一时期，党在恢复之前合理有效的党内法规的基础上修订党章，制定了一系列领导法规、组织纪律法规、制度建设法规。[4] 总的来说，党内法规数量增多、稳定性增强、规范门类健全、规范内容更为丰富。但党内法规与国家法律混淆问题仍然存在，党纪代替国法现象明显；党内法规体系内部建设的统筹性不足，协调性、整体性不强，重复交叉现象严重。[5] 第四，中国特色社会主义新时代是党内法规的全面发展阶段。党的十八大以来，党内法规作为全面从严治党的根本遵循和全面依法治国的重要组

---

〔1〕 章志远主编：《党内法规学原论》，中国法制出版社2020年版，第94－96页。

〔2〕 例如，制定《关于共产党的组织章程决议案》（1922年）、《中共中央执行委员会组织法》（1923年）、《党内组织及宣传教育问题决议案》（1924年）、《支部的组织及其进行的计划》（1926年）等一系列组织类党内法规；颁布《政治纪律决议案》（1927年）、《关于秘密工作基本规则》（1934年）等纪律类法规；通过《中央通告第五号——巡视条例》（1928年）、《中央巡视条例》（1931年）等监督类法规；实施《关于干部学习的指示》（1940年）、《关于办理党校的指示》（1940年）、《关于延安干部学校的决定》（1941年）等干部教育培训法规；制发《中央通告第五十一号——军事工作大纲》（1928年）、《中共中央给红军的训令》（1930年）等军事法规。

〔3〕 如《关于在中央人民政府内组织中国共产党党委会的决定》（1949年）、《关于加强中央人民政府系统各部门向中央请示报告制度及加强中央对于政府工作领导的决定》（1953年）、《关于反对官僚主义、反对命令主义、反对违法乱纪的指示》（1953年）、《关于成立党的中央和地方监察委员会的决议》（1955年）、《党政干部三大纪律八项注意（草案第二次修正稿）》（1961年）等。

〔4〕 例如，为加强党的领导，深化干部队伍改革，党颁发了《关于建立老干部退休制度的决定》（1982年）；为加强基层党组织建设，制定了《关于加强街道党的建设工作的意见》（1996年）、《中国共产党党和国家机关基层组织工作条例》（1998年）、《中国共产党农村基层组织工作条例》（1999年）等组织法规；为加强权力监督、纯洁党的队伍，制定了《关于禁止在对外活动中送礼、受礼的决定》（1980年）、《关于严禁党政机关和党政干部经商、办企业的决定》（1984年）、《中国共产党纪律处分条例》（2003年）等纪律法规；为规范党的制度建设活动，制定了《中国共产党党内法规制定程序暂行条例》（1990年，已失效）。

〔5〕 魏艳：《中国共产党百年党内法规建设经验与展望》，载《思想教育研究》2021年第7期。

成部分。这一时期,中国共产党更加注重党内法规内容与形式的科学性建设。[1] 总的来看,党的十八大以来,党对党内法规制度建设的重视程度前所未有地增强。党的十八届四中全会后,"党内法规同时转化为一个重要的法治概念"[2]。该阶段的党内法规建设及时回应了新时代依法执政、全面从严治党的需求。

中国共产党党内法规是一个历史地形成的概念,也是一个在党的领导和党的建设实践中不断地完善的概念。[3] 1938 年,毛泽东同志在中国共产党第六届中央委员会扩大的第六次全体会议上首提"党内法规"概念。[4] 1990 年颁布的《中国共产党党内法规制定程序暂行条例》首次明确界定了"党内法规"定义。此后一段时间,相关研究的重点集中于党内法规的调整对象与表现形式上,学者们尝试提出一些抽象的理论概念解决党内法规这一新兴规范形式的"是什么""管什么"问题。从党的十六大至党的十八届四中全会召开之前,学界的研究焦点在于党内法规的"法"属性之争,先后围绕"党内法规是不是法""党内法规是怎样的法"等话题形成了诸多理论争锋,在党内法规概念学说史上产生了重要影响。[5] 2014 年,党的十八届四中全会通过的《中共中央关于全面推进依

---

〔1〕 如为避免党内法规零散化、碎片化,促进党内法规体系化、科学化和规范化,中共中央发布了《中国共产党党内法规制定条例》(2012 年)、《中央党内法规制定工作五年规划纲要(2013—2017 年)》(2013 年)、《中央党内法规制定工作第二个五年规划(2018—2022 年)》(2018 年);为增强党对国家社会生活的领导,制定了《中国共产党党组工作条例(试行)》(2015 年,已失效)、《关于全面深化改革若干重大问题的决定》(2013 年)、《关于加强和改进党的群团工作的意见》(2015 年)、《脱贫攻坚责任制实施办法》(2016 年)。

〔2〕 王伟国:《国家治理体系视角下党内法规研究的基础概念辨析》,载《中国法学》2018 年第 2 期。

〔3〕 李斌雄:《扎紧制度的笼子——中国共产党党内法规制度的重大发展研究》,武汉出版社 2017 年版,第 6 页。

〔4〕 毛泽东同志在这次会议上重申了"四个服从":"鉴于张国焘严重地破坏纪律的行为,必须重申党的纪律:(一)个人服从组织;(二)少数服从多数;(三)下级服从上级;(四)全党服从中央。谁破坏了这些纪律,谁就破坏了党的统一……为使党内关系走上正轨,除了上述四项最重要的纪律外,还须制定一种较详细的党内法规,以统一各级领导机关的行动。"参见《毛泽东选集》(第 2 卷),人民出版社 1991 年版,第 528 页。

〔5〕 段磊、熊娜:《党内法规概念的演变与发展——一种学说史的梳理》,载《中南民族大学学报(人文社会科学版)》2021 年第 7 期。

法治国若干重大问题的决定》首次将“形成完善的党内法规体系”纳入中国特色社会主义法治体系。2019年修订的《中国共产党党内法规制定条例》将“党内法规”定义为：党的中央组织，中央纪律检查委员会以及党中央工作机关和省、自治区、直辖市党委制定的体现党的统一意志、规范党的领导和党的建设活动、依靠党的纪律保证实施的专门规章制度。[1] 由此，党内法规再度成为学界广泛关注的热点议题，党内法规概念学说的发展进入了新阶段。

党内法规的性质或属性是党内法规的根本问题，也是最早受到关注、争议最大的基础理论问题。早在20世纪80年代，党内法规的性质问题就引起了学界的关注和讨论，争论焦点在于党内法规是否应该被视为“法”。[2] 党的十八大以来，随着党内法规制度建设迅速发展，党内法规性质问题再度引发学界争论，形成多种理论主张。目前最流行的观点是多重属性论，认为党内法规既具有法律性质，也具有其他性质。例如，在二重属性论中，有的学者认为党内法规具有法律与政策的二重属性，[3] 还有的学者认为党内法规兼具党性与法律性的双重属性；[4] 在三重属性论中，有的学者认为党内法规具有法律属性、政治属性和制度属性，[5] 还有的学者则认为党内法规具有意识形态属性、法治体系属性和制度规范属性。[6] 然而，上述论述并没有廓清党内法规是否具有法性质的核心争议。基于此，孟涛从认识论视角切入，认为党内法规是一种特殊的中国法。[7] 其后，也有众多学者加入讨论。

---

[1] 《中国共产党党内法规制定条例》，载《人民日报》2019年9月16日，第3版。

[2] 李树明：《以法治党》，载《学术交流》1986年第3期；李茂管：《“以法治党”的提法不妥》，载《学术交流》1987年第1期；朱其高：《如何理解“党法”的概念——与艾梅同志商榷》，载《理论学习月刊》1989年第2期。

[3] 屠凯：《党内法规的二重属性：法律与政策》，载《中共浙江省委党校学报》2015年第5期。

[4] 欧爱民：《党内法规的双重特性》，载《湖湘论坛》2018年第3期。

[5] 陈家刚：《“党内法规”：概念、属性与边界》，载《新视野》2020年第4期。

[6] 王立峰、李洪川：《党内法规的三重属性》，载《学习与实践》2021年第1期。

[7] 孟涛：《党内法规：一种独特的中国法》，载《党内法规研究》2022年第2期。

（二）党内法规与国家法律基本关系问题

在全面依法治国的大背景下，处理好党的领导和依法治国的有机统一问题，关键是正确认识和处理党内法规同国家法律的关系，实现两者的协调和协同。

党的十八大以来，党内法规同国家法律的关系日益凸显出来。党的十八届四中全会通过的《中共中央关于全面推进依法治国若干重大问题的决定》明确指出，要"注重党内法规同国家法律的衔接和协调，提高党内法规执行力，运用党内法规把党要管党、从严治党落到实处，促进党员、干部带头遵守国家法律法规"〔1〕。习近平总书记也多次谈及这一问题，强调"要完善党内法规制定体制机制，注重党内法规同国家法律的衔接和协调，构建以党章为根本、若干配套党内法规为支撑的党内法规制度体系，提高党内法规执行力。党章等党规对党员的要求比法律要求更高，党员不仅要严格遵守法律法规，而且要严格遵守党章等党规，对自己提出更高要求"〔2〕。在贯彻落实全面从严治党、推进全面依法治国乃至推进国家治理体系和治理能力现代化进程中，必须高度重视党内法规制度建设。

构建中国特色社会主义法治体系，需要准确理解党内法规与国家法律的关系。关于党内法规与国家法律的关系，学界进行了大量探讨，主要存在四种观点：第一种观点认为二者是平行关系，是相互独立的两个体系。〔3〕罗许生认为，"党内法规和国家法律并存是中国法治体系之特色"〔4〕。第二种观点认为，党内法规与国家法律并非两条完全不相关的平行线，而是存在平行关系、交叉关系和一体关系三种关系。在调整领域不同时，党内法规和国家法律平行存在；当对同一事务均有权进行调整

〔1〕《中共中央关于全面推进依法治国若干重大问题的决定》，载《人民日报》2014年10月29日，第1版。

〔2〕习近平：《加快建设社会主义法治国家》，载《求是》2015年第1期。

〔3〕侯嘉斌：《党内法规与国家法律衔接协调的实现机制研究》，载《社会主义研究》2018年第1期。

〔4〕罗许生：《国家治理现代化视阈下党内法规与国家法律衔接机制建构》，载《中共福建省委党校学报》2016年第6期。

时，二者出现交叉；在党政联合并以党的文号发布时，二者处于一体。[1] 第三种观点认为，党内法规不属于宪法和法律的范畴，而是对宪法、法律的具体化，是法治体系的一部分。[2] 王春业提出，党内法规具备了法律规范所具有的特征，应将其纳入国家法律体系，按照立法的要求对其制定行为进行规范和监督。[3] 第四种观点认为，党内法规和国家法律之间是有机统一关系，主要体现在三个层面：一是共生共治，即党内法规与国家法律衔接协调，着力于推进国家治理现代化；二是双轨并进，即在法治轨道上执政党治理与国家治理战略呼应；三是实践创新，即二者统一于中国特色社会主义法治实践当中。[4] 关于二者之间的逻辑关联，付子堂指出："党内法规与国家法律之间主要呈现五种关系，即价值取向的一致性、规范对象的相融性、功能发挥的互补性、文化倡导的层级性、制度建设的衔接性"[5]。关于如何处理党内法规与国家法律的关系，学界一致认为应当建立二者之间的衔接和协调处理机制。[6]

党内法规与国家法律的关系，不仅是党政关系在法治领域的具体体现，更是政治和法治关系的具体体现。[7] 研究党内法规和国家法律的关系，必须立基于我国国情，研究中国的政治理论、政治逻辑、政治立场，不能简单地照搬照抄他国模式和做法。

作为在中国社会政治生活中起着最重要作用的两类规则，党内法规

[1] 欧爱民：《党内法规与国家法律关系论》，社会科学文献出版社 2018 年版，第 62－112 页。

[2] 魏治勋：《党内法规特征的多元向度》，载《东方法学》2021 年第 1 期；杨小军：《国法与党规关系》，载《法学杂志》2017 年第 8 期。

[3] 王春业：《论将党内法规纳入国家法律体系》，载《天津师范大学学报（社会科学版）》2016 年第 3 期。

[4] 段占朝、潘牧天：《法治性：党内法规的形式属性——兼论法治轨道上党内法规与法律的关系》，载《特区实践与理论》2021 年第 2 期。

[5] 付子堂：《法治体系内的党内法规探析》，载《中共中央党校学报》2015 年第 3 期。

[6] 孙才华、方世荣：《论党内法规与国家法律的相互作用》，载《湖北社会科学》2015 年第 1 期；韩强：《党内法规与国家法律的协同问题研究》，载《理论学刊》2015 年第 12 期；操申斌：《党内法规与国家法律协调路径探讨》，载《探索》2010 年第 2 期；张立伟：《法治视野下党内法规与国家法的协调》，载《中共中央党校学报》2011 年第 3 期。

[7] 强梅梅：《党内法规与国家法律关系的实证分析》，载《华东政法大学学报》2022 年第 5 期。

与国家法之间的相互协调既是法治的应有之义,也是中国共产党依法执政的必然要求。实现二者的相互协调,需要做到基本精神的融通、基本制度的衔接、避免和消除冲突。[1]

（三）党内法规制度体系建设问题

党的十八届四中全会审议通过的《中共中央关于全面推进依法治国若干重大问题的决定》第一次明确地提出了"形成完善的党内法规体系"的要求,并将党内法规体系纳入中国特色社会主义法治体系之中,使得党内法规体系建设成为推进全面依法治国各项法治工作的重要目标和任务。初步形成了以党章为核心、以中央党内法规为基础、以中央纪委和中央各部门制定的党内法规为骨干、以省级地方党委制定的党内法规为补充的党内法规形式体系。

改革开放以来,党中央在开展党内法规制度建设过程中,始终注意维护和巩固党章在党内法规制度体系中的核心地位。作为党内"立法法"性质的《中国共产党党内法规制定条例》明确规定"党章是最根本的党内法规,是制定其他党内法规的基础和依据",并将"以党章为根本"[2]作为制定党内法规应当遵循的基本原则,为巩固党章统领地位,确保其他党内法规遵守党章规定、落实党章要求提供了有力保障。制度供给的缺位与失序,倒逼着党内法规体系不断发展完善。而党内法规体系化则是在审慎认清问题症结所在的基础上,以现实行动对既存问题予以回应,通过优化体系框架设计、填补制度机制空白、提升法规制定质量,满足党内法规工作发展的现实需要。[3] 2016 年 12 月,党中央印发《中共中央关于加强党内法规制度建设的意见》,坚持目标导向和问题导向,按照"规范主体、规范行为、规范监督"相统筹相协调原则,将完善的党内法规制度体系概括为"1 +4"的基本框架,即在党章之下分为党的组织法规制度、党的领

[1] 张立伟:《法治视野下党内法规与国家法的协调》,载《中共中央党校学报》2011 年第 3 期。
[2] 《中国共产党党内法规制定条例》,载《人民日报》2013 年 5 月 28 日,第 6 版。
[3] 周叶中:《关于中国共产党党内法规体系化的思考》,载《武汉大学学报(哲学社会科学版)》2017 年第 5 期。

导法规制度、党的自身建设法规制度、党的监督保障法规制度四大板块，初步勾画出“党内法规部门”的“四梁八柱”。[1] 综上所述，党的十八大以来，特别是党的十八届四中全会通过的《中共中央关于全面推进依法治国若干重大问题的决定》提出“完善党内法规制定体制机制，加大党内法规备案审查和解释力度，形成配套完备的党内法规制度体系”[2]的要求后，党内法规体系建设的步伐正在加快，党内法规体系的框架和雏形已显端倪。“党内法规体系化”这一宏大命题只有进行时，没有完成时，它承载着中国共产党“不忘初心，继续前进”的紧迫感与使命感，只有不断扎紧编密“制度之笼”，才能指引着推进全面依法治国与全面从严治党走向深入。[3]

党内法规体系和法律规范体系是中国特色社会主义法治体系的重要组成部分，准确把握两者的辩证关系，是实现依法治国和依规治党有机统一的必然要求。中国共产党在长期的奋斗历程中，形成了比较完善的党内法规体系。党的十八届四中全会将“形成完善的党内法规体系”纳入中国特色社会主义法治体系，要求“注重党内法规同国家法律的衔接和协调”[4]，使党内法规成为一个与法治、法律相关联的问题。只有坚持依法治国和依规治党有机统一，才能形成国家法律和党内法规相辅相成的治理格局，并使党的制度优势与国家制度优势相互转化，进而促进国家治理体系和治理能力现代化。可以说，党内法规与国家法律共同铸成中国特色社会主义法治体系的制度架构，共同支撑“制度之治”“中国之治”。

---

〔1〕 中共中央办公厅法规局：《以改革创新精神加快补齐党建方面的法规制度短板》，载《求是》2017年第3期。

〔2〕 《中共中央关于全面推进依法治国若干重大问题的决定》，载《人民日报》2014年10月29日，第1版。

〔3〕 周叶中：《关于中国共产党党内法规体系化的思考》，载《武汉大学学报（哲学社会科学版）》2017年第5期。

〔4〕 《中共中央关于全面推进依法治国若干重大问题的决定》，载《人民日报》2014年10月29日，第1版。

四、结语

新中国成立以来，学界对法律和政治关系的研究不断深化，从不同视角对法律与政治的总体关系进行剖析，又从党的政策与国家法律、党内法规与国家法律两个具体表征展开理论印证和现实思考。不断深化理解，不断凝聚共识。总的来看，法律与政治不是相互孤立的两个命题，而是共生共存的关系。法律与政治可以彼此促进，互相检视，进而不断完善自身。政治不能被单独理解为某一政体的特定运作方式，我们要从一种更广域、更包容、更联系的视角中，看到特定法律的政治性，也要看到政治的法治化倾向。认识到二者的不可分离性和相辅相成作用才是最重要的。

延伸阅读学术著作

1. 蔡定剑：《历史与变革——新中国法制建设的历程》，中国政法大学出版社1999年版。
2. 浦兴祖主编：《中华人民共和国政治制度》，上海人民出版社1999年版。
3. 卓泽渊：《法政治学》，法律出版社2005年版。
4. 封丽霞：《政党、国家与法治——改革开放30年中国法治发展透视》，人民出版社2008年版。
5. 周祖成：《政治法治化问题研究》，法律出版社2011年版。
6. 邹益民：《现代法律与政治中的多元价值冲突——从韦伯到哈贝马斯的考察》，法律出版社2018年版。
7. 宋功德、张文显主编：《党内法规学》，高等教育出版社2020年版。
8. 宋功德：《党规之治》，法律出版社2021年版。
9. 刘光斌：《哈贝马斯的政治权力与法律互动关系研究》，湖南大学出版社2021年版。
10. 郭辉：《法律是如何形成的：党领导立法研究》，当代中国出版社2023年版。

延伸阅读学术论文

1. 朱恩霖：《法律和政策的关系》，载《法学》1957年第6期。
2. 李步云：《政策与法律关系的几个问题》，载《法学季刊》1984年第3期。
3. 赵震江、付子堂：《论政治法治化》，载《中外法学》1998年第3期。
4. 朱景文：《法律是一种规则政治》，载《学习与探索》2005年第5期。
5. 葛洪义：《政治·理性·法律》，载《学习与探索》2005年第5期。
6. 卓泽渊：《政治是法律的基础》，载《学习与探索》2005年第5期。
7. 周祖成：《法律与政治：共生中的超越和博弈》，载《现代法学》2012年第6期。
8. 周尚君：《党管政法：党与政法关系的演进》，载《法学研究》2017年第1期。
9. 李林：《构建马克思主义政治法律学的自主知识体系》，载《法制与社会发展》2023年第5期。
10. 朱林方：《党内法规的概念分析》，载《中国法学》2024年第3期。

延伸阅读学位论文

1. 周伟：《政治与司法——政法体制下的人民法院（1949—1957）》，2011年清华大学博士学位论文。
2. 何啸：《改革进程：中国共产党政策与法律关系结构的历史转型》，2014年中共中央党校博士学位论文。
3. 凌彦君：《党内法规研究》，武汉大学2015年博士学位论文。

第三十二章 法律与道德

本论题导读

回顾新中国成立以来的学术探究历程，我国学界对法律与道德关系的研究有别于西方法学家的哲学思辨，更多关注法律与道德各自的功能、法律与道德的相互转化，以及德治与法治的关系等更为宏观的问题。在社会主义法制和道德形成和发展时期，学界对法律与道德的关系仅有粗浅和初步的认识，着重概念的界定和辨析。经济体制变革期，法制对精神文明的建设指导作用成为了重要研究主题。市场经济建设时期的前期，学界重点关注法律的指导作用及新道德的建设。随着市场的固有缺陷和消极方面逐渐显现，法律与精神文明之间的关系再度引发讨论，法律道德化问题也就此被纳入关注视野。随着依法治国载入宪法，法理学界对于道德和法律关系的探讨愈发深入和成熟，这一时期的重心放在道德观念如何融入法治的全过程及其限度。整体来看，法理学界对于法律与道德关系的研究体现出密切呼应社会发展的现实需要、从阶级话语向公民话语的拓展以及从抽象理论到法律实践的延伸三个方面的特征。

实证法与道德的关系问题是当代西方法哲学的一个基本问题，被誉为“法哲学的好望角”。这不仅是重大的法哲学理论问题，更是关乎社会控制模式选择的实践问题。古今中外的哲学家、法学家大都对法律与道德之间的关系进行过思考。西方法学家对于法律和道德问题的研究主要体现在法律的概念辨析、法律与道德的性质争议以及在法律实践中如何处理德法关系这几个方面，多从抽象的视角对法律与道德关系进行哲学、理性的思辨。不同于西方法学家的研究视角，中国法学家则更多关注法律与道德各自的功能、法律与道德的相互转化，以及德治与法治的关系等命题，这种更为宏观的视角迎合了新中国成立以来不同时期对处理法律和道德关系的总体策略的需要。[1]

法律和道德在规范和引导人的行为上如何实现和谐一致是我国在社会发展建设中必须解决的重大实践问题。新中国成立后，伴随着道德秩序与法律秩序的重建，诸多理论和实践问题进入了视野，法律与道德的关系因而成为中国法学界不得不讨论的重大话题。梳理新中国成立以来学界对法律与道德的关系研究，有助于把握我国处理这一问题的历史脉络，对更加有效地解决法律和道德冲突的现实问题，探索现阶段依法治国与以德治国相结合的具体路径具有重大借鉴意义。

一、社会主义建设初期的法律与道德

新中国成立之后，为创造良好的政治思想环境，党中央开展宣传“延安精神”“树立标兵”等共产主义思想道德教育活动，从而提高社会的道德风尚。共产主义道德也从共产党人的行为准则，逐渐成为在国家占据主导地位的道德体系。[2] 与此同时，社会主义类型的法制也在全国范围内建立，《中国人民政治协商会议共同纲领》的颁布为人民民主法制在全国范围内的建立奠定了基础。在此背景下，学术界展开了对“共产主义道德”和“社会主义法制（人民民主法制）”的研究。[3] 不过，对于两者关系的研究在这一时期尚为鲜见。

沈宗灵对社会主义过渡时期法与道德的关系进行了分析，指出关注

[1] 郭忠：《法律秩序和道德秩序的相互转化——道德的法律化和法律的道德化问题研究》，中国政法大学出版社 2012 年版，第 3－4 页。

[2] 陈亚杰：《1980 年代的道德中国》，中共党史出版社 2014 年版，第 11 页。

[3] 吴江：《共产主义道德问题》，工人出版社 1955 年版；夏禹思等：《共产主义道德的几个问题》，上海人民出版社 1955 年版；吴介民：《什么是共产主义道德》，华南人民出版社 1955 年版；李致远：《谈谈共产主义道德》，湖北人民出版社 1956 年版；周原冰：《培养青年的共产主义道德》，中国青年出版社 1956 年版；等等。

这一问题的目的在于促进社会主义基础在我国的形成，保障国家在过渡时期总任务的实现。具体而言，共产主义道德积极地促进我国法制的加强，特别是，遵守法律是共产主义道德的一个重要原则；法也积极地促进我国人民共产主义道德面貌的形成与提高，消除一切旧道德残余，特别是消灭资产阶级道德。[1]

总体而言，新中国成立初期到改革开放以前，是社会主义法制和道德形成和发展的时期，对法律与道德的关系仅有粗浅和初步的认识，学术研究着重于概念的界定和辨析，旨在厘清两种概念及其各自的功能，研究成果也较少。此外，这一阶段对法律与道德之间相互关系的探讨具有强烈的阶级性视角，强调两者的阶级属性及其优劣之分，认为共产主义道德和社会主义法制属于与社会主义的经济基础相适应的上层建筑，具有一致性，因而只有讨论这两者之间的关系才具有现实意义。

二、改革开放初期的法律与道德

改革开放以来，社会的各个领域都发生着深刻的变化，进入了从传统社会向现代社会的全面转型过程。党的十一届三中全会开始，“以经济建设为中心”成为新的共识。在经济体制变革的过程中出现的新情况、新问题和新矛盾，推动了法律与道德建设新思路的形成。

一方面，加强社会主义民主法制建设的政治体制改革被提上重要日程，“有法可依，有法必依，执法必严，违法必究”的社会主义法制建设方针被提出。以1982年《宪法》为标志，我国法制建设走向了全面化。另一方面，随着经济体制改革的深入，社会亟须一套适合新的经济体制的道德规范来引导和规约人们的行为，以保障我国经济稳定健康发展。1986年9月，党的十二届六中全会通过了《中共中央关于社会主义精神文明建设指导方针的决议》，其中提出了社会主义道德建设的基本要求。在此背景

---

〔1〕 沈宗灵：《我国过渡时期社会的法与道德的关系》，载《北京大学学报（人文科学版）》1956年第3期。

下，这一时期道德和法律关系的研究成果逐渐丰富起来，对法律与道德关系的探讨也成为法理学教材中的重要组成部分。不过，这一阶段对法律道德之间相互关系的探讨依旧未能完全脱离阶级性的视角。

（一）阶级话语下法律与道德的辩证关系

1980 年 6 月，以“共产主义道德和社会主义现代化建设的关系”为主题的全国伦理学学术讨论会，围绕我国现阶段应当提倡什么样的道德展开讨论。此次会议并未就讨论的主题取得共识，“共产主义道德”仍旧是学术研究和媒体传播所使用的主流概念。因此，学术界沿用“共产主义道德”这一概念，探讨其与社会主义法制之间的关系。一般认为，社会主义法制和共产主义道德从根本上是一致的，社会主义法制是教育人民、传播共产主义道德的重要手段，加强共产主义道德教育是维护社会主义法制的有效方法，正常的社会秩序需要两者相互补充并发挥合力。此外，两者也是有区别的，具体现在产生的阶段、依靠的力量以及调整范围等方面。[1] 直到《中共中央关于社会主义精神文明建设指导方针的决议》明确提出“社会主义道德”这一概念，并将其与“共产主义道德”作了明确的区分后，理论界才开始采用“社会主义道德”这一概念，[2]“共产主义道德”这一概念逐渐退出历史舞台。[3]

（二）社会主义法制对社会主义精神文明的促进

党的十一届三中全会后，在总结历史经验和教训的基础上，我国恢复和发展了社会主义法制。但是公民的守法观念和道德意识的培养和确立依旧是艰难的工作。为此，党的十二大提出建设高度的社会主义精神文明，五届全国人大第五次会议通过的《宪法》把建设社会主义精神文明

---

〔1〕 吴大英、刘瀚：《论社会主义法制与共产主义道德》，载《学术月刊》1979 年第 6 期；周原冰：《道德规范与法律规范》，载《法学》1982 年第 2 期；杨贻泽：《道德与法制刍议》，载《法学》1982 年第 11 期；陈守一、张宏生主编：《法学基础理论》，北京大学出版社 1981 年版，第 314－319 页；孙国华主编：《法学基础理论》，法律出版社 1982 年版，第 234－243 页；孙国华：《法学基础理论》，天津人民出版社 1988 年版，第 180－188 页；等等。

〔2〕 陈亚杰：《1980 年代的道德中国》，中共党史出版社 2014 年版，第 137－140 页。

〔3〕 甘绩华主编：《法学基础理论教程》，中国政法大学出版社 1988 年版，第 53－57 页。

的方针和任务确认下来。厘清社会主义法制与精神文明之间的关系，通过法制手段来促进和保障精神文明的建设，具有强烈的现实意义。

对于"法制是不是精神文明建设的组成部分"这一问题，学者们的观点不尽一致。[1] 有学者认为法制是精神文明的组成部分。[2] 有学者则强调法制与精神文明是两种不同的社会现象。[3] 不过学者们均认可两者之间的紧密联系和互动关系。通过法制手段促进精神文明建设是这一阶段研究的主要课题。信春鹰指出，社会主义法制对精神文明的促进作用体现在两个方面，即"社会主义法制为精神文明提供安定的社会环境"与"社会主义法制是传播共产主义道德的有力手段"，因此，以法律规范引导人们的行为对建设精神文明具有重要意义。[4] 康英杰指出，社会主义法制是培养和提高人们共产主义思想道德品质，限制和取缔落后野蛮的风俗习惯，打击一切不道德行为，实现社会风气根本好转的重要手段之一。[5] 俞扬指出，法制建设是社会主义精神文明建设的可靠保障。这种保障作用，表现在立法、执法、法律监督和提高公民的法律意识等几个方面。[6]

回顾这一时期学界对法律与道德问题的研究，在以经济建设为中心思路的主导下，法制和精神文明建设均获得了快速发展，对于道德和法律关系的研究成果逐渐丰富起来。这一时期对法律与道德的认知已经出现向社会性话语的转向的端倪，法制对精神文明建设指导作用也成为重要的研究主题。

---

〔1〕 翁其银：《精神文明与法制关系的几种不同观点》，载《法学》1986 年第 12 期。

〔2〕 康英杰：《论社会主义法制与精神文明建设》，载《现代法学》1983 年第 1 期；刘兆兴：《法律与道德》，吉林人民出版社 1986 年版，第 168 页。

〔3〕 吴山：《论法制不是精神文明的组成部分》，载《政法论坛》1986 年第 4 期；郑静仁：《社会主义法制不是精神文明的组成部分》，载《现代法学》1983 年第 4 期。

〔4〕 信春鹰：《社会主义法制与建设精神文明》，载《学习与思考》1982 年第 2 期。

〔5〕 康英杰：《论社会主义法制与精神文明建设》，载《现代法学》1983 年第 1 期。

〔6〕 俞扬：《法制建设在社会主义精神文明建设中的地位和作用》，载《法学杂志》1986 年第 6 期。

三、社会主义市场经济建立时期的法律与道德

20 世纪 90 年代以来,邓小平南方谈话与党的十四大明确了迈向市场经济的改革目标,解除了把计划经济和市场经济看作属于社会基本制度范畴的思想束缚,把市场经济同社会主义创造性地加以结合,实现了改革开放以来经济体制改革的关键突破。为有效处理市场经济条件下出现的新情况、新问题和新矛盾,法律与道德建设的新思路应运而生。1993 年,“国家实行社会主义市场经济”被写入我国《宪法》,有关社会主义市场经济的立法步伐明显加快。在此背景下,法理学界也着眼于市场经济发展的目标探讨法律与道德的功能与地位。

(一)道德建设的法律指导

市场经济要求法律成为社会成员的基本行为规范,并制定一套符合现代市场经济要求的法律制度,以法律和道德的相对分离为基本要求。这就导致,一方面,市场经济确立伊始,对法律和道德问题的关注大都以法律主导为基本出发点;另一方面,这一理念与我国长期以来形成的德法合一的传统之间的冲突也成为学者不得不考虑的命题。

有学者主张,确立法律的主导地位,需要避免道德注入法律。毛剑平指出,“市场经济是一种法治(制)经济,竞争是有序的竞争,合理的竞争。而法律则是建立这种‘序’和‘合理性’的最有效的手段”[1]。也有学者主张,由于在社会变革过程中,旧的道德观难以适应市场经济的发展,应当在法律的指导下树立符合社会主义市场经济、与新的生产关系相适应的道德观念。杨心宇等指出,符合社会主义市场经济的新道德观包括自由竞争、平等公正、诚实信用、互助公益四个方面的内涵,应当通过法律行为支持和促进新道德的建设。[2]

同时,在新道德建立的过程中,由于道德转型相对于法律转型的滞

---

〔1〕 毛剑平:《道德与法律的理性建构》,载《法学》1994 年第 7 期。

〔2〕 杨心宇等:《试论市场经济下道德建设的法律指导》,载《政治与法律》1994 年第 4 期。

后，不可避免地会产生传统道德和现代法律之间的冲突，因而两者之间的协调也被纳入学者的关注视野。李双元等提出，在社会价值观念变革的过程中，不能以改革为由否定我国的传统道德精神，既应当加紧建立和完善我国同市场经济相适应的法律体系，也需要重构我国新型的融合传统道德精粹的道德价值体系，使得两者有机结合互融相互促进，形成与社会主义市场经济相适应的社会价值观体系。[1] 汪太贤强调应当从以下三个方面应对传统道德与当代法精神之间的冲突，使两者重新整合和协调：其一，"实现传统道德观念的当代转换与当代法律观念的协调"；其二，"建构新的道德规范体系与法律保证内在的和谐一致"；其三，"建立道德与法律互动、整合机制，实现道德与法的精神的有机统一"。[2]

（二）精神文明和法制关系的再讨论

在社会主义市场经济体制建立和完善的过程中，中国人的伦理道德观念也发生了巨大的变化，市场自身的弱点和消极方面也会反映到精神生活方面，造成多样化、多层次道德观念、价值观念并存的错综复杂局面。1996 年，党的十四届六中全会作出《关于加强社会主义精神文明建设若干重要问题的决议》，强调思想道德建设的重要性，高度重视法制建设在精神文明建设中的作用，既把法制观念确立为公民素质的主要内容，又把法制规定为培育社会主义道德风尚的重要手段。

学界对于法制（法治）建设与精神文明建设之间关系的探讨也在持续和深化，形成了不同的观点。有学者提出，法治是精神文明的有力保障。在建设社会主义现代化事业过程中，必须坚持依法治国和精神文明建设两项战略措施一齐抓，使其相互配合，齐头并进，充分发挥其治国的最佳功能，并达到最大效果。马洪指出，社会的精神文明状态首先体现在该社会人们所普遍遵循的生活方式和行为模式上。在市场经济条件下，精神文明建设必须首先以法制建设为抓手，"建立与社会主义市场经济体

---

[1] 李双元等：《社会价值观念变革过程中的道德与法律》，载《武汉大学学报（哲学社会科学版）》1995 年第 2 期。

[2] 汪太贤：《传统道德观与当代法精神的裂变和整合》，载《现代法学》1997 年第 3 期。

制相适应的精神文明，首先就要求确立与社会主义市场经济相适应的法制观念，并真正以此指导我们的立法和法律适用，使法律成为规范人们的行为和社会生活的基本力量”[1]。

有学者指出，法制与精神文明是相互促进的关系。沈宗灵强调在精神文明建设中，法律与道德有密切联系，对于国家治理两者具有同等的重要性。不过也应区分两者的不同，特别是在司法和执法实践中要注意区分“缺德”与“犯法”的界限。[2] 李步云指出，依法治国与精神文明建设息息相关，加强精神文明建设，需要实行依法治国；同样，建设社会主义法治国家，也离不开精神文明建设。[3]

就这一问题，也有学者分析认为，两者应当是互相结合和融合的关系，精神文明建设应融合于法律制度的建设之中，同样，法律制度的建设也应融合于精神文明建设之中。例如，曹建明等指出，实现法制建设与精神文明建设相结合既具有必要性也具有可行性，应以法制促进精神文明的建设。“切实做到有法可依、有法必依、违法必究、执法必严，是今日社会主义精神文明建设的必由之路。”[4]李龙等指出，依法治国不仅是一种理论体系，而且是精神文明建设的有机组成部分，只有依法治国才能确保社会主义精神文明建设得以健康发展，促进改革开放和物质文明建设的深化。[5]

（三）有关道德法律化和法律道德化的探讨

综合学者们的定义，对道德法律化可理解为法律获得道德性的过程，是指将人类的道德规范、道德原则、道德感觉等诸多方面转化为法律的过程。道德法律化既包括立法过程，也涵盖司法过程。[6] 之所以如此，是

[1] 马洪：《精神文明建设必须以法制建设为基础》，载《法学》1996 年第 9 期。

[2] 沈宗灵：《在精神文明建设中道德与法律并重》，载《中国法学》1996 年第 6 期。

[3] 李步云：《依法治国与精神文明建设息息相关》，载《人大工作通讯》1997 年第 1 期。

[4] 曹建明、李然：《论社会主义精神文明与法制建设》，载《法学》1996 年第 12 期。

[5] 李龙、邓传明：《依法治国与精神文明》，载《武汉大学学报（哲学社会科学版）》1997 年第 2 期。

[6] 郭忠：《法律秩序和道德秩序的相互转化——道德的法律化和法律的道德化问题研究》，中国政法大学出版社 2012 年版，第 12 页。

因为法律必须具备一定的道德基础和道德目的,缺乏道德支持的法律就与社会基本价值相冲突,就会丧失其存在的意义。

我国对道德法律化问题的探讨大约始于1997年。许多学者肯定了道德法律化对于当前道德建设的意义。如张晨等指出,"对那些被视为社会交往的基本而必须的道德正义原则,则在一切社会中都被赋予了具有强大力量的强制性质,这些道德原则约束力的增强,是通过他们转化为法律规则而实现的"[1]。范进学认为,道德法律化的意义体现为有利于社会整体文明程度的提高、社会制度文明建设以及人的素质的极大提高。[2]

也有学者对道德法律化持质疑态度。例如,梁治平在其研究中国传统法律文化的专著中阐释,如果"将所有道德规范变得如同法律一样威严,不可侵犯,其结果只能是取消了道德,磨灭了人们的道德意识,把所谓德性变得徒有虚名"[3]。徐向华指出,法律与道德具有显著的差异性,"道德所蕴含的文明层次高于法律""道德所调整的领域广于法律""道德的传播方式缓慢于法律",为此道德与法律应在不同的层次和不同的范围发挥各自应有的作用,应避免将两者杂糅。[4] 郭忠也指出,"强制的道德是显然不道德的,在强制的道德下,人们难以见到自己的道德主动性,而代之以一种被迫,久而久之将会失去道德感,诸如内疚、同情、怜悯等人类内心自发的情感"[5]。

更多的学者采取一种较为中庸的观点,既认识到道德法律化的正面作用,也关注道德法律化的局限性及其限度。刘作翔指出,法治建设中道德与法律的关系问题主要是个立法问题,立法时应充分考虑道德因素,在执法与司法的过程中则应避免道德因素的介入,"在执法和司法中,不能

---

〔1〕 张晨、王家宝:《道德法律化与法律道德化》,载《政治与法律》1997年第5期。

〔2〕 范进学:《论道德法律化与法律道德化》,载《法学评论》1998年第2期。

〔3〕 梁治平:《寻求自然秩序的和谐——中国传统法律文化研究》,上海人民出版社1991年版,第254页。

〔4〕 徐向华:《论法律和道德的作用关系》,载《政治与法律》1997年第5期。

〔5〕 郭忠:《论冲突中的法律和道德》,载《法律科学》2000年第2期。

用道德评价代替法律评价";"公认的社会道德并非全部确立为法律,法律与道德既相互适应又相对保持距离","对于法未明文禁止(限制)的私权利行为,不能用法律惩罚,应保留道德惩罚的空间"。[1] 李常青等强调,"道德的法律化应当防止'泛道德论'和'规则论'"[2]。还有学者通过对道德层次的划分,探讨道德上升为法律的界限。曹刚指出,道德可以分为两个层次:基本的层次和超越的层次。法律必须也只能涉及道德的基本层次,而超越的层次无法由法律来表达,更不能由法律来强制,否则道德名义下的暴行将充斥这个世界。[3] 郭忠认为,从道德的表现形式上,可分为道德意识、道德规范、道德原则和道德精神四个层次,这四个层次如同一个金字塔,最高的是道德精神,最低的是道德意识。法律应当是道德精神的完美体现,而位于道德精神一层之下的道德原则、规范和意识则不宜上升为法律。"至于道德意识如果用法律规范,不仅限制了个人自由,也阻塞了发展的渠道。"[4]

可以看出,这一阶段对道德法律化的讨论大多是抽象理论的分析,而对具体法律实践的研究虽然已经引起了关注,但是研究成果较少。[5] 比较明显的是,在抽象理论层面上,学者们较能够达成一致,大多数学者并不反对道德的法律化,只是反对将道德不加区别、简单地法律化,从而应对中国的现实的道德建设问题。

相对于道德法律化问题,学者对法律道德化问题的探讨较少。就其内涵而言,范进学侧重于守法,认为法律的道德化是指法律权利和法律义务内化为道德权利和道德义务的过程,法律主体把守法内化为一种道德

---

〔1〕 刘作翔:《法律与道德:中国法治进程中的难解之题——对法律与道德关系的再追问与再思考》,载《法制与社会发展》1998 年第 1 期。

〔2〕 李常青、冯小琴:《论法和道德的现实与未来的冲突及构造》,载《现代法学》1999 年第 6 期。

〔3〕 曹刚:《法律的道德批判》,江西人民出版社 2001 年版,第 100 页。

〔4〕 郭忠:《道德和法律的界限初探》,载《西南政法大学学报》2001 年第 5 期。

〔5〕 范忠信:《国民冷漠、怠责与怯懦的法律治疗——欧美刑法强化精神文明的作法与启示》,载《中国法学》1997 年第 4 期。

义务,以道德义务对待法律义务。[1] 张晨等认为法律道德化是指法律对道德价值的体现。[2] 还有学者将法律道德化视为法律执行道德的职能。[3] 不同学者由于对法律道德化采取了不同的定义,对该问题进行深层次的探讨和对话较为困难。

回顾这一时期对法律与道德问题的研究,前期在发展市场经济的社会背景下,对于法律与道德关系的研究的关注重点在于,在法律的指导之下建立与市场经济相适应的新道德。随着市场固有缺陷和消极方面逐渐显现,社会出现了道德失范现象,由此引发了对法制与精神文明之间的关系继续探讨,法律道德化问题也被纳入学者的关注视野中。这一阶段道德和法律的互动主要体现在立法和守法的层面:在制度规范层面,法律与道德、法制与精神文明建设相互影响、相互促进;在思想意识层面,道德促进法制意识、守法观念的形成和强化。而在执法和司法层面,则需要避免道德对法律的干预,道德与法律的融合是有限的。

四、法治与德治结合的法律与道德

2002 年,党的十六大报告提出,"依法治国和以德治国相辅相成",强调在国家治理过程中坚持"法治"和"德治"并重的重要性,按照这种治国新思路,依法治国与以德治国并不是彼此对立、矛盾的,而是相互补充、促进的。这一阶段,法学界一方面掀起了关于法治与德治关系的大讨论;另一方面,道德法律化和法律道德化的讨论持续深化,更为现实化和具体化。

(一)对法治与德治关系的讨论

"法治与德治的关系源于法与道德的关系。"[4]"依法治国属于政治

---

〔1〕 范进学:《论道德法律化与法律道德化》,载《法学评论》1998 年第 2 期。
〔2〕 张晨、王家宝:《道德法律化与法律道德化》,载《政治与法律》1997 年第 5 期。
〔3〕 梁治平:《寻求自然秩序的和谐——中国传统法律文化研究》,上海人民出版社 1991 年版,第 261 页。
〔4〕 张中秋:《法治及其与德治关系论》,载《南京大学学报(哲学·人文科学·社会科学)》2002 年第 3 期。

文明范畴,是治理国家的主要方式。以德治国属于精神文明范畴,是思想建设的主要方式,主要是以德教民、以德化民、以德育人。"[1]张骐指出,两者的关联体现在:其一,法官的道德素养、全民的道德水准对于法治建设的发展具有重要的影响;其二,法治促进道德的最合适方式不是直接根据道德观念裁判案件,而是把道德要求转化为法律规定,法官按照法律的规定和法治的精神裁判案件;其三,法治的健康发展也是道德发挥作用、提升社会道德水准的重要保障。[2]

对于法治和德治是否可以作为并重的治国方略,学者们的观点不尽一致。

有的学者坚持在治国方略中两者同等重要,不可偏废。罗国杰提出,我们要把道德建设提高到治国方略的高度来认识,要把以德治国同依法治国、把法治和德治看作治国方略的两个同等重要的不可分割的组成部分。[3] 余达淮等则认为,依法治国与以德治国之间并无重点之分,对法治和德治关系的正确界定应当是两者互为基础,坚持法治和德治的刚柔并济、交相为用。[4] 吴俊明指出,国家治理善治目标的实现与德治和法治这两种重要方式密不可分,应当构建德治与法治并举的现代国家治理模式,一方面用道德去滋养法治精神,另一方面使法治体现道德理念。[5]

有学者在肯定法治与德治可以并存的前提下,认为"依法治国与以德治国相辅相成"这一论述并不能确认两者的平行地位,法治在治国方略上的价值不可动摇。温晓莉认为从实践哲学的视角分析,在治国方略上,在政治领域内法治而不是德治具有最高价值。[6] 张中秋也指出,承认法治

---

[1] 张文显:《论中国特色社会主义法治道路》,载《中国法学》2009 年第 6 期。

[2] 张骐:《法治的"魂"与"形"——兼谈法治与德治的区别与关联》,载《华东政法大学学报》2018 年第 2 期。

[3] 罗国杰:《提高对道德建设重要性的认识坚持"法治"和"德治"并重的治国方略》,载《伦理学研究》2002 年第 1 期。

[4] 余达淮、陈光洁:《"法治"与"德治"关系三题》,载《道德与文明》2016 年第 2 期。

[5] 吴俊明:《论现代中国治理模式的选择——以法治与德治并举为分析视角》,载《法学杂志》2017 年第 5 期。

[6] 温晓莉:《实践哲学视野中的"法治"与"德治"》,载《法学》2003 年第 3 期。

之法应有道德性并不意味着道德可以直接成为治国的依据，在治国层面上，德治与法治不可相提并论，只能依法治国，道德通过转化参与了治国，但不能谓之德治。[1] 李林认为，依法治国与以德治国相结合应当坚持“法主德辅”，发挥法治的主导作用，德治作为依法治国的补充和辅助。[2] 周永坤指出，“德法并举”既违反逻辑，也与宪治法治的诸多原则不符，会导致道德与法律的混同，甚至会导致道德对法律的“挟持”，以致规范体系紊乱，德法关系应按照“法安天下，德润人心”的思路来安排。[3]

也有学者质疑法治与德治兼容的可能性。例如，孙莉认为，法与道德的功用互补是事实性命题，而法的统治或道德的统治则是规范性命题，二者不可混同。用法律与道德的关系来论证法治与德治的结合是站不住脚的，两者不在一个层面上。当作为治国方略的时候，法律有着特定的表现形式及很强的可操作性，有非常明确的行为模式和法律后果，对于法律的解释也有严格的要求。相对而言，道德则缺乏具体的表现形式，对行为方面的要求不够明确，很难直接治理行为，道德很容易被任意解释和滥用。基于此，当法律和道德都作为治国方略的时候，就会发生严重的冲突，使人们感到无所适从。[4]

还有学者跳出了上述讨论的局限性，从多维的视角探讨法治与德治的关系。例如，王淑芹等认为对于法治与德治相互关系，应当从两者的三种不同的存在样态中分别予以分析：其一，在法治框架的层面上，德治与法治的地位是不同的，法治具有至上性、绝对权威性，德治是在法治运行框架下而实施的；其二，在法律渊源关系中，道德具有上位性、统摄性；其三，在功能互补的意义上，两者才具有平等的地位。道德具有上位性、统

---

〔1〕 张中秋：《法治及其与德治关系论》，载《南京大学学报（哲学·人文科学·社会科学）》2002 年第 3 期。

〔2〕 李林：《论依法治国与以德治国》，载《哈尔滨工业大学学报（社会科学版）》2013 年第 1 期。

〔3〕 周永坤：《“德法并举”析评——基于概念史的知识社会学视角》，载《法学》2017 年第 9 期。

〔4〕 孙莉：《德治与法治正当性分析——兼及中国与东亚法文化传统之检省》，载《中国社会科学》2002 年第 6 期；孙莉：《德治及其传统之于中国法治进境》，载《中国法学》2009 年第 1 期。

摄性，因此，德治与法治关系既非“并列”也非“主次”，而是互补的“结合关系”。[1]

一些学者并不局限于法治与德治两者的地位问题，而是着重探讨如何协调法治与德治。马戎指出，在运用法律惩治犯罪的同时，通过儒家伦理和民间宗教在民众中推行对“作孽”的道德谴责，建立一个民间的“德治”秩序，从而合理协调社会普遍道德规范与政府法律规范。[2] 陈寿灿等认为分析中国法治选择与道德、伦理的潜在冲突，合理调节其内在关系，实现法律与社会的和解，是中国法治模式的基本维度。这一方面体现在法律合法性的增进以及道德对法律的理解、支持、辩护；另一方面，是道德对法律的批判以及法律对道德批评的回应。[3] 夏纪森提出，依法治国与以德治国结合的关键在于对德治内涵的界定，以德治国不能理解为将某种特定的道德观强制在社会推行，而应该理解为一种示范性的伦理观。[4] 程竹汝指出，法治与德治二者相辅相成有着自身的客观基础和内在逻辑：良法的理论逻辑即法律是成文的道德；良序的理论逻辑即道德践行离不开法律约束；普遍守法的实践逻辑即以道德滋养法治；法律至上的实践逻辑即关键少数带头崇德守法。[5]

（二）关于道德立法的争议

首先，法律制度本身的价值评判与道德维度成为研究的关注点，对宪法以及各部门法的伦理和道德维度的研究成为学界的关注热点。如江国华的《宪法哲学导论》、谢晓尧的《竞争秩序的道德解读——反不正当竞争法研究》、蒋悟真的《论竞争法的基本精神》、李爱年的《环境法的伦理

---

〔1〕 王淑芹、刘畅：《德治与法治：何种关系》，载《伦理学研究》2014 年第 5 期。

〔2〕 马戎：《罪与孽：中国的“法治”与“德治”概说》，载《北京大学学报（哲学社会科学版）》1999 年第 2 期。

〔3〕 陈寿灿等：《与社会和解：中国法治模式的伦理文化之维》，载《政法论坛》2011 年第 3 期。

〔4〕 夏纪森：《论法治与德治的结合——与孙莉商榷》，载《伦理学研究》2017 年第 3 期。

〔5〕 程竹汝：《论法治与德治相辅相成的内在逻辑》，载《中共中央党校学报》2017 年第 2 期。

审视》、张武举的《刑法的伦理基础》，等等。[1]

其次，随着社会的快速变革和转型，现实生活中的道德失范现象也层出不穷。在对社会道德现状的忧虑中，一些人提出了“以德入法”和“以法固德”的主张，如将见死不救、“常回家看看”等纳入法律的调整范围，由此引发了学术界对这些问题的争议。例如，针对“见死不救是否可法律惩治”这一问题，有的学者主张应当设立见死不救罪。郭哲指出，当纯粹的道德已不能达到其社会制衡作用时，就应当适时将其上升到法律层面，对人的行为予以强制约束。这是解决见死不救问题的可行途径。[2] 也有很多学者主张不宜设立这一罪名。王安白认为，对普通公民来说，“见死施救”属于道德义务而非法定义务，“见死不救”的行为只是未能履行道德义务（而非法定义务），因此，对这种行为不应实施法律制裁。王文科指出，保护公民健康与生命安全是国家的责任，因此，对公民“见死不救”行为不宜实施法律制裁。只有对那些特定义务主体的“见死不救”行为才应追究法律责任。张舜清认为，一种道德观念要转变成法律，必须具有公共性、基础性和普遍正义性特征。“见死不救”这一道德观念不具备这些条件，不能转化为法律，因而不宜对“见死不救”实施法律制裁。[3]

最后，随着近年来常出现的救助反被讹的道德困境问题，“好人难做”思想的蔓延，使得法学界意识到立法对救助者权益保护的缺失。为此，法律为何能够保护良知以及如何保护和促进良知有待于进一步的理论澄清。郭忠讨论了法律保卫良知的可能性及具体路径，认为法律能够保卫良知是因为法律调整利益关系，充当良知抵御压力的屏障，减少良知实现的成本负担。具体而言，法律通过防范压善行为、惩治欺善行为以及

〔1〕 江国华：《宪法哲学导论》，商务印书馆2007年版；谢晓尧：《竞争秩序的道德解读——反不正当竞争法研究》，法律出版社2005年版；蒋悟真：《论竞争法的基本精神》，上海三联书店2008年版；李爱年：《环境法的伦理审视》，科学出版社2006年版；张武举：《刑法的伦理基础》，法律出版社2008年版。

〔2〕 郭哲：《对“见死不救”的法理学再思考》，载《安徽大学学报（哲学社会科学版）》2006年第5期。

〔3〕 李怡轩、李光辉：《伦理与法律：两种规范间的对话——第六次全国应用伦理学研讨会综述》，载《哲学动态》2007年第8期。

通过自身扬善行为等方式来保卫良知。[1] 刘鑫则提出在完善社会保障体系的同时，我国应当制定一部全国性的好人法，其中包含救助者的范围界定、救助作为公民的一般义务、救助者的责任豁免、侵犯救助者合法权益的法律责任、举证责任等内容，以此保护救助者权益。[2] 此外，《慈善法》的出台和研究也表明了立法对道德的促进和维护。[3]

与此同时，也有学者对通过立法实现道德法律化表示出了忧虑。陈金钊通过对"社会主义核心价值观融入法治建设"这一命题的分析指出，社会主义核心价值观融入法治建设带有强烈的法律方法论属性，虽然立法是最为简单的融入方法，可以直接把社会主义核心价值观反映到法律规定中，但同时必须审慎使用，且难以使这一要求常态化。因此，通过法律解释、法律论证和法律修辞的方法将社会主义核心价值观融入法治建设更为重要。[4]

（三）司法实践的道德维度

司法实践产生了诸多道德争议事实，使得司法的道德性进入学界的关注视野。争议和讨论的焦点并不在于司法实践是否应当考虑道德因素，而是如何和多大程度上体现道德。学者大都认为，法律方法是实现司法领域道德化的必要途径。郑永流指出，在审理涉及公序良俗的案件时，法院应根据具体案情寻求法外标准，依据多数原则进行价值评价，采用地方性观念和据以个人经验对善良风俗或社会公德进行具体化阐释。在存有明显争议且无法判定谁全对谁全错时，应当兼顾当事人双方和社会对立的道德立场。[5] 秦策等认为，在法律适用过程中关注民众对裁判的道

〔1〕 郭忠：《法律如何保卫良知》，载《武汉大学学报（哲学社会科学版）》2017 年第 2 期。

〔2〕 刘鑫：《国外好撒玛利亚人法及对我国的立法启示》，载《法学杂志》2017 年第 9 期。

〔3〕 吕鑫：《法律中的慈善》，载《清华法学》2016 年第 6 期；吕鑫：《政府开展慈善的正当性反思——以〈慈善法〉第三十条为切入点》，载《浙江社会科学》2016 年第 12 期；蒋悟真、魏舒卉：《迈向现代慈善：我国〈慈善法〉文本的规范分析》，载《政法论丛》2017 年第 2 期；等等。

〔4〕 陈金钊：《"社会主义核心价值观融入法治建设"的方法论诠释》，载《当代世界与社会主义》2017 年第 4 期。

〔5〕 郑永流：《道德立场与法律技术——中德情妇遗嘱的比较和评析》，载《中国法学》2008 年第 4 期。

德反应,是提高判决社会接受程度的重要方面。从方法论的角度来看,司法道德性可从四个视域予以分析,即以规则适用实现法律规则中的道德要求、以原则裁判宣谕法律的道德内涵、以客观和平衡的司法方法遵循社会主流道德观念、以确认和规制良心司法体现法官道德准则。[1] 姜涛指出,“道德宣泄并不可怕,关键是司法如何借助法律论证理论以判决书说理制度应对这种道德宣泄,积极应对抑或全盘接受,这才是影响程序正义的重要因素”[2]。李拥军也指出,现代法律的终极合法性在于民众的接受,疏离于民情的法律的正当性注定是不足的,弥补这种不足需要法官通过法律方法实现情理和法律之间的平衡。[3]

(四)法律与道德的均衡

有许多学者着重关注法律与道德的均衡。屈永华指出,法律不应当规定高标准的道德,这不仅不利于道德的提升,反而容易激发机会主义行为。法律能在多大程度上抑制机会主义行为决定了法律维护道德的效果。[4] 郑玉双支持弱意义的法律道德主义,指出国家以法律规范道德行为是具备正当性的,但是这些限制性原则要求国家在对具体行为的道德性质认定的时候要保持严格的克制,而尽可能地保护与之相竞争的道德价值,防止惩罚过当。[5] 孙海波指出,“要认真对待权衡原则,重点是要学会在法律与私德、美德之间的权衡,比如该项私德败坏的严重性、透过法律强制产生的效益和其他后果以及对个人私生活自由及隐私的影响”[6]。

此外,法律与道德均衡的研究也体现出了新的特点和时代特质。曹

---

[1] 秦策、夏锦文:《司法的道德性与法律方法》,载《法学研究》2011 年第 4 期。
[2] 姜涛:《道德话语系统与压力型司法的路径选择》,载《法律科学》2014 年第 6 期。
[3] 李拥军:《合法律还是合情理:“掏鸟窝案”背后的司法冲突与调和》,载《法学》2017 年第 11 期。
[4] 屈永华:《从儒家孝道的法律化看法律维护道德的限度》,载《法商研究》2013 年第 5 期。
[5] 郑玉双:《法律道德主义的立场与辩护》,载《法制与社会发展》2013 年第 1 期;郑玉双:《道德争议的治理难题——以法律道德主义为中心》,载《法学》2016 年第 10 期。
[6] 孙海波:《道德难题与立法选择——法律道德主义立场及实践检讨》,载《法律科学》2014 年第 4 期。

刚等强调，现代社会公民的守法精神主要包括规则意识、正义感和公共理性三个方面，这事实上就是推动守法、形成法律信仰、塑造法治秩序的道德要素。[1] 冯粤则认为，服从仅仅是守法的消极层面，守法更深层次的意义在于积极守法，即维护法律、积极行使法定权利、信仰和尊重法律等。当今社会守法行为普遍流于消极的主要原因在于正义感的日益沦落，必须依赖正义感的表达和支撑，才能使法律获得有效的实现。[2]

回顾这一时期的研究，随着依法治国载入宪法，法治理论研究成为法学理论研究的主题，法理学界对于道德和法律关系的探讨更加深入和成熟，着眼于法治与德治的融合、道德与法律的多元互动，关注道德观念如何融入法治的全过程及其均衡。

五、结语

任何社会都需要相应的行为规范作为调整手段，使得各种社会关系达到有序和谐的状态，法律与道德就是迄今为止最主要的调控手段。调和两者之间的冲突，促进两者的良性互动，在实现秩序的同时，使得道德的目的也得到充分的实现，形成符合人性发展需要的社会规范系统。这不仅是一个动态命题，而且是一个永恒的话题。回顾新中国成立以来国内对法律与道德关系的研究可以看出，学者们对法律与道德关系的观察与探讨主要体现出了密切呼应社会发展的现实需要、由阶级话语向社会话语的拓展、从抽象理论向法律实践延伸三个方面的特征。

（一）关切回应社会发展的现实需要

法律与道德是具体的、历史的范畴，这就决定了两者的关系并非一成不变的，而是根植于具体的社会现实。法律与道德规范本身也呈现出双向流动的样态：一些道德规范流动到法律规范当中，而一些法律规范也流动到道德规范之中。新中国成立初期确立了社会主义法制与共产主义道

〔1〕 曹刚等：《论守法的精神》，载《广西民族大学学报（哲学社会科学版）》2007 年第 1 期。
〔2〕 冯粤：《论积极守法》，载《伦理学研究》2008 年第 3 期。

德这两种社会规范作为调整社会关系的重要方式,这一时期的研究重在界分两者的界限与功能。从改革开放到20世纪80年代末,为了适应和巩固社会主义经济制度、弥补道德建设的短板,学界强调法制对精神文明建设的促进作用。20世纪90年代,随着市场经济体制的确立,学界着眼于市场经济的发展,强调确立法律的主导地位,通过法律促进新道德建设。随着道德失范现象的产生和凸显,法治与精神文明建设的关系,尤其是道德法律化问题开始进入学者的研究视野。从21世纪开始,随着依法治国成为重要的政治体制改革目标,以德治国成为重要的治国方略,对法律与道德问题的探讨拓展至更广阔的视域:一方面,从治国方略的层面研究法治与德治的关系;另一方面,对道德法律化问题的关注拓展至具体法律实践。

(二)阶级话语向社会话语的拓展

新中国成立以来,在“阶级斗争为纲”这一政治话语的影响和指导下,法律与道德的阶级话语占据主导地位,其充当了解释法律与道德问题的权威工具,仅仅认可并探讨社会主义法制与共产主义道德之间的联系和区别。深受改革开放之前阶级斗争话语的影响,改革开放以来的较长一段时期内对于法律和道德关系的探讨仍旧未脱离阶级性的分析框架和思维模式,不过也已经立足于社会性的视角讨论法律与道德、法制与精神文明建设之间的关系。20世纪90年代,随着市场经济体制的确立,学者在法律与道德内涵的认识上更多体现出共性、普遍性的观念,对于法律与道德关系的界定服务于经济发展的目标。这一阶段对法律与道德功能的讨论是工具性的,服务并附庸于市场经济的发展。21世纪以来,随着法治目标的确立,法律和道德关系研究视域主要着眼于法治与德治在治国理政中的功能以及法治实践中的道德维度。

(三)从抽象理论向法律实践的延伸

法律与道德的关系并不仅仅是抽象的理论思辨,更是极具现实关切的问题,会随着社会现实和社会需求的变化而变动。改革开放之前,法学界多从基本原理或者抽象概念的角度研究法律和道德的关系,对于法律与道德关系的探讨也较为粗浅。改革开放以来到20世纪80年代末，法制建设与精神文明建设的关系开始进入研究视野。20世纪90年代，对于法律与道德关系探讨的主题有道德建设的法律指导、法制建设与精神文明建设之间的关系、法律与道德的相互转化，仍旧更多从抽象、宏观的视角研究，很少涉及具体的法律实践。从21世纪开始，对于法律与道德关系的关注更多转向法律实践，置于更为具体和更具实践性的场景，围绕现实生活中发生的热点问题展开讨论。

延伸阅读学术著作

1. 曹刚：《法律的道德批判》，江西人民出版社2001年版。
2. 谢岳、程竹汝：《法治与德治——现代国家的治理逻辑》，江西人民出版社2003年版。
3. 胡旭晟：《法的道德历程——法律史的伦理解释（论纲）》，法律出版社2006年版。
4. 钱弘道：《治道的选择——从德治到法治的必然逻辑》，清华大学出版社2006年版。
5. 王启富、刘金国主编：《法律之治与道德之治——形式法治观的局限及其克服》，中国政法大学出版社2008年版。
6. 范进学：《法律与道德——社会秩序的规制》，上海交通大学出版社2011年版。
7. 郭忠：《法律秩序和道德秩序的相互转化——道德的法律化和法律的道德化问题研究》，中国政法大学出版社2012年版。
8. 陈亚杰：《1980年代的道德中国》，中共党史出版社2014年版。
9. 梁治平：《论法治与德治：对中国法律现代化运动的内在观察》，九州出版社2020年版。
10. 郑玉双：《道德的法律强制：原则与界限》，商务印书馆2023年版。

延伸阅读学术论文

1. 沈宗灵:《我国过渡时期社会的法与道德的关系》,载《北京大学学报(哲学社会科学版)》1956 年第 3 期。
2. 毛剑平:《道德与法律的理性建构》,载《法学》1994 年第 7 期。
3. 李步云:《依法治国与精神文明建设息息相关》,载《人大工作通讯》1997 年第 1 期。
4. 汪太贤:《传统道德观与当代法精神的裂变和整合》,载《现代法学》1997 年第 3 期。
5. 范进学:《论道德法律化与法律道德化》,载《法学评论》1998 年第 2 期。
6. 郭相宏:《"士"的精神与法学研究的正当性问题》,载《现代法学》2007 年第 1 期。
7. 徐晨:《理解"法律与道德"关系的"建构性诠释"视角》,载《上海交通大学学报(哲学社会科学版)》2015 年第 3 期。
8. 郑玉双:《道德争议的治理难题——以法律道德主义为中心》,载《法学》2016 年第 10 期。
9. 张骐:《法治的"魂"与"形"——兼谈法治与德治的区别与关联》,载《华东政法大学学报》2018 年第 2 期。
10. 孙海波:《中国司法回应道德的法理与路径选择》,载《法制与社会发展》2023 年第 5 期。

延伸阅读学位论文

郭忠:《论法律秩序和道德秩序的相互转化——从道德的法律化到法律的道德化》,西南政法大学 2010 年博士学位论文。

第三十三章　法律与科技

本论题导读

法律与科技问题研究关注科技对法律的影响，以及法律如何回应科技发展引起的社会现象。科技的快速发展带来众多新型社会问题和法律问题，法律作为社会调控手段之一，以立法为主导对科技行为实施治理。但科技及其伴生社会现象的复杂性使仅通过立法无法达到对社会秩序的有效调控。新中国成立以来的法律与科技问题研究呈现从“立法论”向“规范论”转型的理论研究样态，即法律对科技问题的回应从初期单一的公式化结构转向多规范并举的研究进路。直到互联网、大数据、人工智能等新兴科技发展出现质的飞跃，网络法学尤其是人工智能与法的跨学科交叉研究正勾勒出新的法律与科技问题研究样态。这将继承与超越科技法学研究的“规范论”范式，形成一套自洽的人工智能与法知识体系。此后，法律与科技问题研究将超越以往发展阶段的研究范式，朝着研究自主性更强、研究内容系统性更完整的方向迈进。

对法律与科技相关问题进行的法理学研究，是通过分析科技行为产生的新型社会关系以及法律如何实施调控，进而抽象概括出二者之间的关系特征进行的。法律与科技问题研究在各发展阶段有不同的进路：第一阶段（1949—1977 年）的立法活动与科技发展的关系尚未呈现显著的规律性；第二阶段（1978—1992 年）开始出现法律与科技的辩证统一公式化关系理论，科技法学研究逐渐兴起；第三阶段（1993—2008 年）强调法律对科技的主导调控地位，通过立法促进科技发展，利用立法手段及时回应科技带来的新型社会问题;第四阶段(2009 年至今)强调以法律为主对科技发展及相应社会现象展开多元规范综合治理,在理论研究上采用多维度、多视角、跨学科的研究进路。

20 世纪 90 年代初,为了适应经济建设和社会发展的需要,特别是改革开放的需要,一系列科技基本法律法规相继制定颁布。法理学为系统地研究科技法的出现及发展提供了基础理论,推动了科技法学作为一门新兴法律学科的诞生。因此,科技法学脱胎于法理学,并以科技管理学知识为指导,其学科内容逐步体系性地丰富起来,发展出自身特有的研究对象和研究方法。科技成果的社会应用使相关现实问题日益凸显,作为规范科技行为本身的科技法,并不具备全面调控科技相关社会关系的功能。由此,法律对科技发展及相关社会问题的回应有着独特的演变过程。梳理各个时期的立法情况、学科建设及研究重点,可以通过静态的理论知识谱系呈现出动态的法律与科技关系演变过程。

一、法律与科技问题研究:孕育

(一)"百家争鸣"中的法律科学精神

从新中国成立到党的十一届三中全会前的这一阶段,法律的主要任务是围绕为阶级统治服务而展开的。在一切都为阶级统治服务的核心观念下,国家是统治阶级的政治组织形式,法律、科技、经济等都成为阶级统治的工具。其中,法律是统治阶级意志的表现,是社会上层建筑的主要组成部分。法律科学是社会科学中的一种,是阶级斗争的工具,代表一定统治阶级的利益,具有非常强烈的阶级性。[1] 1956 年 5 月 2 日,毛泽东同志在最高国务会议上提出了"百家争鸣",用国家力量来保障学术自由,以促进一切科学的自由发展。何谓法律科学中的"百家争鸣"? 当时,有学者进一步将"百家争鸣"理解为"百科争鸣",建议对某一种科学或某一学术问题,经过独立思考、刻苦钻研并结合实际,只要于社会主义建设有

---

〔1〕 王绎亭:《第一讲　国家与法是阶级统治的工具》,载《法学》1958 年第 1 期。

一点贡献，就可“大鸣特鸣”，而不在乎个人是否是一代大家。[1] 因此，尽管在一切为阶级统治服务的大背景下，法律与科技问题研究并没有成为一个广为关注的学术研究主题，但法律科学研究中仍然闪现着学术研究应当具有的科学精神。

（二）关注的研究主题

对这一时期有关法律与科技问题的研究成果进行梳理，会发现研究主要围绕以下两方面内容展开。

第一，对使用原子弹违反国际法的研究。根据 1945 年日本广岛、长崎受原子弹轰炸后的情况，使用原子弹是一种无区分的毁灭性攻击，不符合法律理念中人权保障的原则。同时，根据国际法的原则、惯例和条约，使用核武器是非法的。[2] 核武器的使用公然违反了国际法的规则，滥用科学发明的恩惠，排斥人道惯例，并有毁灭人类全部遗产和未来之虞。[3]

第二，通过法律措施支持和促进发明和技术改进。1963 年 11 月 3 日，国务院发布了《发明奖励条例》（已失效）和《技术改进奖励条例》（已失效），这两项条例总结了我国当时自新中国成立以来的科技发展经验，使我国奖励发明与技术改进制度的社会主义原则有了更充分的体现，从法律上巩固了发明和技术改进事业。作为我国上层建筑中法律的一部分，上述两项条例将有效地影响发明和技术改进活动的展开。[4]

新中国成立的前十年里，立法工作主要围绕婚姻、人民代表会议、政府、司法机关、宪法及其他相关内容展开，从狭义的法律概念来看，并没有颁布涉及科技的法律。除了上述行政法规，1954 年 5 月 6 日原政务院颁布实施的《有关生产的发明、技术改进及合理化建议的奖励暂行条例》（已失效），以及 1955 年 2 月 18 日国务院制定的《对执行“有关生产的发

---

〔1〕 李良：《“百家争鸣”和法律科学》，载《华东政法学报》1956 年第 2 期。

〔2〕 朱荔荪：《使用原子武器和氢武器是最严重的违犯国际法的罪行》，载《政法研究》1955 年第 4 期。

〔3〕 普里特、郑联：《国际法与原子武器》，载《政法研究》1955 年第 5 期。

〔4〕 关怀：《支持和促进发明和技术改进的法律措施》，载《政法研究》1964 年第 3 期。

明、技术改造及合理化建议的奖励暂行条例"若干问题的解释》,可被视为用法律手段激励科技发明的最早法律文件。由此可见,法律与科技问题的研究仅处于逐渐萌发的状态,对科学精神的重视和对科技活动的鼓励,主要体现在国家政策和行政法规中。

二、法律与科技问题研究:学术奠基

党的十一届三中全会把发展社会主义民主和健全社会主义法制确定为国家的基本方针,标志着我国民主法制建设进入了一个新的历史时期。学界逐渐认识到不能仅仅强调法律是阶级斗争的工具,而要充分认识法律是管理经济、管理社会的重要工具,否则对法律功能的片面认识是十分有害的。[1] 这一时期的法制观念得到了更新,例如,从"重人治、轻法治"向"重法治"转变,树立法律至上观念;从只讲阶级性到不否认阶级性,但同时重视法的社会性和规律性的转变;学术研究角度也从基于政治观点的争论转向基于学术的批评等。在这样的大背景下,整个法学研究处于恢复性发展阶段,法律与科技的问题研究进入了开拓性的探索期,并采用单一的公式化结构作为科技法学的研究进路。之后,随着党的十三届三中全会提出"科学技术是第一生产力"的重要论断,科技开始成为政治的一个内核,政治围绕和依靠技术来构建自身。随着技术政治学的开启,法学研究也开始跟进技术政治学发展,并对科技进步及其伴生社会问题的关注日趋紧密。

(一)法律与科技问题研究的公式结构

法律与科技问题研究的公式结构是"科技的发展对法律有影响/需求,法律对科技有规制/调控等作用",这一公式的提出是用辩证法思考法学问题的成果。科技没有阶级性,而法律不仅具有阶级性还具有广泛的社会价值和作用,双方之间是一种辩证统一的关系。"法律的阶级性""法治与人治""法律与政策的关系"等话题在20世纪80年代法学理论

---

〔1〕 黎国智、雪犁:《论改革经济体制与加强法制建设》,载《法学季刊》1985年第1期。

领域经历了激烈的讨论。[1] 学界经过科学的反思后，逐步形成了从理论上批判那些阻碍法学发展的传统观念和方法，并结合现代科学的发展趋势，重新开始辩证地思考法学问题。由此，也对法律与科技问题研究产生着根本影响。

在这一时期，以钱学森为代表的科学家坚持倡导科学精神及法制精神，认为先进的科学管理本身是没有阶级性的，站在马克思主义的立场上，若把电脑用于法学是不会产生机器统治人、束缚无产阶级手脚的情况。电脑只是一种工具，是为建设现代化的社会主义服务的，不但不会束缚无产阶级的手脚，相反会使无产阶级和广大人民获益。[2] 同时，以陈守一为代表的法学家提出，科学是社会前进的动力，经济是社会发展的基础，法制是社会进步的保障，特别是在现代，它们已经成为社会发展三大因素。科技的发展必须以经济繁荣为基础，经济的繁荣很大程度上以科技的发展为先导，而科技的发展又必须以法制的完备与健全为保障。[3] 另外，学界通过借鉴国外科技立法经验也发现了通过法律保障科技健康发展的重要经验。由于科学技术具有极度的复杂性，国家作为一种新的技术主体参与技术活动中来，开始通过国家制度性力量确保科技的发展。而这种制度性力量为法律与科技之间提供了沟通和协同的渠道。但靠保护技术成果的知识产权法律制度是无法满足技术需要的，各主要资本主义国家在完善知识产权法律制度之外，开始制定与技术活动相关的技术法律，这些技术法律涉及专门技术、技术组织、技术管理等各个方面。[4] 国外的立法实践经验起到了启发我国后续科技立法活动的作用，科技知识及其研究成果逐步被运用到立法过程中，法律管理并促进着科技活动

---

〔1〕 傅伦博：《技术性法规是有阶级性的》，载《法学》1982 年第 5 期。

〔2〕 钱学森、吴世宦：《社会主义法制和法治与现代科学技术》，载《法制建设》1984 年第 3 期。

〔3〕 王亚山、付子堂：《陈守一教授法学思想和法学教育思想研讨会纪实》，载《中外法学》1996 年第 1 期。

〔4〕 苏建、杨丽娟：《论技术与法律关系形态的历史嬗变》，载《科技与法律》2008 年第 1 期。该文章对 20 世纪 90 年代初的科技与法律关系进行梳理，并提出最初通过国家制度性力量促进了科技的迅速发展，也指引了科技与法律的沟通与协同。

的开展。

(二)科技法学研究的逐渐兴起

科技立法在这一时期加速进行,与此同时,我国的科技法学也在逐步兴起,法学理论中对科技行为的一般理论虽未达到体系化的程度,但为科技法学后来的发展提供了理论土壤。科技在社会主义现代化建设中起到的关键作用,使“科技是第一生产力”这一马克思主义基本原理,不仅成为理论指导,也是这一时代所呈现出的历史事实。在这一阶段,如何协调科学技术与人类社会的关系问题已然成为一个世界性课题。法学理论方面也由此开始探讨这样一些问题:作为社会关系调节器的法律在科学技术时代有些什么新的变化,法律对于科学技术发展能起什么作用,法律如何协调科学技术、经济建设和整个社会发展的关系,等等。[1] 除了政策调控,法律也被视为对科技的研究和发展活动进行管理的重要手段之一,从而科技立法的必要性日益增加。[2] 在很长一段时期中,我国科技领域的社会关系极少以法律的形式加以调整,而主要以政策形式进行规制,解决问题的手段也主要是行政的、经济的,而绝少是法律的。[3] 因此,围绕着科技主题的立法仅是一个相对独立的包含科技行政法、科技民法、科技刑法、科技劳动法在内的综合法律。但随着科技法律法规数量的增加,科技法开始具备特有的调整对象,即科技领域的社会关系。由此,科技法在法律体系中的部门法地位日益形成。[4] 截至 20 世纪 90 年代初,我国从中央到地方颁布实施的科技法律法规和规章已达上千件。[5]

---

〔1〕 赵震江、季卫东:《法律与科学技术》,载《法学研究》1984 年第 1 期。

〔2〕 于得胜:《关于科技立法的思考》,载《法学研究》1985 年第 3 期。

〔3〕 罗玉中:《论科技法的含义、结构和特征》,载《北京大学学报(哲学社会科学版)》1990 年第 5 期。

〔4〕 科技法是否属于一个独立的部门法这一定位问题存在多种学说,如部门法之部分说、部门法说、跨部门法说等。本章采用部门法说,即科技法是调整科技活动领域社会关系的独立部门法。

〔5〕 陈乃蔚:《关于中国科技法律体系的探讨》,载《政治与法律》1997 年第 2 期。

科技法学研究始于20世纪80年代中期，1984年《法学基础理论》[1]第一次将“科学技术与法律”纳入法理学，这体现了我国法理学学者开始将当代中国科技问题纳入法理学研究范围。直到1992年，科技法学才正式成为独立的二级学科。从20世纪80年代开始的科技体制改革，带动了我国的科技法制建设。这一时期的科技立法讨论热潮尽管未能将科技法的范围界定清晰，也未能使科技法在法学专业课程中占据一席之位，对科技法体系的探讨也曾一度止步不前。但这为推动科技法学在20世纪90年代的发展做出了开创性的贡献。1991年，由赵震江主编的《科技法学》一书的出版，以及同年陆续出版的相关著作，标志着我国科技法学由局部问题研究走向体系性理论探索。该书作为科技法学的高等教育法学教材，进一步介绍了法律与科技的关系，指出了法律对有关技术规范的调控是法律执行社会职能的体现，法律的社会性是科学技术与法律互相渗透、互相联系的内在动力。同时，科学技术对法律的影响（包括对立法、执法、司法和法学理论方面）是十分广泛而深刻的。[2] 自此，科技法学的发展以法的理论和科技管理学的发展为指导，并逐渐具有了自己特有的研究对象和研究方法，科技法学的理论是法理学的原理和科技法的特殊性相结合的产物。[3]

这一时期确立的科技立法基本原则，是以法律与科技的基本关系为指导，其主要包括效益原则、实事求是原则、吸收古今中外有益经验的原则、协调原则、激励原则等。[4] 尽管科技管理的法制化取得了一定的成绩，但无论从科技体制改革的法制需求来看，还是从法制建设的总体要求来讲，科技法制建设面临的困难和问题还很多：一是立法不完善，许多重要的科技关系尚无相应的法律法规予以调整，尤其是综合调整我国科技领域内的基本社会关系的科技基本法尚未出台；二是从观念上来看，普遍

---

〔1〕 北京大学法律系法学理论教研室编：《法学理论基础》（第2版），北京大学出版社1984年版。

〔2〕 赵震江主编：《科技法学》，北京大学出版社1991年版，第12－14页。

〔3〕 王河主编：《中国科技法学》，法律出版社1991年版，第3页。

〔4〕 罗玉中：《我国科技立法概况及立法原则》，载《中外法学》1991年第4期。

存在对科技管理法制化重要性认识的不足,以权代法、以官代法、有法不依、执法不严、违法不究的现象仍属常见;三是科技法学的研究水平偏低,尚未形成有中国特色的科技法学理论体系;四是从组织措施上来看,科技执法机构尚不健全,科技法的实施缺乏充分的保障条件。[1] 科技法律研究的不成熟,使得法律还不能较好地回应现实中科技带来的挑战,如生物工程的控制、信息的社会管理等。

三、法律与科技问题研究:立法论进路

1993 年,第一部科技基本法的诞生是科技立法上的一次突破性进展,标志着法律开始对促进科技发展、规范科技行为、落实科技政策等科技领域的相关事务进行主导性调控。立法是健全社会主义法制的基本前提和首要任务,自党的十一届三中全会以来,我国立法机关把立法放在法制建设的首要位置,从而使立法工作取得了前所未有的成就。[2] 并且,这一时期将"到 2010 年形成有中国特色的社会主义法律体系"作为完善立法体制、切实做到有法可依的法治发展的阶段性任务。由此,对网络、生物等科技发展及伴生的社会问题实施治理,也是在立法调控的模式下展开的。

(一)科技基本法的诞生:法律对科技的主导调控地位

1993 年 7 月 2 日颁布的《科学技术进步法》是我国发展科学技术的基本法,它的制定和实施意味着将"科技是第一生产力"的原则上升到了国家意志的高度。长期以来,我国对科技的管理主要采取行政手段,即通过制定和实施科技政策的手段来管理科技活动和科技工作。但科技政策往往缺乏明确的法律责任条款和实施监督体系,并且政策易受形势的影响,因而缺乏必要的连续性和稳定性。《科学技术进步法》确立的基本原则和基本制度适用于各种科技活动,并为其他调整科技活动的法律法规

---

〔1〕 赵震江:《论完善科技进步的法治环境》,载《中外法学》1992 年第 1 期。
〔2〕 刘瀚、李林:《我国法制建设 20 年成就与展望》,载《求是》1998 年第 23 期。

提供立法根据。总体而言，科技法律在促进科学技术转化为现实生产力的过程中发挥了五方面的作用：引导作用、扶持作用、激励作用、保障作用、监督作用。[1] 2007年，《科学技术进步法》经过修改，将2006年全国科技大会提出的“自主创新、重点跨越、支撑发展、引领未来”科技工作方针法律化。并增设了“企业技术进步”一章，明确提出国家建立以企业为主体，以市场为导向，企业同科学技术研究开发机构、高等学校相结合的技术创新体系。此外，该法还对企业研发费用、政府引导、财政资金使用、资本市场、税收优惠、知识产权等方面作出相应规定。[2]

法律如何有效地对科技行为实施调控成为新一轮科技法学的研究重点，分析实践经验中法律与科技的关系将有助于回应科技发展及其伴生的社会问题，从而填补科技立法空白、完善科技法学知识体系。21世纪进入了知识经济时代，技术是一把“双刃剑”，利用法律的规范功能来抑制科技行为给人类社会造成的消极影响并加以预测防范，已成为当今世界各国的共识。[3] 因此，学界围绕以下三方面积极开展科技法律研究。首先，在法律与科技关系方面，有的学者阶段性地提出法律与科技同为社会这个大系统的两个子系统，两者在社会大系统中通过人的活动相互发生作用。[4] 也有学者认为，20世纪90年代关于法律与科技问题的法理学研究有所欠缺，因而试图重构关于法律与科技的法理学问题，尤其应当对其中的根本性问题做出哲学思考。[5] 其次，在立法方面，为了完善我国科技法律制度，使科技法律发挥更好的调控作用，此阶段中以下领域的立法空白亟待填补：一是《科学技术进步法》的配套立法；二是科学技术

---

〔1〕 陈伟：《论科技法在促进科学技术转化为现实生产力中的作用》，载《科技与法律》1993年第2期。

〔2〕 陈广君：《一部促进科学发展的重要法律——新修订的〈科技进步法〉述评》，载《科技与法律》2008年第3期。

〔3〕 付子堂：《论知识经济时代法律对科技行为的调控功能》，载《法商研究》2000年第1期。

〔4〕 倪正茂：《科技进步与法制建设的辩证关系》，载《现代法学》1998年第3期。

〔5〕 苏力：《法律与科技问题的法理学重构》，载《中国社会科学》1999年第5期。

创新方面的立法；三是高技术领域的立法；四是对科技实施的监督立法。[1] 最后，在理论知识的建构方面，科技法学教材的内容强化了体系性的建构，按照一定的分类标准分编，部分法理学教材中也增加法律与科技的专门章节，由此进一步充实了科技与法学的理论内容。[2]

（二）科技立法实践中法律激励功能理论的提出

认识法律与科技的关系，对于科技法学的良性发展尤为重要。科技离不开法律的指引、协调、管理与激励，法治离不开科学精神的支撑。科学精神中所蕴含的"真理面前人人平等"的观念，与法治原则中公认的平等性要求具有天然的汇通之处。[3] 换言之，法律与科技的相互作用体现在两方面，一方面，法律在规范科技行为的同时推进科技的发展；另一方面，科技的发展成果证成了法律的激励功能。

在《技术合同法》《专利法》等重要的科技法律制定之初，学界并未关注法律的激励功能。早期曾有学者关注到企业技术进步的法律激励手段，认为企业的技术进步需要有相应的激励机制，即经济、行政、法律等三种手段综合配套的激励机制。其中，科技立法是法律激励手段中一个重要的层次。[4]

为了推进科技的发展，并实现科技转化为现实生产力，《科学技术进步法》开始采用更多正向激励的方法，例如，关于自然科学奖、技术发明奖、科学技术进步奖和国际科学技术合作奖的规定等；又如《发明奖励条例》在 1993 年修订时将"发明属于国家所有，全国各单位（包括集体所有制单位）都可利用它所必须的发明"这类不利于激励科技人员科研积极性的规定予以删除。《科学技术进步法》颁布之后，有学者经过研究，将法律对个体行为的激励方式划分为五个类别：外附激励功能、内滋激励功

---

〔1〕 罗玉中：《完善我国科技法律制度的几点思考——以生命科学为例》，载《社会科学家》2003 年第 4 期。

〔2〕 罗玉中主编：《科技法学》，华中科技大学出版社 2005 年版。

〔3〕 付子堂：《以法治国与科教兴国》，载《中国法学》1995 年第 5 期。

〔4〕 倪正茂：《论企业技术进步的法律激励手段》，载《政治与法律》1986 年第 1 期。

能、公平激励功能、期望激励功能、挫折激励功能。[1] 还有学者开始尝试对激励法的定义、特征、分类、原则、运行等若干主要问题进行论述。[2] 此后,对法律激励功能的研究日趋丰富,在科技法律以外的部门法立法中也开始增加正向激励的方法。

(三)"立法论"时期的研究主题

科技创新往往会突破原有法律规定,造成技术在前、法律滞后的局面,但这并非意味着科技立法对科技行为的调控失灵。与经济、政治等其他调控手段相比,法律对科技行为的治理在合理性和正当性上具有明显的优势。在一定时期内,通过立法促进及规制科技行为是一种直接和有效的治理方式。随着我国法治建设的深入,法律对科技行为进行治理的法治共识基本形成。围绕科技创新领域的立法经验日渐丰富,我国科技法律研究的自主性也愈发突出。

1. 信息化技术立法研究

在互联网时代,法律作为社会关系的"调整器",既要顺应技术发展潮流,也要适时对技术进步带来的新型社会关系予以回应。因此,网络立法逐渐兴起,网络法学也登上了历史舞台。1994 年 4 月 20 日,中国国家计算机与网络设施(NCFC)工程通过美国 Sprint 公司连入互联网的 64k 国际专线开通,实现了与互联网的全功能连接。从此,中国被国际上正式承认为第 77 个拥有全功能互联网的国家。2001 年到 2008 年是互联网发展的第二阶段(社交化阶段),随着网络科技社交化的发展,公民个人信息安全、知识产权的保护、虚拟财产保护等新问题成为网络立法的重点。网络立法的研究主要是从具体问题分析的视角切入,有着各不相同的研究进路。有的学者从学科建构的角度来研究,针对正在形成中的网络法这一新法律部门,提出了建构网络法学学科体系的基本构想。[3] 也有学者从文化分析的角度来研究,认为网络社会的崛起引发了从法律行为方

---

〔1〕 付子堂:《法律的行为激励功能论析》,载《法律科学》1999 年第 6 期。

〔2〕 倪正茂:《激励法学要言》,载《东方法学》2009 年第 1 期。

〔3〕 孙占利、胡坚:《信息网络法学初论》,载《科技与法律》2005 年第 1 期。

式到法律行为规则,从法律观念至法律制度、法律文化特征等的一系列变化。这种对网络社会中法律文化和网络亚文化问题的探析,有利于在通过立法解决网络亚文化所引发的法律问题前发现具体问题背后的文化内核。[1] 还有学者从法理学的角度来研究,指出网络法律的基本理念是秩序维护、权利保护和自由共享,并进一步提出了"网络法理学"的概念,旨在夯实网络法律的理论基础,避免"头痛医头、脚痛医脚"的局部性、应急性研究。[2] 总体而言,网络法学的体系化建设,以及实现网络空间"有法可依"的理想图景,都是以立法为导向展开的。当前我国面临的国际环境发生变化,网络空间的风险与日俱增。为此,我国先后颁布实施了《网络安全法》(2016 年)、《数据安全法》(2021 年)、《个人信息保护法》(2021 年)、《关键信息基础设施安全保护条例》(2021 年)等法律法规,为国家安全、网络安全、数据安全等国家利益、社会公益与个人权益保障提供法律支撑。实际上,立法并非解决网络争议的唯一有效途径。若仅依靠立法来应对网络争议和难题,将会彻底阻断技术规范、行业自律等其他规则对网络空间实施治理的机会,最终形成网络立法极权主义合法化的趋势。因此,一方面,有必要研究勾勒网络立法的合理边界,避免盲目滥用立法;另一方面,法律与科技的关系突破了技术制度与技术器物层面,法律对技术的回应应当是对技术价值、技术制度和技术理性的全面回应。[3]

2. 生物技术立法研究

自 1988 年起的五年内,原国家科学技术委员会相继发布了《实验动物管理条例》《基因工程安全管理办法》两部重要法律文件,这标志着我国生物技术立法的启动。1993 年颁布的《基因工程安全管理办法》、1998 年颁布的《人类遗传资源管理暂行办法》、2001 年颁布的《人类辅助生殖技术管理办法》等有关生物科技的立法,在整体上均处于起步阶段,尽管

---

〔1〕 芦琦:《网络社会中的法律文化及网络亚文化问题探析》,载《华东政法学院学报》2006 年第 3 期。

〔2〕 夏燕:《网络法律的法理学分析》,载《社会科学家》2008 年第 10 期。

〔3〕 苏建、杨丽娟:《论技术与法律关系形态的历史嬗变》,载《科技与法律》2008 年第 1 期。

尚不完善,但一系列的立法活动使生物科学研发管理的立法研究热度呈上升趋势。[1] 2019年颁布的《人类遗传资源管理条例》、2020年出台的《生物安全法》和《刑法修正案(十一)》对违法运送、邮寄、携带我国人类遗传资源材料出境的行为加以调整,[2]2023年科学技术部公布的《人类遗传资源管理条例实施细则》进一步完善我国生物技术立法。生物技术是以生命科学的理论和成就为基础,根据工程技术原理,直接或间接地利用生物体以及生物体的某些成分或特殊机能,提供人类所需要的产品和各种生产服务及社会服务的综合性科学技术。但科技活动与生俱来的"双刃剑"特征,既可以造福人类,又会因失控、滥用而危及人类社会。因此,一旦缺乏有效治理,则会产生极为严重且无法逆转的反作用。

生物科技的法律研究主要有两条研究进路。其一,证成法律对生物技术进行治理的合法性、合理性、必要性("三性证成"),强调健全生物技术法律规范的重要性,并对生物技术立法活动的展开提出具体建议。有学者通过比较研究来证成法律调控生物技术活动的合理性,并进一步提出改善生物技术立法状况的建议。[3] 有学者从生物技术本身的前景、科技立法是现代社会发展的必然结果、生物技术立法的特殊意义等方面论证了科技立法的必要性,并提出了推动生物科技立法的针对性建议。[4] 其二,针对具体生物技术活动,提出相应的法律治理限度和基本理念、原则。首先,针对转基因技术的立法,有学者提出需要突破行为与后果之间具有确定性因果关系的传统法律观念,确立和运用风险防范法律原

[1] 张知彬:《关于加强对生物科学研究进行管理和立法的建议》,载《科技与法律》1994年第2期。

[2] 《刑法修正案(十一)》第38条规定,在《刑法》第334条后增加一条,作为第334条之一:"违反国家有关规定,非法采集我国人类遗传资源或者非法运送、邮寄、携带我国人类遗传资源材料出境,危害公众健康或者社会公共利益,情节严重的,处三年以下有期徒刑、拘役或者管制,并处或者单处罚金;情节特别严重的,处三年以上七年以下有期徒刑,并处罚金。"

[3] 刘洋:《生物技术法律制度浅说》,载《科技与法律》1994年第4期。

[4] 纪荣荣:《加强生物医学技术方面的立法是当务之急》,载《科技与法律》1992年第2期。

则。[1] 其次,针对人类基因组计划,有学者提出法律应该充分表现前瞻性,提前对基因技术的使用加以规范和引导,使其能朝着符合人类伦理、道德的方向发展。[2] 最后,针对辅助生殖技术,有学者提出从刑法学的视角来看,辅助生殖具有伦理上的正当性,但代孕行为不具备伦理正当性,应为刑法明文禁止,并建议我国刑法增设辅助生殖犯罪及其刑事责任。[3]

由此可见,科技发展浪潮的涌动带动了科技立法的蓬勃发展,学界围绕科技活动的法律研究进入了"立法论"时期。主要研究路径为:从科技行为的"双刃性"出发,对法律调控科技行为进行"三性证成",最后下降到微观层面,对各类具体问题提出立法建议。此后,围绕相关科技及其对人类社会产生的生存安全、个人权利、伦理道德等方面的法律研究热度未曾减退。无论是立法建议,还是对科技发展的伦理与法理思考,都呈现出一种规律,即法律调控科技活动的观念逐渐从"技术先发展、法律后跟进"转变为"法律设界限,技术稳中求进"。

四、法律与科技问题研究:多元规范进路

在我国互联网发展的网络即时化阶段和网络空间阶段,科技所带来的影响渗透到社会生活的各个方面。[4] 法律对科技问题的回应与科技本身的特性密切相关,随着科技复杂性特征的显现,科技立法研究开始出现价值多元化的发展趋势。具体到网络治理问题上,法律对网络治理问题的回应呈现出多规范并举的特征。由此,法学理论界采用多维度的研究进路,对科技行为及相关社会现象的治理展开研究。并且,在"互联网+"、大数据、人工智能等新兴科技的法律研究兴起后,上述研究进路有

〔1〕 柯坚:《论生物安全法律保护的风险防范原则》,载《法学杂志》2001 年第 3 期。
〔2〕 李辉智:《人类基因组计划带来的伦理与法律问题》,载《西南政法大学学报》2003 年第 2 期。
〔3〕 刘长秋:《人类辅助生殖技术的刑法学思考》,载《东方法学》2008 年第 2 期。
〔4〕 方兴东等:《中国互联网 20 年:三次浪潮和三大创新》,载《当代中国史研究》2014 年第 5 期。

两方面特征：一是跨学科交叉研究；二是以立法、司法为研究对象，技术作为一种手段促进立法和司法工作的有效开展。当人类社会全面进入智能时代后，法律对科技问题的回应还将渐次演变为一项系统性工程，进而推进法律制度和规则秩序的转型升级。〔1〕法律与科技问题研究将不仅仅是对关系、立法、研究范式等主题的独立式探讨和研究，还会迈向一种数据密集型的研究进路，朝着形成一套体系性的智能时代法律知识发展，法学理论中的基础概念如权利、权力等，都将被重新构造。〔2〕

（一）科技法律研究的价值多元化

法律与科技的立法研究，经历了从仅重视经济价值，到兼顾科技的人文价值、生态价值和网络空间特有的开放、共享、民主价值，以及法律的自由、秩序价值等的过程。科学技术的发展是20世纪以来最引人注目的事件之一，在技术的研制、开发、成果转化以及社会应用过程中，我国长期以来都以挖掘科技的经济价值为导向，由此制定了《科学技术进步法》《促进科技成果转化法》等鼓励科技发展的法律。〔3〕此后，网络空间兴起，随之而产生了新型社会关系及法律问题。〔4〕同时，传统法律理论及立法全面滞后于网络科技的发展。尽管2016年11月7日国家颁布了《网络安全法》，但仍然无法否认法律的发展滞后于技术发展的现实。有学者认为，尽管我国从立法上确立了网络安全管制的依据，然而从法律实施的角度来看，却依旧存在理论释疑的必要。〔5〕也有学者清晰地认识到，短期内并无有效举措来改变互联网易攻难守和不安全的状态，但可从国家安全的视域下指出从归属问题、“爱国黑客”和增加攻守区分度出发寻找突

〔1〕马长山：《智能互联网时代的法律变革》，载《法学研究》2018年第4期。

〔2〕周尚君：《数字社会对权力机制的重新构造》，载《华东政法大学学报》2021年第5期。

〔3〕杨丽娟：《科技法历史形态演化的哲学反思》，东北大学出版社2007年版。

〔4〕一方面网络改变着社会，使得社会问题网络化、网络问题社会化，具体表现为网络暴力盛行、网络违法犯罪现象普遍存在、网络表达无序；另一方面，法律成为调整网络秩序的重要规范。参见付子堂主编：《法理学进阶》（第5版），法律出版社2016年版，第293页。

〔5〕龙卫球：《我国网络安全管制的基础、架构与限定》，载《社会科学文摘》2017年第6期。

破口。[1] 然而,通过立法填补法律漏洞是一个缺乏系统性的局部治理方法,始终不能彰显科技法律所追求的多元价值。

对科技法律所追求的价值位阶及价值冲突的平衡问题进行研究,存在不同的研究视角。其一,从科技本身的经济价值出发权衡价值冲突问题。例如,有学者梳理近现代我国科技立法的变迁过程,为分析这一价值转变的内在原因提供了可资借鉴的结论,即早期科技立法主要将科技视为产业应用和经济建设的工具,但当进一步认识到科技成果本身作为财产和可交易商品的价值时,又未曾意识到科技滥用可能造成灾难而应当对其实施管理和规范。[2] 其二,对网络空间法律价值内涵进行研究。网络空间作为人类社会发展中新型社会场域,其间的法律必然依据其独有的特征而呈现出与现实社会法律所不同的价值追求。开放、共享、民主是网络空间的法律价值的应有之义,网络空间的法律应遵循其特有的价值追求加以构建。[3] 其三,从个人隐私权的角度出发,提出以互联网为基础载体的网络信息传播,极大限度地维护公民的言论自由、表达自由、知情权、监督权等,但网络信息的匿名性、无序性、任意性的传播特点也为滥用言论自由提供了便利。因此,在网络信息自由与网络监管之间协调二者的平衡,是信息时代的重大法治问题。[4] 其四,从网络舆论对依法独立行使司法职权的影响为切入点进行研究。网络信息时代的公共领域发生了结构性变化,司法也恰逢公共领域转型和社会转型的双重变奏,因此,舆论与司法之间的良好关系必须既保障开放的舆论空间,又保障司法职权行使公开透明。[5] 其五,借鉴域外经验。美国在整个网络空间政策和战略的制定方面,已经有比较完整和清晰的思路。但我国并未对网络

---

〔1〕 左亦鲁:《国家安全视域下的网络安全——从攻守平衡的角度切入》,载《华东政法大学学报》2018 年第 1 期。

〔2〕 李宗辉:《近现代中国科技立法的变迁》,载《科技与法律》2012 年第 6 期。

〔3〕 夏燕:《论网络空间法律的价值内涵——以网络空间的特性为视角》,载《山东社会科学》2009 年第 6 期。

〔4〕 刘素华:《信息自由与网络监管的法理分析》,载《现代法学》2012 年第 2 期。

〔5〕 吴啟铮:《网络时代的舆论与司法——以哈贝马斯的公共领域理论为视角》,载《环球法律评论》2011 年第 2 期。

空间的滥用（如权力滥用问题）以及互联网政府规制的法治化等问题进行系统研究。由此可见，我国法律与科技的立法研究不再单一追求科技的经济价值，而是兼顾科技在社会治理、司法活动等方面的效用价值，但科技法学研究中尚缺乏成熟的价值论成果。

（二）网络法律研究的"规范论"进路

网络领域的法律治理之所以成为法律与科技交叉学科的重点研究领域，是因为网络空间的兴起导致与现实生活相对应的虚拟生活空间诞生。现实空间中存在的法律问题，在虚拟空间中都将有所对应，甚至产生新的法律问题。因此，科技的法学研究不再局限于属性层面的研究，也不仅以立法为导向，将科技带来的社会问题简单归结于法律的立、改、废问题。随着法律与科技的深度融合，科技法学研究将从研究视角、方法论、问题与对策等方面，主要围绕具体的科技法律问题而展开。

围绕网络立法展开的网络法律研究以实现网络空间的"有法可依"为初期阶段目标。网络法治化并不是意味着仅通过立法和修法的方式解决网络空间衍生的社会问题，而是蕴含着网络空间活动规则化的追求。〔1〕采用网络行业自治、技术规范和网络立法多种规范并举的方式，也是网络法治的应有之义。互联网的产生和发展带来了网络社会这一新型社会形态，按发展阶段划分，2009 年至 2014 年这一时期处于中国互联网发展的第三阶段（网络即时化阶段），2015 年至今则处于第四阶段（网络空间阶段）。此两阶段所关注的核心内容并非上一发展阶段（2001 年至 2008 年的网络社交化阶段）的网络使用安全问题，即网络不被利用来进行违法犯罪、侵害传统法益的正常状态，而是以信息秩序为起始的整个网络空间安全。〔2〕第三、第四阶段所关注的是网络空间治理的相关问题，研究勾勒网络立法的合理边界，避免盲目滥用立法，并积极开展网络技术

〔1〕付子堂：《网络法治化是法治中国建设的应有之义》，载《中国社会科学报》2014 年 6 月 13 日，第 A05 版。

〔2〕郭旨龙：《网络安全的内容体系与法律资源的投放方向》，载《法学论坛》2014 年第 6 期。

规范、行业自律与立法关系的研究，使法律控制保持在合理的限度。[1] 由此，网络空间治理的研究分为系统性和单一性的问题研究进路。系统性的研究进路是围绕网络公共空间治理的法治原理，指出网络公共空间对传统政治生态的改变使治理问题更为复杂，治理的目标是塑造一个能够最大限度促进公共利益、满足不同主体需求的秩序结构。因而，“硬法”和“软法”这两种治理工具应当分别发挥不同作用，涵盖网络空间的所有面向。[2] 单一性的问题研究进路分为多种不同切入视角。第一种视角是从“互联网 +”背景下的“软法之治”角度出发，分析软法自身的天然局限性，并提出建立相应机制来化解这些问题。[3] 第二种视角是以网络空间治理存在的问题为切入点，指出网络空间法治化治理的权力边界是关键问题之一，建议一方面要加快网络立法进程，构建网络空间治理法律体系；另一方面要加强社会协作，形成共建共治共享的社会治理格局，以及国际协作机制。[4] 第三种视角是以国家视域下的网络安全作为分析对象，指出当下的互联网是“易攻难守”和不安全的，但可以通过传统法律规制之外的方法，还可以让法律作用于架构（代码）、市场或规范，进行间接和综合的规制。[5] 综上，由于我国网络空间治理的法律体系并未形成且任重道远，网络法学研究方法的转型，并不意味着立法研究不再是网络法律研究的重点。网络法学研究方法应当向“规范论”转型，网络空间的法治化应当具有整体的立法规划、统一的指导思想和原则、明晰的权力边界、各主体的自治和协同。

（三）新兴科技法律研究对传统研究路径的超越

从 2012 年起，以深度学习为代表的机器学习算法在图像识别和语音

[1] 夏燕、栗佳佳、石琳民：《中国网络法研究现状与反思——基于 CSSCI 法学类期刊论文（1999—2011 年）的分析》，载《理论与现代化》2012 年第 6 期。
[2] 秦前红、李少文：《网络公共空间治理的法治原理》，载《现代法学》2014 年第 6 期。
[3] 马长山：《互联网 + 时代“软法之治”的问题与对策》，载《现代法学》2016 年第 5 期。
[4] 杨文义：《社会治理创新背景下网络空间法治新秩序研究》，载《科技与法律》2017 年第 5 期。
[5] 左亦鲁：《国家安全视域下的网络安全——从攻守平衡的角度切入》，载《华东政法大学学报》2018 年第 1 期。

识别领域取得质的飞跃，这掀起了第三次人工智能发展的浪潮。利用机器学习这一人工智能技术实现法律系统的自主决策，赋予智能机器司法决策能力将有望成为可能。学界对与人工智能技术有关的法律与科技交叉学科研究起步于20世纪80年代，在法律实务领域的应用发展超过法学理论的研究。[1] 我国人工智能法学研究自2016年起激增，以下几方面主题是从“规范论”的进路出发进行的研究：(1)互联网、大数据法学研究。例如，对互联网在金融、国家安全、专车、隐私等具体领域产生的社会关系进行法律调控的研究，以及互联网法应根据社会关系的变化和互联网本身的规律，进行整体结构设计的研究，[2] 以及对大数据本身法律属性的研究。[3] (2)自动驾驶领域的人工智能法学研究。面对可预期的责任挑战，侵权法、合同法等法律规则的不充足性和局限性将逐渐显现出来，对新的法律规则的需求将日益迫切，而有效、合理的责任分配应当在多种法律方案中进行综合考量，实现法律的利益平衡目的。[4] 在具象的法律问题上，如事故侵权责任制度方面，有学者提出以人类驾驶者驾驶行为为中心构建的现行交通事故侵权责任制度难以继续适用，亟待更新责任规则，并且应积极利用“黑匣子”等技术判别事故发生时汽车所处的驾驶模式，以便合理地进行责任认定。[5] 还有学者对于自动驾驶汽车引发事故的民事责任，提出应当通过强制保险、机动车责任和产品责任的协调，合理分配损害。[6]

新兴科技的法学研究路径与传统研究相比，出现从研究客体到主体的身份转向，并进而形成一套自洽的知识体系。新兴科技的法学研究对

---

[1] 周尚君、伍茜：《人工智能司法决策的可能与限度》，载《华东政法大学学报》2019年第1期。

[2] 周汉华：《论互联网法》，载《中国法学》2015年第3期。

[3] 梅夏英：《数据的法律属性及其民法定位》，载《中国社会科学》2016年第9期。

[4] 司晓、曹建峰：《论人工智能的民事责任：以自动驾驶汽车和智能机器人为切入点》，载《法律科学》2017年第5期。

[5] 郑志峰：《自动驾驶汽车的交通事故侵权责任》，载《法学》2018年第4期。

[6] 冯洁语：《人工智能技术与责任法的变迁——以自动驾驶技术为考察》，载《比较法研究》2018年第2期。

传统研究路径的超越体现在两方面。一方面,新兴科技不再仅是法律调控的对象,它还将调转角色重塑立法和司法的运行逻辑和具体方法。以新兴技术对立法的影响为例,科技对立法的科学性、民主性、合法性能起到较大的支持作用,通过大数据对比可以评估法律实施效果,总结立法实践经验,推动科学立法;通过互联网可以广泛征求民意,并结合大数据分析汇总公众意见建议,梳理争议关键点,推动民主立法;通过智能检索可以梳理现行法律,防止立法冲突,推动依法立法。[1] 又如,对于人工智能的司法应用,由于人工智能技术有望与司法深度融合,智能司法研究将围绕司法智能化的限度、可能路径及问题应对而展开,通过司法智能化实践诠释着法律与科技之间在新时代的深刻互动。[2] 进而,也将产生对法律与科技关系法理思考的新理论。[3] 法理学将基于整体性反思和价值视角回应人工智能可能给人类社会造成的主体性挑战。[4] 另一方面,区别于传统的科技法学研究,人工智能法学研究的发展将逐渐自成一体,它正在形成立体、综合、多维的知识谱系。[5] 目前人工智能法学研究主要内容呈现为以下几类:(1)人工智能的主体人格及其法律责任;(2)人工智能的算法法律规制;(3)人工智能司法应用研究;(4)人工智能具体应用领域的法律问题研究;(5)人工智能时代的法律及其影响研究。

五、结语

随着2021年“元宇宙”概念、2022年生成式人工智能的提出,法学界

[1] 龙卫球:《人工智能立法的“技术—社会+经济”范式——基于引领法律与科技新型关系的视角》,载《武汉大学学报(哲学社会科学版)》2020年第1期。

[2] 郑戈:《在法律与科技之间——智慧法院与未来司法》,载《中国社会科学评价》2021年第1期。

[3] 郑玉双:《破解技术中立难题——法律与科技之关系的法理学再思》,载《华东政法大学学报》2018年第1期。

[4] 陆幸福:《人工智能时代的主体性之忧:法理学如何回应》,载《比较法研究》2022年第1期。

[5] 张妮、杨遂全、蒲亦非:《国外人工智能与法律研究进展述评》,载《法律方法》2014年第2期。

开始对新兴技术及其相关社会现象进行研究。例如，“元宇宙”的运作机理是：以互联网、人工智能、区块链技术为支撑，通过信息通信技术和智能设备把虚拟世界与现实世界耦合一体，依据自己的主观想象建构和再造的一个虚实融通的现实镜像世界。相较于传统的网络空间与实体的物理空间，“元宇宙”拥有技术叠加性、虚实相融性、具身沉浸性与实时交互性等鲜明特征。[1] 因此，对“元宇宙”及其相关社会现象的研究是建于法律与人工智能、区块链等交叉学科研究的基础之上的，以进一步探求“元宇宙”新秩序的生成问题。有学者认为，对“元宇宙”中的道德、经济、安全等社会失范问题进行纠偏，通过构建多元共治的规则架构，既能消解新秩序中可能存有的伦理困境，又可以为新一轮技术革命提供足够的生存空间和动力。[2] 也有学者认为，需要从本质上抓住“元宇宙”是一个具有现实性的数字虚拟社会这一根本属性，找准“虚拟—现实”二者相互交叉世界的连接点，依循法治、共治和自治三个基本治理逻辑来应对可能出现的秩序紊乱。[3] 又如，对生成式人工智能等监管，相较于其他智能技术和深度合成的监管，体现出监管逻辑的更新和制度体系的迭代等新趋势[4]。当前，技术发展和应用的法治应对已经进入大规范统一立法的新阶段，在人工智能、生物技术、无人机等诸多前沿技术的发展和应用方面都将展开充分的分层治理，以确保技术在发展过程中实现动态价值对齐，为技术的可持续向善发展提供充分的规范供给。

延伸阅读学术著作

1. 赵震江主编：《科技法学》，北京大学出版社 1991 年版。

---

〔1〕 蒲清平、向往：《元宇宙及其对人类社会的影响与变革》，载《重庆大学学报（社会科学版）》2023 年第 2 期。

〔2〕 张钦昱：《元宇宙的规则之治》，载《东方法学》2022 年第 2 期。

〔3〕 程金华：《元宇宙治理的法治原则》，载《东方法学》2022 年第 2 期。

〔4〕 张凌寒：《生成式人工智能的法律定位与分层治理》，载《现代法学》2023 年第 4 期。

2. 倪正茂:《科技法学原理》,上海社会科学院出版社 1998 年版。
3. 罗玉中主编:《科技法学》,华中科技大学出版社 2005 年版。
4. 马长山:《迈向数字社会的法律》,法律出版社 2021 年版。
5. 孙笑侠、杨晓畅主编:《数字化时代的科际法学》,法律出版社 2021 年版。
6. 马长山主编:《数字法治概论》,法律出版社 2022 年版。
7. 齐爱民:《数据法原理》,高等教育出版社 2022 年版。
8. 姜伟、龙卫球主编:《数字法学原理》,人民法院出版社 2023 年版。
9. 郑戈:《数字社会的法治构型》,上海人民出版社 2023 年版。
10. 胡凌:《数字架构与法律——互联网的控制与生产机制》,北京大学出版社 2024 年版。

延伸阅读学术论文

1. 赵震江、季卫东:《法律与科学技术》,载《法学研究》1984 年第 1 期。
2. 苏力:《法律与科技问题的法理学重构》,载《中国社会科学》1999 年第 5 期。
3. 付子堂:《论知识经济时代法律对科技行为的调控功能》,载《法商研究》2000 年第 1 期。
4. 罗玉中:《完善我国科技法律制度的几点思考——以生命科学为例》,载《社会科学家》2003 年第 4 期。
5. 郑玉双:《破解技术中立难题——法律与科技之关系的法理学再思》,载《华东政法大学学报》2018 年第 1 期。
6. 马长山:《智能互联网时代的法律变革》,载《法学研究》2018 年第 4 期。
7. 周尚君:《数字社会对权力机制的重新构造》,载《华东政法大学学报》2021 年第 5 期。
8. 陆幸福:《人工智能时代的主体性之忧:法理学如何回应》,载《比较法研究》2022 年第 1 期。
9. 雷磊:《新科技时代的法学基本范畴:挑战与回应》,载《中国法学》2023 年第 1 期。
10. 张凌寒:《深度合成治理的逻辑更新与体系迭代——Chat GPT 等生成型

人工智能治理的中国路径》,载《法律科学(西北政法大学学报)》2023 年第 3 期。

延伸阅读学位论文

王梅:《科技发展对法学理论的影响》,中国人民大学 1999 年博士学位论文。

第三十四章　法律全球化

本论题导读

自20世纪90年代中期以来，法律全球化逐渐受到学界关注并引起讨论。国内学者的研究主要聚焦在“法律全球化”的概念、理论框架和研究范式的构建、法律全球化与国家主权、全球治理以及法律本土化的关系等方面。之后，研究逐渐从法律全球化的抽象构建转向实践运用，如法律全球化背景下不同法律文化的对话和融合、国内法律制度的实践和创新等。随着全球化和国际关系的变化，法律全球化与国家主权、法律文化、全球治理等方面的研究日益重要。未来，中国法律全球化研究将面临更多新的挑战和机遇，需要不断更新研究方向和方法，不断协调国内法律体系与全球化和地区化的相互作用，为全球法律体系的发展和完善作出更多的贡献。

全球化不仅仅涉及经济过程，而且包含着政治、文化、法律、制度等多方面的内容，意味着人类活动已跨越民族国家界限而相互融合。[1] 改革开放以来，随着全球化进程的加速和我国参与国际交往的不断深化，法律全球化研究也逐渐成为学术界的热点话题。不同于西方学者对法律全球化的理解，我国学者更多地将法律全球化看作在经济、政治、文化等各领域的国际交往过程中，由不同国家和地区的法律体系相互交融而形成的一种新型的国际关系和国际秩序。经过多年的研究，国内学者对于法律

〔1〕 付子堂：《转型时期中国的法律与社会论纲》，载《现代法学》2003年第2期。

全球化的概念、特征及其对国家主权、不同法律文化、全球治理和公正等方面的影响有了更加深入的认识。在此背景下，梳理新中国成立以来我国学者在法律全球化研究领域的成果，分析我国法律全球化研究的发展历程和阶段特征，总结当前该领域的主要论题，对于推动法律全球化研究和法律制度的创新与改革具有重要意义。

一、正确认识“法律全球化”

20 世纪 90 年代中期至 21 世纪初，是中国积极参与国际法律事务的重要时期，也是中国法律全球化研究的起步阶段。在这一时期，中国加入了世界贸易组织（WTO），并与多个国家签署了自由贸易协定，参与国际法律事务的频率和广度都得到了大幅提升。国际法律事务的参与对中国法律全球化研究产生了深远的影响。在此背景下，一些学者开始关注到法律全球化，并展开研究。这为当时的法律全球化研究提供了重要的思路和参考，推动了这一领域的发展。在法学领域，“法律与全球化的关系”和“法律全球化”已经成为法学各个学科中的热门话题〔1〕，其中包括国际法学、比较法学、法理学和法社会学〔2〕。

从当时国内的研究情况来看，一篇名为《人文社会科学研究现状与发展趋势》的咨询报告指出，我国法学界对于法律全球化的研究主要集中在法理学和国际经济法学界。关于“法律全球化”的问题，国内学界一般有“肯定说”与“否定说”之分。“肯定说”一方认为，法律全球化是客观存在

〔1〕 沈宗灵：《评“法律全球化”的理论》，载陈安主编：《国际经济法论丛》第 4 卷，法律出版社 2001 年版，第 1 页。

〔2〕 朱景文：《关于法律与全球化的几个问题》，载胡元梓、薛晓源主编：《全球化与中国》，中央编译出版社 1998 年版，第 101 页。

的,并不以人的主观意愿为转移[1],多数学者对法律全球化持积极态度,同时对什么是法律全球化给出了自己的定义。卓泽渊在《法律全球化解析》一文中对此有较为详尽的概括和阐述,各种定义如下:有的认为,法律全球化是指法律的非国家化,以建构及服务于无国界的全球统一市场的需要;有的认为,法律全球化是为整个人类服务的,目的在于保护整个人类的共同利益;有的认为,法律全球化是指全世界法律理念、法律价值观、法律制度、执法标准和原则的趋同化;有的认为,法律全球化是指一种由私法主体包括跨国公司、工会、新闻媒体联合会等创设的,介乎各国国内法和国际法之间的"无国家的全球化"的法律现象;也有的认为,法律全球化是指全球法治化;等等。[2]

"否定说"一方认为,法律全球化只是一个空中楼阁,是一种不科学的观念,不应该被采信。沈宗灵认为,经济全球化对法律虽有影响,但政治多极化的趋势依然存在,无法建立一个纯粹的法律王国。[3] 罗豪才指出,各国在政治、经济、民族、文化等各领域长期以来的差异使法律体系彼此迥异,脱离国家的法律全球化只能是"不切实际的幻想"。[4] 慕亚平则直指法律全球化名称本身,认为其经不起法学原理的推敲,不能正确描述法律发展的动态。[5] 进入新时代以来,戈士国、杜启顺对现有的法律全球化理论进行了反思,并认为法律全球化的本质属性是法律属性和全球属性。前者直指法律的强制力属性、国家属性和他律属性。当前的法律,

---

〔1〕 车丕照:《法律全球化——是现实? 还是幻想?》,载陈安主编:《国际经济法论丛》第4卷,法律出版社2001年版;李巍:《"法律全球化"是不以人的意志为转移的历史趋势》,载陈安主编:《国际经济法论丛》第4卷,法律出版社2001年版;陆幸福:《试论法律全球化的正当性》,载《前沿》2009年第5期;刘颖:《从美国〈统一商法典〉第4A编的"全国化"看法律全球化》,载陈安主编:《国际经济法论丛》第4卷,法律出版社2001年版,第26-78页。另外,在2000年中国国际经济法学会年会的发言中,郑衍灼、王贵国、王友金、王军等亦持"肯定说"。

〔2〕 卓泽渊:《法律全球化解析》,载《法学家》2004年第2期。

〔3〕 沈宗灵:《评"法律全球化"理论》,载《人民日报》1999年12月11日,第6版。

〔4〕 罗豪才:《警惕法律全球化理论》,载《中国经济时报》2000年6月20日。

〔5〕 慕亚平:《对"法律全球化"的理论剖析》,载《中山大学学报(社会科学版)》2002年第3期。

乃至全球经济都没有超越以国家为核心的结构。由于不存在超越国家的世界政府,因而法律全球化的法律属性无法保障,当下并不具备法律全球化的条件。[1]

然而,不可否认的是,全球化及其影响下的法律全球化趋势已逐步演变为客观事实。在此基础上,学界针对法律全球化的其他领域展开了更为深入的探讨。

有学者对法律全球化与相关概念做了辨析。黄文艺对"法律全球化"与"法律国际化"进行对比后指出,"法律国际化表征的是各个国家在法律上相互联系,彼此影响的程度",适用于国际社会。法律全球化表征的是全球社会法律发展的趋势和规律,体现为世界法律的多元化、一体化以及全球治理的法治化。[2] 李双元等则对"法律趋同化"和"法律全球化"进行了比较,其认为前者可以对后者的说法进行修正和补遗,前者的术语更具科学性和历史必然性。[3]

也有学者讨论了法律全球化的范围与限度。刘旺洪认为全球法律统一运动受世界经济发展不平衡、各国政治制度选择多元化以及法律文化隔离机制的限制。[4] 有学者提出所谓法律全球化只能是在商法、知识产权法、海事法等私法领域的趋同化,在涉及国家主权的公法领域不可能取得超越国家的法律统一。[5] 车丕照指出,法律全球化不仅是私法领域的全球化,也是包括关税、人权等问题在内的公法领域的全球化;既是国内法的趋同化,也是国际法由特别化到普通化的转变。[6]

陆幸福着重探讨了法律全球化的正当性问题,其正当性来源有三:自

---

〔1〕 戈士国、杜启顺:《法律全球化:预设、反思与展望》,载《中州学刊》2019 年第 12 期。

〔2〕 黄文艺:《法律国际化与法律全球化辨析》,载《法学》2002 年第 12 期。

〔3〕 李双元、李赞:《全球化进程中的法律发展理论评析——"法律全球化"和"法律趋同化"理论的比较》,载《法商研究》2005 年第 5 期。

〔4〕 刘旺洪:《全球化:法律统一的范围及其限度》,载《金陵法律评论》2001 年第 1 期。

〔5〕 姚天冲、毛牧然:《"法律全球化"理论刍议》,载《东北大学学报(社会科学版)》2001 年第 1 期。

〔6〕 车丕照:《法律全球化——是现实? 还是幻想?》,载陈安主编:《国际经济法论丛》第 4 卷,法律出版社 2001 年版。

然正当，即人在自然本性上是对世界开放的；功利正当，即从世界经济增长、维护世界和平以及解决人类共同难题三方面促进共同体的幸福；民意正当，即各国人民对于私法和公法全球化的认同。同时，主权国家并非政治生活的必然特征，法律本土化也会随着人的趋同而消解，两者均不会构成对法律全球化的长期威胁。[1] 法律全球化的正当性源自人性的普遍性规定，即人性中普遍性与特殊性内容的辩证依存关系的具体展现，是其有效实现的某种外在结果。普遍性是从丰富的特殊性与个体性内容之中抽象出来的，普遍性必须以丰富坚实的个体性与特殊性内容作为基础和背景。所谓越是民族的就越是世界的，其中的逻辑也在于此：越是具有坚实有力的个性的民族，以这种个性为基础而进行的抽象所形成的普遍性与世界性就越具有光明的未来。全球化的目标与价值及其实现的程度和方式都由人性普遍性与特殊性两个层面的辩证发展最终决定。[2]

在此期间，随着全球化进程的不断推进，尤其是进入21世纪后，国际法学者也开始逐步关注和探讨这一问题，涌现了大量的研究成果和作品。这些作品不仅介绍了国际贸易法、国际投资法等方面的国际法律规范和实践，也针对中国加入世界贸易组织、与外国投资者签订投资协议等方面的实践问题进行了深入研究，反映了其对法律全球化问题的关注，对于我国未来参与国际经济法律规则制定的能力建设具有重要的参考价值和现实意义。[3]

二、“法律全球化”的理论框架和研究范式

“法律全球化”作为一个复杂且跨学科的研究领域，需要清晰的理论

---

〔1〕 陆幸福：《试论法律全球化的正当性》，载《前沿》2009年第5期。

〔2〕 刘文会：《意识形态视角下的法律全球化问题》，载《法理学论丛》第6卷，法律出版社2012年版。

〔3〕 何力编著：《国际贸易法》，复旦大学出版社2000年版；左海聪：《国际贸易法》，法律出版社2004年版；余劲松主编：《国际投资法》，法律出版社2007年版；孔庆江：《入世背景下的中国与国际经济法》，北京大学出版社2008年版；郭寿康、韩立余编著：《国际贸易法》，中国人民大学出版社2009年版。

框架和范式来指导研究。随着中国对外开放的不断深入，中国的法律全球化研究进入了快速发展阶段。在此阶段中涌现了一些重要的理论框架和研究范式，为中国法律全球化研究提供了有力的支撑和指导。

第一，文化视角——关注文化多元化对法律全球化的影响。其中，有学者提出了“文化决定论”的观点〔1〕，认为法律全球化并不意味着文化的同质化，而是世界各民族文化之间相互影响、相互渗透、相互融合的过程。在此基础上，有学者进一步提出了“多元文化主义”的概念〔2〕，主张在法律全球化的进程中尊重不同文化之间的差异，而不是使文化同质化。在法律比较视角方面，中国学者开始关注国际法律制度的比较研究，拓展研究视野。其中，一些学者对比较法语境下共同法的发展历程进行了分析，认为国际化时代的“人类共同法”反映了基本特征，但同时也存在局限性。〔3〕此外，还有学者提出了“法律比较”的观点〔4〕，主张在比较法律制度和调整法律冲突的基础上发展国际私法。在这一基础上，霄汉、刘承韪、李光宇等学者进一步发展了法律比较的理论和方法，通过对不同国家法律制度的比较研究，深入探讨了法律全球化的实践问题。〔5〕高鸿钧则在其著作《全球视野的比较法与法律文化》中，以全球视野的比较法和法律文化为出发点，通过对西方法律文化的反思，探索中国法治模式的构建问题。〔6〕

第二，制度视角——探索新型国际法律制度。在21世纪初，中国学者开始探讨国际法律制度的变革和创新。有学者提出了“新型国际法律

〔1〕张策华：《全球化进程中法律文化的同构与异质》，中国矿业大学出版社2005年版。

〔2〕刘志云：《法律全球化进程中的特征分析与路径选择》，载《法制与社会发展》2007年第1期。

〔3〕李桂林：《论全球共同法》，载《法学》2005年第1期。

〔4〕陈卫佐：《比较国际私法》，清华大学出版社2008年版。

〔5〕霄汉：《比较法学与法制建设座谈会纪要》，载《比较法研究》2002年第3期；刘承韪：《比较法的兴衰之势与中国取向》，载《比较法研究》2013年第3期；李光宇：《法律全球化与比较法学的开拓——记朱景文教授学术经历和学术成就》，载《社会科学战线》2013年第10期。

〔6〕高鸿钧：《全球视野的比较法与法律文化》，清华大学出版社2015年版。

制度”的概念,认为国际法律制度的变革需要建立在国家主权和国际公正的基础上。[1] 刘志云和孙章季在此基础上进一步探讨了新型国际法律制度的构建和发展,提出了一系列理论和实践措施,为中国在国际法律制度中的发展提供了重要的参考和借鉴。[2] 例如,有学者提出了“中国特色社会主义法治建设与法律全球化的互动”这一新的研究视角,强调了中国法律制度在法律全球化进程中的地位和作用[3];也有学者通过考察中国与其他国家之间的法律关系,探讨中国在全球化进程中的法律定位、角色、任务以及价值等问题[4];还有学者通过研究中国国内法律制度的变迁,揭示中国与其他国家之间的法律关系,探索中国在全球化进程中的法律定位[5]。此外,学者们还关注中国在特定领域的法律实践和创新,如知识产权保护[6]、环境保护法[7]。可以看出,学者们开始更加关注中国在法律全球化中的实践和创新,以及中国在特定领域的法律贡献和

---

〔1〕 赵维田:《世贸组织(WTO)的法律制度》,吉林人民出版社2000年版。

〔2〕 刘志云:《全球化背景下国际法律制度的互动分析》,载《现代法学》2011年第2期;刘志云:《论全球治理与国际法》,载《厦门大学学报(哲学社会科学版)》2013年第5期;刘志云:《价值共识、国际法与“一带一路”倡议的推进方略》,载《厦门大学学报(哲学社会科学版)》2022年第3期;孙章季:《国际法与和谐世界的构建》,载《江西社会科学》2007年第4期。

〔3〕 张羽君:《21世纪的中国法律制度与社会建设》,载《政治与法律》2009年第6期;郭雨城:《法律全球化背景下的国际法与国内法关系》,载《西北民族大学学报(哲学社会科学版)》2022年第5期。

〔4〕 刘顺峰:《全球化进程中“主体中国法学”的秩序建构——一种基于中国传统法律文明智慧理性的思考》,载《天津行政学院学报》2014年第5期;梁凯音:《论中国在全球化进程中的国际话语权》,载《广东社会科学》2015年第1期;何佳馨:《“一带一路”倡议与法律全球化之谱系分析及路径选择》,载《法学》2017年第6期;刘建飞:《改革开放重塑中国在全球化进程中的角色》,载《党课参考》2018年第20期。

〔5〕 陈甦主编:《当代中国法学研究(1949—2019)》,中国社会科学出版社2019年版;徐元:《中国参与知识产权全球治理的立场与对策》,载《国际经济法学刊》2018年第4期;时伟:《中国在全球化进程中的角色变迁与战略选择》,载《理论月刊》2019年第6期;刘宏松:《在中国式现代化进程中积极参与全球治理体系改革和建设》,载《国际关系研究》2022年第5期。

〔6〕 来小鹏:《法律全球化与知识产权保护》,载《河北法学》2007年第5期。

〔7〕 王宏巍:《全球化背景下环境法律移植问题刍议》,载《环境资源法论丛》第10卷;[美]罗伯特·V.珀西瓦尔:《环境损害责任与全球环境法的兴起》,杨朝霞、黄婧译,载《吉首大学学报(社会科学版)》2016年第3期。

成就。

第三，全球治理视角——探索新型全球治理模式。在全球治理成为研究热点的背景下，中国学者开始探讨全球治理对法律全球化的影响和作用。慕亚平在其发表的《全球化背景下的国际法问题研究》一书中，提出了“全球治理视角”并探讨了全球治理与国际法之间的关系。[1] 在此基础上，陈颖健和钱静等进一步探讨了全球治理下的法律制度、机制和模式，提出了一系列全球治理下的新型法律模式，为中国参与全球治理提供了借鉴和思路。[2] 此外，国家在全球化进程中的主权问题是国际法领域研究的重点问题，也是中国法学界研究的必要议题。[3]

三、法律全球化与国家主权和全球治理的关系

随着全球化的深入推进，法律全球化在促进国际法的发展和推广方面发挥了积极作用，其对国家主权的限制和规范作用也逐渐显现。这种趋势推动了跨国企业和国际组织的崛起和发展，进而扩展和提升了它们的权力和地位，同时也对国家主权提出了新的挑战。在中国学者的研究中，法律全球化与国家主权的关系成为重要的研究论题。

在21世纪初期，国际法学者开始重新审视国家主权的内涵和外延，认为全球化的趋势已经使国家主权的概念发生了变化。例如，俞可平在《论全球化与国家主权》一文中提出了“国际法对国家主权的重新定义”的观点，指出国际法已经开始对国家主权的内容和范围进行重新定义。在此基础上，张丽华和徐晓明进一步探讨了国际法对国家主权的限制和

---

〔1〕 慕亚平：《全球化背景下的国际法问题研究》，北京大学出版社2008年版。

〔2〕 陈颖健：《论全球治理与国际法》，载《国际问题研究》2008年第6期；钱静、肖永平：《全球治理视阈下的国际法治构建》，载《学习与实践》2016年第11期。

〔3〕 刘杰：《经济全球化时代的国家主权》，长征出版社2001年版；程琥：《全球化与国家主权比较分析》，清华大学出版社2003年版；俞可平等：《全球化与国家主权》，社会科学文献出版社2004年版；徐晓明：《全球化压力下的国家主权：时间与空间向度的考察》，华东师范大学出版社2007年版；张丽华：《主权博弈：全球化背景下主权国家与国际组织互动关系研究》，吉林大学出版社2009年版；任孟山：《国际传播与国家主权：传播全球化研究》，上海交通大学出版社2011年版。

挑战。[1] 与此同时,学者们也开始研究法律全球化与国家主权的关系。例如,卓泽渊在其发表的文章《法律全球化解析》中,提出了“国家主权和法治的关系应当是一种相互依存、互相促进的关系”的观点。[2] 他还探讨了近代以来国家主权和法治关系的变迁,从而更好地理解法律全球化与国家主权之间的互动关系。

进入21世纪后,学者们继续深入研究法律全球化与国家主权的关系。邓正来认为,“法律全球化”只是“全球化”的一部分,因为它并不一定意味着法律规范和法律制度的全球化,而只是指国家法、国内法、国际法的全球扩张。[3] 在这种情况下,国家主权与法治之间并不存在必然的冲突。法律全球化与国家主权之间存在千丝万缕的联系。虽然法律全球化是经济全球化的附属品,但经济和法律是两个不同的范畴,作为上层建筑的法律有其独特性。质言之,经济与法律是互动的,但二者在属性上存在不同:经济的全球化关注的是国家利益,在这里效率是基本的思考;而法律的全球化关注的是国家主权,在这里国家主权是价值判断的唯一依据。[4] 因此,没有主权的承认,不论是国内法还是国际法,都将失去效用。法律全球化并不必然导致国家主权的弱化,原因在于法律全球化并不改变法律的性质。来自其他国家以及国际资本的压力并不必然产生国家参与全球化的义务。[5] 因此,国家参与全球化是发展趋势要求下的自愿行为,这并不能简单地等同于主权弱化。国际条约的制定和国际组织的产生同样系国家的自愿行为,属于主权的行使,而非主权的限制。这是因为,主权是国家的身份,而不是特定的权力。因此全球化背景下,国家

---

〔1〕 张丽华:《主权博弈:全球化背景下主权国家与国际组织互动关系研究》,吉林大学出版社2009年版;徐晓明:《全球化压力下的国家主权:时间与空间向度的考察》,华东师范大学出版社2007年版。

〔2〕 卓泽渊:《法律全球化解析》,载《法学家》2004年第2期。

〔3〕 邓正来:《作为一种“国家法与非国家法多元互动”的全球化进程——对“法律全球化”争辩的中立性批判》,载《河北法学》2008年第3期。

〔4〕 李清伟:《经济全球化与法律全球化辨析》,载《贵州社会科学》2009年第11期。

〔5〕 车丕照:《法律全球化——是现实?还是幻想?》,载陈安主编:《国际经济法论丛》第4卷,法律出版社2001年版。

作为主权者的身份并未改变，发生改变的只是主权行使的方式。[1]

同时，全球化背景下，国家日益受到国际条约和国际组织的约束。随着全球化的推进，各种国际规则的数量日益增多，国家主权看似受到了削弱，但实则国家仍是法律制定的主体。世界贸易组织的章程和解决纠纷的机制，仅仅是国家对外权力延伸的产物，是国家之间商榷的结果。这些组织章程、协定、条约，依旧不能脱离国家的意志而独立存在。起码能够形成共识的是，任何国际组织的章程、条约的生效，都必须经过各主权国家立法机构或其他代议机构的批准，或通过特定的方式签署、确认。因为"法律全球化"表述，不是对一般外在现象的简单归结，而是涉及社会意识形态、政治体制、外交关系等上层建筑的构造问题，是一个具有深刻价值内涵的判断，并非跟从于国际交往规则的量的扩张所得出的结论。[2]所以，不能仅从国际规则增多这一表象简单推出国家主权受到威胁的必然结论。相反，国际规则的增多会促进国内法及其制度的进步与完善。例如，从法律发展自主性的角度来看，全球化背景下，域外法律本土化的过程从法律实践与立法两方面促进"自主性"的实现。当域外法律难以适应社会现实时，民间形成的非正式制度，如调解以及群体性纠纷解决方法，能够替代国家正式法律制度解决实际问题，展现了法律实践方面自主性的进步。就立法而言，面对全球化的挑战，国家会主动采取行动创新并保护国内法体系。因此，国家主权的独立性仍有客观存在的必要。主权之于弱国，犹如人权之于弱者。这也从根本上反映出法律发展的自主性取决于社会现实的需求和推动，国家代表人民意志应当坚持为自己立法。[3]

以主权平等为原则始终是各国在全球化过程中保持平等交流的基本前提。谢晖提出了"对话的法律全球化"，即在全球性的经济贸易、政治

---

〔1〕 车丕照：《身份与契约——全球化背景下对国家主权的观察》，载《法制与社会发展》2002年第5期。

〔2〕 眭鸿明：《全球化与法律发展的价值选择》，载《南京师大学报（社会科学版）》2003年第5期。

〔3〕 王莉君：《全球化趋势下我国法律发展的自主性》，载《比较法研究》2013年第4期。

对话和文化交流已然成为不争事实之背景下，世界各国在主权自主原则下，以源自西方的法律制度及其理念为基础，结合其自身的国情特征和实际需要，参与法律全球化进程中，并进行平等对话的法律全球化模式。[1] 然而不可避免的是，即便各国在追求主权平等的道路上不断作出努力，彼此之间的对话资格和能力仍存在显著差别，导致国际规则的制定权最终旁落他人。因此，脱离国家主权的全球化是不可想象的。

全球治理概念的提出主要是针对国家治理方式的不足，这种不足有的通过国家权力的授予或延伸得到补充，如国家参加的世界性和区域性国际组织；有的通过消解国家权力得到调节，如非政府组织。[2] 相应地，国家主权地位受到了撼动。李静等关注到全球化背景下法概念重心发生转变的问题。法的国家主义并非与生俱来，超国家规范和全球社会治理模式的出现表征着国家不再是法概念的重心。相较之下，超国家法的普遍约束力源自全球社会化主体之间相互依存的新型连接方式。因此，“国家在法概念中的重心将会随着从过去的主权国家到如今的主体性国家的变化进行着移转”[3]。这一转变意味着，随着国际社会主体属性的多元化，国家在国际交往中不仅仅是本国利益的代表者，也同其他非国家组织一样是全球共同利益的倡导者与维护者。

全球化背景下，基于各国综合实力发展并不均衡的现状，法律之治是全球治理的最佳选择。在法律制度层面上，李桂林认为法律全球化的过程最终会迎来“人类共同法”向“全球共同法”的转变。前者反映了国际化时代的基本特征，具有浓厚的西方中心主义色彩。后者则是位于全球化背景下新型治理形态——全球治理体系中的共同法，虽然一定程度上改变着国家权力和世界政治，但民族国家依旧是全球治理的重要主体之一。[4] 姚金菊提出了“全球性法律重构”的观念，认为其比法律全球化更

---

〔1〕 谢晖：《论对话的法律全球化》，载《政法论坛》2013 年第 4 期。

〔2〕 朱景文：《关于法律和全球化研究的几个有争议的问题》，载《南京社会科学》2010 年第 1 期。

〔3〕 李静、吕玥旻：《全球化背景下法概念重心的迁移》，载《河北学刊》2015 年第 2 期。

〔4〕 李桂林：《论全球共同法》，载《法学》2005 年第 1 期。

科学。如果说私法更多是对全球化的回应，是被全球化所驯服和同化，那么公法则更多是对全球化的调控，是对全球化的驯服和规制。后者有利于解决前者所带来的社会风险。某些公法概念和公法规则本身就具有全球化的特征。[1] 以法律作为全球治理的通用手段，必然产生具有公法属性的普遍法则。

全球法的形成并不是一蹴而就的。各国法律虽在一定程度上具有共性，但这先是法律全球化的基因，然后才是结果。因此，法律的全球化不是国内法普遍化的简单总和，而是一种内在统一的过程。不可否认的是，国家法治依然是我们这个时代的主流。在法律效力方面，法律国家化大于法律全球化。全球法是在全球范围内普遍的、为了适应全球化深度发展需要的一种发展趋势和过程。基于全球化不能完全去国家化，因此全球法也不能“去国家法化”，即不能在国家法律之外构建一个与国家法律完全抗衡的法律体系。只能以全球正义而不是国家正义为法律目标，为解决全球问题而不是国内问题，使用全球治理而不是国内治理，实现全球利益而不单纯是国家利益。最初，通过民主政治的制度安排，主权由人民授予，因而也受其限制。同时，人民服从于主权的要求，代表人民意志的主权意志具有解放性，但又通过国家意志的形式规制人民。但在利益的追逐下，主权不但没有实现主体平等，反而成为侵略者忽视国际法的法理基础。全球治理中的法应当是全球公民意志的体现而不单纯是国家意志的体现，由此所创建的法律及其实践，才能称得上是全球法治。一些具有国际效率和效应的技术性规范不能反映人类意志。全球法并不等于全球法律体系，后者是全球性法律文件的体系，目前尚未形成。以联合国相关法律文件为代表的全球性法律中，很多条款是一种笼统的、模糊的、抽象的原则，还远远未能落到“法律规范”的实处。所以，与其说它们是一种法律，倒不如说是一种指导性、原则性的行为规范。把以往原则性的全球

---

〔1〕 姚金菊：《全球化的公法之维》，载《浙江学刊》2010年第6期。

法律文件落到实处,还有很长的路要走。[1]

过去,西方学者提出了"法律全球化即美国法国家化"的观点。对此,刘志云指出,法律全球化深受美国影响,但总体上看并非美国法的国际化。从长远来看,法律全球化是美国法主导地位逐渐下降的过程。全球化的过程是国家间相互依赖的状态不断增强的过程,但这种依赖并不平等。"全球治理"理应降低相互依赖中的不对称性,减少权力失衡而导致的法律全球化的公平价值取向的偏离。在"全球治理"法治化的进程中,一种普遍性的伦理和价值是必需的,只有人类理性中产生一种愿意服从代表人类共同价值以及共同道德规范的法律观念,才可能实现一个较高水平的"全球治理"的法治化局面。[2]

真正的全球化应当建立在不同文化的国家之间的平等竞争、交流与合作基础之上。2013 年,习近平主席在出访中亚和东南亚国家期间,于 9 月和 10 月分别提出了建设"丝绸之路经济带"和"21 世纪海上丝绸之路"的构想。2015 年 3 月,中国政府在博鳌论坛上正式提出"一带一路"倡议,并发布《推动共建丝绸之路经济带和 21 世纪海上丝绸之路的愿景与行动》。法律全球化背景下,"一带一路"是中国式全球化的新模式。"一带一路"发展的合法性与稳定性依赖于共同的法律制度。这种法是在双边或多边自愿、平等协商的基础上产生的。同时,"一带一路"建设中的法治建设也有别于国家层面的法治。后者要求良法善治,前者则主要是靠各个国家在理性思考利弊基础上的自觉、国际社会的舆论制约和适当的经济制裁,而不可能像国家内部那样有一套严密的机构去推动。因此,"一带一路"的"法治"是"法治中国"与"法律全球化"的桥梁与联结点。[3]

---

〔1〕 姜丽萍:《全球法治何以成为可能》,载《石河子大学学报(哲学社会科学版)》2019 年第 6 期。

〔2〕 刘志云:《法律全球化进程中的特征分析与路径选择》,载《法制与社会发展》2007 年第 1 期。

〔3〕 严存生:《"全球化"时代与"一带一路"的法治建设》,载《上海政法学院学报(法治论丛)》2019 年第 2 期。

“一带一路”倡议下,法律全球化呈现出新变化。何佳馨深入分析了以“一带一路”为主的新一轮法律全球化的谱系,指出其包括三大法系(大陆法系、伊斯兰法系与英美法系)与七大法源(印度教法传统、佛教法传统与苏联法传统,东盟法圈、阿盟法圈、欧盟法圈以及世界贸易组织法圈)。在此基础上,作者进一步从立法、执法、司法、法律文化以及法学学术研究五个方面构想了“一带一路”沿线法律全球化的实现路径。[1]

中国“一带一路”所推动的法律全球化与美国的“法律与发展运动”虽形式相似,但性质上存在根本不同。前者倡导平等互惠、互利共赢,而后者却是赤裸裸的殖民主义的法律输出。历史上的丝绸之路与海上丝绸之路本就产生于共同的发展需要和经济需求。从价值理念的角度出发,“一带一路”影响下的法律全球化,将是第三次法律全球化的延伸,是自由主义的古典法律思想与团体主义的社会法思想的结合。从功能主义的维度而言,法律全球化以应对全球危机、回应普遍诉求为问题导向。从比较法的视角来看,“一带一路”倡议下的法律全球化,力图修正早期法律全球化中所包含的旁观者视角和单一化色彩,实现的是文化的多元发展和“同情理解”。在全球化法治的语境下,近十年来法律全球化运动呈现出两方面的鲜明特征:一是法律的全球化并没有完全消除民族国家的界限,反而在某种程度上使其得到了增强;二是以美国为代表的传统国际法秩序主导者,由于受经济下滑、失业率增加、收入差距拉大、社会融合困难等危机的冲击,国内的民粹主义势力不断抬头,其在国际法体系中愈加呈现保守甚至失语的态势。而中国所倡导的“一带一路”能够在承认并尊重民主、法治和人权等基本价值的根本前提下,推动法律全球化在共商共建的基础上正向前进。[2]

---

〔1〕 何佳馨:《“一带一路”倡议与法律全球化之谱系分析及路径选择》,载《法学》2017 年第 6 期。

〔2〕 王涛:《“一带一路”视域下的法律全球化:属性、路径与趋势》,载《西北民族大学学报(哲学社会科学版)》2019 年第 4 期。

四、法律全球化与不同法律文化的对话和融合

法治现代化受到全球化和民族传统文化的双重影响。如何处理好全球化与本土化的关系也是学者们普遍关注的重点问题。邓琼研究了全球化背景下中国法制现代化与法律传统的关系。[1] 吴宁等从法系的角度加以考察。法系实质上是法的分类学,强调不同法系之间的区别,全球化则动摇了这一根基。法律多元主义打破了法系视野下对法律优劣的偏见,更好地处理了全球化中法律的共性与个性问题。[2] 刘志从冲突的视角来讨论法律全球化与本土化的问题。就法律外来化和本土化的关系而言,法律移植的核心问题表现为本土化的能力,外来法不能只以本土化为基础来发展自己。[3] 无论如何,法治现代化的过程既要吸收借鉴域外法律文明的优秀成果,也要保持本土特色,更要实现传统法律文化的创造性转化,实现二者的兼容并蓄。

全球化本质上是一个充满内在矛盾的概念,既包含世界一体化和进步的趋势,也暴露出诸多分裂化、偶然性、跳跃性甚至停滞倒退的倾向。因此,传统法律文化的价值观应该随着全球化的变革加以重塑,并随着全球化加以创新性转化。全球化背景下,我国诉讼法文化的建构应当树立权利观念、程序正义观念和主体意识,围绕审判改革诉讼制度,加强对私法方法论的研究。[4]

法律本土化或者说创造性转化要以一定的法律移植为基础。全球化背景下,法律移植的创造性转化需要以"事物的本性"为内因,立基于对全球法律秩序的本土理解。就判例制度而言,关键是培育具有"权威性"的本土化判例制度,从法律效力、供给模式以及文本汇编三个方面增强指

---

〔1〕 邓琼:《论全球化背景下中国法制现代化与法律传统的关系》,载《宁夏社会科学》2016 年第 2 期。

〔2〕 吴宁、张沛:《法系 · 全球化 · 法律多元》,载《当代法学》2001 年第 12 期。

〔3〕 刘志:《法律全球化冲突的解决路径》,载《青海社会科学》2010 年第 4 期。

〔4〕 陈金钊、张其山:《法律全球化与中国诉讼法文化的构建》,载《现代法学》2003 年第 4 期。

导性案例的权威性。[1] 一国的法制现代化强调的是在自身的制度语境下在制度创新上体现出现代性的基本价值诉求，是后发展国家政治与法律独立和自决的努力。但无论是法制的现代化还是法律全球化，都离不开一种以平等和真实为核心的商谈型民主机制，以促进交流平等。[2] 此外，法律的移植要符合中国的实际需要，法律并非越多越好。理解被移植之法律的关键是了解其在母国产生的原因和目的以及法律实施的状况。最终以一种易被人理解的方式实现被移植法律的创造性转化。这一过程需要立法者遵从法律的基本规律，并结合其自身的特殊利益和特殊观念，寻求国民的共同利益。然而，法律移植的过程中要注意甄别外来法律的本性。在某种程度上可以说，全球化的背后是不均衡权力博弈格局。所以要尽可能地避免惯性思维模式，原因在于，中国对法律与全球化的研究整体呈现出“向前看”的姿态。突出表现在借鉴西方的法治理论指导中国实践并引申出全球法治的概念。法律是历史与社会的产物，具有民族性特质与文化的个性，最终，法律全球化也要以历史性为依托。因此，中国所需要的是一种真正具有充分历史意义的法学。要对西方现代法学中具有某种普遍性意味的概念和理论体系进行精深的研究和清理，从而揭示出作为这种普遍性基础的特殊性内容。[3]

法律全球化背景下，国家法与民间法的关系也引发了新的思考。姚选民试图从场域公共秩序逻辑角度提出一种法律全球化背景下的民间法哲学理论。简言之，在全球社会中，民族国家法也是一种民间法。同时，民间法指向一种公共秩序。因而该公共秩序包括乡村层面、民族层面、文化体层面以及国际社会层面等多个层面，是一个结构性概念，作者称其为“场域公共秩序”。国家法论者一般认为民间法对国内法治建设具有阻碍作用。因为国家法治一元观只认可法治建设中的国家法主体地位，民

〔1〕 邵彭兵、郭剑平：《法律全球化背景下法律本土化之应对——兼论中国判例制度本土化》，载《社会科学家》2022年第3期。
〔2〕 张海斌：《商谈民主、现代性与法律全球化》，载《华东政法学院学报》2005年第6期。
〔3〕 刘文会：《意识形态视角下的法律全球化问题》，载《法理学论丛》第6卷，法律出版社2012年版。

间法只有在有益于国家法的前提下才具有价值。在法律全球化时代，应当树立并重视民间法主体思维。国家法以维护不同层面的政治秩序法益为主，民间法更多的是维护不同场域的公共秩序法益。因此，在法律全球化背景下，只强调国家法一元观及法治一元秩序，无法提供一种周延的法治秩序状态，留有民间法起作用的软肋地带。实际上，民间法与国家法处于一种二元对位但并不对立的状态。只有正视基于场域思维逻辑的不同社会场域及其运行规则即民间法体系，并合理划分民间法与国家法的疆界，才能在法律全球化时代实现中国社会中法治秩序状态的周延。〔1〕同时，这种新的思考提供了把规范法学与民间规范研究结合起来，并融会创新的机遇和条件。能否把握这一机遇和条件，在很大程度上意味着法学家能否创造出“中国范式”的法学来，也意味着中国法学能否真正地和国际法学界建立一种对话基础。〔2〕

从对话的角度来看，不同民族和不同法律文化间的交流日益增多，频繁的对话深刻地改变着对话的每一方及其传统。不同法律文化的存在可以成为我们理解自身法律文化的凭借和尺度。法律文化始终处于发展之中，具有非连续性和连续性。在反对一国法律发展因“全球化”压力而可能出现的“法律殖民”以及激烈“变法”倾向时，强调法律本土性以及法律发展时间维度的观点也应避免固执于某一特定时段的片面性，从而出现过犹不及的问题。在具体的历史实践过程中，一国法律发展的方向和面貌往往不会被既有的事物固化，相反，它将不断表现出“不同以往”的自主性特征。全球化背景下，当域外法律难以适应社会现实时，民间形成的非正式制度，如调解以及群体性纠纷解决方法，能够替代国家正式法律制度解决实际问题，展现了法律实践方面自主性的进步。〔3〕法律可以对话的原因在于，法律文化本身并不是完全封闭的体系，而是具有开放性、共

---

〔1〕姚选民：《法律全球化背景下的中国法治二元观——基于一种民间法哲学主体视角》，载《厦门大学法律评论》2016 年第 2 辑。

〔2〕谢晖：《民间规范与法律的全球对话》，载《山东大学学报（哲学社会科学版）》2011 年第 4 期。

〔3〕王莉君：《全球化趋势下我国法律发展的自主性》，载《比较法研究》2013 年第 4 期。

通性与兼容性特征。所谓共通性，是指由于人类生活的相似性和共同性，每一种法律文化都或多或少包含有能够得到其他异质法律文化认同的价值标准或原则，而这一点决定了不同法律文化之间能够通过彼此的交流、沟通与调适，最终达到化解冲突的可能。因而最终是人的原因。首先，一切法律关系都可以还原为人的关系，人始终是主体和原点。其次，在人的身心二元结构中，以人为原点发散出去的文化遵循着"心主身从"的文化原理。最后，从法的历史经验来看，人的文化原理同是中西法律文化展开的轴心和基本的结构原型。但是，中西法律文化从冲突到消解，由消解走向融合，其本质是一个矛盾不断生成又不断解决的过程。规律是，全球化背景下的当代中西法律文化，由交流到冲突，由冲突经由调适而消解，再经由消解而达致整合，这是未来中西法律文化关联的总体演进趋势。[1]

然而，法律移植最终要为建设法治国家服务。中国式法治现代化欲获成功，可以从以下三方面加以重构：一是对本国的法律传统进行重构，二是对本国的法律现实进行重构，三是对西方法律理念和制度进行重构。这种重构是指在深度反思、具体辨析和整体把握的基础上，对古今内外的法律义理、法律制度和法律文化进行筛选、加工、升华和整合，从而形成本国的法治模式。这种法治应既具有本国传统的血脉根基，又具有现代的精神气质；既能体现本国独特的法律智慧，又能包容人类普遍的法律价值；既能切合本国社会的发展需要，又能为人类法律文明和世界和平做出重要的贡献。只有同时在上述几个维度和方向共同努力，现代世界体系中半边缘和边缘国家才可能改变"外弱内弱"的处境，从而走向"外强内强"之路。[2]

随着经济全球化的深入发展，法律全球化已成为人类社会发展的必然趋势。新中国成立以来，中国法律全球化研究内容涵盖了法律全球化的概念、理论框架和研究范式、全球化与国家主权、全球治理和法律本土

---

〔1〕 王晓广：《全球化背景下中西法律文化的交流、冲突与融合》，载《广西师范大学学报（哲学社会科学版）》2010 年第 3 期。

〔2〕 高鸿钧：《美国法全球化：典型例证与法理反思》，载《中国法学》2011 年第 1 期。

化的关系等方面。尽管已取得一定进展,但逆全球化思潮的抬头又为中国继续推动建设人类命运共同体带来了新的挑战和机遇。未来的研究应着重关注法律全球化的趋势和应对策略,探究法律全球化与全球治理的关系,并探索"法律全球化"的中国特色路径和策略。数字全球化正影响着全球化新的动力方向,由此形成的不再是传统的全球空间概念,虚实结合的全新全球化空间中存在各种不可见的社会数字制度,正深刻地改变着法律全球化的时间与空间概念。因此,需要不断更新研究方向和方法,充分利用我国独特的实践资源激发理论创新,提升对全球化各层次表现和规律的理论自主性。

延伸阅读学术著作

1. 胡元梓、薛晓源主编:《全球化与中国》,中央编译出版社 1998 年版。
2. 俞可平等:《全球化与国家主权》,社会科学文献出版社 2004 年版。
3. 朱景文主编:《法律与全球化:实践背后的理论》,法律出版社 2004 年版。
4. 黄文艺编:《全球化的法律分析》,科学出版社 2008 年版。
5. 陈儒丹、黄韬:《经济全球化的法律博弈》,上海人民出版社 2012 年版。
6. 高鸿钧、鲁楠、余盛峰编:《法律全球化:中国与世界》,清华大学出版社 2014 年版。
7. 鲁楠:《全球化视野下的法律与发展》,法律出版社 2016 年版。
8. 周银玲:《从科学权威到规则权威:全球治理中的标准及其规范化进路》,中国社会科学出版社 2021 年版。
9. 余盛峰:《临界:人工智能时代的全球法变迁》,清华大学出版社 2023 年版。

延伸阅读学术论文

1. 朱景文:《关于法律与全球化的几个问题》,载《法学》1998 年第 3 期。
2. 公丕祥:《全球化与中国法制现代化》,载《法制与社会发展》2000 年第 4 期。

3. 卓泽渊:《法律全球化解析》,载《法学家》2004 年第 2 期。
4. 黄文艺:《全球化与世界法律发展》,载《学习与探索》2006 年第 1 期。
5. 刘志云:《法律全球化进程中的特征分析与路径选择》,载《法制与社会发展》2007 年第 1 期。
6. 陆幸福:《试论法律全球化的正当性》,载《前沿》2009 年第 5 期。
7. 刘志云:《全球化背景下国际法律制度的互动分析》,载《现代法学》2011 年第 2 期。
8. 余盛峰:《全球信息化秩序下的法律革命》,载《环球法律评论》2013 年第 5 期。
9. 高鸿钧:《法律全球化的理论与实践:挑战与机会》,载《求是学刊》2014 年第 3 期。
10. 何志鹏:《全球化、逆全球化、再全球化:中国国际法的全球化理论反思与重塑》,载《中国法律评论》2023 年第 2 期。

延伸阅读学位论文

王奇才:《全球治理、善治与法治》,吉林大学 2009 年博士学位论文。

第五编

法律实践研究

第三十五章　法 治 体 系

本论题导读

新中国成立初期,关于法治的讨论在人民民主法制建设中有所反映。改革开放之后,“人治”与“法治”之争推动对法治理念研究的进一步发展。进入21世纪,法治建设的具体化,为法治研究的实证化提供了契机,法治的研究视角呈现出多元化格局。如今,伴随数字社会发展对社会关系的重构,与“法治”相关的各种观念将可能被进一步更新。

一、人民民主法制建设中的法治思想

新中国成立之后,中国的法治建设进入人民民主法制建设时期。在该时期,关于人民民主法制建设的问题,从不同方面反映了这一时间段的法治观念。

在该时期,“法制”往往不仅指“法律制度”或者形式上具备实效的法律、法令以及法律政策,而且可以与“人民民主法制”直接等同。它意味着,新法统要与以《六法全书》为主要代表的旧法统以及所谓的“资产阶级法权”相区别。因此,在该时期,谈论“法制”,实际上是在谈论“人民民主法制”。如在时逸之编著的《为什么要加强人民民主法制》一书中,就有如下表述:“古今中外,不论哪一个国家都有法律,但不一定都有法制。法制就它的狭义而言,就是法律、制度或者法律性文件的总合,它的真正含义包括立法和守法两个方面……社会主义类型国家的法制即人民的法制,是‘有法可依,有法必依’,法制作用愈来愈强;而资产阶级国家的所

谓‘法制’即反人民的法制,是有利就守,无利则违,执法、守法与专横不法相结合……而人民民主法制的发展方向恰好与之相反,它随着革命的胜利和国家的社会主义建设的前进,法制的精神日益加强,法制的作用和重要性也就不断增大。"[1]若对这里的表达进行简要分析,可以看到,“法制”的界定在此至少包含三部分:(1)狭义部分,即法律、制度与法律性文件的总合,由于书中提到的“法律”自然包含狭义定义所囊括的一切,而此处又强调“法制”与“法律”不同,所以狭义部分虽然是“法制”的组成,但并非“法制”的全部;(2)立法与守法两个方面,并且与资产阶级法制区分,其守法具有实质性,其立法必然可以对社会生活产生“法的作用”;(3)人民民主意义上的法制是人民的法制,即代表人民利益、体现人民意志的、不“反人民”的法制,为此法制才具有遵守的必要性。

在该时期中,首先,关于人民民主法制的诸多基本思想和原则,是围绕以毛泽东同志为核心的党的第一代领导集体而逐步形成的。其次,关于人民民主专政理论,毛泽东同志揭示了国体和政体的科学内涵与阶级本质,提出了人民民主专政的重要思想,指出中华人民共和国的国体就是“工人阶级(经过共产党)领导的以工农联盟为基础的人民民主专政”,政体就是以民主集中制为基础的人民代表大会制度。再次,在《关于正确处理人民内部矛盾的问题》中,毛泽东同志将适用法律到人民内部的情况与“专政”进行区分,法律是正确处理人民内部矛盾的必要条件。最后,确立了实事求是、走群众路线、原则性与灵活性相结合等重要的立法原则。[2]

该时期关于人民民主法制的讨论,还涉及健全人民民主法制、克服党内外存在的轻视法制的心理现象等方面。[3] 在健全人民民主法制方面,董必武在党的八大的发言中指出,法制不完备将会在社会主义建设的进

---

〔1〕 时逸之编著:《为什么要加强人民民主法制》,陕西人民出版社1957年版,第4-5页。

〔2〕 对于群众路线所引致的民主立法的表现,可参见陈景良主编的《当代中国法律思想史》中对毛泽东民主思想的讨论。参见陈景良主编:《当代中国法律思想史》,河南大学出版社1999年版,第61-81页。

〔3〕 陈景良主编:《当代中国法律思想史》,河南大学出版社1999年版,第21页。

一步发展中成为阻碍因素。同时基于刘少奇在报告中指出的关于集中力量尽快将我国建设成一个伟大的社会主义国家的目标,董必武指出健全人民民主法制的必要性:“在这样的任务面前,党就必须采取积极措施,健全我们的人民民主法制,以便进一步保卫人民民主制度,巩固法律秩序,保障人民民主权利,保护公共财产,更有效地发挥人民群众的积极性和创造性……人民民主法制必须进一步加强才能适应党所提出的任务。”[1]这是基于国家经济社会建设发展而言的。在此之上,董必武进一步指出,健全人民民主法制的中心环节是依法办事,其由“有法可依”与“有法必依”两方面组成。[2]

而在克服轻视法制现象方面,董必武同样有一定的论述。他在党的八大的发言中,对轻视法制的原因进行了总结。对轻视法制现象的克服,需要形成守法习惯。董必武强调党员带头守法的重要性,并指出党员带头守法对于引导群众守法的示范功能:“我们的国家是共产党领导的,因此我们共产党员必须以身作则,对国家法律的严肃性要有充分了解。”[3]“对于宪法和法律,我们必须带头遵守,并领导人民群众来遵守。”[4]而守法同样也被董必武视为健全、巩固人民民主法制的重要部分。[5] 关于守法的讨论在该时期还有思进的《论守法》一文。思进在文中指出,守法的法理依据乃是人民民主法制所反映的作为统治阶级的、以工人阶级为领导的广大人民群众的利益。人民民主法制由此可视为人民自己为自己立法,因而人民自身需要遵守法律。同时,该文还反驳了以党的政策即可代替法律实现规范功能的观点,指出法律是党的政策的具体化,能够更好实现党的政策所欲达到的目标。而在处理人民内部矛盾上,该文同样反驳

---

〔1〕 中共中央办公厅编:《中国共产党第八次全国代表大会文献》,人民出版社 1957 年版,第 261－262 页。

〔2〕 中共中央办公厅编:《中国共产党第八次全国代表大会文献》,人民出版社 1957 年版,第 262 页。

〔3〕《董必武政治法律文集》,法律出版社 1986 年版,第 337－338 页。

〔4〕《董必武政治法律文集》,法律出版社 1986 年版,第 336 页。

〔5〕《董必武政治法律文集》,法律出版社 1986 年版,第 356 页。

“法是阶级统治的专政工具”而在处理矛盾上不具有作用的观点，指出法律在调整内部矛盾上依然具有相应的作用。此外，该文还对共产党员应带头守法，守法不等于限制个人自由与个人权利，守法有利于正确处理人民内部矛盾等观点均进行了一定的讨论。[1]

二、“法治”与“人治”之争及“法治”内涵的深化

从1978年到21世纪初，思想的解放与经济社会建设为法治理念的进一步深化提供了必备的思想空间以及社会机遇。就此而言，该时期关于法治理念的探讨主要表现为两部分：第一，“法治”与“人治”之争；第二，“法治”内涵的深化。

（一）“法治”与“人治”之争

1978年12月18日至22日，中国共产党召开的十一届三中全会指出了在过往的社会建设中法制阙如所导致的问题，并明确肯定加强社会主义法制的必要性：为了保障人民民主，必须加强社会主义法制，使民主制度化、法律化，使这种制度和法律具有稳定性、连续性和极大的权威，做到有法可依，有法必依，执法必严，违法必究。从现在起，应当把立法工作摆到全国人民代表大会及其常务委员会的重要议程上来。检察机关和审判机关要保持应有的独立性；要忠实于法律和制度，忠实于人民利益，忠实于事实真相；要保证人民在自己的法律面前人人平等，不允许任何人有超于法律之上的特权。党的十一届三中全会公报对法制建设的强调，推动了当时法学界对法治建设问题的反思，为进一步澄清法治理念提供了契机。借1979年全国法学规划会议之契机，法学界展开了关于“法治”与“人治”的讨论。[2] 此后，关于“法治”与“人治”的讨论便在学界

[1] 思进：《论守法》，载《政法研究》1962年第4期。

[2] 张恒山主编：《共和国六十年法学论争实录·法理学卷》，厦门大学出版社2009年版，第78－79页。

逐步展开。[1]

关于“法治”与“人治”的讨论，主要从理论角度澄清“法治”的价值。不过，在澄清“法治”的价值时，往往伴随对“法治”与“人治”之区别的讨论，而这就会涉及对“法治”与“人治”所指为何的讨论。比如，陶希晋在《谈社会主义法治》中，将“人治”界定为有法不依，以言代法，以权为准。而关于何为“法治”，陶希晋则直接将党的十一届三中全会公报中提到的“有法可依，有法必依，执法必严，违法必究”作为法治的直接定义。陶希晋认为“人治”与“法治”不可能并存，并认为建设与稳固“法治”，关键在于扩大和发扬社会主义民主，特别是要进一步将民主制度化，由此才能克服“人治”所带来的弊病。[2]

陶希晋主张的“法治”与“人治”的区别以及与特定时期治理状况的关系，从界定上看还缺乏概括性。由此，也有论者认为，为了进一步明确“法治”与“人治”的区别，需要结合具体历史时期的具体状况，去看待“法治”与“人治”的关系。基于对“法治”与“人治”内涵的历史梳理而形成的论述，构成了该时期争论展开的契机。

张晋藩、曾宪义在《人治与法治问题初探》中指出，重视“人治”的儒家，也会强调法律的治理作用，并认为“法者，治之端也”。而重视法制的法家也会要求“选贤任才而待之以法”“以法为教，以吏为师”。而所谓“人治”，从儒家角度来看，则更强调君主贤明与官吏有能，方能治理有效，“徒法不足以自行”，就此而言，“人治”与“专制”不能等同视之。同时，法家更强调法令从君主出，强调君主的“术”与“势”对推动法制运作的作用，显然更为专制，因而“法治”也并非与“民主”必然关联。该文认

---

〔1〕关于本阶段的文献情况，部分文献来源于单篇的期刊论文，另一部分文献则源于《法治与人治问题讨论集》，该文集于 1980 年初版，2003 年再版，收录了 20 世纪 70 年代末 80 年代初关于该主题的代表性论文。对于文集中可以检索出原文出处的文章，本书均标注原文出处，并说明其于文集中的情况。而未能检索出原文出处的文章，则按文集页码标出注释，于正文保留其于文集中的标题。

〔2〕《法治与人治问题讨论集》编辑组编：《法治与人治问题讨论集》，群众出版社 1980 年版，第 1－6 页；社会科学文献出版社 2003 年版，第 2－6 页。

为,“法治”需要有好的“人治”相配合才能推行,而“人治”若无“法治”为参照,则缺乏合理判断的准绳,国家治理也容易丧失权威。故“人治”与“法治”,要相互配合,才能有所行。[1]

《人治与法治问题初探》一文从历史梳理的角度,对“法治”与“人治”的关联进行了进一步的澄清,特别是对“人治”的概念进行了转化,去除了其中的“专断”之内涵,转而指出其“能人治理”的意义,这点有学者也有相似的看法。于光远在《对人治与法治问题讨论的一点看法》中提出,推行法治,需要重视从立法到守法的各个环节中人的作用:立法部门需要关注立法质量的好坏,司法部门需要能良好地执行法律,而其余组织部门则要尊重法律,推动法律的实施,还需要重视法律教育,让大家都能有守法意识。于光远认为法治的推行重在两个方面:一是法律工作者要尊重法律,秉持法治立场施行法律;二是要重视人民的力量,发挥民主制度对法治的推动作用。[2] 而王桂五在《略谈人治与法治的统一》中,同样强调了“人治”中“能人治理”的内涵,与前述三位学者在此方面的论断基本一致。[3]

此外,张晋藩、曾宪义从历史角度对“法治”“人治”概念进行梳理的视角,也引发了部分学者的进一步论述。如张国华的《略论春秋战国时期的“法治”与“人治”》一文,就分别从“法治”对“礼治”、“法治”对“德治”、“法治”对“人治”等角度比较了先秦法家与儒家在治理理念上的差异,梳理了“法治”的内涵。其强调“法治”本身具有一定的稳定性、客观性以及强制性,能较好避免贤人政治“人亡政息”的局面;也能较好降低

---

[1] 张晋藩、曾宪义:《人治与法治问题初探》,载《学习与探索》1979年第5期。另该文经修改后亦收入《法治与人治问题讨论集》,标题改为《人治与法治的历史剖析》,其中增添了原文所没有的补充意见,进一步梳理了“法治”与“人治”的具体内涵。参见《法治与人治问题讨论集》编辑组编:《法治与人治问题讨论集》,群众出版社1980年版,第211-228页;社会科学文献出版社2003年版,第205-222页。

[2] 《法治与人治问题讨论集》编辑组编:《法治与人治问题讨论集》,群众出版社1980年版,第211-228页;社会科学文献出版社2003年版,第8-11页。

[3] 《法治与人治问题讨论集》编辑组编:《法治与人治问题讨论集》,群众出版社1980年版,第256-263页;社会科学文献出版社2003年版,第250-257页。

"人治"中因人的主观判断而失之任意的概率;更能为治理者积累统治的权威,即使其并非尧舜,也能施行有效治理。张国华还进一步说明,法家虽强调法令从君主出,但其立法并非任意而行,而是需要法与时转,治与时宜,而法律则应该普遍适用,不分贵贱,君主亦应该"慎法制"。就此而言,"法治"具有相当的先进性。而先秦"法治"的问题在于缺乏民主过程的限制,本质上依然依赖于君主集权,特别是先秦"法治"本质上是为了维护新兴地主阶级对分封制下的贵族阶级的特权,依然是"不平等"的。[1] 与张国华一致,高格在《中国历史上的人治与法治》中同样强调需要将"法治"与"人治"放置在具体历史背景中去理解,特别是需要理解"法治"与"人治"背后的阶级实质,才能理解这对概念的内涵。但与张晋藩、曾宪义以及张国华所认为的不同,高格认为中国封建社会的治理形态从根本上而言依然是"人治",而非"法治"或者"法治"与"人治"的结合。只要法制与吏治依然需要依靠君主专制来维持,依然主要维护君主的权威性与独裁特质,传统中国的封建社会统治形态就依然无法摆脱君主的任意专断。特别是在阶级矛盾激化的阶段,君主的专断往往会更为肆意。[2]

上述论断均从历史的角度对"法治"与"人治"的内涵进行了梳理,强

---

〔1〕 张国华:《略论春秋战国时期的"法治"与"人治"》,载《法学研究》1980年第2期。文章经修改后保持原标题收入《法治与人治问题讨论集》,参见《法治与人治问题讨论集》编辑组编:《法治与人治问题讨论集》,群众出版社1980年版,第229－234页;社会科学文献出版社2003年版,第223－237页。并且,张国华还在其与刘升平合写的《应当跳出法治、人治的窠臼》一文中重申了类似观点,参见《法治与人治问题讨论集》编辑组编:《法治与人治问题讨论集》,群众出版社1980年版,第281－293页;社会科学文献出版社2003年版,第275－285页。此外,也有学者对春秋时期儒家与法家关于"人治"与"法治"两个概念的具体内涵进行了讨论,与张晋藩、曾宪义、张国华三位学者的论文在内容上有重合之处,但讨论更为详细。参见陈进坤:《论儒家的"人治"与法家的"法治"》,载《厦门大学学报(哲学社会科学版)》1980年第2期。

〔2〕《法治与人治问题讨论集》编辑组编:《法治与人治问题讨论集》,群众出版社1980年版,第244－255页;社会科学文献出版社2003年版,第238－249页。高格在另一篇文章中进一步批判了"人治"观念,同时提出实行与建设社会主义法治的主张,其实行方式包括坚持无产阶级专政,发扬社会主义民主,坚持社会主义道路,做好社会主义立法、司法与守法制度建设,坚持并加强党的领导。参见高格:《谈谈人治与法治》,载《吉林大学学报(社会科学版)》1979年第4期。

调了“法治”与“人治”之间关系的复杂性。对此，有学者认为，加强社会主义法制，实际上就是要求“法治”，要求“以法治国”。李步云、王德祥与陈春龙的《论以法治国》对此有较为系统的阐述。

该文首先论证以法治国的必要性，认为我国的社会主义性质决定了我国是由工人阶级领导的全体人民当家作主的社会主义国家，这意味着要贯彻人民的意志，就需要实现社会主义民主，而民主权利实现的方式需要相应的法制进行确认，赋予其法律效力，才能更好地被保障，否则民主将陷入空谈，故而通过法律实现社会主义民主是必须的；同时，人民民主意志贯彻到法律当中，也意味着我国法制乃是反映人民意志的法制，因此任何国家机关的工作人员，无论级别，均需要遵守法律，而完善立法使国家机关工作人员“有法可依”，则是实现人民民主的重要形式，若无完善的法制，则在国家公职人员代表人民施行国家治理时，就必然会有个人专断的可能性。同时，通过法制可以确认我国社会主义经济建设中的有益经验，使得建设成果得以保留，其也是证明以法治国的必要性的重要依据，而这点在以往的国家治理过程当中没有得到坚持，使社会生产力的发展没有得到很好的解放。故而，以法治国是必要的。在论证“以法治国”的必要性之后，该文进一步指出若要坚持“以法治国”，需要明确以下几点：(1)坚持党的领导与以法治国有机结合。宪法确认了党的领导地位，党的政策、路线与执政方针只有上升至法律层面，才能进一步得到巩固，而党的领导也需要有法律对此进行明确、具体和详细的规定，否则要更好实现党的领导就会陷入困难，以政策代替法律，而忽略法律的特定作用的做法便是例证。(2)坚持以法治国需要摒弃“要人治不要法治”的思想。法治是避免陷入个人专断意志干扰国家治理的有效治理方式，而“人治”则是指轻视法律，依赖长官意志治理国家的治理方式，本质上与法治是不可能兼容的，而部分认为“人治”可以与“法治”兼容的观点，实际上是将法治中“人的因素”与“人治”相混淆。(3)要实现以法治国，就需要在全党、全国人民中确立法律的极大权威。这种权威的实质，是指工人阶级和全国人民的意志与利益，具有极大的权威性，而人民的意志也是社会主义法制权威性的来源，因此，法律的权威本质上就是人民的权威，必须得到尊重和贯彻。除了坚持上述三点，该文还进一步阐明实现以法治国所必须要完成的实践方面的内容：(1)完善社会主义法制，尽快制定完备的社会主义法律体系；(2)国家机关各级组织、全体公职人员以及公民需要严格遵守法律；(3)明确党政机关的分工与制约，切实保障司法机关职能的独立履行，也即明确党的领导并非"以党代政"，取消政治组织与司法组织的基本职能。[1]

《论以法治国》较为系统和全面地阐述了加强社会主义法制中的"法治"理念所指为何，并进一步指明"法治"与"人治"的区别。这点得到了不少学者的认同。如何华辉、马克昌与张泉林在《实行法治就要摒弃人治》一文中即认为，社会主义国家在坚持人民民主专政的前提下，其依赖于社会主义民主建设的社会主义法制必然也必须施行"法治"，这既是由国家性质与经济基础决定的，也是基于法制对民主的切实实现所具有的保障性作用，排斥"人治"的专断要素。[2] 李步云、王礼明则在《人治和法治能互相结合吗?》一文中进一步阐明"人治"与"法治"的区别，其关于法家、儒家的治理理念在本质上均属"人治"的观点与《实行法治就要摒弃人治》一文相似，并且进一步介绍了资产阶级的"法治"与"民主"的特点、进步作用与阶级局限性，同时将社会主义的坚持"法治"与"法律万能"区

---

〔1〕《法治与人治问题讨论集》编辑组编：《法治与人治问题讨论集》，群众出版社 1980 年版，第 29－52 页；社会科学文献出版社 2003 年版，第 23－46 页。

〔2〕《法治与人治问题讨论集》编辑组编：《法治与人治问题讨论集》，群众出版社 1980 年版，第 53－63 页；社会科学文献出版社 2003 年版，第 47－57 页。值得注意的是，该文在开头即表明其主要是在回应张晋藩、曾宪义的《人治与法治问题初探》一文的观点，可以对比阅读。另外，该文的简摘可参见何华辉、马克昌、张泉林：《实行法治就要摒弃人治》，载《法学研究》1980 年第 4 期。

别开来。[1] 刘新则在《人治与社会主义法治不能相结合》一文中对“人治”的危害进行了阐明。该文对“人治”的界定与前述文章的观点类似，并强调“人治”具有不稳定性与导入专断意志的风险，本质上与法治背道而驰。[2] 而王礼明在《试论人治与法治》中除承接上述观点外，还进一步强调：“法治”与“民主”和“法制”有区别。作为法律制度的“法制”并非任何时候都与“民主”有关系；而“法治”一词的内涵，要比“法制”的内涵更为深刻，其主要指向统治阶级采取何种方法进行统治以及法律在国家治理中的地位问题，强调法治就是强调法律对权力的限制。因此，强调“法制建设”与“发扬民主”时，更需要实行社会主义法治。[3] 吴大英、刘瀚在《正确认识人治与法治的问题》中强调不能将“人的作用”与“人治”相混淆，有“法”不等于有“法治”。[4] 谷春德、吕世伦与刘新在《论人治和法治》中，特别批判了将“人治”中的“人”等同于“人民群众”的观点，实行社会主义法治本身就是在强化与保护人民的权利。若以“人治”中的“人”指“人民群众”而反对实行“法治”，其本质上违背社会主义民主，在概念上是自相矛盾的。[5] 可以看到，坚持加强社会主义法制实际上即实行法治这一论点的与论者，大多数将“法治”与“人治”视为两种不同的治理形态，并强调“人治”的专断性和不稳定性，从而突出法治相对于人

---

〔1〕 李步云、王礼明：《人治和法治能互相结合吗?》，载《法学研究》1980 年第 2 期。该文被直接收入《法治与人治问题讨论集》，未作修改或增补。参见《法治与人治问题讨论集》编辑组编：《法治与人治问题讨论集》，群众出版社 1980 年版，第 64 – 75 页；社会科学文献出版社 2003 年版，第 58 – 69 页。此外，关于“人治”与“法治”的对立以及结合的不可能性，李步云在《法治和人治的根本对立》进行了再一次的讨论，基本观点与该文相似。参见李步云：《法治和人治的根本对立》，载《西南政法学院学报》1981 年第 2 期。

〔2〕 《法治与人治问题讨论集》编辑组编：《法治与人治问题讨论集》，群众出版社 1980 年版，第 76 – 88 页；社会科学文献出版社 2003 年版，第 70 – 82 页。

〔3〕 王礼明：《试论人治与法治》，载《学术月刊》1979 年第 11 期。该文后经稍微修改之后收入《法治与人治问题讨论集》，文章标题改为《论实行社会主义法治》，参见《法治与人治问题讨论集》编辑组编：《法治与人治问题讨论集》，群众出版社 1980 年版，第 89 – 97 页；社会科学文献出版社 2003 年版，第 83 – 91 页。

〔4〕 《法治与人治问题讨论集》编辑组编：《法治与人治问题讨论集》，群众出版社 1980 年版，第 109 – 116 页；社会科学文献出版社 2003 年版，第 103 – 110 页。

〔5〕 《法治与人治问题讨论集》编辑组编：《法治与人治问题讨论集》，群众出版社 1980 年版，第 98 – 108 页；社会科学文献出版社 2003 年版，第 98 页。

治的优越性。与论者还承认法律规制权力,保护权利的作用,并强调法治与民主之间相互支持的重要联系。

除上述观点之外,也有论者综合了“人治”论与“法治”论的不同方面,形成了新的“人治与法治结合”的观点。比如韩延龙、康英杰在《试论人治和法治的统一——兼论法学研究方法论的问题》中,调和法治论者与人治论者的观点,将人治进一步理解为党领导下的人民治理,这就是无产阶级治国的“人治”手段。其对法治的理解则与法治论者相似,指排除专断任意,为治理提供合法性基础。[1]

有观点认为,既有的争论要“法治”抑或“人治”错置了争论重点,应该将什么是“社会主义法制”作为主要的讨论对象。孙国华的《“法治”的提法不要“人治”,值得商榷》与陈荷夫的《摒弃人治与法治的陈旧观念,开展有关加强社会主义法制的科学研究》二文是其中代表。前者认为,单纯主张“法治”,忽略了法律制度对经济基础的依赖性,忽略了国家治理手段的多样性,为此,联系具体社会主义社会实践,理解什么是“社会主义法制”的特性,是关键问题。[2] 后者与张国华的《略论春秋战国时期的“法治”与“人治”》一文持论相似,认为“法治”与“人治”概念的历史负载过重,不宜用于争论。但他同时认为“社会主义法制”是社会进步的新产物,从演进的角度看也许优于“人治”与“法治”,因此谈论“法治”或“人

---

〔1〕 韩延龙、康英杰:《试论人治和法治的统一——兼论法学研究方法论的问题》,载《安徽大学学报》1980年第3期。该文经过一定增删之后收入《法治与人治问题讨论集》,主要增加了封建主义重视“人治”时也运用“法治”,资本主义侧重“法治”时也会实际上实现本阶级的“人治”两方面内容,用以丰富论证。另外,收入文集时,作者署名只保留韩延龙,文章名称亦有修改。详情参见《法治与人治问题讨论集》编辑组编:《法治与人治问题讨论集》,群众出版社1980年版,第264－277页;社会科学文献出版社2003年版,第258－271页。

〔2〕 《法治与人治问题讨论集》编辑组编:《法治与人治问题讨论集》,群众出版社1980年版,第294－298页;社会科学文献出版社2003年版,第286－291页。另外,孙国华亦在《坚持民主和法制是无产阶级的治国方针——兼论“人治”和“法治”》一文中强调此观点,并认为无产阶级治理国家既不是要“人治”,也不是要“法治”,而是要围绕社会主义经济建设,发扬社会主义民主,建设社会主义法制。参见孙国华:《坚持民主和法制是无产阶级的治国方针——兼论“人治”和“法治”》,载《西南政法学院学报》1980年第3期。

治”意义不大，现在重要的是进一步澄清“社会主义法制”的内涵。[1] 另有学者认为，强调“以法治国”的逻辑，与近代以来“教育救国”论、“科学救国”论等论点的逻辑有类似之处，仅仅片面地将某一方式或者手段视为治国或者救国的最高方略，并未能论证“以法治国”的独特性与核心地位，这里谷安梁的《讨论人治、法治问题的实质和意义》一文是为代表。[2] 对于上述认为“法治”概念不足以构成争论核心的观点，李步云在《法治概念的科学性》中有所回应。其主要采取了逐一反驳的方式，分别对法治作为超阶级与非阶级概念无法运用于无产阶级专政的情形、“以法治国”的逻辑与“科学救国”等提法的逻辑具有相似性、主张法治即主张“法律万能”等观点进行了反驳。[3]

沈宗灵在《既不宜作为口号提倡，也不宜简单地否定》一文中对“法治”进行了进一步的追问。该文区分了中国传统中的“法治”与基于西方近代资产阶级革命而产生的“法治”之间的区别，认为基于历史视角分析“人治”与“法治”关系的论者可能更多受到中国传统观念的影响，而持“法治”论者则更多受到了西方法治观念的影响。基于我国的社会主义性质，口号化地提“法治”，不能很好地与我国的社会主义性质相结合。但否定“法治”概念，则可能会忽略“法治”一词在国外的具体历史情况，

[1] 《法治与人治问题讨论集》编辑组编：《法治与人治问题讨论集》，群众出版社 1980 年版，第 326－331 页；社会科学文献出版社 2003 年版，第 319－324 页。

[2] 谷安梁：《讨论人治、法治问题的实质和意义》，载《北京政法学院学报》1980 年第 1 期。该文经修改之后收入《法治与人治问题讨论集》，标题改为《谈人治、法治问题的实质和意义》。参见《法治与人治问题讨论集》编辑组编：《法治与人治问题讨论集》，群众出版社 1980 年版，第 229－309 页；社会科学文献出版社 2003 年版，第 292－302 页。值得指出的是，在该文中，谷安梁认为“坚持四项基本原则”才构成无产阶级治国的最主要与根本的方面。而法制也需要在此基础上才能充分发挥其治理工具的价值。关于此点，有学者认为其未能抓住“法治”与“人治”争论的要点。比如浩如在《人治与法治讨论的分歧点在哪里》一文中总结，“坚持四项基本原则”乃是社会主义法制得以构建并成立的基础，因而加强法治本身就是在坚持四项基本原则，其本身作为社会主义法治的“基础”是毋庸置疑的。但如果说仅仅要“基础”就可以忽略基础之外的问题，显然简化了治理问题的复杂性。浩如的文章参见《法治与人治问题讨论集》编辑组编：《法治与人治问题讨论集》，群众出版社 1980 年版，第 25－28 页；社会科学文献出版社 2003 年版，第 19－22 页。同时，李步云亦有文章回应此点，参见李步云：《法治概念的科学性》，载《法学研究》1982 年第 1 期。

[3] 李步云：《法治概念的科学性》，载《法学研究》1982 年第 1 期。

导致与世界各国进行对话产生困难。[1]

总结本阶段关于“法治”与“人治”的争论，可以发现以下观点基本上被各方承认：(1)承认加强社会主义法制的重要性，特别是强调社会主义民主对法制建设的重要性，以及法律制度对确保民主的实现具有积极且不可忽略的作用；(2)反对个人意志专权的国家治理模式，并肯定通过法律制度避免专权治理、合理安排权力格局的必要性；(3)强调我国的法制与民主是社会主义性质的法制与民主，特别是各方均有论者看到“党的领导”对法治建设与民主建设的领导性作用；(4)回归人民民主法制建设时期形成的共识，即形成法律权威，保证国家公职人员与公民平等遵守社会主义法制是建设社会主义法制必须具备的要素。

从分析逻辑的视角，对上述各方观点进行观察，可以看到以下特点：(1)基于历史视角对“法治”与“人治”进行讨论，容易导向两种结论，或者导向“法治”与“人治”结合，或者导向不用“法治”与“人治”概念来分析“社会主义法制”。(2)引向后一种结论的逻辑，除了基于历史视角得出之外，也可以从“社会主义法制”本身的性质区别于中国历史上的“法治”与资产阶级法权意义上的“法治”得出。前述两种思路往往会出现在同一篇文章中，彼此并不矛盾。(3)坚持“法治”论者所谈论的“人治”，与“法治”结合“人治”论者对“人治”的理解极为不同，前者将“人治”理解为以个人专断意志或者是将治理效能寄托于施政者的德性的治理模式，而后者将“人治”理解为强调法律制度的实行中“人的作用”对于实现治理的重要意义。(4)基于分析逻辑的不同，“法治”的概念也会有所不同，采取“法治”说的论者大多将“法治”与专权或贤人政治意义上的“人治”相对立，往往将“法治”相对于“人治”的优点与对“法治”的界定一起混合在论述当中，其界定并不清晰。而基于历史分析或者强调“社会主义法制”的论者，则要么更多总结中国传统思想中关于“法治”的界定，或者简要引入资产阶级法权意义上近代“法

〔1〕《法治与人治问题讨论集》编辑组编：《法治与人治问题讨论集》，群众出版社 1980 年版，第 332－339 页；社会科学文献出版社 2003 年版，第 325－332 页。

治”的内涵，便停止进一步分析“法治”在社会主义法制当中的内涵与意义。这容易使其得出“法治”概念对理解“社会主义法制”不适用的结论，或者得出“社会主义法制”本身就是“法治”与“人治”结合，甚至“社会主义法制”的内涵要丰富于“法治”的结论，其逻辑展开本身就可能掩盖了“什么是‘社会主义法制’中的‘法治’的内涵”这一问题。

可以看到：(1)仅仅强调“法治”与“人治”的区别，在逻辑上并不等于澄清我国社会主义法制中“法治”的内涵。(2)“法治”论者基于历史现实将破坏法制的成因总结为“人治”，但这还没有证明“法治”就是“社会主义法制”的必然的理念追求，以至于反对“法治”论者将“法治”仅仅限定在中国传统中的“法治”与资产阶级法权意义上的“法治”，而将“社会主义法制”独立于前两者，并进一步将“法治”概念区别于“社会主义法制”的做法，似乎也具有合理性。(3)强调要进一步探索并总结“社会主义法制”内涵，不等于排除将这种内涵用“法治”来进行指称和概括的可能性，因为强调“社会主义法制”中法律的权威性对加强守法的作用，强调法律制度在限制权力、保障民主等方面的作用，均与所谓的资产阶级法权意义上的“法治”有相似之处。这意味着“法治”概念本身还具备一般性。综上，可以认为，对于“法治”的一般性界定，各方均没有作出更好的论述。同时，一般性“法治”概念的阙如，也使得进一步思考什么是社会主义法制之中的“法治”理念，缺乏探索所必备的理论资源。

（二）“法治”内涵的深化

虽然“法治”与“人治”之争还没有能对法治理念进行进一步的深化，但总的来说，通过“法治”与“人治”之争，学界对法治理念的思考被进一步推动，而法治的重要性也在争论中逐渐凸显。1984 年党的十二届三中全会通过了《中共中央关于经济体制改革的决定》，确认我国社会主义经济是公有制基础上的有计划的商品经济，由此，经济体制改革全面推开。这标志着中国的社会形态开始发生深刻的改变，也意味着国家治理模式需要发生更为深刻的改变。“法治”在经济建设和治国理政方面，开始逐渐成为共识。而法治理念也是在此背景下，获得了进一步深化的契机。

该时期法治理念的深化，首先是通过强调法治对于市场经济建设的作用而展开的。在党的十二届三中全会提出建设有计划的商品经济之后，张文显在《中国步入法治社会的必由之路》一文中强调商品经济的充分发展对我国逐步进入法治社会的推进作用。[1] 这一观点被部分学者赞同，比如谢邦宇认为，发展商品经济能为法治提供经济基础，并借机推动相应的法律制度建设，为法治的制度建设提供制度储备。[2] 郭道晖则在提出“市场经济就是法治经济”[3] 的基础上，从“国家—社会”二分的角度，为证成法治的必要性提供了社会本位的视角。郭道晖认为，“国家—社会”区分的出现意味着社会自身会具备自主的活动领域，社会自主性的发展必然会促进更多元的利益格局的产生，而国家治理本身将必然面对这种多元利益格局的整合与保护的问题。这意味着法律需要更多转向对社会秩序的保护，法律本身需要发挥国家与社会双向控制的功能，而这会为促成法治社会提供动力。[4] 不过，仅仅强调商品经济和市场经济的建设需要法治，对于澄清“法治”理念和证成“法治”的必要性方面还稍显薄弱。当经济改革对国家治理提出的制度需求，被以“法治社会”这一主题所回应时，“法治”的一般性内涵与价值，怎样形成“法治”，在我国构建“法治”所面临的问题是什么等一系列问题，也必然会伴随此一回应被进一步提出。而这些问题在学界均得到了不同程度的讨论。

“法治”的一般性内涵在本阶段的讨论中有所深化。比如，王人博、程燎原的《法治论》承接了“法治”与“人治”阶段的争论，对“法治”的一般性内涵进行了深入讨论。

《法治论》指出，在中国传统意义上，“法治”、“人治”或“礼治”均指向“专制君权如何统治”，因而不能将其直接适用于讨论当下语境中的“法治”，而是要在与我国社会主义法制不相背离的前提下才能着手讨

---

〔1〕 张文显：《中国步入法治社会的必由之路》，载《中国社会科学》1989 年第 2 期。
〔2〕 谢邦宇：《人治向法治的转变及其社会条件》，载《青海社会科学》1991 年第 2 期。
〔3〕 郭道晖：《法的时代呼唤》，中国法制出版社 1998 年版，第 735 页。
〔4〕 郭道晖：《法治国家与法治社会》，载《政治与法律》1995 年第 1 期。

论;而将“法治”简单视为资产阶级法权的产物也并不科学,因为即使在进入社会主义社会之后,对“法治”的追求也并没有消失。这说明“法治”本身理应具有一定的普遍性。[1] 在此之上,《法治论》指出法治的界定是:(1)法治同样是一种社会组织结构方式(或形式)。(2)在法治的组织形式中,权力受制于法律,而法律则作为非人格化的权威性力量对权力进行控制;法律——特别表现为宪法——具有最高效力与普遍权威,因此作为立法者的统治阶级和作为守法者的普通国民均需要遵守法律,而国民的守法必须以作为立法者的统治阶级的守法和护法为前提。(3)习惯与传统虽然依然可以作为规范起作用,但必须以维护法律的最高效力为前提才具有合理性。(4)在法治组织形式之下,个人被视为社会生活主体,个人利益与国家的差异被法律所承认,而法律同时维护国家权力与保护个人利益。(5)在前述第4项的前提下,法治可以被视为以权利为本位的组织结构形式,权利与义务在该结构形式之下于主体范围内获得统一,权利—义务关系被平等、明确地赋予任何社会成员,而特权则没有存在的空间。[2] 对上述定义进行分析可以看到,《法治论》不将法治视为一种制度德性,而是视为社会的组织结构形式,这是一种与社会理论观察法治的思路相似的分析逻辑,《法治论》强调法治是一种社会组织结构形式,但这种结构形式也具有价值追求,并且在一定程度上是人类社会组织结构的理想化拟制,是对人类有关法律实践的一切合理价值的高度抽象。作为社会组织结构形式的法治,既是一种理想目标,也是一种现实化的客观运动。[3] 由此,《法治论》对法治的定义表现出实然与应然之间的张力,也许可将《法治论》界定法治概念的分析模式,概括为“实然—应然”有机结合模式。

除《法治论》中将“法治”界定为一种社会组织结构之外,学者也提出了法治构成的其他模式。郭道晖在《法的时代精神》中指出,法治即以治

〔1〕 王人博、程燎原:《法治论》,广西师范大学出版社2014年版,第93－101页。

〔2〕 王人博、程燎原:《法治论》,广西师范大学出版社2014年版,第101－105页。

〔3〕 王人博、程燎原:《法治论》,广西师范大学出版社2014年版,第106页。

国家机器、治吏为重点，以宪治为本。[1] 张志铭在讨论法律解释时涉及“法治价值”，并将其概括为合理预期、确定性、公开性以及高度和谐一贯。[2] 张文显则认为，法治的要素为社会应主要由法律来治理；社会整合应通过法律实施和实现；立法政策和法律必须经由民主程序制定；法律必须建立在尊重和保障人权的基础上；法律必须具有极大的权威性；法律必须具有稳定性；法律必须有连续性和一致性；法律必须公正地调整各种利益关系，平等地保护和促进一切正当利益为价值目标；法律应能有效地制约国家权力，防止国家权力的失控与异变；法律应力求社会价值的衡平与互补。[3] 此外，也有学者基于党的十五大报告，指出法治施行的必然性，并概括了法治的具体内容。例如，刘海年在《略论社会主义法治原则》一文中便基于党的十五大报告，将法治原则的相关表达总结为：民主、人权、自由、平等、法律至上、依法行政、司法公正、权力制约与监督、秩序、党的领导。[4] 而徐显明则在《论“法治”构成要件——兼及法治的某些原则及观念》中，讨论了“法治”的构成要件。徐显明分别从精神要件、实体要件以及形式要件三方面探讨了“法治”的构成。[5]

《法治论》中强调“实然—应然”的分析视角，这在卓泽渊《论法治的整体性》一文中有明确的体现。《法治论》主要借助哲学上关于“整体性”的概念阐述“整体法治”的概念，以对“具体法治”的评论进行回应。所谓具体法治即强调在落实法治原则与价值时需要进行相应的实体与程序制度的构建，否则法治观念容易陷入空谈。卓泽渊赞同此观点，但强调制度建设本身需要在整体性的视角下进行，并提倡“整体法治”的观念。这里，“整体”主要突出三个方面：第一点即法治本身的内在构成要素（包括理念、制度与实践）之间的有机关联；第二点则是法治作为一种整体性的

[1] 郭道晖：《法的时代精神》，湖南出版社 1997 年版，第 496 – 498 页。
[2] 张志铭：《法律解释操作分析》，中国政法大学出版社 1998 年版，第 188 – 190 页。
[3] 张文显：《法学基本范畴研究》，中国政法大学出版社 1993 年版，第 290 – 298 页。
[4] 刘海年：《略论社会主义法治原则》，载《中国法学》1998 年第 1 期。
[5] 徐显明：《论“法治”构成要件——兼及法治的某些原则及观念》，载《法学研究》1996 年第 3 期。

系统与诸多环境要素(包括国内外政治环境、经济、社会、文化等)之间的关联;第三点则强调法治的历史发展本身的阶段性、质变与量变以及整体性优化的发展特点,并将其视为法治整体自身展开的历史进程,这点被概括为法治发展的整体性。[1]

可以看到,“法治”的一般性内涵在本阶段的讨论开始趋于复杂。而除了在一般性内涵的探讨方面有所发展之外,本阶段还有从不同角度对法治所作出的讨论。这些讨论在一般性内涵的探讨之外,为理解法治提供了更丰富的视角。

周永坤在《社会优位理念与法治国家》一文中,从“社会优位”的视角,强调我国法治建设需要克服国家优位理念所带来的阻力,从理念角度,确立社会自治、法的相对自主性、应然法观念、权力优位观念、个人法律人格自主观念等理念,以推进我国法治发展的理念优化。[2]

夏锦文、蔡道通在《论中国法治化的观念基础》一文中则将“法律至上”视为中国施行法治所必须确立的观念基础。文章指出,为了应对我国法律工具主义、法律虚无主义等观念的出现,需要确定“法律至上”观念作为我国法治建设的基础性观念。“法律至上”至少包括了如下内容:(1)法律应该是其他社会系统的价值标准;(2)政府应该对法律负责,法律应该是权力的控制器;(3)法律应该是解决社会冲突的首要渠道。在分析如何确立法律至上观念时,该文总结了邓小平、江泽民两位党和国家领导人对党与法律关系的论述,并对此进行了一定的总结。比如,在坚持党对法治建设的各项工作的领导性地位和作用的前提下,党的活动需要在法律的范围内展开。党作为执政党需要带头守法,党的主张需要经过法定程序形成国家意志,并且要让政府职能在法律框架下充分发挥。

张正德、黎国智在《论党的领导与依法治国》一文中对实现依法治国

---

〔1〕 卓泽渊:《论法治的整体性》,载《现代法学》2003 年第 2 期。
〔2〕 周永坤:《社会优位理念与法治国家》,载《法学研究》1997 年第 1 期。

与党的领导的关系进行了论述。该文认为实现依法治国必须坚持党的领导，因为党的领导在社会主义法律的创立与完善、正确执法、普遍守法与加强法律监督上均具有统领全局的作用。而在党的领导下实现依法治国，则需要党的活动在宪法和法律的范围内进行。在此之上，必须要理顺党与法律的关系，这里需要顾及如下方面：（1）摆正党和国家的关系；（2）摆正党的政策与法律的关系；（3）更新和提高全党的法律意识。〔1〕

侯健则在《实质法治、形式法治与中国的选择》一文中讨论了对法治的实质性界定与形式性界定的优劣问题，梳理了两种概念的内涵，并通过分析指出，法治的构成要件不仅仅包括一定的形式要件，也必然包括一定的实质要件，若缺乏后者，则形式法治本身不会得到执行，或者即使执行也难以长久。不过，实质法治的类型可以是多样的，并不限定于西方目前的法治类型。〔2〕

在法治构成要素方面，王晨光补充了可诉性的视角。其在《法律的可诉性：现代法治国家中法律的特征之一》一文中，基于现代法律运行中政府与公众的良性双向互动关系为法律体系塑造权威的视角，指明法律的“可诉性”对这种双向关系的构建作用，并强调通过制度构建落实可诉性对法治建设的推动作用。〔3〕

赵震江、付子堂则在《论法律功能与依法治国——法治秩序中的法律功能状况及其实现障碍》一文中指出，在我国确定市场经济体制的情况下，法律的功能必然发生扩张，政治问题可能是法律问题，而法律问题不一定是政治问题，法律在此过程中将具备更为丰富的经济功能，这点是现代社会法治发展的必然趋势。同时，法治在维护公平时，必然需要兼顾效率问题。公平与效率的关系将成为法治构建中必须考虑的问题，比如在解决纠纷过程中，如果有比诉讼成本更低的程序模式，应该适用之，而法律体系也需要进一步发展更为多元的纠纷解决机制，促进法律运行效率

---

〔1〕 张正德、黎国智：《论党的领导与依法治国》，载《现代法学》1991 年第 1 期。

〔2〕 侯健：《实质法治、形式法治与中国的选择》，载《湖南社会科学》2004 年第 2 期。

〔3〕 王晨光：《法律的可诉性：现代法治国家中法律的特征之一》，载《法学》1998 年第 8 期。

的提高。就此而言,法治秩序仅仅指其本身在纠纷解决手段中具有最高权威,而不是指“凡事必诉”。如果道德、风俗在纠纷解决中能实现更高效率,达成更好结果,则其可以视为法律纠纷解决机制的功能替换项。[1] 同样是这两位作者,其在《论政治法治化》中强调了法律的政治功能,并且指明政治法治化的几个方面:(1)政治关系法治化,主要是政治权力关系(如中央权力与地方权力,执政党权力与社会公共权力关系等)的法治化与政治权利关系(如自由权、平等权、参政权等)的法治化;(2)政治行为法治化,涉及政治斗争、政治管理、政治统治和政治参与等多个方面的法治化问题;(3)政治发展法治化;(4)政治问题法治化,如我国将“一国两制”的政治构想转变为两个特别行政区的基本法。[2]

在法治与民主政治的联系方面,也有学者进行了各类讨论。张文显在《建立社会主义民主政治的法律体系——政治法应是一个独立的法律部门》一文中,从社会主义法制建设对民主政治的支持性作用出发,指出独立构建一门政治部门法的可能性和必要性。[3] 李步云、张志铭两位学者在《跨世纪的目标:依法治国,建设社会主义法治国家》一文中,通过诠释依法治国的含义并结合党的执政纲领,论证了民主政治与法治的内在联系。[4] 季卫东则在《中国:通过法治迈向民主》一文中,通过对民主的类型、当前阻碍民主建设的各类要素、安定的民主政治的实现媒介以及权力结构的弹性化等内容的探讨,思考了在中国通过法治建设——特别是通过具备程序性特质的制度设计——构建法治社会并进一步实现民主机制的可能路径。[5]

上述文章对法治的讨论,大部分从如何建设与强化法治着手进行讨

---

〔1〕 赵震江、付子堂:《论法律功能与依法治国——法治秩序中的法律功能状况及其实现障碍》,载《法学》1997 年第 2 期。

〔2〕 赵震江、付子堂:《论政治法治化》,载《中外法学》1998 年第 3 期。

〔3〕 张文显:《建立社会主义民主政治的法律体系——政治法应是一个独立的法律部门》,载《法学研究》1994 年第 5 期。

〔4〕 李步云、张志铭:《跨世纪的目标:依法治国,建设社会主义法治国家》,载《中国法学》1997 年第 6 期。

〔5〕 季卫东:《中国:通过法治迈向民主》,载《战略与管理》1998 年第 4 期。

论，并就此从社会本位、观念基础、法治的形式定义与实体定义、党的领导、法律的可诉性、法律功能、法律与民主社会等视角进行了有益的论证。而本阶段另外一些讨论，则对"法治"本身进行反思，特别是注重对"法治"这一具有浓厚西方文化色彩的概念与中国的本土性之间的关系进行反思。

对"法治"的反思，往往首先会关注基于国家推动的、"从上到下"的法制变革是否能有效形成法治格局的问题。这方面的代表性学者是苏力，他分别在《变法，法治建设及其本土资源》与《二十世纪中国的现代化和法治》两篇文章中对此进行了讨论。需要指出的是，两篇文章都基于苏力所持的如下理论观点：法律是实现预期的稳定的规范机制；除了法律之外，习惯、道德、传统等蕴含规范性机制的社会资源，也都有可能和法律一样发挥预期稳定性功能。基于交易成本以及知识的地方性与有限理性，在特定情况下，法律的制度成本可能会比其余规范性机制更低，但这并不排除其余规范性资源在特定情况下会具有更低交易成本的可能。这是因为任何规范的运作都依赖于一系列知识，而这些知识本身是具有地方性的，因此当下运作良好的规范性机制，往往背后都与一套地方性知识相耦合，而这种耦合无疑是这一规范性机制交易成本较低的关键因素。同时，人的认知理性有限，因此注定了这种规范背后的知识机制的改变具有历时性，只能因时而动，难以进行预先的理性设计。相应地，与这套知识相关的规范性机制的改变，也只能因时而动，这意味着在某个社会中强行引入的或者依靠强力推动的规范性机制，往往不一定能发挥效果，因为它可能与一定的认知资源相违背，也因此会产生更高的交易成本。[1]

基于前述观点，苏力在《变法，法治建设及其本土资源》中认为，基于国家力量推动制度建设的"变法"进路，不一定能形成良好的法治生态。为此，关注那些在本土生成的规范性资源，有可能为形成法治生态提供助力。苏力将这些规范性资源称为"本土资源"，这里"本土资源"不完全指

〔1〕 苏力：《变法，法治建设及其本土资源》，载《中外法学》1995 年第 5 期。

“传统资源”，根据苏力的文章，这些“本土资源”可大致分为三类：(1)历史中产生并且至今仍然在发挥作用的传统规范性资源；(2)在本土最近的历史发展过程中形成的规范性模式；(3)在当下进行的实践当中正在形成的诸多具有潜力的规范性行为方式。这些均是“本土资源”，是有可能对构建中国的法治社会有推动作用的社会规范性资源。[1]

对“变法”进路的进一步反思在《二十世纪中国的现代化和法治》一文中有更为明显的体现。苏力在前述提到的理论的前提下，补充了立法推动“变法”的一个难以回避的可能性，即新制度对原有的预期稳定性的破坏。这种破坏不一定在任何时候都会产生好的效果，而是有可能妨碍社会本身的发展，产生更多的社会问题，而新问题又催生新立法，并且依然不能保证新的法律规范能够成功进入社会当中。这就会面临法律愈发繁杂，但秩序依旧阙如的悖论性局面。苏力对前述悖论进行了细化，指出了这种“变法”悖论所涉及的几个方面：(1)变法和法治；(2)法律与立法；(3)国家与社会；(4)理想与国情；(5)普适性与地方性。对于前述悖论，苏力认为，基于这种社会历史发展与法制运行的有机关联，用“滞后”来概述中国的法治建设问题可能还不够准确，立法者与法学家应该要密切关注社会本身的整体发展对规范性机制的催生作用，并且在此基础上探索、形成中国的法治秩序。[2]

其余学者对所谓“变法”模式下的法治建设问题也有一定的回应。比如季卫东在《社会变革与法的作用》一文中，便大量借助各类社会理论资源来分析“变法”问题。该文首先将通过主动推动社会结构的部分或全部的改变以克服社会危机的模式称为“社会变革”，而社会自身自然而然的结构性变化称为“社会漂移”，两者结合则统称“社会变迁”。“变法”本身是法律的主动性结构变化所导致的社会变迁的一种，可以视为“法律变迁”。而法律变迁本身与社会变迁的关系则呈现出多样的因果关联，法

---

〔1〕 苏力：《变法，法治建设及其本土资源》，载《中外法学》1995年第5期。

〔2〕 苏力：《二十世纪中国的现代化和法治》，载《法学研究》1998年第1期。

既是社会变迁的反映装置,也是其推动装置。由此,在法制本身可以充当社会变迁的转换器的意义上,为之提供一种具有观察意义的理论框架依然有现实意义。该文进一步从法制变化如何激发社会动态,过程中如何控制社会动态以及使社会动态达到预期目标给出了整体性的考察框架,并且强调,在全球化背景之下,多样主体的参与与多种文化的碰撞必然会使社会与法的互动关系更为复杂和充满偶然性,法制变革如果不考虑不同行动主体之间的横向互动对变法模式本身的从上到下的互动的因果影响,将会极大影响法治变革推动社会变迁的效果。为此,在理论上,强调自组织论的宏观分析框架与强调博弈论的微观分析框架,将为探索社会系统整合以及各种组成部分互相衔接的最适当的构成形态提供新的研究范式,更能把握法制变革与社会变迁之间的复杂因果关系。该文为此呼吁,需要采取多元主义的、关系可变的、功能等价的观点去把握法与社会变迁的关系,并在此之上推动法治改革。[1] 可以看到,该文将“变法”本身放置在法制变革与社会变迁的因果关系研究中进行讨论,并希望通过变更研究范式理清新形势下法与社会的关系,并在此上推动法治变革的建设。季卫东虽然与苏力的着眼点不同,但二人强调的侧面是相似的,即需要看到复杂的社会横向互动对“从上到下”的变法关系的影响,苏力突出的是规范性资源的调用,而季卫东强调的是研究的理论视角的变更。

除了对变法模式本身的讨论之外,还有部分学者从法治所要求的知识形态,建设法治所可能带来的政治性代价等方面,去反思法治建设本身需要注意的问题。梁治平在《法治进程中的知识转变》中指出,在法治构建过程中,法学研究的知识形态不能再停留在传统的“律学”模式的研究形态上,也不能仅仅秉持简单的社会进步观,否则在法制推进与本土规范发生冲突时,将缺乏相应的价值指引和理论智慧去解决其中的问题。[2]

---

〔1〕 季卫东:《社会变革与法的作用》,载《开放时代》2002 年第 1 期。

〔2〕 梁治平:《法治进程中的知识转变》,载《读书》1998 年第 1 期。

孙笑侠则在《法治、合理性及其代价》中指明,建设法治本身可能会导致一定的政治性代价,这些代价分别是:(1)政治目标实现手段单一化,其余实现手段会受到一定的限制;(2)权力运作的灵活性可能降低;(3)个案衡量中会面临实体正义与形式正义的冲突;(4)法治的形式合理性样式会导致某些具有实质伤害性的社会行为不能被第一时间进行回应,从而导致社会风险;(5)并非任何时候推行法制建设都能使办事效率提高,有时可能会起到降低效率的效果。这些问题需要政府有足够的定力和智慧去推进法治,并在过程中妥善解决其中的问题。[1]

综合以上各方面关于法治的讨论,可以看到,该时期对法治的讨论呈现以下特点:(1)对法治的一般性界定进行了广泛讨论,特别是对法治的构成要素进行了讨论,并达成了一定共识,比如法律对权力的合理限制;(2)讨论的理论视角渐趋多样,不同学者分别从法哲学、社会理论、文化人类学以及经济学等各方视角对此主题进行了探讨;(3)对"法治"概念的历史梳理渐趋完善;(4)对"法治"与其他要素之间关系的讨论被进一步挖掘,如法治与民主、法治与社会、法治与经济建设以及法治与党的领导等主题,均有相关的讨论;(5)法治建设的本土化问题被进一步提出,关于"法治"如何在本土具体的历史条件下得到建立,以及这种建立对"法治"的界定会产生怎样的影响的问题,正式进入学者的视野。

值得指出的是,本阶段学界关于"法治"的讨论,对党的治国路线的确定产生了影响。1997 年 9 月,党的十五大报告把"依法治国"确立为党和人民治理国家的基本方略,把"建设社会主义法制国家"改为"建设社会主义法治国家",将其作为社会主义政治发展的目标,并进一步在 1999 年,将"中华人民共和国实行依法治国,建设社会主义法治国家"写入宪法。这一路

〔1〕 孙笑侠:《法治、合理性及其代价》,载《法制与社会发展》1997 年第 1 期。

线的确认背后,离不开以郭道晖等人为代表的学者们的长期努力。[1]

可以说,该时期关于"法治"的讨论在理论和现实上均取得了值得珍视的成果。但讨论并非十全十美,主要的问题表现在:(1)虽然在"法治"的一般性构成上学界取得了一定共识,但这种"普遍法治"的界定在面临法治制度设计与政治、经济及文化要素的碰撞时,还缺乏足够的指引能力和描述性能力,这也是部分反思"法治"建设模式的持论者的论述产生的原因之一。(2)对"法治"的本土化反思,虽然学者们从规范性资源的调动、社会互动与制度变革的因果关系、法治与法学知识类型的匹配以及法治的建设成本等方面提出了具有启发性的论述,但基于前述反思而对"法治"的一般性界定进行的更为具体的研究却依然阙如,"法治"反思没有能很好地整合进"法治"的一般性探讨之中。而所谓"本土情形"应该如何界定,在承认"法治"的普遍性价值的前提下,如何结合"本土情况"提出进一步的具有实践指引效力的"法治"概念等问题,均需进一步研究。(3)问题2与问题1之间的张力,为具体制度建设中的"法治"问题应该如何解决留下了巨大的理论空白,"法治"虽然在理论与实践方面均成为价值共识,但其指引功能的发挥还存在不稳定性,亟须通过具体实践进行概括与反思。(4)如果所谓的"本土性"不仅仅指中国的传统,还指中国当下的社会主义制度实践所形成的各类治理样式,可以说,本阶段法治的"本土化"问题,也隐含地将"社会主义法制中的'法治'"这一问题涵盖进去了。但建设"社会主义法制中的'法治'"是一个对普遍性"法治"进行重新探索的过程,而"本土化"则同时将这一普遍要素与民族文化等特殊要素并置,

---

〔1〕关于郭道晖参与"依法治国"写入党治国方略的记录,参见张恒山主编:《共和国六十年法学论争实录·法理学卷》,厦门大学出版社2009年版,第98页。此外,部分学者关于"依法治国"这一主题的讨论,可参见王家福、李步云、刘海年、刘瀚、梁慧星、肖贤富几位学者联合撰写的《论依法治国》一文,该文将"依法治国"视为依照法律化的人民意志治理国家,并指出依法治国能极大维护党的权威、维护民主集中制,并有利于社会主义事业的顺利进行,详见王家福、李步云等:《论依法治国》,载《法学研究》1996年第2期。此外,王家福于1996年在中央政治局作题为《关于依法治国,建设社会主义法治国家的理论和实践问题》的讲座,对依法治国的政治合理性进行了论证。参见王家福:《依法治国,建设社会主义法治国家》,载《求是》1997年第24期。

掩盖了各类特殊性要素与此种新探索如何衔接的问题。本阶段对法治的一般性内涵的讨论，或在此方面缺乏理论上的深化，或是将其还原为历史哲学式的“实然”与“应然”的张力，从而导致所论过于泛化。

但总体而言，本阶段的讨论依然极大深化了法治的内涵，丰富了探讨“法治”理念的理论资源，确认了“法治”作为国家治理的价值共识与制度共识。但接下来对“法治”进行理论和实践上的具体化的作业，则是一个比界定法治更为困难，也更具有理论价值和实践价值的任务。

三、法治建设理念与实践的具体展开

确定“依法治国”方略，使法治得以作为制度建设的价值共识和建设目标而确立。但法治建设在现实中如何展开，则需要进行反复实践才能得到相应的经验。因此，从进入21世纪至今，关于法治的讨论，不再仅限于对法治的一般性界定以及其价值确立进行思考，而是在法治的实践内容上进行讨论。

就法治建设的具体化而言，该时期关于法治评估的一系列讨论值得注意。它涉及对各种法治量化指数的引入、界定、评估方法等方面的讨论。同时，由于法治建设的具体化，中国的社会主义法治体系被进一步拓展，涌现许多新内容和新问题，进一步使本阶段对法治理念的一般性探讨变得多样化。

（一）法治评估

法治评估方面，由于需要采取实证方式来评估法治建设情形，本议题的相关讨论往往会涉及“法治”的各项基础概念的实证化，以及对“法治量化”“法治评估”的理念层面的探讨。

在概念的实证化方面，袁曙宏在《关于构建我国法治政府指标体系的设想》一文中认为应该从客观与主观两方面构建法治政府指标体系。该文参照《全面推进依法行政实施纲要》，列出衡量政府依法行政的客观要素：（1）合理配置政府职能和完善行政管理体制；（2）建立健全科学民主决策机制；（3）提高制度建设质量；（4）理顺行政执法体制和规范行政执法行为；（5）建立防范和化解社会矛盾的机制；（6）强化对行政行为的全方位监督；（7）提高公务员依法行政观念和能力。而主观要素则需要参照前述客观要素设立，并且要能反映法治政府的各项外在维度等要素。[1] 陈海燕、张庆旭在《社会主义法治评价指标量化研究》中通过构建法治建设综合评价模型（EMRL）来解决此问题。法治建设的评估要素分为一级系统指标与二级系统指标，前者反映法治本质要求及外在表现，如法律的威信、依法行政等，后者则是能帮助调研人员对前述各个指标作出更好判断的与之密切相关的要素。例如"依法行政"下可分出以下要素：（1）行政复议维持率；（2）行政诉讼被告胜诉率；（3）政府工作人员贪污腐败发案率；（4）行政投诉和新闻批评率；（5）行政责任落实；（6）政府工作报告评议支持率。每一级指标在各自的级别内权重之和为100%，且各要素间不能相互重叠。对以上要素，该文采用Z分数法进行标准化（或无量纲化），因为该法可利用平均数与标准差确定不同数值的相对位置，能较好克服地方差异以及历史资料缺乏所带来的影响，更好反映实际情况。[2] 李朝则在《量化评估中的"法治概念"与"概念化"》中指出，评估者应该亲历概念化过程，实现"法治"概念从法学到评估学的解构与重组。在概念设计时，应该涵盖"明确的法治价值指向""层级归齐和结构完整的法治制度""映射法治资源与地方国情""可拆分的法治分类集群组合"四个要件。[3] 此外，一些城市也给出了自己具体的量化法治的基本方案，其中涉及各项指标的具体说明。[4]

在理念探讨方面，对于法治指数在本土化、客观性与科学性方面存在的问题，均有相应的反思对之进行讨论。

在本土化方面，学者基本关注到将法治标准本土化的需求。占红沣、

---

〔1〕 袁曙宏：《关于构建我国法治政府指标体系的设想》，载《国家行政学院学报》2006年第4期。

〔2〕 陈海燕、张庆旭：《社会主义法治评价指标量化研究》，载《科学社会主义》2009年第4期。

〔3〕 李朝：《量化评估中的"法治概念"与"概念化"》，载《河北法学》2017年第5期。

〔4〕 如关于浙江余杭的法治指数评估情况，可参见钱弘道：《2008余杭法治指数：数据、分析及建议》，载《中国司法》2010年第3期。

李蕾在《初论构建中国的民主、法治指数》一文中回顾了法治指数在国外的发展状况，指出在我国实施法治指数，需要增强其普适性、客观性，要避免仅仅以西方法治模式作为参照来衡量法治建设情况，从而产生"水土不服"的问题。[1] 杜维超则在《国际法治评估中的技术政治及中国立场》一文中指出，法治概念的本质可争议性、指标丢失社会信息细节、测量依赖感知性数据和结果解释的不确定性，容易导致国际法治评估难以避免价值判断与政治偏见。对此，需要扭转当前我国在国际法治评估场域的不在场状态，提高中国在全球治理中的制度性话语权。[2] 侯学宾、姚建宗在《中国法治指数设计的思想维度》中从设计理念的角度出发，指出我国还处于法治建设的进行阶段，具体的法治实践与法治理念还处于相互形成的过程中，在普遍性与特殊性、统一与杂多、建构主义思维与法治的渐进主义逻辑等思想维度存在一系列"辩证性难题"，这容易导致在设计指数标准时存在不统一等问题。[3]

在科学性、客观性方面，法治量化的指标精确化、体系化、区分化等问题也是讨论的重点。戢浩飞在《量化法治的困境与反思——基于法治评估体系实施状况的视角》中指出量化法治存在五个难题：法治的内容具有复杂性，难以精确量化；指标选择具有主观性，难以科学量化；量化活动的启动具有趋利性，难以客观量化；量化法治具有趋同性，很难突出地方特色；量化法治范式具有局限性，难以规范量化。而在具体实操上，量化法治还面临部门负责影响下可能因部门局限性、评估形式单一而受到"运动性治理"的负面影响。同时，量化评估人员组成的临时性，也会导致评估力量薄弱化。[4] 孟涛在《法治指数的建构逻辑：世界法治指数分析及其

〔1〕 占红沣、李蕾：《初论构建中国的民主、法治指数》，载《法律科学（西北政法大学学报）》2010年第2期。

〔2〕 杜维超：《国际法治评估中的技术政治及中国立场》，载《法学》2021年第2期。

〔3〕 侯学宾、姚建宗：《中国法治指数设计的思想维度》，载《法律科学（西北政法大学学报）》2013年第5期。

〔4〕 戢浩飞：《量化法治的困境与反思——基于法治评估体系实施状况的视角》，载《天津行政学院学报》2014年第4期。

借鉴》一文中提炼出法治指数的三个逻辑构造阶段：概念化与操作化、量化环节（包括数据的收集、处理与加总）以及指数结果审查。通过将国内的法治指数实践放置入三个环节进行考察，该文指出当下中国的法治指数实践存在概念化缺乏、指标体系不协调与指标遗漏以及指标操作量化环节存在争议等问题。[1] 康兰平在《法治评估的开放空间：理论回应、实践样态与未来转型》一文中指出，现有的法治评估所立足的法治观念，是形式法治观与实质法治观结合形成的规范法治观。其始终无法摆脱"法治应该是什么"的本体式循环追问，从而影响了法治评估客观性难题的破解，阻碍了法治评估创新。[2]

除反思法治评估的问题之外，在如何操作法治评估层面，同样存在各种讨论。蒋立山在《中国法治指数设计的理论问题》中认为，将法治指数与经济社会指标相结合，能反映法治建设状况与经济社会指标之间的阶段性对应关系，并通过两者的相关性来决定法治指数具体设计中不同指标的权重。[3] 钱弘道、王朝霞在《论中国法治评估的转型》一文中从定位、机制、量化与理论升华四方面着手对法治评估的转型进行回应：从定位上，应将法治评估放置于"国家治理体系与治理能力现代化"中进行认知与理解；从机制上，法治评估将从地方性的试验转变为由上到下推动的改革要求，法治评估机制的转型将至少在责任制、竞争机制和评估模式三方面有所表现；从量化方面，解决法治指标量化的"客观性"与"科学性"问题，可以将国际通用民调方法与大量专项量化评估指标相结合，优化法治评估体系；从理论方面，要建立法治评估学，基于实践优化评估理论，并推动法治评估研究方法常规化。[4] 朱景文在《论法治评估的类型化》中将法治拆解为规则之治、平等实施与良法之治几种不同含义的结合，讨论

---

〔1〕 孟涛：《法治指数的建构逻辑：世界法治指数分析及其借鉴》，载《江苏行政学院学报》2015年第1期。

〔2〕 康兰平：《法治评估的开放空间：理论回应、实践样态与未来转型》，载《甘肃政法学院学报》2016年第6期。

〔3〕 蒋立山：《中国法治指数设计的理论问题》，载《法学家》2014年第1期。

〔4〕 钱弘道、王朝霞：《论中国法治评估的转型》，载《中国社会科学》2015年第5期。

社会稳定性、社会资源对法律运作的支持能力以及社会共识三个方面对法治建设的限制性作用，并认为评估模式需要根据具体社会情形的限制，而有针对性地进行类型化处理。[1] 在《法治评估的开放空间：理论回应、实践样态与未来转型》一文中，康兰平主张引入元评估机制，完善渐进实验的反馈修正机制，从而使法治评估量化方法更为科学化。[2] 万方亮在《有限理性视角下法治评估的模式重构及逻辑遵循》中指出，克服法治评估实施主体因认知图式等限制而产生的有限理性，需要借助横向重叠评估与纵向跟踪评估，构建网络评估模式，通过网络评估模式的细密化程度来拓宽有限理性的边界，尽可能实现法治评估的客观化与中立化。[3]

在问题层面和操作层面之外，法治评估的"类型划分"也是该主题经常被讨论的一个方面。孟涛在《论法治评估的三种类型——法治评估的一个比较视角》一文中对定量评估、定性评估与建设评估三种法治评估类型进行了讨论，并指出建设评估承担了推动法治生成的功能，有其存在的合理性，但因建设评估的理论基础薄弱、评估主体与客体混同、指标重投入而轻结果、方法严谨性不足，不能完全实现法治评估的功能。[4] 李朝在《法治评估的类型构造与中国应用——一种功能主义的视角》一文中基于功能主义视角，将法治评估类型划分为三种：法治环境评估、法治实施评估、法治价值评估。这种划分法可以避免以往实践中不注重评估的类型划分而导致的结构性要素混同、功能期待错位及法治价值评估"实质

[1] 朱景文：《论法治评估的类型化》，载《中国社会科学》2015 年第 7 期。

[2] 康兰平：《法治评估的开放空间：理论回应、实践样态与未来转型》，载《甘肃政法学院学报》2016 年第 6 期。

[3] 万方亮：《有限理性视角下法治评估的模式重构及逻辑遵循》，载《行政法学研究》2020 年第 4 期。

[4] 孟涛：《论法治评估的三种类型——法治评估的一个比较视角》，载《法学家》2015 年第 3 期。

隐退”等问题。[1] 王浩在《论我国法治评估功能的类型化》中指出，目前法治评估的功能定位存在过于泛化、单一片面、忽视直接可使用性、无法回应现有法治评估实践格局以及忽视多元主体等局限。对此，该文建议从不完备性法治概念和组织分析视角，为法治评估功能分类提供理论支撑，并区分了三种法治评估功能类型：问责、学习和赋能。[2]

除一般性法治评估讨论之外，地方法治的量化评估也是法治评估中经常被讨论的主题。周尚君、彭浩在《可量化的正义：地方法治指数评估体系研究报告》中讨论了不同地方法治指数实践的具体个案，引介了构建法治指数评估体系中各项指标的权重设计的具体方法，并认为“德尔菲法”是其中较能合理确定评估体系的设计方法。该文还强调，地方法治评估，需要正确对待法治指数的功能，重点发挥其把握当前状况、发现短板与揭露潜在问题的预警功能，而不能对其给予过多的工具性期望。[3] 易卫中在《地方法治建设评价体系实证分析——以余杭、昆明两地为例》一文中则通过比较余杭、昆明两地的地方法治评估体系，认为需要明确地方法治评估体系的设计目标，避免“唯指标主义”。同时，在指标设计时需要协调法治基本目标与地方特色之间的关系，并强化地方法治主体的中立性。[4] 韩旭、钟凯在《地方法治量化评估若干理论与实践问题研究——以S省依法行政第三方评估为例》一文中通过个案研究的方式，指出地方法治指标构建所面对的难题。比如在“法治”概念难以清晰界定的前提下，如何避免因不同理解而使评估体系设计背离法治理念，避免地

---

〔1〕 李朝：《法治评估的类型构造与中国应用——一种功能主义的视角》，载《法制与社会发展》2016年第5期。李朝基于功能分类，进一步指出法治环境评估侧重于“权利实现”中法治资源的供给、分配及具体应用。可跳出公权力运作的“评估黑箱”，提供法治需求侧的真实讯息，激活公众的有效参与，加强国际交流与合作。相关讨论可参见李朝：《量化法治的权利向度——法治环境评估的构建与应用》，载《法制与社会发展》2019年第1期。

〔2〕 王浩：《论我国法治评估功能的类型化》，载《河北法学》2018年第12期。

〔3〕 周尚君、彭浩：《可量化的正义：地方法治指数评估体系研究报告》，载《法学评论》2014年第2期。

〔4〕 易卫中：《地方法治建设评价体系实证分析——以余杭、昆明两地为例》，载《政治与法律》2015年第5期。

方通过“突进式运动”达到相应标准从而空置评估体系的可能,等等。[1] 周祖成、杨惠琪在《法治如何定量——我国法治评估量化方法评析》一文中则梳理了不同量化模式的具体情况,指出了地方法治指标构建存在的问题。首先,多种法治量化模式并存,会引发模式选择是否科学、选择该量化模式的理由是什么以及不同模式结果是否具有可比性等争论,导致法治评估遭受解释能力上的质疑;其次,量化方法在具体运用上还存在瑕疵;最后,实际量化过程、量化方式缺少公开,以及结果论证机制的缺乏,都是地方法治评估体系构建中的突出问题。[2] 杨惠琪在《如何量化法治——地方法治指数现状、争议与操作设想》一文中则认为,虽然地方法治量化存在各种问题,但在对实践进行纠偏、推进国际交流等方面,法治指标建设有其积极作用;且通过量化方式对地方法治实践进行衡量,可以检测具体的法治建设状况,避免法治建设倒退,这意味着地方法治量化指标建设具有引导功能、评价功能、预测功能。而量化沉积下来的样本也可以成为国家、地方建设法治时的参考。[3] 郑智航在《中国量化法治实践中的定性与定量——以地方法治评估实践为研究对象》一文中则强调社会科学的定量研究与定性研究对构建法治指标的互补性作用,建议要充分引入社会科学的定性与定量研究方法,确定法治的基本价值目标,并在此基础上细化出具有可操作性的法治概念。同时,需要充分调动量化方法的综合运用,将定性与定量在法治实践中进行有机结合。[4]

---

〔1〕 韩旭、钟凯:《地方法治量化评估若干理论与实践问题研究——以 S 省依法行政第三方评估为例》,载《河南大学学报(社会科学版)》2016 年第 2 期。该文还讨论了构建地方法治评估体系所需要处理好的四对关系:法治理论和法治实践的普适性与特殊性的关系、国家法治建设顶层设计与地方法治评估的关系、法治评估的一般功能与特殊功能的关系、地方法治评估的无量纲化与不可公度性的关系。

〔2〕 周祖成、杨惠琪:《法治如何定量——我国法治评估量化方法评析》,载《法学研究》2016 年第 3 期。

〔3〕 杨惠琪:《如何量化法治——地方法治指数现状、争议与操作设想》,载《社会科学论坛》2016 年第 5 期。

〔4〕 郑智航:《中国量化法治实践中的定性与定量——以地方法治评估实践为研究对象》,载《东北师大学报(哲学社会科学版)》2016 年第 6 期。

(二)地方法治

法治建设的具体化过程,使中国特色社会主义法治体系所涉及的内容被逐步拓宽。这种拓宽超出了上一阶段对“法治”进行一般性探讨的范围,使本阶段对法治理念的探讨在主题上更为多样化。

基于具体的法治实践,关于“地方法治”的讨论在本阶段兴起。这是从一般性层面探索法治理念所不能产生的视角,其唯有在法治建设进入具体化阶段,并且在地方层面形成持续化趋势的实践中,才能得到展开。因而,本阶段的法治理念探讨,很大程度上表现为对地方法治建设的讨论。

关于地方法治的可能性、参与主体的关系以及地方法治的地位的讨论,在该主题中得到了普遍关注。陈柳裕、王坤、汪江连在《论地方法治的可能性——以“法治浙江”战略为例》一文中,分别从法治的渐进性、具体性以及地方的能动性三方面论证了地方法治的可能。该文指出,地方在落实国家的法治建设目标时,基于对本地信息的掌握与治理资源的熟悉程度,具有相较于中央更为有利的“因地制宜”的条件,因此地方在落实法治建设时具有能动性。[1] 葛洪义在《法治建设的中国道路——自地方法制视角的观察》一文中指出,法治本身并非仅仅是“政府推动”的产物。其考察了地方与国家的张力在经济建设、制度建设以及社会治理三个层面的种种表现,表明地方既有主动推进法治建构的积极性,也存在治理失效、与民争利等对法治建设起反作用的情况。[2] 朱未易在《地方法治建设中公民参与的法理分析与制度进路》一文中分别从公民参与的决策性特征、结构性特征、公共性特征、平等性特征以及利益性特征分析了地方法治建设中公民参与的特征,并指出需要进行四方面的构建,以便于公民参与地方法治建设:(1)有序参与地方法治建设的法律法规;(2)公民参

---

〔1〕 陈柳裕、王坤、汪江连:《论地方法治的可能性——以“法治浙江”战略为例》,载《浙江社会科学》2006 年第 2 期。

〔2〕 葛洪义:《法治建设的中国道路——自地方法制视角的观察》,载《中国法学》2010 年第 2 期。

与地方法治建设的信息披露机制；(3)真实有效的公民参与地方法治建设的评估机制与制度；(4)公民参与地方法治建设的环境机制系统。[1] 黄文艺在《认真对待地方法治》一文中则从国家整体主义法治观对地方法治建设观念层面的阻碍作用进行了揭示，并指出地方才是国家法治建设的主战场。这主要体现在四方面：(1)地方是规则制度的主要创新者；(2)地方是宪法法律的主要实施者；(3)地方是矛盾纠纷的主要解决者；(4)地方是公平正义的主要输送者。[2] 付子堂、张善根在《地方法治建设及其评估机制探析》一文中从历史发展、现实社会基础、地方法治兴起原因、国家法治与地方法治的关系以及宪法的实施结构五个方面讨论了地方法治的合理性基础，并指出“地方”可以作为中国法治建设独有的“问题域”，而中央并非唯一的法治建设主体，地方和基层可能是更为重要的和主要的法治建设主体。[3]

也有学者对地方法治对推动法治建设的作用进行了相应的探讨。周尚君在《国家建设视角下的地方法治试验》中提炼出程序型法治、自治型法治以及市场型法治三种地方法治实践的“理想类型”。其指出地方法治实践在提升国家能力、建设社会组织、塑造公民意识、弥补中央治理欠缺等方面可以发挥重要的作用。[4] 在《地方法治试验的动力机制与制度前景》一文中，周尚君则引入“内在制度”理论讨论地方法治制度生成的逻辑，指出鼓励、引导地方法治建设有利于推动制度生成，并提升制度的生命力。地方可以通过提供优质的“非市场提供的产品与服务”及“政府供给产品与服务”吸引特色资源，推动地方发展，发挥竞争优势。而这会强化地方竞争，产生地方发展动力。[5] 也有学者指出了地方法治的展开与传统政治治理逻辑的结构性相似。才圣、杜宴林在《地方法治：中国传

---

〔1〕 朱未易：《地方法治建设中公民参与的法理分析与制度进路》，载《南京社会科学》2010年第10期。
〔2〕 黄文艺：《认真对待地方法治》，载《法学研究》2012年第6期。
〔3〕 付子堂、张善根：《地方法治建设及其评估机制探析》，载《中国社会科学》2014年第11期。
〔4〕 周尚君：《国家建设视角下的地方法治试验》，载《法商研究》2013年第1期。
〔5〕 周尚君：《地方法治试验的动力机制与制度前景》，载《中国法学》2014年第2期。

统“封建”政治思路的现代表达》中认为,“地方法治”可以视为我国传统治理中“寓封建之意于郡县之中”的多元治理智慧的现代表达,它在建设现代民族国家进程中,有效缓解了国家法律与地方性知识之间的紧张关系,以看似“反现代”的方式有效回应了本土法治现代化建设中出现的困境。[1] 也有学者从超大型国家治理角度思考地方法治的作用。郑智航在《超大型国家治理中的地方法治试验及其制度约束》一文中指出,地方法治试验是回应超大型国家治理结构性难题的一种有效方法,其允许中央协调集权与分权的关系,通过宪制约束、组织约束和政策调控等多种手段来调整地方法治试验的边界。[2]

塑造地方法治的机制,是本阶段经常被讨论的议题。李晟在《“地方法治竞争”的可能性 关于晋升锦标赛理论的经验反思与法理学分析》一文中反驳了基于“锦标赛模式”而得出地方之间会发展出法治竞争情势的论断。其通过分析认为,目前的社会转型将会使得法理型统治逐步占据统治模式的主流,并加强形式理性化法治,中央集权对地方的控制将会相对减弱,而科层制的运作则被强化,从而使得地方官员的晋升更少依赖中央,导致晋升锦标赛的效果无法发挥。地方法治建设不仅不会以地方法治竞争的形式表现出来,还会减弱地方竞争。[3] 也有学者探讨如何借助地方竞争格局转变的契机,推动地方法治建设。周尚君在《地方法治竞争范式及其制度约束》一文中指出,压力型发展模式以及与之配套的激励机制,已经使地方竞争产生大量负面效应,其可持续性堪忧,地方竞争亟须寻找转型点。通过对地方公共产品供给模型的讨论,该文澄清了地方通过法治建设提升竞争势能的原理所在,并通过考察制度经济学中关于

---

〔1〕 才圣、杜宴林:《地方法治:中国传统“封建”政治思路的现代表达》,载《东北师大学报(哲学社会科学版)》2015 年第 5 期。

〔2〕 郑智航:《超大型国家治理中的地方法治试验及其制度约束》,载《法学评论》2020 年第 1 期。关于地方法治试验的讨论,还可参见郑智航:《当下中国地方法治试验的理想类型与实践反思》,载《国家检察官学院学报》2021 年第 1 期。其对地方法治试验的形式进行了概括,并提炼出自主探索型、上级设计型和请示授权型三种理想类型。

〔3〕 李晟:《“地方法治竞争”的可能性 关于晋升锦标赛理论的经验反思与法理学分析》,载《中外法学》2014 年第 5 期。

制度成本与发展建设的关系的讨论，指出制度发展与经济变迁的动态关联，在特定阶段中有效的特定制度不一定会在下一阶段继续有效，当新的制度安排所带来的私人收益可能超过成本时，地方制度建设的内生需求以及来自社会层面的外生压力就会迫使地方实施转型。因而，地方转向通过法治建设优化竞争势能的"规则型发展模式"是完全有可能的。[1]

地方竞争之外的对地方法治塑造有影响的机制，同样有学者关注。丁轶在《地方法治扩散的原理与限度》一文中指出，地方法治扩散现象的动力与地方法治竞争相区别，主要来源于中央政府。其以"外生驱动型逻辑"为主，表现出扩散效果不确定、象征性采纳行为大量存在、扩散机制的非法治化运行、扩散过程社会缺位等特质。[2] 同样是丁轶，其在《党政体制塑造地方法治的逻辑与路径》一文中对党政体制对地方法治治理塑造程度的类型和具体效果进行了探讨，基于党政体制中以党委领导为核心，以领导小组机制和政治势能机制为驱动的"一核双轴"逻辑，结合地方法治决策制定与实施的全过程，该文提炼出三个地方法治规划的塑造类型，分别是系统性塑造、请示授权型试验的结构性塑造和政治动员型实施的过程性塑造。[3]

地方法治建设的展开，必然会在现实和理念层面产生诸多问题。对此学者同样进行了反思。朱未易在《我国地方法治建设的实践、问题及其路径》一文中概括了我国地方法治建设实践的三种类型：体制回应型、先行先试型与自生自发型。每种类型虽然有各自的问题，但其在七个方面存在共性问题：地方法治建设纵横向关系法治化、地方法治建设的地域不

〔1〕 周尚君：《地方法治竞争范式及其制度约束》，载《中国法学》2017 年第 3 期。紧接此话题，讨论地方法治竞争的兴起及需要注意的问题的文章，可参见魏建国：《当代中国地方法治竞争的兴起：原因、意义及完善趋向》，载《北方法学》2019 年第 1 期。其分别从国家法治引领原因以及流动经济原因角度考察了地方法治竞争兴起的原因，并指出几个完善地方法治建设的重点方面：完善地方考核中法治的独立性指标与独立性建设；完善地方民主参与并推动地方法治建设的社会化与民主化；完善要素流动，增加地方法治竞争的压力与动力；加强区域法治建设，推动地方法治竞争的升级与转型。

〔2〕 丁轶：《地方法治扩散的原理与限度》，载《法学家》2021 年第 1 期。

〔3〕 丁轶：《党政体制塑造地方法治的逻辑与路径》，载《法商研究》2022 年第 6 期。

平衡、地方法治建设的强政府弱社会、地方法治建设的形式化与碎片化、地方法治建设的部门利益制度化、地方法治建设的民意缺失、地方法治建设的生态环境。对此，论者认为需要在国家顶层设计、政府与社会关系以及激活多元主体有序参与方面进行破局。[1] 倪斐在《地方法治概念证成——基于治权自主的法理阐释》一文中探讨了地方法治在概念层面存在的问题。其认为，先行法治论、地域文化论、地方竞争论和国家试错论四种关于地方法治建设的理论，未能完全证成地方法治概念。对此，其建议引入治权自主论对地方法治的权力基础进行证成。[2] 李霞在《从经济增长驱动到法治指标驱动——中国地方法治动力机制研究》一文中指出，地方法治的动力机制从经济增长驱动型动力机制转向了评估政府法治水平的法治指标型动力机制。但两种机制均以政府导向、绩效导向为主，其可持续性不足。[3] 丁轶在《承包型法治：理解"地方法治"的新视角》一文中将地方法治建设视为一种"承包型法治"，其具有法治建设强激励、中央弱控制、争端解决方式行政化等特点。承包型法治内在蕴含着诸多二元张力，比如法治试验的创新性与投机性，而这些张力均对地方法治的稳定性有巨大的影响，其转型方向亦是不明朗的。[4] 倪斐在《地方法治：解决区域发展不平衡问题的内生型路径》一文中从区域发展不平衡的角度指出区域政策对地方法治建设可能产生激励作用或者替代作用，并带来不同的政策效果。对此，论者认为需要构建与区域政策相协调的地方法治，发挥地方法治在促进区域协调发展方面的内生性作用。[5]

---

〔1〕 朱未易：《我国地方法治建设的实践、问题及其路径》，载《政法论丛》2017 年第 3 期。

〔2〕 倪斐：《地方法治概念证成——基于治权自主的法理阐释》，载《法学家》2017 年第 4 期。其认为，主权、治权分离是地方法治概念的法理基础，宪法、法律中关于地方治权形态与事项的规定构成了地方法治概念的制度凭据，而中央主导下地方治权自主是地方法治概念的社会实效依据，并认为治权自主论可以明确地方法治概念主体层级，评判地方法治实践及合理界定地方法治与国家法治关系。

〔3〕 李霞：《从经济增长驱动到法治指标驱动——中国地方法治动力机制研究》，载《行政法学研究》2017 年第 6 期。

〔4〕 丁轶：《承包型法治：理解"地方法治"的新视角》，载《法学家》2018 年第 1 期。

〔5〕 倪斐：《地方法治：解决区域发展不平衡问题的内生型路径》，载《江海学刊》2020 年第 4 期。

从上述文献可见,本阶段关于地方法治建设的讨论,借助了来自政治学、制度经济学等社会科学的理论资源。这无疑使“法治”理念的内容在具体运作和实证解释层面获得了进一步的深化。

(三)法治理念探讨的多样化

在“地方法治”这一主题之外,本阶段关于法治的其余讨论还从多个视角探讨了法治理念。这些讨论或者涉及对党提出的诸多治国理政的关键词的解读,或者是从不同角度对法治的一般理念进行探讨。

讨论法治时会涉及的治国理政的关键词,包括法治中国、法治社会、和谐社会、国家治理体系与治理能力现代化、中国特色社会主义法治体系等。学者在讨论这些关键词时,会同时讨论“法治”的一般问题。

在“法治”与“法治中国”方面,学者的讨论往往涉及本土化、法治建设改革、法治中国内涵等问题。季卫东在《法治中国的可能性——兼论对中国文化传统的解读和反思》一文中从复杂性、制度设计拟态性、剧场国家与共鸣效果的产生以及规范层面的博弈均衡四个角度,对中国传统法文化进行了剖析。该文指出,传统中国的规范运行依托于实践理性下权力的试验性运作,法规范的实现需要在不同价值领域间进行往返交涉,从而催生大量交涉媒介。这些媒介与规范运作并行,容易导入力量对比关系干扰秩序运行,从而使原本用于化约规范复杂性的法律规范自我复杂化,而关系脉络的复杂化一旦难以负担自身的风险,则必然会引导绝对权力对其进行硬性调整,从而产生权力专断与规范施行的“短路连接”。该文建议将前述规范运作模式纳入程序化沟通之中,使传统规范运作模式强调的“合理的合意”进一步通过沟通的有序化成为“合法的合意”,以促进中国的法治现代化进程的本土化。[1] 黄文艺在《对“法治中国”概念的操作性解释》一文中基于习近平总书记关于“三个共同推进,三个一体建

---

〔1〕 季卫东:《法治中国的可能性——兼论对中国文化传统的解读和反思》,载《战略与管理》2001 年第 5 期。

设”的论述,[1]对“法治中国”所囊括的范围进行了概述:法治中国即法治国家、法治政党、法治政府与法治社会的有机统一,这种解释更准确地概括出党的法治理论的新发展,也更能揭示法治中国建设的主要内容。[2]马长山在《“法治中国”建设的问题与出路》一文中则指出:随着改革步入“深水区”,法治建设已面临思想观念的价值撕裂、体制内与体制外的错位运行、社会冲突的随机性迸发等困境。对此,需要通过重建价值观体系、重塑体制机制、重组社会结构和塑造公民品格,推动“法治中国”早日实现。[3] 汪习根在《论法治中国的科学含义》一文中从主客体二元互动关系的角度讨论“法治中国”的科学含义。其中,主体维度涵摄法治自觉、自信、自立与自强;客体维度从依法治权与依法维权的二元对立转向互信、和谐的权力与权利关系模式。在客体维度上转向后的法治中国,还致力于构建友爱的党民关系、友善的政民关系和友好的法民关系。[4] 张文显则在《全面推进法制改革,加快法治中国建设——十八届三中全会精神的法学解读》一文中对“法治中国”的内涵进行了解读。[5]

付子堂、常安在《民生法治论》一文中对“和谐社会”加以解读,指出“民生”对法治建设的重要性。当代中国的民生话语与传统的“民生”以及孙中山先生所强调的“民生”有本质不同,其植根于和谐社会与人民民主专政的背景,是公民政治、经济、文化权利的全面实现。就此而言,各类民生问题看似是经济、社会、文化难题,但在内里却均蕴含着权利问题。而权利乃法治要义所在。故而,中国本土的法治建设必然要围绕解决民生问题而进行,由此需要发展“民生法治论”。[6]

而涉及国家治理体系与治理能力现代化时,学者一般从法治对于促

---

〔1〕 习近平:《在首都各界纪念现行宪法公布施行30周年大会上的讲话》,载《人民日报》2012年12月5日,第2版。

〔2〕 黄文艺:《对“法治中国”概念的操作性解释》,载《法制与社会发展》2013年第5期。

〔3〕 马长山:《“法治中国”建设的问题与出路》,载《法制与社会发展》2014年第3期。

〔4〕 汪习根:《论法治中国的科学含义》,载《中国法学》2014年第2期。

〔5〕 张文显:《全面推进法制改革,加快法治中国建设——十八届三中全会精神的法学解读》,载《法制与社会发展》2014年第1期。

〔6〕 付子堂、常安:《民生法治论》,载《中国法学》2009年第6期。

进治理的现代化的作用来讨论法治。张文显在《法治与国家治理现代化》一文中指出，法治是国家治理的基本方式，现代法治为国家治理注入良法的基本价值，提供善治的创新机制，因此，法治对于国家治理现代化具有根本意义和决定作用。由此，法治化是国家治理现代化的必由之路，它包括治理体系法制化和治理能力法治化两个基本面向。[1] 喻中在《作为国家治理体系的法治体系》一文中指出国家治理体系伴随中国的治理模式演进到法治中国阶段，从以礼治为核心的国家治理体系转变为以法治为核心的国家治理体系。法治对治理合法性与有效性的支持，使得国家治理体系与法治形成了一体两面的同构关系，国家治理能力与法治能力因此高度重叠。[2] 喻中在《中国式法治现代化的建构方案》一文中指出了现代法治建构的中国方案的几个突出方面：党中央集中统一领导的法治领导体制、人民至上的法治德性准则、面向国家治理的法治功能定位、传承中华优秀传统法律文化的法治历史意识。[3] 张文显在《中国式国家治理新形态》一文中则指出坚持在法治轨道上推进国家治理现代化，是中国式国家治理现代化新道路新形态的“十个坚持”中重要的一方面。国家治理体系与治理能力必须以中国特色社会主义法治体系为依托，坚持依法治国与以德治国相结合，确保国家治理在法治轨道上运行。[4]

学者对“法治社会”的内涵及其与法治化的关系也进行了讨论。陈柏峰在《中国法治社会的结构及其运行机制》一文中指出，“法治社会”是具有高度中国实践特色的概念，它指向公权力运作系统之外的社会生活的法治化。法治社会的建设，应该由相当有辨识性的目标指引。在此之上，该文特别强调，“基层”将构成法治社会的具体运作场景，对基层运作的法治化研究，需要直面基层的条件制约、主要事务以及其社会组织功能

---

〔1〕 张文显：《法治与国家治理现代化》，载《中国法学》2014 年第 4 期。

〔2〕 喻中：《作为国家治理体系的法治体系》，载《法学论坛》2014 年第 2 期。

〔3〕 喻中：《中国式法治现代化的建构方案》，载《法律科学（西北政法大学学报）》2023 年第 2 期。

〔4〕 张文显：《中国式国家治理新形态》，载《治理研究》2023 年第 1 期。

的具体情形。[1]

李龙在《中国特色社会主义法治体系的理论基础、指导思想和基本构成》一文中讨论了中国特色社会主义法治体系的具体内容。中国特色社会主义法治体系的理论基础，是以唯物史观为理论武器的马克思主义法学。在法治体系构成上，文章通过总结习近平总书记对依法治国的论述，特别是党的十八届三中全会公报、四中全会通过的《中共中央关于全面推进依法治国若干重大问题的决定》和习近平总书记在全会上的说明，在坚持完备的法律规范体系、公正的法治实施体系、严密的法治监督体系、有力的法治保障体系、完善的党内法规体系"五大体系"的基础上，建议对中国特色社会主义法治体系还可以补充如下内容：严整的党的领导、人民当家作主和依法治国有机统一的原则体系；科学的依法执政体系；严谨的法治社会体系；完善的法律执行体系。[2]

除将法治与一系列治国理政的"关键词"并置讨论之外，学者还分别从法治思维、"以人为本"与法治的关系、法治建设的进路以及中国法治建设在规范层面的表现方面，对"法治"进行了一般性讨论。

在法治思维方面，陈金钊在《法律思维及其对法治的意义》一文中强调了法治思维的思维定势（法律观念与法律价值等）与思维方法（法律推理、解释、论证与思维程序等）作为法治基本要素的重要性。其指出法律思维区别于日常思维，是法治得以推行的重要因素。[3] 吕世伦、张学超在《"以人为本"与社会主义法治——一种法哲学上的阐释》一文中则从"以人为本"与"法治"的关系角度讨论了法治理念。该文指出，法治是人类对自身存在、价值与命运的制度安排，因而"以人为本"蕴含于法治当中。社会主义法治应以彻底解放人为宗旨，在此意义上"以人为本"与

〔1〕 陈柏峰：《中国法治社会的结构及其运行机制》，载《中国社会科学》2019 年第 1 期。
〔2〕 李龙：《中国特色社会主义法治体系的理论基础、指导思想和基本构成》，载《中国法学》2015 年第 5 期。
〔3〕 陈金钊：《法律思维及其对法治的意义》，载《法商研究》2003 年第 6 期。

“依法治国”乃是相辅相成的。[1]

在法治建设的进路这一方面，学者的讨论往往涉及法治建设的渐进性、本土性与实验性。马长山在《法治的平衡取向与渐进主义法治道路》一文中强调法治的非模式化、流动性和地方性，具有非常明显的互动平衡特征。中国进行法治建设需要确立互动平衡精神和务实策略，采取渐进主义的法治道路，才能建立起扎根本土的法治秩序。[2] 顾培东在《中国法治的自主型进路》一文中则强调了我国处于从借鉴外来制度与理念构建法治体系向适应国情、解决本土实际问题转向的自主型进路的过程。该文分析了司法层面的改革问题，从党的领导、地方区域发展差异、本土社会治理资源多样性与司法治理资源匮乏的矛盾、社会阶层分化和公众法律认知的角度，对司法的法治化改革进行了讨论。[3] 孙笑侠在《法治转型及其中国式任务》一文中指出，转型期法治要完成蜕变走向成熟，需要优化和强化若干中国式的任务，包括缩减“半法治”的范围、有区分地应用建构与演进两种进路、把握转型时机与重点、选择并健全法治的必备制度要件以及消解实质性思维的副作用以树立法治观和正义观。[4] 钱弘道、杜维超在《论实验主义法治——中国法治实践学派的一种方法论进路》一文中则基于法治评估实践，阐释了“实验主义”法治的观点。其讨论了实验主义治理理论，认为此种模式是一种递归学习的过程，能对不同条件下达成目标的路径进行对比，并寻求临时性的目标设定和路径修正。这种治理进路与中国现代化治理实践发展的实验倾向有吻合之处，而中国地方法治建设的自主性有不断增长的趋势，使构建实验主义法治具有现实的条件支持。[5]

---

〔1〕 吕世伦、张学超：《“以人为本”与社会主义法治——一种法哲学上的阐释》，载《法制与社会发展》2005年第1期。

〔2〕 马长山：《法治的平衡取向与渐进主义法治道路》，载《法学研究》2008年第4期。

〔3〕 顾培东：《中国法治的自主型进路》，载《法学研究》2010年第1期。

〔4〕 孙笑侠：《法治转型及其中国式任务》，载《苏州大学学报（法学版）》2014年第1期。

〔5〕 钱弘道、杜维超：《论实验主义法治——中国法治实践学派的一种方法论进路》，载《浙江大学学报（人文社会科学版）》2015年第6期。

对于本土法治建设于“规范”层面的表现，也有学者进行了相应讨论，朱林方在《论双轨法治 复规范性的中国叙事》一文中认为，中国法治建设的规范格局是“双轨制”规范格局。相比于法治建设过程存在规范多元性这一普遍特征，中国法治建设过程中的规范的“双轨性”是本土所独有的规范特征，这具体体现为历史上出现的“礼法合治”局面与如今的“党规—国法合治”局面。[1] 中国特色社会主义法治建设离不开中国共产党的领导。张文显认为，坚持中国共产党的领导是中国特色社会主义法治之魂，是我国法治与西方法治的最大区别。中国实施的是“大国法治”战略，必须在党中央的集中统一领导下坚定不移走中国特色社会主义法治道路。[2] 莫纪宏则以习近平法治思想为指导，以马克思主义立场、观点和方法全面、系统地剖析了中国特色社会主义法治改革的底层逻辑，认为“法治是中国式现代化的重要保障”意味着法治首先要“现代化”，才能推进“中国式现代化”，“法治改革”的制度目标就是要通过“法治各环节改革”与“法治各领域改革”，确保中国特色社会主义各项制度的“合宪性”。[3]

四、结语

不过，当下关于法治的具体实践以及相应的知识积累，已经形成了一定的沉淀厚度。而现在，人工智能与数字技术的铺展，逐步开启了向“数字社会”发展的可能性。技术赋权与权利义务平衡的价值理念、去中心化与再中心化的体系性构架、平台引领与“软硬协同”的治理模式、算法决策与代码规制的秩序形态、纠纷解决机制的可视化趋向等数字社会治理

〔1〕 朱林方：《论双轨法治 复规范性的中国叙事》，载《中外法学》2022 年第 5 期。
〔2〕 张文显：《马克思主义法治思想与中国化时代化的重大成果——党的二十大报告对习近平法治思想的创新发展》，载《当代法学》2023 年第 5 期。
〔3〕 莫纪宏：《论法治改革的底层逻辑——党的二十届三中全会精神的法学解读》，载《中国法律评论》2024 年第 5 期。

逻辑正在不同治理领域展现其基本样态,[1]而数字技术发展所带来的一系列新难题,极有可能对既有的法治观念进行解构,并通过解构而促进其重构。在此背景下,以数字化认知、数字化思维、数字化技术全面推进和系统建构法治中国,已成为全面推进依法治国的战略需求和必然选择。[2] 在可见的将来,基于本土实践与数字社会转型的中国法治建设,有可能也有能力提供另外一幅"法治图景"。

延伸阅读学术著作

1.《法治与人治问题讨论集》编辑组编:《法治与人治问题讨论集》,群众出版社 1980 年版。
2. 王人博、程燎原:《法治论》,山东人民出版社 1989 年版。
3. 苏力:《法治及其本土资源》,中国政法大学出版社 1996 年版。
4. 季卫东:《法治秩序的建构》,中国政法大学出版社 1999 年版。
5. 李步云:《论法治》,社会科学文献出版社 2015 年版。
6. 张文显:《法治的中国实践和中国道路》,人民出版社 2017 年版。
7. 钱弘道:《法治评估及其中国应用》,人民出版社 2017 年版。
8. 周尚君等:《法治定量:法治指数及其中国运用》,中国法制出版社 2018 年版。
9. 李林:《建设法治强国》,人民出版社 2020 年版。
10. 刘作翔等:《法治与改革:中国的实践》,上海人民出版社 2024 年版。

延伸阅读学术论文

1. 孙国华:《坚持民主和法制是无产阶级的治国方针——兼论"人治"和"法治"》,载《西南政法大学学报》1980 年第 3 期。

---

[1] 马长山:《数字社会的治理逻辑及其法治化展开》,载《法律科学(西北政法大学学报)》2020 年第 5 期。
[2] 周尚君:《习近平法治思想的数字法治观》,载《法学研究》2023 年第 4 期。

2. 郭道晖:《法治国家与法治社会》,载《政治与法律》1995 年第 1 期。
3. 季卫东:《法治中国的可能性——兼论对中国文化传统的解读和反思》,载《战略与管理》2001 年第 5 期。
4. 付子堂、常安:《民生法治论》,载《中国法学》2009 年第 6 期。
5. 张文显:《法治与国家治理现代化》,载《中国法学》2014 年第 4 期。
6. 周祖成、杨惠琪:《法治如何定量——我国法治评估量化方法评析》,载《法学研究》2016 年第 3 期。
7. 周尚君:《地方法治竞争范式及其制度约束》,载《中国法学》2017 年第 3 期。
8. 陈柏峰:《中国法治社会的结构及其运行机制》,载《中国社会科学》2019 年第 1 期。
9. 朱林方:《论双轨法治——复规范性的中国叙事》,载《中外法学》2022 年第 5 期。
10. 侯学宾:《论法治体系概念》,载《中国社会科学》2024 年第 9 期。

延伸阅读学位论文

凌斌:《寻求和谐法治——中国当代法治的反思与探索》,北京大学 2005 年博士学位论文。

第三十六章　立　　法

本论题导读

新中国成立以来，中国立法研究随着立法制度变迁与立法实践的展开，经历了不同的研究发展阶段：早期立法研究匮乏阶段（1949—1978年）—立法研究初步发展阶段（1979—1999年）—《立法法》颁布后的立法研究阶段（2000—2011年）。尤其是随着改革开放40多年来的成功推进，立法研究逐步改变了最初的零散、非体系性的状态，形成了一门独立的学科，立法学研究体系业已形成，并得到不断加强和发展。我国学术界也已形成较为完备的立法研究体系成果，涉及的核心议题涵盖原则、体制、程序和技术等方面。未来的立法研究范式不应拘泥于"规范""描述"等阐释性立法研究，需面向建设性、创制性立法，重视从动态、系统、多维的视角探究立法。同时，关于立法的研究也朝着更加精细化的方向发展，如随着社会不断进步和发展而出现的人工智能、大数据等现代科技成为立法研究的前沿问题。

立法一般称为法律制定，是依法治国的基础。广义的立法（主流观点）和法律制定两个概念可以通用。[1] 我国法理学界主流观点将立法定位为特定的主体依据一定的职权、程序、技术进行的制定、认可、修改、补

〔1〕 付子堂主编：《法理学初阶》（第6版），法律出版社2021年版，第240页。

充、废止的活动。[1] 新中国成立以来,尤其是改革开放成功推进以来,立法也得到不断加强和发展,通过反思我国的立法进程和立法经验,我国把立法与改革发展的重大决策紧密结合了起来。以改革的精神对待和解决立法中遇到的问题和难点,围绕市场经济体制的主要环节,努力构筑社会主义市场经济法律体系框架。[2] 改革开放 40 多年来的立法进程,是一个从实践中产生认识,再通过经验总结上升到理论,最后用比较成熟的理念来制定法律的过程,特别是民事、商事和经济活动的立法,始终是循着改革开放的路径在前进,并结合中国国情不断在实践中丰富和完善。

2011 年 3 月 10 日,第十一届全国人民代表大会四次会议宣布,中国特色社会主义法律体系形成,在这个过程中我们走了一条从改革实践到立法的道路。中国的立法理念和价值取向不断发生着变化,集中体现为确认公共权力与保障公民权利并重,效率与公正并重,实体立法与程序立法并重。同时,立法方式走向开门立法、听证立法,立法过程更加透明、民主,立法质量不断提高。[3] 值得着重研究的是,处在社会迅速转型期的立法,具有一定的特殊性。其中,为适应改革的需要,法律修改的周期短一些是正常的。这方面,不宜把法律的稳定性强调到不适当的地步。这已为 40 年来法制建设的实践所证明。坚持立法与改革发展和现代化建设相适应,把实践证明是正确的经验用法律固定下来,巩固改革开放和现代化建设的积极成果,保障和促进经济社会又好又快发展,为改革发展和现代化建设创造良好的法治环境。

经过新中国成立以来的不断探索和改革完善,我国的立法研究也已经基本成熟定型,立法研究的内涵得到不断丰富和细化,体现在立法理念、立法体制、立法程序、立法技术、立法解释等诸多方面。如在立法权的

〔1〕 张文显主编:《法理学》,高等教育出版社、北京大学出版社 2007 年版,第 223 – 226 页;周旺生:《立法学教程》,北京大学出版社 2006 年版,第 57 – 59 页。

〔2〕 李林:《改革开放 30 年与中国立法发展(上)》,载《北京联合大学学报(人文社会科学版)》2009 年第 1 期。

〔3〕 刘株:《中国法律体系形成走了一条改革实践的路——专访中国法学会立法学研究会会长、全国人大常委会法工委原副主任张春生》,载《文汇报》2014 年 9 月 12 日,第 12 版。

科学配置方面,应当聚焦国内法与制定法,重点研究不同立法主体的权力界限,无论是宪法规定的国务院的“根据原则”、地方的“不抵触原则”、民族自治地方的“变通原则”,还是全国人大及其常委会的专属立法权设置,均未完全解决立法权的科学配置问题,需要理论界与实务界进一步总结研究。未来我国立法研究应当紧紧围绕法治中国的建设需要,以中国的立法实践需要为导向,全面推进立法理论、制度、技术等方面的研究向纵深方向发展,始终坚持立法研究政治性与学术性的统一,构建更加开放的立法学研究体系。[1]

一、立法研究历史脉络

新中国成立后,学界对立法的研究经历了一个从点到面再到立体化、体系化的过程。回顾立法研究的历史脉络,深入分析我国立法理论的演进过程,以及立法理论与立法实践相互促进的关系,对于优化立法研究进路、提升立法质量和推动立法科学化、民主化有重要意义。

(一)早期立法研究匮乏阶段(1949—1978 年)

新中国成立后的前 30 年,中国立法研究几乎处于“沉寂”状态,这一时期又可以细分为两个阶段:

第一个阶段是 1949 年至 1956 年。治国思想的转变,从革命时期主要依靠政策,向新中国成立初期既依靠政策又逐步依靠法律转变。这一阶段所制定的法很少,因为形势瞬息万变,法律的制定缺乏稳定的外部条件。这一阶段,我国为建设新政权和新社会提供了基本的国家制度和法律秩序,先后制定了《中国人民政治协商会议共同纲领》《宪法》和一批重要的法律、法令[2],在立法方面取得了重要的成就和进步。但这一阶

[1] 封丽霞:《面向实践的中国立法学——改革开放四十年与中国立法学的成长》,载《地方立法研究》2018 年第 6 期。

[2] 这一时期我国制定了《婚姻法》(1950 年)、《土地改革法》(1950 年)、《工会法》(1950 年)、《宪法》(1954 年)、《全国人民代表大会组织法》(1954 年)、《人民检察院组织法》(1954 年)、《人民法院组织法》(1954 年)、《兵役法》(1955 年)等一批重要的法律。

段我国的立法研究尚处于起步阶段,没有著作类的研究成果,论文类的研究成果也较少。不可忽视的是,因为党领导立法,此时党内领导人尤其是分管法律的领导人,如董必武、彭真、谢觉哉等同志,均重视法治,在中央文件和其讲话当中,多次谈及了一些立法思想。如沈钧儒在论述宪法制定问题时提及,"宪法所确定的一些重大的政策原则,将需要重新制定许多细密的法律和法令来保证它们的实现"[1]。吉甦生指出,法律科学落后的原因之一就是立法者在立法过程中未能充分公开立法中的各种不同意见,未能使人民群众及时知晓立法机关正在进行的立法活动并提出自己的立法意见和建议。[2]

第二个阶段是 1957 年至 1978 年。除 1975 年和 1978 年颁布的《宪法》外,全国人大没有制定其他法律,全国人大常委会在这一时期通过和修正的条例和办法仅 10 部,全国人大 1959 年通过了《1956 年到 1967 年全国农业发展纲要》,但对于这个纲要是否属于法律,学界尚存争议。全国人大常委会 1957—1958 年通过 8 部条例、1 部办法,1963 年修正 1 部条例,分别为 1957—1958 年通过的《人民警察条例》、《治安管理处罚条例》、《国境卫生检疫条例》、《县级以上人民委员会任免国家机关工作人员条例》、《一九五八年国家经济建设公债条例》、《户口登记条例》、《地方经济建设公债条例》、《农业税条例》、《国家建设征用土地办法》与 1963 年修正的《解放军军官服役条例》。在此历史背景之下,这阶段的法学界罕有立法相关研究成果。

(二)立法研究初步发展阶段(1979—1999 年)

有学者提出,"现在的立法工作和法制生活的确是差的,一是立法工作做得差,宪法不够完善,还没有刑法、民法、诉讼法等等,许多重要的法

[1] 沈钧儒:《我国法律工作者当前的光荣任务——在中国政治法律学会第一届理事会第五次会议上的讲话》,载《政法研究》1954 年第 2 期。

[2] 吉甦生:《如何改变我国法律科学的落后现状》,载《华东政法学报》1956 年第 3 期。

还没有制定出来"[1]。这是党的十一届三中全会召开前的中国立法现状的真实写照。改革开放之初，为了快速解决有法可依的问题，立法工作遵循的原则是快比慢好，多比少好，有比无好，强调法律条文可以粗一点，成熟一个制定一个。到了1989年，我国共制定了150多部法律和有关法律的决定、500多部行政法规和1500多部地方性法规。这一阶段全国人大共审议通过54件法律案（包括《宪法》和《宪法修正案》，不包括有关法律问题的决定和法律解释）。[2]

该阶段国家图书馆收录的著作有260余种，学术论文有600余篇，这一时期是我国立法研究的开启与初步发展阶段[3]，"伴随着中国社会改革开放的时代背景以及不同时期法治建设重点的转移，中国立法学从无到有、从幼稚走向成熟、从默默无闻到不断繁荣壮大，日益成为中国法学研究不可或缺的重要组成部分"[4]。

---

〔1〕于光远：《关于社会主义立法和法制的几个问题——在北京"关于社会主义立法和法制问题座谈会"上的发言（摘要）》，载《法学研究》1978年试刊号。

〔2〕按照届次统计，五届21件（五届一次1件、五届二次8件、五届三次5件、五届四次2件、五届五次5件），六届6件（六届二次2件、六届三次1件、六届四次3件），七届12件（七届一次3件、七届二次2件、七届三次2件、七届四次2件、七届五次3件），八届9件（八届一次2件、八届二次1件、八届三次2件、八届四次2件、八届五次2件），九届3件（九届二次2件、九届三次1件）。此外，还有两次特殊情况，一次是1981年12月的五届全国人大四次会议原则批准了《民事诉讼法（草案）》，授权全国人大常委会修改后公布试行；另一次是1987年4月的六届全国人大五次会议原则通过了《村民委员会组织法（草案）》，授权全国人大常委会进一步调查研究，总结经验，审议修改后颁布试行。从历届审议通过的法律案的内容看，全国人大通过的法律案属于基本法律或者调整事项重大的法律，主要是刑事、民事、国家机构和其他方面的基本法律。从内容上看，这些基本法律分别对某一类社会关系进行调整和规范，涉及的事项有公民的基本权利和义务关系、国家经济和社会生活中某一方面的基本关系、国家政治生活的基本制度、国家主权等。这些法律在国家和社会生活中具有全局的、长远的、普遍的和根本的规范意义。

〔3〕李林将这一时期划分成三个阶段，即立法的全面恢复和发展（1978—1982年）、有计划商品经济背景下的立法（1982—1992年）、建立社会主义市场经济体制背景下的立法（1993—2002年）。详见李林主编：《新中国法治建设与法学发展60年》，社会科学文献出版社2010年版。

〔4〕封丽霞：《面向实践的中国立法学——改革开放四十年与中国立法学的成长》，载《地方立法研究》2018年第6期。

需要指出的是,《立法法》出台之前,全国人大在立法备案审查[1]中发现了某种程度上某些范围内的"立法无序"问题,主要表现为某些越权、抵触、同位阶法"撞车"等现象。张春生等提到,"从1993年到1997年,乔石、纪云、汉斌他们八届全国人民代表大会常务委员会,地方性法规备案的件数是3692件,各个专门委员会,加上法工委,审结了2045件,发现跟宪法法律相抵触的有93件,占审结总数的4.5%"[2]。郭道晖将其总结为立法越权、位阶无序、程序虚置、立法权旁落等[3],谢怀栻接着郭道晖的文章进一步谈到了法律的"试行""暂行"问题、"草案"和"案"的问题、法律和法规的解释等方面存在的立法无序问题[4]。罗豪才也提出,"在法律规范体系中,出现了一些或前后、或上下、或左右、或纵向横向都不相一致的规范。值得注意的是,有些地方和部门,为了维护其局部的利益,在其制定的规章、规范性文件中,塞进一些与法律、法规不相一致、同别的规章相矛盾的规范,使立法出现了混乱。这种违反法制统一原则的倾向还有发展的趋势"[5]。随着这种"立法无序"趋势的不断发展,客观上急需出台一部专门规范和调整立法的"法"。1993年,全国人大常委会法工委正式启动了《立法法》的研究起草工作。2000年3月,第九届全国人民代表大会第三次会议通过了《立法法》。

我国在该阶段的立法研究与立法实践同步,处于构建型立法研究时期。此时,我国的立法工作快速恢复并得到进一步深化和充实,立法重点是为重建社会秩序和推动改革开放提供法律支撑,并进一步形成了具有

---

〔1〕 行政法规自2000年7月起,根据《立法法》的规定开始报全国人大常委会备案。地方性法规自1980年1月起,根据《地方各级人民代表大会和地方各级人民政府组织法》的规定,开始报全国人大常委会备案。司法解释自2005年12月起,根据《司法解释备案审查工作程序》(已失效,现为《法规、司法解释备案审查工作办法》)的规定,开始报全国人大常委会备案。2023年3月修改的《立法法》,加强了全国人大常委会对国务院、地方各级政府的法规、规章、决定等审查。

〔2〕 张春生、秦前红、张翔:《推进合宪性审查 加强宪法实施监督》,载《中国法律评论》2018年第4期。

〔3〕 郭道晖:《论立法无序现象及其对策》,载《法律学习与研究》1990年第5期。

〔4〕 谢怀栻:《也谈立法无序现象》,载《法律学习与研究》1991年第2期。

〔5〕 罗豪才:《为了维护法制统一,应制定立法法》,载《行政法学研究》1994年第2期。

中国特色的立法制度。[1] 该阶段的立法研究主要包括立法一般理论研究和对立法实践问题的反思与回应两大方面：一方面，这阶段对立法一般问题的研究，对2000年《立法法》的出台有着重要意义，包括对立法的实质、立法权限、立法者、授权立法、立法模式、立法原则、立法程序、立法缺陷、立法体制、立法规划、立法思想、立法质量、专门立法、立法语言、立法技术、立法监督、立法框架、立法协调、立法秩序、立法价值、地方立法等问题的学术研究。另一方面，这一阶段对立法实践问题的研究，对于我国法律的制定发挥了积极作用，包括对刑事立法、社会保障立法、合同立法、反垄断立法、民事立法、行政立法、外资立法、经济立法、保险立法、土地立法、宗教立法、商事立法、审计立法、税收立法、体育立法等问题的研究。

（三）《立法法》颁布后的立法研究阶段（2000—2011年）

2000年《立法法》的问世，对我国立法研究与立法实践均具有里程碑的意义，在立法研究方面，由此进入了规范研究阶段。"经过改革开放二十余年的努力，中国立法学基本完成了《立法法》等立法制度构建的学术准备任务。2000年，我国颁布了《立法法》。以此为标志，中国立法学研究有了正式的法律文本依据。这也意味着立法学研究有了一个标志性里程碑，进入了一个规范化发展的新时期"。[2]

《立法法》出台后，立法研究方面呈现出一个显著特点：立法理论与实践的联系越来越密切，尤其在国内成立了专门连接立法理论研究与实践的平台以后。2010年9月18日，中国法学会立法学研究会在西南政法大学60周年校庆时成立（历届研究主题见表36－1），从事立法工作30多年的全国人大常委会法制工作委员会原副主任张春生当选为首届会长。这之后，全国地方立法学研究会[3]、高校立法学研究中心、地方

[1] 陈斯喜：《新中国立法60年回顾与展望》，载《法治论丛》2010年第2期。

[2] 封丽霞：《面向实践的中国立法学——改革开放四十年与中国立法学的成长》，载《地方立法研究》2018年第6期。

[3] 早在1996年6月20日，北京市立法学研究会（北京市立法学会）就已成立，后改名为北京市法学会立法学分会。2004年6月16日，更名为北京市法学会立法学研究会。

立法研究院(所)陆续成立,极大地推动了我国立法研究的发展。同时,一大批立法学研究者、立法实务工作者以及研究成果涌现,诸如张春生的《对全国人大专属立法权的理论思考》《宪法和现行立法体制》〔1〕、许安标的《论行政法规的权限范围》〔2〕、付子堂的《关于自由的法哲学探讨》《构建民生法治》〔3〕、周旺生的《中国立法五十年——1949—1999 年中国立法检视》〔4〕、苗连营主编的《立法程序论》〔5〕、周健等主编的《军事立法学》〔6〕、朱景文的《关于立法发展趋势的几个问题——一个比较研究》《中国特色社会主义法律体系:结构、特色和趋势》〔7〕、沈国明等的《地方法制化建设和地方立法》〔8〕、冯玉军的《中国法治改革三十年述评》〔9〕、丁祖年的《关于我国地区间立法协作问题的几点思考》〔10〕、刘松山的《国家立法三十年的回顾与展望》〔11〕、封丽霞的《中央与地方立法权限的划分标准:"重要程度"还是"影响范围"?》〔12〕等。立法理论的研究推动了立法实践的发展,立法实践的发展进一步丰富了立法研究的范畴。

---

〔1〕 张春生:《对全国人大专属立法权的理论思考》,载《行政法学研究》2000 年第 3 期;张春生:《宪法和现行立法体制》,载《中国法学》2002 年第 6 期。

〔2〕 许安标:《论行政法规的权限范围》,载《行政法学研究》2001 年第 2 期。

〔3〕 付子堂:《关于自由的法哲学探讨》,载《中国法学》2000 年第 2 期;付子堂:《构建民生法治》,载《法学研究》2007 年第 4 期。

〔4〕 周旺生:《中国立法五十年——1949—1999 年中国立法检视》,载《法制与社会发展》2000 年第 6 期。

〔5〕 苗连营:《立法程序论》,中国检察出版社 2001 年版。

〔6〕 周健、曹莹主编:《军事立法学》,军事科学出版社 2002 年版。

〔7〕 朱景文:《关于立法发展趋势的几个问题——一个比较研究》,载《法学杂志》2005 年第 6 期;朱景文:《中国特色社会主义法律体系:结构、特色和趋势》,载《中国社会科学》2011 年第 3 期。

〔8〕 沈国明、刘华:《地方法制化建设和地方立法》,载《毛泽东邓小平理论研究》2005 年第 4 期。

〔9〕 冯玉军:《中国法治改革三十年述评》,载《甘肃政法学院学报》2010 年第 1 期。

〔10〕 丁祖年:《关于我国地区间立法协作问题的几点思考》,载《人大研究》2008 年第 1 期。

〔11〕 刘松山:《国家立法三十年的回顾与展望》,载《中国法学》2009 年第 1 期。

〔12〕 封丽霞:《中央与地方立法权限的划分标准:"重要程度"还是"影响范围"?》,载《法制与社会发展》2008 年第 5 期。

表 36-1 中国法学会立法学研究会的成立与活动情况

年份	历年主题	承办单位
2010	成立大会	西南政法大学
2011	首届年会:民主立法和科学立法	上海市法学会
2012	第二届年会:新一届全国人大常委会五年立法规划专家建议,新一届全国人大常委会五年立法规划建议稿研讨,地方成功立法的实践与理论	厦门大学
2013	第三届年会:立法制度的理论与实践	江西财经大学
2014	第四届年会:人大制度完善与科学立法、民主立法,立法改革与地方立法,党的领导与人大立法	甘肃政法学院
2015	第五届年会:完善以宪法为核心的中国特色社会主义法律体系——深化司法改革与立法工作的对接	武汉大学
2016	第六届年会:中国特色社会主义立法理论与实践	中山大学
2017	第七届年会:人大主导立法与立法体制创新,科学立法与民主立法,法律体系的完善,改革问题与新兴立法问题的立法探索,立法理论与立法方法,地方立法的理论与实践	河北大学
2018	第八届年会:新时代中国立法	海南大学
2019	第九届年会:新中国成立以来立法的理论与实践	西北政法大学
2020	第十届年会:中国立法的理论与实践	西南政法大学
2021	第十一届年会:习近平法治思想与新时代立法	郑州大学
2022	第十二届年会:新时代的理论与实践	昆明理工大学
2023	第十三届年会:新时代新征程立法的理论与实践	天津大学
2024	第十四届年会:推进中国式现代化的立法理论与实践	广东外语外贸大学

(四)新时代的立法研究(2012 年至今)

这一时期立法研究的代表性著作,诸如付子堂主编的《地方立法蓝皮书:中国地方立法报告》[1]、朱景文等主编的《地方立法的理论与实践

---

〔1〕 付子堂主编:《地方立法蓝皮书:中国地方立法报告》(2018、2019、2020、2021、2022、2023),社会科学文献出版社 2019 年版。

（2018 年辑）》[1]、冯玉军主编的《新〈立法法〉条文精释与适用指引》和写作的《〈立法法〉修改：理念原则、机制创新与完善建议》[2]、石佑启等主编的《中国地方立法蓝皮书：广东省地方立法年度观察报告（2020）》[3]、刘松山的《中国立法问题研究》[4]、宋方青等的《我国地方立法权配置的理论与实践研究》[5]、徐龙飞的《立法之路：本体形上法哲学与国家政治思想研究》[6]等，进一步拓展了立法研究的深度和广度。新时代的立法研究在如下方面受到了学者的重视。

1. 为高水平改革开放与经济高质量发展提供立法保障

坚持重大改革于法有据，为高水平改革开放和经济高质量发展提供法治保障是新时代立法的重要特点之一。例如，2021 年 6 月 10 日，我国颁布并实施了《海南自由贸易港法》，海南省人大常委会随之制定了《海南自由贸易港药品进口便利化若干规定》《海南自由贸易港游艇产业促进条例》《海南自由贸易港海口国家高新技术产业开发区条例》《海南自由贸易港洋浦经济开发区条例》等 10 余部地方性法规，为将海南自由贸易港打造成为引领我国新时代对外开放的鲜明旗帜和重要开放门户提供了立法保障。在这一过程中，学者围绕海南自由贸易港的法治建设展开了广泛的讨论，其内容涉及自由贸易港立法权限范围、海南自由贸易港仲裁问题、海南自由贸易港的税收优惠、海南自由贸易港法规制定权及其行使、海南自由贸易港数字化建设存在的问题及路径、自由贸易港授权立法

---

[1] 朱景文、沈国明主编：《地方立法的理论与实践（2018 年辑）》，法律出版社 2019 年版。

[2] 冯玉军主编：《新〈立法法〉条文精释与适用指引》，法律出版社 2024 年版；冯玉军：《〈立法法〉修改：理念原则、机制创新与完善建议》，载《交大法学》2023 年第 2 期。

[3] 石佑启、朱最新主编：《中国地方立法蓝皮书：广东省地方立法年度观察报告（2020）》，中国社会科学出版社 2020 年版。

[4] 刘松山：《中国立法问题研究》，知识产权出版社 2016 年版。

[5] 宋方青、姜孝贤、程庆栋：《我国地方立法权配置的理论与实践研究》，法律出版社 2018 年版。

[6] 徐龙飞：《立法之路：本体形上法哲学与国家政治思想研究》，商务印书馆 2020 年版。

风险防控机制、自由贸易港建设立法模式与立法创新等。[1]

此外,立法理论研究随着立法实践的创新也有了进一步推进。例如,2021年6月10日,全国人大常委会发布并实施了《关于授权上海市人大及其常委会制定浦东新区法规的决定》,授权上海市人大及其常委会根据浦东改革创新实践需要,遵循宪法规定以及法律和行政法规基本原则,制定浦东新区法规,在浦东新区实施。这是我国授权立法的生动实践,意味着浦东新区法规可以对法律、行政法规、部门规章作出变通规定。上海市人大常委会至今已制定了包括《上海市浦东新区推进市场准营承诺即入制改革若干规定》在内的15部法规。这也引起了学者的关注和讨论,涉及凸显"小快灵"的立法模式,我国特定经济区域变通适用国际私法规范的问题,我国立法被授权主体的扩容,相对集中行政许可权模式革新的立法进路,浦东新区法规的性质、位阶与权限,改革型地方立法变通机制等主题。[2]

2. 重点领域、涉外领域、新兴领域的立法研究受到较高程度的关注

进入新时代,我国在重点领域、涉外领域和新兴领域的立法及立法研究方面取得了显著成果。首先,在重点领域与涉外领域立法与立法研究方面,涉及宪法、民法典、刑法、监察、长江保护、黑土地保护、家庭教育促进、反食品浪费、英雄烈士保护、民事诉讼、乡村振兴、基本医疗卫生与健

---

〔1〕 王琦、黄恒林:《海南自由贸易港仲裁问题审视及机制创新》,载《海南大学学报(人文社会科学版)》2022年第5期;熊勇先:《论海南自由贸易港法规制定权及其行使》,载《暨南学报(哲学社会科学版)》2022年第8期;张亨明、潘梦启、纪志敏:《海南自由贸易港数字化建设存在的问题及路径探析》,载《海南大学学报(人文社会科学版)》2022年第4期;许多奇:《重释税收法定主义——以〈海南自由贸易港法〉颁布为契机》,载《法学论坛》2022年第2期;韩龙:《海南自由贸易港间接税优惠的WTO合规性审视》,载《现代法学》2022年第1期;齐爽:《我国内陆地区探索建设自由贸易港的多维价值与现实考量》,载《中州学刊》2021年第11期。

〔2〕 王春业:《论我国立法被授权主体的扩容——以授权上海制定浦东新区法规为例》,载《政治与法律》2022年第9期;姚魏:《论浦东新区法规的性质、位阶与权限》,载《政治与法律》2022年第9期;王建学:《改革型地方立法变通机制的反思与重构》,载《法学研究》2022年第2期;李德旺、叶必丰:《地方变通立法的法律界限与冲突解决》,载《社会科学》2022年第3期;杜维超、殷书建:《国家级新区先行先试法治化的制度成本》,载《哈尔滨工业大学学报(社会科学版)》2020年第6期。

康、反外国制裁、陆地国界、安全生产、食品安全、农产品质量安全等问题。[1] 其次，新兴领域的立法及立法研究越来越受到关注。在立法层面，我国已制定了《反电信网络诈骗法》《期货和衍生品法》《个人信息保护法》《数据安全法》《电子签名法》《网络安全法》等。

3. 地方立法与地方立法研究蓬勃发展

2015 年修改后的《立法法》赋予了所有设区的市立法权，地方立法主体数量剧增[2]，立法研究呈现出了以下几方面的新特点：首先，地方立法研究成果大量涌现。研究内容包括地方立法质量、地方立法发展的权限困境与出路、地方立法客体的选择条件及基本范畴、地方立法听证会、地方立法利益衡量、地方立法治理功能的困境与出路、地方立法监督机制、地方立法的基本程序及功能、地方立法重复、民族自治地方立法、经济特

---

〔1〕 王轶：《编纂实施民法典是习近平法治思想的生动实践》，载《中国法学》2021 年第 3 期；张卫平：《民法典与民事诉讼法的连接与统合——从民事诉讼法视角看民法典的编纂》，载《法学研究》2016 年第 1 期；张新宝：《我国〈民法典〉中的“任何组织或者个人”文义分析》，载《中国法律评论》2022 年第 4 期；王利明：《论〈民法典〉实施中的思维转化——从单行法思维到法典化思维》，载《中国社会科学》2022 年第 3 期；朱孝清：《国家监察体制改革后检察制度的巩固与发展》，载《法学研究》2018 年第 4 期；秦前红：《我国监察机关的宪法定位：以国家机关相互间的关系为中心》，载《中外法学》2018 年第 3 期；朱福惠：《论检察机关对监察机关职务犯罪调查的制约》，载《法学评论》2018 年第 3 期；周光权：《我国应当坚持统一刑法典立法模式》，载《比较法研究》2022 年第 4 期；吕忠梅：《关于制定〈长江保护法〉的法理思考》，载《东方法学》2020 年第 2 期；冯兆蕙：《乡村振兴法治化的时代价值、基本框架与实现机制》，载《法律科学（西北政法大学学报）》2022 年第 6 期；张辉：《单边制裁是否具有合法性：一个框架性分析》，载《中国法学》2022 年第 3 期。

〔2〕 截至 2017 年年底，我国享有设区的市地方立法权的市、州共有 323 个，包括设区的市 289 个、自治州 30 个和不设区的地级市 4 个（广东的东莞、中山，海南的三沙，甘肃的嘉峪关）。截至 2017 年年底，除了西藏的那曲市、新疆的巴音郭楞蒙古自治州外，新增地方立法主体均由省、自治区人大常委会作出决定，参见《全国人大常委会办公厅简报》2018 年第 11 期。另外，全国人大常委会法工委国家法室 2016 年 8 月 12 日提供的数据显示，截至 2016 年 7 月底，现行有效的地方性法规、自治条例和单行条例以及经济特区法规共 9915 件（2011 年 8 月底为 8600 多件），其中，省、自治区、直辖市地方性法规 5701 件，设区的市、自治州地方性法规 2936 件，自治条例和单行条例 967 件，经济特区法规 311 件。

区立法、区域协同立法、新时代基层治理与地方立法等方面。[1] 研究内容全面且丰富,全方位涉及地方立法的理论和实践层面的问题。其次,设区的市的立法问题获得广泛关注,有针对性的研究成果数量也迅速增长。涉及设区的市的地方立法权的评价体系、设区的市立法权的权限解析、设区的市的立法质量、设区的市的立法审议、设区的市的立法特色、设区的市的地方立法范围之解释、设区的市的地方立法权的运行现状与制度困境、设区的市的地方立法精细化等内容。[2] 除此之外,还出现了一些专门研究设区的市立法的著作[3],既丰富了我国的立法研究内容,也为设区的市立法工作的高质量开展提供了借鉴。

4. 立法践行全过程人民民主研究

全过程人民民主由习近平总书记在2019年11月考察上海市长宁区

---

[1] 向立力:《地方立法发展的权限困境与出路试探》,载《政治与法律》2015年第1期;张淑芳:《地方立法客体的选择条件及基本范畴研究》,载《法律科学(西北政法大学学报)》2015年第1期;张朝霞:《不断走向公众的地方立法听证会》,载《人大研究》2015年第2期;王丽:《地方立法利益衡量中的"公共利益"》,载《理论月刊》2015年第4期;肖金明、王婵:《关于完善地方立法质量保障体系的思考》,载《理论学刊》2022年第1期;张隽旖:《地方立法监督机制若干问题研究》,载《中州大学学报》2020年第6期;宋才发:《地方立法的基本程序及功能研究》,载《河北法学》2021年第3期;江国华、童丽:《促进型地方立法实证研究》,载《社会科学研究》2021年第3期。

[2] 鲁超:《浅议授予设区的市地方立法权的评价体系》,载《人大研究》2015年第5期;易有禄:《设区市立法权的权限解析》,载《政法论丛》2016年第2期;陈国刚:《论设区的市地方立法权限——基于〈立法法〉的梳理与解读》,载《学习与探索》2016年第7期;郑磊:《设区的市开始立法的确定与筹备——以〈立法法〉第72条第4款为中心的分析》,载《学习与探索》2016年第7期;蒋笃运:《关于设区的市提高立法质量的对策研究》,载《河南社会科学》2016年第10期;苗连营、张砥:《设区的市立法权限的规范分析与逻辑求证》,载《地方立法研究》2017年第1期;席灵芝、滕晓丹:《设区的市提升立法质量的路径》,载《地方立法研究》2017年第2期;丁国峰、代桂明:《论地方立法审议程序制度的构建和完善——以设区的市的立法审议为视角》,载《学术探索》2017年第4期;方洁:《设区的市地方立法的范围之解释》,载《浙江社会科学》2017年第12期;涂永珍:《设区的市地方立法权的运行现状、制度困境与完善路径》,载《学习论坛》2018年第8期;谭波、侯梦凡:《设区的市地方立法精细化研究——以河北省为例》,载《江汉大学学报(社会科学版)》2018年第5期;伊士国:《设区的市立法权研究》,知识产权出版社2019年版;李克杰:《设区的市地方立法:理论探讨与实证研究》,中国政法大学出版社2018年版;李敏:《设区的市立法的理论与实践》,知识产权出版社2018年版。

[3] 郑毅:《设区的市级地方立法权的改革与实施》,法律出版社2020年版;武钦殿:《地方立法专题研究:以我国设区的市地方立法为视角》,中国法制出版社2018年版。

虹桥街道基层立法联系点时首次提出。习近平总书记指出,“我国全过程人民民主实现了过程民主和成果民主、程序民主和实质民主、直接民主和间接民主、人民民主和国家意志相统一,是全链条、全方位、全覆盖的民主,是最广泛、最真实、最管用的社会主义民主”〔1〕。这一时期,学界对以下问题进行研究:增强人大在立法中的主导作用〔2〕,坚持立法公开〔3〕,深入调研,深入发挥基层立法联系点的作用〔4〕,充分发挥人大代表在立法中的重要作用〔5〕,完善立法听证和立法论证制度〔6〕,丰富听取民意的形式,进一步扩大公民参与立法的形式和途径,将民主落实到立法的各环节。〔7〕

二、立法研究核心议题与评析

(一)立法原则

立法原则既是我国立法理论研究的重要内容,也是立法的重要理念。在立法原则当中,最核心的是民主立法、科学立法、法制统一、依法立法、尊重和保障人权等原则。这些原则既是立法的基本原则,也是立法理论研究的重要内容。

1. 民主立法及其实践中的局限性

不同的专家学者对民主立法研究的侧重点有所不同:首先,从民主立法的内涵来看,李步云提出,“立法的民主化是在立法时,以民主意识、民

〔1〕 习近平:《论坚持人民当家作主》,中央文献出版社2021年版,第336页。

〔2〕 张升忠、黄兰松:《关于设区市人大立法主导能力的思考与研究》,载《人大研究》2022年第5期;刘松山:《人大主导立法的几个重要问题》,载《政治与法律》2018年第2期;封丽霞:《人大主导立法之辨析》,载《中共中央党校学报》2017年第5期。

〔3〕 邢亚飞:《人大立法信息公开和利益表达制度研究——以社会管理创新为视角》,载《新视野》2013年第3期。

〔4〕 席文启:《基层立法联系点:立法机制的一项重要创新》,载《新视野》2020年第5期。

〔5〕 王雨亭:《以人大代表专业背景为考量的地方立法参与制度研究》,载《中国政法大学学报》2022年第1期。

〔6〕 田玉麒:《地方人大立法听证制度:功能定位、实践经验与发展趋向——基于上海市人大立法听证实践的政治学分析》,载《河北法学》2016年第7期。

〔7〕 叶会成:《超越工具论:民主立法的内在价值》,载《法学家》2022年第2期。

主观念、民主作风、民主原则和民主程序,保证广泛地倾听民意、反映民意、使法律符合民意,体现民意,真正成为人民自己的法律"[1]。付子堂认为,"立法民主化具体体现为立法程序的民主化"[2]。其次,从民主立法应当坚持的原则来看,郭道晖认为应当贯彻"人民主权原则—维护人民的权力主体地位、公民权利原则—强化公民权利意识、权力制约原则—对越权侵权行为的立法控制、权利救济原则—保障公民权利的立法对策、利民便民原则—树立行政服务观念、政务公开化原则—尊重人民的了解权"[3]。再次,从民主立法的表现形式来看,李林则认为,"我国立法机关立法的民主化,主要内容应当是立法决策的民主化、立法起草的民主化、立法程序的民主化以及立法内容的民主化"[4]。最后,从民主立法的实施来看,刘松山提出,立法中民主原则的落实,要"充分发挥人大代表在立法中的作用,重要法律草案交由全民讨论,立法过程公开化"[5]。信春鹰提出,"民主立法的核心是立法要为了人民,依靠人民,使法律真正反映广大人民的共同意愿、充分保障广大人民的各项权利和根本利益。实现民主立法,必须坚持人民的主体地位,在立法工作中贯彻党的群众路线,通过各种方式使立法更好地汇聚民意、集中民智,体现人民的利益和需求"[6]。徐显明[7]、朱景文[8]等人也从公众参与立法的角度提出了相应的阐述。此外,近些年有学者对基层立法联系点也做了一定研究,如冯玉军对基层立法联系点的运行模式作出归纳[9],席文启明确了基层立法联系点的基本定位[10]。

---

〔1〕 李步云主编:《法理学》,经济科学出版社 2000 年版,第 535 页。

〔2〕 付子堂主编:《法理学初阶》(第 6 版),法律出版社 2021 年版,第 244 页。

〔3〕 郭道晖:《试论民主化立法的几个原则》,载《法学研究》1987 年第 2 期。

〔4〕 李林:《立法权与立法的民主化》,载《清华法治论衡》2000 年试刊号。

〔5〕 刘松山:《中国立法问题研究》,知识产权出版社 2016 年版,第 124 页。

〔6〕 信春鹰:《深入推进科学立法、民主立法》,载《中国人大》2014 年第 23 期。

〔7〕 徐显明:《进一步完善我国公民参与立法的制度》,载《人大研究》2005 年第 5 期。

〔8〕 朱景文:《关于立法的公众参与的几个问题》,载《浙江社会科学》2000 年第 1 期。

〔9〕 冯玉军:《立法联系人民——基于五个"国字号"基层立法联系点的实证研究》,载《甘肃政法大学学报》2024 年第 1 期。

〔10〕 席文启:《基层立法联系点:立法机制的一项重要创新》,载《新视野》2020 年第 5 期。

从学界和实务界的理论和实践角度看,民主立法内涵丰富,但最基本的内涵应该定位在两个方面:一是坚持公民权利本位,从立法内容出发,把体现大多数人的利益和意志作为价值取向。二是在立法程序上,在发展和完善代议制民主的同时,发挥人大立法的主导作用,在立法中尽量扩大公民的参与度。这是对民主立法最基本的要求。如果说民主立法尚可通过立法程序体现出来,那么法律是否科学,就很难以程序制度作保证。从认识论的角度来说,多数人的认识更接近真理,这应当没有问题。但是,民意的汇集、体现机制不能简单地理解为"多数决"。在某种程度上,民主立法在形式上的表现超过了实效上的要求,立法机关听取意见的成分多,而在意见的整理、分析和采纳上仍有不足。例如,立法机关通过互联网征求和收集公众意见时,对于那些无上网条件或"网盲"的群众来说,他们的意见就不容易被反映出来。无论采取何种民主立法形式,声音较大的一部分人的意见往往受到重视,而"沉默的大多数人"的意见则容易被忽略。因此,民主立法原则体现在立法过程中是纷繁复杂的,对具体问题应作具体分析,不存在一个适用于一切问题的简单公式。

2. 科学立法及其实践中的有限性

科学立法作为立法领域中的科学原则正式从立法理论走向立法实践,实现了由观念形态向法律化和制度化的转变。[1] 自从"科学立法"命题提出以来,学界和立法工作者围绕此命题展开了不少研究,概括起来主要观点有:

其一,将"科学立法"中的"科学"理解为符合实际和客观规律,即"立法科学性,就是所制定的法规符合客观规律,包括自然规律和社会发展规律"[2];"科学立法即实事求是,从实际出发,从现实国情出发,反映客观规律"[3];"科学立法的要义是尊重立法规律、克服立法中的主观随意性

---

〔1〕 周旺生:《论中国立法原则的法律化、制度化》,载《法学论坛》2003 年第 3 期。

〔2〕 丁祖年:《坚持科学立法民主立法》,载《今日浙江》2014 年第 23 期。

〔3〕 付子堂主编:《法理学初阶》(第 6 版),法律出版社 2021 年版,第 242 页。

和盲目性,避免或减少错误和失误,降低成本,提高立法效益"[1];"科学立法,就是法律规定要符合社会实际,符合经济社会发展的规律,要实事求是地反映真实的社会需求"[2]。

其二,将科学立法作为立法的基本原则,认为科学立法需要从多重视角加以研究,代表人物是张春生、乔晓阳、李林等。张春生提出,研究科学立法应当研究如何合理地设定权力与权利、权力与责任、权利与义务的关系,如何妥善运用立法技术和准确使用法律语言,如何实现法律体系内部的和谐统一、科学严谨,等等。以科学精神指导立法,需要处理好法律与客观实际的关系(法律符合实际,得到多数人认同以保证实施,是科学立法的重大原则)、立法与改革的关系、立法中法典化与单行法的选择,要以民主立法推进科学立法。[3] 乔晓阳提出,"科学立法的核心,在于立法要尊重和体现规律。实现科学立法,必须坚持以科学的理论为指导,从国情和实际出发,科学合理地规范公民、法人和其他组织的权利与义务,科学合理地规范国家机关的权力与责任,使法律符合经济社会发展要求,真正经得起实践和历史的检验"[4]。李林提出,推进科学立法,应当"转变立法观念和立法模式、研究制定科学立法的发展战略和实施规划、强化人大及其常委会的立法职能、推进民主立法、完善立法程序、提高立法技术"[5]。

其三,把科学立法解读为法的内容的科学化,"立法的科学性作为一种技术理性的要求,如果不是围绕着一种法律内容的要求和法律本体观来展开,它也就是无意义的"[6]。

另外,若将"科学立法"解读为法的内容的科学化,实际上是把法律、

[1] 张文显主编:《法理学》(第5版),高等教育出版社、北京大学出版社2018年版,第232页。
[2] 封丽霞:《以科学立法引领良法善治》,载《领导科学论坛》2018年第10期。
[3] 张春生:《从立法与实践关系的视角谈科学立法的几个问题》,中国法学会立法学研究会2014年年会论文。
[4] 乔晓阳主编:《〈中华人民共和国立法法〉导读与释义》,中国民主法制出版社2015年版,第91页。
[5] 李林:《推进科学立法,完善分配正义的法律体系》,载《中国人大》2014年第8期。
[6] 叶一舟:《常识理性下科学立法与民主立法的统一内涵》,载《行政法论丛》第17卷。

法规与科学画上了等号，如此立论也是值得商榷的。因为科学的本质在于追求真理，而法的本质则体现为人们的“意志”。立法首要追求的是尽可能准确表达人们的某种意志，其次才是努力使法所体现的意志尽可能地接近真理，但意志并不可能等同于真理。更不必说，意志背后更多的是利益追求。中外立法实践证明，人们的利益追求、价值观、风俗习惯乃至宗教观念，对立法有着重大影响乃至起着支配作用。“科学在本质上是‘真伪是非’之争；对于一项法律，同意与反对的可能只有利益之争”[1]并不属于是非之争。科学立法的核心是解决好法律与实践的关系，法律来源于实践，又要在实践中不断完善和发展。实行科学立法，要求法律制度准确体现和反映法律所调整的社会关系之客观规律，而不完全是自然规律。通过立法博弈及利益各方的适度妥协，法律规范为大多数人所接受，自觉执行，也是科学立法的一个规律。

3. 法制统一与依法立法

“法制统一是法制国家首位的原则”[2]，法制统一与依法立法是2000年《立法法》确立的重要原则。坚持社会主义法制统一，是我国的宪法原则。对于法制统一原则的阐述，以张春生、乔晓阳、杨景宇三位同志为代表。张春生认为，“社会主义法制的统一体现在立法、司法和法律监督等各个方面。社会主义的法律体系从广义上说，包括宪法、法律、行政法规、地方性法规、自治条例和单行条例等，从立法上讲法制统一，就是要保持这个体系内部关系的和谐一致。有关各级国家机关的立法权限（这里讲的是广义的立法权限）及其监督，已在宪法和有关法律中作了比较明确的规定，这是保持法制统一的依据。从立法实践看，要处理好两个问题：一是严格依照立法权限进行立法活动，这是保证法制统一的前提。二是贯彻不抵触原则”[3]。乔晓阳认为，“从立法上讲法制统一，包括三层意思：一是一切法的形式，都不能与宪法相抵触；二是下位阶的法不能与

[1] 崔英楠：《民主立法与科学立法研究》，载《北京市人大理论与实践研究》2010年第3期。
[2] 徐显明：《立法质量逐步提高》，载《中国人大》2005年第5期。
[3] 张春生：《立法要坚持社会主义法制的统一》，载《人大工作通讯》1994年第4期。

上位阶的法相抵触；三是同位阶的法相互之间不能抵触。这三个层次结合起来，就能保证我国的法律体系的内部和谐一致，从而保证国家法制的统一”[1]。杨景宇提出，“在立法工作中维护社会主义法制的统一和尊严，从法律体系内部关系讲，必须坚持行政法规不得同宪法和法律相抵触，地方性法规和规章不得同宪法、法律、行政法规相抵触，规章也不能互相矛盾，你否定我，我否定你，‘打规章仗’，冲击法律法规的正确执行”[2]。

张春生认为，保持法制统一除贯彻宪法所规定的“不抵触原则”之外，还有一个前提，就是“严格依照立法权限进行立法活动”，而立法权限的划分就涉及2000年制定《立法法》最大的亮点，即专属立法权的确定，这是在立法制度上做了突破。它将立法权限做了划分，即10项涉及国家基本制度和公民基本权利的专属立法权，只能由全国人大及其常委会行使，未经授权，国务院与地方政府均没有这方面的立法权。这在法理上称为法律保留原则。“在中央，对全国人大及其常委会与国务院立法权限作出划分，有利于国务院更好地通过制定行政法规行使行政管理职权；在地方，对全国人大及其常委会的专属立法权作出划分，有利于各地在维护国家法制统一的前提下，从本地的具体情况和实际需求出发，调动立法的主动性和积极性，加快地方法制建设步伐，从而更好地依法管理好地方事务”[3]。由此，“不抵触原则”和“法律优先原则”构成了保障我国法制统一原则实现的两道重要防线。

2023年3月13日，十四届全国人大一次会议表决通过了关于修改《立法法》的决定。此次修改，完善了立法的指导思想和原则，突出依法立法首先应当依宪法立法的理念，将2015年《立法法》第3条立法指导思想中的“遵循宪法的基本原则”移至依法立法原则中规定，修改为“符合

---

[1] 乔晓阳：《全国人大常委会法制讲座讲稿摘登——完善我国立法体制　维护国家法制统一》，载《人大工作通讯》1998年第21期。

[2] 杨景宇：《认真执行立法法　维护社会主义法制统一(下)》，载《法制日报》2000年8月17日，第5版。

[3] 张春生主编：《中华人民共和国立法法释义》，法律出版社2000年版，第29－30页。

宪法的规定、原则和精神”[1]，丰富了依法立法原则的内涵，拓展了立法合宪性审查的解释空间。

4. 尊重和保障人权

尊重和保障人权原则，最早可追溯到郭道晖1991年8月在德国哥廷根大学国际法哲学社会哲学协会（IVR）第15届世界大会上的交流文章《中国社会主义立法的权利原则》。他在文章中提出，中国立法者和立法学者在有关权利的立法中，遵循或主张如下一些原则：人民权力至上、人民政治参与、以个体权利为重点、权利推定、权利义务统一、最大多数人的最大利益、权利救济、权利制衡权力、人道主义等。[2] 尤其是人道主义原则，蕴含尊重和保障人权的理念。

2004年，“国家尊重和保障人权”写入宪法。但是，首次将尊重和保障人权原则列入立法基本原则并写进教材的，是付子堂主编的《法理学初阶》，其中强调，“在立法工作中尊重和保障人权，首先要求通过立法积极具体地落实和保障宪法赋予公民的一切权利和自由”[3]。在此之前，还未曾有学者单独将尊重和保障人权列为立法的基本原则，这通过梳理《立法法》出台前后，学者们对立法基本原则的总体论述便可看出。

《立法法》出台后，学界对立法基本原则逐步形成共识。乔晓阳、孙敢等提出，立法活动应当遵循如下几个基本原则：遵循宪法；遵循从国家整体利益出发，维护社会主义法治统一与尊严；依照法定权限和程序；体现人民意志，发扬民主，保障人民通过多种途径参与立法活动；从实际出发，科学合理规范社会关系；依照法定权限和程序[4]。此种观点系从《立法法》的相关规定出发，得到了多数学者的认同，逐渐成为学界主流。

---

[1] 2023年修改后的《立法法》第5条规定：“立法应当符合宪法的规定、原则和精神，依照法定的权限和程序，从国家整体利益出发，维护社会主义法制的统一、尊严、权威。”

[2] 郭道晖：《中国社会主义立法的权利原则》，载《法学》1991年第12期。

[3] 付子堂主编：《法理学初阶》（第1版），法律出版社2005年版，第277页。

[4] 乔晓阳主编：《立法法讲话》，中国民主法制出版社2000年版，第30页；孙敢、侯淑雯主编：《立法学教程》，中国政法大学出版社2000年版，第55－73页。

（二）立法体制

中国的立法体制，经历了从分散到中央集权再到统一的分层次的变迁过程，对立法体制的研究，经历了一个从孕育到沉寂再到探索争论的变化过程。李林将新中国立法体制的历史演变划分为三个阶段。[1] 第一阶段为新中国成立到1954年《宪法》颁布实施前的立法体制。新中国成立后，国家通过解放实现统一有一个时间过程，这时期采取的是分散立法体制，赋予众多主体以立法职权，地方自主性较大，县以上各级人民政府都或多或少享有立法职权，对此法律并未严格要求法制统一。这一时期，立法研究尚处于启蒙阶段，对深层次的立法体制问题的思考，若说有也只能说是孕育在立法研究的相关问题中，未见直接论述。第二阶段为1954年《宪法》颁布到1982年《宪法》实施前的立法体制。第三阶段为1982年《宪法》实施至今的立法体制。根据宪法、组织法和立法法等法律，形成具有中国特色的一元两级多层次的立法体制。对于这一立法体制的确定，学界经历了一系列的探索和争论，最终在《立法法》中形成共识。

1. 立法体制的概念

立法体制是立法制度的重要组成部分，法学界对立法体制概念的解释，归纳起来可概括为：

第一种，主要包括立法机关设置和立法权限划分。周旺生提出，“立法体制至少包括立法权限的划分、立法权的行使、立法机关的设置等方面的体制”[2]，“立法体制是有关立法权限、立法权运行和立法权载体诸方面的体系和制度所构成的有机整体”[3]；李步云、汪永清提出，“立法体制是参与立法的主体具有什么影响立法的手段、在立法过程中如何运作的制度。立法制度具体回答法律是通过谁的活动、怎样产生的问题”[4]。

---

[1] 李林主编：《新中国法治建设与法学发展60年》，社会科学文献出版社2010年版，第7－19页。

[2] 周旺生：《立法学》，北京大学出版社1988年版，第251页。

[3] 郭道晖、周旺生、王晨光主编：《立法：原则·制度·技术》，北京大学出版社1994年版，第113页。

[4] 李步云、汪永清主编：《中国立法的基本理论和制度》，中国法制出版社1998年版，第91页。

张春生也认为,立法体制指的是包括立法机关设置和立法权限划分方面的制度。

第二种,主要指立法权限划分。吴光辉、孙启福认为,“立法体制是关于立法权限划分的基本制度,即一个国家哪些国家机关或人员有权制定、认可、修改、废止法律和其他具有不同法的效力的规范性法律文件的权限划分制度”〔1〕;乔晓阳在对各国立法体制进行比较时提出,立法体制主要是指立法权限划分的制度,包括两个方面:一是中央与地方立法权限的划分,二是中央各机关之间立法权限的划分。〔2〕 朱力宇、张曙光认为,“立法体制是关于立法权限划分的制度,即法的制定权限的划分制度,它既包括同级的国家权力机关和国家行政机关在横向结构上对立法权限的划分,也包括中央和地方的国家机关在纵向结构上对立法权限的划分”〔3〕。付子堂认为,“立法体制是指关于立法权配置方面的组织制度,其核心是立法权限的划分问题,即在一个国家中,哪些主体享有立法权或可以参与立法,各立法主体享有哪些立法权限”〔4〕。

我国是统一的单一制国家,不管学界对立法体制如何界定,实践中都绕不开两个问题:一是谁是立法权的主体以及享有多大范围的立法权限;二是如何科学地配置立法权限。立法权限的科学合理划分,能有效避免重复立法、部门利益之争和过度集权或分权,有助于处理好最高国家权力机关和它的常设机关、权力机关和行政机关、中央和地方之间的关系,保持国家的法制统一。

2. 立法体制的类型

由于对立法权和立法体制分类标准的认识和理解不同,学界关于立法体制的类型划分的论说莫衷一是。

郭道晖总结认为,“新宪法(1982 年宪法)颁布以来,法学家对我国立

---

〔1〕 吴光辉、孙启福主编:《立法学》,重庆大学出版社 1997 年版,第 119 页。

〔2〕 乔晓阳主编:《立法法讲话》,中国民主法制出版社 2000 年版,第 6 页。

〔3〕 朱力宇、张曙光主编:《立法学》,中国人民大学出版社 2009 年版,第 117 页。

〔4〕 付子堂主编:《法理学初阶》(第 1 版),法律出版社 2005 年版。

法体制究属几级立法问题进行了探讨。不同意见归纳起来不外乎三种:一级立法;两级立法;多级立法。此外,还有'集中统一领导下的多层次立法'或'多种立法'等说法"[1]。所谓"一级立法",即指只有最高国家权力机关才拥有立法权。所谓"两级立法",即指中央立法和地方立法相结合的立法体制。所谓"多级立法",即指中央统一领导下的多层次立法体制。

不过,吴家麟对"两级立法体制"和"多级立法体制"观点提出了疑问。他从"立法"的概念谈起,批判有的学者"把'制定地方性规范的工作'和'地方立法工作'画上等号,把制定地方性法规的程序说成'地方立法程序',甚至认为赋予地方立法权力是'我国立法体制的改革'",他认为,如果此种说法得以成立,那意味着 1982 年《宪法》将原来的"一级立法体制"改为了"两级立法体制",但这与实际情况并不相符。他指出,"地方性法规固然有约束力,但它的约束力不同于法律",他从适用范围和效力两方面,对持"两级立法体制"观点的学者所提出的"如果不承认地方性法规是法律,就会产生一系列不良后果"的观点进行了否定。接着,他又批判了持"多级立法体制"观点的学者所得出的"制定行政法规就更应当是立法"的结论,他认为,"不能把制定行政法规本身看成了一级立法和一个层次的立法",同时在文中进行了说理。[2]

吴大英等学者持的是"两级立法体制"说,但又认为"一级立法体制"和"多级立法体制"说各有其合理的部分。[3] 吴光辉等学者持的是"一级多层次的立法体制"说[4]。周旺生则提出,"现行中国立法体制是中央统一领导和适当分权的、多级并存、多类结合的立法体制。最高国家权力机关统一领导、国务院享有相当大的权力、地方享有一定权力,是其突出的特点"[5]。

---

[1] 郭道晖:《论我国一元性立法体制》,载《法学研究》1986 年第 1 期。
[2] 吴家麟:《"两级立法体制"和"多级立法体制"说质疑》,载《法学》1984 年第 1 期。
[3] 吴大英、刘瀚:《立法体制研究》,载《法学评论》1984 年第 2 期。
[4] 吴光辉、孙启福主编:《立法学》,重庆大学出版社 1997 年版,第 123 页。
[5] 周旺生:《论现行中国立法体制》,载《北京大学学报(哲学社会科学版)》1989 年第 3 期。

此外,还有学者归纳出三种其他类型的立法体制,如“两渠道、两层次立法体制”“两级、两系统多层次立法体制”“一元性、二级、三层次、四分支的立法体制”[1]。

“法”“立法”“立法权”等基本概念的界定,关系着我们该以何种态度和方式来建设现代中国立法体制。法学界对“是否只有最高国家权力机关及其常设机关才能立法?制定行政法规和地方性法规是否是立法?行政法规、地方性法规是否是法的组成部分?国务院所属部委和地方各级政府制定规范性文件是否是立法?这些规范性文件是否是法的组成部分?”[2]等问题争论不断,而这些争论则涉及立法体制的核心内容,即立法权限的划分。李飞谈到,立法权限的划分包括“哪些国家机关具有什么性质、多大范围的立法权限;以及享有立法权限的各国家机关所制定的法律、法规之间是一种什么样的相互关系”[3]两个方面。

为与国情相适应,作为统一的单一制国家,2000 年《立法法》确立了我国统一的、分层次的立法体制。尹中卿将其基本特征概括为集中统一、中央与地方适当分权、各个国家机关分工协作。[4] 根据《立法法》规定,我国现行立法体制具体为:全国人大及其常委会行使国家立法权;国务院“根据”宪法和法律,行使行政法规立法权;地方人大及其常委会,采用“不抵触原则”,行使地方性法规立法权;民族自治地方人大,采用“变通原则”,行使民族自治地方自治条例和单行条例的立法权;经济特区所在地的省、市人大及其常委会,根据全国人大授权,可以制定经济特区法规,在经济特区范围内实施;国务院各部及委员会、中国人民银行、审计署和具有行政管理职能的直属机构以及法律规定的机构,可以根据法律和国务院的行政法规、决定、命令,在本部门的权限范围内,制定规章;监察法规、军事法规、军事规章依据立法法规定制定。

---

〔1〕 刘明利编著:《立法学》,山东大学出版社 2002 年版,第 84-85 页。
〔2〕 周旺生:《论现行中国立法体制》,载《北京大学学报(哲学社会科学版)》1989 年第 3 期。
〔3〕 李飞:《我国的立法体制和立法程序》,载《浙江人大(公报版)》2020 年第 4 期。
〔4〕 尹中卿:《我国的立法体制》,载《人大建设》2001 年第 8 期。

（三）立法程序

1. 立法程序概念辨析

立法程序是立法权运行的轨道，是运行中的立法权。它的基本宗旨是实现立法的民主原则，在多方博弈的基础上由多数人做出决定。2023年3月修改的《立法法》，增加紧急立法程序，完善法律案的终止审议程序，明确有关国家机关可以提出法律解释案，强化了立法程序的透明度，对审查程序中各环节的公开、听证、征求意见等程序作出具体规定。

由孙琬钟主编的《立法学教程》是这样下定义的："立法程序就是有立法权的机关制定法律的工作次序。立法程序有两个基本含义：从主体来看，立法程序是有立法权的机关的工作次序；从内容来看，立法程序是制定法律的工作次序。"[1] 付子堂在《法理学初阶》中也指出，"立法程序是指享有立法权的国家机关在创制、修改、废止法律的活动中必须履行的法定步骤。我国的法律渊源（形式）多样，不同法律的立法程序有所差异"[2]。不过，对于立法程序的界定，学术界有不同的看法。概括来说，对立法程序的研究，集中表现在关于"法"与"程序"概念界定、立法程序的正当性与价值、立法民主与效率的关系、域外比较、地方立法程序等问题的讨论上。

吴大英等认为，"立法程序是指国家机关在制定、废除或修改法律方面的活动程序"[3]。周旺生认为，"立法程序是有权的政权机关，在制定、认可、修改、补充和废止法的活动中，所须遵循的法定步骤和方法"[4]。而张友渔则认为，"立法程序是指立法机关制定法律的程序"，"专指全国人大及其常委会制定的法律，不包括各种法规以及民族区域自治地方的自治条例、单行条例和特别行政区的所谓法律"[5]。尹中卿认为，"立法

---

〔1〕 孙琬钟主编：《立法学教程》，中国法制出版社1990年版，第138页。
〔2〕 付子堂主编：《法理学初阶》（第6版），法律出版社2021年版，第248页。
〔3〕 吴大英、任允正：《立法制度比较研究》，法律出版社1981年版，第88页。
〔4〕 周旺生：《关于中国立法程序的几个基本问题》，载《中国法学》1995年第2期。
〔5〕 张友渔：《关于我国法律的立法程序和起草工作》，载《政治学研究》1985年第3期。

程序是关于立法行为的规范，是立法机关从事立法活动所必须遵循的步骤以及在各步骤中所采取的方法，是一种体现为法律或者管理的规则”[1]。信春鹰也认为，“立法程序是指立法机关制定、修改和废止法律的法定步骤和方式”[2]。

可以看出，在立法程序的概念界定上，学者们的观点虽表述有差异，但意思基本趋同。倘若说两种代表性观点的分歧涉及对于立法主体的不同认识，具体而言就是，立法程序是只有立法机关独有的程序，还是包括了行政机关。一种观点认为拥有立法权的主体只有立法机关，而另外一种观点则在关于立法权主体的理解上做了突破，扩大到了“特定国家机关”，认为行政立法与立法机关立法是不同的，立法机关立法采用的是合议制，包括了议案的提出、审议、表决和公布，而行政机关实行首长负责制。首长负责制是指，行政首长对于自己管辖的事务拥有最终的决定权，且对所决定的事务要承担责任。行政立法程序要比立法机关的立法程序简要得多。在后者看来，立法机关、司法机关和行政机关制定的具有国家强制力的规范性文件，包括法律、法规乃至规章、命令等，均可纳入“法”的范畴。

2. 程序划分之“阶段说”

学术界关于立法程序的划分，看法不一，有三阶段说、四阶段说、五阶段说、六阶段说等，“多数人的意见是，立法程序从提出法律草案开始”[3]，即四阶段说。

持三阶段说的学者中，代表人物是李步云和周旺生。李步云对立法程序作了广义的理解，认为“广义的立法程序应当包括三个阶段：一是立法的准备，如立法规划和计划的制定、立法建议的提出、法起草主管单位的确定和起草小组的组成、委托起草的运用、对法草案的说明及附件的要

[1] 尹中卿：《我国的立法程序》，载《人大建设》2001 年第 9 期。

[2] 信春鹰：《立法法和全国人大常委会的立法工作（续一）》，载《光明日报》2008 年 6 月 2 日，第 9 版。

[3] 孙琬钟主编：《立法学教程》，中国法制出版社 1990 年版，第 138 页。

求、公众座谈会和专家论证会的运用等等;二是立法议案的审议、表决和公布,如立法议案的提出、专门委员会的审议、分组会和大会的审议、立法案审议过程中的公众参与、修正案的提出与表决、立法议案的表决方式、法案的签署与公布等等;三是立法的后续,如法的修改、补充、废止、法典编纂、法的清理等等"〔1〕。周旺生认为,"立法程序应当始于立法的准备阶段,终于立法的完善阶段,而不应当仅仅存在于由法案到法的阶段即立法的议会阶段"〔2〕。其目的是反映立法全过程,以便在立法法中对立法程序作出全面的规定,保证立法质量。

持四阶段说的学者,虽表述略有差别,但基本将立法程序分为提出法律草案、审议法律草案、表决通过法律草案和公布法律四个阶段,代表人物有吴大英〔3〕、信春鹰〔4〕、张友渔〔5〕、李飞〔6〕、付子堂〔7〕等。他们认为,一般在提出法律草案前,会先起草法律草案。

五阶段说则将立法程序分为起草、提案、审议、表决和通过,代表人物是苗连营〔8〕。孙琬钟则提出,不同的立法实践使得立法程序的开始时间不同,由此立法程序的阶段划分也不同。在起草人自行起草法律草案时,立法程序包括四个阶段,而在立法机关组织起草法律草案时,立法程序就包括了五个阶段。〔9〕

六阶段说将立法程序分为制定立法规划、起草法律、提出立法议案、审议法律草案、表决和通过法律草案、公布法律,代表人物是李步云、汪

〔1〕 李步云、陈世荣:《关于起草立法法的若干建议》,载《人大工作通讯》1995 年第 13 期。
〔2〕 周旺生:《关于中国立法程序的几个基本问题》,载《中国法学》1995 年第 2 期。
〔3〕 吴大英、任允正:《立法制度比较研究》,法律出版社 1981 年版,第 88 页。
〔4〕 信春鹰:《立法法和全国人大常委会的立法工作(续一)》,载《光明日报》2008 年 6 月 2 日,第 9 版。
〔5〕 张友渔:《关于我国法律的立法程序和起草工作》,载《政治学研究》1985 年第 3 期。
〔6〕 李飞:《我国的立法体制和立法程序》,载《浙江人大(公报版)》2020 年第 4 期。
〔7〕 付子堂主编:《法理学初阶》(第 6 版),法律出版社 2021 年版,第 248 - 249 页。
〔8〕 苗连营:《立法程序论》,中国检察出版社 2001 年版,第 162 页。
〔9〕 孙琬钟主编:《立法学教程》,中国法制出版社 1990 年版,第 141 页。

永清[1]。

立法程序“阶段说”研究的意义在于健全社会主义民主，提高立法活动的科学性和规范性，提高立法机关和行政机关的工作效率，维护国家法制的统一性和严肃性。立法程序研究的深度，直接影响着具有强制性约束力的法律能否客观、准确、完整地反映人民的意志，使立法工作尽可能地符合客观规律、有所遵循，适应国家法治建设的切实需要。

(四)立法技术[2]

对“立法技术”的定义，概括国内外学者研究，大体有三种学说，即“规则、细则说”“活动、过程说”“方法、技巧说”。国内学者大多持“方法、技巧说”。国内最早专门论述立法技术的学术文章是1984年周新铭的《试论我国的立法技术》[3]，最早以立法技术为主题的学术专著是1989年徐承敏主编的《立法理论与立法技术》[4]。总体来说，国内学者一般从两种视角对立法技术进行分类。

第一种为广义和狭义的视角。归纳采用这种视角的学者，早期有吴大英、任允正，后期有孙琬钟、张善恭、曹叠云、吴光辉、孙启福等，他们的广义理解观点相似，均提出广义的立法技术指与立法活动相关的一切规则，具体包含三类规则：关于立法机关组织形式的规则；关于立法程序的规则；关于法律条文的修辞、逻辑结构等的规则[5]。不过，吴大英等在《比较立法学》中又将第三类规则修正为“关于法律的内部结构和外部机构的形式、法律的修改和废止的方法、法律的文体、法律的系统化的方法

---

[1] 李步云、汪永清主编：《中国立法的基本理论和制度》，中国法制出版社1998年版，第144页。

[2] 2015年《立法法》修改，对法律结构、题注等立法技术问题作出原则规定；2023年《立法法》修改，明确由全国人大常委会工作机构编制立法技术规范。

[3] 周新铭：《试论我国的立法技术》，载《青海社会科学》1984年第4期。

[4] 徐承敏主编：《立法理论与立法技术》，法律出版社1989年版。

[5] 吴大英、任允正：《立法制度比较研究》，法律出版社1981年版，第118－119页；孙琬钟主编：《立法学教程》，中国法制出版社1990年版，第170－173页；张善恭主编：《立法学原理》，上海社会科学院出版社1991年版，第204－206页；曹叠云：《立法技术》，中国民主法制出版社1993年版，第34页；吴光辉、孙启福主编：《立法学》，重庆大学出版社1997年版，第252页。

等方面的规则"[1]。但他们在狭义理解上是存有分歧的，吴大英认为，只有第二类和第三类规则才算立法技术的规则，而任允正则认为，狭义的立法技术专指第三类规则。持后一种观点的学者还有袁建国、孙敢、侯淑雯等。例如，认为立法技术是法的内部结构和外部结构的形式、法的修改和废止的方法、法的文本、法律体系的构成、法律的系统化、立法预测和立法规划等方面的规则的总和。[2] 又如，认为狭义上的立法技术，仅指法在起草、制作、修改和废止以及文体选择和系统化过程中的技术内容。[3]

第二种为宏观和微观的视角。归纳采用此种视角的学者，前有孙琬钟、张善恭、周旺生，后有吴光辉、孙启福、侯淑雯等。孙琬钟总结提出，"宏观立法技术指立法者在把握立法时机、进行立法观测、立法规划、立法协调等工作时形成的方法与技巧"，"微观立法技术指立法者在采用法律形式处理法律结构、法律文本、法律规范与法律条文的关系时形成的方法与技巧"[4]。周旺生将立法技术分为宏观立法技术、中观立法技术和微观立法技术，并进行了简要的论述，提出宏观立法技术即立法的一般方法或原则。[5] 张善恭、吴光辉等学者归纳的宏观立法技术与微观立法技术的观点，与孙琬钟的观点一致。[6] 周旺生提出的中观立法技术和微观立法技术的观点，与孙琬钟提出的宏观立法技术与微观立法技术的观点近似，而吴光辉等学者则对宏观立法技术和微观立法技术进行了进一步的专门而又详细的论述。

当然，也有学者从立法操作过程的顺序、立法所用技术的综合性程度、立法技术的具体程度、法系的不同等方面对立法技术做了划分[7]，或

[1] 吴大英、任允正：《比较立法学》，法律出版社 1985 年版，第 207－208 页。

[2] 袁建国：《法律创制论》，河南人民出版社 1989 年版，第 183 页。

[3] 孙敢、侯淑雯主编：《立法学教程》，中国政法大学出版社 2000 年版，第 208 页。

[4] 孙琬钟主编：《立法学教程》，中国法制出版社 1990 年版，第 173－174 页。

[5] 周旺生：《立法论》，北京大学出版社 1994 年版，第 182－183 页。

[6] 张善恭主编：《立法学原理》，上海社会科学院出版社 1991 年版，第 204－206 页；吴光辉、孙启福主编：《立法学》，重庆大学出版社 1997 年版，第 253 页；侯淑雯主编：《新编立法学》，中国社会科学出版社 2010 年版，第 206 页。

[7] 张根大、方德明、祁九如：《立法学总论》，法律出版社 1991 年版，第 275－276 页。

从宏观与微观、纵向与横向、单一与综合,以及立法预测、规划,法的制作、清理和系统化技术等角度进行划分[1]。

对于“立法技术”的理解,谷安梁并未从分类的视角出发,而是单纯地阐释,“立法技术是在立法工作实践中形成的关于立法工作的方法和技巧”[2]。这与孙琬钟的理解相同,他提出“在长期的立法实践活动中,人们逐渐摸索形成了许多立法方法和技术,我们将这些方法、技巧的总和称为立法技术”[3]。周旺生所指的微观立法技术也便为此概念,他主张从确定意义上理解立法技术,反对将立法技术说成是一种“活动”或“过程”,并提出“所谓立法技术,就是制定和变动规范性法文件活动中所遵循的方法和操作技巧的总称”。他指出,无论对立法技术的内涵和外延如何界定,法的结构营造技术和法的语言表达技术均属于立法技术的范畴。[4] 这种观点印证了大多数学者所持的“方法、技巧说”,也得到了后来学者的延续和深化,如张永和提到的,“微观立法技术即立法过程中具体的操作技巧和方法,主要是法的篇章结构和语言表述技巧。狭义的立法技术概念,旨在说明立法语言是立法技术最重要、最核心的内容”。其在书中详细讲述了立法语言的文体特征。[5] 又如,付子堂在《法理学初阶》中提到,立法技术属于立法方法论的范畴,是一种纯技巧性、工具性和手段性的内容,其核心包括了立法结构技术和立法语言技术。但同时,他又进一步深化,将立法结构技术分为微观立法结构技术和宏观立法结构技术,并对宏观范畴下的规范性法律文件的规范化和系统化作了论述。[6]

综上所述,立法原则、立法体制、立法程序、立法技术构成了我国立法研究的总体框架,也是立法研究的核心议题。截至目前,学者对这些议题

---

[1] 杨临宏:《立法法:原理与制度》,云南大学出版社 2011 年版,第 198 页。
[2] 谷安梁主编:《立法工作概论》,蓝天出版社 1990 年版,第 251 页。
[3] 孙琬钟主编:《立法学教程》,中国法制出版社 1990 年版,第 170 页。
[4] 周旺生:《立法论》,北京大学出版社 1994 年版,第 181 – 183 页。
[5] 张永和主编:《立法学》,法律出版社 2009 年版,第 137 页。
[6] 付子堂主编:《法理学初阶》(第 6 版),法律出版社 2021 年版,第 249 – 250 页。

已逐一展开了广泛而深入的研究，虽然针对这些议题的研究观点未必一致，但在中国特色社会主义制度之下，每一议题均有达成共识的内容。第一，虽然不同的学者对立法原则的具体构成有不同的观点，但对于立法活动的开展，均认为离不开法治要素、民主要素和科学要素。立法应当从国家整体利益出发，按照法定权限和程序，维护社会主义法制的统一和尊严；在立法的过程中发扬民主，通过各种方式保证人民群众参与立法活动；立法要从实际出发，适应经济社会发展和全面深化改革的要求，对公民、法人和其他组织的权利与义务、国家机关的权力与责任等作出科学合理的规定。第二，从立法体制的内涵来看，必不可少的三要素是立法权限的制度和体系、立法权的运行制度和体系、立法权的载体制度和体系。第三，从立法程序的运行过程来看，提出法案、审议法案、表决和通过法案是必不可少的环节。第四，立法技术对立法质量的保障和提升有着重要作用，通过审视立法技术的结构可发现，专门用来表达法律规定的一些细则，是立法技术的重要构成，且立法技术本身作为一种技术规范，对科学立法的推进有着重要作用，立法技术的发展水平也是一国法制健全程度的反映。

三、结语

近年来，立法研究方向也有了一些新的变化，出现了一些立法研究的新主题、新动向。主要包括如下：地方立法、区域协同立法、立法评估、立法模式、科学立法、协同立法、设区的市立法、公众参与、立法联系点、社会信用立法、立法技术、人工智能、党领导立法、乡村振兴、立法体系、大数据、网络安全立法、立法空间、科技立法、民法典时代、数据开放、立法协调、成渝双城经济圈、京津冀协同、碳排放权交易、海南自由贸易港、区块链、自由贸易试验区、立法协同机制、评估指标体系、立法回应等。

从立法的角度而言，应当更好地坚持党领导立法，全面推进科学立法，不断提高立法质量和效率，以高质量立法保障高质量发展、推动全面深化改革、维护社会大局稳定。第一，某一领域有多部法律且条件较为成熟的,开启并逐步深入研究讨论法典化问题,包括劳动法典编纂研究、[1]行政法典编纂研究、[2]教育法典编纂研究、[3]民事诉讼法典化研究、[4]环境法典化研究[5]等。第二,信息技术领域立法研究越来越受到重视,包括与数字经济、互联网金融、人工智能、大数据、云计算、个人信息保护等相关的立法问题。[6] 第三,区域协调发展立法与区域协同立法研究,包括区域协同立法的一般理论、川渝协同立法研究、粤港澳大湾区协同立法研究、成渝地区协同立法研究、闽赣协同立法研究、京津冀协同立法研究、长三角区域协同立法研究等。[7] 第四,立法评估有关问题研究[8],包括立法前评估、立法后评估、立法评估的指标体系设计、立法成本与效

---

〔1〕 叶静漪、李少文:《国家治理视野下的劳动法典编纂》,载《行政法学研究》2022 年第 5 期。

〔2〕 马怀德:《中国行政法典的时代需求与制度供给》,载《中外法学》2022 年第 4 期;马怀德:《行政基本法典模式、内容与框架》,载《政法论坛》2022 年第 3 期;应松年、张航:《中国行政法法典化的正当性与编纂逻辑》,载《政法论坛》2022 年第 3 期;周佑勇:《中国行政基本法典的精神气质》,载《政法论坛》2022 年第 3 期。

〔3〕 罗冠男:《论教育法典的功能定位、体例结构和编纂步骤》,载《行政法学研究》2022 年第 5 期。

〔4〕 张卫平:《民事诉讼法法典化:基本要求与构建》,载《河北法学》2022 年第 8 期。

〔5〕 杜群、丁宁:《环境法法典化中自然资源法的定位与展开》,载《北京航空航天大学学报(社会科学版)》2022 年第 3 期;陈真亮:《宪法环境基本国策对环境法法典化困境的纾解》,载《北京航空航天大学学报(社会科学版)》2022 年第 3 期;刘超:《环境法典污染控制编的立法重点与规范构造》,载《法律科学(西北政法大学学报)》2022 年第 3 期。

〔6〕 周尚君:《数字社会对权力机制的重新构造》,载《华东政法大学学报》2021 年第 5 期;张光君、张翔:《应用"大数据 + 区块链"优化立法评估制度的机理与路径》,载《计算机科学》2021 年第 10 期;张亚楠:《大数据时代政府数据开放性质与立法研究——以贵州省贵阳市的立法实践为例》,载《贵州省党校学报》2022 年第 1 期;靳雨露:《大数据时代个人信息立法第三条路径初探——兼评欧盟本体主义与美国实用主义立法模式》,载《西部法学评论》2021 年第 3 期。

〔7〕 周泽夏:《区域协同立法:定位、特色与价值》,载《河北法学》2021 年第 11 期;林珊珊:《区域协同立法的理论逻辑与模式选择》,载《理论学刊》2021 年第 3 期;金梦:《立法者心智:区域协同立法机制构建的动因》,载《法学》2021 年第 1 期。

〔8〕 蒋悟真:《经济法立法评估的制度设计研究》,载《法学杂志》2021 年第 8 期;张德淼、杜朴:《立法后评估中的公众参与"虚置"及治理路径》,载《北京行政学院学报》2021 年第 1 期;汪全胜、黄兰松:《论立法的正当性——以立法成本效益评估制度的建立为视角》,载《山东社会科学》2016 年第 1 期;汪全胜等:《立法后评估研究》,人民出版社 2012 年版。

益量化评估、部门立法评估、立法清理制度〔1〕等。未来立法学研究应当紧紧围绕法治中国的建设需要,以中国的立法实践需要为导向,全面推进立法理论、制度、技术等方面的研究向纵深方向发展,始终坚持立法学研究政治性与学术性的统一,构建更加开放的立法学研究体系。〔2〕

延伸阅读学术著作

1. 吴大英、任允正:《立法制度比较研究》,法律出版社1981年版。
2. 郭道晖:《中国立法制度》,人民出版社1988年版。
3. 周旺生:《立法学》,北京大学出版社1988年版。
4. 李林:《立法机关比较研究》,人民日报出版社1991年版。
5. 李步云、汪永清主编:《中国立法的基本理论和制度》,中国法制出版社1998年版。
6. 陈伯礼:《授权立法研究》,法律出版社2000年版。
7. 苗连营:《立法程序论》,中国检察出版社2001年版。
8. 石佑启、朱最新主编:《地方立法学》,广东教育出版社2015年版。
9. 周祖成主编:《立法学》,中国法制出版社2022年版。
10. 封丽霞:《大国立法的逻辑》,商务印书馆2022年版。

延伸阅读学术论文

1. 于光远:《关于社会主义立法和法制的几个问题——在北京"关于社会主义立法和法制问题座谈会"上的发言(摘要)》,载《法学研究》1978年试刊号。

〔1〕2023年3月修改《立法法》,完善立法清理制度,第116条规定对法律、行政法规、地方性法规、自治条例和单行条例、规章和其他规范性文件,应当根据维护法制统一的原则和改革发展的需要进行清理,进一步扩大了清理评估的范围。

〔2〕封丽霞:《面向实践的中国立法学——改革开放四十年与中国立法学的成长》,载《地方立法研究》2018年第6期。

2. 张友渔:《我国社会主义法制的立法原则》,载《东岳论丛》1980 年第 1 期。
3. 吴大英:《加强立法学的研究是发展我国政治学的重要内容》,载《政治学研究》1986 年第 2 期。
4. 周旺生:《论创建中国社会主义立法学》,载《法学评论》1988 年第 6 期。
5. 付子堂、胡夏枫:《立法与改革:以法律修改为重心的考察》,载《法学研究》2014 年第 6 期。
6. 周尚君:《中国立法体制的组织生成与制度逻辑》,载《学术月刊》2020 年第 11 期。
7. 杜苏:《"根据宪法,制定本法":一个"中国特色"条款的起源、演进与分布规律》,载《澳门法学》2021 年第 2 期。
8. 张琼:《类型化视野下的地方立法能力及其现代化路径》,载《法商研究》2023 年第 1 期。
9. 周佑勇:《从部门立法到领域立法:数字时代国家立法新趋势》,载《现代法学》2024 年第 5 期。
10. 刘风景:《兜底条款的法理透析与设置技术》,载《现代法学》2024 年第 6 期。

延伸阅读学位论文

姜孝贤:《立法的概念》,厦门大学 2014 年博士学位论文。

第三十七章　法 律 体 系

本论题导读

新中国的法律体系研究可分为基础理论研究和建设理论研究。基础理论研究呈现出两条发展进路：一是以部门法理论为研究内容，不断推动部门法理论本土化改造、系统化改进和科学化改良的"传统进路"；二是在批判部门法理论的基础上，以公私法理论拨乱反正和法律体系理论创新为主要内容的"新型进路"。在建设理论研究过程中，学者们先后对"社会主义法律体系""中国特色法律体系""社会主义市场经济法律体系""中国特色社会主义法律体系"等主题开展系统探讨，为中国特色社会主义法律体系建设事业提供了有力支持。总的来看，新中国的法律体系研究呈现出双重驱动、与时俱进、科学实证的鲜明特征。

法律体系，在新中国历史上有时也被称为"法权体系"、"法的体系"或者"法体系"，是指一国在一定发展阶段，以所有现行法为基础所形成的，作为一个有机统一体存在的法的整体。[1] 与其他法学基本范畴不同的是，新中国关于"法律体系"的概念以及由其构建的理论并非源于西方，而是来自苏联。[2] 由于深受苏联法学理论的影响，部门法理论在新

---

〔1〕 周旺生、朱苏力主编：《北京大学法学百科全书：法理学·立法学·法律社会学》，北京大学出版社2010年版，第293页。

〔2〕 庞正：《法律体系基本理论问题的再澄清》，载《南京林业大学学报（人文社会科学版）》2003年第3期。

中国法律体系理论中长期占据主流地位。新中国成立后,学者们在继承、反思和扬弃部门法理论的基础上,不断推动法律体系研究的与时俱进发展,逐渐形成了一系列有中国特色的法律体系理论,在法的内在结构问题上作出了深刻阐释。

然而,法律体系研究不仅应当通过分析法的内在结构,深刻诠释"什么是法律体系"的认识性问题,还必须时刻着眼于现实的法治建设工作,系统回答"如何建设法律体系"的实践性问题。因此,新中国法律体系研究实际上是从基础理论和建设理论两个方面展开的,并分别形成了极其丰富的理论成果,留下了浩如烟海的文献资料。有鉴于此,对新中国法律体系研究进行全面回顾和系统梳理,须将法律体系的基础理论研究和建设理论研究加以区分。本章拟通过对上述两类研究的分别考察,呈现新中国法律体系理论研究的历史流变和理论成果,展现新中国法律体系研究的基本特征,发现当前法律体系研究的现实问题,最终对我国法律体系研究的未来发展提出合理建议。

一、法律体系基础理论研究

根据研究内容的不同,新中国的法律体系基础理论研究大致分为"传统进路"和"新型进路"两条发展线索,前者肇始于新中国成立初期对苏联部门法理论的学习与沿用,是学界从中国实际出发对部门法理论不断进行丰富和发展的历史进程;后者则起源于 20 世纪 80 年代的部门法理论批判思潮,是学者们在部门法理论之外重新认识、解构和阐述法律体系的学术创新尝试。通过上述努力,新中国法学界不断推动法律体系理论的科学化、时代化、多元化发展进程,逐渐形成了一系列颇具中国特色、符合客观规律和时代潮流、社会主义性质的法律体系理论,从而深刻回答了"什么是法律体系"这一基本问题。

(一)传统进路:部门法理论的传入与发展

作为社会主义阵营的成员,新中国在其成立初期形成了向苏联一边倒的知识引进格局，法学理论以学习和输入苏联为主要内容。[1] 总的来看，学者们通过对法律体系概念、性质和结构等问题的探索，实现了对苏联部门法理论的本土化改造、系统化改进、科学化改良。

1. 法律体系的概念

一直以来，西方大陆法系国家通常沿用罗马法以来公、私二分的划分方式，将法律体系分成公法和私法两大部分。[2] 然而，在苏联法学界看来，将法律划分为公法和私法的理论“是人为的，并且是为了掩盖资本主义制度的本质”[3]，社会主义法律体系“不容许有公法和私法的划分”[4]。在“社会主义必须具有不同于资本主义的法律体系”理念的支配下，苏联法学家们打破了西方法学的学术传统，创造性地提出了“划分部门”的社会主义性质的法律体系理论。[5] 新中国在成立之初通过大量翻译苏联的法学理论著作，并且以此为蓝本编纂自己的法学理论教材，充分借鉴和吸收苏联的马克思主义国家与法的理论研究成果，其中就包括由苏联法学界原创的部门法理论。整体来看，尽管当时广泛使用的各种“国家和法的理论”教材对法律体系的定义在表述上略有差异，但它们无一例外均采取了部门法理论的认识模式，一致认为“法律体系即部门法体系”。[6]

进入改革开放新时期，学者们在法律体系基础理论研究上继续沿用

---

〔1〕 黄文艺：《迈向法学的中国时代——中国法学 70 年回顾与前瞻》，载《法制与社会发展》2019 年第 6 期。

〔2〕 李拥军：《当代中国法律体系的反思与重构》，载《法制与社会发展》2009 年第 4 期。

〔3〕 [俄]B. B. 拉扎列夫主编：《法与国家的一般理论》，王哲等译，法律出版社 1999 年版，第 157 页。

〔4〕 [苏联]列文等：《国家与法律概论》，杨旭译，人民出版社 1950 年版，第 109 页。

〔5〕 李拥军：《当代中国法律体系的反思与重构》，载《法制与社会发展》2009 年第 4 期。

〔6〕 例如，在由列文等著、中央人民政府法制委员会于 1950 年编辑的《国家与法律概论》中，法律体系即被定义为：“现行法律规范汇合成单独的各种规范，即汇编成法律的各部门，也就是这些部门彼此的分界及所有这些部门之汇编为构成一国法律的统一的整体。”又如，卡列娃等苏联法学家所著《国家和法的理论》则将法律体系定义为：“归根到底由社会经济基础决定的法的统一和法的划分。”参见[苏联]列文等著、中央人民政府法制委员会编辑：《国家与法律概论》，杨旭译，人民出版社 1950 年版，第 103 页；[苏联]玛·巴·卡列娃等：《国家和法的理论》，李嘉恩等译，中国人民大学出版社 1956 年版，第 462 页。

着部门法理论的模式，并且通过大量的研究和讨论进一步巩固了“法律体系即部门法体系”的观念。1983 年 4 月，在由中国社会科学院法学研究所和华东政法学院联合召开的“建立具有中国特色的社会主义法律体系和马克思主义法学体系”学术研讨会上，学者们基本上是沿用部门法理论的分析框架，对法律体系的理论和实践问题开展探讨。[1] 作为改革开放以来我国法学界针对法律体系范畴开展的首次集中研讨，这次会议奠定了新时期法律体系理论研究的主要基调，对改革开放以来的法律体系理论研究产生了十分深远的影响。以法理学教材为例，改革开放以来在由我国法学家自主编纂的数百种法学理论教材中大都设置了关于“法律体系”的独立章节，其中对法律体系的具体阐释尽管有不小差异，但几乎都遵循着部门法理论的分析框架。西南政法大学法学理论教材《法理学初阶》中讲道：“简单地说，法律体系就是部门法体系。”[2]

在探讨法律体系概念本身的同时，学者们还注重对法律体系及其“相关概念”“相近概念”进行区分，这些研究也构成了法律体系概念研究的重要部分。[3] 实际上，这类研究早在新中国成立初期的法学译著和教材中就已经出现。[4] 随着改革开放新时期法律体系研究的全面深入发展，学者们愈加认识到这类研究对于准确把握法律体系含义和正确使用法律体系范畴的重要意义，对法律体系的“相关范畴”和“相近范畴”开展了全面研究。例如，有学者明确了法律体系和“法系”、“法学体系”、“法制体

---

〔1〕 张友渔等：《法学理论论文集》，群众出版社 1984 年版。

〔2〕 付子堂主编：《法理学初阶》（第 6 版），法律出版社 2021 年版，第 251 页。

〔3〕 “相关概念”是指与法律体系具有内容关联性的范畴，主要包括法律体系的衍生范畴，以及与法律体系存在密切关联性的其他法学范畴，如“法律部门”“法典编纂”等；“相近概念”则是虽然与法律体系具有形式相似性，但是缺乏内容关联性的范畴，它们极易与法律体系产生混淆，如“法系”“立法体系”“法制体系”“规范性法律文件体系”等。

〔4〕 例如，1955 年由法律出版社出版的《苏维埃国家和法的基础》中就提到“不要把法的体系与法的系统化混为一谈”。又如，1956 年由中国人民大学出版社出版的《国家和法的理论》中还对法律体系与法典编纂之间的关系进行了详细论述。参见［苏联］卡列娃、［苏联］费其金主编：《苏维埃国家和法的基础》，中国人民大学编译室译，法律出版社 1955 年版，第 161 页；［苏联］玛·巴·卡列娃等：《国家和法的理论》，李嘉恩等译，中国人民大学出版社 1956 年版，第 461－462 页。

系”、“立法体系”以及“法的文件体系”等相近范畴的联系和区别,[1]还有学者系统区分了 Legal System、System of Law、System of Legislation 以及 Family of Law 等法学术语。[2] 这些研究展示了我国法律体系基础理论研究的精细化发展趋势,人们对法律体系这一法学概念的认识和应用相较以往更加精准严谨。

2. 法律体系的性质

准确把握法律体系的性质既是认识法律体系的必要补充,也是建设法律体系的重要前提,它构成了部门法理论中上承概念研究、下启结构研究的枢纽环节。通过对法律体系基本性质的研究,学者们不仅揭示了法律体系的现实面貌,还明确了法律体系应当具备的各项要求,这对于明确法律体系的具体外延、勾勒法律体系的理想图景以及指导法律体系的现实建设均具有重要意义。

新中国成立初期的法学译著和教材对法律体系的基本性质进行了系统探讨,梳理归纳起来,当时的研究几乎一致认为法律体系具有统一性、现行性、内国性以及稳定性与开放性等基本性质。[3] 改革开放之后,法学界立足于中国法制建设实践,与时俱进地发展了法律体系的性质理论。此时,有不少学者对现有的法律体系性质进行了反思和勘正。例如,有学者认为法律体系应当包括正在或者即将制定的法律,这样可以更好地发

---

[1] 张文显主编:《法的一般理论》,辽宁大学出版社 1988 年版,第 193 – 195 页。

[2] 孙国华主编:《中国特色社会主义法律体系研究——概念、理论、结构》,中国民主法制出版社 2009 年版,第 1 – 10 页。

[3] 相关文献参见[苏联]列文等:《国家与法律概论》,杨旭译,人民出版社 1950 年版,第 101 – 102 页;苏联科学院法权研究院:《国家与法权理论》,中国人民大学国家与法权理论教研室译,华东政法学院教务处 1953 年翻印,第 549 页;[苏联]卡列娃、[苏联]费其金主编:《苏维埃国家和法的基础》,中国人民大学编译室译,法律出版社 1955 年版,第 162 – 163 页;[苏联]玛·巴·卡列娃等:《国家和法的理论》,李嘉恩等译,中国人民大学出版社 1956 年版,第 463 页。

挥法律体系的原理和原则对完善立法和促进司法的指导作用。[1] 另外,学者们还在当时的理论成果基础上进一步丰富和发展了法律体系的性质理论,提出要建设一个"和谐统一"的法律体系,要实现法律体系在基本属性和职能上的整体性、协调性和一致性,以及法律体系应当具备内容完备、结构严密、内部协调、形式科学及协调发展的性质等诸多观点。[2] 此时,"和谐统一"一词构成了学界描绘法律体系理想图景的重要词目。

近年来,国内学术界在研究法律体系的内在联系时,开始广泛使用"融贯性"的概念来指代法律体系各个部分之间的统一、协调与相互证立关系。"融贯性"不仅是法律体系的一种内在道德,还是法治的一大基本目标,具体包括连贯性、体系融贯性与理念融贯性三个不同层次的要求。[3] 相较于和谐统一的说法,"融贯性"从多个维度更加严谨、准确地揭示了法律体系的形式特征,同时揭示了构筑法律体系所必需的外部支撑。从"和谐统一"到"融贯性",标志着学者们对法律体系基本性质、理想图景和现实标准的认识更加深入。

3. 法律体系的结构

作为一套关于法的内在结构的学问,部门法理论试图通过某种特定标准实现对法律体系的分门别类。因此,根据何种标准划分法律部门(划分标准问题),以及据此标准能够划分出哪些法律部门(划分方案问题),构成了部门法理论研究的主要内容。可是,无论是在划分标准还是在划分方案上,改革开放以来我国学术界始终未能形成统一意见,长期呈现百家争鸣的热闹场景。

---

〔1〕 相关文献参见孙亚明:《关于建立我国社会主义法律体系的几点意见》,载张友渔等:《法学理论论文集》,群众出版社 1984 年版,第 157 页;李步云:《社会主义法律体系的若干理论问题》,载《西北政法学院学报》1985 年第 3 期;沈宗灵主编:《法理学》,高等教育出版社 1994 年版,第 329 页。

〔2〕 相关文献参见齐乃宽:《建设一个和谐统一的社会主义法律体系》,载张友渔等:《法学理论论文集》,群众出版社 1984 年版,第 45 页;李步云:《社会主义法律体系的若干理论问题》,载《西北政法学院学报》1985 年第 3 期。

〔3〕 雷磊:《融贯性与法律体系的建构——兼论当代中国法律体系的融贯化》,载《法学家》2012 年第 2 期。

一方面,纵观新中国70余年来的部门法理论研究史,学者们在划分标准问题上主要形成了三种具有代表性的意见:(1)一元论,即坚持将法律的调整对象作为划分法律部门的唯一标准。受苏联法学界讨论的影响,我国法理学界曾一度认为法律的调整对象是划分法律部门的唯一标准。改革开放以来,这种观点仍然得到了一小部分学者的拥护。[1] (2)二元论,即在把法律调整对象作为根本划分标准的基础上承认法律调整方法的必要作用,主张以调整对象为主要标准、调整方法为辅助标准来划分法律部门。20世纪50年代中期随着苏联法学理论的发展,新中国法学界逐渐从"一元论"转变为"二元论"。[2] 此后,"二元论"的划分标准得到了我国学者们的长期广泛认同。(3)多元论,即在坚持以调整对象作为根本划分标准的基础上,主张考虑其他因素或者引入某些"划分原则"。这一观点生成于改革开放新时期我国制定法数量大幅增加以及新型法律接连涌现的历史背景下,并在近年来逐渐成为学界关于划分标准问题的主流观点。可是,在究竟应当考虑哪些因素或者原则的问题上,学者们一直未能达成统一意见。[3] 总的来说,无论是"一元论""二元论"还是"多元论",都坚持将法律的调整对象作为划分法律部门的根本标准。

然而,早在20世纪80年代,就开始有学者突破了将调整对象作为根本标准划分法律部门的学术传统。他们认为划分法律部门是客观与主观的统一,主张将调整对象和调整方法置于相等地位,从而开辟出一条区别

---

〔1〕 相关文献参见南振华:《法律部门划分标准探源》,载《政法学刊》1986年第2期。

〔2〕 例如,1956年由中国人民大学出版社出版的《国家和法的理论》教材中明确讲道:"在把法律调整的对象提出来作为主要标准时,也必须估计到对人们行为进行法律调整的方法,并把它当作补充的标准,而非主要的标准。"参见[苏联]玛·巴·卡列娃等:《国家和法的理论》,李嘉恩等译,中国人民大学出版社1956年版,第464页。

〔3〕 例如,沈宗灵提出了划分法律部门应当考虑到的六大原则,卢云主张将两个标准和六个原则结合起来划分法律体系,徐炳甚至主张先分别以母法和调整方法为标准确立宪法和刑法部门,再以调整对象为标准划分其他所有部门法。参见沈宗灵:《论我国社会主义法律体系》,载张友渔等:《法学理论论文集》,群众出版社1984年版,第83页;卢云主编:《法学基础理论》,中国人民大学出版社1988年版,第117–118页;徐炳:《试论法律体系的几个理论问题》,载张友渔等:《法学理论论文集》,群众出版社1984年版,第184页。

于“以调整对象为根本标准”的学术传统的新进路。[1] 21 世纪以来，越来越多的学者指出主观方面对于划分法律部门的深刻影响，并将法律的价值目标作为划分法律部门最重要的考虑因素。他们认为“目标是法的上帝”[2]，每一法律的目的和追求“相对于调整对象而言无疑是更本质更深层的东西”[3]，因而主张把法律的价值目标作为划分部门法的主导因素。此外，在法律部门的划分标准问题上，学者们还提出了法域说、“法典 + 独立诉讼程序”说、利益说等一系列各具特色的观点，对部门法理论研究的创新发展起到了积极作用。[4]

另一方面，70 余年来我国法学界关于部门法划分格局的观点大致经历了“合—分—合”的发展历程，尤其自改革开放以来，学者们在学理上对如何具体划分法律部门的问题难以形成统一意见（见表 37 – 1）。

表 37 – 1　学术界划分法律体系的部门方案：以部分代表性法理学教材为例

历史阶段	编者及其教材	划分方案
“国家与法的理论”时期（1949—1980 年）	苏联科学院法权研究院：《国家与法权理论》，1949 年版	国家法、行政法、财政法、民法、劳动法、土地法、集体农庄法、家庭法、刑法、审判法（10）
	［苏联］列文等：《国家与法律概论》，1950 年版	国家法、行政法、财政法、民法、劳动法、土地法、集体农庄法、家庭法、刑法、审判法（10）

〔1〕 王勇飞：《试论具有中国特色的社会主义法律体系》，载《中国政法大学学报》1984 年第 4 期。

〔2〕 李爱君、刘少军：《论法的目标与法部门的划分》，载《社会科学论坛》2006 年第 11 期。

〔3〕 王佩佩：《论经济法的本质——从“法律部门划分”谈起》，载《浙江省政法管理干部学院学报》2001 年第 2 期。

〔4〕 相关文献参见李拥军：《当代中国法律体系的反思与重构》，载《法制与社会发展》2009 年第 4 期；张美玲、谭金可：《部门法划分理论刍议——兼论职业安全卫生法部门法归属》，载《西部法学评论》2014 年第 2 期；宋方青等：《立法与和谐社会：以人为本的理论基础及其制度化研究》，法律出版社 2015 年版，第 95 页。

续表

历史阶段	编者及其教材	划分方案
	中央人民政府司法部司法干部轮训班编印:《关于国家与法律问题》,1950年版	国家法、行政法、财政法、民法、劳动法、土地法、集体农庄法、家庭法、刑法、审判法(10)
	[苏联]玛·巴·卡列娃等主编:《苏维埃国家和法的基础》,1955年版	国家法、行政法、财政法、民法、劳动法、土地法、集体农庄法、家庭法、刑法、审判法(10)
	[苏联]玛·巴·卡列娃等:《国家和法的理论》,1956年版	国家法、行政法、财政法、民法、劳动法、土地法、集体农庄法、家庭法、刑法、审判法(10)
	中国人民大学法律系国家与法的理论教研室编:《国家与法的理论教学大纲》,1956年版	国家法、行政法、财政法、民法、劳动法、土地法、集体农庄法、家庭法、刑法、审判法(10)
"法学基础理论"时期(1981—1991年)	陈守一等主编:《法学基础理论》,1981年版	宪法、刑法、民法、经济法、行政法、劳动法、人民公社法、婚姻法、司法程序法、军事法(10)
	孙国华等主编:《法学基础理论》,1982年版	宪法、行政法、财政法、民法、经济法、劳动法、婚姻法、刑法、诉讼法、法院和检察院组织法(10)
	沈宗灵主编:《法学基础理论教学大纲》,1985年版	宪法、行政法、经济法、民法、婚姻法、劳动法、环境保护法、刑法、诉讼法、军事法(10)
	张文显主编:《法的一般理论》,1988年版	宪法、行政法、刑法、民法、经济法、环境保护法、劳动法、婚姻法、科教文法、诉讼法、军事法(11)
"法理学"时期(1992年至今)	沈宗灵:《法理学》,1994年版	宪法、行政法、民法、商法、经济法、劳动法与社会保障法、环境法、刑法、诉讼程序法、军事法(10)
	刘金国等主编:《法理学》,1998年版	宪法、行政法、民法、经济法、刑法、诉讼程序法、劳动法、环保法(8)
	孙国华等主编:《法理学》,1999年版	宪法、行政法、民法、经济法、婚姻法、劳动法、刑法、诉讼法(8)

续表

历史阶段	编者及其教材	划分方案
	卓泽渊主编:《法学导论》,2003年版	宪法、行政法、民法、婚姻法、经济法、刑法、环境自然资源法、诉讼法(8)
	张文显主编:《法理学》,2007年版	宪法及宪法相关法、民商法、行政法、经济法、社会法、刑法、诉讼与非诉讼程序法(7)
	葛洪义主编:《法理学》,2007年版	宪法、行政法、民商法、经济法、刑法、劳动法与社会保障法、诉讼程序法、环境法、军事法(9)
	周永坤:《法理学——全球视野》,2010年版	宪法、民商法、行政法、资源环保法、社会法、刑法、诉讼法(7)
	舒国滢主编:《法理学阶梯》,2012年版	宪法及宪法相关法、民商法、行政法、经济法、社会法、刑法、诉讼与非诉讼程序法(7)
	付子堂主编:《法理学初阶》,2021年版	宪法及宪法相关法、民商法、行政法、经济法、社会法、刑法、诉讼与非诉讼程序法(7)

新中国成立初期由于对苏联部门法理论“借鉴很多,批判很少”,法学界一致沿用苏联的“十分法”,将法律体系划分为国家法、行政法、财政法、民法、劳动法、土地法、集体农庄法、家庭法、刑法以及审判法等十类部门。然而,直到20世纪80年代,我国经济体制迅速变革以及由此引发社会关系的剧烈变动,此时学者们对如何划分我国社会主义法律体系产生了重大分歧。在形式上,人们对是否应当分层次划分法律部门看法不一。有部分学者提出应当分层次划分法律体系,不仅要区分各个法律部门的地位,还要在法律部门之下划分“子部门”。[1] 但是更多的学者认为应当采用并列式的划分方案,主张在承认宪法的根本法地位的同时将宪法与其他法律部门并行列举,也无须在法律部门之下划分“子部门”。在内容

〔1〕 陆德山、孙育玮:《关于我国法律体系的几个问题》,载《求是学刊》1984年第6期。

上，学者们在我国法律体系可具体分为哪些法律部门的问题上更是难以达成一致意见。此时，尽管大家都认同宪法、民法以及刑法等传统法律的独立法律部门地位，但是对环境保护法、经济法、商法等边缘性法律或者新型法律的认识却差异悬殊，其中以对经济法的讨论最为热烈，其独立的法律部门地位历经法学界三次集中讨论才得以最终确定。而除对经济法的重点关注外，学界还讨论了诸如科技法、体育法、劳动法、教育法、民族区域自治法、政治法、环境保护法、程序法、竞争法以及社会法等众多法律的独立法律部门地位。〔1〕

直到20世纪90年代末期，出于建设中国特色社会主义法律体系的需要，全国人大常委会及时开展相关研究，最终于2001年正式确认了中国特色社会主义法律体系的部门构成。〔2〕研究活动在很大程度上结束了学界长期争论不休的局面，但是由于部门法理论的局限性，划分法律部门终究是一个仁者见仁、智者见智的问题，官方的设计方案实际上并没有彻底消弭学界的观点纷争，后来仍有学者提出不同的部门划分意见或者提出新的法律部门。例如，有学者后来提出了三大部门群、五个基本部门以及五个派生部门的划分设计，〔3〕甚至还有学者提出了“多次多维立体

---

〔1〕相关文献参见凌相权：《对劳动法的法律地位及适用范围之我见》，载《中国政法大学学报》1984年第4期；彭启先：《教育法是一个独立的法律部门》，载《西北政法学院学报》1986年第2期；文斌：《我国民族区域自治法应当成为独立的部门法》，载《西南民族学院学报（社会科学版）》1986年第S2期；谭宗志：《公安法律规范是一个独立的法律部门》，载《现代法学》1987年第1期；郑尚元：《社会法的定位和未来》，载《中国法学》2003年第5期；王晓晔：《论竞争法在市场经济法律体系中的地位》，载《中南大学学报（社会科学版）》2006年第1期；等等。

〔2〕1999年，时任第九届全国人大法律委员会主任委员王维澄就明确指出，中国特色社会主义法律体系由宪法及其相关法、民商法、行政法、经济法、社会法、刑法、诉讼和非诉讼程序法七类构成。2001年，李鹏在第九届全国人大常委会工作报告中正式确认了中国特色社会主义法律体系的这七大部门构成。参见王维澄：《关于有中国特色社会主义法律体系的几个问题》，载《求是》1999年第14期；李鹏：《全国人民代表大会常务委员会工作报告——2001年3月9日在第九届全国人民代表大会第四次会议上》，载《人民日报》2001年3月18日，第2版。

〔3〕孙国华主编：《中国特色社会主义法律体系研究——概念、理论、结构》，中国民主法制出版社2009年版，第8页。

层面式”的划分方案。[1] 不难发现，无论是在内容还是形式上，这些划分方案均与官方之间有不小差异。

“法律是治国之重器，良法乃善治之前提。”党的十八大以来，我国立法事业取得了举世瞩目的成就，立法数量和质量得到了双跃升。在各个领域的快速发展和不断取得的历史性成就，使我国逐渐成为主动创造立法经验的先行者角色，开拓性地先行创制制度规范。党的二十大报告提出：“加强重点领域、新兴领域、涉外领域立法，统筹推进国内法治和涉外法治。”这说明我国的立法机制正从之前的完善部门立法逐步转向充实相应领域立法。

“在当代以及其他任何的时代，法的发展重心既不在立法，也不在法学或司法判决，而在于社会本身。”随着经济社会和科技的迅猛飞升，重大领域的社会经济问题愈加呈现出交叉性、整合性和动态性特征。“风起云涌”的现实实践理应成为、也自然成为“顺势而动”的理论原料。自 20 世纪中叶开始，哲学社会科学之间便迈向聚拢整合的新阶段，各学科间的壁垒逐渐被打破，转型升级和交叉融合的一体化研究则蔚然成风。在哲学社会科学学科体系已基本成型、“框架式”“骨架式”体系已基本搭建的交汇点上，法学作为其中的重要分支，内部系统分工精细化与法律现象复杂化之间的矛盾愈加凸显。在全面深化改革和全面推进依法治国的语境下，“领域法学”这一回应社会大变革时代现实诉求、统筹传统部门法“七三型”塔形框架结构、契合新兴交叉学科融合发展脉络的概念应运而生。

关于领域法学的概念，刘剑文等学者指出，领域法学是一种立足新兴交叉领域的法学研究范式，是新兴、交叉领域“诸法合一”的有机结合，与传统部门法学同构而又互补。侯卓等学者则强调，领域法学所关注的问题更为接近问题域的概念，具有较为突出的系统性和宏观性，同时，其所聚焦的具体问题已然超越事实层面而富含规范意义。领域法是以特定经

[1] 何文杰：《多次多维立体层面式的部门法划分方法及其运用》，载《云南大学学报（法学版）》2014 年第 3 期。

济社会领域全部与法律有关的现象为研究对象，结合多种研究范式于一体的交叉性、应用性和协同性的新型法学理论体系、学科体系和话语体系。具体而言，从特定社会领域内具有共性的法律现象出发，综合运用多种人文社会科学方法在横向上谋求整合，在纵向上打破界限，便是领域法学之使命所在。申言之，领域法学脱胎于部门法学，立足于问题意识，来源于归纳预测，是当今社会的一种不可否认的客观存在，更能够为新型法律领域研究提供科学指导，本质是在坚持真理的“守正”上实现方法论破旧再造的“创新”。

（二）新型进路：法律体系理论的多元发展

伴随着改革开放新时期解放思想、实事求是思想路线的确立，我国法学界在20世纪80年代初开始深刻反思部门法理论，并尝试在部门法理论之外重新解构法律体系，从而开辟了中国法律体系基础理论研究的全新进路。这条“新型进路”由部门法理论研究的传统进路衍生而来，并且迅速呈现多元发展的蓬勃态势，它的出现标志着我国的法律体系理论研究自此正式迈入了自主探索真理、自觉推动创新的崭新阶段。

1. 对部门法理论的反思批判

20世纪80年代初期，学者们开始改变以往盲目推崇苏联法学理论的不成熟状态，对部门法理论开展了积极反思与严肃批判。1983年，一位苏联学者就在承认法的体系存在的同时，否认将法划分为部门，其认为法的体系的基本单位不是部门，而是规范。[1] 1987年，我国学者舒文烈指出：以调整对象为标准划分法律部门的方法不能建立起明确的、合乎逻辑的法律体系，法律体系的固有部分和基本成分不是法律部门，而是法律规范，故而应当根据法律规范的特征对法律体系中的法律规范进行分类。[2] 这种否定法律部门是法律体系的固有组成部分，并以“法律规范”

---

〔1〕［苏联］B. H. 库德里亚夫采夫：《苏联法的体系及其发展前景（二）》，任允正摘译，载《法学译丛》1983年第2期。

〔2〕舒文烈：《对划分法律部门标准几种主张的看法》，载《南昌大学学报（人文社会科学版）》1987年第3期。

取而代之重新解构法律体系的观点,实际上彻底否定了部门法理论的必要性和科学性,使得部门法理论犹如无源之水、无本之木,失去了其赖以存在的概念根基。

然而,部门法理论局限性的充分暴露则是21世纪以来的事情。进入21世纪之后,越来越多的学者对部门法理论开展了猛烈的抨击和批判。归纳起来,这些批判主要包括以下两个方面:一方面是对部门法理论本身局限性的披露。这部分研究旨在说明部门法理论存在众多天然的、难以解决的"基因性"问题。学者们指出部门法理论"在概念、划分方法、体系、结构和部门关系等方面存在一系列缺陷"[1],"无论是在划分的标准、目的、原则上,还是在内容上都存在着根本性缺陷"[2]。另一方面则是指出部门法理论在立法活动中的失位,以及对执法、司法以及法学研究等活动造成严重的消极影响。例如,学者们不仅指出部门法理论"对立法实践的理论指导软弱无力,立法者基本上抛弃了部门法体系理论"[3],还广泛认为"部门法体系所导致的部门法学体系割裂了法律的整体性"[4],这既造成了部门法学研究的画地为牢和山头主义,又"引发了毫无意义的部门法大战,浪费了宝贵的学术资源"[5]。这部分研究不仅揭示了传统部门法理论的巨大缺陷,同时还为新型法律体系理论的涌现奠定了理论基础,提出了迫切需要。

2. 对公私法理论的重新认可

受苏联法学理论影响,在新中国成立后的相当一段时期内,"社会主义法律体系有公、私法二元结构"的观点始终没能得到法学界的认可。但是,伴随着改革开放以来社会主义市场经济的迅速发展以及解放思想、实

---

〔1〕 刘诚:《部门法理论批判》,载《河北法学》2003年第3期。

〔2〕 李龙、范进学:《论中国特色社会主义法律体系的科学建构》,载《法制与社会发展》2003年第5期。

〔3〕 李龙、范进学:《论中国特色社会主义法律体系的科学建构》,载《法制与社会发展》2003年第5期。

〔4〕 钱大军、马新福:《法律体系的重释——兼对我国既有法律体系理论的初步反思》,载《吉林大学社会科学学报》2007年第2期。

〔5〕 刘诚:《部门法理论批判》,载《河北法学》2003年第3期。

事求是思想路线的重新确立，20 世纪 90 年代初期越来越多的学者逐渐意识到，长期以来否认公法、私法划分的观点存在众多严重的理论失误，重新确认公法和私法的区分对于科学建设社会主义市场经济以及正确认识法律的性质与作用而言有显著的指导意义。通过梳理和归纳可以发现，我国的公私法理论研究主要指向以下三个问题：划分公法与私法的标准、公法与私法之间的关系以及公法与私法的融合。

首先，在公法与私法的划分标准问题上，学术界主要形成了利益说、主体说、意志说、应用说以及法律关系说等五种代表性观点。〔1〕 此外，有学者还针对上述划分标准的不足提出了其他的划分标准。例如，孙国华等认为公、私法的划分同部门法的划分一样都是关于法的内在结构问题的讨论，因此其直接根据均是法律调整方法的不同，而法律的调整方法则基本上或主要取决于法律的调整对象。〔2〕 汪习根在批判“意志说”观点的基础上，进而提出了“权力—权利”的划分意见，认为涉及公权力与公权力、公权力与私权利之间的法定性的为公法，涉及私权利与私权利之间的法定性的为私法。〔3〕

其次，公法与私法的关系问题也构成了公私法理论研究的重要部分，学者们对这一问题的回答则是通过关于“私法优位”还是“公法优位”的讨论实现的。早在 20 世纪 90 年代中期我国法学界刚刚开始认可公私法理论之时，谢晖就强调“区分公、私法固然需要，但私法与公法的关系问题更是不可忽略的”，并提出在社会主义市场经济条件下“私法具有基础性、公法具有优位性”的观点。〔4〕 21 世纪以来，支持“私法优位”与拥护“公法优位”两种意见之间的对立日益激烈，前者认为当下中国正处于一个呼唤权利的时代，“私法在我国应当具有更加优越的地位”〔5〕，后者则

---

〔1〕 付子堂主编：《法理学初阶》（第 6 版），法律出版社 2021 年版，第 130 – 131 页。

〔2〕 孙国华、杨思斌：《公私法的划分与法的内在结构》，载《法制与社会发展》2004 年第 4 期。

〔3〕 汪习根：《公法法治论——公、私法定位的反思》，载《中国法学》2002 年第 5 期。

〔4〕 谢晖：《私法基础与公法优位》，载《法学》1995 年第 8 期。

〔5〕 郭明瑞、于宏伟：《论公法与私法的划分及其对我国民法的启示》，载《环球法律评论》2006 年第 4 期。

提出了“法治之发达关键在于公法之优位”[1]的论断。然而无论是公法优位还是私法优位，实则都蕴含着保护私权、限制公权的基本理念，所以这种争论的意义主要是明确了公法和私法的内在属性和基本功能，以及结合现实情况揭示了中国法治建设实践的基本问题和中心任务。

最后，伴随着20世纪以来经济法、社会法等第三法域立法的不断增多，我国的法律实践中也呈现出“公法私法化”和“私法公法化”的发展趋势，公法与私法的融合逐渐成为公私法理论研究的焦点话题。归纳起来，这些研究主要包括以下内容：公法私法融合的始因及历史沿革、公法私法融合在具体法律制度上的反映、公法私法融合而成的第三法域部门在法律体系中的定位以及公法与私法之间矛盾的处理与解决等。

3. 新型法律体系理论的涌现

70多年来，新中国法学界对法律体系的理解大致经历了由借鉴向自主、由封闭向开放、由单一向多元的发展历程。尤其是改革开放以来，随着部门法理论局限性的逐渐暴露，越来越多的学者尝试在部门法理论之外对法律体系做出全新认知，从而原创性地提出了众多新型的法律体系理论。举其要者，这些新型理论至少有以下几种类型：(1)系统论。该理论认为法律体系不仅仅是部门法体系，而是一个涵盖了数量丰富且性质各异的“子体系”的宏大系统。作为改革开放以来最早出现的新型理论，“系统论”目前已经成为除部门法理论和公私法理论之外影响最广、受众最多的法律体系理论。2003年出版的《法律辞典》中对“法律体系”的解释就采取了系统论的观点，其中认为部门法体系、法的效力等级体系以及实体法与程序法体系是法律体系的三个主要子系统。[2] 然而值得强调的是，尽管支持“系统论”观点的学者都赞同法律体系由丰富多元的“子系统”构成，但是他们在法律体系包含哪些“子系统”的问题上却各执一词，如较早持有“系统论”观点的学者把法律效力体系纳入对法律体系的

---

[1] 汪习根：《公法法治论——公、私法定位的反思》，载《中国法学》2002年第5期。

[2] 中国社会科学院法学研究所法律辞典编委会编：《法律辞典》，法律出版社2003年版，第307页。

理解之中,[1]而后来拥护"系统论"观点的学者则又在法律体系的范围内增加了构成体系、规范体系等内容。[2] 由此可见,"系统论"并不是一种法律体系理论,而是一种用系统的眼光认识法律体系的方法,并由此形成了众多关于法的结构的观点和学说。(2)动态论。该理论认为法律体系应当处于一种动态运转的状态,将法律体系重新定义为"在一个区域内(国家或者地区)的能系统存在和运行的法律整体"[3]。(3)文化论。该理论从文化的视角理解法律体系,把其定义为"具有文化内在相关性的法律整合体"[4]。在此意义上,法律体系大致与法系相同。(4)权利论。该理论依据法律与权力的不同关系,把法律体系重新定义为"以维护基本权利为宗旨的宪法为中轴,并以自由权法、社会权法、参与权法、救济权法为主要内容和逻辑结构的法律规范整体及其运行机制"[5]。(5)方法论。该理论从法学方法论的视角对法律体系建构的一般原理以及体系思维的应用重新进行考察,试图发现法律体系作为一个范畴所可能具有的分析价值。[6]

总的来看,这些更加有解释力和深度的新型理论突破了"法律体系即部门法体系"这一学术传统的思想桎梏,与时俱进地重塑、拓展和深化了人们对法律体系的认识,为我国的法律体系理论研究注入了新的活力。

二、法律体系建设理论研究

作为理论与实践的统一体,法律体系不仅具有巨大的学术潜能,还有着显著的实践效能。因此,法律体系的建设理论研究构成了新中国法律

---

〔1〕 李步云:《社会主义法律体系的若干理论问题》,载《西北政法学院学报》1985 年第 3 期。

〔2〕 李林:《中国法律体系构成》,载孙国华主编:《中国特色社会主义法律体系前沿问题研究》,中国民主法制出版社 2005 年版,第 69 页。

〔3〕 钱大军、马新福:《法律体系的重释——兼对我国既有法律体系理论的初步反思》,载《吉林大学社会科学学报》2007 年第 2 期。

〔4〕 谢晖:《论法律体系——一个文化的视角》,载《政法论丛》2004 年第 3 期。

〔5〕 郭建果、钱大军:《法律体系的定义:从部门法模式到权利模式》,载《哈尔滨工业大学学报(社会科学版)》2021 年第 6 期。

〔6〕 梁迎修:《方法论视野中的法律体系与体系思维》,载《政法论坛》2008 年第 1 期。

体系研究的另一条线索。按照各个历史时期法制建设主题的不同,新中国法律体系建设事业先后经历了"社会主义法律体系"建设时期、"中国特色法律体系"建设时期、"社会主义市场经济法律体系"建设时期、"中国特色社会主义法律体系"形成时期与完善时期五个阶段。我国的法律体系建设理论研究始终坚持从各时期的法制建设主题出发开展分析,务实地回答了"如何建设法律体系"的问题,从而为我国的法律体系建设事业提供了有力的学术支撑。

(一)"社会主义法律体系"的研究与建设(1949—1977年)

在新中国成立初期,"废旧立新"和"实事求是"构成了指导社会主义法制建设的两大基本原则。早在新中国成立之前,董必武就提出要在法制建设上坚决地破旧立新,"建立新的政权,自然要创建法律、法令、规章、制度"[1]。在"新"与"旧"的问题上毫不含糊地抛弃旧法,是新中国成立初期党内高级法律官员们的主流共识。[2] 当时的观点普遍认为,国民党遗留下来的资本主义的法是剥削的、压迫的、反动的,所以必须要在废除资本主义法律体系的基础上,逐步建立社会主义法律体系,以实现人民的翻身解放、建立自己的政权。1949年,由中共中央发布的《关于废除国民党六法全书与确立解放区的司法原则的指示》以及由新政府发布的《中国人民政治协商会议共同纲领》分别完成了新中国法律体系"废旧"与"立新"两大任务,中国法制事业由极为落后的旧状况开始向当时人们所期望的新状态转变。

与此同时,从实际国情出发实事求是地进行法制建设以避免因冒进而落入主观主义的陷阱,也是新中国成立初期立法工作的重要思路。1951年5月,彭真在政务院政务会议上指出:"不宜追求制定一些既不成熟,又非亟需的完备、细密的成套的法规,以致闭门造车。"[3] 董必武后来也强调:"只能根据需要和可能,综合已经成熟的经验,制定一些单行法

---

〔1〕《董必武政治法律文集》,法律出版社1986年版,第41页。

〔2〕董彦斌:《也谈〈六法全书〉废除前后》,载《中国社会科学报》2009年5月21日,第3版。

〔3〕彭真:《关于政法工作情况和目前任务》,载《山东政报》1951年第6期。

规、通则和条例，不可能也不应该主观地、生硬地制定一套所谓完备的法律。”[1]1956 年 9 月，党的八大报告才首次提出对法律进行体系化建设的构思，将“系统地制定比较完备的法律、健全我们国家的法制”作为当时立法工作的迫切任务。

在“废旧立新”和“实事求是”的指导下，党带领人民在迅速破除国民党政府“伪法统”的基础上顺利开展了大规模的立法活动，社会主义法制建设取得了较快速度的发展。[2] 随着立法文件的大量颁布，一个效力等级相对分明，涉及宪法、行政法、刑法、刑事诉讼法、婚姻家庭法、经济法、劳动法和社会福利法、科教文法、军事法等各个领域的社会主义法律体系逐渐成型。尽管此时的法律体系在完整度和协调度上均有不足，但从总体上看，1949 年到 1956 年我国法律体系建设事业仍然是开端良好、发展迅猛的。

（二）“中国特色法律体系”的研究与建设（1978—1991 年）

经历“文化大革命”的教训后，人们深刻认识到法制对于社会主义现代化事业的重要意义，法律体系建设工作被重新提上议程。1978 年 12 月，党的十一届三中全会提出“保障人民民主，加强社会主义法制”的重要任务，强调要集中力量制定刑法、民法、诉讼法和其他各种必要的法律。[3] 纵观 20 世纪 80 年代，全国人大常委会曾两次论述建立或形成法律体系的问题。第一次是 1982 年全国人大常委会工作报告，这次报告首次提出了建立“中国特色法律体系”的构想。[4] 第二次是 1988 年全国人大常委会工作报告，其中指出“立法工作的重大进展，使我国在国家政治

---

〔1〕 董必武：《必须加强政治法律工作——1955 年 4 月 5 日在中国共产党全国代表会议上的发言》，载《法学研究》1978 年创刊号。

〔2〕 据国家法律法规数据库统计，1949—1956 年我国共通过法律 45 部，作出有关法律问题和重大问题的决定 37 件，颁布行政法规 77 件、行政法规解释 1 件、国务院规范性文件 357 件。

〔3〕 邓小平：《解放思想，实事求是，团结一致向前看》，载《邓小平文选》（第 2 卷），人民出版社 1994 年版，第 146 页。

〔4〕 杨尚昆：《全国人民代表大会常务委员会工作报告——1982 年 12 月 6 日在第五届全国人民代表大会第五次会议上》，载《人民日报》1982 年 12 月 17 日，第 1 版。

生活、经济生活、社会生活的基本方面,已经不再是无法可依,而是有法可依","以宪法为基础的社会主义法律体系已经初步形成"。[1]

改革开放以来,学者们重点对国家法律体系的建设实践进行理论观照,推动中国特色法律体系建设事业发展成为此时法律体系研究的重要目标之一。伴随着改革开放初期社会主义法律体系建设事业的恢复,学者们一方面按照"目标—规划"的思路,从法律体系的理想图景出发为我国的社会主义法律体系建设事业出谋划策,提出了不少宝贵意见;[2]另一方面还提出了许多颇具可操作性的具体建议,如对现有法律文件进行一次大清理,在地方设置负责规划、指导、组织、检查各国家机关立法工作的专门机构,以及与时俱进地修改和补充法律体系,等等。[3] 这些研究均为新时期法律体系的建设事业提供了有益帮助。

纵观20世纪80年代,中国特色法律体系展现出以下新发展:第一,立法数量呈直线上升的趋势,法律体系稳定地、较快地、较大规模地发展着,社会生活的主要方面在不同程度上实现了有法可依。第二,伴随着经济体制的改革以及新型法律文件的接连出台,一些计划经济时代的旧法律部门面临淘汰,以市场经济为基础的新型法律部门相继出现并在法体系中逐渐占据了重要地位。第三,整个法律体系有了一部新宪法作为核心,绝大多数法律部门也有了重要法律作为骨干并将法律和行政法规作为基础和主要成分,有的法律部门甚至还包括自治条例、单行条例以及根据授

---

〔1〕 陈丕显:《全国人民代表大会常务委员会工作报告——1988年3月31日在第七届全国人民代表大会第一次会议上》,载《人民日报》1988年4月19日,第2版。

〔2〕 这些意见归纳起来主要包括以下几点:(1)立足于中国的现实国情及改革开放伟大实践,尊重规律,与时俱进;(2)坚持社会主义根本立场,坚持四项基本原则,在社会主义公有制基础上建设法律体系;(3)以宪法为基础、依据和指导,实现法律规范的基本完整、彼此协调;(4)科学地对法律规范进行分类,厘定各种法律文件的格式,以建立严密的内部结构以及统一的外部形式。参见张友渔等:《法学理论论文集》,群众出版社1984年版,第54、92－98、111－113、118－122页。

〔3〕 齐乃宽:《建设一个和谐统一的社会主义法律体系》,载张友渔等:《法学理论论文集》,群众出版社1984年版,第54页;王宝明、刘淑娟:《谈谈如何完善我国法律体系》,载《河北法学》1985年第6期。

权产生的单行法规。[1] 相较以往,这一阶段我国法律体系的面貌已经有了很大改观,一个颇具中国特色、规模宏大的社会主义法律体系日渐成型。

(三)"社会主义市场经济法律体系"的研究与建设(1992—1996年)

1992年10月,党的十四大报告明确提出要建设社会主义市场经济体制,这使社会主义市场经济法律体系成为当时立法工作的重要课题。1993年11月,党的十四届三中全会强调要加快经济立法,进一步完善民商法律、刑事法律、有关国家机构和行政管理方面的法律,到20世纪末初步建立适应社会主义市场经济的法律体系。[2] 1994年3月,八届全国人大二次会议明确提出"社会主义市场经济法律体系"的主题,并提出在任期内基本形成社会主义市场经济法律体系的框架的目标。[3] 此后,八届全国人大常委会在每年的工作报告中都要谈及社会主义市场经济法律体系的建设问题。

伴随着国家经济立法的持续加强,此时学界对于中国特色社会主义法律体系的研究主要集中在"社会主义市场经济法律体系"的主题上。尽管当时学者们对"社会主义市场经济法律体系"的具体范围存在理解上的差异,但是这并没有对学者们的交流和探讨产生太大影响,那些直接调整经济关系的规范性法律文件始终是学者们关注和讨论的焦点。[4] 此时,学界尤其对规范市场主体及其行为、规范市场秩序、规范市场宏观调控以及规范劳动和社会保障等领域的立法问题进行了集中研究,这些研究不仅推动了法律体系理论的与时俱进发展,还对我国的经济法律体系建设产生了有利影响。

---

[1] 周旺生:《中国立法五十年(上)——1949—1999年中国立法检视》,载《法制与社会发展》2000年第5期。

[2] 《中共中央关于建立社会主义市场经济体制若干问题的决定》,载《求实》1993年第12期。

[3] 田纪云:《全国人民代表大会常务委员会工作报告——1994年3月26日在第九届全国人民代表大会第四次会议上》,载《人民日报》1994年3月26日,第3版。

[4] 归纳起来,当时学术界对社会主义市场经济法律体系主要产生了三种不同的理解:一是将社会主义市场经济法律体系等同于社会主义市场经济条件下的法律体系或者适应社会主义市场经济的法律体系;二是将社会主义市场经济法律体系视作由与社会主义市场经济直接有关的规范性文件组成的有机联系的统一整体;三是认为社会主义市场经济法律体系仅仅是指直接调整社会主义市场经济关系的规范性文件体系,其内容只包括与社会主义市场经济直接相关的规范性文件。

为建设和发展社会主义市场经济法律体系，经济立法成为20世纪90年代立法工作的重心。1993年《宪法修正案》确定了社会主义市场经济在宪法中的地位，为我国建立和发展社会主义市场经济提供了宪法依据。随后，《公司法》《会计法》《商业银行法》《反不正当竞争法》《对外贸易法》以及其他各种经济性法律接连出台，经济领域立法空前增多。除加强制定市场经济方面的法律外，我国在民主政治、环境保护、社会保障、公共治安等各领域立法也有显著发展，一个适应社会主义市场经济发展需要的法律体系逐渐形成。

（四）“中国特色社会主义法律体系”的研究与形成（1997—2011年）

1997年9月，党的十五大提出了“加强立法工作，提高立法质量，到二〇一〇年形成有中国特色社会主义法律体系”的目标，这标志着“中国特色社会主义法律体系”主题的首次提出和正式确立。2002年11月，党的十六大报告再次强调要“加强立法工作，提高立法质量，到二〇一〇年形成中国特色社会主义法律体系”。2007年10月，党的十七大报告把科学立法和民主立法确立为完善中国特色社会主义法律体系的根本途径，提出“坚持科学立法、民主立法，完善中国特色社会主义法律体系”[1]。自党的十五大以来，九届、十届、十一届全国人大常委会持续强化法律体系建设研究，推动了中国特色社会主义法律体系的构筑进程。[2]

---

〔1〕胡锦涛：《高举中国特色社会主义伟大旗帜　为夺取全面建设小康社会新胜利而奋斗》，载《求是》2007年第21期。

〔2〕其中，九届全国人大常委会明确阐释了中国特色社会主义法律体系的形成标志和部门构成；十届全国人大常委会确立了“以提高立法质量为重点”的立法工作思路，探索出民主立法和科学立法的诸多有效形式；十一届全国人大常委会强调，不能用西方的法律体系来套我们的法律体系，并探索出“立法后评估试点”的新形式，提出了探索建立立法后评估工作机制。参见李鹏：《全国人民代表大会常务委员会工作报告——2003年3月10日在第十届全国人民代表大会第一次会议上》，载《人民日报》2003年3月17日，第2版；吴邦国：《全国人民代表大会常务委员会工作报告——2008年3月8日在第十一届全国人民代表大会第一次会议上》，载《人民日报》2008年3月16日，第2版；吴邦国：《全国人民代表大会常务委员会工作报告——2009年3月9日在第十一届全国人民代表大会第二次会议上》，载《人民日报》2009年3月17日，第2版；吴邦国：《全国人民代表大会常务委员会工作报告——2010年3月9日在第十一届全国人民代表大会第三次会议上》，载《人民日报》2010年3月17日，第2版。

21 世纪以来,针对如何建设中国特色社会主义法律体系的问题,学界逐渐从“目标—方案”向“问题—方案”的思考模式转变,从实际问题出发,致力于提出更具现实意义的解决办法。一方面,众多学者与时俱进地就法律体系的科学构建提出了新要求,勾勒出中国特色社会主义法律体系的全新图景。[1] 另一方面,随着法律体系建设过程中众多问题的逐渐暴露,学者们关注到中国特色社会主义法律体系建设实践的具体问题,以探索我国法律体系建构的得失。[2] 其中,我国法律体系的构建模式问题得到了长时间的重点关注。[3] 具体而言,自改革开放以来,我国长期的法律体系建设实践使得学者们对中国特色社会主义法律体系建构工作的总体特征逐渐有了清晰的认识。在此基础上,众多学者对我国法律体系的构建模式及整体性缺陷进行了深入分析和概括,并致力于推动我国法律体系建设模式的科学转型。

相较之前,21 世纪的立法视野拓展到对社会主义法律体系的全面架构上,法制建设从重点关注经济领域转变为综合关照政治、经济、文化、社会以及生态等各个领域,立法工作也更加全面地关注社会各领域立法,更加注重用法律促进发展。此时,由于所立之法正确反映了经济社会的发展规律、良好适应了新形势的发展要求,中国特色社会主义法律体系的发

---

〔1〕 相关文献参见刘茂林、王从峰:《论中国特色社会主义法律体系形成的标准》,载《法商研究》2010 年第 6 期;李林:《完善中国特色社会主义法律体系任重道远》,载《中国司法》2011 年第 4 期;等等。

〔2〕 相关文献参见莫纪宏:《论法律体系构建的非法治化倾向》,载《社会科学》2000 年第 8 期;汪习根:《论当代中国法律体系的重心定位》,载《法学家》2005 年第 3 期;郭道晖:《立法理念与重心的与时俱进——以“十七大”精神审视我国法律体系》,载《政治与法律》2008 年第 6 期;钱大军、马国强:《论我国法律体系构建的误区》,载《政治与法律》2010 年第 1 期;俞荣根:《立法后评估:法律体系形成后的一项重要工作》,载《西南政法大学学报》2011 年第 1 期;等等。

〔3〕 相关文献参见廖奕:《法理话语的均衡实践——论“中国特色社会主义法律体系”的建构》,载《法商研究》2009 年第 2 期;张志铭:《转型中国的法律体系建构》,载《中国法学》2009 年第 2 期;钱大军、马国强:《论我国法律体系构建的误区》,载《政治与法律》2010 年第 1 期;钱大军:《当代中国法律体系构建模式之探究》,载《法商研究》2015 年第 2 期;钱大军、薛爱昌:《繁华与无序:法律体系建构的中国模式之检讨》,载《法律科学(西北政法大学学报)》2016 年第 1 期;等等。

展更显均衡。

（五）新时代“中国特色社会主义法律体系”的研究与完善（2012 年至今）

党的十八大以来，中国特色社会主义进入新时代。中国特色社会主义法律体系建设研究也迈入了新的历史阶段。2014 年 10 月，党的十八届四中全会通过了《中共中央关于全面推进依法治国若干重大问题的决定》。开启了建设中国特色社会主义法治体系的全新历史征程，并在法治体系的语境下创新性地提出了“法律规范体系”的表述，确立了“完善以宪法为核心的中国特色社会主义法律体系”的目标，强调要健全宪法实施和监督制度，完善立法体制，深入推进科学立法、民主立法，加强重点领域立法。[1] 通过提出“法律规范体系”的新概念以及明确新时期建设法律体系的四大着力点，党的十八届四中全会不仅推动了法律体系理论的与时俱进发展，还为新时代进一步强化和改进立法工作、继续完善社会主义法律体系指明了前进道路和正确方向。

这段时期，我国学界针对如何完善中国特色社会主义法律体系的问题积极建言献策。首先，有不少学者指出了中国特色社会主义法律体系现存的诸多不足，如许多立法需要继续补充完善、总体上立法质量不高、尚未完全实现内外部的和谐统一等。这部分研究为新时代我国法律体系的继续完善提供了问题导向。针对这些问题，学者们提出了不少建设性意见。例如，江必新着重强调要借助司法来完善法律体系，冯玉军提出了完善中国特色法律体系的六大基本原则，李林指出要通过制定和实施科学的立法发展战略和立法规划、确立更加科学的中国特色社会主义法律体系标准、进一步加快法典化的步伐以及法律清理制度化、常态化等多种

〔1〕《中共中央关于全面推进依法治国若干重大问题的决定》，人民出版社 2014 年版，第 8－15 页。

方式,全面推进中国特色社会主义法律体系的完善。[1] 这些意见为新时代我国法律体系的完善发展提供了有力的智识支持。

总的来看,新时代我国的法制建设事业实现了从建设法律体系到完善法律体系、从建设“法律部门体系”到建设“法律规范体系”、从建设法律体系到建设法治体系的伟大历史转折,并在整体上呈现出以下特点:第一,法律修改取代法律制定成为立法实践的工作重心和法律体系完善的主要方式,中国立法事业从“创法时代”正式迈向“修法时代”。第二,伴随着日新月异的社会发展,许多新兴的社会领域和以往被忽视的重要领域得到了立法关注,法律制定事业逐渐复兴。第三,法典编纂提上重要日程、包裹立法被频繁运用,这些新型立法形式和立法技术为法律体系的完善提供了切实有效支持,立法工作相比以往更具科学性、针对性和适用性。总而言之,党带领人民通过紧紧抓住立法质量这个关键,统筹运用多种立法形式,深入推进科学民主立法,提高了立法效率,持续推动着新时代中国特色社会主义法律体系日臻完善。

三、新中国法律体系研究的总体特征

总的来看,新中国的法律体系研究经历了从无到有、从借鉴苏联到自力更生、从“幼稚”到“成熟”的历史进程。70 多年来,我国法学界坚持从实践出发,秉持实事求是和与时俱进的态度,成功开辟出一条独具特色的法律体系研究之路,逐步推动了社会主义法律体系理论的本土化、科学化、系统化、多元化发展,实现了法律体系理论的创新突破。

(一)实践导向与批判创新双重驱动

新中国的法律体系研究受到来自国家法制建设实践与学界求实创新精神的双重驱动。新中国法律体系研究坚持与中国法制建设进程同行,

〔1〕 江必新:《司法对法律体系的完善》,载《法学研究》2012 年第 1 期;冯玉军:《论完善中国特色社会主义法律体系的基本原则》,载《哈尔滨工业大学学报(社会科学版)》2013 年第 4 期;李林:《完善中国特色社会主义法律体系任重道远》,载《中国司法》2011 年第 4 期;等等。

这从根本上保障了法律体系理论的持续进步，而学界长期秉持的实事求是、勇于创新的科研精神，则推动着法律体系研究不断取得创新突破。在实践导向与批判创新的合力下，新中国法律体系研究获得了强大的前进动力。

新中国的社会主义法制建设实践构成了法律体系研究发展的基础动力。以社会实践为导向、具体问题为引领是新中国法律体系研究所始终坚持的研究进路和基本方法。[1] 一方面，现实的法制建设实践为法律体系研究提出了迫切的理论需求，促使我国学界从实际问题出发确定法律体系研究的方向和选题，进而组织开展相应的研究活动。另一方面，这一实践还为我国的法律体系研究提供了丰富的现实经验和资源，法律体系研究正是由于植根于社会主义法制建设事业的土壤中才得以茁壮成长。由此可见，法律体系理论正是在中国的现实经验中实现了科学进步和品质革新，也正是由于始终紧紧围绕着国家的立法实践进行理论构建，我国的法律体系研究才获得了不竭的动力来源。

法律体系研究的持续深入开展也离不开我国法学界对真理的不懈追求，学者们实事求是、勇于创新的研究精神构成了推动法律体系研究不断发展的精神动因。70 多年来，学界始终坚持从实践出发进行理论架构，将实践作为检验理论的根本标志，通过不断的反思和批判实现了理论进步与实践发展的高度统一。

（二）研究主题实事求是、与时俱进

我国的法律体系研究始终紧紧把握时代脉搏、顺应时代发展潮流，先后形成了“社会主义法律体系”“中国特色法律体系”“社会主义市场经济法律体系”以及“中国特色社会主义法律体系”的理论主题，切实回应了我国法制建设在不同时期的理论需要，真正实现了社会主义法律体系理论在普遍性与特殊性、稳定性与开放性、继承性与创新性上的辩证统一。

---

〔1〕 付子堂、王勇：《1978—2018：走向实践的中国法理学》，载《山东大学学报（哲学社会科学版）》2018 年第 5 期。

“社会主义法律体系”是新中国成立初期法律体系研究的理论主题。新中国成立初期全面借鉴了苏联的社会主义法律体系理论，十分强调和资本主义划分公法、私法之法律体系理论的本质区分，确立了新中国70余年来法律体系理论研究的坚定方向和坚实根基。改革开放以来，我国学界自觉地从中国现实情况出发，开启了自主创新的研究征程，这使得本土化成为法律体系研究的重要追求，“中国特色法律体系”也一跃成为20世纪80年代学界探索法律体系理论的主题。在这一主题的指引下，学界在继承苏联部门法体系的基础上，初步发展出一整套尊重中国实际、关注中国问题，颇具中国特色的社会主义法律体系理论。

进入20世纪90年代，伴随着改革开放的深入开展以及经济体制的剧烈变革，社会主义市场经济建设成为时代的主要任务，我国法律体系研究的时代主题进一步转变为“社会主义市场经济法律体系”。这段时期，学界一方面从狭义角度理解社会主义市场经济法律体系，对有关市场主体、市场秩序、宏观调控以及社会保障等市场经济的法律问题进行探讨；另一方面则从广义角度出发，将社会主义市场经济法律体系等同于适应社会主义市场经济的法律体系，对其概念、框架、建设目标及原则等问题展开研究。[1] 通过对社会主义法律体系、市场经济法律体系的深入研究和热烈讨论，我国的法律体系理论得到了与时俱进的丰富和发展。

由于社会主义市场经济法律体系的主题覆盖面毕竟有限，不能满足

---

〔1〕 相关文献参见郭富青：《论建立社会主义市场经济法律体系》，载《法律科学（西北政法学院学报）》1993年第4期；中国社会科学院法学所课题组：《建立社会主义市场经济法律体系的理论思考和对策建议》，载《法学研究》1993年第6期；尹中卿：《社会主义市场经济法律体系框架初探》，载《法学研究》1993年第6期；孙晓萍：《论市场经济体制下的法律体系》，载《法学评论》1994年第2期；谷安梁：《关于建立社会主义市场经济法律体系的法理思考和框架设想》，载《政法论坛》1994年第4期；谢鹏程：《论市场经济法律体系的基本结构》，载《法学研究》1994年第4期；王叔文：《论建立有中国特色的社会主义市场经济法律体系》，载《政法论坛》1995年第4期；陈世荣：《论我国市场经济法律体系的法律部门构成》，载《法学杂志》1996年第3期；李飞：《我国建立社会主义市场经济法律体系的情况》，载《政治与法律》1997年第5期；李铁映：《关于建立社会主义市场经济法律体系的问题》，载《求是》1997年第11期；杨紫烜：《论社会主义市场经济法律体系——兼论社会主义市场经济法律体系与有中国特色社会主义法律体系的关系》，载《中外法学》1998年第1期；等等。

我国社会科学发展的全面需要，所以它只是一个短暂的过渡性概念。[1] 1997 年 9 月，党的十五大提出了到 2010 年形成有中国特色社会主义法律体系的目标，这标志着"中国特色社会主义法律体系"主题的正式明确。此后，学界立足于国家的立法工作实践，对"中国特色社会主义法律体系"的构成范围、部门划分标准、框架结构、基本特征、构建原则、形成标准以及完善等问题进行了系统研究，还对传统的部门法理论进行了深入的反思、批判和重构。在这一主题下，众多新型的法律体系理论大量涌现出来，法律体系理论获得了多元化、时代化的新发展。

总的来看，在敏锐察觉和精准把握时代主题的基础上，我国法学界对法律体系的研究经历了从强调社会主义根本立场到自觉从中国实际出发，再到顺应社会主义市场经济建设实践，最终到全方位推进中国特色社会主义法制建设的历史过程，有条不紊地推动了法律体系理论的与时俱进发展。可见，新中国法律体系建设的主题转变呈现出鲜明的传承性、时代性、递进性特征。

（三）研究模式丰富多元、科学实证

我国法律体系研究探索出"继承—改良"、"批判—重构"、"回顾—总结"以及"目标—规划"等研究模式，并由此确立起法律体系研究的基本思路。多元、科学的研究模式为新中国法律体系理论在承继与创新之间架起了稳固的方法联结，保障和推动着法律体系理论的持续进步。

模式一：继承—改良。这是我国法律体系基础理论研究中的主要模式，也构成了传统进路基础理论研究的根本特征。尽管改革开放以来，有不少学者指出了部门法理论的众多缺陷，但是学界并没有选择彻底抛弃部门法理论，而是在继承的基础之上不断致力于对其进行本土化、时代化以及科学化的改造。"继承—改良"作为中国法学界进行法律体系研究的主要模式，对部门法理论的历史承继起到了至关重要的作用。

---

[1] 李婧：《中国特色社会主义法律体系的概念演进与制度定位》，载《社会科学战线》2012 年第 10 期。

模式二:批判—重构。这一模式的出现意味着基础理论研究新型进路的开拓。随着部门法理论缺陷的暴露,越来越多的学者在对该理论进行深刻反思和猛烈批判的基础上,试图在部门法理论之外重新认识法律体系。通过理论批判与重构,学者们对传统的法律体系理论采取既肯定又否定的态度,从更加科学的角度认识和解构法律体系,大大丰富了法律体系理论的内容。“批判—重构”的研究模式既不是进行无反思批判的盲从,也不是进行颠覆性、毁灭性的批判,而是在片面建构与极端解构之间走出了一条法律体系研究的中庸之道,推动了新中国法律体系理论的创新发展。

模式三:回顾—总结。采用这一研究模式的研究往往集中出现在某一特定的历史节点上,其本质是对国家立法事业进程的历史考证。如在中国特色社会主义法律体系成功形成的重要历史时刻,学者们系统回顾和梳理了中国特色社会主义法律体系的建设历程,并对中国特色社会主义法律体系的重大意义和建设经验进行了全面总结。[1] 这类研究体现了我国法律体系研究对历史和实践的尊重,联结了我国法律体系建设的过去和现在,指引着法律体系建设的未来发展,因而构成了法律体系研究的重要内容。

模式四:目标—规划。出于国家法律体系建设实践的需要,我国存在不少颇具务实性、前瞻性的研究,这些研究主要包括两类。一类是官方发布的法律体系建设规划,其内容主要包括未来一段时期内法律体系的建设目标以及相应的立法任务。它们主要出现在全国人大常委会的工作报告中,集中展示了我国法律体系建设进程中鲜明的理性构建主义和规划

---

〔1〕 相关文献参见周叶中、伊士国:《中国特色社会主义法律体系的发展与回顾——改革开放30年中国立法检视》,载《法学论坛》2008年第4期;李婧:《中国特色社会主义法律体系建构的思考》,载《思想理论教育导刊》2008年第11期;毛磊:《不同寻常的中国特色之路——从改革开放三十年看中国特色社会主义法律体系基本形成》,载《中国人大》2008年第16期;吴邦国:《形成中国特色社会主义法律体系的重大意义和基本经验》,载《求是》2011年第3期;信春鹰:《中国特色社会主义法律体系及其重大意义》,载《法学研究》2014年第6期;等等。

色彩，对中国特色社会主义法律体系的建设实践起到了至关重要的引领作用。另一类则是学术界从中国特色社会主义法律体系的现实问题或理想愿景出发，提出的关于建设中国特色社会主义法律体系的各种建议，这部分研究为中国特色社会主义法律体系的形成、发展和完善均提供了有力的学术支持。

四、结语

法律体系理论一直都是法学界重点关注和探讨的对象。回望过去，法律体系理论作为新中国法学理论研究中的"显学"，曾经多次引起法学界的讨论热潮。[1] 然而，由于近年来法律体系理论研究的教条化倾向以及新型理论传播场域的缺失，目前中国的法律体系研究面临诸多严峻挑战。是否应当继续坚持部门法理论、如何推动部门法理论日趋完善、如何对待法律体系理论的多元发展趋势等问题，已经现实地摆在了学术界面前。可以说，推动新时代法律体系理论研究再出发，离不开对上述问题的谨慎思考和慎重回应。历史地看，部门法理论作为中国法律体系建设事业的基础理论之一，已经潜移默化地渗透到立法、司法、法学研究甚至人们的思维方式之中。企图彻底抛弃部门法理论，摆脱部门法理论的学术传统、实践传统甚至思维传统并不容易。因此，实事求是地推动部门法理论科学发展，是中国法律体系理论研究的根本出路。展望未来，中国法学

---

〔1〕 在改革开放以来的40余年间，我国法学界曾经专门围绕法律体系问题开展过4次大规模的集中讨论会议。第一次是1983年4月由中国社会科学院法学研究所和华东政法学院联合召开的"建立具有中国特色的社会主义法律体系和马克思主义法学体系"学术研讨会，会议成果参见张友渔等：《法学理论论文集》，群众出版社1984年版；第二次是2000年5月由中国社会科学院邓小平理论研究中心和法学研究所共同主办的"依法治国与法律体系构建研讨会"，会议成果参见刘海年、李林主编：《依法治国与法律体系建构》，中国法制出版社2001年版；第三次是2004年12月由中国人民大学法学院、法律与全球化研究中心与朝阳法学研究中心共同主办的"中国特色社会主义法律体系研讨会"，会议成果参见孙国华主编：《中国特色社会主义法律体系前沿问题研究》，中国民主法制出版社2005年版；第四次是2010年6月由中国社会科学院法学研究所主办的"形成与完善中国特色社会主义法律体系理论研讨会"，会议成果参见李林主编：《依法治国与法律体系形成》，中国法制出版社2010年版。

界一方面应当继续坚持部门法理论，奋力实现部门法理论的日趋完善。另一方面，学者们应当重视起法律体系理论的实践功效，强化各法学学科之间的互动交流以及法律体系理论的薄弱环节研究，积极开拓前沿领域，将“法典体系”研究作为法律体系研究的重要内容，切实提高法律体系研究的分析功能、实践价值和现实意义。

延伸阅读学术著作

1. 张友渔等：《法学理论论文集》，群众出版社1984年版。
2. 刘海年、李林主编：《依法治国与法律体系建构》，中国法制出版社2001年版。
3. 孙国华主编：《中国特色社会主义法律体系前沿问题研究》，中国民主法制出版社2005年版。
4. 孙国华主编：《中国特色社会主义法律体系研究——概念、理论、结构》，中国民主法制出版社2009年版。
5. 朱景文、韩大元主编：《中国特色社会主义法律体系研究报告》，中国人民大学出版社2010年版。
6. 李林主编：《依法治国与法律体系形成》，中国法制出版社2010年版。
7. 全国人大常委会法制工作委员会研究室编著：《中国特色社会主义法律体系读本》，中国法制出版社2011年版。
8. 冯玉军主编：《完善以宪法为核心的中国特色社会主义法律体系研究》，中国人民大学出版社2018年版。
9. 徐菡：《中国特色社会主义法律体系的“中国特色”研究》，中国社会科学出版社2018年版。
10. 张钢：《部门法理论源流及其对我国法治实践的影响》，上海交通大学出版社2020年版。

延伸阅读学术论文

1. 严存生：《运用系统论于我国法制建设》，载《西北政法学院学报》1985年第

1 期。
2. 李步云:《社会主义法律体系的若干理论问题》,载《西北政法学院学报》1985 年第 3 期。
3. 沈宗灵:《再论当代中国的法律体系》,载《法学研究》1994 年第 1 期。
4. 王维澄:《关于有中国特色社会主义法律体系的几个问题》,载《求是》1999 年第 14 期。
5. 钱大军、马新福:《法律体系的重释——兼对我国既有法律体系理论的初步反思》,载《吉林大学社会科学学报》2007 年第 2 期。
6. 梁迎修:《方法论视野中的法律体系与体系思维》,载《政法论坛》2008 年第 1 期。
7. 黄文艺:《法律体系形象之解构与重构》,载《法学》2008 年第 2 期。
8. 李拥军:《当代中国法律体系的反思与重构》,载《法制与社会发展》2009 年第 4 期。
9. 吴玉章:《论法律体系》,载《中外法学》2017 年第 5 期。
10. 陈景辉:《法典化与法体系的内部构成》,载《中外法学》2022 年第 5 期。

延伸阅读学位论文

覃福晓:《论中国特色社会主义法律体系的形成和发展》,中国人民大学 2007 年博士学位论文。

第三十八章　司　　法

本论题导读

司法研究是一个跨越多学科的研究领域。其与立法研究一样,也构成法理学的重要组成部分。从既有的司法研究来看,其主要由法院组织、法院人事和司法改革研究三部分组成。这些研究除侧重规范和价值分析以外,越来越多运用实地调查、统计量化方法,不断增强司法研究的解释力。就未来发展来看,学界与实务界以及不同学科之间需要进一步合作,发现司法问题、解释因果关系,借助包括大数据在内的各种方法提出更为可靠的司法政策建议。

改革开放以来,中国的法学研究发生了巨大变化。这不仅表现在各部门法学的研究日益繁荣,还表现在跨学科的法学研究也有很大的拓展,尤其集中于司法研究。司法研究不是严格学科意义上的划分,而是类似于文化研究、城市研究、互联网研究、性别研究、治理研究等勾连多学科的研究领域。作为一个研究领域,中国司法研究是如何形成的,形成了怎样的知识结构?这是本章所关心的议题。本章通过对司法研究的"事"的梳理,展示这一研究领域的知识流变,以理解"司法研究"语词背后的权力关系和知识结构。

一、司法研究的发展历程

"司法研究"或"司法制度研究"的名称正是在改革开放以来的发展中逐渐形成的,这首先得益于实践的巨大变化。例如,在有关法院的立法方面，国家出台了两部重要的法律，即1979年全国人大通过的《人民法院组织法》和1995年全国人大常委会通过的《法官法》。法院审理案件的类型也随着实践变得复杂多样。

1979年至整个80年代，研究成果中比较多的是翻译、介绍域外司法制度的基本情况，包括司法审查制度。[1] 而出现这么多的译介文章与当时获取域外资料渠道有限相关，而且懂外语的学者人数有限。虽然这些译介文章现在来看意义不大，却为后来的司法研究打下了基础。这个时期也有一些关于法律概念的规范性讨论。例如，是否应保留“司法机关”的提法，以及司法机关包括哪些。[2] 这与1982年《宪法》的修改相关。因为“八二宪法”中没有提及“司法机关”这一概念，而增加了“司法行政”的表述，以及公检法三机关相互分工配合的条款。然而在实践中，既有司法机关就是法院的提法，也有司法权包括检察权和审判权，司法机关是指法院和检察院的认识，还有政法机关的提法。大致说来，这样的概念讨论在一定程度上起到了澄清和区分的作用。20世纪80年代后期，司法改革的讨论也开始出现。[3] 大背景是当时经济体制改革和政治体制改革正在进行。不过，实践中的主要工作是法院建设和人事增编，司法改革并未有实质性推动。因此，当时的讨论基本上还停留在设想层面。

20世纪90年代初期，司法实践中出现新情况、新变化和新问题。有

---

〔1〕 龚祥瑞、罗豪才、吴撷英：《西方国家的司法审查制度》，载《法学研究》1981年第1期。

〔2〕 王守仁：《“公安、司法机关”的说法不合逻辑》，载《法学季刊》1983年第4期；方向：《“司法机关”应包括哪些部门？》，载《法学》1984年第4期；熊先觉：《论我国宪法关于司法机关的规定》，载《法学杂志》1984年第2期；赵霄洛：《“司法机关”质疑》，载《政治与法律》1984年第6期。

〔3〕 蔚闵、邵骅：《司法体制改革的构想和建议》，载《现代法学》1988年第1期；崔跃武：《司法体制改革初探》，载《法学》1988年第3期；赵炳寿、柯恩：《司法体制改革初探》，载《法学研究》1988年第6期；李林：《司法人事制度改革刍议》，载《现代法学》1989年第4期。

关司法地方保护主义[1]、司法超前[2]等的讨论出现。有的讨论直接促成有关文件的及时制定。例如，司法解释规范化的讨论，就与 1997 年最高人民法院《关于司法解释工作的若干规定》（已废止）的出台密切相关。[3] 20 世纪 90 年代中期，最高人民法院开始强力推行审判方式改革，并在 1998 年发布《关于民事经济审判方式改革问题的若干规定》（已废止）。在这前后，学术界形成了司法改革研究的热潮，以张志铭和苏力为代表。张志铭的研究侧重从法律适用和法律解释的角度讨论司法制度如何改进。[4] 苏力的研究侧重从社会生活出发，在个案和细节中呈现出司法过程中的制度性难题。[5] 他们还一起组织出版了“司法文丛”，计有 17 种。[6]

21 世纪初，苏力强调跨学科的分析视角，特别是通过经验调查观察和理解中国司法的运作过程。早期因为其带队调查，影响了强世功[7]、

---

[1] 张英达：《克服司法地方保护主义刍议》，载《法学》1991 年第 1 期；固重：《司法地方保护主义与法制建设新课题》，载《法学》1991 年第 1 期。

[2] 剑忠：《有限制地实行“司法超前”》，载《法学》1991 年第 4 期；浦增平：《司法应该超前》，载《法学》1991 年第 4 期；游伟：《“司法超前”的要害是蔑视立法权》，载《法学》1991 年第 4 期；师棠：《“司法超前”的文化心理透视》，载《法学》1991 年第 5 期；何勤华：《“司法超前”与判例创制》，载《法学》1991 年第 5 期。

[3] 陈国庆：《完善我国最高司法解释析》，载《法学》1991 年第 2 期；冯军：《论我国行政审判中的司法解释》，载《法学》1991 年第 2 期；张军：《最高审判机关刑事司法解释工作回顾与思考（1980—1990）》，载《法学研究》1991 年第 3 期；周道鸾：《论司法解释及其规范化》，载《中国法学》1994 年第 1 期。

[4] 张志铭：《审判方式改革再思考》，载《法学研究》1995 年第 4 期；张志铭：《当代中国的法律解释问题研究》，载《中国社会科学》1996 年第 5 期；张志铭：《法律解释概念探微》，载《法学研究》1998 年第 5 期。

[5] 苏力：《法律活动专门化的法律社会学思考》，载《中国社会科学》1994 年第 6 期；苏力：《关于对抗制的几点法理学和法律社会学思考》，载《法学研究》1995 年第 4 期；苏力：《罪犯、犯罪嫌疑人和政治正确》，载《读书》1997 年第 2 期。

[6] 例如，宋冰编：《程序、正义与现代化：外国法学家在华演讲录》，中国政法大学出版社 1998 年版；宋冰编：《读本：美国与德国的司法制度及司法程序》，中国政法大学出版社 1998 年版。

[7] 强世功：《乡村社会的司法实践：知识、技术与权力——一起乡村民事调解案》，载《战略与管理》1997 年第 4 期；强世功：《“法律不入之地”的民事调解——一起“依法收贷”案的再分析》，载《比较法研究》1998 年第 3 期。

赵晓力[1]等人的研究。2000 年以后,在他的影响下,桑本谦、侯猛、刘忠、汪庆华等学者先后展开研究,形成了以强调社会科学、经验调查为特点的司法研究群体。不过,强世功、赵晓力很快就放弃了通过经验调查研究司法的进路。随着研究兴趣的转移,苏力也不太认可过于看重经验调查的进路,更为强调研究的想象力,并转向了社会科学意义上的宏大叙事。在诉讼法学特别是刑事诉讼法学界,也逐渐形成了关注司法运行机制、具体制度实施现状,以数据分析和问卷调查为特色的经验研究群体。例如,中国人民大学陈卫东、北京师范大学宋英辉和四川大学左卫民的研究团队。以左卫民为例,他发表数篇冠以"实证研究"之名的有关法院制度改革的论文,[2]并且主持出版了"中国司法改革实证研究丛书"。[3]同在诉讼法学界,陈瑞华与上述学者的研究却有所不同。早年他也曾尝试运用问卷调查、数据分析的方法进行研究,[4]不过很快转向黄宗智的研究进路,[5]即强调从经验观察到理论提炼,实现从经验到理论的跳跃。[6] 也就是说,他更重视提炼概念,反对陷入对经验事实的无效描述。相比刑事诉讼法学界,民事诉讼法学界经验研究者较少,以王亚新[7]和傅郁林[8]为典型。不过,随着中国民事诉讼的法律实践前所未有地丰富起来,王亚新已经转向民事诉讼法的解释学研究,并且也带动了一批青年学者转向法解释学和法教义学的研究。

---

〔1〕 赵晓力:《通过合同的治理——80 年代以来中国基层法院对农村承包合同的处理》,载《中国社会科学》2000 年第 2 期。

〔2〕 左卫民:《未完成的变革:刑事庭前会议实证研究》,载《中外法学》2015 年第 2 期;左卫民:《地方法院庭审实质化改革实证研究》,载《中国社会科学》2018 年第 6 期。

〔3〕 左卫民、全亮等:《中基层法院法官任用机制研究》,北京大学出版社 2014 年版。

〔4〕 陈瑞华主编,北京大学法学院人权研究中心编:《刑事辩护制度的实证考察》,北京大学出版社 2005 年版。

〔5〕 [美]黄宗智:《经验与理论:中国社会、经济与法律的实践历史研究》,中国人民大学出版社 2007 年版。

〔6〕 陈瑞华:《论法学研究方法》,法律出版社 2017 年版。

〔7〕 王亚新:《程序·制度·组织——基层法院日常的程序运作与治理结构转型》,载《中国社会科学》2004 年第 3 期。

〔8〕 傅郁林:《审级制度的建构原理——从民事程序视角的比较分析》,载《中国社会科学》2002 年第 4 期;傅郁林:《繁简分流与程序保障》,载《法学研究》2003 年第 1 期。

2010年以后，司法的量化分析成为热点，也形成了一定规模的研究群体。不过，早在21世纪初，白建军和朱景文就做出了开创性研究。白建军主要是运用SPSS统计处理犯罪、刑罚和法律适用等问题，[1]朱景文主要是做中国历年法律指标统计数据库，近年来主要做诉讼分流、法治评估指数研究。[2] 在目前中青年一代的法学者中，又以程金华、唐应茂、刘庄为代表。[3] 其中，刘庄已开始运用实验经济学的方法展开司法研究。司法的量化分析，不仅出现在法学界，经济学界也已经尝试多年。典型如山东大学经济学院魏建的研究团队，对司法过程中的问题进行假设—验证式的实证研究。[4] 量化分析与数据分析不能等同。大致来说，即使是司法的定性研究，也会运用收集到的数据进行解释，从而增强论证的说服力，量化分析在方法上的基本作业是作回归分析乃至作模型。

同时，法律实务界也形成了研究司法制度和司法过程的学术氛围。自1989年开始，最高人民法院每年举办一届全国法院学术讨论会。自2009年开始，最高人民法院组织评选全国审判业务专家。实务界对于司法的研究，首先是司法实践的迫切需要。法官亟需对新情况、新问题进行归纳总结。由此，为总结审判经验和研究需要，最高人民法院以及一部分地方法院编辑出版了各种审判指导与参考，[5]以及各种司法文件的理解

---

〔1〕 白建军：《刑罚轻重的量化分析》，载《中国社会科学》2001年第6期；白建军：《死刑适用实证研究》，载《中国社会科学》2006年第5期；白建军：《从中国犯罪率数据看罪因、罪行与刑罚的关系》，载《中国社会科学》2010年第2期。

〔2〕 朱景文：《中国诉讼分流的数据分析》，载《中国社会科学》2008年第3期；朱景文：《人们如何评价司法？——法治评估中司法指标的分析》，载《中国应用法学》2017年第1期。

〔3〕 程金华：《中国行政纠纷解决的制度选择——以公民需求为视角》，载《中国社会科学》2009年第6期；唐应茂、盛柳刚：《中国司法执行难的计量分析》，载苏力主编：《法律和社会科学》第4卷，法律出版社2009年版；刘庄：《司法信任与经济发展》，载苏力主编：《法律和社会科学》第14卷第1辑，法律出版社2015年版。

〔4〕 苗妙、张新、魏建：《和解还是上诉？——企业专利诉讼决策中的融资约束与声誉机制研究》，载《产业经济研究》2016年第5期；褚红丽、孙圣民、魏建：《异地审理与腐败惩罚：基于判决书的实证分析》，载《清华法学》2018年第4期。

〔5〕 由最高人民法院相关职能部门编辑的连续出版物主要有：《立案工作指导与参考》《刑事审判参考》《行政执法与行政审判参考》《民商审判指导与参考》《经济审判指导与参考》《知识产权审判指导与参考》《审判管理研究与参考》《强制执行指导与参考》。

与适用汇编。此外，最高人民法院主要领导人的重要文稿的出版，也为深入研究中国司法提供了便利。[1] 法官与学者也能够经常性地开展对话交流，这包括他们共同参加学术会议，在写作上相互引证，以及建立一些制度性交流机制。例如，自 2009 年开始，最高人民法院下属中国应用法学研究所与中国社会科学院法学研究所、西南政法大学、中国政法大学联合招收博士后研究人员。自 2013 年开始，教育部和中央政法委员会等单位牵头组织“双千计划”，实行高等学校与法律实务部门人员互聘制度。[2] 自 2015 年起，最高人民法院建立了驻院法律研修学者制度。

归纳而言，改革开放以来的司法研究沉淀下来的基本知识分类，主要是法院组织、法院人事和司法改革三大类。每一大类知识内部已经形成相对集中、结构化的知识点。这些知识点的形成，主要是受到这 40 余年间相关法律和政策的引导。所谓相关法律，除宪法以外，基本的法律就是两部——《人民法院组织法》《法官法》。《人民法院组织法》是由全国人大制定的基本法律，主要规定法院组织和法院人事等事项。《法官法》是由全国人大常委会制定的其他法律，具体规定法院人事事项。所谓相关政策，除党的文件、司法文件以外，还包括五个时期的人民法院五年改革纲要。可以说，没有这些基本的法律和政策，也就不可能形成司法研究的基本知识结构。

制度和人事向来是政治研究的两大基本命题。如钱穆所言：“政治应该分为两方面来讲：一是讲人事，一是讲制度”，“要讲一代的制度，必先精熟一代的人事。若离开人事单来看制度，则制度只是一条条的条文，似

---

〔1〕 董必武：《董必武政治法律文集》，法律出版社 1986 年版；王定国等编：《谢觉哉论民主与法制》，法律出版社 1996 年版；江华：《江华司法文集》，人民法院出版社 1989 年版；郑天翔：《郑天翔司法文存》，人民法院出版社 2012 年版；任建新：《政法工作五十年——任建新文选》，人民法院出版社 2005 年版；肖扬：《肖扬法治文集》，法律出版社 2012 年版；最高人民法院办公厅编：《最高人民法院历任院长文选》，人民法院出版社 2010 年版；唐德华：《民商审判——唐德华文集》，吉林人民出版社 1998 年版。

〔2〕 教育部、中央政法委员会、最高人民法院、最高人民检察院、公安部、司法部《关于实施高等学校与法律实务部门人员互聘“双千计划”的通知》（2013 年 7 月 19 日）。

乎干燥乏味，无可讲”。[1] 而在司法研究中，制度与人事分别对应法院组织和法院人事，并且在总体上偏静态讨论，主要是关于司法的功能、裁判的问题。而司法改革中的一些知识点虽然与前两大知识结构有所重叠，但总体上偏动态讨论，主要是关于司法的变迁和革新的问题。以下分别加以讨论。

二、法院组织的知识议题

法院组织包括法院的类型、法院的审级、法院的内设机构（审判委员会、人民法庭、审判庭）、审判方式、法院上下级关系等议题。由于司法实践不断变化，讨论的重点和热点也会随之转移。

就基本法律的修改讨论来看，《人民法院组织法》主要是在20世纪90年代后期和最近几年有所讨论。20世纪90年代那次还主要局限于法院内部的讨论，[2] 最近几年的讨论则有法学界内部多个学科参与。[3] 这正好也说明法院在整个诉讼过程乃至社会生活中的影响力越来越大，受到更多瞩目。就抽象层面的讨论来看，司法权的性质曾是讨论热点。[4] 例如，像司法权是判断权这样的常识问题，还一度需要专门重申。[5] 从具体层面的讨论来看，法院组织研究主要集中于以下五个领域。

（一）法院类型

按照《宪法》和《人民法院组织法》的规定，法院分为最高人民法院、

---

〔1〕 钱穆：《中国历代政治得失》，生活·读书·新知三联书店2012年版，前言，第1页。

〔2〕 蒋惠岭：《司法制度改革与法院组织法修改论丛之一：司法制度改革的目标》，载《人民司法》1995年第1期。其在该刊连续发表12篇文章。

〔3〕 张翔：《“应有的独立性”、报告工作与制度变革的宪法空间——关于〈人民法院组织法（修订草案）〉第11条的修改意见》，载《中国法律评论》2017年第6期；林彦：《〈人民法院组织法〉的宪法基础》，载《中国法律评论》2017年第6期；侯猛：《〈人民法院组织法〉大修应当缓行——基于法官制度的观察》，载《中国法律评论》2017年第6期。该刊同期共刊发5篇相关文章。

〔4〕 陈瑞华：《司法权的性质——以刑事司法为范例的分析》，载《法学研究》2000年第5期。

〔5〕 孙笑侠：《司法权的本质是判断权——司法权与行政权的十大区别》，载《法学》1998年第8期。

地方各级人民法院、军事法院等专门人民法院；地方各级人民法院分为基层人民法院、中级人民法院、高级人民法院。而以某一类型法院及其运作过程为研究对象的论文，最近20年呈现井喷现象。

基层人民法院及其运作过程一直是热点，在21世纪初期形成研究波峰。这以苏力、贺欣为代表。苏力主要采取功能主义的研究进路，强调基层司法的国家治理功能，突出基层法院的纠纷解决功能，从而区别于上级法院的规则形成功能。[1] 此外，还有其他进路的研究，如章武生从审级制度角度讨论基层法院的功能。[2] 在高其才主编的"中国司法研究"书系中，至少有3本与基层司法相关，主要是运用历史和档案材料进行分析。[3]

另一个热点是最高人民法院，研究者大多从功能入手加以讨论。在21世纪初期，不少学者关注的是最高人民法院的政治功能。[4] 也有例外，如侯猛研究最高人民法院规制经济的功能。[5] 此外，诉讼法学者也从专业视角加以讨论。例如，傅郁林分析最高人民法院在审级结构中的职能定位，以及如何实现统一法律适用的功能；[6]左卫民则从死刑控制的角度讨论最高人民法院的资源和职能的重新配置。[7]

除功能分析研究进路以外，还有一些偏重从公共政策制定的角度研究最高人民法院。侯猛认为最高人民法院不仅通过个案审判，也通过司法解释进行公共政策的制定，而影响不仅及于诉讼活动当事人及类似案件当事人，也对未进入诉讼活动的利益群体乃至某一产业产生影响。[8]

---

〔1〕 苏力：《送法下乡——中国基层司法制度研究》，中国政法大学出版社2000年版。

〔2〕 章武生：《我国基层法院的性质及功能定位——从审级制度改革的视角观察》，载《法学家》2005年第4期。

〔3〕 高其才、黄宇宁、赵彩凤：《基层司法——社会转型时期的三十二个先进人民法庭实证研究》，法律出版社2009年版。

〔4〕 季卫东：《最高人民法院的角色及其演化》，载《清华法学》第7辑。

〔5〕 侯猛：《最高法院规制经济功能的经验研究》，载《中外法学》2005年第2期。

〔6〕 傅郁林：《论最高法院的职能》，载《中外法学》2003年第5期。

〔7〕 左卫民：《死刑控制与最高人民法院的功能定位》，载《法学研究》2014年第6期。

〔8〕 侯猛：《最高法院公共政策的运作：权力策略与信息选择》，载《北大法律评论》第7卷第1辑。

黄韬则专注于从金融领域讨论最高人民法院的公共政策。[1] 此外，张友连等人也有专门研究。[2]

最高人民法院在2015年开始设立巡回法庭，巡回法庭又成为学界研究热点。方斯远认为巡回法庭承载破除司法地方化的任务。[3] 侯猛认为巡回法庭的设立主要是为应对在京涉诉信访数量的日益增长，但随着机构的设立，巡回法庭在功能上也会有新的变化。例如，这会逐渐改变司法体制中的央地关系，中央司法权力呈现出集中化的特点，可能有助于实现巡回区内的司法统一。[4] 方乐认为巡回法庭的设立，让地方司法权的行使被进一步高度统一到最高人民法院的司法行动逻辑上。[5] 顾永忠认为巡回法庭在审判管辖权上相当于高级法院，将来必要时可以受理跨地级行政区的二审案件。[6]

与最高人民法院巡回法庭相配合的法院类型是跨行政区划法院。目前也有一些研究对此进行了制度设计和宪法解释。[7] 但目前跨行政区划法院还只是定位在中级人民法院层面，未涉及跨省区的审理。加之，最近几年只有北京市和上海市各设立一家跨行政区划法院，因此，其实际影响有限，研究也较少。

实际上，有关中级人民法院的研究很少。王亚新曾从民事一审程序

---

〔1〕 黄韬：《公共政策法院：中国金融法制变迁的司法维度》，法律出版社2013年版。

〔2〕 张友连：《最高人民法院公共政策创制功能研究》，法律出版社2010年版。

〔3〕 方斯远：《最高人民法院巡回法庭的制度建构》，载《法律科学（西北政法大学学报）》2015年第2期。

〔4〕 侯猛：《最高人民法院巡回法庭：何去何从》，载《北大法律评论》第16卷第1辑；侯猛：《中央司法权力的非集中化——从最高人民法院巡回法庭切入》，载《学习与探索》2018年第5期。

〔5〕 方乐：《最高人民法院巡回法庭的制度功能》，载《法学家》2017年第3期。

〔6〕 顾永忠：《最高人民法院设立巡回法庭之我见》，载《法律科学（西北政法大学学报）》2015年第2期。

〔7〕 方乐：《跨行政区划法院的区域治理功能》，载《江海学刊》2017年第2期；吴在存、霍振宇：《跨行政区划法院设置与管辖制度研究》，载《法律适用》2017年第9期；翟国强：《跨行政区划人民法院如何设立？——一个宪法解释学的视角》，载《法商研究》2016年第5期。

切入讨论中级人民法院的运作过程。[1] 还有学者分析了“省直管县”体制改革对中级人民法院的影响。[2] 相对而言,有关高级人民法院的研究稍微多一些。高级人民法院是地方人民法院的最高层级,直接连接最高人民法院,居于枢纽地位。傅郁林从民事再审审级裁量权入手,分析了高级人民法院与最高人民法院的职能划分。[3] 还有研究讨论了高级人民法院的管理型司法特征和国情约束下的功能。[4] 此外,王建学对地方人民法院进行了一般性讨论,规范分析其宪法地位,认为其是非地方、非中央的法律性机关,与最高人民法院一起构成行使审判权的整体。[5]

专门人民法院也是法院的一种类型。现行《宪法》和 2018 年 10 月修改前的《人民法院组织法》只规定军事法院等专门人民法院,并没有采取 1954 年和 1979 年《人民法院组织法》列举的规定方式。[6] 这是因为在很长一段时期,不同专门人民法院的性质或管理体制差异很大,不便明文规定。[7] 很长时间以来,有关专门人民法院的研究并不多见。但近年来,随着司法改革的推进和新设专门法院的出现,相关研究也呈现井喷现象。有关军事法院、铁路运输法院、林区法院改革的讨论开始出现。[8]

---

〔1〕 王亚新:《实践中的民事审判——四个中级法院民事一审程序的运作》,载《现代法学》2003 年第 5 期;王亚新:《实践中的民事审判(二)——5 个中级法院民事一审程序的运作》,载《北大法律评论》第 6 卷第 1 辑。

〔2〕 易顶强、周园:《我国中级人民法院体制改革新探——以“省直管县”体制改革为视角》,载《求索》2010 年第 12 期。

〔3〕 傅郁林:《司法职能分层目标下的高层法院职能转型——以民事再审级别管辖裁量权的行使为契机》,载《清华法学》2009 年第 5 期。

〔4〕 高翔:《我国高级人民法院司法管理职能的改革——以法院院长会议运行状况为实践观察点》,载《法商研究》2017 年第 4 期;项坤:《当代司法国情条件下的高级法院功能研究》,载《法律适用》2012 年第 9 期。

〔5〕 王建学:《地方各级人民法院宪法地位的规范分析》,载《法学研究》2015 年第 4 期。

〔6〕 2018 年 10 月 26 日修改的《人民法院组织法》则采取了列举方式,其中第 15 条第 1 款规定:“专门人民法院包括军事法院和海事法院、知识产权法院、金融法院等。”

〔7〕 王汉斌:《王汉斌访谈录——亲历新时期社会主义民主法制建设》,中国民主法制出版社 2012 年版,第 287 页。

〔8〕 张建田:《关于军事法院体制改革问题的思考》,载《法学杂志》2016 年第 2 期;蔡珂伟:《铁路运输法院体制改革浅析——从全国法院体制改革试点的角度》,载《法律适用》2008 年第 Z1 期;杨帆、黄斌:《试论我国林区法院的设置改革》,载《法律适用》2011 年第 7 期。

但更多的讨论集中于知识产权法院的设立,[1]以及尚未准确定性为专门法院的互联网法院的设立。[2]

(二)法院内设机构

法院的内设机构大致分为审判业务部门和综合行政部门。以最高人民法院为例,审判业务部门主要是立案庭、刑事审判庭、民事审判庭、行政审判庭、环境资源审判庭、审判监督庭、执行局,综合行政部门主要是办公厅(新闻局)、司法行政装备管理局、国际合作局、政治部、督察局、离退休干部局、机关党委等。此外,还有研究室、审判管理办公室、国家赔偿办公室这样的审判辅助部门。

法院内设机构具有科层制特点,长期以来被批评存在司法行政化问题,需要通过改革推动法官独立审判。[3] 这其中包括进行合议庭改革、组建审判团队,裁撤、合并、控制内设机构规模,[4]实行扁平化管理,减少管理层级,优化工作流程。[5] 刘忠提供了另一种讨论思路。他通过分析法院编制的变化和分庭管理制度,认为法院内部日益科层化,而出路在于法院权力的缩减配置。[6] 不过,大致来说,关于法院内设机构的讨论主要还停留在行政化、科层制的宏观层面,而缺少微观考察。少有学者去研

---

[1] 吴伯明:《关于在我国设立知识产权法院的建议》,载《知识产权》2001 年第 3 期;张广良:《知识产权法院制度设计的本土化思维》,载《法学家》2014 年第 6 期;朱理:《我国知识产权法院诉讼制度革新:评价与展望》,载《法律适用》2015 年第 10 期;吴汉东:《中国知识产权法院建设:试点样本与基本走向》,载《法律适用》2015 年第 10 期。

[2] 侯猛:《互联网技术对司法的影响——以杭州互联网法院为分析样本》,载《法律适用》2018 年第 1 期;周翠:《互联网法院建设及前景展望》,载《法律适用》2018 年第 3 期。

[3] 张卫平:《论我国法院体制的非行政化——法院体制改革的一种基本思路》,载《法商研究(中南政法学院学报)》2000 年第 3 期;王申:《司法行政化管理与法官独立审判》,载《法学》2010 年第 6 期;龙宗智、袁坚:《深化改革背景下对司法行政化的遏制》,载《法学研究》2014 年第 1 期。

[4] 例如,张静、易凌波:《司法改革背景下基层法院内设机构的整合与重构——基于 S 省 C 市法院"大部制"改革的实证分析》,载《法律适用》2018 年第 5 期。

[5] 中央机构编制委员会办公室、最高人民法院《关于积极推进省以下人民法院内设机构改革工作的通知》(2018 年 5 月 25 日)。

[6] 刘忠:《规模与内部治理——中国法院编制变迁三十年(1978—2008)》,载《法制与社会发展》2012 年第 5 期;刘忠:《论中国法院的分庭管理制度》,载《法制与社会发展》2009 年第 5 期。

究具体的内设机构，如立案庭、执行局等的内部结构和运作方式。

相比之下，有关审判委员会的研究一直是重点和热点。当然，严格来说，审判委员会不是法院内设机构。按照2018年10月修改前的《人民法院组织法》第10条第1款的规定："各级人民法院设立审判委员会，实行民主集中制。审判委员会的任务是总结审判经验，讨论重大的或者疑难的案件和其他有关审判工作的问题。"这一条是单独规定在总则部分的，因此，可以说审判委员会是法院的重要组成部分，但不能说是其内设机构。

早在20世纪80年代，就有关于审判委员会相关问题的讨论。[1] 但引起广泛关注则是在1999年《北大法律评论》所组织的一次专题讨论上。在审判委员会存废问题上，学者之间观点对立。苏力认为有保留的必要，而陈瑞华倾向于批评。[2] 由此，也引发了更多学者的关注。而以后的研究趋向于注重经验调查，包括访谈、阅读卷宗，并以个案研究居多。研究涉及放权改革、政治约束、压力案件决策过程、历年讨论案件的处理结果反馈，以及非案件讨论的政治管理功能。[3]

晚近几年的审判委员会研究在方法上有了较大变化，主要是在数据采集上跳出了原来局限于特定法院的个案经验调查的层面，有了更多法院的大样本数据。这主要得益于研究者与实务部门的密切联系与合作。这种合作主要是基于私人之间联系基础上的相互信任。如左卫民基于对四川省三级法院审判委员会的实证分析，徐向华课题组基于对贵州省全

---

〔1〕 江放：《怎样的案件才需提交审判委员会讨论》，载《法学》1983年第2期；周士敏：《试谈提高审判委员会讨论案件的质量问题》，载《政法论坛》1988年第2期。

〔2〕 苏力：《基层法院审判委员会制度的考察及思考》，载《北大法律评论》第1卷第2辑；陈瑞华：《正义的误区——评法院审判委员会制度》，载《北大法律评论》第1卷第2辑。

〔3〕 肖仕卫：《基层法院审判委员会"放权"改革的过程研究——以对某法院法官的访谈为素材》，载《法制与社会发展》2007年第2期；李雨峰：《司法过程的政治约束——我国基层人民法院审判委员会运行研究》，载《法学家》2015年第1期；王伦刚、刘思达：《基层法院审判委员会压力案件决策的实证研究》，载《法学研究》2017年第1期；张卫彬：《人民法院审判委员会制度的实践与再造——基于A省B市中院审委会案件回流与分流的样态》，载《中国刑事法杂志》2017年第2期；洪浩、操旭辉：《基层法院审判委员会功能的实证分析》，载《法学评论》2011年第5期。

省法院审判委员会的实证分析。[1] 大致来说，很多学者通过对审判委员会进行经验研究，多数认为有保留的必要。但他们同时认为审判委员会应以宏观指导职能为首要，建立起讨论重大、疑难案件的限缩过滤机制，并且针对不同层级法院进行类型化功能区分。[2]

（三）司法解释

尽管1981年全国人大常委会就作出《关于加强法律解释工作的决议》，赋予最高人民法院对法院审判工作中具体应用法律、法令的问题进行解释的权力，但有关最高人民法院司法解释的研究直到20世纪90年代才开始兴起。这其中有不少是有关某一具体部门法的司法解释的讨论，也有关于司法解释一般性问题的讨论，如前文提及的司法解释规范化问题。除此以外，学界近些年的讨论大致可以划分为三类：

第一类是批评司法解释存在的问题。[3] 特别是司法解释僭越立法权引起较多批评。例如，袁明圣批评成文化的司法解释存在立法化的现象。[4] 此外，沈岿还认为司法解释的制定过程，虽然采取了一些诸如“公民动议司法解释立项”和“公开征求意见”等民主化措施，但并不能缓解强势利益集团或政府部门的影响。[5]

第二类是讨论司法解释的属性。有些是讨论司法解释的性质、地位和类型区分的，即包括法院规范解释和法官裁量解释。[6] 更多的是集中讨论司法解释的效力。例如，曹士兵认为司法解释的效力源于习惯

---

〔1〕 左卫民：《审判委员会运行状况的实证研究》，载《法学研究》2016年第3期；徐向华课题组：《审判委员会制度改革路径实证研究》，载《中国法学》2018年第2期。

〔2〕 夏孟宣、胡苗玲：《司改背景下审判委员会职能合理定位的路径选择——以温州市中级人民法院审判委员会改革为视角》，载《法律适用》2015年第11期；方乐：《审判委员会制度改革的类型化方案》，载《法学》2018年第4期。

〔3〕 陈兴良：《司法解释功过之议》，载《法学》2003年第8期。

〔4〕 袁明圣：《司法解释“立法化”现象探微》，载《法商研究》2003年第2期。

〔5〕 沈岿：《司法解释的“民主化”和最高法院的政治功能》，载《中国社会科学》2008年第1期。

〔6〕 张志铭：《关于中国法律解释体制的思考》，载《中国社会科学》1997年第2期；陈春龙：《中国司法解释的地位与功能》，载《中国法学》2003年第1期。

法。[1] 王成则提出立法机关应明确司法解释的效力。[2] 在司法解释的效力讨论中，争议较大的是关于其时间效力特别是溯及力的问题。[3] 司法解释的溯及力究竟是从其颁布之日起算，还是从其所解释的法律颁布之日起算？关于这个问题实践中有固定做法，但学理上尚未形成共识。

第三类是讨论司法解释的形式。依据最高人民法院《关于司法解释工作的规定》，司法解释的形式一般分为解释、规定、规则、批复和决定。批复是针对高级人民法院、解放军军事法院就审判工作中具体应用法律问题的请示所制定的司法解释。较早对批复进行研究的是汪世荣，相关研究还涉及对批复进行诉讼化改造，以及司法批复的衰落问题。[4] 除批复以外，也有学者研究其他抽象性司法文件的功能。[5] 而高级人民法院的司法解释性文件，虽然不能称为司法解释，但能发挥司法解释的作用，也开始引起学者的注意。[6]

（四）案例指导

案例不是普通案件，也不是普通判决，而是能够帮助法官进行法律适用、具有一定典型性的案件判决。中国的案例制度由来已久，较早是通过最高人民法院公布典型案例的方式运行。[7] 2010 年最高人民法院发布《关于案例指导工作的规定》，并且连续发布了数批上百件指导性案例。

---

〔1〕 曹士兵：《最高人民法院裁判、司法解释的法律地位》，载《中国法学》2006 年第 3 期。

〔2〕 王成：《最高法院司法解释效力研究》，载《中外法学》2016 年第 1 期。

〔3〕 张军：《试论刑事司法解释的时间效力》，载《中国法学》1992 年第 2 期；游伟、鲁义珍：《刑法司法解释效力探讨》，载《法学研究》1994 年第 6 期；刘宪权：《我国刑事司法解释时间效力的再思考》，载《法学》2002 年第 2 期；杨登峰：《民事、行政司法解释的溯及力》，载《法学研究》2007 年第 2 期；张新宝、王伟国：《最高人民法院民商事司法解释溯及力问题探讨》，载《法律科学（西北政法大学学报）》2010 年第 6 期。

〔4〕 汪世荣：《司法解释批复四题》，载《法律科学（西北政法学院学报）》2000 年第 4 期；许蔚东：《超越个案：诉讼批复答复的价值解析与功能优化：以我国 30 年来行政诉讼批复答复的实证考察为视角》，载《法律适用》2014 年第 1 期；侯学宾：《司法批复衰落的制度竞争逻辑》，载《法商研究》2016 年第 3 期。

〔5〕 黄韬：《最高人民法院的司法文件：现状、问题与前景》，载《法学论坛》2012 年第 4 期；魏振华：《民事审判中司法指导性文件援用的实证考察——以“法办［2011］442 号”会议纪要为例》，载《中国法律评论》2017 年第 6 期。

〔6〕 谷川：《高级人民法院“司法解释性文件”的功能分析》，载《河北法学》2016 年第 2 期。

〔7〕 周道鸾：《中国案例制度的历史发展》，载《法律适用》2004 年第 5 期。

由此引发对指导性案例的研究热潮。

在案例指导制度正式推行之前,学界和实务界已经做了不少基础性工作。例如,有些地方法院曾进行过试点,推行先例判决制度和示范性案例制度。[1]《最高人民法院公报》上公布的案例,已经被视为指导性案例来进行分析。[2] 曾主持编辑《人民法院案例选》的法官比较早讨论过案例指导问题。[3] 张骐长期对指导性案例的性质、寻找方法等基本问题进行系列研究。[4] 此外,还有的讨论案例指导的制度设计、制度风险和裁判摘要性质。[5]

案例指导制度推行以后学术讨论继续深化。例如,王利明分析了案例指导制度与司法解释制度之间的关系,以及具体的识别技术。[6] 雷磊和泮伟江讨论了指导性案例的效力。[7] 陈兴良认为案例指导制度是一种新的规则形成机制。[8] 孙光宁讨论了指导性案例裁判要旨的概括方式。[9] 但更多的研究来自部门法学者。曹志勋、朱芒等结合具体案例来

---

〔1〕 陈卫东、李训虎:《先例判决 · 判例制度 · 司法改革》,载《法律适用》2003 年第 Z1 期;胡建萍、吴红艳:《示范性案例制度的理念与内涵——四川省成都市中级人民法院示范性案例制度剖析》,载《人民司法》2007 年第 9 期。

〔2〕 宋晓:《裁判摘要的性质追问》,载《法学》2010 年第 2 期。

〔3〕 杨洪逵:《案例指导:从功利走向成熟——对在中国确立案例指导制度的几点看法》,载《法律适用》2004 年第 5 期。

〔4〕 张骐:《试论指导性案例的“指导性”》,载《法制与社会发展》2007 年第 6 期;张骐:《论寻找指导性案例的方法:以审判经验为基础》,载《中外法学》2009 年第 3 期;张骐:《再论指导性案例效力的性质与保证》,载《法制与社会发展》2013 年第 1 期。

〔5〕 胡云腾、于同志:《案例指导制度若干重大疑难争议问题研究》,载《法学研究》2008 年第 6 期。

〔6〕 王利明:《我国案例指导制度若干问题研究》,载《法学》2012 年第 1 期。

〔7〕 雷磊:《指导性案例法源地位再反思》,载《中国法学》2015 年第 1 期;泮伟江:《论指导性案例的效力》,载《清华法学》2016 年第 1 期。

〔8〕 陈兴良:《案例指导制度的规范考察》,载《法学评论》2012 年第 3 期。

〔9〕 孙光宁:《指导性案例裁判要旨概括方式之反思》,载《法商研究》2016 年第 4 期。

讨论各种问题，例如，参照效力、裁判技术、内容构成和法律适用方式等。[1] 此外，肖炜霖对指导性案例制度中学术研究与司法实务的关系进行了探讨。[2]

尽管对于指导性案例的研究进行得如火如荼，但大部分指导性案例并非由最高人民法院判决作出。因此，相关的法理研究和部门法具体判决研究都比较少。

裁判文书也是案例讨论中的一个重要议题。有的从形式上加以讨论，例如，张志铭、傅郁林分析了司法判决的结构、功能和风格，强调裁判理由的重要性。[3] 刘星研究了法官后语，[4] 刘风景、孙笑侠等研究了不同意见书。[5] 也有的从实质上加以讨论，例如，苏力分析了裁判文书的风格形成的因果关系和制度因素。[6]

（五）上下级法院关系

上下级法院关系是法院管理体制中的关键问题。不仅涉及审判业务上的监督指导关系、[7] 执行工作上的统一管理关系，还有司法政务、司法人事、司法保障、审判管理、教育培训、司法统计、司法警察、司法协助等事

---

〔1〕 曹志勋：《论指导性案例的“参照”效力及其裁判技术——基于对已公布的 42 个民事指导性案例的实质分析》，载《比较法研究》2016 年第 6 期；朱芒：《论指导性案例的内容构成》，载《中国社会科学》2017 年第 4 期；赵瑞罡、耿协阳：《指导性案例“适用难”的实证研究——以 261 份裁判文书为分析样本》，载《法学杂志》2016 年第 3 期；彭中礼：《司法判决中的指导性案例》，载《中国法学》2017 年第 6 期。

〔2〕 肖炜霖：《论司法改革中学术与实务的关系——基于案例指导制度变迁史与学术史的考察》，载《法律适用》2017 年第 11 期。

〔3〕 张志铭：《司法判决的结构和风格——对域外实践的比较研究》，载《法学》1998 年第 10 期；傅郁林：《民事裁判文书的功能与风格》，载《中国社会科学》2000 年第 4 期。

〔4〕 刘星：《判决书“附带”：以中国基层司法“法官后语”实践为主线》，载《中国法学》2013 年第 1 期。

〔5〕 刘风景：《不同意见写入判决书的根据与方式——以日本的少数意见制为背景》，载《环球法律评论》2007 年第 2 期；孙笑侠、褚国建：《判决的权威与异议——论法官“不同意见书”制度》，载《中国法学》2009 年第 5 期。

〔6〕 苏力：《判决书的背后》，载《法学研究》2001 年第 3 期。

〔7〕 杜豫苏：《上下级法院审判业务关系研究》，北京大学出版社 2015 年版。

务上的关系。[1] 这就需要在各种制约条件下，理清上下级法院关系改革的思路。[2] 如果结合部门法的经验研究来看，黄韬从金融审判中的最高人民法院与地方人民法院之间的关系切入，讨论法院央地关系如何回应全国性的金融市场制度需求。[3] 程金华则分析了如何通过司法的中央集权，来解决外地企业进入本地市场的机制。[4]

在上下级法院关系中，最基本的制度安排是审级制度。刘忠分析了现行四级二审制的演化主要受制于政治设计，但也催生了中级人民法院、人民法庭的设置，以及调解的广泛推行。[5] 傅郁林则对现行两审终审制的缺陷进行了剖析，提出了建立有限三审制的设想。[6] 实际上，刑事和民事诉讼法学界赞同在一审、二审和再审之间进行功能分配、实行有限三审制的设想居多。[7] 在制度设计上，有些研究试图将审级制度与法院组织相联系，按照审级结构来改造法院层级。[8] 但也有例外，如于明通过对反上诉审原理进行分析，指出现行审级制度是国家降低信息成本，实现政治治理功能的体现。[9]

在上下级法院关系中，非常突出的问题是案件请示。案件请示与批

---

〔1〕 何帆：《论上下级法院的职权配置——以四级法院职能定位为视角》，载《法律适用》2012年第8期。

〔2〕 蒋敏：《协调与指导：上下级法院审判监督关系探究》，载《法律适用》2018年第17期。

〔3〕 黄韬：《“全国”金融市场与“地方”法院——中国金融司法的央、地关系视角》，载《法学评论》2016年第3期。

〔4〕 程金华：《地方政府、国家法院与市场建设——美国经验与中国改革》，载《北京大学学报（哲学社会科学版）》2008年第6期。

〔5〕 刘忠：《四级两审制的发生和演化》，载《法学研究》2015年第4期。

〔6〕 傅郁林：《审级制度的建构原理——从民事程序视角的比较分析》，载《中国社会科学》2002年第4期。

〔7〕 陈卫东、李训虎：《公正、效率与审级制度改革——从刑事程序法的视角分析》，载《政法论坛》2003年第5期；易延友：《我国刑事审级制度的建构与反思》，载《法学研究》2009年第3期；章武生：《我国民事审级制度之重塑》，载《中国法学》2002年第6期；陈杭平：《比较法视野中的中国民事审级制度改革》，载《华东政法大学学报》2012年第4期。

〔8〕 杨知文：《现代司法的审级构造和我国法院层级结构改革》，载《华东政法大学学报》2012年第5期；黄明耀：《审级制度改革与法院制度改革的衔接研究》，载《法律适用》2018年第15期。

〔9〕 于明：《司法审级中的信息、组织与治理——从中国传统司法的“上控”与“审转”切入》，载《法学家》2011年第2期。

复密切相关。已有不少讨论批评案件请示的弊端，提出对案件请示进行诉讼化改造，将在法律适用上有普遍意义的案件移送管辖。[1] 也有研究只是对案件请示进行经验分析，特别是区分请示案件与交办案件，并刻画了案件调阅的运作过程。[2]

三、法院人事的知识议题

《人民法院组织法》特别是《法官法》中规定了法院人事。法院的工作人员包括审判人员和其他人员。审判人员主要是指院长、副院长、审判委员会委员和审判员等，其他人员主要是指书记员、执行员、法医和司法警察。但新一轮司法改革推行以后，情况有所变化。法院人事工作的核心是围绕法官进行的。针对法官的管理，主要包括法官遴选、等级、惩戒、保障等事项。

与法院组织研究相比，法院人事研究并不太多。这其中重要的原因是，前者研究制度，后者则研究人，而对人的研究，特别需要面对面的接触才能深入，研究成本更高。从一般性的讨论来看，周道鸾较早讨论了《法官法》的制定，对现行法官制度进行了评价。[3] 苏力则分析了中国法官的形象塑造。[4] 方乐认为中国法官会受到清官文化的影响，与西方法官存在明显不同。[5] 从具体层面的讨论来看，已有的法院人事研究主要集中于以下五个领域。

（一）分类管理

司法人员分类由来已久。例如，在很长一段时期，成为一名初任审判

---

〔1〕 陈瑞华：《为中国"案件请示"把脉》，载《法制资讯》2009 年第 5 期；蒋惠岭：《论案件请示之诉讼化改造》，载《法律适用》2007 年第 8 期；何帆：《改革案件请示做法的路径》，载《法制资讯》2009 年第 5 期。

〔2〕 侯猛：《案件请示制度合理的一面——从最高人民法院角度展开的思考》，载《法学》2010 年第 8 期。

〔3〕 周道鸾：《法官法——现行法官制度的重大改革》，载《中国法学》1996 年第 2 期。

〔4〕 苏力：《中国法官的形象塑造——关于"陈燕萍工作法"的思考》，载《清华法学》2010 年第 3 期。

〔5〕 方乐：《司法行为及其选择的文化注释——以转型司法中的中国法官为例》，载《法律科学（西北政法学院学报）》2007 年第 5 期。

员,需要依次经历书记员、助理审判员的职务。但现有司法人员分类管理制度则改变了原有晋升轨道。目前司法人员分为三大类:审判人员、审判辅助人员和司法行政人员。这三类人员原则上不能够相互转换。而推行司法人员分类管理制度也是长期以来强调法官职业化的结果。法官职业化意味着精英化和同质化,法官需要具有专门的职业特质。而法官职业化实践的具体展现就是法院人员分类改革。〔1〕但刘忠的研究表明,与分类管理共存的是一系列制度安排,但这些制度安排实现的却是自上而下的法官控制体系。〔2〕

司法人员分类管理的基础工作就是编制员额,首先是法官员额。〔3〕法官员额的数量和比例测算受制于很多因素,既有法院外在因素,如常住人口数量和经济发展水平,也有法院内在因素,如法院受理案件数和法官办案工作量。〔4〕傅郁林认为,法官员额制应当是审判权运行机制改革的自然结果而不是前提条件。〔5〕如果过于强调用法官办案工作量来考评法官,对法官员额实行动态管理,那么不仅没有实现去行政化的目标,甚至还会带来人心离散的后果。〔6〕

除有关法官管理的研究以外,有关其他人员管理的研究并不多。例如,最高人民法院在2004年就正式推出法官助理制度,各地法官助理制

---

〔1〕 王晨光:《法官的职业化精英化及其局限》,载《法学》2002年第6期;吕忠梅:《职业化视野下的法官特质研究》,载《中国法学》2003年第6期;张志铭、李学尧:《论法院人员分类改革:以法官职业化为指向》,载《法律适用》2007年第1期。

〔2〕 刘忠:《格、职、级与竞争上岗——法院内部秩序的深层结构》,载《清华法学》2014年第2期。

〔3〕 周道鸾:《关于确立法官员额制度的思考》,载《法律适用》2004年第8期。

〔4〕 许前飞:《关于建立中国法官定额制度若干问题的思考》,载《法学评论》2003年第3期;詹建红:《法官编制的确定与司法辅助人员的设置——以基层法院的改革为中心》,载《法商研究》2006年第1期;王静、李学尧、夏志阳:《如何编制法官员额——基于民事案件工作量的分类与测量》,载《法制与社会发展》2015年第2期。

〔5〕 傅郁林:《以职能权责界定为基础的审判人员分类改革》,载《现代法学》2015年第4期。

〔6〕 刘斌:《从法官"离职"现象看法官员额制改革的制度逻辑》,载《法学》2015年第10期;丰霏:《法官员额制的改革目标与策略》,载《当代法学》2015年第5期。

度存在不同模式,但少有研究。[1] 而有关其他司法辅助人员、司法行政管理人员的研究就更少。这或许是未来法院人事研究的知识增长点。

(二)法官选任

法官从哪里来?这至少包括初任法官从哪里来,高级别法官从哪里来两个问题。按照目前制度设计,初任法官的遴选仅限于基层人民法院。更高层级人民法院法官必须从下级人民法院的法官中产生。但各地情况千差万别,因此,初任法官选任机制也有不同。王禄生分析了“相马”和“赛马”两种选任模式。[2]

(三)法官保障

法官保障包括确保稳定的任期、固定的薪酬、可预期的晋升空间等一系列激励机制。目前我国法院已经实行了法官等级、法官单独序列管理制度。而从 1997 年开始实施法官等级制度以后也出现了一些问题。例如,侯学宾发现法官等级制评定强化了科层行政化。[3] 2015 年实行“套改”以后又有了新变化。“套改”即按照《法官职务序列设置暂行规定》,法官对应相应职务层级公务员确定职务和薪酬。对此目前还没有相关研究。

侯猛、艾佳慧、陈刚等人分析了法官流动现象,以及流动对法官制度和经济所可能产生的影响。[4] 从一定意义上来说,干部交流与法官任期保障这两种制度存在内在张力。目前的实践还在磨合和摸索阶段,也需要深化性的研究。

---

[1] 较早的关于法官助理的研究出现在 2002 年,参见佛法研:《法官助理与法官员额问题研究》,载《人民司法》2002 年第 8 期。

[2] 王禄生:《相马与赛马:中国初任法官选任机制实证研究》,载《法制与社会发展》2015 年第 2 期。

[3] 侯学宾:《我国法官等级制度之检讨——以大法官群体为例》,载《法商研究》2013 年第 4 期。

[4] 侯猛:《最高人民法院大法官的流动分析》,载《法律科学(西北政法学院学报)》2006 年第 2 期;艾佳慧:《司法知识与法官流动——一种基于实证的分析》,载《法制与社会发展》2006 年第 4 期;陈刚:《法官异地交流与司法效率——来自高院院长的经验证据》,载《经济学(季刊)》2012 年第 4 期。

能够保障和激励法官工作的，还有休闲时间和培训机制。例如，左卫民分析了基层法院法官的工作时间。如果工作强度过大，就会加快法官流失。[1] 苏力则从法学教育的角度，讨论了提升法官素质，提高法官专业化程度的问题。[2]

（四）法官责任

有关法官责任的讨论，在20世纪90年代后期开始出现，主要是当时最高人民法院开始推行错案责任追究制。21世纪初期，最高人民法院又推出引咎辞职规定，遭到较强烈批评。[3] 但实际上包括错案追究制在内的相关制度的效果有限。[4]

2015年最高人民法院《关于完善人民法院司法责任制的若干意见》，2016年最高人民法院、最高人民检察院《关于建立法官、检察官惩戒制度的意见（试行）》，2017年《最高人民法院司法责任制实施意见（试行）》相继发布。有关法官惩戒、法官责任的研究也开始出现。例如，詹建红归纳中国法官惩戒采取的是错案惩戒与职业伦理惩戒并存的二元模式。[5] 周长军认为法官责任的性质是办案责任或司法过错责任。[6] 陈瑞华则将法官责任归纳为三种模式：结果责任、程序责任和职业伦理责任模式。[7]

（五）法官决策

研究法官决策和研究法院政策制定，看似二者主题相近，但从法官个

---

〔1〕 左卫民：《时间都去哪儿了——基层法院刑事法官工作时间实证研究》，载《现代法学》2017年第5期。

〔2〕 苏力：《法官素质与法学院的教育》，载《法商研究》2004年第3期。

〔3〕 苏力：《中国司法改革逻辑的研究——评最高法院的〈引咎辞职规定〉》，载《战略与管理》2002年第1期。

〔4〕 魏胜强：《错案追究何去何从？——关于我国法官责任追究制度的思考》，载《法学》2012年第9期；王伦刚、刘思达：《从实体问责到程序之治——中国法院错案追究制运行的实证考察》，载《法学家》2016年第2期。

〔5〕 詹建红：《我国法官惩戒制度的困境与出路》，载《法学评论》2016年第2期。

〔6〕 周长军：《司法责任制改革中的法官问责——兼评〈关于完善人民法院司法责任制的若干意见〉》，载《法学家》2016年第3期。

〔7〕 陈瑞华：《法官责任制度的三种模式》，载《法学研究》2015年第4期。

体出发,视角转换不仅会有新发现,还会有新方法的研究需要。

常规的法官决策研究,集中于法官是否会严格适用法律问题。例如,崔国斌批评知识产权裁判中的法官造法问题。[1] 孟勤国通过分析最高人民法院判决书,提出法官自由心证应受成文法规则约束,[2]也就是强调自由心证与依法独立判断相结合。[3] 当然,也有一些研究提出了不同意见,如梁迎修分析了法官在疑难案件中所应秉持的司法理念。[4] 苏力则认为法官在疑难案件裁判中应进行政治考量,顺便也批评了法条主义的分析进路。[5]

从新视角和新方法进行法官决策的研究也开始出现。例如,王申强调了法官前见对裁判的重要性。[6] 而从心理学、行为经济学和认知科学的角度讨论法官决策的研究也越来越多。例如,白建军讨论了司法潜见对于法官定罪的影响,[7]李安讨论了直觉对裁判的影响。[8] 侯猛分析了法官在认知后果不确定状态下如何进行裁判。[9] 李学尧、葛岩等人则通过实验结果展示了认知流畅度对法官裁判的影响。[10] 可以说,法官决策不仅属于法律推理、法律方法的研究领域,也是心理学、经济学和认知科学的研究范围,加之中国法官决策受制于政治等诸多外在制约因素,因此,未来该领域将会成为跨学科法律研究的重点和热点。

---

〔1〕 崔国斌:《知识产权法官造法批判》,载《中国法学》2006 年第 1 期。

〔2〕 孟勤国:《法官自由心证必须受成文法规则的约束——最高法院(2013)民申字第 820 号民事裁判书研读》,载《法学评论》2015 年第 4 期。

〔3〕 李祖军:《自由心证与法官依法独立判断》,载《现代法学》2004 年第 5 期。

〔4〕 梁迎修:《寻求一种温和的司法能动主义——论疑难案件中法官的司法哲学》,载《河北法学》2008 年第 2 期。

〔5〕 苏力:《法条主义、民意与难办案件》,载《中外法学》2009 年第 1 期。

〔6〕 王申:《法官的理性认知与司法前见》,载《法律科学(西北政法大学学报)》2012 年第 6 期。

〔7〕 白建军:《司法潜见对定罪过程的影响》,载《中国社会科学》2013 年第 1 期。

〔8〕 李安:《司法过程的直觉及其偏差控制》,载《中国社会科学》2013 年第 5 期。

〔9〕 侯猛:《不确定状况下的法官决策——从“3Q”案切入》,载《法学》2015 年第 12 期。

〔10〕 李学尧、葛岩等:《认知流畅度对司法裁判的影响》,载《中国社会科学》2014 年第 5 期。

四、司法改革的知识议题

中国的司法改革始于20世纪50年代初期的司法改革运动。[1] 最高人民法院在1999年公布了第一个《人民法院五年改革纲要》，随后在2005年、2009年、2014年、2019年、2024年都发布了新的《人民法院五年改革纲要》。

学术界也积极参与。这包括组织各种学术研讨会、发表专题论文。例如，中国人民大学法学院在1997年年底组织召开了司法改革学术研讨会，并在《法学家》1998年第2期上发表了一组关于司法改革的文章。发表的相关文章，具体涉及引介域外，如俄罗斯、日本、英国、德国、韩国、法国的司法改革情况；[2] 讨论在全球化背景下的中国司法改革。[3]

就司法改革的研究议题来说，某些议题与法院组织研究、法院人事研究有重叠或交叉，但仍有较大区别。简单来说，法院组织和人事研究多是微观或中观视角的讨论，而司法改革研究多是宏观视角的讨论，即更多是从体制层面出发来分析问题。司法改革研究也更多是从动的一面，从制度变迁的角度来讨论问题，而法院组织和人事研究侧重的是静的一面，多是从结构出发来讨论问题。

对司法改革进行制度设计乃至顶层设计的研究为数不少。2000年，时任最高人民法院院长肖扬就对法院改革提出展望，即完善审判工作机

---

〔1〕 何勤华：《论新中国法和法学的起步——以“废除国民党六法全书”与“司法改革运动”为线索》，载《中国法学》2009年第4期。

〔2〕 陈瑞华：《陪审团制度与俄罗斯的司法改革》，载《中外法学》1999年第5期；潘剑锋：《从日本第三次司法改革看我国司法改革存在的问题》，载《法学》2000年第8期；徐昕：《英国民事司法改革之借鉴——以英国民事诉讼基本目标及其贯彻作为考察主线》，载《法学》2001年第5期；齐树洁：《德国民事司法改革及其借鉴意义》，载《中国法学》2002年第3期；陈卫东、刘计划、程雷：《法国刑事诉讼法改革的新进展——中国人民大学诉讼制度与司法改革研究中心赴欧洲考察报告之一》，载《人民检察》2004年第10期。

〔3〕 公丕祥：《全球化背景下的中国司法改革》，载《法律科学（西北政法学院学报）》2004年第1期。

制，健全法院组织体系，建立国家法官制度和经费管理体制。[1] 而学者中，王利明较早对司法改革中的基本问题进行了全面研究。[2] 梁慧星较早提出了司法改革的若干建议。[3] 陈光中、龙宗智对深化司法改革也提出了诸多意见。[4] 但长时间、系统地对司法体制和司法改革进行深入思考的学者是顾培东。他认为，中国司法改革的主导任务是通过制度创新，提高司法机构"公共产品"的出产能力和效益，其基本内容在于重新配置并合理界定各种权力关系。[5] 为此他撰写了一系列司法研究论文。

进一步来看，已有的司法改革研究主要集中于以下四个领域。

（一）司法公开

司法公开作为一项基本原则，得到了最高人民法院的贯彻。例如，最高人民法院建成了中国裁判文书网、中国庭审公开网、最高人民法院案例库和中国审判流程信息公开网等，大大推进了司法公开的进程。这真正实现了借助司法公开深化司法改革的目标，[6] 同时也大大推动了司法研究的发展。[7]

除上述原则以外，法律效果与社会效果、政治效果相统一的原则，也具有中国特色。例如，孔祥俊分析了效果统一原则，侯猛也讨论了如何在司法中进行社会科学判断，进而实现法律效果与社会效果的统一。

（二）审判权运行机制

审判权运行机制是当前司法改革的重点。审判权运行机制改革的前

---

〔1〕 肖扬：《人民法院改革的进程与展望》，载《国家行政学院学报》2000 年第 3 期；肖扬：《法院、法官与司法改革》，载《法学家》2003 年第 1 期。

〔2〕 王利明：《司法改革研究》，法律出版社 2000 年版。

〔3〕 梁慧星：《关于司法改革的十三项建议》，载《法律科学（西北政法学院学报）》2003 年第 5 期。

〔4〕 陈光中、龙宗智：《关于深化司法改革若干问题的思考》，载《中国法学》2013 年第 4 期。

〔5〕 顾培东：《中国司法改革的宏观思考》，载《法学研究》2000 年第 3 期。

〔6〕 王晨光：《借助司法公开深化司法改革》，载《法律适用》2014 年第 3 期。

〔7〕 唐应茂：《司法公开及其决定因素：基于中国裁判文书网的数据分析》，载《清华法学》2018 年第 4 期。

身，源于20世纪90年代开始的审判方式改革。在早期的研究中，景汉朝、卢子娟分析了经济审判方式改革的动因，转向强调当事人举证责任的原因是法院办案成本的压力。[1] 范愉通过比较分析世界司法改革的趋势来评述中国的民事审判方式改革。[2]

而目前的审判权运行机制改革，不仅涉及法院一家，还包括公安机关和检察院。因此，这一轮司法改革提出要以审判为中心，改进现有公检法三机关的关系。有关公检法关系的研究也不算多。陈瑞华很早就主张从公检法"流水作业"走向"以裁判为中心"[3]。韩大元、于文豪则从宪法的规范体系和价值理念角度分析三机关的关系。[4]

以审判为中心的司法改革，重点是进行刑事领域的司法改革。[5] 张明楷认为，就刑事司法改革而言，最紧迫的改革任务是要针对党政官员干涉、罚没收入返还、考核指标泛滥、司法能力低下等问题采取强有力的治理措施。[6] 除民事、刑事和行政司法改革以外，还有环境司法改革。例如，王树义提出实行环境司法专门化。[7]

（三）法院经费体制

有关法院经费的研究主要集中于诉讼费用和法院的财政管理。方流芳、傅郁林、廖永安等较早研究了诉讼费用的收取、流变及其与法院财政的关系。[8]

---

〔1〕 景汉朝、卢子娟：《经济审判方式改革若干问题研究》，载《法学研究》1997年第5期。

〔2〕 范愉：《世界司法改革的潮流、趋势与中国的民事审判方式改革》，载《法学家》1998年第2期。

〔3〕 陈瑞华：《从"流水作业"走向"以裁判为中心"——对中国刑事司法改革的一种思考》，载《法学》2000年第3期。

〔4〕 韩大元、于文豪：《法院、检察院和公安机关的宪法关系》，载《法学研究》2011年第3期。

〔5〕 陈卫东：《以审判为中心：当代中国刑事司法改革的基点》，载《法学家》2016年第4期。

〔6〕 张明楷：《刑事司法改革的断片思考》，载《现代法学》2014年第2期。

〔7〕 王树义：《论生态文明建设与环境司法改革》，载《中国法学》2014年第3期。

〔8〕 方流芳：《民事诉讼收费考》，载《中国社会科学》1999年第3期；傅郁林：《诉讼费用的性质与诉讼成本的承担》，载《北大法律评论》第4卷第1辑；廖永安、李胜刚：《我国民事诉讼费用制度之运行现状：以一个贫困地区基层法院为分析个案》，载《中外法学》2005年第3期；廖永安、刘方勇：《潜在的冲突与对立：诉讼费用制度与周边制度关系考》，载《中国法学》2006年第2期。

有关法院的财政管理，议题主要涉及与司法公正、司法效率的关系，[1]经济分析验证如何确保法院财政独立，[2]经验讨论省级统一管理以后地方法院财政的变化，[3]提出建立中央统一的司法财政与决算制度。[4] 此外，唐应茂还讨论了省级统管改革后法院办案成本管理问题。[5]

（四）法院与人大关系

依照《宪法》及相关法律规定，法院向人大负责并报告工作。随着人民代表大会制度的不断完善，在实践中出现了与法院相关的新问题。例如，在20世纪90年代后期，有关人大代表质询法院、[6]人大对法院个案的监督权的讨论曾轰动一时。[7] 此后，研究趋于具体化。例如，提出法院向人大报告工作的一些具体建议。[8] 还有研究讨论法院适用地方性法规的情况。[9]

五、司法研究的反思

司法研究的学者总体上可以分成两类：第一类学者更强调司法理念和司法制度的现代化，以尊重和保障人权原则为圭臬来完善中国的司法

---

〔1〕 陈永生：《司法经费与司法公正》，载《中外法学》2009年第3期；王亚新：《法院财政保障的现状及前景略议》，载《学习与探索》2010年第4期。

〔2〕 王俊、周润宁：《"法院财政独立"从何入手：基于实证检验的政策建议》，载《财贸研究》2004年第5期。

〔3〕 左卫民：《中国基层法院财政制度实证研究》，载《中国法学》2015年第1期；王亚新：《"省级统管"改革与法院经费保障》，载《法制与社会发展》2015年第6期。

〔4〕 王亚新：《司法成本与司法效率——中国法院的财政保障与法官激励》，载《法学家》2010年第4期。

〔5〕 唐应茂：《中央和地方关系视角下的法院办案成本问题——背景、问题与模式》，载《法律适用》2018年第13期。

〔6〕 李晓斌：《对"人大"质询法院的质疑》，载《法学》1996年第9期。

〔7〕 王晨光：《论法院依法独立审判权和人大对法院个案监督权的冲突及其调整机制》，载《法学》1999年第1期。

〔8〕 张泽涛：《法院向人大汇报工作的法理分析及其改革——以十八大以来法院体制改革为主线》，载《法律科学（西北政法大学学报）》2015年第1期。

〔9〕 李强、龚海南、陈立洋：《以司法职能助推地方民主法治建设——重庆市第三中级人民法院适用地方性法规情况的调研报告》，载《法律适用》2012年第2期。

制度。第二类学者更看重中国司法的制度经验。改革开放以来的司法改革经历了司法规范重建、审判方式改革、司法体制改革三个基本阶段。[1]必须认清这一历史发展过程，在此基础上坚持自主性司法改革道路。[2]这一类的代表性人物是顾培东、公丕祥、苏力。此外，立场接近的还有龙宗智。他提出了司法改革中的相对合理主义立场，即采取渐进改良的方法。[3]

大体来说，早期的司法研究局限于域外制度介绍、概念语义分析和理念原则讨论。而后随着中国司法制度和实践的丰富变化，司法研究开始转向实证法分析和经验研究。实证法分析，就是根据法律和司法解释的规定，结合司法判决进行规范性分析，发现审判中存在的问题并提出建议。这其实也就是法解释学和法教义学的传统。经验研究，就是发现司法实践过程中存在的现实问题，不仅仅是个案中的问题，也包括整个司法体制和机制的问题。这样的经验研究的基础层面就是描述现象，但不能停留于对经验的朴素概括，而需要更进一步对经验进行细致归纳。而经验研究的高阶层面就是运用社会科学方法包括量化来解释因果关系。这其实也就是社科法学的传统。

可以说，目前中国司法研究已经形成了法解释学和社科法学两大传统。法解释学强于微观分析，例如，对某一司法个案、某一法条、某一制度的法律原理进行解析。社科法学也进行微观分析，如分析法官的决策过程，但更多进行中观和宏观讨论，如对某一法院组织机构、某一类群体进行描述。实际上，勾连实证研究与规范研究的努力已经初具成效。[4]

---

〔1〕 夏锦文：《当代中国的司法改革：成就、问题与出路——以人民法院为中心的分析》，载《中国法学》2010年第1期。

〔2〕 公丕祥：《当代中国的自主型司法改革道路——基于中国司法国情的初步分析》，载《法律科学（西北政法大学学报）》2010年第3期。

〔3〕 龙宗智：《论司法改革中的相对合理主义》，载《中国社会科学》1999年第2期。

〔4〕 程金华：《四倍利率规则的司法实践与重构：利用实证研究解决规范问题的学术尝试》，载《中外法学》2015年第3期。

六、结语

就研究方式来说，现有司法研究的对话合作是远远不够的。首先，学术界和司法实务界存在隔膜。实务界对现实问题的理解总结要丰富得多，但学术界还很难深入进去。这一方面是制度壁垒的原因，例如，实务部门的数据不便或不愿意分享，学者难以有效获得。另一方面，学者之间的合作研究较少，影响研究的深度。其次，法理学与部门法学之间的司法研究壁垒、法学与其他学科之间的司法研究壁垒，也要尽可能减少。只有通过合作减少知识壁垒，才有可能更为细致地叙述司法制度的运作过程，才能更准确地发现和解释司法制度和改革背后的因果关系。就研究主题来说，还有如下议题的研究值得期待：第一，国家监察委员会的设置大大改变了现有的政法体制结构。因此，需要研究国家监察委员会对整个司法制度有什么影响。第二，经历了数轮司法改革，中国的司法体制和工作机制已经成型稳定。因此，司法研究的重点不是再去提各种司法改革建议，进行顶层设计，而是总结司法基本规律和基本理论。同时转向司法与社会关系的思考，即中国的司法制度究竟对社会现实生活产生什么样的影响。第三，关于大数据分析及其应用于司法实践将会给法院和法官带来的成效和影响的研究。例如，如果将法官工作量大数据测算实质用于法官评价，将减弱对法官的激励效果，法官为工作而工作，为考核而工作，令法官职业异化。第四，关于人工智能对人民法院和法官发挥的作用和影响的研究。与大数据的影响相反，人工智能的运用将法官从无休止的工作中解放出来，因而也可能是一次真正的革命。

延伸阅读学术著作

1. 熊先觉：《中国司法制度》，中国政法大学出版社 1986 年版。
2. 苏力：《送法下乡：中国基层司法制度研究》，中国政法大学出版社 2000 年版。

3. 左卫民等：《最高法院研究》，法律出版社2004年版。
4. 陈瑞华：《司法体制改革导论》，法律出版社2018年版。
5. 蒋惠岭：《司法改革的知与行》，法律出版社2018年版。
6. 侯欣一：《从司法为民到大众司法：陕甘宁边区大众化司法制度研究（1937—1949）》，生活·读书·新知三联书店2020年版。
7. 侯猛：《司法的运作过程——基于对最高人民法院的观察》，中国法制出版社2021年版。
8. 顾培东：《当代中国司法研究》，商务印书馆2022年版。
9. 何帆：《积厚成势：中国司法的制度逻辑》，中国民主法制出版社2023年版。
10. 孙海波：《择法而从：司法中的价值判断》，中国政法大学出版社2024年版。

延伸阅读学术论文

1. 李林：《司法人事制度改革刍议》，载《现代法学（西南政法学院学报）》1989年第4期。
2. 张军：《最高审判机关刑事司法解释工作回顾与思考（1980—1990）》，载《法学研究》1991年第3期。
3. 苏力：《中国司法中的政党》，载苏力主编：《法律和社会科学》第1卷，法律出版社2006年版。
4. 刘忠：《规模与内部治理——中国法院编制变迁三十年（1978—2008）》，载《法制与社会发展》2012年第5期。
5. 张志铭：《司法判例制度构建的法理基础》，载《清华法学》2013年第6期。
6. 季卫东：《人工智能时代的司法权之变》，载《东方法学》2018年第1期。
7. 李学尧、刘庄：《矫饰的技术：司法说理与判决中的偏见》，载《中国法律评论》2022年第2期。
8. 张瑞：《法院领导小组如何运行?》，载《环球法律评论》2022年第5期。
9. 崔永东：《自主知识体系下的司法学建构及其基本理论阐释》，载《政法论丛》2024年第5期。

10. 泮伟江:《系统论法学视角下现代司法裁判中规范与事实的区分》,载《中国法学》2024 年第 6 期。

延伸阅读学位论文

1. 泮伟江:《现代司法的分析与建构》,清华大学 2011 年博士学位论文。
2. 杨知文:《中国当代司法的内部组织构造》,中国人民大学 2011 年博士学位论文。

第三十九章　法 律 程 序

本论题导读

新中国法律程序研究历经三个阶段:第一阶段为法律程序意义探索阶段,初步彰显程序理念及程序正义的价值;第二阶段为“程序正义”研究阶段,着重探究程序正义的基础理论,提出了“最低限度公正”理念、“程序本位”理念,以及程序正义的中国语境与实践价值;第三阶段为“程序法治”研究阶段,厘定法律程序与程序法治的关系,分析正当法律程序的本质,综合“程序本位主义”与“程序工具主义”,提出程序法律论证与协商性程序正义理念。

自20世纪90年代初,国内掀起了法律程序、程序正义、正当法律程序等主题的研究热潮。部分西方研究成果被翻译引入国内,同时,不少国内学者的代表性论著也陆续出版。学者们的著述主要涉及法律程序的一般理论研究,包括法律程序是什么、法律程序如何建构以及法律程序为什么重要等问题,即关于法律程序的认识论、方法论与价值论问题。回顾法律程序理论研究的历史脉络,分析程序理论在发展过程中的“破”与“立”,对于深刻剖析及反思法律程序理论具有重要意义。

一、法律程序意义探索阶段

新中国成立至改革开放期间是我国法制建设的起步阶段,讨论主要围绕实体法展开。学者们在思考法制建设时,侧重强调令行禁止、正名定分的实体合法性方面。改革开放后,法制建设逐渐转移至以程序为中心的全方位体系建构。1993 年，季卫东在《中国社会科学》发表论文《法律程序的意义——对中国法制建设的另一种思考》，文中详细论述了法律程序的意义，从对恣意的限制、理性选择的保证、“作茧自缚”的效应、反思性整合四方面阐述了现代法律程序的基本特性，简要考察了法律程序在资本主义市场经济秩序确立过程中的意义，剖析了中国传统法律程序原理及现实影响，认为追求法律的严密周详如果不着眼于完备适用要件，会在限制恣意的同时压抑选择，导致法律僵化和另一形态的恣意。只有把组织效率与选择自由有机结合，才能适应现代市场经济的需要。因此，完备法制的程序要件是中国今后法制建设的一个基本目标。[1] 对此，孙笑侠指出，法律程序是针对特定行为而作要求，是实体权利义务实现的合法方式甚至必要条件，受实体权利义务决定并与其相融合。它在体现和实现法的内在精神、实体内容的同时，以独立身份与地位出现并发挥独立作用。法律程序具有抑制、导向、感染与暗示功能，并保证法律的平等适用，制约权力。程序可以保持日常司法工作的纯洁，从而建立法律的权威。此外，程序法有自己相对独立的发展规律和内在机制。

学界对法律程序含义、意义的初步探索，填补了我国法律程序理论研究的空白。然而，主张把法律程序视为实体法的手段或工具的程序工具论，给为什么要尊重法律程序并确保程序公正性等问题的研究造成了一定阻碍，使得部分学者的论证总是不自觉地带有工具主义色彩。针对上述情形，孙笑侠在谈到法律程序特征时指出，程序（法）与实体（法）的划分是相对的，它们之间并无截然界限，很多时候程序法与实体法结合在一起。[2] 这有助于澄清法律程序理论观念的片面认知和错误认识，并为程序独立价值研究提供了基础。随后，强昌文对中国法律程序建设提出建议，主张多关注选举、立法、行政执法，注重实体法中的程序建设，使整个程序规则形成一个以诉讼法为主干的完整体系，发挥程序对实体权利的

---

〔1〕 季卫东：《法律程序的意义——对中国法制建设的另一种思考》，载《中国社会科学》1993 年第 1 期。

〔2〕 张文显主编：《法理学》，法律出版社 1997 年版，第 388 页。

保障作用和程序在制度化中的基石作用,注重程序的公正、中立、独立。[1] 陈瑞华通过分析程序价值理论的“绝对工具主义程序理论”“相对工具主义理论”“程序本位主义理论”“经济效益主义程序理论”四个模式,提出综合性程序价值理论。他认为,首先,评价和设计法律程序应尽力确保它符合内在价值标准,具备最低限度的公正性和合理性。这一价值标准应通过程序本身得到体现。其次,法律程序应具备基本的工具性价值标准,即拥有产生好结果的能力。最后,法律程序的设计应满足经济效益要求。国家立法部门在设计法律程序、司法部门在通过法律程序实施实体法时,均应追求上述三项独立程序价值的最大限度统一,使三者在得到兼顾的前提下获得合理和适当权衡。[2] 陈端洪亦强调,法律程序价值分为达求良好结果的手段和程序自身的德性,法律程序评价具有“结果有效性”和“过程价值有效性”两种标准。[3]

这一时期,学界对程序独立的讨论和研究刚刚起步,程序工具主义依旧盛行,程序正义观念还未被普遍接受,还有很多基础理论问题需要深入研究。例如,什么是程序正义?程序正义与实体正义及其他法律价值有何关系?程序正义的基本标准有哪些?程序正义的存在基础是什么?保证程序正义实现的法律机制有哪些?维护程序公正性的目的是什么?这些都是关于法律程序的基础性问题的讨论,对于法律程序的研究具有奠基性作用。

二、“程序正义”研究阶段

随着社会的发展,程序正义独立性观念在中国逐渐出现,并在一定范围内得到承认。陈瑞华指出,程序正义作为一种法律价值,旨在从伦理道德方面对裁判者与被裁判者之间的权利义务关系作出调整和规范。程序

---

〔1〕 强昌文:《法律至上、程序中心与自由本位——现代化法律的三维透视》,载《法制与社会发展》1999 年第 5 期。

〔2〕 陈瑞华:《程序价值理论的四个模式》,载《中外法学》1996 年第 2 期。

〔3〕 陈端洪:《法律程序价值观》,载《中外法学》1997 年第 6 期。

正义的核心要求是使利益可能受裁判结果直接影响的人充分而富有意义地参与到裁判结果制作过程中来,从而对裁判结论的形成施加积极有效的影响。[1] 王锡锌指出,程序正义是法律程序的内在价值,是法律程序作为一个过程所具有的、不依赖于结果如何而存在,并可作为评价该法律程序作为一个过程的好坏的价值标准。它包括参与、正统性、程序和平、人道和个人尊严、公开、合意主义、程序公正、程序理性、程序法治、个人隐私、及时和终决性。[2] 程序正义对于保障和实现人权具有重要作用,有利于更好地促进法律的实施和遵守,进一步完善法治。概言之,程序正义是法律制度在运行、操作、手续、方式上的合理性和公正性。[3]

(一)“程序正义”基础理论

陈瑞华以“尊严价值理论”论述程序正义价值的建立基础,以及产生于英美社会的程序正义观念在其他社会中的普遍适用性问题。[4] 然而,学者们对程序正义的内容有不同看法。

陈桂明认为,程序公正的要素包括五个方面:程序规则的科学性、法官的中立性、当事人双方的平等性、诉讼程序的透明性、制约与监督性。[5] 张卫平认为,程序正义的具体内容大体应该包括:(1)裁判者应当是中立的;(2)程序能确保利害关系人参加;(3)当事人平等地对话;(4)保障当事人充分地陈述主张;(5)平等地对待当事人;(6)程序能为当事人所理解;(7)充分尊重当事人的处分权;(8)维护当事人的人格尊严;(9)当事人不致受到突袭裁判。[6]

汤维建分析了程序正义模式以及正当法律程序与程序正当性的关系。程序正义模式包括“完善的程序正义模式”“纯粹的程序正义模式”

---

〔1〕 陈瑞华:《论程序正义价值的独立性》,载《法商研究(中南政法学院学报)》1998年第2期。
〔2〕 王锡锌:《论法律程序的内在价值》,载《政治与法律》2000年第3期。
〔3〕 姜素红:《程序正义及其价值分析》,载《湘潭大学学报(哲学社会科学版)》2005年第1期。
〔4〕 陈瑞华:《程序正义的理论基础——评马修的“尊严价值理论”》,载《中国法学》2000年第3期。
〔5〕 陈桂明:《诉讼公正与程序保障:民事诉讼程序之优化》,中国法制出版社1996年版。
〔6〕 张卫平:《民事诉讼基本模式:转换与选择之根据》,载《现代法学》1996年第6期。

“反思的程序正义模式”。“反思的程序正义模式”是前两者的进步，既强调程序正义性，也不把这种正义性推及目的论和本位论；既重视程序的工具性价值，又兼顾程序自身的独立价值。正当法律程序最初所追求的是程序正当性，有实质意义和程序意义双重含义。实质意义的正当程序是法院行使司法审查权的依据，它所衡量的对象是议会立法或行政法令的合宪性。程序正当与程序正义用语具有同质性和同构性，它们所关注的都是具有正当性基础的行为过程。正当法律程序寻问何为程序正当性，而程序正义追问程序正义性如何构设才能安排理想的社会制度。[1]

孙笑侠等指出，程序形式具有相对独立性。程序合理性的评判有时不需要借助法律实体内容，法律程序的不少方面能保持相对稳定性和延续性。仅仅凭借程序特色因素便可繁衍出一种法律传统，支撑起法律体系。法律程序可能相对落后于或超前于法律实体内容的发展程度。就绝大多数程序类型来看，现代程序必须具备对立面、决定者、信息和证据、对话、结果等五个形式要素。[2]

徐亚文的《程序正义论》是研究程序正义的代表性著作。该书从法哲学意义审视程序正义基础理论，分“程序正义之史”“程序正义之理”“程序正义之体”“程序正义之用”四编。其中，“程序正义之史”以较大篇幅对程序正义在英国、美国和欧洲大陆的发展作了深入的历史考察，并对欧洲人权公约中的程序正义作了规范分析。“程序正义之理”着重探讨程序正义的形成机理，理性思考程序价值，并就“最低限度的程序正义价值观”进行了阐释。在“程序正义之体”中，徐亚文集中讨论了作为程序正义载体的法律程序、程序法。最后，“程序正义之用”就程序正义与宪法秩序建设及宪法秩序实现的关系作了透彻分析。徐亚文把建立程序宪法秩序作为全书要旨，并提出“依程序法治国”的理论主张，为中国程序

〔1〕 汤维建：《关于程序正义的若干思考》，载《法学家》2000 年第 6 期。
〔2〕 孙笑侠、应永宏：《程序与法律形式化——兼论现代法律程序的特征与要素》，载《现代法学》2002 年第 1 期。

正义建设作了深入的逻辑论证。[1]

徐震宇的《正当法律程序的早期发展》尝试呈现一幅有关正当法律程序早期发展的复杂图景,指出它与中世纪晚期到近代早期欧洲社会及思想的重大变动的内在关联,尤其是宗教方面的根源。试图说明,除了从权利角度理解这项原则及相关操作,有理由理解为一种试图控制或隐藏不可克服的敌意的机制,并进一步从这个角度观察和理解现代世界的某些困境。[2]

(二)"程序正义"实践研究

法律程序必须从法律实践层面,从现代国家的立法、行政和司法以及仲裁、社团的建立与内部决策机制等实践活动的组织结构中去探究。这主要是因为,作为法律实践活动的组织方式,程序与形式、实体范畴存在根本区别。程序的基本要素——程序的规则、价值观念、利益等——是形式和实体范畴所无法包含的。[3] 然而,有学者认为,中国要走向程序法治,不仅需要相应的人文环境和相关的法律制度,还需要在程序法治的实践中不断地加以检验并修正自己。[4] 管宇指出,程序正义在现代语境下已失去昔日风采,沦落为目的支配地位理论之下的主观参照物。这一变化由社会整体利益驱使,是文化多元的必然结果,也是对法治的检讨。我国的程序正义基本理念还亟待落实和完善,我国面临的不是检讨程序正义,而是法治原则如何实现。[5]

谢晖概括了法律程序的实践价值,即法律程序方便了主体在交往行为中的路向选择[6],预设国家权力干预主体行为的范围,提供主体权衡利弊得失的行动准则,打开主体预知未来的透明视界。[7] 章剑生指出,

---

〔1〕 徐亚文:《程序正义论》,山东人民出版社2004年版。
〔2〕 徐震宇:《正当法律程序的早期发展》,商务印书馆2024年版。
〔3〕 宋显忠:《法律的形式、实体和程序》,载《社会科学战线》2007年第1期。
〔4〕 孙洪坤:《程序正义的中国语境》,载《政法论坛》2006年第5期。
〔5〕 管宇:《程序正义现代进路》,载《政法论坛》2008年第5期。
〔6〕 谢晖:《论法律程序的实践价值(上)》,载《北京行政学院学报》2005年第1期。
〔7〕 谢晖:《论法律程序的实践价值(下)》,载《北京行政学院学报》2005年第2期。

程序正义是政治文明的基石。政治文明作为一种文明状态，以人的尊严获得国家权力的尊重为核心。政治文明形成的制度性要素是程序正义。政治文明的核心是解决国家权力行使的正当性问题，而国家权力行使的正当性必须通过程序正义体现。政治文明的核心内容是法治，法治很大程度上是依法律程序而治。[1] 其他学者也持有相同观点，即实现政治文明的基本方式是法治，程序正义是实现法治社会的根本之路。[2] 樊崇义、史立梅等对正当法律程序的起源和发展进行了全面的梳理，清晰勾勒了正当法律程序的历史进程，阐明了其理论基础；全面、系统讨论了正当法律程序的价值构造、功能配置、诉讼机制、制度改革等方面的内容；在此基础上，对我国刑事司法体制改革、以审判为中心的诉讼制度改革、认罪认罚从宽制度、值班律师等刑事诉讼程序正义的新探索，深入论证正当法律程序与刑事诉讼的关系，提出正当法律程序观念下中国刑事诉讼改革的基本思路和对策建议。[3] 刘东亮在《正当程序的法理：法律和社会科学多视角的分析》一书中讨论了正当程序的内涵、外延、本质、判断标准、审查方法以及人工智能时代的“技术性正当程序”等问题。[4]

（三）“程序正义”反思研究

20 世纪末，我国掀起了一场司法程序运行体制改革热潮。学界对程序技术完善和司法理念更新提出见解。李祖军指出，程序公正内涵的研究不应停留于外在指标，执着于程序正义是何种研究，而应将研究延伸至具备某些标准的程序为什么是正义的层面。这就要求我们必须从理论高度肯定并树立程序公正的独立内在价值，即那些不依赖于判决结果而存在的，即使并未增进判决准确性，法律程序也要加以维护的价值。据此，在程序公正的诸项内容中，程序主体地位的确立与强化、以诉讼主体确信

---

〔1〕 章剑生：《论政治文明与程序正义》，载《江海学刊》2004 年第 4 期。

〔2〕 袁兵喜：《程序正义：政治文明的基石》，载《求索》2005 年第 4 期。

〔3〕 樊崇义、史立梅等：《正当法律程序研究：以刑事诉讼程序为视角》，中国人民公安大学出版社 2020 年版。

〔4〕 刘东亮：《正当程序的法理：法律和社会科学多视角的分析》，法律出版社 2022 年版。

的事实为定案依据、审判者中立的立场三者尤为重要。[1] 理论界对程序价值的研究,多从一个程序价值目标来剖析,或从一个部门法学角度研究,这在一定程度上限制了价值问题的认识视野。胡亚球认为,程序安全这一较为宏观的价值区域长期得不到重视。因此,加强程序安全价值研究,既是完善程序法学理论的需要,也是中国法律改革和发展不容推卸的实践性使命。[2] 宋显忠对现有研究习惯把程序正义当作抽象概念而非制度现象导致的解释能力存在不同程度的欠缺问题进行反思,并对这一欠缺加以弥补,通过对谈判、选举和诉讼程序的剖析,揭示程序正义的背景结构及存在特征,把此前的理论解读同现实制度背景结合起来,发掘程序正义的伦理内涵及实践问题,以形成对民主体制更深入的理论解读。[3] 在此基础上,乔中国指出,程序正义的最低标准是程序正义的主体构造、程序正义的动态过程以及程序正义的逻辑要求。[4]

郑春燕在反思季卫东的《法律程序的意义——对中国法制建设的另一种思考》一文的基础上,深入研究法律程序价值,并阐释程序价值的偏差与协调。郑春燕认为,季卫东在强调程序技术性时忽略了对程序本身伦理基础的深入探讨,因此其重申程序自身的价值意义,并尝试对程序价值偏差进行阐述。[5] 王锡锌简要考察 20 世纪 70 年代以来正当程序的发展,解释不断变动的正当程序实践背后某种不变的价值,进而提出“最低限度公正”概念。“最低限度公正”概念意在强调某些程序要素对于法律过程来说是最基本的且是不可缺少、不可放弃的,以此构造一个可供操作、易于观察、易于感知的客观尺度。这些程序要素至少应当包括:(1)程序无偏私地对待当事人;(2)在行使权力可能对当事人之权利义务产生不利影响时必须提供某种形式的表达意见和为自己利益辩护的机

[1] 李祖军:《论程序公正》,载《现代法学》2001 年第 3 期。
[2] 胡亚球:《程序安全:程序价值的新视角》,载《中国法学》2004 年第 5 期。
[3] 宋显忠:《程序正义及其局限性》,载《法制与社会发展》2004 年第 3 期。
[4] 乔中国:《论程序正义》,载《晋阳学刊》2005 年第 5 期。
[5] 郑春燕:《程序的价值视角——对季卫东先生〈法律程序的意义〉一文的质疑》,载《法学》2002 年第 3 期。

会；(3)说明理由。[1] 孙洪坤等也指出，“最低限度公正”应包括具有适用的普遍性、程序公正的要素具有基础性，暗含对公正与效率这两大极易发生冲突的价值目标的协调。[2]

季卫东通过对20世纪90年代初期后欧美政法思潮的重大转折以及中国法制改革经验的综合性考察，进一步探讨价值观日益多元化背景下，法律程序对公共选择以及社会秩序正统化的深远意义。针对国内部分学者对强调程序性正义的疑虑，季卫东指出，现实中滥用形式和程序要件的弊端是缺乏正当程序观念的结果，为此有必要对照公开、对等、透明以及公平等程序价值来检验和完善现行程序规范。[3]

陆平辉立基于程序正义，提出程序本位理念，主张用程序本位连接程序正义与实体正义，认为坚持程序本位理念不仅能够纠正“重实体轻程序”倾向，而且具有强调现代程序与现代法治之间的必然联系、推进当前我国审判方式改革的实践意义。程序本位理念在诉讼活动中坚持以诉讼过程而不是诉讼结果为出发点和评价标准。这个理念依据的是程序自身的独立价值和过程本身对结果的有用性和有效性。[4] 关于程序乃法治之枢纽的判断，吴泽勇指出，程序本位论回答了程序应做到什么，程序自治论则进一步回答了程序如何做到这些。程序自治即在一种法律程序与其外界环境相对隔离的状态中程序自身的展开过程，同时也是程序功能的实现过程。在具体的程序运作中，通过角色分化与重组、时间顺序安排、空间氛围营造以及实体法规范整合功能四个方面的机制来实现。[5]

---

〔1〕 王锡锌：《正当法律程序与“最低限度的公正”——基于行政程序角度之考察》，载《法学评论》2002年第2期。

〔2〕 孙洪坤、程晓璐：《论正当法律程序下的最低限度公正》，载《中国刑事法杂志》2005年第3期。

〔3〕 季卫东：《法律程序的形式性与实质性——以对程序理论的批判和批判理论的程序化为线索》，载《北京大学学报（哲学社会科学版）》2006年第1期。

〔4〕 陆平辉：《确立“程序本位”理念的理论意义和实践意义》，载《学习与探索》2003年第2期。

〔5〕 吴泽勇：《从程序本位到程序自治——以卢曼的法律自治理论为基础》，载《法律科学（西北政法学院学报）》2004年第4期。

三、“程序法治”研究阶段

21 世纪以来，学界逐渐关注程序法治问题，研究集中于程序法治意涵、法律程序与法治的关系，以及程序法治视域下正当法律程序的本质方面。学者们基本赞同法治是区分传统社会与现代社会之治理模式的核心特征，程序之治又是法治区别于人治的主要标志，但对“为什么法律程序对于法治是重要的或必不可少的”问题给出不同答案。论证思路可分为两种：一是将遵循程序的法律运作与不遵循程序的法律运作进行对比，并认为法律程序的意义在于能促进某些实体性目标的实现，而这些目标是法治固有内涵；二是认为法律程序本身就显现某些值得尊重的要素，而这些要素与法治是一体两面的关系。关于正当法律程序，学界注重从程序法治视域出发进行研究，包括如何从实现全面依法治国的高度认识正当程序、从树立司法权威的高度确立正当程序、从完善司法制度的高度运用正当程序以及从确保司法公正的高度保障正当程序等。孙洪坤的《程序与法治》一书强调注重法律程序的独立价值、加强程序正义观念以及充分利用法律程序的优势，孙洪坤从宏观、中观和微观三方面论述了程序的形与神，探讨了程序与法治的关系及其基本规律，并按照逻辑联系从不同方面进行概括和梳理，初步形成了独立完整的理论体系。《程序与法治》中对正当程序内容也进行了详细的论述，比如程序法定、程序透明、裁判者的独立和中立、程序平等、程序及时。〔1〕

实体法治与程序法治并重是学界对法治路径认识的深化。程序法治的基本内涵与价值表明程序法治具有优越性，程序法治的基本问题关乎法治的基本目标。王永杰指出，应强化程序法治的思想意识，通过程序公正来保障社会公正与和谐。程序法治是法治应有之义，实施程序法治必须树立程序理念，建立科学正当的程序法律制度。〔2〕 程序法治代表了现

〔1〕 孙洪坤：《程序与法治》，中国检察出版社 2008 年版。

〔2〕 王永杰：《从实体法治到程序法治：我国法治路径研究的新进展》，载《毛泽东邓小平理论研究》2009 年第 6 期。

代法律发展之最新动向。陈林林指出，程序法治的立论依据是，如果法院要考虑社会的需求与价值观念，首先应考虑个案当事人的要求与主张。一个公正的法律程序，能够通过设定一系列论辩规则和论证负担规则，创设一个理性对话、交流与选择的平台，澄清和解决有争议的规范和标准，进而形成共识、达成合理决定。作为独立于形式和实质的第三维度，程序通过对议论、决定过程的反思性整合，一方面可以减少乃至消除形式法的功能麻痹问题，另一方面也能预防实质法开放过度的弊端，并成为一种独立于实体法的规范依据来源。[1] 朱涛从程序正义的规范性和实证性研究进路出发，以基层法院在案件审理中的程序运作为分析对象，其指出在程序的每一个节点，在不同的案件情境中，程序运作都有可能受到来自行动者的创新。行动者以变通的方式完成程序，在接受结果的同时也间接认同了重构的程序。其在此基础上，提出“建构性程序正义”，以更好地理解程序正义在我国基层法院实践中的价值和意义。[2]

（一）正当法律程序本质

正当程序的本质是正当过程与反思理性。然而，正当法律程序的判断标准在学界未取得共识。刘东亮主张行政主体应没有偏见地听取相对人的意见，并说明行政行为的理由，这在程序上才符合基本的交往理性。这三项要素是正当法律程序的核心，也是据以判断某一行政行为的程序是否正当的标准。[3] 黄捷总结性地指出，法律程序除应当具有正当性之外，还必须具有程序性。正当性是法律程序的实体价值所在，程序性是法律程序的程序价值的存在基础。[4]

柯昌林指出，在哲学层面，程序优先是程序内涵的应有之义，辩证法诠释了程序正义对实体正义的超越。在认识论上，实体正义只能是相对

---

〔1〕 陈林林：《法治的三度：形式、实质与程序》，载《法学研究》2012 年第 6 期。

〔2〕 朱涛：《基层法院实践中的建构性程序正义》，载《法学论坛》2012 年第 6 期。

〔3〕 刘东亮：《什么是正当法律程序》，载《中国法学》2010 年第 4 期。

〔4〕 黄捷：《论适度的法律程序》，载《湖南师范大学社会科学学报》2010 年第 4 期。

的。在价值论上,程序正义是比实体正义更高层次的追求。[1] 史彤彪以外国的司法实践来论述正当程序中的自然法因素。英国的"自然公正原则"源于自然法的概念,自然法要求采取回避和听取申辩原则。在英国确立沉默权的过程中,人们以自然法对抗纠问誓言,主张人有不控告自己的自由。美国宪法第五修正案和第十四修正案将自然法原则法定化,程序性和实体性正当法律程序中都体现了自然法的权威性。[2]

夏锦文等借鉴主观程序正义现有实证研究结论,探究正当法律程序从"看得见"到"感受到"的内在逻辑,把握主观程序正义在本土发展的内在机理,探索让人民群众在每一个司法案件中感受到程序正义的现实进路。[3] 与看得见的正义相比,感受到的正义更关注程序参与者与观察者对法律程序的主观感受及其对程序公正性的道德判断,更强调法律程序的实质性及司法道德性。还有学者通过个案指出,正当程序不仅是审查不确定法律概念解释的程序性标准,也是实体性标准。[4]

冯健鹏认为,当代中国全面推进依法治国需要在社会中培育程序正义理念的内生性动力,主观程序正义理论因其社会实证的研究方法而可能成为推动程序正义理念内生化的切入点。传统上的主观程序正义理论研究主要基于跨文化研究模式,这种模式存在过于强调文化因素、忽视社会动态发展、滥用"集体主义"观念等问题。主观程序正义理论的中国化需要超越此种模式,直面中国法治实践,将"文化"概念具体化,回到事实本身发掘理论与实践相结合的着力点,在全面推进依法治国的理论体系中恰当定位。在具体研究中,前述逻辑的展开表现为在政策导向中寻找突破口、在典型场景中寻找事实、在主观感受中寻找制度衔接等特点,通过主观程序正义理论的中国化,推动程序正义理论的中国化和程序正义理念的内生化。[5] 他认为,以主观程序为中心,可以建构程序导向的守

---

〔1〕 柯昌林:《论程序优先的哲学基础》,载《河北法学》2010 年第 1 期。

〔2〕 史彤彪:《正当程序中的自然法因素》,载《北京行政学院学报》2010 年第 3 期。

〔3〕 夏锦文、刘立明:《程序正义之"看得见"与"感受到"》,载《学海》2020 年第 3 期。

〔4〕 许春晖:《正当程序:解释不确定法律概念的判断标准》,载《东方法学》2020 年第 3 期。

〔5〕 冯健鹏:《主观程序正义理论中国化的逻辑及其展开》,载《法学》2023 年第 1 期。

法理论。主观程序正义研究特定程序如何影响人们感受，其社会实证研究方法能够直面社会现实、联结程序正义学理和法治实践，以此为基础的守法理论探索程序让人们自愿守法的机制。这种守法理论应用于中国法治实践时需面对三重挑战，其表现为普遍性与特殊性间的关系、法观念和法制度间的关系、过程与结果间的关系。社会治理为这种理论的应用提供了适合的场域：从“共建共治共享”的政策要求出发，可以将政策导向与守法理论相结合；以法治意识为基础，可以重述守法理论的守法机制；以“智慧治理”为例，主观程序正义守法理论有助于“技术性正当程序”的具体化和实效化。从主观程序正义出发，可以构筑植根于中国社会现实的、程序导向的守法理论。[1]

（二）反思“程序本位主义”与“程序工具主义”

程序本位主义理论和程序工具主义理论分别对正当法律程序价值进行了深刻阐释，然而，由于方法论的缺陷，法律程序的各种价值之间存在冲突和实践混乱。齐建辉从法律制度的内在功能与人的主观需求之间的对应关系这一价值基础入手，通过对程序工具主义理论与程序本位主义理论的反思，从法律对主体的权利保护角度，重新揭示正当法律程序在保护处于争执中或被侵犯的权利与维护和实现既得权利方面的双重功能和价值，以使法律程序的价值理论得以统一，促进法律程序的科学建构和有效运行。[2] 丁建峰指出，“程序本位主义和工具主义对法律程序价值的讨论均有其贡献与不足。对法律程序的评估本质上是包含着多维价值因素的比较问题。不同法律程序间的比较依赖于在多种维度之间的价值权衡。借鉴理性选择理论的框架，首先需要排除多维价值占劣的情形，以词典序的形式维护核心价值；然后考虑程序的过程利益与综合成本的权衡问题。其进而提出一种相对完整的、包含多维价值因素的法律程序比较

〔1〕 冯健鹏：《程序导向的守法理论：以主观程序正义为中心》，载《中国政法大学学报》2023 年第 1 期。

〔2〕 齐建辉：《正当法律程序价值理论的反思和重构》，载《甘肃政法学院学报》2011 年第 6 期。

框架和方法步骤”[1]。此外，汪栋指出，实体性正当法律程序与程序性正当法律程序都与自然权利存在内在的关联。实体性正当法律程序表明普通法的法官自觉将自然权利原则运用于对传统程序的创新，进一步发展与充实正当法律程序的内涵。正当法律程序从程序性内涵向实体性内涵的演变，是普通法程序与自然权利观念逐步融合的结果。[2]

雷磊认为，基于外在价值的程序工具主义与基于内在价值的程序本位主义理论均不足以说明“为什么法律程序对于法治是重要的”。因此，必须从构成性内在价值的角度探讨程序与法治的关系。正确的公共行动标准是有效社会整合乃至社会存续的构成性要素，它由正确性与合法性两部分组成。在价值分歧成为常态的现代社会中，正确性要通过重构共识的机制即商谈来获得，而商谈的核心要素在于程序。最低限度法治就是通过程序化商谈树立正确的法律规则系统并加以实施的整全性实践，它是理由之治与规则之治的结合。因此，程序是法治乃至有效社会整合的构成性要素，离开程序，现代社会就难以存续。[3] 此外，为应对人们在司法实践中只注重程序性法律规范而忽视程序法律内部论证和外部论证的问题，王晓主张构建程序法律论证理论体系，以在理论层面充分阐释我国程序法律论证和程序性证明体系；在实践层面，通过对程序的正当性论证，达到优化我国审判实施制度、强化我国审判实施效果的目标。[4]

（三）“协商性程序正义”理论

传统的程序正义理论适用于对抗性司法程序，对于新出现的协商性司法程序不具有完整的解释力，因此，陈瑞华根据认罪认罚程序和刑事和解程序的实施经验，提出一种协商性程序正义理论。[5] 所谓协商性的程

---

〔1〕 丁建峰：《法律程序的多维价值比较——基于法律经济分析的综合框架》，载《法制与社会发展》2013 年第 2 期。

〔2〕 汪栋：《正当法律程序价值内涵的历史嬗变——以英美普通法为核心的考察》，载《深圳大学学报（人文社会科学版）》2016 年第 1 期。

〔3〕 雷磊：《法律程序为什么重要？反思现代社会中程序与法治的关系》，载《中外法学》2014 年第 2 期。

〔4〕 王晓：《程序法律论证基本问题研究》，载《北方法学》2014 年第 4 期。

〔5〕 陈瑞华：《论协商性的程序正义》，载《比较法研究》2021 年第 1 期。

序正义，属于一种基于结果控制而实现的诉讼价值，被裁判者自愿放弃了无罪辩护权，也放弃了部分诉讼参与机会，却有可能通过协商、对话和达成妥协，对诉讼结果发挥影响、塑造和控制的作用，从而获得最大限度的实体收益。协商性的程序正义建立在诉讼主体理论、理性选择理论和功利主义哲学的基础上，可以被延伸适用于更多的非对抗性司法程序之中。从实质上看，协商性的程序正义理论并不是对传统程序正义理论的否定或取代，而属于一种必要的理论发展。[1] 季卫东讨论数字时代法律程序的意义，深入分析了风险社会和数字国家在治理方式上的变异和问题，提出了在物联网、大数据以及人工智能普及的背景下重新强调法律程序公正的重要课题。风险防控、危机管理、算法助推、自动决策等新常态导致自由与安全的张力增强，也使行政裁量权进一步膨胀；为了保护公民基本权利，有必要在坚守正义底线的同时，探索程序性正当过程的多元化表现形态。在这里，要实现风险分配的社会正义，除健全依法行政的“保障权利程序”之外，也要加强学习型政府的“反映民意程序”，还应特别重视“技术性正当过程”概念以及网络中立、人工沟通、平台透明等具体构成因素。在数字全覆盖的时代，程序正义发挥重要作用的典型场景是数据权利保护，特别是大数据流程的正当化处理。从上述角度重新审视行政程序法的制定，可以发现要实现有效制约裁量权除重构司法审查之外，还必须进一步加强风险沟通以及网络调整，借助反映民意的制度以及维护权利的实践来形成某种“关系—沟通—程序”三位一体的机制。另外，拟订更明确而具体的裁量基准并把它们转化为技术标准和代码嵌入行政系统的算法之中，也是实现数字程序正义的重要方式。[2] 季卫东在讨论法律程序的意义时提出了“新程序主义”的主张。按照这一范式，监管机构在处理价值观的多样性时不仅必须保持中立的立场，而且必须负责促进这些不同立场之间的互动，特别是在对话、理解、合法化和建立共识方面。

---

〔1〕 陈瑞华：《论协商性的程序正义》，载《比较法研究》2021 年第 1 期。

〔2〕 季卫东：《探讨数字时代法律程序的意义——聚焦风险防控行政的算法独裁与程序公正》，载《中国政法大学学报》2023 年第 1 期。

换言之,沟通和自治是支撑这种建立共识的制度化机制的两大支柱。那么,“新程序主义”究竟“新”在何处?这一点在学界也一度引发争论。林曦希望通过阿伦特所提出的“显现空间”命题,将法律程序放置在一个更加广泛的社会空间背景之中来加以考察,由此彰显法律程序在凝聚共识、促进社会沟通这一维度上的意义和价值。[1]

四、结语

法律程序不仅是实现实体正义的手段,也具有内在价值,且与我国法治实践发展紧密联系。新中国成立以来的法律程序理论,反映了学者对法律程序的含义、价值、理念、功能等研究的理论化和实践化。回顾法律程序理论的研究历史,有助于探索未来研究的发展方向,在法治实践及社会发展中不断明确程序正义的内涵与功能。

延伸阅读学术著作

1. 陈桂明:《诉讼公正与程序保障:民事诉讼程序之优化》,中国法制出版社1996年版。
2. 蔡彦敏、洪浩:《正当程序法律分析:当代美国民事诉讼制度研究》,中国政法大学出版社2000年版。
3. 徐亚文:《程序正义论》,山东人民出版社2004年版。
4. 王亚新等:《法律程序运作的实证分析》,法律出版社2005年版。
5. 孙洪坤:《程序与法治》,中国检察出版社2008年版。
6. 陈瑞华、黄永、褚福民:《法律程序改革的突破与限度:2012年刑事诉讼法修改述评》,中国法制出版社2012年版。
7. 季卫东:《法治秩序的建构》,商务印书馆2019年版。

[1] 林曦:《“新程序主义”新在何处? 作为显现空间的法律程序》,载《中国政法大学学报》2023年第1期。

8. 樊崇义、史立梅等:《正当法律程序研究:以刑事诉讼程序为视角》,中国人民公安大学出版社 2020 年版。
9. 刘东亮:《正当程序的法理:法律和社会科学多视角的分析》,法律出版社 2022 年版。
10. 徐震宇:《正当法律程序的早期发展》,商务印书馆 2024 年版。

延伸阅读学术论文

1. 季卫东:《法律程序的意义——对中国法制建设的另一种思考》,载《中国社会科学》1993 年第 1 期。
2. 孙笑侠:《法律程序剖析》,载《法律科学(西北政法学院学报)》1993 年第 6 期。
3. 陈端洪:《法律程序价值观》,载《中外法学》1997 年第 6 期。
4. 陈瑞华:《走向综合性程序价值理论——贝勒斯程序正义理论述评》,载《中国社会科学》1999 年第 6 期。
5. 李祖军:《论程序公正》,载《现代法学》2001 年第 3 期。
6. 王锡锌:《正当法律程序与"最低限度的公正"——基于行政程序角度之考察》,载《法学评论》2002 年第 2 期。
7. 刘东亮:《什么是正当法律程序》,载《中国法学》2010 年第 4 期。
8. 雷磊:《法律程序为什么重要? 反思现代社会中程序与法治的关系》,载《中外法学》2014 年第 2 期。
9. 陈瑞华:《论协商性的程序正义》,载《比较法研究》2021 年第 1 期。
10. 季卫东:《探讨数字时代法律程序的意义——聚焦风险防控行政的算法独裁与程序公正》,载《中国政法大学学报》2023 年第 1 期。

延伸阅读学位论文

孙笑侠:《程序的法理》,中国社会科学院 2000 年博士学位论文。

第四十章　守　　法

本论题导读

守法是法的实施的基本方式，也是社会主义法治的基本要求。新中国成立以来的守法理论经历了三个主要发展阶段：新中国成立初期，在阶级性法本质的影响下呈现出“人民—敌人”相区分的守法样态，形成了以守法义务为核心的传统守法理论；改革开放新时期，在对传统守法理论进行反思和检视的过程中，转向了对守法基础理论的正面建树，以法律主体性为基点的守法基础理论获得较大发展；法治建设新时代，全民守法的提出为守法理论的发展提供了创新驱动，通过对其运行逻辑的阐释，形成了以认同和肯定现行法的价值为导向的全民守法理论。与此同时，三种守法理论背后分别蕴含着消极守法、积极守法和尊法守法的守法观，两条主线交织勾勒出新中国守法理论与实践的发展脉络。立足当前，仍需要在理论与实践双向互动的图景中推动守法理论的发展，妥善处理守法与改革的关系、强化法治认同的根基、完善守法社会的理论构建等成为守法理论需要进一步关注的命题。

人们为何守法？如何守法？这是建设法治社会必须面对的重要问题，也是法学、政治学和心理学等学科长期关注的问题。就我国目前的法治实践来看，立法技术日益成熟，执法和司法活动也不断加强和规范，但对于什么才是促成全民（公民、组织、机构）自愿践行法律的内在力量和动员机制,现有理论和具体对策方面的积累尚显不足。[1] 鉴于此,有必要进一步探讨"守法何以实现"。对新中国成立以来发展历程与理论沿革的梳理,是对这一问题进行深入探讨的前提,有助于把握守法理论的发展规律及推动当前守法理论的发展。新中国守法理论作为贯穿法学学术研究的一条重要线索,与中国法理学从初步奠基到恢复发展再到不断完善的发展历程大体相似。可以分为三个阶段:新中国成立后的前 30 年,守法理论完成了初步奠基,在短暂发展后一度陷入停滞状态;改革开放新时期,守法理论逐步恢复发展,开启了守法现代化研究的进程;进入法治发展新时代,守法理论坚持守正创新,全民守法及法治社会建设进一步丰富与发展。纵观这一发展历程,可以发现新中国成立以来守法理论并非单纯通过理论自发演进,而是有较强的制度依赖性,在与守法实践的互动中不断反思前行。因此,需要在理论—实践双向互动的图景中综合考察不同时期守法理论呈现出的特点和旨趣。整体来看,相较于对立法、司法和执法的研究,学界对守法的研究较为薄弱,这一研究现状不仅不利于守法理论本身的发展,而且可能对守法实践的推进产生不利影响。当前,随着中国特色社会主义法律体系的形成和发展,我国法学界不再仅仅满足于法律法规在种类和数量上的完备,开始重点关注、思考和研究立法之后法律的实际运行,即执法、司法、守法、法律监督等问题[2],守法理论供给不足的现状正在逐渐改观。在此背景下,梳理新中国成立以来守法理论的沿革,反思当前守法理论可能有哪些新的转向与突破成为本章的研究重点。

一、不同时期的守法理论及其所蕴含的守法观

(一)守法理论的初步发展时期

1949 年 9 月,中国人民政治协商会议第一届全体会议通过《中国人

---

[1] 李娜:《守法社会的建设:内涵、机理与路径探讨》,载《法学家》2018 年第 5 期。

[2] 姚建宗:《改革开放四十年的中国法学——理论进步、形象塑造与发展动因(二)》,载《河南大学学报(社会科学版)》2019 年第 5 期。

民政治协商会议共同纲领》，确认了党领导全国人民进行革命斗争的成果，指出中华人民共和国国民有遵守法律的义务。根据《中国人民政治协商会议共同纲领》的规定，中央人民政府先后制定了《婚姻法》《土地改革法》等一系列重要法律法令。1954 年通过的《宪法》中明确规定中华人民共和国公民必须遵守宪法和法律。据统计，“从 1949 年到 1966 年‘文革’前，政协会议、中央人民政府、全国人大及其常委会，共制定法律、法令、决议及法律问题的决定 127 件”[1]。这一时期的立法工作，为社会主义制度的建立、巩固及社会主义法制的探索奠定了基础。然而在具体守法实践中，“虽然规定了有关新政府的基本方针政策（有了土地改革法、婚姻法以及若干单项法律、条例），但是，将其具体化还没有做好充分准备。各种民主改革与粉碎旧秩序的斗争，与其说是根据法律，还不如说是依靠群众的直接行动（如土地改革、‘三反’运动等）”[2]。与这一时期的守法实践相对应，守法理论很大程度上仅关注作为法律义务的守法，正如思进所说“守法是我国人民的光荣义务，每个人都必须守法，并且首先是遵守我国的宪法和法律”[3]。

新中国成立初期，面临巩固政权和推动社会主义建设事业不断发展的双重任务，守法理论肩负着为其提供保障的使命。受法的阶级性思维定式的影响，守法理论亦遵循明显的阶级斗争范式，即强迫敌人守法，说服教育公民自觉守法。守法理论中体现出“人民—敌人”的区分，人民严格遵守法律，就能统一意志、统一行动，加强人民内部团结，就能更有力地进行对敌斗争。[4] 只有遵守国家法律，遵守革命秩序，才不致给敌人以利用的漏洞，也才有利于孤立和打击敌人。[5] 对于敌人，国家用强制压服的方法，强迫其服从，如果违反法律，予以坚决打击制裁。人民守法则

---

〔1〕 许安标：《新中国 70 年立法的成就与经验》，载《中国人大》2019 年第 21 期。

〔2〕 浅井敦、康树华：《中国现代化与法律学——回顾新中国法学三十年的历史》，载《国外法学》1981 年第 1 期。

〔3〕 思进：《论守法》，载《政法研究》1962 年第 4 期。

〔4〕 柴钟麟：《关于我国过渡时期法权的性质和作用问题》，载《政法研究》1962 年第 3 期。

〔5〕 杨玉清：《论遵守法律》，载《政法研究》1954 年第 3 期。

是建立在自觉的基础上，觉悟越高，就越能自觉遵守法律。当然，法在人民内部也具有强制作用，但这与对敌专政是两种性质不同的强制作用。[1] 简言之，法的强制性普遍存在，只不过对于人民内部的强制在性质及方法上不同于对敌专政，人民越是自觉守法，则受到这种强制力的约束和限制越小，如果人民违法犯罪，这种强制性也会体现为制裁。但这同说服教育的方法并不冲突，而是相辅相成的，这种制裁只是说服教育的一种辅助手段。

守法是光荣、重大的任务和神圣的义务，成为这一时期守法理论中的主要基调。1954 年《宪法》颁布前后，遵守宪法法律一度成为守法研究的核心主题。守法理论中体现出的一个明显特征是赋予遵守宪法法律崇高的使命感，遵守宪法法律成为中华人民共和国公民的神圣义务。为保障宪法的实施，严格地遵守宪法法律，也是每个公民的重大任务。这种使命感的形成以社会主义法律本质上代表广大人民的意志和利益为出发点，推导出社会主义法律被接受的普遍性，具体体现为个人意志和利益自觉服从全体人民的意志和利益，以守法使命感的内在驱动力号召公民自觉守法。为强化这种使命感，法制发挥着说服教育的作用，成为统一人民思想和行动的工具——告诉人们这样做是符合人民利益和社会主义利益的，那样做是不符合人民利益和社会主义利益的。[2] 集体意志和利益驱动下的守法，将集体利益置于个人利益之上，“法律只是一种管制和束缚的工具，人民对于法律的享有和运用，只能通过外部的灌输，法律要求他们关心的只是社会和集体的利益”[3]。使命感驱使下的守法难以体现出公民守法的主体性意识，也忽略了个人意志和利益与集体意志和利益之间不可避免的差异。以“义务”为核心的守法，将法律规范视为外在的约

〔1〕 谦益：《关于我国过渡时期法权在解决人民内部矛盾方面的两点意见——与柴钟麟同志商榷》，载《政法研究》1962 年第 3 期。

〔2〕 中国人民大学国家与法权理论教研室编：《论人民民主专政和人民民主法制》，中国人民大学出版社 1958 年版，第 166－176 页。

〔3〕 孔小红：《中国法学四十年略论》，载《法学研究》1989 年第 2 期。

束力量，只注重遵守法的词句而忽略其精神，认为法律中的“善”就是“服从”。[1]

(二) 守法理论的快速发展时期

党的十一届三中全会开启了改革开放和社会主义民主法制建设的历史新时期，我国的民主法制建设重新步入发展正轨。1979 年五届全国人大二次会议审议通过了 7 部重要法律，拉开了新时期立法工作大幕。1982 年 12 月，五届全国人大五次会议通过现行宪法，为改革开放和社会主义现代化建设提供了根本遵循。此后，为满足改革开放和经济社会发展的客观需求，立法工作全面推进。要真正使法制迸发出强大的力量，仅凭以不违法犯罪为底线的消极守法是难以实现的，需要一种更为积极的守法观，敢于、善于为改革而与一切违法犯罪现象作坚决斗争。[2] 以改革之精神，转变守法之观念，由消极守法到积极守法成为新时期守法理论发展的重要转向。思想解放积极助推着这一转向，关于真理标准问题的大讨论开启了反思、怀疑和批判的新风，引发了对传统守法理论的检视与反思；“法本位”的讨论引起法学界的关注，在这一过程中逐渐明晰了以权利和义务重构法学理论体系的途径和方向，亦为守法理论的发展提供了良好契机，守法不仅意味着承担义务，享有权利也是其题中应有之义。伴随着观念的转变，学界逐步转向了对守法基础理论的正面建构。

1. 新时期守法基础理论

新时期的守法理论研究伴随着对传统守法理论的反思与检视而展开。以义务为核心由国家强制力保障守法的传统守法理论逐渐遭到挑战，原因在于该理论仅仅把守法个体视为法律治理的客体，也即法律义务主体而非权利主体[3]，这一理念不利于充分调动守法主体的积极性，难以适应改革、发展的需求。面对为改革开放及现代化建设提供坚实保障

[1] 胡旭晟：《守法论纲——法理学与伦理学的考察》，载《比较法研究》1994 年第 1 期。
[2] 倪正茂：《论改革时期精神文明建设的法制需求》，载《法学》1986 年第 11 期。
[3] 黄竹胜：《对我国守法理论研究的方法论检讨》，载《法律方法》2002 年第 1 卷，山东人民出版社 2002 年版。

的现实需求，探寻适合社会发展的守法理论成为时代之需。在对传统守法理论进行反思与检视的过程中，学界开始系统地阐释守法的概念、范畴、原理等基础理论。守法的内涵，既包括履行义务，也包括行使权利。尽管这一时期对守法的概念仍有不同的定义，但至少在两层含义上达成基本共识：一是依法享有权利并行使权利；二是依法承担义务并履行义务。守法的主体方面，既要求公民守法，也要求执政党和政府守法。执政党模范地遵守宪法和法律对法的实施具有重要作用，对于法的实现也具有重要意义。相较于公民守法，政府守法更为本质，也更为关键。政府守法主要体现在两个方面：一是消极不侵犯公民的合法权利；二是积极排除一切阻碍法的实施的因素，保障守法主体的权利得以实现。守法的范围也随着各级立法机关积极开展立法工作而不断扩展，主要取决于一国的法律渊源，除此之外，一些非规范性文件，如有权国家机关依照法律程序依法制作的判决书、裁定书及合法有效的契约也属于守法的范围。[1] 当正式的法律渊源不能满足社会的现实需求或与社会成员、社会群体的普遍观念相脱节时，也会产生实际遵守习惯法、道德原则、公共政策等的“隐性守法”问题。[2] 随着守法理论研究的不断深入，跨学科研究成果也开始显现。守法的经济学分析理论认为守法的内在动因是一套经济学逻辑，降低守法成本提高违法成本成为法律得以普遍遵守的一个维度。[3] 守法的社会学分析理论关注社会关系中影响守法的具体因素，强调综合法律规范和各种社会力量保障守法。[4] 守法的心理学分析理论通过研究守法行为的心理因素、结构等，寻求预防、控制和减少违法犯罪的措施。[5] 守法的伦理学分析理论将守法与道德紧密联系起来，从法律义务

---

〔1〕 李龙主编：《法理学》，武汉大学出版社 2011 年版，第 249 页。

〔2〕 胡旭晟：《守法论纲——法理学与伦理学的考察》，载《比较法研究》1994 年第 1 期。

〔3〕 游劝荣：《守法与守法成本间的“反比例关系”研究》，载《福建法学》2006 年第 3 期。

〔4〕 封曰贤：《守法社会学和社会治安综合治理》，载《法学》1988 年第 12 期。

〔5〕 王晓烁、刘庆顺：《守法行为的心理因素分析》，载《河北大学学报（哲学社会科学版）》2010 年第 6 期。

与道德义务相转换的视角来研究守法问题。[1] 总之,在跨学科、跨领域的研究中,守法理论的系统性、综合性、包容性不断增强。

2. 以主体性为基点的积极守法

传统守法理论因站在国家的立场上来观察社会成员的守法过程而忽视了守法个体接受法律过程的主体性。法在社会实际生活中要得以实施,除需要以国家强制力作为保障之外,同样需要在守法主体中内生出自觉守法的力量,也即守法主体基于自身的意志、要求和利益,主动、自觉地守法。正是在此意义上,有学者将公民守法的过程视为一个法律主体性意识的建构过程,强调以人的主体性为基点来构建守法理论。[2] 这种过程论的视角是将公民作为法律主体而非法律的客体而论的。主体性意识驱动下的守法,不仅要求守法主体遵循法律规范并将其作为行为准则,更强调对人的主体性的彰显,即对法律规范内在精神的把握不仅仅是外在力量灌输下单方面的被动接受,更多的是一个主动吸取与接纳的过程。[3] 以主体性为基点的守法,为守法理论回应社会实践提供了新的动力源泉。从权利与义务相统一的基础理论出发,守法不仅要求履行义务,也强调积极行使权利,主体性因素不断增强。具体而言,积极守法主要体现在"用法"和"护法"两个层面,这种语境下的守法已超越了"遵守"的字面含义,而要求以更加积极主动的姿态来对待法律。"公民用法"反映的是一种法治理念,意味着公民与法进入了一种新的关系形式,这种新的关系形式的本质在于公民与法的融合,公民精神与法律精神的一体化。[4] 在公民用法的过程中,其作为法律主体的主动性也贯穿始终。"护法"是对守法更深层次的要求,既包括遵守法律、维护法律等基本意蕴[5],亦有促进法律不断完善之期冀。

---

〔1〕 陈巧玲:《试论道德是法运行的重要保障》,载《学术界》1997 年第 5 期。
〔2〕 黄竹胜:《对我国守法理论研究的方法论检讨》,载《法律方法》2002 年第 1 卷。
〔3〕 刘同君:《论和谐社会语境下公民守法的道德机制》,载《学习与探索》2006 年第 6 期。
〔4〕 关保英:《"公民用法"问题研究》,载《东方法学》2010 年第 5 期。
〔5〕 冯粤:《论积极守法》,载《伦理学研究》2008 年第 3 期。

(三)守法理论的创新发展时期

全民守法是全面推进依法治国的基础工程。中国特色社会主义法律体系形成之后,国家经济建设、政治建设、文化建设、社会建设以及生态文明建设的各个方面实现了有法可依。而把制度优势转化成一种治理效能,主要还是要靠法治。党的十八届四中全会提出:“全面推进依法治国,总目标是建设中国特色社会主义法治体系,建设社会主义法治国家。”建设中国特色社会主义法治体系,是一个从立法到执法司法再到守法、从理论到制度机制再到实践的系统工程。建设高效的法治实施体系,无疑是其中的重点难点。守法是法治实施体系中的一个重要环节,培育公民和社会组织自觉守法的意识和责任感,充分调动全社会自觉守法的积极性、主动性,成为当前守法理论发挥对法律实施的支持和保障作用的重要着力点。党的十八大报告中正式把“科学立法、严格执法、公正司法、全民守法”确认为全面推进依法治国、加快建设社会主义法治国家应当遵循的“新十六字方针”。[1] 党的十八届四中全会通过的《中共中央关于全面推进依法治国若干重大问题的决定》中,把全民守法纳入了全面推进依法治国总目标的范畴。[2]

全民守法的提出,是对守法理论的创新与发展。全民守法在原来的十六字方针里面并没有直接表述,原方针的“有法必依”中的“必依”里面隐性地包含着守法,但“必依”主要还是指执法和司法领域。直接提出全民守法,是新十六字方针的一个“亮点”。如何在学理上解释全民守法的含义并作出相应的制度安排,是推进法治社会建设的关键所在。习近平总书记对全民守法的内涵作出了明确阐释:“全民守法,就是任何组织或者个人都必须在宪法和法律范围内活动,任何公民、社会组织和国家机关都要以宪法和法律为行为准则,依照宪法和法律行使权利或权力、履行义

---

〔1〕“新十六字方针”是相较于党的十一届三中全会提出的“有法可依、有法必依、执法必严、违法必究”的社会主义法制建设十六字方针而言的。

〔2〕党的十八届四中全会通过的《中共中央关于全面推进依法治国若干重大问题的决定》中,“守法”一词共出现14次(其中两处用“遵守法律”来表述)。

务或职责。”[1]全民守法将守法主体扩展到“全民”意义上,要求从更加全面和宏观的角度来把握守法主体的层次;全民守法注重对守法客体的价值要求,以遵循良法为前提;全民守法需要相应的实现机制来支撑全民守法的实际运行;全民守法离不开守法精神的浸润,推动在全社会形成良好的守法氛围。在全面依法治国的推动下,从更加全局和系统的角度出发,全民守法基础理论研究应展现出“主体—客体—运行—保障”的逻辑进路。与此同时,在加强宪法和法律实施的过程中,公民对制定良好的法律的普遍认可和接受,是推动法律体系向法治体系转变的内在支撑。这种认可和接受不是被动的服从,也不是守法主体单方面行使权利,而是实现公民与法的互动,即法律顺应民众的价值期待、满足民众的需要,民众从而认可法律、尊重和信任法律、愿意服从法律。

1. 全民守法基本理论阐释

厘清守法的主体层次是理解全民守法的逻辑起点。“全民”不能简单地等同于全体公民,一切国家机关和武装力量、各政党和各社会团体、各企业事业组织也都必须遵守宪法和法律。全民守法倡导全社会都要守法,中国共产党是守法的带头者和模范示范者,行使国家公权力的各级机关和公务人员是守法的重要力量,普通民众是守法的最广泛主体。[2] 首先,中国共产党是守法的带头者和模范示范者,各级党组织和党员领导干部要做尊法学法守法用法的模范,带头尊崇法治、敬畏法律。[3] 其次,行使国家公权力的各级机关和公务人员是守法的重要力量,政府守法和领导干部守法是全民守法的关键。守法最终要落实在个人的行动上,在全面推进依法治国进程中,领导干部作为重要组织者、推动者、实践者,是法治动力体系中的“关键少数”,其法治自觉的程度直接影响法价值的实现

[1] 习近平:《在十八届中央政治局第四次集体学习时的讲话》(2013 年 2 月 23 日),载中共中央文献研究室编:《习近平关于全面依法治国论述摘编》,中央文献出版社 2015 年版,第 87 - 88 页。

[2] 杨春福:《全民守法的法理阐释》,载《法制与社会发展》2015 年第 5 期。

[3] 江必新:《深化依法治国实践刍论》,载《法学杂志》2017 年第 12 期。

程度。[1] 领导干部守法是构建法治国家的前提[2]，领导干部除模范地尊法学法守法用法之外，尤其需要养成法治思维。领导干部要先知道自己的法定职责何在，把对法治的尊崇、对法律的敬畏真正转化成思维方式和行为方式。[3] 最后，普通民众是守法的最广泛主体，人人守法是全民守法的基本要求。法治社会离不开具有较高守法意识，组成法治社会的每一个公民个体。[4] 厘清守法主体的层次，为不同守法主体提供了明确的角色定位和行动指南。

明确守法的客体要求是推动全民守法的基本前提。全民守法要求以宪法和法律作为行为准则。社会尽管对良法的标准和认识不同，但关于全民守法所"守"之法为良法已是基本共识。即使承认全民都有遵守良法的义务，全民守法仍有可能遭遇困境，原因在于很难保证所有法律及法律中的所有条款都是优良的。由此产生的问题是，在法律可能出现不公的情况下，是否可以不服从。对此，学者们持审慎态度，如果因为不符合道德，某项规则即使是国家通过立法程序制定的也不应该有效，可以不加遵守，可能导致无政府主义的结果。[5] 为防止草率判定，需尽最大限度的努力去弥补法律之不足，完善法律的目标，并为法律的实质性转化付出自己的真实行动，从而实现对法律的批判。[6]

探索守法的实现路径是落实全民守法的重要举措。第一，法治的实施离不开立法、执法、司法、守法等相互配合的运行机制，需要将全民守法置于法律实施全过程中进行考察。理论研究既有将全民守法纳入法治社会建设整体场域的综合分析[7]，又有对全民守法与立法、司法、执法、护法关系的具体探讨，认为信任立法是全民守法的基本前提，配合执法是全

---

〔1〕 陈训秋：《坚持抓住领导干部这个"关键少数"》，载《中国法学》2021 年第 3 期。

〔2〕 贺海仁：《官员守法是构建法治国家的前提》，载《人民论坛》2013 年第 14 期。

〔3〕 王东明：《抓住领导干部这个"关键少数"》，载《求是》2015 年第 5 期。

〔4〕 莫纪宏：《"全面推进依法治国"笔谈之一 全民守法与法治社会建设》，载《改革》2014 年第 9 期。

〔5〕 胡玉鸿：《全民守法何以可能？》，载《苏州大学学报（哲学社会科学版）》2015 年第 1 期。

〔6〕 郑智航、张笑：《守法论要》，载《当代法学》2003 年第 10 期。

〔7〕 张文显：《法治中国建设的前沿问题》，载《中共中央党校学报》2014 年第 5 期。

民守法的内在要求，倚赖司法是全民守法的重要方式，自觉守法是全民守法的核心要义，主动护法是全民守法的崇高境界。[1] 在此意义上，实现全民守法必然要求同步实现科学立法、严格执法和公正司法。[2] 第二，进行与时俱进的普法教育研究。在普法内容上，有学者主张从注重形式向提升实效转变，积极探索构建普法绩效测评指标体系；[3] 在普法方式上，有学者认为应以媒介融合发展为契机，积极探索传统媒体普法传播和新媒体、人工智能普法传播的结合[4]；在普法目标上，有学者强调应从秩序维护转向法治观念的塑造，优化推动普法的良善发展。[5] 第三，从利益诱导机制方面进行探讨。“法律系统通过提供惩罚和奖励机制，使人们能够从遵守法律的行为中获得收益，而违反法律规则的行为则要遭受惩罚。趋利避害，追求收益，避免惩罚，既是个人心理的本能反应，也是所有理性人的共性。”[6] 有学者提出建立全民守法激励机制和惩戒机制，激励守法诚信行为，约束、惩戒违法失信行为[7]，也即以奖、惩作为督促人们守法的法律机制，从而为全民守法提供相应的制度保障。需要指出的是，全民守法的实现还应加强对公众参与机制、监督机制的研究，使公众在切身参与的过程中充分认识并认同法律蕴含的价值，从而遵守法律、维护法律以及完善法律。

培育守法精神为形成全民守法氛围提供内在保障。守法精神是法律

---

〔1〕 李林：《建设法治社会应推进全民守法》，载《法学杂志》2017 年第 8 期。

〔2〕 刘爱龙：《全民守法是法治中国的基石》，载《苏州大学学报（哲学社会科学版）》2015 年第 1 期。

〔3〕 陈甦、刘小妹：《以创新精神推进普法提质增效》，载《人民论坛》2019 年第 18 期；王君：《多措并举提升普法实效》，载《人民论坛》2019 年第 10 期；莫桑梓：《普法教育绩效测评指标体系的构建》，载《法制与社会发展》2018 年第 6 期。

〔4〕 付镇铖：《人工智能普法传播模式创新研究》，载《编辑学刊》2019 年第 2 期；林凌：《新媒体普法传播模式创新研究》，载《当代传播》2018 年第 5 期。

〔5〕 赵天宝：《中国普法三十年（1986—2016）的困顿与超越》，载《环球法律评论》2017 年第 4 期；付子堂、肖武：《普法的逻辑展开——基于 30 年普法活动的反思与展望》，载《社会科学战线》2017 年第 6 期。

〔6〕 陆益龙：《影响农民守法行为的因素分析——对两种范式的实证检验》，载《中国人民大学学报》2005 年第 4 期。

〔7〕 单颖华：《当代中国全民守法的困境与出路》，载《中州学刊》2015 年第 7 期。

得以被人信仰的内在动因及公民意识的重要显现[1]，只有当全社会的人们都具有普遍的守法精神或守法意识时，才能营造出全民守法的良好氛围。日本学者川岛武宜认为，近代化的法不同于其他各个历史时期所有的法律，它尤其不可缺少的条件是一定的意识性、精神性的因素。[2] 在他看来，近代法的实施必须以公民的守法精神为前提。现代法治之所以呈现一种内在自觉、普遍有效的理性秩序，除了法律制度的内在价值与公民意识的合理性、合法性要求相吻合之外，另一种重要的因素就是它离不开公民积极守法精神的支撑。[3] 因此，守法精神的培育至关重要。关于如何培育守法精神，除强化公民对国家法律制度合理性、合法性的认同[4]、揭示法律之于社会发展和个人幸福的价值所在[5]、加强普法宣传等研究之外，另外一条不同的研究进路指出，需要加强与全民守法相关的概念及其之间关系的实证分析，通过鲜活的素材和令人信服的理论让全民知晓。[6] 全民守法的精神培育是一个复杂的系统工程，也是当代中国法治建设过程中的一个重点和难点，关于培育守法精神的研究也将是一个在理论和实践中往返回顾、渐行渐进的过程。

2. 以价值目标为导向的尊法守法

人们之所以遵守宪法法律，更多地应该是因为内心对规则本身的认同。[7] 党的十八届四中全会通过的《中共中央关于全面推进依法治国若干重大问题的决定》中指出，要“使尊法守法成为全体人民共同追求和自觉行动”。这种守法观所体现的不是“遵法守法”，而是“尊法守法”，虽只有一字之差，但两者含义有很大的差别。遵法守法，顾名思义就是公民必须遵守法律，可以是被动的，也可以是主动的。但总体上它是一种社会倡

[1] 钟明霞、范进学：《试论法律信仰的若干问题》，载《中国法学》1998 年第 2 期。

[2] [日]川岛武宜：《现代化与法》，申政武等译，中国政法大学出版社 2004 年版，第 52 页。

[3] 马长山：《法治的社会根基》，中国社会科学出版社 2003 年版，第 274 页。

[4] 马长山：《公民意识：中国法治进程的内驱力》，载《法学研究》1996 年第 6 期。

[5] 李春明、张玉梅：《当代中国的法治认同：意义、内容及形成机制》，载《山东大学学报（哲学社会科学版）》2007 年第 5 期。

[6] 杨春福：《全民守法的法理阐释》，载《法制与社会发展》2015 年第 5 期。

[7] 石伟：《法治文化的深层结构与基本判定》，载《求实》2016 年第 8 期。

导的行为准则,法律仍然是外在于守法主体的规则体系,而“尊法守法”则是源于尊重法律的基本价值观和一种内心的崇尚坚守,意味着在思想感情上主动接受,从而内化为一种生活方式与生存样式。[1] 从“遵法守法”到“尊法守法”的转变,蕴含着守法理念和行动逻辑的变化。

多元参与的治理模式为以价值目标为导向的尊法守法注入了活力。进入21世纪,伴随着法治现代化的推进,法学研究也在潜移默化地变革与更新,“与这个时代应运而生的是以人为本范式,这一范式不仅重视权利与权力之间的张力,同时也强调二者之间的协作精神,它们辩证统一于社会主义法治国家的构建”[2]。国家治理过程中,公权力主体不再是简单的单向管理者,公民积极参与社会治理实现其价值的机会和渠道更加丰富和多元。这种多元参与治理的格局是国家治理现代化的主要特征[3],在该格局中国家要主动理顺其与公民之间的基本关系,纳入国家治理体系当中,实现良性互动。[4] 通过加强公民与公权力主体之间的交互影响,最终促进法律的有效实施。公民守法不是屈于管制之下的服从,而是一种自觉行为,这种自觉的主观心理状态以“信念”为核心,就其本质来说,它是守法主体与客体、文化环境的最佳协和,也是守法主体对客体和文化环境的超越,因而充分显示出人的主体性。[5] 公民守法“不仅尊重规则本身,更尊重规则背后的法律精神和基本价值观,而且使遵守法律成为个体自在自为的稳定心理状态和一以贯之的行为自觉”。[6] 作为社会成员,如果他对现行法具有价值认同、价值肯定,那么他就可能自觉地遵守现行法,严格依法办事;如果他对现行法具有价值疑议、价值否定,

---

〔1〕 曹刚:《法治、脸面及其他——中国人的传统守法观》,载《山东社会科学》2015年第12期。
〔2〕 李龙、陈佑武:《中国法理学三十年创新的回顾》,载《政治与法律》2008年第12期。
〔3〕 吴敬南:《国家治理现代化视野下的法治建设》,载《科学社会主义》2017年第5期。
〔4〕 彭中礼:《法治:国家治理体系和治理能力现代化的实践途径》,载《内蒙古社会科学(汉文版)》2014年第4期。
〔5〕 胡旭晟:《守法论纲——法理学与伦理学的考察》,载《比较法研究》1994年第1期。
〔6〕 刘爱龙:《全民守法是法治中国的基石》,载《苏州大学学报(哲学社会科学版)》2015年第1期。

那么他就可能违反现行法，破坏现行法。[1]

二、新中国守法理论的总结与评述

在初步发展时期，守法理论在阶级性法本质的影响下带有一定的政治色彩，发展出“人民—敌人”相区分的守法观，形成了集体意志和利益驱动下以义务为核心的传统守法理论。为了使法更好地为阶级斗争服务，应当将守法当作一项重大、光荣的任务，主动地、自觉地守法，在更有力地进行对敌斗争的同时，进一步巩固和加强人民民主专政，保障和促进社会主义建设事业的不断胜利。传统守法理论是对当时社会实际和守法实践的深刻反映，紧密结合巩固新生政权、确立新社会秩序的现实需求。守法理论供给为社会主义事业的建设和各种改造的推进提供了强大的动力，发挥了积极作用：一方面，号召提高人民内部的觉悟，加快建设速率；另一方面，防止敌人的破坏，保障其顺利进行。但应当看到，这一时期对守法的理解和认识存在一定的局限性，守法理论中蕴含的“人民—敌人”相区分的守法观，虽有特定的社会背景和现实需要，但使得“法律的作用主要流于政治斗争层面，而未能成为人们社会生活所普遍仰仗的理性形式”[2]。集体利益驱动下以义务为核心的守法，本质上仍然体现为被动的、消极的守法，这种国家主义本位法律观下的守法理论，忽略了守法个体的主体性和守法权利保障的意涵。

改革开放新时期的守法理论，在对传统守法理论进行反思的过程中，转向了对自身基础理论的正面建构和探讨。学者们在系统阐释守法的概念、范畴、原理等基础理论的同时，积极回应改革发展的需要，以改革之精神，推动守法观念之转变。在以权利和义务重构法学理论体系思潮下，守法权利观逐渐兴起，依法享有权利并行使权利成为守法理论的应有内涵，行使法律权利也是遵守法律的具体表现，更是促进社会进步的动力。[3]

---

〔1〕 卓泽渊：《论法的价值》，载《中国法学》2000年第6期。

〔2〕 胡水君：《〈法学研究〉三十年：法理学》，载《法学研究》2008年第6期。

〔3〕 夏华：《守法与权利的享用》，载《法学》1990年第9期。

守法权利观视公民为法律的主体,注重激发守法主体的自主性、能动性,在公民遵守法律之外延伸出其用法和护法的内容,并在此基础上发展出以守法主体的法律主体性为基点的积极守法理论。主体性意识的增强为积极守法的实现提供了基本前提,权利本位和权利意识为公民提供了实现其意志、利益和价值追求的有效途径和可靠手段[1],推动实现了传统守法理论的转向。当代中国的法治建设,如果缺少社会心理基础和前提——公众的法治认同,就会遇到强大的阻力而举步维艰。[2] 基于此,守法理论仍需做出进一步回应,关注影响守法自觉性、主动性的法治认同问题,为法治建设提供稳定的社会心理支撑。

法治建设新时代,党的十八大报告首次明确提出"全民守法"的概念,并将"全民守法"与"科学立法"、"严格执法"和"公正司法"相并列,作为中国新时期依法治国"新十六字方针"的重要内容之一。党的十八届四中全会将"增强全民法治观念,推进法治社会建设"作为全面依法治国的一项重大任务。习近平总书记对全民守法作出重要论述,要求"全社会要信仰法律""领导干部要带头依法办事,带头遵守法律""坚持把全民普法和守法作为全面依法治国的长期基础性工作";等等。全民守法的提出,特别是习近平总书记有关"全民守法"的重要论述,深刻阐明了全民守法的学理内涵、基本任务、关键举措和社会基础等,为守法理论的发展提供了创新驱动,对全民守法基础理论的阐释使其基本的运行机理得以展现。守法理论关注守法主体内心对规则本身的尊重和认同,致力于实现让尊法守法成为全体人民共同追求和自觉行动的目标。在国家治理体系和治理能力现代化的征程中,法治成为国家和社会治理所必须依托的重要方式,全民守法作为法治中国的基石,与建设法治社会的重要目标紧密地联系起来,使守法理论得以在一个更为广阔的场域中展开。多元参与的治理模式为守法理论的发展注入了活力,守法主体之间交互性的增

---

〔1〕 倪正茂:《法律的主体与法律的主人》,载《人文杂志》2002 年第 2 期。

〔2〕 李春明、张玉梅:《当代中国的法治认同:意义、内容及形成机制》,载《山东大学学报(哲学社会科学版)》2007 年第 5 期。

强使法律规范由侧重于约束消极行为发展到重在激发积极行为，从而把法律要实现的价值目标转化为守法主体自己的价值目标，并通过积极行使法定权利、忠实履行法定义务，积极参与法律的实现。[1] 作为社会治理的“参与者”，守法主体在信念上尊重和认同规则背后的法律精神和基本价值观，进而将其转化为主动守法的行为自觉。价值目标导向下的尊法守法成为这一时期守法理论中所展现出来的更高层次的守法观。但是这种以价值目标为导向的守法理论仍可能遭遇一定的困境。基于此，有学者将以价值目标为导向的守法称为“超验的尊法守法”[2]，这也意味着人们所能作出的努力，与彻底实现法的价值对人们所提出的要求总有或多或少的距离。当前，面对复杂环境中价值观多元化的冲击，探索整合多元价值观的途径和对策加强法治认同的重要性不断凸显。

从传统守法理论到守法基础理论的演进，实现了正本清源，为守法理论的发展奠定了坚实的基础；从守法基础理论到全民守法理论的展开，进一步跨越发展，为守法理论注入了新的活力。与之相对应，其背后蕴含的消极守法、积极守法、尊法守法的守法观也呈现出不同的内涵，不同守法观的交织勾勒出了新中国守法理论与实践的发展脉络。立足当前，仍然需要在理论—实践双向互动的图景中推动守法理论的发展，直面转型时期的中国改革与法治之间存在一定程度的紧张关系、价值多元对守法带来一定的冲击、全民守法与法治社会建设仍面临一定的阻力等现实问题对守法理论带来的新挑战，妥善处理守法与改革的关系、强化法治认同的根基、完善守法社会的理论构建等将成为守法理论进一步展开的着力点。

三、新时代守法理论的发展

（一）妥善处理改革与守法之间的关系

转型时期中国改革与法治之间存在一定程度的紧张关系，守法理论

〔1〕 单颖华：《当代中国全民守法的困境与出路》，载《中州学刊》2015 年第 7 期。

〔2〕 刘爱龙：《全民守法是法治中国的基石》，载《苏州大学学报（哲学社会科学版）》2015 年第 1 期。

面临新的挑战。改革的核心是创新突破,强调“破”和“变”,而法治的核心是规则秩序,强调“立”和“定”。深层次、全方位的变革,必将引发法律体系、法律制度、法律实施等各方面的深刻调整与变化。由此产生的问题是,当二者发生矛盾冲突时,如何妥善处理改革与守法的关系。当前,虽然在“改革必须在宪法和法律确立的目标及规则所架构的法治秩序下进行,做到重大改革于法有据”方面已达成基本共识,但哪些改革事项需要通过试验来积累经验,哪些改革事项应当直接全面推行,如何实现改革与守法的互动协调等尚处于探索阶段。从改革与法治的关系角度看,先立法后改革,符合法治的基本原则,但以政策形式进行的制度变革试验,是先改革后立法,很可能造成试验政策与现行法律相抵触的“违法”现实,违背法治原则〔1〕,有时甚至直接违宪〔2〕。以合法性授权为例,尽管《中共中央关于全面推进依法治国若干重大问题的决定》提出,重大改革要于法有据,“实践条件还不成熟、需要先行先试的,要按照法定程序作出授权”,一定程度上为改革试验提供了合法性依据,但授权制度存在一定的局限性,除授权主体、授权事项、授权程序等有待进一步明确之外,改革试验仍面临着试验路径与方法不确定、改革试验参与者权利与义务不明晰、改革试验合宪(法)性审查等问题,既可能出现无法可依的困境,又存在违反现行法律的风险。破解改革于法有据的难题,既需要实现推进改革与遵守宪法法律的有机结合,又需要立足社会变革实际,把握法律修改与法律稳定性、权威性之间的关系〔3〕。为此,现有守法理论亟须在理论与实践的融贯中渐进突破,为这一难题的破解提供理论支撑。

(二)强化法治认同的根基

法治认同作为社会认同的一种,需要社会公众在社会交往和社会实

---

〔1〕 杨登峰:《改革试验法治建设的主要问题与任务》,载《甘肃社会科学》2020 年第 2 期。

〔2〕 郝铁川:《论良性违宪》,载《法学研究》1996 年第 4 期;郝铁川:《温柔的抵抗——关于“良性违宪”的几点说明》,载《法学》1997 年第 5 期;解永照、何晓斌:《“改革于法有据”的争论及其破解——基于良性违宪的思考》,载《理论探索》2015 年第 4 期。

〔3〕 解永照、何晓斌:《“改革于法有据”的争论及其破解——基于良性违宪的思考》,载《理论探索》2015 年第 4 期。

践中形成对于法治的理性认知和情感,并把这种理性认知和情感转化为自身的行为选择和具体行动。[1] 法治认同于守法而言尤其重要,一方面,“认同”适应了法律服从的强制性特点(如消极守法),也适应了法律服从的自愿性特点(如积极守法);另一方面,认同具有理性特征,适应了现代社会人们对法律理性态度的要求。[2] 然而,社会一般价值判断通常呈现出松散的、弹性的样态,集个性与共性、理性与非理性因素于一身。因此,对于不同的法律是否具有道德正当性,人们的看法可能会有所不同,他们有可能会认为有些法律具有道德正当性而另外一些不具有,进而选择性遵守,众多复杂因素交互作用下的多元价值给守法理论带来一定的冲击,对守法价值共识的形成产生阻力。

当前,研究法治认同与守法的相关理论中,单独研究守法主体、守法客体的较多,如法律必须是良法,具有道德正当性,守法主体因尊法信法而守法等。但这种研究进路忽略了另一个重要维度,即守法不是静态的,守法过程将守法主体和守法客体贯穿起来了,形成“立法者—普通民众—司法、执法者”的三层结构。由于知识技能、思维方式的差别,法律职业群体能够根据专业的法律知识开展工作,而普通民众只能凭借日常生活经验和对法律的直觉行事。这种对法律的理解和运作能力的差距导致对普通民众进行单方面守法灌输往往收效甚微。为此,必须以过程论的视角结合守法主体的守法体验来重新审视。

(三)完善守法社会的理论构建

全民守法要求在建设法治社会的整体场域中把握守法,守法社会的建设应当成为法治社会的“高级目标”。当前,关于守法理论的既有研究已经涉及影响和塑造守法的许多关键要素或环节,如守法主体、守法客体、守法运行、守法状态、守法精神等。但相较于立法、司法、执法等,对守法问题的研究仍然十分有限。从某种意义上来看,守法还没有被作为一

[1] 尹奎杰:《法治认同培育的理性逻辑》,载《北方法学》2016 年第 3 期。

[2] 李春明、张玉梅:《当代中国的法治认同:意义、内容及形成机制》,载《山东大学学报(哲学社会科学版)》2007 年第 5 期。

个需要专门进行研究的问题领域（往往只是被视为一种社会现象或法律后果，引申出其他关于立法、执法、规制等问题的探讨），因而也尚未发展出相对系统的理论体系或研究脉络。[1] 当前，无论是以法治社会和社会治理为核心范畴的理论研究的兴起，还是现实生活中守法社会建设和社会治理创新的实践展开，都绕不开守法这一主题。从法治社会建设的整体性视角来看，守法并非孤立的社会现象或形态，而是渗透于立法、执法、司法、护法等各个环节。各环节之间既具有独立职能又相互联系，统一于法治社会建设的系统工程之中。如果将守法社会建设看作一个有机整体，守法不仅要求公民独善其身，而且要以积极作为、自觉守法的态度和法治主体的角色积极参与建设守法社会的进程中。因此，有必要将关于守法问题的探讨从守法本身拓展到法律实施甚至法律实现的全过程，结合不断发展的守法实践对守法理论自身做出调适，系统地发展出有关守法社会建设的法学理论。对守法社会的认识和研究，需要"把意识—能力—环境条件结合起来分析，把法律—社会—个体、规则—行动—观念、立法—法律实施—法律后果联系起来考察，融贯宏观—中观—微观的视角"[2]，进而发展出关于守法社会建设的一般性、整体性的理论和认知。当然，守法社会的建设要从理论和实践两个层面进行持之以恒的探索，如果在理论上首先假设了个别法规的正确性，同时又假设大部分人可以理解到其正确性而守法，因而忽略法律实践层次的问题，是不切实际的。[3]

四、结语

整体而言，守法研究面临理论供给相对不足的境遇，但随着全面依法治国的推进及守法实践的深入开展，这一状况正在逐渐改观。回顾新中国守法理论 70 余年的发展历程，其发展脉络及与制度实践互动的图景得以展现：在新中国成立初期，伴随着"废旧立新"的法律变革，守法理论逐

---

〔1〕 李娜：《守法社会的建设：内涵、机理与路径探讨》，载《法学家》2018 年第 5 期。

〔2〕 李娜：《守法社会的建设：内涵、机理与路径探讨》，载《法学家》2018 年第 5 期。

〔3〕 卢敏超：《中国法律改革的现实层次》，载《法学评论》1992 年第 2 期。

渐开始起步，在巩固新生政权及保障社会主义事业建设的时代背景中，呈现出以强调守法义务为核心的消极守法样态；在改革开放新时期，守法理论逐渐复苏，与经济社会快速发展及立法供给快速增加的实践相对应，在守法权利观的指引下，以法律主体性为基点的积极守法图景逐渐明晰。

这种演进发展既是个体守法境界的递进，又反映整个社会守法状态的变迁。个体守法境界的提升虽然深受客观物质条件的影响，但人的主体性在其发展过程中起着非常重要的作用，而社会整体守法状态的改变则受制于经济社会发展状况、文明进步程度及法治的实现程度等。立足当前，我国改革已经进入攻坚期和深水期，进一步深化改革，需要处理好改革与法治的关系，坚持重大改革于法有据；面对价值多元的冲击，需要从实质和程序两个方面强化法治认同的根基；守法社会的建立需要将影响和塑造守法社会的元素进行有机整合，并从社会系统运行的层面发现和解读出各要素之间的关联与相互作用，进而获得一种对守法社会运行机理进行整体性把握的理论。守法理论的发展必须面向实践，积极回应守法实践中的新挑战。

延伸阅读学术著作

1. 西南政法学院刑法教研组：《遵守国家法纪》，重庆人民出版社 1955 年版。
2. 曹继明等编：《守法之约》，四川人民出版社 1998 年版。
3. 马长山：《法治的社会根基》，中国社会科学出版社 2003 年版。
4. 邹彩霞等：《守法论》，上海社会科学院出版社 2014 年版。
5. 张治宇、杨彬权、张琳：《全民守法：为什么要遵守以及如何遵守法律》，法律出版社 2017 年版。
6. 李德进：《守法理论与实践考察——以广西情况为例》，知识产权出版社 2019 年版。
7. 朱佳：《尊法学法守法用法四十五讲》，上海财经大学出版社 2020 年版。
8. 卢博：《规范主义守法论》，法律出版社 2024 年版。

延伸阅读学术论文

1. 杨玉清:《论遵守法律》,载《政法研究》1954 年第 3 期。
2. 思进:《论守法》,载《政法研究》1962 年第 4 期。
3. 夏华:《守法与权利的享用》,载《法学》1990 年第 9 期。
4. 胡旭晟:《守法论纲——法理学与伦理学的考察》,载《比较法研究》1994 年第 1 期。
5. 丁以升、李清春:《公民为什么遵守法律? ——评析西方学者关于公民守法理由的理论》,载《法学评论》2004 年第 1 期。
6. 冯粤:《论积极守法》,载《伦理学研究》2008 年第 3 期。
7. 杨春福:《全民守法的法理阐释》,载《法制与社会发展》2015 年第 5 期。
8. 李娜:《守法社会的建设:内涵、机理与路径探讨》,载《法学家》2018 年第 5 期。
9. 冯健鹏:《程序导向的守法理论:以主观程序正义为中心》,载《中国政法大学学报》2023 年第 1 期。
10. 陈柏峰:《习近平法治思想中的全民守法理论》,载《法学》2024 年第 2 期。

延伸阅读学位论文

李振宇:《守法义务证成》,中共中央党校 2019 年博士学位论文。

第四十一章　法律监督

本论题导读

法律监督也称“护法”，在法治运行论中具有极为重要的地位，“以人民为中心”与法律监督功能的深层次联结不断扩展着法治理念、制度和实践。新中国成立以来，我国法律监督研究经历了监督理论研究奠基、制度理论推进法制实践、法治理论推动制度改革、制度改革创生理论需求的过程。学界立足社会存在、学理命题、演进逻辑、实践议题，借助结构化、功能性、体系化的建构和调适，探索监督理论合目的性的最佳实践路径。新时代以来，党和国家立足于法治监督体系内生新的结构和功能，不断地从传统性和现代性中寻求制度自我调适和权力制衡机制，以服务于国家治理体系和治理能力现代化这一伟大蓝图。

一、新中国成立初期的自主探索：法律监督理论研究奠基阶段

新中国监督制度的创生和一般学理的奠基有着深刻的历史渊源和制度经验。1931 年，中华苏维埃共和国以全国工农兵会议实施监督[1]，1937 年，中国共产党赋予“检察长以非常上诉权”。[2] 这些监督制度已经初具规模、初显形态，为新中国成立后的法制建设奠定了根基。[3] 1949 年 2 月，中共中央《关于废除国民党的六法全书与确定解放区的司

〔1〕 何俊志：《从苏维埃到人民代表大会制——中国共产党关于现代化议制的构想与实践》，复旦大学出版社 2011 年版，第 42 页。

〔2〕 常兆儒：《中国红色区域行政法律监督制度述略》，载《法学研究》1987 年第 3 期。

〔3〕 汤唯、孙季萍：《法律监督论纲》，北京大学出版社 2001 年版，第 225 页。

法原则的指示》的颁行,确立了马列主义国家观、法律观等[1],这些政策和规范实践极大地影响学界关于监督制度的认知。

1954 年《宪法》赋予了"人大监督宪法实施"的地位,规定全国人民代表大会是国家最高权力机关,其他机关受它监督,监督体制的初创贯彻了人民主权的执政思想。1954 年至 1957 年是人民代表大会制度建设和人大工作活跃期,人大监督工作成效显著。这一时期,法律监督学理概念初创。国家检察机关最初为国家法制统一而设立。1949 年 6 月,董必武在《政府组织纲要中的基本问题》中对国家检察机关作出初步定位。其后颁布的《中央人民政府组织法》第 28 条规定:"最高人民检察署对政府机关、公务人员和全国国民之严格遵守法律,负最高的检察责任。"1950 年 10 月,我国借鉴列宁《论"双重"领导和法制》中的监督思想,赋予检察院以法律监督权能。李六如其后首创"法律监督机关"[2]概念,用来准确描述苏联检察机关的性质。作为一个中文独有概念,法律监督机关开始出现。[3] 1953 年 11 月,中央政法党组在向党中央的建议中提出,"检察署是法律监督机关,它检察所有国民包括国家工作人员的违法犯罪案件"[4]。1954 年前后,检察院建立了"垂直领导制"和"一般监督权"两项制度,法律监督机关概念成为法律监督的重要语源。1954 年《宪法》和其后的组织法继承了列宁信件的精神,检察院借此成为名副其实的法律监督机关。在借鉴苏联制度的过程中也有不同的声音,如对于专门机关法律监督制度,中苏之间曾有着巨大分歧。[5] 就是由检委会垂直领导还是实行民主集中制,彭真与苏联专家发生过激烈争论。[6] 随着革命话语的升温,特别是 1952 年的司法改革讨论和 1957 年法律的继承性大讨论,

---

〔1〕 陈守一:《新中国法学三十年一回顾》,载《法学研究》1980 年第 1 期。

〔2〕 李六如:《各国检察制度大纲》,中国政法大学教务处 1950 年版,第 2 页。

〔3〕 闵钐:《新中国第一本检察著作〈检察制度纲要〉述评》,载《中国检察官》2008 年第 5 期。

〔4〕 王桂五:《王桂五论检察》,中国检察出版社 2008 年版,第 389 页。

〔5〕 胡军:《公安、检察和法院应正确贯彻互相配合、互相制约的原则》,载《法学》1958 年第 1 期。

〔6〕 李士英主编:《当代中国的检察制度》,中国社会科学出版社 1988 年版,第 69 页。

“大鸣大放”逐步湮没了制度设计者的初衷和理论界的中肯意见。1957年，邓小平同志在《共产党要接受监督》的报告中提出，我们党是执政的党，威信很高。我们大量的干部居于领导地位。在中国来说，谁有资格犯大错误？就是中国共产党犯了错误影响也最大。因此，我们党应当特别警惕。〔1〕 然而，对检察机关“一般监督权”法理设定的争论已经上升为政治命题，对于一般监督权，保留武器，备而待用。〔2〕

二、监督宪制与权能分置：法律监督理论研究重建阶段

1978年12月，党的十一届三中全会召开后，抑制权力滥用、保障公民权利逐步成为学界共识，法律监督理论研究重新被重视。〔3〕 1982年《宪法》确立了权力机关的核心监督地位，各种监督制度重新恢复和生成，监督理论的研究随着经济建设话语的确立逐步展开，党和国家不断强化宪法的地位和功能，权力机关监督功能逐步得到理论界重视，检察监督功能不断延展，各项监督制度体系逐步形成。

（一）三元历史渊源中的监督原理论争

为吸取反右扩大化之后权力滥用和监督缺失的历史教训，学界开始对监督理论本源进行考证，列宁法律监督思想、欧美权力制衡学说、我国传统监察制度研究成为三大渊源。〔4〕 有学者对列宁法律监督思想中的社会动员理论进行了深入的评析，提出应重视恩格斯关于“系统性和过程性”监督的特征的论述，将法律监督置于法制进程中考量。〔5〕 也有学者主张，应重视欧美权力制衡学说中的合理成分以充实理论和增强法律监督意识。〔6〕 对历史渊源的追溯在于回应法律监督基本问题，关于法律监

〔1〕 邓小平：《共产党要接受监督》，载邓小平：《邓小平文选》（第一卷），人民出版社1994年版，第270页。

〔2〕 详见1958年8月16日，张鼎丞检察长关于第四次全国检察工作会议的总结讲话。参见最高人民检察院研究室编：《中国检察制度史料汇编》（1987年），第347页。

〔3〕 陈守一：《新中国法学三十年一回顾》，载《法学研究》1980年第1期。

〔4〕 王桂五主编：《中华人民共和国检察制度研究》，法律出版社1991年版，第4页。

〔5〕 黎建飞：《运用系统论加强法律监督》，载《现代法学》1985年第3期。

〔6〕 曾龙跃：《制衡学说与检察机关的法律监督职能》，载《检察理论研究》1991年第1期。

督机关的狭义解释成为学界争议焦点。国内学者将法律监督划分为广义和狭义两个类别,“广义的法律监督泛指一切国家机关、社会团体和组织、公民对各种法律活动的合法性所进行的检查、监察、督促和指导以及由此形成的法律制度”〔1〕。这一定义涵盖了监督主体、监督对象、监督方式。主体和对象的广泛性表明了“人民主权”的基本立场,然而监督方式的界定并不清晰。狭义的法律监督则指“有关国家机关对合法性所进行的监察和督促”〔2〕。其中,学界对“有关国家机关”的界定分歧极大。有学者明确“有关国家机关”是指国家检察机关。〔3〕王桂五将1979年颁布的《人民检察院组织法》中“检察”的规范含义解释为“法律监督”,他指出,法律监督权作为权力机关派生的权力,必须坚持检察监督的一元论,即国家的宪法和法律必须由检察机关监督统一实施。〔4〕对这一界定有异议的学者则指出,“我国法律监督体系和监督制度存在着重大的缺陷”〔5〕。从而将对狭义主体的争议转向了对法律监督的本质的思考。就对法律监督的界分,有学者认为需追溯其制度创设语境,也有学者认为需从民主功能的实现角度来分析。〔6〕从监督本质来看,学界主要存在三种倾向:(1)“检察一元论”〔7〕,认为检察制度就是法律监督制度;(2)“权力论”〔8〕,认为法律监督是指对法律的执行和遵守情况的监督,是维护法律统一、正确实施的一种权力;(3)“综合论”,认为检察监督只是法律监督的一个重要组成部分。三种倾向的争论,将监督本质递归到其权力来源的思考之中。随着法律监督功能的逐步扩展,法律监督泛化逐步被关注。

〔1〕孙国华主编:《法理学教程》,中国人民大学出版社1994年版,第523页。

〔2〕马新福主编:《法理学》,吉林大学出版社1995年版,第369页;石茂生:《试论法律监督的内容和范围》,载《中外法学》1994年第2期。

〔3〕乔克裕主编:《法学基本理论教程》,法律出版社1997年版,第316页。

〔4〕武彪:《关于法律监督机关的作用》,载《社会科学》1982年第11期。

〔5〕赵震江、周旺生等:《论法律实效》,载《中外法学》1989年第2期。

〔6〕孙莉:《马克思主义法律监督思想概述》,载《辽宁大学学报(哲学社会科学版)》1988年第4期。

〔7〕王桂五主编:《中华人民共和国检察制度研究》,法律出版社1991年版,第252页。

〔8〕王洪俊:《检察学》,重庆出版社1987年版,第2页。

有学者指出,法律监督范围小、职能单一,不完备、不规范,手段少、缺乏强制力;[1]监督权应适应时代需要,建立稳定、统一的监督标准,避免监督权滞后于权力的扩大;[2]为明晰监督权责,顺应监督复杂化形势,应制定专门的法律监督法。[3]

(二)人民代表大会法律监督功能研究的恢复

1982年《宪法》恢复了权力机关的监督功能,并规定了全国人大及其常委会的监督、国务院的行政监督和审计监督、人民检察院的法律监督等多元监督形式。有学者对人民代表大会的监督进行了界定,并指出"人民代表大会的监督可以以其直接监督来实现"[4]。为重新审视权力机关监督的核心地位,有效行使监督权能,协调授权监督主体的职责,多种监督形式的整体性归纳逐步被学界重视。有学者试图通过创设"法制监督"这一上位概念,缓和"有权国家机关"规范指涉的内在紧张。这一观点在20世纪80年代后期就已经出现,有学者提出,法制监督是指各级人大及其常委会对"一府两院"等被监督对象所进行的监督。[5] 在实践中,权力机关的监督地位得到肯定。在此基础上,授权监督体系逐步形成,授权监督主体、监督形式逐步确立。"加强法律监督,主要是健全以人民代表大会的监督为主的法律监督机制。人大对政府和法院、检察院的监督,包括法律监督、工作监督和人事监督,国家设立了专门的监督机构。"[6]有学者提出,最高国家权力机关明确授权的机关制定的相关规范性文件应当受到监督。[7] 其后,权力机关监督范围逐步明确,包括:对宪法和法律实施的监督,对地方性法规等的审查和纠正;对一些法律的实施情况进行调查、视察或检查;改进和加强对政府、法院、检察院的工作监督,加强对国

---

[1] 杨翔:《关于法律监督的几个理论问题探讨》,载《社会科学》1994年第2期。
[2] 张英忠:《关于强化检察机关法律监督职能的探讨》,载《政法论坛》1995年第1期。
[3] 王祺国:《应当立一部法律监督法》,载《人民检察》1994年第10期。
[4] 王桂五主编:《中华人民共和国检察制度研究》,法律出版社1991年版,第165页。
[5] 喻均田:《对"法律监督"概念的质疑》,载《当代法学》1987年第4期。
[6] 王桂五:《列宁法律监督理论研究》,载《检察理论研究》1993年第4期。
[7] 杨翔:《关于法律监督的几个理论问题探讨》,载《社会科学》1994年第2期。

民经济和社会发展计划、财政预决算的审查监督力度。20 世纪 90 年代,我国致力于法律监督的制度化、法律化和规范化,人大监督工作逐步得到重视。有学者指出,须重视监督制度化、专门化、可操作性趋势,应设立"宪法委员会"或"宪法和法律委员会"。[1]

(三)国家专门机关监督功能逐步扩展及研究

1. 检察监督作为法律监督机关的宪制确认

检察院作为"法律监督机关"的宪法规范文本确认,引起了学术界普遍论争。有学者指出,我国检察制度的监督定位源于苏联制度,即"赋予检察长抗议地方政权一切非法决定的权力"[2],其功能包括对剥削阶级的国家监督、自我监督理论,应重视专门国家机关的法律监督。[3] 有学者提出,应批判法律监督理论过分依赖苏联经验的教条主义的错误。学界论争反映在对检察院的性质界定和对苏联监督制度的选择中。有学者指出,1978 年,在《人民检察院组织法(修改稿)》讨论中,关于检察院的性质是"国家法律监督机关"还是"国家法律检察机关"争论较大。[4] 1979 年召开的五届全国人大二次会议中,彭真在《关于七个法律草案的说明》中提出:"运用列宁思想,确定检察院的性质是国家的法律监督机关。上下级检察院由监督关系改为领导关系","检察院对于国家机关及工作人员的监督,只限于追究刑事责任的案件"[5]。然而,"垂直领导制和一般监督"则被从宪法中去掉。"维护国家法制统一的法律监督机关"这一定位继而被 1982 年《宪法》再次确认。彭真的解释客观上为在继承理念的基础上建构其他制度预留了空间。[6] 其后,学界对于"法律监督机关"权力体系逐步扩展进行了长期的探讨,随着规范多样化、复杂化趋势,法律

---

〔1〕 陈云生:《走法治必由之路——论宪法和法律监督的制度化》,载《比较法研究》1997 年第 1 期。

〔2〕 王桂五:《列宁法律监督理论研究》,载《检察理论研究》1993 年第 4 期。

〔3〕 李爱华:《论列宁的法制教育和法律监督思想》,载《山东师大学报(社会科学版)》1995 年第 2 期。

〔4〕 孙谦主编:《人民检察制度的历史变迁》,中国检察出版社 2009 年版,第 328 页。

〔5〕 《彭真文选(一九四一—一九九〇年)》,人民出版社 1991 年版,第 378 页。

〔6〕 田夫:《检察院性质新解》,载《法制与社会发展》2018 年第 6 期。

监督权力逐步得到扩展。然而,对于“法律监督机关”如何定位,仍然存在诸多争论。有学者认为,应把检察职务犯罪作为对国家机关及工作人员实行法律监督的重点,而不是实行对一般行政违法行为的监督。[1] 法律监督权应包括确认合法权、纠正违法权和处罚权。[2] 还有学者提出,监督法律关系的主体包括监督者(检察机关)、被监督者(行政机关和审判机关),其客体则是被监督者的权力行为。[3] 由此,“法律监督机关”这一规范定位为检察机关实施监督权能提供了丰富的解释学空间和巨大的实践空间。

2. 行政监督功能的逐步恢复

行政监督是在机构逐步恢复过程中得以形成的。1990 年国务院发布《行政监察条例》(已失效),监察机关的监督功能实现了有法可依。1993 年纪检监察合署办公,党纪检查和行政监察合一的体制形成。行政监察制度受到理论界的广泛关注。

此外,在这一时期,党的监督、民主监督受到高度关注。邓小平同志提出,“要有群众监督制度,让群众和党员监督干部,特别是领导干部。凡是搞特权、特殊化,经过批评教育而又不改的,人民就有权依法进行检举、控告、弹劾、撤换、罢免”[4]。有学者提出,法律监督应是执政党、权力机关等国家机关的一项权能。其实质应当是执政党、各级各类国家机关依法对执政党的有关机关、各级各类国家机关及其工作人员的行为和活动进行监视、检查、处理和引导的权力。[5] 党的十五大报告提出:“一切干部都是人民的公仆,必须受到人民和法律的监督。要深化改革,完善监督

---

〔1〕 徐益初:《论列宁的法律监督理论在我国检察制度中的运用》,载《法学研究》1990 年第 1 期。

〔2〕 李桂茂、陈德惠等:《法律监督新探》,载《新疆社会经济》1995 年第 5 期。

〔3〕 李桂茂、邹建章、张国吉:《我国法律监督制度的改革与完善——论“监督法律关系”》,载《中国社会科学》1997 年第 2 期。

〔4〕《邓小平文选》(第 2 卷),人民出版社 1983 年版,第 292 页。

〔5〕 杨翔:《关于法律监督的几个理论问题探讨》,载《社会科学》1994 年第 2 期。

法制，建立健全依法行使权力的制约机制。”[1]由此，党的监督和民主监督逐步得到重视。

三、法制监督与权能强化：法律监督理论研究深入阶段

党的十五大确立了“建设社会主义法治国家”的基本方略，成为法律监督制度推进的新起点。有学者提出，“对宪法和法律全部活动实施有力和有效的监督，使宪法和法律最终确立起最高的或崇高的法律地位”[2]。学界将国家权力和法律监督制度能动地置于市场化和全球化的进程中，寻求域外制度本土化的基本路径。挖掘马克思主义中国化议题，推动“马克思主义在中国的实践化和民族化”[3]成为理论议题新的方向。在“东”“西”的争论以及“传统性”“现代性”的思潮中，法律监督理论议题逐步深入。

（一）法治进程中从法律监督到监督权能理论研究深入

在各监督主体搭建的体系中，监督权能配置的系统性是极为重要的。在宪法“法律监督机关”的规范语义下，检察院的权能逐步得以扩展。有学者从公检法三者关系出发，将检察机关监督中的司法监督定位为诉讼监督，检察机关的监督只是专门监督的一个方面，“狭义的法律监督可以是检察机关的监督和行政监察机关的监督”[4]。也有学者认为，应在最高权力机关授权和监督之下设立专门机关，[5]检察机关监督便是独立的国家权力即法律监督权。[6]“法律监督”概念为专门术语，只有检察机关

---

〔1〕 中共中央文献研究室编：《十五大以来重要文献选编（上）》，中央文献出版社 2011 年版，第 29 页。

〔2〕 陈云生：《走法治必由之路——论宪法和法律监督的制度化》，载《比较法研究》1997 年第 1 期。

〔3〕 付子堂：《马克思主义法律思想中国化研究论纲——写在〈现代法学〉首任主编黎国智教授 80 寿辰之际》，载《现代法学》2007 年第 5 期。

〔4〕 周旺生主编：《法理学》，法律出版社 2000 年版，第 93 页。

〔5〕 陈正云：《试论我国法律监督架构及其属性》，载《人民检察》2006 年第 5 期。

〔6〕 张智辉：《论检察权的性质》，载《检察日报》2000 年 3 月 9 日，第 7 版。

的监督才能定义为法律监督。[1] “专门机关监督”和“一元论”成为学界两个主要观点。有学者认为应将“检察机关法律监督职能的科学性和必然性”，总结为一元分立、对立控制、存在决定、职权二元四个论点。[2] 其原因在于，在人民代表大会制度下，专门监督的设置有利于权力制衡，检察机关拥有的法律监督职权较为广泛，检察机关通过法律监督维护着国家法制统一。有学者继而提出，中国检察制度改革必须以法律监督为核心重新构建法律监督制度。[3] 这一阶段，在宪法“法律监督机关”的理论阐释和规范解释影响下，检察机关的监督权能逐步得以扩展。同时，社会监督和国家监督逐步分离开来，随着法治研究的逐步深入，法制监督概念逐步被法治监督所替代。

（二）国家权力机关监督规范与法规备案审查

立法的日益复杂化迫切需要法律的规范化和系统化，“良法恶法”之争则深刻地反映着法治精神的价值困境。权力机关监督法治的兴起源于法治名案的推动。2003 年起，“河南种子案”推动了中央法与地方法之间规范审查制度的落实，“孙志刚案件”则推动了对权力机关与行政机关之间规范审查制度的思考。学界对各国违宪审查制度进行了广泛而深入的比较研究，如美国的违宪审查制度、法国的宪法委员会制度等，尝试分析、研究并确立我国的宪法监督制度。[4] 法规备案审查制度是维护宪法和法律权威的重要体现，通过规范合法性评价逐步理顺了行政机关、司法机关以及各种社会团体的关系。学界从“结构和功能”角度，广泛而深入地剖析了西方的违宪审查模式存在的弊病，论证了我国权力机关的监督应当拒斥这一模式，并将人大监督权明确为法律监督、工作监督和人事监督。2006 年 8 月，我国颁布的《各级人民代表大会常务委员会监督法》明确了权力机关监督的实施路径。吴邦国指出，“人大监督是代表国家和人

---

〔1〕 张智辉：《法律监督三辨析》，载《中国法学》2003 年第 5 期。

〔2〕 樊崇义：《法律监督职能哲理论纲》，载《人民检察》2010 年第 1 期。

〔3〕 蒋德海：《法律监督还是诉讼监督》，载《华东政法大学学报》2009 年第 3 期。

〔4〕 付子堂：《美国、法国和中国宪法监督模式之比较》，载《法学》2000 年第 5 期。

民进行的具有法律效力的监督”,应以增强监督实效为核心,进一步完善人大监督制度。[1] 监督法的颁布施行,对各级人大常委会依法行使监督职权,健全监督机制,增强监督实效,发挥人民代表大会制度的特点和优势,具有重要意义。党的十八大以来,以习近平同志为核心的党中央从坚持和发展中国特色社会主义的全局和战略高度,对坚持和完善人民代表大会制度、健全党和国家监督体系进行顶层设计,对人大监督作出一系列重大部署,推进一系列重大工作,取得历史性成就。2021 年 10 月,党中央召开中央人大工作会议,对新时代坚持和完善人民代表大会制度、加强和改进人大工作作出全面部署。习近平总书记明确指出:“用好宪法赋予人大的监督权,实行正确监督、有效监督、依法监督。”[2]党的二十大报告提出,支持和保证人大及其常委会依法行使监督权,健全人大对行政机关、监察机关、审判机关、检察机关监督。2023 年 12 月,十四届全国人大常委会第十二次会议通过了关于修改各级人民代表大会常务委员会监督法的决定,进一步明确人大监督的指导思想和原则理念,健全监督体制机制和方式方法,增强监督针对性、实效性,更好发挥人大监督作用。党的二十届三中全会对健全人大监督制度作了明确要求,进一步夯实权力监督的制度闭环。

(三)国家专门监督机关监督功能显著加强的相关研究

1. 检察监督在各项制度中的扩展。在“法律监督机关”的解释学扩张进程中,检察监督研究和实务逐步将监督权能扩展至行政监督、强制措施和诉讼监督及对死刑复核的监督等一系列司法机关运作中。首先,对行政机关的监督。有学者提出,“基于检察机关拥有特别的公权力,检察监督具有明显的司法性、专门性、专业性,以及防止行政公诉的恣意”。除现行法律法规规定的监督内容外,检察机关还应当探索运用提请法规审查、提出检察建议、提起行政公诉等监督方式,对抽象行政行为、行政处

〔1〕 中共中央文献研究室编:《十七大以来重要文献选编(中)》,中央文献出版社 2011 年版,第 611 页。

〔2〕 习近平:《在中央人大工作会议上的讲话》,载《人民日报》2022 年 3 月 1 日,第 1 版。

罚、行政强制等行政行为进行监督。[1] 其次，赋予自侦案件的强制措施和诉讼监督。2004年“人权”载入宪法推动了以法律实现和人权保障为核心的法律监督改革[2]，并将宪法中的基本权利作为法律实现的价值选择。该改革也在诉讼监督领域明确了诉讼监督的效力，强化了监督责任，健全了监督程序。[3] 此外，还需要完善规范体系和优化侦查监督的工作机制。[4] 最后，对死刑复核实行法律监督。有学者提出，检察机关可以通过备案审查、受理申诉控告等启动监督程序。监督的主要方式设想也较为具体，包括提出案件意见、派员列席审委会会议、派员出席法庭或听审活动、抗诉和纠正违法以及立案侦查审判人员职务犯罪等。[5] 检察院监督权能的扩张成为这一时期的主要特点。

2. 行政监督的制度改革研究。2003年之后，行政监督的手段逐步多样化，涵盖了审计监督、监察监督、内部监督等各种形式。在此影响下，监督体制改革持续推进，领导干部廉洁规范进一步完善，贯彻党风廉政建设责任制等取得了较大进展。然而，行政监督仍然存在诸多不足，如监督效率不高、抽象行政行为监督不到位、监督法规缺位、监督机构缺少独立性、监督主体多元化、政务公开程度偏低等。[6] 也有一些学者指出，“漏监”“虚监”“难监”仍然存在。[7] 对此，学界主张应培育现代行政法理念，加强和改进对行政监督的制约，形成执法监督新机制。[8] 学界广泛译介了世界各国现代行政监察制度、审计制度、行政追责制度等。有学者指出，应强化监察机关的独立性，加强监察人员的专业性，扩大监察职权。[9]

---

〔1〕 王玄玮：《论检察权对行政权的法律监督》，载《国家检察官学院学报》2011年第3期。

〔2〕 陈正云：《法律监督与检察职能改革》，载《法学研究》2008年第2期。

〔3〕 卞建林、李晶：《刑事诉讼法律监督制度的健全与完善》，载《国家检察官学院学报》2012年第3期。

〔4〕 李建明：《强制性侦查措施的法律规制与法律监督》，载《法学研究》2011年第4期。

〔5〕 万春：《死刑复核法律监督制度研究》，载《中国法学》2008年第3期。

〔6〕 崔剑仑：《论当代中国行政监督》，吉林大学2004年博士学位论文。

〔7〕 王世雄：《我国行政监督体制的现状与发展趋向》，载《政治与法律》2000年第6期。

〔8〕 莫于川：《行政执法监督制度论要》，载《法学评论》2000年第1期。

〔9〕 董春洲：《国外行政监察模式及其借鉴》，载《学理论》2011年第33期。

并在此基础上形成行政监督权责共建的模式，同时实施行政问责。学界对行政监察制度的期待，逐步转换为对于纪检监察合署办公的思考，原有定位于职务犯罪的功能需求并未实现其预设权能。

(四) 民主与社会监督功能的认知扩展及深化

全面依法治国战略的实施、普法工作的持续开展，使得民众对权力监督和法律规范的认知逐步提高。人民群众通过信访、批评、建议、检举、控告和申诉等方式行使监督权，学界对信访制度进行了大量的实证分析，极大地规范了行政权力的行使。党和国家非常重视社会舆论监督功能的发挥，关注社会中涉及面广、影响大、震动力强、透明度高的重点事件和案件，推进社会监督的广泛性、公开性、民主性、效率性。学术界对民主监督探讨广泛，许多学者对于新闻监督功能进行了个案分析和舆论监督研究。有学者从法律监督与媒体和舆论监督之间关系切入〔1〕，对二者结合使用路径进行了分析。网络技术极大地扩展了信息传播渠道，学界广泛探讨了网络时代中监督信息机制的变革，〔2〕对传统监督和现代监督面临的新形势和新挑战作了对比和分析，指出法律监督和舆论监督二者结合的路径。

四、法治监督到治理要务：超越护法之研究成熟阶段

2014 年，党的十八届四中全会通过《中共中央关于全面推进依法治国若干重大问题的决定》，监督成为贯穿权力行使和权利保护的重要面向。〔3〕 党的十九大提出了“健全党和国家监督体系”，党的十九届四中全会继而将权力制约和监督体系有机结合。党的二十大提出要健全党统一领导、全面覆盖、权威高效的监督体系。党的二十届三中全会提出“完善党和国家监督体系”并作出具体部署。

---

〔1〕 郭兴旺：《做好法律监督离不开媒体和舆论监督》，载《人民检察》2007 年第 18 期。

〔2〕 王溥、徐汉雄：《网络时代的法律监督与舆论监督》，载《新闻前哨》2011 年第 2 期。

〔3〕 中共中央文献研究室编：《十八大以来重要文献选编（中）》，中央文献出版社 2016 年版，第 167 页。

(一)由监督观念分歧到监督理论研究学科融贯

进入新时代，学界进一步深入开展法律监督一般原理的研究。有学者提出，应当重视毛泽东法律监督思想，这一思想是对马克思、恩格斯、列宁法律监督思想“人民性”的继承和超越。〔1〕有学者指出，应认真学习贯彻习近平总书记关于法律实施的重要论述精神，切实加强法律监督，保障法律统一正确实施。〔2〕也有学者主张回到列宁时代语境中，从法律监督的价值、制度设计和实施途径等方面进行审视。〔3〕经过长期探索，中国已形成以人民代表大会监督理论、国家专门机关监督理论和多元化的政治与社会监督理论为核心的立体化法律监督理论格局。〔4〕也有学者指出，要改革政治体制，用科学发展观构建监督机制，并高度重视新闻、舆论监督。〔5〕在党的十九届六中全会首次提出“党和国家监督体系”这一概念后，监督体系成为极为热门的研究内容。在此期间，有学者从《法律监督的责任内涵与概念重塑》〔6〕、《人民检察院性质的理论辩思——“法律监督机关”的概念史考察》〔7〕等选题切入，进行了深入的基础性研究。法治监督体系化逐步成为学界研究的重点，有学者就健全党和国家监督体系中自上而下、自下而上的监督以及民主监督和同级监督进行了深入的研究。有学者将监督置于治理体系中，提出“着力增强监督严肃性、协同性、有效性，推动形成系统集成、协同高效的中国特色监督体系”〔8〕。法律监督、法制监督、法治监督、法治监督体系、党和国家监督体系，这些

---

〔1〕褚尔康：《论毛泽东法律监督思想的“群众路线”内核》，载《廉政文化研究》2014年第3期。

〔2〕曹建明：《加强法律监督　确保法律实施》，载《法制资讯》2014年第5期。

〔3〕白思、王俊熙：《列宁法律监督思想探讨》，载《西北工业大学学报（社会科学版）》2016年第3期。

〔4〕郑智航：《中国特色社会主义法律监督理论的主旨与内核》，载《法制与社会发展》2014年第6期。

〔5〕刘俊伶：《法律监督系统存在的不足与完善措施》，载《人民论坛》2015年第17期。

〔6〕门中敬：《法律监督的责任内涵与概念重塑》，载《法学评论》2022年第6期。

〔7〕王海军：《人民检察院性质的理论辩思——“法律监督机关”的概念史考察》，载《华东政法大学学报》2022年第3期。

〔8〕乔贵平、吕建明：《新时代推进党和国家监督体系建设的实践及经验》，载《党的文献》2022年第5期。

提法的变革,蕴含着法律监督功能的变迁。

（二）人民代表大会立法及合宪性监督自主探索

权力机关的监督在这一时期的研究中逐步增加。合宪性审查源于2004年法规备案审查制度的确立,属于权力机关监督的重要制度。国家机关改革应准确地进行宪法和法律定位,遵循其内在调整法律关系的指引,并厘清权力边界。权力机关的预算监督权、预算修正权、财政监督立法不断增加。有学者对权力机关领导下的法治监督体系进行归纳,认为"我国的法律监督体系包括人大的监督、国家专门法律监督机关的监督以及多元化的政治与社会监督"。有学者进而提出,"应完善合宪性审查,加快对人大内部宪法实施与监督的专门机构的建设"[1]。2016年以来,监察委员会的创设是党和国家监督体系的重大变革。监察制度改革带来了许多需要调适的领域,学界对此也进行了分析。如应考虑将监督事项在人大与检察院之间实现合理的调适,实现人大对检察院法律监督工作的监督与支持,以及检察院对人大司法监督工作的接受与配合。[2] 此外,有学者提出监察改革必须尊重人民代表大会的宪制地位,并对监察人大代表采取特别慎重的态度;在法律未作修改时,监察机关不能以便宜执法为由,轻率地创制性执法,从而违反"公权机关法无授权不可为"的原则。[3]

（三）国家专门机关的监督权能分置及优化调适

1. 检察监督权能改革。法律监督机关的规范语意带来了检察权力的不断扩张,大量监督资源的整合和有序应用成为学界关注的方向。"检察机关的法律监督职能是逐步发展和强化的。"[4] 检察理论中主流的"检

---

〔1〕 付子堂、张震:《新时代完善我国宪法实施监督制度的新思考》,载《法学杂志》2018年第4期。

〔2〕 秦前红、刘怡达:《人大司法监督与检察院法律监督衔接机制论纲》,载《地方立法研究》2017年第1期。

〔3〕 秦前红:《国家监察法实施中的一个重大难点:人大代表能否成为监察对象》,载《武汉大学学报(哲学社会科学版)》2018年第6期。

〔4〕 樊崇义:《检察机关深化法律监督发展的四个面向》,载《中国法律评论》2017年第5期。

察—法律监督一体论”，导致了泛法律监督困境。[1] 重新思考检察监督和法律监督成为学界的重要方向。首先，关于转隶前的检察机关法律监督功能。有学者反思，法律监督权存在对象不明确、监督效力有限、交付执行阶段监督有漏洞等问题。[2] 对于泛法律监督困境，有学者倡导需回到设置检察机关的原初意图、历史传统之中探究。[3] 有学者认为应区分依据法律监督对象划分所形成的基本检察权和具体检察权，“具体检察权”的手段性离开目的性定位是法律监督困境的根源。[4] 然而，也有学者认为“监督体系之法律监督的专门授权规定，其侦查权与公诉权，其本质皆为法律监督权行使之方式”[5]。有学者提出了针对泛法律监督现象的解决方案，即进一步完善以控诉和控权为核心，以控诉、制约和监督三位一体为特征的检察制度。[6] 有学者提出了检察机关整合国家现有的各种监督机制的设想，提出“把政府审计部门改设为国家审计机构并隶属于检察机关”[7]。其次，关于转隶后的检察机关法律监督功能。有学者提出，应坚持检察机关的法律监督宪法定位不动摇，实现检察制度与国家监察委员会改革的制度平稳衔接，推进检察机关提起公益诉讼向纵深发展。[8] 有学者指出，需要强化一种“检察建议、行政公益诉讼”的二元监督模式，以预防和减少行政机关的不作为或乱作为。[9] 有学者提出，应

---

〔1〕 蒋德海：《我国的泛法律监督之困境及其出路》，载《法学评论》2013 年第 4 期。

〔2〕 刘延祥、李兴涛：《检察机关强制医疗法律监督问题研究》，载《中国刑事法杂志》2013 年第 5 期。

〔3〕 徐桂芹：《检察院作为“法律监督机关”的历史解释与思考》，载《东岳论丛》2013 年第 10 期。

〔4〕 宋小海：《论“法律监督”的概括性意指》，载《浙江社会科学》2014 年第 2 期。

〔5〕 徐桂芹：《检察院作为“法律监督机关”的历史解释与思考》，载《东岳论丛》2013 年第 10 期。

〔6〕 蒋德海：《我国的泛法律监督之困境及其出路》，载《法学评论》2013 年第 4 期。

〔7〕 卜安淳：《应该恢复并强化检察机关的国家法律监督职能》，载《法治社会与社会司法——第二届法治战略论坛摘要集》，华东政法大学中国法治战略研究中心，2017 年，第 1 页。

〔8〕 樊崇义：《检察机关深化法律监督发展的四个面向》，载《中国法律评论》2017 年第 5 期。

〔9〕 姜涛：《检察机关行政法律监督制度研究》，载《东方法学》2016 年第 6 期。

厘清检察机关与监察机关在监督行政违法中的角色关系与协作共治。[1] 还有学者提出，应完善检察建议和纠正违法行为的后续措施，制定“人民检察院法律监督法”。[2] 2018 年 6 月，全国人大常委会审议的《人民检察院组织法(修订草案二次审议稿)》中增加了第 16 条第 2 款，规定：“人民检察院行使上述职权时，发现行政机关有违法行使职权或者不行使职权的行为，应当督促其纠正。”[3] 有学者提出，转隶后的行政检察监督须遵循人大制度、程序性控制为主、限于公权领域外部行为、不直接涉及个人和公共法益减损。[4] 理论研究的持续深入，带来了党和国家的高度重视，中共中央于 2021 年 6 月印发的《关于加强新时代检察机关法律监督工作的意见》指出，“人民检察院是国家的法律监督机关……是国家监督体系的重要组成部分”，释明了检察机关在监督体系中的新定位。

2. 监察监督功能调整。改革开放以来，随着行政机关权力的扩大，学界意识到，行政权的扩张隐忧较大，强化对行政权的监督，是深入推进依法行政的关键。[5] 监察委员会的设立是我国权力监督体系的重大的改革举措，也是针对泛监督弊病的体制调整。监督理论认为，监督必须经由独立且权威的第三方进行，混同或者多元协作监督的实质是“同体监督”，泛监督带来的监督不力促成了监察机关的独立。2016 年，党和国家开始进行国家监察体制试点改革，在北京、山西、浙江三省市的试点工作都取得了突破性的成绩。党的十九大报告和《宪法修正案》进一步明确了国家监察的地位、功能和作用。2018 年 3 月，我国颁布了《监察法》，监

---

〔1〕 尹吉、王梦瑶：《新时代检察机关行政法律监督制度研究》，载《国家行政学院学报》2018 年第 4 期。

〔2〕 秦前红、王天鸿：《国家监察体制改革背景下检察权优化配置》，载《理论视野》2018 年第 8 期。

〔3〕 尹吉、王梦瑶：《新时代检察机关行政法律监督制度研究》，载《国家行政学院学报》2018 年第 4 期。

〔4〕 秦前红：《两种“法律监督”的概念分野与行政检察监督之归位》，载《东方法学》2018 年第 1 期。

〔5〕 孙长春：《构建违法行政行为法律监督的新常态》，载《红旗文稿》2015 年第 7 期。

察委员会将执纪监督、职务犯罪等监督功能逐步独立运行。[1] 有学者认为，行政执法、行政司法、一般行政规范性文件和反腐败执法应接受行政监察监督，监察委员会调查活动虽有属性之争，但难逃法律监督序列。[2] 权力体系的改革是对现有问题的深层次认知和调适，各项制度也需要在法治中国的框架下，通过运作重新实现平衡。2018 年 12 月，中共中央办公厅印发的《中国共产党纪律检查机关监督执纪工作规则》第 6 条指出："党的纪律检查机关和国家监察机关是党和国家自我监督的专责机关……"有学者提出要持续深化政治体制改革，强化纪委、监委的监督效能，力图破解顶层权力、监督者监督难题。[3] 新时代监督制度改革渗透着时代性和整体性的理念要求。其本质是新时代背景下围绕法律监督形成的"以人民为中心"的"理念集合体"，建立和发展制度的"基本理论支撑"以及统摄工作理念和改革理念等应更多地关照高位阶的上位概念体系，以求理论上的自洽和融贯。[4]

（四）社会监督形式的科技化和数字化

自 21 世纪以来，互联网监督呼声渐起，法律监督的形式不断创新，信息直通车、市长热线等监督形式层出不穷。在民主监督基础上，畅通表达、强调约束的呼声随着自媒体的不当运用而被重视，学者们围绕如何运用法律手段进行监管约束展开探讨。[5] 此外，学术界逐步重视科技在法律监督中的功能。有学者提出运用科技进行监督，如利用大数据信息公开、人工智能等技术手段进行监督，并提出"没有信息公开就没有真正意义上的法律监督，可以考虑运用大数据进行监督"[6]。有学者从国内舆

---

〔1〕田夫：《检察院性质新解》，载《法制与社会发展》2018 年第 6 期。

〔2〕秦前红：《两种"法律监督"的概念分野与行政检察监督之归位》，载《东方法学》2018 年第 1 期。

〔3〕任建明、王璞：《党和国家监督体系：对象、目标及其实现路径》，载《学术界》2021 年第 7 期。

〔4〕秦前红、石泽华：《新时代法律监督理念：逻辑展开与内涵阐释》，载《国家检察官学院学报》2019 年第 6 期。

〔5〕夏雪：《浅谈我国自媒体的法律监督及对策》，载《新闻战线》2018 年第 6 期。

〔6〕白建军：《大数据助力法律监督》，载《探索与争鸣》2015 年第 2 期。

论和司法的互动角度,[1]对舆论监督与司法功能之间关系进行了分析。有学者提出,要“构建起网、台、报、电、通报”五位一体的互动监督模式。[2] 还有学者提出,应当充分重视社会监督的正当程序,程序正义与自由、法治、民主、人权等紧密联结。[3] 进入数字时代后,应用新技术监督,实现全面性、系统性、协调性监督成为重要的面向。诸多学者以《论数字检察》[4]《大数据技术赋能法律监督》[5]《全域数字法治监督体系的构建》[6]《法律监督数字化智能化的改革图景》[7]等文章论述,通过推动法律监督模式重塑、从被动监督向能动监督过渡、数字技术重塑法律监督以及数据赋能提升监督效能,推动监督模式的科技化、数字化。

五、结语

我国法律监督理论研究和实践,集中于对监督修饰词“法律、法制、法治、政治”等概念界分的一般法理探究。无论是对其进行结构、功能还是体系反思,均是马克思主义中国化的历史探索,是对传统性和现代性的统摄和权衡,也是对时代需求的一般法理追问。进入新时代后,党和国家将监督体系融入国家治理体系和治理能力现代化的大局中,通过与世界各国的协同和制度竞争,实现现代化的权力治理。监督命题研究持续时间久远,需将法治精神、法治理念与法治思维、法治方式结合起来,面向如何健全权力运行制约和监督体系,[8]以融贯地服务于“以人民为中心”的权力治理初衷,逐步打造理论上融贯、逻辑上自洽、实践中有效的监督机制。

---

〔1〕 姜奥:《浅论国内舆论和司法的互动——以于欢案为例》,载《新闻研究导刊》2017 年第 16 期。
〔2〕 顾海淞、李坤、邓万里:《全域监督健全法治监督体系》,载《当代贵州》2016 年第 42 期。
〔3〕 何泽中:《程序正义和法律监督职能的实现》,载《福建论坛(人文社会科学版)》2015 年第 6 期。
〔4〕 贾宇:《论数字检察》,载《中国法学》2023 年第 1 期。
〔5〕 刘庆杰、刘朔等:《大数据技术赋能法律监督》,载《中国科学院院刊》2022 年第 12 期。
〔6〕 胡铭:《全域数字法治监督体系的构建》,载《国家检察官学院学报》2023 年第 1 期。
〔7〕 高景峰:《法律监督数字化智能化的改革图景》,载《中国刑事法杂志》2022 年第 5 期。
〔8〕 李步云等:《全面推进依法治国 迈向法治新时代》,载《法学研究》2013 年第 2 期。

在此，应注意如下三点：第一，监督理论研究基本命题的体系性建构成果卓著。“法律监督”作为一个重要的学理和规范概念，“体”和“用”法哲学问题是其争论核心。在“国家有权机关意指”“法律监督机关定位”“监督权与互相制约权悖论的处理”“法律监督权能与问责”等命题的争论中，检察机关专家对法律监督基本命题的研究作用极大。我国的监督权力实现了从法制监督概念、法治监督体系到党和国家监督体系的变革，监督权力运作呈现出横向和纵向监督并举的体系建构，形成了党中央和人民代表大会引领下多元监督治理的新格局。第二，党和国家形成以社会主义本质为核心的调适路径。监督作为法治的重要组成部分在党的历次全国代表大会报告中的词频稳步上升。“监督”一词出现频率在党的历次大会报告中呈现稳步增长的态势，足见党对监督的重视程度在不断提升。党内监督和民主监督贯穿始终，民主监督、群众监督、舆论监督三种监督形式创新效果显著，“以人民为中心”逐步被凝练，成为追问监督时代需求的根本遵循。“严密的法治监督体系”考验着以权力机关为中心对线性监督逻辑和闭合监督逻辑理论问题的消解。这一宏大的母系统的理性建构仍然面临着长期实践和不断试错，以使宏大命题贴近我国实际的制度设计。第三，马克思主义中国化的实践面向成为基本遵循。法律监督理论涵盖着指导思想、宪制设定、权能制度、监督主体等多个命题，需要在全面性、系统性、协调性中寻求其精准定位。在此，我们需要看到“法的滞后性”和社会变革之间的悖论、柔性监督和刚性监督之间的悖论、监督权能与监督效用之间的悖论等多项矛盾。从党的十六大提出的“加强对权力的制约和监督”，到党的十七大提出的“完善制约和监督机制”，再到党的十八大提出的“健全权力运行制约和监督体系”，党的十九大提出的“健全党和国家监督体系”，最后到党的二十大提出的“健全党统一领导、全面覆盖、权威高效的监督体系”。党和国家对权力监督的顶层设计思路越来越清晰、系统。值得重视的是，以实践为导向是基本遵循，党和国家的监督体系仍需要在国家治理体系和治理能力现代化这一宏大背景下去分析，在关系性中寻权变、在系统性中去观察、在实践性中去调适，以不断挖掘新时代法律监督之科学理念、制度架构以及技术框架。

延伸阅读学术著作

1. 王洪俊:《检察学》,重庆出版社 1987 年版。
2. 王桂五主编:《中华人民共和国检察制度研究》,法律出版社 1991 年版。
3.《彭真文选(一九四一——一九九〇年)》,人民出版社 1991 年版。
4. 汤唯、孙季萍:《法律监督论纲》,北京大学出版社 2001 年版。
5. 慕平主编:《法律监督原论》,法律出版社 2007 年版。
6. 王桂五:《王桂五论检察》,中国检察出版社 2008 年版。
7. 孙谦主编:《人民检察制度的历史变迁》,中国检察出版社 2009 年版。
8. 向泽选:《法律监督:理念、机制与改革》,中国检察出版社 2011 年版。
9. 王建华、江志东:《法律监督新论》,法律出版社 2020 年版。
10. 谭宗泽、张震、褚宸舸主编:《监察法学》(第 2 版),中国教育出版传媒集团、高等教育出版社 2023 年版。

延伸阅读学术论文

1. 胡军:《公安、检察和法院应正确贯彻互相配合、互相制约的原则》,载《法学》1958 年第 1 期。
2. 武彪:《关于法律监督机关的作用》,载《社会科学》1982 年第 11 期。
3. 喻均田:《对"法律监督"概念的质疑》,载《当代法学》1987 年第 4 期。
4. 徐益初:《论列宁的法律监督理论在我国检察制度中的运用》,载《法学研究》1990 年第 1 期。
5. 张智辉:《法律监督三辨析》,载《中国法学》2003 年第 5 期。
6. 田夫:《什么是法律监督机关》,载《政法论坛》2012 年第 3 期。
7. 郑智航:《中国特色社会主义法律监督理论的主旨与内核》,载《法制与社会发展》2014 年第 6 期。
8. 王海军:《"法律监督"概念内涵的中国流变》,载《法学家》2022 年第 1 期。

9. 王锴：《人民检察院法律监督的体系分析》，载《法学研究》2024 年第 1 期。
10. 龙宗智：《法院“阅核制”应当慎行——兼论审判监督管理的合理限度》，载《比较法研究》2024 年第 2 期。

延伸阅读学位论文

韩兵：《当代中国法律监督权研究》，吉林大学 2013 年博士学位论文。

第六编

结　论

第四十二章　构建中国法理学自主知识体系

一、提出问题："三大体系"与自主知识体系

2024 年 7 月 18 日，党的二十届三中全会通过《中共中央关于进一步全面深化改革、推进中国式现代化的决定》，强调"创新马克思主义理论研究和建设工程，实施哲学社会科学创新工程，构建中国哲学社会科学自主知识体系。"〔1〕习近平总书记 2024 年 11 月对新时代马克思主义理论研究和建设工程作出重要指示，指出加快构建中国哲学社会科学自主知识体系，培养高素质理论人才，为推进马克思主义中国化时代化作出更大贡献。〔2〕

早在 2022 年 4 月 25 日，习近平总书记在中国人民大学考察时就曾强调，加快构建中国特色哲学社会科学，归根结底是建构中国自主的知识体系。〔3〕 同年 10 月 16 日，党的二十大报告提出："深入实施马克思主义理论研究和建设工程，加快构建中国特色哲学社会科学学科体系、学术体

---

〔1〕《中共中央关于进一步全面深化改革、推进中国式现代化的决定》，人民出版社 2024 年版，第 32 页。

〔2〕《习近平对新时代马克思主义理论研究和建设工程作出重要指示强调　扎根中国大地赓续中华文脉厚植学术根基　为推进马克思主义中国化时代化作出更大贡献　蔡奇出席马克思主义理论研究和建设工程工作会议并讲话》，载《人民日报》2024 年 11 月 30 日，第 1 版。

〔3〕《习近平在中国人民大学考察时强调　坚持党的领导传承红色基因扎根中国大地　走出一条建设中国特色世界一流大学新路　王沪宁陪同考察》，载《人民日报》2022 年 4 月 26 日，第 1 版。

系、话语体系，培育壮大哲学社会科学人才队伍。"[1]2023年2月，中共中央办公厅、国务院办公厅印发的《关于加强新时代法学教育和法学理论研究的意见》强调，"构建起具有鲜明中国特色的法学学科体系、学术体系、话语体系，形成内容科学、结构合理、系统完备、协同高效的法学教育体系和法学理论研究体系"。

从"三大体系"到自主知识体系，一般应当包含下列概念：

"学科"，是按照学问的性质划分的门类，是科学或知识研究的特定领域或分支。"学科体系"是指由科学研究的若干基本领域或分支以特定方式联系而成的具有特定结构和功能的学科整体。习近平总书记指出，"不同学科有自己的知识体系和研究方法"，"每个学科都要构建成体系的学科理论和概念"。[2]

"学术"，指的是由接受过专门训练的人按特定规范进行的系统性研究活动。"学术体系"，则是指由学术研究的若干基本要素以特定方式联系而成的具有特定结构、功能和体系性的整体。

"话语"，指的是实践中、运用中的语言，是特定的言语实践及其成果。"话语体系"指的是由言语实践的若干基本要素以特定方式联系而成的具有特定结构和功能的言语活动整体。

"知识"，是人类认识的成果或结晶。依反映对象的深刻性，可分为生活常识和科学知识；依反映层次的系统性，可分为经验知识和理论知识。经验知识是知识的初级形态，系统的科学理论是知识的高级形态。从总体上说，人的一切知识都是在社会实践中形成的，是对现实的能动反映。社会实践是一切知识的基础和检验知识的标准。知识借助于一定的语言形式，借助于物化某种劳动产品的形式，可以交流和传递，成为人类共同的精神财富。当代知识呈现出创新和增长迅猛的特点。

---

〔1〕 习近平：《高举中国特色社会主义伟大旗帜 为全面建设社会主义现代化国家而团结奋斗——在中国共产党第二十次全国代表大会上的报告（2022年10月16日）》，人民出版社2022年版，第43－44页。

〔2〕 习近平：《加快构建中国特色哲学社会科学》，载《习近平著作选读》（第一卷），人民出版社2023年版，第481页。

“体系”，是由若干相互联系和相互作用的要素组成的具有一定结构和功能的有机整体。所谓“知识体系”，是科学知识、理论知识的总的系统化和总和，是系统化的科学理论的整体结构化。社会实践是一切知识的基础和检验知识的标准，也构成知识体系的总的基础，而知识体系是对社会实践的总的系统的科学认识和在认识、探索、研究基础上形成的科学理论。

知识并不是固定和固化的，理论研究的过程、探索社会实践的过程就是生产知识的过程，就是根据旧知识，结合新实践，产生新知识。知识体系也不是一成不变和封闭的，而是随着新知识的增加和旧知识的不断体系化，在开放中不断完善和精细化。

一国有一国的社会实践，所以，每个国家的知识，既体现知识的一般属性和普遍属性，又必然有本国知识的特殊性。这里的特殊性，不是抱残守缺，而是在探索先进知识的过程中，在吸纳人类先进知识和文明的过程中，对本国独特社会实践和固有知识基础的理论回应，由此，越成熟的知识生产和知识体系的构建，就越在一般性的基础上体现特殊性。这种特殊性是外在视角和客观视角，而从内在视角和能动视角看，就表现为自主性，即构建体现本国自主性的知识体系。中国自主的知识体系是融通古今中外各种资源的体系，同时是强调自主性和自强精神的不断发展的动态开放式体系。

构建中国哲学社会科学自主知识体系，是对“三大体系”建设的新推进，是对“三大体系”建设的总结和升华。中国自主的知识体系必须以回答中国问题为逻辑起点，以表达中国立场为方向指引，以作出中国贡献为基本追求，以运用中国素材为基础支撑。归纳起来，中国自主知识体系表现出五个方面的特质：一是本土性，即中国性和时代性的特质，表现为以中国为观照、以时代为观照。二是实践性，表现为立足中国实际，解决中国问题。三是传承性，即中华传统文化传承的特质，表现为不断推动中华优秀传统文化创造性转化、创新性发展。四是创新性，表现为不断推进知识创新、理论创新、方法创新。五是开放性，即世界视野的特质，表现为使中国特色哲学社会科学真正屹立于世界学术之林。[1]

这五个方面的特质,既是中国自主知识体系的特质,也是中国法学自主知识体系应有的特质,还是中国法理学自主知识体系应有的特质。构建中国法学自主知识体系是构建中国哲学社会科学自主知识体系的重要组成部分,构建中国法理学自主知识体系是构建中国法学自主知识体系的基础性部分。

二、回理评析:新中国法理学自主知识的探究历程

新中国成立以来法理学发展的基本历程,可从五个阶段来认识。

第一个阶段:起步与滞步(1949—1978 年)

20 世纪 50 年代初,来华授课的苏联专家在相当程度上型塑了当时的中国法理学,并形成一种范式。苏联专家及其学生,以及一批留苏学生构成传播法学的一大群体。当时的教科书成为当时法理学构建的重要载体。但是,更重要的是,中国既有的实践和新的实践也提出了新的命题。这时的法理学处在一种新学术与新实践的融汇中。20 世纪 60 年代初的法学思考与新的立法部署形成了互动。这一阶段我国出版的一批与法理学相关的译著,构成了当时法理学研究的组成部分。

第二个阶段:复苏与振起(1978—1992 年)

改革开放的启动在法理学领域获得回应。从“国家与法的理论”、“法学基础理论”到“法理学”,名称的改变显示了法理学学者的中国意

〔1〕 当前,哲学社会科学当中的不同学科的学者都在致力于构建本学科自主知识体系,同时就构建中国哲学社会科学自主知识体系的方法论发表了众多学术成果,以《中国社会科学》为例,2024 年第 5 期刊发郭忠华的《自主知识体系视域下的标识性概念建构》、张东刚的《建构中国自主的知识体系的若干思考》,2024 年第 7 期刊发孙正聿的《原创性概念和标识性概念——建构中国自主知识体系的概念基础》;以《光明日报》为例,2024 年 12 月 24 日刊发陈旭东的《坚持“两个结合” 建构中国自主的经济学知识体系》,2024 年 12 月 25 日刊发翟秀凤的《区域国别学自主知识体系的建构路径》。这些讨论,其意义正如林尚立所概括的:“系统概括、研究和阐释中国发展的新概念、新范畴、新价值、新理论,从而构建对中国有价值、对世界有意义的中国自主的知识体系。”林尚立:《哲学社会科学的演进与中国自主知识体系的构建(构建中国特色哲学社会科学)》,载《人民日报》2024 年 12 月 9 日,第 9 版。

识。随后,法理学概念进一步确立,彰显“走自己的路”的姿态,代表着改革开放肇始之时法理学研究的信念。早期法治论者为改革开放以来的法治话语奠基。法治与人治在当时的争论,实际上为后来法治概念的确立与“法治入宪”打下了观念基础。学者们对域外法理学的研究呈现奠基性努力。庞德、博登海默等的著作在中国逐步流行,适应了当时人们系统掌握法理学的需求。马克思主义法学家对经典著作重新展开扎实思考和研读,是马克思主义法学的再深化。教科书的编写凝聚了法理学学者们的集体智慧。学术研究依托教科书确定的体系逐步展开,而学术研究的成果又反映在教科书中。改革开放初期的法理学研究中教科书与学术研究的互动,展示了从“教材法理学”到“学科法理学”的演进。

第三个阶段:经法互动中的学术回应(1992—2000 年)

随着市场经济与法律互动深入,市场经济与法律的关系成为法理学研究的重点。法理学进一步获得观念解放,其关注点进一步从书斋走向社会,法律社会学兴起。兴起的原因,一是世界范围内的法律社会学研究方兴未艾,引发域内回应;二是法律社会学与马克思主义研究方法在社会结构的认识方面存在交集,与中国学者形成思维互动;三是随着改革开放深入,社会层面也发生巨变。人权与权利研究随着经济、社会、立法与法律制度的进步,勃兴并迈向深入,进一步促成了中外法理学家的对话。比较法、法律史、司法改革研究对法理学实现助推。比较法提供视野、法律史提供历史文化基础、司法改革提供实践主题。法理学研究总体进入蓬勃时期,一批改革开放后接受法学教育的中青年学者走上学术舞台并引领着学术潮流。法治共识在中国确立,这是改革开放深入推进时法理学也进入成熟阶段的一个标志,标志着法理学者的问题意识凸显与思考成果积淀。

第四个阶段:迈向学术深耕(2000—2012 年)

在这一阶段,法学实证方法兴起。法学实证方法在域外有相对成熟的研究传统。在国内,司法制度实践的深化,呼唤着法学实证方法的深化。法学实证方法的兴起是学科科学化的必然,“中国法学向何处去”作为一个问题被提出来，表示法理学者已经开始总结相关法理学研究的问题，并试图迈向新阶段。一度受到关注的本土资源法学、法律文化研究等，都是“向何处去”的新的不同方向的回答。司法制度研究呈现精细化。关于司法制度的研究，已超出了法理学者的研究范围，成为宪法、诉讼法等各学科共同关注的对象。司法制度研究的精细化，是部门法学家和法理学家与实践互动的良好成果。法哲学、部门法哲学获得演进。法哲学是思辨化的法理学，部门法哲学则是部门法的法理化。法律经济学兴起，其是经济学与法学的交叉学科，是法学吸纳各种学术资源的表现与成果。

第五个阶段：逐步体系化（2012 年以来）

在这一阶段，中国法学教育已培养出新一批研究人才。法理学硕博士，尤其是法理学博士论文的选题，在此时百舸争流，试图将法理学的每个角落都照亮，法理学研究由此更加细化了。法教义学与社科法学在这一时期发生争鸣，代表着新一轮法理学研究既不满足于国内研究现状，又不一定“服气”国际研究的现状，尽管二者的概念界定可能未必深入人心并成为共识，但是这次争鸣是一种对新法理学研究的召唤。法理学越来越细，学科壁垒的高筑和学术“门槛”的形成以特定方式彰显学科的成熟，表明法理学的中国学派正在形成。法理学与新科技不断互动。随着互联网与人工智能技术的不断进步，算法、大数据、人工智能与法理学相结合不断取得研究成果。数字法学学科获得确立。随着学术细化、科技突变，相关研究领域的法理学已然成果可期。习近平法治思想研究不断取得新的成果，2021 年 9 月，马克思主义理论研究和建设工程重点教材《习近平法治思想概论》出版，这是第一部以习近平新时代中国特色社会主义思想分领域思想为内容的教材。2024 年 8 月，《习近平法治思想概论》（第 2 版）出版。

理论永远处在回顾过去与展望未来的“前瞻后顾”当中，察往事方可思来者。所谓“回理”，一是向历史学习，向历史取经；二是探索历史的大势与隐微，探寻历史规律；三是总结历史的经验与教训，总结几代人的贡献。回理新中国法理学 75 年的发展历程,需要把“史料、史识、史观”的工作做足。——史料,就是要钩沉爬梳 75 年来法理学研究的各种学术材料和成果。75 年虽然不长,但是历经了几代学人和许多沉浮有异的学术兴趣点,很多对今天有意义的材料,在当时可能只是灵光一闪迅速沉寂,这就需要整理出来,形成一个有意义有价值的学术史料库。挖掘亦是创新,发掘出有用的资料也是学术贡献。回顾法理学研究,需要做故纸堆里沉睡资料的摆渡人。——史识,就是要从学术脉络中观察有意义的史料,并梳理出更加清晰的脉络,认识学术史料的价值和对今天的重要启示意义。——史观,就是要有当代中国法治建设的视野、构建中国法理学派的底气、比较研究的实力,在此基础上形成一种认识历史的理念和格局。

做回理的工作,需要以中华人民共和国成立以来的国史为时代背景,对新中国成立以来的中国法理学研究进行专题的体系性回顾、梳理、评析、展望,系统、完整展示全体、几代、传承有序的中国法理学者的学术耕耘和研究脉络。需要以自主性意识主导下的知识体系探索为线索,在回理与评析的基础上,关注自主性意识主导下知识体系的成长,形成一个资料较为翔实的法理学知识体系的基础性内容,为构建中国法理学自主知识体系的成熟阶段做好铺垫工作。

学术变迁嵌刻在时代中,不懂时代,亦无法理解当时的学术。但学术并非与时代一一对应,也有自己的发展轨迹和一定的前瞻性。回理与评析,需要读懂一位作者、一篇文章在时代中的位置,需要做读史的智者、学术史的梳理者、作者的知己。正是在法理学人们涓滴成河的努力中,新中国法理学走过了 75 年的历程,并逐步迈向中国法理学自主知识体系的形成时刻。

中国法理学是中国实践的产物,更与中国的法治实践历程息息相关。法理兴则法治兴,法治兴亦法理兴。走向实践,不仅是中国法理学的使命,也是对“中国法学向何处去”“中国法理学向何处去”的回应。学者需要更加深入地研究实践中的法律问题,在实践中发现法理、提炼法理、运用法理。[1] 另外，法理学是实践中生成和检验的学问，但这并不意味着法理学只具有服从和服务于实践的属性。事实上，法理学是有着千年发展并实现一定自洽的学术系统，与中华文明、世界文明和世界法理学经典和前沿问题密切相关。中国的法理学研究越来越致力于从中国逻辑、中国经验、中国学理出发，构建具有中国气质和中国气派的来自实践的法理学派。75 年的积累与摸索，更有助于当代法理学人完成其担负的重要使命。

三、重要任务：提炼中国法理学原创性、标识性概念

法理学的学科对象就是有关法律的基本原理，是一个国家、一个时代在规则、制度、治理、权利保障等领域最重要的话语表述、原理阐发、理论工具、学术成就和理论文明成果之一，是社会科学基础理论的重要组成部分，是包括法律概念、观念、理念的自主知识体系。

2016 年 5 月 17 日，习近平总书记在哲学社会科学工作座谈会上的讲话指出："我们的哲学社会科学有没有中国特色，归根到底要看有没有主体性、原创性。跟在别人后面亦步亦趋，不仅难以形成中国特色哲学社会科学，而且解决不了我国的实际问题。"[2]

一个理想的标识性概念应该满足以下标准：对象边界清晰、反映本质属性、词汇选择恰当和谓述关系明确。我国法理学 75 年来的研究历程，也是法治原创性范畴、概念、命题不断在论证中生成的过程。一系列法治原创性范畴、概念、命题生成的过程，可以用四句话概括，这也是中国法治原创性范畴形成的四个路径，即源于实践、始于探索、生于细小、成于论证。

一是源于实践。实践伟力是一系列法治原创性范畴、概念、命题的源

---

〔1〕 付子堂、王勇：《1978—2018：走向实践的中国法理学》，载《山东大学学报（哲学社会科学版）》2018 年第 5 期。

〔2〕 习近平：《加快构建中国特色哲学社会科学》，载《习近平著作选读》（第一卷），人民出版社 2023 年版，第 482 页。

泉。实践催生理论;在理论生成后,实践是检验真理的唯一标准。原创理论是实践所催生的理论当中更精华的部分。原创性范畴、概念、命题是原创理论中的基本要素。原创理论的产生,是实践者的主体性进一步觉醒、实践活动的系统性进一步深入的结果。因此,原创理论来自更成熟的实践,也比一般理论更具有本民族的代表性,是本民族在实践基础上的理论思维进一步发达的表现。中国法治原创性范畴、概念、命题的提出,正是中国法治实践深入发展、系统性发展的结果,是法治理论领域的本土创造和中国贡献,是中国特色哲学社会科学的重要组成部分。

二是始于探索。探索是理论工作者基于实践中生成的问题意识,求索解答实践问题和实践难题的过程,是从实践中找到理论的方式。法学理论工作者的探索,是从法治实践到法学理论的必经桥梁。在这个意义上,探索是理论工作者义不容辞的职责。探索的根源是实践,但探索不是直接从实践到学理、法理,而是有一个综合判断的过程。同时,探索的前提是掌握本领域的基础理论、前沿理论和研究方法,同时做到把马克思主义法学基本原理同中国具体法治实际相结合、同中华优秀传统法律文化相结合,与世界法治文明交流互鉴,海纳百川。探索的过程并非一帆风顺和一蹴而就,也并非轻易获得或灵感乍现。尤其是对原创性范畴的理论探索,更需要在艰辛中进行、在付出中成就。几代法理学人具有深厚的理论探索责任感,法治原创性范畴、概念、命题在今天提炼出来,是几代学者接续奋斗的结果。

三是生于细小。这里的“细小”,指的不是概念的大和小,而是指理论构建过程中的从头做起、从小做起,直到发展壮大、成熟。新中国成立75 年来,一系列法治范畴、概念、命题,都经历了从头做起、从小做起直至发展壮大成熟的学术奋斗过程。以重要原创性法治基石范畴“法治体系”或“中国特色社会主义法治体系”为例,在 1948 年 10 月,董必武在《论社会主义民主与法制》一书中指出:“建立新的政权,自然要创建法律、法令、规章、制度。我们把旧的打碎了,一定要建立新的。否则就是无政府主义。如果没有法律、法令、规章、制度,那新的秩序怎样维持呢?因此新的建立后，就要求按照新的法律规章制度办事。这样新的法令、规章、制度，就要大家根据无产阶级和广大劳动人民的意志和利益来拟定。"[1]1956年9月，刘少奇在党的八大报告中指出："为了巩固我们的人民民主专政，为了保卫社会主义建设的秩序和保障人民的民主权利，为了惩治反革命分子和其他犯罪分子，我们目前在国家工作中的迫切任务之一，是着手系统地制定比较完备的法律，健全我们国家的法制。"[2]董必武所讲的"法律、法令、规章、制度"和刘少奇所讲的"系统地制定比较完备的法律"实际上都隐含了构建新中国的新民主主义和社会主义法律体系的问题，这就为后来形成的中国特色社会主义法律体系和构建的中国特色社会主义法治体系做了铺垫。可见，原创性法治概念"法治体系"有其自身的发展过程。

四是成于论证。作为法治实践催生的、法学理论探索中形成和发展的法治原创性范畴、概念、命题，都经历了理论论证的过程。理论论证具有学科属性和科学属性。学科属性意味着专业人做专业事。专业人士做专业事，不是构建学术壁垒和学术门槛，而是要求履职过程中展现专业素养和不断提升专业水平。法学研究人员既是法治队伍中的一员，又是广大哲学社会科学工作者中的一员，"术业有专攻"是本分，也是传承学术大道、接受和传授研究事业、解答理论疑惑的追求目标。科学属性意味着不断强化论证。法学研究既不是数学化的纯逻辑推演，也不是仅仅在整理材料基础上的一般性分析和对旧理论的翻新，也不是对别国理论的照搬；不仅仅是对现实案例的解析，也不仅仅是对立法、司法、执法、守法的阐释，而是一种更具整体性、系统性、现实性、理论性、专业性的科学论证过程。在这个意义上，法学论证具有其学科独特性。法治原创性范畴、概念、命题的形成，既要经历论证的理论生成过程，也要经历论证的淬炼考验过程。

---

[1] 董必武：《论社会主义民主与法制》，人民出版社1979年版，第10页。
[2] 刘少奇：《刘少奇选集》，人民出版社1985年版，第253页。

正如习近平总书记所指出的:"如果不能及时研究、提出、运用新思想、新理念、新办法,理论就会苍白无力,哲学社会科学就会'肌无力'。哲学社会科学创新可大可小,揭示一条规律是创新,提出一种学说是创新,阐明一个道理是创新,创造一种解决问题的办法也是创新。"[1]法治原创性范畴、概念、命题之所以要强调原创,就是要以创新精神、奋进精神,走出法学理论研究的中国之路,提炼出有学理性的新理论,概括出有规律性的新实践。

四、未来使命:构建中国法理学自主知识体系

意大利史学家、哲学家贝奈戴托·克罗齐(Benedetto Croce)在《历史学的理论和实际》一书中提出了一个著名命题:"一切历史都是当代史。"[2]只有对过去学科史进行最大范围、最深程度的总结和观察,才能获得当代研究的最好给养。重新思考、重新叙述的回理与评析,归纳中国法理学发展的本土逻辑,发掘中国法理学创新的不竭动力,为下一步构建中国法理学自主知识体系夯实了基础。

构建中国法理学自主知识体系,应当处理好四个关系:

第一,从空间来看,应处理好普遍性和特殊性的关系。一国有一国的法理学,对于别国的法理学知识,可以参考但不能照搬。可以借鉴"法的精神",但无法全部复制。从普遍性来看,法理学在每个地域的存在是一种事实,这一事实需要得到尊重。从特殊性来看,一国自身的法理学需要挖掘,但这种挖掘不是自身的固化和狭隘化,而是以开放的姿态海纳百川,同时坚守自身的特色。传统的中华法治文明和新中国成立以来的法理学,都展示了普遍性和特殊性。例如,韩非子给法律所下的定义与奥斯丁对法的定义异曲同工,他们的问题意识是近似的。新中国成立以来形

---

〔1〕 习近平:《加快构建中国特色哲学社会科学》,载《习近平著作选读》(第一卷),人民出版社2023年版,第482页。

〔2〕 又译"一切真历史都是当代史",见[意]贝奈戴托·克罗齐:《历史学的理论和实际》,傅任敢译,商务印书馆1982年版,第2页。

成的对于法律渊源的实践和理论，是值得讲述的法学故事、值得回理的法学历程。

第二，从时间来看，应处理好传统性和现代性的关系。在传统社会的文明发展中逐步生成的法律观念，体现为法理学的传统性。同时，不同国家在适应不同现代化路径的过程中，法律观念完成从传统到现代的转移，最终成为本民族现代文明的一部分，体现为法理学的现代性。一方面，各国在走向现代化的不同道路上，共同回答现代社会给法学所出的考卷，体现着人类社会的共同价值和关于法治的诸多基本主张。另一方面，各国的文化传统像土壤和空气那样，滋养着法律观念的传承，在传承中形成各国自主的法理学知识体系。例如，“认真对待义务”“认真对待权利”“权利义务相一致”三个命题，都可以从传统性与现代性的角度来解析。

第三，从进程来看，应处理好先行性和成长性的关系。作为一个特定学科，法理学自身在不同国家和地区的发展并不同步。有的国家先行起步，较早形成了自己的学科内容、学术范式和一定的理论体系，构成了法理学的积淀，但同时容易导致知识体系的故步自封，或者因环境的变化而形成知识体系的断裂。另一些国家则体现出学术的后发优势，在后续发展中产生新的沃土，体现为法理学的成长性，这是法治成长的理论反映，但需要强化对于先行法理学的借鉴，推动法理学的整体成长。例如，有关正当程序的研究，就有一个先行与成长的关系问题。

第四，从结构来看，应处理好基本面和扩大面的关系。法理学是一个自成一体的学科，但在不同国家和地区，或同一个国家和地区的不同时代，既有由其专属内容、知识基础而形成的基本面，又有在理论和实践深化过程中新纳入的研究领域、研究方法和研究方向。由此，法理学在基本面的基础上加入了包含了交叉点、同心圆、新视野在内的扩大面。法理学的基本面，即一般理论范围，知识不能固化，而需要不断更新和创新。法理学的扩大面，是法理学的新发展，有时容易被忽视，有时又在短期内成为热点，导致研究者忽略对基础理论的关注和继受。同时，成熟的扩大面逐步转化为基本面。例如，“法律行为”一词，早期被认为是民法概念，后来成为法理学的基本概念;再如数字法学在今天则仍属于法理学的扩大面。

综上所述,空间、时间、进程、结构,决定了法理学只能是"自主"的,而不是"依附"的。依附就是不自信,缺乏自我的主体意识,不追求自我发展。依附分为积极依附和消极依附。积极依附认为"成为他者"才是"成就自我",主动照搬某一种法理学;消极依附就是认为自身无力发展,只有照搬才是出路。自主是自我的不断开拓,意味着开放包容。与"自主"不同的是自我封闭和自我设限,这不仅是对自主的误读,也处于自主的反向。强调自主,不是为了固化自我,而是为了更好地发展自我;不是对别国过去和当代的法理学不屑一顾,恰好意味着把握自身发展方向,同时取经于四海、取径于交流。

空间、时间、进程、结构,决定了新时代中国法理学必须和必然形成自主的"知识体系"。根据术语学的原理,概念与知识同某一知识领域所研究的客体相对应,有其内在的系统性。在此基础上,概念与知识组成知识体系。知识体系包含层级关系和非层级关系。层级关系包含属—种关系和整体-部分关系。非层级关系包括序列关系和非序列关系。位置、因果、源流、发展关系属于序列关系;前提—结论、形式—内容、自变量—因变量、物体—属性、结构—功能关系属于非序列关系。理想的、成熟的知识体系应该层次分明,结构合理。知识体系不同于"概念域"的地方,就在于它的体系化和架构性。正是在学科发展、学术传承的过程中,法理学知识体系在自主的前提下不断发展,形成层级与非层级共同完善的大的整体。

总之,时间、空间、自身、外部,决定了一个国家,尤其是一个有着自己特定法律传统、特定社会制度的大国,必须有自己特色的法理学自主知识体系。因此,中国法学同仁应当在进一步全面深化改革、建设中国式现代化的新征程中,共同奋斗,加快构建中国特色法治体系和法学"三大体系",努力构建中国法理学自主知识体系。

延伸阅读学术著作

1. 沈宗灵主编:《法理学》,北京大学出版社1988年版。
2. 孙国华主编:《法理学教程》,中国人民大学出版社1994年版。
3. 张文显:《法哲学范畴研究》(修订版),中国政法大学出版社2001年版。
4. 邓正来:《中国法学向何处去——建构"中国法律理想图景"时代的论纲》,商务印书馆2006年版。
5. 付子堂主编:《法理学讲演录》第1-9卷,法律出版社2006-2013年版。
6. 张文显主编:《法理学》(第5版),高等教育出版社2018年版。
7. 付子堂主编:《法理学高阶》(第3版),高等教育出版社2020年版。
8.《法理学》编写组编:《法理学》(第2版),人民出版社、高等教育出版社2020年版。
9. 孙国华、朱景文主编:《法理学》(第6版),中国人民大学出版社2023年版。
10. 李步云:《法理学》,人民出版社2024年版。

延伸阅读学术论文

1. 张文显:《论建构中国自主法学知识体系》,载《法学家》2023年第2期。
2. 喻中:《论中国自主法学知识体系的建构》,载《现代法学》2023年第4期。
3. 冯果:《论中国法学自主知识体系之概念体系的建构》,载《武汉大学学报(哲学社会科学版)》2023年第6期。
4. 王锡锌:《构建自主法学知识体系需要内外兼修》,载《清华法学》2023年第6期。
5. 朱振:《构建中国自主法学知识体系的概念体系论纲》,载《法治现代化研究》2024年第1期。
6. 何勤华、刘译元:《论中华法系的传承与中国自主法学知识体系的建构》,载《中国法律评论》2024年第1期。
7. 夏锦文、胡锦华:《建构中国自主法学知识体系的方法论思考》,载《社会科学辑刊》2024年第3期。
8. 张东刚:《建构中国自主的知识体系的若干思考》,载《中国社会科学》2024

年第5期。
9. 孙正聿:《原创性概念和标识性概念——建构中国自主知识体系的概念基础》,载《中国社会科学》2024年第7期。
10. 廖奕:《“建构中国自主法学知识体系”的命题阐释》,载《政治与法律》2024年第11期。

后　　记

本书是在2019年度国家社科基金重点项目“中国法理学研究70年回理与评析”（批准号：19AFX002）结项成果（结项证书号：20241025）的基础上，作了大幅度修改打磨而完稿的。

自2004年西南政法大学法学理论学科开始招收博士研究生以来，师生躬耕“深夜课堂”已逾20载。周日、周一晚的“法理学经典研究”课和“法理学研究前沿”课，持之以恒、周而复始，构成“多师同堂”的教学平台和“有组织科研”的力行基地，成为西南政法大学沙坪坝校区、渝北校区、宝圣湖校区“三区”接力的山城星光下的一道学术风景。2004年至2018年“法理学经典研究”课程的研讨成果《法治理想国：柏拉图〈法律篇〉研读实录》两卷本，“14年磨一剑”，已由在学界享有盛誉的广西师范大学出版社出版。此次由法律出版社推出的《中国法理学自主知识体系：回理、评析与构建》三卷本，是集体劳动的果实，所有章节内容均经西南政法大学法学理论学科博士生的“法理学研究前沿”课堂反复讨论，乃是课程研讨又一集体智慧的结晶。

西南政法大学法学理论学科的重要开创者黎国智教授、卢云教授、王明三教授等，于新中国成立初期来校任教，勤勤恳恳、兢兢业业，躬耕教坛、奉献一生。本书是对以他们为代表的西南政法大学法学理论学科前辈的献礼。有关新中国成立以来法理学研究的阶段性总结，如王勇飞教授编《法学基础理论参考资料》（五册，北京大学出版社1981年版），西南政法学院国家与法的理论教研室编《法学基础理论参考资料》（主要选编人：熊丽华、程燎原、刘霞等，共四辑六册，1983—1984年内部印刷），孙国华教授编《法学基础理论参考资料》(中央广播电视大学出版社 1984 年版),王勇飞教授编《法学基础理论参考资料(修订版)》(上中下,北京大学出版社 1985 年版),沈宗灵教授主编《法学基础理论教学参考资料选编》(北京大学出版社 1989 年版),王勇飞教授、张贵成教授主编《中国法理学研究综述与评价》(中国政法大学出版社 1992 年版),郭道晖教授、李步云教授、郝铁川教授主编《中国当代法学争鸣实录》(湖南人民出版社 1998 年版)以及江平教授总主编《共和国六十年法学论争实录》(八卷,厦门大学出版社 2009 年版),尤其是其中张恒山教授主编"法理学卷"等重要文献,都是本项目的重要研究基础。这些前辈和学长做了"金针度人"的先行者工作。特此致敬、致谢!

本书从最初课题构思、项目申报、获批立项、提纲设计、文稿撰写、修改完善、申报结项、获批结项,到持续打磨、最后定稿,历时近 7 年。整个过程中,研究思路逐步开阔、写作内容不断丰富、参与人员不断增加。在课题进行中及结项后,曾考虑将书名拟定为《新中国法理学史记》,每章"回理"之后的"评析",即为"太史公曰"。但随着"构建中国哲学社会科学自主知识体系"的提出,中国问题意识和实践导向的不断增强,项目成果已达百万字规模,"自主""知识体系""构建"成为新的关键性表达,法律出版社建议书名定为《中国法理学自主知识体系:回理、评析与构建》。这是在构建中国哲学社会科学自主知识体系的背景下提出的,也是在书稿写作过程中自然形成的。2024 年,书稿入选国家新闻出版署"十四五"国家重点出版物出版规划,并被国家出版基金规划管理办公室确定为 2024 年度国家出版基金项目(基金办[2024]5 号)。法律出版社优秀的编辑团队特别是法律教育分社吴昉分社长和陆帅文编辑勤业敬业,悉心指导,精心把关,事实上也是项目组大家庭的重要成员。诚如当代著名文学家迟子建在第七届茅盾文学奖作品《额尔古纳河右岸》跋后附记:"也许对一个好编辑最好的感谢,就是奉献上一部好作品。"

2019 年,正值中华人民共和国成立 70 周年之际,项目组考虑更多的是总结提炼法理学研究成果,故提出"回理与评析",以求对新中国 70 年来的法理学研究历程进行“知识考古式”的专题回溯和梳理。项目从一开始就试图贯彻“教学式科研 + 科研式教学”的理念，进行“有组织科研”，展开“对研究的研究”，因而初稿的大部分作者是西南政法大学法学理论学科的师生，特别是以法理学专业的在校博士生和个别优秀硕士生为主，目前多数同学已从母校毕业。同学们在撰写初稿的过程中，多曾被老师们严厉批评“水、水泥和沙子都有了，但是墙在哪儿呢？”其中李东博士、郑伟华博士、李洋博士、罗有成博士、余海洋同学、刘晨光同学、殷方正同学、张帆同学等担任课题启动以来几届法理学博士生班的班长或副班长，为课堂日常组织工作操劳。特此致谢！

同时，项目组还邀请了外校一些志同道合的学者。尤其是中国政法大学舒国滢教授，其在《现代法学》2019 年第 5 期发表重要论文《新中国法理学七十年：变化与成长》，这是以项目组名义正式发表的首篇阶段性重要成果。此后，华东政法大学陈金钊教授、中国人民大学侯猛教授、西北政法大学褚宸舸教授以及华东政法大学青年学者吕玉赞副教授、山东大学青年学者傅爱竹博士等先后惠赐宝贵研究成果。到结项时，项目组陆续公开发表学术论文共计 49 篇，其中被中国人民大学复印报刊资料全文转载 5 篇。此外，郑文阳副教授、付其运副教授、庞新燕博士、李东博士、魏杰同学以及西南政法大学图书馆江波馆长、人权研究院吴汶聪老师、立法研究院范文婧老师、科研处王波老师等为课题结项作出了贡献。尤其是，重庆市人大常委会欧顺清副主任、教育部留学服务中心王大泉主任（时任教育部政策法规司副司长）以及重庆市人大法制委员会办公室张秋枫主任等，关心帮助、倾力支持本项目课题研究，令人感佩于心。特此致谢！

课题结项前后，在导师组的主持下，书稿历经 20 多次修改，其中许多章节的初稿在结项后被全面改写。本书主编付子堂教授，副主编董彦斌研究员，编委会副主任周尚君教授、周祖成教授、胡兴建教授，编委会校内委员郭忠教授、陆幸福教授等，作为导师组成员持续参加选题策划、团队组织、立项写作、修改打磨的全过程。尤其是，董彦斌研究员付出了更多的心血，殚精竭虑，劳苦功高。先后参与初稿写作、修改打磨甚至改写重写的成员，均为本书的作者，按章节顺序分别是：第一章“法学与法理学概念”（刘永胜、郭小东、钟佳佳、黄德俊）；第二章“马克思主义法哲学”（郭小东、王晨旭、路一、李宁乐）；第三章“自然法学”（李洋、蔡敏、丁世康）；第四章“法律实证主义”（贺梓恒、周池、丁世康）；第五章“法社会学”（宋维志、余海洋、王睿）；第六章“法经济学”（陈屹立、赵娟、詹亮）；第七章“法律本质”（魏杰、李毅昕、赵梦帆、詹亮）；第八章“法律权利”（郭德鑫、余厚宏、刘晨光、谢佐特）；第九章“法律义务”（王荣余、宋鹏、殷方正）；第十章“法律作用”（罗有成、高婷婷、殷方正）；第十一章“法律起源”（褚宸舸、商浩、钟佳佳、张帆）；第十二章“法律意识”（池翔、周池、张帆）；第十三章“法律行为”（李为颖、赵娟）；第十四章“法律渊源”（代瑞婷、刘晨光、李东）；第十五章“法律分类”（杨天江、余海洋、李东）；第十六章“法律效力”（陈雨栋、宋鹏、王荣余）；第十七章“法律关系”（王婧贤、余庆、赵梦帆、李宁乐）；第十八章“法律责任”（张庆庆、谢彦琛、蔡敏、詹亮）；第十九章“法律方法（一）”（陈金钊、路一、殷方正、郭晓雨）；第二十章“法律方法（二）”（傅爱竹、秦琦皓、殷方正）；第二十一章“法律论证”（吕玉赞、高婷婷、张帆、李国梁）；第二十二章“法系”（黄辛、刘晨光、张庆庆）；第二十三章“法律价值”（罗有成、谭瑞和、杨俊鹏、钟佳佳、郭晓雨）；第二十四章“法律与秩序”（高文杰、赵娟、郭晓雨）；第二十五章“法律与平等”（汤博为、宋鹏、王荣余）；第二十六章“法律与自由”（刘纪伟、赵梦帆、罗有成）；第二十七章“法律与人权”（赵树坤、毛奎、王凯、刘鹏、周池、原欣）；第二十八章“法律与正义”（方修涵、蔡敏、罗有成）；第二十九章“法律与社会”（胡敬阳、张镭耀、杨钧皓、余海洋、王睿）；第三十章“法律与经济”（文臣、秦琦皓、王睿）；第三十一章“法律与政治”（刘勇恒、万方亮、路一、付承为）；第三十二章“法律与道德”（原欣、周池）；第三十三章“法律与科技”（伍茜、赵梦帆）；第三十四章“法律全球化”（黄金龙、宋鹏、伍茜）；第三十五章“法治体系”（杨钧皓、卢博、钟佳佳、黄德俊）；第三十六章“立法”（郑文阳、郑伟华、蔡敏、谢佐特、刘鹏）；第三十七章“法律体系”（刘永胜、刘晨光、李宁乐）；第三十八章“司法”（侯猛、余海洋、丁世康）；第三十九章“法律程序”（代瑞婷、路一、张帆）；第四十章“守法”（郭秉贵、赵娟、詹亮）；第四十一章“法律监督”（刘鹏、秦琦皓、詹亮）；第四十二章“构建中国法理学自主知识体系”（付子堂、董彦斌、王勇）。还有一些同学不同程度地参与了书稿修改工作，特别是（按姓氏笔画排序）：王海燕、文丰安、刘渠景、李英、张梁、张燕、郑毅、符成彦、彭子游、雷霞、戴诗雨等博士生，以及曾在西南政法大学访学的山西青年学者赵娟老师。另外，不同程度参与课堂讨论、修改打磨的老师，还有宋玉波教授、邓斌教授、文学平教授、商爱玲教授、黄忠教授、郑志峰教授、陈屹立教授、张瑞副教授、李为颖博士等。特此致谢！

2024 年 12 月 15 日，2004 级以来的法学理论学科毕业博士生及已出站博士后代表从各地返校，牺牲自己宝贵的周日休息时间，重回课堂、多师同堂，与在校师生一起，交叉研读书稿，逐章逐节挑毛病、再把关。他们是（按姓氏笔画排序）：丁世康、万方亮、马晨凯、王恒、王勇、王官成、王海洋、牛博文、卢博、付承为、匡梅、朱林方、伍茜、刘鹏、孙耀霖、李东、李洋、李勇、李国梁、李超群、杨福林、肖武、何为、何永红、何青洲、余海洋、宋云博、宋维志、张印、张炜、张波、张晗、张琼、张瑞、张震、张庆庆、张娅茜、陆幸福、陈仲、陈柏峰、尚海明、罗有成、周力、周尚君、周祖成、郑文阳、郑志峰、孟庆涛、赵谦、赵书文、胡尹惠、胡兴建、胡敬阳、侯金亮、类延村、费小兵、徐娟、郭忠、郭相宏、郭新政、常安、梁西圣、葛天博、董骏、董彦斌、蒋海松、韩娜、曾巍、谢宝红、廖静怡、魏艳等。尤其是，2009 级博士生、现在甘肃政法大学工作的何青洲教授，随后几日继续统读书稿，认真细致、精益求精，又提出了许多有学术含量的问题；西南政法大学北京校友会代表王璞秘书长专程回渝，襄助母校学术盛业。几位在校的博士生王婧贤、魏杰、马晨凯，以及硕士生崔璐璐、尹铭育、赵恩泽、李一鸣、樊若珂、刘振奥、蒋炙、陈泉池、朱鸿鑫、陈彬、郝金杰、刘子恺等同学，协助主编收集资料，进行编务、会务工作。特此致谢！

行文至此，我不由对一则科学家的获奖感言再次产生强烈共鸣。

2024 年 10 月 8 日，瑞典皇家科学院正式宣布，将诺贝尔物理学奖授予约翰 · J. 霍普菲尔德（John J. Hopfield）和杰弗里 · E. 辛顿（Geoffrey E. Hinton）两位科学家。辛顿曾在获得都柏林大学最高荣誉尤利西斯奖章时，郑重表示："我想就此特别指出一点，我的成功，在很大程度上是因为能招到真正优秀的研究生。在这一领域，人们永远不该忘记这一点，活儿都是他们干的。"《礼记 · 学记》云："学然后知不足，教然后知困。知不足，然后能自反也；知困，然后能自强也。故曰：教学相长也。"没有好的学生，哪有好的老师？教学相长，此言不虚也！

本书的研究团队以西南政法大学法学理论学科师生为主体，但校外的指导者、支持者和参与者们是必须被特别感谢的。尤其是，教育部社会科学委员会法学学部召集人，中国法学会第七、八届学术委员会主任张文显老师一直密切关注课题的进展，并拨冗为本书作序，画龙点睛。中国法学会法理学研究会会长、中国社会科学院学部委员李林老师为本书作序，锦上添花，并担任编委会顾问。中国法学会法理学研究会三位副会长——中共中央党校（国家行政学院）卓泽渊教授、中国政法大学舒国滢教授、华东政法大学陈金钊教授鼎力相助，担任编委会顾问；若干在中国法理学界崭露头角的青年才俊和后起之秀担任编委会委员。特此致敬、致谢！

本书定稿章数恰与我国历史上首部佛学译著《四十二章经》相同。《四十二章经》第十章言："譬如一炬之火，数千百人各以炬来分取，熟食除冥，此炬如故。福亦如之。"第十七章言："夫见道者，譬如持炬入冥室中，其冥即灭，而明独存。学道见谛，无明即灭，而明常存矣。"这两处以"炬"喻"道"，很鼓舞人。新中国 75 年法理学的教学研究，恰就是这项事业之"炬"不断传递、生生不息的学术历程。

本书结构主要以具有西南政法大学特色的"法理学三部曲"——《法理学初阶》《法理学进阶》《法理学高阶》作为参照。一方面，试图以这一结构对新中国成立 75 年来既有法理学研究进行回理与评析；另一方面，将这一结构作为构建中国法理学自主知识体系的初步探索。这一尝试，呈现的仅仅是西南政法大学法学理论学科的一家之言、一孔之见，无疑有待进一步检验和完善。本书以目前的形式和内容呈现于学界，不足之处在所难免，恳请读者不吝赐教，多多给予批判指正。同时，本书具有“开放性结构”——以不断成长与发展的中国法理学为回理评析的对象，以中国法理学自主知识体系为探索构建的内容，二者都面向未来。法理学研究不断发展变化，数字法学、数字法理学时代已经到来，为法理学研究增加了新内容、开辟了新领域。本书需要不断增补体现中国法理学界学术进展的新成果。热忱欢迎学界同仁加入本书后续的增补团队，尤其期待法理学界新生代的不断加盟，在习近平新时代中国特色社会主义思想科学指引下，着力从学理化阐释、学术化表达和体系化建构等方面进一步深化习近平法治思想研究，共同推进中国法理学自主知识体系的成功构建，共同推动中国法理学研究事业兴旺发达，共同为强国建设、民族复兴伟业贡献力量。

2024 年 12 月

于西南政法大学宝圣湖校区湖湘楼